GESETZESFORMULARE

Wilhelm Mestwerdt | Bernd Spengler
Alexander Dubon [Hrsg.]

Kündigungsschutzrecht

Kommentiertes Prozessformularbuch

Yvonne Bechold, Rechtsanwältin, Tauberbischofsheim | **Dr. Annett Böhm**, Rechtsanwältin und Fachanwältin für Arbeitsrecht, Bad Schwartau/Lübeck | **Mathias Busch**, Rechtsanwalt und Fachanwalt für Arbeitsrecht, Hannover | **Marc Doßler**, Rechtsanwalt und Fachanwalt für Arbeitsrecht und für Sozialrecht, Würzburg | **Alexander Dubon**, Richter am Arbeitsgericht, Würzburg | **Jan Gieseler**, Rechtsanwalt, Mediator, Fachanwalt für Arbeitsrecht und für Strafrecht, Tauberbischofsheim | **Wilhelm Mestwerdt**, Präsident des Landesarbeitsgerichts, Hannover | **Karin Milkau**, Rechtsanwältin und Fachanwältin für Arbeitsrecht, Würzburg | **Dr. Stephan Osnabrügge**, Rechtsanwalt und Fachanwalt für Arbeitsrecht, Bonn | **Gerhard Pfeiffer**, Vorsitzender Richter am Landesarbeitsgericht, Stuttgart | **Bernd Spengler**, Rechtsanwalt und Fachanwalt für Arbeitsrecht, Würzburg | **Ralf Zimmermann**, Richter am Arbeitsgericht, Hannover

Die Formulierungsbeispiele in diesem Buch wurden mit Sorgfalt und nach bestem Wissen erstellt. Sie stellen jedoch lediglich Anregungen für die Lösungen typischer Fallgestaltungen dar. Autoren und Verlag übernehmen keine Haftung für die Richtigkeit und Vollständigkeit der in dem Buch und auf der CD-ROM enthaltenen Ausführungen und Formulierungsmuster.

Die Deutsche Nationalbibliothek verzeichnet diese Publikation in der Deutschen Nationalbibliografie; detaillierte bibliografische Daten sind im Internet über http://dnb.d-nb.de abrufbar.

ISBN 978-3-8329-7804-4

1. Auflage 2015
© Nomos Verlagsgesellschaft, Baden-Baden 2015. Printed in Germany. Alle Rechte, auch die des Nachdrucks von Auszügen, der fotomechanischen Wiedergabe und der Übersetzung, vorbehalten.

Vorwort

Das Kündigungs- und Bestandsschutzrecht dominiert mit all seinen Facetten die Praxis des Arbeitsrechts. Der Handkommentar zum Kündigungsschutzgesetz hat hier wie kaum ein Fachkommentar die Anwalt- und Richterschaft überzeugt. Diesen bewährten Kommentar um ein Formularhandbuch zu erweitern, war daher Herausforderung und Ansporn für die Herausgeber und Autoren zugleich. Es soll dem arbeitsrechtlichen Praktiker das Rüstzeug an die Hand geben, in jeder (Prozess-) Situation durch schnellen Zugriff auf systematisch geordnete Musterschreiben unverzüglich(er) agieren zu können. Die Autoren haben hierzu insbesondere abstrakte Muster entwickelt, sofern dies thematisch und aus Gründen der Praktikabilität sinnvoll ist. Damit soll erstmals eine echte Alternative zu den konkreten Fallsammlungen anderer Werke zur Verfügung gestellt werden. Wir hoffen damit, den Anwendern ein flexibles Grundgerüst anbieten zu können und dass der sonst erforderliche Aufwand, im Einzelfall ein bereits ausformuliertes Muster anpassen zu müssen, entfällt.

Die Kommentierung und die Verwendung von Fußnoten sind im Prozessformularhandbuch auf das unabdingbare Minimum beschränkt; es wird nur das Notwendigste zusammengefasst wiedergegeben. Bei Bedarf kann dann der Anwender mit Hilfe übersichtlicher Querverweise vertiefend auf den HaKo und andere Werke zurückgreifen.

Erstmalig im Rahmen eines arbeitsrechtlichen Formularhandbuchs werden die Muster systematisch dort geführt, wo sie vom Rechtsanwender am ehesten gesucht werden; dies ist die einschlägige Norm. Durch dieses neue Konzept hoffen wir, sowohl dem arbeitsrechtlichen „Profi" als auch dem nur gelegentlich mit dem Arbeitsrecht konfrontierten Praktiker neben der reinen Formulierungshilfe auch eine praxisgerechte „Checkliste" für die jeweilige materielle und formelle Fragestellung an die Hand gegeben zu haben.

Inhaltlich wurden in der ersten Auflage die aus unserer Sicht gängigsten Fragestellungen im Zusammenhang mit der Führung eines Bestandsschutzverfahrens aufgenommen. Wir sind für Anregungen und weiterführende Hinweise jederzeit dankbar.

Hannover und Würzburg im September 2014

Wilhelm Mestwerdt　　　　　　Bernd Spengler　　　　　　Alexander Dubon

Inhaltsverzeichnis

Vorwort	5
Alphabetisches Musterverzeichnis	11
Bearbeiterverzeichnis	25
Abkürzungsverzeichnis	27
Allgemeines Literaturverzeichnis	35

Kündigungsschutzgesetz (KSchG)

Erster Abschnitt Allgemeiner Kündigungsschutz

§ 1	Sozial ungerechtfertigte Kündigungen	41
§ 1a	Abfindungsanspruch bei betriebsbedingter Kündigung	183
§ 2	Änderungskündigung	191
§ 3	Kündigungseinspruch	202
§ 4	Anrufung des Arbeitsgerichtes	202
§ 5	Zulassung verspäteter Klagen	235
§ 6	Verlängerte Anrufungsfrist	244
§ 7	Wirksamwerden der Kündigung	245
§ 8	Wiederherstellung der früheren Arbeitsbedingungen	246
§ 9	Auflösung des Arbeitsverhältnisses durch Urteil des Gerichts; Abfindung des Arbeitnehmers	248
§ 10	Höhe der Abfindung	248
§ 11	Anrechnung auf entgangenen Zwischenverdienst	259
§ 12	Neues Arbeitsverhältnis des Arbeitnehmers; Auflösung des alten Arbeitsverhältnisses	282
§ 13	Außerordentliche, sittenwidrige und sonstige Kündigungen	287
§ 14	Angestellte in leitender Stellung	302

Zweiter Abschnitt Kündigungsschutz im Rahmen der Betriebsverfassung und Personalvertretung

§ 15	Unzulässigkeit der Kündigung	305
§ 16	Neues Arbeitsverhältnis; Auflösung des alten Arbeitsverhältnisses	310

Dritter Abschnitt Anzeigepflichtige Entlassungen

Vor §§ 17–22		312
§ 17	Anzeigepflicht	312
§ 18	Entlassungssperre	333
§ 19	Zulässigkeit von Kurzarbeit	338
§ 20	Entscheidungen der Agentur für Arbeit	338

Inhaltsverzeichnis

§ 21	Entscheidungen der Zentrale der Bundesagentur für Arbeit	339
§ 22	Ausnahmebetriebe	339
§ 22a	(aufgehoben)	339

Vierter Abschnitt   Schlußbestimmungen

Vor § 23		339
§ 23	Geltungsbereich	339
§ 24	Anwendung des Gesetzes auf Betriebe der Schifffahrt und des Luftverkehrs	343
§ 25	Kündigung in Arbeitskämpfen	343
§ 25a	Berlin-Klausel	343
§ 26	Inkrafttreten	343

Bürgerliches Gesetzbuch (BGB)

§§ 119, 123 BGB – die Anfechtung der Kündigung

§ 119	Anfechtbarkeit wegen Irrtums	344
§ 123	Anfechtbarkeit wegen Täuschung oder Drohung	344

§§ 174, 180 BGB – Vertretung bei Kündigung

§ 174	Einseitiges Rechtsgeschäft eines Bevollmächtigten	353
§ 180	Einseitiges Rechtsgeschäft	353

§§ 138, 242, 612 a BGB, §§ 1, 2 AGG – Allgemeine privatrechtliche Kündigungseinschränkungen

§ 138	Sittenwidriges Rechtsgeschäft; Wucher	363
§ 242	Leistung nach Treu und Glauben	363
§ 612a	Maßregelungsverbot	363

§ 314 Abs. 2 BGB – Abmahnung

§ 314	Kündigung von Dauerschuldverhältnissen aus wichtigem Grund	370

§§ 613 a, 615, 622, 623, 626 BGB – Betriebsübergang und BGB-Kündigungstatbestände

§ 613a	Rechte und Pflichten bei Betriebsübergang	371
§ 615	Vergütung bei Annahmeverzug und bei Betriebsrisiko	403
§ 622	Kündigungsfristen bei Arbeitsverhältnissen	418
§ 623	Schriftform der Kündigung	424
§ 626	Fristlose Kündigung aus wichtigem Grund	447

Betriebsverfassungsgesetz

§ 102	Mitbestimmung bei Kündigungen	475
§ 103	Außerordentliche Kündigung und Versetzung in besonderen Fällen	507
§ 104	Entfernung betriebsstörender Arbeitnehmer	514

Berufsbildungsgesetz
(BBiG)

| § 22 | Kündigung | 517 |

Gesetz zum Schutze der erwerbstätigen Mutter
(Mutterschutzgesetz – MuSchG)

| § 9 | Kündigungsverbot | 544 |

Arbeitsgerichtsgesetz

§ 12a	Kostentragungspflicht	551
§ 61	Inhalt des Urteils	568
§ 111	Änderung von Vorschriften	571

Gesetz über die Pflegezeit
(Pflegezeitgesetz – PflegeZG)

| § 5 | Kündigungsschutz | 572 |

Gesetz zum Elterngeld und zur Elternzeit
(Bundeselterngeld- und Elternzeitgesetz – BEEG)

| § 18 | Kündigungsschutz | 583 |

Sozialgesetzbuch (SGB) Neuntes Buch (IX)
– Rehabilitation und Teilhabe behinderter Menschen –

§ 85	Erfordernis der Zustimmung	592
§ 86	Kündigungsfrist	592
§ 87	Antragsverfahren	592
§ 88	Entscheidung des Integrationsamtes	592
§ 89	Einschränkungen der Ermessensentscheidung	592
§ 90	Ausnahmen	593
§ 91	Außerordentliche Kündigung	594
§ 92	Erweiterter Beendigungsschutz	594

Gesetz über Teilzeitarbeit und befristete Arbeitsverträge (Teilzeit- und Befristungsgesetz – TzBfG)

§ 14	Zulässigkeit der Befristung	618
§ 15	Ende des befristeten Arbeitsvertrages	625
§ 17	Anrufung des Arbeitsgerichts	627
§ 20	Information der Arbeitnehmervertretung	635
§ 21	Auflösend bedingte Arbeitsverträge	635

Gesetz über die Zahlung des Arbeitsentgelts an Feiertagen und im Krankheitsfall (Entgeltfortzahlungsgesetz)

§ 8	Beendigung des Arbeitsverhältnisses	638

Zivilprozessordnung

§ 114	Voraussetzungen	643
§ 121	Beiordnung eines Rechtsanwalts	652
§ 719	Einstweilige Einstellung bei Rechtsmittel und Einspruch	656
§ 888	Nicht vertretbare Handlungen	659
§ 940	Einstweilige Verfügung zur Regelung eines einstweiligen Zustandes	663

Gerichtskostengesetz (GKG)

Vor §§ 63, 68		671
§ 63	Wertfestsetzung für die Gerichtsgebühren	673
§ 68	Beschwerde gegen die Festsetzung des Streitwerts	678
Anhang zu §§ 63, 68	Streitwertekatalog der Landesarbeitsgerichte für das Urteilsverfahren	681

Stichwortverzeichnis 687

Alphabetisches Musterverzeichnis

	Muster-Nr.	§/Art.	Rn
Abfindung in gesetzlicher Höhe, Kündigungsschreiben	53	§ 1 a KSchG	1
Abfindung in gesetzlicher Höhe, Kündigungsschreiben mit Änderungskündigung	55	§ 1 a KSchG	21
Abfindung in individueller Höhe, Kündigungsschreiben	54	§ 1 a KSchG	17
Abmahnung durch Arbeitgeber	20	§ 1 KSchG Teil 3	11
Abmahnung durch Arbeitnehmer	21	§ 1 KSchG Teil 3	31
Abmahnung, Beschwerde an Betriebsrat gem. §§ 84, 85 BetrVG	24	§ 1 KSchG Teil 3	53
Abmahnung, Gegendarstellung des Arbeitnehmers	22	§ 1 KSchG Teil 3	36
Abmahnung, Klage auf Rücknahme und Entfernung aus der Personalakte	25	§ 1 KSchG Teil 3	60
Abmahnung, Rücknahme-/Entfernungsverlangen des Arbeitnehmers	23	§ 1 KSchG Teil 3	45
Abmahnung, Schreiben des Arbeitnehmers	27	§ 1 KSchG Teil 3	85
Abmahnung, vorherige Anhörung des Arbeitnehmers	19	§ 1 KSchG Teil 3	1
Abmahnungsklage, Klageerwiderung	26	§ 1 KSchG Teil 3	74
Alkoholabhängigkeit, Klageerwiderung	15	§ 1 KSchG Teil 2	52
Änderungskündigung, außerordentliche	165	§ 626 BGB	39
Änderungskündigung, außerordentliche; Klage	79	§ 4 KSchG	115
Änderungsschutzklage	57	§ 2 KSchG	18
Änderungsschutzklage	78	§ 4 KSchG	109
Änderungsschutzklage, Erwiderungsschriftsatz	58	§ 2 KSchG	30
Anfechtungserklärung bei Kündigung/Aufhebungsvertrag	116	§ 123 BGB	1
Anhörung des Betriebsrates zu einer geplanten Änderungskündigung	175	§ 102 BetrVG	32

Alphabetisches Musterverzeichnis

	Muster-Nr.	§/Art.	Rn
Anhörung des Betriebsrates zu einer geplanten außerordentlichen Kündigung	174	§ 102 BetrVG	15
Anhörung des Betriebsrates zu einer geplanten ordentlichen Kündigung	173	§ 102 BetrVG	1
Anhörung des Betriebsrats, beabsichtigte außerordentliche Kündigung des sich im nachwirkenden Kündigungsschutz befindenden BR-Mitgliedes	101	§ 15 KSchG	1
Anhörung des Betriebsrats, Bedenken gegen außerordentliche Kündigung eines Mandatsträgers	102	§ 15 KSchG	6
Anhörung des Betriebsrats, einer beabsichtigte ordentliche Kündigung eines JAV-Mitgliedes wegen Betriebsstillegung	103	§ 15 KSchG	10
Anhörungsfrist, Verlängerung; Belehrung nach § 6 Satz 2 KSchG	82	§ 6 KSchG	1
Annahmeverzugslohn, Begründung bei Betriebsrisikofällen	144	§ 615 BGB	21
Annahmeverzugslohn, Einwendungen gegen Klage	145	§ 615 BGB	24
Annahmeverzugslohn, Klage im ungekündigten Arbeitsverhältnis	143	§ 615 BGB	13
Anschreiben bei Inhaftierung des Arbeitnehmers aufgrund einer Untersuchungshaft/nicht rechtskräftigen Verurteilung	6	§ 1 KSchG Teil 2	10
Antrag des Auszubildenden auf Durchführung eines Schlichtungsverfahrens gemäß § 111 Abs. 2 ArbGG	196	§ 22 BBiG	56
Anwaltskosten, bezifferte Übernahme; Vergleichsklausel	206	§ 12 a ArbGG	5
Anzeigepflichtige Entlassung, Klage	75	§ 4 KSchG	98
Arbeitsverhältnis, Verweigerung der Fortsetzung nach Obsiegen im Kündigungsschutzverfahren – Schreiben an Arbeitgeber	93	§ 12 KSchG	1
Auflösung des Arbeitsverhältnisses, Antrag des Arbeitgebers	86	§ 10 KSchG	28
Auflösung des Arbeitsverhältnisses, Antrag des Arbeitnehmers	85	§ 10 KSchG	1
Auflösungsantrag des Arbeitgebers bzgl hilfsweise erklärter ordentlicher Kündigung	94	§ 13 KSchG	2
Auflösungsantrag des Arbeitgebers gegenüber leitenden Angestellten	100	§ 14	1
Auflösungsantrag des Arbeitgebers, Zurückweisungsantrag des Arbeitnehmers	97	§ 13 KSchG	21
Auflösungsantrag des Arbeitnehmers	98	§ 13 KSchG	25

Alphabetisches Musterverzeichnis

	Muster-Nr.	§/Art.	Rn
Auflösungsantrag des Arbeitnehmers bei außerordentlicher Kündigung	96	§ 13 KSchG	11
Auflösungsantrag des Arbeitnehmers, Zurückweisungsantrag des Arbeitgebers	95	§ 13 KSchG	8
Auflösungsantrag, Antrag auf Zurückweisung; statusneutral	99	§ 13 KSchG	32
Ausbildung, fristlose Beendigungskündigung – Sicht des Ausbildenden	193	§ 22 BBiG	28
Ausbildung, fristlose Beendigungskündigung – Sicht des Auszubildenden	194	§ 22 BBiG	47
Ausbildung, Klage gegen fristlose Kündigung des Ausbildenden	197	§ 22 BBiG	65
Ausbildung, Klageantrag bei Kündigung des Ausbildenden innerhalb der Probezeit	198	§ 22 BBiG	77
Ausbildung, Klageantrag des Ausbildenden nach Unterliegen im Schlichtungsverfahren	199	§ 22 BBiG	82
Ausbildung, Klageerwiderung des Ausbildenden (Klage gegen fristlose Kündigung)	200	§ 22 BBiG	85
Ausbildung, Kündigung des Auszubildenden wegen Aufgabe der Berufsausbildung	195	§ 22 BBiG	52
Ausbildung, Probezeitkündigung durch Ausbildenden	191	§ 22 BBiG	1
Ausbildung, Probezeitkündigung durch Auszubildenden	192	§ 22 BBiG	20
Beendigungskündigung, außerordentliche und hilfsweise ordentliche Kündigung	164	§ 626 BGB	34
Beendigungskündigung, außerordentliche; Arbeitgebersicht (ausführlich)	161	§ 626 BGB	1
Beendigungskündigung, außerordentliche; Arbeitgebersicht (kurz)	162	§ 626 BGB	20
Beendigungskündigung, außerordentliche; Arbeitnehmersicht	163	§ 626 BGB	22
Befristung mit Sachgrund, Arbeitsvertrag	231	§ 14 TzBfG	1
Befristung, Arbeitsvertrag älterer Arbeitnehmer	234	§ 14 TzBfG	19
Befristung, Erwiderung des Arbeitgebers auf Kontrollklage mit Begründungselementen	242	§ 17 TzBfG	21
Befristung, für den Fall des Entzugs einer Einsatzgenehmigung auflösend bedingter Arbeitsvertrag	244	§ 21 TzBfG	1

Alphabetisches Musterverzeichnis

	Muster-Nr.	§/Art.	Rn
Befristung, Information der Arbeitnehmervertreter über Anzahl befristeter Arbeitsverhältnisse	243	§ 20 TzBfG	1
Befristung, Klage auf Feststellung des Fortbestehens eines Arbeitsverhältnisses	238	§ 17 TzBfG	1
Befristung, Klage auf Feststellung des Fortbestehens eines Arbeitsverhältnisses mit Wiedereinstellungsantrag	239	§ 17 TzBfG	15
Befristung, Kontrollklage mit Antrag auf nachträgliche Zulassung	241	§ 17 TzBfG	19
Befristung, Mitteilung über beabsichtigte Einstellung	235	§ 14 TzBfG	21
Befristung, Rahmenvertrag über Kurzarbeitsverhältnis	232	§ 14 TzBfG	11
Befristung, sachgrundlose; Arbeitsvertrag	233	§ 14 TzBfG	13
Befristung, Schreiben zur Beendigung des zweckbefristeten Arbeitsverhältnisses	236	§ 15 TzBfG	1
Befristung, verbundene Kontroll- und Schadensersatzklage wegen unterbliebener Übernahme in ein unbefristetes Arbeitsverhältnis	240	§ 17 TzBfG	17
Befristung, Vereinbarung einer auflösenden Bedingung in einem Vergleich mit einem Alkoholkranken für den Fall eines Rückfalls	245	§ 21 TzBfG	3
Befristung, Widerspruch gegen Fortsetzung des Arbeitsverhältnisses	237	§ 15 TzBfG	5
Beiordnung eines nicht im Gerichtsbezirk ansässigen Rechtsanwaltes, uneingeschränkte	250	§ 121 ZPO	1
Beiordnung eines Verkehrsanwaltes, zusätzliche	251	§ 121 ZPO	7
Beschäftigungssicherungspakt	184	§ 102 BetrVG	103
Betriebliche Altersversorgung, Übertragung	159	§ 623 BGB	114
Betriebsratsanhörung, fehlerhafte; Replik bei Rüge	49	§ 1 KSchG Teil 4	134
Betriebsstilllegung, Einverständniserklärung des Arbeitnehmers zu anderweitigem Einsatz	37	§ 1 KSchG Teil 4	21
Betriebsstilllegung, Replik nach betriebsbedingter Kündigung	40	§ 1 KSchG Teil 4	52
Betriebsstilllegung, Vermerk der Geschäftsleitung (unternehmerische Entscheidung)	35	§ 1 KSchG Teil 4	1
Betriebsstörender Arbeitnehmer, Antrag an den Arbeitgeber auf Entfernung	189	§ 104 BetrVG	1

Alphabetisches Musterverzeichnis

	Muster-Nr.	§/Art.	Rn
Betriebsstörender Arbeitnehmer, Antrag des Betriebsrats auf Verpflichtung des Arbeitgebers zur Entlassung	190	§ 104 BetrVG	5
Betriebsübergang, bekannter; Kündigungsschutzklage	135	§ 613a BGB	55
Betriebsübergang, Bestreiten des Vorliegens	136	§ 613a BGB	59
Betriebsübergang, dreiseitiger Vertrag	130	§ 613a BGB	22
Betriebsübergang, Klage nach Änderungskündigung	138	§ 613a BGB	76
Betriebsübergang, Umfassendes Informationsschreiben in betriebsratslosem Betrieb	129	§ 613a BGB	1
Betriebsübergang, unternehmerische Entscheidung zur neuen Konzeption	132	§ 613a BGB	35
Betriebsübergang, Widerspruch gegen Übergang des Arbeitsverhältnisses	131	§ 613a BGB	27
Dienstwagen, Weiternutzung	158	§ 623 BGB	107
Differenzvergütung, rückständige; Geltendmachung	84	§ 8 KSchG	1
Drohung mit fristloser Kündigung, Feststellungsklage	117	§ 123 BGB	27
Einfacher Aufhebungsvertrag	153	§ 623 BGB	45
Eingliederungsmanagement, betriebliches; Aufforderungsschreiben zur Umsetzung	4	§ 1 KSchG Teil 2	3
Elternzeit, Antrag	219	§ 18 BEEG	1
Elternzeit, Antrag auf Zulassung einer Kündigung nach § 18 Abs. 1 Satz 2 BEEG	220	§ 18 BEEG	9
Elternzeit, arbeitsgerichtliche Klage nach Kündigung ohne Zulassung durch die zuständige oberste Landesbehörde	222	§ 18 BEEG	22
Elternzeit, Klageerwiderung des Arbeitgebers nach unterlassener Einholung der Zulässigkeitserklärung der ausgesprochenen Kündigung	223	§ 18 BEEG	24
Elternzeit, Kündigungsschreiben	221	§ 18 BEEG	16
Entgeltfortzahlung im Krankheitsfall, Erwiderungsschriftsatz der Arbeitgeberseite	247	§ 8 EntgeltFG	12
Entgeltfortzahlung im Krankheitsfall, Klage	246	§ 8 EntgeltFG	1
Entziehungskur, Aufforderungsschreiben zur Teilnahme	5	§ 1 KSchG Teil 2	6
Entziehungsmaßnahme, Replik bei einmaligem Rückfall	16	§ 1 KSchG Teil 2	59

Alphabetisches Musterverzeichnis

	Muster-Nr.	§/Art.	Rn
Fehlzeiten, krankheitsbedingte; Anschreiben an Arbeitnehmer zur Aufklärung	3	§ 1 KSchG Teil 2	1
Freistellung bei bestehender Arbeitsunfähigkeit	141	§ 615 BGB	8
Freistellung nach Kündigungsausspruch mit Hinweis auf Anrechnung von Zwischenverdienst	139	§ 615 BGB	1
Freistellung unter Anrechnung von Zwischenverdienst	142	§ 615 BGB	11
Freistellung, einseitige unwiderrufliche unter Anrechnung auf Resturlaub und Überstunden	150	§ 623 BGB	19
Freistellung, einseitige widerrufliche mit Urlaubsgewährung	152	§ 623 BGB	41
Freistellung, unwiderrufliche bis zur rechtlichen Beendigung des Arbeitsverhältnisses	155	§ 623 BGB	87
Freistellung, unwiderrufliche mit Hinweis auf Wettbewerbsverbot	140	§ 615 BGB	6
Führerscheinentzug, Klageerwiderung bei	14	§ 1 KSchG Teil 2	48
Geltungsbereich des KSchG, Erwiderungsschriftsatz des Klägers	115	§ 23 KSchG	9
Geltungsbereich des KSchG, Klageerwiderung der Beklagten	114	§ 23 KSchG	4
Geltungsbereich des KSchG, Klagevortrag	113	§ 23 KSchG	1
Interessensausgleich, Formulierungsbaustein	107	§ 17 KSchG	38
Klagezustellung, Hinweis des Arbeitsgerichts	205	§ 12 a ArbGG	1
Kostenfestsetzungsbeschluss bei Beteiligung eines Verbandsvertreters	210	§ 12 a ArbGG	20
Kündigung als Druckmittel	71	§ 4 KSchG	81
Kündigung außerhalb des Geltungsbereiches des KSchG, Klage	124	§ 138 BGB	1
Kündigung durch Vertreter ohne Vorlage der Originalvollmachtsurkunde, Klage	77	§ 4 KSchG	105
Kündigung eines Betriebsratsmitglieds, außerordentliche; Antrag des Arbeitgebers auf Zustimmung	185	§ 103 BetrVG	1
Kündigung eines Betriebsratsmitglieds, außerordentliche; Antrag des Arbeitgebers auf Zustimmungsersetzung des Betriebsrat	187	§ 103 BetrVG	17
Kündigung eines Betriebsratsmitglieds, außerordentliche; Zustimmungsverweigerung des Betriebsrats	186	§ 103 BetrVG	10

	Muster-Nr.	§/Art.	Rn
Kündigung eines Vertreters ohne Vertretungsmacht, Klage	76	§ 4 KSchG	102
Kündigung unter Verstoß gegen § 622 Abs. 2 BGB (falsche Frist)	73	§ 4 KSchG	92
Kündigung wegen Betreuung eines erkrankten Kindes	72	§ 4 KSchG	85
Kündigung wegen Betriebsübergang	74	§ 4 KSchG	94
Kündigung, außerordentliche mit (sozialer) Auslauffrist	166	§ 626 BGB	44
Kündigung, außerordentliche mit notwendiger Auslauffrist (bei Ausschluss des Rechts zur ordentlichen Kündigung)	167	§ 626 BGB	46
Kündigung, außerordentliche; Bedenken des Betriebsrats	177	§ 102 BetrVG	39
Kündigung, betriebsbedingte; Replik bei außerbetrieblichem Grund	42	§ 1 KSchG Teil 4	74
Kündigung, betriebsbedingte; Replik nach Rüge einer Weiterbeschäftigungsmöglichkeit	43	§ 1 KSchG Teil 4	87
Kündigung, betriebsbedingte; Replik nach Streichung einer Hierarchieebene	41	§ 1 KSchG Teil 4	63
Kündigung, Klage gegen fristlose, hilfsweise fristgerechte	60	§ 4 KSchG	26
Kündigung, Klageerwiderung (idR nach Gütetermin)	32	§ 1 KSchG Teil 3	122
Kündigung, Klageerwiderung bei Diebstahl geringwertiger Sachen	34	§ 1 KSchG Teil 3	130
Kündigung, Klageerwiderung bei häufigem Zuspätkommen	33	§ 1 KSchG Teil 3	128
Kündigung, Klageerwiderung des Arbeitgebers	172	§ 626 BGB	72
Kündigung, Mitteilung des Arbeitgebers an den zu kündigenden Arbeitnehmer	180	§ 102 BetrVG	73
Kündigung, ordentliche durch Arbeitnehmer	30	§ 1 KSchG Teil 3	112
Kündigung, ordentliche; Klage gegen nicht fristgerechte	146	§ 622 BGB	1
Kündigung, sittenwidrige; Klage	125	§ 138 BGB	2
Kündigung, verhaltensbedingte; Arbeitgebersicht (kurz)	29	§ 1 KSchG Teil 3	109
Kündigung, verhaltensbedingte; Arbeitgebersicht (ausführlich)	28	§ 1 KSchG Teil 3	88
Kündigung, verhaltensbedingte; Zustimmung	176	§ 102 BetrVG	37

Alphabetisches Musterverzeichnis

	Muster-Nr.	§/Art.	Rn
Kündigung, Verteidigungsanzeige (vor Gütetermin)	31	§ 1 KSchG Teil 3	118
Kündigungsbefugnis, Zweifel	122	§ 180 BGB	30
Kündigungsfrist, jahresübergreifende	151	§ 623 BGB	38
Kündigungsfrist, verkürzte; Erwiderung (Aushilfe)	148	§ 622 BGB	11
Kündigungsgrund, Aufforderung zur Mitteilung	169	§ 626 BGB	60
Kündigungsgrund, Mitteilung	170	§ 626 BGB	64
Kündigungsschreiben	56	§ 2 KSchG	1
Kündigungsschreiben, einfaches	149	§ 623 BGB	1
Kündigungsschutz, allgemeiner trotz unter sechsmonatiger Beschäftigungsdauer	1	§ 1 KSchG Teil 1	1
Kündigungsschutzklage	59	§ 4 KSchG	1
Kündigungsschutzklage bei streitigem Beendigungszeitpunkt	112	§ 18 KSchG	15
Kündigungsschutzklage und Antrag auf nachträgliche Zulassung der Kündigungsschutzklage, Kombination	80	§ 5 KSchG	1
Kündigungsschutzklage und Antrag auf nachträgliche Zulassung der Kündigungsschutzklage, Kombination	81	§ 5 KSchG	13
Kündigungsschutzklage, zusätzliche Streitgegenstände	249	§ 114 ZPO	11
Kurzerkrankungen, häufige	9	§ 1 KSchG Teil 2	29
Kurzerkrankungen, häufige; Duplik (einheitliches Grundleiden)	13	§ 1 KSchG Teil 2	46
Kurzerkrankungen, häufige; Replik (fehlende negative Prognose)	12	§ 1 KSchG Teil 2	45
Langzeiterkrankung, Klageerwiderung	8	§ 1 KSchG Teil 2	17
Langzeiterkrankung, Replik bei anderweitiger Beschäftigungsmöglichkeit	11	§ 1 KSchG Teil 2	40
Langzeiterkrankung, Replik bei bestehender Rehabilitationsmöglichkeit	10	§ 1 KSchG Teil 2	38
Leistungsunfähigkeit, dauernde; Klageerwiderung	7	§ 1 KSchG Teil 2	12
Lösungsrecht, vorzeitiges	156	§ 623 BGB	96
Massenentlassung, Unterrichtung des Betriebsrats	106	§ 17 KSchG	22

Alphabetisches Musterverzeichnis

	Muster-Nr.	§/Art.	Rn
Massenentlassungsanzeige	105	§ 17 KSchG	1
Massenentlassungsanzeige, ordnungsgemäße; Bestreiten	108	§ 17 KSchG	43
Massenentlassungsanzeige, Stellungnahme des Betriebsrats	110	§ 17 KSchG	58
Massenentlassungsverfahren, Baustein Klageerwiderung	109	§ 17 KSchG	47
Maßregelungsverbot, Verstoß	128	§ 138 BGB	18
Mindestmaß an sozialer Rücksichtnahme bei Kündigung aus wirtschaftlichen Gründen	70	§ 4 KSchG	77
Mutterschutz, Antrag auf Zulassung einer Kündigung	201	§ 9 MuSchG	1
Mutterschutz, arbeitsgerichtliche Klage nach Kündigung ohne Zulassung durch die zuständige oberste Landesbehörde	203	§ 9 MuSchG	16
Mutterschutz, Klageerwiderung des Arbeitgebers nach unterlassener Einholung der Zulässigkeitserklärung der ausgesprochenen Kündigung	204	§ 9 MuSchG	18
Mutterschutz, Kündigungsschreiben	202	§ 9 MuSchG	10
Outplacementberatung	157	§ 623 BGB	103
Pflegezeit, Ankündigung der Inanspruchnahme	214	§ 5 PflegeZG	6
Pflegezeit, Antrag auf Zulassung einer Kündigung	215	§ 5 PflegeZG	11
Pflegezeit, Anzeige kurzzeitiger Arbeitsverhinderung	213	§ 5 PflegeZG	1
Pflegezeit, arbeitsgerichtliche Klage nach Kündigung ohne Zulassung durch die zuständige oberste Landesbehörde	217	§ 5 PflegeZG	24
Pflegezeit, Klageerwiderung des Arbeitgebers nach unterlassener Einholung der Zulässigkeitserklärung der ausgesprochenen Kündigung	218	§ 5 PflegeZG	26
Pflegezeit, Kündigungsschreiben	216	§ 5 PflegeZG	18
Probezeitkündigung, Klage	147	§ 622 BGB	6
Prozessarbeitsvertrag	92	§ 11 KSchG	49
Prozessarbeitsvertrag, Aufforderung zum Abschluss eines	91	§ 11 KSchG	41
Prozesskostenhilfe und Beiordnung bei einer Kündigungsschutzklage, Antrag	248	§ 114 ZPO	1
Rechtsanwaltskosten in Arbeitsrechtsstreitigkeiten, anwaltlicher Hinweis	211	§ 12 a ArbGG	24
Reise- und Portokosten, Kostenfestsetzungsantrag	207	§ 12 a ArbGG	8
Reisekosten, fiktive; Kostenfestsetzungsantrag	208	§ 12 a ArbGG	12
Reisekosten, sofortige Beschwerde wegen Berücksichtigung	209	§ 12 a ArbGG	16

Alphabetisches Musterverzeichnis

	Muster-Nr.	§/Art.	Rn
Schwerbehinderte, Antrag auf Einholung der Zustimmung des Integrationsamtes nach §§ 85, 87 Abs. 1 SGB IX	225	§ 85 ff SGB IX	7
Schwerbehinderte, Klageerwiderung des Arbeitgebers nach unterlassener Einholung der Zustimmung des Integrationsamtes	230	§ 85 ff SGB IX	65
Schwerbehinderte, Kündigungsschreiben	226	§ 85 ff SGB IX	20
Schwerbehinderte, nachträgliche Mitteilung des Kündigungsverbotes nach § 85 SGB IX	224	§ 85 ff SGB IX	1
Schwerbehinderte, verwaltungsgerichtliche Klage des Arbeitgebers wegen Zustimmungsverweigerung	229	§ 85 ff SGB IX	51
Schwerbehinderte, Widerspruch gegen Entscheidung des Integrationsamtes	227	§ 85 ff SGB IX	28
Sonderkündigungsschutz eines Wahlbewerbers für Betriebsratswahlen	69	§ 4 KSchG	75
Sonderkündigungsschutz eines Wahlvorstandsmitglieds zur Durchführung von Betriebsratswahlen	68	§ 4 KSchG	73
Sonderkündigungsschutz gem. § 15 Abs. 1 KSchG	67	§ 4 KSchG	69
Sonderkündigungsschutz gem. § 18 Abs. 1 BEEG	63	§ 4 KSchG	40
Sonderkündigungsschutz gem. § 2 ArbPlSchG	64	§ 4 KSchG	47
Sonderkündigungsschutz gem. § 4 f Abs. 3 BDSG	66	§ 4 KSchG	66
Sonderkündigungsschutz gem. § 5 Abs. 1 PflegeZG	65	§ 4 KSchG	51
Sonderkündigungsschutz gem. § 85 SGB IX	61	§ 4 KSchG	29
Sonderkündigungsschutz gem. § 9 Abs. 1 MuSchG	62	§ 4 KSchG	35
Sozialauswahl, Geltendmachung des Auskunftsanspruchs des Arbeitnehmers	38	§ 1 KSchG Teil 4	32
Sozialauswahl, Klagebegründung bei Weiterbeschäftigungsmöglichkeiten	39	§ 1 KSchG Teil 4	37
Sozialauswahl, Replik bei undifferenzierter Rüge und Auswahl nach Punkteschema	44	§ 1 KSchG Teil 4	93
Sozialauswahl, Replik nach Rüge bei Auswahlrichtlinie	47	§ 1 KSchG Teil 4	124
Sozialauswahl, Replik nach Rüge bei Herausnahme von Leistungsträgern	45	§ 1 KSchG Teil 4	109
Sozialauswahl, Replik nach Rüge bei Interessensausgleich mit Namensliste	48	§ 1 KSchG Teil 4	129

Alphabetisches Musterverzeichnis

	Muster-Nr.	§/Art.	Rn
Sozialauswahl, Replik nach Rüge bei Sicherung der Personalstruktur	46	§ 1 KSchG Teil 4	116
Sozialauswahl, Vorbereitung; Anschreiben des Arbeitgebers an die Arbeitnehmer	36	§ 1 KSchG Teil 4	16
Sperrfrist, Antrag auf Verkürzung für einzelne Mitarbeiter	111	§ 18 KSchG	1
Stellungnahme des Betriebsrates zur beabsichtigten Kündigung eines Schwerbehinderten Mitarbeiters	179	§ 102 BetrVG	70
Streit-/Gegenstandswertfestsetzung bei einem Kündigungsschutzverfahren, Antrag	257	§ 63 GKG	1
Streit-/Gegenstandswertfestsetzung nach Endurteil/Vergleich und vorheriger teilweiser übereinstimmender Teilerledigterklärung/-klagerücknahme, Antrag	258	§ 63 GKG	7
Streit-/Gegenstandswertfestsetzung nach klageabweisendem Endurteil/Vergleich und als unechten Hilfsantrag gestellten allgemeinen Weiterbeschäftigungsantrag	259	§ 63 GKG	15
Streitwert, Beschwerde gegen die Festsetzung	260	§ 68 GKG	1
Treu und Glauben, Klagebegründung bei Verstoß	126	§ 138 BGB	9
Treu und Glauben, Klagebegründung; Unterfall AGG	127	§ 138 BGB	14
Unmöglichkeit der Erfüllung, Erwiderung des Schuldners bei	254	§ 888 ZPO	10
Untersuchungshaft, Replik bei fehlender negativer Prognose	18	§ 1 KSchG Teil 2	69
Verdachtskündigung (Anhörung, Ladung)	168	§ 626 BGB	50
Versetzung eines Betriebsratsmitglieds, Antrag des Arbeitgebers auf Zustimmungsersetzung	188	§ 103 BetrVG	21
Verteidigungsanzeige des Arbeitgebers (vor Gütetermin)	171	§ 626 BGB	69
Verurteilung/Untersuchungshaft, Klageerwiderung	17	§ 1 KSchG Teil 2	61
Verwaltungsgerichtliche Klage des Arbeitnehmers gegen Zustimmung des Integrationsamtes	228	§ 85 ff SGB IX	39
Vollmacht, Beanstandung fehlender Vertretungsmacht zur Kündigung	123	§ 180 BGB	36
Vollmacht, Nichtvorliegen; Beanstandungsschreiben nach § 180 BGB	119	§ 180 BGB	14
Vollmacht, Zurückweisung nach § 180 BGB	121	§ 180 BGB	27
Vollmacht, Zurückweisung nach Vollmacht, § 174 BGB	120	§ 180 BGB	26

Alphabetisches Musterverzeichnis

	Muster-Nr.	§/Art.	Rn
Vollmacht, Zurückweisungsschreiben wegen Nichtvorlage	118	§ 180 BGB	1
Vorbeschäftigungszeiten, Anrechnung	2	§ 1 KSchG Teil 1	14
Weiterbeschäftigung bei offensichtlich rechtswidriger Kündigung, einstweilige Verfügung	256	§ 940 ZPO	10
Weiterbeschäftigung bis zum Ende des Kündigungsschutzprozesses, Antrag	181	§ 102 BetrVG	77
Weiterbeschäftigung nach Freistellung oder Freistellung nach Ausspruch einer ordentlichen Kündigung bis zum Ablauf der Kündigungsfrist, einstweilige Verfügung	255	§ 940 ZPO	1
Weiterbeschäftigung, Verweigerung gegenüber dem Arbeitgeber	104	§ 16 KSchG	1
Weiterbeschäftigungsanspruch, Antrag auf Erlass einer einstweiligen Verfügung zur Durchsetzung nach Ablauf der Kündigungsfrist	182	§ 102 BetrVG	82
Weiterbeschäftigungsanspruch, titulierter; Antrag auf einstweilige Einstellung der Zwangsvollstreckung	252	§ 719 ZPO	1
Weiterbeschäftigungsanspruch, titulierter; Zwangsvollstreckungsantrag	253	§ 888 ZPO	1
Weiterbeschäftigungsantrag, Verknüpfung mit Antrag nach § 61 Abs. 2 S. 1 ArbGG	212	§ 61 ArbGG	1
Weiterbeschäftigungspflicht, Antrag des Arbeitgebers auf Entbindung	183	§ 102 BetrVG	90
Wettbewerbsverbot, nachvertragliches; Aufhebung	160	§ 623 BGB	125
Widerspruch des Betriebsrats gegen eine geplante Kündigung	178	§ 102 BetrVG	43
Wiedereinstellung nach Betriebsübergang, Klage	137	§ 613a BGB	67
Wiedereinstellung, Klage	52	§ 1 KSchG Teil 4	145
Wiedereinstellungsanspruch, Anschreiben des Arbeitgebers mit Ablehnung	51	§ 1 KSchG Teil 4	142
Wiedereinstellungsanspruch, Anschreiben des Arbeitnehmervertreters	50	§ 1 KSchG Teil 4	137
Wiedereinstellungsanspruch, außergerichtliche Geltendmachung	133	§ 613a BGB	38
Wiedereinstellungsanspruches, Antwort auf außergerichtliche Geltendmachung	134	§ 613a BGB	50

Alphabetisches Musterverzeichnis

	Muster-Nr.	§/Art.	Rn
Wirksamkeitsfiktion, Klageerwiderung des Arbeitgebers	83	§ 7 KSchG	1
Zahlungsklage auf Annahmeverzugslohn nach Obsiegen im Kündigungsschutzverfahren	88	§ 11 KSchG	16
Zahlungsklage, Einwendungen des Arbeitgebers	89	§ 11 KSchG	27
Zahlungsklage, Widerklage auf Auskunftserteilung	90	§ 11 KSchG	35
Zwischenverdienst, Aufforderungsschreiben zur Auskunftserteilung	87	§ 11 KSchG	1
Zwischenzeugnis und endgültiges Zeugnis mit Notenstufe und Schlussformulierung	154	§ 623 BGB	77

Bearbeiterverzeichnis

Im Einzelnen haben bearbeitet:

Rechtsanwältin *Yvonne Bechold*, Tauberbischofsheim (KSchG §§ 1 a, 9, 10)

Rechtsanwältin *Dr. Annett Böhm*, Fachanwältin für Arbeitsrecht, Bad Schwartau/Lübeck (BEEG § 18; MuSchG § 9; PflegeZG § 5; SGB IX §§ 85-92)

Rechtsanwalt *Mathias Busch*, Fachanwalt für Arbeitsrecht, Hannover (ArbGG 12 a; BGB § 615; KSchG §§ 11, 12)

Rechtsanwalt *Marc Doßler*, Fachanwalt für Arbeitsrecht und für Sozialrecht, Würzburg (AGG §§ 1, 2; BGB §§ 119, 123, 138, 174, 180, 242, 612 a, 623; EFZG § 8; KSchG §§ 17, 18)

Richter am Arbeitsgericht *Alexander Dubon*, Würzburg (ArbGG § 61; GKG §§ 63, 68; KSchG § 1 [Wartezeit, personenbedingte Kündigung]; ZPO §§ 114, 121, 719, 888, 940)

Rechtsanwalt *Jan Gieseler*, Mediator, Fachanwalt für Arbeitsrecht und für Strafrecht, Tauberbischofsheim (ArbGG § 111; BBiG § 22; BGB §§ 314, 626; KSchG §§ 1 [Verhaltensbedingte Kündigung], 13)

Präsident des Landesarbeitsgerichts *Wilhelm Mestwerdt*, Hannover (TzBfG §§ 14-21)

Rechtsanwältin *Karin Milkau*, Fachanwältin für Arbeitsrecht, Würzburg (BetrVG § 104; KSchG § 16)

Rechtsanwalt *Dr. Stephan Osnabrügge*, Fachanwalt für Arbeitsrecht, Bonn (BGB § 613 a; KSchG § 1 [Betriebsbedingte Kündigung])

Vorsitzender Richter am Landesarbeitsgericht *Gerhard Pfeiffer*, Stuttgart (KSchG §§ 2, 8, 14, Vor 17, 17, 19–22, Vor 23, 23)

Rechtsanwalt *Bernd Spengler*, Fachanwalt für Arbeitsrecht, Würzburg (BGB § 622; BetrVG §§ 102, 103; KSchG § 15)

Richter am Arbeitsgericht *Ralf Zimmermann*, Hannover (KSchG §§ 4-7)

Abkürzungsverzeichnis

aA	andere(r) Ansicht
aaO	am angegebenen Ort
ABG	Allgemeines Berggesetz für Preußische Staaten
abl	ablehnend
Abs	Absatz
abw	abweichend
abzgl	abzüglich
aE	am Ende
ähnl	ähnlich
aF	alte(r) Fassung
AFG	Arbeitsförderungsgesetz
AFRG	Arbeitsförderungsreformgesetz
AG	Aktiengesellschaft
AGBG	Gesetz zur Regelung des Rechts der Allgemeinen Geschäftsbedingungen
AGG	Allgemeines Gleichbehandlungsgesetz
AiB	Arbeitsrecht im Betrieb (Zeitschrift)
AktG	Aktiengesetz
Alg	Arbeitslosengeld
Alhi	Arbeitslosenhilfe
allg	allgemein, allgemeine
allgM	allgemeine Meinung
Alt	Alternative
aM	anderer Meinung
Amtsbl	Amtsblatt
AngKSchG	Gesetz über die Fristen für die Kündigung von Angestellten
Anh.	Anhang
Anm	Anmerkung
AO	Abgabenordnung
AOG	Gesetz zur Ordnung der nationalen Arbeit
AP	Arbeitsrechtliche Praxis – Nachschlagewerk des BAG
ArbG	Arbeitsgericht
ArbGG	Arbeitsgerichtsgesetz
ArbPlSchG	Gesetz über den Schutz des Arbeitsplatzes bei Einberufung zum Wehrdienst (ArbeitsplatzschutzG)
ArbRB	Arbeits-Rechts-Berater (Zeitschrift)
ArbZG, AZG	Arbeitszeitgesetz
ARST	Arbeitsrecht in Stichworten (Zeitschrift)
Art	Artikel
ArztR	Arztrecht (Zeitschrift)
ASiG	Arbeitssicherheitsgesetz
AuA	Arbeit und Arbeitsrecht (Zeitschrift)
Auff	Auffassung
Aufl	Auflage

Abkürzungsverzeichnis

AÜG	Arbeitnehmerüberlassungsgesetz
AuR/ArbuR	Arbeit und Recht (Zeitschrift)
ausf	ausführlich
azaO	am zuletzt angegebenen Ort
AZO	Arbeitszeitordnung
BA	Bundesagentur für Arbeit
Bad-Württ	Baden-Württemberg
BAG GS	Großer Senat des BAG
BAG	Bundesarbeitsgericht
BAT	Bundes-Angestelltentarifvertrag
BB	Der Betriebs-Berater (Zeitschrift)
BBiG	Berufsbildungsgesetz
BEM	Betriebliches Eingliederungsmanagement
BDO	Bundesdisziplinarordnung
BDSG	Bundesdatenschutzgesetz
BEEG	Bundeselterngeld- und Elternzeitgesetz
BErzGG	Gesetz über die Gewährung von Erziehungsgeld und Erziehungsurlaub (Bundeserziehungsgeldgesetz)
BeschäftigtenschutzG	Gesetz zum Schutz der Beschäftigten vor sexueller Belästigung am Arbeitsplatz (Beschäftigtenschutzgesetz)
BeschFG	Gesetz über arbeitsrechtliche Vorschriften zur Beschäftigungsförderung (Beschäftigungsförderungsgesetz)
BetrVG 1952	Betriebsverfassungsgesetz 1952
BetrVG	Betriebsverfassungsgesetz
BA	Bundesagentur für Arbeit
BFH	Bundesfinanzhof
BFHE	Amtliche Sammlung der Entscheidungen des Bundesfinanzhofs
BGB	Bürgerliches Gesetzbuch
BGBl	Bundesgesetzblatt
BGH	Bundesgerichtshof
BGHZ	Amtliche Sammlung der Entscheidungen des Bundesgerichtshofs in Zivilsachen
BImSchG	Bundesimmissionsschutzgesetz
BlStSozArb	Blätter für Steuerrecht, Sozialversicherung und Arbeitsrecht (Zeitschrift)
BMF	Bundesfinanzministerium
BMTG	Bundesmanteltarifvertrag für Arbeiter gemeindlicher Verwaltungen und Betriebe
BMTV	Bundesmanteltarifvertrag
BPersVG	Bundespersonalvertretungsgesetz
br	Behindertenrecht (Zeitschrift)
BRG	Betriebsrätegesetz
BRRG	Beamtenrechtsrahmengesetz
BRTV	Bundesrahmentarifvertrag

BSG	Bundessozialgericht
BSGE	Entscheidungen des Bundessozialgerichts
BSHG	Bundessozialhilfegesetz
bspw	beispielsweise
BStBl	Bundessteuerblatt
BT-Drucks	Drucksache des Deutschen Bundestages
Buchst	Buchstabe
BUrlG	Mindesturlaubsgesetz für Arbeitnehmer (Bundesurlaubsgesetz)
BVerfG	Bundesverfassungsgericht
BVerwG	Bundesverwaltungsgericht
BVerwGE	Entscheidungen des Bundesverwaltungsgerichts (amtliche Sammlung)
BZRG	Bundeszentralregistergesetz
bzw	beziehungsweise
DA	Durchführungsanweisungen der Bundesagentur für Arbeit zum Sperrzeittatbestand
DB	Der Betrieb (Zeitschrift)
DBlR	Dienstblatt der Bundesagentur für Arbeit, Ausgabe C – Rechtsprechung
DDR	Deutsche Demokratische Republik
dh	das heißt
DM	Deutsche Mark
DrittelbG	Drittelbeteiligungsgesetz
DStR	Deutsches Steuerrecht (Zeitschrift)
EBRG	Gesetz über Europäische Betriebsräte (Europäische Betriebsräte-Gesetz)
EEÄndG	Entlassungsentschädigungs-Änderungsgesetz
EFZG	Entgeltfortzahlungsgesetz
EGBGB	Einführungsgesetz zum Bürgerlichen Gesetzbuch
EGMR	Europäischer Gerichtshof für Menschenrechte
Einl	Einleitung
EMRK	Europäische Menschenrechtskonvention
EntgeltfortzahlungsG	Entgeltfortzahlungsgesetz
Erl	Erläuterung(en)
EStG	Einkommenssteuergesetz
etc	et cetera, und so weiter
EU	Europäische Union
EuGH	Gerichtshof der Europäischen Union
eV	eingetragener Verein
evtl	eventuell
EWG	Europäische Wirtschaftsgemeinschaft
EzA	Entscheidungssammlung zum Arbeitsrecht

f	folgend(e)
ff	fortfolgende
Fn	Fußnote
FS	Festschrift
GBl	Gesetzblatt
GdB	Grad der Behinderung
GefahrstoffVO	Gefahrstoffverordnung
gem	gemäß
GenG	Gesetz betreffend die Erwerbs- und Wirtschaftsgenossenschaften (GenossenschaftsG)
GewO	Gewerbeordnung
GdB	Grad der Behinderung
GG	Grundgesetz
ggf	gegebenenfalls
GmbHG	Gesetz betreffend die Gesellschaften mit beschränkter Haftung (GmbH-Gesetz)
grds	grundsätzlich
GS	Großer Senat
HAG	Heimarbeitsgesetz
HessLAG	Hessisches Landesarbeitsgericht
HGB	Handelsgesetzbuch
HGO	Hessische Gemeindeordnung
hL	herrschende Lehre
hM	herrschende Meinung
HS	Halbsatz
idF	in der Fassung
idR	in der Regel
idS	in diesem Sinne
iE	im Einzelnen
ieS	im engeren Sinne
InKrG	Gesetz über die Inkraftsetzung von Rechtsvorschriften der BRD in der DDR
insb	insbesondere
InsO	Insolvenzordnung
iR	im Rahmen
iRv	im Rahmen von
iS	im Sinne
iSd	im Sinne des/der
iSv	im Sinne von
iÜ	im Übrigen
iVm	in Verbindung mit
iwS	im weiteren Sinne

JArbSchG	Jugendarbeitsschutzgesetz
JAV	Jugend- und Auszubildendenvertretung
Kap	Kapitel
KG	Kommanditgesellschaft
KGaA	Kommanditgesellschaft auf Aktien
KO	Konkursordnung
KrG	Kreisgericht
krit	kritisch
KSchG	Kündigungsschutzgesetz
KVJS	Kommunalverband für Jugend und Soziales Baden-Württemberg
LAG	Landesarbeitsgericht
LAGE	Entscheidungen der Landesarbeitsgerichte
LFZG, LohnFG, LohnfortzG	Lohnfortzahlungsgesetz
lit	literum, Buchstabe
LM	Lindenmaier/Möhring, Nachschlagewerk des Bundesgerichtshofs
LPersVG, LPVG	Landespersonalvertretungsgesetz
LPK-SGB IX/Bearbeiter	Dau/Düwell/Joussen (Hrsg), Lehr- und Praxiskommentar zum SGB IX, 4. Aufl 2014
LS	Leitsatz
LStDV	Lohnsteuerdurchführungsverordnung
MAK	Mitarbeiterkapazitäten
MAV	Mitarbeitervertretung
maW	mit anderen Worten
MDR	Monatsschrift für Deutsches Recht (Zeitschrift)
mE	meines Erachtens
MitbestG	Mitbestimmungsgesetz
MRK	Menschenrechtskonvention
MTB	Manteltarifvertrag für Arbeiter des Bundes
MTL	Manteltarifvertrag für Arbeiter der Länder
MTV	Manteltarifvertrag
MuSchG	Gesetz zum Schutz der erwerbstätigen Mutter (Mutterschutzgesetz)
mwN	mit weiteren Nachweisen
NATO-ZA, NATO-ZusAbk	NATO-Zusatzabkommen
nF	neue Fassung
NJW	Neue Juristische Wochenschrift (Zeitschrift)
NJW-CoR	NJW-Computerrecht (Zeitschrift)
NJW-RR	NJW-Rechtsprechungs-Report (Zeitschrift)
Nr	Nummer

n. rkr.	nicht rechtskräftig
Nrn	Nummern
NRW	Nordrhein-Westfalen
nv	nicht veröffentlicht
NZA	Neue Zeitschrift für Arbeits- und Sozialrecht (Zeitschrift)
NZA-RR	NZA-Rechtsprechungs-Report Arbeitsrecht (Zeitschrift)
OHG	Offene Handelsgesellschaft
OLG	Oberlandesgericht
PersF	Personalführung (Zeitschrift)
PersR	Der Personalrat (Zeitschrift)
PersVG	Personalvertretungsgesetz
rd	rund
RdA	Recht der Arbeit (Zeitschrift)
RegE	Regierungsentwurf
RGBl	Reichsgesetzblatt
Rh-Pf	Rheinland-Pfalz
Rn	Randnummer
Rspr	Rechtsprechung
RTV	Rahmentarifvertrag
RVO	Reichsversicherungsordnung
RzK	Rechtsprechung zum Kündigungsrecht, hrsg. von Etzel
S	Seite
s	siehe
SAE	Sammlung arbeitsrechtlicher Entscheidungen (Zeitschrift)
SchwbG	Gesetz zur Sicherung der Eingliederung Schwerbehinderter in Arbeit, Beruf und Gesellschaft (Schwerbehindertengesetz)
SeemG	Seemannsgesetz
SGB III	Sozialgesetzbuch – Drittes Buch – Arbeitsförderungsrecht
SGB V	Sozialgesetzbuch – Fünftes Buch – Gesetzliche Krankenversicherung
SGB VI	Sozialgesetzbuch – Sechstes Buch – Gesetzliche Rentenversicherung
SGB IX	Sozialgesetzbuch – Neuntes Buch – Rehabilitation und Teilhabe behinderter Menschen
SGB X	Sozialgesetzbuch – Zehntes Buch – Verwaltungsverfahren
sog	sogenannte(r)
SprAuG	Gesetz über die Sprecherausschüsse der leitenden Angestellten (Sprecherausschussgesetz)
StPO	Strafprozessordnung

str	streitig
TVAL	Tarifvertrag für Angehörige alliierter Dienststellen
TVG	Tarifvertragsgesetz
TzBfG	Teilzeit- und Befristungsgesetz
uÄ	und Ähnliches
ua	und andere, unter anderem
überw	überwiegend
UmwG	Umwandlungsgesetz
unstr	unstreitig
Urt	Urteil
usw	und so weiter
uU	unter Umständen
v	vom
VBG	Unfallverhütungsvorschrift der Berufsgenossenschaft
v.d.d.	vertreten durch den/die
VerglO, VglO	Vergleichsordnung
VGH	Verwaltungsgerichtshof
vgl	vergleiche
VVaG	Versicherungsverein auf Gegenseitigkeit
VwGO	Verwaltungsgerichtsordnung
WahlO, WO	Wahlordnung
WRV	Weimarer Reichsverfassung
zB	zum Beispiel
ZDG	Zivildienstgesetz
ZfA	Zeitschrift für Arbeitsrecht
ZIP	Zeitschrift für Wirtschaftsrecht und Insolvenzrecht
ZPO	Zivilprozessordnung
zT	zum Teil
ZTR	Zeitschrift für Tarifrecht
zust	zustimmend
zVv	zur Veröffentlichung vorgesehen

Allgemeines Literaturverzeichnis

Soweit nicht anders angegeben, werden die Werke nur durch Nennung des/der Verfasser/s und Angabe der Fundstelle (Seitenzahl, Rn o.Ä.) zitiert.
Die Namen werden immer dann kursiv gesetzt, wenn kein Bearbeiter angegeben ist. Ist ein solcher angegeben, wird dieser kursiv mit Schrägstrich an die Namen des/der Herausgeber/s angehängt, z.B.: HaKo-KSchR/*Bearbeiter*

Ambs/Feckler/Götze/Hess/Lampe/ Marschner/Müller-Kohlenberg/ Rademacher/Schweitzer/Wagner/ Wurtmann	Gemeinschaftskommentar zum Sozialgesetzbuch (GK-SGB III) Loseblatt.
Annuß/Thüsing	Kommentar zum Teilzeit- und Befristungsgesetz 3. Aufl. 2012.
Anzinger/Koberski	Arbeitszeitgesetz 3. Aufl. 2009.
Ascheid/Preis	Beweislastfragen im Kündigungsschutzprozeß 1989.
Ascheid/Preis/Schmidt	Kündigungsrecht Großkommentar 4. Aufl. 2012.
Bamberger/Roth	Kommentar zum Bürgerlichen Gesetzbuch 3. Auflage 2012 BeckOK-BGB/Bearbeiter).
Baumbach/Hopt	Handelsgesetzbuch mit GmbH Co. Kommentar zum HGB 36. Aufl. 2014.
Baumbach/Lauterbach/Albers/Hartmann	Zivilprozessordnung. Kommentar zur ZPO 71. Aufl. 2013.
Boecken/Joussen	Teilzeit- und Befristungsgesetz Handkommentar 3. Aufl. 2012.
Boemke/Lembke	Arbeitnehmerüberlassungsgesetz Kommentar 3. Aufl. 2013.
Boewer	Teilzeit- und Befristungsgesetz Kommentar 3. Aufl. 2008.
Buchner/Becker	Mutterschutzgesetz und Bundeselterngeld- und Elternzeitgesetz: MuSchG/BEEG Kommentar 8. Aufl. 2008.
Buschmann/Ulber	Arbeitszeitgesetz Kommentar 7. Aufl. 2011.
Calliess/Ruffert	EUV/EGV Das Verfassungsrecht der Europäischen Union mit Europäischer Grundrechtecharta 4. Aufl. 2011.
Dau/Düwell/Joussen	Sozialgesetzbuch IX Rehabilitation und Teilhabe behinderter Menschen Lehr- und Praxiskommentar zum SGB IX 4. Aufl. 2014.
Däubler	Kommentar zum Tarifvertragsgesetz (TVG) 3. Aufl. 2012.
Däubler/Kittner/Klebe/Wedde	Kommentar zum Betriebsverfassungsgesetz mit Wahlordnung und EBR-Gesetz 13. Aufl. 2012.

Däubler/Klebe/Wedde/Weichert	Bundesdatenschutzgesetz Basiskommentar 4. Aufl. 2013.
Dauner-Lieb/Heidel/Ring	NomosKommentar BGB 2. Aufl. 2011.
Dieterich/Schwab/Neef	Arbeitsrecht-Blattei Systematische Darstellungen und Gesetzestexte.
Dörner/Luczak/Wildschütz/ Baeck/Hoß	Handbuch des Fachanwalts Arbeitsrecht 10. Aufl. 2013.
Dreier	Grundgesetz. Kommentar 7. Aufl. 2012.
Düwell/Lipke	Arbeitsgerichtsgesetz Kommentar 3. Aufl. 2012.
Etzel/Bader/Fischermeier/Friedrich/ Griebeling/Lipke/Pfeiffer/Rost/Spilger/Vogt/Weigand/Wolf	Gemeinschaftskommentar zum Kündigungsschutzgesetz und zu sonstigen kündigungsschutzrechtlichen Vorschriften 10. Aufl. 2013 (GK-KSchG/*Bearbeiter*).
Fabricius/Matthes/Naendrup/ Rumpff/Schneider/Westerath	Gemeinschaftskommentar zum Mitbestimmungsgesetz (GK-MitbestG/*Bearbeiter*).
Feichtinger/Malkmus	Entgeltfortzahlungsgesetz Kommentar 2. Aufl. 2010.
Fitting/Engels/Schmidt/Trebinger/ Linsenmaier	Betriebsverfassungsgesetz: BetrVG (mit Wahlordnung) Handkommentar 27. Aufl. 2014 (Fitting/*Bearbeiter*).
Gagel	SGB II/SGB III. Grundsicherung und Arbeitsförderung. Kommentar Loseblatt.
Gallner/Mestwerdt/Nägele	Kündigungsschutzrecht, Handkommentar 5. Auflage 2014 (HaKo-KSchR/*Bearbeiter*).
Gamillscheg	Kollektives Arbeitsrecht Band II: Mitbestimmung Betriebsverfassung 2008.
Gamillscheg	Kollektives Arbeitsrecht I: Grundlagen Koalitionsfreiheit Tarifvertrag Arbeitskampf und Schlichtung 1997.
Germelmann/Matthes/Prütting	Arbeitsgerichtsgesetz Kommentar 8. Aufl. 2013 (GMP/*Bearbeiter*).
Gola/Wronka	Handbuch zum Arbeitnehmerdatenschutz 6. Auflage 2013.
v. d. Groeben/Schwarze/Hatje	Europäisches Unionsrecht Vertrag über die Europäische Union – Vertrag über die Arbeitsweise der Europäischen Union – Charta der Grundrechte der Europäischen Union 7. Aufl. 2014.
Grube/Wahrendorf	Sozialgesetzbuch XII Sozialhilfe mit Asylbewerberleistungsgesetz Kommentar 5. Aufl. 2014.
Hauck/Helml/Biebl	Arbeitsgerichtsgesetz: ArbGG Kommentar 4. Aufl. 2011.
Henssler/Willemsen/Kalb	Arbeitsrecht Kommentar 6. Auflage 2014.
Hirsch/Nirk/Pfeiffer	Lindenmaier-Möhring – Kommentierte BGH-Rechtsprechung 2010.

v. Hoyningen-Huene/Linck/Krause	Kündigungsschutzgesetz Kommentar 15. Aufl. 2013.
Hümmerich/Böcken/Düwell	AnwaltKommentar Arbeitsrecht 2. Aufl. 2010.
Jacobs/Krause/Oetker/Schubert	Tarifvertragsrecht 2. Aufl. 2013.
Jauernig	Bürgerliches Gesetzbuch Kommentar 15. Aufl. 2014.
Kempen/Zachert	TVG – Tarifvertragsgesetz Kommentar 5. Auflage 2014.
Kemper/Kisters-Kölkes/Berenz/ Huber	BetrAVG Kommentar zum Betriebsrentengesetz 5. Aufl. 2013.
Kirchhof/Lwowski/Stürner	Münchener Kommentar zur InsO 3. Aufl. 2013 (MüKo-InsO/*Bearbeiter*).
Kissel/Mayer	Gerichtsverfassungsgesetz: GVG; Kommentar 7. Aufl. 2013.
Kittner/Däubler/Zwanziger	KSchR – Kündigungsschutzrecht Kommentar 9. Aufl. 2014.
Kittner/Zwanziger/Deinert	Arbeitsrecht Handbuch für die Praxis 7. Aufl. 2013.
Krauskopf/Wagner/Knittel	Soziale Krankenversicherung Pflegeversicherung Kommentar Loseblatt.
Kreikebohm	Gesetzliche Rentenversicherung SGB VI Kommentar 4. Aufl. 2013.
Kruse/Reinhard/Winkler	SGB II Grundsicherung für Arbeitsuchende Kommentar 3. Aufl. 2013.
Küttner	Personalbuch 2014 21. Aufl. 2014.
Lakies	Befristete Arbeitsverträge 3. Aufl. 2012.
Leitherer/Seewald/Steinwedel	Kasseler Kommentar zum Sozialversicherungsrecht Loseblatt (KK/*Bearbeiter*).
Löwisch/Caspers/Klumpp	Arbeitsrecht 9. Aufl. 2012.
Löwisch/Spinner/Wertheimer	Kommentar zum Kündigungsschutzgesetz (KSchG) 10. Aufl. 2013.
Müller-Glöge/Preis/Schmidt	Erfurter Kommentar zum Arbeitsrecht 14. Aufl. 2014.
Mutschler/Schmidt-De Caluwe/ Coseriu	Sozialgesetzbuch III Arbeitsförderung Kommentar 5. Aufl. 2013.
Neumann/Biebl	Arbeitszeitgesetz: ArbZG Kommentar 16. Aufl. 2012.
Niesel/Brand	Sozialgesetzbuch Arbeitsförderung: SGB III Kommentar 6. Aufl. 2012.
Niesel/Herold-Tews	Der Sozialgerichtsprozess 6. Aufl. 2012.
Palandt	Kommentar zum Bürgerlichen Gesetzbuch 73. Aufl. 2014.
Pauly/Osnabrügge	Handbuch Kündigungsrecht 4. Aufl. 2013.

Plagemann	Münchener Anwaltshandbuch Sozialrecht 4. Aufl. 2013 (MAH-SozR/*Bearbeiter*.
Rancke	Mutterschutz – Betreuungsgeld – Elterngeld – Elternzeit Handkommentar 3. Aufl. 2014.
Rauscher/Wax/Wenzel/Lüke/ Walchshöfer	Münchener Kommentar zur Zivilprozessordnung (ZPO) 4. Aufl. 2012 (MüKo-ZPO/*Bearbeiter*).
Rebmann/Säcker/Rixecker	Münchener Kommentar zum BGB 6. Aufl. 2012 (MüKo-BGB/*Bearbeiter*).
Richardi/Thüsing/Annuß/Dietz	Betriebsverfassungsgesetz (BetrVG) mit Wahlordnung Kommentar 14. Aufl. 2014.
Richardi/Wlotzke/Wißmann/Oetker	Münchener Handbuch zum Arbeitsrecht 3. Aufl. 2009 (MAH ArbR/*Bearbeiter*).
Rolfs/Giesen/Kreikebohm/Udsching	Beck'scher Online-Kommentar zum Sozialrecht (BeckOK-SozR/*Bearbeiter*).
Schaub/Koch/Linck/Treber/Vogelsang	Arbeitsrechts-Handbuch 15. Aufl. 2013 (Schaub/*Bearbeiter*).
Schmidt	Münchener Kommentar zum HGB 3. Aufl. 2012 (MüKo-HGB/*Bearbeiter*).
Schwab/Weth	Kommentar zum Arbeitsgerichtsgesetz 3. Aufl. 2011.
Sievers	TzBfG – Kommentar zum Teilzeit- und Befristungsgsetz 4. Aufl. 2012.
Simitis	Kommentar zum BDSG (Bundesdatenschutzgesetz) 7. Aufl. 2011.
Soergel/Siebert/Hadding/Kießling	Bürgerliches Gesetzbuch mit Einführungsgesetz und Nebengesetzen: BGB Kommentar 13. Aufl. 2011 (Soergel/*Bearbeiter*).
Sowka/Schiefer/Heise/Bengelsdorf	Kölner Praxiskommentar zum Kündigungsschutzgesetz 4. Aufl. 2012.
Staudinger	Kommentar zum Bürgerlichen Gesetzbuch (BGB) mit Einführungsgesetz und Nebengesetzen (Staudinger/*Bearbeiter*).
Streinz	EUV/AEUV Vertrag über die Europäische Union und Vertrag über die Arbeitsweise der Europäischen Union Kommentar 2. Aufl. 2012.
Thomas/Putzo	Zivilprozessordnung: ZPO Kommentar mit Gerichtsverfassungsgesetz und den Einführungsgesetzen 35. Aufl. 2014 (Thomas/Putzo/*Bearbeiter*).
Tschöpe	Anwalts-Handbuch Arbeitsrecht 8. Aufl. 2013.
Udsching	SGB XI Soziale Pflegeversicherung Kommentar 3. Aufl. 2010.
Ulmer/Brandner/Hensen	AGB-Recht Kommentar 11. Aufl. 2011.

Ulmer/Habersack/Henssler	Kommentar zum Mitbestimmungsrecht 3. Aufl. 2013.
Westermann/Grunewald/Maier-Reimer	Bürgerliches Gesetzbuch: BGB. Handkommentar 13. Aufl. 2011.
v. Westphalen/Thüsing	Vertragsrecht und AGB-Klauselwerke Loseblatt 34. Aufl. 2013.
Wimmer	Frankfurter Kommentar zur Insolvenzordnung: FK-InsO 8. Aufl. 2014.
Wohlgemuth	Berufsbildungsgesetz Handkommentar 2011.
v. Wulffen/Schütze	SGB X – Sozialverwaltungsverfahren und Sozialdatenschutz Kommentar 8. Aufl. 2014.
Zöller	Zivilprozessordnung. Kommentar 30. Aufl. 2014 (Zöller/*Bearbeiter*).

Kündigungsschutzgesetz (KSchG)

In der Fassung der Bekanntmachung vom 25. August 1969 (BGBl. I S. 1317)
(FNA 800-2)
zuletzt geändert durch Art. 3 Abs. 2 G zur Umsetzung des Seearbeitsübereinkommens 2006 der Internationalen Arbeitsorganisation vom 20. April 2013 (BGBl. I S. 868)

Erster Abschnitt Allgemeiner Kündigungsschutz

§ 1 KSchG Sozial ungerechtfertigte Kündigungen

(1) Die Kündigung des Arbeitsverhältnisses gegenüber einem Arbeitnehmer, dessen Arbeitsverhältnis in demselben Betrieb oder Unternehmen ohne Unterbrechung länger als sechs Monate bestanden hat, ist rechtsunwirksam, wenn sie sozial ungerechtfertigt ist.

(2) ¹Sozial ungerechtfertigt ist die Kündigung, wenn sie nicht durch Gründe, die in der Person oder in dem Verhalten des Arbeitnehmers liegen, oder durch dringende betriebliche Erfordernisse, die einer Weiterbeschäftigung des Arbeitnehmers in diesem Betrieb entgegenstehen, bedingt ist. ²Die Kündigung ist auch sozial ungerechtfertigt, wenn

1. in Betrieben des privaten Rechts
    a) die Kündigung gegen eine Richtlinie nach § 95 des Betriebsverfassungsgesetzes verstößt,
    b) der Arbeitnehmer an einem anderen Arbeitsplatz in demselben Betrieb oder in einem anderen Betrieb des Unternehmens weiterbeschäftigt werden kann

und der Betriebsrat oder eine andere nach dem Betriebsverfassungsgesetz insoweit zuständige Vertretung der Arbeitnehmer aus einem dieser Gründe der Kündigung innerhalb der Frist des § 102 Abs. 2 Satz 1 des Betriebsverfassungsgesetzes schriftlich widersprochen hat,

2. in Betrieben und Verwaltungen des öffentlichen Rechts
    a) die Kündigung gegen eine Richtlinie über die personelle Auswahl bei Kündigungen verstößt,
    b) der Arbeitnehmer an einem anderen Arbeitsplatz in derselben Dienststelle oder in einer anderen Dienststelle desselben Verwaltungszweiges an demselben Dienstort einschließlich seines Einzugsgebietes weiterbeschäftigt werden kann

und die zuständige Personalvertretung aus einem dieser Gründe fristgerecht gegen die Kündigung Einwendungen erhoben hat, es sei denn, daß die Stufenvertretung in der Verhandlung mit der übergeordneten Dienststelle die Einwendungen nicht aufrechterhalten hat.

³Satz 2 gilt entsprechend, wenn die Weiterbeschäftigung des Arbeitnehmers nach zumutbaren Umschulungs- oder Fortbildungsmaßnahmen oder eine Weiterbeschäftigung des Arbeitnehmers unter geänderten Arbeitsbedingungen möglich ist und der Arbeitnehmer sein Einverständnis hiermit erklärt hat. ⁴Der Arbeitgeber hat die Tatsachen zu beweisen, die die Kündigung bedingen.

(3) ¹Ist einem Arbeitnehmer aus dringenden betrieblichen Erfordernissen im Sinne des Absatzes 2 gekündigt worden, so ist die Kündigung trotzdem sozial ungerechtfertigt, wenn der Arbeitgeber bei der Auswahl des Arbeitnehmers die Dauer der Betriebszugehörigkeit, das Le-

bensalter, die Unterhaltspflichten und die Schwerbehinderung des Arbeitnehmers nicht oder nicht ausreichend berücksichtigt hat; auf Verlangen des Arbeitnehmers hat der Arbeitgeber dem Arbeitnehmer die Gründe anzugeben, die zu der getroffenen sozialen Auswahl geführt haben. ²In die soziale Auswahl nach Satz 1 sind Arbeitnehmer nicht einzubeziehen, deren Weiterbeschäftigung, insbesondere wegen ihrer Kenntnisse, Fähigkeiten und Leistungen oder zur Sicherung einer ausgewogenen Personalstruktur des Betriebes, im berechtigten betrieblichen Interesse liegt. ³Der Arbeitnehmer hat die Tatsachen zu beweisen, die die Kündigung als sozial ungerechtfertigt im Sinne des Satzes 1 erscheinen lassen.

(4) Ist in einem Tarifvertrag, in einer Betriebsvereinbarung nach § 95 des Betriebsverfassungsgesetzes oder in einer entsprechenden Richtlinie nach den Personalvertretungsgesetzen festgelegt, wie die sozialen Gesichtspunkte nach Absatz 3 Satz 1 im Verhältnis zueinander zu bewerten sind, so kann die Bewertung nur auf grobe Fehlerhaftigkeit überprüft werden.

(5) ¹Sind bei einer Kündigung auf Grund einer Betriebsänderung nach § 111 des Betriebsverfassungsgesetzes die Arbeitnehmer, denen gekündigt werden soll, in einem Interessenausgleich zwischen Arbeitgeber und Betriebsrat namentlich bezeichnet, so wird vermutet, dass die Kündigung durch dringende betriebliche Erfordernisse im Sinne des Absatzes 2 bedingt ist. ²Die soziale Auswahl der Arbeitnehmer kann nur auf grobe Fehlerhaftigkeit überprüft werden. ³Die Sätze 1 und 2 gelten nicht, soweit sich die Sachlage nach Zustandekommen des Interessenausgleichs wesentlich geändert hat. ⁴Der Interessenausgleich nach Satz 1 ersetzt die Stellungnahme des Betriebsrates nach § 17 Abs. 3 Satz 2.

Teil 1:
Wartezeit (§ 1 Abs. 1 KSchG)
A. Allgemeiner Kündigungsschutz
   I. Muster: Allgemeiner Kündigungsschutz trotz unter sechsmonatiger Beschäftigungsdauer
   II. Erläuterungen
      [1] Kündigungsschutzklage 2
      [2] Betrieblicher Geltungsbereich 3
      [3] Bestand des Arbeitsverhältnisses 4
      [4] Zugang 5
      [5] Probezeitverzicht 6
      [6] Abwerbung 7
      [7] Zusicherung einer Dauerstelle 8
      [8] Dauerstelle/Wartezeitverzicht 9
      [9] Unternehmenszugehörigkeit 10
      [10] Umgehung 11
      [11] Treuwidrige Vereitelung 12
      [12] Ergänzender Sachvortrag 13
B. Vorbeschäftigungszeiten
   I. Muster: Anrechnung von Vorbeschäftigungszeiten
   II. Erläuterungen
      [1] Anrechnung anderweitiger Zeiten ... 15
      [2] Kündigungsschutzklage 16
      [3] Betrieblicher Geltungsbereich 17
      [4] Bestand des Arbeitsverhältnisses 18
      [5] Zugang 19
      [6] Relevanter Unterbrechungszeitraum 20
      [7] Weiterer Sachvortrag 21

Teil 2:
Personenbedingte Kündigung
A. Vorprozessuales Verfahren
   I. Fehlzeiten
     1. Muster: Anschreiben an Arbeitnehmer zur Aufklärung krankheitsbedingter Fehlzeiten
     2. Erläuterungen
        [1] Kenntnis des Arbeitgebers 2
   II. Betriebliches Wiedereingliederungsmanagement
     1. Muster: Aufforderungsschreiben zur Umsetzung eines betrieblichen Eingliederungsmanagements
     2. Erläuterungen
        [1] Referenzzeitraum 4
        [2] Fehlende Mitwirkung 5
   III. Suchterkrankung
     1. Muster: Aufforderungsschreiben zur Teilnahme an einer Entziehungskur
     2. Erläuterungen
        [1] Entziehungskur 7
        [2] Durchgeführte Entziehungskur .. 8
        [3] Fehlende Therapiebereitschaft .. 9
   IV. Haft
     1. Muster: Anschreiben bei Inhaftierung des Arbeitnehmers aufgrund einer Untersuchungshaft/nicht rechtskräftigen Verurteilung
     2. Erläuterungen
        [1] Wahrscheinlichkeit erneuter Inhaftierung 11

B. Gerichtliches Verfahren

I. Klageerwiderung bei krankheitsbedingter Kündigung

1. Dauernde Leistungsunfähigkeit
   a) Muster: Klageerwiderung bei dauernder Leistungsunfähigkeit
   b) Erläuterungen
      - [1] „Krankheitsbedingte" Kündigung 13
      - [2] Negative Prognose 14
      - [3] Unterlassenes BEM 15
      - [4] Schutzbedürftigkeit 16
2. Langzeiterkrankung
   a) Muster: Klageerwiderung bei einer Langzeiterkrankung
   b) Erläuterungen
      - [1] Negative Prognose 18
      - [2] Unterlassenes BEM 19
      - [3] Beeinträchtigung betrieblicher Interessen 20
      - [4] Personalreserve 21
      - [5] Negative Prognose 22
      - [6] Dauer der Arbeitsunfähigkeit ... 23
      - [7] Schwere der Beeinträchtigung ... 24
      - [8] Betriebliche Ursache 25
      - [9] Besondere Schutzbedürftigkeit .. 26
      - [10] Arbeitgeberinteressen 27
      - [11] Arbeitnehmerinteressen 28
3. Häufige Kurzerkrankungen
   a) Muster: Klageerwiderung bei „häufigen Kurzerkrankungen"
   b) Erläuterungen
      - [1] Referenzzeitraum 30
      - [2] Prognosezeitpunkt 31
      - [3] Beweisführung 32
      - [4] Betriebliche Ablaufstörungen ... 33
      - [5] Unterlassenes BEM 34
      - [6] Zu erwartende Fehlzeiten 35
      - [7] Arbeitgeberinteressen 36
      - [8] Arbeitnehmerinteressen 37

II. Replik bei krankheitsbedingter Kündigung

1. Bestehende Rehabilitationsmöglichkeit
   a) Muster: Replik bei bestehender Rehabilitationsmöglichkeit
   b) Erläuterungen
      - [1] Erfüllung der Mitwirkungspflicht 39
2. Anderweitige Beschäftigungsmöglichkeit
   a) Muster: Replik bei anderweitiger Beschäftigungsmöglichkeit
   b) Erläuterungen
      - [1] Freier Arbeitsplatz 41
      - [2] Zumutbarkeit 42
      - [3] Duplik 43
      - [4] Versetzung 44
3. Muster: Replik bei häufigen Kurzerkrankungen (fehlende negative Prognose)

III. Duplik bei krankheitsbedingter Kündigung

1. Muster: Duplik bei häufigen Kurzerkrankungen (einheitliches Grundleiden)
2. Erläuterungen
   - [1] Riskantes Freizeitverhalten 47

IV. Klageerwiderungen bei Verlust behördlicher Erlaubnisse, Alkoholabhängigkeit und Haft

1. Führerscheinentzug
   a) Muster: Klageerwiderung bei Führerscheinentzug
   b) Erläuterungen
      - [1] Verhaltensbedingte Gründe/Eignungsmangel 49
      - [2] Betriebliche Fahrberechtigung/Fahrverbot 50
      - [3] Ruhendstellung 51
2. Muster: Alkoholabhängigkeit
   a) Muster: Klageerwiderung Alkoholabhängigkeit
   b) Erläuterungen
      - [1] Anderweitige Suchterkrankungen 53
      - [2] Nachweis der Alkoholabhängigkeit 54
      - [3] Verhaltensbedingte Gründe 55
      - [4] Suchterkrankung 56
      - [5] Rückfall 57
      - [6] Unterlassenes BEM 58
3. Einmaliger Rückfall nach Entziehungsmaßnahme
   a) Muster: Replik bei einmaligem Rückfall nach Entziehungsmaßnahme
   b) Erläuterungen
      - [1] Erschütterung negativer Prognose 60
4. Haftbedingte Abwesenheit
   a) (Rechtskräftige) Verurteilung/Untersuchungshaft
      - aa) Muster: Klageerwiderung bei (rechtskräftiger) Verurteilung/Untersuchungshaft
      - bb) Erläuterungen
        - [1] Verhaltensbedingte Gründe 62
        - [2] Zugang bei Haftunterbringung 63
        - [3] Rechtskraft des Strafurteils . 64
        - [4] Betriebliche Auswirkungen . 65
        - [5] Prognosezeitpunkt 66
        - [6] Unschuldsvermutung 67
        - [7] Zu erwartendes Strafmaß ... 68
   b) Untersuchungshaft
      - aa) Muster: Replik bei fehlender negativer Prognose bei Untersuchungshaft
      - bb) Erläuterungen
        - [1] Haftgründe 70

Teil 3:
Verhaltensbedingte Kündigung
A. Abmahnung
  I. Abmahnung
   1. Anhörung des Arbeitnehmers
      a) Muster: Anhörung des Arbeitnehmers vor Erteilung einer Abmahnung
      b) Erläuterungen
         [1] Zugang der Anhörung............ 2
         [2] (Keine) Pflicht zur Anhörung des Arbeitnehmers.................. 4
         [3] Mitwirkung des Personalrats nach LPVG..................... 7
         [4] Personalakte..................... 10
   2. Abmahnung – Arbeitgebersicht
      a) Muster: Abmahnung durch Arbeitgeber
      b) Erläuterungen
         [1] Erforderlichkeit der Abmahnung/weitere Pflichtverletzung vor Kündigung................. 12
         [2] Eine oder mehrere Abmahnungen/letzte Abmahnung........... 16
         [3] Struktur/Erforderlicher Inhalt... 18
         [4] Keine Sammelabmahnung....... 19
         [5] Verschulden..................... 20
         [6] Form/Frist...................... 21
         [7] Besserungsphase................ 24
         [8] Gleichartigkeit der Pflichtverletzungen......................... 25
         [9] Abmahnungsberechtigung....... 26
         [10] Zugang/Kenntnisnahme......... 27
         [11] Beteiligungsrechte.............. 29
   3. Abmahnung – Arbeitnehmersicht
      a) Muster: Abmahnung durch Arbeitnehmer
      b) Erläuterungen
         [1] Allgemeines..................... 32
         [2] Erforderlichkeit einer Abmahnung/Zugang.................. 33
  II. Reaktionsmöglichkeiten des Arbeitnehmers
   1. Gegendarstellung
      a) Muster: Gegendarstellung des Arbeitnehmers (kurz)
      b) Erläuterungen
         [1] Zugang.......................... 37
         [2] Frist............................ 38
         [3] Taktische Überlegungen/kein Anerkenntnis durch Hinnahme der Abmahnung................ 39
         [4] Aufnahme/Einsicht in Personalakte............................. 43
   2. Rücknahme-/Entfernungsverlangen und Widerruf der Abmahnung
      a) Muster: Rücknahme-/Entfernungsverlangen des Arbeitnehmers
      b) Erläuterungen und Varianten
         [1] Verweis......................... 46
         [2] Taktische Überlegungen......... 47
         [3] Widerruf........................ 51
         [4] Beschwerde..................... 52
   3. Beschwerde
      a) Muster: Beschwerde an Betriebsrat gemäß §§ 84, 85 BetrVG
      b) Erläuterungen
         [1] Beschwerdeverfahren............ 54
         [2] Taktische Überlegungen......... 55
         [3] Adressat........................ 56
         [4] Beschwerdegegenstand.......... 57
         [5] Form/Frist...................... 58
         [6] Pflicht zur Befassung............ 59
   4. Klage gegen Abmahnung
      a) Muster: Klage auf Rücknahme der Abmahnung und Entfernung des Abmahnschreibens aus der Personalakte
      b) Erläuterungen und Varianten
         [1] Klagefrist....................... 61
         [2] Taktische Überlegungen......... 62
         [3] Weitergehende Klageanträge..... 64
         [4] Darlegungs- und Beweislast..... 71
         [5] Verschulden/Verhältnismäßigkeit............................. 72
   5. Klageerwiderung
      a) Muster: Klageerwiderung gegen Abmahnungsklage
      b) Erläuterungen
         [1] Klageerwiderung vor Gütetermin............................. 75
         [2] Verschulden/Verhältnismäßigkeit............................. 76
         [3] Formal unwirksame Abmahnung............................ 77
         [4] Aufbewahrungsdauer/Dokumentationsinteresse des Arbeitgebers 83
   6. Schreiben an Arbeitgeber bei Abmahnung anstelle Kündigung
      a) Muster: Schreiben des Arbeitnehmers
      b) Erläuterungen
         [1] Taktische Überlegungen......... 86
B. Verhaltensbedingte Kündigung
  I. Kündigungserklärung
   1. Muster: Verhaltensbedingte Kündigung – Arbeitgebersicht (ausführlich)
   2. Erläuterungen
      [1] Zugang.......................... 89
      [2] Kündigungsfrist.................. 93
      [3] Voraussetzungen der verhaltensbedingten Kündigung/Kündigungsgründe.................... 94
      [4] Begründung der Kündigung..... 97
      [5] Beteiligungs- und Zustimmungsverfahren......................... 99
      [6] Hinweispflicht gem. §§ 2 Abs. 2 Ziff. 3, 38 Abs. 1 SGB III........ 102
      [7] Hinweis auf Klagefrist........... 103
      [8] Abwicklung des Arbeitsverhältnisses............................ 104
      [9] Schriftform/Kündigungsberechtigung/Vollmacht.................. 106
   3. Varianten verhaltensbedingter Kündigungstatbestände
      a) Verhaltensbedingte Kündigung – Arbeitgebersicht (kurz)

        aa) Muster: Verhaltensbedingte Kündigung – Arbeitgebersicht (kurz)
        bb) Erläuterungen
            [1-9] Kurzform, Verweisung 110
    b) Verhaltensbedingte Änderungskündigung
    c) Ordentliche Kündigung durch Arbeitnehmer
        aa) Muster: Ordentliche Kündigung durch Arbeitnehmer
        bb) Erläuterungen
            [1] Ordentliche Kündigung 112a
            [2] Zugang 113
            [3] Kündigungsfrist 114
            [4] Abwicklung des Arbeitsverhältnisses 115
            [5] Schriftform 116
II. Gerichtliches Verfahren
    1. Klageschrift
    2. Verteidigungsanzeige für Arbeitgeber
        a) Muster: Verteidigungsanzeige (vor Gütetermin)
        b) Erläuterungen
            [1] Zeitpunkt 119
            [2] Sachvortrag vor Gütetermin 120
    3. Klageerwiderung des Arbeitgebers
        a) Muster: Klageerwiderung (idR nach Gütetermin)
        b) Erläuterungen
            [1] Aufbau des Musterschriftsatzes. 123
            [2] Darlegungs- und Beweislast 127
    4. Klageerwiderung nach vorangegangener Abmahnung
        a) Muster: Klageerwiderung bei häufigem Zuspätkommen
        b) Erläuterungen
    5. Klageerwiderung ohne vorangegangene Abmahnung
        a) Muster: Klageerwiderung bei Diebstahl geringwertiger Sachen
        b) Erläuterungen
            [1] Kündigung wegen eines Bagatelldelikts 131
            [2] Anhörung des Verdächtigen 134
            [3] Abgrenzung/Verhältnis Tat- und Verdachtskündigung 135
            [4] Vorliegen eines wichtigen Grundes 137

Teil 4: Betriebsbedingte Kündigung

A. Außer-/vorgerichtliche Muster
   I. Vorbereitung betriebsbedingter Kündigungen, unternehmerische Entscheidung der Geschäftsführung
        1. Muster: Unternehmerische Entscheidung am Beispiel einer Betriebsstilllegung
        2. Erläuterungen und Varianten
            [1] Systematik der dringenden betrieblichen Gründe und Darlegungs-/Beweislast 2
            [2] Entscheidungsträger 5
            [3] Betriebsstilllegung 6
            [4] Umsetzungszeitpunkt 7
            [5] Varianten 9
            [6] Betriebliche Organisation nach Umsetzung 11
            [7] Interessenausgleich und Sozialplan 12
            [8] Weiterbeschäftigungsmöglichkeiten 13
            [9] Budget für den Sozialplan 14
            [10] Personelle Einzelmaßnahmen ... 15
   II. Vorbereitung der Sozialauswahl, § 1 Abs. 3 KSchG
        1. Muster: Anschreiben des Arbeitgebers an die Arbeitnehmer zur Vorbereitung der Sozialauswahl
        2. Erläuterungen
            [1] Rechtlicher Hintergrund 17
            [2] Beschränkung auf die gesetzlichen Sozialdaten 19
            [3] Berücksichtigung von Änderungen 20
   III. Einverständniserklärung des Arbeitnehmers zu anderweitigem Einsatz
        1. Muster: Einverständniserklärung des Arbeitnehmers zu anderweitigem Einsatz
        2. Erläuterungen und Varianten
            [1] Sinnhaftigkeit der Einverständniserklärung 22
            [2] Umfang des Einverständnisses .. 25
            [3] Veränderung zu veränderten Arbeitsbedingungen 28
            [4] Leiharbeitnehmer 29
            [5] Rechtsfolgen des Einverständnisses 30
            [6] Information an den Betriebsrat .. 31
   IV. Geltendmachung des Auskunftsanspruchs des Arbeitnehmers, § 1 Abs. 3 KSchG
        1. Muster: Geltendmachung des Auskunftsanspruchs des Arbeitnehmers, § 1 Abs. 3 KSchG
        2. Erläuterungen
            [1] Gegenstand und Zeitpunkt des Auskunftsanspruches 33
            [2] Inhalt des Auskunftsanspruchs .. 35
            [3] Prozessuale Einordnung und Rechtsfolgen des Auskunftsverlangens 36
B. Gerichtliche Vertretung nach Kündigung
   I. Klage nach betriebsbedingter Kündigung (Arbeitnehmer-Vertretung)
        1. Muster: Ausführliche Klagebegründung bei Weiterbeschäftigungsmöglichkeiten
        2. Erläuterungen und Varianten
            [1] Vollständiges Muster 38
            [2] Beschäftigungsdauer 39
            [3] Betriebliche Rahmendaten 40
            [4] Mindestrügen der Klage 41
            [5] Rüge der Sozialauswahl 42
            [6] Umfangreicher Sachvortrag vs. Einfaches Bestreiten 43
            [7] abgestufte Darlegungs- und Beweislast 45
            [8] Absolute Sozialwidrigkeit 47

II. Repliken (Arbeitgeber-Vertretung)
1. Replik bei Rüge des dringenden betrieblichen Grundes
   a) Innerbetrieblicher Grund Betriebsstilllegung
      aa) Muster: Replik nach betriebsbedingter Kündigung wegen Betriebsstilllegung
      bb) Erläuterungen
         [1] Systematik der dringenden betrieblichen Gründe und Darlegungs-/Beweislast 53
         [2] Entscheidungsträger 56
         [3] Betriebsstilllegung 57
         [4] Umsetzungszeitpunkt 58
         [5] Interessenausgleich und Sozialplan 60
         [6] Stand der Umsetzung, Umsetzbarkeit 61
         [7] Weiterbeschäftigungsmöglichkeiten 62
   b) Innerbetrieblicher Grund Streichung einer Hierarchieebene
      aa) Muster: Replik nach betriebsbedingter Kündigung wegen Streichung einer Hierarchieebene
      bb) Erläuterungen
         [1] Besonderheiten der unternehmerischen Entscheidung zur Streichung einer Hierarchieebene 64
         [2] Entscheidungsträger 66
         [3] Darlegungs- und Beweislast 67
         [4] Substantiierte Darlegung der neuen Arbeitsverteilung 68
         [5] Umsetzungszeitpunkt 69
         [6] Konsequenzen für die übrigen Mitarbeiter 71
         [7] Keine überobligationsmäßigen Leistungszuwächse 72
         [8] Arbeitszuwachs in der Geschäftsführung 73
   c) Außerbetrieblicher Grund
      aa) Muster: Replik nach betriebsbedingter Kündigung bei außerbetrieblichem Grund
      bb) Erläuterungen
         [1] Allgemeines, Darlegungs- und Beweislast 75
         [2] Protokollierung der unternehmerischen Schritte 77
         [3] Person des Protokollierenden 78
         [4] Auftragsentwicklung 79
         [5] Personalentwicklung 80
         [6] Referenzzeitraum 81
         [7] Prognose: Entwicklung des Wirtschaftszweiges 82
         [8] Prognose: Entwicklung der Mitbewerber 83
         [9] Konsequenzen der Betrachtung, Wegfall von Beschäftigungsbedarf 84
         [10] Sozialauswahl 86
2. Rüge der Weiterbeschäftigungsmöglichkeit
   a) Muster: Replik nach Rüge einer Weiterbeschäftigungsmöglichkeit
   b) Erläuterungen und Varianten
      [1] Allgemeines 88
      [2] Zumutbare Überbrückungszeit .. 89
      [3] Relevante Weiterbeschäftigungsmöglichkeit: Hierarchieebene ... 90
      [4] Relevante Weiterbeschäftigungsmöglichkeit: Qualifizierung 91
3. Rüge der Sozialauswahl
   a) Replik bei undifferenzierter Rüge fehlerhafter sozialer Auswahl
      aa) Muster: Replik bei undifferenzierter Rüge der sozialen Auswahl und Auswahl nach Punkteschema
      bb) Erläuterungen und Varianten
         [1] Allgemeines zur Prüfungssystematik und zur Vergleichbarkeit 94
         [2] Beschränkung auf die gesetzlichen Kriterien 95
         [3] Punkteschema 96
         [4] Unterhaltspflichten gegenüber Kindern 102
         [5] Berücksichtigung des Familienstandes 104
         [6] Berücksichtigung der Schwerbehinderung/Gleichstellung 105
         [7] Beteiligung des Betriebsrates 107
         [8] Individuelle Abschlussprüfung 108
   b) Replik bei Herausnahme von Leistungsträgern aus der Sozialauswahl, § 1 Abs. 3 KSchG
      aa) Muster: Replik nach Rüge der Sozialauswahl bei Herausnahme von Leistungsträgern
      bb) Erläuterungen und Varianten
         [1] Prüfungssystematik 110
         [2] Herausnahme von Leistungsträgern 111
         [3] Abschließende soziale Abwägung 115
   c) Replik bei Sozialauswahl zur Sicherung der Personalstruktur, § 1 Abs. 3 KSchG
      aa) Muster: Replik nach Rüge der Sozialauswahl bei Sicherung der Personalstruktur
      bb) Erläuterungen
         [1] Allgemeine Hinweise 117
         [2] berechtigte betriebliche Interessen 120

[3]	Erhaltung einer bestehenden Struktur	121	4. Rüge der fehlerhaften Betriebsratsanhörung	
[4]	Besonderheiten der Altersgruppenbildung	122	a) Muster: Replik bei Rüge der Betriebsratsanhörung	
[5]	Abschlussprüfung	123	b) Erläuterungen und Varianten	

d) Replik bei Sozialauswahl nach Auswahlrichtlinie, § 1 Abs. 4 KSchG
  aa) Muster: Replik nach Rüge der Sozialauswahl bei Auswahlrichtlinie
  bb) Erläuterungen und Varianten
    [1] Richtige Anwendung der Auswahlrichtlinie 125
    [2] Prüfungsmaßstab: Grobe Fehlerhaftigkeit 126
    [3] Keine Bewertungskontrolle . 127
    [4] Auswirkungen bei grober Fehlerhaftigkeit 128
e) Replik bei Sozialauswahl nach Interessensausgleich mit Namensliste, § 1 Abs. 4 KSchG
  aa) Muster: Replik nach Rüge der Sozialauswahl bei Interessensausgleich mit Namensliste
  bb) Erläuterungen und Varianten
    [1] Formale Fragen 130
    [2] Prüfungsumfang der groben Fehlerhaftigkeit 132
    [3] Darlegungs- und Beweislast 133

4. Rüge der fehlerhaften Betriebsratsanhörung
  a) Muster: Replik bei Rüge der Betriebsratsanhörung
  b) Erläuterungen und Varianten
    [1] Rüge der Betriebsratsanhörung. 135
    [2] Beweismittel 136
C. Wiedereinstellungsanspruch
  I. Außergerichtliche Arbeitnehmervertretung
    1. Muster: Anschreiben des Arbeitnehmervertreters
    2. Erläuterungen und Varianten
      [1] Anmerkungen zum Wiedereinstellungsanspruch 138
      [2] Zeitlicher Ablauf 140
  II. Arbeitgebervertretung: Ablehnung des Wiedereinstellungsanspruches
    1. Muster: Anschreiben des Arbeitgebers mit der Ablehnung des Wiedereinstellungsanspruchs
    2. Erläuterungen und Varianten
      [1] Nichtbestehen des Wiedereinstellungsanspruches.............. 143
      [2] Variante........................ 144
  III. Gerichtliche Geltendmachung
    1. Muster: Klage auf Wiedereinstellung
    2. Erläuterungen und Varianten
      [1] Antragsformulierung............ 146
      [2] Ausdrückliches Vertragsangebot 150
      [3] Soziale Auswahl................ 151

Teil 1:
Wartezeit (§ 1 Abs. 1 KSchG)

A. Allgemeiner Kündigungsschutz

I. Muster: Allgemeiner Kündigungsschutz trotz unter sechsmonatiger Beschäftigungsdauer

▶ An das
Arbeitsgericht ▄▄▄

Klage

In dem Rechtsstreit

▄▄▄

– Kläger –

Prozessbevollmächtigte: ▄▄▄

gegen

▄▄▄

– Beklagte –

Prozessbevollmächtigte: ▄▄▄

wegen: Kündigung

erheben wir namens und mit Vollmacht des Klägers Klage und werden beantragen:

1. Es wird festgestellt, dass das Arbeitsverhältnis der Parteien durch die Kündigung der Beklagten vom ... nicht aufgelöst werden wird.[1]

2. ...

I.

In tatsächlicher Hinsicht tragen wir wie folgt vor: ...

Die Beklagte beschäftigt in der Regel mehr als zehn Arbeitnehmer mit einer Wochenarbeitszeit von mehr als 30 Stunden, mit Ausnahme der zu ihrer Berufsausbildung Beschäftigten.[2] ...

Beweis: ...

Der Kläger wurde bei der Beklagten mit Wirkung zum ... als ... eingestellt.[3]

Beweis: ...

Die Beklagte kündigte das Arbeitsverhältnis mit Schreiben unter dem Datum vom ..., dem Kläger persönlich übergeben am selben Tag/am .../welches der Kläger am ... in seinem Briefkasten vorfand (*oder anderweitige Zugangstatsachen*) zum ... [4]

Beweis: ...

(**optional**) Die Parteien haben auf die Vereinbarung einer Probezeit ausdrücklich wie folgt verzichtet: (*näher ausführen*)[5]

Beweis: ...

(**optional**) Die Beklagte hat den Kläger aus einem bestehenden Arbeitsverhältnis abgeworben, bei welchem diesem Kündigungsschutz nach dem KSchG zukam (*näher ausführen*).[6]

Beweis: ...

Der Beklagten war bewusst, dass dem Kläger eine Daueranstellung wichtig war, was dieser am ... Frau/Herrn ... wie folgt mitgeteilt hat ... (*näher ausführen*). Die Beklagte hat dies auch zugesichert (*näher ausführen*)/dem nicht widersprochen.[7]

Beweis: ...

(**optional**) Die Beklagte hat das Arbeitsverhältnis einzig aus dem Grund gekündigt, um so den Eintritt des allgemeinen Kündigungsschutzes für den Kläger zu verhindern (*Anhaltspunkte hierfür substantiiert darlegen*).[8]

Beweis: ...

...

II.

In rechtlicher Hinsicht tragen wir wie folgt vor: Die Kündigung ist sozial nicht gerechtfertigt und wird/hat das Arbeitsverhältnis der Parteien nicht mit Ablauf des ... auflösen/aufgelöst, § 1 Abs. 2 KSchG.

1. Der persönliche Geltungsbereich des KSchG ist eröffnet, § 1 Abs. 1 KSchG. Voraussetzung ist zwar insoweit grundsätzlich, dass das Arbeitsverhältnis in demselben Betrieb oder Unternehmen[9] ohne Unterbrechung länger als sechs Monate bestanden hat. Dies ist vorliegend nicht der Fall.

(**optional: Probezeitverzicht**) Allerdings haben die Parteien durch den ausdrücklichen Verzicht auf die Probezeitvereinbarung gleichzeitig auch die Voraussetzung der Wartezeit gem. § 1 Abs. 1 KSchG abbedungen, §§ 133, 157 BGB. Bereits das Wort „Probezeit" als solches bezeichnet jedenfalls nach dem für die Auslegung relevanten üblichen Sprachgebrauch nicht nur die – in juristischen Laienkreisen wohl eher unbekannte – Regelung des § 622 Abs. 3 BGB (LAG Köln 15.2.2002 – 4 (2) Sa 575/01). So hat auch das Bundesarbeitsgericht in mehreren Entscheidungen von der Wartezeit des § 1 Abs. 1 KSchG als von der „gesetzlichen Probezeit" gesprochen (vgl u.a. Urteile; v. 1.7.1999 – 2 AZR 926/98; 21.2.2001 – 2 AZR 15/00; 5.4.2001 – 2 AZR 185/00). (**ggfs.**: *Auch die weiteren Umständen sprechen dafür, dass die Parteien den „Verzicht" auch auf die Einhaltung der Wartezeit bezogen haben* ...). Aus alledem ergibt sich, dass die Parteien mit dem Begriff „Probezeit" auch die Wartezeit nach § 1 Abs. 1 KSchG erfassen wollten. (**optional: konkludentes Abbedingen**) Allerdings haben die Parteien das Wartezeiterfordernis vorliegend konkludent dadurch abbedungen, indem die Beklagte in Kenntnis der Abwerbung und des Wunsches des Klägers nach einem dauerhaften/sicheren Arbeitsplatz erklärt hat ... (*näher ausführen*)/diesen widerspruchslos eingestellt hat, §§ 133, 157 BGB. Aus den genannten Umständen folgt zwar wohl kein stillschweigender Konsens dahin gehend, dass der Kläger bei der Beklagten eine Anstellung „auf Lebenszeit" erhalten würden. Zumindest aber sollte er innerhalb der ersten sechs Monate nur aus solchen Gründen gekündigt werden dürfen, die die Kündigung nach § 1 Abs. 2 KSchG sozial rechtfertigen können (BAG 16.2.1967 – 2 AZR 114/66).

(**optional: treuwidriges Berufen**) Allerdings muss sich die Beklagte entsprechend § 162 BGB so behandeln lassen, als ob die Wartefrist verstrichen gewesen wäre. Wenn der Arbeitgeber die Kündigung allein deshalb ausspricht, um den Eintritt des allgemeinen Kündigungsschutzes treuwidrig zu vereiteln, kann er sich nicht auf die Nichteröffnung des persönlichen Geltungsbereiches berufen (BAG 16.3.2000 – 2 AZR 828/98; BAG 18.8.1982 – 7 AZR 437/08). Dies ist vorliegend der Fall, da kein anderer Grund ersichtlich ist, welcher Kündigungsanlass gewesen sein könnte. Insbesondere aus den Umständen, dass ... (*näher ausführen*)[10] ergibt sich, dass es der Beklagten einzig darum ging, den Eintritt des allgemeinen Kündigungsschutzes des Klägers zu verhindern.[11]

2. Die Kündigung ist sozial ungerechtfertigt und daher unwirksam. Es liegen keine Gründe ...[12]

...

Rechtsanwalt ◄

II. Erläuterungen

[1] Siehe allgemein zur Kündigungsschutzklage § 4 KSchG, Rn 1 ff. 2

[2] Zur Eröffnung des betrieblichen Geltungsbereiches siehe § 23 KSchG Rn 2 ff. 3

[3] Entscheidend ist nicht die tatsächliche Beschäftigung, sondern ausschließlich der rechtliche Bestand des Arbeitsverhältnisses mit Bezug auf den Betrieb oder das Unternehmen (vgl HaKo-KSchR/*Mayer* § 1 KSchG Rn 56). § 1 Abs. 1 KSchG enthält einseitig zwingendes Recht zugunsten des Arbeitnehmers, von dem weder die Tarifpartner noch die Parteien des Einzelarbeitsvertrags zu seinen Lasten abweichen dürfen (vgl im Einzelnen HaKo-KSchR/*Mayer* § 1 KSchG Rn 57). Für die Berechnung des Fristbeginns ist der Tag maßgeblich, nach welchem gem. der vertraglichen Vereinbarung die Arbeit aufgenommen werden sollte, wobei dieser Tag gem. § 187 Abs. 2 BGB mitzurechnen ist. Die Wartefrist endet dann anschließend mit dem Ablauf des Tages des sechsten Monats, der dem Tag vorangeht, der durch seine Zahl 4

dem Anfangstag der Frist entspricht, § 188 Abs. 2 Alt. 2 BGB. Im Ausnahmefall kann es dem Arbeitnehmer aber gem. § 242 BGB verwehrt sein, sich auf den Ablauf der Wartezeit zu berufen, wenn er die Arbeit zur vereinbarten Zeit aus Gründen, die er selbst zu vertreten hat, nicht aufnimmt (vgl. HaKo-KSchR/*Mayer* § 1 KSchG Rn 69).

5 [4] Zumindest in Grenzfällen sollte im Hinblick auf die Fristen der §§ 1 Abs. 1, 4 S. 1, 5 KSchG, §§ 622, 626 BGB nicht pauschal die Rechtstatsache des „Zugangs" einer Willenserklärung behauptet werden. Relevant kann bezüglich des Zugangs der Kündigungserklärung ggfs. auch die Frage einer etwaigen „Zugangsverzögerung/-vereitelung" werden (vgl. hierzu umfassend HaKo-KSchR/*Fiebig/Mestwerdt* Einl. 52 ff).

6 [5] Es ist allerdings umstritten, ob der ausdrücklich vereinbarte Verzicht auf eine Probezeit ausschließlich Auswirkung auf die Dauer der Kündigungsfrist hat (so KR/*Griebeling* § 1 Rn 99) oder auch so ausgelegt werden kann, dass ein vorzeitiger Eintritt des allgemeinen Kündigungsschutzes herbeigeführt werden soll (so LAG Köln 15.2.2002 – 4 (2) Sa 575/01).

7 [6] Die Tatsache, dass der Arbeitnehmer von dem neuen Arbeitgeber abgeworben wurde, ist für sich allein genommen aber nicht erheblich. Wer sich von seinem bisherigen Arbeitsplatz abwerben lässt und mit dem abwerbenden Arbeitgeber nicht vereinbart, dass die Kündigung für eine bestimmte Zeit ausgeschlossen ist, übernimmt das Risiko, dass ihm der neue Arbeitgeber vor Ablauf der in § 1 Abs. 1 KSchG bestimmten Frist von sechs Monaten ordentlich kündigt (BAG 24.10.1996 – 2 AZR 874/95).

8 [7] Auch die Tatsache einer eventuellen Zusicherung einer „Dauerstelle" oder eines „sicheren" Arbeitsplatzes oder Anstellung deutet nicht auf einen Parteiwillen zum Verzicht auf die Wartezeit nach § 1 Abs. 1 KSchG hin, wenn dennoch eine Probezeit vereinbart wird (LAG Berlin 3 Sa 442/02 – 28.5.2002).

9 [8] Allerdings kann eine Vereinbarung der Gestalt angenommen werden, dass der gesetzliche Kündigungsschutz nicht erst nach sechs Monaten, sondern schon zu Beginn der Beschäftigung einsetzen soll, wenn ein Arbeitnehmer, bevor er seine bisherige Stelle aufgrund eines Angebots des neuen Arbeitgebers aufgibt, diesem gegenüber erklärt, er lege nur Wert auf eine Dauerstellung (BAG 16.2.1967 – 2 AZR 114/66).

10 [9] Betreibt ein Unternehmer dagegen in einem Konzern nicht nur ein, sondern mehrere Unternehmen, werden Arbeitsverhältnisse in unterschiedlichen Unternehmen nach § 1 Abs. 1 KSchG grundsätzlich nicht zusammengerechnet (vgl. hierzu und den Ausnahmen: HaKo-KSchR/*Mayer* § 1 KSchG Rn 63).

11 [10] Auf eine unzulässige Umgehung kann es zB hindeuten, wenn nicht schon zum erst möglichen Kündigungstermin nach der Wartezeit gekündigt wird, sondern zu einem späteren (HaKo-KSchR/*Mayer* § 1 KSchG Rn 71).

12 [11] Soweit dieser Vorwurf erhoben wird, muss der Arbeitnehmer im Wege einer abgestuften Darlegungs- und Beweislast zunächst Tatsachen vortragen, welche die Schlussfolgerung zulassen, der Arbeitgeber habe nur kündigen wollen, um ihm den gesetzlichen Kündigungsschutz zu entziehen. Ein rein pauschales Behaupten ist daher unbeachtlich. Erst wenn ein entsprechender Tatsachenvortrag des Arbeitnehmers gegeben ist, muss sich der Arbeitgeber nach § 138 Abs. 2 ZPO iVm § 46 Abs. 2 ArbGG qualifiziert auf diesen Vortrag einlassen, um ihn zu entkräften (vgl. zur Frage der Treuwidrigkeit einer Kündigung an sich BAG 21.2.2001 – 2 AZR 15/00). Ist eine Abkürzung der Wartezeit des § 1 Abs. 1 KSchG nicht vertraglich vereinbart, gilt für eine arbeitgeberseitige ordentliche Kündigung während der sechsmonatigen Wartezeit der Grundsatz der Kündigungsfreiheit (BAG 24.10.1996 – 2 AZR 874/95). Im

Rahmen des arbeitsrechtlichen Kündigungsschutzes stellt die bloße volle Nutzung rechtlicher Möglichkeiten für sich allein genommen aber noch kein treuwidriges Verhalten dar (BAG 4.4.1990 – 7 AZR 310/89). Der Arbeitgeber darf kündigen, solange ein irgendwie einleuchtender Grund hierfür besteht, da ansonsten insbesondere auch die Möglichkeit des Arbeitgebers eingeschränkt würde, die Eignung des Arbeitnehmers für die geschuldete Tätigkeit in seinem Betrieb während der gesetzlichen Wartezeit zu überprüfen (BAG 24.1.2008 – 6 AZR 96/07). Im Übrigen ist es umstritten, ob dem Arbeitnehmer aufgrund einer vertraglichen Nebenpflicht des Arbeitgebers ggfs. sogar ein Anspruch auf Mitteilung der Kündigungsgründe zusteht (vgl Schaub/*Linck*, Rn 67 zu § 123).

[12] Siehe im Übrigen umfassend zum weiteren Sachvortrag § 4 KSchG Rn 1 ff   13

B. Vorbeschäftigungszeiten

I. Muster: Anrechnung von Vorbeschäftigungszeiten[1]   14

▶ An das

Arbeitsgericht ▪▪▪

Klage

In dem Rechtsstreit

▪▪▪

– Kläger –

Prozessbevollmächtigte: ▪▪▪

gegen

▪▪▪

– Beklagte –

Prozessbevollmächtigte: ▪▪▪

wegen: Kündigung

erheben wir namens und mit Vollmacht des Klägers Klage und werden beantragen:

Es wird festgestellt, dass das Arbeitsverhältnis der Parteien durch die Kündigung der Beklagten vom ▪▪▪ (Datum) nicht aufgelöst werden wird.[2]

▪▪▪

I.

In tatsächlicher Hinsicht tragen wir wie folgt vor: ▪▪▪

Die Beklagte beschäftigt in der Regel mehr als zehn Arbeitnehmer mit einer Wochenarbeitszeit von mehr als 30 Stunden, mit Ausnahme der zu ihrer Berufsausbildung Beschäftigten.[3] ▪▪▪

Beweis: ▪▪▪

Der Kläger wurde bei der Beklagten mit Wirkung zum ▪▪▪ als ▪▪▪ eingestellt.[4]

Beweis: ▪▪▪

Die Beklagte kündigte das Arbeitsverhältnis mit Schreiben unter dem Datum vom ▪▪▪, dem Kläger persönlich übergeben am selben Tag/am ▪▪▪/welches der Kläger am ▪▪▪ in seinem Briefkasten vorfand (*oder anderweitige Zugangstatsachen*) zum ▪▪▪.[5]

Beweis: ▪▪▪

Der Kläger war bei der Beklagten bereits zuvor von ▪▪▪ bis ▪▪▪ als ▪▪▪ beschäftigt (*näher ausführen*). Das damalige Arbeitsverhältnis endete aufgrund ▪▪▪ (**optional:** ... ist seit ... nahtlos beschäftigt, ▪▪▪ [*näher ausführen*]).[6]

Beweis: ▪▪▪

▪▪▪

II.

In rechtlicher Hinsicht tragen wir wie folgt vor: Die Kündigung ist sozial nicht gerechtfertigt und wird/hat das Arbeitsverhältnis der Parteien nicht mit Ablauf des ▪▪▪ auflösen/aufgelöst, § 1 Abs. 2 KSchG.

1. Der persönliche Geltungsbereich des KSchG ist vorliegend eröffnet, § 1 Abs. 1 KSchG. Voraussetzung ist insoweit grundsätzlich, dass das Arbeitsverhältnis in demselben Betrieb oder Unternehmen ohne Unterbrechung länger als sechs Monate bestanden hat.
   (Variante: nahtloser Anschluss): Für den Lauf der Wartezeit gemäß § 1 Abs. 1 KSchG ist es regelmäßig unschädlich, wenn wie vorliegend innerhalb des Sechsmonatszeitraums zwei oder mehr Arbeitsverhältnisse liegen, die ohne zeitliche Unterbrechung unmittelbar aufeinanderfolgen. Setzt sich die Beschäftigung des Arbeitnehmers nahtlos fort, ist typischerweise von einem "ununterbrochenen" Arbeitsverhältnis auszugehen (BAG 7.7.2011 – 2 AZR 476/10). Wenn das Arbeitsverhältnis ohne zeitliche Unterbrechung länger als sechs Monate bestanden hat, ist es auch unerheblich, ob der Arbeitnehmer während der Wartezeit verschiedenartige Tätigkeiten ausgeübt hat oder dem letzten Arbeitsverhältnis ein befristetes anderen Inhalts voranging (BAG 12.2.1981 – 2 AZR 1108/78). Die Dauer der Arbeitsverhältnisse ist dann zu addieren, ohne dass zwischen ihnen ein enger sachlicher Zusammenhang bestehen müsste (HaKo-KSchR/*Mayer* § 1 KSchG Rn 85).
   (Variante: rechtliche Unterbrechung): Dies ist zwar im Falle des Klägers objektiv nicht gegeben. Allerdings kann selbst in Fällen, in denen es an einer nahtlosen Fortsetzung des Arbeitsverhältnisses fehlt, eine rechtliche Unterbrechung unbeachtlich sein, wenn wie vorliegend zwischen beiden Arbeitsverhältnissen ein enger sachlicher Zusammenhang besteht. Dafür kommt es insbesondere auf Anlass und Dauer der Unterbrechung sowie auf die Art der Weiterbeschäftigung an. Ob diese Voraussetzungen erfüllt sind, hängt vom Einzelfall ab. Eine feste zeitliche Begrenzung für den Unterbrechungszeitraum besteht nicht. Je länger die Unterbrechung gedauert hat, desto gewichtiger müssen die für einen sachlichen Zusammenhang sprechenden Umstände sein (vgl BAG 7.7.2011 – 2 AZR 476/10; 28.8.2008 – 2 ARZ 101/07).
   (Alternativ) Die zeitliche Unterbrechung betrug konkret weniger als drei Wochen und ist schon daher als unerheblich anzusehen (BAG 22.9.2005 – 6 AZR 607/04).
   (Alternativ) Zwar ist vorliegend eine Unterbrechung von insgesamt ▪▪▪ Wochen/Monaten gegeben. Dies schließt aber die Annahme einer rechtlich unerheblichen Unterbrechung nicht aus, da die nachfolgenden gewichtigen Gründe für einen sachlichen Zusammenhang zwischen den beiden Beschäftigungsverhältnissen sprechen: ▪▪▪ (*näher ausführen*).
2. Die Kündigung ist sozial ungerechtfertigt und daher unwirksam. Es liegen keine Gründe ▪▪▪[7]

▪▪▪

Rechtsanwalt ◄

II. Erläuterungen

[1] Auf die Wartezeit sind u.a. Zeiten einer vorausgegangenen Berufsausbildung, anzurechnen, aus welcher der Arbeitnehmer übernommen wurde, arg. § 10 Abs. 2 BBiG (BAG 2.12.1999 – 2 AZR 139/99). Weiterhin ist gesetzlich eine Anrechnung der Zeiten des Grundwehrdienstes oder einer Wehrübung – bei Auszubildenden und sonstigen in Berufsausbildung aber nur wenn diese erst nach Abschluss der Ausbildung stattfinden (§ 6 Abs. 2 Satz 1 ArbPlSchG) – vorgesehen. Dies gilt auch für Zeiten einer freiwilligen Wehrübungen bis zu einer Dauer von bis sechs Wochen im Kalenderjahr (§ 10 ArbPlSchG), des Wehrdienstes von Soldaten auf Zeit bis zur Dauer von zwei Jahren (§§ 16a Abs. 1 ArbPlSchG, 8 Abs. 3 SVG) und des Zivildienstes (§ 78 ZDG). Hat eine Frau während der Schwangerschaft oder während der Schutzfrist nach der Entbindung zum Ende dieser Schutzfrist selbst gem. § 10 Abs. 2 MuSchG fristlos gekündigt und wird sie innerhalb eines Jahres nach der Entbindung wieder in ihrem bisherigen Betrieb eingestellt, bleibt ihr allgemeiner Kündigungsschutz nach zurückgelegter Wartezeit erhalten, sofern sie in der Zwischenzeit bei keinem anderen Arbeitgeber beschäftigt war (§ 10 Abs. 2 MuSchG). Dies gilt nach dem Normzweck auch für eine fristgerechte Kündigung bzw einvernehmliche Vertragsaufhebung zum Ende der Schutzfrist des § 6 Abs. 1 MuSchG (ErfK/*Schlachter* § 10 MuSchG Rn 3). Zu weiteren Fällen der Anrechnung von anderweiten Beschäftigungszeiten umfassend HaKo-KSchR/*Mayer* § 1 KSchG Rn 72 ff).

[2] Siehe allgemein zur Kündigungsschutzklage § 4 KSchG Rn 1 ff.

[3] Zur Eröffnung des betrieblichen Geltungsbereiches siehe § 23 KSchG Rn 2 ff.

[4] Siehe oben Rn 3

[5] Siehe oben Rn 4

[6] Nach der Rechtsprechung des BAG stellt eine Unterbrechung von drei Wochen einen verhältnismäßig erheblichen Zeitraum dar, der es im allgemeinen ausschließt, von einer sachlich nicht ins Gewicht fallenden Unterbrechung auszugehen, es sei denn es liegt ein enger sachlicher Zusammenhang vor (BAG 20.8.1998 – 2 AZR 76/98).. Letzteres wurde zB bei einer rein ferienbedingten Unterbrechung einer Anstellung einer Lehrkraft von sechs Wochen angenommen (BAG 19.7.2007 – 2 AZR 94/06).

[7] Siehe im Übrigen umfassend zum weiteren Sachvortrag § 4 KSchG, Rn 1 ff.

Teil 2:
Personenbedingte Kündigung

A. Vorprozessuales Verfahren

I. Fehlzeiten

1. Muster: Anschreiben an Arbeitnehmer zur Aufklärung krankheitsbedingter Fehlzeiten

▶ Sehr geehrter Herr ...,

ausweislich der uns vorliegenden Arbeitsunfähigkeitsbescheinigungen fehlten Sie in den letzten Jahren wie folgt: ...

Durch ihre Abwesenheiten entstehen uns regelmäßig hohe Entgeltfortzahlungskosten, welche einen Zeitraum von sechs Wochen jährlich überschreiten. Unabhängig davon treten aufgrund der Kurzfristigkeit ihrer Erkrankung erhebliche Störungen im betrieblichen Ablauf ein. Die damit verbundene Beeinträchtigung unserer betrieblichen Interessen hat zwischenzeitlich die Grenze der Zumutbarkeit überschritten. Da uns die Ursache ihrer arbeitsunfähigkeitsbedingten Fehlzeiten (**op-**

tional: nur teilweise bekannt) unbekannt ist, bitten wir Sie uns aufgrund unserer arbeitsvertraglichen Fürsorgepflicht nunmehr mitzuteilen, wie sich ihr derzeitiger Gesundheitszustand darstellt, insbesondere ob ihre Erkrankungen durch Umstände an ihrem Arbeitsplatz bedingt sind und ob zukünftig mit einer Besserung ihres Gesundheitszustandes zu rechnen ist.[1]

Wir bitten um eine Antwort Ihrerseits bis spätestens ▄▄▄

Mit freundlichen Grüßen

▄▄▄ ◄

2. Erläuterungen

2   Es ist zu beachten, dass Kündigungsgrund nur ein Umstand sein kann, der objektiv geeignet ist, die Kündigung sozial zu rechtfertigen. Die subjektive Kenntnis des Arbeitgebers ist daher nicht entscheidend. Zwar besteht nach hM auch eine arbeitsvertragliche Nebenpflicht des Arbeitgebers, sich nach dem Gesundheitszustand des Arbeitnehmers zur erkundigen (HaKo-KSchR/*Gallner*, § 1 KSchG Rn 556; aA für Fälle außerhalb eines betrieblichen Eingliederungsmanagements: *Bufalica/Braun/Roos* in Däubler u.a., Arbeitsrecht, Rn 94 zu § 1 KSchG). Ob dieser einer solchen Verpflichtung vor Ausspruch einer Kündigung nachkommt, ist aber für die Frage der Sozialwidrigkeit der Kündigung ohne Belang. Es gibt auch keine korrespondieren vorprozessuale Auskunftspflicht des Arbeitnehmers (HaKo-KSchR/*Gallner* § 1 KSchG Rn 556). Der Versuch der Aufklärung im Vorfeld einer Kündigung kann aber auch aus prozesstaktischen Gründen angezeigt sein. Sehr häufig scheitert der Erfolg eines Kündigungsschutzprozesses anlässlich einer Kündigung wegen „häufiger Kurzerkrankungen" bereits daran, dass aufgrund der Einlassungen des Arbeitnehmers im Hinblick auf die Ursachen seiner Erkrankung im Prozess eine etwaige Indizierung der bisherigen Fehlzeiten für die Zukunft widerlegt wird.

II. Betriebliches Wiedereingliederungsmanagement

3   ### 1. Muster: Aufforderungsschreiben zur Umsetzung eines betrieblichen Eingliederungsmanagements

4   ▶ Sehr geehrter Herr ▄▄▄,

da sie innerhalb eines Zeitraums von zwölf Monaten[1] ▄▄▄ mehr als sechs Wochen am Stück/wiederholt arbeitsunfähig erkrankt waren, wurde (**optional** falls vorhanden: *unter Hinzuziehung der zuständigen Interessenvertretungen*) am ▄▄▄ ein sogenanntes betriebliches Eingliederungsmanagement durchgeführt.

Hierbei wurde eine Rehabilitationsmaßnahme dergestalt vorgeschlagen, dass Sie ▄▄▄ (*näher ausführen*).

Bisher haben Sie sich aber nicht abschließend erklärt, ob Sie an dieser Maßnahme teilnehmen möchten. Ihr Einverständnis ist jedoch für die Umsetzung der Maßnahme unerlässlich.

Wir fordern Sie hiermit auf bis spätestens ▄▄▄ verbindlich mitzuteilen, ob Sie mit dieser Maßnahme einverstanden sind und ab welchem Zeitpunkt diese beginnen kann. Für etwaige Rückfragen steht Ihnen Frau ▄▄▄ gerne zur Verfügung.

Sollte die Durchführung der durch das betriebliche Eingliederungsmanagement vorgeschlagenen Maßnahme von Ihnen abgelehnt werden bzw von Ihnen binnen obiger Frist keine Reaktion erfolgen, müssen wir Sie darauf hinweisen, dass wir beabsichtigen, die Kündigung des Arbeitsverhältnisses aus personenbedingten Gründen auszusprechen.[2]

Mit freundlichen Grüßen

... ◄

2. Erläuterungen

[1] Voraussetzung des betrieblichen Eingliederungsmanagements ist, dass der Arbeitnehmer innerhalb eines Jahres (nicht notwendig Kalenderjahres) länger als sechs Wochen ununterbrochen oder wiederholt arbeitsunfähig wird (vgl ErfK/*Rolfs*, 14. Auflage 2014, Rn 5 zu § 84 SGB IX). Das Bestehen einer zuständigen Interessenvertretung iSv § 93 SGB IX ist nicht notwendig (BAG 30.9.2010 – 2 AZR 88/09).

[2] Hat ein durchgeführtes betriebliches Eingliederungsmanagement zu einem positiven Ergebnis geführt, ist der Arbeitgeber grundsätzlich verpflichtet, die empfohlene Maßnahme – soweit dies in seiner alleinigen Macht steht und der persönliche und betriebliche Geltungsbereich des KSchG eröffnet ist – vor Ausspruch einer krankheitsbedingten Kündigung als milderes Mittel umzusetzen. Bedarf es dazu der Einwilligung oder der Initiative des Arbeitnehmers, muss der Arbeitgeber um diese nachsuchen oder den Arbeitnehmer hierzu auffordern. Dazu kann er dem Arbeitnehmer eine Frist setzen. Der Arbeitgeber muss den Arbeitnehmer dabei deutlich darauf hinweisen, dass er im Weigerungsfall mit einer Kündigung rechnen müsse. Lehnt der Arbeitnehmer die Maßnahme dennoch ab oder bleibt er trotz Aufforderung untätig, braucht der Arbeitgeber die Maßnahme vor Ausspruch der Kündigung nicht mehr als milderes Mittel zu berücksichtigen (BAG 10.12.2009 – 2 AZR 400/08).

III. Suchterkrankung

1. Muster: Aufforderungsschreiben zur Teilnahme an einer Entziehungskur[1]

► Sehr geehrter Herr ...,

wie uns zwischenzeitlich bekannt geworden ist, leiden sie an einer Suchterkrankung in Form von ... Aufgrund Ihrer Suchterkrankung haben sich bereits erhebliche negative Auswirkungen auf das Arbeitsverhältnis ergeben. Unter anderem ... (*näher ausführen*). Diese erheblichen betrieblichen Beeinträchtigungen sind auch weiter zu befürchten. Leider sehen wir uns daher nicht mehr in der Lage, diesen Zustand zukünftig hinzunehmen.

Um ein störungsfreies Arbeitsverhältnis wieder herzustellen, ist eine Therapie Ihrerseits unerlässlich. Da wir bei Ihnen eine entsprechende Behandlungswilligkeit unterstellen, räumen wir Ihnen hiermit die Möglichkeit ein, eine Entziehungskur in Anspruch zu nehmen.

Aus den oben genannten Gründen fordern wir Sie daher auf bis spätestens ... verbindlich zu erklären, ob Sie mit einer solchen Maßnahme einverstanden sind und ab welchem Zeitpunkt diese voraussichtlich beginnen wird.[2] Sofern Ihrerseits weitergehende Fragen, insbesondere auch im Hinblick auf das Therapieangebot, bestehen, steht Ihnen Frau/Herr ... für Rückfragen gerne zur Verfügung.

Sollten Sie die Durchführung einer Entziehungskur ablehnen oder binnen obiger Frist keine Reaktion erfolgen, müssen wir Sie leider darauf hinweisen, dass wir beabsichtigen, die Kündigung des

Arbeitsverhältnisses aus personenbedingten Gründen auszusprechen.[3] Letzteres gilt ebenso für den Fall, dass Sie die Entziehungskur nicht erfolgreich beenden.

Mit freundlichen Grüßen

... ◄

2. Erläuterungen

7 [1] Grundsätzlich ist der Arbeitgeber verpflichtet, dem Arbeitnehmer aus Gründen der Verhältnismäßigkeit vor Ausspruch einer personenbedingten Kündigung anlässlich einer Suchterkrankung eine Entziehungskur zu ermöglichen. Dies gilt auch bei Vorliegen einer Drogensucht oder anderen Abhängigkeiten mit Krankheitswert (HaKo-KSchR/*Gallner* § 1 Rn 503 ff). Hinzutreten kann außerdem noch als milderes Mittel die Verpflichtung zur Durchführung eines betrieblichen Eingliederungsmanagements, wenn dessen übrige Voraussetzungen erfüllt sind (BAG 20.3.2014 – 2 AZR 565/12; siehe hierzu auch *Brose*, DB 2013, 1727).

8 [2] Unterzieht sich der Arbeitnehmer dieser Maßnahme, muss der Arbeitgeber grundsätzlich ihren Ausgang abwarten. Anderes gilt nur, wenn dem zwingende betriebliche Gründe entgegenstehen, weil der Arbeitsplatz dauerhaft anderweitig besetzt werden muss und keine Überbrückung durch Springer oder Aushilfskräfte möglich ist (HaKo-KSchR/*Gallner* § 1 KSchG Rn 503).

9 [3] Wenn der Arbeitnehmer auf den Ratschlag des Arbeitgebers, sich in Therapie zu begeben, nicht reagiert oder überhaupt bestreitet, an einer Suchterkrankung zu leiden, ist von einer fehlenden Therapiebereitschaft auszugehen (HaKo-KSchR/*Gallner* § 1 KSchG Rn 503).

IV. Haft

10 1. Muster: Anschreiben bei Inhaftierung des Arbeitnehmers aufgrund einer Untersuchungshaft/nicht rechtskräftigen Verurteilung

▶ Sehr geehrter Herr ...,

wie uns zwischenzeitlich bekannt geworden ist, befinden Sie sich seit ... aufgrund eines Urteils des .../Beschluss des ... in (Untersuchungs-)Haft in der JVA ...

Da Ihre haftbedingte Abwesenheit bei uns zu erheblichen betrieblichen Ablaufstörungen führt, welche nicht auf Dauer überbrückt werden können und wir derzeit ihre weitere haftbedingte Abwesenheit nicht abschätzen können, sind wir dringend darauf angewiesen von Ihnen zu erfahren, welche genauen Umstände zu Ihrer Verurteilung/Inhaftierung geführt haben. Wir bitten Sie uns daher bis spätestens ... die oben genannten Informationen zukommen zu lassen. Sollten wir von Ihnen keine Antwort erhalten, müssen wir von einer erheblichen weiter andauernden haftbedingten Abwesenheit Ihrerseits ausgehen.[1] In diesem Fall müssen wir Sie leider darauf hinweisen, dass wir beabsichtigen, die Kündigung des Arbeitsverhältnisses aus personenbedingten Gründen auszusprechen

Mit freundlichen Grüßen

... ◄

2. Erläuterungen

11 Da ohne rechtskräftige Verurteilung nicht auszuschließen ist, dass sich die Annahme einer weiteren haftbedingten Abwesenheit als unzutreffend erweist, muss der Arbeitgeber vor Aus-

spruch der Kündigung alle zumutbaren Anstrengungen zur Aufklärung des Sachverhalts unternommen haben. Hierzu gehört insbesondere, dass er dem Arbeitnehmer Gelegenheit zur Stellungnahme gibt (BAG 23.5.2013 – 2 AZR 120/12).

B. Gerichtliches Verfahren
I. Klageerwiderung bei krankheitsbedingter Kündigung
1. Dauernde Leistungsunfähigkeit
a) Muster: Klageerwiderung bei dauernder Leistungsunfähigkeit[1]

▶ An das

Arbeitsgericht ...

In Sachen

... ./. ...

Az.: ...

zeigen wir die Vertretung der Beklagten an.

Wir werden beantragen,

die Klage kostenpflichtig abzuweisen.

I.

In tatsächlicher Hinsicht tragen wir wie folgt vor:

Die Angaben des Klägers zu seinen persönlichen Verhältnissen sind zutreffend/sind wie folgt richtig zu stellen ...

Der Kläger ist bei der Beklagten als ... eingestellt worden. Seine zuletzt ausgeübte Tätigkeit bestand in ... *(näher ausführen).*

Beweis: ...

Der Kläger ist seit dem ... arbeitsunfähig erkrankt. Der Kläger leidet an der/den nachfolgenden Erkrankung/en, welche die Arbeitsunfähigkeit verursachen: ...

Beweis: ...

Eine Wiederherstellung der Leistungsfähigkeit ist in Anbetracht des Krankheitsbildes und der vertraglich geschuldeten Tätigkeit als ... ausgeschlossen.[2]

Beweis: ...

Ein betriebliches Eingliederungsmanagement gem. § 84 Abs. 2 SGB IX wurde am ... durchgeführt. Dieses endete erfolglos. Es konnten keine milderen Mittel, zB die Umgestaltung des Arbeitsplatzes oder eine Weiterbeschäftigung zu geänderten Arbeitsbedingungen auf einem anderen Arbeitsplatz, erkannt und entwickelt werden.

Beweis: ...

(Variante: fehlende Durchführung eines betrieblichen Eingliederungsmanagements)

Ein betriebliches Eingliederungsmanagement wurde nicht durchgeführt.[3] Dieses wäre aber ohnehin erfolglos geblieben. Der Arbeitsplatz des Klägers kann nicht so umgestaltet werden, dass dieser nunmehr zuträgliche Arbeitsbedingungen für den Kläger ermöglicht, da ... (substantiiert ausführen).

Beweis: ...

Auch eine anderweitige Beschäftigung auf einem leidensgerechten Arbeitsplatz scheidet aus nachfolgenden Gründen aus: ... (*substantiiert ausführen*)

(ggfs. weitere Ausführungen zur Betriebsratsanhörung/Einholung von behördlichen Zustimmungen).

II.

In rechtlicher Hinsicht tragen wir wie folgt vor: Die Kündigung ist sozial gerechtfertigt. Es liegen Gründe in der Person des Klägers vor, die seiner Weiterbeschäftigung im Betrieb der Beklagten entgegenstehen, § 1 Abs. 2 KSchG. Das Arbeitsverhältnis wird/ist daher mit Ablauf des ... aufgelöst werden/worden.

1. Nach der ständigen Rechtsprechung des Bundesarbeitsgerichts ist die Prüfung der sozialen Rechtfertigung von Kündigungen, die aus Anlass von Krankheiten ausgesprochen werden, in drei Stufen vorzunehmen. Die Kündigung ist im Falle einer lang anhaltenden Krankheit sozial gerechtfertigt (§ 1 Abs. 2 KSchG), wenn eine negative Prognose hinsichtlich der voraussichtlichen Dauer der Arbeitsunfähigkeit vorliegt – erste Stufe –, eine darauf beruhende erhebliche Beeinträchtigung betrieblicher Interessen festzustellen ist – zweite Stufe – und eine Interessenabwägung ergibt, dass die betrieblichen Beeinträchtigungen zu einer billigerweise nicht mehr hinzunehmenden Belastung des Arbeitgebers führen – dritte Stufe – (BAG 30.9.2010 – 2 AZR 88/09).

    Bei krankheitsbedingter dauernder Leistungsunfähigkeit ist in aller Regel ohne Weiteres von einer erheblichen Beeinträchtigung der betrieblichen Interessen auszugehen. Steht fest, dass der Arbeitnehmer in Zukunft die geschuldete Arbeitsleistung überhaupt nicht mehr erbringen kann, ist schon aus diesem Grund das Arbeitsverhältnis auf Dauer ganz erheblich gestört (BAG 18.1.2007 – 2 AZR 759/05). Bei einer dauernden Unfähigkeit des Arbeitnehmers, seine geschuldete Arbeitsleistung zu erbringen, liegen die erheblichen betrieblichen Beeinträchtigungen auf der Hand. Der Arbeitgeber ist auf unabsehbare Zeit gehindert, sein Direktionsrecht ausüben zu können und die Arbeitsleistung des Arbeitnehmers abzurufen. Eine ordnungsgemäße Planung des Einsatzes des Arbeitnehmers kann nicht mehr erfolgen. Es bestehen deshalb keine schutzwürdigen Interessen des Arbeitnehmers mehr an der Aufrechterhaltung seines Arbeitsverhältnisses. Dies gilt auch im Hinblick auf die notwendige Interessenabwägung. Sie ist zwar auch bei einer Kündigung wegen dauernder oder auf nicht absehbare Zeit bestehender Arbeitsunfähigkeit erforderlich, kann aber nur bei Vorliegen einer besonderen Schutzbedürftigkeit des Arbeitnehmers zu dem Ergebnis führen, dass der Arbeitgeber trotz der erheblichen Störung des Arbeitsverhältnisses deren Fortsetzung billigerweise weiter hinnehmen muss (BAG, aaO).

2. Unter Berücksichtigung dieser Grundsätze ist die Kündigung sozial gerechtfertigt. Der Kläger ist aufgrund seiner Erkrankung dauerhaft leistungsunfähig. Eine besondere Schutzbedürftigkeit des Klägers, welche die Beklagte trotz der erheblichen Störung des Arbeitsverhältnisses hinnehmen müsste, ist vom Kläger weder vorgetragen, noch sonst ersichtlich.[4]

...

Rechtsanwalt ◀

b) Erläuterungen

13 [1] Die sogenannten „krankheitsbedingte" Kündigung ist in der Praxis der Hauptanwendungsfall für eine personenbedingte Kündigung (vgl allgemein hierzu HaKo-KSchR/*Gallner* § 1 KSchG Rn 546 ff). Es werden hierbei iE die Fallgruppen „dauernde Leistungsunfähigkeit"

(HaKo-KSchR/*Gallner* § 1 KSchG Rn 546 ff), „Langzeiterkrankung" HaKo-KSchR/*Gallner* § 1 KSchG Rn 576 ff), „häufige Kurzerkrankungen" (HaKo-KSchR/*Gallner* § 1 KSchG Rn 555 ff) sowie die „krankheitsbedingte Leistungsminderung" (HaKo-KSchR/*Gallner* § 1 KSchG Rn 598 ff) unterschieden. Gemein ist allen Fallgruppen, dass nach der Rechtsprechung des BAG die Kündigung in drei Stufen zu prüfen ist. Zunächst ist eine negative Prognose hinsichtlich des voraussichtlichen künftigen Gesundheitszustands des Arbeitnehmers erforderlich (erste Stufe). Die bisherigen und nach der Prognose zu erwartenden Auswirkungen des Gesundheitszustands des Arbeitnehmers müssen zu einer erheblichen Beeinträchtigung der betrieblichen Interessen führen. Sie können durch Störungen im Betriebsablauf oder durch eine erhebliche wirtschaftliche Belastung hervorgerufen werden (zweite Stufe). Schließlich ist zu prüfen, ob die erheblichen betrieblichen Beeinträchtigungen zu einer billigerweise nicht mehr hinzunehmenden Belastung des Arbeitgebers geführt haben (dritte Stufe) (vgl nur BAG 8.11.2007 – 2 AZR 425/06). Nach anderer Ansicht ist die Frage eines etwaigen Fehlens eines milderen Mittels in Form von Überbrückungsmaßnahmen oder einer geänderten Weiterbeschäftigungsmöglichkeit als eigenständiger Punkt vor der Interessenabwägung zu prüfen (so HaKo-KSchR/*Gallner* § 1 KSchG Rn 547 ff).

[2] Die nicht mögliche Wiederherstellung der Arbeitsfähigkeit muss in dieser Variante feststehen, sprich der vertraglich vorgesehene Leistungsaustausch endgültig gescheitert sein (HaKo-KSchR/*Gallner* § 1 KSchG Rn 587 f). Unerheblich ist daher, in welchem Umfang der Arbeitnehmer vor Zugang der Kündigung schon Krankheitszeiten aufgewiesen hat. Ist der Zeitpunkt der Wiederherstellung der Arbeitsfähigkeit dagegen nur objektiv nicht vorhersehbar, handelt es sich um einen Fall einer Kündigung auf Grund einer „Langzeiterkrankung". 14

[3] Sollte ein betriebliches Eingliederungsmanagement gesetzeswidrig nicht durchgeführt worden sein, darf sich der Arbeitgeber hierdurch keine darlegungs- und beweisrechtlichen Vorteile verschaffen. Hieraus folgt eine erhebliche Ausweitung der Darlegungsobliegenheiten im Prozess. Der Arbeitgeber kann sich nunmehr gerade nicht darauf beschränken pauschal vorzutragen, er kenne keine alternativen Einsatzmöglichkeiten für den erkrankten Arbeitnehmer bzw es gebe keine „freien Arbeitsplätze", die der erkrankte Arbeitnehmer aufgrund seiner Erkrankung noch ausfüllen könne. Es bedarf vielmehr eines umfassenderen konkreten Sachvortrags zu einem nicht mehr möglichen Einsatz des Arbeitnehmers auf dem bisher innegehabten Arbeitsplatz einerseits und warum andererseits eine leidensgerechte Anpassung und Veränderung ausgeschlossen ist oder der Arbeitnehmer nicht auf einem (alternativen) anderen Arbeitsplatz bei geänderter Tätigkeit eingesetzt werden kann (BAG 12.7.2007 – 2 AZR 716/06). 15

[4] Eine besondere Schutzbedürftigkeit ist nur in Extremfällen denkbar. Diskutiert wird insoweit zB die Verursachung der Arbeitsunfähigkeit durch einen vom Arbeitgeber verschuldeten Arbeitsunfall und einer deshalb ggfs. möglichen Verpflichtung des Arbeitgebers zur Schaffung eines neuen Arbeitsplatzes (vgl hierzu ablehnend HaKo-KSchR/*Gallner* § 1 KSchG Rn 591). 16

2. Langzeiterkrankung

a) Muster: Klageerwiderung bei einer Langzeiterkrankung 17

▶ An das
Arbeitsgericht …
In Sachen

... ./. ...

Az.: ...

zeigen wir die Vertretung der Beklagten an.

Wir werden beantragen,

        die Klage kostenpflichtig abzuweisen.

I.

In tatsächlicher Hinsicht tragen wir wie folgt vor:

Die Angaben des Klägers zu seinen persönlichen Verhältnissen sind zutreffend/sind wie folgt richtig zu stellen ...

Der Kläger ist bei der Beklagten als ... eingestellt worden. Seine zuletzt ausgeübte Tätigkeit bestand in ... *(näher ausführen)*.

Beweis: ...

Der Kläger ist seit dem ... arbeitsunfähig erkrankt.[1] Die Art der Erkrankung ist bekannt/unbekannt. (optional falls bekannt: *Es handelt sich um ... (näher ausführen)*).

Beweis: ...

(**optional**: *Der Kläger hat auf das Schreiben der Beklagten vom ... im Hinblick auf eine Darlegung seines Gesundheitszustandes nicht reagiert.*)

Beweis: ...

Es bestand zum Zeitpunkt des Zugangs der Kündigung aus medizinischer Sicht die Prognose, dass die Erkrankung auf ungewisse Zeit fortdauern wird und nicht mit einer Verbesserung des Gesundheitszustandes innerhalb von 24 Monaten gerechnet werden konnte.

Beweis: Einholung eines medizinischen Sachverständigengutachtens

Ein betriebliches Eingliederungsmanagement gem. § 84 Abs. 2 SGB IX wurde am ... durchgeführt. Dieses endete erfolglos. Es konnten keine milderen Mittel, zB die Umgestaltung des Arbeitsplatzes oder eine Weiterbeschäftigung zu geänderten Arbeitsbedingungen auf einem anderen Arbeitsplatz, erkannt und entwickelt werden.

Beweis: ...

Ein anderweitiger freier und geeigneter Arbeitsplatz war zum Zeitpunkt des Zugangs der Kündigung nicht vorhanden. Es war ebenfalls nicht vorhersehbar, dass ein solcher zeitnah innerhalb der Kündigungsfrist frei geworden wäre.

Beweis: ...

(Variante bei unterbliebener Durchführung eines betrieblichen Eingliederungsmanagements:

Ein betriebliches Eingliederungsmanagement wurde nicht durchgeführt.[2] Dieses wäre aber ohnehin erfolglos geblieben. Der Arbeitsplatz des Klägers kann nicht so umgestaltet werden, dass dieser nunmehr zuträgliche Arbeitsbedingungen für den Kläger ermöglicht, da ... *[substantiiert ausführen]*.)

Beweis: ...

Eine anderweitige Beschäftigung auf einem leidensgerechten Arbeitsplatz scheidet aus nachfolgenden Gründen ebenfalls aus: ... *(substantiiert ausführen)*

Beweis: ...

Ein anderweitiger freier und geeigneter Arbeitsplatz war somit zum Zeitpunkt des Zugangs der Kündigung nicht vorhanden. Es war ebenfalls nicht vorhersehbar, dass ein solcher zeitnah innerhalb der Kündigungsfrist freigeworden wäre.

Beweis: ...

(Variante bei bloßer Ungewissheit der Wiederherstellung der Arbeitsfähigkeit bzw Ungewissheit über die Dauer der Arbeitsunfähigkeit:[3]

Aufgrund der ungewissen Fortdauer der Erkrankung kommt es zu den nachfolgend geschilderten erheblichen Beeinträchtigung der betrieblichen Interessen der Beklagten: ... [*näher ausführen*])

(optional) Die Ausfallzeit des Klägers kann zukünftig nicht mit der Einstellung einer Aushilfskraft überrückt werden. Die Einarbeitungszeit, welche zur fachgerechten Ausführung der Tätigkeit erforderlich ist, beträgt mindestens (*substantiiert ausführen*) ...

Beweis: ...

(optional) Weiterhin sind auf dem derzeitigen Arbeitsmarkt Arbeitnehmer mit Qualifikationen, welche für die Arbeitsleistung erforderlich sind, nur eng begrenzt vorhanden (*substantiiert ausführen*). Es ist daher nicht davon auszugehen, dass eine reine Aushilfskraft für diese Tätigkeit eingestellt werden kann.

Beweis: ...

(optional) Der Arbeitsausfall des Klägers muss durch die überobligatorische Ableistung von Mehrarbeit weitere Mitarbeiter der Beklagten ausgeglichen werden (*substantiiert ausführen*). Hierdurch entstehen der Beklagten monatliche Zusatzkosten in Höhe von ...

Beweis: ...

Die Beklagte unterhält keine Personalreserve/eine Personalreserve, welche mit erheblichen Kosten verbunden ist (*näher ausführen*).[4]

Beweis: ...

(ggfs. weitere Ausführungen zur Betriebsratsanhörung/Einholung von behördlichen Zustimmungen)

II.

In rechtlicher Hinsicht tragen wir wie folgt vor: Die Kündigung ist sozial gerechtfertigt. Es liegen Gründe in der Person des Klägers vor, die seiner Weiterbeschäftigung im Betrieb der Beklagten entgegenstehen, § 1 Abs. 2 KSchG. Das Arbeitsverhältnis wird/ist daher mit Ablauf des ... aufgelöst werden/worden.

1. Nach der ständigen Rechtsprechung des Bundesarbeitsgerichts ist eine auf einer lang anhaltenden Erkrankung beruhende ordentliche Kündigung in mehreren Stufen zu prüfen. Zunächst ist eine negative Prognose hinsichtlich des voraussichtlichen Gesundheitszustandes des erkrankten Arbeitnehmers erforderlich. Es müssen – abgestellt auf den Kündigungszeitpunkt und die bisher ausgeübte Tätigkeit – objektive Tatsachen vorliegen, die die Besorgnis einer weiteren, längeren Erkrankung rechtfertigen. Liegt – bereits – eine krankheitsbedingte dauernde Leistungsunfähigkeit vor, ist eine negative Prognose hinsichtlich des voraussichtlichen Gesundheitszustandes indiziert. Steht fest, dass der Arbeitnehmer die (vertraglich) geschuldete Arbeitsleistung überhaupt nicht mehr erbringen kann oder ist die Wiederherstellung seiner Ar-

beitskraft völlig ungewiss, ist eine solche negative Prognose gerechtfertigt. Dabei steht die Ungewissheit der Wiederherstellung der Arbeitsfähigkeit der dauernden Leistungsunfähigkeit gleich, dh die Prognose ist schlecht, wenn nicht in absehbarer Zeit mit einer anderen positiven Entwicklung gerechnet werden kann. Als absehbare Zeit in diesem Zusammenhang hat der Senat in seiner Rechtsprechung einen Zeitraum bis zu 24 Monaten angesehen – (BAG 12.7.2007 – 2 AZR 716/06).

a) Unter Beachtung dieser Grundsätze ist zunächst die erforderliche negative Prognose gegeben.
(Variante: unbekannte Krankheitsursache)
Der Arbeitgeber genügt seiner Darlegungslast im Hinblick auf das Vorliegen einer negativen Prognose zunächst, wenn er die bisherige Dauer der Erkrankung sowie die ihm bekannten Krankheitsursachen darlegt. Die Dauer der bisherigen Arbeitsunfähigkeit allein muss zwar noch nichts darüber aussagen, ob der Arbeitnehmer auch in Zukunft auf nicht absehbare Zeit arbeitsunfähig krank sein wird. Ihr kann aber unter Umständen eine gewisse Indizwirkung entnommen werden (BAG 12.4.2002 – 2 AZR 148/01). Erst wenn auf die zunächst pauschale Darlegung der bisherigen Krankheitszeit der Arbeitnehmer konkret ggf unter Entbindung seiner Ärzte von der Schweigepflicht dartut, dass mit einer früheren Genesung zu rechnen ist, obliegt nunmehr dem Arbeitgeber der Beweis für die Berechtigung der negativen Prognose, den er in der Regel nur durch ein medizinisches Sachverständigengutachten erbringen kann, § 1 Abs. 2 S. 4 KSchG (BAG, aaO).
Der Kläger ist vorliegend bereits seit ▬▬▬ durchgehend arbeitsunfähig erkrankt. Die Beklagte geht daher von einem ungünstigen Befund für die Zukunft aus.[5]
(Variante: bekannte Krankheitsursache)
Der Kläger leidet an einer ▬▬▬ Aufgrund dieser Erkrankung ist die Beklagte der Ansicht, dass aus medizinischer Sicht zum Zeitpunkt des Zugangs der Kündigung ein Fortdauern der Erkrankung auf ungewisse Zeit anzunehmen war. Hiervon darf die Beklagte mangels eigener Überprüfungsmöglichkeiten ausgehen (LAG Hamm – 25.11.2010 – 8 Sa 1492/10).

b) Die ungewisse Fortdauer der Erkrankung führt auch zu einer erheblichen Beeinträchtigung der betrieblichen Interessen der Beklagten.
(Variante: völlige Ungewissheit der Wiederherstellung der Arbeitsfähigkeit)
Im Falle einer krankheitsbedingten dauernden Leistungsunfähigkeit ist in aller Regel ohne Weiteres von einer erheblichen Beeinträchtigung der betrieblichen Interessen auszugehen. Der Arbeitgeber ist auf unabsehbare Zeit gehindert, sein Direktionsrecht ausüben zu können und die Arbeitsleistung des Arbeitnehmers abzurufen. Eine ordnungsgemäße Planung des Einsatzes des Arbeitnehmers kann nicht mehr erfolgen. Es bestehen deshalb keine schutzwürdigen Interessen des Arbeitnehmers mehr an der Aufrechterhaltung seines Arbeitsverhältnisses (BAG 30.9.2010 – 2 AZR 88/09). Eine Ungewissheit der Wiederherstellung der Arbeitsfähigkeit eines erkrankten Arbeitnehmers steht einer solchen krankheitsbedingten dauernden Leistungsunfähigkeit dann gleich, wenn in den nächsten 24 Monaten mit einer anderen Prognose nicht gerechnet werden kann (vgl BAG, aaO).
Vorliegend ist zum Zeitpunkt des Zugangs der streitgegenständlichen Kündigung nicht davon auszugehen gewesen, dass binnen 24 Monaten eine Wiederherstellung der Arbeitsfähigkeit des Klägers eintreten würde. Eine Weiterbeschäftigungsmöglichkeit auf einem freien leidensgerechten Arbeitsplatz war ebenfalls nicht gegeben. Damit ist eine völlige Ungewissheit im Sinne der Rechtsprechung des Bundesarbeitsgericht gegeben und die

Kündigung nach den Maßstäben einer dauernden Leistungsunfähigkeit zu beurteilen. Hiernach ist somit allein schon aufgrund der in zeitlicher Hinsicht unabsehbaren Hinderung der Beklagten ihr Direktionsrecht ausüben von einer erheblichen Beeinträchtigung der betrieblichen Interessen der Beklagten auszugehen.

(Variante: bloße Ungewissheit der Wiederherstellung der Arbeitsfähigkeit bzw Ungewissheit über die Dauer der Arbeitsunfähigkeit)

Die ungewisse Fortdauer der Erkrankung führt auch zu einer erheblichen Beeinträchtigung der betrieblichen Interessen der Beklagten.[6] Die dargelegte Situation über die fehlende zumutbare Einstellung einer Aushilfskraft und die durch die notwendige Überbrückung entstehenden Mehrkosten erreichen ein Maß, welches der Beklagten nicht mehr zumutbar ist.[7] Eine Weiterbeschäftigungsmöglichkeit auf einem freien leidensgerechten Arbeitsplatz war ebenfalls nicht gegeben.

c) Auch die durchzuführende Interessenabwägung fällt zugunsten der Beklagten aus. Hierbei ist zu prüfen, ob vom Arbeitgeber die betrieblichen Beeinträchtigungen aufgrund der Besonderheiten des Einzelfalls billigerweise noch hinzunehmen sind oder ihn überfordern.

(Variante: völlige Ungewissheit der Wiederherstellung der Arbeitsfähigkeit)

Im vorliegenden Fall der völligen Ungewissheit der Wiederherstellung der Arbeitsfähigkeit bestehen nach der Rechtsprechung des Bundesarbeitsgerichtes grundsätzlich keine schutzwürdigen Interessen des Arbeitnehmers mehr an der Aufrechterhaltung seines Arbeitsverhältnisses. Die zwar auch in diesem Fall durchzuführende Interessenabwägung kann nur bei Vorliegen einer besonderen Schutzbedürftigkeit des Arbeitnehmers zu dem Ergebnis führen, dass der Arbeitgeber trotz der erheblichen Störung des Arbeitsverhältnisses deren Fortsetzung billigerweise weiter hinnehmen muss (vgl BAG, aaO).[8] Eine besondere Schutzbedürftigkeit des Klägers, welche die Beklagte trotz der erheblichen Störung des Arbeitsverhältnisses hinnehmen müsste, ist vom Kläger aber weder vorgetragen, noch sonst ersichtlich.[9]

(Variante: bloße Ungewissheit der Wiederherstellung der Arbeitsfähigkeit bzw Ungewissheit über die Dauer der Arbeitsunfähigkeit)

Im Rahmen der vorzunehmenden Interessenabwägung ist zugunsten der Beklagten zu berücksichtigen,[10] dass derzeit ungewiss ist, wann mit einer Beendigung der Arbeitsunfähigkeit zu rechnen ist (*alternativ:* mit einer Wiederherstellung der Arbeitsfähigkeit nicht vor dem ... zu rechnen ist). Weiterhin ist in die Abwägung einzustellen, dass ...

(optional) ... erhebliche Kosten aufgrund der vorgehaltenen Personalreserve bestehen.

(optional) ... die Beklagte keine Personalreserve vorhält und daher weitere Überbrückungsmaßnahme (*optional: insbesondere aufgrund der relativ kleinen Betriebsgröße*) nicht zumutbar sind, da ... (*näher ausführen*).

(optional) ... der Kläger als ... eine zentrale Funktion bei der Beklagten einnimmt und seine Funktion daher nicht anderweitig durch Personal der Beklagten abgefangen werden kann, da ... (*näher ausführen*).

Zugunsten des Klägers ist hingegen nur/zwar zu berücksichtigen, dass ...[11]

(optional) ... die Erkrankung auf betriebliche Ursachen zurückzuführen ist.

(optional) ... er eine Betriebszugehörigkeit von ... Jahren aufweist.

(optional) ... er derzeit wohl schlechtere Chancen auf dem Arbeitsmarkt aufweisen kann.

(optional) ... er mit ... Jahren ein relativ fortgeschrittenes Alter aufweist.

(optional) ... er nach Kenntnis der Beklagten insgesamt ... Personen gegenüber gesetzlich zum Unterhalt verpflichtet ist.

(optional) ... er schwerbehindert/einem schwerbehinderten Menschen gleichgestellt ist.

Unter Berücksichtigung der oben genannten Aspekte ergibt sich vorliegend daher im Ergebnis, dass die Interessen der Beklagten an einer Vertragsbeendigung diejenigen des Klägers an einer Fortsetzung desselben überwiegen.

...

Rechtsanwalt ◄

b) Erläuterungen

18 [1] Ist der Arbeitnehmer zum Zeitpunkt des Zugangs der Kündigung arbeitsfähig, kann schon keine negative Gesundheitsprognose gestellt werden (HaKo-KSchR/*Gallner* § 1 KSchG Rn 578). Die bisherige Dauer der Arbeitsunfähigkeit ist von erheblicher Bedeutung für die Darlegung einer negativen Zukunftsprognose. Oftmals ist sie mangels Kenntnis der Krankheitsursache die einzige Möglichkeit für den Arbeitgeber, eine negative Zukunftsprognose aufzustellen. Allerdings besteht kein Erfahrungssatz des Inhalts, bei langanhaltenden Krankheiten sei für die Zukunft mit der ungewissen Fortdauer der Krankheit zu rechnen.(BAG 12.4.2002 – 2 AZR 148/01). Erst recht gibt es somit auch keine festen Wartezeiten, nach welchen eine entsprechende Prognose aufgestellt werden könnte. Ist völlig unsicher, ob die Arbeitsfähigkeit in absehbarer Zeit wiederhergestellt wird, kann es auch ausreichen, wenn die Krankheit erst kurze Zeit vor Zugang der Kündigung eingetreten ist (HaKo-KSchR/*Gallner* § 1 KSchG Rn 593 mit dem Beispiel des „Komapatienten"; aA u.a. LAG Hamm 7.2.2000 – 19 Sa 1695/99, wonach schon nicht von einer „Langzeiterkrankung" iSd Rechtsprechung gesprochen werden kann, wenn der Arbeitnehmer erst drei Wochen arbeitsunfähig erkrankt war und selbst ausführt, dass er u.a. aufgrund einer chronischen Knochenhautreizung auf nicht absehbare Zeit die Arbeit aufnehmen könne). Seit dem das BAG aber auch für die Fallgruppe der „Langzeiterkrankung" grundsätzlich davon ausgeht, dass dem Arbeitgeber eine Überbrückung von 24 Monaten zuzumuten ist, ist nach Ansicht von Teilen der Literatur die Unterscheidung zwischen einer Kündigung „wegen Langzeiterkrankung" und „wegen dauernder Arbeitsunfähigkeit" iE aufgehoben (*Hoyningen-Huene/Linck/Krause* § 1 KSchG Rn 423).(siehe hierzu auch Rn 24).

19 [2] Siehe oben Rn 15.

20 [3] Ausführungen hierzu sind nur zwingend veranlasst, wenn mit der Wiederherstellung der Arbeitsfähigkeit eines erkrankten Arbeitnehmers in den nächsten 24 Monaten nach Zugang der Kündigung nicht gerechnet werden kann (BAG 30.9.2010 – 2 AZR 88/09).

21 [4] Sollte der Arbeitgeber eine Personalreserve tatsächlich vorhalten, können die entsprechenden Kosten lediglich bei der Interessenabwägung zu seinen Gunsten berücksichtigt werden (BAG 29.7.1993 – 2 AZR 155/93).

22 [5] Diese zulässige Behauptung ist vom Arbeitgeber im Rahmen seiner Darlegungslast neben der Anführung der Fehlzeiten erforderlich (HaKo-KSchR/*Gallner* § 1 KSchG Rn 621).

23 [6] In diesem Zusammenhang gibt es keinerlei schematische Ansätze, insbesondere im Hinblick auf die Relevanz der zu erwartenden weiteren arbeitsunfähigkeitsbedingten Ausfallzeit. Letztere ist aufgrund der jeweiligen Einzelfallumstände zu bestimmen (HaKo-KSchR/*Gallner* § 1 KSchG Rn 584).

[7] Durch die Rechtsprechung des Bundesarbeitsgerichts, wonach auf der zweiten Stufe eine Gleichstellung mit einer dauernden Leistungsunfähigkeit erst dann gerechtfertigt ist, wenn für mindestens 24 Monate mit keiner anderen Prognose gerechnet werden kann und damit das Merkmal der „völligen Ungewissheit" der Wiederherstellung der Arbeitsfähigkeit eingeschränkt wurde (LAG Nürnberg – 21.6.2006 – 4 (9) Sa 933/05), ist zwar nicht ausgeschlossen, dass sich die Beeinträchtigung der betrieblichen Interessen auch aus anderen Gründen ergeben kann. Vielmehr ist lediglich – im positiven Sinne – eine Regel angegeben, mit deren Hilfe die Beeinträchtigung betrieblicher Interessen leicht festgestellt werden kann (so ausdrücklich BAG 12.4.2002 – 2 AZR 148/01 – Rn 57). Da die personenbedingte Kündigung aber keine Sanktion für vergangene Vertragsstörungen, sondern rein zukunftsbezogen ist, gibt sie dem Arbeitgeber nur die Möglichkeit, zu erwartenden betrieblichen Beeinträchtigungen zuvorzukommen. Für die betrieblichen Beeinträchtigungen kommt es auf den künftigen Handlungsspielraum des Arbeitgebers im Zeitpunkt der Kündigung an, nicht aber darauf, ob er in der Vergangenheit Zurückhaltung geübt hat (vgl BAG, aaO). Im Ergebnis bleibt somit für die Fälle, in welchen die Schwelle zur „völligen Ungewissheit" der Wiederherstellung der Arbeitsfähigkeit noch nicht überschritten ist, nur wenig Spielraum. Insbesondere können etwaige Entgeltfortzahlungskosten bei einer Langzeiterkrankung kaum entstehen, ausgenommen es besteht eine über das Gesetz hinausgehende Entgeltfortzahlungspflicht bzw weiter zu zahlende Sonderzahlungen wie Urlaubsgeld oder Jahresvergütungen und Mehrkosten für Ersatzkräfte, welche zu einer nicht mehr hinnehmbaren Belastung des Arbeitgebers führen können (KR/*Griebeling*, § 1 KSchG Rn 373).

[8] Ob die Erkrankung eventuell auch im Zusammenhang mit der geleisteten Arbeit steht, ist in diesem Fall grundsätzlich nicht erheblich (BAG 19.4.2007 – 2 AZR 239/06).

[9] Siehe oben Rn 16.

[10] Vgl hierzu umfassend HaKo-KSchR/*Gallner* § 1 KSchG Rn 575, mwN.

[11] Vgl hierzu umfassend HaKo-KSchR/*Gallner* § 1 KSchG Rn 574, mwN.

3. Häufige Kurzerkrankungen

a) Muster: Klageerwiderung bei „häufigen Kurzerkrankungen"

▶ An das

Arbeitsgericht ...

In Sachen

X ./. Y

Az.: ...

zeigen wir die Vertretung der Beklagten an.

Wir werden beantragen,

die Klage kostenpflichtig abzuweisen.

I.

In tatsächlicher Hinsicht tragen wir wie folgt vor:

Die Angaben des Klägers zu seinen persönlichen Verhältnissen sind zutreffend/sind wie folgt richtig zu stellen: (...).

Der Kläger ist bei der Beklagten als ... eingestellt worden. Seine zuletzt ausgeübte Tätigkeit bestand in ... (*näher ausführen*).

Beweis: ...

Der Kläger fehlte seit dem Jahr ...[1] bis zum Zugang der Kündigung am ...[2] an folgenden Tagen krankheitsbedingt:

Jahr ...

Jahr ...

Jahr ...

(...)

Beweis: ...

Die Ursachen der einzelnen Arbeitsunfähigkeitsperioden sind der Beklagten bekannt/nicht bekannt (**optional:** Es handelt sich hierbei um ...).

Beweis: ...

(**optional**: Der Kläger hat auf das Schreiben der Beklagten vom ... im Hinblick auf eine Darlegung seines Gesundheitszustandes nicht reagiert.

Beweis: ...)

Es bestand zum Zeitpunkt des Zugangs der Kündigung die Prognose, dass auch zukünftig mit weiteren erheblichen Ausfallzeiten des Klägers zu rechnen war.[3] Vorbehaltlich der Einlassung des Klägers bieten wir zum Nachweis der negativen Prognose folgenden

Beweis: Einholung eines medizinischen Sachverständigengutachtes

Von den oben geschilderten Zeiten der Arbeitsunfähigkeit leistete die Beklagte wie folgt Entgeltfortzahlung an den Kläger:

Jahr ...: ...

Jahr ...: ...

Jahr ...: ...

...

Beweis: ...

Der Vergleich der Ausfallquote des Klägers mit anderen Arbeitnehmern, welche aufgrund ihrer Tätigkeit im Hinblick auf die Belastung mit dem Kläger vergleichbar sind sowie mit derjenigen der Gesamtbelegschaft, ergibt folgendes:

Jahr ...: Kläger/Durchschnitt vergleichbarer Arbeitnehmer/Gesamtdurchschnitt

Jahr ...: Kläger/Durchschnitt vergleichbarer Arbeitnehmer/Gesamtdurchschnitt

Jahr ...: Kläger/Durchschnitt vergleichbarer Arbeitnehmer/Gesamtdurchschnitt

...

Beweis: ...

Die Beklagte hält keine Personalreserve für krankheitsbedingte Ausfallzeiten vor.

Beweis: ...

Die kurzfristigen krankheitsbedingten Ausfälle des Klägers mussten somit durch folgende Überstundenleistungen ausgeglichen werden: ... (*substantiiert darlegen*).

Hierdurch entstanden zusätzliche Kosten in Höhe von ... (*näher ausführen*).

Beweis: ...

(Variante bei bestehender Personalreserve)

Die Beklagte hält eine Personalreserve für krankheitsbedingte Ausfallzeiten vor (*näher ausführen*). Hierdurch entstehen die nachfolgenden Kosten: ... (*substantiiert darlegen*)

Beweis: ...

(optional) Die Kurzfristigkeit der Arbeitsunfähigkeitsperioden des Klägers führt zu erheblichen betrieblichen Ablaufschwierigkeiten (*näher ausführen*).[4]

Beweis: ...

Ein betriebliches Eingliederungsmanagement gem. § 84 Abs. 2 SGB IX wurde am ... durchgeführt. Dieses endete erfolglos. Es konnten keine milderen Mittel, zB die Umgestaltung des Arbeitsplatzes oder eine Weiterbeschäftigung zu geänderten Arbeitsbedingungen auf einem anderen Arbeitsplatz, erkannt und entwickelt werden.

Beweis: ...

(Variante bei durchgeführtem, aber fehlgeschlagenem betrieblichem Eingliederungsmanagement:

Ein betriebliches Eingliederungsmanagement gem. § 84 Abs. 2 SGB IX wurde am ... durchgeführt. Der für den Kläger vorgeschlagene Arbeitsplatz ... ist in der Folge ab ... vom Kläger auch besetzt worden. Dennoch verblieb es bei dem Anfall der erheblichen Arbeitsunfähigkeitszeiten.

Beweis: ...)

(Variante bei unterbliebener Durchführung eines betrieblichen Eingliederungsmanagements:

Ein betriebliches Eingliederungsmanagement wurde nicht durchgeführt[5]. Dieses wäre aber ohnehin erfolglos geblieben. Der Arbeitsplatz des Klägers kann nicht so umgestaltet werden, dass dieser nunmehr zuträgliche Arbeitsbedingungen für den Kläger ermöglicht, da ... (*substantiiert ausführen*).

Beweis: ...)

Eine anderweitige Beschäftigung auf einem leidensgerechten Arbeitsplatz scheidet aus nachfolgenden Gründen ebenfalls aus: ... (*substantiiert ausführen*)

Beweis: ...

(ggfs. weitere Ausführungen zur Betriebsratsanhörung/Einholung von behördlichen Zustimmungen).

II.

In rechtlicher Hinsicht tragen wir wie folgt vor: Die Kündigung ist sozial gerechtfertigt. Es liegen Gründe in der Person des Klägers vor, die seiner Weiterbeschäftigung im Betrieb der Beklagten entgegenstehen, § 1 Abs. 2 KSchG. Das Arbeitsverhältnis wird/ist daher mit Ablauf des ... aufgelöst werden/worden.

1. Nach der ständigen Rechtsprechung des BAG ist die soziale Rechtfertigung einer Kündigung wegen „häufiger Kurzerkrankungen" wie folgt zu prüfen: zunächst ist – erste Stufe – eine negative Gesundheitsprognose erforderlich. Es müssen, und zwar bezogen auf den Kündigungszeitpunkt, objektive Tatsachen vorliegen, die die Besorgnis weiterer Erkrankungen im bisherigen Umfang befürchten lassen. Häufige Kurzerkrankungen in der Vergangenheit können indizi-

ell für eine entsprechende künftige Entwicklung des Krankheitsbildes sprechen. Die prognostizierten Fehlzeiten sind nur dann geeignet, eine krankheitsbedingte Kündigung sozial zu rechtfertigen, wenn sie auch zu einer erheblichen Beeinträchtigung der betrieblichen Interessen führen, was als Teil des Kündigungsgrundes – zweite Stufe – festzustellen ist. Dabei können neben Betriebsablaufstörungen auch wirtschaftliche Belastungen, etwa durch zu erwartende, einen Zeitraum von mehr als sechs Wochen pro Jahr übersteigende Entgeltfortzahlungskosten, zu einer derartigen Beeinträchtigung betrieblicher Interessen führen. Liegt eine solche erhebliche Beeinträchtigung der betrieblichen Interessen vor, so ist in einem dritten Prüfungsschritt im Rahmen der nach § 1 Abs. 2 Satz 1 KSchG gebotenen Interessenabwägung zu prüfen, ob diese Beeinträchtigungen vom Arbeitgeber billigerweise nicht mehr hingenommen werden müssen. Dabei ist u.a. zu berücksichtigen, ob die Erkrankungen auf betriebliche Ursachen zurückzuführen sind und ob und wie lange das Arbeitsverhältnis zwischen den Parteien zunächst ungestört verlaufen ist. Ferner sind das Alter, der Familienstand und die Unterhaltspflichten sowie ggf eine Schwerbehinderung des Arbeitnehmers in die Abwägung einzubeziehen (BAG 8.11.2007 – 2 AZR 292/06).

2. Eine negative Gesundheitsprognose ist vorliegend in Anbetracht der Fehlzeiten des Klägers in der Vergangenheit gegeben.
   (**optional**) Verstärkend kommt hinzu, dass die Krankheitszeiten seit dem ... stetig angestiegen sind.
   (**optional**) Insoweit ist ebenfalls erheblich, dass die Anzahl der Krankheitsperioden mit gewisser Häufigkeit und Regelmäßigkeit auftraten, was den zeitlichen Abstand zwischen den Ausfällen betrifft.
   Es ist somit davon auszugehen, dass der Kläger auch weiterhin in Zukunft krankheitsbedingte Fehlzeiten wie im bisherigen Umfang aufweisen wird.[6]
   Da der Beklagten die Ursachen der Fehlzeiten nicht bekannt sind (**optional**: nur teilweise bekannt sind), hat sie ihrer Obliegenheit bezüglich der Darlegung der Voraussetzungen der ersten Stufe zunächst genüge getan.

3. Die prognostizierten Fehlzeiten des Klägers führen auch zu einer erheblichen Beeinträchtigung der betrieblichen Interessen der Beklagten. Allein die zu erwartende wirtschaftliche Belastung des Arbeitgebers mit Entgeltfortzahlungskosten, die jährlich jeweils für einen Zeitraum von mehr als sechs Wochen aufzuwenden sind, stellen einen zur sozialen Rechtfertigung der Kündigung geeigneten Grund dar. Es ist nicht erforderlich, dass neben den Entgeltfortzahlungskosten weitere Belastungen des Arbeitgebers (Betriebsablaufstörungen, Vorhaltekosten) vorliegen. Auch wenn sie fehlen, können allein die Entgeltfortzahlungskosten zu einer wirtschaftlichen Belastung des Arbeitgebers werden, die er billigerweise nicht mehr hinzunehmen hat (BAG 29.7.1993 – 2 AZR 155/93).
   (**optional**) Darüber hinaus führen die häufigen kurzfristigen Ausfallzeiten des Klägers auch zu den geschilderten erheblichen betrieblichen Ablaufstörungen.
   (**optional**) Da die Beklagte keine Personalreserve vorhält, müssen die jeweiligen Ersatzkräfte aus anderen Bereichen abgezogen werden, was mit den geschilderten weiteren betrieblichen Ablaufschwierigkeiten verbunden ist (*näher ausführen*).

4. Auch die durchzuführende Interessenabwägung fällt zugunsten der Beklagten aus. HIerbei ist zu prüfen, ob vom Arbeitgeber die betrieblichen Beeinträchtigungen aufgrund der Besonderheiten des Einzelfalls billigerweise noch hinzunehmen sind oder ihn überfordern.

Im Rahmen der vorzunehmenden Interessenabwägung ist zugunsten der Beklagten zu berücksichtigen,[7] dass derzeit ungewiss ist, wann mit einer Beendigung der Arbeitsunfähigkeit zu rechnen ist (*alternativ*: mit einer Wiederherstellung der Arbeitsfähigkeit nicht vor dem ... zu rechnen ist). Weiterhin ist in die Abwägung einzustellen, dass ...
(optional) ... erhebliche Kosten aufgrund der vorgehaltenen Personalreserve bestehen.
(optional) ... die Beklagte keine Personalreserve vorhält und daher weitere Überbrückungsmaßnahme (optional: *insbesondre aufgrund der relativ kleinen Betriebsgröße*) nicht zumutbar sind, da ... (*näher ausführen*).
(optional) ... der Kläger als ... eine zentrale Funktion bei der Beklagten einnimmt und seine Funktion daher nicht anderweitig durch Personal der Beklagten abgefangen werden kann, da ... (*näher ausführen*).
(optional) ... der Kläger mit ...Jahren noch sehr jung und damit davon auszugehen ist, dass die Belastungen für die Beklagte durch die krankheitsbedingten Ausfälle und Entgeltfortzahlungskosten noch vergrößert werden (BAG 27.11.1991 – 2 AZR 309/91).
(optional) ... die jährlich für den Kläger aufgewendet Entgeltfortzahlungskosten ...% erheblich über denjenigen vergleichbarer Arbeitnehmer im Betrieb der Beklagten liegen.
Zugunsten des Klägers ist hingegen nur/zwar zu berücksichtigen, dass ...[8]
(optional) ... die Erkrankungen teilweise auf betriebliche Ursachen zurückzuführen ist.
(optional) ... er eine Betriebszugehörigkeit von ... Jahren aufweist.
(optional) ... er derzeit wohl schlechtere Chancen auf dem Arbeitsmarkt aufweisen kann.
(optional) ... er mit ... Jahren ein relativ fortgeschrittenes Alter aufweist.
(optional) ... er nach Kenntnis der Beklagten insgesamt ... Personen gegenüber gesetzlich zum Unterhalt verpflichtet ist.
(optional) ... er schwerbehindert/einem schwerbehinderten Menschen gleichgestellt ist.
Unter Berücksichtigung der oben genannten Aspekte ergibt sich vorliegend aber im Ergebnis, dass die Interessen der Beklagten an einer Vertragsbeendigung diejenigen des Klägers an einer Fortsetzung desselben überwiegen.
...
Rechtsanwalt ◀

b) Erläuterungen

[1] Bezüglich des vergangen Zeitraumes, welcher zur Begründung einer negativen Zukunftsprognose herangezogen wird, stellt die Praxis zwar idR auf einen Dreijahreszeitraum ab. Es kommt aber immer auf die Umstände des Einzelfalles an (HaKo-KSchR/*Gallner* § 1 KSchG Rn 555). Insbesondere wenn es ansteigende Fehlzeiten sind, empfiehlt sich ggfs. auch ein längerer Betrachtungszeitraum.

[2] Nach der nunmehrigen Rechtsprechung des BAG gilt auch vorliegend, dass zur Beurteilung der Rechtmäßigkeit einer Kündigung allein auf die objektiven Verhältnisse im Zeitpunkt des Zugangs der Kündigung abzustellen und eine nach Zugang der Kündigung erfolgte positive oder negative Veränderung des Gesundheitszustandes somit nicht zu berücksichtigen ist (HaKo-KSchR/*Gallner* § 1 KSchG Rn 557 ff).

[3] Wird die negative Prognose nicht bereits durch die in der Vergangenheit aufgetretenen und vom Arbeitnehmer unbestrittenen Fehlzeiten indiziert oder sind die Erkrankungen ihrer Art nach einmalig oder ausgeheilt, wird in der Regel ein medizinisches Sachverständigengutachten nötig sein, um die negative Prognose festzustellen. Strittig ist hierbei allerdings, ob aus Gründen des Verhältnismäßigkeitsgrundsatzes nicht sämtliche vergangene Erkrankungen be-

rücksichtigt werden können, sondern nur solche aus einem Zeitraum von einem Jahr vor Ausspruch der Kündigung (HaKo-KSchR/*Gallner* § 1 KSchG Rn 559 mwN).

33 [4] Neben reinen zusätzlichen Personalkosten können sich erhebliche betriebliche Ablaufstörungen auch aus der Art der Tätigkeit ergeben, so zB bei termingebundenen Projektarbeiten und der dadurch entstehenden Vertretungsproblematik. Weiterhin kommen in Betracht: Stillstand von Maschinen, Rückgang der Produktion wegen kurzfristig eingesetzten, erst einzuarbeitenden Ersatzpersonals, Überlastung des verbliebenen Personals oder Abzug von an sich benötigten Arbeitskräften aus anderen Arbeitsbereichen. (vgl BAG 16.02.1989 – 2 AZR 299/88: allgemein zur Frage der erheblichen Beeinträchtigung der betrieblichen Interessen (HaKo-KSchR/*Gallner* § 1 KSchG Rn 560 ff)).

34 [5] S.o. Rn 15.

35 [6] Die reine Dauer der Fehlzeiten, mit der für die Zukunft zu rechnen ist, ist für die Prognose dagegen bedeutungslos. Dabei handelt es sich vielmehr um eine Frage der erheblichen betrieblichen oder wirtschaftlichen Belastung oder ihrer Unzumutbarkeit (HaKo-KschR/*Gallner* § 1 KSchG Rn 555).

36 [7] Vgl HaKo-KSchR/*Gallner* § 1 KSchG Rn 575.

37 [8] Vgl HaKo-KSchR/*Gallner* § 1 KSchG Rn 574.

II. Replik bei krankheitsbedingter Kündigung

1. Bestehende Rehabilitationsmöglichkeit

38 **a) Muster: Replik bei bestehender Rehabilitationsmöglichkeit**

▶ An das

Arbeitsgericht ...

In Sachen

... ./. ...

Az.: ...

Replizieren wir auf die Klageerwiderung vom ... wie folgt:

I.

In tatsächlicher Hinsicht ist auszuführen, dass der Kläger an einer ... leidet, welche alleinige Ursache der angeführten Arbeitsunfähigkeitszeiten ist. Zum Zeitpunkt des Zugangs der Kündigung befand sich der Kläger aber auf einer medizinischen Rehabilitationsmaßnahme. Diese dauert derzeit noch an. Laut Angaben der den Kläger behandelnden Ärzte ... ist nach Abschluss der Maßnahme von einer vollständigen Wiederherstellung der Arbeitsfähigkeit auszugehen.[1]

Beweis: ...

Der Kläger entbindet hiermit sämtliche ihn im maßgeblichen Zeitraum behandelnden Ärzte von deren Schweigepflicht.

II.

In rechtlicher Hinsicht tragen wir wie folgt vor:

Zum Zeitpunkt des Zugangs der Kündigung lag eine negative Prognose für eine weitere arbeitsunfähigkeitsbedingte Abwesenheit des Klägers nicht vor. Dies folgt bereits daraus, dass allein schon die vor Ausspruch der Kündigung erfolgte Bewilligung und Durchführung einer Rehabilitationsmaßnahme grundsätzlich dafür spricht, dass aus medizinischer Sicht eine Verbesserung und Stabilisierung des Gesundheitszustandes jedenfalls versucht werden soll (LAG Hamm – 19.11.2009 – 8 Sa 597/09). Der Beklagten war es daher zuzumuten, dass Ergebnis der Rehabilitationsmaßnahme abzuwarten, bevor sie die Kündigung aussprach (LAG Hamm 28.4.2010 – 3 Sa 1383/09).

Rechtsanwalt ◄

b) Erläuterungen

[1] Im Hinblick auf die Erschütterung einer vom Arbeitgeber aufgezeigten negativen Prognose gilt bezüglich der prozessualen Mitwirkungspflicht des Arbeitnehmers allgemein, dass trotz § 138 Abs. 2 ZPO iVm § 46 Abs. 2 ArbGG keine zu strengen Anforderungen gestellt werden dürfen. Seiner Mitwirkungspflicht genügt der Arbeitnehmer bei fehlender oder unzureichender Aufklärung über seinen eigenen Gesundheitszustand daher schon dann, wenn er die Behauptung des Arbeitgebers, die Arbeitsunfähigkeit werde auf unabsehbare Zeit andauern, bestreitet und die ihn behandelnden Ärzte von der Schweigepflicht entbindet. Allerdings muss sich aus seinem Sachvortrag ergeben, dass die Ärzte ihm gegenüber die gesundheitliche Entwicklung als positiv beurteilt hätten. Unsubstantiiert ist die Einlassung des Arbeitnehmers somit dann, wenn die Berufung auf die behandelnden Ärzte erkennen lässt, dass sich auch der Arbeitnehmer erst durch deren Zeugnis die fehlende Kenntnis über den weiteren Verlauf seiner Erkrankung verschaffen will (HaKo-KSchR/*Gallner* § 1 KSchG Rn 621.

2. Anderweitige Beschäftigungsmöglichkeit

a) Muster: Replik bei anderweitiger Beschäftigungsmöglichkeit

▶ An das

Arbeitsgericht ▫▫▫

In Sachen

▫▫▫ ./. ▫▫▫

Az.: ▫▫▫

replizieren wir auf die Klageerwiderung vom ▫▫▫ wie folgt:

I.

In tatsächlicher Hinsicht ist wie folgt weiter vorzutragen:

Entgegen dem Sachvortrag der Beklagte ist auch eine Weiterbeschäftigung auf einem anderweitigen Arbeitsplatz im selben Betrieb/Unternehmen möglich. Es handelt sich hierbei um die Stelle als ▫▫▫ (*näher ausführen*).[1]

Beweis: ▫▫▫

Die Weiterbeschäftigung ist auch sowohl dem Kläger, als auch der Beklagten objektiv möglich. Der genannte Arbeitsplatz war zum Zeitpunkt des Zugangs der Kündigung frei/wäre bis zum ▫▫▫ und damit vor Ablauf der Kündigungsfrist frei geworden.

Beweis: ▫▫▫

Der Kläger ist für diese Stelle auch geeignet. Er weist die entsprechenden Kenntnisse und Fähigkeiten auf, welche laut Anforderungsprofil der Beklagten aufgestellt wurden. (*näher ausführen*)

Beweis: ▫▫▫

(Variante bei derzeit fehlender Eignung)

Der Kläger könnte sich die laut Anforderungsprofil erforderlichen Kenntnisse und Fähigkeiten auch binnen einer Frist von ▪▪▪ durch entsprechende Einarbeitungszeiten/Fortbildungszeiten/Umschulungszeiten erwerben,[2] wozu er auch bereits gewesen wäre.

Beweis: ▪▪▪

(Variante: anderweitige Besetzung der freien Stelle durch Beklagte)

Dieser Arbeitsplatz war zum Zeitpunkt des Zugangs der Kündigung zwar nicht mehr frei. Allerdings hat die Beklagte diesen zum ▪▪▪ anderweitig besetzt, obwohl sie damals schon musste, dass die Kündigung des Klägers ansteht *(näher ausführen)*.

Beweis: ▪▪▪

(Variante: Möglichkeit des Freimachens der Stelle durch Ausübung des Direktionsrechtes)

Diese Stelle ist derzeit zwar mit dem Mitarbeiter ▪▪▪ besetzt. Allerdings wäre es der Beklagten möglich gewesen, diesen ▪▪▪ auf die Stelle ▪▪▪ zu versetzen. Ein entsprechender Beschäftigungsbedarf ist insoweit auch vorhanden *(näher ausführen)*.

Beweis: ▪▪▪

II.

In rechtlicher Hinsicht tragen wir weiter wie folgt vor:

Eine Kündigung ist u.a. nur dann durch in der Person des Arbeitnehmers liegende Gründe sozial gerechtfertigt, wenn der Arbeitgeber keine Möglichkeit hat, den Arbeitnehmer nach Maßgabe des § 1 Abs. 2 Nr. 2 b KSchG anderweitig zu beschäftigen. Auf diese Weise wird der Verhältnismäßigkeitsgrundsatz im Kündigungsrecht normativ konkretisiert. Daher gilt dies unabhängig davon, ob ein Betriebsrat einen entsprechenden Widerspruch getätigt hat oder ob eine solche Weiterbeschäftigung zumutbare Umschulungs- oder Fortbildungsmaßnahmen erfordert oder nur zu geänderten Arbeitsbedingungen möglich. Voraussetzung ist nur, dass ein freier Arbeitsplatz zu vergleichbaren (gleichwertigen) oder zu geänderten (schlechteren) Arbeitsbedingungen vorhanden ist (BAG 29.8.2013 – 2 AZR 721/12).

Vorliegend ist ein solcher geeigneter freier Arbeitsplatz als ▪▪▪ vorhanden, welcher auch frei war/ spätestens bis zum Ablauf der Kündigungsfrist am ▪▪▪ frei geworden wäre. Der Kläger hätte auch das Anforderungsprofil für eine Tätigkeit auf diesem Arbeitsplatz erfüllt *(näher ausführen)*/hätte die hierfür erforderlichen Kenntnisse und Fähigkeiten innerhalb von nur ▪▪▪ Wochen und damit in für die Beklagte zumutbarer Zeit erlangen können *(näher ausführen)*, womit er auch einverstanden gewesen wäre.[3]

(Variante: Änderungskündigung) Dass es sich bei der freien Stelle um eine solche mit verschlechterten Arbeitsbedingungen gehandelt hat, ist unerheblich. Aufgrund des Verhältnismäßigkeitsgrundsatzes hätte die Beklagte dem Kläger diesen Arbeitsplatz im Wege der Änderungskündigung[4] anbieten müssen (BAG 21.4.2005 – 2 AZR 132/04).

(Variante: anderweitige Besetzung der freien Stelle)

Die Beklagte kann sich vorliegend nach dem Rechtsgedanken des § 162 BGB auch nicht darauf berufen, dass der Arbeitsplatz ▪▪▪ zum Zeitpunkt des Zugangs der Kündigung bereits anderweitig besetzt war, da sie diesen Wegfall treuwidrig selbst herbeigeführt hat. Nach der ständigen Rechtsprechung des Bundesarbeitsgerichts liegt ein solches treuwidriges Verhalten dann vor, wenn für den Arbeitgeber im Zeitpunkt der Stellenbesetzung ein „Auslaufen" der Beschäftigungsmöglichkeit für den später gekündigten Arbeitnehmer absehbar war, Kündigungsentschluss und anderweitige Besetzung der freien Stelle also „uno actu" erfolgten (BAG 24.11.2005 – 2 AZR 514/04).

(Variante: Möglichkeit des Freimachens der Stelle durch Ausübung des Direktionsrechtes)
Nach der ständigen Rechtsprechung des Bundesarbeitsgerichts, kann sich der Arbeitgeber auch nicht stets damit begnügen, dass Fehlen eines freien geeigneten Arbeitsplatzes festzustellen, bevor er in Krankheitsfällen zum Mittel der Kündigung greift. Vielmehr ist eine Umorganisation hinsichtlich des Personaleinsatzes als eine gegenüber der krankheitsbedingten Kündigung mildere Maßnahme geboten, wenn der Arbeitgeber einen leidensgerechten Arbeitsplatz durch Wahrnehmung seines Direktionsrechts freimachen kann, weil er sich damit gegenüber dem bisherigen Arbeitsplatzinhaber im Rahmen der vertraglichen Abmachungen hält und nicht in dessen Rechtsposition eingreift. Soweit dies eine Versetzung iS von § 99 Abs. 1 BetrVG bedeutet, muss sich der Arbeitgeber auch um die Zustimmung des Betriebsrats gem. § 99 Abs. 4 BetrVG bemühen (BAG 29.1.1997 – 2 AZR 9/96).

Vorliegend wäre eine solche Umorganisation möglich gewesen, indem ... *(näher ausführen).*

...

Rechtsanwalt ◄

b) Erläuterungen

[1] Ein Anspruch auf Schaffung eines neuen Arbeitsplatzes besteht allerdings nicht. Dies gilt ebenso für eine Umgestaltung vorhandener Arbeitsplätze durch Änderung der Aufgabenverteilung (vgl LAG Köln – 19.12.1995 – 13 Sa 928/95. In diesem Fall argumentierte die Klagepartei erfolglos, dass ihr die einspringenden Kollegen die leichteren Aufgaben „abnehmen" könnten, wodurch sich allerdings auf den anderen Arbeitsplätzen die schweren Aufgaben konzentriert hätten). 41

[2] Wann eine Weiterbeschäftigung auf einem anderen freien Arbeitsplatz nach Umschulungs- oder Fortbildungsmaßnahmen (vgl hierzu auch BAG 7.2.1991 – 2 AZR 205/90) dem Arbeitgeber in zeitlicher/finanzieller Hinsicht noch zumutbar ist, ist im jeweiligen Einzelfall zu bestimmen (zB: LAG Berlin Brandenburg – 25.11.2010 – 25 Sa 1672/10: drei Monate bis zur vollständigen Einarbeitung bei einer betriebsbedingten Kündigung und einer Kündigungsfrist von zwei Monaten: zumutbar; vgl allgemein hierzu auch HaKo-KSchR/*Pfeiffer* § 1 KSchG Rn 939). 42

[3] Da dem Arbeitgeber für das Fehlen einer entsprechenden anderweitigen Beschäftigungsmöglichkeit die Darlegungs- und Beweislast obliegt (§ 1 Abs. 2 S. 4 KSchG), muss er – wenn der Arbeitnehmer eine solche wie konkret geschehen darlegt – nunmehr eingehend erläutern, aus welchen Gründen eine solche Beschäftigung nicht möglich war (BAG 29.8.2013 – 2 AZR 721/12). 43

[4] Stellt die Zuweisung der anderen Tätigkeit eine Versetzung dar und widerspricht der Betriebsrat derselben, ist es dem Arbeitgeber idR nicht zuzumuten, ein Zustimmungsersetzungsverfahren nach § 99 Abs. 4 BetrVG durchzuführen. (BAG 29.1.1997 – 2 AZR 9/96). Dies gilt grundsätzlich auch im Fall eines Anspruches auf einen leidensgerechten Arbeitsplatz nach § 81 Abs. 4 Satz 1 Nr. 1 SGB IX (BAG 22.9.2005 – 2 AZR 4519/04). 44

45 **3. Muster: Replik bei häufigen Kurzerkrankungen (fehlende negative Prognose)**

▶ An das

Arbeitsgericht ▪▪▪

In Sachen

▪▪▪ ./. ▪▪▪

Az.: ▪▪▪

replizieren wir auf die Klageerwiderung vom ▪▪▪ wie folgt:

I.

In tatsächlicher Hinsicht ist wie folgt weiter vorzutragen:

Die von der Beklagten angeführten Arbeitsunfähigkeitszeiten des Klägers im Zeitraum von ▪▪▪ bis ▪▪▪ hatten ihre jeweilige Ursache in folgenden Erkrankungen/Vorfällen:

Jahr ▪▪▪

Jahr ▪▪▪

Jahr ▪▪▪

Von diesen Erkrankungen sind die nachfolgenden ausgeheilt und mangels chronischer Grunderkrankung nicht wiederholungsträchtig: ▪▪▪ (*substantiiert darlegen*)

(**optional:** Die Erkrankung im Zeitraum von ▪▪▪ bis ▪▪▪ ist nicht im Rahmen der negativen Prognose zu berücksichtigen, da diese Folge eines Betriebsunfalles war (*näher ausführen*) (vgl BAG 14.1.1993 – 2 AZR 343/92)

Beweis: ▪▪▪)

Sämtliche behandelnde Ärzte/folgende Ärzte des Klägers haben ihm gegenüber geäußert, dass eine günstige Prognose für die Zukunft im Hinblick auf seine Gesundheit vorliege und mit weiteren Erkrankungen nicht zu rechnen sei: ▪▪▪ (*näher ausführen*).

Beweis: ▪▪▪

Der Kläger entbindet hiermit sämtliche ihn im maßgeblichen Zeitraum behandelnden Ärzte von deren Schweigepflicht.

(optional) Vorsorglich bestreitet der Kläger die von der Beklagten angeführten Krankheitsquoten der weiteren Mitarbeiter sowie die behaupteten betrieblichen Ablaufstörungen mangels eigener Kenntnis mit Nichtwissen.

II.

In rechtlicher Hinsicht tragen wir weiter wie folgt vor:

Die streitgegenständliche Kündigung ist mangels sozialer Rechtfertigung rechtsunwirksam. Entgegen der Behauptung der Beklagten sind in Anbetracht der Rechtsprechung des Bundearbeitsgerichts die Voraussetzungen der ersten Stufe in Gestalt einer negative Prognose nicht gegeben. Die beim Kläger eingetretenen Erkrankungen sind sämtlich/weit überwiegend wie oben dargelegt nicht wiederholungsträchtig und auch nicht auf ein einheitliches Grundleiden zurückzuführen.

▪▪▪

Rechtsanwalt ◀

III. Duplik bei krankheitsbedingter Kündigung

1. Muster: Duplik bei häufigen Kurzerkrankungen (einheitliches Grundleiden)[1]

▶ An das

Arbeitsgericht ...

In Sachen

... ./. ...

Az.: ...

duplizieren wir auf die Replik der Klagepartei vom ... wie folgt:

I.

In tatsächlicher Hinsicht ist wie folgt weiter vorzutragen:

Die vom Kläger geschilderten Erkrankungen ... (*näher ausführen*) sind auf ein einheitliches Grundleiden in Form von ... zurückzuführen.

Beweis: ...

II.

Es ist in der Rechtsprechung anerkannt, dass es der Bildung einer negativen Prognose nicht immer entgegensteht, dass die Fehlzeiten auf unterschiedlichen prognosefähigen Erkrankungen beruhen. Solche verschiedenen Erkrankungen können vielmehr den Schluss auf eine gewisse Krankheitsanfälligkeit des Arbeitnehmers zulassen und damit eine negative Prognose begründen (BAG 10.11.2005 – 2 AZR 44/05). Selbst wenn die Erkrankungen daher zwar hinsichtlich ihrer individuellen Ursache in Bezug auf den einzelnen Arbeitsunfähigkeitszeitraum ausgeheilt sind, können diese aufgrund ihres Diagnosetyps dahin gehend Schlussfolgerungen ermöglichen, dass sie aufgrund einer persönlichen konstitutionellen Schwäche derart gehäuft aufgetreten sind. Bei unveränderten Lebensumständen ist daher damit zu rechnen, dass diese Ausfallzeiten auch künftig in ähnlichem Umfang auftreten werden (LAG Schleswig-Holstein – 3.11.2005 – 3 Sa 320/05; siehe auch LAG Köln – 19.8.2005 – 4 Sa 335/05).

Diese ist im vorliegenden Sachverhalt der Fall. Der Kläger ... (*näher ausführen*)

...

Rechtsanwalt. ◀

2. Erläuterungen

[1] Diese Erwägungen gelten auch für den Fall einer auffällig Verletzungsanfälligkeit aufgrund der Ausübung einer Sportart (BAG 2.11.1989 – 2 AZR 335/89) oder eines sonstigen in körperlicher Hinsicht riskanten Freizeitverhaltens.

IV. Klageerwiderungen bei Verlust behördlicher Erlaubnisse, Alkoholabhängigkeit und Haft

1. Führerscheinentzug

a) Muster: Klageerwiderung bei Führerscheinentzug

▶ An das

Arbeitsgericht ...

In Sachen

... ./. ...

Az.: ▬

zeigen wir die Vertretung der Beklagten an.

Wir werden beantragen,

> die Klage kostenpflichtig abzuweisen.

I.

In tatsächlicher Hinsicht tragen wir wie folgt vor:

Die Angaben des Klägers zu seinen persönlichen Verhältnissen sind zutreffend/sind wie folgt richtig zu stellen.

Der Kläger ist bei der Beklagten als ▬ eingestellt worden. Seine zuletzt ausgeübte Tätigkeit bestand in ▬ (näher ausführen).

Beweis: ▬

Dem Kläger wurde anlässlich[1] ▬ am ▬ die Fahrerlaubnis gem. § 111a StPO vorläufig entzogen / gem. § 65 StGB entzogen.[2]

Beweis: ▬

Ein anderweitiger freier und geeigneter Arbeitsplatz war zum Zeitpunkt des Zugangs der Kündigung nicht vorhanden. Es war ebenfalls nicht vorhersehbar, dass ein solcher zeitnah innerhalb der Kündigungsfrist freigeworden wäre.

Beweis: ▬

(optional): Der Kläger ist bereits in der Vergangenheit im Hinblick auf ein Fehlverhalten im Straßenverkehr auffällig gewesen: ▬ (näher ausführen).

Beweis: ▬

(ggfs. weitere Ausführungen zur Betriebsratsanhörung/Einholung von behördlichen Zustimmungen).

II.

In rechtlicher Hinsicht tragen wir wie folgt vor: Die Kündigung ist sozial gerechtfertigt. Es liegen Gründe in der Person des Klägers vor, die seiner Weiterbeschäftigung im Betrieb der Beklagten entgegenstehen, § 1 Abs. 2 KSchG. Das Arbeitsverhältnis wird/ist daher mit Ablauf des ▬ aufgelöst werden/worden.

1. Als personenbedingte Gründe, die eine ordentliche Kündigung nach § 1 Abs. 2 KSchG sozial rechtfertigen können, kommen solche Umstände in Betracht, die auf einer in den persönlichen Verhältnissen oder Eigenschaften des Arbeitnehmers liegenden „Störquelle" beruhen. Eine personenbedingte Kündigung kann insbesondere sozial gerechtfertigt sein, wenn der Arbeitnehmer aus Gründen, die in seiner Sphäre liegen, jedoch nicht von ihm verschuldet sein müssen, zu der nach dem Arbeitsvertrag vorausgesetzten Arbeitsleistung ganz oder teilweise nicht mehr in der Lage ist. In diesen Fällen liegt in der Regel eine schwere und dauerhafte Störung des vertraglichen Austauschverhältnisses vor, der der Arbeitgeber, wenn keine andere Beschäftigungsmöglichkeit mehr besteht, mit einer ordentlichen Kündigung begegnen kann (BAG 24.2.2005 – 2 AZR 211/04).

   Es ist insoweit allgemein anerkannt, dass der Verlust einer Fahrerlaubnis bei einem Kraftfahrer einen personenbedingten Grund zur Kündigung – und ggfs. sogar einen wichtigen Grund zur außerordentlichen Kündigung an sich – darstellen. Der Verlust des Führerscheins führt zu einem gesetzlichen Beschäftigungsverbot. Ohne den Führerschein darf der Arbeitgeber den Arbeitnehmer im Straßenverkehr nicht weiter einsetzen. Der Arbeitnehmer kann seine vertraglich geschuldete Arbeitsleistung als Kraftfahrer nicht mehr erbringen. Sie ist ihm aufgrund des Verlustes der Fahrerlaubnis rechtlich unmöglich geworden (BAG 5.6.2008 – 2 AZR 984/06). Diese Voraussetzungen sind konkret erfüllt.

2. Anderweitige mildere Mittel sind nicht vorhanden. Insbesondere ist kein freier und geeigneter anderweitiger Arbeitsplatz bei der Beklagten vorhanden, auf welchem der Kläger – ggfs. auch nur vorübergehend – hätte eingesetzt werden können.[3]

3. Auch die durchzuführende Interessenabwägung ergibt, dass das Beendigungsinteresse der Beklagten überwiegt.

Zugunsten der Beklagten ist zunächst zu berücksichtigen, dass derzeit völlig ungewiss ist ob und ggfs. wann der Kläger seine Fahrerlaubnis neu erteilt bekommen wird. Weiterhin ist zu berücksichtigten, dass

(optional) ... die Beklagte nicht unmittelbar nach Entzug der Fahrerlaubnis zum Mittel der Kündigung gegriffen hat, sondern erst nach ... Wochen/Monaten.

(optional) ... dass das Arbeitsverhältnis in der Vergangenheit nicht gänzlich unbelastet war (*näher ausführen*).

Zugunsten des Klägers ist hingegen nur/zwar zu berücksichtigen, dass ...

(optional) ... er eine Betriebszugehörigkeit von ... Jahren aufweist.

(optional) ... er derzeit wohl schlechtere Chancen auf dem Arbeitsmarkt aufweisen kann.

(optional) ... er mit ... Jahren ein relativ fortgeschrittenes Alter aufweist.

(optional) ... er nach Kenntnis der Beklagten insgesamt ... Personen gegenüber gesetzlich zum Unterhalt verpflichtet ist.

(optional) ... er schwerbehindert/einem schwerbehinderten Menschen gleichgestellt ist.

Erheblich zulasten des Klägers ist aber sein Fehlverhalten anlässlich der Privatfahrt zu berücksichtigen. Als Kraftfahrer weiß der Kläger, wie gefährlich es ist, unter Alkoholeinfluss Auto zu fahren. Er weiß, dass er dadurch nicht nur andere Verkehrsteilnehmer gefährdet, sondern auch seine eigene Gesundheit und seinen Arbeitsplatz aufs Spiel setzt (LAG Hessen – 1.7.2011 – 10 Sa 245/11).

Unter Berücksichtigung der oben genannten Aspekte ergibt sich vorliegend daher im Ergebnis, dass die Interessen der Beklagten an einer Vertragsbeendigung diejenigen des Klägers an einer Fortsetzung desselben überwiegen.

...

Rechtsanwalt ◄

b) Erläuterungen

[1] Im Zusammenhang mit begangenen Straftaten eines Arbeitnehmers ist zwischen Delikten im vertraglichen und solchen im außervertraglichen Bereich zu differenzieren. Während Straftaten mit konkretem Arbeitsplatzbezug gegen die arbeitsvertraglich Pflichten verstoßen und deswegen eine verhaltensbedingte Kündigung rechtfertigen können, ist dies bei Delikten ohne Arbeitsplatzbezug nicht der Fall. Sie können aber seine Eignung für die vertraglich geschuldete Tätigkeit beeinträchtigen, wenn sie Zweifel an seiner Zuverlässigkeit und Vertrauenswürdigkeit begründen. Ob ein personenbedingter kündigungsrelevanter Eignungsmangel anzunehmen ist, hängt von der Art des Delikts, den konkreten Arbeitspflichten des Arbeitnehmers und seiner Stellung im Betrieb ab. Straftaten eines im öffentlichen Dienst mit hoheitlichen

Aufgaben betrauten Arbeitnehmers können so zB auch dann zu einem Eignungsmangel führen, wenn sie außerdienstlich begangen werden und kein unmittelbarer Bezug zum Arbeitsverhältnis besteht. Generelle Wertungen lassen sich aber nicht treffen. Entscheidend sind die Umstände des Einzelfalls (HaKo-KSchR/*Gallner* § 1 KSchG Rn 627 ff).

50 [2] Der Entzug einer rein betrieblichen Fahrberechtigung kann grundsätzlich nicht dem Verlust einer behördlich bzw gesetzlich vorgeschriebenen Fahrerlaubnis gleichgestellt werden. Solche innerbetrieblichen Fahrerlaubnisse werden nach vom Arbeitgeber selbst aufgestellten Regeln zusätzlich zum Führerschein erteilt bzw können wieder entzogen werden. Eine Gleichstellung verbietet sich deshalb, weil es ansonsten der Arbeitgeber weitgehend in der Hand hätte, sich selbst Kündigungsgründe zu schaffen (BAG 5.6.2008 – 2 AZR 984/06). Im Falle eines reinen zeitlich befristeten Fahrverbotes aufgrund einer privaten Trunkenheitsfahrt – welches gem. § 44 StGB nur für einen Zeitraum von maximal drei Monaten verhängt werden kann – scheidet eine soziale Rechtfertigung einer personenbedingten Kündigung regelmäßig aus (vgl hierzu LAG Mecklenburg-Vorpommern – 16.8.20115 Sa 295/10). Anders wäre dies, wenn sich hieraus Zweifel an der Eignung des Arbeitnehmers bezüglich seiner geschuldeten Arbeitsleistung an sich ergeben (siehe Rn 49).

51 [3] Selbst wenn der Arbeitnehmer mit einer „Ruhendstellung" seines Arbeitsverhältnisses einverstanden gewesen wäre, ist dies unerheblich. Ein solches Vorgehen ist kein Gestaltungsmittel, das dem Arbeitgeber zur Verfügung steht. Er muss sich auf ein solches Mittel auch nicht im Einvernehmen mit dem Arbeitnehmer einlassen. Dem Arbeitgeber steht vielmehr gerade ein Kündigungsrecht zu, wenn eine schwere und dauerhafte Störung des vertraglichen Austauschverhältnisses vorliegt (LAG Hessen – 1.7.2011 – 10 Sa 245/11).

2. Muster: Alkoholabhängigkeit

52 **a) Muster: Klageerwiderung Alkoholabhängigkeit**[1]

▶ An das

Arbeitsgericht ▃▃▃

In Sachen

▃▃▃ ./. ▃▃▃

Az.: ▃▃▃

zeigen wir die Vertretung der Beklagten an.

Wir werden beantragen,

die Klage kostenpflichtig abzuweisen.

I.

In tatsächlicher Hinsicht tragen wir wie folgt vor:

Die Angaben des Klägers zu seinen persönlichen Verhältnissen sind zutreffend/sind wie folgt richtig zu stellen.

Der Kläger ist bei der Beklagten als ▃▃▃ eingestellt worden. Seine zuletzt ausgeübte Tätigkeit bestand in ▃▃▃ (*näher ausführen*).

Beweis: ▃▃▃

Der Kläger leidet an einer Alkoholsucht[2]. Im Rahmen der ausgeübten Tätigkeit des Klägers als ▃▃▃ kam es zu folgenden Beeinträchtigungen im Rahmen der Erbringung der Arbeitsleistung, welche auf die Alkoholerkrankung des Klägers zurückzuführen sind:[3] ▃▃▃ (*substantiiert ausführen*)[4]

Beweis: ▪▪▪

Dem Kläger war zuvor mit Fristsetzung zum ▪▪▪ durch die Beklagte die Möglichkeit zur Teilnahme an einer Erziehungskur gegeben worden.

Beweis: ▪▪▪

Der Kläger hat diese Möglichkeit abgelehnt/die Frist verstreichen lassen.

Beweis: ▪▪▪

(Variante bei zuvor gescheiterter Therapiemaßnahme

Der Kläger hat bereits in der Vergangenheit im Zeitraum von ▪▪▪ bis ▪▪▪ an einer Suchttherapie erfolgreich teilgenommen[5]. Dennoch kam es im Anschluss zu den oben geschilderten Vorfällen im Zusammenhang mit einem vorherigen Alkoholkonsum.

Beweis: ▪▪▪)

Ein anderweitiger freier und geeigneter Arbeitsplatz war zum Zeitpunkt des Zugangs der Kündigung nicht vorhanden. Es war ebenfalls nicht vorhersehbar, dass ein solcher zeitnah innerhalb der Kündigungsfrist frei geworden wäre

Beweis: ▪▪▪

(Varianten bei Ausfallzeiten von mehr als sechs Wochen innerhalb eines Jahres:

1. Variante: durchgeführtes aber erfolgloses betriebliches Eingliederungsmanagement

Ein betriebliches Eingliederungsmanagement gem. § 84 Abs. 2 SGB IX wurde am ▪▪▪ durchgeführt. Dieses endete erfolglos. Es konnten keine milderen Mittel, zB die Umgestaltung des Arbeitsplatzes oder eine Weiterbeschäftigung zu geänderten Arbeitsbedingungen auf einem anderen Arbeitsplatz, erkannt und entwickelt werden.

2. Variante: durchgeführtes aber fehlgeschlagenes betriebliches Eingliederungsmanagement

Ein betriebliches Eingliederungsmanagement gem. § 84 Abs. 2 SGB IX wurde am ▪▪▪ durchgeführt. Der für den Kläger vorgeschlagene Arbeitsplatz ▪▪▪ ist in der Folge ab ▪▪▪ vom Kläger auch besetzt worden. An dem Weiterbestehen der alkoholbedingten Beeinträchtigung der Arbeitstätigkeit hat sich allerdings nichts geändert *(näher ausführen)*.

Beweis: ▪▪▪

3. Variante: unterbliebene Durchführung eines betrieblichen Eingliederungsmanagements

Ein betriebliches Eingliederungsmanagement wurde nicht durchgeführt.[6] Dieses wäre aber ohnehin erfolglos geblieben. Weder kann der Arbeitsplatz des Klägers so umgestaltet werden, dass dieser nunmehr zuträgliche Arbeitsbedingungen für den Kläger ermöglicht, welche positive Auswirkungen bezüglich seiner Alkoholerkrankung und der hierdurch bedingten Beeinträchtigung der Arbeitsleistung hätten *(substantiiert ausführen)*.

Beweis: ▪▪▪)

Noch ist eine anderweitige Beschäftigung auf einem leidensgerechten Arbeitsplatz aus den nachfolgenden Gründen möglich: ▪▪▪ *(substantiiert ausführen)*

Beweis: ▪▪▪

(ggfs. weitere Ausführungen zur Betriebsratsanhörung/Einholung von behördlichen Zustimmungen)

II.

In rechtlicher Hinsicht tragen wir wie folgt vor: Die Kündigung ist sozial gerechtfertigt. Es liegen Gründe in der Person des Klägers vor, die seiner Weiterbeschäftigung im Betrieb der Beklagten entgegenstehen, § 1 Abs. 2 KSchG. Das Arbeitsverhältnis wird/ist daher mit Ablauf des ... aufgelöst werden/worden.

1. Nach der Rechtsprechung des Bundesarbeitsgerichtes kann eine ordentliche Kündigung des Arbeitsverhältnisses gerechtfertigt sein, wenn im Zeitpunkt der Kündigung die Prognose besteht, der Arbeitnehmer biete aufgrund einer Alkoholsucht dauerhaft nicht die Gewähr, in der Lage zu sein, die vertraglich geschuldete Tätigkeit ordnungsgemäß zu erbringen. Voraussetzung ist, dass daraus eine erhebliche Beeinträchtigung der betrieblichen Interessen folgt, diese durch mildere Mittel – etwa eine Versetzung – nicht abgewendet werden kann und sie auch bei einer Abwägung gegen die Interessen des Arbeitnehmers vom Arbeitgeber billigerweise nicht mehr hingenommen werden muss. Für die Prognose im Hinblick auf die weitere Entwicklung einer Alkoholerkrankung kommt es entscheidend darauf an, ob der Arbeitnehmer zum Zeitpunkt der Kündigung bereit ist, eine Entziehungskur bzw Therapie durchzuführen. Lehnt er das ab, kann erfahrungsgemäß davon ausgegangen werden, dass er von seiner Alkoholabhängigkeit in absehbarer Zeit nicht geheilt wird. Ebenso kann eine negative Prognose dann berechtigt sein, wenn der Arbeitnehmer nach abgeschlossener Therapie rückfällig geworden ist (BAG 20.3.2014 – 2 AZR 565/12).

2. Unter Berücksichtigung dieser Grundsätze ist zunächst die erforderliche negative Prognose gegeben. Der Kläger ist alkoholabhängig, was auch bereits mehrfach während seiner Tätigkeit bei der Beklagten erheblichen Auswirkungen auf seine Tätigkeit auffällig geworden ist.
   (optional) Erschwerend kommt vorliegend hinzu, dass der Kläger bereits zuvor schon einmal eine Therapiemaßnahme absolviert hat und dennoch rückfällig geworden ist.
   (optional) Der Kläger ist auch nicht therapiebereit. Dies kann daraus geschlossen werden, dass er das Angebot der Beklagten auf Durchführung einer Entziehungsmaßnahme abgelehnt hat/nicht innerhalb der gesetzten Frist reagiert hat (vgl BAG aaO).

3. Hieraus folgt auch eine erhebliche Beeinträchtigung der betrieblichen Interessen der Beklagten. In Anbetracht der Tätigkeit des Klägers als ... kann nicht ausgeschlossen werden, dass es bei einem erneuten Alkoholkonsum zu erheblichen Beeinträchtigungen in Gestalt von ... kommen wird. Etwaige mildere Mittel zur Beendigung dieser Situation sind nicht vorhanden. Insbesondere sind keine freien und geeigneten Arbeitsplätze bei der Beklagten vorhanden, auf welchen der Kläger trotz seiner Alkoholabhängigkeit und dem damit jederzeit gegebenen Alkoholisierungsrisiko eingesetzt werden könnte. Aus alledem folgt, dass die soeben geschilderten erheblichen betrieblichen Beeinträchtigungen von der Beklagten nicht mehr hinnehmbar sind.

4. Auch die durchzuführende Interessenabwägung ergibt, dass das Beendigungsinteresse der Beklagten überwiegt.
   (optional) Insbesondere hat die Beklagte dem Kläger die Möglichkeit gegeben, eine Entzugsmaßnahme durchzuführen. Dass diese gescheitert ist, ist ihr nicht anzulasten. Zu mehr Maßnahmen war sie trotz der bestehenden Fürsorgepflicht als Arbeitgeber nicht verpflichtet.
   Zugunsten des Klägers ist hingegen nur/zwar zu berücksichtigen, dass ...
   (optional) ... er eine Betriebszugehörigkeit von ... Jahren aufweist.
   (optional) ... er derzeit wohl schlechtere Chancen auf dem Arbeitsmarkt aufweisen kann.
   (optional) ... er mit ... Jahren ein relativ fortgeschrittenes Alter aufweist.

(optional) ... er nach Kenntnis der Beklagten insgesamt ... Personen gegenüber gesetzlich zum Unterhalt verpflichtet ist.

(optional) ... er schwerbehindert/einem schwerbehinderten Menschen gleichgestellt ist.

Unter Berücksichtigung der oben genannten Aspekte ergibt sich vorliegend daher im Ergebnis, dass die Interessen der Beklagten an einer Vertragsbeendigung diejenigen des Klägers an der Fortsetzung desselben überwiegen.

...

Rechtsanwalt ◄

b) Erläuterungen

[1] Leidet der Arbeitnehmer unter einer Drogensucht oder einer anderen Abhängigkeit mit Krankheitswert, unterliegt die Kündigung seines Arbeitsverhältnisses grundsätzlich den entsprechenden Regeln wie die Kündigung wegen einer Alkoholabhängigkeit (vgl hierzu ausführlich HaKo-KSchR/*Gallner* § 1 KSchG Rn 505). 53

[2] Die Möglichkeiten des Arbeitgebers in der Praxis festzustellen, ob ein Arbeitnehmer alkoholisiert ist, sind – vorbehaltlich etwaiger kollektivrechtlicher/vertraglicher Regelungen – begrenzt. Insbesondere ist ein Arbeitnehmer regelmäßig nicht verpflichtet, im laufenden Arbeitsverhältnis routinemäßigen Blutuntersuchungen zur Klärung, ob er alkohol- oder drogenabhängig ist, zuzustimmen (BAG 12.8.1999 – 2 AZR 55/99). 54

[3] Liegt keine Alkoholerkrankung vor und ist der Alkoholkonsum somit für den Arbeitnehmer steuerbar, liegen bei einer Verletzung von arbeitsvertraglichen Pflichten durch die Alkoholisierung – idR nach erfolgloser Abmahnung – verhaltensbedingte Gründe für eine Kündigung vor (BAG 26.01.1995 – 2 AZR 649/94; HaKo-KSchR/*Gallner* § 1 KSchG Rn 545 ff). 55

[4] Allein das Vorliegen einer Suchterkrankung an sich ist kündigungsrechtlich ohne das Hinzutreten von weiteren Umständen mit Bezug zum Arbeitsverhältnis grundsätzlich unerheblich, solange der Arbeitnehmer in der Lage ist, seine arbeitsvertraglich geschuldete Leistung ordnungsgemäß, insbesondere ohne eine Eigen- oder Fremdgefährdung, zu erbringen. Im Rahmen eines Prozesses ist daher regelmäßig ein substantiierter Sachvortrag des Arbeitgebers notwendig, es sei denn, die Gefahr von nicht hinnehmbaren Beeinträchtigungen ist offensichtlich (so in den jüngst entschiedenen Fällen des BAG vom 20.3.2014 – 2 AZR 565/12 (ein Hofarbeiter, welcher Schrott sortieren, reinigen und entsorgen muss und hierbei verschiedene Fahrzeuge einsetzt wie Gabelstapler, Lader und Bagger mit einem Gewicht von bis zu 35 Tonnen und einer Ausgreifweite von bis zu 20 Metern) oder vom 20.12.2012 (2 AZR 32/11: Ergotherapeut für suchtkranke Patienten in einer Suchtklinik). 56

[5] Es ist umstritten, ob bei einer erfolgreichen vorherigen Therapiemaßnahme und einem anschließenden Rückfall nach Zeiten der Abstinenz, allein schon aus diesem Grund eine negative Prognose für die weitere Alkoholabhängigkeit abgeleitet werden kann (vgl hierzu HaKo-KSchR/*Gallner* § 1 KSchG Rn 502 und die Ausführungen unter Rn 59 f). 57

[6] Siehe oben Rn 15. Die Durchführung eines BEM ist nicht allein deshalb überflüssig, weil die Ausfallzeiten auf eine Alkoholsucht zurückzuführen sind (BAG 20.3.2014 – 2 AZR 565/12). 58

3. Einmaliger Rückfall nach Entziehungsmaßnahme

a) Muster: Replik bei einmaligem Rückfall nach Entziehungsmaßnahme[1]

▶ An das

Arbeitsgericht ...

In Sachen

... ./. ...

Az.: ...

Replizieren wir auf die Klageerwiderung vom ... wie folgt:

I.

In tatsächlicher Hinsicht ist weiter auszuführen, dass der Kläger in der Tat bereits zuvor eine Entziehungskur erfolgreich absolviert hat. Der Rückfall am ... hatte allerdings folgenden Hintergrund: ... (*näher ausführen*). Er erfolgte somit unverschuldet.

Beweis: ...

Aufgrund dieses Rückfalles lässt sich auch keine negative Prognose für weitere, nachteilige Entwicklungen im Hinblick auf die Alkoholerkrankung des Klägers ableiten. Der Kläger ist weiterhin therapiebereit und -fähig.

Beweis: ...

Der Kläger nahm bis zum Zugang der Kündigung auch an folgenden begleitenden Therapiemaßnahmen teil: ... (*näher ausführen*)

Beweis: ...

II.

In rechtlicher Hinsicht tragen wir wie folgt vor:

Soweit die Beklagte auf den einmaligen Rückfall des Klägers in Form des Alkoholkonsums nach seiner erfolgreich absolvierten Entziehungskur abstellt, vermag sich aus diesem keine zwingende negative Prognose für die weitere, nachteilige Entwicklung seiner chronischen Alkoholabhängigkeit ableiten (vgl LAG Hamm 4.9.2001 – 11 Sa 1918/00; LAG Berlin-Brandenburg – 17.8.2009 – 10 Sa 506/09). Es gibt keinen Erfahrungssatz, wonach ein einmaliger Rückfall nach einer zunächst erfolgreichen Entwöhnungskur und längerer Abstinenz einen endgültigen Fehlschlag jeglicher Alkoholtherapie für die Zukunft bedeutet. Maßgebend ist stets die Beurteilung im Einzelfall. Die Ergebnisse mehrerer Studien haben gezeigt, dass in Deutschland auch nach Rückfälligkeit eine gute Prognose besteht, was die rasche Rückkehr zur Abstinenz anbelangt. Zwar wird die Mehrzahl (51 %) der in stationärer Entwöhnungstherapie (in der Regel in einer Fachklinik) Behandelten im Zeitraum von vier Jahren rückfällig. Diese Rückfälle dauern jedoch meist nicht lange an. 53,5 % aller Rückfälligen haben zB innerhalb von 18 Monaten nach der Entlassung nur leichte (1–3 Tage andauernde) Rückfälle. Auch schwerere (dh zeitlich länger andauernde und mit hohem Alkoholkonsum einhergehende) Rückfälle sind gut in den Griff zu bekommen, wenn nach dem Rückfall eine Selbsthilfegruppe oder Beratungsstelle aufgesucht wird (vgl Fleck-Körkel, in BB 1995, 722, 726 mwN). Auch in den Sachverhalten, welche den Entscheidungen des Bundesarbeitsgerichts vom 20.3.2014 (2 AZR 565/12); 20.12.2012 (2 AZR 32/11), 16.9.1999 (2 AZR 123/99) und 9.7.1998 (2

AZR 201/98) zu Grunde lagen, handelte es sich – anders als vorliegend – jeweils um Fälle, in welchen der Arbeitnehmer nach der Therapiemaßnahme wiederholt rückfällig geworden ist.

Rechtsanwalt ◄

b) Erläuterungen

[1] Sollte allerdings ein nicht nur einmaliger Rückfall gegeben sein, wird eine negative Prognose im Hinblick auf die Suchterkrankung durch den Arbeitnehmer idR wohl kaum erfolgreich zu erschüttern sein. 60

4. Haftbedingte Abwesenheit
a) (Rechtskräftige) Verurteilung/Untersuchungshaft
aa) Muster: Klageerwiderung bei (rechtskräftiger) Verurteilung/Untersuchungshaft 61

► An das

Arbeitsgericht ▪▪▪

In Sachen

▪▪▪

Az.: ▪▪▪

zeigen wir die Vertretung der Beklagten an.

Wir werden beantragen,

die Klage kostenpflichtig abzuweisen.

I.

In tatsächlicher Hinsicht tragen wir wie folgt vor:

Die Angaben des Klägers zu seinen persönlichen Verhältnissen sind zutreffend/sind wie folgt richtig zu stellen ▪▪▪

Beweis: ▪▪▪

Der Kläger ist bei der Beklagten als ▪▪▪ eingestellt worden. Seine zuletzt ausgeübte Tätigkeit bestand in ▪▪▪ (*näher ausführen*).

Beweis: ▪▪▪

Der Kläger wurde aufgrund ▪▪▪[1] am ▪▪▪ vom ▪▪▪ zu einer Freiheitsstrafe von ▪▪▪ Jahren *(optional bei Freiheitsstrafen unter zwei Jahren: ohne Bewährung)* verurteilt.[2]

Beweis: ▪▪▪

Die Verurteilung ist rechtskräftig/nicht rechtskräftig.[3]

Beweis: ▪▪▪

(**optional:** Der Kläger ist bereits in der Vergangenheit strafrechtlich auffällig gewesen ▪▪▪ (*näher ausführen*

Beweis: ▪▪▪)

(Variante: Nicht rechtskräftige Verurteilung/Untersuchungshaft)

Der Kläger wurde mit Schreiben vom ▪▪▪ zu den Gründen für die Verurteilung/Untersuchungshaft angehört.

Beweis: ▪▪▪

Der Kläger äußerte sich nicht innerhalb der gesetzten Frist/wie folgt: ▪▪▪ (*näher ausführen*).

Beweis: ▪▪▪

(***Variante: Verurteilung zu einer unter zweijährigen Haftstrafe ohne Bewährung/Untersuchungshaft***

Aufgrund der ungewissen Fortdauer der haftbedingten Abwesenheit kommt es zu den nachfolgend geschilderten erheblichen Beeinträchtigung der betrieblichen Interessen der Beklagten: ▪▪▪ [*näher ausführen*])[4]

(**optional:** Die Ausfallzeit des Klägers kann zukünftig nicht mit der Einstellung einer Aushilfskraft überrückt werden. Die Einarbeitungszeit, welche zur fachgerechten Ausführung der Tätigkeit erforderlich ist, beträgt mindestens ▪▪▪ (*substantiiert ausführen*).

Beweis: ▪▪▪)

(**optional:** Weiterhin sind auf dem derzeitigen Arbeitsmarkt Arbeitnehmer mit Qualifikationen, welche für die Arbeitsleistung erforderlich sind, nur eng begrenzt vorhanden(*substantiiert ausführen*). Es ist daher nicht davon auszugehen, dass eine reine Aushilfskraft für diese Tätigkeit eingestellt werden kann.

Beweis: ▪▪▪)

(**optional:** Der Arbeitsausfall des Klägers muss durch die überobligatorische Ableistung von Mehrarbeit weitere Mitarbeiter der Beklagten ausgeglichen werden. (*substantiiert ausführen*). Hierdurch entstehen der Beklagten monatliche Zusatzkosten in Höhe von ▪▪▪

Beweis: ▪▪▪)

Die Beklagte unterhält keine Personalreserve/eine Personalreserve, welche mit erheblichen Kosten verbunden ist (*näher ausführen*).

Beweis: ▪▪▪

(ggfs. weitere Ausführungen zur Betriebsratsanhörung/Einholung von behördlichen Zustimmungen).

II.

In rechtlicher Hinsicht tragen wir wie folgt vor: Die Kündigung ist sozial gerechtfertigt. Es liegen Gründe in der Person des Klägers vor, die seiner Weiterbeschäftigung im Betrieb der Beklagten entgegenstehen, § 1 Abs. 2 KSchG. Das Arbeitsverhältnis wird/ist daher mit Ablauf des ▪▪▪ aufgelöst werden/worden.

Als Kündigungsgrund in der Person des Arbeitnehmers kommen Umstände in Betracht, die auf einer in dessen persönlichen Verhältnissen oder Eigenschaften liegenden „Störquelle" beruhen. Zu diesen zählt eine Arbeitsverhinderung des Arbeitnehmers, die auf einer Straf- oder Untersuchungshaft beruht (vgl BAG, 25.11.2010 – 2 AZR 984/08).

1. Voraussetzung einer ordentlichen Kündigung wegen haftbedingter Arbeitsverhinderung ist nach der ständigen Rechtsprechung des Bundesarbeitsgerichts, dass der Arbeitnehmer für eine verhältnismäßig erhebliche Zeit nicht in der Lage sein wird, seine arbeitsvertraglichen Verpflichtungen zu erfüllen Die Nichterfüllung der Arbeitspflicht muss sich außerdem nachteilig auf das Arbeitsverhältnis auswirken. Da der Arbeitgeber im Fall der haftbedingten Abwesenheit des Arbeitnehmers typischerweise von der Entgeltzahlungspflicht befreit ist, hängt es von der

Dauer sowie von Art und Ausmaß der betrieblichen Auswirkungen ab, ob die Inhaftierung geeignet ist, einen Grund zur Kündigung abzugeben. Liegt eine beachtliche Störung vor, bedarf es der abschließenden, alle Umstände des Einzelfalls einbeziehenden Abwägung, ob es dem Arbeitgeber unter Berücksichtigung der Interessen beider Vertragsteile unzumutbar war, das Arbeitsverhältnis bis zum Wegfall des Hinderungsgrundes fortzusetzen. Sowohl bei der Frage, ob von einer erheblichen Störung des Austauschverhältnisses auszugehen ist, als auch bei der Interessenabwägung ist im Fall einer Kündigung wegen einer freiheitsentziehenden Maßnahme zu berücksichtigen, dass der Arbeitnehmer die Arbeitsverhinderung in aller Regel zu vertreten hat. Deshalb sind dem Arbeitgeber zur Überbrückung regelmäßig nicht die gleichen Anstrengungen und Belastungen zuzumuten wie etwa bei einer Krankheit (BAG 24.3.2011 – 2 AZR 790/09).

2. Unter Berücksichtigung dieser Grundsätze ist die streitgegenständliche Kündigung sozial gerechtfertigt.

　　a) Zum Zeitpunkt des Zugangs der Kündigung[5] musste die Beklagte damit rechnen, dass der Kläger für die Dauer von mehr als zwei Jahren an der Erbringung seiner Arbeitsleistung verhindert wäre.

　　(optional) Der Kläger war zu einer Freiheitsstrafe von über ... Jahren verurteilt worden, von der im Kündigungszeitpunkt noch knapp ... Jahre zu verbüßen waren. Konkrete Anhaltspunkte für eine baldige Vollzugslockerung durch die Gewährung von Freigang gem. §§ 7, 11 StVollzG lagen nicht vor.

　　(optional) Ebenfalls war bei der Prognose nicht zugunsten des Klägers die nach § 57 Abs. 1 StGB grundsätzlich bestehende Möglichkeit zu berücksichtigen, eine mehr als zweijährige Freiheitsstrafe zur Bewährung auszusetzen, wenn der Arbeitnehmer zwei Drittel der verhängten Strafe verbüßt hat. Zum Kündigungszeitpunkt konnte die Beklagte insbesondere nicht vorausschauend das Verhalten des Klägers beurteilen, welches nach § 57 Abs. 1 StGB wesentlicher Entscheidungsgesichtspunkt für die vorzeitige Haftentlassung ist. Da der konkrete Einzelfall maßgebend ist, können auch statistische Werte nicht für die Prognose herangezogen werden (vgl BAG 25.11.2010 – 2 AZR 984/08). Das Vorliegen dieser Voraussetzungen kann daher nicht schon für Jahre im Voraus vorhergesagt werden (BAG 24.3.2011 – 2 AZR 790/09). Es war somit völlig ungewiss, ob überhaupt und wann dem Kläger eine Aussetzung seiner Strafe gewährt würde.

　　(Variante Untersuchungshaft)
　　Der Kläger befand sich bei Zugang der Kündigung bereits seit ... Wochen/Monaten in Untersuchungshaft. Der Beklagten war das dem Kläger vorgeworfene Delikt bekannt.
　　Sie hatte alle ihr möglichen Maßnahmen zur Klärung einer möglichen Haftdauer ergriffen, insbesondere dem Kläger Gelegenheit gegeben, zum Tatvorwurf Stellung zu nehmen. Der Kläger hat zu keiner Zeit bestritten, die Straftat begangen zu haben.[6]

　　(optional) Der Kläger selbst hat angegeben, dass ein kurzfristiges Ende der Inhaftierung sei nicht abzusehen sei.

　　Unter diesen Umständen und nach den der Beklagten vorliegenden Informationen war davon auszugehen, dass der Kläger die ihm vorgeworfene Straftat tatsächlich begangen hat. Aus ihrer – objektiv berechtigten – Sicht stand deshalb als sicher zu erwarten, dass der Kläger strafrechtlich verurteilt werden würde. Ungewiss war allenfalls das Maß der zu erwartenden Strafe. Für deren mögliche Höhe gab es allerdings objektive Anhaltspunkte ... *(näher ausführen)* (BAG 23.5.2013 – 2 AZR 120/12).[7]

b) Die ungewisse haftbedingte Abwesenheit des Klägers führt auch zu erheblichen betrieblichen Ablaufstörungen.

(Variante bei einer Haftdauer von über zwei Jahren)
Diese müssen vorliegend allerdings nicht gesondert dargelegt werden. Zumindest dann, wenn im Kündigungszeitpunkt noch eine Haftstrafe von mehr als zwei Jahren zu verbüßen ist und eine Entlassung vor Ablauf von zwei Jahren nicht sicher zu erwarten steht, kann dem Arbeitgeber regelmäßig nicht zugemutet werden, lediglich Überbrückungsmaßnahmen zu ergreifen und auf eine dauerhafte Neubesetzung des Arbeitsplatzes zu verzichten (BAG 24.3.2011- 2 AZR 790/09).
Der Arbeitsvertrag ist auf den ständigen Austausch von Leistung und Gegenleistung gerichtet. Die Verpflichtung des Arbeitnehmers geht dahin, dem Arbeitgeber seine Arbeitskraft zur Verfügung zu stellen, damit dieser sie im Rahmen seiner arbeitsteiligen Betriebsorganisation sinnvoll einsetzen kann. Ist der Arbeitnehmer dazu nicht in der Lage, tritt hinsichtlich seiner Arbeitsleistung Unmöglichkeit ein, wenn – wie bei lang andauernder Arbeitsverhinderung die Regel – eine Nachleistung beiden Seiten nicht zugemutet werden kann. Zugleich ist der Arbeitgeber gehindert, von seinem Weisungsrecht Gebrauch zu machen und muss, wenn er seine bisherige Arbeitsorganisation unverändert aufrechterhalten will, für eine anderweitige Erledigung der Arbeit sorgen. Bereits darin liegt eine Beeinträchtigung der betrieblichen Interessen (BAG, aaO).

(Variante bei einer Haftdauer von unter zwei Jahren oder Untersuchungshaft)
Die ungewisse Fortdauer der Haft führt auch zu einer erheblichen Beeinträchtigung der betrieblichen Interessen der Beklagten. Die dargelegte Situation über die fehlende zumutbare Einstellung einer Aushilfskraft und die durch die notwendige Überbrückung entstehenden Mehrkosten in Höhe von ... erreichen ein Maß, welches der Beklagten nicht mehr zumutbar ist.

(Variante bei einer Haftdauer von über zwei Jahren)
Ebenso wenig besteht eine Verpflichtung der Beklagten, aus Gründen der Resozialisierung bloße Überbrückungsmaßnahmen zu ergreifen. Zwar ist bei kurzzeitigen Inhaftierungen oder in Fällen, in denen nach Ablauf der Kündigungsfrist zeitnah eine Weiterbeschäftigung im offenen Vollzug möglich ist, auf die entsprechenden Belange des Arbeitnehmers angemessen Rücksicht zu nehmen. Dies rechtfertigt es aber nicht vom Arbeitgeber zu verlangen, den Arbeitsplatz für den inhaftierten Arbeitnehmer für voraussichtlich mehr als zwei Jahre frei zu halten und ihm die damit verbundenen Lasten aufzuerlegen. Dies widerspräche der gesetzgeberischen Wertung in Gestalt des Schutzes für Arbeitnehmer bei persönlicher Leistungsverhinderung bei übergeordneten Interessen (Schutz von Ehe und Familie; Erfüllung staatsbürgerschaftlicher Pflichten), wo ausdrückliche, eigenständige Regelungen getroffen wurden *(bspw §§ 15, 16 BEEG; §§ 3, 4 PflegeZG; § 1 ArbPlSchG)*. Die durchaus strengeren Anforderungen an eine Kündigung wegen lang anhaltender Erkrankung rechtfertigen sich daraus, dass eine schwere Krankheit – anders als eine Freiheitsstrafe – für den Betroffenen in der Regel unvermeidbar war (vgl BAG, aaO).

c) Auch die durchzuführende Interessenabwägung ergibt, dass das Beendigungsinteresse der Beklagten überwiegt. Sowohl bei der Frage, ob von einer erheblichen Störung des Austauschverhältnisses auszugehen ist, als auch bei der Interessenabwägung ist im Fall einer Kündigung wegen einer Inhaftierung zu berücksichtigen, dass der Arbeitnehmer die Arbeitsverhinderung in aller Regel zu vertreten hat. Deshalb sind dem Arbeitgeber zur

Überbrückung des Arbeitsausfalls regelmäßig nicht die gleichen Anstrengungen und Belastungen zuzumuten wie etwa bei einer Krankheit (BAG 23.5.2013 – 2 AZR 120/12).

Zugunsten der Beklagten ist zunächst zu berücksichtigen, dass

(optional) ... derzeit völlig unklar ist, in welchem Umfang der Kläger seine Reststrafe noch verbüßen wird.

(optional) ... die Beklagte nicht unmittelbar nach Inhaftierung des Klägers zum Mittel der Kündigung gegriffen hat, sondern erst nach ... Wochen/Monaten.

Zugunsten des Klägers ist hingegen nur/zwar zu berücksichtigen, dass der Kläger

(optional) ... eine Betriebszugehörigkeit von ... Jahren aufweist.

(optional) ... derzeit wohl schlechtere Chancen auf dem Arbeitsmarkt aufweisen kann.

(optional) ... mit ... Jahren ein relativ fortgeschrittenes Alter aufweist.

(optional) ... er nach Kenntnis der Beklagten insgesamt ... Personen gegenüber gesetzlich zum Unterhalt verpflichtet ist.

(optional) ... er schwerbehindert/einem schwerbehinderten Menschen gleichgestellt ist.

Erheblich zulasten des Klägers ist aber zu berücksichtigen, dass der Kläger seine haftbedingte Abwesenheit durch sein strafrechtlich relevantes Verhalten selbst verursacht hat.

(optional) ...und dass der Kläger zuvor bereits schon straffällig geworden ist und zu einer Bewährungsstrafe verurteilt wurde, während der erneut eine Straftat begangen hat (BAG 23.5.2013 – 2 AZR 120/12).

Unter Berücksichtigung der oben genannten Aspekte ergibt sich vorliegend daher im Ergebnis, dass die Interessen der Beklagten an einer Vertragsbeendigung diejenigen des Klägers an der Fortsetzung desselben überwiegen.

...

Rechtsanwalt ◄

bb) Erläuterungen

[1] Verhaltensbedingte Gründe können in diesem Zusammenhang dann vorliegen, wenn die der Verurteilung zugrunde liegenden Taten einen Bezug zum Arbeitsverhältnis haben oder der Arbeitnehmer auf andere Weise arbeitsvertragliche Pflichten, insbesondere seine Pflicht zur Rücksichtnahme § 241 Abs. 2 BGB, verletzt hat (HaKo-KSchR/*Gallner* § 1 KSchG Rn 545 ff).

[2] Bezüglich des Zugangs einer Kündigung durch Einwurf in den Briefkasten gilt, dass dieser auch u.a. auch dann erfolgt, wenn der Empfänger durch Haft oder sonstige Abwesenheit daran gehindert ist, vom Inhalt der Kündigung Kenntnis zu nehmen (BAG 24.6.2004 – 2 AZR 461/03). Dies gilt sogar dann, wenn dem Arbeitgeber der Umstand der Haft bekannt ist. Solange der Kündigungsempfänger seine Wohnung nicht aufgibt, muss er sie als Ort gelten lassen, wo man ihn nach der Verkehrsanschauung auch erreichen kann. Bei einer Inhaftierung besteht aber grundsätzlich die Möglichkeit der nachträglich Zulassung einer verspäteten Klage nach § 5 KSchG besteht (BAG 2.3.1989 – 2 AZR 275/88).

[3] Ist die Verurteilung eines Arbeitnehmers nicht rechtskräftig, muss der Arbeitgeber vor Ausspruch der Kündigung alle zumutbaren Anstrengungen zur Aufklärung des Sachverhalts unternommen haben, um eine negative Prognose begründen zu können. Hierzu gehört insbesondere auch die Obliegenheit, dem Arbeitnehmer die Gelegenheit zur Stellungnahme zu geben. (vgl BAG 23.5.2013 – 2 AZR 120/12). Der Arbeitgeber darf sich aber zB nicht nur

einfach darauf beschränken, dass der vom Kläger beauftragte Rechtsanwalt keine näheren Auskünfte geben kann (BAG 20.11.1997 – 2 AZR 805/96).

65 [4] Da der Arbeitgeber im Fall der haftbedingten Abwesenheit des Arbeitnehmers aufgrund der Unmöglichkeit der Erbringung der Arbeitsleistung typischerweise von der Entgeltzahlungspflicht befreit ist (§ 616 Satz 1, § 275 Abs. 1, § 326 Abs. 1 BGB), hängt es von der Dauer sowie von Art und Ausmaß der betrieblichen Auswirkungen ab, ob die Inhaftierung geeignet ist, eine Kündigung zu rechtfertigen (HaKo-KSchR/*Gallner*, § 1 KSchG Rn 545; vgl auch den Sachverhalt zu bei einer Untersuchungshaft ergangenen Entscheidung: BAG 22.9.1994 – 2 AZR 719/93: „Notwendigkeit des Einsatzes einer Aushilfskraft mit der damit verbundenen Ausbildung zum 1. Maschinenführer, Ausfall von 15 Schichten während der Urlaubszeit sowie Verschnitt von 12 t Aluminium durch die Aushilfskraft").

66 [5] Auch in diesem Fall verbleibt es bei dem Grundsatz, dass die maßgebliche Beurteilungsgrundlage für die Rechtmäßigkeit einer Kündigung die objektiven Verhältnisse im Zeitpunkt des Zugangs derselben sind (BAG 24.3.2011 – 2 AZR 790/09).

67 [6] Sollte der Arbeitnehmer im Falle einer Untersuchungshaft nicht geständig sein, müsste aufgrund der zu beachtenden Unschuldsvermutung eine Tatbegehung iE anderweitig feststehen.

68 [7] Zu berücksichtigen ist hierbei neben dem Strafrahmen des einschlägigen Delikts insbesondere eine etwaige Vorstrafe oder zur Bewährung verhängte Freiheitsstrafen, wenn der Bewährungszeitraum noch nicht abgelaufen ist.

b) Untersuchungshaft

69 **aa) Muster: Replik bei fehlender negativer Prognose bei Untersuchungshaft**

18 ▶ An das

Arbeitsgericht ...

In Sachen

... ./. ...

Az.: ...

Replizieren wir auf die Klageerwiderung vom ... wie folgt:

I.

In tatsächlicher Hinsicht ist auszuführen, dass entgegen der Behauptung der Beklagten zum Kündigungszeitpunkt aufgrund der bis dato ... monatigen Untersuchungshaft des Klägers nicht die Annahme gerechtfertigt war, dass der Kläger mehrere Jahre haftbedingt abwesend sein würde. (*näher ausführen*)

Beweis: ...

(optional) Der Kläger hat am ... Beschwerde gegen die Anordnung der Untersuchungshaft/ Beschwerde gegen die zurückgewiesene Haftprüfung eingelegt.

II.

In rechtlicher Hinsicht tragen wir wie folgt weiter vor:

Es ist zunächst zwingend zu beachten, dass sich die im Strafrecht geltende Unschuldsvermutung auch kündigungsrechtlich bis zum Beweis gegenteiliger Anhaltspunkte zugunsten des in Untersuchungshaft genommenen Arbeitnehmers auswirkt (vgl BAG 20.11.1997 – 2 AZR 805/96).

Im Falle einer Arbeitsverhinderung aufgrund einer Untersuchungshaft kommt es daher darauf an, ob die der vorläufigen Inhaftierung zugrunde liegenden Umstände bei objektiver Betrachtung mit hinreichender Sicherheit eine Prognose für eine mehrjährige haftbedingte Abwesenheit rechtfertigen[1]. Da insbesondere ohne rechtskräftige Verurteilung nicht auszuschließen ist, dass sich die Annahme als unzutreffend erweist, muss der Arbeitgeber vor Ausspruch der Kündigung alle zumutbaren Anstrengungen zur Aufklärung des Sachverhalts unternommen, insbesondere dem Arbeitnehmer Gelegenheit zur Stellungnahme gegeben haben(BAG 23.5.2013 – 2 AZR 120/12).

(optional) Soweit sich die Beklagte auf Äußerungen der Kriminalpolizei/Staatsanwaltschaft bezieht, wonach mit einer mehrjährigen Freiheitstrafe des Klägers zu rechnen gewesen wäre, ist dies nicht erheblich. Hierbei handelt es sich um reine Mutmaßungen, ohne dass eine über den Haftbefehl hinausgehende staatsanwaltliche oder richterliche Einschätzung hinsichtlich des dem Kläger gemachten Tatvorwurfs und seiner Folgen zur Zeit der Kündigung vorlag (BAG 20.11.1997 – 2 AZR 805/96).

(optional) Insbesondere hat der Kläger bereits Haftbeschwerde gegen die Anordnung der Untersuchungshaft eingelegt gehabt. Diese hatte auch hinreichende Aussicht auf Erfolg, da ... (näher ausführen). Der Beklagten war es zuzumuten, zumindest den Ausgang des Beschwerdeverfahrens abzuwarten.

(optional) Die Beklagte hat dem Kläger auch insbesondere keine ausreichende Möglichkeit zur Stellungnahme gegeben, da ... (näher ausführen).

Zusammenfassend bleibt somit festzuhalten, dass zum Kündigungszeitpunkt keinerlei negative oder positive Erkenntnisse über die voraussichtliche Haftdauer vorgelegen haben. Es war vielmehr völlig offen, ob und wie lange die Untersuchungshaft aufrechterhalten werden würde und später mit einer Verurteilung des Klägers zur rechnen war.

(optional) Es war daher in Anbetracht der Umstände sogar davon auszugehen, dass die Beschwerde des Klägers gegen die Zurückweisung der Haftprüfung/Anordnung der Untersuchungshaft erfolgreich sein würde).

Allein die Ungewissheit über eine kurzfristige Rückkehr des Klägers an seinen Arbeitsplatz beinhaltet aber keine kündigungsrelevanten betrieblichen Auswirkungen (BAG 20.11.1997 – 2 AZR 805/96).

...

Rechtsanwalt ◄

bb) Erläuterungen

[1] Abzustellen ist hierbei auch maßgeblich auf die Untersuchungshaftgründe gem. §§ 112 Abs. 2, 112a StPO.

Teil 3:
Verhaltensbedingte Kündigung

A. Abmahnung

I. Abmahnung

1. Anhörung des Arbeitnehmers

a) Muster: Anhörung des Arbeitnehmers vor Erteilung einer Abmahnung

▶ Persönliche Übergabe/Per Boten[1]

Anschrift

Anhörung vor Erteilung einer Abmahnung

Sehr geehrter Herr ▬▬▬,

wir beabsichtigen, Ihnen wegen des Vorfalls am ▬▬▬ die als Entwurf angeschlossene Abmahnung auszusprechen.

Vor deren Erteilung und bevor wir eine Abschrift der Abmahnung in Ihre Personalakte aufnehmen, geben wir Ihnen Gelegenheit zu einer Stellungnahme bis längstens eingehend bei uns am ▬▬▬[2]

Wir weisen darauf hin, dass Sie die Mitwirkung des Personalrats beantragen können.[3]

Sollten Sie sich schriftlich äußern, werden wir Ihre Stellungnahme zu Ihrer Personalakte nehmen.[4]

Mit freundlichen Grüßen

▬▬▬

Unterschrift

<u>Anlage</u>: Abmahnung (Entwurf)

Empfangsbestätigung[1]

Die Anhörung vom ▬▬▬ nebst Entwurf einer Abmahnung habe ich am ▬▬▬ um ▬▬▬ erhalten.

▬▬▬

Ort, Datum

▬▬▬

Unterschrift ◀

b) Erläuterungen

[1] **Zugang der Anhörung.** Die Tatsache, dass dem Arbeitnehmer vor Aufnahme der Abmahnung in die Personalakte Gelegenheit zur Stellungnahme gegeben wurde, ist erforderlichenfalls vom Arbeitgeber darzulegen und im Bestreitensfall zu beweisen. Es empfiehlt sich daher aus Dokumentationsgründen, schriftlich Gelegenheit zur Stellungnahme einzuräumen. Das Anhörungsschreiben sollte wenn möglich auf dem sichersten Weg, nämlich durch persönliche Übergabe, an den Arbeitnehmer zugestellt und dessen Empfang, etwa auf einer Abschrift der Anhörung oder einer gesonderten Empfangsbestätigung, durch den Adressaten mittels Unterschrift bestätigt werden. Hierbei sollte stets dafür Sorge getragen werden, die erfolgte Zustellung auch ohne Mitwirkung des Anzuhörenden prozessordnungsgemäß dokumentieren zu können. Es bietet sich an, die Anhörung in Anwesenheit (mindestens) eines als Zeuge in Betracht kommenden geeigneten, glaubwürdigen Dritten, etwa eines Mitarbeiters der Personalabteilung, zu übergeben. Der Zeuge sollte die Anhörung und ihren Inhalt kennen (lesen las-

sen) und ein präzises Übergabe- und Zustellungsprotokoll erstellen (vgl Muster bei § 626 BGB Rn 3 f).

Alternativ kann die Anhörung auch durch einen Boten oder per Gerichtsvollzieher zugestellt werden. Hierzu und zur Zustellung auf dem Postweg wird auf die Erläuterungen bei § 1 KSchG verhaltensbedingte Kündigung Rn 89 ff verwiesen.

[2] (Keine) Pflicht zur Anhörung des Arbeitnehmers. Der Arbeitgeber ist von Gesetzes wegen nicht verpflichtet, den Arbeitnehmer vor Erteilung einer Abmahnung resp. vor Aufnahme einer Abschrift des Abmahnschreibens in dessen Personalakte mündlich oder schriftlich anzuhören oder ihm auf sonstige Art und Weise rechtliches Gehör zu gewähren (HK-ArbR/*Markowski* § 1 KSchG Rn 247).

Eine derartige Verpflichtung des Arbeitgebers ergibt sich jedoch aus einigen kollektivvertraglichen Regelungen, die überwiegend im kirchlichen bzw caritativen Bereich gelten oder im öffentlichen Dienst zur Anwendung kommen, zB § 6 Abs. 3 AVR (Richtlinien für Arbeitsverträge in den Einrichtungen des Deutschen Caritasverbandes) oder § 3 Abs. 6 TV-L (Tarifvertrag für den öffentlichen Dienst der Länder). Eine § 13 Abs. 2 BAT aF, der eine Verpflichtung zur vorherigen Anhörung normierte, korrespondierende Vorschrift ist in § 3 TVöD allerdings nicht übernommen worden.

Ein Verstoß gegen das Anhörungserfordernis führt dazu, dass die Abmahnung formal unwirksam und das Abmahnschreiben aus der Personalakte zu entfernen ist (zur möglichen Aufrechterhaltung der kündigungsrechtlichen Warnfunktion resp. zur Weitergeltung der berechtigten Vorwürfe als mündliche Abmahnung vgl BAG 19.2.2009, 2 AZR 603/07, NZA 2009, 894 und unten § 1 KSchG verhaltensbedingte Kündigung Rn 77 ff).

[3] Mitwirkung des Personalrats nach LPVG. Beteiligungsrechte des Betriebsrats nach dem BetrVG und des Personalrats nach dem BPersVG bestehen nicht. Der Arbeitgeber ist zur Anhörung der genannten Gremien vor Ausspruch einer Abmahnung und der Aufnahme einer Abschrift derselben in die Personalakte des Arbeitnehmers daher nicht verpflichtet (HaKo-KSchR/*Zimmermann* § 1 KSchG Rn 290).

Einige Landespersonalvertretungsgesetze sehen allerdings unterschiedlich ausgestaltete Beteiligungsrechte des Personalrats – zum Teil auf Antrag des Beschäftigten – bei der Erteilung von Abmahnungen vor.

Als Beispiel hierfür sei § 76 Abs. 2 Nr. 2 LPVG BW genannt. Hiernach wirkt der Personalrat bei der Erteilung schriftlicher Abmahnungen mit, wenn der Beschäftigte dies beantragt. Letzterer ist von der beabsichtigten Abmahnung in Kenntnis zu setzen und auf sein Antragsrecht hinzuweisen, § 72 Abs. 3 LPVG BW. Im Rahmen der Mitwirkung ist dem Personalrat die beabsichtigte Abmahnung rechtzeitig bekanntzugeben und auf Verlangen mit ihm zu erörtern, § 75 LPVG BW.

[4] Personalakte. Der Arbeitgeber hat eine bei ihm eingehende schriftliche Stellungnahme des Arbeitnehmers zur Personalakte zu nehmen. Diese Pflicht wird entweder kollektivvertraglich angeordnet oder ergibt sich ohnehin aus gesetzlichen Bestimmungen, etwa nach § 83 Abs. 2 BetrVG.

2. Abmahnung – Arbeitgebersicht

11 **a) Muster: Abmahnung durch Arbeitgeber**

20

▶ Persönliche Übergabe[10]

Herrn ...

Anschrift

Abmahnung[1][2]

Sehr geehrter Herr ...,

wir haben folgenden Sachverhalt festgestellt:[3]

1. Am ... um ... haben Sie in ... (konkrete und möglichst präzise Schilderung des abzumahnenden Sachverhalts unter Angabe von Datum, Uhrzeit, Ort, beteiligten Personen, Ereignis (Pflichtverletzung), Folgen und Auswirkungen, evtl.: Beweismitteln).[4]
2. Ihnen ist bekannt, dass Sie verpflichtet sind, ... (konkrete Beschreibung der durch den Verstoß tangierten Pflicht und der Umstände, aus denen sich die Kenntnis des Betroffenen von der Pflichtverletzung ergibt). Gegen diese Pflicht haben Sie mit Ihrem Verhalten verstoßen.[5]

Wir erteilen Ihnen daher eine förmliche

Abmahnung.[6]

Wir fordern Sie ausdrücklich auf, das eingangs unter Ziff. 1) geschilderte Verhalten zu unterlassen und erwarten von Ihnen, dass Sie zukünftig ... (Schilderung des erwarteten korrekten Verhaltens ggf unter Einräumung einer angemessenen Frist).[7]

Wir sind nicht bereit, weitere Pflichtwidrigkeiten Ihrerseits zu akzeptieren. Im Falle einer Wiederholung des mit dieser Abmahnung gerügten Verhaltens oder eines gleich gelagerten Pflichtenverstoßes, müssen Sie damit rechnen, dass wir Ihr Arbeitsverhältnis ordentlich – ggf auch außerordentlich aus wichtigem Grund mit sofortiger Wirkung – kündigen werden.[8]

Eine Ausfertigung dieser Abmahnung nehmen wir zu Ihrer Personalakte.

Mit freundlichen Grüßen

...

Unterschrift[9]

Empfangs-/Kenntnisnahmebestätigung[10][11]

Ich habe die Abmahnung vom ... am ... erhalten und deren Inhalt zur Kenntnis genommen.

...

Ort, Datum

...

Unterschrift ◀

b) Erläuterungen

12 [1] **Erforderlichkeit der Abmahnung/weitere Pflichtverletzung vor Kündigung.** Vor Ausspruch einer verhaltensbedingten ordentlichen oder einer außerordentlichen Kündigung aus wichtigem Grund sind zunächst alle milderen in Betracht kommenden Mittel durch den Arbeitgeber auszuschöpfen. Infrage kommen insbesondere Versetzung, Umsetzung und Abmahnung.

13 Beruht eine Vertragspflichtverletzung auf einem steuerbaren Verhalten des Arbeitnehmers, ist in der Regel davon auszugehen, sein künftiges Verhalten werde schon durch das Androhen von Folgen für den Bestand des Arbeitsverhältnisses positiv beeinflusst. Eine Kündigung wegen einer Vertragspflichtverletzung setzt deshalb in aller Regel (mindestens) eine Abmahnung voraus. Einer solchen bedarf es unter Berücksichtigung des Verhältnismäßigkeitsgrundsatzes nur dann nicht, wenn bereits ex ante erkennbar ist, dass eine Verhaltensänderung in Zukunft, auch nach Erteilung einer Abmahnung nicht zu erwarten steht oder es sich um eine so schwere Pflichtverletzung handelt, dass selbst deren erstmalige Hinnahme dem Arbeitgeber nach objektiven Maßstäben unzumutbar und damit offensichtlich – auch für den Arbeitnehmer erkennbar – ausgeschlossen ist (BAG 25.10.2012 – 2 AZR 495/11, NZA 2013, 319).

Vor diesem Hintergrund muss der verhaltensbedingten ordentlichen und außerordentlichen Kündigung idR mindestens eine einschlägige, erfolglose Abmahnung voraus gehen. **14**

Mit der Abmahnung verzichtet der Arbeitgeber in aller Regel konkludent auf sein Kündigungsrecht wegen der Gründe, die Gegenstand der Abmahnung waren (vgl HK-ArbR/*Markowski* § 1 KSchG Rn 242). Er gibt mit der Abmahnung zu erkennen, dass er das Arbeitsverhältnis noch nicht als so gestört ansieht, als dass es nicht mehr fortgesetzt werden könne (BAG 26.11.2009 – 2 AZR 751/98, NZA 2010, 823). Der eingetretene Verstoß wird mit Erteilung der Abmahnung arbeitsrechtlich „verbraucht". Der Arbeitgeber kann später nur dann kündigen, wenn sich das abgemahnte oder ein gleichartiges Fehlverhalten wiederholt, also eine weitere Vertragspflichtverletzung durch den Arbeitnehmer erfolgt. Allerdings werden weitere Gründe, die zu den abgemahnten hinzu treten oder erst nach Ausspruch der Abmahnung bekannt werden, vom Kündigungsverzicht nicht erfasst. Der Arbeitgeber kann sie zur Begründung einer Kündigung heranziehen und dabei auf die schon abgemahnten Gründe unterstützend zurückgreifen. **15**

[2] Eine oder mehrere Abmahnungen/letzte Abmahnung. Es gibt keine feste Regel, wie viele Abmahnungen vor Ausspruch einer verhaltensbedingten Kündigung erforderlich sind. Die gerade bei Arbeitnehmern häufig anzutreffende Auffassung, es seien stets drei Abmahnungen notwendig, bevor gekündigt werden könne oder die Aussage „die dritte Abmahnung sei die Kündigung", entbehren jeder rechtlichen Grundlage. Die Erteilung einer Abmahnung kann ausreichen, ggf sind auch mehrere Abmahnungen erforderlich, etwa bei einem langjährig beanstandungsfrei verlaufenen Arbeitsverhältnis und/oder bei nur geringfügigen Pflichtverletzungen oder dann, wenn der Ausspruch einer früheren Abmahnung bereits erhebliche Zeit zurück liegt. Ausnahmsweise kann eine Abmahnung bei schweren Verstößen auch entbehrlich sein. Dies ist immer eine Frage der Einzelfallbeurteilung. Entscheidend ist, ob auf der Grundlage der bereits erteilten Abmahnung(en) oder ausnahmsweise ohne Abmahnung bereits eine negative Prognose zu stellen ist, also eine dauerhaft störungsfreie Vertragserfüllung in Zukunft nicht zu erwarten steht (HaKo-KSchR/*Zimmermann* § 1 KSchG Rn 266). **16**

Zu zahlreiche – insb. als milderes Mittel im Rechtssinn nicht mehr gebotene – Abmahnungen identischer Pflichtverletzungen schwächen die Warnfunktion der Abmahnung ab und erwecken beim Arbeitnehmer den Eindruck, die Kündigungsandrohung für den Wiederholungsfall sei nur eine leere Drohung, die, wie bisher, ohne Konsequenzen bleibe (BAG 16.9.2004 – 2 AZR 406/03, NZA 2005, 459). Um diesen Eindruck zu vermeiden, ist deshalb in der letzten von mehreren Abmahnungen, bevor eine Kündigung ausgesprochen wird, klarzustellen, dass diese auch ernst gemeint ist, zB durch die Bezeichnung als „letzte Abmahnung" und den unmissverständlichen Hinweis, dass nunmehr definitiv keine weitere Abmahnung folge und das Arbeitsverhältnis bei einem erneutem Pflichtverstoß gekündigt werde. **17**

[3] Struktur/Erforderlicher Inhalt. Zu den unverzichtbaren Voraussetzungen einer ordnungsgemäßen Abmahnung gehört neben der Rüge eines genau zu bezeichnenden Fehlverhaltens – **18**

Rügefunktion – der Hinweis auf die Bestands- oder Inhaltsgefährdung des Arbeitsverhältnisses für den Wiederholungsfall – kündigungsrechtliche Warnfunktion. Der Arbeitgeber muss in einer für den Arbeitnehmer hinreichend klar erkennbaren Art und Weise seine Beanstandungen vorbringen und damit deutlich, wenn auch nicht expressis verbis, den Hinweis verbinden, im Wiederholungsfall sei der Bestand oder der Inhalt des Arbeitsverhältnisses gefährdet (BAG 19.4.2012 – 2 AZR 258/11, NZA-RR 2012, 567).

Eine Abmahnung muss stets folgende Inhalte aufweisen:

1. Konkrete und genaue Beschreibung des Verhaltens des Arbeitnehmers das der Arbeitgeber rügt.
2. Beschreibung der durch den Verstoß tangierten Pflicht und Beschreibung des vom Arbeitnehmer in Zukunft erwarteten vertragsgerechten Verhaltens.
3. Kündigungsandrohung, Hinweis auf die Bestands- oder Inhaltsgefährdung des Arbeitsverhältnisses für den Fall einer neuen einschlägigen Pflichtverletzung in der Zukunft.

19 **[4] Keine Sammelabmahnung.** Es sollte vermieden werden, in einem Abmahnungsschreiben mehrere voneinander abgrenzbare Pflichtverstöße gleichzeitig abzumahnen. Erweist sich einer von mehreren Vorwürfe als ungerechtfertigt, nicht beweisbar oder zu pauschal, ist das Abmahnschreiben insgesamt aus der Personalakte zu entfernen (zur möglichen Aufrechterhaltung der kündigungsrechtlichen Warnfunktion resp. zur Weitergeltung der berechtigten Vorwürfe als mündliche Abmahnung vgl BAG 19.2.2009 – 2 AZR 603/07, NZA 2009, 894 und unten § 1 KSchG verhaltensbedingte Kündigung Rn 77 ff). Generell sollte mit einer Abmahnung nur ein Pflichtverstoß gerügt werden – wobei darauf zu achten ist, dass nicht – wie weit verbreitet – die konkrete Rüge des konkreten Verstoßes mit einem diffusen Hinweis auf diffuse weitere Pflichtwidrigkeiten verbunden wird. Bei mehreren Pflichtverletzungen sollten mehrere Abmahnungen erteilt werden.

20 **[5] Verschulden.** Eine Abmahnung setzt nur das Vorliegen einen objektiven Pflichtverstoßes voraus. Ein Verschulden, also ein subjektiv vorwerfbares – fahrlässiges oder vorsätzliches – Verhalten des Arbeitnehmers, ist nicht erforderlich (HaKo-KSchR/*Zimmermann* § 1 KSchG Rn 282 ff). Der Grundsatz der Verhältnismäßigkeit ist vom Arbeitgeber dennoch insofern zu beachten, als ein vertretbares Verhältnis zwischen dem Fehlverhalten und dessen Sanktion durch die Abmahnung bestehen muss (hierzu unten § 1 KSchG verhaltensbedingte Kündigung Rn 73). Eine Abmahnung kann also, anders als idR eine verhaltensbedingte Kündigung, auch bei einem schuldlosen Verhalten des Arbeitnehmers berechtigt sein.

21 **[6] Form/Frist.** Die Abmahnung ist, anders als die Kündigung, nicht formbedürftig und muss daher nicht schriftlich erteilt werden. Eine lediglich mündlich ausgesprochene Abmahnung ist im Rechtssinn zwar ausreichend, kann aber fast immer, zumal dann, wenn deren Ausspruch schon einige Zeit zurück liegt, nur unter erheblichen Schwierigkeiten und mit ebensolchen Unsicherheiten dargelegt und nur mit noch größeren Schwierigkeiten bewiesen werden. Empfehlenswert ist es deshalb, die Abmahnung, jedenfalls dann, wenn sie der Vorbereitung einer verhaltensbedingten Kündigung dient oder dienen könnte, prinzipiell in schriftlicher Form zu erteilen.

22 In eilbedürftigen Fällen und/oder wenn der Arbeitnehmer abwesend und/oder postalisch nicht zu erreichen ist, kann jedoch einer mündlichen oder fernmündlichen Abmahnung der Vorzug zu geben sein. Zeitpunkt und Inhalt sowie alle relevanten Umstände der Abmahnung sollten im Anschluss unverzüglich in Form eines detaillierten Aktenvermerks verschriftlicht werden. Der die Abmahnung Erteilende sollte unter Aspekten der Darlegungs- und Beweis-

last als Zeuge benannt werden können resp. die Abmahnung sollte in Anwesenheit eines solchen ausgesprochen werden (hierzu unten Rn 26).

Die Abmahnung ist nicht fristgebunden (HaKo-KSchR/*Zimmermann* § 1 KSchG Rn 273 ff). 23
Sie muss weder unverzüglich noch innerhalb von zwei oder drei Wochen nach Kenntnisnahme ausgesprochen werden; derartige Fristen normierende Vorschriften, etwa § 626 Abs. 2 BGB sind nicht, auch nicht entsprechend, anwendbar. Arbeits- und tarifvertragliche Ausschlussfristen finden gleichfalls keine Anwendung (BAG 14.12.1994 – 5 AZR 137/94, NZA 1995, 676). Eine bestimmte Frist gilt mithin nicht. Allerdings unterliegt das Recht, ein bestimmtes Fehlverhalten abzumahnen, der Verwirkung, wenn längere Zeit zugewartet und dem Arbeitnehmer der Eindruck vermittelt wird, man wolle „die Sache auf sich beruhen lassen". Ein Vertragsverstoß sollte idR zeitnah, nachdem der Arbeitgeber vollständige Kenntnis des relevanten Sachverhalts erlangt hat, abgemahnt werden.

[7] **Besserungsphase.** Der Arbeitgeber kann im Einzelfall verpflichtet sein, dem Arbeitnehmer 24 nach der Abmahnung eine ausreichende Frist zur Verhaltensänderung zu gewähren, etwa bei steuerbaren Leistungsmängeln, zu deren Behebung der Arbeitnehmer eine gewisse Zeit benötigt. Im Übrigen kann vom Arbeitnehmer regelmäßig erwartet werden, dass er sich ab Kenntnisnahme vom Inhalt der Abmahnung sofort vertragsgerecht verhält (HaKo-KSchR/*Zimmermann* § 1 KSchG Rn 260 f).

[8] **Gleichartigkeit der Pflichtverletzungen.** Nach Erteilung einer Abmahnung muss eine neue, 25 weitere Vertragspflichtverletzung durch den Arbeitnehmer erfolgen, bevor der Arbeitgeber eine Kündigung aussprechen darf. Hierbei darf es sich nicht um irgendeinen Verstoß handeln, sondern die weitere Pflichtverletzung muss einschlägig sein, dh sie muss im Verhältnis zum Abmahnungsvorwurf gleich bzw gleichartig sein (näher HaKo-KSchR/*Zimmermann* § 1 KSchG Rn 262 ff).

[9] **Abmahnungsberechtigung.** Zur Erteilung einer Abmahnung sind nach der Rechtsprechung des BAG alle Mitarbeiter berechtigt, die aufgrund ihrer Aufgabenstellung dazu befugt 26 sind, dem betreffenden Arbeitnehmer verbindliche Anweisungen bezüglich des Ortes, der Zeit sowie der Art und Weise der arbeitsvertraglich geschuldeten Arbeitsleistung zu erteilen (BAG 18.1.1980 – 7 AZR 75/78, AuB 1984, 122). Die Abmahnungsberechtigung fällt hiernach mit der Weisungsbefugnis zusammen. Wer demnach befugt ist, das arbeitgeberseitige Direktionsrecht auszuüben, darf auch eine Abmahnung erteilen. Kündigungsbefugnis und Abmahnungsberechtigung fallen allerdings auseinander (vgl unten § 1 KSchG verhaltensbedingte Kündigung Rn 107 f).

[10] **Zugang/Kenntnisnahme.** Wirksamkeitsvoraussetzung einer Abmahnung ist nicht nur de- 27 ren Zugang beim Empfänger. Anders als bei der Kündigung ist es bei der Abmahnung darüber hinaus auch erforderlich, dass der Adressat den Inhalt der Abmahnung zur Kenntnis nimmt. Ansonsten kann diese weder ihre Rüge- noch ihre Warnfunktion entfalten (HaKo-KSchR/*Zimmermann* § 1 KSchG Rn 271). Eine Verhaltensänderung kann gerade nicht erwartet werden.

Deshalb empfiehlt es sich, dem Arbeitnehmer die Abmahnung nach Möglichkeit persönlich 28 zu übergeben. Hierbei kann deren Inhalt ggf im Rahmen eines Kritikgespräches erläutert werden. Übergabe und Kenntnisnahme der Abmahnung resp. ihres Inhalts sollten durch den Arbeitnehmer mittels Unterschrift dokumentiert werden. Hierbei sollte stets dafür Sorge getragen werden, dass Zustellung und Kenntnisnahme auch ohne Mitwirkung des abgemahnten Mitarbeiters prozessordnungsgemäß dargelegt und bewiesen werden können. Es bietet sich an, die Abmahnung in Anwesenheit (mindestens) eines als Zeuge in Betracht kommenden geeigneten, glaubwürdigen Dritten, etwa eines Mitarbeiters der Personalabteilung, zu erteilen. Der Zeuge sollte die Abmahnung und ihren Inhalt kennen (lesen lassen) und ein präzises Übergabe- und Zustellungsprotokoll erstellen.

29 [11] **Beteiligungsrechte.** Mitbestimmungsrechte des Betriebsrats nach § 87 Abs. 1 Nr. 1 BetrVG oder des Personalrats nach § 75 Abs. 3 Nr. 15 BPersVG bestehen vor und bei Erteilung einer Abmahnung nicht. Eine Anhörung des Betriebsrats oder des Personalrats im Anwendungsbereich des BPersVG vor Erteilung einer Abmahnung ist daher nicht erforderlich.

30 Zu beachten ist jedoch, dass einige kollektivvertragliche Regelungen sowie LPVG Mitwirkungsrechte bei der Erteilung von Abmahnungen vorsehen (hierzu § 1 KSchG verhaltensbedingte Kündigung Rn 5 ff).

3. Abmahnung – Arbeitnehmersicht

31 **a) Muster: Abmahnung durch Arbeitnehmer**[1]

▶ Persönliche Übergabe/Einschreiben-Rückschein[2]

...

– Geschäftsleitung –

Herrn ...

Anschrift

Abmahnung wegen ... (Bsp: Vergütungsrückstand)

Sehr geehrter Herr ...,

mein Gehalt in Höhe von ... EUR brutto monatlich wird jeweils am ... zur Zahlung fällig.

Seit ... habe ich keine Arbeitsvergütung mehr erhalten. Der offene Vergütungsrückstand beläuft sich auf derzeit ... EUR.

Bereits mit Schreiben vom ... hatte ich Sie auf diesen Umstand hingewiesen und Sie dringend gebeten, die Rückstände binnen zwei Wochen auszugleichen. Bis zum heutigen Tag sind jedoch keinerlei Zahlungen an mich geleistet worden. Mit der Nichtzahlung meiner Arbeitsvergütung verstoßen Sie gravierend gegen Ihre Pflichten aus dem mit mir bestehenden Arbeitsvertrag.

Ich erteile Ihnen daher eine

Abmahnung.

Ich fordere Sie auf, meine Arbeitsvergütung zukünftig fristgerecht zu bezahlen und die offenen Rückstände bis längstens eingehend am ... gegenüber meiner Ihnen bekannten Bankverbindung zur Anweisung zu bringen.

Ich bin nicht bereit, weitere derartige Pflichtverletzungen Ihrerseits zu akzeptieren. Sollte die oben gesetzte Frist erneut verstreichen, ohne dass ich einen Geldeingang feststellen können sollte, sehe mich gezwungen, mein Arbeitsverhältnis mit der ... außerordentlich mit sofortiger Wirkung zu kündigen.

Die Geltendmachung von Schadenersatzansprüchen behalte ich mir in diesem Fall vor.

Mit freundlichen Grüßen

...

Unterschrift ◀

b) Erläuterungen

[1] Allgemeines. In struktureller und inhaltlicher Hinsicht gelten für eine Abmahnung des Arbeitgebers durch den Arbeitnehmer keine Besonderheiten. Das Abmahnschreiben muss insbesondere der Rüge- und Warnfunktion der Abmahnung entsprechen. Es kann daher auf die Anmerkungen zum vorstehenden Muster ab Rn 18 ff verwiesen werden, die entsprechend gelten. 32

[2] Erforderlichkeit einer Abmahnung/Zugang. Das KSchG gilt nur für Kündigungen des Arbeitgebers. Der Arbeitnehmer kann sein Arbeitsverhältnis hingegen ordentlich kündigen, ohne dass ein Kündigungsgrund iSd § 1 Abs. 2 KSchG vorliegen muss. Einer Begründung der ordentlichen Kündigung bedarf es daher ebenso wenig wie einer vorangegangenen Abmahnung. Vor Ausspruch einer außerordentlichen Kündigung aus wichtigem Grund iSd § 626 BGB durch den Arbeitnehmer ist hingegen regelmäßig, wie auch im umgekehrten Fall bei arbeitgeberseitiger Kündigung, die Erteilung einer (oder mehrerer) einschlägiger Abmahnungen erforderlich. 33

Schon aus diesem Grund sollte dafür Sorge getragen werden, dass der Ausspruch der Abmahnung an sich und der Zeitpunkt von deren Zugang und Kenntnisnahme erforderlichenfalls vom Arbeitnehmer dargelegt und beweisen werden können. Es empfiehlt sich, die Abmahnung am besten gegen Eingangs-und Kenntnisnahmebestätigung der Geschäftsleitung oder Personalabteilung persönlich – ggf unter Anwesenheit einer als Zeuge in Betracht kommenden dritten Person – zu übergeben. Alternativ kann die Abmahnung auch durch einen Boten zugestellt werden; dieser sollte den Inhalt der von ihm zuzustellenden Erklärung kennen (Abmahnung lesen lassen). Eine Zustellung der Abmahnung auf dem Postweg sollte stets durch Einschreiben erfolgen. Nachdem der Kündigende allerdings nicht nur „das Ob" und den Zeitpunkt der Zustellung einer Sendung darlegen und beweisen können muss, sondern auch, welchen Inhalt die zugestellte Erklärung hat, sollten die tatsächlichen Handlungen bis zu deren Aufgabe beim Beförderungsunternehmen durch oder in Anwesenheit einer dritten Person, die auch als Zeuge benannt werden könnte (Abmahnung lesen lassen), erfolgen (vgl zur Erstellung eines Übergabe- oder Zustellungsprotokolls sinngemäß die Muster bei § 626 BGB Rn 3 f). 34

II. Reaktionsmöglichkeiten des Arbeitnehmers

Allgemeines. Die Möglichkeiten des Arbeitnehmers auf eine Abmahnung seines Arbeitgebers zu reagieren, liegen mit einem sich regelmäßig erhöhendem Eskalationspotential innerhalb einer Bandbreite von schlichter Hinnahme der Abmahnung bis hin zu einer auf deren Rücknahme oder Widerruf und die Entfernung des Abmahnschreibens aus der Personalakte gerichteten Klage zum Arbeitsgericht. Es sollte daher stets sorgfältig bedacht und geprüft werden, ob überhaupt und wenn ja, wann und auf welche Art und Weise gegen eine Abmahnung vorgegangen wird. Weiterführende Hinweise erfolgen bei den einzelnen Mustern jeweils unter der Anmerkung „Taktische Überlegungen" unter Rn 39 ff, 47 ff, 55, 62 f und 86 f. 35

1. Gegendarstellung

a) Muster: Gegendarstellung des Arbeitnehmers (kurz) 36

▶ Persönliche Übergabe/Einschreiben-Rückschein[1]

...

– Geschäftsleitung –

Herrn Geschäftsführer ▪▪▪

Anschrift

Gegendarstellung

Sehr geehrter Herr ▪▪▪,

die mir mit Schreiben vom ▪▪▪ erteilte Abmahnung habe ich erhalten.[2]

Ich möchte darauf hinweisen, dass der dort geschilderte Sachverhalt aus meiner Sicht nicht vollständig und nur unzutreffend dargestellt wird. Den mir gegenüber erhobenen Vorwurf weise ich zurück.[3]

(Alternativ: Den mir gegenüber erhobenen Vorwurf, ich hätte ▪▪▪, weise ich zurück.)

Es ist nicht richtig, dass ▪▪▪ (knappe Begründung der Gegendarstellung bzw kurze Schilderung des Sachverhalts aus Sicht des betroffenen Arbeitnehmers).

Bitte nehmen Sie das vorliegende Schreiben zu meiner Personalakte.[4]

Mit freundlichen Grüßen

▪▪▪

Unterschrift ◄

b) Erläuterungen

37 **[1] Zugang.** Es empfiehlt sich für den Arbeitnehmer, wichtige Schriftstücke, etwa eine Kündigung oder auch eine Gegendarstellung, gegen Empfangs-/Eingangsbestätigung der Geschäftsleitung oder Personalabteilung persönlich zu übergeben. Alternativ können solche Erklärungen auch durch einen Boten oder im Beisein eines Zeugen zugestellt werden; dieser sollte den Inhalt der von ihm zuzustellenden Erklärung kennen (Erklärung lesen lassen). Die Zustellung eines derartigen Schriftstücks auf dem Postweg sollte stets durch Einschreiben erfolgen. Nachdem der Arbeitnehmer allerdings nicht nur „das Ob" und den Zeitpunkt der Zustellung einer Sendung darlegen und beweisen können muss, sondern auch, welchen Inhalt die zugestellte Erklärung hat, sollten die tatsächlichen Handlungen bis zu deren Aufgabe beim Beförderungsunternehmen durch oder in Anwesenheit einer dritten Person, die auch als Zeuge benannt werden könnte (Erklärung lesen lassen), erfolgen (vgl zur Erstellung eines Übergabe- oder Zustellungsprotokolls sinngemäß die Muster bei § 626 BGB Rn 3 f).

38 **[2] Frist.** Für eine Gegendarstellung des Arbeitnehmers gegen eine ihm erteilte Abmahnung ist keine Frist zu beachten.

39 **[3] Taktische Überlegungen/kein Anerkenntnis durch Hinnahme der Abmahnung.** Arbeitnehmer sind häufig der Auffassung, der in der Abmahnung erhobene Vorwurf werde im Sinne einer Anerkenntnisses oder Geständnisses – mit bindender Wirkung für die Zukunft – eingeräumt, wenn nicht in einem zeitlichen Zusammenhang mit deren Erteilung eine nach außen für den Arbeitgeber erkennbare Gegenreaktion erfolge. Diese Annahme trifft nicht zu.

40 Für den Arbeitnehmer besteht weder eine arbeitsvertragliche Nebenpflicht noch eine entsprechende Obliegenheit, gegen die Richtigkeit einer Abmahnung (außer-)gerichtlich vorzugehen. Sieht er hiervon ab, ist es ihm unbenommen, in einem späteren Kündigungsschutzprozess die Richtigkeit der abgemahnten Pflichtwidrigkeiten zu bestreiten. Es ist dann Sache des Arbeitgebers, die Richtigkeit der zwar abgemahnten, aber vom Arbeitnehmer bestrittenen Pflichtwidrigkeiten zu beweisen. Der Arbeitnehmer kann also die Rechtmäßigkeit einer Abmahnung auch noch in einem zeitlich weit nach deren Erteilung geführten Bestandschutzprozess angrei-

fen und gerichtlich überprüfen lassen. Arbeits- oder tarifvertragliche Ausschlussfristen sind nicht zu beachten (HaKo-KSchR/*Zimmermann* § 1 KSchG Rn 297).

Ein Rechtsverlust und eine präjudizielle Wirkung im Sinne eines Geständnisses treten durch eine schlichte Hinnahme der Abmahnung mithin nicht ein. Es handelt sich damit um eine „Handlungs-"Option, die handfeste tatsächliche und rechtliche Vorzüge aufweist und immer ernsthaft in Bedacht gezogen werden sollte, auch und gerade in Fällen, in denen der Arbeitnehmer die Fortsetzung des Arbeitsverhältnisses beabsichtigt (vgl unten § 1 KSchG verhaltensbedingte Kündigung Rn 47 ff, 62 f). 41

Gleichwohl legen Arbeitnehmer häufig Wert darauf, gegenüber dem Arbeitgeber nicht völlig untätig zu erscheinen und diesem jedenfalls zur Kenntnis zu bringen, dass die Abmahnung zu Unrecht erteilt worden sei. In solchen Fällen kann eine knappe Gegendarstellung mit möglichst kurzer oder auch ohne Begründung abgegeben werden. 42

[4] **Aufnahme/Einsicht in Personalakte.** Die Gegendarstellung ist eine Erklärung des Arbeitnehmers zum Inhalt der Personalakte und derselben daher auf sein Verlangen gemäß § 83 Abs. 2 BetrVG beizufügen. Die Vorschrift gilt auch in betriebsratslosen Betrieben und in Kleinbetrieben. 43

Ob die Aufnahme der Gegendarstellung oder anderer Erklärungen des Arbeitnehmers in die Personalakte erfolgte, kann unproblematisch überprüft werden. Nach § 83 Abs. 1 S. 1 BetrVG hat der Arbeitnehmer das Recht, in die über ihn geführten Personalakten Einsicht zu nehmen. Hierzu kann er nach § 83 Abs. 1 S. 2 BetrVG ein Mitglied des Betriebsrats hinzuziehen. 44

2. Rücknahme-/Entfernungsverlangen und Widerruf der Abmahnung

a) Muster: Rücknahme-/Entfernungsverlangen des Arbeitnehmers[1] 45

▶ Persönliche Übergabe/Einschreiben-Rückschein

▪▪▪

– Geschäftsleitung –

Herrn Geschäftsführer ▪▪▪

Anschrift

Rücknahme/Entfernung meiner Abmahnung vom ▪▪▪

Sehr geehrter Herr ▪▪▪,

die mir mit Schreiben vom ▪▪▪ erteilte Abmahnung habe ich erhalten.

Ich weise darauf hin, dass der dort geschilderte Sachverhalt nicht vollständig und nur unzutreffend dargestellt wird. Den mir gegenüber erhobenen Vorwurf ▪▪▪ weise ich zurück.

Es ist nicht richtig, dass ▪▪▪ Zutreffend ist vielmehr ▪▪▪

(Begründung der Fehlerhaftigkeit der Abmahnung, insb. Widerlegung des aus Sicht des betroffenen Arbeitnehmers zu Unrecht abgemahnten Sachverhalts unter Darlegung des tatsächlich zutreffenden Geschehens sowie etwaiger Entschuldigungs- oder Rechtfertigungsgründe bzw unter Darlegung der zu einem mangelnden Verschulden führenden Umstände).

Ich habe weder meine arbeitsvertraglichen Pflichten verletzt noch gegen sonstige arbeitsrechtliche Verpflichtungen verstoßen.

Ich darf Sie daher bitten, die Abmahnung vom ▪▪▪ als unberechtigt zurückzunehmen und die Abschrift des Abmahnschreibens sowie sämtliche auf die Erteilung dieser Abmahnung hindeutenden Unterlagen aus meiner Personalakte zu entfernen.[2][3][4]

Gieseler

Mit freundlichen Grüßen

...

Unterschrift ◀

b) Erläuterungen und Varianten

46 **[1] Verweis.** Auf die Erläuterungen zum vorstehenden Muster (Rn 37 ff) wird verwiesen; diese gelten entsprechend.

47 **[2] Taktische Überlegungen.** Das Risiko einer weiteren Eskalation in der Folge eines Rücknahme-/Entfernungsverlangen ist höher als bei dem vorherigen Muster und steigt weiter, wenn dies mit einer Fristsetzung verbunden und/oder ein Widerruf (Rn 51) des mit der Abmahnung gerügten Vorwurfs verlangt wird.

48 Der Arbeitgeber muss sich mit der Abmahnung und dem gerügten Sachverhalt erneut, möglicherweise eingehender als bislang und auf einer höheren Hierarchieebene befassen. Der Vorfall bleibt aktuell, ohne dass „Gras darüber wachsen" kann. Etwaige Fehler, formaler oder inhaltlicher Art, werden evtl festgestellt und korrigiert. Nach Entfernung des beanstandeten Abmahnschreibens kann eine neue – diesmal rechtmäßige – Abmahnung erteilt werden.

49 Zudem wird der Arbeitgeber regelmäßig, insb. nicht auf erstes Anfordern des Arbeitnehmers, wie von diesem gewünscht verfahren. Damit sind weitere Eskalationsschritte vorprogrammiert: Das nächste Schreiben des Arbeitnehmers, nunmehr mit Fristsetzung oder Ankündigung der Einschaltung eines Rechtsanwalts, dann ein anwaltliches Schreiben mit Fristsetzung und eine anschließende Abmahnungsklage, die in nicht wenigen Fällen unmittelbar oder mittelbar früher oder später zu einer (Vereinbarung über die) Auflösung des Arbeitsverhältnisses führen kann (hierzu unten § 1 KSchG verhaltensbedingte Kündigung Rn 62 f).

50 Das Muster wurde als sachliche Bitte (ohne die rein juristisch betrachtet sicher gebotene Fristsetzung) formuliert, so dass der Arbeitnehmer, wird dieser nicht entsprochen, ggf von weiteren Maßnahmen ohne nachhaltigen Gesichtsverlust absehen kann.

51 **[3] Widerruf.** Der Anspruch auf Widerruf der Abmahnung dient dem Schutz des Betroffenen vor einer anhaltenden Beeinträchtigung seiner Rechte. Er kommt nur unter bestimmten Voraussetzungen in Betracht, insbesondere dann, wenn der Arbeitgeber die Abmahnung bzw die Vorwürfe gegenüber Dritten – insbesondere in ehrverletzender Form – ausgesprochen oder bekannt gemacht hat und der Widerruf benötigt wird, um den Ruf des Arbeitnehmers Dritten gegenüber wiederherzustellen (vgl unten § 1 KSchG verhaltensbedingte Kündigung Rn 68 ff).

▶ Ich darf Sie daher bitten, den mir gegenüber in der Abmahnung vom ... erhobenen Vorwurf ... gegenüber/mittels/durch ... bis zum ... zu widerrufen und die Abschrift des Abmahnschreibens sowie sämtliche auf die Erteilung dieser Abmahnung hindeutenden Unterlagen bis ebenfalls zum ... aus meiner Personalakte zu entfernen. ◀

52 **[4] Beschwerde.** Neben den vorgenannten Möglichkeiten steht dem Arbeitnehmer auch das Recht zur Erhebung einer Beschwerde beim Arbeitgeber iSd § 84 BetrV (HK-ArbR/*Herrmann* § 84 BetrVG Rn 1 ff) und/oder beim Betriebsrat nach §§ 84, 85 BetrVG zu.

3. Beschwerde

a) Muster: Beschwerde an Betriebsrat gemäß §§ 84, 85 BetrVG[1][2]

▶ Betriebsrat der ...

Herrn Vorsitzenden ...[3]

Anschrift

Beschwerde wegen Erteilung einer unberechtigten Abmahnung

Sehr geehrter Herr ...,

sehr geehrte Damen und Herren,

mit Schreiben vom ... wurde mir durch ... eine Abmahnung erteilt.[4] Auf die beigefügte Kopie darf ich verweisen.

Diese Abmahnung ist aus folgenden Gründen unberechtigt: ...

Der Vorwurf, ich hätte ..., trifft nicht zu. Die Abmahnung erfolgte daher zu Unrecht und beeinträchtigt mich in meinem Persönlichkeitsrecht. Zudem ist wahrscheinlich, dass ich bei einem Verbleib der Abmahnung in meiner Personalakte berufliche Nachteile erleiden werde.

Ich mache daher von meinem Beschwerderecht Gebrauch und lege gegen die mir erteilte Abmahnung vom ...

Beschwerde

ein.[5] Bitte prüfen Sie den dargelegten Sachverhalt. Für eine Rücksprache stehe ich gern zu Ihrer Verfügung.

Sollten Sie meine Beschwerde für berechtigt erachten, bitte ich Sie, gegenüber der Geschäftsleitung auf eine Rücknahme der Abmahnung und deren Entfernung aus meiner Personalakte hinzuwirken.[6]

Mit freundlichen Grüßen

...

Unterschrift

Anlage: Abmahnung vom ... in Kopie ◀

b) Erläuterungen

[1] **Beschwerdeverfahren.** Der Arbeitnehmer kann frei entscheiden, ob er unmittelbar beim Arbeitgeber Beschwerde nach § 84 BetrVG einlegt oder beim Betriebsrat nach §§ 85, 84 BetrVG. Beide Verfahren können auch parallel nebeneinander geführt werden. Die eingelegte Beschwerde kann durch den Arbeitnehmer jederzeit mit verfahrensbeendender Wirkung zurück genommen werden. Das Beschwerderecht besteht unabhängig vom Klagerecht des Arbeitnehmers (HK-ArbR/*Herrmann* § 85 BetrVG Rn 1, 3, 9).

[2] **Taktische Überlegungen.** Ob die Einlegung einer Beschwerde tatsächlich und rechtlich sinnvoll ist, kann immer nur nach Maßgabe aller Umstände des konkreten Einzelfalles beurteilt werden. Nicht zuletzt kommt es hierbei auch auf die „Qualität" des jeweils handelnden Betriebsrats und dessen Verhältnis/Verhalten zum bzw gegenüber dem Arbeitgeber an (fachliche Kompetenz, Engagement, Verhandlungsgeschick, Durchsetzungsvermögen, Konfliktbereitschaft, Ansehen etc.).

[3] **Adressat.** Zur Entgegennahme von gegenüber dem Betriebsrat abzugebenden Erklärungen und Mitteilungen sind dessen Vorsitzender oder im Verhinderungsfall der stellvertretende

Vorsitzende berufen, § 26 Abs. 2 S. 2 BetrVG (näher *Fitting* § 26 Rn 38 ff). Zuständiges Gremium ist stets der örtliche Betriebsrat.

57 **[4] Beschwerdegegenstand.** Gegenstand der Beschwerde ist die individuelle Benachteiligung, ungerechte Behandlung oder sonstige Beeinträchtigung des einzelnen Arbeitnehmers nach dessen subjektivem Standpunkt. In der Beschwerde muss ausgeführt werden, in welchen konkreten tatsächlichen oder rechtlichen Umständen eine solche liegt. In Betracht kommen auch zu Unrecht erteilte Abmahnungen (*Fitting* § 84 Rn 8).

58 **[5] Form/Frist.** Das Gesetz enthält für die Beschwerde nach §§ 84, 85 BetrVG weder Form- noch Fristvorschriften.

59 **[6] Pflicht zur Befassung.** Der Betriebsrat muss sich mit einer eingelegten Beschwerde befassen und über deren Berechtigung nach pflichtgemäßen Ermessen Beschluss fassen. Hält der Betriebsrat die Beschwerde für nicht begründet, hat er den Arbeitnehmer über seinen Beschluss zu informieren und seine Ablehnung jedenfalls formlos zu begründen. Ist die Beschwerde nach Auffassung des Betriebsrats berechtigt, hat er Verhandlungen mit dem Arbeitgeber aufzunehmen und diese mit dem Ziel zu führen, Abhilfe zu bewirken (HK-ArbR/*Herrmann* § 85 BetrVG Rn 5 ff, 17 ff).

4. Klage gegen Abmahnung

Bei den in nachfolgenden Musterschriftsätzen verwendeten Textbausteinen handelt es um auf typische Prozesssituationen bezogene Muster ohne Anspruch auf Vollständigkeit. Die dortigen Rechtsausführungen sind nach Bedarf und auf den Einzelfall bezogen zu ergänzen oder auch zu kürzen oder zu entfernen.

60 **a) Muster: Klage auf Rücknahme der Abmahnung und Entfernung des Abmahnschreibens aus der Personalakte**

▶ Arbeitsgericht ▪▪▪
Anschrift

Klage[1][2]

In der Rechtssache

▪▪▪, Anschrift

— Kläger —

Prozessbevollmächtigte: RAe ▪▪▪

gegen

▪▪▪, Anschrift

— Beklagte —

zeigen wir die anwaltliche Vertretung des Klägers an und bitten um zeitnahe Bestimmung eines Termins zur Güteverhandlung. Im Termin zur mündlichen Verhandlung vor der Kammer werden wir namens und in Vollmacht des Klägers beantragen:

1. Die Beklagte wird verurteilt, die dem Kläger mit Schreiben vom ▪▪▪ erteilte Abmahnung zurückzunehmen und die Abschrift des Abmahnschreibens vom ▪▪▪ (alt.: ▪▪▪ sowie auf die Abmah-

nung vom ... hinweisende Unterlagen, im Einzelnen ...) aus der Personalakte des Klägers zu entfernen.[3]
2. Die Beklagte trägt die Kosten des Rechtsstreits.

Begründung

Mit vorliegender Klage begehrt der Kläger die Rücknahme der ihm von der Beklagten am ... erteilten Abmahnung sowie die Entfernung der in seiner Personalakte enthaltenen Abschrift des Abmahnschreibens (alt.: ... und auf die Abmahnung hindeutender Unterlagen.)

I.

1. Der Kläger wurde am ... geboren und ist ledig/verheiratet/geschieden.
   Zwischen den Parteien besteht seit ... ein Arbeitsverhältnis. Die Beklagte beschäftigt den Kläger als ... in ihrem Betrieb in ... Die durchschnittliche monatliche Bruttoarbeitsvergütung des Klägers beläuft sich auf ... EUR. Der Anstellungsvertrag der Parteien vom ... ist zur Kenntnisnahme des Gerichts und zu Beweiszwecken angeschlossen als **Anlage K 1**.
2. Im Betrieb der Beklagten in ... werden regelmäßig ... Arbeitnehmer beschäftigt. Ein Betriebsrat ist errichtet/nicht errichtet. Auf das Arbeitsverhältnis der Parteien finden die tarifvertraglichen Vereinbarungen für die ... (Branche) in ... (räumlicher Geltungsbereich) zwischen der ... und ... (tarifvertragschließende Parteien) Anwendung/finden tarifliche Regelungen keine Anwendung.

II.

1. Mit Schreiben vom ... wurde dem Kläger von der Beklagten eine schriftliche Abmahnung erteilt.
   Beweis: Abmahnung vom ... als – **Anlage K 2** –
   Am ... um ... habe der Kläger in ... gegenüber ... Der Kläger habe damit gegen seine Pflicht verstoßen, ... (kappe Darstellung von Sachverhalt und Vorwurf gem. Abmahnung).
2. Der dem Kläger gegenüber in der Abmahnung erhobene Vorwurf trifft nicht zu. Der relevante Sachverhalt wird von der Beklagten nur lückenhaft und unzutreffend dargestellt.
   Der Kläger bestreitet, dass ...[4]
   Sollte ein Pflichtverstoß überhaupt vorliegen, so kann dem Kläger jedenfalls kein Verschuldensvorwurf gemacht werden, weil ...[5]

III.

1. a) Arbeitnehmer können die Entfernung einer zu Unrecht erteilten Abmahnung aus ihrer Personalakte in entsprechender Anwendung der §§ 242, 1004 Abs. 1 S. 1 BGB verlangen. Der Anspruch besteht, wenn die Abmahnung entweder formell nicht ordnungsgemäß zustande gekommen ist, inhaltlich unbestimmt ist, unrichtige Tatsachenbehauptungen, unsachliche Werturteile oder Ehrverletzungen enthält, auf einer unzutreffenden rechtlichen Bewertung des Verhaltens des Arbeitnehmers beruht oder den Grundsatz der Verhältnismäßigkeit verletzt, und auch dann, wenn selbst bei einer zu Recht erteilten Abmahnung kein schutzwürdiges Interesse des Arbeitgebers mehr an deren Verbleib in der Personalakte besteht, BAG 12.8.2010, 2 AZR 593/09, NZA-RR 2011, 162; 27.11.2008, 2 AZR 675/07, NZA 2009, 842.
   Nach der ständigen Rechtsprechung des BAG hat der Arbeitgeber das allgemeine Persönlichkeitsrecht des Arbeitnehmers in Bezug auf Ansehen, soziale Geltung und berufliches

Fortkommen zu achten. Der Arbeitgeber muss im Rahmen seiner Fürsorgepflicht dafür Sorge tragen, dass die Personalakten ein richtiges Bild des Arbeitnehmers in dienstlichen und persönlichen Beziehungen vermitteln.

Das Persönlichkeitsrecht des Arbeitnehmers wird durch unrichtige, sein berufliches Fortkommen berührende Tatsachenbehauptungen beeinträchtigt. Der Arbeitnehmer kann daher bei einem objektiv rechtswidrigen Eingriff in das Persönlichkeitsrecht des Arbeitnehmers in Form von unzutreffenden oder abwertenden Äußerungen deren Widerruf und Beseitigung verlangen. Die Rücknahme einer missbilligenden Äußerung des Arbeitgebers, hierzu gehören auch schriftliche Rügen und Verwarnungen, die zu der Personalakte genommen werden, kann verlangt werden, wenn diese nach Form oder Inhalt geeignet ist, den Arbeitnehmer in seiner Rechtsstellung zu beeinträchtigen. Derartige formelle Rügen können, wenn sie unberechtigt sind, Grundlage für eine falsche Beurteilung des Arbeitnehmers sein und ihn dadurch in seinem beruflichen Fortkommen behindern oder andere arbeitsrechtliche Nachteile mit sich bringen, BAG 27.11.1985, 5 AZR 101/84, NZA 1986, 227.

Mit einer Abmahnung übt der Arbeitgeber sein vertragliches Rügerecht aus. Als Gläubiger der Arbeitsleistung weist er den Arbeitnehmer als seinen Schuldner auf dessen vertragliche Pflichten hin und macht ihn auf die Verletzung dieser Pflichten aufmerksam. Zugleich fordert er den Arbeitnehmer für die Zukunft zu einem vertragstreuen Verhalten auf und kündigt, wenn ihm dies angebracht erscheint, individualrechtliche Konsequenzen für den Fall einer erneuten Pflichtverletzung an, BAG 27.11.2008, 2 AZR 675/07, NZA 2009, 842. Mit Ausspruch der Abmahnung schafft der Arbeitgeber gleichzeitig die bei verhaltensbedingten Kündigungen im Regelfall geforderte Voraussetzung einer erfolglosen Abmahnung. Damit handelt es sich bei der Abmahnung um eine Behauptung, die zwingend der Rechtsverfolgung in einem möglichen späteren Kündigungsschutzverfahren dient, ArbG Siegburg, 1.8.2007, 6 Ca 1037/07, AE 2008, 13.

b) Der Kläger hat weder seine arbeitsvertraglichen Pflichten verletzt noch gegen sonstige arbeitsrechtliche Verpflichtungen verstoßen. Die Beklagte ist daher nicht berechtigt, dem Kläger arbeitsrechtliche Sanktionen für die Zukunft anzudrohen.

2. a) Die Abmahnung verletzt den Kläger in seinem Persönlichkeitsrecht. Sie ist von der Beklagten deswegen zurückzunehmen und aus der Personalakte des Klägers zu entfernen.

b) Die Verletzung des Persönlichkeitsrechts bestünde fort, würde zwar das Abmahnschreiben aus der Personalakte des Klägers entfernt werden, nicht aber auf dieses hindeutende Unterlagen, wie etwa im Rahmen des arbeitsgerichtlichen Verfahrens gewechselte Schriftsätze, das Urteil oder ein Vergleich.

Derartige Schriftstücke sind von der Beklagten daher gleichfalls aus der Personalakte des Klägers herauszunehmen, HK-ArbR/Herrmann, § 1 KSchG Rn 253.

Rechtsanwalt ◄

b) Erläuterungen und Varianten

61 **[1] Klagefrist.** Für eine Klage gegen eine Abmahnung ist keine Klagefrist zu beachten; insbesondere § 4 S. 1 KSchG ist nicht entsprechend anwendbar. Arbeits- oder tarifvertragliche Ausschlussfristen müssen ebenfalls nicht eingehalten werden (HaKo-KSchR/*Zimmermann* § 1 KSchG Rn 297 mwN). Der Arbeitnehmer kann die Abmahnung daher auch erst im Rahmen

eines (zeitlich ggf weit) nachfolgenden Bestandsschutzverfahrens gerichtlich überprüfen lassen.

[2] Taktische Überlegungen. Gerade nachdem ein Rechtsverlust durch die aus Sicht des Arbeitgebers zu attestierende Untätigkeit des Arbeitnehmers nicht eintritt, muss genau überlegt werden, ob eine Klage gegen eine Abmahnung zielführend ist (hierzu § 1 KSchG verhaltensbedingte Kündigung Rn 39 ff, 47 ff, 55, und 86 f). Erweist sich eine solche als zutreffend, ist die Berechtigung des Vorwurfs zementiert. Ein idR erforderlicher Zwischenschritt zur Vorbereitung einer verhaltensbedingten Kündigung ist getan; die taktische Ausgangssituation des Arbeitnehmers verschlechtert sich. Ist die Abmahnung aus formalen Aspekten unwirksam oder erweist sich einer von mehreren Vorwürfen als unrichtig, ist zwar das Abmahnschreiben aus der Personalakte zu entfernen. Die kündigungsrechtliche Warnfunktion der Abmahnung kann nach der Rechtsprechung des BAG jedoch erhalten bleiben (vgl § 1 KSchG verhaltensbedingte Kündigung Rn 77 ff). Zudem kann der Arbeitgeber eine neue und diesmal ordnungsgemäße Abmahnung aussprechen und eine Abschrift derselben zur Personalakte nehmen und/ oder nach anderen weiteren vorwerfbaren Sachverhalten suchen, um weitere Abmahnungen zu erteilen. Der Abmahnungsprozess weist für den Arbeitnehmer also erhebliche tatsächliche und rechtliche Risiken auf. 62

Darüber hinaus führen arbeitsgerichtliche Auseinandersetzungen meist nicht zu einer Verbesserung der klimatischen Verhältnisse zwischen den Parteien. Ist der abgemahnte Arbeitnehmer ohnehin zur Kündigung seines Arbeitsverhältnisses entschlossen oder angesichts von dessen Belastung willens, seinen Arbeitsplatz zu wechseln, kann der Abmahnungsprozess ein geeignetes Transportmittel sein, um in dessen Rahmen eine Auflösung des Arbeitsverhältnisses gegen Zahlung einer Abfindung zu vereinbaren. Möchte der Mitarbeiter hingegen an seinem Arbeitsverhältnis festhalten, wird eine Klage regelmäßig kontraproduktiv sein und sollte nur eingereicht werden, wenn anderenfalls, bei einem Verbleib der Abmahnung in der Personalakte, konkrete und greifbare Nachteile zu gegenwärtigen sind, bspw im Hinblick auf berufliche Aufstiegsmöglichkeiten des Betroffenen. 63

[3] Weitergehende Klaganträge. In aller Regel wird der Arbeitnehmer mit seiner Klage nicht nur das Ziel verfolgen, die Abschrift der Abmahnung – und ggf weitere hierauf verweisende Dokumente, die, erforderlichenfalls nach Einsicht in die Personalakte nach § 83 Abs. 1 BetrVG, aus vollstreckungstechnischen Gründen möglichst präzise zu bezeichnen sind – körperlich aus der Personalakte entfernen zu lassen, sondern auch die weitere Verwertung der Vorwürfe bzw des abgemahnten Verhaltens durch den Arbeitgeber zu unterbinden. Der im Muster verwendete Klageantrag auf Rücknahme und Entfernung der Abmahnung ist nach der Rechtsprechung des BAG, da das Rücknahmeverlangen neben der Entfernung meist nicht eigenständig verfolgt werde, als einheitlicher Anspruch auf Beseitigung der durch die Abmahnung erfolgten Beeinträchtigung des Persönlichkeitsrechts zu verstehen. Die Rücknahme der Abmahnung erfolge eben durch ihre Entfernung aus der Personalakte. 64

Sei der Klagebegründung dagegen zu entnehmen, der Kläger begehre neben einer Entfernung der Abmahnung aus der Personalakte beispielsweise auch den Widerruf darin enthaltener Äußerungen, könne ein Antrag auf Rücknahme der Abmahnung in diesem Sinne auszulegen sein (BAG 19.7.2012 – 2 AZR 782/11, NZA 2013, 91). Es empfiehlt sich daher, die Klaganträge präzise zu formulieren und ggf weitergehend zu stellen, wenn mit der Klage ein über die Entfernung der Abschrift der Abmahnung aus der Personalakte hinaus gehendes Begehren verfolgt werden soll. Dies gilt auch dann, wenn klargestellt werden soll, dass der dem Arbeit- 65 nehmer gegenüber erhobene Vorwurf unberechtigt war. Wird die Verpflichtung des Arbeitgebers zur Herausnahme in einem arbeitsgerichtlichen Urteil etwa damit begründet, dass die Abmahnung inhaltlich zu unbestimmt sei oder sich ein weiterer dort enthaltener Vorwurf als unrichtig erwiesen habe, ist zwar die Abschrift des Abmahnschreibens aus der Personalakte zu entfernen. Der Arbeitgeber ist aber nicht an der weiteren Verwertung des abgemahnten Verhaltens des Arbeitnehmers gehindert, weil die Pflicht zur Entfernung der Abmahnung nicht auf der Fehlerhaftigkeit der gemachten Vorwürfe, sondern auf inhaltlichen Mängeln des Abmahnschreibens beruhte.

66 Neben dem Widerruf der Abmahnung, der allerdings nur unter bestimmten Voraussetzungen erfolgreich durchgesetzt werden kann (s.u.), kommt nach Auffassung des LAG Nürnberg auch ein Feststellungsantrag des Inhalts in Betracht, dass die dem Arbeitnehmer gegenüber erhobenen und im Einzelnen zu bezeichnenden Vorwürfe unberechtigt seien (str.; aA HaKo-KSchR/*Zimmermann* § 1 KSchG Rn 312 mwN). Hierdurch könne verhindert werden, dass die Vorwürfe vom Arbeitgeber trotz Entfernung des Abmahnschreibens aus der Personalakte aufrecht erhalten und weiter verwendet werden (LAG Nürnberg 14.6.2005 – 6 Sa 582/04, AE 2006, 16, mwN).

67 Ein solcher Feststellungsantrag kann wie folgt formuliert werden:
▶ 1. Es wird festgestellt, dass der von der Beklagten dem Kläger gegenüber in der Abmahnung vom ... erhobene Vorwurf ... unberechtigt ist.
2. Die Beklagte wird verurteilt, die Abschrift des Abmahnschreibens vom ... und auf die Abmahnung vom ... hinweisende Unterlagen, im Einzelnen ..., aus der Personalakte des Klägers zu entfernen.
3. ... ◀

68 Der Anspruch auf Widerruf der Abmahnung dient dem Schutz des Betroffenen vor einer anhaltenden Beeinträchtigung seiner Rechte. Er setzt neben dem Vorliegen entsprechender Rechtsverletzungen voraus, dass diese Rechtsbeeinträchtigungen andauern und durch den begehrten Widerruf auch beseitigt werden können (BAG 15.4.1999 – 7 AZR 716/97, NZA 1999, 1037). Das erforderliche Rechtsschutzbedürfnis besteht nur dann, wenn die Abmahnung bzw die Vorwürfe gegenüber Dritten – insbesondere in ehrverletzender Form – ausgesprochen oder bekannt gemacht wurden und der Widerruf benötigt wird, um den Ruf des Arbeitnehmers Dritten gegenüber wiederherzustellen, wenn der Arbeitnehmer durch die Behauptung des Arbeitgebers, trotz Rücknahme des Schreibens aus seiner Personalakte, in seinem beruflichen Fortkommen oder seinem Persönlichkeitsrecht fortdauernd beeinträchtigt wäre oder wenn die Gefahr besteht, dass der Arbeitgeber trotz Entfernung des Abmahnschreibens aus der Personalakte die Vorwürfe weiter in rechtlich relevanter Weise verwenden will (LAG Nürnberg 14.6.2005 – 6 Sa 582/04, AE 2006, 16 mwN).

69 Ein Antrag auf Widerruf der Abmahnung kann isoliert gestellt oder im Wege der objektiven Klagehäufung nach § 260 ZPO mit einer Klage auf Entfernung der Abmahnung verbunden werden.

▶ 1. Die Beklagte wird verurteilt, den dem Kläger gegenüber in der Abmahnung vom ... erhobenen Vorwurf ... gegenüber/mittels/durch ... zu widerrufen.
2. ... ◀

70 Im Klageantrag ist anzugeben, gegenüber wem der Widerruf erfolgen soll. Das BAG schließt den Widerrufsanspruch nicht generell für die Fälle aus, in denen die Abmahnung Dritten ge-

genüber nicht zur Kenntnis gebracht wurde. Der Arbeitnehmer kann daher auch die Abgabe der Widerrufserklärung sich selbst gegenüber fordern. Der Widerrufsanspruch kann jedenfalls dann geltend gemacht werden, wenn die Abmahnung gegenüber Dritten bekannt gemacht wurde. Hat der Arbeitgeber die Abmahnung, etwa durch einen Aushang, betriebsöffentlich gemacht, kann der Arbeitnehmer verlangen, dass der Widerruf in gleicher Art und Weise zu erfolgen hat (HaKo-KSchR/*Zimmermann* § 1 KSchG Rn 309).

[4] **Darlegungs- und Beweislast.** Der Arbeitgeber trägt im Kündigungsschutzprozess die Darlegungs- und Beweislast für alle Tatsachen, die zur Erfüllung der tatbestandlichen Voraussetzungen einer Kündigung vorliegen müssen, § 1 Abs. 2 S. 4 KSchG. Hierzu zählen für die verhaltensbedingte Kündigung in der Regel die Erteilung (mindestens) einer bestandsschutzrechtlich relevanten Abmahnung und der ihre Rechtswirksamkeit bedingenden Tatsachen. Insbesondere im Bereich möglicher Rechtfertigungs- und Entschuldigungsgründe kommen die Grundsätze der abgestuften Darlegungslast zur Anwendung. Bei der Abmahnung handelt es sich um einen Zwischenschritt vor der Kündigung bzw um eine idR unverzichtbare Kündigungsvoraussetzung. Für den Abmahnungsprozess gilt daher die gleiche Verteilung der Darlegungs-und Beweislast wie im Bestandsschutzprozess (HaKo-KSchR/*Zimmermann* § 1 KSchG Rn 313, 326 ff). 71

[5] **Verschulden/Verhältnismäßigkeit.** Eine Abmahnung setzt nur einen objektiven Pflichtverstoß voraus, nicht aber ein subjektiv vorwerfbares Verhalten des Arbeitnehmers, also kein Verschulden. 72

Der Grundsatz der Verhältnismäßigkeit ist vom Arbeitgeber dennoch insofern zu beachten, als ein vertretbares Verhältnis zwischen dem Fehlverhalten und dessen Sanktion durch die Abmahnung bestehen muss. Die Ausübung eines Rechts ist dann unzulässig, wenn sie der Gegenseite unverhältnismäßig große Nachteile zufügt und andere, weniger schwerwiegende Maßnahmen möglich gewesen wären, die den Interessen des Berechtigten gleichermaßen gut Rechnung getragen hätten oder ihm zumindest zumutbar gewesen wären. Der Verhältnismäßigkeitsgrundsatz hat die Funktion eines Übermaßverbots zur Vermeidung von schwerwiegenden Rechtsfolgen bei nur geringfügigen Rechtsverstößen (LAG Hessen 22.6.2010 – 12 Sa 829/09, mwN). Fehlt es am Verschulden, kann eine Abmahnung unverhältnismäßig sein (vgl HaKo-KSchR/*Zimmermann* § 1 KSchG Rn 282 ff zum Verschulden, Rn 280 f zur Verhältnismäßigkeit). 73

5. Klageerwiderung

a) Muster: Klageerwiderung gegen Abmahnungsklage[1]

▶ Arbeitsgericht ...

Anschrift

Klageerwiderung[1]

Az. ...

In der Rechtssache

... ./. ...

---

1 Mit Ausführungen zur Aufbewahrungsdauer einer Abmahnung in der Personalakte (unter III. 2) c. des Musters), Dokumentationsinteresse des Arbeitgebers nach BAG 10.6.2010, 2 AZR 541/09, NZA 2010, 1227 (Emmely).

zeigen wir die anwaltliche Vertretung der beklagten Partei an. Vom Termin zur Güteverhandlung am ▬ haben wir Kenntnis. Namens und in Vollmacht der Beklagten werden wir im Termin zur mündlichen Verhandlung vor der Kammer beantragen:

1. Die Klage wird abgewiesen.
2. Der Kläger trägt die Kosten des Rechtsstreits.

Die streitgegenständliche Abmahnung ist berechtigt und verhältnismäßig. Ein Entfernungsanspruch des Klägers besteht daher nicht.

I.

Der Kläger wurde am ▬ geboren und ist ledig/verheiratet/geschieden. Zwischen den Parteien besteht seit ▬ ein Arbeitsverhältnis. Die Beklagte beschäftigt den Kläger als ▬ in ihrem Betrieb in ▬ Die monatliche Bruttoarbeitsvergütung des Klägers beläuft sich auf ▬ EUR.

Ausweislich des ▬ (zB Arbeitsvertrages der Parteien, dort § ▬) ist der Kläger verpflichtet, ▬ (Konkrete Darstellung der bestehenden und durch den Kläger verletzten Pflicht).

Im Betrieb der Beklagten in ▬ werden regelmäßig ▬ Arbeitnehmer beschäftigt. Auf das Arbeitsverhältnis der Parteien finden die tarifvertraglichen Vereinbarungen für die ▬ (Branche) in ▬ (räumlicher Geltungsbereich) zwischen der ▬ und ▬ (tarifvertragschließende Parteien) Anwendung/finden tarifliche Regelungen keine Anwendung.

II.

Am ▬ gegen ▬ befand sich der Kläger in ▬ (Örtlichkeit) um ▬ (Tätigkeit).

Beweis: ▬

▬

(Substantiierter und unter Beweisantritt erfolgender Sachvortrag zum Abmahnungssachverhalt unter Angabe von Datum, Uhrzeit, Ort, beteiligten Personen, Ereignis (Pflichtverletzung), Auswirkungen.)

Soweit der Kläger ausführt, die Darstellung der Pflichtverletzung des Klägers in der Abmahnung durch die Beklagte sei unrichtig, weil ▬, handelt es sich um eine schlichte Schutzbehauptung.

▬

(Substantiierter und unter (Gegen-)Beweisantritt erfolgender Sachvortrag zu möglichen und/oder arbeitnehmerseits bereits geltend gemachten entlastenden Tatsachen sowie etwaigen Entschuldigungs- und Rechtfertigungsgründen.

[vgl HaKo-KSchR/*Gieseler* § 626 BGB Rn 161 ff zur abgestuften Darlegungslast und zur Beweislast für das Nichtvorliegen von den Kündigungsgegner entlastenden Tatsachen und Rechtfertigungs- oder Entschuldigungsgründen]

Dem Kläger ist bekannt, dass ▬. Gleichwohl hat der Kläger ▬.[2]

(Substantiierter und unter Beweisantritt erfolgender Sachvortrag zu den Umständen, aus denen sich die Kenntnis des Klägers hinsichtlich der Pflichtverletzung ergibt und zum Verschulden.)

III.

1. Arbeitnehmer können die Entfernung einer zu Unrecht erteilten Abmahnung aus ihrer Personalakte in entsprechender Anwendung der §§ 242, 1004 Abs. 1 S. 1 BGB verlangen.
Der Anspruch besteht, wenn die Abmahnung entweder formell nicht ordnungsgemäß zustande gekommen ist, inhaltlich unbestimmt ist, unrichtige Tatsachenbehauptungen, unsachliche

Werturteile oder Ehrverletzungen enthält, auf einer unzutreffenden rechtlichen Bewertung des Verhaltens des Arbeitnehmers beruht oder den Grundsatz der Verhältnismäßigkeit verletzt, und auch dann, wenn selbst bei einer zu Recht erteilten Abmahnung kein schutzwürdiges Interesse des Arbeitgebers mehr an deren Verbleib in der Personalakte besteht, BAG 12.8.2010, 2 AZR 593/09, NZA-RR 2011, 162; 27.11.2008, 2 AZR 675/07, NZA 2009, 842.

2. Keiner der vorgenannten Tatbestände ist erfüllt.

a) Das Abmahnschreiben der Beklagten genügt sämtlichen formalen und inhaltlichen Anforderungen.[3]

Die Abmahnung der Beklagten vom ... ist inhaltlich hinreichend bestimmt. Im Abmahnschreiben werden sowohl die dem Kläger vorgeworfene Vertragspflichtverletzung als auch das von ihm erwartete zukünftige Verhalten präzise dargelegt und beschrieben. ...

Zu den unverzichtbaren Voraussetzungen einer ordnungsgemäßen Abmahnung gehört neben der Rüge eines genau zu bezeichnenden Fehlverhaltens (Rügefunktion) der Hinweis auf die Bestands- oder Inhaltsgefährdung des Arbeitsverhältnisses für den Wiederholungsfall (kündigungsrechtliche Warnfunktion). Der Arbeitgeber muss in einer für den Arbeitnehmer hinreichend klar erkennbaren Art und Weise seine Beanstandungen vorbringen und damit deutlich – wenn auch nicht expressis verbis – den Hinweis verbinden, im Wiederholungsfall sei der Bestand oder der Inhalt des Arbeitsverhältnisses gefährdet, BAG 19.4.2012, 2 AZR 258/11, NZA-RR 2012, 567. ...

(Anwendung auf konkreten Fall und ggf weitere Ausführungen zur Anhörung des Arbeitnehmers (vgl § 1 KSchG verhaltensbedingte Kündigung Rn 5 ff), zur inhaltlichen Bestimmtheit der Abmahnung, der Erfüllung der Hinweis- und Warnfunktion, zur Abmahnungsberechtigung des Unterzeichners des Abmahnschreibens etc.)

b) Der streitgegenständliche Sachverhalt ist in der Abmahnung vom ... zutreffend dargestellt.

Der Kläger hat ... Hierdurch hat er seine Pflicht zu ... gravierend verletzt. Der Kläger handelte schuldhaft. Er wusste, dass er mit seinem Verhalten gegen ... verstößt, weil ... Damit liegt ein objektiver Verstoß erheblicher Intensität gegen die arbeitsvertragliche Pflicht des Klägers zu ... vor. Diese Pflichtverletzung ist dem Kläger subjektiv vorwerfbar.

c) Ein Anspruch des Klägers auf Entfernung der Abmahnung aus seiner Personalakte besteht auch im Hinblick auf den seit ihrer Erteilung verstrichenen Zeitraum nicht.[4]

aa) Personalakten sind eine Sammlung von Urkunden und Vorgängen, die die persönlichen und dienstlichen Verhältnisse eines Arbeitnehmers betreffen und in einem inneren Zusammenhang mit dem Arbeitsverhältnis stehen. Sie sollen ein möglichst vollständiges, wahrheitsgemäßes und sorgfältiges Bild über diese Verhältnisse geben, BAG 8.2.1989, 5 AZR 40/88, ZTR 1989, 236. Deshalb kann nur ausnahmsweise die Entfernung auch solcher Aktenbestandteile verlangt werden, die auf einer richtigen Sachverhaltsdarstellung beruhen. Ein solcher Ausnahmefall liegt vor, wenn eine Interessenabwägung im Einzelfall ergibt, dass die weitere Aufbewahrung zu unzumutbaren beruflichen Nachteilen für den Arbeitnehmer führen könnte, obwohl der beurkundete Vorgang für das Arbeitsverhältnis rechtlich bedeutungslos geworden ist.

Eine Abmahnung kann zwar nach einem längeren einwandfreien Verhalten des Arbeitnehmers ihre Wirkung verlieren; mit einer Abmahnung übt der Arbeitgeber dagegen seine arbeitsvertraglichen Gläubigerrechte in doppelter Hinsicht aus. Zum einen weist er den Arbeitnehmer als seinen Schuldner auf dessen vertragliche Pflichten hin und macht ihn auf die Verletzung dieser Pflichten aufmerksam (Rüge- und Dokumentationsfunktion). Zum anderen fordert er ihn für die Zukunft zu einem vertragstreuen Verhalten auf und kündigt, sofern ihm dies angebracht erscheint, individualrechtliche Konsequenzen für den Fall einer erneuten Pflichtverletzung an (Warnfunktion), BAG 11.12.2001, 9 AZR 464/00, NZA 2002, 965.

Die Entfernung einer zu Recht erteilten Abmahnung aus der Personalakte kann vom Arbeitnehmer nur dann mit Erfolg durchgesetzt werden, wenn diese ihre Warnfunktion verloren hat und der Arbeitgeber keinerlei berechtigtes Interesse mehr an der Dokumentation der gerügten Pflichtverletzung haben darf. Das durch die Abmahnung gerügte Verhalten muss für das Arbeitsverhältnis in jeder Hinsicht rechtlich bedeutungslos geworden sein. Das ist nicht der Fall, solange eine zu Recht erteilte Abmahnung etwa für eine zukünftige Entscheidung über eine Versetzung oder Beförderung und die entsprechende Eignung des Arbeitnehmers, für die spätere Beurteilung von Führung und Leistung in einem Zeugnis oder für die im Zusammenhang mit einer möglichen späteren Kündigung erforderlich werdende Interessenabwägung von Bedeutung sein kann. Darüber hinaus kann es im berechtigten Interesse des Arbeitgebers liegen, die Erteilung einer Rüge im Sinne einer Klarstellung der arbeitsvertraglichen Pflichten weiterhin dokumentieren zu können. Die schutzwürdigen Interessen des Arbeitnehmers erfordern es demgegenüber nicht, einen Anspruch auf Entfernung einer zu Recht erteilten Abmahnung schon dann zu bejahen, wenn diese zwar ihre kündigungsrechtliche Warnfunktion verloren hat, das Dokumentationsinteresse des Arbeitgebers aber fortbesteht, BAG 19.7.2012, 2 AZR 782/11, NZA 2013, 91.

Für die anzuerkennende zeitliche Dauer der Warnfunktion einer Abmahnung gibt es ebenso wenig eine fest bemessene Frist, wie für den Zeitraum, für den ein berechtigtes Interesse des Arbeitgebers an deren Verbleib in der Personalakte des Arbeitnehmers anzuerkennen ist. Maßgeblich sind die Umstände des Einzelfalls, insb. die Schwere des gerügten Fehlverhaltens.

Je schwerer eine Pflichtverletzung wiegt, desto länger kann sie für die Beurteilung der Führung, der Leistungen und der Fähigkeiten des Arbeitnehmers und ggf für seine Vertrauenswürdigkeit von Bedeutung sein. Ein auf nur geringer Nachlässigkeit beruhender Ordnungsverstoß kann seine Bedeutung für das Arbeitsverhältnis deutlich eher verlieren, als eine Pflichtverletzung, die geeignet ist, das Vertrauen in die Integrität des Arbeitnehmers erheblich zu beeinträchtigen. Gleichermaßen wird angesichts der Möglichkeit, die Qualität der Arbeitsleistung und die Befähigung des Arbeitnehmers für höherwertige oder andere Tätigkeiten beurteilen zu müssen, auch eine schwere Pflichtverletzung im Leistungsbereich ein Interesse des Arbeitgebers an einem Verbleib der Abmahnung in der Personalakte für längere Zeit begründen können, BAG 19.7.2012, 2 AZR 782/11, NZA 2013, 91.

 bb) Hiernach besteht ein Entfernungsanspruch des Klägers nicht. ▪▪▪

3. Die Abmahnung vom ▪▪▪ verletzt weder das Persönlichkeitsrecht des Klägers noch liegt ein Verstoß gegen den Grundsatz der Verhältnismäßigkeit vor.

Der Kläger wurde von der Beklagten zu Recht abgemahnt. Die Klage wird daher abzuweisen sein.

...

Rechtsanwalt ◄

b) Erläuterungen

[1] **Klageerwiderung vor Gütetermin.** Die beklagte Partei ist im arbeitsgerichtlichen Verfahren nicht gehalten, vor dem Gütetermin schriftsätzlich vorzutragen. Sie kann hierzu, auch durch eine entsprechende und unter Fristsetzung erfolgende Verfügung des Arbeitsgerichts, nicht verpflichtet werden. Ob bereits (knapp oder ausführlich) zum Sachverhalt vorgetragen wird oder vor dem Gütetermin nur eine Verteidigungsanzeige erfolgt, ist daher unter taktischen Aspekten im Einzelfall zu entscheiden. 75

[2] **Verschulden/Verhältnismäßigkeit.** Eine Abmahnung setzt einen objektiven Pflichtverstoß voraus, nicht aber ein subjektiv vorwerfbares Verhalten des Arbeitnehmers, also kein Verschulden. Der Grundsatz der Verhältnismäßigkeit ist vom Arbeitgeber dennoch insofern zu beachten, als ein vertretbares Verhältnis zwischen dem Fehlverhalten und dessen Sanktion durch die Abmahnung bestehen muss (vgl oben § 1 KSchG verhaltensbedingte Kündigung Rn 72 f). 76

[3] **Formal unwirksame Abmahnung.** Eine Abmahnung kann aus formalen Aspekten, etwa aufgrund ihrer Unbestimmtheit oder aufgrund eines Verfahrensmangels, rechtswidrig sein (vgl § 1 KSchG verhaltensbedingte Kündigung Rn 5 ff). Die Abschrift des Abmahnschreibens ist auf Verlangen des Arbeitnehmers in solchen Fällen zwar aus der Personalakte zu entfernen. 77

Der Arbeitgeber ist idR jedoch nicht daran gehindert, eine neue ordnungsgemäße Abmahnung, ggf nach korrekter Durchführung des vorgesehenen Verfahrens, zu erteilen. 78

Zudem bleibt die kündigungsrechtliche Warnfunktion der – zu entfernenden oder entfernten – Abmahnung bestehen. Nach der Rechtsprechung des BAG kommt es für die Erfüllung der Warnfunktion auf die sachliche Berechtigung der Abmahnung und darauf an, ob der Arbeitnehmer aus ihr den Hinweis entnehmen kann, der Arbeitgeber erwäge für den Wiederholungsfall die Kündigung. Sind diese Voraussetzungen gegeben, ist der Arbeitnehmer unabhängig von formellen Unvollkommenheiten der Abmahnung gewarnt: 79

Eine Abmahnung, die aufgrund einer Mehrzahl von Vorwürfen ausgesprochen wurde und zu entfernen ist, weil ein Teil derselben unrichtig ist, behält hinsichtlich der zutreffenden Vorwürfe, als mündliche Abmahnung ihre Geltung. Eine wegen Nichtanhörung des Arbeitnehmers nach § 13 Abs. 2 S. 1 BAT aF formell unwirksame Abmahnung stellt die regelmäßig vor einer verhaltensbedingten Kündigung erforderliche Warnung dar. In einer unwirksamen Kündigung kann eine kündigungsrechtlich wirksame Abmahnung liegen. 80

Aus der formellen Unwirksamkeit einer Abmahnung kann der Arbeitnehmer nicht entnehmen, der Arbeitgeber billige das abgemahnte Verhalten. Er bleibt daher auch dann gewarnt, wenn die Abmahnung an einem Formfehler leidet, BAG 19.2.2009, 2 AZR 603/07, NZA 2009, 894. 81

In derartigen Fällen sollte aus Sicht des Arbeitnehmers besonders sorgfältig erwogen werden, ob eine Abmahnungsklage zielführend sein kann, da die Warnfunktion der Abmahnung hinsichtlich einer etwaigen späteren Kündigung erhalten bleibt. 82

[4] **Aufbewahrungsdauer/Dokumentationsinteresse des Arbeitgebers.** Mit Urteil vom 10.6.2010, 2 AZR 541/09, NZA 2010, 1227 im berühmt gewordenen Fall der Kassiererin 83

Emmely stellte das BAG u.a. fest, dass eine lange Jahre ungestört verlaufene Vertrauensbeziehung zwischen Arbeitgeber und Arbeitnehmer nicht zwangsläufig bereits durch die erste Enttäuschung des Vertrauens vollständig und unwiederbringlich zerstört werde. Je länger das Arbeitsverhältnis unbelastet bestanden habe, desto eher könne die Prognose berechtigt sein, dass der erarbeitete Vorrat an Vertrauen durch einen erstmaligen Vorfall nicht vollständig aufgezehrt werde. Entscheidend sei ein objektiver Maßstab. Auf die subjektive Befindlichkeit und Einschätzung des Arbeitgebers oder bestimmter für ihn handelnder Personen komme es nicht an. Insgesamt müsse sich die (sofortige) Auflösung des Arbeitsverhältnisses als angemessene Reaktion auf die eingetretene Vertragsstörung erweisen. Unter Umständen könne eine Abmahnung als milderes Mittel zur Wiederherstellung des für die Fortsetzung des Vertrages notwendigen Vertrauens in die Redlichkeit des Arbeitnehmers ausreichen.

84 Vor diesem Hintergrund ist unklar, wie lang der Arbeitgeber eine Abmahnung – jedenfalls länger als nach bisheriger Rechtslage, möglicherweise im Einzelfall für die gesamte Dauer des Arbeitsverhältnisses – in der Personalakte aufbewahren dürfe (hierzu *Schrader*, NZA 2011, 180), wenn er doch gehalten sei, zu dokumentieren, dass es bereits vor dem zur Kündigung führenden Ereignis zu Pflichtverletzungen durch den betroffenen Arbeitnehmer kam. Hierzu gibt das BAG in der im Muster zitierten Entscheidung vom 19.7.2012, 2 AZR 782/11, nunmehr einige aktuelle Leitlinien vor. Eine feste (Höchst-)Grenze lässt sich aber nicht ziehen.

6. Schreiben an Arbeitgeber bei Abmahnung anstelle Kündigung

85 **a) Muster: Schreiben des Arbeitnehmers**

▶ ...

– Geschäftsleitung –

Herrn Geschäftsführer ...

Anschrift

Abmahnung vom ...

Sehr geehrter Herr ...

im Hinblick auf den Vorfall vom ... möchte ich Ihnen mitteilen, dass ich zu schätzen weiß, dass Sie vom Ausspruch einer Kündigung abgesehen und es mit der Erteilung einer Abmahnung haben bewenden lassen.[1]

Mir ist die Tragweite meines Verhaltens nicht bewusst gewesen. Ich kann nachvollziehen, dass bei Ihnen der Eindruck entstand, ich hätte ... . Ich darf Ihnen versichern, dass ich die betrieblichen Regelungen zu ... zukünftig strikt einhalten werde. Etwaige Zweifelsfälle werde ich im Vorhinein mit der Personalabteilung klären.

(Oder: Für mein Verhalten, das ich bedauere, möchte ich mich ausdrücklich entschuldigen. Ich darf Ihnen versichern, dass ein solcher Vorfall zukünftig nicht mehr vorkommen wird.)

Ich danke Ihnen für das mir noch immer entgegengebrachte Vertrauen und freue mich auf meine weitere Tätigkeit für unser Unternehmen.

Mit freundlichen Grüßen

...

Unterschrift ◀

b) Erläuterungen

86 [1] **Taktische Überlegungen.** Der Arbeitgeber kann materiellrechtlich zum Ausspruch einer ordentlichen oder außerordentlichen Verdachts- oder Tatkündigung (offensichtlich) berech-

tigt sein, vom Ausspruch einer Kündigung aber gleichwohl absehen. Die Gründe hierfür können unterschiedlicher Art sein. Sei es, weil eine vorübergehende oder dauerhafte Weiterbeschäftigung des Arbeitnehmers im Interesse des Unternehmens liegt, sei es im Hinblick auf eine lange Betriebszugehörigkeit, erworbene Verdienste oder eine persönliche, familiäre, gesundheitliche oder wirtschaftliche Belastungssituation des Mitarbeiters.

In einer solchen Konstellation kann geprüft werden, ob es angezeigt erscheint, gegenüber dem Arbeitgeber ein Signal der Wertschätzung für seine Entscheidung auf eine Kündigung zu verzichten und/oder des guten Willens im Hinblick auf eine zukünftig störungsfreie Fortsetzung des Arbeitsverhältnisses abzugeben. Hiermit muss nicht zwangsläufig eine Erklärung im Sinne eines Geständnisses oder dgl. einhergehen. In manchen Fällen kann allerdings auch eine ausdrückliche, offene und rückhaltlose Entschuldigung des Arbeitnehmers für sein Verhalten Gewinn bringender sein, als eine auf Nichtkooperation, Schweigen oder gar Verschleierung ausgerichtete Verteidigungsstrategie. Die Vorgehensweise muss in jedem Einzelfall sorgsam erwogen werden, ein Patentrezept gibt es nicht. Ein solches Schreiben an den Arbeitgeber sollte in jedem Fall genau bedacht und sorgfältig formuliert werden.

B. Verhaltensbedingte Kündigung

I. Kündigungserklärung

1. Muster: Verhaltensbedingte Kündigung – Arbeitgebersicht (ausführlich)

▶ Persönliche Übergabe/Per Boten[1]

Mitarbeiter

Anschrift

Ordentliche Kündigung Ihres Arbeitsverhältnisses

Sehr geehrter ...,

wir kündigen das mit Ihnen bestehende Arbeitsverhältnis unter Einhaltung der ordentlichen Kündigungsfrist zum nächst zulässigen Zeitpunkt. Dies ist nach unserer Berechnung der ...[2]

Die Kündigung erfolgt aus verhaltensbedingten Gründen[3] und beruht auf folgendem Sachverhalt: ...[4]

In der Vergangenheit haben Sie bereits in gleicher Art und Weise gegen Ihre arbeitsvertraglichen Pflichten verstoßen. ...[4]

Nachdem Sie nicht bereit sind, Ihr Verhalten zu ändern und alle milderen Mittel keinen Erfolg zeigten, sehen wir uns veranlasst, Ihr Arbeitsverhältnis nunmehr fristgerecht zu kündigen.

Der Betriebsrat/Personalrat/Die MAV wurde vor Ausspruch der Kündigung ordnungsgemäß beteiligt (evtl.: und hat der Kündigung zugestimmt/keine Stellungnahme abgegeben/gegen die Kündigung Bedenken erhoben/der Kündigung mit anliegend in Kopie beigefügter Stellungnahme widersprochen).[5]

Das Integrationsamt/...amt hat die Zustimmung zu dieser Kündigung am ... erteilt.[5]

Wir weisen darauf hin, dass Sie verpflichtet sind, sich spätestens drei Monate vor der Beendigung Ihres Arbeitsverhältnisses bei der Agentur für Arbeit persönlich arbeitsuchend zu melden, da ansonsten sozialversicherungsrechtliche Nachteile, insbesondere die Verhängung einer einwöchigen Sperrfrist, eintreten können. (Alt., wenn zwischen der Kenntnis des Beendigungszeitpunktes und der Beendigung des Arbeitsverhältnisses weniger als drei Monate liegen: ..., sich innerhalb von drei Tagen nach Zugang dieser Kündigungserklärung bei der Agentur für Arbeit ...) Zur Wahrung der Frist reicht eine Anzeige unter Angabe Ihrer persönlichen Daten und des Beendigungszeitpunktes aus, wenn die persönliche Meldung nach terminlicher Vereinbarung nachgeholt wird. Wir weisen ferner darauf hin, dass Sie verpflichtet sind, frühzeitig eigene Aktivitäten bei der Suche nach einer anderen Beschäftigung zu entwickeln.[6][7]

Wir fordern Sie auf, sämtliche Ihnen überlassenen Arbeitsmittel sowie sämtliches Firmeneigentum, insbesondere ..., unverzüglich, längstens bis zum ..., in ... an uns herauszugeben.[8]

Ihren noch nicht genommenen Resturlaub von ... Tagen erteilen wir Ihnen ab dem ...[8]

Ihre Arbeitspapiere und ein Arbeitszeugnis übersenden wir Ihnen mit der Beendigung des Arbeitsverhältnisses.[8]

Mit freundlichen Grüßen

...

Unterschrift[9]

Empfangsbestätigung[1]

Die Kündigung vom ... habe ich am ... um ... erhalten.

...

Ort, Datum

...

Unterschrift ◄

2. Erläuterungen

89 [1] **Zugang.** Der – fristgerechte – Zugang der Kündigung muss vom kündigenden Arbeitgeber dargelegt und im Bestreitensfall bewiesen werden (vgl HaKo-KSchR/*Mestwerdt* Einl. Rn 33 ff zum Zugang (Grundsätze), Rn 38 ff zu Einzelfällen, Rn 51 zur Abwesenheit des Kündigungsempfängers, Rn 52 ff zu Vereitelung/Verzögerung des Zugangs, Rn 56 ff zur Darlegungs- und Beweislast). Es empfiehlt sich daher, die Kündigungserklärung wenn möglich auf dem sichersten Weg, nämlich durch persönliche Übergabe, an den Arbeitnehmer zuzustellen und deren Empfang, etwa auf einer Abschrift der Kündigung oder einer gesonderten Empfangsbestätigung, durch den Kündigungsadressaten durch Unterschrift bestätigen zu lassen. Hierbei sollte stets dafür Sorge getragen werden, die erfolgte Zustellung erforderlichenfalls auch ohne Mitwirkung des zu Kündigenden prozessordnungsgemäß dokumentieren zu können. Es bietet sich an, die Kündigung in Anwesenheit (mindestens) eines als Zeuge in Betracht kommenden geeigneten, glaubwürdigen Dritten, etwa eines Mitarbeiters der Personalabteilung, zu übergeben. Der Zeuge sollte die Kündigung und ihren Inhalt kennen (lesen lassen) und ein präzises Übergabe- und Zustellungsprotokoll erstellen.

90 Alternativ kann die Kündigung auch durch einen, besser: zwei eigene interne, vertrauenswürdige Boten, insb. andere Mitarbeiter, zugestellt werden, die erforderlichenfalls als Zeugen zum Beweis des Zugangs und dessen Zeitpunkts in einem etwaigen späteren Verfahren benannt werden können müssen. Der Bote muss den Inhalt der von ihm zuzustellenden Erklärung kennen (Kündigung lesen lassen) und sollte nach deren Zustellung einen detaillierten Vermerk erstellen (vgl Bsp bei § 626 BGB Rn 3 aE).

91 Die Kündigung kann auch durch einen Gerichtsvollzieher nachweissicher zugestellt werden, wenn ein ausreichend langer Zeitraum zur Verfügung steht, um einen fristgerechten Zugang der Kündigung, bspw zum Ende des Kalendermonats, zu bewirken (HaKo-KSchR/*Mestwerdt* Einl. Rn 42, 61).

92 Eine Zustellung der Kündigungserklärung auf dem Postweg weist, je nach Art der Übersendung, unterschiedliche Risiken auf. Nach Möglichkeit sollte daher einer der oben genannten Zustellungsvarianten der Vorzug gegeben werden. Um eine fristgerechte Übersendung der Kündigungserklärung auf dem Postweg – soweit möglich – sicherzustellen, ist in der Regel die Zustellung mit Einwurf-Einschreibe (HaKo-KSchR/*Mestwerdt* Einl. Rn 40, 57 ff, 61) die zwar nicht risikolose (Dokumentation nur des Zugangszeitpunkts, ggf auch nur unter erheblichen Schwierigkeiten/Unwägbarkeiten (Hierzu Hümmerich/Lücke/Mauer/*Regh*, Arbeitsrecht § 4 Rn 23), nicht aber der Zustellung der Originalerklärung) gleichwohl aber geeignetere Alternative als zB das Einschreiben mit Rückschein. Da der Kündigende auch darlegen und beweisen können muss, welchen Inhalt die zugestellte Erklärung hat, ist bei dieser Form der Zustellung allerdings zudem eine sorgfältige Vorgehensweise in tatsächlicher Hinsicht und eine ebensolche Dokumentation des gesamten Weges der Kündigung vom Einkuvertieren des Kündigungsschreibens bis hin zu dessen Aufgabe beim Versender geboten. Dies kann insb. durch Anfertigung entsprechender Vermerke eines notwendigenfalls in einem späteren Kündigungsschutzverfahren als Zeugen zu benennenden Mitarbeiters für die Personalakte und die sorgfältige Ablage von Unterlagen/Belegen erfolgen (vgl Bsp bei § 626 BGB Rn 4 aE).

93 [2] **Kündigungsfrist.** Die Länge der zu beachtenden ordentlichen Kündigungsfrist und der zu wahrende Kündigungstermin können sich aus einer arbeitsvertraglichen Vereinbarung der Parteien sowie aus tariflichen oder gesetzlichen Regelungen ergeben. Die richtige Berechnung des zutreffenden Auflösungszeitpunkts kann im Einzelfall durchaus mit Unsicherheiten behaftet und Schwierigkeiten verbunden sein. Die Rechtsfolgen einer mit zu kurzer Frist ausgesprochenen Kündigung werden vom BAG unterschiedlich beurteilt (HaKo-KSchR/*Gieseler* § 13 KSchG Rn 71; vgl hierzu § 4 KSchG Rn 92 f). Mit der vorgeschlagenen Formulierung wird klargestellt, dass die Kündigung in jedem Fall als ordentliche Kündigung erklärt wird, so dass im Falle einer falschen Fristberechnung der objektiv richtige Auflösungszeitpunkt ggf durch Auslegung ermittelt werden kann, ohne die Rechtswirksamkeit der Kündigung zu gefährden.

94 [3] **Voraussetzungen der verhaltensbedingten Kündigung/Kündigungsgründe.** Nach § 1 Abs. 2 S. 1 KSchG ist eine Kündigung sozial gerechtfertigt, wenn sie durch Gründe, die im Verhalten des Arbeitnehmers liegen, bedingt ist. Dies ist der Fall, wenn der Arbeitnehmer seine vertraglichen Haupt- oder Nebenpflichten erheblich und in der Regel schuldhaft verletzt hat, mildere Mittel und Reaktionen von Seiten des Arbeitgebers – in Betracht kommen insb. Abmahnung sowie Umsetzung oder Versetzung – nicht (mehr) geeignet sind beim Arbeitnehmer künftige Vertragstreue zu bewirken, eine dauerhaft störungsfreie Vertragserfüllung in Zukunft nicht zu erwarten steht und die Lösung des Arbeitsverhältnisses in Abwägung der Interessen beider Vertragsteile angemessen erscheint (BAG 3.11.2011 – 2 AZR 748/10, NZA 2012, 607).

95 Als geeignete Kündigungsgründe kommen grundsätzlich alle rechtswidrigen Pflichtverletzungen durch den Arbeitnehmer in Betracht, dh Pflichtverstöße im Leistungsbereich, also alle Fälle der Nicht- oder Schlechtleistung durch den Arbeitnehmer, daneben aber auch die Verletzung arbeitsvertraglicher Nebenpflichten, Verstöße gegen die betriebliche Ordnung und alle Störungen im Vertrauensbereich.

96 Gründe für eine verhaltensbedingte Kündigung können bspw sein: eine Störung des Betriebsfriedens durch politische Betätigung mit verfassungsfeindlicher Zielsetzung, die unerlaubte Privatnutzung betrieblicher Kommunikationseinrichtungen (Internet, Telefon), die Nichteinhaltung betrieblicher Rauch- und Alkoholverbote, unentschuldigtes Fehlen, wiederholte Verspätungen, Bummelei, unberechtigte Arbeitsverweigerung, schuldhafte Schlechtleistung, die Ankündigung einer Krankheit, deren Vortäuschen, die Selbstbeurlaubung oder eine eigenmächtige Urlaubsverlängerung, eine Konkurrenztätigkeit, die Annahme von Schmiergeldern, der Verrat von Betriebs- oder Geschäftsgeheimnissen, strafbare Handlungen im Betrieb, insbesondere Vermögensdelikte zum Nachteil des Arbeitgebers oder Tätlichkeiten, sexuelle Belästigungen, Bedrohungen und Beleidigungen (vgl HaKo-KSchR/*Zimmermann* § 1 KSchG Rn 348 ff ausf. zu einzelnen Kündigungsgründen in alphabetischer Übersicht).

97 **[4] Begründung der Kündigung.** Die Angabe des Kündigungsgrundes und die Darstellung des Kündigungssachverhalts in der Kündigungserklärung sind im Regelfall keine Wirksamkeitsvoraussetzungen der Kündigung und daher aus rechtlichen Gründen nicht erforderlich. Gleiches gilt für Angaben zu in der Vergangenheit ggf bereits erfolgten Abmahnungen oder sonstigen Sanktionen. Unter taktischen Aspekten wird es sich, gerade bei dem verhaltensbedingten Bereich zuzuordnenden Umständen, zumeist empfehlen, auf derartige Ausführungen zu verzichten (vgl hierzu Muster bei Rn 109 mit Erläuterung).

98 Etwas anderes gilt aber dann, wenn ausnahmsweise aufgrund individual- oder kollektivrechtlicher Vereinbarung (vgl BAG 25.10.2012 – 2 AZR 845/11, ArbR 2013, 244 zur arbeitsvertraglichen Vereinbarung der Angabe des Kündigungsgrundes) oder aufgrund gesetzlicher Regelung (§ 22 Abs. 3 BBiG, § 9 Abs. 3 MuSchG) eine Begründung der Kündigung zwingende Wirksamkeitsvoraussetzung ist (Muster bei § 22 BBiG Rn 28 und § 9 MuSchG Rn 10).

99 **[5] Beteiligungs- und Zustimmungsverfahren.** Hinweise in der Kündigungserklärung auf das nach § 102 BetrVG oder zB § 79 Abs. 3 BPersVG oder § 31 MAVO durchgeführte Verfahren zur Beteiligung eines Betriebs- oder Personalrats oder einer MAV vor Ausspruch der Kündigung und/oder die Reaktion der Arbeitnehmervertretung sind aus rechtlichen Gründen nicht erforderlich (vgl zur Anhörung der Arbeitnehmervertretung Muster bei § 102 BetrVG Rn 1 Variante 3 und Erläuterungen bei Rn 2 ff).

100 Nur wenn der Arbeitgeber trotz eines Widerspruchs des Betriebsrats nach § 102 Abs. 3 BetrVG kündigt, hat er dem Arbeitnehmer mit der Kündigung eine Abschrift von dessen Stellungnahme zuzuleiten, § 102 Abs. 4 BetrVG (vgl Muster bei § 102 BetrVG Rn 73). Anderweitige Mitteilungen und Stellungnahmen sowie anders oder nicht fristgerecht begründete Widersprüche des Betriebsrats muss der Arbeitgeber nicht weiterleiten. Eine Verletzung der Weiterleitungspflicht des Arbeitgebers führt indessen nach hM nicht zur Unwirksamkeit der Kündigung, sondern kann lediglich Schadenersatzansprüche auslösen (HaKo-KSchR/*Nägele* § 102 BetrVG Rn 175 ff). In ähnlicher Weise ist der Arbeitgeber bei der Mitwirkung des Personalrats bei Kündigungen zur Zuleitung von dessen Stellungnahme verpflichtet, vgl zB § 79 Abs. 1 S. 4 BPersVG.

101 Muss eine behördliche Zustimmung erteilt werden, bevor die Kündigung ausgesprochen werden darf, etwa gemäß §§ 85 SGB IX, § 9 Abs. 3 MuSchG oder § 18 Abs. 1 BEEG, sind Angaben zum durchgeführten Zustimmungsverfahren in der Kündigungserklärung aus rechtlichen Gründen gleichfalls nicht erforderlich. In der Regel wird sich ein Hinweis auf die erteilte Zustimmung der Behörde jedoch anbieten.

102 **[6] Hinweispflicht gem. §§ 2 Abs. 2 Ziff. 3, 38 Abs. 1 SGB III.** Das Unterlassen des Hinweises auf die aus § 38 SGB III resultierenden Meldepflicht begründet nach der bisherigen Rechtsprechung des BAG zwar keine Schadenersatzansprüche des Arbeitnehmers gegen den Arbeitgeber (BAG 29.9.2005 – 8 AZR 571/04, NZA 2005, 1406). Gleichwohl sollte der Hinweis in

die Kündigungserklärung aufgenommen werden, schon um der gesetzlich vorgesehenen Verpflichtung des Arbeitgebers zu entsprechen.

[7] **Hinweis auf Klagefrist.** Der kündigende Arbeitgeber ist nicht verpflichtet, den Arbeitnehmer auf das Erfordernis der Einhaltung der dreiwöchigen Klagefrist hinzuweisen (LAG Rheinland-Pfalz 17.10.2005 – 10 Ta 245/05 mwN).

103

[8] **Abwicklung des Arbeitsverhältnisses.** Erklärungen, Fristsetzungen oder Mitteilungen des Arbeitgebers zu im Rahmen der Abwicklung des Arbeitsverhältnisses relevanten Sachbereichen, wie Urlaub oder Urlaubsabgeltung, Überstunden, einer etwaigen Freistellung des Arbeitnehmers, der Herausgabe eines Dienstwagens oder von Arbeitsmitteln, der Zeugniserteilung, Geheimhaltung etc. (vgl die Muster bei § 615 BGB Rn 1 ff und § 623 BGB Rn 19 ff) sind aus rechtlichen Gründen im Kündigungsschreiben nicht erforderlich. Ob und wann hierzu Ausführungen, ggf auch in einem gesonderten Schreiben, erfolgen, ist im Einzelfall zu entscheiden.

104

Dessen ungeachtet müssen die eine verhaltensbedingte Kündigung gegebenenfalls flankierenden tatsächlichen und rechtlichen Aspekte, je nach Funktion, Tätigkeit und Stellung des Mitarbeiters vor Ausspruch der Kündigung umfassend bedacht, ggf vorbereitet und dann durchgeführt. Hierzu zählen etwa die Sperrung des Internet-/Intranetzugangs, der Widerruf von Vollmachten, die Rückgabe von PC/Laptop, Mobiltelefon, Dienstwagen, Kreditkarten, Zugangskarten und Schlüsseln oder die Kommunikation des Vorgangs intern und extern.

105

[9] **Schriftform/Kündigungsberechtigung/Vollmacht.** Für jede Kündigung gilt das Schriftformerfordernis des § 623 BGB. Die Kündigungserklärung muss mithin durch einen Kündigungsberechtigten eigenhändig mittels Namensunterschrift (oder mittels notariell beglaubigten Handzeichens) unterzeichnet sein und dem Arbeitnehmer im Original zugestellt werden. Eine nur mündlich erklärte oder lediglich via Telefax, E-Mail oder durch Übergabe einer Kopie ausgesprochene Kündigung wahrt die gesetzliche Schriftform nicht und ist gem. §§ 125 S. 1, 126 BGB formnichtig (HaKo-KSchR/*Spengler* § 623 BGB Rn 1 ff).

106

Kündigungsberechtigt ist die natürliche Person, die das Kündigungsrecht ausüben darf. Hierzu zählen zunächst der Arbeitgeber, soweit es sich um eine natürliche Person handelt, bspw der Inhaber einer Einzelfirma sowie bei juristischen Personen, die gesetzlichen Vertreter einer Gesellschaft oder Körperschaft, also etwa der Geschäftsführer einer GmbH oder der Vorstand einer AG. Neben den Mitgliedern der Organe juristischer Personen und Körperschaften gehören zu den Kündigungsberechtigten auch die Mitarbeiter, denen der Arbeitgeber das Recht zur (außerordentlichen) Kündigung übertragen hat. Zum relevanten Personenkreis gehören etwa Prokuristen oder Mitarbeiter mit Handlungsvollmacht (§ 54 HGB) und leitende Angestellte mit Kündigungsbefugnis (HaKo-KSchR/*Mestwerdt* Einl. Rn 63 ff, 74 ff).

107

Wird die Kündigung durch einen nicht kündigungsberechtigten Vertreter ausgesprochen, etwa den Rechtsanwalt des Arbeitgebers, muss dem Kündigungsschreiben eine durch einen Kündigungsberechtigten unterzeichnete Originalvollmacht angeschlossen werden. Gleiches gilt, wenn die Kündigung durch einen Vorgesetzten des Arbeitnehmers ausgesprochen werden soll, bei dem die Kündigungsberechtigung nicht betriebsöffentlich durch den Arbeitgeber bekannt gemacht wurde resp. bei dem sich die bestehende Kündigungsberechtigung nicht schon aus der ausgeübten Tätigkeit als solcher ergibt, wie dies etwa bei einem Personalleiter regelmäßig der Fall ist (HaKo-KSchR/*Mestwerdt* Einl. Rn 73 – 75). Anderenfalls kann die Kündigung gemäß § 174 S. 1 BGB unverzüglich zurück gewiesen werden. Erforderlich hierfür ist jedoch gleichfalls die Beifügung einer hierzu berechtigenden Originalvollmacht des Gekün-

108

digten (vgl die Muster bei §§ 174, 180 BGB Rn 1, 14; HaKo-KSchR/*Mestwerdt* Einl. Rn 69 ff).

3. Varianten verhaltensbedingter Kündigungstatbestände

a) Verhaltensbedingte Kündigung – Arbeitgebersicht (kurz)

aa) Muster: Verhaltensbedingte Kündigung – Arbeitgebersicht (kurz)

▶ Persönliche Übergabe/Per Boten[1]

Mitarbeiter

Anschrift

Ordentliche Kündigung Ihres Arbeitsverhältnisses

Sehr geehrter ...,

wir kündigen das mit Ihnen bestehende Arbeitsverhältnis unter Einhaltung der ordentlichen Kündigungsfrist zum nächst zulässigen Zeitpunkt. Dies ist nach unserer Berechnung der ...[2]-[5]

Wir weisen darauf hin, dass Sie verpflichtet sind, sich spätestens drei Monate vor der Beendigung Ihres Arbeitsverhältnisses bei der Agentur für Arbeit persönlich arbeitsuchend zu melden, da ansonsten sozialversicherungsrechtliche Nachteile, insbesondere die Verhängung einer einwöchigen Sperrfrist, eintreten können. (Alt., wenn zwischen der Kenntnis des Beendigungszeitpunktes und der Beendigung des Arbeitsverhältnisses weniger als drei Monate liegen: ..., sich innerhalb von drei Tagen nach Zugang dieser Kündigungserklärung bei der Agentur für Arbeit ...) Zur Wahrung der Frist reicht eine Anzeige unter Angabe Ihrer persönlichen Daten und des Beendigungszeitpunktes aus, wenn die persönliche Meldung nach terminlicher Vereinbarung nachgeholt wird. Wir weisen ferner darauf hin, dass Sie verpflichtet sind, frühzeitig eigene Aktivitäten bei der Suche nach einer anderen Beschäftigung zu entwickeln.[6][7][8]

Mit freundlichen Grüßen

...

Unterschrift[9]

Empfangsbestätigung[1]

Die Kündigung vom ... habe ich am ... um ... erhalten.

...

Ort, Datum

...

Unterschrift ◀

bb) Erläuterungen

[1-9] Kurzform, Verweisung. In der Praxis wird es sich zumeist anbieten, die Kündigungserklärung aus taktischen Erwägungen möglichst kurz und knapp zu halten (Ausnahme jedoch immer: § 22 Abs. 3 BBiG, § 9 Abs. 3 S. 2 MuSchG, hierzu § 22 BBiG Rn 38 ff; § 9 MuSchG Rn 12). Aus Sicht des Arbeitgebers sollte es jedenfalls unbedingt unterbleiben, (weitschweifige) Ausführungen zu Kündigungsgründen zu machen, denen der sachkundige Leser ohne weiteres die (sichere oder mutmaßliche) Unwirksamkeit der Kündigung entnehmen kann. Unnötige und überflüssige Angaben erschweren zudem häufig die Möglichkeit einer einvernehmlichen Einigung der Parteien (s.u. Rn 122).

Die obigen Erläuterungen ab Rn 89 ff gelten für vorstehendes Muster ansonsten gleichermaßen.

b) Verhaltensbedingte Änderungskündigung
Eine Änderungskündigung aus verhaltensbedingten Gründen wird idR nur bei arbeitsplatzbezogenen, nicht aber bei arbeitsplatzunabhängigen Kündigungsgründen in Betracht kommen. Hinsichtlich der Kündigungserklärung selbst sind keine speziellen Besonderheiten zu beachten. Auf Muster und Erläuterungen zu § 2 KSchG kann daher verwiesen werden.

c) Ordentliche Kündigung durch Arbeitnehmer
aa) Muster: Ordentliche Kündigung durch Arbeitnehmer[1]
▶ Persönliche Übergabe/Einschreiben-Rückschein[2]

...

– Geschäftsleitung –

Herrn Geschäftsführer ...

Anschrift

Ordentliche Kündigung meines Arbeitsverhältnisses

Sehr geehrter Herr ...,

ich kündige mein mit der ... bestehendes Arbeitsverhältnis unter Einhaltung der ordentlichen Kündigungsfrist zum nächstzulässigen Zeitpunkt. Dies ist nach meiner Berechnung der ...[3]

Bitte bestätigen Sie mir bis zum ... den Eingang meiner Kündigung und den Beendigungszeitpunkt des Arbeitsverhältnisses.

...[4]

Mit freundlichen Grüßen

...

Unterschrift[5] ◀

bb) Erläuterungen
[1] **Ordentliche Kündigung.** Das KSchG gilt nur für Kündigungen des Arbeitgebers. Der Arbeitnehmer kann sein Arbeitsverhältnis hingegen ordentlich kündigen, ohne dass ein Kündigungsgrund iSd § 1 Abs. 2 KSchG vorliegen muss. Einer Begründung der Kündigung bedarf es nicht. Bzgl. der außerordentlichen Kündigung des Arbeitnehmers aus wichtigem Grund wird auf Muster und Erläuterungen bei § 626 BGB Rn 22 ff verwiesen.

[2] **Zugang.** Der – fristgerechte – Zugang der Kündigung muss vom Arbeitnehmer dargelegt und im Bestreitensfall bewiesen werden. Es empfiehlt sich daher, die Kündigung gegen Empfangs-/Eingangsbestätigung der Geschäftsleitung oder Personalabteilung persönlich zu übergeben. Alternativ kann die Kündigung auch durch einen Boten zugestellt werden; dieser sollte den Inhalt der von ihm zuzustellenden Erklärung kennen (Kündigung lesen lassen). Eine Zustellung der Kündigung auf dem Postweg sollte stets durch Einschreiben erfolgen. Nachdem der Kündigende allerdings nicht nur „das Ob" und den Zeitpunkt der Zustellung einer Sendung darlegen und beweisen können muss, sondern auch, welchen Inhalt die zugestellte Erklärung hat, sollten die tatsächlichen Handlungen bis zu deren Aufgabe beim Beförderungsunternehmen durch oder in Anwesenheit einer als Zeuge benannt werden könnenden dritten Person (Kündigung lesen lassen) erfolgen (vgl zur Erstellung eines Übergabe- oder Zustellungsvermerks sinngemäß die Muster bei § 626 BGB Rn 3 und 4).

114 **[3] Kündigungsfrist.** Grundsätzlich hat der Arbeitnehmer (außerhalb einer vereinbarten Probezeit) unabhängig von der Dauer seines Arbeitsverhältnisses die Grundkündigungsfrist von vier Wochen zum 15. oder zum Ende des Kalendermonats nach § 622 Abs. 1 BGB einzuhalten, soweit nicht die Geltung längerer Kündigungsfristen für beide Seiten vereinbart wurde (HK-ArbR/*Schmitt* § 622 BGB Rn 58 ff).

115 **[4] Abwicklung des Arbeitsverhältnisses.** Erklärungen, Anträge oder Mitteilungen des Arbeitnehmers zu im Rahmen der Abwicklung des Arbeitsverhältnisses relevanten Sachbereichen, wie Urlaub bzw Urlaubsabgeltung, Überstunden, Arbeitsmitteln, Zeugnis, betrieblicher Altersversorgung etc. können im Kündigungsschreiben erfolgen, sind aus rechtlichen Gründen jedoch nicht erforderlich.

116 **[5] Schriftform.** Für jede Kündigung des Arbeitnehmers gilt das Schriftformerfordernis des § 623 BGB. Die Kündigungserklärung muss durch diesen eigenhändig mittels Namensunterschrift unterzeichnet sein und dem Kündigungsempfänger im Original zugestellt werden. Eine nur mündlich erklärte oder lediglich via Telefax, E-Mail oder durch Übergabe einer Kopie ausgesprochene Kündigung wahrt die gesetzliche Schriftform nicht und ist gem. §§ 125 S. 1, 126 BGB formnichtig (HaKo-KSchR/*Spengler* § 623 BGB Rn 14 ff, 31 ff).

II. Gerichtliches Verfahren

Bei den in nachfolgenden Musterschriftsätzen verwendeten Textbausteinen handelt es um auf typische Prozesssituationen bezogene Muster ohne Anspruch auf Vollständigkeit. Die dortigen Rechtsausführungen sind nach Bedarf und auf den Einzelfall bezogen zu ergänzen oder auch zu kürzen oder zu entfernen.

1. Klageschrift

117 Gegen eine verhaltensbedingte Kündigung seines Arbeitsverhältnisses muss der Arbeitnehmer zur Vermeidung der Fiktion des § 7 KSchG binnen drei Wochen nach deren Zugang Kündigungsschutzklage gem. § 4 S. 1 KSchG einreichen. Spezifische Besonderheiten sind insoweit nicht zu beachten. Auf Muster und Erläuterungen zu § 4 KSchG, dort Rn 1 ff, wird verwiesen.

2. Verteidigungsanzeige für Arbeitgeber

118 **a) Muster: Verteidigungsanzeige (vor Gütetermin)**

▶ Arbeitsgericht ▪▪▪

Anschrift

Verteidigungsanzeige[1]

Az. ▪▪▪

In der Rechtssache

▪▪▪ ./. ▪▪▪

zeigen wir die anwaltliche Vertretung der beklagten Partei an. Vom Termin zur Güteverhandlung am ▪▪▪ haben wir Kenntnis. Namens und in Vollmacht der Beklagten werden wir im Termin zur mündlichen Verhandlung vor der Kammer beantragen:

1. Die Klage wird abgewiesen.
2. Der Kläger trägt die Kosten des Rechtsstreits.

Eine Begründung vorstehend angekündigter Anträge erfolgt mit gesondertem Schriftsatz.[2]

...

Rechtsanwalt ◄

b) Erläuterungen

[1] **Zeitpunkt.** Eine Verteidigungsanzeige sollte idR unmittelbar nach Erteilung das Mandats erfolgen, schon um sicherzustellen, dass weitere Zustellungen, etwa eine Verlegung des Gütetermins, vom Arbeitsgericht gegenüber dem Prozessbevollmächtigten bewirkt werden.

[2] **Sachvortrag vor Gütetermin.** Die beklagte Partei ist im arbeitsgerichtlichen Verfahren aus prozessualen Gründen nicht gehalten, vor dem Gütetermin schriftsätzlich vorzutragen. Sie kann hierzu, auch durch eine entsprechende und unter Fristsetzung erfolgende Verfügung des Arbeitsgerichts, nicht verpflichtet werden.

Aus taktischen Gründen sollte sorgfältig bedacht werden, ob überhaupt und wenn ja, wann und in welchem Umfang vor dem Termin zur Güteverhandlung für die Beklagte vorgetragen wird. Zu früher und/oder zu umfangreicher Sachvortrag kann eine mögliche gütliche Einigung erschweren oder verhindern, u.a. führt ein solcher oftmals zu einer emotionalen Eskalation des Konflikts und einer Verhärtung der jeweiligen Standpunkte der Parteien. Die Klägerseite erhält außerdem die Gelegenheit, sich auf den Sachvortrag des Arbeitgebers einzustellen, diesen zu widerlegen und/oder Entlastungstatsachen anzuführen und die mögliche Rechtsunwirksamkeit der Kündigung auf Basis einer breiteren Sachverhaltskenntnis besser beurteilen zu können. Jedenfalls in den Fällen, in denen schon aus Sicht der Arbeitgeberseite kleinere oder größere Zweifel an der rechtlichen Wirksamkeit der Kündigung bestehen und eine vergleichsweise Einigung angestrebt werden soll, wird es sich empfehlen, auf zu frühe (ausführliche) schriftliche Darlegungen zu verzichten und im Gütetermin, unter Zuhilfenahme der Katalysationswirkung des gerichtlichen Verfahrens und (falls vorhanden) des Gerichts, nach Möglichkeit eine Einigung der Parteien zu erzielen. Substantieller Vortrag kann angezeigt sein, wenn sich der Arbeitgeber in einer erfolgversprechenden Ausgangssituation befindet und/oder bei komplizierten oder komplexen Sachverhalten, um eine sinnvolle Durchführung des Gütetermins überhaupt erst möglich zu machen.

3. Klageerwiderung des Arbeitgebers

a) Muster: Klageerwiderung (idR nach Gütetermin)

► Arbeitsgericht ...

Anschrift

Klageerwiderung[1]

Az. ...

In der Rechtssache

... ./. ...

beziehen wir uns auf die mit der Verteidigungsanzeige vom ... bereits angekündigten Anträge. Zu deren Begründung wird für die beklagte Partei wie folgt vorgetragen.

Die streitgegenständliche Kündigung der Beklagten vom ... führte zur Auflösung des zwischen den Parteien bestandenen Arbeitsverhältnisses.

Im Einzelnen:

I.

1. Der Kläger wurde am ▬ geboren und ist verheiratet/ledig/geschieden. Unterhaltsverpflichtungen gegenüber ▬ bestehen/bestehen nicht. Die Beklagte beschäftigte den Kläger seit ▬, zuletzt als ▬ in ▬ Seine regelmäßige wöchentliche Arbeitszeit belief sich auf ▬ h. Die monatliche Bruttoarbeitsvergütung des Klägers betrug zuletzt ▬ EUR nebst ▬

2. Im Betrieb der Beklagten in ▬ werden regelmäßig ▬ Arbeitnehmer beschäftigt. Ein Betriebsrat ist errichtet/nicht errichtet. Auf das Arbeitsverhältnis der Parteien fanden die tarifvertraglichen Vereinbarungen für die ▬ (Branche) in ▬ (räumlicher Geltungsbereich) zwischen der ▬ und ▬ (tarifvertragschließende Parteien) Anwendung/fanden tarifliche Regelungen keine Anwendung.

II.

1. a) Die ordentliche Kündigung der Beklagten vom ▬ ist aus verhaltensbedingten Gründen sozial gerechtfertigt.

    aa) Ein erhebliches, objektiv pflichtwidriges und schuldhaftes Verhalten des Klägers liegt vor.

    Am ▬ gegen ▬ befand sich der Kläger in ▬ (Örtlichkeit) um ▬ (Tätigkeit).

    Beweis: ▬

    Dem Kläger war bekannt, dass ▬

    Beweis: ▬

    Gleichwohl hat der Kläger ▬

    Beweis: ▬

    Hierdurch kam es zu ▬

    Beweis: ▬

    [Substantiierter und unter Beweisantritt erfolgender Sachvortrag zum Kündigungssachverhalt unter Angabe von Datum, Uhrzeit, Ort, beteiligten Personen, Ereignis (Pflichtverletzung), Auswirkungen und zum Verschulden des Klägers (vgl HaKo-KSchR/*Zimmermann* § 1 KSchG Rn 348 ff zu den Fallgruppen in Betracht kommender Kündigungsgründe).]

    bb) Der Kläger hat in der Vergangenheit bereits (mehrfach) in gleicher Art und Weise gegen seine arbeitsvertraglichen Pflichten verstoßen.

    ▬

    [Substantiierter und unter Beweisantritt erfolgender Sachvortrag zu einschlägigen oder gleichartigen Pflichtverletzungen (vgl HaKo-KSchR/*Zimmermann* § 1 KSchG Rn 262 ff zum Erfordernis der Gleichartigkeit der Pflichtverletzungen) in der Vergangenheit, insbesondere zu bereits erteilten Abmahnungen (HaKo-KSchR/*Zimmermann* § 1 KSchG Rn 236 ff, 240 ff). Erforderlichenfalls ist an dieser Stelle der Vortrag zu führen, aus dem sich ergibt, dass auch andere mildere Mittel zur Vermeidung der Kündigung, etwa ein Wechsel des Arbeitsplatzes oder die Zuweisung einer anderen Tätigkeit, nicht in Betracht kommen (HaKo-KSchR/*Zimmermann* § 1 KSchG Rn 314 ff).]

cc) Soweit der Kläger ausführt, die Darstellung des Kündigungssachverhalts durch die Beklagte sei unrichtig, weil ▪▪▪, handelt es sich um eine schlichte Schutzbehauptung.[2]

▪▪▪

[Substantiierter und unter (Gegen-)Beweisantritt erfolgender Sachvortrag zu möglichen absehbar und/oder arbeitnehmerseits bereits geltend gemachten entlastenden Tatsachen sowie etwaigen Entschuldigungs- und Rechtfertigungsgründen (HaKo-KSchR/*Zimmermann* § 1 KSchG Rn 328 f).]

dd) Die Fortsetzung des Arbeitsverhältnisses mit dem Kläger über den Ablauf der ordentlichen Kündigungsfrist hinaus ist der Beklagten nicht zumutbar.

▪▪▪

[Substantiierter und unter Beweisantritt erfolgender Sachvortrag zu den in die Interessenabwägung einzustellenden Kriterien (HaKo-KSchR/*Zimmermann* § 1 KSchG Rn 323 ff)]

b) Die streitgegenständliche Kündigung ist nicht aufgrund eines sonstigen Unwirksamkeitsgrundes rechtsunwirksam.

aa) Die Beklagte hat den Betriebsrat vor Ausspruch der Kündigung im Rahmen eines ordnungsgemäßen Anhörungsverfahrens nach § 102 BetrVG beteiligt. ▪▪▪

bb) ▪▪▪

[Substantiierter und unter Beweisantritt erfolgender Sachvortrag zu sonstigen Unwirksamkeitsgründen, etwa im Hinblick auf die Beteiligung von Betriebsrat, Personalrat oder MAV, ein Zustimmungsverfahren nach SGB IX, BEEG, MuSchG, bezüglich des tariflichen Ausschlusses des Rechts zur ordentlichen Kündigung etc.]

2. Die vom Kläger ferner mit den Klaganträgen Ziff. ▪▪▪ geltend gemachten Ansprüche bestehen nicht. ▪▪▪

[Ggf substantiierter und unter Beweisantritt erfolgender Sachvortrag zu etwaigen weiteren Klaganträgen, etwa bzgl der Weiterbeschäftigung des Klägers, der Rücknahme/Entfernung von Abmahnungen, der Erteilung eines (Zwischen-) Zeugnisses etc.]

III.

1. a) Nach § 1 Abs. 2 S. 1 KSchG ist eine Kündigung sozial gerechtfertigt, wenn sie durch Gründe, die im Verhalten des Arbeitnehmers liegen, bedingt ist. Dies ist der Fall, wenn der Arbeitnehmer seine vertraglichen Haupt- oder Nebenpflichten erheblich und in der Regel schuldhaft verletzt hat, eine dauerhaft störungsfreie Vertragserfüllung in Zukunft nicht mehr zu erwarten steht und die Lösung des Arbeitsverhältnisses in Abwägung der Interessen beider Vertragsteile angemessen erscheint, BAG 3.11.2011, 2 AZR 748/10, NZA 2012, 607. Dem Risiko künftiger Vertragsstörungen kann dann nur noch durch die fristgemäße Beendigung des Arbeitsverhältnisses begegnet werden, es sei denn, dass schon mildere Mittel und Reaktionen von Seiten des Arbeitgebers – in Betracht kommen insb. Abmahnung sowie Umsetzung oder Versetzung – geeignet gewesen wären, beim Arbeitnehmer künftige Vertragstreue zu bewirken, BAG 21.6.2012, 2 AZR 153/11, NZA 2012, 1025.

▪▪▪

Beruht die Vertragspflichtverletzung auf einem steuerbaren Verhalten des Arbeitnehmers, ist regelmäßig davon auszugehen, dass sein künftiges Verhalten schon durch die Androhung von Folgen für den Bestand des Arbeitsverhältnisses positiv beeinflusst werden kann. Einer Abmahnung bedarf es nach Maßgabe des auch in § 314 Abs. 2 iVm § 323 Abs. 2 BGB zum Ausdruck kommenden Verhältnismäßigkeitsgrundsatzes demnach nur dann nicht, wenn bereits ex ante erkennbar ist, dass eine Verhaltensänderung in Zukunft – auch nach Erteilung einer Abmahnung – nicht zu erwarten ist oder es sich um eine so schwere Pflichtverletzung handelt, dass selbst deren erstmalige Hinnahme dem Arbeitgeber nach objektiven Maßstäben unzumutbar und damit offensichtlich – auch für den Arbeitnehmer erkennbar – ausgeschlossen ist, BAG 9.6.2011, 2 AZR 284/10, NZA-RR 2012, 12. Die Abmahnung dient der Objektivierung der negativen Prognose. Liegt eine ordnungsgemäße Abmahnung vor und verletzt der Arbeitnehmer erneut seine vertraglichen Pflichten, kann regelmäßig davon ausgegangen werden, es werde auch zukünftig zu weiteren Vertragsstörungen kommen.

...

Bei der Prüfung, ob dem Arbeitgeber eine Weiterbeschäftigung des Arbeitnehmers über den Ablauf der Kündigungsfrist hinaus zumutbar ist, ist in einer Gesamtwürdigung der relevanten Umstände des jeweiligen Einzelfalles das Interesse des Arbeitgebers an der Beendigung des Arbeitsverhältnisses gegen das Interesse des Arbeitnehmers an dessen Fortbestand umfassend abzuwägen, BAG, 27.9.2012, 2 AZR 811/11, ArbR2013, 187. In die Interessenabwägung sind arbeitsvertrags- und sachverhaltsbezogene Gesichtspunkte unter Berücksichtigung der konkreten Vertragspflichtverletzung einzubeziehen, ohne dass sich diese für alle Fälle abschließend festlegen ließen, HaKo-KSchR/Zimmermann § 1 KSchG Rn 323 ff. Zu berücksichtigen sind aber regelmäßig das Gewicht und die Auswirkungen einer Vertragspflichtverletzung, der Grad des Verschuldens des Arbeitnehmers, eine mögliche Wiederholungsgefahr sowie die Dauer des Arbeitsverhältnisses und dessen bisheriger störungsfreier Verlauf, BAG, Urteil vom 9.6.2011 – 2 AZR 323/10.

...

[Ggf weitere Rechtsausführungen zur sozialen Rechtfertigung der Kündigung, sonstigen Unwirksamkeitsgründen etc.]

    b) Die ordentliche Kündigung der Beklagten vom ... ist unter Berücksichtigung der vorstehend dargestellten Grundsätze aus verhaltensbedingten Gründen sozial gerechtfertigt. Sonstige Unwirksamkeitsgründe liegen nicht vor.

...

[Anwendung auf konkreten Fall]

2. Die mit den Klaganträgen Ziff. ... bis ... geltend gemachten Ansprüche des Klägers bestehen nicht.

...

[Ggf rechtliche Ausführungen zu etwaigen weiteren Klagbegehren und Anwendung auf konkreten Fall.
Soweit der Kläger auch die Rücknahme/den Widerruf und/oder die Entfernung einer früher erteilten Abmahnung verlangt, wird ergänzend auf das obige Muster einer Klageerwiderung gegen eine Abmahnungsklage bei Rn 74 verwiesen.]

3. Die Klage ist unbegründet und wird daher abzuweisen sein.

...

Rechtsanwalt ◀

b) Erläuterungen

[1] Aufbau des Musterschriftsatzes. Die nachfolgende Klageerwiderung ist als Musterschriftsatz mit einem systematischen, den tatbestandlichen Voraussetzungen einer ordentlichen verhaltensbedingten Kündigung folgenden, abstrakten Aufbau zu verstehen (vgl HaKo-KSchR/*Zimmermann* § 1 KSchG Rn 204 ff, HK-ArbR/*Markowski* § 1 KSchG Rn 218 f zum Prüfungsaufbau).

Unter Ziff. I. erfolgt Vortrag zur Person des Klägers, zu Bestand und Inhalt des Arbeitsverhältnisses sowie zu allgemeinen Informationen über den Betrieb der Beklagten.

Unter Ziff. II. ist der erforderliche substantiierte Sachvortrag – unter Beweisantritt – zur streitgegenständlichen Kündigung für die Beklagte zu führen.

Ziff. III. bietet, in korrespondierender Folge – falls gewünscht, sinnvoll oder geboten – Raum für (weitere) rechtliche Ausführungen, Hinweise auf einschlägige Entscheidungen und deren Anwendung auf den konkreten streitgegenständlichen Fall.

[2] Darlegungs- und Beweislast. Der Arbeitgeber trägt im Kündigungsschutzprozess gem. § 1 Abs. 2 S. 4 KSchG die Darlegungs- und Beweislast für alle Tatsachen, die zur Erfüllung der tatbestandlichen Voraussetzungen der Kündigung vorliegen müssen. Dies gilt auch für das Nichtvorliegen solcher Tatsachen, die das Verhalten des Arbeitnehmers rechtfertigen oder entschuldigten (BAG 3.11.2011 – 2 AZR 748/10, NZA 2012, 607). Der Umfang der dem Arbeitgeber obliegenden Darlegungslast ist aber von der Art und Weise der Einlassung des Arbeitnehmers auf einen bestimmten Vortrag abhängig. Nach den Grundsätzen der abgestuften Darlegungs- und Beweislast darf sich der Arbeitgeber zunächst darauf beschränken, den objektiven Tatbestand einer Arbeitspflichtverletzung darzulegen, ohne von vornherein jeden erdenklichen Rechtfertigungs- oder Entschuldigungsgrund vorbeugend ausschließen zu müssen. Will der Arbeitnehmer geltend machen, er sei aus von ihm nicht zu vertretenden Gründen gehindert gewesen, seine Pflichten ordnungsgemäß zu erfüllen, muss er diese Gründe genau angeben und substantiiert darlegen. Sodann ist der Arbeitgeber gehalten, entsprechenden substantiierten Gegenvortrag zu halten und diesen erforderlichenfalls zu beweisen (HaKo-KSchR/*Zimmermann* § 1 KSchG Rn 326 ff).

4. Klageerwiderung nach vorangegangener Abmahnung
a) Muster: Klageerwiderung bei häufigem Zuspätkommen

▶ Arbeitsgericht ...

Klageerwiderung[1]

In der Rechtssache

... ./. ...

zeigen wir die anwaltliche Vertretung der beklagten Partei an. In deren Namen und Vollmacht werden wir im Termin zur mündlichen Verhandlung vor der Kammer beantragen:

1. Die Klage wird abgewiesen.
2. Die Klägerin trägt die Kosten des Rechtsstreits.

Begründung

Die Klägerin ist trotz mehrerer vorangegangener, einschlägiger (Ermahnungen und) Abmahnungen an ... Arbeitstagen verspätet zum Antritt ihrer Arbeit erschienen. Die streitgegenständliche Kündigung der Beklagten vom ... ist daher aus verhaltensbedingten Gründen sozial gerechtfertigt. Sonstige Unwirksamkeitsgründe liegen nicht vor.

Das Arbeitsverhältnis der Parteien endete folglich unter Berücksichtigung der ordentlichen Kündigungsfrist von ... mit Ablauf des ...

Im Einzelnen:

I.

1. Die Angaben der Klägerin zu ihren persönlichen Verhältnissen, zum Arbeitsverhältnis und zum Betrieb der Beklagten treffen zu/sind wie folgt richtigzustellen. ...

2. Die Beklagte führt einen Kindergarten. Hieraus resultieren weitreichende Aufsichts-, Sorgfalts- und Obhutspflichten gegenüber den dort betreuten Kindern bzw gegenüber deren Erziehungsberechtigten. Aus Gründen der Reputation einer solchen Einrichtung und natürlich auch im Hinblick auf das die Beklagte treffende Haftungsrisiko für den Fall etwaiger Pflichtverletzungen, ist es für diese unabdingbar erforderlich, dass die im Kindergarten beschäftigten Mitarbeiterinnen pünktlich zum Dienst erscheinen, damit stets eine zeitlich durchgehende, ordnungsgemäße Beaufsichtigung und Betreuung der dort anwesenden Kinder gesichert und gewährleistet ist.

3. a) Die Arbeitszeit der Klägerin begann morgens werktäglich – unstreitig – um 8.00 Uhr.
Der Wohnort der Klägerin unter der Anschrift ... in ... ist vom Kindergarten der Beklagten in ... lediglich etwas mehr als 1 Kilometer entfernt. Hieraus resultiert eine Fahrtstrecke mit dem Auto von rund 5 Minuten oder zu Fuß eine Gehzeit von ca. 10 Minuten.

   Beweis: Einnahme eines Augenscheins

   Einholung eines Sachverständigengutachtens

   Der Klägerin war ein pünktlicher Arbeitsbeginn mithin unproblematisch möglich.

   b) Die Klägerin erschien bereits in der Vergangenheit regelmäßig verspätet zur Arbeit. Allein im Zeitraum von ... bis ... war die Klägerin an ... Tagen unpünktlich.

   Beweis: Zeugnis N.N., Kindergartenleiterin, ...

   Die Zeugin N.N. führte zunächst mehrere Kritikgespräche mit der Klägerin, etwa am ... und ... und ermahnte sie, zukünftig pünktlich zu Beginn ihrer Arbeitszeit im Kindergarten zu erscheinen.

   Beweis: Zeugnis ...

   Die Klägerin zeigte sich indessen unbeeindruckt und kam weiterhin regelmäßig unpünktlich. Nachdem die Klägerin bereits drei Tage nach der zuletzt erteilten Ermahnung, nämlich am ..., erneut rund 15 Minuten verspätet zur Arbeit erschien,

   Beweis: Zeugnis ...

   gelangte die Beklagte zu der Erkenntnis, dass ihre bisherigen Bemühungen, die Klägerin zu einer Veränderung ihres Verhaltens zu bewegen, gescheitert seien und entschloss sich, Arbeitszeitverstöße der Klägerin zukünftig abzumahnen und das Arbeitsverhältnis, sollte keine Besserung eintreten, ggf zu kündigen.

   c) aa) Um neuerliche Verspätungen der Klägerin und mögliche (Entschuldigungs-)Gründe hierfür festzustellen und zu dokumentieren, wurde von der Beklagten folgende Vorgehensweise angewiesen:
   Im Falle einer Verspätung der Klägerin war diese unmittelbar nach ihrem Eintreffen im Kindergarten von der Kindergartenleiterin oder einer Gruppenleiterin auf ihre

Verspätung hinzuweisen und ihr hierbei die aktuelle Zeit ihres Eintreffens zu zeigen. Zu diesem Zweck und um Uhrendifferenzen zu vermeiden, war die korrekte tatsächliche Uhrzeit mithilfe der im Flur des Kindergartens befindlichen Funkuhr festzustellen. Nach Feststellung der genauen Uhrzeit war die Klägerin nach dem Grund ihrer Verspätung zu befragen. Zudem sollten Datum, Arbeitsbeginn, Ankunft im Kindergarten und ggf eine Begründung der Verspätung der Klägerin für ihre Verspätung festgehalten und von der Klägerin gegengezeichnet werden.

Beweis: Zeugnis ...

Zeugnis ...

Dementsprechend wurde verfahren,

Beweis: wie vor

wobei sich die Klägerin allerdings konsequent weigerte, die erstellten Verspätungsvermerke zu unterschreiben.

bb)

(a) (1) Am ... traf die Klägerin erst um 8.19 Uhr im Kindergarten ein. Bei ihrer Befragung gab die Klägerin keinen Grund für ihre Verspätung an.

Beweis: Zeugnis ...

Vermerk über die Verspätung vom ... als Anlage B 1 ◄

(2) Mit Schreiben vom ... erteilte die Beklagte der Klägerin wegen dieser Verspätung eine Abmahnung. Die Klägerin bestätigte am ... mittels Unterschrift, das Abmahnschreiben erhalten und den Inhalt der Abmahnung zur Kenntnis genommen zu haben.

Beweis: Zeugnis ...

Abmahnung vom ... mit Bestätigung der Klägerin vom ... als Anlage B 2 ◄

(b) (1) Nur ... Tage nach Erteilung der Abmahnung, am ..., erschien die Klägerin erneut zu spät an ihrem Arbeitsplatz, nämlich um 8.08 Uhr. Bei ihrer Befragung gab die Klägerin keinen Grund für ihre Verspätung an.

Beweis: Zeugnis ...

Vermerk über die Verspätung vom ... als Anlage B 3 ◄

(2) Mit Schreiben vom ... erteilte die Beklagte der Klägerin wegen dieser Verspätung eine weitere Abmahnung. Die Klägerin bestätigte, das Abmahnschreiben erhalten und den Inhalt der Abmahnung zur Kenntnis genommen zu haben.

Beweis: Zeugnis ...

Abmahnung vom ... mit Bestätigung der Klägerin vom ... als Anlage B 4 ◄

(c) (1) Am ... erschien die Klägerin um 8.25 Uhr und am ... um 8.17 im Kindergarten.

Beweis: Zeugnis ...

Eine Begründung bzw Entschuldigung ihrer Verspätungen wurde von der Klägerin auf Befragen jeweils nicht angegeben.

Beweis: wie vor

(2) Mit Schreiben vom ... erteilte die Beklagte der Klägerin wegen dieser Verspätungen eine weitere Abmahnung mit dem ausdrücklichen und drucktechnisch hervor gehobenen Hinweis **letzte Abmahnung**.

Beweis: Abmahnung vom ... als Anlage B 5

Diese Abmahnung wurde der Klägerin durch die Leiterin des Kindergartens N.N. und Frau ... am ... um ... Uhr übergeben und erläutert. Die Klägerin wurde von Frau N.N. ausdrücklich darauf hingewiesen, dass die Beklagte keine weiteren Abmahnungen aussprechen, sondern das Arbeitsverhältnis bei der nächsten Verspätung kündigen werde.

Beweis: Zeugnis ...

Zeugnis ... ◄

cc) Am ... erschien die Klägerin wiederum erst um 8.14 Uhr im Kindergarten. Für ihre Verspätung konnte sie keinen Grund angeben.

Beweis: Zeugnis ...

Vermerk über die Verspätung vom ... als Anlage B 6

Diese neuerliche Verspätung nahm die Beklagte zum Anlass, das Arbeitsverhältnis der Klägerin mit Schreiben vom ... unter Einhaltung der ordentlichen Kündigungsfrist von ... aus verhaltensbedingten Gründen mit Wirkung zum Ablauf des ... zu kündigen. Die Kündigungserklärung wurde der Klägerin am ... mittels persönlicher Übergabe zugestellt.

Beweis: Zeugnis ...

Zustellungsvermerk vom ... als Anlage B 7 ◄

II.

1. a) Die Klägerin ist in zahlreichen Fällen unentschuldigt und verspätet zu ihrem Dienstbeginn im Kindergarten der Beklagten erschienen und hat damit ihre arbeitsvertraglichen Pflichten gleichermaßen gravierend wie beharrlich verletzt.
Die der Klägerin gegenüber ausgesprochenen Ermahnungen und die erteilten Abmahnungen zeigten keinerlei Erfolg. Vor diesem Hintergrund ist auch in Zukunft davon ausgehen, dass die Klägerin nicht pünktlich zum Dienstbeginn erscheinen wird. Die Beklagte muss jedoch gewährleisten, dass die dem Kindergarten anvertrauten Kinder während ihres dortigen Aufenthaltes durchgehend und lückenlos betreut und beaufsichtigt werden.
Eine weitere Fortsetzung des Arbeitsverhältnisses mit der Klägerin ist der Beklagten nicht zumutbar.

   b) Sonstige Unwirksamkeitsgründe sind nicht ersichtlich und werden von der Klägerin auch nicht geltend gemacht.

c) Die streitgegenständliche Kündigung führte mithin zur Auflösung des Arbeitsverhältnisses der Parteien mit Wirkung zum Ablauf des ...

2. Die Klage ist unbegründet und wird daher abzuweisen sein.

...

Rechtsanwalt ◄

b) Erläuterungen

[1] Zum abstrakten Aufbau einer Klageerwiderung bei verhaltensbedingten Kündigungsgründen vgl das vorgehende Muster bei Rn 123, zur Abmahnung vgl Muster bei Rn 11 und zur Klageerwiderung gegen eine Abmahnungsklage das Muster bei Rn 74.

5. Klageerwiderung ohne vorangegangene Abmahnung

a) Muster: Klageerwiderung bei Diebstahl geringwertiger Sachen

▶ Arbeitsgericht ...

Klageerwiderung

In der Rechtssache

... ./. ...

zeigen wir die anwaltliche Vertretung der beklagten Partei an. In deren Namen und Vollmacht werden wir im Termin zur mündlichen Verhandlung vor der Kammer beantragen:

1. Die Klage wird abgewiesen.
2. Die Klägerin trägt die Kosten des Rechtsstreits.

Begründung

Die Klägerin hat ihre arbeitsvertraglichen Pflichten in schwerwiegender Weise verletzt, indem sie an zwei Tagen im ... jeweils mindestens eine Schachtel Zigaretten aus dem Warenbestand der Beklagten entwendete. Die streitgegenständliche Kündigung der Beklagten vom ... ist aus verhaltensbedingten Gründen sozial gerechtfertigt. Sonstige Unwirksamkeitsgründe liegen nicht vor.

Das Arbeitsverhältnis der Parteien endete daher unter Berücksichtigung der ordentlichen Kündigungsfrist von ... mit Ablauf des ...

Im Einzelnen:

I.

1. Zwischen den Parteien besteht seit 1.7.1990 ein Arbeitsverhältnis. Die Beklagte beschäftigt die 52-jährige Klägerin als Verkäuferin und Filialleiterin im Einzelhandel in ihrer Filiale in ... Die durchschnittliche monatliche Bruttoarbeitsvergütung der Klägerin beläuft sich auf ... EUR.
2. a) Am Abend des ... gegen ... Uhr, also nach Geschäftsschluss, beobachtete ein Mitarbeiter der schräg gegenüber des Kassenbereichs im Eingangsbereich der Filiale der Beklagten befindlichen Bäckerei, der nachbenannte Zeuge ..., wie sich die Klägerin dem an der äußerst links gelegenen Kasse befindlichen Regal mit Zigaretten näherte.

   Beweis: Zeugnis ...

   Vom Kassenbereich aus war Herr ... nicht zu sehen, da er sich hinter der Verkaufstheke der Bäckerei in deren rückwärtigem Bereich aufhielt.

   Beweis: wie vor

Die Klägerin blickte mehrfach nach links und rechts, verweilte kurz vor dem Regal mit den Zigarettenschachteln, sah sich noch einmal in alle Richtungen um und entnahm dem Regal dann eine Schachtel Zigaretten, die sie in ihre Bluse steckte.

Beweis: wie vor

Die Klägerin verließ anschließend die Filiale der Beklagten, ohne die mitgenommene Schachtel Zigaretten zu bezahlen.

Beweis: wie vor

Herr ... wusste zunächst nicht, wie er sich verhalten sollte, insbesondere ob er das Verhalten der Klägerin, gegenüber deren Vorgesetztem, Herrn Bezirksleiter ... anzeigen sollte oder nicht. Allerdings wurde Herr ... nur drei Tage später erneut Zeuge eines gleichgelagerten Sachverhalts.
Am ... um ... Uhr, wiederum also nach Geschäftsschluss, war der Zeuge ... erneut mit Reinigungs- und Aufräumarbeiten im Verkaufslokal der Bäckerei hinter der Verkaufstheke beschäftigt.

Beweis: wie vor

Die Klägerin näherte sich der mittleren der insgesamt drei Kassen und ging zu dem an der Kasse befindlichen Regal mit Zigaretten, schaute sich mehrfach in alle Richtungen um und griff dann zweimal, unmittelbar hintereinander, in das Regal hinein, entnahm mindestens jeweils eine Schachtel Zigaretten, die sie in ihre Handtasche packte und verließ unmittelbar im Anschluss den Markt der Beklagten ohne diese zu bezahlen.

Beweis: wie vor

b) Daraufhin informierte der Zeuge ... am ... den Bezirksleiter der Beklagten, Herrn ..., über seine Feststellungen, der die Geschäftsführung der Beklagten hierüber am ... in Kenntnis setzte.

Beweis: Zeugnis ...

Am ..., um ... Uhr, erfolgte in ... eine durch den Bezirksleiter der Beklagten durchgeführte Anhörung der Klägerin zu den Vorwürfen vom ... und ...

Beweis: wie vor

Die Klägerin war nicht bereit, eine Stellungnahme abzugeben und äußerte sich nicht.

Beweis: wie vor

c) Mit Schreiben vom ... erklärte die Beklagte sodann die streitgegenständliche Kündigung. Das Kündigungsschreiben wurde der Klägerin am ... mittels persönlicher Übergabe zugestellt.

Beweis: Zeugnis ...

Zustellungsvermerk vom ... als Anlage B 1

Die Kündigung wurde unter Beachtung der ordentlichen Kündigungsfrist mit Wirkung zum Ablauf des ... ausgesprochen.

II.

1. a) Nach § 1 Abs. 2 Satz 1 KSchG ist eine Kündigung sozial gerechtfertigt, wenn sie durch Gründe, die im Verhalten des Arbeitnehmers liegen, bedingt ist. Dies ist der Fall, wenn der Arbeitnehmer seine vertraglichen Haupt- oder Nebenpflichten erheblich und in der Regel schuldhaft verletzt hat und eine dauerhaft störungsfreie Vertragserfüllung in Zukunft nicht mehr zu erwarten steht. Dann kann dem Risiko künftiger Störungen nur durch die (fristgemäße) Beendigung des Arbeitsverhältnisses begegnet werden. Das wiederum ist nicht der Fall, wenn schon mildere Mittel und Reaktionen von Seiten des Arbeitgebers geeignet gewesen wären, beim Arbeitnehmer künftige Vertragstreue zu bewirken, vgl BAG 21.6.2012 – 2 AZR 153/11 – mwN.

Soweit die Vertragspflichtverletzung auf einem steuerbaren Verhalten des Arbeitnehmers beruht, ist grundsätzlich davon auszugehen, dass sein künftiges Verhalten schon durch die Androhung von Folgen für den Bestand des Arbeitsverhältnisses positiv beeinflusst werden kann. Einer Abmahnung bedarf es nach Maßgabe des Verhältnismäßigkeitsgrundsatzes daher nur dann nicht, wenn bereits ex ante erkennbar ist, dass eine Verhaltensänderung in Zukunft auch nach Abmahnung nicht zu erwarten ist oder es sich um eine so schwere Pflichtverletzung handelt, dass selbst deren erstmalige Hinnahme dem Arbeitgeber nach objektiven Maßstäben unzumutbar und damit offensichtlich – auch für den Arbeitnehmer erkennbar – ausgeschlossen ist, BAG aaO.

Begeht ein Arbeitnehmer bei oder im Zusammenhang mit seiner Arbeit rechtswidrige und vorsätzliche – ggf strafbare – Handlungen unmittelbar gegen das Vermögen seines Arbeitgebers, verletzt er zugleich in schwerwiegender Weise seine schuldrechtliche Pflicht zur Rücksichtnahme und missbraucht das in ihn gesetzte Vertrauen. Ein solches Verhalten kann sogar einen wichtigen Grund für eine außerordentliche Kündigung mit sofortiger Wirkung iSd § 626 BGB darstellen – und zwar selbst dann, wenn die rechtswidrige Handlung Sachen von nur geringem Wert betrifft oder zu einem nur geringfügigen, möglicherweise zu gar keinem Schaden geführt hat, BAG aaO.[1]

b) Die Klägerin hat am ... und am ... jeweils zumindest eine Zigarettenpackung aus dem Warenbestand der der Beklagten entwendet. Sie hat damit wiederholt und jeweils vorsätzlich gegen ihre arbeitsvertragliche Pflicht aus § 241 Abs. 2 BGB verstoßen, keine gegen das Vermögen der Beklagten gerichteten rechtswidrigen Handlungen zu begehen.

Der Klägerin war klar, dass die Beklagte die Begehung zweier Diebstahlsdelikte nicht – und schon gar nicht bei einer Mitarbeiterin mit Vorgesetztenfunktion – tatenlos hinnehmen, sondern mit Ausspruch einer Kündigung reagieren werde. Einer vorherigen Abmahnung bedurfte es mithin nicht.

Durch die von der Klägerin zum Nachteil der Beklagten begangenen Vermögensdelikte ist ein irreparabler Vertrauensverlust entstanden, der eine Fortsetzung des Arbeitsverhältnisses für die Beklagte unzumutbar macht.

Das Vertrauen in die Zuverlässigkeit der Klägerin wurde durch ihre vorsätzlichen und auf Heimlichkeit angelegten, mehrfach und zeitlich kurz aufeinander folgenden Pflichtverletzungen objektiv derart erschüttert, dass dessen Wiederherstellung und ein künftig wieder störungsfreies Miteinander der Parteien nicht mehr zu erwarten ist. Dem Interesse der Beklagten an der Beendigung des Arbeitsverhältnisses ist daher auch unter Berücksichtigung des Lebensalters und der langen beanstandungsfreien Betriebszugehörigkeit der Klägerin der Vorrang einzuräumen. Ungeachtet des geringen Werts der entwendeten Gegenstände hat die Klägerin die Basis für eine weitere vertrauensvolle Zusammenarbeit zerstört, indem sie vorsätzlich das in sie gesetzte Vertrauen als Verkäuferin und Filialleiterin zu einer Schädigung des Vermögens der Beklagten missbraucht hat, vgl BAG 21.6.2012 – 2 AZR 153/11.

c) Die Klägerin hat mehrfach Diebstahlshandlungen zum Nachteil der Beklagten begangen; zumindest besteht diesbezüglich ein dringender objektiver Tatverdacht.

Die Anhörung der Klägerin führte zu keiner Entlastung, nachdem sie nicht bereit war, eine inhaltliche Stellungnahme zu den ihr gegenüber erhobenen Vorwürfen abzugeben. [2]

Die Beklagte stützt die streitgegenständliche Kündigung daher vorsorglich und hilfsweise auch auf den Verdacht der Begehung zweier Diebstahlsdelikte am ... und ... zum Nachteil der Beklagten.[3]

Die streitgegenständliche Kündigung wäre auch als außerordentliche Kündigung aus wichtigem Grund rechtswirksam. Unter Berücksichtigung sozialer Aspekte und im Hinblick auf die lange Betriebszugehörigkeit der Klägerin hat die Beklagte im vorliegenden Einzelfall auf die Erklärung einer fristlosen Kündigung verzichtet und es stattdessen mit dem Ausspruch einer ordentlichen Kündigung bewenden lassen.[4]

2. Sonstige Unwirksamkeitsgründe sind nicht ersichtlich und werden von der Klägerin auch nicht geltend gemacht.

3. Die streitgegenständliche Kündigung führte mithin zur Auflösung des Arbeitsverhältnisses der Parteien mit Wirkung zum Ablauf des ...

III.

Die Klage ist unbegründet und wird daher abzuweisen sein.

...

Rechtsanwalt ◄

b) Erläuterungen

131 [1] Kündigungen des Arbeitgebers, die auf Grund des Vorwurfs oder auf Grund eines bestehenden Verdachts ausgesprochen werden, der Arbeitnehmer habe ein vollendetes oder auch nur versuchtes Eigentums- oder Vermögensdelikt oder eine zwar nicht strafbare, aber ähnlich schwer wiegende, unmittelbar gegen das Vermögen gerichtete Handlung zum Nachteil des Arbeitgebers begangen, beschäftigen die Arbeitsgerichte seit jeher. Die Rechtswirksamkeit derartiger Kündigungen wird von der Rechtsprechung zwar nicht immer, aber regelmäßig bestätigt. Dies gilt auch bei erstmaligen Vorgängen und zwar selbst dann, wenn es sich bei dem Tatobjekt, etwa einer entwendeten Sache, um Gegenstände von nur geringem oder gar ohne wirtschaftlichen Wert handelte oder die Tathandlung zu keinem oder nur einem geringen Schaden führte – sog Bagatellkündigung – und der Kündigung keine einschlägige Abmahnung voraus ging.

132 Mit Urteil im berühmt gewordenen *Fall Emmely* vom 10.6.2010 entschied das BA (BAG 10.06.2010 – 2 AZR 541/09, NZA 2010, 1227) – anders als beide Vorinstanzen – dass die Kündigung einer Kassiererin, die ihr nicht gehörende Pfandbons im Wert von insgesamt 1,30 EUR zum eigenen Vorteil eingelöst habe, unwirksam sei. Eine rechtswidrige und vorsätzliche gegen das Eigentum seines Arbeitgebers gerichtete Handlung des Arbeitnehmers

könne eine (fristlose) Kündigung (nach wie vor) auch dann rechtfertigen, wenn der damit einhergehende wirtschaftliche Schaden gering sei oder ein solcher gar nicht eintrete. Je länger das Arbeitsverhältnis unbelastet bestanden habe, desto eher könne jedoch die Prognose berechtigt sein, dass der erarbeitete Vorrat an Vertrauen durch einen erstmaligen Vorfall nicht vollständig aufgezehrt werde. Unter Umständen reiche schon eine Abmahnung als milderes Mittel zur Wiederherstellung des für die Fortsetzung des Vertrages notwendigen Vertrauens in die Redlichkeit des Arbeitnehmers aus.

Gleichwohl ist in der Rechtsprechung jedenfalls bislang keine nachhaltige Änderung in der Bewertung derartiger Fallkonstellationen zu verzeichnen. Dies gilt insbesondere dann, wenn dem Pflichtenverstoß eine einschlägige Abmahnung vorausging, bei mehrfachem oder bei bewusstem und systematischem Fehlverhalten des Arbeitnehmers (vgl. ausf. zu Bagatelldelikten HaKo-KSchR/*Zimmermann* § 1 KSchG Rn 427 ff, HaKo-KSchR/*Gieseler* § 626 BGB Rn 99 ff). 133

Die Anhörung des verdächtigen Arbeitnehmers ist in aller Regel zwingende Wirksamkeitsvoraussetzung einer jeden Verdachtskündigung (vgl. hierzu Muster und Erläuterungen bei § 626 BGB Rn 50 ff). 134

[2] Bei der Tatkündigung ist für den Kündigungsentschluss maßgeblich die Überzeugung des Kündigenden, der Vertragspartner habe die Tat oder Pflichtverletzung tatsächlich begangen. Demgegenüber kann eine Verdachtskündigung gerechtfertigt sein, wenn sich starke Verdachtsmomente auf objektive Tatsachen gründen, die Verdachtsmomente geeignet sind, das für die Vertragsfortsetzung erforderliche Vertrauen zu zerstören und der Kündigende alle zumutbaren Anstrengungen zur Aufklärung des Sachverhalts unternommen, insbesondere dem Verdächtigen Gelegenheit zur Stellungnahme gegeben hat (BAG 10.2.2005 – 2 AZR 189/04, NZA 2005, 1056). Der Verdacht einer strafbaren Handlung oder eines grob vertragswidrigen Verhaltens stellt gegenüber dem Vorwurf, der Vertragspartner habe die Tat oder Pflichtverletzung begangen, einen eigenständigen Kündigungsgrund dar, der im Tatvorwurf nicht enthalten ist (BAG 10.12.2009 – 2 AZR 534/08, DB 2010, 1128). 135

Die Unterscheidung zwischen Tat- und Verdachtskündigung ist daher auch bei der erforderlichen Beteiligung einer Arbeitnehmervertretung vor Ausspruch einer Kündigung zu berücksichtigen (BAG 23.4.2008 – 2 ABR 71/07, NZA 2008, 1081). Mit der Anhörung des Betriebs- oder Personalrats zu einer Tatkündigung kann gleichzeitig auch die (hilfsweise) Anhörung zu einer Verdachtskündigung erfolgen (vgl Muster und Erläuterungen bei § 102 BetrVG Rn 15 ff). Eine Kündigung kann dann als Tat- und hilfsweise als Verdachtskündigung ausgesprochen werden (vgl ausf. zur Verdachtskündigung HaKo-KSchR/*Gallner* § 1 KSchG Rn 630 ff; HaKo-KSchR/*Gieseler* § 626 BGB Rn 51 ff, 122 f). 136

[3] Nach der aktuellen Rechtsprechung des BAG ist Wirksamkeitserfordernis einer jeden Verdachtskündigung das Vorliegen eines wichtigen Grundes iSd § 626 BGB (BAG 21.11.2013 – 2 AZR 797/11, BB 2014, 371). Eine Verdachtskündigung muss zwar nicht zwingend als außerordentliche fristlose Kündigung ausgesprochen werden, sondern kann auch als ordentliche Kündigung unter Einhaltung der Kündigungsfrist erklärt werden. Sie unterliegt in diesem Fall jedoch keinen geringeren materiell-rechtlichen Anforderungen. Eine Verdachtskündigung ist demnach auch als ordentliche Kündigung sozial nur gerechtfertigt, wenn Tatsachen vorliegen, die zugleich eine außerordentliche fristlose Kündigung gerechtfertigt hätten. 137

Teil 4:
Betriebsbedingte Kündigung

Literatur: *Berkowski*, Die betriebsbedingte Kündigung, 5. Aufl., § 19; *Bonanni/Woerz*, Ermittlung der Sozialdaten im Vorfeld betriebsbedingter Kündigungen, Arbeitsrechtsberater 2012, 158, 159

A. Außer-/vorgerichtliche Muster

I. Vorbereitung betriebsbedingter Kündigungen, unternehmerische Entscheidung der Geschäftsführung

1. Muster: Unternehmerische Entscheidung am Beispiel einer Betriebsstilllegung[1]

> ▶ **Vermerk der Geschäftsführung**[2]
>
> über die Stilllegung des Betriebes ___

1. Die Geschäftsführung ist von der Gesellschafterversammlung damit beauftragt, die Effizienz der einzelnen Betriebsstätten zu untersuchen und auf Grundlage der Ergebnisse die nötigen Entscheidungen zur Restrukturierung zu treffen. Auf Grundlage dieses Auftrages hat die Geschäftsführung die Unternehmensberatung ___ beauftragt, deren Ergebnis ein umfassendes Papier mit Vorschlägen zur Reorganisation des Unternehmens mit seinen einzelnen Betrieben ist. Die Geschäftsführung hat am ___ dieses Papier beraten und hierbei u.a. die nachfolgende Entscheidung getroffen.
2. Der Betrieb ___[3] wird mit Wirkung zum ___[4] stillgelegt.[5] Die bisher vom Betrieb ___ wahrgenommenen Aufgaben innerhalb der unternehmerischen Wertschöpfungskette werden mit Wirkung zum ___ fremdvergeben. Konkret bedeutet dies das Folgende: ___[6]
3. Der Personalleiter wird beauftragt, unverzüglich in Verhandlungen mit dem Betriebsrat des Betriebes ___ betreffend die Stilllegung des Betriebes einzutreten und einen Interessenausgleich sowie Sozialplan zu verhandeln.[7] Vorbereitend ist eine Liste mit freien Arbeitsplätzen innerhalb des Unternehmens sowie von solchen Arbeitsplätzen zu erstellen, die innerhalb eines zeitlichen Spektrums von drei Monaten nach Schließung des Betriebes durch Befristungsende, Renteneintritt uä freiwerden.[8]
4. Über das Budget für den Sozialplan gemäß § 112 BetrVG wird die Geschäftsführung gesondert entscheiden.[9]
5. Die Personalabteilung wird beauftragt, nach Abschluss des Interessenausgleichs- und Sozialplanverfahrens sowie auf Grundlage einer ordnungsgemäßen Sozialauswahl die notwendigen personellen Einzelmaßnahmen zu treffen.[10]

Bonn, den ___

___   ___   ___
Geschäftsführer   Geschäftsführer   Geschäftsführer ◀

2. Erläuterungen und Varianten

[1] **Systematik der dringenden betrieblichen Gründe und Darlegungs-/Beweislast.** § 1 Abs. 2 Satz 1 KSchG fordert für die Begründung einer betriebsbedingten Kündigung zunächst **dringende betriebliche Erfordernisse**. Solche dringenden betrieblichen Erfordernisse können in außerbetrieblichen oder innerbetrieblichen Umständen begründet sein. Innerbetriebliche Umstände sind alle betrieblichen Maßnahmen auf technischem, organisatorischem oder wirtschaftlichen Gebiet. Bei ihnen trifft der Arbeitgeber eine unmittelbar **gestaltende Unterneh-**

merentscheidung, deren Umsetzung zu einem Überhang an Arbeitskräften führt und somit die Grundlage für den Kündigungsentschluss ist. Die unternehmerische Entscheidung kann sich dabei auf alle organisatorischen Fragen des Betriebes beziehen, bis hin zur Stilllegung des Betriebes.

Die **Darlegungs- und Beweislast** im Kündigungsschutzprozess ist abhängig davon, ob ein inner- oder außerbetrieblicher Grund als dringender betrieblicher Grund im Sinne von § 1 Abs. 1 KSchG angeführt wird. Im Falle des innerbetrieblichen Grundes (Organisationsentscheidung) hat der Arbeitgeber darzulegen und zu beweisen, dass die Organisationsentscheidung so wie von ihm behauptet getroffen wurde (BAG 12.4.2002 – 2 AZR 256/01, AP KSchG 1969 § 1 Betriebsbedingte Kündigung Nr. 120 II 2; HaKo-KSchR/*Gallner/Mestwerdt* § 1 KSchG Rn 666), dass die konkrete unternehmerische Entscheidung bereits umgesetzt oder in Umsetzung befindlich ist und schließlich wie sich die von ihm behaupteten Umstände unmittelbar oder mittelbar auf die Beschäftigungsmöglichkeit des gekündigten Arbeitnehmers auswirken (BAG 16.12.2010 – 2 AZR 77/09, NZA 2011, 505; HaKo-KSchR/*Gallner/Mestwerdt* § 1 KSchG Rn 666). Ob die unternehmerische Entscheidung überhaupt getroffen wurde, ob sie umgesetzt wird und ob sie tatsächlich zum Wegfall des Arbeitsplatzes führt, unterliegt der vollen gerichtlichen Nachprüfbarkeit. Nicht gerichtlich nachzuprüfen ist demgegenüber, ob die Unternehmerentscheidung sachlich sinnvoll, geboten oder gar notwendig ist. Das BAG geht in ständiger Rechtsprechung von dem aus Art. 2 Abs. 1, 12 und 14 GG hergeleiteten **Grundsatz der freien Unternehmerentscheidung** aus. Danach ist von den Arbeitsgerichten nicht zu überprüfen, ob die Entscheidung (betriebswirtschaftlich) notwendig und zweckmäßig ist (BAG 27.1.2011 – 2 AZR 9/10, AP KSchG 1969 § 1 Betriebsbedingte Kündigung Nr. 187; HaKo-KSchR/*Gallner/Mestwerdt* § 1 KSchG Rn 667). Um die Darlegung der unternehmerischen Entscheidung zu erleichtern, ist daher die schriftliche Fixierung der unternehmerischen Entscheidung sinnvoll und geboten.

Während die unternehmerische Entscheidung nicht der Zweckmäßigkeitskontrolle unterliegt, kann sie aber durch das Gericht vollständig darauf überprüft werden, ob sie **offenbar unsachlich, unvernünftig** oder **willkürlich** ist. Vorbehaltlich bestimmter Ausnahmen (s.u. Rn 67) trägt die **Darlegungs- und Beweislast** für eine solche Unsachlichkeit bzw Willkür der Arbeitnehmer (BAG 18.1.1990 – 2 AZR 357/89, NZA 1990, 729). In der Praxis allerdings empfiehlt es sich, die Motivationslage des Arbeitgebers kurz in der Protokollierung der unternehmerischen Entscheidung mit zu fixieren, um hiermit bereits den Beleg führen zu können, dass die Entscheidung einer sachlichen Motivation (hier: Untersuchung durch eine Unternehmensberatung und deren Empfehlung) folgt. Hierbei sollte in der Formulierung zwischen der (nicht vom Gericht auf Notwendigkeit oder Zweckmäßigkeit zu prüfenden) Motivation einerseits und der eigentlichen unternehmerischen Entscheidung andererseits unterschieden werden.

[2] Entscheidungsträger. Die Unternehmerentscheidung muss nicht zwingend durch den Unternehmer, also den Inhaber der Geschäftsanteile, getroffen werden. Abhängig von der betrieblichen Gestaltung ist derjenige berechtigt, eine unternehmerische Entscheidung zu treffen, der die **Organisations- und Entscheidungshoheit** hat. Bei einer GmbH wird dies in der Regel die Geschäftsführung sein, bei einer AG der Vorstand, bei einer KG der Geschäftsführer der Komplementärgesellschaft. Einschränkungen der Entscheidungskompetenzen, die sich durch interne Geschäftsordnungen ergeben, sind dabei zu beachten. Kann beispielsweise die Geschäftsführung einer GmbH über die Stilllegung eines Betriebes nicht ohne Zustimmung der Gesellschafterversammlung entscheiden, ist dieses Erfordernis auch in arbeitsrechtlicher

Hinsicht relevant. Eine unternehmerische Entscheidung kann nur dann eine grundrechtlich geschützte Ausübung der unternehmerischen Freiheit sein, wenn sie auch vom berechtigten Unternehmer getroffen worden ist oder zumindest im Rahmen der von diesem festgelegten Betriebsorganisation und Hierarchie und damit „im Namen des Unternehmers". Wenn eine Vereinssatzung bestimmte Geschäfte einem Besonderen Vertreter nach § 30 BGB zuordnet, dann enthält dies auch die Zuständigkeit für diesen Bereich betreffende unternehmerische Entscheidungen. In Gesellschaftsverträgen vorgesehene Einschränkungen der Entscheidungsbefugnis sind ebenfalls zu beachten.

6 **[3] Betriebsstilllegung.** Der vorliegende Fall beschreibt die Stilllegung eines Betriebes. Die Grenzziehung, ob von der unternehmerischen Entscheidung ein Betrieb oder lediglich eine Betriebsabteilung betroffen sind, ist in arbeitsrechtlicher Hinsicht relevant, da das Erfordernis der Suche nach einer Weiterbeschäftigungsmöglichkeit unternehmensweit gilt, während die soziale Auswahl lediglich betriebsbezogen durchzuführen ist. Im Rahmen der unternehmerischen Entscheidung werden damit gleichzeitig die Anforderungen für die nachfolgenden personellen Einzelmaßnahmen definiert. Bei der Formulierung der unternehmerischen Entscheidung sollte daher sorgfältig darauf geachtet werden, ob tatsächlich ein Betrieb im Sinne einer geschlossenen organisatorischen Einheit betroffen ist oder vielmehr nur eine Betriebsabteilung. Wird ein Betrieb vollständig stillgelegt, entfällt das Erfordernis einer sozialen Auswahl.

7 **[4] Umsetzungszeitpunkt.** Die unternehmerische Entscheidung unterliegt nicht nur der gerichtlichen Kontrolle darauf, ob sie tatsächlich getroffen worden ist, sondern auch darauf, ob sie bereits umgesetzt ist oder ihre Umsetzung konkret bevorsteht. Nur dann, wenn die Entscheidung tatsächlich umgesetzt wird, kann sie sich innerbetrieblich tatsächlich auswirken und folglich zum Wegfall der Weiterbeschäftigungsmöglichkeit führen. Im Rahmen seiner **Darlegungs- und Beweislast** hat der Arbeitgeber also insbesondere darzulegen, zu welchem Zeitpunkt die Entscheidung umgesetzt wird und sich folglich konkret auf die Beschäftigungsmöglichkeiten des Betriebes auswirkt. Aus diesem Grund ist die Angabe des Umsetzungszeitpunktes im Rahmen der Protokollierung der unternehmerischen Entscheidung sinnvoll und geboten.

8 Zur Begründung des Ausspruchs einer Kündigung muss der Umsetzungszeitpunkt allerdings noch nicht zum Zeitpunkt der Kündigung verstrichen sein. Auch **unmittelbar bevorstehende unternehmerische Maßnahmen** können dringende betriebliche Gründe für den Ausspruch einer betriebsbedingten Kündigung darstellen. Es genügt, dass die durch den Arbeitgeber geplante Maßnahme greifbare Formen angenommen hat und eine sachliche Prognose besteht, dass mit dem Ende der Kündigungsfrist der betriebliche Beschäftigungsbedarf entfallen sein wird (vgl BAG 27.2.1958 – 2 AZR 445/55, AP KSchG § 1 Betriebsbedingte Kündigung Nr. 1; BAG 24.2.2005 – 2 AZR 214/04, DB 2005, 1523; HaKo-KSchR/*Gallner/Mestwerdt* § 1 KSchG Rn 686).

9 **[5] Varianten.** Die Organisationsentscheidung muss nicht zwingend die Stilllegung des Betriebes mit sich bringen. Soll lediglich eine **Abteilung** (hier: EDV-Abteilung eines betriebsratslosen Betriebes) stillgelegt werden, kann wie folgt formuliert werden:

▶ **Protokoll der Organisationsentscheidung der Geschäftsführung**

1. Die Geschäftsführung ist zu der Überzeugung gelangt, dass die Aufrechterhaltung einer internen EDV-Abteilung nicht mehr sinnvoll ist. Der Aufwand, der betrieben werden muss, um die Mitarbeiter der Personalabteilung auf dem aktuellen technischen Stand zu halten, ist gemessen am Ertrag zu hoch. Umgekehrt steht durch diese vielfältigen Weiterbildungsmaßnahmen

keine ausreichende Kapazität zur Bewältigung der laufenden Computerprobleme mehr zur Verfügung.
2. Vor diesem Hintergrund trifft die Geschäftsführung die Entscheidung die EDV-Abteilung mit Wirkung zum ... stillzulegen.
3. Mit Wirkung zu dem genannten Zeitpunkt werden sämtliche EDV-Aufgaben auf einen externen Dienstleister übertragen. Der Geschäftsführer ... wird beauftragt, entsprechende Angebote von externen EDV-Dienstleistern einzuholen. Hierbei ist darauf zu achten, dass die folgenden Anforderungen an EDV-Dienstleistungen gewahrt sind:

...

4. Mit Umsetzung der Entscheidung entfällt der betriebliche Beschäftigungsbedarf für die derzeitigen Mitarbeiter der EDV-Abteilung. Eine Weiterbeschäftigungsmöglichkeit auf freien Arbeitsplätzen existiert weder aktuell noch perspektivisch innerhalb des kommenden halben Jahres. Eine soziale Auswahl entfällt, da die Mitarbeiter der EDV-Abteilung nach Überprüfung durch die Geschäftsführung keine andere Tätigkeit innerhalb des Betriebes ausführen können und damit mit keinem anderen Mitarbeiter horizontal vergleichbar sind.

Der Geschäftsführer ... wird mit der Umsetzung der personellen Einzelmaßnahme beauftragt.

Bonn, den ...

...   .
Geschäftsführer   Geschäftsführer   Geschäftsführer ◀

Ist Gegenstand der unternehmerischen Entscheidung die **örtliche Verlagerung des Betriebes** (hier: betriebsratsloser Betrieb), kann wie folgt formuliert werden:

▶ **Protokollierung der Organisationsentscheidung der Geschäftsführung**

1. Die Geschäftsführung ist nach ausführlicher Diskussion zu dem Ergebnis gekommen, dass die derzeitige Zweiteilung der unternehmerischen Tätigkeiten auf die Betriebssitze A und B nicht zielführend ist. Der Betriebssitz A, der derzeit nur noch die historisch gewachsene Verwaltung des Unternehmens beheimatet, muss dringend einer Sanierung des Betriebsgrundstückes zugeführt werden. Darüber hinaus stünden Investitionen in die Baulichkeiten an, die angesichts der existenten und freien räumlichen Möglichkeiten am Betriebssitz B nicht sinnvoll wären.
2. Vor diesem Hintergrund trifft die Geschäftsführung die Entscheidungen:
   – Der Betrieb A (Verwaltung) wird von ... örtlich nach ... verlagert und dort in die räumlichen Gegebenheiten des Betriebes B integriert.
   – Das Grundstück, das bislang den Betrieb A beherbergte, wird einer ordnungsgemäßen Sanierung und Verwertung zugeführt. Nach Abschluss der Sanierungsmaßnahmen entscheidet die Geschäftsführung über die weiteren Verwertungsmöglichkeiten, konkret die Frage, ob das Grundstück zukünftig vermietet/verpachtet oder verkauft werden soll.
3. Der Betrieb wird mit der bestehenden betrieblichen Organisation verlagert. Die Schließung des Betriebes am Standort A führt daher dort zum Wegfall der Beschäftigungsmöglichkeiten, während zugleich am Standort B entsprechende Beschäftigungsmöglichkeiten geschaffen werden. Mit den Mitarbeitern sind Gespräche über eine einvernehmliche Veränderung des Beschäftigungsortes zu führen, sofern der Arbeitsvertrag keine einseitige Versetzung ermöglicht. Dort, wo keine einseitigen Lösungen möglich sind und einvernehmliche Lösungen nicht getroffen werden können, sind betriebsbedingte Änderungskündigungen auszusprechen.
4. Der Geschäftsführer ... wird mit der operativen Umsetzung des Vorhabens beauftragt.

Bonn, den

| Geschäftsführer | Geschäftsführer | Geschäftsführer ◀ |

11 **[6] Betriebliche Organisation nach Umsetzung.** Die Protokollierung der unternehmerischen Entscheidung sollte konkrete Aussagen zu der **Organisationsstruktur nach Umsetzung der Entscheidung** enthalten. Im Rahmen der Überprüfung, ob die unternehmerische Entscheidung offensichtlich willkürlich oder unsachlich ist, überprüfen die Gerichte nämlich insbesondere auch, ob die Entscheidung überhaupt umsetzbar ist, die betriebliche Organisation also funktionsfähig bleibt. Darüber hinaus werden durch die entsprechenden Ausführungen zur weiteren Organisation die Leitplanken für die gerichtliche Überprüfung der Kündigung gesetzt: Würden die an dem zu schließenden Betrieb durchgeführten Tätigkeiten zukünftig an einer anderen Betriebsstätte des Unternehmens durchgeführt, wären Beendigungskündigungen unzulässig, da in diesem Falle an anderer Stelle entsprechende freie Arbeitsplätze geschaffen würden, die mit den zu kündigenden Arbeitnehmern zu besetzen wären. Steht hingegen fest, dass der Beschäftigungsbedarf innerhalb des Unternehmens insgesamt mit der Schließung entfällt (zB weil die Aufgaben fremdvergeben werden), kann eine solche Entscheidung Grundlage für eine betriebsbedingte Kündigung sein.

12 **[7] Interessenausgleich und Sozialplan.** Die vorliegende Maßnahme wäre nach § 111 BetrVG als **Betriebsänderung** zu sehen und folglich in einem Betrieb mit Betriebsrat interessenausgleichs- und sozialplanpflichtig. Im Rahmen des Interessenausgleichs ist das „Ob- und Wie" der Maßnahme zu erörtern. Die Unternehmensleitung kann somit ohne vorherige Beteiligung des Betriebsrates keine finale unternehmerische Entscheidung fällen. Die vorliegende unternehmerische Entscheidung hat damit nur vorläufigen Charakter. Kommt ein Interessenausgleich zustande, ersetzt dieser Interessenausgleich den Nachweis der unternehmerischen Entscheidung. Kommt allerdings kein Interessenausgleich zustande und wird das Scheitern des Interessenausgleichsverfahrens festgestellt, stellt die einseitige, arbeitgeberdefinierte unternehmerische Entscheidung die dann verbindliche unternehmerische Entscheidung dar. Um die Fehlerhaftigkeit der Organisationsentscheidung zu vermeiden, sollte im Falle eines mitbestimmten Betriebes allerdings explizit darauf hingewiesen werden, dass sich die Unternehmensleitung über die Notwendigkeit eines Interessenausgleichsverfahrens bewusst ist.

13 **[8] Weiterbeschäftigungsmöglichkeiten.** Das Nichtvorhandensein von **Weiterbeschäftigungsmöglichkeiten** auf freien Arbeitsplätzen innerhalb des Unternehmens ist nach § 1 Abs. 2 Satz 2 Nr. 1 b) und Nr. 2 b) zwingende Voraussetzung für die soziale Rechtfertigung der Kündigung. Das Bestehen einer Weiterbeschäftigungsmöglichkeit auf einem anderen (freien) Arbeitsplatz innerhalb des Unternehmens bzw in einer anderen Dienststelle desselben Verwaltungszweiges an demselben Dienstort ist ein absoluter Sozialwidrigkeitsgrund. Im Rahmen der Umsetzung der unternehmerischen Entscheidung muss sich die Geschäftsführung daher klar über etwaige Weiterbeschäftigungsmöglichkeiten werden, was aus Gründen der sachlichen Vollständigkeit bereits innerhalb der Protokollierung Erwähnung finden sollte.

14 **[9] Budget für den Sozialplan.** Da die Protokollierung über die unternehmerische Entscheidung unter Umständen vor Gericht vorgelegt werden muss, sollten nur diejenigen Umstände enthalten sein, die der Arbeitgeber der Gerichtsöffentlichkeit zuführen möchte. Das Gesamtbudget über den Sozialplan gehört unter Umständen nicht hierzu. Es kann unschädlich in einer gesonderten Entscheidung der Geschäftsführung festgelegt werden.

15 **[10] Personelle Einzelmaßnahmen.** Die unternehmerische Entscheidung muss lediglich die grundlegende Organisationsänderung beinhalten. Nicht zwingend notwendig ist es, in ihr be-

reits alle hieraus resultierenden Einzelmaßnahmen zu beschreiben. Lediglich sollte die Protokollierung der unternehmerischen Entscheidung erkennen lassen, dass die Geschäftsführung sich bei der unternehmerischen Entscheidung der Tatsache bewusst war, dass diese unmittelbare personelle Konsequenzen hat.

II. Vorbereitung der Sozialauswahl, § 1 Abs. 3 KSchG
1. Muster: Anschreiben des Arbeitgebers an die Arbeitnehmer zur Vorbereitung der Sozialauswahl

▶ An

Mitarbeiter ...

Durchführung der Sozialauswahl in Ihrem Beschäftigungsbereich

hier: Fragebogen zur Sozialauswahl[1]

Sehr geehrter Herr ...,

wir werden voraussichtlich gezwungen sein, im kommenden Jahr in Ihrem Arbeitsgebiet betrieblich bedingte Rationalisierungsmaßnahmen durchzuführen, wodurch zumindest potenziell Beschäftigungsmöglichkeiten entfallen werden.

Entsprechend den gesetzlichen und tarifvertraglichen Bestimmungen sind wir bei Rationalisierungsmaßnahmen verpflichtet, eine Sozialauswahl durchzuführen. Bei einer solchen Sozialauswahl werden wir die gesetzlichen sozialen Gesichtspunkte, nämlich Ihr Lebensalter, Ihre Betriebszugehörigkeit, gesetzliche Unterhaltsverpflichtungen und eine etwaige Schwerbehinderung umfassend prüfen und in unsere Entscheidung einbeziehen.[2]

Damit wir die uns vorliegenden Daten in Ihren Personalunterlagen auf Aktualität prüfen können und hiermit eine umfassende und ausgewogene Entscheidungsgrundlage für die Durchführung der Sozialauswahl schaffen können, bitten wir Sie, uns die nachfolgenden Fragen zu beantworten und dann eine Kopie dieses Schreibens bis spätestens zum ... zurückzusenden.

Für die Berücksichtigung bestehender Unterhaltsverpflichtungen oder einer Schwerbehinderung sind entsprechende Nachweise erforderlich. Dazu gehören zB:
- Kindergeld- und Ausbildungsbescheinigung
- Schwerbehindertenausweis/Anerkennung als gleichgestellter Mensch.

Das Ausfüllen des Fragebogens erfolgt auf freiwilliger Basis. Wir weisen jedoch darauf hin, dass wir im Falle einer Sozialauswahl lediglich solche Umstände berücksichtigen können, die uns bekannt sind.

Bitte teilen Sie uns auch Änderungen mit, die sich im Laufe des kommenden Jahres ergeben.[3] Solange wir keine Änderungsmitteilung von Ihnen bekommen, werden wir die Angaben aus Ihrem Fragebogen zugrunde legen.

Ihre Daten werden bei uns elektronisch gespeichert. Mit Rücksendung des Fragebogens erteilen Sie Ihre Einwilligung in diese Speicherung. Selbstverständlich werden wir Ihre Daten ausschließlich für die internen Zwecke verwenden und nicht an Dritte weitergeben, unabhängig zu welchem Zweck.

Bitte geben Sie eine Kopie dieses Schreibens mit den nachfolgend beantworteten Fragen sowie Ihrer Unterschrift bei Ihrer Personalabteilung ab.

Mit freundlichen Grüßen

...

§ 1 KSchGSozial ungerechtfertigte Kündigungen

Arbeitgeber

Fragebogen

Name: ▪▪▪
Vorname: ▪▪▪
Geburtsdatum: ▪▪▪
Anschrift: ▪▪▪
BLZ und Wohnort: ▪▪▪
Familienstand:

☐ ledig ☐ verheiratet ☐ getrennt lebend ☐ geschieden
☐ verwitwet ☐ bestehende einge-
tragene Lebenspart-
nerschaft

Betriebszugehörigkeit seit: ▪▪▪
derzeitige Organisationseinheit: ▪▪▪
derzeitige Tätigkeit: ▪▪▪
erlernter Beruf/Ausbildung: ▪▪▪
sonstige Qualifikationen, die für den Einsatz im Betrieb von Belang sein können: ▪▪▪
Schwerbehinderung/Gleichstellung: ▪▪▪ GdB gem. Bescheid der ▪▪▪ v. ▪▪▪
Aktenzeichen der Behörde: ▪▪▪
▪▪▪
Unterschrift ◀

2. Erläuterungen

17 **[1] Rechtlicher Hintergrund.** Grundsätzlich darf sich der Arbeitgeber bei der Ermittlung der Sozialdaten auf die zu der Personalakte mitgeteilten Angaben des Arbeitnehmers verlassen, solange er keinen Anlass zu der Annahme hat, diese könnten nicht zutreffen (BAG 17.1.2008 – 2 AZR 405/06 , DB 2008, 1688; HaKo-KSchR/*Gallner/Mestwerdt* § 1 KSchG Rn 871). Sobald allerdings irgendwelche Anhaltspunkte dafür vorhanden sind, die Sozialdaten könnten nicht mehr stimmen, geht dieser Zweifel zulasten des Arbeitgebers. Stellt er die Sozialauswahl auf Grundlage falscher Daten an, riskiert er, dass die danach ausgesprochene Kündigung unwirksam ist. Vor diesem Hintergrund empfiehlt es sich, im Vorfeld etwaiger Kündigungsvorhaben die Sozialdaten bei den Arbeitnehmern separat abzufragen. Eine solche Abfrage der Sozialdaten ist zulässig (BAG 6.7.2006 – 2 AZR 442/05, NZA 2007, 139; LAG Mecklenburg-Vorpommern 11.5.2011 – 2 Sa 29/11; ArbRB/*Bonanni/Woerz* 2012, 158, 159).

18 Der **Betriebsrat** hat bei Verwendung eines Personalfragebogens ein Mitbestimmungsrecht nach § 94 BetrVG, ohne Verwendung eines solchen Fragebogens immerhin einen Unterrichtungsanspruch nach § 80 Abs. 2 BetrVG zur Kontrolle der Einhaltung der Vorgaben des BDSG.

19 **[2] Beschränkung auf die gesetzlichen Sozialdaten.** § 1 Abs. 3 KSchG beschränkt seit dem 1.1.2004 die zu berücksichtigenden sozialen Daten auf die Dauer der Betriebszugehörigkeit, das Lebensalter, die Unterhaltspflichten und die Schwerbehinderung. Viele Arbeitgeber tendieren dazu, weitere soziale Aspekte mit in die Berücksichtigung einzubeziehen, zB die Pflege

von Angehörigen, das Bestehen einer Doppelverdiener-Ehe etc. Dieses Vorgehen allerdings ist hoch riskant. Denn die Auswahlkriterien sind vom Gesetzgeber nunmehr abschließend benannt und damit alleine maßgeblich für die Durchführung der Sozialauswahl (BAG 31.5.2007 – 2 AZR 276/06, NZA 2008, 33). Berücksichtigt der Arbeitgeber weitere im Gesetz nicht angelegte Sozialfaktoren bei der Sozialauswahl, riskiert er hierbei deren Unwirksamkeit (vgl HaKo-KSchR/*Gallner/Mestwerdt* § 1 KSchG Rn 862).

[3] **Berücksichtigung von Änderungen.** Ändern sich die Daten, muss der Arbeitgeber selbstverständlich die geänderten Daten berücksichtigen. Hat er allerdings einmal eine verlässliche Datenbasis geschaffen und ist dieses noch nicht zu alt, kann er sich auf deren Bestand grundsätzlich verlassen. Dies gilt erst recht dann, wenn der Arbeitnehmer gesondert darauf hingewiesen ist, dass er Änderungen mitzuteilen hat.

III. Einverständniserklärung des Arbeitnehmers zu anderweitigem Einsatz
1. Muster: Einverständniserklärung des Arbeitnehmers zu anderweitigem Einsatz

▶ Sehr geehrte Damen und Herren,

bei der Betriebsversammlung letzte Woche haben Sie den Mitarbeitern erklärt, dass Sie beabsichtigen, den gesamten Bereich ▬▬ unseres Betriebes stillzulegen oder out zu sourcen. Hiervon wäre ich selber betroffen, da ich im Bereich ▬▬ arbeite.

Ich möchte Ihnen heute allerdings mitteilen, dass mir sehr an einer weiteren Zusammenarbeit mit Ihnen liegt.[1]

Ich weiß, dass mein Arbeitsvertrag mich auf die Funktion als ▬▬ festlegt. Ich bin aber jederzeit bereit, auch andere Funktionen innerhalb unseres Unternehmens zu übernehmen. Dabei bin ich auch nicht auf den Betriebsstandort ▬▬ festgelegt. Bereit wäre ich darüber hinaus auch, andere Aufgaben in einem anderen Konzernunternehmen in Deutschland zu übernehmen. Ich bin auch bereit, mich Umschulungs- oder Weiterbildungsmaßnahmen zu unterziehen, wenn dies dazu führt, dass ich einen vorhandenen Arbeitsplatz ausfüllen kann oder dies besser tun kann.[2]

Wie Sie wissen, ist der Arbeitsmarkt im Moment in unserem Bereich recht angespannt. Ich könnte mir daher auch vorstellen, eine geringerwertige Aufgabe zu übernehmen, für die dann notfalls auch weniger Gehalt zu zahlen wäre. Natürlich müsste ich mir die Aufgabe im Einzelnen anschauen, ich schließe aber von vornherein nichts aus und möchte Sie deshalb bitten, mir alle Möglichkeiten aufzuzeigen.[3]

Darauf hinweisen möchte ich, dass wir in mehreren Bereichen unseres Unternehmens Leiharbeiter einsetzen. Die Aufgaben, die diese Leiharbeiter übernehmen, bin ich gerne bereit ebenfalls zu übernehmen. Hierzu hatte ich schon meinen Vorgesetzten angesprochen, der mir erklärt hatte, dass ich dann möglicherweise einen Arbeitsvertrag mit dem Verleiher schließen müsse. Dies sehe ich aber nicht so. Ich würde gerne in einem Arbeitsverhältnis mit Ihnen bleiben, auch wenn ich die Aufgaben übernehme, die heute die Leiharbeiter haben.[4]

Bitte nehmen Sie Kontakt zu mir auf, sobald sich Ihre Vorstellung zur neuen Gestaltung unseres Betriebes konkretisiert. Ich bin dann auch gerne bereit, kurzfristig über entsprechende Angebote zu entscheiden.[5]

Der Betriebsrat erhält von meinem heutigen Schreiben eine Kopie.[6]

Mit freundlichen Grüßen

▬▬

Unterschrift ◀

2. Erläuterungen und Varianten

22 **[1] Sinnhaftigkeit der Einverständniserklärung.** Die Einverständniserklärung des Arbeitnehmers zu einem anderweitigen Einsatz hat nur geringe rechtliche Auswirkungen. Gleichwohl ist sie für den Arbeitnehmer sinnvoll.

23 Die Einverständniserklärung entfaltet zunächst eine **Hinweisfunktion**. Der Arbeitgeber wird auf die Wechselbereitschaft des Arbeitnehmers hingewiesen, und zwar sowohl in horizontaler als auch in vertikaler Hinsicht (s. Rn 28). In rechtlicher Hinsicht wird dem Arbeitgeber vor Augen geführt, dass der Arbeitnehmer auch zur vertikalen Änderung seines Arbeitsvertrages weitgehend bereit ist und über die Frage der Zumutbarkeit eines möglichen Änderungsangebotes individuell zu entscheiden. Hintergrund ist der **Vorrang der Änderungskündigung**. Weiterbeschäftigungsmöglichkeiten zu verschlechterten Bedingungen (vertikal nach unten) muss der Arbeitgeber grundsätzlich im Wege des Änderungsangebotes vor Ausspruch einer Beendigungskündigung unterbreiten. Voraussetzung ist, dass die Weiterbeschäftigung zu schlechteren Arbeitsbedingungen dem Arbeitgeber objektiv möglich und dem Arbeitnehmer zumutbar ist (BAG 21.4.2005 – 2 AZR 132/04, NZA 2005, 1289; HaKo-KSchR/*Gallner/Mestwerdt* § 1 KSchG Rn 708). Gänzlich unzumutbare Arbeitsplätze braucht der Arbeitgeber nicht anzubieten, beispielsweise nicht einem bisherigen Personalleiter die (freie) Pförtnerstelle (vgl BAG 5.6.2008 – 2 AZR 107/07, NZA 2008, 1180). Grundsätzlich hat der Arbeitnehmer allerdings das Recht, selbst zu entscheiden, ob er eine Weiterbeschäftigung zu verschlechterten Arbeitsbedingungen für zumutbar hält oder nicht. Nur in extremen Ausnahmefällen kann das Änderungsangebot des Arbeitgebers unterbleiben. Die Einverständniserklärung des Arbeitnehmers verschiebt dies noch weiter. Liegt ein Einverständnis des Arbeitnehmers vor, das signalisiert, keine Änderung per se auszuschließen, kann der Arbeitgeber keine Beendigungskündigung mehr aussprechen, sondern ist auf die Änderungskündigung verwiesen. Der Arbeitnehmer eröffnet sich also mit dem im Vorhinein erklärten Einverständnis eine weitere Verteidigungsmöglichkeit gegen die nachfolgende betriebsbedingte Kündigung, sofern es ihm gelingt, überhaupt irgendeinen freien Arbeitsplatz ausfindig zu machen.

24 Die eigentliche rechtliche Relevanz erfährt die Einverständniserklärung im Rahmen des Rechts der absoluten Sozialwidrigkeitsgründe des § 1 Abs. 2 Satz 3 KSchG. Ist die Weiterbeschäftigung des Arbeitnehmers nach zumutbaren Umschulungs- oder Fortbildungsmaßnahmen oder die Weiterbeschäftigung unter geänderten Arbeitsbedingungen möglich und hat der Betriebsrat deswegen widersprochen, so ist die Kündigung **absolut sozialwidrig**, sofern der Arbeitnehmer sein Einverständnis zu den Fortbildungsmaßnahmen bzw den geänderten Arbeitsbedingungen gegeben hat. Die Zumutbarkeit auf Seiten des Arbeitnehmers wird durch das Einverständnis des Arbeitnehmers indiziert. Der Arbeitnehmer trägt die Darlegungs- und Beweislast für die Gründe der absoluten Sozialwidrigkeit, so dass es sinnvoll ist, das Einverständnis schriftlich zu geben.

25 **[2] Umfang des Einverständnisses.** Das vorliegende Einverständnis bezieht sich zunächst **horizontal** auf alle freien Arbeitsplätze innerhalb des Unternehmens. Dies entspricht der Reichweite des Vorrangs der Weiterbeschäftigungsmöglichkeit nach § 1 Abs. 2 Satz 1 KSchG. Auch wenn nach dem Text des KSchG die Weiterbeschäftigungsmöglichkeit nur im Kontext mit dem Betriebsratswiderspruch, der zur absoluten Sozialwidrigkeit führt, genannt ist, ist die Reichweite der Suche nach dem freien Arbeitsplatz weitergehender, nämlich **unternehmensbezogen**. Kann der Arbeitnehmer auf einem anderen Arbeitsplatz desselben Betriebs oder in einem anderen Betrieb desselben Unternehmens weiterbeschäftigt werden, ist die Kündigung sozial ungerechtfertigt (BAG 5.6.2008 – 2 AZR 107/07, NZA 2008, 1180). Denn das geltend gemachte betriebliche Erfordernis ist in diesem Falle nicht dringend im Sinne von § 1 Abs. 2 Satz 1 KschG. Der Vorrang der Weiterbeschäftigung auf einem freien Arbeitsplatz vor der Kündigung beruht auf dem Verhältnismäßigkeitsgrundsatz, der ungeschriebener Bestandteil der Generalklausel des § 1 Abs. 2 Satz 1 KschG ist (HaKo-KSchR/*Gallner/Mestwerdt* § 1 KSchG Rn 691).

Das Einverständnis bezieht sich ausdrücklich auch auf die Weiterbeschäftigung in einem **anderen Konzernunternehmen**. Der Kündigungsschutz ist grundsätzlich betriebsbezogen, nur hinsichtlich der Weiterbeschäftigungsmöglichkeit ausnahmsweise unternehmensbezogen. Die Durchbrechung der Unternehmensgrenze hin zu einem Kündigungsschutz im Konzern (vgl dazu HaKo-KSchR/*Gallner/Mestwerdt* § 1 KSchG Rn 696 ff) stellt die absolute Ausnahme dar und setzt neben der Bereitschaft des Arbeitnehmers konkrete vertragliche Regelungen dazu voraus, dass die Weiterbeschäftigung auf den Konzern zu beziehen ist. Die vertragliche Berechtigung des Arbeitgebers, den Arbeitnehmer auch in anderen Konzernunternehmen einzusetzen, begründet alleine jedoch noch nicht dessen Verpflichtung, dies im Falle eines freien Arbeitsplatzes zur vermeidung der Kündigung auch zu tun. 26

Die Einverständniserklärung bezieht sich schließlich ausdrücklich auch auf die Bereitschaft dazu, **Umschulungs- oder Fortbildungsmaßnahmen** zu besuchen. Dieses Einverständnis ist wegen § 1 Abs. 2 Satz 3 KschG wichtig und begründet dann, wenn der Betriebsrat deswegen widerspricht, einen absoluten Sozialwidrigkeitsgrund. 27

[3] **Weiterbeschäftigung zu veränderten Arbeitsbedingungen.** Das Einverständnis bezieht sich nicht auf die horizontale Versetzung, sondern auch auf eine **vertikale Veränderung**, konkret der Fortsetzung des Arbeitsverhältnisses zu veränderten Bedingungen. Dies ist im Hinblick auf die Rechtsprechung des BAG zur Zumutbarkeit unterwertiger Arbeitsplätze (vgl oben Rn 23) und im Hinblick auf die absolute Sozialwidrigkeit wichtig. Erklärt der Arbeitnehmer sein Einverständnis zur Fortsetzung unter geänderten Arbeitsbedingungen und widerspricht der Betriebsrat aus diesem Grunde, liegt ein Fall der absoluten Sozialwidrigkeit vor, § 1 Abs. 2 Satz 3 KschG. Dabei kann das globale Einverständnis des Arbeitnehmers nicht als Vertragserklärung ausgelegt werden. Das Einverständnis bezieht sich vielmehr nur darauf, die Türen für die Obliegenheit des Arbeitgebers zu öffnen, jedes beliebige Änderungsangebot vor Ausspruch der Kündigung zu unterbreiten. Ob dieses dann angenommen werden soll oder nicht, unterliegt der abschließenden rechtsgeschäftlichen Willenserklärung des Arbeitnehmers. Der Arbeitgeber kann sich also nicht alleine aufgrund des vorstehenden Einverständnisses darauf berufen, durch eine Annahmeerklärung bei Konkretisierung der Bedingungen den Vertrag zu ändern. Rechtlich beinhaltet das Einverständnis des Arbeitnehmers keine Ersetzungsbefugnis des Arbeitgebers. 28

[4] **Leiharbeitnehmer.** Der Hinweis auf die von Leiharbeitnehmern innegehabten Arbeitsplätze ist lediglich eine Wissenserklärung. Der Arbeitgeber ist ohnehin verpflichtet, mit Leiharbeitnehmern besetzte Arbeitsplätze wie freie Arbeitsplätze zu behandeln und dem Arbeitnehmer diese Arbeitsplätze anzubieten (streitig, wie hier: LAG Hamm 7.4.2008 – 8 (19) Sa 1151/06; LAG Berlin-Brandenburg 3.3.2009 – 12 Sa 2468/08; HaKo-KSchR/*Gallner/Mestwerdt* § 1 KSchG Rn 704; aA: APS/*Kiel* § 1 KSchG Rn 568). Der Hinweis soll den Arbeitgeber auf diesen Einwand sensibilisieren. 29

[5] **Rechtsfolgen des Einverständnisses.** Das Einverständnis ist **keine rechtsgeschäftliche Vertragserklärung.** Es beinhaltet keine Ersetzungsbefugnis des Arbeitgebers hinsichtlich der ver- 30

änderten Arbeitsbedingungen. Das Einverständnis entfaltet daher ausschließlich im Rahmen der Systematik des KSchG Rechtswirkungen. Es führt dazu, dass der Arbeitgeber sich nicht auf die Unzumutbarkeit im Rahmen der Suche nach freien Arbeitsplätzen berufen kann und überdies zum antizipierten Einverständnis des Arbeitnehmers mit Weiterbildungs- oder Umschulungsmaßnahmen. Das Einverständnis öffnet die Tür zur absoluten Sozialwidrigkeit nach § 1 Abs. 2 Satz 3 KSchG, ohne jedoch den Arbeitnehmer in rechtsgeschäftlicher Hinsicht unmittelbar zu verpflichten.

31 **[6] Information an den Betriebsrat.** Die Information an den Betriebsrat soll die nötigen Voraussetzungen für den Betriebsratswiderspruch nach §§ 102 BetrVG, 1 Abs. 2 KschG schaffen.

IV. Geltendmachung des Auskunftsanspruchs des Arbeitnehmers, § 1 Abs. 3 KSchG

32 **1. Muster: Geltendmachung des Auskunftsanspruchs des Arbeitnehmers, § 1 Abs. 3 KSchG**

▸ Sehr geehrte Damen und Herren,

ich habe vom Betriebsrat erfahren, dass dort eine Anhörung zu meiner Kündigung liegt. Der Betriebsrat teilt mir mit, dass Sie betriebsbedingte Gründe anführen.[1]

Da ich mich ordnungsgemäß auf meine Rechtsverteidigung vorbereiten möchte, mache ich hiermit meinen Auskunftsanspruch hinsichtlich der sozialen Auswahl geltend. Bitte teilen Sie mir mit, welche Gründe zu der konkreten sozialen Auswahl geführt haben, welche Kollegen Sie mit mir verglichen haben und nach welchen Kriterien. Ich möchte auch gerne wissen, wie die Kriterien gewichtet worden sind.[2]

Sollte ich tatsächlich eine Kündigung erhalten, werde ich gegen die Kündigung im Wege der Kündigungsschutzklage vorgehen.[3]

Mit freundlichen Grüßen

...

Unterschrift ◂

2. Erläuterungen

33 **[1] Gegenstand und Zeitpunkt des Auskunftsanspruches.** Der Arbeitnehmer macht mit dem Schreiben seinen Auskunftsanspruch nach § 1 Abs. 3 Satz 1 KschG geltend. Auf Verlangen des Arbeitnehmers hat der Arbeitgeber die Gründe anzugeben, die zu der getroffenen sozialen Auswahl geführt haben.

34 Das KSchG normiert den Anspruch des Arbeitnehmers für den Zeitpunkt, zu dem die Kündigung bereits ausgesprochen worden ist. Der Arbeitnehmer kann den Auskunftsanspruch aber bereits vor Ausspruch der Kündigung geltend machen, so wie hier im Muster vorgesehen. Wurde die Kündigung bereits ausgesprochen, kann der Auskunftsanspruch jederzeit geltend gemacht werden. Sinnvoll ist er jedoch nur so lange, wie die nötigen Auskünfte innerprozessual Konsequenzen haben können (vgl hierzu Rn 36).

35 **[2] Inhalt des Auskunftsanspruchs.** An das Auskunftsverlangen des Arbeitnehmers sind keine überzogenen Anforderungen zu stellen. Es genügt jede Äußerung des Arbeitnehmer, die erkennen lässt, dass er vom Arbeitgeber gerne Auskunft zu den Gründen der getroffenen sozialen Auswahlentscheidung haben möchte (HaKo-KSchR/*Gallner*/*Mestwerdt* § 1 KSchG Rn 921).

36 **[3] Prozessuale Einordnung und Rechtsfolgen des Auskunftsverlangens.** Das Auskunftsverlangen stellt eine Obliegenheit des Arbeitnehmers dar. Nach § 1 Abs. 3 Satz 3 KschG hat der

Arbeitnehmer die Tatsachen zu beweisen, die die Kündigung als sozial ungerechtfertigt im Sinne des Satzes 1 erscheinen lassen. Diesen Nachweis kann der Arbeitnehmer typischerweise nicht führen, weshalb ihm § 1 Abs. 3 Satz 1 KschG den Auskunftsanspruch zur Seite stellt. Hieraus ergibt sich die folgende prozessuale Systematik:

– Der Arbeitnehmer rügt die Sozialauswahl und muss die Fehlerhaftigkeit der Sozialauswahl darlegen und beweisen.
– Ist er nicht zur Darlegung und zum Nachweis in der Lage, muss er von seinem Auskunftsanspruch nach § 1 Abs. 3 Satz 1 KschG Gebrauch machen, um die Informationen zu erhalten. Tut er dies nicht, bleibt er darlegungs- und beweisfällig.
– Reagiert der Arbeitgeber nicht oder nicht hinreichend auf das Auskunftsersuchen, reicht die Rüge der mangelnden Sozialauswahl, um die Kündigung unwirksam zu machen.
– Gibt der Arbeitgeber auf das Auskunftsverlangen entsprechende Auskunft, muss der Arbeitnehmer sich hierauf einlassen und darlegen, was konkret an der sozialen Auswahl fehlerhaft ist.

Vergleiche zum Ganzen: HaKo-KSchR/*Gallner/Mestwerdt* § 1 KSchG Rn 921.

B. Gerichtliche Vertretung nach Kündigung

I. Klage nach betriebsbedingter Kündigung (Arbeitnehmer-Vertretung)

1. Muster: Ausführliche Klagebegründung bei Weiterbeschäftigungsmöglichkeiten

▶ ...[1]

Begründung

1. Der Kläger ist ... Er ist länger als sechs Monate bei der Beklagten beschäftigt.[2]
2. Die Beklagte ist ... Sie beschäftigt regelmäßig mehr als 10 Arbeitnehmer ausschließlich der zur Berufsbildung Beschäftigten.[3]
3. Der Kläger hat am ... die als Anlage 1 beigefügte schriftliche Kündigungserklärung der Beklagten erhalten. Diese Kündigung ist sozialwidrig. Das KSchG findet auf das zwischen den Parteien bestehende Arbeitsverhältnis Anwendung.[4]
4. Der Kläger rügt die soziale Auswahl. Die Beklagte ist aufgefordert, die der sozialen Auswahl zugrunde liegenden Tatsachen darzulegen einschließlich der Benennung der auswahlrelevanten Gruppe vergleichbarer Arbeitnehmer und der Gewichtung der sozialen Kriterien, damit der Kläger seiner Substantiierungspflicht nachkommen kann (§ 1 Abs. 3 KSchG).[5]
5. Der Kläger möchte sich aus Gründen der Prozessökonomie nicht darauf beschränken, das Bestehen von Kündigungsgründen zu bestreiten.[6] Im Vorfeld der Kündigung hat die Beklagte nämlich dem Betriebsrat bereits die Kündigungsgründe mitgeteilt, der hierzu Rücksprache mit dem Kläger nahm. Hiernach stützt die Beklagte die Kündigung auf dringende betriebliche Gründe und das Fehlen einer Weiterbeschäftigungsmöglichkeit.

Der Kläger kann dies nicht nachvollziehen. Denn die Beklagte schreibt aktuell eine geeignete Stelle aus, die der Kläger ohne Weiteres, jedenfalls mit Umschulungsmaßnahmen, die nicht länger als drei Monate in Anspruch nähmen,[7] besetzen könnte. Es handelt sich um eine Ausschreibung, die auf der Homepage der Beklagten unter www.[...].de zu finden ist. Wir fügen als Anlage K ... einen Ausdruck bei und bieten als Beweis an:

Beweis: Inaugenscheinnahme der Stellenausschreibung der Beklagten unter www...de durch das Gericht

Ausgeschrieben ist die Stelle als ▬▬▬ mit dem Hinweis „Besetzung ab ▬▬▬". Dieser Zeitpunkt liegt vor dem Ablauf der für den Kläger geltenden Kündigungsfrist. Der Kläger erklärt sich ausdrücklich einverstanden mit einer Versetzung auf diese Stelle und der ggf notwendigen Einarbeitung/Weiterqualifizierung. Die Kündigung ist daher nach § 1 Abs. 2 S 1 KSchG unwirksam.[8]

▬▬▬ ◀

2. Erläuterungen und Varianten

38 **[1] Vollständiges Muster.** Zu dem vollständigen Muster einer Kündigungsschutzklage siehe § 4 KSchG Rn 1 ff, 26 ff, 29 ff.

39 **[2] Beschäftigungsdauer.** Die Angabe der Beschäftigungsdauer ist wegen der Wartezeit des § 1 Abs. 1 KschG notwendig. Darüber hinaus sollte in der Klage kurz skizziert werden, um wen es sich bei dem Kläger handelt, in welchem Familienstand er lebt etc.

40 **[3] Betriebliche Rahmendaten.** Die Angabe der betrieblichen Rahmendaten ist notwendig, um gemäß § 23 KschG in den Anwendungsbereich des KSchG zu gelangen. Der Arbeitnehmer ist darlegungs- und beweisbelastet für die Anwendbarkeit des KSchG, weshalb er in der Klageschrift zwingend die Mindestzahl der Beschäftigten des jeweiligen Arbeitgebers angeben muss.

41 **[4] Mindestrügen der Klage.** Um die Kündigungsschutzklage im Sinne von § 4 KSchG schlüssig zu machen, bedarf es mindestens der Darlegung der Anwendbarkeit des Kündigungsschutzgesetzes und die Behauptung, dass die Kündigung sozialwidrig ist. Legt der Arbeitnehmer die allgemeinen Voraussetzungen des Kündigungsschutzes nicht dar, ist die Klage unschlüssig (vgl HaKo-KSchR/*Gallner* § 4 KSchG Rn 42). Dasselbe gilt, wenn der Arbeitnehmer ausschließlich andere Unwirksamkeitsgründe als die des KSchG rügt oder überhaupt keine Unwirksamkeitsgründe (vgl HaKo-KSchR/*Gallner* § 4 KSchG Rn 42).

42 **[5] Rüge der Sozialauswahl.** Für die Unwirksamkeit der Sozialauswahl trägt der Arbeitnehmer die Darlegungs- und Beweislast, § 1 Abs. Satz 3 KSchG. Da er dieser regelmäßig nicht genügen kann, sieht das Gesetz einen Auskunftsanspruch des Arbeitnehmers auf diejenigen Tatsachen vor, die zu der konkreten sozialen Auswahl geführt haben, § 1 Abs. 3 Satz 1 KschG. Hat der Arbeitnehmer diesen Auskunftsanspruch nicht bereits vorgerichtlich geltend gemacht (vgl hierzu Rn 32 ff), so muss er dies spätestens im Rahmen des Klageverfahrens tun. Rügt der Arbeitnehmer lediglich die Sozialauswahl ohne sich weiter hierzu zu äußern, reicht diese Rüge für eine substantielle Berücksichtigung im Rahmen der Kündigungsschutzklage nicht aus. Der Arbeitgeber muss sich in einem solchen Fall auf die Rüge noch nicht einmal einlassen. Es ist daher empfehlenswert, spätestens im Rahmen der Klageschrift die Auskünfte nach § 1 Abs. 1 KschG zu verlangen.

43 **[6] Umfangreicher Sachvortrag vs. Einfaches Bestreiten.** Der Arbeitnehmer-Anwalt muss im Rahmen der Kündigungsschutzklage ausschließlich vortragen, dass das Kündigungsschutzgesetz betrieblich und persönlich Anwendung findet, die Kündigung zugegangen ist und der Arbeitnehmer das Nichtbestehen eines Kündigungsgrundes nach § 1 KSchG rügt. Sofern einschlägig, kann des Weiteren die ordnungsgemäße Beteiligung des Betriebsrates bestritten werden. Nicht verpflichtet ist der Arbeitnehmer im Rahmen der Klage weitere Ausführungen dazu zu machen, warum (von ihm vermutete) Kündigungsgründe nicht zutreffen. Im Regelfall empfiehlt es sich daher, den Kündigungsschutzprozess mit der Minimalklage einzuleiten. Erst wenn der Arbeitgeber sich dann im Rahmen des Kündigungsschutzprozesses auf einen Kündigungsgrund festgelegt hat, sollte hierzu erwidert werden.

Abweichend hiervon kann aus Gründen der **Prozessökonomie**, wichtiger aber noch zur sachgerechten Vorbereitung der Güteverhandlung, auch bereits im Rahmen der Klageschrift schon ausführlicher vorgetragen werden. Dies empfiehlt sich allerdings nur dann, wenn konkrete Hinweise darauf existieren, was der Arbeitgeber zum tragenden Kündigungsgrund zu machen beabsichtigt. Liegen solche Hinweise vor, zB aus einer Betriebsratsanhörung, kann durch einen entsprechenden konkreten Vortrag erreicht werden, dass die Vergleichsmöglichkeiten in der Güteverhandlung deutlich besser liegen als ohne eine konkrete Rüge.

[7] **Abgestufte Darlegungs- und Beweislast.** Möchte der Arbeitnehmer sich – wie im vorliegenden Muster – auf das Bestehen einer Weiterbeschäftigungsmöglichkeit berufen, muss er eine entsprechende Stelle benennen. Die **Darlegungs- und Beweislast** für eine konkrete Stelle trägt der Arbeitnehmer. Ein entsprechender Vortrag muss also im Zweifel ohnehin im Laufe des Kündigungsschutzprozesses erfolgen. Hierbei besteht eine Weiterbeschäftigungsmöglichkeit im Sinne von § 1 Abs. 2 S 1 KSchG nur dann, wenn ein freier, dh unbesetzter Arbeitsplatz vorhanden ist. Als frei sind regelmäßig solche Arbeitsplätze anzusehen, die zum Zeitpunkt des Zugangs der Kündigung als dem maßgeblichen Überprüfungszeitraum für die soziale Rechtfertigung einer Kündigung unbesetzt sind oder absehbar bis zum Ablauf der Kündigungsfrist frei werden (HaKo-KSchR/*Gallner/Mestwerdt* § 1 KSchG Rn 703). Das Muster beschreibt den verhältnismäßig eindeutigen Fall, dass der Arbeitgeber selber eine geeignete Stelle ausschreibt. Im Sinne einer abgestuften Darlegungs- und Beweislast müsste nun der Arbeitgeber darlegen, warum diese Stelle nicht geeignet ist.

Selten passt das Anforderungsprofil des Arbeitsplatzes vollständig auf den gekündigten Arbeitnehmer. Grundsätzlich muss der Arbeitnehmer über die für den anderen Arbeitsplatz erforderlichen Kenntnisse und Fähigkeiten verfügen, wobei die Festlegung des Anforderungsprofils dem Arbeitgeber obliegt (HaKo-KSchR/*Gallner/Mestwerdt* § 1 KSchG Rn 708). Erfüllt der Arbeitnehmer die Kriterien des Arbeitsplatzes nicht vollständig, kann aber durch zumutbare Umschulungs- oder Fortbildungsmaßnahmen auf den Arbeitsplatz qualifiziert werden, ist erforderlich, dass er hiermit sein Einverständnis erklärt. Zumutbar ist eine entsprechende Weiterbildungsmaßnahme nur dann, wenn die Zeit der Maßnahme nicht außer Verhältnis zu der Dauer des Arbeitsverhältnisses steht. In der Regel ist eine zwei- bis dreimonatige Einarbeitungszeit dem Arbeitgeber zumutbar, entsprechendes gilt für Umschulungs- oder Fortbildungsmaßnahmen.

[8] **Absolute Sozialwidrigkeit.** Das Muster rügt die Sozialwidrigkeit der Kündigung nach § 2 Abs. 2 S 1 KSchG. Liegt ein Betriebsratswiderspruch vor, handelt es sich dagegen um einen Fall der absoluten Sozialwidrigkeit nach § 1 Abs. 2 S 2 Nr. b) KSchG.

Soll mit dem Vortrag **ein bereits bekannter Fehler in der Sozialauswahl** gerügt werden, könnte wie folgt formuliert werden:

▶ Dem Kläger ist bekannt, dass die Beklagte ihre Kündigung auf dringende betriebliche Erfordernisse stützt. Er möchte daher aus Gründen der Prozessökonomie vorbehaltlich der Tatsache, dass er das Bestehen eines dringenden betrieblichen Kündigungsgrundes bestreitet, bereits heute die fehlerhafte Sozialauswahl im Sinne von § 1 Abs. 3 KSchG rügen. Der Kläger ist sozial jedenfalls mit den in seiner Abteilung auf gleicher Hierarchieebene beschäftigten Arbeitnehmern vergleichbar. Im Kreise dieser Arbeitnehmer gibt es mit den Arbeitnehmern ___ und ___ mindestens zwei, die über eine deutlich geringere Betriebszugehörigkeit (Arbeitnehmer ___: ___ Jahre, Arbeitnehmer ___: ___ Jahre) und ein geringeres Lebensalter (Arbeitnehmer ___: ___ Jahre, Arbeitnehmer ___: ___ Jahre) verfügen. Der Kläger ist verheiratet und Vater zweier unterhaltspflichtiger Kinder, beide genannten Arbeitnehmer sind indes unverheiratet. Der Kläger wäre in der Lage, jede der Tätigkeiten der beiden genannten Arbeitnehmer zu erfüllen. Die Sozialauswahl erweist sich damit bereits prima vista als fehlerhaft, was hiermit gerügt wird.

49 Soll die **nicht ordnungsgemäße Betriebsratsanhörung** nicht nur bestritten, sondern konkret gerügt werden, könnte wie folgt formuliert werden.

Der Kläger bestreitet, dass ein ordnungsgemäßer Kündigungsgrund nach § 1 KSchG vorliegt. Die Beklagte mag hierzu vortragen, damit der Kläger sich konkret einlassen kann.
Ungeachtet dessen existiert allerdings im Betrieb ein Betriebsrat. Der Kläger bestreitet, dass dieser ordnungsgemäß gehört worden ist. Nach Informationen des Betriebsratsvorsitzenden wurde der Betriebsrat zwar beiläufig über das Kündigungsvorhaben informiert. Bereits die besonderen persönlichen Daten des Klägers, der verheiratet und zwei Kindern gegenüber unterhaltspflichtig ist, waren dem Betriebsratsvorsitzenden allerdings vollständig unbekannt. Von einem verhaltens- und personenbedingten Kündigungsgrund ist dem Betriebsrat überhaupt nichts bekannt. Tatsächlich kann also der Betriebsrat nicht ordnungsgemäß gemäß § 102 BetrVG gehört worden sein, was hiermit ausdrücklich gerügt wird.

50 Soll mit der Kündigungsschutzklage die **grobe Fehlerhaftigkeit der Sozialauswahl** gerügt werden, könnte wie folgt formuliert werden:

Dem Kläger ist bekannt, dass die konkrete Kündigung im Rahmen einer größeren betrieblichen Maßnahme steht, in deren Konsequenz mindestens 10 Mitarbeitern gekündigt worden ist. Er setzt dies überdies als gerichtsbekannt voraus.
Dem Kläger ist darüber hinaus bekannt, dass die Beklagte mit dem Betriebsrat einen Interessensausgleich und einen Sozialplan geschlossen hat und dem Interessensausgleich eine Namensliste nach § 1 Abs. 5 KSchG zumindest beigefügt ist. In dem Zusammenhang bestreitet der Kläger allerdings das ordnungsgemäße Zustandekommen des Interessensausgleiches, der Namensliste und die Verbindung der Namensliste mit dem Interessensausgleich mit Nichtwissen.
Selbst wenn allerdings der Name des Klägers auf einer ordnungsgemäß nach § 1 Abs. 5 KSchG zustande gekommenen Namensliste stünde, wäre die vorliegende Kündigung deswegen fehlerhaft, weil die vorgenommene Sozialauswahl grob fehlerhaft ist. Die grobe Fehlerhaftigkeit ergibt sich vorliegend aus dem Folgenden:
Ausweislich des Interessensausgleiches haben die Beklagte und der Betriebsrat eine betriebliche Altersstruktur gebildet in der Absicht, den Erfordernissen des § 1 Abs. 3 KSchG gerecht zu werden. Hierbei haben sie drei Altersgruppen (bis 35 Jahre, 36-45 Jahre, 46-62 Jahre) gebildet und die Anzahl der zu kündigenden Mitarbeiter, ausweislich des in Kopie als Anlage K ... beigefügten Interessensausgleiches insgesamt 17 Mitarbeiter, auf die drei Altersgruppen verteilt. Die Verteilung auf die Altersgruppen ergibt allerdings, dass in der Altersgruppe der bis 35jährigen nur drei Mitarbeiter gekündigt werden, in der Altersgruppe der 36-45jährigen weitere vier Mitarbeiter und in der Altersgruppe der 46-62jährigen zehn Mitarbeiter. Bereits dies macht die Sozialauswahl grob fehlerhaft.
Darüber hinaus hat die Beklagte daher entgegen der hierzu ergangenen Rechtsprechung (siehe BAG 19.7.2012 – 2 AZR 352/11) nicht dafür Sorge getragen, dass die bisherige Verteilung der Be-

schäftigten auf die Altersgruppe ihre prozentuale Entsprechung in der Anzahl der in der jeweiligen Altersgruppe zu Kündigenden findet. Dies macht die Sozialauswahl grob fehlerhaft, weshalb auch die ausgesprochene Kündigung unwirksam ist.

II. Repliken (Arbeitgeber-Vertretung)

Zur allgemeinen Replik einschließlich der Vortragspflicht des Arbeitgebers zum Kündigungsschutzprozess siehe § 4 Rn KSchG.

1. Replik bei Rüge des dringenden betrieblichen Grundes
a) Innerbetrieblicher Grund Betriebsstilllegung
aa) Muster: Replik nach betriebsbedingter Kündigung wegen Betriebsstilllegung

Begründung

Die ausgesprochene Kündigung ist sozial gerechtfertigt. Ihr liegen betriebsbedingte Gründe zugrunde. Der Arbeitsplatz des Klägers ist infolge der von der Unternehmensleitung beschlossenen und bereits zur Umsetzung gelangten Schließung des Betriebes ..., in dem der Kläger beschäftigt ist, weggefallen.[1]

Im Einzelnen:

1. Der Kündigung liegen dringende betriebliche Erfordernisse zugrunde. Die Unternehmensleitung[2] hat auf Grundlage eines Auftrages der Gesellschafterversammlung, die Effizienz der einzelnen Betriebsstätten zu untersuchen und auf Grundlage der Ergebnisse die nötige Entscheidung zur Restrukturierung zu treffen, beschlossen, den Betrieb ...[3] mit Wirkung zum ...[4] stillzulegen.

2. Die Stilllegung des Betriebes stellt eine Betriebsänderung nach § 111 BetrVG dar. Das Interessensausgleichsverfahren ist abgeschlossen. Den Interessensausgleich fügen wir als Anlage ... bei. Der Sozialplan ist noch nicht zu Ende verhandelt, wird aber kurzfristig abgeschlossen werden.[5]

3. Die unternehmerische Maßnahme ist nach wie vor in der Umsetzung. Die Betriebsstilllegung ist kommuniziert, die nötigen Rahmenbedingungen sind geschaffen. Die Stilllegung wird zum ... erfolgen. Bis zu diesem Zeitpunkt werden die Mitarbeiter die verbleibenden Aufträge abwickeln. Die Mitarbeiter, die über längere Kündigungsfristen verfügen, werden dann nach dem Stilllegungszeitpunkt die notwendigen Abwicklungsarbeiten begleiten, zB den Verkauf der Einrichtungsgegenstände etc.[6]

4. Für den Kläger gibt es keine Weiterbeschäftigungsmöglichkeit auf einem freien Arbeitsplatz, und zwar weder im konkreten Betrieb (der geschlossen wird), noch innerhalb des Unternehmens.[7]

5. Eine Sozialauswahl konnte im konkreten Fall nicht stattfinden, da sämtliche Arbeitnehmer des betroffenen Betriebes die Kündigung erhalten.

Rechtsanwalt

bb) Erläuterungen

[1] Systematik der dringenden betrieblichen Gründe und Darlegungs-/Beweislast. § 1 Abs. 2 Satz 1 KSchG fordert für die Begründung einer betriebsbedingten Kündigung zunächst **drin-

gende betriebliche Erfordernisse. Solche dringenden betrieblichen Erfordernisse können in außerbetrieblichen oder innerbetrieblichen Umständen begründet sein. Innerbetriebliche Umstände sind alle betrieblichen Maßnahmen auf technischem, organisatorischem oder wirtschaftlichen Gebiet. Bei ihnen trifft der Arbeitgeber eine unmittelbar **gestaltende Unternehmerentscheidung**, deren Umsetzung zu einem Überhang an Arbeitskräften führt und somit die Grundlage für den Kündigungsentschluss ist. Die unternehmerische Entscheidung kann sich dabei auf alle organisatorischen Fragen des Betriebes beziehen bis hin zur Stilllegung des Betriebes.

54 Die **Darlegungs- und Beweislast** im Kündigungsschutzprozess ist abhängig davon, ob ein inner- oder außerbetrieblicher Grund als dringender betrieblicher Grund im Sinne von § 1 Abs. 1 KSchG angeführt wird. Im Falle des innerbetrieblichen Grundes (Organisationsentscheidung) hat der Arbeitgeber darzulegen und zu beweisen, dass die Organisationsentscheidung so wie von ihm behauptet getroffen wurde (BAG 12.4.2002 – 2 AZR 256/01, AP KSchG 1969 § 1 Betriebsbedingte Kündigung Nr. 120 II 2; HaKo-KSchR/*Gallner/Mestwerdt* § 1 KSchG Rn 666), dass die konkrete unternehmerische Entscheidung bereits umgesetzt oder in Umsetzung befindlich ist und schließlich wie sich die von ihm behaupteten Umstände unmittelbar oder mittelbar auf die Beschäftigungsmöglichkeit des gekündigten Arbeitnehmers auswirken (BAG 16.12.2010 – 2 AZR 77/09, NZA 2011, 505; HaKo-KSchR/*Gallner/Mestwerdt* § 1 KSchG Rn 666). Ob die unternehmerische Entscheidung überhaupt getroffen wurde, ob sie umgesetzt wird und ob sie tatsächlich zum Wegfall des Arbeitsplatzes führt, unterliegt der vollen gerichtlichen Nachprüfbarkeit. Nicht gerichtlich nachzuprüfen ist demgegenüber, ob die Unternehmerentscheidung sachlich sinnvoll, geboten oder gar notwendig ist. Das BAG geht in ständiger Rechtsprechung von dem aus Art. 2 Abs. 1, 12 und 14 GG hergeleiteten **Grundsatz der freien Unternehmerentscheidung** aus. Danach ist von den Arbeitsgerichten nicht zu überprüfen, ob die Entscheidung (betriebswirtschaftlich) notwendig und zweckmäßig ist (BAG 27.1.2011 – 2 AZR 9/10, AP KSchG 1969 § 1 Betriebsbedingte Kündigung Nr. 187; HaKo-KSchR/*Gallner/Mestwerdt* § 1 KSchG Rn 667). Um die Darlegung der unternehmerischen Entscheidung zu erleichtern, ist daher die schriftliche Fixierung der unternehmerischen Entscheidung sinnvoll und geboten.

55 Während die unternehmerische Entscheidung nicht der Zweckmäßigkeitskontrolle unterliegt, kann sie aber durch das Gericht vollständig darauf überprüft werden, ob sie **offenbar unsachlich, unvernünftig** oder **willkürlich** ist. Vorbehaltlich bestimmter Ausnahmen (s.u. Rn 67) trägt die **Darlegungs- und Beweislast** für eine solche Unsachlichkeit bzw Willkür der Arbeitnehmer (BAG 18.1.1990 – 2 AZR 357/89, NZA 1990, 729). In der Praxis allerdings empfiehlt es sich, die Motivationslage des Arbeitgebers kurz in der Protokollierung der unternehmerischen Entscheidung mit zu fixieren, um hiermit bereits den Beleg führen zu können, dass die Entscheidung einer sachlichen Motivation (hier: Untersuchung durch eine Unternehmensberatung und deren Empfehlung) folgt. Hierbei sollte in der Formulierung zwischen der (nicht vom Gericht auf Notwendigkeit oder Zweckmäßigkeit zu prüfenden) Motivation einerseits und der eigentlichen unternehmerischen Entscheidung andererseits unterschieden werden.

56 **[2] Entscheidungsträger.** Die Unternehmerentscheidung muss nicht zwingend durch den Unternehmer, also den Inhaber der Geschäftsanteile, getroffen werden. Abhängig von der betrieblichen Gestaltung ist derjenige berechtigt, eine unternehmerische Entscheidung zu treffen, der die **Organisations- und Entscheidungshoheit** hat. Bei einer GmbH wird dies in der Regel die Geschäftsführung sein, bei einer AG der Vorstand, bei einer KG der Geschäftsfüh-

rer der Komplementärgesellschaft. Einschränkungen der Entscheidungskompetenzen, die sich durch interne Geschäftsordnungen ergeben, sind dabei zu beachten. Kann beispielsweise die Geschäftsführung einer GmbH über die Stilllegung eines Betriebes nicht ohne Zustimmung der Gesellschafterversammlung entscheiden, ist dieses Erfordernis auch in arbeitsrechtlicher Hinsicht relevant. Eine unternehmerische Entscheidung kann nur dann eine grundrechtlich geschützte Ausübung der unternehmerischen Freiheit sein, wenn sie auch vom berechtigten Unternehmer getroffen worden ist. In Gesellschaftsverträgen vorgesehene Einschränkungen der Entscheidungsbefugnis sind ebenfalls zu beachten.

[3] **Betriebsstilllegung.** Der vorliegende Fall beschreibt die Stilllegung eines Betriebes. Die Grenzziehung, ob von der unternehmerischen Entscheidung ein Betrieb oder lediglich eine Betriebsabteilung betroffen sind, ist in arbeitsrechtlicher Hinsicht relevant, da das Erfordernis der Suche nach einer Weiterbeschäftigungsmöglichkeit unternehmensweit gilt, während die soziale Auswahl lediglich betriebsbezogen durchzuführen ist. Im Rahmen der unternehmerischen Entscheidung werden damit gleichzeitig die Anforderungen für die nachfolgenden personellen Einzelmaßnahmen definiert. Bei der Formulierung der unternehmerischen Entscheidung sollte daher sorgfältig darauf geachtet werden, ob tatsächlich ein Betrieb im Sinne einer geschlossenen organisatorischen Einheit betroffen ist oder vielmehr nur eine Betriebsabteilung. Wird ein Betrieb vollständig stillgelegt, entfällt das Erfordernis einer sozialen Auswahl. 57

[4] **Umsetzungszeitpunkt.** Die unternehmerische Entscheidung unterliegt nicht nur der gerichtlichen Kontrolle darauf, ob sie tatsächlich getroffen worden ist, sondern auch darauf, ob sie bereits umgesetzt ist oder ihre Umsetzung konkret bevorsteht. Nur dann, wenn die Entscheidung tatsächlich umgesetzt wird, kann sie sich innerbetrieblich tatsächlich auswirken und folglich zum Wegfall der Weiterbeschäftigungsmöglichkeit führen. Im Rahmen seiner **Darlegungs- und Beweislast** hat der Arbeitgeber also insbesondere darzulegen, zu welchem Zeitpunkt die Entscheidung umgesetzt wird und sich folglich konkret auf die Beschäftigungsmöglichkeiten des Betriebes auswirkt. Aus diesem Grunde ist die Angabe des Umsetzungszeitpunktes im Rahmen der Protokollierung der unternehmerischen Entscheidung sinnvoll und geboten. 58

Zur Begründung des Ausspruchs einer Kündigung muss der Umsetzungszeitpunkt allerdings noch nicht zum Zeitpunkt der Kündigung verstrichen sein. Auch **unmittelbar bevorstehende unternehmerische Maßnahmen** können dringende betriebliche Gründe für den Ausspruch einer betriebsbedingten Kündigung darstellen. Es genügt, dass die durch den Arbeitgeber geplante Maßnahme greifbare Formen angenommen hat und eine sachliche Prognose besteht, dass mit dem Ende der Kündigungsfrist der betriebliche Beschäftigungsbedarf entfallen sein wird (vgl BAG 27.2.1958 – 2 AZR 445/55, AP KSchG § 1 Betriebsbedingte Kündigung Nr. 1; BAG 24.2.2005 – 2 AZR 214/04, DB 2005, 1523; HaKo-KSchR/*Gallner/Mestwerdt* § 1 KSchG Rn 686). 59

[5] **Interessenausgleich und Sozialplan.** Die vorliegende Maßnahme wäre nach § 111 BetrVG als **Betriebsänderung** zu sehen und folglich in einem Betrieb mit Betriebsrat interessenausgleichs- und sozialplanpflichtig. Im Rahmen des Interessenausgleichs ist das „Ob- und Wie" der Maßnahme zu erörtern. Die Unternehmensleitung kann somit ohne vorherige Beteiligung des Betriebsrates keine finale unternehmerische Entscheidung fällen. Die vorliegende unternehmerische Entscheidung hat damit nur vorläufigen Charakter. Kommt ein Interessenausgleich zustande, ersetzt dieser Interessenausgleich den Nachweis der unternehmerischen Entscheidung. Kommt allerdings kein Interessenausgleich zustande und wird das Scheitern des 60

Interessenausgleichsverfahrens festgestellt, stellt die vorliegende unternehmerische Entscheidung die dann verbindliche unternehmerische Entscheidung dar. Um die Fehlerhaftigkeit der Organisationsentscheidung zu vermeiden, sollte im Falle eines mitbestimmten Betriebes allerdings explizit darauf hingewiesen werden, dass sich die Unternehmensleitung über die Notwendigkeit eines Interessenausgleichsverfahrens bewusst ist.

61 **[6] Stand der Umsetzung, Umsetzbarkeit.** Die unternehmerische Maßnahme als solche lässt den Arbeitsplatz nicht entfallen. Erst die Umsetzung der unternehmerischen Entscheidung führt zum Wegfall der Beschäftigungsmöglichkeit. Der tatsächliche Stand der Umsetzung der unternehmerischen Entscheidung ist in vollem Umfange gerichtlich überprüfbar (vgl HaKo-KSchR/*Gallner/Mestwerdt* § 1 KSchG Rn 683). Allerdings muss zum Zeitpunkt der Kündigung der Beschäftigungsbedarf noch nicht endgültig entfallen sein. Es genügt, dass die durch den Arbeitgeber geplante Maßnahme greifbare Formen angenommen hat und dass eine vernünftige betriebswirtschaftliche Prognose ergibt, dass die Maßnahme bei Verstreichenlassen der Kündigungsfrist durchgeführt sein wird (HaKo-KschR/*Gallner/Mestwerdt* § 1 KSchG Rn 686). Der Arbeitgeber-Anwalt hat folglich im Rahmen der Replik zum Stand der Maßnahme auszuführen und muss im Rahmen seiner Darlegungen hinreichend deutlich machen, dass die unternehmerische Entscheidung tatsächlich zur Umsetzung gelangt und diese Umsetzung so terminiert ist, dass spätestens mit Abschluss der Kündigungsfrist der Beschäftigungsbedarf tatsächlich entfallen ist.

62 **[7] Weiterbeschäftigungsmöglichkeiten.** Das Nichtvorhandensein von **Weiterbeschäftigungsmöglichkeiten** auf freien Arbeitsplätzen innerhalb des Unternehmens ist nach § 1 Abs. 2 Satz 2 Nr. 1 b) und Nr. 2 b) zwingende Voraussetzung für die soziale Rechtfertigung der Kündigung. Das Bestehen einer Weiterbeschäftigungsmöglichkeit auf einem anderen (freien) Arbeitsplatz innerhalb des Unternehmens bzw in einer anderen Dienststelle desselben Verwaltungszweiges an demselben Dienstort ist ein absoluter Sozialwidrigkeitsgrund. Im Rahmen der Umsetzung der unternehmerischen Entscheidung muss sich die Geschäftsführung daher klar über etwaige Weiterbeschäftigungsmöglichkeiten werden, was aus Gründen der sachlichen Vollständigkeit bereits innerhalb der Protokollierung Erwähnung finden sollte.

b) Innerbetrieblicher Grund Streichung einer Hierarchieebene

63 **aa) Muster: Replik nach betriebsbedingter Kündigung wegen Streichung einer Hierarchieebene**

▶ **Begründung**

Die ausgebrachte Kündigung ist sozial gerechtfertigt. Ihr liegt ein dringender betrieblicher Grund zugrunde, der den Beschäftigungsbedarf hat entfallen lassen. Im Einzelnen:

1. Die Unternehmensleitung hat am ... die unternehmerische Entscheidung getroffen, die Hierarchieebene des Leiters Werkstatt/Werkstattmeister zu streichen. Ausgangspunkt war ein Gutachten einer Unternehmensberatung, die damit beauftragt worden war, die betrieblichen Abläufe zu analysieren und Einsparpotentiale ausfindig zu machen. In deren Abschlussbericht hat die Unternehmensberatung festgestellt, dass die Hierarchieebene des Leiters Werkstatt/Werkstattmeister nicht nur überflüssig ist, sondern vielmehr sogar zu Missverständnissen und Schwierigkeiten führt. Geraten worden ist daher in diesem Abschlussbericht, die Organisation so zu verändern, dass die Hierarchieebene abgeschafft wird. Die diesbezügliche unternehmerische Entscheidung hat die Geschäftsleitung am ... getroffen und protokolliert. Wir übersenden als Anlage eine Kopie des Protokolls der Entscheidung der Geschäftsführung vom ...[1][2]

2. In der derzeitigen Organisation[3] werden die Bereiche „Lager", „Kundendienst" und „Vertrieb" unmittelbar durch die Geschäftsführung geleitet. Lediglich im Bereich „Werkstatt" ist eine Zwi-

schenebene „Leiter Werkstatt/Werkstattmeister" eingezogen, dem die mitarbeitenden Meister unterstehen.
Nach der Organisationsuntersuchung der Unternehmensberatung bestehen die Arbeitsaufgaben des Leiters Werkstatt im Einzelnen in den folgenden Aufgaben mit den folgenden Zeitanteilen:
...[4]
Festzustellen ist daher, dass der Leiter Werkstatt lediglich zu einem geringen Prozentsatz als Meister in der Werkstatt mitarbeitet und zum weit überwiegenden Teil Aufgaben der Leitung wahrnimmt.
Diesbezüglich hat nun die Unternehmensberatung festgestellt, dass eine Vielzahl von Redundanzen zwischen der Tätigkeit der Geschäftsführung und der Tätigkeit des Leiters Werkstatt vorhanden sind. Beispielsweise erstellt der Leiter Werkstatt einen eigenen Urlaubsplan für die Meister der Werkstatt, der dann als Vorschlag der Geschäftsführung zugeleitet wird, die ihrerseits wiederum einen Abgleich mit den anderen Bereichen vornimmt, den Urlaubsplan abändert und schließlich festlegt. Nach der – von der Geschäftsführung als zutreffend erachteten – Feststellung der Unternehmensberater bedarf es dieses Zwischenschrittes über den Leiter Werkstatt dem Grunde nach nicht. Eine Arbeitsersparnis für die Geschäftsführung ergibt sich nicht.

3. Die Geschäftsleitung hat daher die Organisationsentscheidung getroffen, die Hierarchieebene des Leiters Werkstatt/Werkstattmeisters abzuschaffen. Diese Entscheidung fiel am ... mit Wirkung zum ...[5] Betroffen ist der Kläger, der derzeit vertraglich als Leiter Werkstatt angestellt ist.

4. Aus der Abschaffung der Hierarchieebene ergeben sich die folgenden Konsequenzen für die anderen Mitarbeiter.[6]
Zu einem Prozentsatz von ... % hat der Kläger Aufgaben der mitarbeitenden Meister in der Kfz-Werkstatt ausgeführt. Eine Übersicht der Zeiterfassung der mitarbeitenden Meister liegt vor. Hiernach bedeutete eine Übernahme der durch den Kläger bislang ausgeführten Aufgaben durch die ... mitarbeitenden Meister eine Mehrbelastung für diese Meister von 0,50 Stunden pro Woche. Diese Mehrbelastung soll zukünftig durch eine Steigerung der Effizienz der Arbeit, notfalls durch entsprechende Überstunden aufgefangen werden.[7]
Die Leitungsaufgaben, die der Kläger bislang wahrgenommen hat, werden auf die Geschäftsführung verlagert. Dabei geht die Geschäftsführung davon aus, dass sich zu einem erheblichen Anteil Redundanzen ergeben und stützt sich hierbei auf die Feststellungen der Unternehmensberatung. Insoweit die Leitungsaufgaben nicht redundant sind, werden sie durch die Geschäftsführung durch Arbeitszuwachs mit übernommen. Nach den zeitlichen Feststellungen der Unternehmensberatung ergibt sich hierdurch ein zeitlicher Zuwachs von maximal zwei Stunden/Woche in der Position des Geschäftsführers.[8]
Es ist somit festzuhalten, dass durch die Streichung der Position des Klägers kein erheblicher Zuwachs an der verlangten Arbeitsleistung bei anderen Arbeitnehmern eintritt und die Position somit ohne Schwierigkeiten gestrichen werden kann. Der Großteil der bislang durch den Kläger ausgeübten Aufgaben wird durch die Streichung der Hierarchieebene ohnehin entfallen.

5. Die aus der unternehmerischen Entscheidung folgende personelle Maßnahme ist die ordentliche Beendigungskündigung des Klägers. Der Kläger ist als Fachvorgesetzter der mitarbeitenden Werkstattmeister nicht mit diesen vergleichbar. Mit dem Vorarbeiter Lager ist der Kläger nicht vergleichbar, da der Vorarbeiter Lager zum einen nicht Disziplinar- oder Fachvorgesetzter der Lagermitarbeiter ist und daher einer anderen Hierarchieebene angehört und zum zweiten über eine spezialisierte Ausbildung als Lagerfacharbeiter einschließlich des zugehörigen Meisters

verfügt und die Umschulung des Klägers auf diese Position jedenfalls eine längere Zeitspanne als sechs Monate in Anspruch nähme. Eine freie Weiterbeschäftigungsmöglichkeit existiert nicht, so dass auch eine Änderungskündigung auf eine niedrigere Hierarchieebene ausscheidet.

Nach alldem ist die Kündigung des Klägers gerechtfertigt.

...

Rechtsanwalt ◄

bb) Erläuterungen

64 **[1] Besonderheiten der unternehmerischen Entscheidung zur Streichung einer Hierarchieebene.** Der Arbeitgeber muss die dringenden betrieblichen Erfordernisse im einzelnen darstellen. Er ist darlegungs- und beweisbelastet.

Grundsätzlich kann eine Unternehmerentscheidung nur darauf geprüft werden, ob sie offenbar unsachlich, unvernünftig oder willkürlich ist. Der Grundsatz der freien Unternehmerentscheidung gemäß Art. 2 Abs. 1, 12 und 14 GG verbietet eine fachgerichtliche Kontrolle darauf, ob die Unternehmerentscheidung notwendig, geboten oder sinnvoll ist (vgl HaKo-KSchR/*Gallner*/*Mestwerdt* § 1 KSchG Rn 667 ff).

65 Läuft die unternehmerische Entscheidung allerdings letztlich nur auf den Abbau einer Hierarchieebene hinaus verbunden mit einer Neuverteilung der dem betroffenen Arbeitnehmer bisher zugewiesenen Aufgaben, bedarf es der Konkretisierung dieser Entscheidung, damit geprüft werden kann, ob der Arbeitsplatz des betroffenen Arbeitnehmers tatsächlich weggefallen ist und die Entscheidung nicht offensichtlich unsachlich oder willkürlich ist. Die Rechtsprechung stellt damit **gesteigerte Anforderungen an die Darlegungs- und Beweislast** des Arbeitgebers, wenn der Arbeitgeber die Kündigung auf eine Unternehmensentscheidung stützt, welche „lediglich" in der Streichung einer Hierarchieebene besteht (BAG 13.2.2008 – 2 AZR 1041/06, NZA 2008, 819). Grund hierfür ist die Tatsache, dass die unternehmerische Entscheidung von der abstrakten Umorganisation des Betriebes sehr nahe an die eigentliche Kündigungsentscheidung heranrückt. Vergleichbar ist dies mit der **Unternehmerentscheidung zur reinen Personalverringerung.** Wenn der Kündigungsentschluss und die Organisationsentscheidung sich quasi decken und ohne nähere Konkretisierung nicht voneinander zu unterscheiden sind, sind an die Darlegungslast des Arbeitgebers in diesen Fällen erheblich gesteigerte Anforderungen zu stellen (BAG 17.6.1999 – 2 AZR 522/98, AP KSchG 1969 § 1 Betriebsbedingte Kündigung Nr. 102).

66 **[2] Entscheidungsträger.** Die Unternehmerentscheidung muss nicht zwingend durch den Unternehmer, also den Inhaber der Geschäftsanteile, getroffen werden. Abhängig von der betrieblichen Gestaltung ist derjenige berechtigt, eine unternehmerische Entscheidung zu treffen, der die Organisations- und Entscheidungshoheit hat. Bei einer GmbH wird dies in der Regel die Geschäftsführung sein, bei einer AG der Vorstand, bei einer KG der Geschäftsführer der Komplementärgesellschaft. Einschränkungen der Entscheidungskompetenzen, die sich durch interne Geschäftsordnungen ergeben, sind dabei zu beachten. Kann beispielsweise die Geschäftsführung einer GmbH über die Stilllegung eines Betriebes nicht ohne Zustimmung der Gesellschafterversammlung entscheiden, ist dieses Erfordernis auch in arbeitsrechtlicher Hinsicht relevant. Eine unternehmerische Entscheidung kann nur dann eine grundrechtlich geschützte Ausübung der unternehmerischen Freiheit sein, wenn sie auch vom berechtigten Unternehmer getroffen worden ist. In Gesellschaftsverträgen vorgesehene Einschränkungen der Entscheidungsbefugnis sind ebenfalls zu beachten.

[3] Darlegungs- und Beweislast. Das BAG verlangt von dem Arbeitgeber, der eine Hierarchieebene streichen möchte und dessen Organisationsentscheidung daher nahe an den eigentlichen Kündigungsentschluss heranrückt, mehr, als lediglich die Darlegung der unternehmerischen Entscheidung. Der Arbeitgeber muss insbesondere konkret darlegen, in welchem Umfang die bisher von dem Arbeitnehmer ausgeübten Tätigkeiten zukünftig im Vergleich zum bisherigen Zustand entfallen. Er muss aufgrund seiner unternehmerischen Vorgaben die zukünftige Entwicklung der Arbeitsmenge anhand einer näher konkretisierten Prognose darstellen und angeben, wie die anfallenden Arbeiten vom verbliebenen Personal ohne überobligationsmäßige Leistung erledigt werden können (BAG 13.2.2008 – 2 AZR 1041/06, NZA 2008, 819).

Zur Erfüllung der Darlegungs- und Beweislast des Arbeitgebers müssen die einzelnen Aufgaben und die einzelnen Zeitanteile, die auf diese Aufgaben entfallen, ausgewiesen werden, damit danach substantiiert vorgetragen werden kann, welche Konsequenzen sich aus einer Streichung der Hierarchieebene ergeben, konkret also welche Aufgaben entfallen, weil sie ohnehin überflüssig sind und wer die verbleibenden Aufgaben mit welchen Zeitanteilen übernimmt. Darzulegen sind also sämtliche das Arbeitsverhältnis prägende Einzelaufgaben und die hierauf entfallenden Zeitanteile.

[4] Substantiierte Darlegung der neuen Arbeitsverteilung. Das BAG verlangt, dass die Arbeit, sofern sie nicht infolge der unternehmerischen Entscheidung entfällt (zB Redundanzen), sinnvoll auf andere Arbeitnehmer verteilt werden kann, ohne dass diese „überobligationsmäßige Leistungen" erbringen müssen. Wichtig ist also zunächst herauszuarbeiten, welche Redundanzen zwischen den Hierarchieebenen bestehen und welche Anteile folglich mit Umsetzung der unternehmerischen Entscheidung vollständig entfallen. Im vorliegenden Fall ergibt sich, dass nur wenig Arbeitsmenge zur Verteilung auf andere Arbeitnehmer überhaupt zur Verfügung steht.

[5] Umsetzungszeitpunkt. Die unternehmerische Entscheidung unterliegt nicht nur der gerichtlichen Kontrolle darauf, ob sie tatsächlich getroffen worden ist, sondern auch darauf, ob sie bereits umgesetzt ist oder ihre Umsetzung konkret bevorsteht. Nur dann, wenn die Entscheidung tatsächlich umgesetzt wird, kann sie sich innerbetrieblich tatsächlich auswirken und folglich zum Wegfall der Weiterbeschäftigungsmöglichkeit führen. Im Rahmen seiner **Darlegungs- und Beweislast** hat der Arbeitgeber also insbesondere darzulegen, zu welchem Zeitpunkt die Entscheidung umgesetzt wird und sich folglich konkret auf die Beschäftigungsmöglichkeiten des Betriebes auswirkt. Aus diesem Grund ist die Angabe des Umsetzungszeitpunktes auch im Rahmen der Protokollierung der unternehmerischen Entscheidung sinnvoll und geboten.

Zur Begründung des Ausspruchs einer Kündigung muss der Umsetzungszeitpunkt allerdings noch nicht zum Zeitpunkt der Kündigung verstrichen sein. Auch unmittelbar bevorstehende unternehmerische Maßnahmen können dringende betriebliche Gründe für den Ausspruch einer betriebsbedingten Kündigung darstellen. Es genügt, dass die durch den Arbeitgeber geplante Maßnahme **greifbare Formen** angenommen hat und eine sachliche Prognose ergibt, dass mit dem Ende der Kündigungsfrist der betriebliche Beschäftigungsbedarf entfallen sein wird (vgl BAG 27.2.1958 – 2 AZR 445/55, AP KSchG § 1 Betriebsbedingte Kündigung Nr. 1; BAG 24.2.2005 – 2 AZR 214/04, DB 2005, 1523; HaKo-KSchR/*Gallner/Mestwerdt* § 1 KSchG Rn 686).

[6] Konsequenzen für die übrigen Mitarbeiter. Zur Erfüllung der Anforderungen in der Rechtsprechung an die gesteigerte Darlegungs- und Beweislast ist im Einzelnen darzulegen, welche konkreten Konsequenzen sich für die übrigen Mitarbeiter ergeben, welche Arbeitsaufgaben also durch wen wahrgenommen werden.

72 **[7] Keine überobligationsmäßigen Leistungszuwächse.** Das BAG (BAG 13.2.2008 – 2 AZR 1041/06, NZA 2008, 819) verlangt, dass bei der Verteilung der Arbeitsmenge auf die anderen Mitarbeiter dort keine überobligationsmäßigen Leistungen abverlangt werden. Dies bedeutet allerdings nicht, dass jeglicher Leistungszuwachs ausgeschlossen wäre. Soweit nämlich eine Organisationsentscheidung nur zu einer **Leistungsverdichtung** führt, liegt dies im unternehmerischen Ermessen, solange die arbeitsvertraglichen und gesetzlichen Grenzen gewahrt bleiben. Es liegt in der unternehmerischen Entscheidungsfreiheit, mit welcher Anzahl von Arbeitskräften der Arbeitgeber die verbleibende Arbeitsmenge nach Umsetzung des innerbetrieblichen Organisationsaktes durchführen lässt und wie er den rationellen Einsatz des Personals gestaltet (HaKo-KSchR/*Gallner*/*Mestwerdt* § 1 KSchG Rn 675). Die erhöhten Anforderungen des BAG dürfen nicht in die grundsätzliche Organisationsfreiheit eingreifen, sondern dienen lediglich der Kontrolle, ob die unternehmerische Entscheidung im konkreten Fall offensichtlich unsachlich oder willkürlich ist. Dies ist dann der Fall, wenn die Entscheidung unter Nutzung des verbleibenden Personalschlüssels offensichtlich nicht durchgeführt werden kann. Zulässig muss es daher bleiben, dass Arbeitsaufgaben verbleibenden Mitarbeitern im Wege der Leistungsverdichtung zuwachsen, selbst wenn dies bedeutete, dass der Unternehmer zukünftig mit einem **gewissen Maß an Überstunden** plant, solange deren Anordnung arbeitsvertraglich zulässig ist. Lediglich dürfen hierdurch die **Grenzen des Arbeitszeitgesetzes** nicht überschritten werden, da insoweit jedenfalls die Anordnung von Überstunden unzulässig wäre und somit die Entscheidung innerhalb der Grenzen des Rechts offensichtlich nicht umsetzbar wäre.

73 **[8] Arbeitszuwachs in der Geschäftsführung.** Anders als bei der Überprüfung des Arbeitszuwachses auf andere Mitarbeiter, für die feste Arbeitsdeputate vereinbart sind, verhält es sich hingegen bei der Geschäftsführung. Der Geschäftsführer befindet sich nicht in einem Arbeitsverhältnis, sondern in einem Dienstverhältnis. Die Festlegung einer fest definierten Arbeitszeit entspricht nicht den üblichen Maßgaben im Rahmen eines Geschäftsführerdienstvertrages, weshalb ein Arbeitszuwachs auf der Ebene der Geschäftsführung in einem weitergehenden Maße zulässig und denkbar ist als bei Arbeitnehmern. Gibt es innerhalb der Geschäftsführung eine Geschäftsverteilung, muss im Rahmen der unternehmerischen Entscheidung definiert werden, welchem Arbeitsbereich die Aufgaben zufallen sollen. Notfalls muss eine Umverteilung innerhalb der Geschäftsordnung vorgenommen werden.

c) Außerbetrieblicher Grund

74 **aa) Muster: Replik nach betriebsbedingter Kündigung bei außerbetrieblichem Grund**

▶ **Begründung**

Die Kündigung des Klägers ist sozial gerechtfertigt. Ihr liegen dringende betriebliche Erfordernisse zugrunde, die eine Weiterbeschäftigung nicht möglich machen. Die soziale Auswahl hat zur Kündigung des Klägers geführt. Eine Weiterbeschäftigungsmöglichkeit auf einem freien Arbeitsplatz gibt es nicht. Im Einzelnen:

1. Die Beklagte beruft sich zur Begründung der Kündigung auf einen außerbetrieblichen Umstand, nämlich einen erheblichen Auftragsverfall.[1] Im Vorgriff auf die weiteren Ausführungen verweisen wir auf die Protokollierung der entsprechenden Situation,[2] die durch den Leiter Verkauf erstellt worden ist und der Geschäftsleitung vorlag.[3]

Im Einzelnen stellt sich die unternehmerische Situation wie folgt dar:

In den Jahren ... bis ... gab es im Einzelnen die folgende Entwicklung von Neuaufträgen und Folgeaufträgen: ...[4]

Dem standen die folgenden Personalzahlen in den entsprechenden Jahren gegenüber: ...[5]

In den vergangenen zwölf Monaten[6] hat sich diese frühere Entwicklung nun umgekehrt. Die Auftragsneueingänge sind drastisch verfallen. Gleichzeitig ist die Zahl der im Betrieb beschäftigten Arbeitnehmer allerdings gleich geblieben.

Die Prognose für die Geschäftsführung stellt sich wie folgt dar:

Der Wirtschaftszweig ... entwickelt sich derzeit wie folgt: ...[7]

Der Markt der Mitbewerber hat sich in den vergangenen Jahren wie folgt entwickelt: ...[8]

Insgesamt stellte sich die Prognose für die Geschäftsleitung also so dar, dass der in den vergangenen 36 Monaten zu beobachtende Auftragsrückgang kein „kurzfristiges Loch" war, sondern Anzeichen einer nachhaltigen Entwicklung ist.

Die im Betrieb beschäftigten Mitarbeiter können mit den derzeit noch vorhandenen Aufträgen bereits nicht voll ausgelastet werden. Legt man die Prognose für die kommenden Monate und Jahre zugrunde, wird sich dieser Trend noch vertiefen.

Geleitet durch diese Erkenntnis hat die Unternehmensleitung die Entscheidung getroffen, die Zahl der auf der Arbeitsebene „Werker" beschäftigten Personen zur Anpassung der Arbeitskraft an den Auftragsbestand von bisher ... MAK auf zukünftig ... MAK anzupassen. Hierdurch entfiel auch der Beschäftigungsbedarf für den Kläger.[9]

2. Die Beklagte hat eine ordnungsgemäße Sozialauswahl aller betroffenen Mitarbeiter durchgeführt. Hierzu das Folgende: ...[10]

3. Eine Weiterbeschäftigungsmöglichkeit für den Kläger auf einem freien Arbeitsplatz im Betrieb gibt es nicht.

4. Der Betriebsrat ist vor Ausspruch der Kündigung ordnungsgemäß beteiligt worden. Er hat die Kündigung zur Kenntnis genommen und Bedenken geäußert, der Kündigung jedoch nicht widersprochen.

...

Rechtsanwalt ◄

bb) Erläuterungen

[1] **Allgemeines, Darlegungs- und Beweislast.** Der Arbeitgeber kann sich grundsätzlich sowohl auf inner- wie auf außerbetriebliche Faktoren berufen. Beruft er sich auf außerbetriebliche Faktoren, die die betriebsbedingte Kündigung begründen können, so trifft er keine eigene gestaltende Unternehmensentscheidung, sondern passt lediglich die Gestalt des Unternehmens und die Anzahl der im Betrieb beschäftigten Mitarbeiter an äußere Umstände an. Der Arbeitgeber muss in diesem Fall darlegen und im Bestreitensfalle beweisen, dass: 75

– die geltend gemachten außerbetrieblichen Umstände vorliegen und
– ihretwegen die Beschäftigungsmöglichkeit für den von der Kündigung betroffenen Arbeitnehmer nicht länger vorhanden ist (HaKo-KSchR/*Gallner/Mestwerdt* § 1 KSchG Rn 666).

Beruft sich der Unternehmer auf solche äußeren Umstände, zB Umsatz- oder Auftragsrückgang, muss er qualifizierten Anforderungen an die **Darlegungs- und Beweislast** genügen. Ein Auftragsrückgang stellt ein dringendes betriebliches Erfordernis zur Kündigung dar, wenn das Volumen so zurückgegangen ist, dass zukünftig für einen oder mehrere Arbeitnehmer kein Bedürfnis für eine Weiterbeschäftigung mehr besteht. Behauptet der Arbeitgeber, allein 76 der außerbetriebliche Grund habe das Bedürfnis für eine Weiterbeschäftigung entfallen lassen, bindet er sich an die von ihm so gesehenen Sachzwänge (BAG 18.5.2006 – 2 AZR 412/05, DB 2006, 1962). In diesem Falle kann das Gericht in vollem Umfang nachprüfen, ob die vom Arbeitgeber behaupteten außerbetrieblichen Umstände für die Kündigung zum Zeitpunkt der Kündigung tatsächlich vorlagen und zukünftig zu einem dauerhaften Rückgang des Beschäftigungsvolumens führen. Der Inhalt und die Substanz des im Prozess vorgebrachten Sachvortrages müssen dabei dem Umstand Rechnung tragen, dass die Einschätzung des Beschäftigungsbedarfes grundsätzlich prognostischen Charakter hat. Der Arbeitgeber muss deshalb den Rückgang des Beschäftigungsvolumens nachvollziehbar darstellen, beispielsweise durch eine Darstellung der Entwicklung und einen Vergleich des Auftrags- und Beschäftigungsvolumens in Referenzperioden (BAG 18.5.2006 – 2 AZR 412/05, DB 2006, 1962).

77 **[2] Protokollierung der unternehmerischen Schritte.** Es empfiehlt sich für den Arbeitgeber, die tragenden Gründe, die zum Ausspruch der Kündigung geführt haben, in Gestalt eines **Protokolls** festzuhalten. Dieses Protokoll kann dann im anschließenden Prozess vorgelegt und somit die Überlegung mit Substanz gefüllt werden. Gleichzeitig bietet die Protokollierung der entsprechenden Reaktion der Geschäftsführung auf die außerbetrieblichen Umstände die Möglichkeit der kritischen Selbstüberprüfung. Die Protokollierung dieser Entscheidung ist nicht zu verwechseln mit einer grundsätzlich tragenden innerbetrieblichen Organisationsentscheidung, die ihrerseits Grund für die spätere Kündigungsmaßnahme ist. Die Protokollierung stellt keinen isolierten Grund dar, sondern formuliert einen außerbetrieblich vorhandenen Grund lediglich aus.

78 **[3] Person des Protokollierenden.** Anders als im Falle eines innerbetrieblichen Grundes kommt es bei der Protokollierung außerbetrieblicher Gründe nicht maßgeblich auf die Frage an, wer die entsprechenden Überlegungen anstellt. Das Protokoll beschreibt nicht eine eigenständige unternehmerische Entscheidung, die ihrerseits eigener tragender Grund zum Ausspruch der Kündigung ist, sondern lediglich eine außerbetrieblich vorhandene Ursache.

79 **[4] Auftragsentwicklung.** In Erfüllung der vom BAG festgelegten Darlegungs- und Beweislast stellt das Protokoll die bisherige Auftragsentwicklung dar. Der geforderte **Referenzzeitraum** kann grundsätzlich frei gewählt werden, muss jedoch aussagekräftig für die tatsächliche Entwicklung sein. Zu kurz gewählte Referenzzeiträume scheiden daher genauso aus wie zu lang gewählte Referenzzeiträume, die im Zweifel nicht einen nachhaltigen Trend abbilden können.

80 **[5] Personalentwicklung.** Bezogen auf den Referenzzeitraum für die Auftragsentwicklung ist getrennt die Personalentwicklung darzustellen, um eine vernünftige **Relation zwischen Aufträgen und Personal** zur Erledigung der Aufträge abbilden zu können. Sollte sich ergeben, dass es Brüche im Verhältnis der beiden Kennzahlen zueinander gab, wären diese sinnvoll zu erläutern. Beispiel: Wurde eine neue Maschine angeschafft, die eine Personalreduzierung mit sich brachte, änderte dies etwas an der relativen Zahl der Aufträge zum zur Abarbeitung benötigten Personal. In diesem Falle muss dargestellt werden, aus welchem Grunde sich der Schlüssel im Referenzzeitraum verändert hat und welche Auswirkungen sich hieraus auf die zukünftigen Zahlen ergeben, eben durch Darlegung des Maschinenkaufs und der sich ergebenden organisatorischen Auswirkungen.

81 **[6] Referenzzeitraum.** Der hier gewählte Referenzzeitraum beträgt 36 Monate. Rechtlich zwingend ist dies nicht. Der Referenzzeitraum muss aber sinnvoll gewählt werden (siehe dazu oben Rn 79).

[7] **Prognose: Entwicklung des Wirtschaftszweiges.** Auf Grundlage der gegebenen Kennzahlen muss der Arbeitgeber dann eine Prognose der zukünftigen Entwicklung anstellen (BAG 18.5.2006 – 2 AZR 412/05 , DB 2006, 1962). Für die Prognose im Allgemeinen muss in erster Linie auf die prognostizierte Entwicklung des jeweiligen Wirtschaftszweiges abgestellt werden. Dies kann entweder zahlen- und faktenbasiert erfolgen oder auf Grundlage allgemeiner Überlegungen, aus denen sich dann konkrete betriebswirtschaftliche Prognosen für den eigenen Geschäftszweig ergeben.

[8] **Prognose: Entwicklung der Mitbewerber.** Zu der Prognose, aus der sich der eigene Arbeitskräftebedarf erschließen lässt, gehört nicht nur eine allgemeine Entwicklung des Marktumfeldes (Absatzmarkt) sondern auch eine Beobachtung des Mitbewerber-Marktes. Sind beispielsweise neue Mitbewerber in den Markt eingetreten, kann dies trotz gleichbleibender Absatzlage die Prognose eines geringeren Beschäftigungsbedarfes tragen. Umgekehrt kann selbst bei rückläufigen Nachfragezahlen der Wegfall eines großen Mitbewerbers dazu führen, dass kein geringerer Beschäftigungsbedarf prognostiziert werden kann.

[9] **Konsequenzen der Betrachtung, Wegfall von Beschäftigungsbedarf.** Ein dringendes betriebliches Erfordernis erschließt sich aus der bisherigen Darstellung nur dann, wenn sich hieraus ergibt, dass zukünftig für einen oder mehrere Arbeitnehmer kein Bedürfnis für eine Weiterbeschäftigung mehr besteht, also **Beschäftigungsbedarf entfällt**. Dieses Bedürfnis muss dann auf Grundlage eines entsprechenden Entschlusses in die betriebliche Realität umgesetzt werden.

Aus dem Wegfall des Beschäftigungsbedarfes muss innerbetrieblich ein Überhang an Personal resultieren, der dann durch die innerbetriebliche Umsetzung reduziert wird. Da die Zuordnung des Personalüberhanges anders als beispielsweise bei der unternehmerischen Entscheidung zur Streichung einer Hierarchieebene nicht zu einzelnen Stellen möglich ist, empfiehlt es sich, in abstrakten Kapazitäten zu denken, zB in der Kategorie „MAK" = „Mitarbeiterkapazitäten". Es handelt sich um eine abstrakte Kennzahl aus dem Personalmanagement. Wer dann am Ende tatsächlich von der Feststellung des Personalüberhanges betroffen ist, wessen Arbeitsverhältnis also gekündigt werden muss, bestimmt sich im Weiteren nach den Kriterien der Sozialauswahl.

[10] **Sozialauswahl** Einzusetzen sind Ausführungen zur Sozialauswahl, vgl dazu zB unten Rn 94 ff.

2. Rüge der Weiterbeschäftigungsmöglichkeit

a) Muster: Replik nach Rüge einer Weiterbeschäftigungsmöglichkeit

▶ ...

Der Kläger rügt in seiner Klageschrift das Nichtbestehen eines dringenden betrieblichen Grundes. In der Tat stützt die Beklagte die Kündigung auf dringende betriebliche Gründe. Sie wird im Anschluss an die Güteverhandlung hierzu dezidiert vortragen. Vorbereitend allerdings soll auf die konkrete Rüge des Klägers wie folgt erwidert werden:

Der Kläger rügt, dass eine Weiterbeschäftigungsmöglichkeit[1] besteht, da die Beklagte eine Stelle im Internet ausgeschrieben habe. Zunächst ist zutreffend, dass diese Ausschreibung im Internet existiert. Die Ausschreibung ist allerdings ausweislich des Textes frühestens zum ... beabsichtigt, und somit nicht etwa zu dem Zeitpunkt, zu dem die Kündigungsfrist des Klägers endet, sondern zu einem deutlich späteren Zeitpunkt mit einem Abstand von jedenfalls sechs Monaten.[2]

Darüber hinaus erfüllt der Kläger auch die Anforderungen auf die Stelle nicht. Die Stelle ist als ▭ ausgeschrieben. Der Kläger ist als ▭ beschäftigt. Die ausgeschriebene Stelle gehört damit einer anderen Hierarchieebene an als der, auf der der Kläger arbeitet.[3] Der Kläger wäre auch aufgrund seiner Ausbildung und Qualifikation gar nicht in der Lage, die Erfordernisse der Stelle zu erfüllen, selbst wenn diese auf derselben Hierarchieebene des Klägers ausgeschrieben wäre. Ausweislich der vom Kläger selbst vorgelegten Ausschreibung wird formal eine Ausbildung als ▭ gefordert. Des Weiteren wird Berufserfahrung im Bereich ▭ gefordert. Der Kläger verfügt weder über die entsprechende Ausbildung noch über eine diese ergänzende oder gar ersetzende berufliche Erfahrung. Die Berufsausbildung als ▭ schafft ausweislich des als Anlage B1 angehängten Ausdrucks aus der Berufsausbildungsordnung insbesondere Qualifikationen im Bereich ▭. Diese sind dem Kläger im Rahmen seiner Ausbildung fern.[4]

Der Kläger kann auch mitnichten innerhalb einer angemessenen Zeit von maximal drei Monaten auf die entsprechenden Anforderungen qualifiziert werden. Tatsächlich müsste der Kläger, um das Stellenprofil zu erfüllen, eine vollständige Berufsausbildung mit einer Zeit von drei Jahren nachholen. Selbst dann wäre allerdings nur die Ausbildung, nicht jedoch die in der Ausschreibung geforderte Berufserfahrung vorhanden. Ersichtlich kommt daher die ausgeschriebene Stelle für den Kläger nicht in Betracht.

▭ ◄

b) Erläuterungen und Varianten

88 **[1] Allgemeines.** 1 Abs. 2 S 4 KSchG. Er hat damit im Kündigungsschutzprozess – früher oder später – umfassend vorzutragen. Ob der Arbeitgeber in dem Fall, in dem der Arbeitnehmer/Kläger im Rahmen seiner Klage bereits konkrete Punkte anspricht, diese aufgreift und separat beantwortet oder nicht, ist eine Frage des Geschmacks und der Prozesstaktik. Oftmals dient ein entsprechender Vortrag des Arbeitnehmers der **Vorbereitung der Güteverhandlung**. Ist der Arbeitgeber grundsätzlich vergleichsbereit, tut er gut daran, seinerseits im Vorfeld der Güteverhandlung bereits vorzutragen, um diese in die richtigen Bahnen zu lenken. Ein schriftsätzlicher Vortrag, der zum Zwecke der Beschleunigung dem Klägeranwalt von Anwalt zu Anwalt unmittelbar zugestellt wird, ist dabei der bessere Weg als lediglich ein mündlicher Vortrag vor Gericht. Die Vergleichsquoten können hierdurch deutlich gesenkt werden. Rechtlich nicht notwendig ist dabei, dass der Arbeitgeberanwalt bereits im Vorfeld der Güteverhandlung umfangreich vorträgt. Es reicht aus, sich in einem solchen Fall auf die Punkte zu beschränken, die der Arbeitnehmer ausdrücklich angesprochen hat.

89 **[2] Zumutbare Überbrückungszeit.** Steht fest, dass eine freie Stelle in absehbarer Zeit vorhanden sein wird, darf der Arbeitgeber grundsätzlich keine Kündigung aussprechen. Überbrückungsmaßnahmen bis zu dem Zeitpunkt, zu dem die Stelle frei wird, sind ihm allerdings nur in Grenzen zumutbar. Eine Überbrückung von sechs Monaten, die letztlich nur daraus bestehen könnte, den gekündigten Arbeitnehmer bezahlt freizustellen, bis eine entsprechende Stelle vorhanden ist, ist jedenfalls nicht zumutbar.

90 **[3] Relevante Weiterbeschäftigungsmöglichkeit: Hierarchieebene.** Eine Weiterbeschäftigungsmöglichkeit ist nur dann im Sinne von § 1 Abs. 2 KSchG relevant, wenn der Arbeitgeber den Arbeitnehmer kraft Direktionsrechtes (also horizontal) auf die entsprechende Stelle versetzen könnte. Dies ist dann nicht der Fall, wenn die angeblich freie Weiterbeschäftigungsmöglichkeit einer anderen Hierarchieebene angehört. Genau wie in der Sozialauswahl gibt es auch im Rahmen der Suche nach einer freien Weiterbeschäftigungsmöglichkeit weder einen „Verdrängungswettbewerb nach unten" noch einen Anspruch auf eine Beförderungsstelle.

[4] Relevante Weiterbeschäftigungsmöglichkeit: Qualifizierung. Eine Weiterbeschäftigungsmöglichkeit ist nur dann von Relevanz, wenn der Kläger kraft Ausbildung oder erworbener Fähigkeiten in der Lage ist, die neue Stelle auch zu besetzen. Dabei ist allerdings dem Arbeitgeber gemäß § 1 Abs. 2 S 3 KSchG die Durchführung zumutbarer Umschulungs- oder Fortbildungsmaßnahmen abzuverlangen. Zumutbar ist eine solche Maßnahme allerdings nur dann, wenn der zu erbringende Aufwand in einem Verhältnis zu der bisherigen und der restlichen Beschäftigungsdauer des Arbeitnehmers steht. Feste zeitliche Grenzen sind nicht zu bilden, in der Regel dürfte allerdings die absolute Höchstdauer der Maßnahme die längste gesetzliche Kündigungsfrist nach § 622 BGB darstellen.

Hat der Betriebsrat der Kündigung unter Hinweis auf die Weiterbeschäftigungsmöglichkeit widersprochen, liegt ein Fall der absoluten Sozialwidrigkeit nach § 1 Abs. 2 KSchG vor. In diesem Falle ergibt sich die Sozialwidrigkeit der Kündigung unmittelbar aus dem begründeten Widerspruch des Betriebsrates, ohne dass es einer zusätzlichen Interessensabwägung bedarf. Für den Arbeitgeber ist daher von elementarer Bedeutung, die Voraussetzungen des Kündigungswiderspruchs des Betriebsrates anzugreifen oder den Widerspruch aus anderen Gründen zu beseitigen. Die Replik könnte dann lauten:

▶ ...

Der Kläger bezieht sich in seiner Klageschrift darauf, dass der Betriebsrat der Kündigung unter Hinweis auf die angeblich bestehende Weiterbeschäftigungsmöglichkeit widersprochen hat. Dieser Widerspruch führt im konkreten Fall aber nicht zur absoluten Sozialwidrigkeit der Kündigung gemäß § 1 Abs. 2 KSchG.

Zum einen ist der Widerspruch bereits nicht wirksam, denn er ist verfristet. Die Betriebsratsanhörung wurde am ... eingeleitet. Der Widerspruch erfolgte am ..., und somit später als eine Woche nach Einleitung des Anhörungsverfahrens. Ein verfristeter Widerspruch ist im Rahmen des § 1 Abs. 2 KSchG nicht beachtlich.

Darüber hinaus ist der Widerspruch des Betriebsrates auch deshalb unbegründet, da die Weiterbeschäftigungsmöglichkeit, auf die sich der Betriebsratswiderspruch bezieht, nicht besteht. Der Betriebsrat bezieht sich auf die im Internet ausgeschriebene Stelle. Zunächst ist zutreffend, dass diese Ausschreibung im Internet existiert. Die Ausschreibung ist allerdings ausweislich des Textes frühestens zum ... beabsichtigt, und somit nicht etwa zu dem Zeitpunkt, zu dem die Kündigungsfrist des Klägers endet, sondern zu einem deutlich späteren Zeitpunkt mit einem Abstand von jedenfalls sechs Monaten.

Darüber hinaus erfüllt der Kläger auch die Anforderungen auf die Stelle nicht. Die Stelle ist als ... ausgeschrieben. Der Kläger ist als ... beschäftigt. Die ausgeschriebene Stelle gehört damit einer anderen Hierarchieebene an als der, auf der der Kläger arbeitet. Der Kläger wäre auch aufgrund seiner Ausbildung und Qualifikation gar nicht in der Lage, die Erfordernisse der Stelle zu erfüllen, selbst wenn diese auf derselben Hierarchieebene des Klägers ausgeschrieben wäre. Ausweislich der vom Kläger selbst vorgelegten Ausschreibung wird formal eine Ausbildung als ... gefordert. Des Weiteren wird Berufserfahrung im Bereich ... gefordert. Der Kläger verfügt weder über die entsprechende Ausbildung noch über eine diese ergänzende oder gar ersetzende berufliche Erfahrung. Die Berufsausbildung als ... schafft ausweislich des als Anlage B1 angehängten Ausdrucks aus der Berufsausbildungsordnung insbesondere Qualifikationen im Bereich ... Diese sind dem Kläger im Rahmen seiner Ausbildung fern.

Der Kläger kann auch mitnichten innerhalb einer angemessenen Zeit von maximal drei Monaten auf die entsprechenden Anforderungen qualifiziert werden. Tatsächlich müsste der Kläger, um das

3. Rüge der Sozialauswahl

a) Replik bei undifferenzierter Rüge fehlerhafter sozialer Auswahl

93 aa) Muster: Replik bei undifferenzierter Rüge der sozialen Auswahl und Auswahl nach Punkteschema

▶ ...

Der Kläger rügt die Sozialauswahl im Allgemeinen. Diese ist allerdings fehlerfrei nach den in § 1 Abs. 3 KSchG gegebenen Kriterien erfolgt.

Die Beklagte hat zunächst eine Liste der gemäß § 1 Abs. 3 KSchG vergleichbaren Arbeitnehmer aufgestellt, die insgesamt 112 Arbeitnehmer umfasst.[1] Hinsichtlich der Vergleichbarkeit der Arbeitnehmer wird von dem Folgenden ausgegangen: ...

Hinsichtlich der sich solchermaßen ergebenden Vergleichsgruppe ist dann eine Sozialauswahl gemäß § 1 Abs. 3 KSchG getroffen worden. Hierzu hat die Geschäftsleitung der Beklagten zunächst die Kriterien der Sozialauswahl beraten. Hierbei bestand Einigkeit, dass ausschließlich die im Gesetz genannten Kriterien, nämlich die Dauer der Betriebszugehörigkeit, das Lebensalter, die Unterhaltspflichten und eine eventuelle Schwerbehinderung, zu berücksichtigen waren. Andere Kriterien wie zB Doppelverdiener-Eigenschaften wurden nicht berücksichtigt.[2]

Die konkrete Auswahl erfolgte dann nach abstrakten Kriterien, um die gleichmäßige Berücksichtigung der sozialen Kriterien zu gewährleisten. Die Beklagte hat deshalb den sozialen Kriterien des § 1 Abs. 3 KSchG Punktwerte zugewiesen. Unter Berücksichtigung auch der betrieblichen Interessen am Erhalt erfahrener Arbeitnehmer im Bereich der Produktion hat die Beklagte das folgende Punkteschema[3] aufgestellt:

Lebensalter:	1 Punkt bis maximal 55 Jahre
Betriebszugehörigkeit:	bis zu 10 Jahren 1 Punkt, ab dem 11. Jahr 2 Punkte
Unterhaltspflichten:	je unterhaltsberechtigtem[4] Kind 3 Punkte
Familienstand:	verheiratet/verpartnert:[5] 4 Punkte
Schwerbehinderteneigenschaft:	Anerkennung als schwerbehinderter Mensch bei einem GdB größer = 50 oder Gleichstellung mit einem schwerbehinderten Menschen mit einem GdB von größer = 30: 5 Punkte. Darüber hinaus pro je weiteren GdB 10 jenseits des Wertes 50: 1 weiterer Punkt.[6]

Der Betriebsrat wurde zu dem vorstehenden Punkteschema gehört. Er hat erklärt, keine Auswahlrichtlinie nach § 95 BetrVG schließen zu wollen, gegen die Verwendung des vorliegenden Punkteschemas jedoch keine Einwände zu erheben.[7]

Unter Anwendung des Punkteschemas wurde dann die Sozialauswahl getroffen. Das Ergebnis ergibt sich aus der Anlage B ...

Auf eine individuelle Abschlussprüfung, die nochmals zu einer Verschiebung hätte führen können, hat die Beklagte berechtigterweise verzichtet.[8] Hieraus ergibt sich dann, dass der Kläger bei ordnungsgemäßer Sozialauswahl zur Kündigung anstand.

... ◀

bb) Erläuterungen und Varianten

[1] Allgemeines zur Prüfungssystematik und zur Vergleichbarkeit. Nach der mittlerweile gefestigten Rechtsprechung des 2. Senats des BAG ist die Sozialauswahl grundsätzlich in der folgenden Reihenfolge zu prüfen:
– Bildung des Kreises der vergleichbaren Arbeitnehmer
– Sozialauswahl unter den vergleichbaren Arbeitnehmern
– Herausnahme einzelner Arbeitnehmer wegen berechtigter betrieblicher Interessen.

Für die Frage, welche Arbeitnehmer dem sozialen Vergleich unterliegen, kommt es auf die **Vergleichbarkeit** an. Die Auswahl der vergleichbaren Arbeitnehmer, also die Bildung des auswahlrelevanten Personenkreises, wird im Muster vorausgesetzt. Vergleichen werden können nur Mitarbeiter, die austauschbar sind. Austauschbarkeit liegt vor, wenn der Arbeitnehmer, dessen Arbeitsplatz durch die Kündigung bedroht ist, die Funktion des anderen Arbeitnehmers ausfüllen kann, ohne dass man ihm eine Änderungskündigung aussprechen müsste. Sie ist stets dann zu bejahen, wenn der Arbeitnehmer aufgrund seiner bisherigen Tätigkeit, seiner beruflichen Qualifikation oder aufgrund von Qualifikationen, die er innerhalb kurzer Zeit erwerben kann, in der Lage ist, die Aufgaben des dann in den Vergleich einzubeziehenden Kollegen zu verrichten (zu allem weiteren siehe HaKo-KSchR/*Gallner/Mestwerdt* § 1 KSchG Rn 828 ff).

[2] Beschränkung auf die gesetzlichen Kriterien. § 1 Abs. 3 KSchG sieht nach der letzten Neufassung zum 1.1.2004 vier Auswahlkriterien vor, nämlich die Dauer der Betriebszugehörigkeit, das Lebensalter, die Unterhaltspflichten und die Schwerbehinderung. Im vorliegenden Muster wird davon ausgegangen, dass der Arbeitgeber sich auf diese Auswahlkriterien beschränkt. Dies ist nach der aktuellen Gesetzesfassung nicht nur zulässig, sondern **zwingend**. Nach dem Wortlaut des § 1 Abs. 3 KSchG gibt es keine gesetzliche Grundlage für die separate Berücksichtigung weiterer sozialer Gesichtspunkte wie zum Beispiel des Gesundheitszustandes, der Vermögensverhältnisse, Doppelverdiener-Eigenschaften, bestehender Schwangerschaften etc. (vgl BAG 31.5.2007 – 2 AZR 276/06 – BAGE 123, 1; HaKo-KSchR/*Gallner/ Mestwerdt* § 1 KSchG Rn 861). Der Arbeitgeber, der weitere soziale Kriterien in die Punktezuordnung mit aufnimmt, riskiert, dass die soziale Auswahl alleine deshalb fehlerhaft ist, was zur Unwirksamkeit der Kündigung führen würde.

[3] Punkteschema. Das Muster beschreibt einen geordneten Auswahlvorgang in einer „Massenentlassung" (untechnisch). Grundsätzlich ist der Arbeitgeber frei darin, wie er die Sozialkriterien gewichtet. Ihm steht insoweit ein **Wertungsspielraum** zu (BAG 9.11.2006 – 2 AZR 812/05, NZA 2007, 549). Denn dem Gesetzeswortlaut ist keine feste Gewichtung zu entnehmen. Folglich kommt auch keinem der im Gesetz genannten Kriterien eine Priorität gegenüber dem anderen zu. In Fällen der zeitgleichen Entlassung mehrerer Arbeitnehmer ist es aus Gründen der Gleichbehandlung und somit der Fehlerfreiheit der Sozialauswahl allerdings zwingend geboten, an die soziale Auswahl insgesamt für jeden Arbeitnehmer dieselben Maßstäbe anzulegen. Unzulässig wäre es, einem Arbeitnehmer unter Hinweis auf sein Lebensalter nicht zu kündigen, während man einem anderen Arbeitnehmer, der lebensälter ist, unter Hinweis auf beispielsweise eine geringere Betriebszugehörigkeit kündigt. Jedenfalls innerhalb eines in sich geschlossenen Kündigungsvorganges müssen dieselben Kriterien der Sozialauswahl für alle Arbeitnehmer gelten. Vor diesem Hintergrund empfiehlt sich die Verwendung eines Punkteschemas.

97 Die Verwendung eines Punkteschemas ist grundsätzlich zulässig (BAG 9.11.2006 – 2 AZR 812/05, NZA 2007, 549; HaKo-KSchR/*Gallner/Mestwerdt* § 1 KSchG Rn 876). Das vorliegende Punkteschema gewichtet altersbezogene Kriterien (Lebensalter und Betriebszugehörigkeit) deutlich über mit klarer Präferenz auf dem Lebensalter. Denn ein Arbeitnehmer, der zB mit 18 Jahren in den Betrieb eintritt, startet in der sozialen Auswahl bereits mit 18 Punkten. Dies kann dazu führen, dass ein beispielsweise 45jähriger Arbeitnehmer, der erst über ein Jahr Betriebszugehörigkeit verfügt, mit insgesamt 46 Punkten vor einem Arbeitnehmer liegt, der erst 30 Jahre alt ist, jedoch bereits über 12 Jahre Betriebszugehörigkeit verfügt (entspricht 42 Punkten). Dies liegt weder im Interesse einer ausgewogenen Altersstruktur im Betrieb noch im Interesse des Haltens erfahrener Mitarbeiter. Trotz der Übergewichtung altersabhängiger Faktoren wie Lebensalter und Betriebszugehörigkeit ist das vorliegende Punkteschema bereits mehrfach von der Rechtsprechung geprüft und als fehlerfrei anerkannt worden (BAG 5.12.2002 – 2 AZR 549/01, AP KSchG 1969 § 1 soziale Auswahl Nr. 59; BAG 18.1.1990 – 2 AZR 357/89 – BAGE 64, 34; BAG 9.11.2006 – 2 AZR 812/05, NZA 2007, 549).

98 Soll in einem Punkteschema das **Kriterium Betriebszugehörigkeit übergewichtet** werden, um Ergebnisse wie im obigen Beispiel zu verhindern, könnte es wie folgt ausgestaltet werden:

▶ Lebensalter: je angefangene 10 Jahre: 1 Punkt
Betriebszugehörigkeit: pro Jahr der Betriebszugehörigkeit: 2 Punkte
Unterhaltspflichten: je unterhaltsberechtigtem Kind: 3 Punkte
Familienstand: verheiratet/verpartnert: 4 Punkte
Schwerbehinderteneigenschaft: Anerkennung als schwerbehinderter Mensch bei einem GdB größer = 50 oder Gleichstellung mit einem schwerbehinderten Menschen mit einem GdB von größer = 30: 5 Punkte. Darüber hinaus pro je weiteren GdB 10 jenseits des Wertes 50: 1 weiterer Punkt. ◀

99 Die vorstehende Variante führt zu einer starken Übergewichtung der Dauer der Betriebszugehörigkeit. Im o.a. Beispiel (45-jähriger Arbeitnehmer mit einem Jahr Betriebszugehörigkeit gegen 30-jährigen Arbeitnehmer mit 12 Jahren Betriebszugehörigkeit) würde nun der (jüngere) Mitarbeiter mit der längeren Betriebszugehörigkeit obsiegen (7 Punkte gegen 32 Punkte). Das System kann aber generell dazu führen, dass überwiegend jüngere Mitarbeiter gehen müssen, da jedes Jahr der Betriebszugehörigkeit ja auch ein weiteres Lebensjahr bedeutet. Dieses Ergebnis allerdings lässt sich im Rahmen eines Punkteschemas nicht vollständig verhindern, da die **regressive Ausgestaltung** eines Punkteschemas unzulässig wäre. Denn § 1 Abs. 3 KSchG fordert die (positive) Berücksichtigung von Lebensalter und Betriebszugehörigkeit. Die nachteilige Berücksichtigung längerer Betriebszugehörigkeiten oder eines längeren Lebensalters würde sowohl gegen § 1 Abs. 3 KSchG als auch gegen die Bestimmungen des AGG verstoßen. Möchte man die hiermit einhergehenden Ergebnisse (**Überalterung der Belegschaft**) vermeiden, bleibt nur der Weg über eine an der Personalstruktur des Betriebes orientierte Sozialauswahl (siehe hierzu unten Rn 116 ff).

§ 1 Abs. 3 KSchG fordert die Berücksichtigung der Schwerbehinderung. Steht indes ein schwerbehinderter Arbeitnehmer auf einem „Kündigungsplatz" in der Sozialauswahl, bedeutet dies eine erhebliche Verlängerung und Verunsicherung des Verfahrenslaufes. Denn der Arbeitgeber muss vor Ausspruch der Kündigung das Integrationsamt beteiligen. Soll aus diesem Grunde eine etwaig bestehende Schwerbehinderung so deutlich übergewichtet werden, dass es zu der beschriebenen Situation nicht kommt (was zulässig ist), bietet sich folgende Methode an: 100

▶ Lebensalter: ...
Betriebszugehörigkeit: ...
Unterhaltspflichten: ...
Familienstand: ...
Schwerbehinderteneigenschaft: Anerkannte Schwerbehinderteneigenschaft bei einem GdB von größer = 50 oder Gleichstellung bei einem GdB größer = 30: 20 Punkte; darüber hinaus pro weiterem GdB jenseits des Wertes 50: 2 Punkte. ◀

Die vorstehende Variante führt zu einer deutlichen Übergewichtung der Schwerbehinderung, so dass ein Mitarbeiter, der beispielsweise mit einem GdB von 80 schwerbehindert ist, mit einem Punktewert von 80 in die Sozialauswahl hineingeht. Die Wahrscheinlichkeit, dass ein anderer Arbeitnehmer aufgrund der übrigen Kriterien dieses Ergebnis auch nur erreicht, ist gering. 101

[4] Unterhaltspflichten gegenüber Kindern. Das Muster weicht von dem in der Rechtsprechung (zB BAG 9.11.2006 – 2 AZR 812/05, NZA 2007, 549) zitierten Kriterien hinsichtlich der Frage ab, ob nur auf der Lohnsteuerkarte eingetragene Kinder berücksichtigt werden oder nicht. Während das BAG diese Einschränkung nicht beanstandet, empfiehlt sie sich für die weitere praktische Anwendung allerdings nicht. § 1 Abs. 3 KSchG verlangt nämlich die Berücksichtigung von Unterhaltspflichten. Solche können auch gegenüber nicht auf der Lohnsteuerkarte eingetragenen Kindern bestehen, zB schon deshalb, weil bei getrennt Lebenden der Lohnsteuerfreibetrag in zulässiger Weise übertragen worden ist. Eine solche Einschränkung sollte das Punkteschema also nicht enthalten. Nicht zu verwechseln ist dies allerdings mit der Tatsache, dass der Arbeitgeber sich grundsätzlich auf die Informationen zu den Sozialdaten verlassen kann, die bei ihm vorliegen. Liegen ihm keine anderen Informationen als die Eintragungen auf der Lohnsteuerkarte vor, ist dies gleichwohl verlässlich. Lediglich die vorherige Beschränkung auf solche Kinder, die auf der Lohnsteuerkarte eingetragen sind, wird diesseits für unzulässig erachtet. Gleichwohl wurde sie durch das BAG in der zitierten Entscheidung nicht beanstandet. 102

Nimmt man den Auftrag des Gesetzes, Unterhaltspflichten zu berücksichtigen, ernst, könnte man auf die Idee verfallen, lediglich echte **Unterhaltslasten** zu berücksichtigen, nicht jedoch auch abstrakt bestehende, nicht jedoch erfüllte Verpflichtungen. Die besseren Argumente sprechen gegen eine solche Differenzierung (siehe hier: HaKo-KSchR/*Gallner/Mestwerdt* § 1 KSchG Rn 866 f). 103

[5] Berücksichtigung des Familienstandes. Das Muster weicht hinsichtlich der Berücksichtigung des Familienstandes von den in den Entscheidungen des BAG (zuletzt: BAG 9.11.2006 – 2 AZR 812/05, NZA 2007, 549) unbeanstandet gelassenen Formulierungen ab. Denn mit dem Begriff „verheiratet" sind nicht alle zum Unterhalt verpflichteten Personenstände erfasst. Nach §§ 5, 12, 16 LPartG sind gleichgeschlechtliche Lebenspartner einander verpflichtet, Un- 104

Osnabrügge

terhalt zu leisten, und zwar sowohl während der Partnerschaft als auch während der Zeit des Getrenntlebens und nach Aufhebung der Lebenspartnerschaft. Die ordnungsgemäße Berücksichtigung der Unterhaltspflichten nach § 1 Abs. 3 KSchG fordert auch die Berücksichtigung entsprechender Unterhaltspflichten in einer Lebenspartnerschaft.

105 **[6] Berücksichtigung der Schwerbehinderung/Gleichstellung.** Die Formulierung des Musters weicht hinsichtlich der Schwerbehinderteneigenschaft von der in den Entscheidungen des BAG (zuletzt: BAG 9.11.2006 – 2 AZR 812/05, NZA 2007, 549) unbeanstandet gelassenen Formulierungen ab. § 1 Abs. 3 KSchG fordert die Berücksichtigung einer Schwerbehinderung. Eine eigenständige Definition enthält § 1 Abs. 3 KSchG nicht, so dass auf § 2 Abs. 2 und 3 SGB IX zurückgegriffen werden muss. Danach ist das Kriterium der Schwerbehinderung bei schwerbehinderten Arbeitnehmern mit einem GdB von 50 und bei Gleichgestellten mit einem GdB von wenigstens 30 gegeben. Die vom BAG unbeanstandet gelassene Formulierung berücksichtigte eine Schwerbehinderung erst ab einem GdB von 50, was mit der gesetzlichen Fassung des SGB IX nach hiesiger Auffassung nicht vereinbar ist. Das BAG hatte im konkreten Fall keinen Grund, dies zu beanstanden. Für eine weitere Verwendung in der Praxis empfiehlt sich diese Formulierung allerdings nicht.

106 Maßgeblich für die Berücksichtigung ist der Status **zum Zeitpunkt der Kündigung**, so dass ggf im Zwischenzeitraum zwischen der Vornahme der Sozialauswahl und der Kündigung eine erneute Betrachtung angestrengt werden muss. Läuft ein Antrag auf Anerkennung einer Schwerbehinderung, hat dies keine Auswirkungen auf die Sozialauswahl, genauso wenig wie eine bestehende Schwangerschaft die Berücksichtigung zusätzlicher Unterhaltspflichten fordert. Gleichwohl muss allerdings vor der Kündigung das Integrationsamt beteiligt werden (vgl insgesamt: HaKo-KSchR/*Gallner/Mestwerdt* § 1 KSchG Rn 870).

107 **[7] Beteiligung des Betriebsrates.** Das vorstehende Punkteschema ist in Betrieben mit Betriebsrat als Auswahlrichtlinie nach § 95 Abs. 1 BetrVG anzusehen und daher **mitbestimmungspflichtig**. Verwendet der Arbeitgeber das Auswahlschema ohne Wahrung der Mitbestimmungspflicht, so hat dies allerdings nicht zwingend die Unwirksamkeit der Sozialauswahl und der nachfolgenden Kündigung zur Konsequenz. Allerdings ist der Leitsatz der einschlägigen Entscheidung des BAG (BAG 9.11.2006 – 2 AZR 812/05, NZA 2007, 549), wonach die ordnungsgemäße Durchführung des nach § 95 Abs. 1 BetrVG für das Punktesystem erforderlichen Mitbestimmungsverfahrens nicht Wirksamkeitsvoraussetzung einer Kündigung, die unter Anwendung des Systems erfolgt, ist, missverständlich. Tatsächlich führt das BAG in den Entscheidungsgründen aus, dass **solange der Betriebsrat einen insoweit gegebenen Verstoß gegen sein Mitbestimmungsrecht nicht geltend macht**, es dem Arbeitgeber nicht verwehrt ist, sich auf das Punkteschema zu berufen (BAG 9.12.2006 – 2 AZR 812/05, NZA 2007, 549, Rn 30). Würde also der Betriebsrat im Anhörungsverfahren nach § 102 BetrVG die Missachtung des Mitbestimmungsrechtes rügen, hätte dies Auswirkungen auf die Kündigung, wobei offen bleibt, ob dies unmittelbar zur Unwirksamkeit der Kündigung führte oder lediglich einen Betriebsratswiderspruch begründete. Erhebt der Betriebsrat allerdings keine Einwände gegen das Punkteschema und erklärt somit, auf ein förmliches Mitbestimmungsverfahren nach § 95 BetrVG zu verzichten, kann es vom Arbeitgeber gefahrlos angewandt werden.

108 **[8] Individuelle Abschlussprüfung.** Nach früherer Rechtsprechung war es zwingend erforderlich, dass jede Sozialauswahl eine abschließende Einzelfallbetrachtung vorsah (vgl BAG 5.12.2002 – 2 AZR 549/01 AP KSchG 1969, § 1 soziale Auswahl Nr. 59). Dies ist nach der

aktuellen Rechtsprechung nicht mehr erforderlich (BAG 9.11.2006 – 2 AZR 812/05, NZA 2007, 549).

b) Replik bei Herausnahme von Leistungsträgern aus der Sozialauswahl, § 1 Abs. 3 KSchG
aa) Muster: Replik nach Rüge der Sozialauswahl bei Herausnahme von Leistungsträgern

▶ ...

Der Kläger trägt im Rahmen seiner Kündigung bereits vor, die Sozialauswahl sei fehlerhaft. In der Tat stützt sich die Beklagte auf dringende betriebliche Gründe.

Die Kündigung ist sozial gerechtfertigt. Ihr liegen dringende betriebliche Erfordernisse zugrunde, die den Arbeitsplatz des Klägers haben entfallen lassen. Die nötige soziale Auswahl hat zur Kündigung des Klägers geführt. Im Einzelnen:

1. Die Kündigung ist gerechtfertigt, weil dringende betriebliche Erfordernisse den Arbeitsplatz des Klägers haben entfallen lassen. Im Einzelnen: ...
2. Die Rüge des Klägers, die Sozialauswahl[1] sei fehlerhaft durchgeführt worden, geht fehl. Die zwei von dem Kläger benannten Mitarbeiter sind in die Sozialauswahl nicht mit einzubeziehen.[2] Zwar ist richtig, dass sie bei Durchführung der Sozialauswahl und Gewichtung der sozialen Daten über schlechtere Daten als der Kläger verfügten. Allerdings liegt ihre Weiterbeschäftigung aufgrund der fachlichen Kenntnisse im berechtigten betrieblichen Interesse, und eine individuelle Überprüfung der sozialen Belange des Klägers ergibt kein abweichendes Ergebnis. Konkret verfügt der Mitarbeiter A über die folgenden Spezialqualifikationen: ..., der Mitarbeiter B verfügt über die folgenden Spezialqualifikationen: .... Beide Qualifikationen setzen eine mindestens einjährige Weiterbildung voraus, die beide Mitarbeiter auch erfolgreich abgeschlossen haben. Die entsprechenden Abschlusszertifikate übersenden wir als Anlage B ... und B ...

Der Betrieb benötigt die Spezialkenntnisse der Mitarbeiter A und B dringend. Dies resultiert aus den folgenden Umständen: ...

Die Beklagte hatte es sich mit der Frage der Herausnahme aus der Sozialauswahl gleichwohl nicht leicht gemacht.[3] Denn unbestritten verfügt der Kläger, der verheiratet ist und zwei Kindern gegenüber unterhaltsverpflichtet, über gewichtige soziale Daten. Allerdings weist er eine Qualifikation auf, die es ihm jederzeit möglich machen wird, am Arbeitsmarkt eine neue Stelle zu finden. Darüber hinaus spricht auch das Lebensalter nicht gegen den Kläger. Umgekehrt würde der Verlust der Mitarbeiter A und B für die Beklagte einen existenzgefährdenden Verlust bedeuten. Nicht umsonst richtet die Beklagte ihre Personalentwicklung seit Jahren darauf aus, entsprechende Fachkenntnisse innerhalb des Betriebes zu entwickeln und zu halten. Aus diesem Grunde kommen beide Mitarbeiter nicht für die Sozialauswahl in Betracht.

... ◀

bb) Erläuterungen und Varianten

[1] **Prüfungssystematik.** Nach der mittlerweile gefestigten Rechtsprechung des 2. Senats des BAG ist die Sozialauswahl grundsätzlich in der folgenden Reihenfolge zu prüfen:

– Bildung des Kreises der vergleichbaren Arbeitnehmer
– Sozialauswahl unter den vergleichbaren Arbeitnehmern
– Herausnahme einzelner Arbeitnehmer wegen berechtigter betrieblicher Interessen.

Das Muster hebt somit hervor, dass erst nach Auswertung der vollständigen Liste der Sozialauswahl unter allen vergleichbaren Arbeitnehmern das Problem der Notwendigkeit der Herausnahme eines Leistungsträgers auftauchen kann. Es handelt sich also nicht etwa um eine Vorfrage vor Durchführung der Sozialauswahl, sondern um eine **Korrektur des Ergebnisses der Sozialauswahl** [vgl zu allem weiteren: HaKo-KSchR/*Gallner/Mestwerdt* § 1 KSchG Rn 814; 880 ff).

111 **[2] Herausnahme von Leistungsträgern.** Nach der Gesetzesfassung und der gefestigten Rechtsprechung ist die Auswahl nach sozialen Gesichtspunkten die Regel, die Ausklammerung sogenannter Leistungsträger nach § 1 Abs. 3 S 2 KSchG die Ausnahme. Konkrete Sachverhalte, die entsprechende Ausnahmen beschreiben, sind nur selten zu finden. Das vorliegende Beispiel entstammt einer Entscheidung des LAG Baden-Württemberg (LAG Baden-Württemberg 25.3.2011 – 18 Sa 77/10, NZA-RR 2011, 407). Dabei stellt sich bei der Feststellung besonderer Fähigkeiten und Kenntnisse stets vorrangig die Frage, ob der Mitarbeiter nicht unter Umständen bereits aus der Vergleichsgruppe herauszunehmen ist. Wenn es im Beispiel zu den Anforderungen an den Arbeitsplatz gehört, verhandlungssicher Englisch zu sprechen und der entsprechende Erwerb dieser Fähigkeiten länger als drei Monate in Anspruch nimmt, wäre es einfacher möglich, die Mitarbeiterin bereits aus der Vergleichsgruppe herauszunehmen, da keine der anderen Mitarbeiter kraft Direktionsrechtes auf diesen Arbeitsplatz versetzt werden und den dortigen Anforderungen genügen könnte.

112 Die Herausnahme von Leistungsträgern muss durch den Arbeitgeber **objektiv überprüfbar** begründet werden. Dies ist bei objektiv bestehenden besonderen Fähigkeiten (zB besonderen Kenntnissen, die der Mitarbeiter im Rahmen einer Tätigkeit in einer freiwilligen Feuerwehr erworben und dann betrieblich umsetzen kann – BAG 7.12.2006 – 2 AZR 748/05, NZA-RR 2007, 460) machbar, bei besonderen Leistungen hingegen ausgesprochen schwierig.

113 Soll die Herausnahme auf **Leistungsgesichtspunkte** gestützt werden, ist der Begründungsaufwand für den Arbeitgeber ungleich höher. Eine entsprechende Formulierung könnte zB lauten:

▶ ...

Die Beklagte hat den Arbeitnehmer A nicht mit in die Sozialauswahl einbezogen, sondern ihn aus Leistungsgesichtspunkten gem. § 1 Abs. 3 KSchG aus der Sozialauswahl herausgenommen. Nach Aufstellung der Liste der vergleichbaren Arbeitnehmerinnen und Arbeitnehmer ergibt sich, dass nun der Arbeitnehmer A zur Kündigung anstünde. Nach Mitteilung der Personalabteilung allerdings handelt es sich bei dem Mitarbeiter A um den absoluten Leistungsträger des Betriebes. Sowohl die Qualität als auch die Quantität der verrichteten Arbeit ist in keinster Weise mit denen der anderen Arbeitnehmer vergleichbar. Während die anderen Arbeitnehmer pro Schicht einen durchschnittlichen Umsatz von 800 Werkstücken (Minimalwert. 530 Werkstücke, Maximalwert: 920 Werkstücke) erreichen, erreicht Mitarbeiter A pro Schicht im Schnitt einen Umsatz von 1.300 Werkstücken (individueller Minimalwert: 1.100 Werkstücke, individueller Maximalwert: 1.400 Werkstücke). Mehrfache Überprüfungen haben ergeben, dass Mitarbeiter A gleichwohl die vorgeschriebenen Pausen einhält. Darüber hinaus ist auch die Qualität der Arbeit mehrfach überprüft worden. Die übliche Fehlerquote liegt bei 9,7 %, bezogen auf die Anzahl der Werkstücke pro Schicht. Der Minimalwert bei den Mitarbeitern ausschließlich des Mitarbeiters A lag bei 3,5 %, der Maximalwert bei 18,6 %. Die Ergebnisse des Mitarbeiters A sind hiervon separiert worden. In keiner festgestellten Schicht hat er eine Fehlerquote von 3,5 % überschritten, die durchschnittliche Fehlerquote liegt bei 1,3 %. Dem Mitarbeiter ist mehrfach angetragen worden, sich zum Schichtleiter zu qualifizieren. Er hat dies allerdings aus persönlichen Gründen abgelehnt, da er mit seiner Berufs- und Lebenssituation zufrieden ist. Die Leistungen des Mitarbeiters A sind bereits mehrfach betrieblich honoriert worden. Im Kollegenkreis ist Mitarbeiter A hoch anerkannt, da er trotz seiner weit überdurchschnittlichen Leistung noch Zeit findet, Streitigkeiten im Kollegenkreis zu schlichten und Kollegen in schwierigen Lebenssituationen beizustehen.

Der Erhalt des Arbeitsverhältnisses mit Mitarbeiter A liegt im unbedingten betrieblichen Interesse.

Die Beklagte hat abschließend eine individuelle Abwägung der sozialen Interessen des auf der Liste der Sozialauswahl „nachrückenden" Klägers mit dem betrieblichen Interesse am Erhalt des Arbeitsverhältnisses mit Mitarbeiter A durchgeführt. Auch diese individuelle soziale Abwägung allerdings führt zu keinem anderen Ergebnis. Der Kläger ist noch jung an Lebensjahren und gut qualifiziert. Er wird auf dem derzeitigen Arbeitsmarkt keine Schwierigkeiten haben, ein neues Arbeitsverhältnis zu finden. Der Betrieb allerdings wird auf dem Arbeitsmarkt aller Voraussicht nach keinen Ersatz für Mitarbeiter A finden. ◀

Die vorstehende Variante beschreibt einen (fiktiven) Fall der Herausnahme eines Leistungsträgers, der aller Voraussicht nach der Prüfung durch die Rechtsprechung standhalten würde. Wert gelegt werden muss dabei auf den konkreten Leistungsvergleich, um eine objektive Überprüfbarkeit zu schaffen. Alleine die subjektive Auffassung des Arbeitgebers von der Leistungsfähigkeit reicht nicht aus.

[3] **Abschließende soziale Abwägung.** Aufgrund des Regel-Ausnahmeverhältnisses fordert die Rechtsprechung in jedem Fall der Herausnahme eines Mitarbeiters aus Leistungsgesichtspunkten zwingend eine abschließende Abwägung der sozialen Gesichtspunkte des dann betroffenen Arbeitnehmers mit den betrieblichen Interessen (BAG 7.12.2006 – 2 AZR 748/05, NZA-RR 2007, 460). Je schwerer dabei das soziale Interesse wiegt, umso gewichtiger müssen die Gründe für die Ausklammerung eines Arbeitnehmers aus der Sozialauswahl sein. Nicht zu verwechseln ist dieses Erfordernis der sozialen Abwägung mit dem (nicht mehr bestehenden) Erfordernis einer individuellen Abschlussprüfung der Sozialauswahl bei Verwendung eines Punkteschemas (siehe BAG 9.11.2006 – 2 AZR 812/05, NZA 2007, 549).

c) **Replik bei Sozialauswahl zur Sicherung der Personalstruktur, § 1 Abs. 3 KSchG**
aa) **Muster: Replik nach Rüge der Sozialauswahl bei Sicherung der Personalstruktur**
▶ ...

Der Kläger rügt in seiner Klageschrift, dass die durchgeführte Sozialauswahl fehlerhaft sei weil die Beklagte im Rahmen der Sozialauswahl gem. § 1 Abs. 3 KSchG Altersgruppen zur Sicherung der vorhandenen Personalstruktur gebildet hat.[1]

Die Sozialauswahl unter Berücksichtigung der betrieblichen Altersstruktur liegt im berechtigten betrieblichen Interesse.[2] Die Beklagte ist ein Hochtechnologie-Unternehmen. Sie lebt davon, dass sich neue Erkenntnisse, die an den Universitäten gewonnen wurden, mit dem abgesicherten Know-how der älteren Mitarbeiter mischt. Zu diesem Zweck hat sie über viele Jahre hinweg für eine ausgewogene Altersstruktur unter den Mitarbeitern gesorgt. Eine nach herkömmlichen Kriterien durchgeführte Sozialauswahl würde dazu führen, dass das aktuelle geistige Mitarbeiterkapital mangels entsprechender Sozialpunkte aus dem Betrieb verschwünde. Dies würde die Zukunftsfähigkeit der Beklagten massiv beeinträchtigen.

Der Vorhalt des Klägers, die Bildung der Altersgruppen sei fehlerhaft erfolgt, weil die bisherige Verteilung der Beschäftigten auf die Altersgruppen ihre prozentualen Entsprechung nicht in der Anzahl der in der jeweiligen Altersgruppe zu Kündigenden hatte, ist unzutreffend. Die Altersgruppenbildung dient ausschließlich der Erhaltung der bestehenden Personalstruktur.[3] Der Beklagten ist durchaus die fragliche Entscheidung des BAG v. 19.7.2012 (2 AZR 352/11) bekannt.[4] Allerdings stand die Beklagte vor dem folgenden Problem: Verteilte man die Anzahl der zu Kündigenden proportional auf die Altersgruppen, was trotz der ungeraden Zahl schon deshalb möglich war, weil nicht nur Vollzeitkräfte, sondern auch Teilzeitkräfte zur Kündigung anstehen, würde dies zwar den vordergründigen Anforderungen des BAG in der genannten Entscheidung gerecht. In der Korrekturprüfung allerdings hätte sich ergeben, dass sich hierdurch die bestehende Altersstruktur massiv verschoben hätte. Dies allerdings ist nicht Ziel der Sicherung einer Altersstruktur im Sinne von § 1 Abs. 3 KSchG. Die Beklagte ist deshalb so vorgegangen, dass sie die zur Kündigung anstehenden MAK abstrakt (das heißt ohne Zuweisung zu konkreten Arbeitnehmerinnen und Arbeitnehmern) so auf die Altersgruppen verteilt hat, dass insgesamt die betriebliche Altersstruktur gewahrt wurde. Konkret hat die Beklagte tatsächlich drei Altersgruppen gebildet. Bezogen auf die insgesamt innerhalb der Vergleichsgruppe im Betrieb beschäftigten Arbeitnehmer ergibt sich hierbei die folgende Statistik:

Altersgruppe bis 35 Jahre: ... % der relevanten Belegschaft
Altersgruppe 36-45 Jahre: ... % der relevanten Belegschaft
Altersgruppe 46-62 Jahre: ... % der relevanten Belegschaft

Hätte man nun entsprechend der vordergründigen Anweisung des BAG die Anzahl der zu Kündigenden proportional auf die Altersgruppen verteilt, hätte sich hiernach das folgende Verhältnis ergeben:

Altersgruppe bis 35 Jahre: ... % der relevanten Belegschaft
Altersgruppe 36-45 Jahre: ... % der relevanten Belegschaft
Altersgruppe 46-62 Jahre: ... % der relevanten Belegschaft

Dies hätte zu einer Verschiebung der prozentualen Verhältnisse innerhalb der Altersgruppen geführt, was aber nicht im Interesse der Sicherung der Altersstruktur gelegen hätte und auch nicht dem gesetzlichen Auftrag entspricht. Deshalb hat die Beklagte sich für eine unproportionale Verteilung der zu Kündigenden auf die einzelnen Altersgruppen entschieden, was dann im Ergebnis zu dem folgenden Gesamtbild führt:

Altersgruppe bis 35 Jahre: ... % der relevanten Belegschaft
Altersgruppe 36-45 Jahre: ... % der relevanten Belegschaft
Altersgruppe 46-62 Jahre: ... % der relevanten Belegschaft

Durch diese Verteilung wurde somit insgesamt die Altersstruktur gesichert.[5] Unabhängig von den Durchführungsanweisungen, die das BAG in seiner Entscheidung vom 19.7.2012 (2 AZR 352/11) gibt, gilt nach wie vor der Grundsatz, dass es bei der Sozialauswahl nicht auf einen fehlerfreien Auswahlvorgang, sondern auf ein ausreichendes Auswahlergebnis ankommt (siehe BAG 15.6.1989 – 2 AZR 580/88 – BAGE 62, 116; BAG 9.11.2006 – 2 AZR 812/05, NZA 2007, 549). Dieses Ergebnis wird mit der vorliegenden Altersgruppenbildung und der Verteilung der zu Kündigenden auf die Altersgruppen erreicht. Die Kündigung ist daher nicht fehlerhaft, erst recht nicht grob fehlerhaft.

... ◄

bb) Erläuterungen

117 **[1] Allgemeine Hinweise.** § 1 Abs. 3 S 2 KSchG lässt eine Differenzierung im Rahmen der Sozialauswahl zur Sicherung einer ausgewogenen Personalstruktur zu, wenn dies im berechtigten betrieblichen Interesse liegt. Unter „Personalstruktur" ist die gesamte Zusammensetzung der Belegschaft nach bestimmten Eigenschaften zu verstehen, insbesondere dem Alter. Die Personalstruktur kann sich zB auch nach Ausbildung und Qualifikation richten, nicht jedoch

nach diskriminierenden Kriterien wie zB Schwerbehinderung, Staatsangehörigkeit oder Gewerkschaftsmitgliedschaft.

Hauptanwendungsfall der Personalstruktur ist die **Altersstruktur**. Damit soll in der Regel eine Überalterung eines Betriebes als regelmäßige Folge der Sozialauswahl entgegengewirkt werden (vgl insgesamt und weiterführend: HaKo-KSchR/*Gallner/Mestwerdt* § 1 KSchG Rn 889). 118

Die Bildung von Altersgruppen knüpft an das Lebensalter an und damit ein Kriterium nach § 1 AGG. Gleichwohl ist diese Differenzierung nach dem Lebensalter **keine Diskriminierung**, sondern sachlich gerechtfertigt, wenn die Bildung von Altersgruppen im Rahmen der Sozialauswahl dem Ziel der Erhaltung einer im Betrieb vorhandenen Altersstruktur aus betrieblichen Interessen dient. Die Bildung einer Altersstruktur stellt somit keine Altersdiskriminierung dar (BAG 19.7.2012 – 2 AZR 352/11). 119

[2] Berechtigte betriebliche Interessen. Das Gesetz fordert das Vorliegen berechtigter betrieblicher Interessen. Der Arbeitgeber muss, wenn er sich auf § 1 Abs. 3 S 2 KSchG berufen will, zu den Auswirkungen und möglichen Nachteilen von Kündigungen auf die Altersstruktur der Belegschaft und damit verbundenen möglichen Nachteilen für den Betrieb konkret vortragen und somit ein berechtigtes betriebliches Interesse nachweisen. Dann, wenn die Anzahl der Entlassungen innerhalb einer Gruppe vergleichbarer Arbeitnehmer im Verhältnis zur Anzahl aller Arbeitnehmer des Betriebes die Schwellenwerte des § 17 KSchG erreichen, kommt ihm eine Erleichterung zugute; in diesem Fall ist ein berechtigtes betriebliches Interesse an der Beibehaltung der Altersstruktur – widerlegbar – indiziert (BAG 19.7.2012 – 2 AZR 352/11). Das vorliegende Muster beschreibt den allgemeinen Fall, in dem ein solches Indiz für ein berechtigtes betriebliches Interesse nicht gegeben ist. Da der Arbeitgeber vor Gericht die entsprechenden Belege führen muss, empfiehlt es sich, diese auch zu Zwecken der Selbstkontrolle zuvor in einem entsprechenden Vermerk der Geschäftsführung zu fixieren. Ein solches berechtigtes betriebliches Interesse liegt im konkreten Fall deshalb vor, weil nur die Altersstruktur den nötigen Kompromiss zwischen Innovation und Erfahrung gewährleistet. 120

[3] Erhaltung einer bestehenden Struktur. Die Bildung einer Struktur im Rahmen der Sozialauswahl ist unzulässig, wenn sie dazu dient, eine Personalstruktur erst zu schaffen. Vielmehr muss der Arbeitgeber nachweisen, dass bereits eine solche Struktur besteht und diese gesichert werden soll; lediglich eine Verschlechterung darf verhindert werden (HaKo-KSchR/*Gallner/Mestwerdt* § 1 KSchG Rn 891). Aus diesem Grunde ist es zwingend notwendig, in dem entsprechenden Vermerk sauber die bestehende Struktur abzubilden, um hiermit deren Sicherung begründen zu können. 121

[4] Besonderheiten der Altersgruppenbildung. Um den gesetzlichen Vorgaben zu genügen, muss auch nach den Kündigungen die bisher bestehende Struktur bewahrt bleiben. Dafür muss die bisherige Verteilung der Beschäftigten auf die Altersgruppen ihre prozentuale Entsprechung in der Anzahl der in der jeweiligen Altersgruppe zu Kündigenden finden. Eine hundertprozentige Übereinstimmung wird dabei nicht zu erreichen sein, notwendig ist aber eine „annähernde" Entsprechung und ein erkennbares Bemühen des Arbeitgebers, diesen Erfordernissen des BAG zu genügen. Sind mehrere Gruppen vergleichbarer Arbeitnehmer von den Entlassungen betroffen, muss deshalb eine proportionale Berücksichtigung aller Altersgruppen auch innerhalb der jeweiligen Vergleichsgruppen möglich sein. Die betriebsweite Sicherung der Altersstruktur muss die Folge der proportionalen Beteiligung sämtlicher Altersgruppen auch innerhalb der einzelnen Vergleichsgruppen sein (BAG 22.3.2012 – 122

2 AZR 167/11; BAG 19.7.2012 – 2 AZR 352/11). Bei der Bildung der Altersgruppen muss daher durch den anwaltlichen Berater darauf geachtet werden, dass die Anzahl der zu Kündigenden sich proportional auf die Altersgruppen verteilt. Sollen beispielsweise nur zwei Arbeitnehmer gekündigt werden, werden jedoch drei Altersgruppen gebildet, ist die Sozialauswahl per se nicht nur fehlerhaft, sondern auch grob fehlerhaft (BAG 19.7.2012 – 2 AZR 352/11).

123 **[5] Abschlussprüfung.** Das BAG fordert darüber hinaus, dass durch eine Verteilung der zu Kündigenden auf die Altersgruppen der Altersdurchschnitt innerhalb der Gruppen und innerhalb der Belegschaft insgesamt nicht relevant verschoben wird (BAG 19.7.2012 – 2 AZR 352/11). Eine solche Verschiebung kann sich bereits dadurch ergeben, dass innerhalb der Altersgruppen u.a. nach altersbezogenen Kriterien (Lebensalter und Betriebszugehörigkeit) ausgewählt wird und damit beispielsweise innerhalb der Gruppe der 36-45jährigen die „jüngeren Mitarbeiter" zur Kündigung anstehen. Ist nun die Verteilung innerhalb der anderen Altersgruppen altersbezogen anders als innerhalb dieser Altersgruppe, würde die Kündigung dieser Mitarbeiter zu einer prozentualen Verschiebung der Altersstruktur führen und somit nicht mehr der Sicherung dienen. Die Ergebnisse müssen also in der Praxis im Einzelnen verprobt werden, und es muss notfalls durch eine Verschiebung der Altersgruppen erreicht werden, dass sich auch insgesamt – trotz der Gruppenbildung – die Verhältnisse innerhalb der Personalstruktur nicht ändern.

d) Replik bei Sozialauswahl nach Auswahlrichtlinie, § 1 Abs. 4 KSchG

124 **aa) Muster: Replik nach Rüge der Sozialauswahl bei Auswahlrichtlinie**

▶ ▦ 47

Der Kläger beruft sich darauf, dass die Sozialauswahl nicht ordnungsgemäß erfolgt sei. Zwar erkennt er, dass die Sozialauswahl im konkreten Fall nach einer gemäß § 95 BetrVG geschlossenen Auswahlrichtlinie erfolgt ist, und er erhebt auch keine Einwände gegen die Übereinstimmung der Kündigung mit der Auswahlrichtlinie.[1] Der Kläger ist jedoch der Auffassung, dass die Sozialauswahl auf Grundlage der Auswahlrichtlinie grob fehlerhaft sei. Konkret wendet sich der Kläger dagegen, dass die Gewichtung der sozialen Daten in der Auswahlrichtlinie fehlerhaft sei sowie dagegen, dass die Auswahlrichtlinie keine individuelle Abschlussprüfung des Arbeitgebers vorsehe. Beide Gründe führen jedoch nicht zur großen Fehlerhaftigkeit[2] der Sozialauswahl.

Hinsichtlich der Gewichtung der Grunddaten steht den Betriebsparteien ein weitreichender Bewertungsspielraum zu. Die vom Kläger breit ausgeführte Bewertung der sozialen Kriterien und das von ihm für richtig erhaltene Ergebnis, wonach die Dauer der Betriebszugehörigkeit einerseits und das Lebensalter andererseits nicht getrennt voneinander gewichtet werden dürften, da dies zu einer Doppelgewichtung altersrelevanter Kriterien führe, mag zwar einiges für sich haben. Im Rahmen des Kündigungsrechtsstreits darf es aber nicht zu einer Bewertungskontrolle der Richtlinie nach § 95 BetrVG kommen.[3] Alleine eine Rechtmäßigkeitskontrolle ist der Maßstab für die Auswahlrichtlinie gemäß § 95 BetrVG. Dieser Rechtmäßigkeitskontrolle wird die konkrete Richtlinie jedoch gerecht. Sie bezieht die sozialen Kriterien gemäß § 1 Abs. 2 KSchG mit ein und kommt zu einer Gewichtung der Kriterien, die an sich nicht zu beanstanden ist.

Auch die darüber hinausgehende Ansicht des Klägers, die Auswahlrichtlinie sei grob fehlerhaft, weil sie ein festes Punkteschema zur Gewichtung der gesetzlichen Sozialdaten im Sinne § 1 Abs. 3 KSchG vorsieht, jedoch keine individuelle Abschlussprüfung des Arbeitgebers, geht fehl. Zwar ist zutreffend, dass diese Frage früher umstritten war. Sie ist jedoch seit der einschlägigen BAG-Entscheidung (BAG 9.11.2006 – 2 AZR 812/05, NZA 2007, 549) geklärt. Ein Punktesystem zur Gewichtung der Sozialdaten muss nach § 1 Abs. 3 Satz 1 KSchG keine individuelle Abschlussprüfung vorsehen.

Soweit der Kläger sich im Übrigen für die Behauptung, die Sozialauswahl sei grob fehlerhaft, auf ein für ihn für richtig gehaltenes System beruft, wonach die Dauer der Betriebszugehörigkeit und das Lebensalter nur gemeinsam punkterelevant sind, hat sich die Beklagte die Mühe gemacht, dieses Alternativszenario einmal auf die konkrete unternehmerische Maßnahme anzuwenden.[4] Das Ergebnis dessen wäre eine geänderte Sozialauswahl, die in der Tat auch Auswirkungen auf die zu kündigenden Arbeitnehmer hätte. Keine Auswirkungen hätte eine Veränderung dieses Systems jedoch auf den Kläger. Er wäre nach wie vor im Kreis der zu kündigenden Arbeitnehmer. Insoweit ist darauf hinzuweisen, dass selbst dann, wenn die Auswahlrichtlinie als grob fehlerhaft einzustufen wäre, dies nicht zugleich auch zur groben Fehlerhaftigkeit der Sozialauswahl führen würde. Denn die vom Kläger gerügte Besonderheit der Auswahlrichtlinie wirkt sich auf die konkrete Kündigung des Klägers überhaupt nicht aus.

Die Klage ist daher abzuweisen.

Rechtsanwalt ◄

bb) Erläuterungen und Varianten

[1] Richtige Anwendung der Auswahlrichtlinie. Im vorliegenden Muster geht es nicht um die Frage ob die Kündigung gegen die Auswahlrichtlinie verstößt. Ein solcher Einwand würde zur absoluten Sozialwidrigkeit führen, sofern der Betriebsrat deswegen der Kündigung widerspricht, § 1 Abs. 2 KSchG. Im Gegensatz hierzu steht der Einwand der groben Fehlerhaftigkeit der Auswahlrichtlinie gemäß § 1 Abs. 4 KSchG. Hat die Sozialauswahl auf Grundlage der Auswahlrichtlinie stattgefunden und ist daher deren Anwendung nicht zu beanstanden, kann der Arbeitnehmer sich nicht auf die absolute Sozialwidrigkeit berufen. Umgekehrt ist nun der Arbeitgeber privilegiert, denn die Sozialauswahl wird gesetzlich als richtig fingiert. Der Prüfungsmaßstab gegen die Sozialauswahl wird auf die grobe Fehlerhaftigkeit der Maßgaben der Auswahlrichtlinie beschränkt.

[2] Prüfungsmaßstab: Grobe Fehlerhaftigkeit. Hat der Arbeitgeber die soziale Auswahl auf Grundlage einer Auswahlrichtlinie durchgeführt, kann sie nur auf grobe Fehlerhaftigkeit geprüft werden. Nach dem Gesetzeswortlaut unterliegt nur die Gewichtung der Auswahlkriterien zueinander der Bewertung auf grobe Fehlerhaftigkeit, nicht jedoch andere Aspekte der Auswahlrichtlinie. Grob fehlerhaft ist die Gewichtung der Sozialdaten, wenn sie jede Ausgewogenheit vermissen lässt, dh wenn einzelne der vier Sozialdaten überhaupt nicht, eindeutig unzureichend oder mit eindeutig überhöhter Bedeutung berücksichtigt wurden. Dies ist beispielsweise dann der Fall, wenn ein Kriterium so gering bewertet wird, dass es in fast allen denkbaren Fällen für die Auswahl ohne Bedeutung ist.

[3] Keine Bewertungskontrolle. Die Betriebsparteien haben einen weiten Wertungsspielraum hinsichtlich der Gewichtung. Aus diesem Grunde ist eine Trennung zwischen Rechtmäßigkeits- und Bewertungskontrolle notwendig. Die Bewertung der sozialen Kriterien so, wie sie sich aus der Auswahlrichtlinie ergibt, unterliegt nicht dem Prüfungsmaßstab des Gerichtes. Lediglich dann, wenn soziale Kriterien überhaupt nicht gesehen wurden oder in einem so groben Ungleichgewicht sind, dass man von einer gleichmäßigen Berücksichtigung aller Kriterien nicht mehr reden kann, sind die Grenzen der Rechtswidrigkeit erreicht. Der Arbeitgeberanwalt muss also sorgfältig herausarbeiten, ob der Arbeitnehmer lediglich eine andere Bewertung der Auswahlrichtlinie für richtig hält (dann ist der Einwand des Arbeitnehmers erfolglos) oder tatsächlich erhebliche Einwände gegen die Rechtmäßigkeit der Auswahlrichtlinie vorbringen kann.

128 **[4] Auswirkungen bei grober Fehlerhaftigkeit.** Erweist sich die Auswahlrichtlinie als grob fehlerhaft, führt dies grundsätzlich zur Fehlerhaftigkeit der Sozialauswahl und somit zur Sozialwidrigkeit der Kündigung. Anders ist dies jedoch dann, wenn der gerügte Auswahlfehler sich auf die Kündigungsentscheidung nicht ausgewirkt hat, weil der Arbeitnehmer nach der Punktetabelle auch bei Korrektur des Auswahlfehlers zur Kündigung angestanden hätte (vgl BAG 9.11.2006 – 2 AZR 812/05, NZA 2007, 549). Dieser Einwand ist dem Arbeitgeber auch dann gestattet, wenn er sich an sich auf die Auswahlrichtlinie als privilegierendes Element der Sozialauswahl berufen möchte.

e) Replik bei Sozialauswahl nach Interessensausgleich mit Namensliste, § 1 Abs. 4 KSchG

129 **aa) Muster: Replik nach Rüge der Sozialauswahl bei Interessensausgleich mit Namensliste**

▶ ...

Die Vermutungen des Klägers, seine Kündigung stünde im Zusammenhang mit der umfangreichen Betriebsänderung, sind zutreffend. Hier wird die Beklagte mit getrenntem Schriftsatz ausführlich vortragen. Das dringende betriebliche Erfordernis wird in diesem Zusammenhang aber gem. § 1 Abs. 5 Satz 1 KSchG vermutet.

Der Kläger rügt im Vorfeld, dass die durchgeführte Sozialauswahl grob fehlerhaft sei und spricht hiermit die Tatsache an, dass zwischen den Betriebsparteien ein Interessensausgleich mit Namensliste vereinbart worden ist. Er rügt die formale Fehlerhaftigkeit der Namensliste und weiterhin die Tatsache, dass die Sozialauswahl, die zu der Namensliste geführt hat, grob fehlerhaft sei. Hierzu im Einzelnen:

1. Der Interessensausgleich ist samt Namensliste formell ordnungsgemäß zustande gekommen.[1] Beides entspricht den formalen Vorgaben des § 1 Abs. 5 KSchG. Abgeschlossen wurde der Interessensausgleich durch den zuständigen Betriebsrat. Er wurde schriftlich niedergelegt. Die Namensliste ist fest mit dem Interessensausgleich verbunden, darüber hinaus auch separat unterzeichnet. Der Interessensausgleich wurde auch zeitlich vor der Kündigung abgeschlossen. Wir werden in der mündlichen Verhandlung das Original des Interessensausgleiches einschließlich der fest mit dieser verbundenen und gesondert von beiden Betriebsparteien unterzeichneten Namensliste vorlegen.

2. Der Vorhalt des Klägers, die Bildung der Altersgruppen sei fehlerhaft erfolgt, weil die bisherige Verteilung der Beschäftigten auf die Altersgruppen ihre prozentualen Entsprechung nicht in der Anzahl der in der jeweiligen Altersgruppe zu Kündigenden hatte, ist unzutreffend.[2] Der Beklagten ist durchaus die fragliche Entscheidung des BAG v. 19.7.2012 (2 AZR 352/11) bekannt. Allerdings stand die Beklagte vor dem folgenden Problem: Verteilte man die Anzahl der zu Kündigenden proportional auf die Altersgruppen, was trotz der ungeraden Zahl schon deshalb möglich war, weil nicht nur Vollzeitkräfte, sondern auch Teilzeitkräfte zur Kündigung anstehen, würde dies zwar den vordergründigen Anforderungen des BAG in der genannten Entscheidung gerecht. In der Korrekturprüfung allerdings hätte sich ergeben, dass sich hierdurch die bestehende Altersstruktur massiv verschoben hätte. Dies allerdings ist nicht Ziel der Sicherung einer Altersstruktur im Sinne von § 1 Abs. 3 KSchG. Die Beklagte ist deshalb so vorgegangen, dass sie die zur Kündigung anstehenden MAK abstrakt (das heißt ohne Zuweisung zu konkreten Arbeitnehmerinnern und Arbeitnehmern) so auf die Altersgruppen verteilt hat, dass insgesamt die betriebliche Altersstruktur gewahrt wurde. Konkret hat die Beklagte tatsächlich

drei Altersgruppen gebildet. Bezogen auf die insgesamt innerhalb der Vergleichsgruppe im Betrieb beschäftigten Arbeitnehmer ergibt sich hierbei die folgende Statistik:

Altersgruppe bis 35 Jahre: ... % der relevanten Belegschaft
Altersgruppe 36-45 Jahre: ... % der relevanten Belegschaft
Altersgruppe 46-62 Jahre: ... % der relevanten Belegschaft

Hätte man nun entsprechend der vordergründigen Anweisung des BAG die Anzahl der zu Kündigenden proportional auf die Altersgruppen verteilt, hätte sich hiernach das folgende Verhältnis ergeben:

Altersgruppe bis 35 Jahre: ... % der relevanten Belegschaft
Altersgruppe 36-45 Jahre: ... % der relevanten Belegschaft
Altersgruppe 46-62 Jahre: ... % der relevanten Belegschaft

Dies hätte zu einer Verschiebung der prozentualen Verhältnisse innerhalb der Altersgruppen geführt, was aber nicht im Interesse der Sicherung der Altersstruktur gelegen hätte und auch nicht dem gesetzlichen Auftrag entspricht. Deshalb hat die Beklagte sich für eine unproportionale Verteilung der zu Kündigenden auf die einzelnen Altersgruppen entschieden, was dann im Ergebnis zu dem folgenden Gesamtbild führt:

Altersgruppe bis 35 Jahre: ... % der relevanten Belegschaft
Altersgruppe 36-45 Jahre: ... % der relevanten Belegschaft
Altersgruppe 46-62 Jahre: ... % der relevanten Belegschaft

Durch diese Verteilung wurde somit insgesamt die Altersstruktur gesichert. Unabhängig von den Durchführungsanweisungen, die das BAG in seiner Entscheidung vom 19.7.2012 (2 AZR 352/11) gibt, gilt nach wie vor der Grundsatz, dass es bei der Sozialauswahl nicht auf einen fehlerfreien Auswahlvorgang, sondern auf ein ausreichendes Auswahlergebnis ankommt (siehe BAG 15.6.1989 – 2 AZR 580/88 – BAGE 62, 116; BAG 9.11.2006 – 2 AZR 812/05, NZA 2007, 549). Dieses Ergebnis wird mit der vorliegenden Altersgruppenbildung und der Verteilung der zu Kündigenden auf die Altersgruppen erreicht. Die Kündigung ist daher nicht fehlerhaft, erst recht nicht grob fehlerhaft.

Wenn der Kläger weitere Aspekte hierzu rügen möchte, mag er dies tun; solange dies nicht der Fall ist, erachtet die beklagte die Sozialauswahl als zutreffend.[3]

... ◄

bb) Erläuterungen und Varianten

[1] Formale Fragen. Auf einen Interessenausgleich mit Namensliste kann sich der Arbeitgeber nur dann berufen, wenn der Interessenausgleich formal richtig zustande gekommen ist. Dies setzt voraus, dass der zuständige Betriebsrat den Interessenausgleich verhandelt hat, dieser zeitlich vor Ausspruch der Kündigung zustande gekommen war und er schriftlich niedergelegt ist. Hiervon muss auch die Namensliste als solche erfasst sein. Nicht ausreichend ist es, die Namensliste als Anhang zum Interessenausgleich zu nehmen, ohne entweder die Namensliste fest mit dem Interessenausgleich zu verbinden oder die Namensliste gesondert zu unterzeichnen. 130

Der Arbeitgeber trägt die volle Darlegungs- und Beweislast für die Erfüllung der formalen Anforderungen. 131

[2] Prüfungsumfang der groben Fehlerhaftigkeit. Weitergehend als § 1 Abs. 4 KSchG kann die grobe Fehlerhaftigkeit nach § 1 Abs. 5 KSchG nicht nur die Gewichtung der Sozialdaten zueinander, sondern auch alle anderen Kriterien der sozialen Auswahl im Rahmen des Interessenausgleichs betreffen. Dies betrifft sowohl die Vergleichsgruppen als auch – wie hier – 132 die Bildung von Altersgruppen im Rahmen der sozialen Auswahl. Der Arbeitgeber ist auch insoweit darlegungs- und beweisbelastet für die Tatsachen, die die grobe Fehlerhaftigkeit ausschließen. Grob fehlerhaft ist die soziale Auswahl im Rahmen des Interessensausgleichs nur dann, wenn sie unter einem evidenten und schweren Fehler leidet und der Interessensausgleich hierdurch jede Ausgewogenheit vermissen lässt. Auch insoweit haben die Betriebspartner einen weiteren Gestaltungsspielraum. Solange die Erwägungen der Betriebspartner grundsätzlich nachvollziehbar sind, kommt eine grobe Fehlerhaftigkeit nicht in Betracht.

133 [3] **Darlegungs- und Beweislast.** Ist der Arbeitnehmer in einer Namensliste zum Interessensausgleich namentlich bezeichnet, werden die betrieblichen Erfordernisse im Sinne von § 1 Abs. 5 Satz 1 KSchG als gegeben vermutet. Dieselbe Privilegierung gilt jedoch nicht für die Sozialauswahl. Denn eine Beweislastumkehr enthält § 1 Abs. 5 Satz 2 KSchG nicht (vgl Ha-Ko-KSchR/*Gallner*/*Mestwerdt* § 1 KSchG Rn 913). Vielmehr sind folgende Maßgaben zur Darlegungs- und Beweislast zu beachten:

– Der betroffene Arbeitnehmer kann entweder, wenn er die auswahlrelevanten Kriterien kennt, diese als grob fehlerhaft rügen oder von seinem Recht auf Auskunftsverlangen Gebrauch machen. Er muss substantiiert zur Frage der groben Fehlerhaftigkeit vortragen. Trägt bereits der Vortrag des Arbeitnehmers die grobe Fehlerhaftigkeit nicht, ist der Einwand nicht relevant. Die Richtigkeit der Sozialauswahl wird in diesem Fall gemäß § 1 Abs. 3 Satz 3 KSchG zugunsten des Arbeitnehmers unterstellt.
– Hat der Arbeitnehmer Tatsachen vorgetragen, die für die grobe Fehlerhaftigkeit ausreichend sein können, muss der Arbeitgeber sich hierzu erklären.
– Haben die Betriebsparteien im Rahmen der Sozialauswahl Arbeitnehmer von der Sozialauswahl ausgenommen (§ 1 Abs. 3 KSchG), so trägt für die dies tragenden Argumente (Leistungsträger oder Personalstruktur) wiederum der Arbeitgeber die Darlegungs- und Beweislast.

Vergleiche im Einzelnen: HaKo-KSchR/*Gallner*/*Mestwerdt* § 1 KSchG Rn 913.

4. Rüge der fehlerhaften Betriebsratsanhörung

134 **a) Muster: Replik bei Rüge der Betriebsratsanhörung**

▶ ...

Die Beklagte stützt sich in der Tat auf dringende betriebliche Gründe zur Rechtfertigung der Kündigung. Hierzu wird sie ausführlich in getrenntem Schriftsatz vortragen. Soweit allerdings der Kläger bereits im Rahmen seiner Klage die ordnungsgemäße Durchführung der Betriebsratsanhörung rügt,[1] sei vorgreiflich ausgeführt was folgt:

Es mag sein, dass der Betriebsratsvorsitzende keine Kenntnis von den sozialen Details der vergleichbaren Mitarbeiter hatte. Dies allerdings ist nicht entscheidend. Denn der Vorsitzende des Betriebsrates ist bereits seit längerem erkrankt und hat daher an den entscheidenden Betriebsratssitzungen offenbar nicht teilgenommen. Tatsache ist, dass die Beklagte den Betriebsrat ordnungsgemäß angehört hat. Wir fügen als Nachweis die schriftliche Betriebsratsanhörung vom ... als Anlage B ... bei. Der Betriebsrat hatte hierzu auch Nachfragen, die durch die stellvertretende Betriebsratsvorsitzende vorgebracht und mit dieser unmittelbar geklärt wurden.

Beweis: Zeugnis der stellvertretenden Betriebsratsvorsitzenden, zu laden über die Beklagte[2]

Der Betriebsrat war daher umfassend über das Kündigungsvorhaben und alle relevanten Belange informiert.

... ◀

b) Erläuterungen und Varianten

[1] Rüge der Betriebsratsanhörung. Für die ordnungsgemäße Durchführung der Betriebsratsanhörung ist der Arbeitgeber in vollem Umfange darlegungs- und beweisbelastet. Rügt der Arbeitnehmer sie, muss der Arbeitgeber hierzu vortragen.

[2] Beweismittel. Dem Arbeitgeber stehen alle Beweismittel der ZPO zur Verfügung. Allerdings erweist sich regelmäßig das Beweismittel des Zeugenbeweises als hoch riskant. Aus diesem Grunde ist jedem Arbeitgeber zu raten, die Betriebsratsanhörung vollständig schriftlich zu fertigen, so dass durch Vorlage der Anhörung deren Inhalte beweisbar sind. Ist dies nicht möglich, bleibt nur die Benennung des Ansprechpartners im Betriebsrat als Zeuge.

C. Wiedereinstellungsanspruch

I. Außergerichtliche Arbeitnehmervertretung

1. Muster: Anschreiben des Arbeitnehmervertreters

▶ An ... (Arbeitgeber)

Betreff: Geltendmachung eines Wiedereinstellungsanspruches[1]

Sehr geehrte Damen und Herren,

wie Ihnen bekannt ist, vertreten wir die Interessen Ihres Arbeitnehmers A. Sie haben das Arbeitsverhältnis unseres Mandanten mit Schreiben vom ... zum ... gekündigt. Der Ablauf der Kündigungsfrist steht somit unmittelbar bevor.[2]

Soeben ist unserem Mandanten bekannt geworden, dass die Arbeitnehmerin B, die ebenfalls bei Ihnen im Betrieb als ... beschäftigt ist, ihr Arbeitsverhältnis zum ... gekündigt hat. Es wird somit noch innerhalb der Kündigungsfrist eine Weiterbeschäftigungsmöglichkeit für unseren Mandanten entstehen. Die Stelle von Frau B ist mit der unseres Mandanten vergleichbar. Zwar verdient Frau B individuell weniger als unser Mandant, dies resultiert jedoch aus dem höheren Dienstalter unseres Mandanten und damit nicht aus stellenbezogenen Kriterien.

Wir machen namens und im Auftrage unseres Mandanten hiermit einen Wiedereinstellungsanspruch geltend und bieten die Arbeitskraft unseres Mandanten zu dem auf den Ablauf der Kündigungsfrist folgenden Tag ausdrücklich an. Wir fordern Sie auf, unserem Mandanten ein Arbeitsvertragsangebot entsprechend den Bedingungen des bisherigen Arbeitsvertrages bis spätestens zum ... vorzulegen. Soweit die Bedingungen dem bisherigen Arbeitsvertrag entsprechen, wird unser Mandant dieses Angebot annehmen.

Mit freundlichen Grüßen

...

Rechtsanwalt ◀

2. Erläuterungen und Varianten

[1] Anmerkungen zum Wiedereinstellungsanspruch. Ob generell ein Wiedereinstellungsanspruch besteht, wenn sich die bei der Kündigung zugrunde liegenden Umstände ändern, ist höchst streitig (vgl zB *Berkowski*, Die betriebsbedingte Kündigung, 5. Aufl., § 19). Die Rechtsprechung akzeptiert unter bestimmten Umständen einen Wiedereinstellungsanspruch, wenn bei einer betriebsbedingten Kündigung zwischen dem Ausspruch der Kündigung und dem Ablauf der Kündigungsfrist unvorhergesehen eine Weiterbeschäftigungsmöglichkeit entsteht. Die Rechtsprechung leitet diesen die negative Vertragsfreiheit des Arbeitgebers einschränkenden Kontrahierungszwang als **vertragliche Nebenpflicht aus dem noch bestehenden Arbeitsverhältnis** her (BAG 28.6.2000 – 7 AZR 904/98, NZA 2000, 1097). Der den Arbeitnehmer vertretende Anwalt sollte sorgfältig die Voraussetzungen der Rechtsprechung beachten, um nicht Fristen zu versäumen. So sieht die Rechtsprechung einen Wiedereinstellungsanspruch ausschließlich dann, wenn die anderweitige Beschäftigungsmöglichkeit noch innerhalb des Laufs der Kündigungsfrist entsteht, unabhängig davon, ob ein Kündigungsrechtsstreit anhängig ist (vgl BAG 6.8.1997 – 7 AZR 557/96, NZA 1998, 254).

139 Dogmatisch wird verschiedentlich vertreten, dass dann, wenn der Anspruch noch während des Laufs der Kündigungsfrist geltend gemacht wird, kein Anspruch auf Begründung eines neuen Arbeitsverhältnisses existiert, sondern ein Anspruch auf „Rücknahme der Kündigung" (s. *Berkowski* aaO, § 19 Rn 28). Angesichts der Tatsache, dass § 4 KSchG die Wirksamkeit der Kündigung mit Ablauf der Kündigungsfrist fingiert und eine einmal ausgesprochene Kündigung dann, wenn sich nach ihrem Ausspruch neue Tatsachen ergeben, nicht unwirksam wird, dürfte stets der **Anspruch auf Begründung eines neuen Arbeitsvertrages** zu den bisherigen Bedingungen existieren, nicht jedoch ein Anspruch auf Beseitigung der früheren Kündigung. Dieser wird mit dem vorliegenden Muster geltend gemacht.

140 **[2] Zeitlicher Ablauf.** Nach der Rechtsprechung des BAG besteht ein Wiedereinstellungsanspruch ausschließlich dann, wenn **zwischen dem Ausspruch der Kündigung und dem Ablauf der Kündigungsfrist** unvorhergesehen eine Weiterbeschäftigungsmöglichkeit entsteht. Entsteht diese erst nach Ablauf der Kündigungsfrist, besteht grundsätzlich kein Wiedereinstellungsanspruch (BAG 6.8.1997 – 7 AZR 557/96, NZA 1998, 254; BAG 28.6.2000 – 7 AZR 904/98, NZA 2000, 1097). Dies leitet sich aus der Begründung aus einer Nebenpflicht aus dem fortbestehenden Arbeitsverhältnis ab. Endet das Arbeitsverhältnis, kann es auch keine Nebenpflichten mehr geben. Zudem resultiert die Notwendigkeit des Wiedereinstellungsanspruchs lediglich aus dem Prognoseprinzip. Dadurch, dass die Wirksamkeit der Kündigung bezogen auf die Prognose zum Zeitpunkt des Ausspruchs der Kündigung geprüft wird, ergibt sich das Risiko des „**Prognosefehlers**". Die Rechtsprechung sieht die Notwendigkeit, hierzu ein Korrektiv zu bilden und leitet daraus die Verpflichtung zum Abschluss eines erneuten Arbeitsvertrages her (BAG 28.6.2000 – 7 AZR 904/98, NZA 2000, 1097). Der Anspruch setzt damit voraus, dass die Kündigungsfrist noch läuft und der Arbeitsplatz auch noch innerhalb der Kündigungsfrist frei wird.

141 Tritt der Fall ein, dass noch innerhalb der laufenden Kündigungsfrist bekannt wird, dass **nach deren Ablauf** ein Arbeitsplatz frei werden wird, würde sich bei strenger Anwendung der Rechtsprechung des BAG kein Wiedereinstellungsanspruch ergeben. Allerdings liegt die Beurteilung der materiellen Gerechtigkeit identisch. Auch hier ist noch während des Laufs der Kündigungsfrist der Prognoseirrtum deutlich geworden. Zu diesem Zeitpunkt hätte die Kündigung nicht mehr mit Aussicht auf Bestand ausgesprochen werden können. Möchte der Arbeitnehmer trotz der derzeit entgegenstehenden Rechtsprechung des BAG diesen Fall geltend machen, könnte wie folgt formuliert werden:

▶ ...

Unserem Mandanten ist bekannt geworden, dass soeben die Arbeitnehmerin B ihr Arbeitsverhältnis gekündigt hat. Unter Berücksichtigung deren Kündigungsfrist wird der Arbeitsplatz daher zum ..., also zwei Monate nach dem Ablauf der Kündigungsfrist unseres Mandanten, frei werden. Unser Mandant bietet ausdrücklich seine Beschäftigung auf diesem Arbeitsplatz an. Er ist bereit, die zweimonatige Zwischenzeit auf eigene Kosten zu finanzieren und macht daher einen Wiedereinstellungsanspruch zum ... geltend.

Unserem Mandanten ist bekannt, dass die bisherigen Entscheidungen des BAG stets zu Fällen ergangen sind, in denen noch innerhalb der Kündigungsfrist der Arbeitsplatz frei geworden ist. Allerdings sind wir der Auffassung, dass auch der hiesige Fall nicht anders zu behandeln ist. Denn die Rechtsprechung des BAG leitet den Wiedereinstellungsanspruch aus einer Nebenpflicht aus dem Arbeitsvertrag ab. Zu dem Zeitpunkt, zu dem bekannt wurde, dass eine Stelle frei wird, bestand der Arbeitsvertrag noch und entfaltete somit auch Nebenpflichten. Legt man die Auffassung des BAG zugrunde, dass dem Arbeitgeber im Falle einer betriebsbedingten Kündigung Überbrückungsmaßnahmen mit einer Dauer von jedenfalls bis zu drei Monaten zumutbar sind, wenn dies zur Weiterbeschäftigung des Arbeitnehmers führt, ist der vorliegende Fall nicht anders zu bewerten. Unser Mandant ist sogar bereit, die Last der Übergangsmaßnahmen auf sich zu nehmen, so dass die Weiterbeschäftigung erst zum ... beginnen würde.

Wir fordern Sie daher auf, unserem Mandanten ein Arbeitsvertragsangebot mit Beginn spätestens zum ... vorzulegen. Die Bedingungen des Vertragsangebotes müssen dabei dem bisherigen Arbeitsvertrag entsprechen. Ist dies der Fall, sichert unser Mandant bereits heute die Annahme des Angebotes zu.

Bitte äußern Sie sich innerhalb einer Frist bis zum ... verbindlich.

Mit freundlichen Grüßen

...

Rechtsanwalt ◄

II. Arbeitgebervertretung: Ablehnung des Wiedereinstellungsanspruches

1. Muster: Anschreiben des Arbeitgebers mit der Ablehnung des Wiedereinstellungsanspruchs

▶ Herrn ... (Rechtsanwalt)

Betreff: Ihr Schreiben vom ...

Sehr geehrte Damen und Herren,

sehr geehrter Herr Kollege ...,

wir vertreten die Interessen der ..., die Sie mit Schreiben vom ... angeschrieben haben. Unsere Mandantin hat uns gebeten, hierzu Stellung zu nehmen.

Sie machen für Ihren Mandanten einen Wiedereinstellungsanspruch zum ... geltend und berufen sich hierbei darauf, dass die Arbeitnehmerin B ihr Arbeitsverhältnis gekündigt hat.

Zutreffend ist, dass die Arbeitnehmerin B ihr Arbeitsverhältnis zum ... gekündigt hat. Allerdings resultiert hieraus kein Wiedereinstellungsanspruch zugunsten Ihres Mandanten.[1] Denn zum Zeitpunkt der Kündigung lag unserer Mandantin zufällig eine Initiativbewerbung eines äußerst geeigneten Arbeitnehmers vor. Diesem wurde bereits ein Vertragsangebot unterbreitet, und er hat das Vertragsangebot mit Schreiben vom ... angenommen. Eine Kopie des neuen Arbeitsvertrages übersenden wir Ihnen anliegend.

Aufgrund der Tatsache, dass unsere Mandantin in berechtigter Weise anderweitige Dispositionen getroffen hat, lehnen wir den geltend gemachten Wiedereinstellungsanspruch hiermit ab.[2]

Mit freundlichen Grüßen

▪▪▪

Rechtsanwalt ◀

2. Erläuterungen und Varianten

143 **[1] Nichtbestehen des Wiedereinstellungsanspruches.** Das Muster greift einen der Fälle auf, in denen der Wiedereinstellungsanspruch nach der Rechtsprechung des BAG nicht besteht. Das BAG (BAG 28.6.2000 – 7 AZR 904/98, NZA 2000, 1097) führt aus, dass eine differenzierende Behandlung dann geboten ist, wenn **berechtigte Interessen des Arbeitgebers der Wiedereinstellung entgegenstehen.** Dies sei insbesondere dann der Fall, wenn der Arbeitgeber bereits anderweitig disponiert habe. Ein grundsätzlich gegebener Wiedereinstellungsanspruch erlösche hiermit.

144 **[2] Variante.** Wird der Wiedereinstellungsanspruch nicht hinsichtlich eines noch innerhalb der Kündigungsfrist frei werdenden Arbeitsplatzes geltend gemacht, sondern hinsichtlich eines solchen Arbeitsplatzes, der **erst nach Ablauf der Kündigungsfrist frei wird** (obige Variante Rn 137), so kann wie folgt formuliert werden:

▶ ▪▪▪

Der von Ihnen geltend gemachte Wiedereinstellungsanspruch besteht nicht. Zwar ist es zutreffend, dass ein solcher dann bestehen kann, wenn sich zwischen dem Ausspruch der Kündigung und dem Ablauf der Kündigungsfrist unvorhergesehen eine Weiterbeschäftigungsmöglichkeit ergibt. Entsteht diese aber erst nach Ablauf der Kündigungsfrist, besteht grundsätzlich kein Wiedereinstellungsanspruch (vgl hierzu insbesondere BAG 28.6.2000 – 7 AZR 904/98, NZA 2000, 1097). Genauso verhält es sich hier. Der freie Arbeitsplatz entsteht – ganz ungeachtet der Frage, ob er tatsächlich für Ihren Mandanten in Betracht käme – erst zwei Monate nach Ablauf der Kündigungsfrist. Selbstverständlich hat unsere Mandantin dies bei Ausspruch der Kündigung nicht gewusst. Die Berechtigung zur Kündigung allerdings bestimmt sich nach dem Zeitpunkt des Ausspruchs der Kündigung. Später bekannt werdende Tatsachen sind grundsätzlich nicht relevant. Der vom BAG vorgesehene Ausnahmefall eines Wiedereinstellungsanspruches ist ebenfalls nicht gegeben.

Unsere Mandantin wird daher Ihren Mandanten nicht wieder einstellen.

Mit freundlichen kollegialen Grüßen

▪▪▪

Rechtsanwalt ◀

III. Gerichtliche Geltendmachung

145 **1. Muster: Klage auf Wiedereinstellung**

▶ ▪▪▪ (Arbeitsgericht)

Klage

des ▪▪▪

(Klägers)

Prozessbevollmächtigte: ▪▪▪

gegen

▪▪▪

(Beklagte)

wegen: Wiedereinstellung

Namens und im Auftrage des Klägers erheben wir Klage. Wir werden beantragen:

1. Die Beklagte wird verurteilt, das Arbeitsvertragsangebot des Klägers zu den Bedingungen des Arbeitsvertrages vom ..., der zwischen den Parteien bestand und zum ... beendet wurde, anzunehmen.[1]
2. Die Beklagte trägt die Kosten des Rechtsstreits.

Begründung

1. Zwischen den Parteien bestand seit dem ... ein Arbeitsverhältnis. Dieses Arbeitsverhältnis richtete sich nach den Maßgaben des Arbeitsvertrages vom ..., den wir als Anlage K1 beifügen.
2. Der Arbeitsvertrag wurde durch die Beklagte mit Kündigungsschreiben vom ... gekündigt. Das Kündigungsschreiben fügen wir als Anlage K2 bei. Der hiesige Kläger sah damals davon ab, gegen die Kündigung Kündigungsschutzklage zu erheben.
3. Am ... erfuhr der Kläger davon, dass im Betrieb der Beklagten die Arbeitnehmerin B ihr Arbeitsverhältnis zum ... gekündigt hat. Der Kläger ist in der Lage, die Arbeitsaufgaben der Arbeitnehmerin B ohne Einarbeitung zu übernehmen. Diese Arbeitnehmerin ist horizontal mit dem Kläger vergleichbar. Der Kläger ist auch bereit, diese Arbeitsaufgaben im Rahmen eines neu zu begründenden Arbeitsvertrages zu übernehmen.

   Aus den dargestellten Gründen hat der hiesige Prozessbevollmächtigte des Klägers die Beklagte mit Schreiben vom ... angeschrieben und einen Wiedereinstellungsanspruch geltend gemacht. Das Schreiben der Rechtsanwälte ... vom ... fügen wir als Anlage K3 bei. Hierauf erhielt der Unterzeichner das ablehnende Schreiben der Vertreter der Beklagten vom ..., das wir als Anlage K4 beifügen.
4. Der Kläger hat nach Maßgabe der Rechtsprechung des Bundesarbeitsgerichtes (insbesondere BAG 6.8.1997 – 7 AZR 557/96, NZA 1998, 254; BAG 28.6.2000 – 7 AZR 904/98, NZA 2000, 1097) einen Anspruch auf Wiedereinstellung. Der Kläger wiederholt mit dieser Klage ausdrücklich sein Angebot auf Abschluss eines Arbeitsvertrages zu den Bedingungen des Arbeitsvertrages vom ..., dessen Annahme mit der Klage begehrt wird.[2]

Die Beklagte hat außergerichtlich vortragen lassen, der Anspruch bestünde deshalb nicht, weil sie bereits anderweitig disponiert und einen anderen Arbeitnehmer eingestellt habe. Zum einen wird diese anderweitige Einstellung ausdrücklich bestritten. Zum zweiten kann die anderweitige Einstellung die Beklagte nicht vor dem Wiedereinstellungsanspruch des Klägers schützen. Denn der Kläger hatte sich bereits telefonisch am ... mit der Beklagten in Verbindung gesetzt und sich dort danach erkundigt, ob es zutreffend sei, dass die Arbeitnehmerin B ausscheide. Dies wurde ihm telefonisch bestätigt. Dem Kläger wurde mitgeteilt, er könne gerne eine Bewerbung einreichen, die man dann ggf berücksichtigen werde. Dem neu einzustellenden Mitarbeiter war noch kein Arbeitsvertragsangebot unterbreitet. Die Beklagte hätte folglich den Kläger berücksichtigen müssen. Indem sie dem damaligen Bewerber nun ein Einstellungsangebot unterbreitete, führte sie die anderweitige Besetzung des Arbeitsvertrages treuwidrig her und hat damit den Bedingungseintritt gemäß § 162 BGB vereitelt. Sie kann sich folglich hierauf nicht berufen.

Schließlich ist der Kläger auch der Auffassung, dass bei der Frage, wer auf den frei gewordenen Arbeitsplatz einzustellen ist, die Grundsätze der Sozialauswahl gelten (vgl BAG 4.12.1997 – 2 AZR 140/98, NZA 1998, 701). Folglich hätte die Beklagte unabhängig von allen vorstehenden Erwägungen bei der Wiedereinstellung die sozialen Daten berücksichtigen müssen. Der Bewerber, den die Beklagte eingestellt hat, ist jünger als der Kläger, verfügt naturgemäß über bislang keine Betriebszugehörigkeit, ist nicht verheiratet und hat anders als der Kläger auch keine unterhaltsberechtigten Kinder.[3]

Nach alldem ist die Klage berechtigt.

...

Rechtsanwalt ◄

2. Erläuterungen und Varianten

146 **[1] Antragsformulierung.** Mit der Klage wird die Abgabe einer Willenserklärung zur Annahme eines Arbeitsvertragsangebotes geltend gemacht. Dies setzt voraus, dass es nicht um die Entfernung einer Kündigung geht (vgl oben Rn 38 ff), sondern um die Begründung eines neuen Arbeitsverhältnisses. Hierbei muss sich der Antrag auf die Abgabe der Annahmeerklärung richten. Die Geltendmachung eines „Weiterbeschäftigungsanspruchs" ist nicht ausreichend. Allerdings legt die Rechtsprechung solche Anträge in der Regel entsprechend dem tatsächlichen Begehr aus (so zB im Fall BAG 28.6.2000 – 7 AZR 904/98, NZA 2000, 1097).

147 Verurteilt werden kann der Arbeitgeber auch nicht zu einem **rückwirkenden Abschluss** (siehe auch hierzu BAG 28.6.2000 – 7 AZR 904/98, NZA 2000, 1097). Der Tag des Abschlusses des Arbeitsvertrages sollte daher in der Antragsformulierung offen bleiben. Der Arbeitsvertrag entsteht dann mit Rechtskraft des Urteils.

148 Idealerweise würde man den Antrag so formulieren, dass er unmittelbar auch vollstreckbar wäre. Hierzu allerdings müssen sämtliche materiellen Arbeitsbedingungen in den Antrag einbezogen werden, und zwar etwa in der folgenden **Antragsvariante:**

▶ ...

1. Die Beklagte wird verurteilt, mit dem Kläger den folgenden Arbeitsvertrag zu schließen:
   ... (vollständige Zitierung des Arbeitsvertrages)
2. Die Beklagte trägt die Kosten des Rechtsstreites. ◄

149 Mit einem **geringen Vollstreckungsrisiko** könnte schließlich folgende Antragsformulierung gewählt werden:

▶ ...

1. Die Beklagte wird verurteilt, das Angebot des Klägers auf Abschluss eines Arbeitsvertrages zu den Bedingungen des als Anlage 1 zu diesem Urteil aufgenommenen Vertragsdokuments abzuschließen.
2. Die Beklagte trägt die Kosten des Rechtsstreits ◄

150 **[2] Ausdrückliches Vertragsangebot.** Die Rechtsprechung legt eine Klage auf Wiedereinstellung zugleich konkludent als Angebot des Abschlusses eines entsprechenden Vertrages durch den Kläger aus (BAG 28.6.2000 – 7 AZR 904/98, NZA 2000, 1097). Ungeachtet dessen sollte der den Kläger vertretende Anwalt im Rahmen der Klage das Angebot ausdrücklich nochmals wiederholen und hierbei auch deutlich machen, worauf es sich konkret bezieht. Denn auch bei Auslegung der Klage als Arbeitsvertragsangebot bleibt im Zweifel offen, zu welchen Bedingungen der Arbeitsvertrag geschlossen werden soll. Dies provoziert Folgestreitigkeiten.

151 **[3] Soziale Auswahl.** Ob der Arbeitgeber im Falle der Geltendmachung eines Wiedereinstellungsanspruches verpflichtet ist, eine Sozialauswahl vorzunehmen, ist umstritten. Grundsätzlich hat das BAG dies mit Urteil v. 4.12.1997 (2 AZR 140/97) bejaht. Allerdings stellte sich

dort die Auswahl unterer mehreren Arbeitnehmern, die einen Wiedereinstellungsanspruch geltend machten. Stellt sich der Vergleich zwischen einem neuen Bewerber und einem bisherigen Arbeitnehmer, der einen Wiedereinstellungsanspruch hat, stellt sich die Frage der Sozialauswahl nicht. Der Arbeitgeber ist vorrangig verpflichtet, seinen vertraglichen Obliegenheiten nachzukommen und den Wiedereinstellungsanspruch zu befriedigen. Sollten allerdings noch andere Arbeitnehmern einen solchen Wiedereinstellungsanspruch geltend machen, so würden die Grundsätze der Sozialauswahl greifen, weshalb auch der Hinweis auf die Sozialdaten des Klägers sinnvoll ist.

§ 1 a KSchG Abfindungsanspruch bei betriebsbedingter Kündigung

(1) ¹Kündigt der Arbeitgeber wegen dringender betrieblicher Erfordernisse nach § 1 Abs. 2 Satz 1 und erhebt der Arbeitnehmer bis zum Ablauf der Frist des § 4 Satz 1 keine Klage auf Feststellung, dass das Arbeitsverhältnis durch die Kündigung nicht aufgelöst ist, hat der Arbeitnehmer mit dem Ablauf der Kündigungsfrist Anspruch auf eine Abfindung. ²Der Anspruch setzt den Hinweis des Arbeitgebers in der Kündigungserklärung voraus, dass die Kündigung auf dringende betriebliche Erfordernisse gestützt ist und der Arbeitnehmer bei Verstreichenlassen der Klagefrist die Abfindung beanspruchen kann.

(2) ¹Die Höhe der Abfindung beträgt 0,5 Monatsverdienste für jedes Jahr des Bestehens des Arbeitsverhältnisses. ²§ 10 Abs. 3 gilt entsprechend. ³Bei der Ermittlung der Dauer des Arbeitsverhältnisses ist ein Zeitraum von mehr als sechs Monaten auf ein volles Jahr aufzurunden.

A. Betriebsbedingte Kündigung mit Abfindungsoption
   I. Muster: Kündigungsschreiben mit Abfindung in gesetzlicher Höhe
  II. Erläuterungen und Varianten
     [1] Normzweck 2
     [2] Zugang 3
     [3] Ordentliche Kündigung 4
     [4] Hinweis des Arbeitgebers 6
     [5] Verstreichenlassen der Klagefrist/ Entstehen des Anspruchs 10
     [6] Höhe des Abfindungsanspruchs 13
     [7] Hinweispflicht gem. §§ 2 Abs. 2 Ziff. 3, 38 Abs. 1 SGB III 15
     [8] Schriftform 16
B. Alternative Formen der (betriebsbedingten) Kündigung mit Abfindungsoption
   I. Kündigung mit Abfindung in individueller Höhe (betriebsbedingt)
    1. Muster: Kündigungsschreiben mit Abfindung in individueller Höhe
    2. Erläuterungen
     [1] Grundsatz der Privatautonomie . 18
     [2] Annahme durch den Arbeitnehmer 19
     [3] Abgrenzbarkeit zum gesetzlichen Abfindungsanspruch nach § 1 a KSchG 20
  II. Betriebsbedingte Änderungskündigung mit gesetzlicher Abfindung
    1. Muster: Kündigungsschreiben Änderungskündigung mit Abfindung in gesetzlicher Höhe
    2. Erläuterungen
     [1] Anwendbarkeit der Vorschrift .. 22
     [2] Reaktionsmöglichkeiten des Arbeitnehmers/Entstehen des Abfindungsanspruchs 23

A. Betriebsbedingte Kündigung mit Abfindungsoption

I. Muster: Kündigungsschreiben mit Abfindung in gesetzlicher Höhe[1]

▶ Persönliche Übergabe/Übergabe per Boten[2]
▪▪▪ Mitarbeiter
▪▪▪ Anschrift

Betriebsbedingte Kündigung mit Abfindungsangebot

Sehr geehrter Herr ...,

wir kündigen das mit Ihnen bestehende Arbeitsverhältnis wegen dringender betrieblicher Erfordernisse unter Einhaltung der ordentlichen Kündigungsfrist zum nächst zulässigen Zeitpunkt. Dies ist nach unserer Berechnung der ....[3]

Sie können nach § 1 a KSchG eine Abfindung beanspruchen, wenn Sie – gerechnet ab Zugang dieser Kündigung – die dreiwöchige Frist für die Erhebung einer Kündigungsschutzklage verstreichen lassen.[4] Der Anspruch auf die Abfindung entsteht in diesem Fall mit Ablauf der Kündigungsfrist.[5]

Die Höhe Ihres Abfindungsanspruches ist gesetzlich geregelt und berechnet sich nach § 1 a Abs. 2 KSchG. Hiernach steht Ihnen für jedes Jahr des Bestehens des Arbeitsverhältnisses eine Abfindung von 0,5 Monatsverdiensten zu.[6]

Wir weisen darauf hin, dass Sie verpflichtet sind, sich spätestens drei Monate vor der Beendigung Ihres Arbeitsverhältnisses bei der Agentur für Arbeit persönlich arbeitsuchend zu melden, da ansonsten sozialversicherungsrechtliche Nachteile, insbesondere die Verhängung einer einwöchigen Sperrfrist, eintreten

[alternativ, wenn zwischen der Kenntnis des Beendigungszeitpunktes und der Beendigung des Arbeitsverhältnisses weniger als drei Monate liegen: ..., *sich innerhalb von drei Tagen nach Zugang dieser Kündigungserklärung bei der Agentur für Arbeit persönlich arbeitsuchend zu melden* ...]

Zur Wahrung der Frist reicht zunächst eine Anzeige unter Angabe Ihrer persönlichen Daten und des Beendigungszeitpunktes aus, wenn die persönliche Meldung nach terminlicher Vereinbarung nachgeholt wird. Sie sollten ferner beachten, dass Sie verpflichtet sind, frühzeitig eigene Aktivitäten bei der Suche nach einer anderen Beschäftigung zu entfalten.[7]

Mit freundlichen Grüßen

...

Unterschrift[8]

Empfangsbestätigung[2]

Die betriebsbedingte Kündigung vom ... habe ich am ... um ... erhalten.

...

Ort, Datum

...

Unterschrift ◄

II. Erläuterungen und Varianten

2 **[1] Normzweck.** Die gesetzliche Regelung des § 1 a KSchG wurde durch das **Gesetz zu Reformen am Arbeitsmarkt** neu eingeführt und ist am 1.1.2004 in Kraft getreten. Der Gesetzgeber beabsichtigte mit dieser Regelung den Arbeitsvertragsparteien „eine einfach zu handhabende, moderne und unbürokratische Alternative zum Kündigungsschutzprozess (Gesetzesbegründung, BT-Drucks. 15/1204, 12) anzubieten". Diesem Zweck entspricht es, dem Arbeitnehmer eine Abfindung für den Fall zu versagen, dass er eine gerichtliche Auseinandersetzung sucht (BAG 13.12.2007, 2 AZR 971/06, NZA 2008, 696). In der Praxis haben sich die mit der Gesetzesänderung verbundenen Erwartungen allerdings bislang nicht erfüllt. Der Grund

dürfte darin liegen, dass die Vorschrift entgegen ihrer insoweit irreführenden Bezeichnung gerade keinen rechtlich durchsetzbaren Abfindungsanspruch zugunsten des Arbeitnehmers konstituiert. Der in § 1 a KSchG vorgesehene „Abfindungsanspruch" setzt vielmehr eine individualvertragliche Vereinbarung zwischen Arbeitgeber und Arbeitnehmer voraus. Die Initiative hierzu muss zudem von Seiten des Arbeitgebers durch Unterbreitung eines entsprechenden Angebots im Rahmen seines Kündigungsschreibens ausgehen.

[2] **Zugang.** Der Arbeitgeber ist darlegungs- und beweispflichtig für den Zugang der Kündigung beim Arbeitnehmer. Es empfiehlt sich daher, die Kündigungserklärung durch persönliche Übergabe oder einen Boten zuzustellen und deren Empfang durch den Kündigungsadressaten bestätigen zu lassen (vgl ausf. § 1 KSchG verhaltensbedingte Kündigung Rn 89 ff; Ha-Ko-KSchR/*Mestwerdt* Einl. Rn 33 ff zum Zugang (Grundsätze), Rn 38 ff zu Einzelfällen, Rn 51 zur Abwesenheit des Kündigungsempfängers, Rn 52 ff zu Vereitelung/Verzögerung des Zugangs, Rn 56 ff zur Darlegungs- und Beweislast). Alternativ kann die Kündigung auch durch einen Gerichtsvollzieher nachweissicher zugestellt werden. Auf diese Zustellungsform sollte allerdings nur dann zurück gegriffen werden, wenn für den Kündigungszugang ein hinreichend langer Zeitraum zur Verfügung steht, um einen fristgerechten Zugang der Kündigung, etwa zum Ende des Kalendermonats, bewirken zu können (HaKo-KSchR/*Mestwerdt* Einl. Rn 42, 61). 3

[3] **Ordentliche Kündigung.** Der sich aus § 1 a KSchG ergebende Abfindungsanspruch setzt voraus, dass der Arbeitgeber das Arbeitsverhältnis „wegen dringender betrieblicher Erfordernisse" nach § 1 Abs. 2 S 1 KSchG kündigt, also eine ordentliche Kündigung ausspricht (vgl HaKo-KSchR/*Nägele* § 1 a KSchG Rn 2). Auf eine außerordentliche fristlose Kündigung findet § 1 a KSchG hingegen keine Anwendung. Diese restriktive Anwendung gebieten sowohl der Wortlaut und die systematische Stellung der Norm als auch der Umstand, dass das Gesetz in § 13 Abs. 1 KSchG gerade keine Verweisung auf § 1 a KSchG enthält (vgl HaKo-KSchR/*Nägele* § 1 a KSchG Rn 4). 4

Eine Ausnahme von diesem Grundsatz gilt lediglich für die nur unter strengen Voraussetzungen in Betracht kommende außerordentliche betriebsbedingte Kündigung eines tariflich oder einzelvertraglich „unkündbaren" Arbeitnehmers (hierzu HaKo-KSchR/*Gallner/Mestwerdt* § 1 KSchG Rn 744 ff). In diesen Fällen wird eine an und für sich ausgeschlossene ordentliche Kündigung ausnahmsweise durch eine außerordentliche Kündigung ersetzt. Um den mit einer fristlosen Beendigung verbundenen Wertungswiderspruch – der besondere Kündigungsschutz würde sich zulasten des Arbeitnehmers auswirken – zu vermeiden, nimmt das BAG in ständiger Rechtsprechung Korrekturen vor, indem es die für eine fiktive ordentliche Kündigung des Arbeitsverhältnisses geltenden, einen weitergehenden Schutz des Arbeitnehmers vermittelnden Bestimmungen auf die außerordentliche Kündigung (allerdings nicht ausnahmslos) anwendet. Daher muss, zur Vermeidung einer Schlechterstellung des ordentlich nicht mehr kündbaren Arbeitnehmers, durch den Arbeitgeber bei Ausspruch der außerordentlichen Kündigung eine fiktive, der ordentlichen Kündigungsfrist entsprechende Auslauffrist eingehalten werden (BAG 5.2.1998, 2 AZR 227/97, NZA 1998, 771). Konsequenterweise ist § 1 a KSchG in diesem Fall auch bei einer außerordentlichen betriebsbedingten Kündigung anwendbar (vgl HaKo-KSchR/*Nägele* § 1 a KSchG Rn 4). Eine entsprechende Kündigungserklärung könnte etwa wie folgt formuliert werden: 5

▶ Wir erklären die außerordentliche Kündigung des mit Ihnen bestehenden Arbeitsverhältnisses aus wichtigem Grund aufgrund dringender betrieblicher Erfordernisse unter Einhaltung einer der ordentlichen Kündigungsfrist entsprechenden Auslauffrist zum nächst zulässigen Termin. Dies ist nach unserer Berechnung der ... . ◄

6 **[4] Hinweis des Arbeitgebers.** Der Abfindungsanspruch nach § 1 a KSchG setzt weiter den Hinweis des Arbeitgebers in der Kündigungserklärung voraus, dass die Kündigung auf dringende betriebliche Erfordernisse gestützt wird **und** der Arbeitnehmer bei Verstreichen lassen der Klagefrist eine Abfindung in gesetzlicher Höhe beanspruchen kann. (vgl HaKo-KSchR/ *Nägele* § 1 a KSchG Rn 5) Eine wortwörtliche Widergabe des Gesetzestextes ist indes nicht erforderlich. Grundsätzlich genügt es, wenn der Arbeitgeber sinngemäße Hinweise gegenüber dem Arbeitnehmer erteilt. Nach der Gesetzesbegründung reicht es aus, wenn der Arbeitgeber die Kündigung als betriebsbedingt bezeichnet (Gesetzesbegründung, BT-Drucks. 15/1204, 12). Möchte der Arbeitgeber das Entstehen des gesetzlichen Abfindungsanspruchs **vermeiden**, etwa weil er eine nur geringere Abfindung anzubieten bereit ist, muss er deutlich zum Ausdruck bringen, dass er sich mit seiner Erklärung nicht nach § 1 a Abs. 1 KSchG binden will (s.u. Rn 8 f, 17 ff; BAG 13.12.2007, 2 AZR 807/06, NZA 2008, 904).

7 Die **Höhe des gesetzlichen Abfindungsanspruches** ergibt sich explizit aus § 1 a Abs. 2 KSchG. Eine Bezifferung der Abfindung durch den Arbeitgeber ist gesetzlich nicht vorgesehen und damit keine Anspruchsvoraussetzung. Mit Erfüllung der Anforderungen des § 1 a Abs. 1 KSchG entsteht der Abfindungsanspruch ohne Weiteres in der durch § 1 a Abs. 2 KSchG vorgegebenen Höhe (BAG 19.6.2007, 1 AZR 340/06, NZA 2007, 1357). Im Kündigungsschreiben bedarf es daher keiner exakten Bezifferung der Höhe des Abfindungsanspruchs (BAG 13.12.2007, 2 AZR 807/06, NZA 2008, 904).

8 **Generell gilt**: bei der Angabe der Abfindungshöhe ist Vorsicht geboten. Im Falle inhaltlicher Unklarheiten (Bsp.: das Kündigungsschreiben enthält die gesetzlichen Hinweise, aber der Abfindungsbetrag entspricht nicht der gesetzlichen Höhe) muss das Kündigungsschreiben dahin gehend ausgelegt werden, ob der Arbeitgeber die gesetzliche oder eine hiervon abweichende vertragliche Abfindungsregelung anbieten will. Verrechnet sich der Arbeitgeber zu seinen Ungunsten und benennt im Kündigungsschreiben einen höheren, als den gesetzlich vorgesehenen Abfindungsbetrag, kommt eine Reduzierung auf die gesetzliche Höhe der Abfindung dann nicht mehr in Betracht, wenn der Arbeitnehmer das Abfindungsangebot angenommen hat. In diesem Fall entsteht zugunsten des Arbeitnehmers ein **vertraglicher Abfindungsanspruch**. Der Arbeitgeber ist insbesondere mit der Einwendung ausgeschlossen, er habe sich bei der Ermittlung der Abfindungshöhe geirrt und schulde lediglich eine nach § 1 a Abs. 2 KSchG zu ermittelnde Abfindung (vgl HaKo-KSchR/*Nägele* § 1 a KSchG Rn 5).

9 Bringt der Arbeitgeber im Rahmen seines Kündigungsschreiben dagegen deutlich zum Ausdruck, er wolle dem Arbeitnehmer eine Abfindung nach § 1 a Abs. 1 S 2 KSchG, also in gesetzlicher Höhe, anbieten, schadet die Angabe eines versehentlich zu niedrig angegebenen Abfindungsbetrages nicht (BAG 19.6.2007, 1 AZR 340/06, NZA 2007, 1357). Dennoch sollten zur Vermeidung von Unklarheiten nähere Angaben zur Abfindungshöhe jedenfalls dann unterbleiben, wenn der Arbeitgeber eine Abfindung in gesetzlicher Höhe anbieten will, aber Unsicherheiten bei deren korrekter Berechnung bestehen (hierzu Rn 13 f).

10 **[5] Verstreichenlassen der Klagefrist/Entstehung des Anspruchs.** Der Abfindungsanspruch setzt nach dem Gesetzeswortlaut voraus, dass der Arbeitnehmer die Klagefrist verstreichen lässt, also die Kündigung innerhalb der Dreiwochenfrist nicht angreift. Der Entstehung eines Abfindungsanspruches steht gleichermaßen die Erhebung einer erst nach Ablauf der Klagfrist und mit einem **Antrag auf nachträgliche Klagezulassung** nach § 5 KSchG verbundene Kündi-

gungsschutzklage entgegen. Selbst eine verfristet erhobene Kündigungsschutzklage ohne Antrag auf nachträgliche Zulassung führt dazu, dass der Abfindungsanspruch nicht entsteht (BAG 20.8.2009, 2 AZR 267/08, NZA 2009, 1197). Zwar regelt § 1 a Abs. 1 KSchG die beiden vorgenannten Fälle nicht ausdrücklich. Aus dem Sinn und Zweck der gesetzlichen Regelung folgt aber, dass ein Anspruch nach § 1 a Abs. 1 KSchG auch mit verspäteter Einreichung der Kündigungsschutzklage entfallen muss. Der Arbeitgeber wird auf diese Weise mit einer gerichtlichen Auseinandersetzung konfrontiert, die er gerade mit dem Angebot einer Abfindungszahlung vermeiden wollte (BAG 13.12.2007, 2 AZR 971/06, NZA 2008, 696). Im einen wie im anderen Fall beruft sich der Arbeitnehmer auf die Sozialwidrigkeit der Kündigung und akzeptiert damit die ihm angebotene Abfindung nicht (BAG 20.8.2009, 2 AZR 267/08, NZA 2009, 1197).

Wird die seitens des Arbeitnehmers erhobene Kündigungsschutzklage zu einem späteren Zeitpunkt **zurückgenommen**, können die Voraussetzungen des § 1 a Abs. 1 S 1 KSchG ebenfalls nicht mehr erfüllt – oder plastischer – geheilt werden. Daran ändert auch die gesetzliche Regelung des § 269 Abs. 3 S 1 ZPO nichts, wonach der Rechtsstreit als nicht anhängig geworden anzusehen ist, wenn die Klage zurückgenommen wird. Das gesetzgeberische Ziel, einen Abfindungsanspruch bei betriebsbedingter Kündigung nur im Falle der Vermeidung einer gerichtlichen Auseinandersetzung zu begründen, würde bei Annahme einer auch auf materieller Ebene eingetretenen Rücknahmefiktion konterkariert werden (BAG 13.12.2007, 2 AZR 971/06, NZA 2008, 696). Unbedeutend ist in diesem Zusammenhang, zu welchem Zeitpunkt (vor oder nach Ablauf der Klagefrist) die Klage zurückgenommen wird (vgl HaKo-KSchR/*Nägele* § 1 a KSchG Rn 7). In beiden Fällen hat der Arbeitnehmer keinen Anspruch auf die in § 1 a Abs. 1 S 1, Abs. 2 KSchG vorgesehene Abfindung. 11

Der Anspruch auf Abfindung entsteht erst mit **Ablauf der Kündigungsfrist**. Endet das Arbeitsverhältnis vor diesem Zeitpunkt auf andere Weise, etwa durch eine rechtswirksame außerordentliche Kündigung, hat der Arbeitnehmer keinen Anspruch auf eine in der früheren Kündigung nach § 1 a KSchG zugesagte Abfindung. Endet das Arbeitsverhältnis durch den Tod des Arbeitnehmers vor Ablauf der Kündigungsfrist, kann der Anspruch nicht nach § 1922 Abs. 1 BGB auf die Erben übergehen (BAG 10.5.2007, 2 AZR 45/06, NZA 2007, 1043). 12

[6] **Höhe des Abfindungsanspruchs.** Das Gesetz sieht in § 1 a Abs. 2 KSchG eine schematisierte Berechnungsformel vor, anhand derer die Abfindungshöhe zu ermitteln ist. Danach steht dem Arbeitnehmer für jedes Jahr des Bestehens des Arbeitsverhältnisses eine Abfindung von 0,5 Monatsverdiensten zu. Es handelt sich hierbei um die in der arbeitsgerichtlichen Praxis häufig angewandte „**Faustformel**" (Vgl HaKo-KSchR/*Nägele* § 1 a KSchG Rn 9). Die für die Berechnung der Abfindung maßgebliche Vorschrift des § 1 a Abs. 2 KSchG muss im Kündigungsschreiben nicht zwingend erwähnt werden (BAG 13.12.2007, 2 AZR 807/06, NZA 2008, 904). Es empfiehlt sich allerdings aus Gründen der Rechtsklarheit ein entsprechender Hinweis, will der Arbeitgeber die gesetzliche Abfindungshöhe anbieten. Dauerte das Arbeitsverhältnis im letzten Beschäftigungsjahr länger als sechs Monate, erfolgt eine Aufrundung auf ein volles Jahr. Bei einer kürzeren Bestandsdauer im letzten Jahr bleibt dieser Zeitraum unberücksichtigt (Bsp.: dauerte das Arbeitsverhältnis insgesamt zwei Jahre und vier Monate an, so hat der Arbeitnehmer Anspruch auf Abfindung in einer Höhe von einem Monatsgehalt). 13

Für die Berechnung der Höhe des Monatsverdienstes iSd Abs. 2 und die hierbei zu berücksichtigenden Vergütungsbestandteile und Sachbezüge gilt aufgrund ausdrücklicher gesetzli- 14 cher Verweisung § 10 Abs. 3 KSchG entsprechend (hierzu ausführlich HaKo-KSchR/*Gieseler* § 10 KSchG Rn 6 ff).

15 **[7] Hinweispflicht gem. §§ 2 Abs. 2 Ziff. 3, 38 Abs. 1 SGB III.** Nach Auffassung des BA (BAG 29.9.2005, 8 AZR 571/04, NZA 2005, 1406) führt ein Verstoß des Arbeitgebers gegen die Hinweispflichten aus § 2 Abs. 2 Satz 2 Nr. 3 SGB III zwar nicht zur Entstehung von Schadenersatzansprüchen des Arbeitnehmers. Dessen ungeachtet sollte der Arbeitgeber dennoch, schon um der ihm obliegenden gesetzlichen Pflicht nachzukommen, einen entsprechenden Hinweis in seine Kündigungserklärung aufnehmen.

16 **[8] Schriftform.** Das Erfordernis der Einhaltung der gesetzlichen Schriftform (hierzu ausführlich HaKo-KSchR/*Mestwerdt* Einl. Rn 24 ff; HaKo-KSchR/*Spengler* § 623 BGB Rn 14 ff, 31 ff) nach §§ 623, 125 BGB ist in § 1 a KSchG zwar nicht explizit vorgesehen. Gleichwohl müssen sowohl die Kündigung als auch der Hinweis auf deren Betriebsbedingtheit und die (mögliche) Abfindung schriftlich erfolgen. Dieser Befund ist aus der Formulierung des Gesetzestextes abzuleiten, der vorsieht, dass der Hinweis des Arbeitgebers *„in der Kündigungserklärung"* erteilt wird. Zudem setzt das Verstreichen lassen der Klagefrist denknotwendig voraus, dass diese zuvor überhaupt in Gang gesetzt wurde, was wiederum zuvor den Zugang der schriftlichen Kündigung erfordert (hierzu HaKo-KSchR/*Nägele* § 1 a KSchG Rn 6).

B. Alternative Formen der (betriebsbedingten) Kündigung mit Abfindungsoption
I. Kündigung mit Abfindung in individueller Höhe (betriebsbedingt)

17 **1. Muster: Kündigungsschreiben mit Abfindung in individueller Höhe**[1]

▶ Persönliche Übergabe/Übergabe per Boten (s. oben Rn 3)
...

Betriebsbedingte Kündigung mit Abfindungsangebot

Sehr geehrter Herr ...,

hiermit kündigen wir das mit Ihnen bestehende Arbeitsverhältnis wegen dringender betrieblicher Erfordernisse unter Einhaltung der ordentlichen Kündigungsfrist zum nächst zulässigen Zeitpunkt. Dies ist nach unserer Berechnung der .... Sollten Sie gegen diese Kündigung keine Kündigungsschutzklage erheben,[2]

... *steht Ihnen eine frei vereinbarte Abfindung in Höhe von EUR ... zu.*

... *bieten wir Ihnen in Abweichung zu der gesetzlichen Regelung des § 1 a KSchG eine Abfindung in Höhe von 0,25 Monatsverdiensten für jedes Jahr des Bestehens des Arbeitsverhältnisses an.*

... *sagen wir Ihnen eine ausdrücklich ohne Bindung an die gesetzlichen Regelungen ermittelte Abfindung in Höhe von EUR ... zu.*[3]

Der Anspruch auf die Abfindung entsteht in diesem Fall mit Ablauf der Kündigungsfrist.

Wir weisen darauf hin, dass Sie verpflichtet sind, sich spätestens drei Monate vor der Beendigung Ihres Arbeitsverhältnisses bei der Agentur für Arbeit persönlich arbeitsuchend zu melden, da ansonsten sozialversicherungsrechtliche Nachteile, insbesondere die Verhängung einer einwöchigen Sperrfrist, eintreten

[*alternativ, wenn zwischen der Kenntnis des Beendigungszeitpunktes und der Beendigung des Arbeitsverhältnisses weniger als drei Monate liegen: ..., sich innerhalb von drei Tagen nach Zugang dieser Kündigungserklärung bei der Agentur für Arbeit persönlich arbeitsuchend zu melden ...*]

B. Alternative Formen bei Abfindungsoption § 1 a KSchG

Zur Wahrung der Frist reicht zunächst eine Anzeige unter Angabe Ihrer persönlichen Daten und des Beendigungszeitpunktes aus, wenn die persönliche Meldung nach terminlicher Vereinbarung nachgeholt wird. Sie sollten ferner beachten, dass Sie verpflichtet sind, frühzeitig eigene Aktivitäten bei der Suche nach einer anderen Beschäftigung zu entfalten (s. oben Rn 15).

Mit freundlichen Grüßen

...

Unterschrift (s. oben Rn 16)

Empfangsbestätigung (s. oben Rn 3)

Die betriebsbedingte Kündigung vom ... habe ich am ... um ... erhalten.

...

Ort, Datum

...

Unterschrift ◄

2. Erläuterungen

[1] **Grundsatz der Privatautonomie.** Die Vorschrift des § 1 a KSchG schließt andere Abfindungsvereinbarungen der Arbeitsvertragsparteien im Zusammenhang mit einer betriebsbedingten Kündigung oder mit einer Kündigung aus anderen Gründen nicht aus. Der Arbeitgeber ist daher nicht gehindert, einen Hinweis nach § 1 a Abs. 1 Satz 2 KSchG zu unterlassen, und dem Arbeitnehmer stattdessen einen seinen Vorstellungen entsprechenden Betrag als Abfindung in Aussicht zu stellen, falls er gegen die ausgesprochene Kündigung keine Klage erhebt. Neben der in § 1 a KSchG vorgesehenen gesetzlichen Abfindungsoption steht es den Parteien eines Arbeitsverhältnisses damit frei, eine geringere oder höhere als die gesetzliche Abfindung zu vereinbaren (BAG 19.6.2007, 1 AZR 340/06, NZA 2007, 1357). 18

[2] **Annahme durch den Arbeitnehmer.** Bei einem nicht unter § 1 a KSchG fallenden Angebot steht die Einigung der Parteien über die Abfindung unter der zulässigen Potestativbedingung, dass der Arbeitnehmer keine Kündigungsschutzklage einreicht und das im Kündigungsschreiben für den Fall des Nichteinreichens einer Klage unterbreitete Angebot einer Abfindungszahlung durch schlüssiges Verhalten, nämlich durch das Verstreichenlassen der Klagefrist, annimmt, wobei der Arbeitgeber auf den Zugang der Annahmeerklärung gemäß § 151 BGB verzichtet. 19

[3] **Abgrenzbarkeit zum gesetzlichen Abfindungsanspruch nach § 1 a KSchG.** Will der Arbeitgeber dem Arbeitnehmer mit Ausspruch der Kündigung ein Angebot auf Abschluss eines Beendigungsvertrages unterbreiten, ohne sich an die gesetzliche Abfindung nach § 1 a KSchG binden zu wollen, ist er aus Gründen der Rechtssicherheit, Rechtsklarheit und Beweissicherung gehalten, dies in der schriftlichen Kündigungserklärung eindeutig und unmissverständlich zu formulieren. Aus dem Kündigungsschreiben muss sich der Wille des Arbeitgebers, ein von der gesetzlichen Vorgabe abweichendes Angebot unterbreiten zu wollen, **eindeutig** und **unmissverständlich** ergeben. Maßgeblich für die Beurteilung sind die Erklärungen des Arbeitgebers im Kündigungsschreiben. 20

II. Betriebsbedingte Änderungskündigung mit gesetzlicher Abfindung

21 **1. Muster: Kündigungsschreiben Änderungskündigung mit Abfindung in gesetzlicher Höhe**[1]

▶ Persönliche Übergabe/per Boten (s. oben Rn 3)

Mitarbeiter ▪▪▪

Anschrift ▪▪▪

Änderungskündigung mit Abfindungsangebot

Sehr geehrter Herr ▪▪▪,

wir kündigen das mit Ihnen bestehende Arbeitsverhältnis wegen dringender betrieblicher Erfordernisse unter Einhaltung der ordentlichen Kündigungsfrist zum nächst zulässigen Zeitpunkt. Dies ist nach unserer Berechnung der ▪▪▪.

Gleichzeitig bieten wir Ihnen an, das Arbeitsverhältnis ab dem ▪▪▪ [erster Tag nach Ablauf der Kündigungsfrist] zu folgenden geänderten Arbeitsbedingungen fortzuführen:

▪▪▪ [geänderte Bedingungen] (vgl § 2 KSchG Rn 1 ff)

Im Übrigen gelten die in Ihrem Arbeitsvertrag vereinbarten Regelungen unverändert fort.

Teilen Sie uns bitte innerhalb von drei Wochen nach Zugang dieses Schreibens mit, ob Sie mit der Fortsetzung des Arbeitsverhältnisses zu den geänderten Bedingungen einverstanden sind. (vgl § 2 KSchG Rn 8)

Nach § 1 a KSchG sind Sie berechtigt, eine Abfindung zu beanspruchen, wenn Sie – gerechnet ab Zugang dieser Kündigung – die dreiwöchige Frist für die Erhebung einer Klage verstreichen lassen und das vorstehend unterbreitete Angebot, das Arbeitsverhältnis zu geänderten Bedingungen fortzuführen, ablehnen.[2] Der Anspruch auf die Abfindung entsteht in diesem Fall mit Ablauf der Kündigungsfrist. (s. oben Rn 10 ff)

▪▪▪ Die Höhe Ihres Abfindungsanspruches ist gesetzlich geregelt und berechnet sich nach § 1 a Abs. 2 KSchG. Hiernach steht Ihnen für jedes Jahr des Bestehens des Arbeitsverhältnisses eine Abfindung von 0,5 Monatsverdiensten zu. (s. oben Rn 13 f)

Bitte beachten Sie, dass Sie verpflichtet sind, sich spätestens drei Monate vor der Beendigung Ihres Arbeitsverhältnisses bei der Agentur für Arbeit persönlich arbeitsuchend zu melden, da ansonsten sozialversicherungsrechtliche Nachteile, insbesondere die Verhängung einer einwöchigen Sperrfrist, eintreten [alternativ, wenn zwischen der Kenntnis des Beendigungszeitpunktes und der Beendigung des Arbeitsverhältnisses weniger als drei Monate liegen: ▪▪▪, sich innerhalb von drei Tagen nach Zugang dieser Kündigungserklärung bei der Agentur für Arbeit persönlich arbeitssuchend zu melden ▪▪▪]. Zur Wahrung der Frist reicht zunächst eine Anzeige unter Angabe Ihrer persönlichen Daten und des Beendigungszeitpunktes aus, wenn die persönliche Meldung nach terminlicher Vereinbarung nachgeholt wird. Sie sollten ferner beachten, dass Sie verpflichtet sind, frühzeitig eigene Aktivitäten bei der Suche nach einer anderen Beschäftigung zu entfalten. (s. oben Rn 15)

Mit freundlichen Grüßen

▪▪▪

Unterschrift (s. oben Rn 16)

Empfangsbestätigung (s. oben Rn 3)

Die Kündigung vom ▪▪▪ habe ich am ▪▪▪ um ▪▪▪ erhalten.

▪▪▪

Ort, Datum

...

Unterschrift ◄

2. Erläuterungen

[1] **Anwendbarkeit der Vorschrift.** Eine Änderungskündigung beinhaltet neben einer Beendigungskündigung stets ein Angebot zur Fortsetzung des Arbeitsverhältnisses mit geänderten Bedingungen (vgl HaKo-KSchR/*Pfeiffer* § 2 KSchG Rn 1 f). Nimmt der Arbeitnehmer das Änderungsangebot nicht – auch nicht unter Vorbehalt – an, erlischt das Angebot zur Fortsetzung des Arbeitsverhältnisses. Aus der Änderungskündigung wird dann eine Beendigungskündigung, die zur Auflösung des Arbeitsverhältnisses führt (BAG 13.12.2007, 2 AZR 663/06, NZA 2008, 528). § 1 a KSchG ist daher auch auf eine aus dringenden betrieblichen Gründen ausgesprochene **Änderungskündigung** anwendbar.

[2] **Reaktionsmöglichkeiten des Arbeitnehmers/Entstehen des Abfindungsanspruchs.** Der Arbeitnehmer kann in unterschiedlicher Weise auf den Ausspruch einer Änderungskündigung reagieren.

Erklärt der Arbeitnehmer die Annahme der geänderten Vertragsbedingungen unter dem Vorbehalt deren sozialer Rechtfertigung und reicht innerhalb der Dreiwochenfrist Änderungsschutzklage ein, wird das Arbeitsverhältnis der Parteien durch die Kündigung nicht aufgelöst. Streitgegenstand dieses Prozesses ist in diesem Fall ausschließlich der zukünftige Inhalt des Arbeitsvertrags, nämlich dahin gehend, ob das Arbeitsverhältnis nach Ablauf der Kündigungsfrist zu den bisherigen Bedingungen oder mit den geänderten Bedingungen fortzusetzen ist. Nimmt der Arbeitnehmer das Änderungsangebot vorbehaltlos an, schuldet er nach Ablauf der Kündigungsfrist eine Arbeitstätigkeit zu den geänderten Bedingungen. In beiden Fällen wird das Arbeitsverhältnis nicht aufgelöst, sondern besteht fort. Ein Anspruch auf die angebotene Abfindung entsteht in diesen Konstellationen nicht (BAG 13.12.2007, 2 AZR 663/06, NZA 2008, 528).

Nimmt der Arbeitnehmer das Änderungsangebot hingegen nicht an, wird die Änderungskündigung zu einer Beendigungskündigung. Reicht der Arbeitnehmer keine Kündigungsschutzklage ein und lässt die Klagefrist verstreichen, entsteht zu seinen Gunsten mit Ablauf der Kündigungsfrist der Anspruch auf Abfindung (BAG 13.12.2007, 2 AZR 663/06, NZA 2008, 528).

§ 2 KSchG Änderungskündigung

¹Kündigt der Arbeitgeber das Arbeitsverhältnis und bietet er dem Arbeitnehmer im Zusammenhang mit der Kündigung die Fortsetzung des Arbeitsverhältnisses zu geänderten Arbeitsbedingungen an, so kann der Arbeitnehmer dieses Angebot unter dem Vorbehalt annehmen, daß die Änderung der Arbeitsbedingungen nicht sozial ungerechtfertigt ist (§ 1 Abs. 2 Satz 1 bis 3, Abs. 3 Satz 1 und 2). ²Diesen Vorbehalt muß der Arbeitnehmer dem Arbeitgeber innerhalb der Kündigungsfrist, spätestens jedoch innerhalb von drei Wochen nach Zugang der Kündigung erklären.

A. Ordentliche Änderungskündigung
   I. Muster: Kündigungsschreiben

II. Erläuterungen
   [1] Änderungskündigung 2
   [2] Kündigungsperson 3

[3]	Begriffsinhalt der Änderungskündigung	4
[4]	Begründungspflicht	5
[5]	Frist	6
[6]	Abgrenzungen	7
[7]	Reaktionsmöglichkeiten	8
[8]	Prüfungsmaßstab	9
[9]	Betriebsratsanhörung	13
[10]	Schriftformerfordernis	14
[11]	Kündigungsberechtigung	15
[12]	Vollmacht	16
[13]	Nachweis des Zugangs	17

B. Änderungsschutzverfahren
  I. Klage
    1. Muster: Änderungsschutzklage
    2. Erläuterungen und Varianten
      [1] Zuständigkeit ... 19
      [2] Parteibezeichnung ... 20
      [3] Änderungsschutzantrag ... 21
      [4] Allgemeiner Feststellungsantrag ... 22
      [5] KSchG ... 23
      [6] Vorbehalt ... 24
      [7] Zugang ... 25
      [8] Prüfungsprogramm ... 26
      [9] Auskunftsanspruch bei Sozialauswahl ... 27
      [10] Vorbehalt ... 28
      [11] Streitwert ... 29
      [12] Unterschrift ... 29a
  II. Klageerwiderung
    1. Muster: Erwiderungsschriftsatz
    2. Erläuterungen
      [1] Betriebsratsanhörung ... 31
      [2] Soziale Rechtfertigung ... 32
      [3] Sozialauswahl ... 33
      [4] Feststellungsinteresse ... 34

A. Ordentliche Änderungskündigung[1]

I. Muster: Kündigungsschreiben

▶ ▃▃▃ (Arbeitgeber)[2]

▃▃▃ (Arbeitnehmer)

▃▃▃ (Ort, Datum)

Ordentliche Änderungskündigung[3] Ihres Arbeitsverhältnisses

Sehr geehrter Herr ▃▃▃,

wir haben uns entschieden, die Produktion der Dichtungsringe ▃▃▃ [Produktbezeichnung] mit Ablauf des ▃▃▃ einzustellen. Da Sie in dieser Abteilung beschäftigt sind, sind Sie von dieser unternehmerischen Entscheidung betroffen.[4]

Aus diesem Grunde kündigen wir das Arbeitsverhältnis ordentlich[5] fristgemäß zum nächst zulässigen Termin, das ist nach unseren Berechnungen der ▃▃▃, und bieten Ihnen eine Beschäftigung im Wareneingang als gewerblicher Arbeitnehmer zu im Übrigen unveränderten Arbeitsbedingungen mit Wirkung ab ▃▃▃ an.[6]

Bitte teilen Sie uns auf dem beigefügten Vordruck innerhalb von drei Wochen nach Zugang dieses Schreibens mit, ob Sie die Änderung Ihrer Arbeitsbedingungen akzeptieren, ablehnen oder unter Vorbehalt[7] annehmen.[8]

Der Betriebsrat wurde ordnungsgemäß angehört.[9]

Mit freundlichen Grüßen

▃▃▃

(Unterschrift[10] des Arbeitgebers[11] [Geschäftsführer])[12]

Anlagen

Anlage 1: Zugangsbestätigung[13]

▃▃▃ (Arbeitgeber)

▃▃▃ (Arbeitnehmer)

▃▃▃ (Ort, Datum)

Zugangsbestätigung der ordentlichen Änderungskündigung des ▃▃▃ (Name des Arbeitgebers) vom

▃▃▃

A. Ordentliche Änderungskündigung

Sehr geehrte Damen und Herren,

hiermit bestätige ich Ihr im Betreff genanntes Schreiben am ... erhalten zu haben.

Mit freundlichen Grüßen

...

(Unterschrift des Arbeitnehmers)

Anlage 2: Erklärung des Arbeitnehmers zur Änderungskündigung

... (Arbeitgeber)

... (Arbeitnehmer)

... (Ort, Datum)

Ordentliche Änderungskündigung des ... (Name des Arbeitgebers) vom ...

Sehr geehrte Damen und Herren,

Ihr Angebot im Schreiben vom ..., mein Arbeitsverhältnis mit Ihnen ab dem ... als Arbeitnehmer im Wareneingang zu im Übrigen unveränderten Arbeitsbedingungen fortzusetzen,

☐ nehme ich hiermit an.

☐ nehme ich unter dem Vorbehalt der sozialen Rechtfertigung der Änderung der Arbeitsbedingungen an.

☐ nehme ich nicht an.

Mit freundlichen Grüßen

...

(Unterschrift des Arbeitnehmers) ◄

II. Erläuterungen

[1] **Änderungskündigung.** Die ordentliche Änderungskündigung des Arbeitgebers ist tatbestandlich in § 2 KSchG und ihre Rechtsfolgen in den §§ 4 Satz 2, 7, 8 KSchG geregelt. Nach allgemeiner Ansicht sind diese Vorschriften auch entsprechend auf die außerordentliche Änderungskündigung des Arbeitgebers anzuwenden. Wegen weiterer Einzelheiten zur außerordentlichen Änderungskündigung, insbesondere im Hinblick auf den zugrunde zu legenden Prüfungsmaßstab und der Dauer der Vorbehaltserklärungsfrist wird auf HaKo-KSchR/ *Pfeiffer* § 2 Rn 82 ff verwiesen.

[2] **Kündigungsperson.** § 2 KSchG bezieht sich nach seinem eindeutigen Wortlaut nur auf die Kündigung des Arbeitsverhältnisses durch den Arbeitgeber. Dem Arbeitnehmer steht es jedoch auch frei, eine Änderungskündigung auszusprechen. Die fehlende praktische Relevanz ergibt sich jedoch daraus, dass das Arbeitsverhältnis mit Ablauf der Kündigungsfrist endet, sofern der Arbeitgeber auf das Änderungsangebot des Arbeitnehmers (zB „von Vollzeit in Teilzeit") nicht eingeht.

[3] **Begriffsinhalt der Änderungskündigung.** Nach der Legaldefinition des § 2 Satz 1 KSchG liegt eine Änderungskündigung vor, wenn der Arbeitgeber das Arbeitsverhältnis kündigt und dem Arbeitnehmer im Zusammenhang mit der Kündigung die Fortsetzung des Arbeitsverhältnisses zu geänderten Arbeitsbedingungen anbietet. Die Änderungskündigung besteht somit aus zwei Willenserklärungen. Sie enthält einmal eine Beendigungskündigungs- und zum anderen eine Angebotserklärung. Von daher ist die Änderungskündigung ein zweiaktiges Rechtsgeschäft. Wenngleich es nicht von Rechts wegen geboten ist, sollte der Arbeitgeber gerade bei der Änderungskündigung den Begriff der Kündigung verwenden.

5 **[4] Begründungspflicht.** Eine Pflicht zur Begründung der ordentlichen Änderungskündigung besteht nicht. Auch der Grundsatz der Klarheit und Bestimmtheit der Kündigungserklärung erfordert grundsätzlich nicht die Angabe des Kündigungsgrundes (BAG 21.2.2001 – 2 AZR 15/00, AP BGB § 242 Kündigung Nr. 12). Ob ein solcher vorliegt, ist ausschließlich für die materiellrechtliche Prüfung bedeutsam. Eine Pflicht des Arbeitgebers zur Angabe der Kündigungsgründe kann sich allenfalls aus tarifvertraglichen Vorschriften oder einzelvertraglichen Vereinbarungen ergeben. Für den Anwendungsbereich der außerordentlichen Änderungskündigung ist jedoch § 626 Abs. 2 Satz 3 BGB zu berücksichtigen. Danach besteht die Pflicht des Kündigenden, nach Ausspruch einer außerordentlichen Kündigung auf Verlangen des Kündigungsempfängers den Kündigungsgrund schriftlich mitzuteilen. Ein Verstoß hiergegen bewirkt jedoch nicht die Unwirksamkeit der außerordentlichen Änderungskündigung, unter Umständen kann jedoch der Kündigende zum Schadenersatz (zB auch Prozesskosten) verpflichtet sein (ErfK/*Müller-Glöge* § 626 BGB Rn 239).

6 **[5] Frist.** Der Arbeitgeber hat wie bei einer ordentlichen Beendigungskündigung auch bei einer ordentlichen Änderungskündigung die sich aus Gesetz, Tarifvertag oder dem Arbeitsvertrag ergebende Kündigungsfrist zu wahren.

7 **[6] Abgrenzungen.** Die Änderungskündigung ist insbesondere abzugrenzen vom Direktionsrecht, zB in der Gestalt der Versetzung, von der Teilkündigung sowie dem Widerrufsvorbehalt. Spricht der Arbeitgeber zB eine durch die Ausübung des Direktionsrechts von Rechts wegen erreichbare Versetzung durch eine Änderungskündigung aus, ist diese als sog. überflüssige Änderungskündigung unwirksam (BAG 6.9.2007 – 2 AZR 398/06 – NZA-RR 2008, 291). Eine Änderungskündigung ist auch dann unwirksam, wenn die darin enthaltene Änderung der Arbeitsbedingungen bereits zB aufgrund der Änderung des Direktionsrechts anderweitig in Kraft getreten ist (zur Auswirkung auf die Änderungsschutzklage s. BAG 26.8.2008 – 1 AZR 353/07 – NZA-RR 2009, 300). Widerrufsvorbehalt und Teilkündigung bezwecken jeweils die einseitige Änderung einzelner Vertragsbestandteile zulasten des Arbeitnehmers, lassen jedoch im Gegensatz zur Änderungskündigung den Bestand des Arbeitsverhältnisses als solchen unberührt. Wegen der weiteren Einzelheiten zur Abgrenzung der Änderungskündigung wird auf HaKo-KSchR/*Pfeiffer* § 2 Rn 12 bis 27 verwiesen. Sofern Unklarheit über den Umfang des Direktionsrechts besteht, kann daneben vorsorglich eine Änderungskündigung ausgesprochen werden. Das Änderungsangebot iSd Legaldefinition des § 2 KSchG ist ein Angebot gemäß § 145 BGB. Dieses Angebot muss inhaltlich genau bestimmt oder zumindest nach §§ 133, 157 BGB so bestimmbar sein, dass es der Arbeitnehmer ohne Weiteres annehmen kann. Insoweit wird auf die Ausführungen in HaKo-KSchR/*Pfeiffer* § 2 Rn 8 bis 11 verwiesen.

8 **[7] Reaktionsmöglichkeiten.** Der Arbeitnehmer hat drei Möglichkeiten auf die Änderungskündigung des Arbeitgebers zu reagieren. Er kann das Änderungsangebot **ablehnen**, das Änderungsangebot unter dem **Vorbehalt annehmen**, dass die Änderung der Arbeitsbedingungen sozial gerechtfertigt ist oder es vorbehaltlos **annehmen**. Die Frist zur Annahme des Angebots bestimmt sich nach § 147 Abs. 2 BGB. Der Arbeitgeber kann die Annahme des Änderungsangebots auch ausdrücklich mit einer Frist versehen. Nach der neueren Rechtsprechung des BAG muss die Annahmeerklärung dem Arbeitgeber nicht innerhalb der Vorbehaltserklärungsfrist des § 2 Satz 2 KSchG zugehen (BAG 6.2.2003 – 2 AZR 674/01, AP KSchG 1969 § 2 Nr. 71; BAG 18.5.2006 – 2 AZR 230/05, AP KSchG 1969 § 2 Nr. 83). Lehnt der Arbeitnehmer das Änderungsangebot vorbehaltlos ab, verbleibt es bei der Kündigungserklärung des Arbeitgebers. Dem Arbeitnehmer steht es frei, innerhalb der Dreiwochenfrist des § 4 Satz 1

A. Ordentliche Änderungskündigung § 2 KSchG

KSchG eine „normale" Kündigungsschutzklage zu erheben. Prüfungsmaßstab ist die soziale Rechtfertigung der mit der Änderungskündigung verfolgten Änderung der Arbeitsbedingungen. Erklärt sich der Arbeitnehmer nicht, so hat er abgelehnt. § 2 Satz 1 KSchG räumt dem Arbeitnehmer die Möglichkeit ein, das Angebot der Fortsetzung des Arbeitsverhältnisses zu geänderten Bedingungen unter dem Vorbehalt anzunehmen, dass die Änderung der Arbeitsbedingungen nicht sozial ungerechtfertigt ist. Damit wird dem Arbeitnehmer das Risiko abgenommen, im Falle einer für ihn negativ ausgehenden Überprüfung der Sozialwidrigkeit im Prozess den Arbeitsplatz zu verlieren. Diesen Vorbehalt muss der Arbeitnehmer dem Arbeitgeber innerhalb der Kündigungsfrist, spätestens jedoch innerhalb von drei Wochen nach Zugang der Änderungskündigung erklären. Die Dreiwochenfrist ist eine Höchstfrist. Die Erhebung der Kündigungsschutzklage, die seine Annahme unter Vorbehalt beinhaltet, genügt zur Fristwahrung nicht, sofern diese dem Arbeitgeber nicht mehr innerhalb der Dreiwochenfrist zugestellt wird. Jedoch ist an die Geltung des § 167 ZPO zu denken, der es für die Fristwahrung genügen lässt, wenn die Klageschrift nebst Vorbehaltserklärung „demnächst" zugestellt wird (vgl BGH 17.7.2008 – 1 ZR 109/05, NJW 2009, 765; ebenso BAG 22.5.2014 – 8 AZR 662/13, BB 2014, 1395, betr. Frist des § 15 Abs. 4 Satz 1 AGG; zum Streitstand HaKo-KSchR/*Pfeiffer* § 2 Rn 35). Versäumt der Arbeitnehmer nach vorbehaltlicher Annahmeerklärung die rechtzeitige Klageerhebung, so erlischt der Vorbehalt, § 7 Hs 2 KSchG. Die vorbehaltliche Annahme hat zur Folge, dass der Arbeitnehmer nach Ablauf der Kündigungsfrist während des Laufs des Kündigungsschutzprozesses vorerst zu den geänderten Bedingungen weiterzuarbeiten verpflichtet ist. Aus Gründen der Rechtsklarheit empfiehlt es sich, der Änderungskündigung entsprechend dem Muster (Anlage 2) ein vorgefertigtes Antwortschreiben beizufügen, auf welchem der Arbeitnehmer ankreuzen kann, für welche Reaktion er sich entscheidet. Wegen der weiteren Einzelheiten zu den Reaktionsmöglichkeiten des Arbeitnehmers wird auf HaKo-KSchR/*Pfeiffer* § 2 Rn 28 bis 37 verwiesen.

[8] **Prüfungsmaßstab.** Im Anwendungsbereich des KSchG muss die ordentliche Änderungskündigung angesichts der Gesetzesverweisung in § 2 Satz 1 KSchG sozial gerechtfertigt sein. Die ordentliche Änderungskündigung kann also aus Gründen in der Person oder im Verhalten des Arbeitnehmers oder durch dringende betriebliche Erfordernisse sozial gerechtfertigt sein. Nach der Rechtsprechung des BAG (BAG 23.6.2005 – 2 AZR 642/04, AP KSchG 1969 § 2 Nr. 81) ist klargestellt, dass der Beurteilung der ordentlichen Änderungskündigung ein **zweistufiges Prüfungssystem** zugrunde zu legen ist, das unabhängig davon Anwendung findet, ob der Arbeitnehmer das Änderungsangebot abgelehnt oder unter Vorbehalt angenommen hat. Zusammengefasst gilt Folgendes: 9

In einem **ersten Schritt** ist zu fragen, ob Person, Verhalten oder dringende betriebliche Erfordernisse die Kündigung bedingen (Sozialwidrigkeitsprüfung; das „Ob" der Änderungskündigung). 10

In einem **zweiten Schritt** wird geprüft, ob die vorgeschlagene Änderung von dem Arbeitnehmer billigerweise hingenommen werden muss (Zumutbarkeitsprüfung; das „Wie" der Änderungskündigung). 11

Bezieht sich das Änderungsangebot des Arbeitgebers auf mehrere Arbeitsbedingungen, muss die soziale Rechtfertigung für jeden einzelnen Grund geprüft werden (BAG 23.6.2005 – 2 AZR 642/04, AP KSchG 1969 § 2 Nr. 81). Ist eine der beabsichtigten Änderungen nicht sozial gerechtfertigt, hat dies die Unwirksamkeit der gesamten Änderungskündigung zur Folge. Der im Muster skizzierte betriebsbedingte Grund für die Änderungskündigung trägt dem auf 12 der ersten Stufe zu prüfenden Grundsatz der Verhältnismäßigkeit Rechnung. Die Änderungskündigung hat stets Vorrang vor der Beendigungskündigung. Der Arbeitgeber muss versuchen, den Arbeitnehmer, notfalls durch Änderungskündigung, mit einer anderen Aufgabe weiter zu betrauen, sofern die Beschäftigung auf einem anderen Arbeitsplatz möglich ist (BAG 27.9.1984 – 2 AZR 62/83, AP KSchG 1969 § 2 Nr. 8). Wegen der in Betracht kommenden Kündigungsgründe wird auf die Kommentierung in HaKo-KSchR/*Pfeiffer* § 2 Rn 42 ff. Bezug genommen und verwiesen.

13 [9] **Betriebsratsanhörung.** Wegen der auch vor Ausspruch einer Änderungskündigung durchzuführenden Anhörung des Betriebsrats wird auf das Muster zu § 102 Rn 32 verwiesen.

14 [10] **Schriftformerfordernis.** Die Änderungskündigung bedarf gem. § 623 BGB sowohl in Bezug auf die Kündigungserklärung als auch in Bezug auf das Änderungsangebot der Schriftform (BAG 16.9.2004 – 2 AZR 628/03, NZA 2005, 635; BAG 10.9.2009 – 2 AZR 822/07, NZA 2010, 333; „einheitliches Rechtsgeschäft"). Die Kündigungserklärung bedarf der eigenhändigen Namensunterschrift durch einen Kündigungsberechtigten und der Übergabe des Originals an den Arbeitnehmer. Eine nur mündlich ausgesprochene oder durch Email oder Telefax ausgesprochene Kündigung wahrt ebenso wenig die gesetzliche Schriftform wie die Übergabe lediglich einer Kopie des Kündigungsschreibens.

15 [11] **Kündigungsberechtigung.** Zur Kündigung berechtigt ist, soweit der Arbeitgeber eine natürliche Person ist, die Person selbst bzw der Inhaber einer Einzelfirma, soweit eine juristische Person Partei des Arbeitsvertrages ist, deren gesetzlicher Vertreter. Darüber hinaus sind diejenigen Personen kündigungsberechtigt, die hierzu rechtsgeschäftlich bevollmächtigt sind. Wegen der Einzelheiten der rechtsgeschäftlichen Vertretung bei Abgabe der Kündigungserklärung wird auf die Kommentierung in HaKo-KSchR/*Fiebig/Mestwerdt* Einleitung Rn 63 f verwiesen.

16 [12] **Vollmacht.** Ein rechtsgeschäftlich bevollmächtigter Vertreter hat grundsätzlich mit dem Kündigungsschreiben eine Original-Vollmacht vorzulegen. Wegen des Anwendungsbereichs des § 174 BGB und seiner Ausnahmen wird auf die Kommentierung in HaKo-KSchR/*Fiebig/Mestwerdt* Einleitung Rn 69 ff verwiesen.

17 [13] **Nachweis des Zugangs.** Angesichts der dem Kündigenden obliegenden Darlegungs- und Beweislast auch in Bezug auf den Zugang der ausgesprochenen Kündigung empfiehlt es sich, die Kündigungserklärung auf dem sichersten Weg, nämlich durch persönliche Übergabe, an den Arbeitnehmer zuzustellen und deren Empfang entweder auf einer Abschrift der Kündigungserklärung oder einer gesonderten Empfangsbestätigung (siehe im Muster Rn 1 die dargestellte Anlage 1) durch den Kündigungsadressaten durch Unterschrift bestätigen zu lassen. Im Falle der postalischen Zustellung ist es in diesem Sinne ratsam, ein vorgefertigtes Zugangsbestätigungsschreiben dem Kündigungsschreiben beizufügen, um den Arbeitnehmer als Adressaten der Kündigungserklärung zur Empfangsbestätigung zu veranlassen. Im Einzelfall kann es auch durchaus ratsam sein, zu diesem Zwecke einen frankierten und adressierten Briefumschlag beizufügen.

B. Änderungsschutzverfahren

I. Klage

1. Muster: Änderungsschutzklage

▶ An das

Arbeitsgericht[1] ...

... (Datum)

Klage

In Sachen ... ./. ...

(vollständiges Rubrum)[2]

wegen ordentlicher Änderungskündigung

Namens und in Vollmacht des Klägers erhebe ich Klage und werde beantragen:

1. Es wird festgestellt, dass die Änderung der Arbeitsbedingungen durch die von der Beklagten ausgesprochenen Änderungskündigung vom ... sozial ungerechtfertigt oder aus anderen Gründen rechtsunwirksam ist.[3]
2. Es wird festgestellt, dass das Arbeitsverhältnis über den ... hinaus unverändert fortbesteht.[4]

Begründung

Der am ... geborene Kläger ist verheiratet und hat ... Kinder. Er ist seit dem ... in der Produktion als gewerblicher Arbeitnehmer auf der Grundlage des Arbeitsvertrages vom ..., beigefügt als Anlage K1,

im Betrieb der Beklagten in ... beschäftigt. Der Kläger verdiente zuletzt EUR ... brutto monatlich.

Die Beklagte beschäftigt in seinem Betrieb mehr als 10 Vollzeitarbeitnehmer ausschließlich der zu ihrer Berufsausbildung Beschäftigten.[5]

Mit Schreiben vom ... hat die Beklagte das Arbeitsverhältnis zum ... gekündigt und dem Kläger gleichzeitig angeboten, das Arbeitsverhältnis mit Wirkung ab ... als Arbeitnehmer im Wareneingang zu im Übrigen unveränderten Arbeitsvertragsbedingungen fortzusetzen. Eine Kopie des Kündigungsschreibens fügen wir als Anlage K2 bei.

Wie bereits der Kläger im von der Beklagten mit dem Kündigungsschreiben vorgelegten Erklärungsschreiben mitgeteilt hat, teilen wir vorsorglich nochmals namens und in Vollmacht des Klägers mit, dass der Kläger bereit ist, das Arbeitsverhältnis zu den geänderten Bedingungen unter dem Vorbehalt der sozialen Rechtfertigung der Änderung der Arbeitsbedingungen fortzusetzen.[6] Das Kündigungsschreiben ging dem Kläger am ... zu.[7]

Ein Betriebsrat ist gebildet.

Die Klage ist begründet, weil die geänderte Bedingung der Art der Beschäftigung sozial nicht gerechtfertigt ist[8]. Der von der Beklagten im Kündigungsschreiben geltend gemachte betriebsbedingte Grund wird mit Nichtwissen bestritten. Die Beklagte wird hiermit aufgefordert, die Gründe anzugeben, die zu der von ihr getroffenen Sozialauswahl geführt haben.[9]

Die ordnungsgemäße Anhörung des Betriebsrats wird mit Nichtwissen bestritten.[8]

Der Kläger wendet sich gegen die Änderungskündigung sowohl mit einer Klage nach § 4 KSchG als auch mit einer allgemeinen Feststellungsklage nach § 256 ZPO. Er will sicherstellen, dass der unveränderte Fortbestand des Arbeitsverhältnisses mit den bisherigen Inhalten im Zeitpunkt der letzten mündlichen Verhandlung ausgeurteilt wird. Das für letzteren Antrag erforderliche Feststellungsinteresse ergibt sich daraus, dass die Beklagte gegenüber dem Kläger am (Datum) mitgeteilt hat, vorsorglich weitere Kündigungen auszusprechen.[10]

Die beabsichtigte Änderung der Tätigkeit des Klägers hätte den Verlust der Schichtzulage in Höhe von monatlich EUR 300 brutto zur Folge.[11]

...

Rechtsanwalt[12] ◄

2. Erläuterungen und Varianten

19 **[1] Zuständigkeit.** Die örtliche Zuständigkeit des Arbeitsgerichts ergibt sich im Urteilsverfahren vielfach optional (vgl § 35 ZPO), insbesondere aus dem allgemeinen Gerichtsstand des beklagten Arbeitgebers (vgl §§ 12, 17 ZPO), dem Gerichtsstand des Erfüllungsortes gem. § 29 ZPO oder dem Gerichtsstand der Niederlassung (§ 21 ZPO) oder des Arbeitsortes (§ 48 Abs. 1 a ArbGG).

20 **[2] Parteibezeichnung.** Gerade auch bei der fristgebundenen Änderungsschutzklage ist auf die Bezeichnung des Beklagten im Hinblick auf die Einhaltung der Dreiwochenfrist und der sich bei Nichteinhaltung drohenden Rechtsfolge des § 7 KSchG besondere Sorgfalt zu verwenden. Zum einen gilt diese Anforderung für jede Art der Klageschrift gem. § 253 Abs. 2 Nr. 1, Abs. 4 ZPO iVm § 130 Nr. 1 ZPO. Zum anderen ist dies auch der zu beachtenden Klagefrist geschuldet. Für die zumindest im Wege der Auslegung bestimmbare zutreffende Beklagte ist es hilfreich, das Kündigungsschreiben beizufügen. Nach dem Grundsatz des wohlverstandenen rechtlichen Interesses ist bei unklarer Beklagtenbezeichnung über das beigefügte Kündigungsschreiben auslegungsweise lediglich von einer Berichtigung anstatt einer falschen Parteibezeichnung auszugehen.

21 **[3] Änderungsschutzantrag.** Die Formulierung des Änderungsschutzantrags ergibt sich aus dem Wortlaut des § 4 Satz 2 KSchG. Neben der geltend zu machenden fehlenden sozialen Rechtfertigung der Änderung der Arbeitsbedingungen bezieht der Antrag entsprechend der Textfassung des § 4 Satz 2 KSchG auch ausdrücklich andere Unwirksamkeitsgründe ein. Der Antrag kann auch alternativ wie folgt lauten:

▶ Es wird festgestellt, dass die Änderung der Arbeitsbedingungen durch die von der Beklagten ausgesprochene ordentliche Änderungskündigung vom ... unwirksam ist (HaKo-KSchR/*Pfeiffer* § 2 Rn 56). ◄

22 **[4] Allgemeiner Feststellungsantrag.** Sofern die Gefahr besteht, dass durch andere rechtsgeschäftliche Maßnahmen auf den Vertragsinhalt eingewirkt wird, ist der punktuelle Änderungsschutzantrag verbunden mit einem allgemeinen Feststellungsantrag nach § 256 Abs. 1 ZPO, für den eigenständig das Feststellungsinteresse zu begründen ist, zu erheben. Eigenständiger Antrag und entsprechende Begründung schließen die Annahme des Gerichts aus, es handele sich lediglich um eine bloße „Floskel" zum punktuellen Änderungsschutzantrag. Im Fall einer Folgekündigung auch in Form einer Beendigungskündigung ist gegenüber dem Gericht klarzustellen, dass der bereits innerhalb der Frist des § 4 KSchG erhobene allgemeine Feststellungsantrag die weitere Kündigung mitumfassen soll. Der Antrag ist dann entweder ausdrücklich oder im Wege der Auslegung in einen entsprechenden punktuellen Antrag umzuformulieren.

23 **[5] KSchG.** Für die Anwendung des KSchG, und damit für das Erfordernis der sozialen Rechtfertigung der Änderung der Arbeitsbedingungen, ist der Arbeitnehmer darlegungs- und

[6] **Vorbehalt.** Hinsichtlich der Reaktionsmöglichkeiten des Klägers auf die vom Beklagten ausgesprochene ordentliche Änderungskündigung wird auf die Erläuterungen Rn 2 ff Bezug genommen. Adressat eines Vorbehalts, der innerhalb der Kündigungsfrist, spätestens jedoch innerhalb von drei Wochen nach Zugang der Kündigung zu erklären ist, ist ausschließlich der Arbeitgeber. Die Einreichung der Klage bei Gericht innerhalb dieser Frist, mit der auch erstmals der Vorbehalt erklärt wird, genügt zur Wahrung der Frist gegenüber dem Arbeitgeber nicht. Die Vorschriften über die Klagezustellung (§ 46 Abs. 2 ArbGG iVm §§ 495, 167 ZPO) finden auf die Vorbehaltsfrist des § 2 Satz 2 KSchG nach bisheriger Ansicht keine Anwendung (mittlerweile streitig im Hinblick auf BGH 17.7.2008 – 1 ZR 109/05, NJW 2009, 765; BAG 22.5.2014 – 8 AZR 662/13, BB 2014, 1395; *Nägele/Gertler* NZA 2010, 1377, 1378; HaKo-KSchR/*Pfeiffer* § 2 Rn 35). Unabhängig davon, ob der Kläger die Änderung der Arbeitsbedingungen abgelehnt, sei es ausdrücklich oder nicht fristgemäß, oder ob er einen Vorbehalt wirksam erklärt hat, ist Gegenstand der Überprüfung die soziale Rechtfertigung der Änderung der Arbeitsbedingungen und nicht etwa die Beendigung des Arbeitsverhältnisses als solches (BAG 19.5.1993 – 2 AZR 584/92, AP KSchG 1969 § 2 Nr. 31).

[7] **Zugang.** Die Mitteilung der Zustellung des Kündigungsschreibens ist der Einhaltung der auch für die Erhebung der Kündigungsschutzklage geltenden Dreiwochenfrist geschuldet, § 4 Satz 2 iVm Satz 1 KSchG.

[8] **Prüfungsprogramm.** Obwohl § 2 KSchG weder auf § 2 Abs. 1 Satz 4 KSchG noch auf dessen Abs. 3 Satz 3 verweist, folgt aus den allgemeinen Grundsätzen zur Verteilung der Darlegungs- und Beweislast für rechtsvernichtende Einwendungen, dass diese dem Arbeitgeber für diejenigen Tatsachen obliegt, welche die Kündigung bedingen. Der Arbeitgeber als Beklagter hat sowohl bei Geltung des KSchG die Gründe für die soziale Rechtfertigung der Änderungskündigung als auch die Ordnungsgemäßheit der Anhörung des Betriebsrats gem. § 102 Abs. 1 BetrVG darzulegen und ggf zu beweisen. Dementsprechend ist der Kläger mangels grundsätzlich bestehender fehlender eigener Wahrnehmung berechtigt, beide Wirksamkeitserfordernisse mit Nichtwissen zu bestreiten, § 138 Abs. 4 ZPO.

[9] **Auskunftsanspruch bei Sozialauswahl.** Aufgrund der gesetzlichen Verweisung in § 2 KSchG auch auf § 1 Abs. 3 Satz 1 KSchG ist bei Ausspruch einer ordentlichen betriebsbedingten Änderungskündigung eine Sozialauswahl, wenngleich auch in modifizierter Form, durchzuführen (BAG 18.10.1984 – 2 AZR 543/83, AP KSchG 1969 § 1 Soziale Auswahl Nr. 6). Dementsprechend kann der Kläger vom Beklagten auch Auskunft über die Gründe seiner Sozialauswahl verlangen. Der materiellen Auskunftspflicht hat der Beklagte Rechnung zu tragen. Wegen der Rechtsfolgen der Nichterfüllung der Auskunftspflicht wird auf die Ausführungen in HaKo-KSchR/*Gallner/Mestwerdt* § 1 Rn 921 verwiesen.

[10] **Vorbehalt.** Hinsichtlich der Reaktionsmöglichkeiten des Klägers auf die vom Beklagten ausgesprochene ordentliche Änderungskündigung wird auf die Erläuterungen Rn 2 ff Bezug genommen. Adressat eines Vorbehalts, der innerhalb der Kündigungsfrist, spätestens jedoch innerhalb von drei Wochen nach Zugang der Kündigung zu erklären ist, ist ausschließlich der Arbeitgeber. Die Einreichung der Klage bei Gericht innerhalb dieser Frist, mit der auch erstmals der Vorbehalt erklärt wird, genügt zur Wahrung der Frist gegenüber dem Arbeitgeber nicht. Die Vorschriften über die Klagezustellung (§ 46 Abs. 2 ArbGG iVm §§ 495, 167 ZPO)

finden auf die Vorbehaltsfrist des § 2 Satz 2 KSchG nach bisheriger Ansicht keine Anwendung (mittlerweile streitig im Hinblick auf BGH 17.7.2008 – 1 ZR 109/05, NJW 2009, 765; BAG 22.5.2014 – 8 AZR 662/13, BB 2014, 1395; *Nägele/Gertler* NZA 2010, 1377, 1378; HaKo-KSchR/*Pfeiffer* § 2 Rn 35). Unabhängig davon, ob der Kläger die Änderung der Arbeitsbedingungen abgelehnt, sei es ausdrücklich oder nicht fristgemäß, oder ob er einen Vorbehalt wirksam erklärt hat, ist Gegenstand der Überprüfung die soziale Rechtfertigung der Änderung der Arbeitsbedingungen und nicht etwa die Beendigung des Arbeitsverhältnisses als solches (BAG 19.5.1993 – 2 AZR 584/92, AP KSchG 1969 § 2 Nr. 31).

29 **[11] Streitwert.** Bei einer unter Vorbehalt angenommenen Änderungskündigung mit Vergütungsänderung oder sonstigen messbaren wirtschaftlichen Nachteilen beträgt der Gegenstandswert die dreifache Jahresdifferenz, mindestens jedoch eine Monatsvergütung, höchstens die Vergütung für ein Vierteljahr, § 42 Abs. 1 Satz 1, Abs. 2 Satz 1 GKG (BAG 23.3.1989 – 7 AZR 527/85, AP GKG 1975 § 17 Nr. 1).

29a **[12] Unterschrift.** Gem. § 253 Abs. 4 ZPO iVm § 130 Nr. 6 ZPO gehört die Unterschrift zu den wesentlichen Erfordernissen einer Klageschrift. Fehlt die Unterschrift unter einer Klageschrift oder ist diese ungenügend, so ist die Klage bereits unzulässig. Die Unterzeichnung muss handschriftlich mit vollständigem Namenszug erfolgen. Die bewusst und gewollt nur abgekürzte Unterzeichnung mittels bloßer Paraphe ist ungenügend (BAG 27.3.1996 – 5 AZR 576/94, AP ZPO § 518 Nr. 67). Der Mangel kann jedoch gem. § 295 Abs. 1 ZPO durch rügelose Einlassung geheilt werden. Im Hinblick auf die zu beachtende dreiwöchige Klageerhebungsfrist des § 4 Satz 1 KSchG wirkt eine solche Heilung nicht nur ex nunc, sondern vielmehr rückwirkend (BAG 26.6.1986 – 2 AZR 358/85, BAGE 52, 263).

II. Klageerwiderung

30 **1. Muster: Erwiderungsschriftsatz**

▶ An das

Arbeitsgericht ▪▪▪

▪▪▪ (Datum)

In Sachen ▪▪▪ ./. ▪▪▪

(vollständiges Rubrum)

Az: ▪▪▪

zeige ich an, dass ich die Beklagte vertrete.

Namens und im Auftrag der Beklagten wird beantragt, die Klage abzuweisen.

Begründung

Die Beklagte produziert und vertreibt Zubehör für die Automobilindustrie. Sie unterhält mehrere Betriebe. Im Beschäftigungsbetrieb des Klägers ist entgegen seiner Behauptung ein Betriebsrat nicht gebildet.[1] Sie beschäftigt insgesamt ungefähr 500 Arbeitnehmer.

Es ist zutreffend, dass die Beklagte die vom Kläger angegriffene ordentliche betriebsbedingte Änderungskündigung ausgesprochen hat.

Die Beklagte hat mit Unternehmerentscheidung vom ▪▪▪ angesichts der mit Schreiben vom (Datum) ausgesprochenen Kündigung zum ▪▪▪ ihres alleinigen Kunden im Produktsegment Dichtungsringe (Produktbezeichnung) entschieden, mit Wirkung ab ▪▪▪ den Produktbereich Dichtungsringe ▪▪▪ (Produktbezeichnung), und damit die entsprechende Abteilung stillzulegen.

B. Änderungsschutzverfahren   § 2 KSchG

Ferner hat die Beklagte entschieden, von den 20 in der betroffenen Abteilung beschäftigten Arbeitnehmern fünf Arbeitnehmer in den Wareneingang zu übernehmen und dort mit Ausnahme der bis dahin angefallenen Schichtzuschläge zu im Übrigen unveränderten Arbeitsbedingungen weiter zu beschäftigen.

Aufgrund der arbeitsvertraglichen Gestaltung, der Kläger ist ausschließlich arbeitsvertraglich als Produktionsmitarbeiter zu beschäftigen, war der Ausspruch einer ordentlichen Änderungskündigung von Rechts wegen geboten.[2]

Die von ihr durchgeführte Sozialauswahl nach den Kriterien der Beschäftigungsdauer, des Lebensalters und der Unterhaltsverpflichtungen einschließlich der jeweiligen beruflichen Qualifikation rechtfertigte die Schutzbedürftigkeit des Klägers, und damit auch seine Weiterbeschäftigung auf dem freien Arbeitsplatz im Wareneingang.[3]

Eine anderweitige Beschäftigungsmöglichkeit in der bisherigen Beschäftigungsabteilung des Klägers besteht nicht. Der Wegfall der Schichtzuschläge rechtfertigt sich aus dem Umstand, dass im Wareneingang nur einschichtig, nämlich in der Tagschicht, gearbeitet wird.

Neben der streitgegenständlichen Änderungskündigung hat die Beklagte weder eine weitere Kündigung noch sonstige arbeitsrechtlichen Maßnahmen ausgesprochen.[4]

...

Rechtsanwalt ◄

2. Erläuterungen

[1] **Betriebsratsanhörung.** Der vom Kläger in seiner Klageschrift auch für die ordentliche Änderungskündigung geltende sonstige Unwirksamkeitsgrund (vgl § 4 Satz 2 KSchG) der nicht ordnungsgemäßen Anhörung des Betriebsrats löst die in § 138 Abs. 2 ZPO bestimmte Erklärungsobliegenheit der Beklagten aus. Im Hinblick auf das Bestreiten des Bestehens eines Betriebsrats durch die Beklagte ist nunmehr der Kläger gehalten, näher bestimmt die Existenz eines Betriebsrats darzulegen, um die Darlegungslast der Beklagten in Bezug auf die ordnungsgemäße Anhörung des Betriebsrats vor Ausspruch der ordentlichen Änderungskündigung auszulösen. 31

[2] **Soziale Rechtfertigung.** Die Beklagte beruft sich zur Rechtfertigung der ordentlichen Änderungskündigung auf einen dringenden betriebsbedingten Grund, der neben personen- und verhaltensbedingten Gründen entsprechend der in § 2 Satz 1 KSchG angeordneten gesetzlichen Verweisung auf § 1 Abs. 2 und Abs. 3 KSchG eine ordentliche Änderungskündigung bedingen kann. Zum Prüfungsmaßstab im Einzelnen siehe Erläuterungen Rn 19 ff. 32

[3] **Sozialauswahl.** Die Beklagte hat das vom Kläger ausgelöste Verlangen auf Auskunft über die von der Beklagten durchgeführte Sozialauswahl aufgegriffen und entsprechend ihrer Angaben eine zugunsten des Klägers durchgeführte Sozialauswahl vorgenommen. Wegen des Inhalts der modifiziert durch zu führenden Sozialauswahl siehe Kommentierung in HaKo-KSchR/*Pfeiffer* § 2 Rn 49 ff (BAG 18.10.1984 – 2 AZR 543/83, AP KSchG 1969 § 1 Soziale Auswahl Nr. 6). 33

[4] **Feststellungsinteresse.** Die Beklagte hat weder den Bestands- noch den Inhaltsschutz durch weitere Kündigungen nach Ausspruch der ordentlichen Änderungskündigung in Frage gestellt. Dementsprechend ist durch das Vorbringen der Beklagten ein Feststellungsinteresse für den vom Kläger angekündigten allgemeinen Feststellungsantrag nicht erkennbar. Ein solches muss im Zeitpunkt der letzten mündlichen Verhandlung bestehen. Die insoweit drohende Klageabweisung bedingt eine Kostentragung. 34

§ 3 KSchG Kündigungseinspruch

¹Hält der Arbeitnehmer eine Kündigung für sozial ungerechtfertigt, so kann er binnen einer Woche nach der Kündigung Einspruch beim Betriebsrat einlegen. ²Erachtet der Betriebsrat den Einspruch für begründet, so hat er zu versuchen, eine Verständigung mit dem Arbeitgeber herbeizuführen. ³Er hat seine Stellungnahme zu dem Einspruch dem Arbeitnehmer und dem Arbeitgeber auf Verlangen schriftlich mitzuteilen.

§ 4 KSchG Anrufung des Arbeitsgerichtes

¹Will ein Arbeitnehmer geltend machen, dass eine Kündigung sozial ungerechtfertigt oder aus anderen Gründen rechtsunwirksam ist, so muss er innerhalb von drei Wochen nach Zugang der schriftlichen Kündigung Klage beim Arbeitsgericht auf Feststellung erheben, dass das Arbeitsverhältnis durch die Kündigung nicht aufgelöst ist. ²Im Falle des § 2 ist die Klage auf Feststellung zu erheben, daß die Änderung der Arbeitsbedingungen sozial ungerechtfertigt oder aus anderen Gründen rechtsunwirksam ist. ³Hat der Arbeitnehmer Einspruch beim Betriebsrat eingelegt (§ 3), so soll er der Klage die Stellungnahme des Betriebsrates beifügen. ⁴Soweit die Kündigung der Zustimmung einer Behörde bedarf, läuft die Frist zur Anrufung des Arbeitsgerichtes erst von der Bekanntgabe der Entscheidung der Behörde an den Arbeitnehmer ab.

A. Kündigungsschutzklage
   I. Muster: Kündigungsschutzklage
   II. Erläuterungen
      [1] Voraussetzungen 2
      [2] Zuständiges Gericht 4
      [3] Korrekte Parteibezeichnung 9
      [4] Streitgegenstand 12
      [5] Allgemeine Feststellungsklage 13
      [6] Allgemeiner Weiterbeschäftigungsanspruch 15
      [7] Anwendbarkeit des Kündigungsschutzgesetzes 17
      [8] Bezeichnung der Kündigung 18
      [9] Darlegungs- und Beweislast 19
      [10] Anhörung des Betriebsrats 21
      [11] Weiterbeschäftigungsanspruchs nach § 102 Abs. 5 BetrVG 22
      [12] Zeugnis 23
      [13] Ausschlussfristen 24
      [14] Geltendmachung von Urlaubsansprüchen 25
B. Fristlose, hilfsweise fristgerechte Kündigung
   I. Muster: Klage gegen fristlose, hilfsweise fristgerechte Kündigung
   II. Erläuterungen
C. Sonderkündigungsschutz
   I. Schwerbehinderung/Gleichstellung
     1. Muster: Sonderkündigungsschutz gem. § 85 SGB IX
     2. Erläuterungen
       [1] Zustimmung des Integrationsamts 30
       [2] Varianten 34
   II. Schwangerschaft
     1. Muster: Sonderkündigungsschutz gem. § 9 Abs. 1 MuSchG
     2. Erläuterungen
       [1] Schwangerschaft 36
       [2] Sonderkündigungsschutz nach der Entbindung 37
       [3] Zwei-Wochen-Frist des § 9 Abs. 1 Satz 1 MuSchG 38
       [4] Zuständige Landesbehörde 39
   III. Elternzeit
     1. Muster: Sonderkündigungsschutz gem. § 18 Abs. 1 BEEG
     2. Erläuterungen
       [1] Voraussetzungen des Sonderkündigungsschutzes 41
       [2] Varianten 44
       [3] Elternteilzeit 45
       [4] Inkenntnissetzung des Arbeitgebers über Teilzeitbeschäftigung ohne Inanspruchnahme von Elternzeit 46
   IV. Wehrdienst
     1. Muster: Sonderkündigungsschutz gem. § 2 ArbPlSchG
     2. Erläuterungen
       [1] Voraussetzungen des Sonderkündigungsschutzes 48
       [2] Inhalt des Sonderkündigungsschutzes 49
   V. Pflegezeit
     1. Muster: Sonderkündigungsschutz gem. § 5 Abs. 1 PflegeZG
     2. Erläuterungen
       [1] Inhalt des Sonderkündigungsschutzes 52
       [2] Beginn des Sonderkündigungsschutzes 53
       [3] Varianten 54
       [4] Kurzzeitige Arbeitsverhinderung (§ 2 PflegeZG) 55

- [5] Kein Zustimmungserfordernis.. 56
- [6] Höchstdauer 57
- [7] Begriff der Pflegebedürftigkeit.. 58
- [8] Naher Angehöriger 59
- [9] Ärztliche Bescheinigung 60
- [10] Pflegezeit nach § 3 PflegeZG.... 61
- [11] Höchstdauer 62
- [12] Geltendmachung der Pflegezeit.. 63
- [13] Kein Zustimmungserfordernis.. 64
- [14] Nachweispflicht 65

VI. Datenschutzbeauftragter
1. Muster: Sonderkündigungsschutz gem. § 4 f Abs. 3 BDSG
2. Erläuterungen
   - [1] Voraussetzungen des Sonderkündigungsschutzes 67

VII. Sonderkündigungsschutz im Rahmen der Betriebsverfassung und Personalvertretung
1. Mitglied eines Betriebsrats, einer Jugend- und Auszubildendenvertretung, einer Bordvertretung oder eines Seebetriebsrats, § 15 Abs. 1 KSchG
   a) Muster: Sonderkündigungsschutz gem. § 15 Abs. 1 KSchG
   b) Erläuterungen
      - [1] Voraussetzungen des Sonderkündigungsschutzes 70
      - [2] Sonderkündigungsschutz für Ersatzmitglieder 72
2. Mitglieder des Wahlvorstands, § 15 Abs. 3 BetrVG
   a) Muster: Sonderkündigungsschutz eines Wahlvorstandsmitglieds zur Durchführung von Betriebsratswahlen
   b) Erläuterungen
      - [1] Gerichtlich bestellte Mitglieder des Wahlvorstands 74
3. Wahlbewerber, § 15 Abs. 3 KSchG
   a) Muster: Sonderkündigungsschutz eines Wahlbewerbers für Betriebsratswahlen
   b) Erläuterungen
      - [1] Voraussetzungen des Sonderkündigungsschutzes 76

D. Sonstige Unwirksamkeitsgründe

I. Verstoß gegen Treu und Glauben, § 242 BGB
1. Muster: Mindestmaß an sozialer Rücksichtnahme bei Kündigung aus wirtschaftlichen Gründen
2. Erläuterungen
   - [1] Verstoß einer Kündigung gegen das Gebot von Treu und Glauben 78
   - [2] Darlegung der Vergleichbarkeit . 79
   - [3] Darlegungs- und Beweislast..... 80

II. Sittenwidrige Kündigung, § 138 BGB
1. Muster: Kündigung als Druckmittel
2. Erläuterungen
   - [1] Fallkonstellation nach KR/Friedrich § 13 KSchG Rn 143 82
   - [2] Begriff der Sittenwidrigkeit 83
   - [3] Abgrenzung zwischen § 138 BGB und § 242 BGB...... 84

III. Verstoß gegen das Maßregelungsverbot, § 612 a BGB
1. Muster: Kündigung wegen Betreuung eines erkrankten Kindes
2. Erläuterungen
   - [1] Fallkonstellation nach LAG Köln 10.11.1993 – 7 Sa 690/93 86
   - [2] Maßregelungsverbot als Sonderfall der Sittenwidrigkeit 87
   - [3] Voraussetzungen 88
   - [4] Suspendierung der Arbeitspflicht 89
   - [5] Voraussetzungen des § 45 Abs. 1 SGB V 90
   - [6] Darlegungs- und Beweislast..... 91

IV. Kündigungsfrist
1. Muster: Verstoß gegen § 622 Abs. 2 BGB
2. Erläuterungen
   - [1] Abgrenzung der fristgebundenen Klage nach § 4 KSchG von der fristungebundenen Klage nach § 256 ZPO 93

V. Betriebsübergang, § 613 a Abs. 4 BGB
1. Muster: Kündigung wegen eines Betriebsübergangs
2. Erläuterungen
   - [1] Passivlegitimation 95
   - [2] Allgemeine Feststellungsklage gegen Betriebserwerber 96
   - [3] Wiedereinstellungsanspruch..... 97

VI. Massenentlassungsanzeige, § 17 KSchG
1. Muster: Klage gegen anzeigepflichtige Entlassung
2. Erläuterungen
   - [1] Unwirksamkeitsgrund nach § 134 BGB 99
   - [2] Darlegungs- und Beweislast..... 100
   - [3] Konkrete Fehlerrüge 101

VII. Vertretungsmängel
1. Fehlende Vertretungsmacht
   a) Muster: Klage gegen Kündigung eines Vertreters ohne Vertretungsmacht
   b) Erläuterungen
      - [1] Vertreter ohne Vertretungsmacht 103
      - [2] Unverzügliche Beanstandung.... 104
2. Zurückweisung der Kündigung wegen fehlender Vollmachtsurkunde nach § 174 Satz 1 BGB
   a) Muster: Klage gegen Kündigung durch Vertreter ohne Vorlage der Originalvollmachtsurkunde
   b) Erläuterungen
      - [1] Fehlender Nachweis der Vertretungsmacht durch Vorlage der Vollmachtsurkunde 106
      - [2] Unverzügliche Zurückweisung der Kündigung 107
      - [3] Zurückweisung durch Vertreter 108

E. Änderungskündigung
   I. Ordentliche Änderungskündigung
      1. Muster: Änderungsschutzklage
      2. Erläuterungen
         [1]   Klageantrag/Streitgegenstand... 110
         [2]   Annahme des Änderungsangebots unter Vorbehalt............ 112

II. Außerordentliche Änderungskündigung
      1. Muster: Klage gegen außerordentliche Änderungskündigung
      2. Erläuterungen
         [1]   Antrag/Klagefrist................ 116

A. Kündigungsschutzklage

1 I. Muster: Kündigungsschutzklage[1]

▶ An das

Arbeitsgericht ___[2]

Klage

In dem Rechtsstreit

___

– Kläger –

Prozessbevollmächtigte: ___

gegen

___

– Beklagte –[3]

Prozessbevollmächtigte: ___

wegen: Kündigung

erheben wir namens und mit Vollmacht des Klägers Klage und werden beantragen:

1. Es wird festgestellt, dass das Arbeitsverhältnis der Parteien durch die Kündigung der Beklagten vom ___ nicht beendet wird.[4]
2. Es wird festgestellt, dass das Arbeitsverhältnis auch nicht durch andere Beendigungstatbestände endet, sondern auf unbestimmte Zeit fortbesteht.[5]
3. Im Falle des Obsiegens mit dem Antrag zu 1. und/oder zu 2. wird die Beklagte verurteilt, den Kläger bis zum rechtskräftigen Abschluss des Kündigungsschutzverfahrens zu unveränderten arbeitsvertraglichen Bedingungen als ___ (Tätigkeitsbezeichnung) weiter zu beschäftigen.[6]

ggf

4. Die Beklagte wird verurteilt, dem Kläger ein qualifiziertes Abschlusszeugnis zu erteilen.

Begründung

Der am ___ geborene Kläger ist ledig/verheiratet/geschieden und ___ Personen/Kindern gegenüber zum Unterhalt verpflichtet. Er ist seit dem ___ bei der Beklagten als ___ (Tätigkeitsbezeichnung) zuletzt mit einem monatlichen Bruttoentgelt von ___ EUR bei einer regelmäßigen wöchentlichen/monatlichen Arbeitszeit von ___ Stunden beschäftigt.[7]

Die Beklagte beschäftigt regelmäßig mehr als zehn Arbeitnehmer in Vollzeit ausschließlich der Auszubildenden, § 23 Abs. 1 KSchG (alternativ: Einschließlich des Klägers und ausschließlich der Auszubildenden beschäftigt die Beklagte mehr als fünf Vollzeitarbeitnehmer, deren Arbeitsverhältnis vor dem 1.1.2004 begonnen hat).[7]

Mit Schreiben vom ___, welches dem Kläger am ___ zuging, kündigte die Beklagte das Arbeitsverhältnis zum ___. Wir fügen das Kündigungsschreiben in Kopie bei.[8]

Die Kündigung ist sozial ungerechtfertigt und daher unwirksam. Es liegen keine Gründe im Verhalten oder in der Person des Klägers vor; ebenso wenig ist die Kündigung durch dringende betriebliche Erfordernisse sozial gerechtfertigt. Sofern die Beklagte geltend macht, die Kündigung sei durch betriebsbedingte Gründe gerechtfertigt, wird die ordnungsgemäße Durchführung der Sozialauswahl in Abrede gestellt. Die Beklagte wird aufgefordert, die Sozialauswahl offenzulegen und hierbei Namen und Sozialdaten von vergleichbaren Arbeitnehmern zu nennen.[9]

Bei Bestehen eines Betriebsrats:

Eine ordnungsgemäße Anhörung des im Betrieb der Beklagten bestehenden Betriebsrats wird mit Nichtwissen bestritten.[10]

Der Klageantrag zu 2) ist ein selbstständiger allgemeiner Feststellungsantrag gemäß § 256 ZPO. Derzeit sind dem Kläger zwar keine weiteren Beendigungstatbestände bekannt. Es besteht aber die Gefahr, dass die Beklagte während dieses Rechtsstreits weitere Kündigungen aussprechen wird. Es wird deshalb mit dem Klageantrag zu 2) die Feststellung begehrt, dass das Arbeitsverhältnis auch durch solche weiteren Kündigungen nicht beendet wird.

Bei Obsiegen mit dem Kündigungsschutzantrag hat der Kläger einen Anspruch auf Weiterbeschäftigung auch nach Ablauf der Kündigungsfrist (BAG GS 27.2.1985 – GS 1/84, NZA 1985, 702).

Weiterbeschäftigung bei Widerspruch des Betriebsrats:[11]

Die Beklagte ist gemäß § 102 Abs. 5 Satz 1 BetrVG verpflichtet, den Kläger auch nach Ablauf der Kündigungsfrist bis zum rechtskräftigen Abschluss des Rechtsstreits zu unveränderten Bedingungen weiter zu beschäftigen. Der Betriebsrat hat der ordentlichen Kündigung frist- und formgerecht iSv. § 102 Abs. 3 BetrVG widersprochen. Mit Schreiben vom ▬▬▬ hörte die Beklagte den Betriebsrat zur beabsichtigten Kündigung des Klägers an. Mit schriftlicher Stellungnahme vom ▬▬▬, am ▬▬▬ bei der Beklagten eingegangen, widersprach der Betriebsrat der beabsichtigten Kündigung wie folgt:

Inhalt des Widerspruchsschreibens

Beweis: 1. Widerspruchsschreiben des Betriebsrats vom ▬▬▬
2. Zeugnis des Betriebsratsmitglieds ▬▬▬ (Name des Betriebsratsmitglieds nebst ladungsfähiger Anschrift)

Bei Antrag auf Erteilung eines qualifizierten Abschlusszeugnisses

Der Kläger hat Anspruch auf die Erteilung eines qualifizierten Abschlusszeugnisses. Nach § 109 Abs. 1 GewO kann der Arbeitnehmer „bei Beendigung" des Arbeitsverhältnisses ein Zeugnis über Art und Dauer der Tätigkeit sowie über Leistung und Verhalten im Arbeitsverhältnis verlangen. Dieser Anspruch entsteht mit dem tatsächlichen Ausscheiden des Arbeitnehmers, spätestens mit Ablauf der Kündigungsfrist selbst dann, wenn der Arbeitnehmer gegen die Kündigung Kündigungsschutzklage erhoben hat und hierüber noch nicht rechtskräftig entschieden worden ist (BAG 27. Februar 1987 – 5 AZR 710/85, NZA 1987, 628). Da der Kläger im laufenden Kündigungsschutzverfahren gehalten ist, sich um eine neue Beschäftigung zu bemühen (§ 615 Satz 2 BGB, §§ 11, 12 KSchG), benötigt er das Zeugnis zur Stellensuche.[12]

Zugleich macht der Kläger hiermit die durch die streitgegenständliche Kündigung bedrohten und regelmäßig fällig werdenden Ansprüche geltend.[13]

Sollte das Verfahren über das Jahresende hinaus fortdauern, begehrt der Kläger bereits jetzt die Übertragung seines (Rest-) Urlaubs in das Folgejahr.[14]

Eine auf uns lautende Vollmacht ist beigefügt.

…

Rechtsanwalt ◄

II. Erläuterungen

2 **[1] Voraussetzungen.** Klagen, mit denen sich ein Arbeitnehmer gegen die Kündigung seines Arbeitsverhältnisses zur Wehr setzt, kommt in der gerichtlichen Praxis erhebliche Bedeutung zu. Dem Arbeitnehmer sollen sie den Arbeitsplatz als Grundlage seiner wirtschaftlichen Existenz erhalten. Für dessen Prozessbevollmächtigten stellen sie wegen der **Fristenregelungen in § 4, § 13 Abs. 1 Satz 2 iVm § 7 KSchG** ein Haftungsrisiko dar. Will sich ein Arbeitnehmer gegen eine (Änderungs-) Kündigung zur Wehr setzen, so muss er grundsätzlich innerhalb von drei Wochen nach Zugang der schriftlichen Kündigung (Änderungs-) Kündigungsschutzklage erheben, § 4 KSchG (vgl im Einzelnen HaKo-KSchR/*Gallner* § 4 KSchG Rn 111 ff). Nach § 13 Abs. 1 Satz 2 KSchG gilt die dreiwöchige Klagefrist nicht nur für die ordentliche, sondern auch für die außerordentliche (Änderungs-) Kündigung und gem. § 13 Abs. 3 KSchG für sonstige Unwirksamkeitsgründe. Sie ist gemäß § 23 Abs. 1 KSchG auch für Kündigungen in Kleinbetrieben anzuwenden. Erhebt der Arbeitnehmer die Klage nicht rechtzeitig, so gilt die Kündigung gemäß § 7 KSchG als von Anfang an rechtswirksam. Bei der Beurteilung, ob die Kündigungsschutzklage ordnungsgemäß erhoben worden ist, wird ein großzügiger Maßstab angelegt. Der Arbeitnehmer muss durch rechtzeitige Anrufung des Arbeitsgerichts seinen Willen, sich gegen die Wirksamkeit einer Kündigung zu wehren, genügend klar zum Ausdruck zu bringen. Dies ist bereits der Fall, wenn aus der Klage ersichtlich ist, gegen wen sie sich richtet, wo der Kläger tätig war und vor allem, dass er seine Kündigung nicht als berechtigt anerkennen will (BAG 18.7.2013 – 6 AZR 420/12, NZA 2014, 109). Alle klagebegründenden Tatsachen (zB § 1 Abs. 1, § 23 KSchG, Bezeichnung der Unwirksamkeitsgründe) berühren nicht die Zulässigkeit, sondern die Begründetheit der Klage (BAG 18.7.2013 – 6 AZR 420/12, NZA 2014, 109). Sie können gemäß § 6 KSchG noch bis zum Schluss der mündlichen Verhandlung erster Instanz (§ 136 Abs. 4 ZPO) vorgetragen werden. Das Anlaufen der Frist des § 4 Satz 1 KSchG setzt den Zugang der *schriftlichen* Kündigung voraus. Der Mangel der Schriftform kann somit auch noch nach Ablauf der Dreiwochenfrist geltend gemacht werden (BAG 6.9.2012 – 2 AZR 858/11 – DB 2013, 520). Zudem wird die Klagefrist nur bei einer dem Arbeitgeber zurechenbaren Kündigung in Gang gesetzt (BAG 26.3.2009 – 2 AZR 403/07, NZA 2009, 1146). Bedarf die Kündigung der **Zustimmung einer Behörde** (zB § 9 Abs. 3 MuSchG, § 18 Abs. 1 BEEG, § 85 SGB IX), so läuft nach der Ausnahmeregung des § 4 Satz 4 KSchG die Frist für die Arbeitnehmerin zur Anrufung des Arbeitsgerichts erst ab der Bekanntgabe der Entscheidung der Behörde. Voraussetzung für die Anwendbarkeit der Ausnahmeregelung des § 4 Satz 4 KSchG ist die Kenntnis des Arbeitgebers von den den Sonderkündigungsschutz begründenden Tatsachen zum Zeitpunkt des Zugangs der Kündigung (BAG 19.2.2009 – 2 AZR 286/07, NZA 2009, 980; 13.2.2008 – 2 AZR 864/06, NZA 2008, 1055). Fehlt dem Arbeitgeber diese Kenntnis, läuft die Klagefrist an und tritt bei deren Versäumung die Wirksamkeitsfiktion des § 7 KSchG ein (zur Möglichkeit der nachträglichen Klagezulassung nach § 5 Abs. 1 Satz 2 KSchG bei unverschuldeter Unkenntnis einer Arbeitnehmerin über ihre Schwangerschaft vgl § 5 KSchG Rn 5 ff).

3 Die Versäumung der Klagefrist durch den Prozessbevollmächtigten des Arbeitnehmers führt regelmäßig zur Anwaltshaftung. Das **Verschulden des Prozessbevollmächtigten** an der Ver-

säumung der gesetzlichen Klagefrist nach § 4 Satz 1 KSchG ist dem Arbeitnehmer zuzurechnen (BAG 22. März 2012 – 2 AZR 224/11; 11. Dezember 2008 – 2 AZR 272/08, NZA 2009, 692). Die Kündigungsschutzklage ist unbedingt zu erheben. Eine unter der Bedingung der Bewilligung von Prozesskostenhilfe erhobene Klage gegen eine Kündigung wahrt die Frist des § 4 KSchG nach überwiegender Meinung nicht, wenn über den **Prozesskostenhilfeantrag** erst nach Fristablauf entschieden wird (vgl HaKo-KSchR/*Gallner* § 4 KSchG Rn 69; zweifelnd unter dem Gesichtspunkt effektiven Rechtsschutzes: LAG Hamm 14. Juni 2011 – 14 Ta 295/11, ArbR 2012, 100; vgl zu dieser Problematik auch ErfK/*Kiel* § 4 KSchG Rn 15).

[2] **Zuständiges Gericht.** Nach § 4 Satz 1 KSchG ist die Kündigungsschutzklage vor dem Arbeitsgericht zu erheben. Der Rechtsweg zu den Gerichten für Arbeitssachen ist nach § 2 Abs. 1 Nr. 3 b ArbGG eröffnet. 4

Das **örtlich zuständige Gericht** bestimmt sich über die Verweisung des § 46 Abs. 2 Satz 1 ArbGG nach §§ 12 ff ZPO: 5

Allgemeiner Gerichtsstand für die Kündigungsschutzklage ist bei natürlichen Personen der Wohnsitz des Arbeitgebers (§§ 12, 13 ZPO), bei juristischen Personen und Personenhandelsgesellschaften ihr Sitz (§§ 12, 17 Abs. 1 ZPO). 6

Als besondere Gerichtsstände kommen insbesondere in Betracht: 7

– Niederlassung (§ 21 Abs. 1 ZPO)
– Erfüllungsort (§ 29 Abs. 1 ZPO)
– gewöhnlicher Arbeitsort (§ 41 Abs. 1 a ArbGG)

Zu den Folgen der Anrufung des falschen Gerichts vgl HaKo-KSchR/*Gallner* § 4 KSchG Rn 132 ff. 8

[3] Die **korrekte Parteibezeichnung** ist für die Einhaltung der Klagefrist des § 4 Satz 1 KSchG von großer Relevanz. Nur wenn der Arbeitnehmer innerhalb von drei Wochen nach Zugang der schriftlichen Kündigung Klage gegen die richtige Partei erhebt, wird die Klagefrist gewahrt und das Eingreifen der Wirksamkeitsfiktion des § 7 KSchG verhindert. 9

Die Parteien sind möglichst genau und vollständig zu bezeichnen. Bei juristischen Personen und Personenhandelsgesellschaften sollten ihre gesetzlichen Vertreter oder persönlich haftende Gesellschafter genannt werden. Kann **bei unzutreffender Beklagtenbezeichnung** durch Auslegung ermittelt werden, wer als beklagte Partei gemeint ist, berichtigt das Gericht die Parteibezeichnung. In diesem Fall liegt eine nach § 4 Satz 1 KSchG rechtzeitige Klage unabhängig davon vor, ob die Berichtigung vor oder nach Ablauf der Dreiwochenfrist vorgenommen wurde. Ist in Ermangelung einer der Auslegung fähigen Beklagtenbezeichnung eine Berichtigung des Passivrubrums nicht möglich, sondern ein gewillkürter Parteiwechsel erforderlich, ist für die Wahrung der Klagefrist entscheidend, wann die auf den neuen Beklagten geänderte Klage bei Gericht einging (vgl ausführlich HaKo-KSchR/*Gallner* § 4 KSchG Rn 34 ff). 10

Ist zum Zeitpunkt der Klageerhebung ein **Insolvenzverwalter** bestellt, kann die Klagefrist des § 4 KSchG nur gewahrt werden, wenn sich die Kündigungsschutzklage gegen diesen in seiner Eigenschaft als Partei kraft Amtes richtet. Eine Klage gegen die Schuldnerin macht den Insolvenzverwalter nicht zur Partei des Rechtsstreits (BAG 21.9.2006 – 2 AZR 573/05, NZA 2007, 404). Ist im Rubrum der Klageschrift anstatt des Insolvenzverwalters die Schuldnerin genannt, ist durch Auslegung die Möglichkeit einer Rubrumsberichtigung zu ermitteln. Wird der Kündigungsschutzklage in diesem Fall das Kündigungsschreiben des Insolvenzverwalters beigefügt, dürfte sich die Klage tatsächlich und erkennbar gegen den Insolvenzverwalter richten, wenn keine Anhaltspunkte für eine abweichende Auslegung sprechen. Eine Rubrumsbe- 11 richtigung scheidet demgegenüber aus, wenn die Klageschrift keinen Hinweis auf das eröffnete Insolvenzverfahren und die Bestellung eines Insolvenzverwalters enthält und in der Klage die Schuldnerin eindeutig als Beklagte bezeichnet wurde (BAG 21.9.2006 – 2 AZR 573/05, NZA 2007, 404). In diesem Fall kann allerdings ein Antrag auf nachträgliche Zulassung der Kündigungsschutzklage in Betracht kommen, § 5 KSchG.

12 [4] **Streitgegenstand** einer Kündigungsschutzklage ist, ob das Arbeitsverhältnis der Parteien aus Anlass einer bestimmten Kündigung zu dem von ihr vorgesehenen Termin aufgelöst worden ist (BAG 27.1.2011 – 2 AZR 826/09, NZA 2010, 804; HaKo-KSchR/*Gallner* § 4 KSchG Rn 44 ff). Hieraus folgt zugleich, dass der Kündigungsschutzantrag auf die Feststellung gerichtet ist, das Arbeitsverhältnis ende nicht durch eine konkret zu bezeichnende Kündigung.

13 [5] **Allgemeine Feststellungsklage** (sog. „Schleppnetzantrag"). Es empfiehlt sich, neben der nach § 4 KSchG gegen eine bestimmte Kündigung gerichtete Klage eine allgemeine Feststellungsklage nach § 256 ZPO auf Feststellung des Fortbestands des Arbeitsverhältnisses zu unveränderten Bedingungen über den Kündigungsendtermin hinaus zu erheben (Klageverbindung gemäß § 260 ZPO). Streitgegenstand ist dabei allgemein die Frage, ob ein Arbeitsverhältnis über diesen Termin hinaus im Zeitpunkt der letzten mündlichen Verhandlung der Tatsacheninstanz fortbesteht (BAG 12.5.2005 – 2 AZR 426/04, NZA 2005, 1259). Der allgemeine Feststellungsantrag erfasst alle nach dem Vortrag der Parteien in Betracht kommenden Beendigungsgründe und ermöglicht es dem Arbeitnehmer, weitere Beendigungstatbestände auch nach Ablauf der Dreiwochenfrist jedenfalls bis zum Schluss der mündlichen Verhandlung in erster Instanz in den Kündigungsschutzprozess einzuführen (BAG 12.5.2005 – 2 AZR 426/04, NZA 2005, 1259), ggf sogar bis zum Ende der Berufungsverhandlung (BAG 13.3.1997 – 2 AZR 512/96, NZA 1997, 844; vgl im Einzelnen: HaKo-KSchR/*Gallner* § 4 KSchG Rn 51 ff). Hierzu wird der Arbeitnehmer zweckmäßigerweise seinen allgemeinen Feststellungsantrag auf einen Antrag gemäß § 4 Satz 1 KSchG umstellen. Zwingend ist dies jedoch nicht. Entscheidend ist, dass sich aus dem ggf ausdrücklichen Klageantrag ergibt, dass der Arbeitnehmer der Sache nach die von der Fiktionswirkung des § 7 KSchG erfassten Unwirksamkeitsgründe geltend machen will (BAG 12.5.2005 – 2 AZR 426/04, NZA 2005, 1259).

14 Für die allgemeine Feststellungsklage ist ein besonderes Feststellungsinteresse iSv. § 256 ZPO erforderlich. Trägt der Arbeitnehmer bis zum Zeitpunkt der letzten mündlichen Verhandlung erster Instanz hierzu keine Tatsachen vor, weist das Arbeitsgericht die allgemeine Feststellungsklage als unzulässig ab.

15 [6] **Allgemeiner Weiterbeschäftigungsanspruch.** Nach der ständigen Rechtsprechung des BAG (BAG GS 27.2.1985 – GS 1/84, NZA 1985, 702) hat der gekündigte Arbeitnehmer außerhalb der Regelung der § 102 Abs. 5 BetrVG, § 79 Abs. 2 BPersVG einen arbeitsvertraglichen Anspruch auf vertragsgemäße Beschäftigung über den Ablauf der Kündigungsfrist oder bei einer fristlosen Kündigung über deren Zugang hinaus bis zum rechtskräftigen Abschluss des Kündigungsschutzprozesses, wenn die Kündigung unwirksam ist und überwiegende schutzwerte Interessen des Arbeitgebers einer solchen Beschäftigung nicht entgegenstehen. Dies ist bei einer offensichtlich unwirksamen Kündigung der Fall oder nach stattgebendem Urteil erster Instanz, sofern nicht Interessen des Arbeitgebers an einer Nichtbeschäftigung überwiegen (ErfK/*Kiel* § 4 KSchG Rn 42). Der Weiterbeschäftigungsanspruch besteht nur, wenn der Fortbestand des Arbeitsverhältnisses im Streit steht. Bei einer unter Vorbehalt angenommenen Änderungskündigung ist der Arbeitgeber grundsätzlich nicht aufgrund des allgemeinen Wei-

A. Kündigungsschutzklage § 4 KSchG

terbeschäftigungsanspruchs verpflichtet, den Arbeitnehmer vorläufig weiter zu beschäftigen (BAG 28.5.2009 – 2 AZR 844/07, NZA 2009, 954).

Im Klageantrag ist die Art der Beschäftigung des Arbeitnehmers aufzuführen (§ 253 Abs. 2 Nr. 2 ZPO). Dabei reicht es aus, wenn das Berufsbild, mit dem der Arbeitnehmer beschäftigt werden soll, bezeichnet wird (BAG 15.4.2009 – 3 AZB 93/08, NZA 2009, 917). Der Weiterbeschäftigungsanspruch ist auf eine Beschäftigung für die Dauer des Rechtsstreits gerichtet (BAG 22.3.2012 – 2 AZR 167/11, NZA 2012, 1040). Deshalb ist der Klageantrag zeitlich bis zum rechtskräftigen Abschluss des Kündigungsschutzverfahrens zu begrenzen. Aus Kostengründen empfiehlt es sich, den Weiterbeschäftigungsantrag als uneigentlichen Hilfsantrag zu stellen.

[7] Der Arbeitnehmer hat alle tatbestandlichen Voraussetzungen für die **Anwendbarkeit des Kündigungsschutzgesetzes** darzulegen und zu beweisen. Hierzu gehören die tatsächlichen Voraussetzungen seiner Arbeitnehmereigenschaft, die Vollendung der Wartefrist des § 1 Abs. 1 KSchG sowie der betriebliche Anwendungsbereich des Kündigungsschutzgesetzes, § 23 Abs. 1 KSchG.

[8] Zur Angabe des Klagegegenstands iSv § 253 Abs. 2 Nr. 2 ZPO gehört die **Bezeichnung der Kündigung**, gegen die sich der Arbeitnehmer wenden will. Das Zugangsdatum ermöglicht die Prüfung, ob die Dreiwochenfrist des § 4 Satz 1 KSchG eingehalten wurde. Es empfiehlt sich dringend, der Klageschrift eine Ablichtung des Kündigungsschreibens beizufügen. Bei unzutreffender Beklagtenbezeichnung können die Angaben im Kündigungsschreiben Anhaltspunkte bieten, wer als beklagte Partei gemeint ist (vgl oben Rn 9).

[9] **Darlegungs- und Beweislast.** In der Kündigungsschutzklage hat der Arbeitnehmer die Gründe zu benennen, aus denen sich die Rechtsunwirksamkeit der Kündigung ergeben soll. Macht der Arbeitnehmer geltend, die Kündigung sei nach § 1 Abs. 1 KSchG rechtsunwirksam, reicht es zunächst aus, die soziale Rechtfertigung der Kündigung einfach zu bestreiten. Denn der Arbeitgeber trägt im Kündigungsschutzprozess nach § 1 Abs. 2 Satz 4 KSchG die Darlegungs- und Beweislast für die soziale Rechtfertigung der Kündigung. Nach den Grundsätzen der abgestuften Darlegungs- und Beweislast hängt der Umfang der jeweiligen Erklärungspflicht von den Einlassungen der Gegenseite ab (§ 138 Abs. 2 ZPO).

Demgegenüber obliegt nach § 1 Abs. 3 Satz 3 KSchG die Darlegungs- und Beweislast für Tatsachen, aus denen sich die Unrichtigkeit der Sozialauswahl ergibt, dem Arbeitnehmer. Auch hier finden die Grundsätze der abgestuften Darlegungslast Anwendung. Es ist zunächst Sache des Arbeitnehmers, die Fehlerhaftigkeit zur Sozialauswahl darzulegen. Soweit der Arbeitnehmer nicht in der Lage ist darzutun, welche vergleichbaren Arbeitnehmer bei dem Arbeitgeber beschäftigt sind, die in die Sozialauswahl einzubeziehen sind, und wie deren Sozialdaten sind, hat der Arbeitnehmer einen entsprechenden Auskunftsanspruch gemäß § 1 Abs. 3 Satz 1 Halbsatz 2 KSchG. Diese Verpflichtung des Arbeitgebers soll dem gekündigten Arbeitnehmer ermöglichen, die Erfolgsaussichten eines Kündigungsschutzprozesses abzuschätzen und den ihm gemäß § 1 Abs. 3 Satz 3 KSchG obliegenden Beweis für Auswahlfehler zu führen (BAG 18. Mai 2006 – 2 AZR 245/05, AP KSchG 1969 § 1 betriebsbedingte Kündigung Nr. 157). Erst wenn der Arbeitnehmer die Fehlerhaftigkeit der Sozialauswahl rügt und seinen Auskunftsanspruch geltend macht, hat der Arbeitgeber Veranlassung, zur sozialen Auswahl Stellung zu nehmen (vgl im Einzelnen HaKo-KSchR/Gallner/*Mestwerdt* § 1 KSchG Rn 921).

[10] Nach § 102 Abs. 1 Satz 3 BetrVG ist eine ohne (ordnungsgemäße) **Anhörung des Betriebsrats** ausgesprochene Kündigung unwirksam. Hinsichtlich der ordnungsgemäßen Anhö-

rung des Betriebsrats iSd. § 102 gilt eine abgestufte Darlegungslast. Der Arbeitnehmer hat vorzutragen, dass im Betrieb ein beteiligungsfähiger Betriebsrat gebildet und deshalb nach § 102 BetrVG vor Ausspruch der Kündigung dessen Anhörung erforderlich sei. Dem Arbeitgeber obliegt es, die ordnungsgemäße Anhörung des Betriebsrats darzulegen. Auf einen entsprechenden Prozessvortrag des Arbeitgebers hin, darf sich der Arbeitnehmer aber nicht darauf beschränken, die ordnungsgemäße Betriebsratsanhörung weiter pauschal mit Nichtwissen zu bestreiten. Er hat sich nach § 138 Abs. 1 und Abs. 2 ZPO vollständig über den vom Arbeitgeber vorgetragenen Sachverhalt zu erklären und im Einzelnen zu bezeichnen, ob er rügen will, der Betriebsrat sei entgegen der Behauptung des Arbeitgebers überhaupt nicht angehört worden, oder in welchen einzelnen Punkten er die tatsächlichen Erklärungen des Arbeitgebers über die Betriebsratsanhörung für falsch oder die dem Betriebsrat mitgeteilten Tatsachen für unvollständig hält (BAG 18. Mai 2006 – 2 AZR 245/05, AP KSchG 1969 § 1 betriebsbedingte Kündigung Nr. 157; 24.4.2008 – 8 AZR 268/07, NZA 2008, 1314).

22 [11] Der Anwendungsbereich des **Weiterbeschäftigungsanspruchs nach § 102 Abs. 5 BetrVG** entspricht dem des Widerspruchsrechts des Betriebsrats nach § 102 Abs. 3 BetrVG. Er erstreckt sich deshalb regelmäßig nur auf ordentliche Kündigungen. Diesen sind allerdings außerordentliche Kündigungen mit sozialer Auslauffrist gegenüber ordentlich unkündbaren Arbeitnehmern gleich gestellt (vgl HaKo-KSchR/*Nägele* § 102 BetrVG Rn 197). Bei einer unter Vorbehalt angenommenen Änderungskündigung steht dem Arbeitnehmer gemäß § 102 Abs. 5 BetrVG ebenso wenig ein Anspruch auf Weiterbeschäftigung zu wie nach dem allgemeinen Weiterbeschäftigungsanspruch (vgl HaKo-KSchR/*Nägele* § 102 BetrVG Rn 198).

23 [12] Von der Erhebung eines auf die Erteilung eines qualifizierten Zwischenzeugnisses, hilfsweise Endzeugnisses gerichteten Klageantrags wird abgeraten. Zwar kann ein Arbeitnehmer nach Treu und Glauben auch während eines laufenden Arbeitsverhältnisses ausnahmsweise ein Zwischenzeugnis beanspruchen, wenn zu seinen Gunsten ein triftiger Grund für dessen Erteilung besteht. Nach der Rechtsprechung einiger Landesarbeitsgerichte (LAG Hamm 15. Mai 2012 – 19 Sa 1079/11; LAG Baden-Württemberg 08. Juli 2011 – 7 Sa 38/11; Hessisches LAG 12. Mai 2011 – 5 Sa 1863/10) ist der Anspruch auf ein Zwischenzeugnis gegenüber dem Anspruch auf Erteilung eines (Abschluss-) Zeugnisses nach § 109 GewO subsidiär. Er komme nur in Betracht, wenn kein Anspruch des Arbeitnehmers auf ein Abschlusszeugnis besteht. Da dieser Anspruch auch während eines Kündigungsschutzprozesses, in dem über die Rechtswirksamkeit der Kündigung gestritten wird, mit dem tatsächlichen Ausscheiden des Arbeitnehmers aus dem Arbeitsverhältnis, spätestens jedoch mit Ablauf der Kündigungsfrist entsteht, besteht zum Zeitpunkt der Entscheidung durch das Arbeitsgericht regelmäßig ein Anspruch auf ein Zwischenzeugnis nicht (mehr).

24 [13] **Ausschlussfristen.** Mit einer Klage auf Feststellung, dass das Arbeitsverhältnis nicht durch eine bestimmte Kündigung aufgelöst wird, macht der Kläger zugleich alle von der Wirksamkeit der Kündigung abhängigen Ansprüche wirksam schriftlich geltend iS einer einstufigen Ausschlussfrist bzw der ersten Stufe einer zweistufigen Ausschlussfrist. Dies gilt für einzelvertragliche und tarifliche Ausschlussfristen (vgl BAG 19.5.2010 – 5 AZR 253/09, NZA 2010, 939 mwN; vgl näher HaKo-KSchR/*Gallner* § 4 KSchG Rn 149 ff). Enthält ein AGB-Arbeitsvertrag eine zweistufige Ausschlussfrist, stellt die Erhebung der Kündigungsschutzklage auch die „gerichtliche" Geltendmachung aller durch die Kündigung bedrohten und regelmäßig fällig werdenden Ansprüche iSd. zweiten Stufe der Ausschlussfrist dar (BAG 19.5.2010 – 5 AZR 253/09 aaO; 19.3.2008 – 5 AZR 429/07, NZA 2008, 757). Nach der früheren Rechtsprechung des Bundesarbeitsgerichts war für die Wahrung der zweiten Stufe

einer tariflichen Ausschlussfrist regelmäßig die Erhebung einer bezifferten Zahlungs- oder Feststellungsklage erforderlich (vgl BAG 17.11.2009 – 9 AZR 745/08; 26.4.2006 – 5 AZR 403/05, NZA 2006, 845). Diese Rechtsprechung hat das BAG (19.9.2012 – 5 AZR 627/11 – DB 2013, 65) unter Hinweis auf den Beschluss des BVerfG vom 1.12.2010 (1 BvR 1682/07, NZA 2011, 354) aufgegeben. Das Grundrecht auf Gewährung effektiven Rechtsschutzes (Art. 2 Abs. 1, Art. 20 Abs. 3 GG) wird verletzt, wenn der Arbeitnehmer Ansprüche wegen Annahmeverzugs gesondert einklagen müsste und sich dadurch sein Kostenrisiko erhöht. Die gebotene verfassungskonforme Auslegung tarifvertraglicher Ausschlussfristen, die eine gerichtliche Geltendmachung anordnen, ergibt, dass Ansprüche, die vom Erfolg einer Bestandsschutzstreitigkeit abhängen, bereits mit der Klage in der Bestandsstreitigkeit gerichtlich geltend gemacht werden (vgl zu einer zweistufigen Ausschlussfrist in einer Betriebsvereinbarung: BAG 12.12.2006 – 1 AZR 96/06, NZA 2007, 453). Nicht von der Wirksamkeit der streitgegenständlichen Kündigung abhängige Ansprüche sind gesondert und ausdrücklich iSd. jeweiligen Ausschlussfrist (dem Grunde und der Höhe nach) zunächst schriftlich und sodann ggf gerichtlich geltend zu machen (vgl näher HaKo-KSchR/*Gallner* § 4 KSchG Rn 156 ff).

[14] Nach der bisherigen Rspr des BAG (21.9.1999 – 9 AZR 705/98 – DB 2000, 2611) liegt in der Erhebung einer Kündigungsschutzklage regelmäßig nicht die **Geltendmachung von Urlaubsansprüchen** des Arbeitnehmers. In seiner Entscheidung vom 13.12.2011 – 9 AZR 420/10 – hat das BAG zwar noch offen gelassen, ob es künftig hieran festhält, jedoch erwogen, die Grundsätze des Annahmeverzugs auf die Urlaubsgewährung anzuwenden, und damit einen Hinweis auf eine mögliche Änderung der Rechtsprechung gegeben. Gleichwohl sollte der Arbeitnehmer vorsorglich den ihm im Fall des Obsiegens mit der Kündigungsschutzklage zustehenden Urlaub verlangen, um den Arbeitgeber in Verzug zu setzen und ggf einen Urlaubsersatzanspruch zu erwerben (vgl HaKo-KSchR/*Gallner* § 4 KSchG Rn 161).

B. Fristlose, hilfsweise fristgerechte Kündigung

I. Muster: Klage gegen fristlose, hilfsweise fristgerechte Kündigung

▶ ▪▪▪

Es wird beantragt:
1. Es wird festgestellt, dass das zwischen den Parteien bestehende Arbeitsverhältnis nicht durch die außerordentliche fristlose Kündigung der Beklagten vom ▪▪▪ aufgelöst worden ist.
2. Es wird festgestellt, dass das Arbeitsverhältnis auch nicht durch die hilfsweise ordentliche Kündigung der Beklagten vom ▪▪▪ aufgelöst wird.
3. Allgemeiner Feststellungsantrag/Weiterbeschäftigungsantrag/Zeugnis[1]

Begründung

▪▪▪

Die außerordentliche fristlose Kündigung ist unwirksam. Ein wichtiger Grund iSd. § 626 Abs. 1 BGB liegt nicht vor. Es wird mit Nichtwissen bestritten, dass die Beklagte die zweiwöchige Kündigungserklärungsfrist des § 626 Abs. 2 BGB gewahrt hat.

Die hilfsweise ordentliche Kündigung ist sozial ungerechtfertigt und daher unwirksam.

▪▪▪ ◀

II. Erläuterungen

27 [1] Vgl Muster Rn 1 und die dort dargestellten Anträge zu 3. und 4.

C. Sonderkündigungsschutz

28 Die nachfolgenden Textbausteine können in das Muster „Kündigungsschutzklage" integriert werden. Von einer erneuten Darstellung der darin bereits aufgeführten allgemeinen Daten zu Person, Dauer des Arbeitsverhältnisses und der Kündigung wird deshalb abgesehen.

I. Schwerbehinderung/Gleichstellung

29 **1. Muster: Sonderkündigungsschutz gem. § 85 SGB IX**

▶ Die Kündigung vom ... ist nach § 134 BGB nichtig. Sie bedurfte gemäß § 85 SGB IX der vorherigen Zustimmung des Integrationsamts. Hieran fehlt es. Dem Kläger stand im Kündigungszeitpunkt der Sonderkündigungsschutz nach §§ 85 ff SGB IX zu.[1][2]

a) Anerkannte Schwerbehinderteneigenschaft

Noch vor Zugang der Kündigung hat das Versorgungsamt mit Bescheid vom ... die Schwerbehinderung des Klägers mit einem Grad von 50 festgestellt. Hiervon hatte die Beklagte bei Ausspruch der Kündigung Kenntnis. *(Ggf weitere Erläuterungen zur Unterrichtung der Beklagten über die Schwerbehinderteneigenschaft)*

b) Gleichstellung

Mit Bescheid vom ... hat das Versorgungsamt beim Kläger einen Grad der Behinderung von 30 festgestellt. Die Bundesagentur für Arbeit hat den Kläger mit Bescheid vom ... den schwerbehinderten Menschen gleichgestellt.

c) Kündigung vor Abschluss des Anerkennungsverfahrens

Mit Bescheid vom ... stellte das Versorgungsamt beim Kläger rückwirkend zum ... einen Grad der Behinderung (GdB) von 50 fest. Damit war die Anerkennung zum Zeitpunkt des Zugangs der streitgegenständlichen Kündigung noch nicht erfolgt. Der Kläger hat jedoch so frühzeitig vor dem Kündigungszugang einen Antrag auf Anerkennung der Schwerbehinderteneigenschaft gestellt, dass eine Entscheidung vor Ausspruch der Kündigung binnen der Frist des § 69 Abs. 1 Satz 2 SGB IX möglich gewesen wäre. Der Kläger beantragte am ... unter Einreichen seiner vollständigen Unterlagen beim Versorgungsamt die Anerkennung seiner Schwerbehinderteneigenschaft. Trotz ordnungsgemäßer Mitwirkung des Klägers hat das Versorgungsamt nicht innerhalb von drei Wochen nach Antragseingang über den Antrag entschieden.

d) Offenkundige Schwerbehinderung

Der Kläger ist schwerbehindert iSv. § 2 Abs. 1 und 2 SGB IX. Zwar war der Kläger bei Zugang der Kündigung nicht durch Bescheid des Versorgungsamtes mit einem Grad der Behinderung von 50 oder mehr als schwerbehinderter Mensch anerkannt. Auch hat er nicht rechtzeitig iSv. § 90 Abs. 2 a 2. Alt. SGB IX einen Antrag auf Anerkennung der Schwerbehinderteneigenschaft gestellt. Die Schwerbehinderung des Klägers ist jedoch offenkundig: *Darstellung der Behinderung des Klägers.* ◀

2. Erläuterungen

30 [1] Gemäß § 85 SGB IX bedarf die Kündigung des Arbeitsverhältnisses eines schwerbehinderten Menschen durch den Arbeitgeber der vorherigen **Zustimmung des Integrationsamts**. Dies

gilt nach § 91 Abs. 1 SGB IX auch für die außerordentliche Kündigung. Schwerbehindert sind nach § 2 Abs. 2 SGB IX Menschen, wenn bei ihnen ein Grad der Behinderung von wenigstens 50 vorliegt und sie ihren Wohnsitz, ihren gewöhnlichen Aufenthalt oder ihre Beschäftigung auf einen Arbeitsplatz rechtmäßig im Geltungsbereich des Gesetzes haben. Der Sonderkündigungsschutz der §§ 85 ff SGB IX gilt gemäß § 68 Abs. 3 SGB IX auch für den Schwerbehinderten gleichgestellten Menschen. Nach § 2 Abs. 3 SGB IX sollen schwerbehinderten Menschen gleichgestellt werden behinderte Menschen mit einem Grad der Behinderung von weniger als 50, aber wenigstens 30, bei denen die übrigen Voraussetzungen des § 2 Abs. 3 SGB IX vorliegen, wenn sie in Folge ihrer Behinderung ohne Gleichstellung einen geeigneten Arbeitsplatz nicht erlangen oder nicht behalten können. Die Gleichstellung erfolgt aufgrund einer Feststellung nach § 69 SGB IX auf Antrag des behinderten Menschen durch die Bundesagentur für Arbeit, § 68 Abs. 2 SGB IX. Der Sonderkündigungsschutz greift nicht ein, wenn das Arbeitsverhältnis bei Zugang der Kündigung noch nicht länger als sechs Monate besteht, § 90 Abs. 1 Nr. 1 SGB IX.

Das Zustimmungserfordernis findet nach § 90 Abs. 2 a SGB IX auch dann keine Anwendung, wenn zum Zeitpunkt des Ausspruchs der Kündigung die Eigenschaft als schwerbehinderter Mensch nicht nachgewiesen ist oder das Versorgungsamt nach Ablauf der Frist des § 69 Abs. 1 Satz 2 SGB IX eine Feststellung wegen fehlender Mitwirkung nicht treffen konnte. Der Sonderkündigungsschutz setzt damit grundsätzlich voraus, dass im Zeitpunkt des Zugangs der Kündigung entweder die Schwerbehinderung bereits anerkannt (oder eine Gleichstellung erfolgt) ist oder die Stellung des Antrags auf Anerkennung der Schwerbehinderung (bzw auf Gleichstellung) mindestens drei Wochen zurückliegt (BAG 9.6.2011 – 2 AZR 703/09, NZA-RR 2011, 519; 1.3.2007 – 2 AZR 217/06, NZA 2008, 302). Als nachgewiesen iSd. § 90 Abs. 2 a SGB IX gilt die Schwerbehinderteneigenschaft auch dann, wenn die Behinderung offenkundig ist (BAG 13.2.2008 – 2 AZR 864/06, NZA 2008, 1055).

Der Sonderkündigungsschutz gilt auch bei **Unkenntnis des Arbeitgebers** von der Schwerbehinderung/Gleichstellung bzw der Antragstellung. In diesem Fall obliegt es dem Arbeitnehmer den Arbeitgeber sowohl bei der außerordentlichen als auch bei der ordentlichen Kündigung auf die Schwerbehinderung bzw die Antragstellung innerhalb einer angemessenen Frist von regelmäßig drei Wochen hinzuweisen (BAG 9.6.2011 – 2 AZR 703/09, NZA-RR 211, 516). Hierzu genügt regelmäßig die Erhebung einer Klage gegen die Kündigung innerhalb der Frist des § 4 Satz 1 KSchG (BAG 23.2.2010 – 2 AZR 659/08, NZA 2011, 411).

Zum Lauf der Klagefrist vgl HaKo-KSchR/*Gallner* § 4 KSchG Rn 114 – 121.

[2] Aus den unter a – d) dargestellten Varianten ist die im Einzelfall einschlägige Fallkonstellation als Begründung für die unter 1. aufgeführte Einleitung auszuwählen.

II. Schwangerschaft

1. Muster: Sonderkündigungsschutz gem. § 9 Abs. 1 MuSchG

▶ Die Kündigung ist nach § 9 Abs. 1 Satz 1 MuSchG rechtsunwirksam. Danach ist eine Kündigung gegenüber einer Frau während der Schwangerschaft[1] und bis zum Ablauf von vier Monaten nach der Entbindung[2] unzulässig, wenn dem Arbeitgeber zur Zeit der Kündigung die Schwangerschaft oder Entbindung bekannt war oder innerhalb zwei Wochen nach Zugang der Kündigung mitgeteilt[3] wird. Zu ihrer Wirksamkeit bedarf eine Kündigung in einem solchen Fall der Erklärung der Zulässigkeit durch die zuständige Behörde[4] (§ 9 Abs. 3 Satz 1 MuSchG). Hieran fehlt es vorliegend. Die Klägerin war zum Kündigungszeitpunkt schwanger und hat diesen Umstand der Beklagten am ... durch Einreichung der ärztlichen Bescheinigung vom ... bekannt gegeben.

Die Unwirksamkeit der Kündigung folgt aber auch aus § 125 BGB. Die Beklagte hat das besondere Schriftformerfordernis des § 9 Abs. 3 Satz 2 MuSchG nicht gewahrt. Danach bedarf die Kündigung nicht nur der schriftlichen Form, sie muss zudem den zulässigen Kündigungsgrund angeben. Dazu müssen die Gründe so genau bezeichnet sein, dass der Kündigungsempfänger ausreichend klar erkennen kann, worauf der Arbeitgeber die Kündigung stützt, und dass die Erfolgsaussichten einer Klage einschätzbar sind. Zwar besteht keine Substanziierungspflicht wie in einem Rechtsstreit. Es sind aber die für die Kündigung maßgebenden Tatsachen anzugeben; pauschale Schlagworte und Werturteile genügen nicht (vgl BAG 10.2.1999 – 2 AZR 176/98, NZA 1999, 602). Diesen Anforderungen genügt das Kündigungsschreiben vom ... nicht. *Ggf weitere Ausführungen.* ◄

2. Erläuterungen

36 [1] Die Schwangerschaft beginnt mit dem Tag der Befruchtung und besteht bis zur Entbindung. Die Bestimmung des Beginns der Schwangerschaft erfolgt grundsätzlich durch Rückrechnung um 280 Tage von dem ärztlich festgestellten voraussichtlichen Entbindungstermin, wobei der voraussichtliche Entbindungstag nicht mitzuzählen ist (st. Rspr BAG 7.5.1998 – 2 AZR 417/97, NZA 1998, 1049). Im Prozess genügt die Klägerin deshalb ihrer Darlegungslast für das Bestehen einer Schwangerschaft im Kündigungszeitpunkt zunächst durch Vorlage der ärztlichen Bescheinigung (nach § 5 Abs. 2 MuSchG) über den mutmaßlichen Tag der Entbindung, wenn der Zugang der Kündigung innerhalb von 280 Tagen vor diesem Termin liegt (BAG 7.5.1998 – 2 AZR 417/97, aaO).

37 [2] Der viermonatige Schutz nach der Entbindung besteht bei einer Lebendgeburt und bei einer Totgeburt mit einem Gewicht von mindestens 500 g. Bei einer Totgeburt mit einem Gewicht unter 500 g, bei einer Frühgeburt und einer Schwangerschaftsunterbrechung schließt sich die viermonatige Schutzfrist mangels Entbindung nicht an (HaKo-KSchR/*Fiebig/Böhm* § 9 MuSchG Rn 8, 22 ff).

38 [3] Das Überschreiten der Zwei-Wochen-Frist ist unschädlich, wenn es auf einem von der Frau nicht zu vertretenden Grund beruht und die Mitteilung unverzüglich nachgeholt wird (vgl hierzu HaKo-KSchR/*Fiebig/Böhm* § 9 MuSchG Rn 12 – 17 und die Erläuterungen zu § 5 KSchG B.).

39 [4] Für die Zulässigerklärung der Kündigung ist die für den Arbeitsschutz zuständige oberste Landesbehörde oder die von ihr bestimmte Stelle zuständig, § 9 Abs. 3 Satz 1 MuSchG (vgl zur Zuständigkeit in den einzelnen Bundesländern: HaKo-KSchR/*Fiebig/Böhm* § 9 MuSchG Rn 29).

III. Elternzeit

1. Muster: Sonderkündigungsschutz gem. § 18 Abs. 1 BEEG

40 ▶ Die Kündigung ist nach § 18 Abs. 1 Satz 1 BEEG iVm § 134 BGB unwirksam. Nach § 18 Abs. 1 Satz 1 BEEG darf der Arbeitgeber das Arbeitsverhältnis ab dem Zeitpunkt, von dem an Elternzeit beantragt worden ist, höchstens aber acht Wochen vor Beginn der Elternzeit, und während der Elternzeit nicht kündigen.[1] Nur in besonderen Fällen kann ausnahmsweise eine Kündigung für zulässig erklärt werden, § 18 Abs. 1 Satz 2 BEEG. Für die streitgegenständliche Kündigung liegt die notwendige Zulässigerklärung nicht vor.

Das Arbeitsverhältnis des Klägers unterliegt dem Kündigungsverbot des § 18 BEEG.[2]

C. Sonderkündigungsschutz § 4 KSchG

(Variante a) **Kündigung vor Elternzeit**

Zum Kündigungszeitpunkt erfüllte der Kläger die persönlichen Voraussetzungen des § 15 BEEG. Zudem hat er die Elternzeit schriftlich und ordnungsgemäß gegenüber der Beklagten verlangt, § 16 BEEG.

Der Kläger lebt mit seinem am ... geborenen Kind ... (Name des Kindes) in einem Haushalt. Er betreut und erzieht dieses Kind selbst. Mit Schreiben vom ..., der Beklagten zugegangen am ..., hat der Kläger Elternzeit für den Zeitraum vom ... bis zum ... verlangt.

(Variante b) **Kündigung während der Elternzeit**

Der Kläger befand sich zum Zeitpunkt des Zugangs der Kündigung in Elternzeit, während der er keiner Beschäftigung nachging (§ 18 Abs. 1 Satz 1 BEEG)

alternativ

während der er für die Beklagte Teilzeitarbeit mit einer wöchentlichen Arbeitszeit von nicht mehr als 30 Stunden leistete (§ 18 Abs. 2 Nr. 1 BEEG).[3]

(Variante c) **Teilzeitbeschäftigung ohne Inanspruchnahme der Elternzeit**

Zwar hat der Kläger keine Elternzeit in Anspruch genommen. Zum Zeitpunkt des Zugangs der Kündigung leistete er jedoch Teilzeitarbeit mit einer wöchentlichen Arbeitszeit von nicht mehr als 30 Stunden und hatte Anspruch auf Elterngeld nach § 1 BEEG während des Bezugszeitraums nach § 4 Abs. 1 BEEG (§ 18 Abs. 2 Nr. 2 BEEG).

Darstellung der Anspruchsvoraussetzung für das Elterngeld nach § 1 BEEG, zB:

Der Kläger hat seinen Wohnsitz in Deutschland (siehe Aktivrubrum) und lebt mit seinem am ... geborenen Kind in einem Haushalt. Er betreut und erzieht dieses selbst. Mit seiner wöchentlichen Arbeitszeit von nicht mehr als 30 Stunden im Durchschnitt eines Monats übt er keine volle Erwerbstätigkeit aus. Im letzten abgeschlossenen Veranlagungszeitraum erzielte er ein zu versteuerndes Einkommen iHv nicht mehr als 250.000 EUR.

Der Kläger hat die Beklagte unverzüglich nach Ausspruch der streitgegenständlichen Kündigung über seinen Anspruch auf Elterngeld nach § 1 BEEG hingewiesen und sich auf das Kündigungsverbot des § 18 Abs. 2 Nr. 2 BEEG berufen.[4] ◄

2. Erläuterungen

[1] Das Kündigungsverbot des § 18 BEEG setzt grundsätzlich das Vorliegen sämtlicher Anspruchsvoraussetzungen für die Elternzeit zum Zeitpunkt des Zugangs der Kündigung voraus. Es müssen zum Zeitpunkt des Kündigungszugangs deshalb sowohl die Voraussetzungen des § 15 BEEG (vgl hierzu HaKo-KSchR/*Fiebig/Böhm* § 18 BEEG Rn 4 ff) als auch die des § 16 BEEG erfüllt sein (BAG 12.5.2011 – 2 AZR 384/10, NZA 2012, 208). Danach können sich nur die Arbeitnehmer auf den Sonderkündigungsschutz berufen, die die persönlichen Voraussetzungen gemäß § 15 Abs. 1 BEEG erfüllen und die Elternzeit schriftlich und ordnungsgemäß gegenüber ihrem Arbeitgeber verlangt haben. Eine wirksame Inanspruchnahme von Elternzeit iSv. § 16 Abs. 1 Satz 1 BEEG setzt voraus:

– das Verlangen der Elternzeit vom Arbeitgeber spätestens sieben Wochen vor dem beabsichtigten Zeitpunkt in schriftlicher Form und
– die gleichzeitig mit diesem Verlangen geäußerte Erklärung, für welche Zeiträume Elternzeit in Anspruch genommen werden soll (BAG 12.5.2011 – 2 AZR 384/10, NZA 2012, 208).

41

42 Zur Erlangung des besonderen Kündigungsschutzes nach § 18 Abs. 1 Satz 1 BEEG muss das Verlangen in einem Zeitraum von höchstens acht Wochen vor Beginn der Elternzeit liegen. Bei einem früher geäußerten Verlangen setzt der Sonderkündigungsschutz erst acht Wochen vor Beginn der Elternzeit ein. Als Endtermin der Frist ist der Tag der prognostizierten Geburt maßgeblich, wenn dieser vor dem Tag der tatsächlichen Geburt liegt (BAG 12.5.2011 – 2 AZR 384/10, aaO).

43 Auch während der Elternzeit besteht das Kündigungsverbot des § 18 BEEG grundsätzlich nur dann, wenn der Arbeitnehmer die Elternzeit berechtigterweise angetreten hat und zum Zeitpunkt des Zugangs der Kündigung noch sämtliche Anspruchsvoraussetzungen für die Elternzeit vorliegen (BAG 26.6.2008 – 2 AZR 23/07, NZA 2008, 1241).

44 [2] Aus den unter a – c) dargestellten Varianten ist die im Einzelfall einschlägige Fallkonstellation als Begründung für die unter 1. aufgeführte Einleitung auszuwählen.

45 [3] Der Sonderkündigungsschutz nach § 18 Abs. 1 Satz 1 BEEG setzt auch bei einer Verknüpfung der Elternzeit mit der Bewilligung von Elternteilzeit die tatsächliche Inanspruchnahme von Elternzeit voraus. Deshalb besteht kein Sonderkündigungsschutz, wenn der Arbeitnehmer die Elternzeit nur unter der Bedingung beansprucht, dass der Arbeitgeber Elternteilzeit gewährt, und der Arbeitgeber das Teilzeitbegehren vor dem prognostizierten Geburtstermin wirksam ablehnt (BAG 12.5.2011 – 2 AZR 384/10, NZA 2012, 208).

46 [4] Im Fall des § 18 Abs. 2 Nr. 2 BEEG hat der Arbeitgeber idR keine Kenntnis der den Sonderkündigungsschutz auslösenden Tatsachen (Elternzeitberechtigung, Elterngeldberechtigung). Will sich der Arbeitnehmer auf den Sonderkündigungsschutz des § 18 Abs. 2 Nr. 2 iVm Abs. 1 BEEG berufen, muss er sich in analoger Anwendung des § 9 Abs. 1 Satz 1 MuSchG innerhalb von zwei Wochen nach Zugang der Kündigung gegenüber dem Arbeitgeber auf das Kündigungsverbot berufen (vgl HaKo-KSchR/*Fiebig/Böhm* § 18 BEEG Rn 21; da zum Teil eine unverzügliche Mitteilung verlangt wird, empfiehlt es sich, den Arbeitgeber so schnell wie möglich auf das Kündigungsverbot hinzuweisen).

IV. Wehrdienst

47 **1. Muster: Sonderkündigungsschutz gem. § 2 ArbPlSchG**[1]

▶ (Variante a) **Kündigung zwischen Zustellung des Einberufungsbescheids und Beendigung des Grundwehrdienstes.**

Die streitgegenständliche Kündigung ist gemäß § 2 ArbPlSchG iVm § 134 BGB unwirksam. Danach darf der Arbeitgeber das Arbeitsverhältnis von der Zustellung des Einberufungsbescheids bis zur Beendigung des Grundwehrdienstes sowie während einer Wehrübung nicht kündigen.[2] Hiergegen hat die Beklagte verstoßen.

Mit dem ihm am ___ zugestellten Bescheid vom ___ wurde der Kläger für den Zeitraum vom ___ bis ___ zum Grundwehrdienst einberufen. Erst danach sprach die Beklagte die streitgegenständliche ordentliche Kündigung des Arbeitsverhältnisses aus.

Alternativ:

In der Zeit vom ___ bis ___ nahm der Kläger an einer Wehrübung teil. Während dieser Zeit kündigte die Beklagte das Arbeitsverhältnis des Klägers mit Schreiben vom ___, dem Kläger zugegangen am ___, fristgerecht zum ___.

(Variante b) **Kündigung aus Anlass des Wehrdienstes**

▶ Die streitgegenständliche Kündigung ist nach § 2 Abs. 2 ArbPlSchG iVm § 134 BGB unwirksam. Die Beklagte hat das Arbeitsverhältnis aus Anlass des vom Kläger abgeleisteten Wehrdienstes gekündigt. Der Kläger absolvierte in der Zeit vom ... bis ... seinen Grundwehrdienst. Nach dessen Beendigung kündigte die Beklagte das Arbeitsverhältnis mit Schreiben vom ... . Die zeitliche Nähe zwischen der Ableistung des Grundwehrdienstes und dem Ausspruch der Kündigung legt nahe, dass die Kündigung aus Anlass des Wehrdienstes ausgesprochen wurde. Nach § 2 Abs. 2 ArbPlSchG darf der Arbeitgeber „im Übrigen" – also vor Zustellung des Einberufungsbescheids und nach Beendigung des Wehrdienstes – das Arbeitsverhältnis nicht aus Anlass des Wehrdienstes kündigen. Dieses Verbot gilt für die ordentliche und die außerordentliche Kündigung. Die Beweislast, dass nicht aus Anlass des Wehrdienstes gekündigt wurde, trägt der Arbeitgeber, § 2 Abs. 2 Satz 3 ArbPlSchG. Hierauf wird die Beklagte verwiesen. ◀

2. Erläuterungen

[1] Der Sonderkündigungsschutz nach § 2 ArbPlSchG gilt unmittelbar für Wehrpflichtige nach § 1 WehrPflG. Das sind deutsche Männer vom vollendeten 18. Lebensjahr an mit ständigem Aufenthalt in Deutschland. Mit dem WehrRÄndG vom 2.5.2011 (BGBl. I 2011, S 678) ist die Wehrpflicht ausgesetzt worden. Durch § 54 WPflG ist ein „Freiwilliger Wehrdienst" eingeführt worden. Die freiwillig Wehrdienst Leistenden erhalten gemäß § 56 WPflG grundsätzlich den gleichen Status, den zuvor die Grundwehrdienstleistenden hatten. Nach § 16 Abs. 7 ArbPlSchG gelten die Vorschriften des ArbPlSchG über den Grundwehrdienst auch im Falle des freiwilligen Wehrdienstes. Auf Ausländer, die Staatsangehörige der Vertragsparteien der Europäischen Sozialcharta (ESC) vom 18.10.1962 sind und die ihren rechtmäßigen Aufenthalt in Deutschland haben, sind die Bestimmungen des Sonderkündigungsschutzes nach § 2 ArbPlSchG nach § 16 Abs. 6 ArbPlSchG entsprechend anwendbar, wenn diese in ihrem Heimatstaat zur Erfüllung ihrer dort bestehenden Wehrpflicht zum Wehrdienst herangezogen werden. Für Zivildienstleistende als anerkannte Kriegsdienstverweigerer gilt der Sonderkündigungsschutz über die gesetzliche Verweisung in § 78 Abs. 1 Nr. 1 ZDG entsprechend und für Verpflichtete nach dem Arbeitssicherstellungsgesetz über die gesetzliche Verweisung in § 15 Abs. 1 ArbSiG entsprechend. Teilnehmer an den sog. Eignungsübungen nach § 1 EÜG haben einen eigenen Sonderkündigungsschutz nach § 2 EÜG.

[2] Der Sonderkündigungsschutz des § 2 Abs. 1 ArbPlSchG bezieht sich nur auf die ordentliche Kündigung. Das Recht zur außerordentlichen Kündigung bleibt gemäß § 2 Abs. 3 Satz 1 ArbPlSchG unberührt. Von der Zustellung des Einberufungsbescheids bis zur Beendigung des Wehrdienstes sowie während der Wehrübung besteht ein absoluter Schutz vor ordentlichen Kündigungen (HaKo-KSchR/*Fiebig*/*Böhm* § 2 ArbPlSchG Rn 13).

Geht dem Arbeitnehmer nach Zustellung des Einberufungsbescheids oder während des Wehrdienstes eine Kündigung zu, so beginnt die dreiwöchige Klagefrist des § 4 Satz 1 KSchG erst zwei Wochen nach Ende des Wehrdienstes, § 2 Abs. 4 ArbPlSchG.

V. Pflegezeit

1. Muster: Sonderkündigungsschutz gem. § 5 Abs. 1 PflegeZG

▶ Die Kündigung ist nach § 5 Abs. 1 PflegeZG iVm § 134 BGB unwirksam. Nach § 5 Abs. 1 PflegeZG darf der Arbeitgeber das Beschäftigungsverhältnis von der Ankündigung bis zur Beendigung der kurzzeitigen Arbeitsverhinderung nach § 2 PflegeZG oder der Pflegezeit nach § 3 PflegeZG nicht kündigen.[1] Nur in besonderen Fällen kann eine Kündigung von der für den Arbeitsschutz zuständigen obersten Landesbehörde oder der von ihr bestimmten Stelle ausnahmsweise für zulässig erklärt werden, § 5 Abs. 2 PflegeZG.[2] Vor Ausspruch der streitgegenständlichen Kündigung hat die Beklagte nicht die notwendige Zulässigerklärung eingeholt.[3]

a) kurzzeitige Arbeitsverhinderung (§ 2 PflegeZG)[4]

Der Kläger teilte der Beklagten am ▄▄▄ mit,[5] für die Zeit vom ▄▄▄ bis ▄▄▄,[6] der Arbeit fernzubleiben, weil dies erforderlich sei, um für den pflegebedürftigen[7] nahen Angehörigen[8] in einer akut aufgetretenen Pflegesituation eine bedarfsgerechte Pflege zu organisieren/eine pflegerische Versorgung in dieser Zeit sicher zu stellen. Bei dem nahen Angehörigen des Klägers, Herrn/Frau ▄▄▄ (Name und Art des Angehörigenverhältnisses) trat unerwartet und unvermittelt eine Pflegebedürftigkeit auf ▄▄▄ (Angabe des Grundes der Pflegebedürftigkeit). Das Fernbleiben von der Arbeit für den angegeben Zeitraum war objektiv erforderlich, weil ▄▄▄ (Angabe des Grundes). Eine ärztliche Bescheinigung über die Pflegebedürftigkeit des nahen Angehörigen und die Erforderlichkeit der Organisation einer bedarfsgerechten Pflege/der Sicherstellung einer pflegerischen Versorgung in dieser Zeit ist als Anlage beigefügt.[9]

Mit Schreiben vom ▄▄▄ und damit nach Ankündigung und vor Beendigung der kurzzeitigen Arbeitsverhinderung nach § 2 PflegeZG kündigte die Beklagte das Arbeitsverhältnis, ohne die vorherige Zustimmung der zuständigen Landesbehörde einzuholen.

b) Pflegezeit nach § 3 PflegeZG[10]

Der Kläger hat der Beklagten, bei der regelmäßig mehr als 15 Arbeitnehmer beschäftigt sind, mit Schreiben vom ▄▄▄ angekündigt, zur Pflege seines pflegebedürftigen nahen Angehörigen ▄▄▄ in häuslicher Umgebung für den Zeitraum von ▄▄▄ bis ▄▄▄[11] Pflegezeit unter vollständiger Freistellung von der Arbeitsleistung in Anspruch zu nehmen.[12][13] Bei Herrn/Frau ▄▄▄ (Name des Pflegebedürftigen) handelt es sich um ▄▄▄ (Art des Angehörigenverhältnisses). Die Pflegebedürftigkeit des nahen Angehörigen hat der Kläger der Beklagten durch Vorlage einer Bescheinigung der Krankenkasse/des medizinischen Dienstes der Krankenversicherung/der privaten Pflege-Pflichtversicherung nachgewiesen. Eine Ablichtung der Bescheinigung ist in Kopie beigefügt.[14] ◂

2. Erläuterungen

52 [1] Der besondere Kündigungsschutz nach § 5 Abs. 1 PflegeZG erfasst sowohl die ordentliche als auch die außerordentliche (Änderungs-) Kündigung.

53 [2] Der Sonderkündigungsschutz setzt bereits mit der Ankündigung der kurzzeitigen Arbeitsverhinderung nach § 2 PflegeZG bzw der Pflegezeit nach § 3 PflegeZG ein. Es ist weder eine Wartezeit noch eine sonstige zeitliche Einschränkung vorgesehen. Eine deutlich frühzeitige Geltendmachung kann im Einzelfall rechtsmissbräuchlich sein (vgl HaKo-KSchR/*Böhm* § 5 PflegeZG Rn 38 f). Der Arbeitnehmer kann sich nur bei Vorliegen der materiellen Voraussetzungen der §§ 2, 3 PflegeZG und einer formell wirksamen Geltendmachung auf den besonderen Kündigungsschutz berufen (HaKo-KSchR/*Böhm* § 5 PflegeZG Rn 41 ff).

54 [3] Aus den unter a – b) dargestellten Varianten ist die im Einzelfall einschlägige Fallkonstellation als Begründung für die unter 1. aufgeführte Einleitung auszuwählen.

55 [4] Vgl hierzu im Einzelnen HaKo-KSchR/*Böhm* § 5 PflegeZG Rn 15 ff.

56 [5] Der Freistellungsanspruch setzt keine Zustimmung des Arbeitgebers voraus; die Arbeitspflicht wird kraft Gesetzes suspendiert.

57 [6] Höchstens 10 Arbeitstage.

58 [7] Den Begriff der Pflegebedürftigkeit definiert § 7 Abs. 4 Satz 1 PflegeZG durch einen Verweis auf die §§ 14 und 15 SGB XI (vgl HaKo-KSchR/*Böhm* § 5 PflegeZG Rn 20).

[8] Vgl § 7 Abs. 3 PflegeZG.

[9] Nach § 2 Abs. 2 Satz 2 PflegeZG ist dem Arbeitgeber nur auf Verlangen eine ärztliche Bescheinigung über die Pflegebedürftigkeit des nahen Angehörigen und die Erforderlichkeit der Organisation einer bedarfsgerechten Pflege oder der Sicherstellung einer pflegerischen Versorgung vorzulegen. Zu Nachweiszwecken empfiehlt es sich jedoch, die Bescheinigung bereits mit der Mitteilung über die kurzzeitige Arbeitsverhinderung beim Arbeitgeber einzureichen. Denn ihr kommt – ähnlich einer Arbeitsunfähigkeitsbescheinigung nach § 5 EFZG – ein hoher Beweiswert zu.

[10] Vgl zu den Einzelheiten HaKo-KSchR/*Böhm* § 5 PflegeZG Rn 25.

[11] Höchstdauer sechs Monate.

[12] Der Arbeitnehmer muss die Pflegezeit spätestens 10 Tage vor ihrem Beginn schriftlich ankündigen. Gleichzeitig ist zu erklären, für welchen Zeitraum und in welchem Umfang die Freistellung von der Arbeitsleistung in Anspruch genommen werden soll, § 3 Abs. 3 Satz 1 PflegeZG. Ist nur eine teilweise Freistellung beabsichtigt, ist auch die gewünschte Verteilung der Arbeitszeit anzugeben, § 3 Abs. 3 Satz 2 PflegeZG.

[13] Die Inanspruchnahme von Pflegezeit bei vollständiger Freistellung setzt nicht die Zustimmung des Arbeitgebers voraus. Bei einer nur teilweisen Freistellung (Pflegeteilzeit) haben Arbeitgeber und Arbeitnehmer eine schriftliche Vereinbarung über die Verringerung und die Verteilung der Arbeitszeit zu treffen, § 4 Satz 1 PflegeZG.

[14] Die in § 3 Abs. 2 PflegeZG angeordnete Nachweispflicht muss weder bei Zugang der Ankündigung noch bei Antritt der Pflegezeit erfüllt sein. Der Arbeitnehmer kann die Begutachtung durch den MDK nach § 18 Abs. 3 SGB VI abwarten. Danach hat der MDK bei Ankündigung der Pflegezeit seine Begutachtung innerhalb von zwei Wochen nach Eingang des Antrags bei der Pflegekasse durchzuführen. Der Antragsteller ist unverzüglich schriftlich über die Empfehlung des MDK für die Pflegekasse zu informieren. Es empfiehlt sich, die Pflegezeit so rechtzeitig zu beantragen, dass das Gutachten des MDK vor dem beabsichtigten Beginn der Pflegezeit vorliegt. Hierdurch erlangt der Arbeitnehmer Gewissheit, ob er der Arbeit fernbleiben darf.

VI. Datenschutzbeauftragter

1. Muster: Sonderkündigungsschutz gem. § 4 f Abs. 3 BDSG

▶ Die streitgegenständliche (ordentliche) Kündigung ist gemäß § 4 f Abs. 3 BDSG iVm § 134 BGB unwirksam. Nach § 4 f Abs. 3 Sätze 5 und 6 BDSG ist die ordentliche Kündigung eines nach § 4 f Abs. 1 BDSG bestellten Datenschutzbeauftragten[1] ab Beginn seiner Bestellung bis Ablauf eines Jahres nach seiner Abberufung unzulässig. Das Arbeitsverhältnis des Klägers unterliegt dem besonderen Kündigungsschutz des § 4 f Abs. 3 BDSG.

Ausführungen zu den tatbestandlichen Voraussetzungen des § 4 f Abs. 1 BDSG und der Bestellung des Klägers zum Datenschutzbeauftragten, zB:

Die Beklagte ist ein Unternehmen der Privatwirtschaft, das personenbezogene Daten automatisiert verarbeitet. Mit der automatisierten Verarbeitung personenbezogener Daten sind idR mehr als neun Personen ständig beschäftigt. Die Beklagte bestellte den Kläger mit Schreiben vom ▬▬▬ zum Beauftragten für den Datenschutz. Bis zum Zugang der streitgegenständlichen Kündigung wurde diese Bestellung nicht widerrufen. ◀

2. Erläuterungen

67 **[1]** Betriebliche Datenschutzbeauftragte unterliegen nach § 4 f Abs. 3 Sätze 5 und 6 BDSG einem besonderen Kündigungsschutz vor ordentlichen Kündigungen. Dieser Kündigungsschutz besteht nur für die nach § 4 f Abs. 1 BDSG, nicht dagegen für die vom Arbeitgeber freiwillig bestellten Datenschutzbeauftragten (ErfK/*Wank* § 4 f BDSG Rn 5). Nach § 4 f Abs. 1 BDSG sind Privatunternehmen und öffentliche Stellen zur schriftlichen Bestellung eines Beauftragten für den Datenschutz verpflichtet, wenn sie personenbezogene Daten automatisiert erheben, verarbeiten oder nutzen, oder Daten auf andere Weise erhoben, verarbeitet oder genutzt werden und idR mindestens 20 Personen damit beschäftigt sind. Diese Pflicht entfällt für Privatunternehmen, die idR höchstens neun Personen ständig mit der automatisierten Verarbeitung personenbezogener Daten beschäftigen.

68 Das BDSG gilt nach § 1 Abs. 2 uneingeschränkt für öffentliche Stellen des Bundes und Privatunternehmen; auf öffentliche Stellen der Länder ist es anwendbar, soweit der Datenschutz nicht durch Landesgesetz geregelt ist und soweit sie Bundesrecht ausführen oder als Organe des Rechtspflege tätig werden und es sich nicht um Verwaltungsangelegenheiten handelt. Die Datenschutzgesetze der einzelnen Bundesländer beinhalten gesonderte Regelungen über die Bestellung von Datenschutzbeauftragten (vgl hierzu und zu deren Rechtsstellung die Übersicht in KDZ/*Däubler/Brecht-Heitzmann* § 4 f BDSG Rn 23 ff).

VII. Sonderkündigungsschutz im Rahmen der Betriebsverfassung und Personalvertretung

1. Mitglied eines Betriebsrats, einer Jugend- und Auszubildendenvertretung, einer Bordvertretung oder eines Seebetriebsrats, § 15 Abs. 1 KSchG

69 **a) Muster: Sonderkündigungsschutz gem. § 15 Abs. 1 KSchG**[1][2]

▶ Die durch die Beklagte ausgesprochene ordentliche Kündigung des Klägers vom ... ist nach § 15 Abs. 1 Satz 1 KSchG unwirksam. Danach ist die Kündigung eines Mitglieds eines Betriebsrats, einer Jugend- und Auszubildendenvertretung, einer Bordvertretung oder eines Seebetriebsrats unzulässig, es sei denn, dass Tatsachen vorliegen, die den Arbeitgeber zur Kündigung aus wichtigem Grund ohne Einhaltung einer Kündigungsfrist berechtigen, und dass die nach § 103 BetrVG erforderliche Zustimmung vorliegt oder durch gerichtliche Entscheidung ersetzt ist. Zum Zeitpunkt des Zugangs der streitgegenständlichen Kündigung am ... war der Kläger Mitglied des/der bei der Beklagten gebildeten Betriebsrats/Jugend- und Auszubildendenvertretung/Bordvertretung/Seebetriebsrats. Die Voraussetzungen des § 15 Abs. 4 und/oder 5 KSchG sind nicht erfüllt.

Variante: Sonderkündigungsschutz nach Beendigung der Amtszeit

Die durch die Beklagte ausgesprochene ordentliche Kündigung ist gemäß § 15 Abs. 1 Satz 2 KSchG unwirksam. Danach ist bei Beendigung der Amtszeit die Kündigung eines Mitglieds eines Betriebsrats, einer Jugend- und Auszubildendenvertretung oder eines Seebetriebsrats innerhalb eines Jahres, die Kündigung eines Mitglieds einer Bordvertretung innerhalb von sechs Monaten, jeweils vom Zeitpunkt der Beendigung der Amtszeit an gerechnet, unzulässig, es sei denn, dass Tatsachen vorliegen, die den Arbeitgeber zur Kündigung aus wichtigem Grund ohne Einhaltung einer Kündigungsfrist berechtigten. Der Kläger war Mitglied des/der bei der Beklagten gebildeten Betriebsrats/Jugend- und Auszubildendenvertretung/Bordvertretung/ Seebetriebsrats. Seine Amtszeit endete am ..., so dass zum Zeitpunkt des Kündigungszugangs am ... noch der nachwirkende Sonderkündigungsschutz bestand. Die Beendigung der Mitgliedschaft des Klägers in dem og. Gremium beruhte nicht auf einer gerichtlichen Entscheidung. ◀

b) Erläuterungen

[1] Nach § 15 Abs. 1 KSchG ist der dort genannte Personenkreis vor ordentlichen (Änderungs-) Kündigungen geschützt, soweit nicht die Voraussetzungen des § 15 Abs. 4 oder Abs. 5 KSchG vorliegen. Die außerordentliche Kündigung von Mitgliedern des Betriebsrats, der Jugend- und Auszubildendenvertretung, der Bordvertretung und des Seebetriebsrats, aber auch des Wahlvorstands sowie von Wahlbewerbern bedarf der Zustimmung des Betriebsrats oder deren (rechtskräftige) Ersetzung durch das Arbeitsgericht, § 103 BetrVG.

Nach § 96 Abs. 3 Satz 1 SGB IX besitzen Mitglieder der Schwerbehindertenvertretung ua. den gleichen Kündigungsschutz wie Mitglieder des Betriebsrats. Im Inland beschäftigte Mitglieder eines europäischen Betriebsrats, Mitglieder des besonderen Verhandlungsgremiums und Arbeitnehmervertreter iR eines Verfahrens zur Unterrichtung und Anhörung sind in gleicher Weise geschützt (vgl § 40 Abs. 1 und Abs. 2 EBRG). Auch der Sonderkündigungsschutz von Funktionsträgern in der Personalvertretung nach § 15 Abs. 2 KSchG ist dem in § 15 Abs. 1 KSchG nachgebildet. Von der gesonderten Darstellung eines Musters für die zuvor genannten Personenkreise wird aus diesem Grund abgesehen.

[2] Ein Ersatzmitglied erwirbt den Sonderkündigungsschutz nach § 15 Abs. 1 Satz 1 KSchG für die Dauer der Verhinderung des Betriebsratsmitglieds. Es rückt automatisch mit Beginn des Verhinderungsfalls und unabhängig von der Kenntnis über die Verhinderung des ordentlichen Mitglieds in den Betriebsrat nach. Der Sonderkündigungsschutz hängt nicht davon ab, dass das Ersatzmitglied während der Vertretungszeit tatsächlich Betriebsratsaufgaben erledigt hat (BAG 8.9.2011 – 2 AZR 388/10, NZA 2012, 400).

2. Mitglieder des Wahlvorstands, § 15 Abs. 3 BetrVG

a) Muster: Sonderkündigungsschutz eines Wahlvorstandsmitglieds zur Durchführung von Betriebsratswahlen

▶ Die durch die Beklagte ausgesprochene ordentliche Kündigung vom ... ist wegen Verstoßes gegen § 15 Abs. 3 KSchG iVm § 134 BGB unwirksam. Gemäß § 15 Abs. 3 Satz 1 KSchG ist die Kündigung eines Mitglieds eines Wahlvorstands vom Zeitpunkt seiner Bestellung an bis zur Bekanntgabe des Wahlergebnisses unzulässig, es sei denn, dass Tatsachen vorliegen, die den Arbeitgeber zur Kündigung aus wichtigem Grund ohne Einhaltung einer Kündigungsfrist berechtigen, und eine nach § 103 BetrVG erforderliche Zustimmung vorliegt oder durch eine gerichtliche Entscheidung ersetzt ist. Der Kläger war bei Zugang der Kündigung am ... Mitglied des Wahlvorstands zur Durchführung von Betriebsratswahlen im Betrieb der Beklagten.

Die Bestellung erfolgte durch Beschluss des Betriebsrats vom ...

Alternativ:

Der Betriebsrat hatte acht Wochen vor Ablauf seiner am ... endenden Amtszeit noch keinen Wahlvorstand bestellt. Auf Antrag der *(mindestens drei)* Wahlberechtigten ... (Name der Wahlberechtigten)/der im Betrieb vertretenen Gewerkschaft ... (Name der Gewerkschaft) hat das Arbeitsgericht ... mit Beschluss vom ... (Az: ...) einen 3-köpfigen Wahlvorstand eingesetzt. Den Kläger bestellte es zum Mitglied des Wahlvorstands.[1] ◀

b) Erläuterungen

[1] Der Sonderkündigungsschutz nach § 15 Abs. 3 beginnt für gerichtlich bestellte Mitglieder des Wahlvorstands mit der Verkündung und nicht erst mit der formellen Rechtskraft des Ersetzungsbeschlusses (BAG 26.11.2009 – 2 AZR 185/08, NZA 2010, 443).

3. Wahlbewerber, § 15 Abs. 3 KSchG

a) Muster: Sonderkündigungsschutz eines Wahlbewerbers für Betriebsratswahlen

▶ Die durch die Beklagte ausgesprochene ordentliche Kündigung vom ... ist nach § 15 Abs. 3 Satz 1 KSchG iVm § 134 BGB unwirksam. Zum Zeitpunkt des Zugangs der Kündigung am ... stand dem Kläger der besondere Kündigungsschutz als Wahlbewerber zu. Er konnte deshalb nur außerordentlich aus wichtigem Grund (§ 626 BGB) und mit Zustimmung des Betriebsrats (§ 103 BetrVG) gekündigt werden. Die ordentliche Kündigung eines Wahlbewerbers ist nach § 15 Abs. 3 Satz 1 vom Zeitpunkt der Aufstellung des Wahlvorschlags an bis zur Bekanntgabe des Wahlergebnisses unzulässig.

Der im Betrieb bestehende Betriebsrat bestellte am ... für die turnusmäßig anstehende Betriebsratswahl einen Wahlvorstand. Dies wurde am ... per Aushang im Betrieb bekannt gemacht. Am ... erstellte eine Gruppe von Arbeitnehmern die Wahlvorschlagsliste, auf der der Kläger als einer von insgesamt ... Bewerbern aufgeführt war. Die Liste war mit einem zweiten Blatt, auf der sich ... (Anzahl) Stützunterschriften befanden, fest verbunden. Der Wahlvorschlag ging am ... beim Wahlvorstand ein.[1] ◀

b) Erläuterungen

[1] Der Sonderkündigungsschutz für Wahlbewerber beginnt, sobald ein Wahlvorstand für die Wahl bestellt ist und ein Wahlvorschlag für den Kandidaten vorliegt, der die erforderliche Zahl von Stützunterschriften aufweist. Auf seine Einreichung beim Wahlvorstand oder den Erlass eines Wahlausschreibens kommt es nicht an (BAG 19.4.2012 – 2 AZR 299/11).

D. Sonstige Unwirksamkeitsgründe

I. Verstoß gegen Treu und Glauben, § 242 BGB

1. Muster: Mindestmaß an sozialer Rücksichtnahme bei Kündigung aus wirtschaftlichen Gründen

▶ ...

Begründung

Der am ... geborene Kläger ist ledig/verheiratet/geschieden und ... Personen/Kindern gegenüber zum Unterhalt verpflichtet. Er ist seit dem ... bei der Beklagten als ... (Tätigkeitsbezeichnung) zuletzt mit einem monatlichen Bruttoentgelt von ... EUR bei einer regelmäßigen wöchentlichen/monatlichen Arbeitszeit von ... Stunden beschäftigt.

Mit Schreiben ..., welches dem Kläger am ... zuging, kündigte die Beklagte das Arbeitsverhältnis „aus wirtschaftlichen Gründen" zum ... . Wir fügen das Kündigungsschreiben in Kopie bei.

Die Beklagte beschäftigte zum Zeitpunkt des Zugangs der Kündigung insgesamt fünf Arbeitnehmer. Der betriebliche Anwendungsbereich des Kündigungsschutzgesetzes ist demgemäß nach § 23 KSchG nicht eröffnet. Die Kündigung ist jedoch gemäß § 242 BGB unwirksam. Die Beklagte hat bei Ausspruch nicht das durch Artikel 12 GG gebotene Mindestmaß an sozialer Rücksichtnahme gewahrt.

Neben dem Kläger beschäftigte die Beklagte folgende vier Mitarbeiter in gleicher Funktion:[2]

– der gegenüber vier Kindern unterhaltspflichtige Arbeitnehmer ..., der jünger als der Kläger und kürzer als dieser beschäftigt ist
– der am ... geborene, verheiratete Arbeitnehmer ..., der kürzer als der Kläger beschäftigt ist

D. Sonstige Unwirksamkeitsgründe §4 KSchG

– der Sohn des Inhabers der Beklagten, der ebenfalls jünger als der Kläger und kürzer als dieser beschäftigt ist
– der ledige Arbeitnehmer ... ohne Unterhaltspflichten, der deutlich jünger als der Kläger ist (geboren am ...) und erst seit dem ... und damit deutlich kürzer bei der Beklagten beschäftigt ist als der Kläger.

Die Beklagte hat die Kündigung allein aus „wirtschaftlichen Gründen" ausgesprochen. Gründe, die auf die Person des Klägers oder sein Verhalten zurückzuführen sind, liegen nicht vor. Deshalb war die Beklagte gehalten, unter den bei ihr beschäftigten Arbeitnehmern eine Auswahl zu treffen. In diesem Fall hat der Arbeitgeber auch in einem Kleinbetrieb, auf den das Kündigungsschutzgesetz keine Anwendung findet, ein durch Artikel 12 GG gebotenes Mindestmaß an sozialer Rücksichtnahme zu wahren und es darf auch ein durch langjährige Mitarbeit erdientes Vertrauen in den Fortbestand des Arbeitsverhältnisses nicht unberücksichtigt bleiben (BAG 21.2.2001 – 2 AZR 15/00, NZA 2001, 833). Damit sind zwar im Kleinbetrieb nicht die Grundsätze über die Sozialauswahl (§ 1 KSchG) entsprechend anwendbar. Die Auswahlentscheidung des Arbeitgebers ist aber daraufhin zu überprüfen, ob unter Berücksichtigung der Belange des Arbeitnehmers am Erhalt seines Arbeitsplatzes und den besonderen Interessen des Kleinunternehmers gegen Treu und Glauben verstößt.[1] Ein solcher Treueverstoß bei der Kündigung des sozial schutzbedürftigeren Arbeitnehmers ist umso eher anzunehmen, je weniger bei der Auswahlentscheidung eigene Interessen des Arbeitgebers eine Rolle gespielt haben. Hat der Arbeitgeber keine spezifischen eigenen Interessen, einen bestimmten Arbeitnehmer zu kündigen bzw anderen vergleichbaren Arbeitnehmern nicht zu kündigen, und entlässt er gleichwohl den Arbeitnehmer mit der am weitem längsten Betriebszugehörigkeit, dem höchsten Alter und den meisten Unterhaltspflichten, so spricht alles dafür, dass der Arbeitgeber bei der Entscheidung das verfassungsrechtlich gebotene Mindestmaß an sozialer Rücksichtnahme außer Acht gelassen hat (BAG 21.2.2001 – 2 AZR 15/00, aaO).

Die angegriffene Kündigung entspricht diesen Anforderungen nicht.[3] Sie verstößt daher gegen Treu und Glauben (§ 242 BGB) und ist deshalb unwirksam. Die Auswahlentscheidung der Beklagten ist evident fehlerhaft. Der Kläger ist deutlich älter als sämtliche anderen Arbeitnehmer und der Beschäftigte mit der deutlich längsten Betriebszugehörigkeit. Zudem verfügt er über die o.a. Unterhaltspflichten. Dahinter fallen die Sozialdaten des Arbeitnehmers ... deutlich zurück. Da die Beklagte keine nachvollziehbaren Gründe aufzuweisen hat, gerade dem Kläger gegenüber eine Kündigung auszusprechen, ist angesichts des extremen Auseinanderklaffens der Sozialdaten offenkundig, dass die Beklagte das gebotene Mindestmaß an sozialer Rücksichtnahme außer Acht gelassen hat.

...

Rechtsanwalt ◄

2. Erläuterungen

[1] Der Verstoß einer Kündigung gegen das Gebot von Treu und Glauben (§ 242 BGB) stellt einen sonstigen Unwirksamkeitsgrund iSv § 13 Abs. 3 KSchG dar. Eine Kündigung verstößt gegen § 242 BGB und ist nichtig, wenn sie aus Gründen, die von § 1 KSchG nicht erfasst sind, Treu und Glauben verletzt. Dies gilt auch für Kündigungen in der Wartezeit des § 1 Abs. 1 KSchG (BAG 21.2.2001 – 2 AZR 15/00, NZA 2001, 833). Eine treuwidrige Kündigung kommt insbesondere in Betracht bei widersprüchlichem Verhalten des Arbeitgebers oder dem Ausspruch einer Kündigung zur Unzeit oder in ehrverletzender Form (BAG 21.2.2001 – 2 AZR 15/00, aaO). Gegen die Diskriminierungsverbote des AGG verstoßende

ordentliche Kündigungen während der Wartezeit und in Kleinbetrieben sind unmittelbar am Maßstab des AGG zu messen (vgl zur Kündigung eines Chemisch-Technischen Assistenten im Reinraum wegen symptomloser HIV-Infektion, BAG 19.12.2013 – 6 AZR 190/12).

79 [2] Stützt der Arbeitnehmer eines Kleinbetriebs die Unwirksamkeit der Kündigung darauf, der Arbeitgeber habe bei seiner Auswahlentscheidung nicht das gebotene Mindestmaß an sozialer Rücksichtnahme gewahrt, hat er vorzutragen, mit den nichtgekündigten Arbeitnehmern auf den ersten Blick vergleichbar zu sein (BAG 6.2.2003 – 2 AZR 672/01, NZA 2003, 717).

80 [3] Der Arbeitnehmer hat diejenigen Tatsachen, aus denen sich die Treuwidrigkeit ergibt, darzulegen und zu beweisen. Es gilt eine abgestufte Darlegungs- und Beweislast. Im ersten Schritt muss der Arbeitnehmer, soweit er die Überlegung des Arbeitgebers, die zu seiner Kündigung geführt haben, nicht kennt, lediglich einen Sachverhalt vortragen, der die Treuwidrigkeit nach § 242 BGB indiziert. Sodann muss sich der Arbeitgeber nach § 138 Abs. 2 ZPO im Einzelnen auf diesen Vortrag einlassen, um ihn zu entkräften. Kommt er dem nicht nach, gilt der schlüssige Sachvortrag des Arbeitnehmers gem. § 138 Abs. 3 ZPO als zugestanden (BAG 24.1.2008 – 6 AZR 96/07, NZA – RR 2008, 405; 16.9.2004 – 2 AZR 447/03, AP BGB § 611 Kirchendienst Nr. 44).

II. Sittenwidrige Kündigung, § 138 BGB

81 **1. Muster: Kündigung als Druckmittel**[1]

▶ ...

Begründung

Der am ... geborene Kläger ist ledig/verheiratet/geschieden und ... Personen/Kindern gegenüber zum Unterhalt verpflichtet. Er ist seit dem ... bei der Beklagten als ... (Tätigkeitsbezeichnung) zuletzt mit einem monatlichen Bruttoentgelt von ... EUR bei einer regelmäßigen wöchentlichen/monatlichen Arbeitszeit von ... Stunden beschäftigt.

Mit Schreiben ..., welches dem Kläger am ... zuging, kündigte die Beklagte das Arbeitsverhältnis zum ... . Wir fügen das Kündigungsschreiben in Kopie bei.

Die Beklagte unterhält einen Kleinbetrieb iSv. § 23 Abs. 1 KSchG. Der betriebliche Anwendungsbereich des Kündigungsschutzgesetzes ist mithin nicht eröffnet. Die streitgegenständliche Kündigung verstößt jedoch gegen die guten Sitten und ist nach § 138 BGB nichtig.[2][3]

Neben dem Kläger war auch seine Ehefrau, Frau ..., bei der Beklagten tätig. Diese kündigte ihr Arbeitsverhältnis mit Schreiben vom ... fristgerecht zum ..., weil sie bei einem anderen Arbeitgeber eine besser vergütete Arbeitsstelle gefunden hatte. Nach Übergabe der Kündigung am ... erklärte der Inhaber der Beklagten, Herr ..., gegen ... Uhr (Uhrzeit) gegenüber der Ehefrau des Klägers:

> „Wenn Sie Ihre Kündigung nicht zurückziehen, braucht Ihr Mann hier auch nicht weiter zu arbeiten. Ich werde ihm dann ebenfalls kündigen."

Nachdem sich die Ehefrau des Klägers hiervon nicht hatte beeindrucken lassen und die Kündigung aufrechterhielt, kündigte die Beklagte das Arbeitsverhältnis des Klägers noch am selben Tag.

Die Kündigung widerspricht dem Antragsgefühl aller billig und gerecht Denkenden. Der Ausspruch der Kündigung gegenüber dem Kläger diente allein als Druckmittel, um die Ehefrau zum Verbleib im Unternehmen zu zwingen. Es ist als verwerflich anzusehen, wenn der Arbeitgeber mit der später realisierten Kündigungsandrohung versucht, sich – wie vorliegend – einen Vorteil zu verschaffen, der außerhalb der Vertragsbeziehung zum Kläger liegt (vgl ErfK/*Kiel* § 13 KSchG Rn 13).

Rechtsanwalt ◄

2. Erläuterungen

[1] Muster nach dem Beispielsfall in KR/*Friedrich* § 13 KSchG Rn 143.

[2] Eine gegen § 138 BGB verstoßende Kündigung ist nichtig. Die Sittenwidrigkeit ist Unwirksamkeitsgrund iSv § 13 Abs. 2 Satz 1 KSchG. Die Rechtsprechung beschränkt den Anwendungsbereich der Sittenwidrigkeit nur auf besonders krasse Fälle (Einhaltung des „ethischen Minimums"; vgl BAG 2.4.1987 – 2 AZR 227/86, NZA 1988, 18; 21.2.2001 – 2 AZR 15/00, NZA 2001, 833). Eine Kündigung ist danach nur dann sittenwidrig, wenn sie auf einem verwerflichen Motiv des Kündigenden beruht oder aus anderen Gründen dem Anstandsgefühl aller billig und gerecht Denkenden widerspricht (BAG 2.4.1987 – 2 AZR 227/86, aaO; 21.2.2001 – 2 AZR 15/00, aaO).

[3] Eine klare Abgrenzung zwischen § 138 BGB und § 242 BGB lässt sich nicht mehr vornehmen. *Kiel* trennt beide Unwirksamkeitsgründe dergestalt, dass sich § 138 BGB auf die Substanz des Handlungsunwerts beziehe, während § 242 BGB auf den Unwert der Art und Weise des Handelns abstelle (ErfK/*Kiel* § 13 KSchG Rn 12). Eine Verletzung des Maßregelungsverbots (vgl hierzu § 4 KSchG D III.) stellt einen Sonderfall der Sittenwidrigkeit dar (BAG 22.5.2003 – 2 AZR 426/02, AP KSchG 1969 Wartezeit § 1 Nr. 18).

III. Verstoß gegen das Maßregelungsverbot, § 612 a BGB
1. Muster: Kündigung wegen Betreuung eines erkrankten Kindes[1]

▶ Die am ▬ geborene Klägerin ist ledig/verheiratet/geschieden und ▬ Kindern gegenüber zum Unterhalt verpflichtet. Sie ist seit dem ▬ bei der Beklagten als ▬ (Tätigkeitsbezeichnung) zuletzt mit einem monatlichen Bruttoentgelt von ▬ EUR bei einer regelmäßigen wöchentlichen/monatlichen Arbeitszeit von ▬ Stunden beschäftigt.

Mit Schreiben vom ▬, welches der Klägerin am ▬ zuging, kündigte die Beklagte das Arbeitsverhältnis zum ▬. Wir fügen das Kündigungsschreiben in Kopie bei.

Die Kündigung ist nach § 612 a BGB iVm § 134 BGB wegen eines Verstoßes gegen das Maßregelungsverbot unwirksam.[2][3] Die Beklagte hat die Kündigung nur deshalb ausgesprochen, weil die Klägerin von ihrem Recht nach § 45 Abs. 3 Satz 1 SGB V[4] Gebrauch gemacht hatte, bei Erkrankung ihres Kindes der Arbeit fern zu bleiben.

Die Klägerin ist gesetzlich bei der ▬ (Name der gesetzlichen Krankenversicherung) krankenversichert. Am ▬ hätte die Klägerin laut Dienstplan ihre Arbeit bei der Beklagten um ▬ Uhr aufnehmen müssen. Vor Aufnahme der Tätigkeit beabsichtigte die Klägerin, ihren am ▬ geborenen, seinerzeit vierjährigen Sohn in den Kindergarten zu bringen. Da sie bei ihm jedoch hohes Fieber feststellte (39 °C), entschloss sie sich die Sprechstunde des Kinderarztes Dr. ▬ (Name des Arztes) aufzusuchen. Sie unterrichtete die Personalabteilung der Beklagten telefonisch über die Erkrankung ihres Kindes und dass sie zur Betreuung ihres Kindes der Arbeit fern bliebe.

Beweis: Zeugnis ▬ (Name des Mitarbeiters/der Mitarbeiterin aus der Personalabteilung), zu laden über die Beklagte.

Die Untersuchung ergab ein fieberhaftes Krankheitsbild, das die Beaufsichtigung und Betreuung des Kindes durch die Klägerin für den Rest der Woche, also bis zum ..., erforderte.

Beweis:
1. Attest des Arztes Dr. ... (Name des Kinderarztes), für Gericht und Gegenseite in Fotokopie anbei
2. Zeugnis des Kinderarztes Dr. ... (Name und ladungsfähige Anschrift des Kinderarztes).

Im unmittelbaren Anschluss an die Untersuchung rief die Klägerin gegen ... Uhr in der Personalabteilung der Beklagten an und teilte unter Hinweis auf das Untersuchungsergebnis mit, dass sie noch bis zum Ende der Woche aus Anlass der Betreuung ihres erkrankten Kindes der Arbeit fern bleibe. Das ärztliche Attest werde sie nachreichen.

Beweis: Zeugnis ... (Name des/der Mitarbeiters/-in der Personalabteilung), zu laden über die Beklagte.

In der Folge sprach die Beklagte die streitgegenständliche Kündigung unter Hinweis auf ein eigenmächtiges Fernbleiben der Klägerin von der Arbeit aus. Hiermit hat sie das Maßregelungsverbot des § 612a BGB verletzt. Danach darf der Arbeitgeber einen Arbeitnehmer bei einer Maßnahme nicht benachteiligen, weil der Arbeitnehmer in zulässiger Weise seine Rechte ausübt. Unter „Maßnahme" idS ist auch die Ausübung des Kündigungsrechts zu verstehen (BAG 19.4.2012 – 2 AZR 233/11, NZA 2012, 1449). Die Klägerin hat zulässigerweise ihr Recht nach § 45 Abs. 3 Satz 1 SGB V ausgeübt, als sie am ... und an den Folgetagen nicht erschien. Danach haben Versicherte mit Anspruch auf Krankengeld nach § 45 Abs. 1 SGB V[5] für die Dauer dieses Anspruchs gegen ihren Arbeitgeber Anspruch auf unbezahlte Freistellung von der Arbeitsleistung, soweit nicht aus dem gleichen Grund Anspruch auf bezahlte Freistellung besteht. § 45 Abs. 1 SGB V bestimmt, dass Versicherte einen Anspruch auf Krankengeld haben, wenn es nach ärztlichem Attest erforderlich ist, dass sie zur Beaufsichtigung, Betreuung oder Pflege ihres erkrankten und versicherten Kindes der Arbeit fern bleiben, eine andere in ihrem Haushalt lebende Person das Kind nicht beaufsichtigen, betreuen oder pflegen kann und das Kind das 12. Lebensjahr noch nicht vollendet hat. Diese Voraussetzungen lagen ab dem ... bei der Klägerin vor.

Ausweislich des ärztlichen Attestes vom ... war der vierjährige, in ihrem Haushalt lebende Sohn wegen einer Fiebererkrankung betreuungsbedürftig. Andere Personen standen zur Betreuung des Kindes nicht zur Verfügung. Der Vater des Kindes war durch die gesamte Woche hinweg auf einer auswärtigen Montagebaustelle tätig und konnte das Kind deshalb nicht betreuen. Auch sonstige Angehörige standen zu Betreuungszwecken nicht zur Verfügung.

Wie sich aus dem Kündigungsschreiben ergibt, war das Fernbleiben von der Arbeit der alleinige Kündigungsgrund. Die Kündigung stellt deshalb eine Maßregelung für das berechtigte Fernbleiben der Klägerin von der Arbeit dar.[6]

...

Rechtsanwalt ◄

2. Erläuterungen

86 [1] Vgl zu dieser Fallkonstellation LAG Köln 10.11.1993 – 7 Sa 690/93 – LAGE BAG § 612a Nr. 5.

[2] Das Maßregelungsverbot des § 612a BGB stellt einen Sonderfall der Sittenwidrigkeit dar (BAG 22.5.2003 – 2 AZR 426/02, AP KSchG 1969 § 1 Wartezeit Nr. 18; 2.4.1987 – 2 AZR 227/86, NZA 1988, 18).

[3] Nach § 612a BGB darf der Arbeitgeber einen Arbeitnehmer bei der Maßnahme nicht deshalb benachteiligen, weil dieser in zulässiger Weise seine Rechte ausübt. Eine als derartige „Maßnahme" in Betracht kommende Kündigung des Arbeitsverhältnisses kann sich als eine Benachteiligung wegen einer zulässigen Rechtsausübung des Arbeitnehmers erweisen. Eine Verletzung des Maßregelungsverbots liegt aber nur dann vor, wenn zwischen der Benachteiligung und der Rechtsausübung ein unmittelbarer Zusammenhang besteht. Die zulässige Rechtsausübung darf nicht nur den äußeren Anlass für die Maßnahme bieten, sie muss gerade der tragende Grund, dh. das wesentliche Motiv für die benachteiligende Maßnahme gewesen sein (BAG 19.4.2012 – 2 AZR 233/11, NZA 2012, 1449; 22.5.2003 – 2 AZR 426/02, AP KSchG 1969 § 1 Wartezeit Nr. 18).

[4] Bereits bei Vorliegen der kind- und betreuungsbezogenen Voraussetzungen des § 45 Abs. 4 SGB V entfällt die Arbeitspflicht des Arbeitnehmers (ErfK/*Rolfs* § 45 SGB V Rn 9). Die Befreiung von der Arbeitspflicht setzt keine Erklärung des Arbeitgebers voraus. Der Arbeitnehmer kann der Arbeit „eigenmächtig" fern bleiben (LAG Köln 10.11.1993 – 7 Sa 690/93 – LAGE BGB § 612a Nr. 5).

[5] Nach § 45 Abs. 1 SGB V haben gesetzlich krankenversicherte Arbeitnehmer Anspruch auf Krankengeld, wenn es nach ärztlichem Attest erforderlich ist, dass sie zur Beaufsichtigung, Betreuung oder Pflege ihres erkrankten und versicherten Kindes der Arbeit fern bleiben, eine andere in ihrem Haushalt lebende Person das Kind nicht beaufsichtigen, betreuen oder pflegen kann und das Kind das 12. Lebensjahr noch nicht vollendet hat. Dieser Anspruch besteht nur, wenn auch das Kind gesetzlich krankenversichert ist (BSG 31.3.1998 – B 1 KR 9/96 R). Für den Anspruch auf unbezahlte Freistellung nach § 45 Abs. 4 SGB V ist es jedoch nicht erforderlich, dass der Arbeitnehmer Versicherter ist, § 45 Abs. 5 SGB V.

[6] Der Arbeitnehmer trägt die Darlegungs- und Beweislast für das Vorliegen einer Maßregelung iSv. § 612a BGB. Bei einem offensichtlichen Zusammenhang zwischen der benachteiligenden Maßnahme und der zulässigen Rechtsausübung kommt jedoch zugunsten des Arbeitnehmers eine Beweiserleichterung durch den Beweis des ersten Anscheins in Betracht (BAG 21.11.2000 – 9 AZR 665/99, NZA 2001, 1093; ErfK/*Preis* § 612a BGB Rn 22). Ein solcher kann insbesondere bei einem engen zeitlichen Zusammenhang zwischen Maßnahme und Rechtsausübung bestehen (ErfK/*Preis* aaO).

IV. Kündigungsfrist
1. Muster: Verstoß gegen § 622 Abs. 2 BGB

▶ ...

Es wird festgestellt, dass das zwischen den Parteien bestehende Arbeitsverhältnis nicht durch die Kündigung vom ... zum ... aufgelöst worden ist, sondern bis zum ... fortbestanden hat.[1]

...

Begründung

...

Die Beklagte hat bei Ausspruch der Kündigung eine gegen § 622 BGB verstoßende zu kurze Kündigungsfrist zu Grunde gelegt. Angesichts seiner Beschäftigungszeit hätte die Kündigungsfrist gemäß § 622 Abs. 2 Nr. ... BGB ... Monate zum Monatsende betragen müssen. Das Arbeitsverhältnis konnte somit durch die streitgegenständliche Kündigung frühestens zum ... beendet werden. ◄

2. Erläuterungen

93 [1] Die Nichteinhaltung der Kündigungsfrist ist innerhalb der Klagefrist des § 4 Satz 1 KSchG geltend zu machen, wenn sich nicht durch Auslegung ermitteln lässt, dass eine fristwahrende Kündigung ausgesprochen werden sollte (BAG 1.9.2010 – 5 AZR 700/09, NZA 2010, 1409). In diesem Fall ist eine Umdeutung iSv. § 140 BGB erforderlich, die ein nichtiges Rechtsgeschäft und damit die Unwirksamkeit der erklärten Kündigung (iSv. § 4 Satz 1 KSchG) voraussetzt. Zur Vermeidung der Fiktionswirkung des § 7 KSchG ist die fehlerhafte Kündigungsfrist mit der fristgebundenen Klage nach § 4 Satz 1 KSchG anzugreifen. Lässt sich dagegen durch Auslegung ermitteln, dass eine fristwahrende Kündigung ausgesprochen werden sollte, kann der Arbeitnehmer die Nichteinhaltung der Kündigungsfrist außerhalb der fristgebundenen Klage nach § 4 Satz 1 KSchG geltend machen (BAG 15.12.2005 – 2 AZR 148/05, NZA 2006, 761; 6.7.2006 – 2 AZR 215/05, NZA 2006, 1405). In diesem Fall ist die fehlerhafte Kündigungsfrist mit einer allgemeinen Feststellungsklage nach § 256 Abs. 1 ZPO anzugreifen („Es wird festgestellt, dass das Arbeitsverhältnis bis zum ... fortbestanden hat."). Wegen der Abgrenzungsschwierigkeiten zwischen auslegungsfähiger und umzudeutender Kündigung empfiehlt sich vorsorglich eine Klagerhebung nach § 4 Satz 1 KSchG.

V. Betriebsübergang, § 613 a Abs. 4 BGB

94 **1. Muster: Kündigung wegen eines Betriebsübergangs**

▶ ...

1. Es wird festgestellt, dass das Arbeitsverhältnis des Klägers mit der Beklagten zu 1)[1] durch die Kündigung vom ... nicht beendet wird.
2. Es wird festgestellt, dass das zwischen dem Kläger und der Beklagten zu 1) begründete Arbeitsverhältnis seit dem ... (Datum des Betriebsübergangs) mit der Beklagten zu 2)[2] fortbesteht.
3. Im Fall des Obsiegens mit dem Antrag zu 1) und/oder zu 2) wird die Beklagte zu 2) verurteilt, den Kläger bis zum rechtskräftigen Abschluss des Verfahrens zu unveränderten arbeitsvertraglichen Bedingungen als ... (Tätigkeitsbezeichnung) weiter zu beschäftigen.

Wiedereinstellungsantrag gegen den neuen Betriebsinhaber:

Im Fall des Unterliegens mit dem Kündigungsschutzantrag wird die Beklagte zu 2) verurteilt, den Kläger zu unveränderten arbeitsvertraglichen Bedingungen nach Maßgabe des Arbeitsvertrags vom ... zum ..., hilfsweise ab Rechtskraft der Entscheidung wieder einzustellen.[3]

Begründung

Der am ... geborene Kläger ist ledig/verheiratet/geschieden und ... Personen/Kindern gegenüber zum Unterhalt verpflichtet. Er ist seit dem ... bei der Beklagten zu 1) als ... (Tätigkeitsbezeichnung) zuletzt mit einer monatlichen Bruttovergütung von ... EUR bei einer regelmäßigen wöchentlichen/monatlichen Arbeitszeit von ... Stunden beschäftigt. Die Beklagte zu 1) unterhält Geschäftsräumlichkeiten in ... (Ort). Sie befasst sich mit ... und beschäftigt regelmäßig mehr als zehn Arbeitnehmer in Vollzeit ausschließlich der Auszubildenden (§ 23 Abs. 1 KSchG).

Mit Schreiben vom ..., welches dem Kläger am ... zuging, kündigte die Beklagte zu 1) das Arbeitsverhältnis zum ... . Wir fügen das Kündigungsschreiben in Kopie bei.

D. Sonstige Unwirksamkeitsgründe § 4 KSchG

Am ... hat die Beklagte zu 2) den Geschäftsbetrieb der Beklagten zu 1) vollständig übernommen. Seither führt sie den Geschäftsbetrieb der Beklagten zu 1) in denselben Räumlichkeiten, mit denselben Betriebsmitteln und den dort noch beschäftigten Mitarbeitern fort.

Die Kündigung ist sozial gerechtfertigt und daher unwirksam. Es liegen keine Gründe im Verhalten oder in der Person des Klägers vor; ebenso wenig ist die Kündigung durch dringende betriebliche Erfordernisse sozial gerechtfertigt. Sofern die Kündigung auf betriebsbedingte Gründe gestützt wird, wird die Beklagte aufgefordert, die Sozialauswahl offen zu legen und hierbei die Namen und Sozialdaten von vergleichbaren Arbeitnehmern zu nennen.

Ferner ist die Kündigung nach § 613a Abs. 4 Satz 1 BGB unwirksam. Der Betriebsübergang ist der tragende Grund für die Kündigung gewesen, sie wurde mithin wegen des Betriebsübergangs ausgesprochen.

... ◀

2. Erläuterungen

[1] Bei einer Kündigung des Arbeitsverhältnisses durch den Veräußerer noch vor Betriebsübergang, ist die Kündigungsschutzklage gegen diesen zu richten, unabhängig davon, ob sie vor oder nach dem Betriebsübergang erhoben wird. Erfolgt der Betriebsübergang nach Zugang der Kündigung und nach Klageerhebung tritt eine auf die festgestellte Unwirksamkeit der angegriffenen Kündigung beschränkte Rechtskrafterstreckung entsprechend § 265 Abs. 2 Satz 1, § 325 Abs. 1 ZPO ein. Diese bezieht sich nicht auf den Betriebsübergang. Bei einem Betriebsübergang nach Ausspruch der Kündigung und vor Klageerhebung tritt keine Rechtskrafterstreckung ein (vgl im Einzelnen und zu den denkbaren Fallkonstellationen HaKo-KSchR/*Gallner* § 4 KSchG Rn 99 ff). 95

[2] Neben der Kündigungsschutzklage gegen den die Kündigung aussprechenden Betriebsveräußerer empfiehlt es sich, einen allgemeinen Feststellungsantrag gegen den (potenziellen) Betriebserwerber zu richten. 96

[3] Ergibt sich nach Zugang der Kündigung während der Kündigungsfrist unvorhergesehen eine Weiterbeschäftigungsmöglichkeit für den gekündigten Arbeitnehmer, berührt dies die Wirksamkeit der Kündigung nicht, kann aber zu einem Anspruch auf Wiedereinstellung des gekündigten Arbeitnehmers führen. Unter bestimmten Voraussetzungen kommt ausnahmsweise ein Wiedereinstellungsanspruch auch dann in Betracht, wenn die Weiterbeschäftigungsmöglichkeit erst nach Ablauf der Kündigungsfrist entsteht. Dies hat das BAG für den Fall der willentlichen Übernahme der Hauptbelegschaft nach Ablauf der Kündigungsfrist bejaht (vgl im Einzelnen HaKo-KSchR/*Mestwerdt* § 613a BGB Rn 133 ff). 97

VI. Massenentlassungsanzeige, § 17 KSchG

1. Muster: Klage gegen anzeigepflichtige Entlassung 98

▶ Die streitgegenständliche Kündigung ist nach § 17 KSchG iVm § 134 BGB nichtig.[1]

Bei der Kündigung handelt es sich um eine anzeigepflichtige Entlassung nach § 17 KSchG. Nach Informationen des Klägers sind im Betrieb der Beklagten regelmäßig 110 Arbeitnehmer beschäftigt. Die Beklagte kündigte innerhalb von 30 Kalendertagen die Arbeitsverhältnisse von insgesamt 15 Arbeitnehmern, darunter auch das des Klägers.[2]

Der Kläger bestreitet mit Nichtwissen, dass die Beklagte vor Ausspruch der Kündigung eine ordnungsgemäße Massenentlassungsanzeige nach § 17 KSchG gegenüber der Agentur für Arbeit erhoben hat. In diesem Zusammenhang bestreitet der Kläger insbesondere mit Nichtwissen, dass

- die Beklagte bei der Agentur für Arbeit die Massenentlassungsanzeige erstattet hat bzw diese dort eingegangen ist;
- die Beklagte ihre Konsultationspflicht aus § 17 Abs. 2 KSchG erfüllt hat; insbesondere dass sie den Betriebsrat über den nach § 17 Abs. 2 Satz 1 Nr. 1–Nr. 6 KSchG erforderlichen Inhalt schriftlich unterrichtet hat;
- die Beklagte einer etwaigen Anzeige eine etwaige Stellungnahme des Betriebsrats zu den Entlassungen beigefügt bzw gegenüber der Agentur für Arbeit glaubhaft gemacht hat, dass sie den Betriebsrat mindestens zwei Wochen vor Erstattung der Anzeige nach § 17 Abs. 2 Satz 1 KSchG unterrichtet und den Stand der Beratung dargelegt hat.[3] ◄

2. Erläuterungen

99 [1] Nachdem das Bundesarbeitsgericht zunächst offen gelassen hat, ob die Verletzung der Pflichten des Arbeitgebers aus § 17 KSchG zur Unwirksamkeit der Kündigung führt oder es dem Arbeitgeber lediglich verwehrt ist, die Kündigung zu vollziehen (BAG 18.1.2012 – 6 AZR 407/10, NZA 2012, 817; 7.7.2011 – 6 AZR 248/10, NZA 2011, 1108), es nun mit der wohl hM (ErfK/*Kiel* § 17 KSchG Rn 35 mwN; HaKo-KSchR/*Pfeiffer* § 17 KSchG Rn 82; KR/Weigand § 17 KSchG Rn 103) davon aus, dass unter Verletzung der Anforderungen des § 17 KSchG ausgesprochene Kündigungen nach § 134 BGB nichtig sind (BAG 21.3.2013 – 2 AZR 60/12, NZA 2013, 966; 22.11.2012 – 2 AZR 371/11, NZA 2013, 742; 13.12.2013 – 6 AZR 752/11). Der Arbeitnehmer muss deshalb bei unterbliebener oder ungenügender Massenentlassungsanzeige innerhalb der Dreiwochenfrist des § 4 Satz 1 KSchG Klage erheben.

100 [2] Der Arbeitnehmer trägt die Darlegungs- und Beweislast für die tatsächlichen Voraussetzungen der Anzeigepflicht nach § 17 KSchG (st. Rspr BAG 18.1.2012 – 6 AZR 407/10, NZA 2012, 817). Hierzu muss er die Anzahl der regelmäßig beschäftigten und der innerhalb von 30 Kalendertagen entlassenen Arbeitnehmern im Streitfall darlegen (BAG 24.2.2005 – 2 AZR 207/04, NZA 2005, 766). Bei bestehender Anzeigepflicht hat der Arbeitgeber auf die konkrete Rüge des Arbeitnehmers die ordnungsgemäße Durchführung des Verfahrens nach § 17 KSchG darzulegen und zu beweisen (BAG 18.1.2012 – 6 AZR 407/10, NZA 2012, 817).

101 [3] Beruft sich der Arbeitnehmer auf die Nichteinhaltung der Voraussetzungen des § 17 KSchG, muss er die konkreten Fehler des Arbeitgebers bei der Durchführung des Konsultations- und Massenentlassungsanzeigeverfahrens benennen. Erst auf eine konkrete Rüge des Arbeitnehmers hin muss der Arbeitgeber näher vortragen (vgl BAG 18.1.2012 – 6 AZR 407/10, NZA 2012, 817).

VII. Vertretungsmängel

1. Fehlende Vertretungsmacht

102 **a) Muster: Klage gegen Kündigung eines Vertreters ohne Vertretungsmacht**[1]

▶ Die streitgegenständliche Kündigung ist nach § 180 Satz 1 BGB[2] unwirksam. Sie wurde von Herrn/Frau ... für die Beklagte unterzeichnet. Herr/Frau ... handelte dabei ohne Vertretungsmacht. Diesen Mangel hat der Kläger mit Schreiben vom ..., das der Beklagten am ... zuging, unverzüglich beanstandet.

Beweis: 1. Beanstandungsschreiben vom ...
2. Zeugnis ... ◄

D. Sonstige Unwirksamkeitsgründe § 4 KSchG

b) Erläuterungen

[1] Das Eingreifen der dreiwöchigen Klagefrist des § 4 Satz 1 KSchG mit der etwaigen Folge der materiellen Präklusion des § 7 KSchG setzt eine dem Arbeitgeber zurechenbare Kündigung voraus. Sie findet deshalb keine Anwendung bei einer Kündigung durch einen Vertreter ohne Vertretungsmacht oder durch den „falschen" Arbeitgeber sowie bei einer Kündigung durch einen Nichtberechtigten (BAG 26.3.2009 – 2 AZR 403/07, NZA 2009, 1146).

[2] Bei einer Kündigung als einseitiges Rechtsgeschäft ist die Vertretung ohne Vertretungsmacht grundsätzlich unzulässig, § 180 Satz 1 BGB. Ausnahmsweise findet jedoch gemäß § 180 Satz 2 BGB die Vorschrift des § 177 BGB (Genehmigungsmöglichkeit des Vertretenen) entsprechende Anwendung, wenn der Erklärungsempfänger die von dem Vertreter behauptete Vertretungsmacht nicht bei Vornahme des Rechtsgeschäfts, also unverzüglich gemäß § 174 Satz 1, § 121 Abs. 1 Satz 1 BGB beanstandet (BAG 11.12.1997 – 8 AZR 699/96). Nach erfolgter unverzüglicher Beanstandung ist die Kündigung nicht mehr gemäß § 177 Abs. 1, § 180 Satz 2 BGB genehmigungsfähig. Ohne Vorliegen besonderer Umstände ist die Beanstandung des Vertretungsmangels nicht mehr unverzüglich, wenn sie später als eine Woche nach der tatsächlichen Kenntnis des Empfängers von der Kündigung und dem Fehlen der Vertretungsmacht erfolgt (vgl zur Unverzüglichkeit iSv. § 174 Satz 1 BGB: BAG 8.12.2011 – 6 AZR 354/10, NZA 2012, 495).

103

104

2. Zurückweisung der Kündigung wegen fehlender Vollmachtsurkunde nach § 174 Satz 1 BGB

a) Muster: Klage gegen Kündigung durch Vertreter ohne Vorlage der Originalvollmachtsurkunde[1]

▶ Die Kündigung ist nach § 174 Satz 1 BGB unwirksam, weil ihr keine Vollmachtsurkunde beigefügt war und der Kläger die Kündigung deswegen unverzüglich zurückgewiesen hat.

105

77

Nach § 174 Abs. 1 BGB ist ein einseitiges Rechtsgeschäft, das ein Bevollmächtigter einem anderen gegenüber vornimmt, unwirksam, wenn der Bevollmächtigte eine Vollmachtsurkunde nicht vorlegt und der andere das Rechtsgeschäft aus diesem Grund unverzüglich[2] zurückweist.[3] Die Zurückweisung ist nach § 174 Satz 2 BGB ausgeschlossen, wenn der Vollmachtgeber den anderen von der Bevollmächtigung in Kenntnis gesetzt hatte.

Das Kündigungsschreiben vom ▪▪▪ wurde durch Herrn/Frau ▪▪▪ unterschrieben. Der Kündigungserklärung war keine auf ihn/sie lautende Vollmachtsurkunde beigefügt. Der Kläger hat die ihm am ▪▪▪ zugegangene Kündigung aus diesem Grunde mit einem bei der Beklagten am ▪▪▪ eingegangenen Schreiben vom ▪▪▪ unverzüglich zurückgewiesen.

Beweis: 1.   Zurückweisungsschreiben vom ▪▪▪

         2.   Zeugnis ▪▪▪

Eine Inkenntnissetzung über die Kündigungsbefugnis von Herrn/Frau ▪▪▪ durch die Beklagte ist nicht erfolgt. Herr/Frau ▪▪▪ bekleidet auch keine Position, die üblicherweise mit dem Kündigungsrecht verbunden ist. ◀

b) Erläuterungen

[1] Anders als bei dem Verbot vollmachtslosen Handelns bei einseitigen Rechtsgeschäften iSv § 180 Satz 1 BGB hat der Vertreter in den Fällen des § 174 BGB Vertretungsmacht. Die Kündigungserklärung ist dem Arbeitgeber zuzurechnen, so dass die Klagefrist des § 4 Satz 1 KSchG gilt (vgl HaKo-KSchR/*Gallner* § 4 KSchG Rn 142). § 174 BGB soll dem Erklärungsempfänger Klarheit über die Kündigungsbefugnis verschaffen. Dieser ist zur Zurückweisung

106

der Kündigung berechtigt, wenn er keine Gewissheit hat, dass der Erklärende wirklich bevollmächtigt ist und sich der Arbeitgeber dessen Erklärung tatsächlich zurechnen lassen muss (BAG 14.4.2011 – 6 AZR 727/09, NZA 2011, 683; die Entscheidung setzt sich zudem ausführlich mit dem Begriff „Inkenntnissetzen" auseinander). Eine Zurückweisung nach § 174 Satz 1 BGB kommt grundsätzlich nicht im Falle gesetzlicher, organschaftlicher Vertretung in Betracht. Wenn im Falle organschaftlicher Gesamtvertretungsmacht ein einzelnes Organmitglied durch die übrigen Organmitglieder zur Alleinvertretung ermächtigt wird, der dem Arbeitnehmer gegenüber ausgesprochenen Kündigung aber keine Originalvollmacht beifügt, kann die Kündigung gemäß § 174 BGB analog zurückgewiesen werden (vgl BAG 10.2.2005 – 2 AZR 584/03, ZTR 2005, 658).

107 [2] Ohne Vorliegen besonderer Umstände des Einzelfalls ist die Zurückweisung nicht mehr unverzüglich, wenn sie spätestens eine Woche nach der tatsächlichen Kenntnis des Empfängers von der Kündigung und der fehlenden Vorlegung der Vollmachtsurkunde erfolgt (BAG 8.12.2011 – 6 AZR 354/10, NZA 2012, 495).

108 [3] Die Zurückweisung der Kündigung unterliegt ihrerseits der Bestimmung des § 174 BGB. Deshalb ist der Zurückweisung durch einen Vertreter, zB einen Rechtsanwalt, eine Originalvollmachtsurkunde beizufügen. Andernfalls kann die Zurückweisung ihrerseits durch Erklärung des Arbeitgebers unverzüglich zurückgewiesen werden.

E. Änderungskündigung

I. Ordentliche Änderungskündigung

109 **1. Muster: Änderungsschutzklage**

▶ ▪▪▪

1. Es wird festgestellt, dass die Änderung der Arbeitsbedingungen durch die ordentliche Änderungskündigung der Beklagten vom ▪▪▪ sozial ungerechtfertigt oder aus anderen Gründen rechtsunwirksam ist.[1]

Alternativ:

1. Es wird festgestellte, dass das Arbeitsverhältnis der Parteien durch die ordentliche Änderungskündigung der Beklagten vom ▪▪▪ inhaltlich nicht geändert worden ist.
2. Es wird festgestellt, dass das Arbeitsverhältnis auch nicht durch andere Kündigungen geändert oder beendet wurde, sondern zu unveränderten Arbeitsbedingungen fortbesteht.

Begründung

Der am ▪▪▪ geborene Kläger ist ledig/verheiratet/geschieden und ▪▪▪ Personen/Kindern gegenüber zum Unterhalt verpflichtet. Er ist seit dem ▪▪▪ bei der Beklagten als ▪▪▪ (Tätigkeitsbezeichnung) zuletzt mit einem monatlichen Bruttogehalt von ▪▪▪ EUR bei einer regelmäßigen wöchentlichen/monatlichen Arbeitszeit von ▪▪▪ Stunden beschäftigt.

Die Beklagte beschäftigt regelmäßig mehr als zehn Arbeitnehmer in Vollzeit ausschließlich der Auszubildenden, § 23 Abs. 1 KSchG (alternativ: Einschließlich des Klägers und ausschließlich der Auszubildenden beschäftigt die Beklagte mehr als fünf Vollzeitarbeitnehmer, deren Arbeitsverhältnis vor dem 1. Januar 2004 begonnen hat).

Mit Schreiben vom ▪▪▪, welches dem Kläger am ▪▪▪ zuging, sprach die Beklagte eine Änderungskündigung zum ▪▪▪ aus. Wir fügen die schriftliche Änderungskündigung in Kopie bei.

Der Kläger hat das darin enthaltene Änderungsangebot mit Schreiben vom ... unter dem Vorbehalt angenommen, dass die Änderung der Arbeitsbedingungen nicht sozial ungerechtfertigt ist. Das Schreiben ging der Beklagten am ... zu.[2]

Beweis: 1. Schreiben vom ...
2. Zeugnis ...

Die Änderung der Arbeitsbedingungen durch die Änderungskündigung ist sozial ungerechtfertigt. Sie ist weder aus Gründen im Verhalten oder in der Person des Klägers noch aus dringenden betrieblichen Erfordernissen sozial gerechtfertigt. Sofern die Beklagte geltend macht, die Änderung der Arbeitsbedingungen sei durch betriebsbedingte Gründe gerechtfertigt, wird die ordnungsgemäße Durchführung der Sozialauswahl in Abrede gestellt. Die Beklagte wird aufgefordert, die Sozialauswahl offen zu legen und hierbei Namen und Sozialdaten von vergleichbaren Arbeitnehmern zu nennen.

Sofern Anlass zur Rüge besteht:

Zudem ist die Kündigung aus den nachfolgenden weiteren Gründen unwirksam:

Darstellung weiterer Unwirksamkeitsgründe, zB Fehlen einer ordnungsgemäßen Betriebsratsanhörung nach § 102 BetrVG etc.

Der Klagantrag zu 2) ist ein selbstständiger allgemeiner Feststellungsantrag gemäß § 256 ZPO. Derzeit sind dem Kläger keine weiteren Tatbestände bekannt, die zu einer Beendigung oder inhaltlichen Änderung des Arbeitsverhältnisses führen. Es besteht aber die Gefahr, dass die Beklagte während dieses Rechtsstreits weitere (Änderungs-) Kündigungen aussprechen wird. Es wird deshalb mit dem Klageantrag zu 2) die Feststellung begehrt, dass das Arbeitsverhältnis nicht durch andere Kündigungen beendet oder inhaltlich geändert wird. ◄

2. Erläuterungen

[1] Vgl HaKo-KSchR/*Gallner* § 4 KSchG Rn 6 f.

Nach § 4 Satz 2 KSchG ist eine Änderungsschutzklage – innerhalb der Dreiwochenfrist des § 4 Satz 1 KSchG – auf die Feststellung zu richten, dass die Änderung der Arbeitsbedingungen sozial ungerechtfertigt oder aus einem anderen Grund rechtsunwirksam ist. Streitgegenstand der Änderungsschutzklage ist allerdings nicht die Wirksamkeit der Kündigung, sondern der Inhalt der für das Arbeitsverhältnis geltenden Vertragsbedingungen (BAG 19.7.2012 – 2 AZR 25/11, NZA 2012, 1038; 26.1.2012 – 2 AZR 102/01, NZA 2012, 856). Stellen die in der Änderungskündigung angebotenen Arbeitsbedingungen in Wirklichkeit keine Änderung des Vertragsinhalts dar, zB weil sie sich bereits durch die Ausübung des Weisungsrechts gemäß § 106 Satz 1 GewO durchsetzen lassen, ist eine Änderungskündigung „überflüssig" (BAG 19.7.2012 – 2 AZR 25/11, aaO). In diesem Fall ist eine Änderungsschutzklage unbegründet. Deren Begründetheit setzt gerade voraus, dass die Änderungskündigung auf eine Änderung der arbeitsvertraglichen Vereinbarungen gerichtet ist und die Parteien über deren Berechtigung streiten (BAG 19.7.2012 – 2 AZR 25/11, aaO; 26.1.2012 – 2 AZR 102/11, aaO).

[2] Die Erklärung des Vorbehalts unterliegt keiner besonderen Form, sollte aber zu Beweiszwecken schriftlich erfolgen. Der Vorbehalt ist nach § 2 Satz 2 KSchG innerhalb der Kündigungsfrist, spätestens jedoch innerhalb von drei Wochen nach Zugang der Kündigung zu erklären. Die Annahme des Änderungsangebots unter Vorbehalt muss dem Arbeitgeber recht-

zeitig zugehen. Dazu ist selbst die Einreichung der Änderungsschutzklage bei Gericht innerhalb der Frist des § 2 Satz 2 KSchG ist nicht ausreichend, wenn die Klageschrift dem Arbeitgeber nicht innerhalb der Frist des § 2 Satz 2 KSchG, sondern erst demnächst iSv. § 167 ZPO zugestellt wird (HaKo-KSchR/*Pfeiffer* § 2 KSchG Rn 35).

113 Bei Annahme des Änderungsangebots unter Vorbehalt ist der Arbeitnehmer verpflichtet, nach Ablauf der Kündigungsfrist auch während der Dauer des Rechtsstreits seine Arbeitsleistung zu den geänderten Bedingungen zu erbringen. Bei einer unter Vorbehalt angenommenen Änderungskündigung ist der Arbeitgeber grundsätzlich nicht aufgrund des allgemeinen Weiterbeschäftigungsanspruchs verpflichtet, den Arbeitnehmer vorläufig weiter zu beschäftigen (BAG 28.5.2009 – 2 AZR 844/07, NZA 2009, 954).

114 Bei vorbehaltloser Ablehnung des Änderungsangebots oder verspäteter Angebotsannahme unter Vorbehalt wirkt die Änderungskündigung als Beendigungskündigung. Will sich der Arbeitnehmer gegen die Beendigung des Arbeitsverhältnisses zur Wehr setzen, hat er innerhalb der Dreiwochenfrist des § 4 KSchG eine („normale") Kündigungsschutzklage zu erheben. Prüfungsmaßstab in diesem Verfahren ist die Wirksamkeit der mit der Änderungskündigung beabsichtigten Änderung der Arbeitsbedingungen (vgl HaKo-KSchR/*Pfeiffer* § 2 KSchG Rn 30, 35).

II. Außerordentliche Änderungskündigung

115 **1. Muster: Klage gegen außerordentliche Änderungskündigung**

▶ ...

Es wird beantragt:

1. Es wird festgestellt, dass die Änderung der Arbeitsbedingungen durch die außerordentliche Änderungskündigung der Beklagten vom ... rechtsunwirksam ist.[1]

Alternativ:

1. Es wird festgestellt, dass das Arbeitsverhältnis der Parteien durch die außerordentliche Änderungskündigung der Beklagten vom ... inhaltlich nicht geändert worden ist.
2. Allgemeiner Feststellungsantrag

Begründung

...

Mit Schreiben vom ..., welches dem Kläger am ... zuging, sprach die Beklagte dem Kläger eine außerordentliche Änderungskündigung aus. Wir fügen das Änderungskündigungsschreiben in Kopie bei.

Der Kläger hat das in der Änderungskündigung unterbreitete Änderungsangebot mit Schreiben vom ..., der Beklagten am ... zugegangen, unter dem Vorbehalt angenommen, dass die Änderung der Arbeitsbedingungen nicht unwirksam ist.

Beweis: Schreiben vom ...

Die Änderung der Arbeitsbedingungen durch die außerordentliche Änderungskündigung ist unwirksam. Ein wichtiger Grund iSd. § 626 Abs. 1 BGB liegt nicht vor. Es wird mit Nichtwissen bestritten, dass die Beklagte die 2-wöchige Kündigungserklärungsfrist aus § 626 Abs. 2 BGB gewahrt hat.

... ◀

2. Erläuterungen

[1] Vgl HaKo-KSchR/*Gallner* § 4 KSchG Rn 6; sowie die Erläuterungen unter Ziffer [1] zur Klage gegen die ordentliche Änderungskündigung. 116

Die Rechtsunwirksamkeit einer außerordentlichen Änderungskündigung ist im Wege der Änderungsschutzklage entsprechend §§ 2, 4 Satz 2 KSchG geltend zu machen. Zwar enthält § 13 Abs. 1 Satz 2 KSchG keine Verweisung auf die §§ 2, 4 Satz 2 KSchG. Diese Bestimmungen sind jedoch auf die außerordentliche Änderungskündigung entsprechend anzuwenden (BAG 28.10.2010 – 2 AZR 688/09, NZA-RR 2011, 155). 117

§ 5 KSchG Zulassung verspäteter Klagen

(1) ¹War ein Arbeitnehmer nach erfolgter Kündigung trotz Anwendung aller ihm nach Lage der Umstände zuzumutenden Sorgfalt verhindert, die Klage innerhalb von drei Wochen nach Zugang der schriftlichen Kündigung zu erheben, so ist auf seinen Antrag die Klage nachträglich zuzulassen. ²Gleiches gilt, wenn eine Frau von ihrer Schwangerschaft aus einem von ihr nicht zu vertretenden Grund erst nach Ablauf der Frist des § 4 Satz 1 Kenntnis erlangt hat.

(2) ¹Mit dem Antrag ist die Klageerhebung zu verbinden; ist die Klage bereits eingereicht, so ist auf sie im Antrag Bezug zu nehmen. ²Der Antrag muß ferner die Angabe der die nachträgliche Zulassung begründenden Tatsachen und der Mittel für deren Glaubhaftmachung enthalten.

(3) ¹Der Antrag ist nur innerhalb von zwei Wochen nach Behebung des Hindernisses zulässig. ²Nach Ablauf von sechs Monaten, vom Ende der versäumten Frist an gerechnet, kann der Antrag nicht mehr gestellt werden.

(4) ¹Das Verfahren über den Antrag auf nachträgliche Zulassung ist mit dem Verfahren über die Klage zu verbinden. ²Das Arbeitsgericht kann das Verfahren zunächst auf die Verhandlung und Entscheidung über den Antrag beschränken. ³In diesem Fall ergeht die Entscheidung durch Zwischenurteil, das wie ein Endurteil angefochten werden kann.

(5) ¹Hat das Arbeitsgericht über einen Antrag auf nachträgliche Klagezulassung nicht entschieden oder wird ein solcher Antrag erstmals vor dem Landesarbeitsgericht gestellt, entscheidet hierüber die Kammer des Landesarbeitsgerichts. ²Absatz 4 gilt entsprechend.

A. Nachträgliche Zulassung der Klage nach Fristversäumung, § 5 Abs. 1 Satz 1, 2 KSchG
  I. Muster: Kombination von Kündigungsschutzklage und Antrag auf nachträgliche Zulassung der Kündigungsschutzklage
  II. Erläuterungen und Varianten
    [1] Allgemeines 2
    [2] Klagefrist 3
    [3] Anwendungsbereich 6
    [4] Kündigungsschutzklage 7
    [5] Zulässigkeit 8
    [6] Isolierter Antrag auf nachträgliche Zulassung einer verspäteten Klage nach § 5 KSchG 11
B. Nachträgliche Klagezulassung wegen verspäteter Kenntnis einer Frau von ihrer Schwangerschaft, § 5 Abs. 1 Satz 2 KSchG
  I. Muster: Kombination von Kündigungsschutzklage und Antrag auf nachträgliche Zulassung der Kündigungsschutzklage
  II. Erläuterungen
    [1] Allgemeines 14
    [2] Allgemeine Voraussetzungen 15
    [3] Anwendungsbereich 16
    [4] Unterrichtung des Arbeitgebers 17
C. Entscheidung über den Antrag, § 5 Abs. 4 und 5 KSchG
  I. Muster
    1. Zwischenurteil – Tenorierungen
      a) Unzulässigkeit des Antrags
      b) Unbegründetheit des Antrags
      c) Begründetheit des Antrags
    2. Endurteil – Tenorierungen
      a) Unzulässigkeit/Unbegründetheit des Antrags
      b) Begründetheit des Antrags
  II. Erläuterungen
    [1] Verfahren der nachträglichen Zulassung 23
    [2] Zulässigkeit des Antragsergänzen ... 24

[3] Streitwert 25
[4] Begründetheit des Antrags 26
[5] Aufnahme der Zulassungsentscheidung in den Tenor 27

A. Nachträgliche Zulassung der Klage nach Fristversäumung, § 5 Abs. 1 Satz 1, 2 KSchG

1 **I. Muster: Kombination von Kündigungsschutzklage und Antrag auf nachträgliche Zulassung der Kündigungsschutzklage**

▶ An das Arbeitsgericht ...[1]

Klage und Antrag auf nachträgliche Zulassung der Kündigungsschutzklage[2]

In dem Rechtsstreit

...

– Kläger –

Prozessbevollmächtigte: ...

gegen

...

– Beklagte –

Prozessbevollmächtigte: ...

wegen: Kündigung[3]

erheben wir namens und mit Vollmacht des Klägers Klage und werden beantragen:

1. Es wird festgestellt, dass das Arbeitsverhältnis der Parteien durch die Kündigung der Beklagten vom ... nicht beendet wird.
2. Die Kündigungsschutzklage wird nachträglich zugelassen.
3. Es wird festgestellt, dass das Arbeitsverhältnis auch nicht durch andere Beendigungstatbestände endet, sondern auf unbestimmte Zeit fortbesteht.
4. ggf weitere Anträge (Vgl Muster Rn 1 zu § 4 KSchG)

...

Begründung

I. Zum Kündigungsschutzantrag[4]

Der am ... geborene Kläger ist ledig/verheiratet/geschieden und ... Personen/Kindern gegenüber zum Unterhalt verpflichtet. Er ist seit dem ... bei der Beklagten als ... (Tätigkeitsbezeichnung) zuletzt mit einem monatlichen Bruttoentgelt von ... EUR bei einer regelmäßigen wöchentlichen/monatlichen Arbeitszeit von ... Stunden beschäftigt.

Die Beklagte beschäftigt regelmäßig mehr als zehn Arbeitnehmer in Vollzeit ausschließlich der Auszubildenden, § 23 Abs. 1 KSchG (alternativ: Einschließlich des Klägers und ausschließlich der Auszubildenden beschäftigt die Beklagte mehr als fünf Vollzeitarbeitnehmer, deren Arbeitsverhältnis vor dem 1. Januar 2004 begonnen hat).

Mit Schreiben vom ... kündigte die Beklagte das Arbeitsverhältnis zum .... Wir fügen das Kündigungsschreiben in Kopie bei.

Die Kündigung ist sozial ungerechtfertigt und daher unwirksam. Es liegen keine Gründe im Verhalten oder in der Person des Klägers vor; ebenso wenig ist die Kündigung durch dringende betriebliche Erfordernisse sozial gerechtfertigt. Sofern die Beklagte geltend macht, die Kündigung sei durch betriebsbedingte Gründe gerechtfertigt, wird die ordnungsgemäße Durchführung der Sozial-

A. Nachträgliche Zulassung der Klage nach Fristversäumung § 5 KSchG

auswahl in Abrede gestellt. Die Beklagte wird aufgefordert, die Sozialauswahl offenzulegen und hierbei Namen und Sozialdaten von vergleichbaren Arbeitnehmern zu nennen.

Gegebenenfalls Benennung weiterer Unwirksamkeitsgründe.

II. Zum Antrag auf nachträgliche Zulassung der Kündigungsschutzklage[5][6]

Die Kündigungsschutzklage ist nach § 5 Abs. 1 Satz 1 KSchG nachträglich zuzulassen, weil der Kläger trotz Anwendung aller ihm nach Lage der Umstände zuzumutenden Sorgfalt verhindert war, die Kündigungsschutzklage rechtzeitig innerhalb der Frist des § 4 Satz 1 KSchG zu erheben.

Der Kläger hielt sich in der Zeit vom ... bis zum ... (Daten) urlaubsbedingt nicht an seinem Wohnort auf. Noch am Tag seiner Rückkehr aus dem Urlaub leerte er den Briefkasten und fand dabei ua. das Kündigungsschreiben vom ... vor.

Glaubhaftmachung: Eidesstattliche Versicherung des Klägers.

Der Poststempel des Briefumschlags, in dem sich das Kündigungsschreiben befand, trägt das Datum ... . Der Kläger muss davon ausgehen, dass das Kündigungsschreiben am Folgetag in seinem Briefkasten eingeworfen worden ist. Tatsächlich hat der Kläger das Kündigungsschreiben dagegen am ... und damit nach Ablauf der Dreiwochenfrist des § 4 Satz 1 KSchG zur Kenntnis genommen.

Glaubhaftmachung: Eidesstattliche Versicherung des Klägers.

Am ... hat der Kläger den Unterzeichner aufgesucht und nunmehr über ihn innerhalb der Zwei-Wochen-Frist des § 5 Abs. 3 Satz 1 KSchG Kündigungsschutzklage erhoben und den Antrag auf nachträgliche Zulassung der Klage gestellt.

Die Kündigungsschutzklage ist trotz Fristversäumnis nachträglich zuzulassen. Wegen seiner Urlaubsabwesenheit war es ihm nicht möglich, rechtzeitig bis zum Ablauf der Dreiwochenfrist Klage gegen die Kündigung zu erheben.

Eine auf uns lautende Vollmacht ist beigefügt.

...

Rechtsanwalt ◄

II. Erläuterungen und Varianten

[1] Vgl Muster Rn 1 sowie Rn 2 zu § 4 KSchG. 2

[2] Möchte ein Arbeitnehmer die Sozialwidrigkeit einer Kündigung oder deren Rechtsun- 3
wirksamkeit aus anderen Gründen geltend machen, so hat er gemäß § 4 KSchG innerhalb von drei Wochen nach Zugang der schriftlichen Kündigung Klage beim Arbeitsgericht zu erheben. Die Klagefrist gilt gemäß § 23 Abs. 1 KSchG auch in Kleinbetrieben und gemäß § 13 Abs. 1 Satz 2 KSchG auch bei außerordentlichen Kündigungen sowie gemäß § 13 Abs. 3 KSchG für sonstige Unwirksamkeitsgründe. Wird die Rechtsunwirksamkeit einer Kündigung nicht rechtzeitig geltend gemacht, so gilt die Kündigung gemäß § 7 KSchG von Anfang an als rechtswirksam (Zum Anlaufen der Dreiwochenfrist bei einer notwendigen behördlichen Zustimmung zur Kündigung iSv. § 4 Satz 4 KSchG vgl § 4 KSchG Rn 2 und § 5 KSchG Rn 13).

Entsprechendes gilt für die Versäumung der Frist des § 4 KSchG im Falle einer Änderungs- 4
kündigung. Nimmt der Arbeitnehmer das in der Änderungskündigung angebotene Änderungsangebot unter Vorbehalt an, so muss er ebenfalls innerhalb von drei Wochen nach Zugang der schriftlichen (Änderungs-) Kündigung Klage beim Arbeitsgericht auf Feststellung erheben, dass die Änderung der Arbeitsbedingungen sozial ungerechtfertigt oder aus anderen Gründen rechtsunwirksam ist. Bei Versäumung dieser Frist gilt der Vorbehalt gemäß § 7

Zimmermann

KSchG als erloschen und damit die geänderten Arbeitsbedingungen als zwischen den Parteien vereinbart.

5 Der Eintritt der Wirksamkeitsfiktion des § 7 KSchG als Folge der Versäumung der Klageerhebungsfrist des § 4 KSchG lässt sich allein durch einen Antrag auf Zulassung der verspäteten Klage gemäß § 5 KSchG vermeiden. Diesen Fall behandelt das vorstehende Muster.

6 [3] § 5 KSchG gilt für alle Fälle, in denen die Klagefrist des § 4 KSchG versäumt worden ist. Aufgrund der Erstreckung der Wirkung des § 4 KSchG auch auf außerordentliche Kündigungen (§ 13 Abs. 1 Satz 2 KSchG) sowie auf Kündigungen in Kleinbetrieben (§ 23 Abs. 1 Satz 2 und 3 KSchG) kann ein Antrag auf nachträgliche Zulassung nicht nur bei der ordentlichen Kündigung, sondern auch bei einer außerordentlichen Kündigung bzw bei einer Kündigung in einem Kleinbetrieb gestellt werden.

7 [4] Vgl § 4 KSchG Rn 17 ff.

8 [5] Neben den allgemeinen Prozessvoraussetzungen setzt die Zulässigkeit des Antrags auf nachträgliche Zulassung der Kündigungsschutzklage die Erfüllung der besonderen Erfordernisse des § 5 Abs. 2 und Abs. 3 KSchG voraus. Gemäß § 5 Abs. 2 Satz 1 Hs 1 KSchG ist der Antrag auf nachträgliche Zulassung mit der Klageerhebung zu verbinden; ist die Klage bereits eingereicht, so ist auf sie im Antrag Bezug zu nehmen. § 5 Abs. 2 Satz 2 KSchG ordnet an, dass der Antrag die Tatsachen, die die nachträgliche Zulassung begründen sollen, angeben muss. Dies sind die Umstände, die das Verschulden des Arbeitnehmers an der (möglichen) Versäumung der Klagefrist ausschließen und die nachträgliche Zulassung begründen sollen. Hierzu gehört auch die Angabe des Zeitpunkts, in dem das Hindernis iSv. § 5 Abs. 3 Satz 1 KSchG behoben war (Str., vgl HaKo-KSchR/*Gallner* § 5 Rn 26).

9 Nach § 5 Abs. 2 Satz 2 KSchG hat der Antrag die Angabe der **Mittel für die Glaubhaftmachung** der die nachträgliche Zulassung begründenden Tatsachen zu enthalten. Für die Zulässigkeit des Gesuchs genügt es, wenn die Mittel der Glaubhaftmachung im Antrag bzw innerhalb der Zwei-Wochen-Frist des § 5 Abs. 3 Satz 1 KSchG angeboten werden. Sie müssen dem Gesuch weder beigefügt noch in diesem Zeitpunkt präsent sein. Die Erhebung der Mittel der Glaubhaftmachung muss jedoch im Zeitpunkt der Entscheidung über das Gesuch sofort möglich sein. Als Mittel der Glaubhaftmachung sind gemäß § 294 ZPO alle Beweismittel sowie zusätzlich die Versicherung an Eides statt zulässig. Nach § 294 Abs. 2 ZPO ist eine Beweisaufnahme, die nicht sofort erfolgen kann, unstatthaft. Deshalb ist vom Kläger sicherzustellen, dass evtl benannte Zeugen im Verhandlungstermin präsent sind. Die Glaubhaftmachung als solche stellt eine besondere Art der Beweisführung dar. Glaubhaft gemacht ist eine Behauptung, wenn eine überwiegende Wahrscheinlichkeit dafür besteht, dass sie zutrifft. Dies gilt auch, wenn die Behauptung mithilfe von Indiztatsachen glaubhaft gemacht werden soll (BAG 24.11.2011 – 2 AZR 614/10, NZA 2012, 413).

10 Der Antrag auf nachträgliche Zulassung der Klage unterliegt **zwei prozessualen Ausschlussfristen**. Der Zulassungsantrag ist nur innerhalb von zwei Wochen nach Behebung des Hindernisses zulässig (§ 5 Abs. 3 Satz 1 KSchG). Es gilt ein subjektiv-individueller Beurteilungsmaßstab. Das Hindernis, das der rechtzeitigen Klageerhebung entgegenstand, ist danach beseitigt, sobald der konkret betroffene Arbeitnehmer in seiner individuellen Situation Klage erheben konnte (vgl HaKo-KSchR/*Gallner* § 5 KSchG Rn 32, 12). Deshalb beginnt die Zwei-Wochen-Frist des § 5 Abs. 3 Satz 1 KSchG nicht erst mit positiver Kenntnis von der Versäumung der Klagefrist, sondern bereits dann, wenn der Arbeitnehmer oder sein Prozessbevollmächtigter aufgrund konkreter Anhaltspunkte erkennen muss, dass die Klagefrist möglicher-

B. Nachträgliche Klagezulassung gem § 5 Abs. 1 Satz 2 KSchG § 5 KSchG

weise versäumt ist (LAG Köln 15.3.2012 – 7 Sa 964/11). Nach Ablauf von sechs Monaten nach Ende der Dreiwochenfrist des § 4 Satz 1 KSchG kann der Antrag nicht mehr gestellt werden (§ 5 Abs. 3 Satz 2 KSchG). Die Sechs-Monats-Frist ist eine absolute Frist, bei deren Versäumung eine Wiedereinsetzung ausgeschlossen ist (BAG 28.1.2010 – 2 AZR 985/08, NZA 2010, 1373).

[6] **Isolierter Antrag auf nachträgliche Zulassung einer verspäteten Klage nach § 5 KSchG.** 11
Der Antrag auf nachträgliche Zulassung der Kündigungsschutzklage kann auch nach Erhebung der Kündigungsschutzklage gestellt werden. Für diesen Fall ordnet § 5 Abs. 2 Satz 2 2. Hs KSchG an, dass im Antrag auf die bereits erhobene Klage Bezug zu nehmen ist. Die prozessualen Ausschlussfristen des § 5 Abs. 3 KSchG für den Antrag auf nachträgliche Zulassung gelten uneingeschränkt. So reicht bspw die Erhebung der Kündigungsschutzklage innerhalb von zwei Wochen nach Behebung des Hindernisses alleine nicht zur Wahrung der Frist des § 5 Abs. 3 Satz 1 KSchG aus. Entscheidend ist, dass der Antrag auf nachträgliche Zulassung rechtzeitig anhängig gemacht wird.

Ein isolierter **Antrag mit Verweis auf eine beiliegende Klageschrift** bzw ein **nachträglicher** 12
Antrag bei einer bereits eingereichten Klage kann folgendermaßen formuliert werden:

▶ **Antrag auf nachträgliche Zulassung der Kündigungsschutzklage**

...

Es wird beantragt:
    Die beigefügte Kündigungsschutzklage vom ... wird nachträglich zugelassen.

Alternativ:
    Die bereits am ... erhobene Kündigungsschutzklage vom ... wird nachträglich zugelassen.[2]

Begründung

...

Ergänzend nimmt die Klägerin auf die anliegende, hierneben eingereichte Kündigungsschutzklage Bezug.

Alternativ bei bereits zuvor erhobener Klage:

Ergänzend nimmt die Klägerin auf die bereits am ... erhobene Kündigungsschutzklage vom ... Bezug.

...

Rechtsanwalt ◀

B. Nachträgliche Klagezulassung wegen verspäteter Kenntnis einer Frau von ihrer Schwangerschaft, § 5 Abs. 1 Satz 2 KSchG

I. Muster: Kombination von Kündigungsschutzklage und Antrag auf nachträgliche Zulassung der Kündigungsschutzklage 13

▶ An das Arbeitsgericht ...[1]

Klage und Antrag auf nachträgliche Zulassung der Kündigungsschutzklage[2]

In dem Rechtsstreit

...

– Klägerin –

Prozessbevollmächtigte: ...

gegen

...

– Beklagte –

Prozessbevollmächtigte: ...

wegen: Kündigung

erheben wir namens und mit Vollmacht der Klägerin Klage und werden beantragen:

1. Es wird festgestellt, dass das Arbeitsverhältnis der Parteien durch die Kündigung der Beklagten vom ... nicht beendet wird.
2. Die Kündigungsschutzklage wird nachträglich zugelassen.
3. Es wird festgestellt, dass das Arbeitsverhältnis auch nicht durch andere Beendigungstatbestände endet, sondern auf unbestimmte Zeit fortbesteht.
4. Ggf weitere Anträge (Vgl Muster § 4 KSchG Rn 1)

...

Begründung

Die schwangere Klägerin macht die Rechtsunwirksamkeit einer ihr gegenüber ausgesprochenen ordentlichen Kündigung geltend und begehrt die nachträgliche Zulassung der Klage nach § 5 Abs. 1 Satz 2 KSchG.[3]

Die am ... geborene Klägerin ist ledig/verheiratet/geschieden und ... Personen/Kindern gegenüber zum Unterhalt verpflichtet. Sie ist seit dem ... bei der Beklagten als ... (Tätigkeitsbezeichnung) zuletzt mit einem monatlichen Bruttogehalt von ... EUR bei einer regelmäßigen wöchentlichen/monatlichen Arbeitszeit von ... Stunden beschäftigt. Das Kündigungsschutzgesetz findet aufgrund der Betriebsgröße auf das Arbeitsverhältnis der Parteien keine Anwendung. Die Beklagte kündigte das Arbeitsverhältnis der Klägerin mit Schreiben vom ... fristgemäß zum .... Das Schreiben ging der Klägerin am ... zu/wurde ihr an diesem Tage ausgehändigt. Die Klagefrist des § 4 Satz 1 KSchG lief daher am ... ab.

Glaubhaftmachung: Eidesstattliche Versicherung der Klägerin.

Die Klägerin hatte zunächst nicht beabsichtigt, gegen die Kündigung zu klagen. Nach Ablauf der Klagefrist wurde bei der Klägerin am ... eine Schwangerschaft in der ... Schwangerschaftswoche festgestellt.

Glaubhaftmachung:

1. Eidesstattliche Versicherung der Klägerin;
2. Beglaubigte Kopie der ärztlichen Bescheinigung über die Schwangerschaft vom ....

Am ... suchte sie Rechtsrat beim Unterzeichner und erhebt nunmehr über ihn innerhalb der Zwei-Wochen-Frist des § 5 Abs. 3 Satz 1 KSchG Kündigungsschutzklage und stellt den Antrag auf nachträgliche Zulassung der Klage. Ebenso informierte der Unterzeichner mit Fax vom ... die Beklagte von der festgestellten Schwangerschaft.[4]

Glaubhaftmachung:

1. Eidesstattliche Versicherung der Klägerin;
2. Eidesstattliche Versicherung des Unterzeichners;
3. Beglaubigte Kopie des Faxschreibens an die Beklagte vom ....

B. Nachträgliche Klagezulassung gem § 5 Abs. 1 Satz 2 KSchG § 5 KSchG

Vor Feststellung der Schwangerschaft hatte die Klägerin keinerlei Schwangerschaftssymptome. Ihre Regelblutung hätte sie normalerweise am ... bekommen müssen. Wegen akuter Bauchschmerzen vereinbarte sie am ... kurzfristig noch für den gleichen Tag einen Untersuchungstermin, bei dem dann die Schwangerschaft festgestellt wurde.

Glaubhaftmachung: Eidesstattliche Versicherung der Klägerin.

Vorliegend ist antragsgemäß zu entscheiden. Gemäß § 5 Abs. 1 Satz 1 KSchG ist eine Kündigungsschutzklage nachträglich zuzulassen, wenn die Arbeitnehmerin trotz aller ihrer nach Lage der Umstände zuzumutenden Sorgfalt verhindert war, die Klage innerhalb von drei Wochen nach Zugang der schriftlichen Kündigung zu erheben. Gleiches gilt gemäß § 5 Abs. 1 Satz 2 KSchG, wenn eine Frau von ihrer Schwangerschaft aus einem von ihr nicht zu vertretenden Grund erst nach Ablauf der Frist des § 4 Satz 1 KSchG Kenntnis erlangt hat. Die Bestimmung soll der gekündigten Arbeitnehmerin die Möglichkeit geben, nachträglich Kündigungsschutzklage zu erheben, weil sie es aufgrund einer schlichten Unkenntnis unverschuldet versäumt hat, die Klagefrist einzuhalten. Hierdurch sollen individuelle Härten ausgeglichen werden (BAG 19.2.2009 – 2 AZR 286/07, NZA 2009, 980). Diese Voraussetzungen sind hier erfüllt. Die Klägerin hat erst nach Ablauf der Klagefrist von ihrer Schwangerschaft Kenntnis erlangt. Anhaltspunkte, die die die Klägerin veranlassen konnten, sich früher Gewissheit über das Vorliegen der Schwangerschaft zu verschaffen, lagen nicht vor.

Die Kündigung ist nach § 9 Abs. 1 Satz 1 MuSchG rechtsunwirksam. Danach ist eine Kündigung gegenüber einer Frau während der Schwangerschaft und bis zum Ablauf von vier Monaten nach der Entbindung unzulässig, wenn dem Arbeitgeber zur Zeit der Kündigung die Schwangerschaft oder Entbindung bekannt war oder innerhalb zwei Wochen nach Zugang der Kündigung mitgeteilt wird; das Überschreiten dieser Frist ist unschädlich, wenn – wie vorliegend – es auf einem von der Frau nicht zu vertretenden Grund beruht und die Mitteilung unverzüglich nachgeholt wird. ◄

II. Erläuterungen

[1] Vgl § 4 KSchG Rn 2 ff. 14

[2] Vgl zu den allgemeinen Voraussetzungen des Antrags auf nachträgliche Zulassung der 15
Klage die Erläuterungen zu § 5 KSchG Rn 2 ff.

[3] **Anwendungsbereich.** Der Antrag auf nachträgliche Zulassung der Klage nach § 5 Abs. 1 16
Satz 2 KSchG steht der Wirksamkeitsfiktion des § 7 KSchG als Korrektiv gegenüber. Die Bestimmung des § 5 Abs. 1 KSchG ist deshalb nicht anwendbar, wenn die dreiwöchige Klagefrist des § 4 Satz 1 KSchG überhaupt nicht in Gang gesetzt worden ist. Dies kann der Fall sein, wenn die Kündigung der Zustimmung einer Behörde bedarf. Nach § 4 Satz 4 KSchG läuft die Frist für den Arbeitnehmer zur Anrufung des Arbeitsgerichts dann grundsätzlich erst ab der Bekanntgabe der Entscheidung der Behörde. Nach § 9 Abs. 1 Satz 1 MuSchG ist die Kündigung gegenüber einer Frau während der Schwangerschaft und bis zum Ablauf von vier Monaten nach der Entbindung unzulässig, wenn dem Arbeitgeber zur Zeit der Kündigung die Schwangerschaft oder Entbindung bekannt war oder innerhalb zweier Wochen nach Zugang der Kündigung mitgeteilt wird. Zu Ihrer Wirksamkeit bedarf eine Kündigung in solch einem Fall der Erklärung der Zulässigkeit durch die zuständige Behörde (§ 9 Abs. 3 Satz 1 MuSchG). Voraussetzung für die Anwendbarkeit der Ausnahmeregelung des § 4 Satz 4 KSchG ist die Kenntnis des Arbeitgebers von der Schwangerschaft zum Zeitpunkt des Zugangs der Kündigung. In diesem Fall kann eine Arbeitnehmerin ohne Begrenzung durch die dreiwöchige Klagefrist das Fehlen einer Zulässigkeitserklärung nach § 9 Abs. 3 MuSchG jederzeit geltend machen, wenn ihr eine entsprechende Entscheidung der zuständigen Behörde

nicht bekannt gegeben worden ist (BAG 19.2.2009 – 2 AZR 286/07, NZA 2009, 980). Für einen Antrag auf nachträgliche Zulassung der Klage besteht dann kein Bedarf. Bei fehlender Kenntnis des Arbeitgebers von den den Sonderkündigungsschutz begründenden Tatsachen zum Zeitpunkt des Zugangs der Kündigung ist § 4 Satz 4 KSchG demgegenüber nicht anwendbar. In diesem Fall ist die Arbeitnehmerin gehalten, den gesetzlichen Unwirksamkeitsgrund des § 9 Abs. 1 MuSchG innerhalb der dreiwöchigen Klagefrist des § 4 Satz 1 KSchG vor dem Arbeitsgericht geltend zu machen. Die Klagefrist läuft mit dem Zugang der Kündigung an. Dies gilt auch dann, wenn die Arbeitnehmerin den Arbeitgeber (erst) nach Ausspruch der Kündigung innerhalb der Zwei-Wochen-Frist des § 9 Abs. 1 Satz 1 MuSchG über Schwangerschaft informiert (BAG 19.2.2009 – 2 AZR 286/07, NZA 2009, 980).

17 [4] Neben dem rechtzeitig gestellten Antrag auf nachträgliche Zulassung der Klage nach § 5 Abs. 1 Satz 2 KSchG unter Hinweis auf die Schwangerschaft ist die Arbeitnehmerin gehalten, den Arbeitgeber unverzüglich über ihre Schwangerschaft zu informieren. Die Arbeitnehmerin kann sich nach Ablauf der Zwei-Wochen-Frist des § 9 Abs. 1 Satz 1 MuSchG nur dann auf den Sonderkündigungsschutz für Schwangere berufen, wenn die Fristversäumung auf einem von ihr nicht zu vertretenden Grund beruht und die Mitteilung der Schwangerschaft unverzüglich nachgeholt wird. Aus der Mitteilung muss sich ergeben, dass die Arbeitnehmerin bereits bei Zugang der Kündigung schwanger war (BAG 15.11.1990 – 2 AZR 270/90, NZA 1991, 669). Der für die Fristwahrung maßgebliche Begriff „unverzüglich" bestimmt sich nach den Umständen des Einzelfalls.

C. Entscheidung über den Antrag, § 5 Abs. 4 und 5 KSchG

I. Muster[1]

1. Zwischenurteil – Tenorierungen

18 a) **Unzulässigkeit des Antrags**[2]
  ▶ 1. Der Antrag auf nachträgliche Zulassung der Kündigungsschutzklage wird als unzulässig verworfen.
    2. Die Kostenentscheidung bleibt dem Endurteil vorbehalten.
    3. Der Streitwert wird auf ... EUR festgesetzt.[3]
    4. Die Berufung wird/wird nicht zugelassen. ◀

19 b) **Unbegründetheit des Antrags**[4]
  ▶ 1. Der Antrag auf nachträgliche Zulassung der Kündigungsschutzklage wird (als unbegründet) zurückgewiesen.
    2. Die Kostenentscheidung bleibt dem Endurteil vorbehalten.
    3. Der Streitwert wird auf ... EUR festgesetzt.[3]
    4. Die Berufung wird/wird nicht zugelassen. ◀

20 c) **Begründetheit des Antrags**[4]
  ▶ 1. Die Kündigungsschutzklage wird nachträglich zugelassen.
    2. Die Kostenentscheidung bleibt dem Endurteil vorbehalten.
    3. Der Streitwert wird auf ... EUR festgesetzt.[3]
    4. Die Berufung wird/wird nicht zugelassen. ◀

C. Entscheidung über den Antrag, § 5 Abs. 4 und 5 KSchG § 5 KSchG

2. Endurteil – Tenorierungen

a) Unzulässigkeit/Unbegründetheit des Antrags 21

▶ 1. Die Klage wird abgewiesen.
Optional:
2. Der Antrag auf nachträgliche Zulassung der Kündigungsschutzklage wird als unzulässig verworfen./Der Antrag auf nachträgliche Zulassung der Kündigungsschutzklage wird als unbegründet zurückgewiesen.[5]
3. Der Kläger hat die Kosten des Rechtsstreits zu tragen.
4. Der Streitwert wird auf ... EUR festgesetzt.
5. Die Berufung wird/wird nicht gesondert zugelassen. ◀

b) Begründetheit des Antrags 22

▶ 1. Es wird festgestellt, dass das Arbeitsverhältnis der Parteien durch die Kündigung der Beklagten vom ... nicht beendet wird.
Optional:
2. Die Kündigungsschutzklage wird nachträglich zugelassen.[5]
3. Die Beklagte hat die Kosten des Rechtsstreits zu tragen..
4. Der Streitwert wird auf ... EUR festgesetzt.
5. Die Berufung wird/wird nicht gesondert zugelassen. ◀

II. Erläuterungen

[1] Nach der bis zum 31.3.2008 geltenden Fassung des § 5 Abs. 4 KSchG war über den Antrag auf nachträgliche Zulassung der Kündigungsschutzklage gesondert durch Beschluss zu entscheiden. Durch das Gesetz zur Änderung des Sozialgerichtsgesetzes und des Arbeitsgerichtsgesetzes vom 26.3.2008 (BGBl. I S. 444) hat der Gesetzgeber das Verfahren über die nachträgliche Zulassung der Kündigungsschutzklage mit Wirkung zum 1.4.2008 neu gestaltet. Nach § 5 Abs. 4 Satz 1 KSchG ist das Verfahren über den Antrag auf nachträgliche Zulassung mit dem Verfahren über die Klage zu verbinden (sog. Verbundverfahren). Das bisher obligatorische Zwischenverfahren ist nunmehr entbehrlich. Das Arbeitsgericht kann einheitlich über die Kündigungsschutzklage und deren nachträgliche Zulassung durch Endurteil entscheiden. Die einheitliche Entscheidung dient der Verfahrensbeschleunigung und soll der Regelfall sein. Aber auch nach der Einführung des sog. Verbundverfahrens kann das Arbeitsgericht das Verfahren zunächst auf den Antrag auf nachträgliche Zulassung der Klage beschränken und darüber durch Zwischenurteil (§ 303 ZPO) entscheiden (BAG 22.3.2012 – 2 AZR 224/11 AP KSchG 1969 § 5 Nr. 19; 28.5.2009 – 2 AZR 732/08, NZA 2009, 1229; Ha-Ko-KSchR/*Gallner* § 5 KSchG Rn 66). Prüfungsgegenstand im Zwischenstreit ist, ob die Klage verspätet war und ggf nachträglich zuzulassen ist. Der Zulassungsantrag ist dabei ein Hilfsantrag. Das Gericht darf darüber nur entscheiden, wenn seine Prüfung ergibt, der Kläger habe gegen eine dem Arbeitgeber zuzurechnende Kündigung verspätet Klage erhoben (BAG 28.5.2009 – 2 AZR 732/08, NZA 2009, 1229). Das in diesem Fall ergehende Zwischenurteil kann wie ein Endurteil angefochten werden, § 5 Abs. 4 Satz 3 KSchG. Entscheidet das Gericht über die nachträgliche Zulassung der Kündigungsschutzklage durch Zwischenurteil, erstreckt sich die Bindungswirkung seiner Entscheidung auch auf die Versäumung der Klagefrist als solche (BAG 28.5.2009 – 2 AZR 732/08, NZA 2009, 1229; vgl HaKo-KSchR/*Gallner* § 5 KSchG Rn 8 f). 23

24 [2] Der Zulassungsantrag ist zulässig, wenn die Antragsbegründung, die Bezeichnung der Mittel der Glaubhaftmachung und die Erhebung der Kündigungsschutzklage gegeben sind sowie die Antragsfrist (§ 5 Abs. 3 Satz 1 bzw § 5 Abs. 3 Satz 2 KSchG) gewahrt ist (KR/*Friedrich* § 5 KSchG Rn 173; APS/*Hesse* § 5 KSchG Rn 93 f). Dabei sind die Gründe für die nachträgliche Zulassung der Klage und die Bezeichnung der Mittel der Glaubhaftmachung innerhalb der Antragsfrist darzulegen. Soweit sie nach Fristablauf vorgebracht werden, sind sie nicht mehr zu berücksichtigen (KR/*Friedrich* § 5 KSchG Rn 115). Fehlt es an einer der vorstehenden Voraussetzungen, ist der Zulassungsantrag als unzulässig zu verwerfen (APS/*Hesse* § 5 KSchG Rn 94; KR/*Friedrich* § 5 KSchG Rn 174; HaKo-KSchR/*Gallner* § 5 KSchG Rn 67).

25 [3] Der nach § 61 Abs. 1 ArbGG im Zwischenurteil festzusetzende Wert des Gegenstands richtet sich auch in Vorabentscheidungsverfahren nach dem Wert der Hauptsache. Er beträgt in der Regel einen Bruttovierteljahresverdienst iSv. § 42 Abs. 3 Satz 1 GKG (HaKo-KSchR/*Gallner* § 5 KSchG Rn 83; KR/*Friedrich* § 5 KSchG Rn 212).

26 [4] Ist der Zulassungsantrag zulässig, folgt die Prüfung seiner Begründetheit. Dem Antrag ist stattzugeben, wenn ein Arbeitnehmer trotz Anwendung einer ihm nach Lage der Umstände zuzumutenden Sorgfalt verhindert ist, die Klage innerhalb von drei Wochen nach Zugang der Kündigung zu erheben. Er ist unbegründet, wenn sich aus den vorgetragenen Tatsachen keine ausreichende Entschuldigung ergibt oder die an sich die nachträgliche Zulassung begründenden Tatsachen nicht ausreichend glaubhaft gemacht sind (KR/*Friedrich* § 5 KSchG Rn 174).

27 [5] Die Aufnahme der Entscheidung über die nachträgliche Zulassung in den Tenor ist nicht erforderlich; es reicht aus, wenn sich die nachträgliche Zulassung aus den Gründen ergibt (KR/*Friedrich* § 5 KSchG Rn 169 a, 177; APS/*Hesse* § 5 KSchG Rn 105; *Francken/Natter/Riecker* NZA 2008, 377, 381; HWK/*Quecke* § 5 KSchG Rn 17; aA *Roloff* NZA 2009, 761, 764).

§ 6 KSchG Verlängerte Anrufungsfrist

¹Hat ein Arbeitnehmer innerhalb von drei Wochen nach Zugang der schriftlichen Kündigung im Klagewege geltend gemacht, dass eine rechtswirksame Kündigung nicht vorliege, so kann er sich in diesem Verfahren bis zum Schluss der mündlichen Verhandlung erster Instanz zur Begründung der Unwirksamkeit der Kündigung auch auf innerhalb der Klagefrist nicht geltend gemachte Gründe berufen. ²Das Arbeitsgericht soll ihn hierauf hinweisen.

A. Muster: Belehrung nach § 6 Satz 2 KSchG

1

82 ▶ Es wird darauf hingewiesen, dass nach § 6 Satz 1 KSchG bisher nicht vorgetragene Gründe für die Unwirksamkeit der Kündigung nur bis zum Schluss der mündlichen Verhandlung erster Instanz geltend gemacht werden können.[1] ◀

B. Erläuterungen

2 [1] Gemäß § 6 Satz 1 KSchG kann der gekündigte Arbeitnehmer auch nach Ablauf der Frist des § 4 KSchG noch andere Unwirksamkeitsgründe in den Prozess einführen, auf die er sich zunächst in seiner innerhalb der Frist des § 4 Satz 1 KSchG nicht berufen hat. Diese Erweiterung des Sachvortrags ist allerdings auf die Zeit bis zum Schluss der mündlichen Verhandlung in der ersten Instanz beschränken. Hierdurch erlangt der Arbeitgeber alsbald Klarheit über

den Bestand oder die Beendigung des Arbeitsverhältnisses. Macht der Arbeitnehmer entgegen der ausdrücklichen gesetzlichen Anordnung des § 6 Satz 1 KSchG nicht alle weiteren Unwirksamkeitsgründe spätestens bis zum Schluss der mündlichen Verhandlung erster Instanz geltend, ist er mit dieser Rüge grundsätzlich ausgeschlossen (BAG 18.1.2012 – 6 AZR 407/10, NZA 2012, 817; vgl zu der für die Befristungskontrollklage auf § 6 KSchG verweisende Bestimmung des § 17 Satz 2 TzBfG: BAG 4.5.2011 - 7 AZR 252/10, NZA 2011, 1178). Nach § 6 Satz 2 KSchG soll das Arbeitsgericht auf die Präklusionsvorschrift des § 6 Satz 1 KSchG hinweisen. Hierzu ist ein allgemeiner Hinweis ausreichend, dass sich der Arbeitnehmer bis zum Schluss der mündlichen Verhandlung erster Instanz zur Begründung der Unwirksamkeit der Kündigung auf in der Klagefrist des § 4 KSchG nicht geltend gemachte Gründe berufen kann. Ein Hinweis auf konkrete Unwirksamkeitsgründe ist nach § 6 Satz 2 KSchG auch dann nicht geboten, wenn sich im Verlauf des Verfahrens Anhaltspunkte für deren Vorliegen zeigen. In diesem Fall kann eine Hinweispflicht nach § 139 ZPO bestehen (BAG 18.1.2012 – 6 AZR 407/10, NZA 2012, 817, mit Hinweisen auf die gegenteilige Auffassung in der Lit.).

§ 7 KSchG Wirksamwerden der Kündigung

Wird die Rechtsunwirksamkeit einer Kündigung nicht rechtzeitig geltend gemacht (§ 4 Satz 1, §§ 5 und 6), so gilt die Kündigung als von Anfang an rechtswirksam; ein vom Arbeitnehmer nach § 2 erklärter Vorbehalt erlischt.

A. Muster: Klageerwiderung des Arbeitgebers unter Hinweis auf die Wirksamkeitsfiktion des § 7 KSchG

▶ In pp.

zeigen wir die Vertretung der Beklagten an.

Wir werden beantragen,

die Klage abzuweisen.

Begründung

Die Klage ist unbegründet. Ungeachtet des Vorliegens von Kündigungsgründen iSv § 1 Abs. 2 KSchG ist die Klage gegen die Kündigung vom ▪▪▪ verspätet. Sie gilt deshalb nach § 7, § 4 Satz 1 KSchG als rechtswirksam.

Die Kündigung vom ▪▪▪ ist dem Kläger spätestens am ▪▪▪ zugegangen. Der Geschäftsführer der Beklagten unterzeichnete das Kündigungsschreiben am ▪▪▪, steckte es in Gegenwart des Zeugen ▪▪▪ (Name des Zeugen) in einen an den Kläger adressierten Briefumschlag und übergab ihm dem Zeugen. Dieser warf das Kündigungsschreiben noch am selben Tag um ▪▪▪ Uhr in den Briefkasten des Klägers in seiner Wohnung in ▪▪▪ (genaue Adressangabe des Klägers) ein.[1]

Beweis: Zeugnis des ▪▪▪ (Name und ladungsfähige Anschrift des Zeugen).

Die Kündigung ist dem Kläger damit spätestens am darauffolgenden Tag nach § 130 Abs. 1 Satz 1 BGB zugegangen. Nach ständiger Rechtsprechung des Bundesarbeitsgerichts ist eine verkörperte Willenserklärung zugegangen, sobald sie in verkehrsüblicher Weise in die tatsächliche Verfügungsgewalt des Empfängers gelangt ist und für diesen unter gewöhnlichen Verhältnissen die Möglichkeit besteht, von dem Schreiben Kenntnis zu nehmen. Zum Bereich des Empfängers gehören auch von ihm vorgehaltene Empfangseinrichtungen wie zB ein Briefkasten. Ob die Möglichkeit der

Kenntnisnahme bestand, ist nach den „gewöhnlichen Verhältnissen" und den „Gepflogenheiten des Verkehrs" zu beurteilen. So bewirkt der Einwurf in einen Briefkasten den Zugang, sobald nach der Verkehrsanschauung mit der nächsten Entnahme zu rechnen ist. Dabei ist nicht auf die individuellen Verhältnisse des Empfängers abzustellen, sondern im Interesse der Rechtssicherheit zu generalisieren. Bei Hausbriefkästen ist mit einer Leerung im Allgemeinen zum Zeitpunkt der (gegebenenfalls stark variierenden) üblichen Postzustellzeiten zu rechnen (BAG 22.3.2012 – 2 AZR 224/11, mwN).

Unter Zugrundelegung gewöhnlicher Verhältnisse im obigen Sinne bestand für den Kläger spätestens am ... (Datum des Tags nach Einwurf in den Briefkasten) die Möglichkeit, von dem Kündigungsschreiben Kenntnis zu nehmen. Er hat seine Kündigungsschutzklage jedoch erst am ... und damit nach Ablauf der dreiwöchigen Klagefrist des § 4 Satz 1 KSchG erhoben.

Da die Kündigung somit bereits nach § 7, § 4 Satz 1 KSchG als rechtswirksam gilt, ist es für den Ausgang des Rechtsstreits unerheblich, ob tatsächlich Gründe vorliegen, die die Kündigung gemäß § 1 Abs. 2 sozial rechtfertigen. Gleichwohl soll hierzu nachfolgend vorsorglich wie folgt Stellung genommen werden:

... ◄

B. Erläuterungen

2 [1] Die Darlegungs- und Beweislast für den Zugang der Kündigung und dessen Zeitpunkt obliegt dem Arbeitgeber (HaKo-KSchR/*Gallner* § 4 KSchG Rn 131; HaKo-KSchR/*Fiebig/Mestwerdt* Einleitung Rn 56 ff; vgl allgemein zum Zugang der Kündigungserklärung HaKo-KSchR/*Fiebig/Mestwerdt* Einleitung Rn 33 ff).

§ 8 KSchG Wiederherstellung der früheren Arbeitsbedingungen

Stellt das Gericht im Falle des § 2 fest, daß die Änderung der Arbeitsbedingungen sozial ungerechtfertigt ist, so gilt die Änderungskündigung als von Anfang an rechtsunwirksam.

A. Muster: Geltendmachung rückständiger Differenzvergütung	[2] Außerordentliche Änderungskündigung	3
B. Erläuterungen	[3] Modalitäten der Rechtsfolge	4
[1] Rechtsfolge des Vorbehalts 2	[4] Zinsforderung	5

1 ## A. Muster: Geltendmachung rückständiger Differenzvergütung

▶ ... (Arbeitnehmer)

An

... (Arbeitgeber)

... (Datum)

Geltendmachung rückständiger Differenzvergütung

Sehr geehrte Damen und Herren,

das Landesarbeitsgericht Baden-Württemberg hat mit zwischenzeitlich rechtskräftig gewordenem Urteil vom ... im von mir gegen Sie geführten Rechtsstreit unter dem Aktenzeichen ... entschieden, dass die von Ihnen mit Schreiben vom ... ausgesprochene ordentliche betriebsbedingte Änderungskündigung zum ... unwirksam ist.

Wie Sie wissen, habe ich Ihr mit der Änderungskündigung verbundenes Angebot, mit Wirkung ab ... im Wareneingang zu arbeiten, unter dem Vorbehalt[1] der sozialen Rechtfertigung des Änderungsangebots fristgemäß angenommen.

Die Tätigkeit im Wareneingang hatte zur Folge, dass die Schichtzulage in Höhe von monatlich EUR 300,00 brutto entfallen ist.

Im Hinblick auf die in § 8 KSchG[2] gesetzlich angeordnete rückwirkende auflösende Bedingung[3] des durch die Annahme des Änderungsangebots zustande gekommenen Änderungsvertrags fordere ich Sie hiermit auf, für den Zeitraum ab dem ... bis zum ..., mithin also für insgesamt 15 Monate EUR 4.500,00 brutto nebst Zinsen[4] in gesetzlicher Höhe, jeweils ab dem monatlichen Fälligkeitsdatum bis zum ... nachzuzahlen.

Nach fruchtlosem Ablauf der Frist werde ich gerichtliche Hilfe in Anspruch nehmen.

Mit freundlichen Grüßen

...

(Unterschrift des Arbeitnehmers) ◄

B. Erläuterungen

[1] **Rechtsfolge des Vorbehalts.** Nimmt der Arbeitgeber im Rahmen einer Änderungskündigung das Änderungsangebot unter dem Vorbehalt seiner sozialen Rechtfertigung an, entsteht ein auflösend bedingter Änderungsvertrag, der den Arbeitnehmer verpflichtet, mit Ablauf der ordentlichen Kündigungsfrist zu den geänderten Bedingungen zu arbeiten. Mit rechtskräftiger Feststellung der Unwirksamkeit des Änderungsangebots, sei es mangels sozialer Rechtfertigung oder aus anderen Gründen (HaKo-KSchR/*Pfeiffer* § 8 Rn 2), wird der Arbeitnehmer kraft Gesetzes so gestellt, als ob die Änderungskündigung nicht erfolgt wäre. Der Arbeitgeber hat den Arbeitnehmer ab Rechtskraft der Entscheidung zu den bisherigen, vor der Änderungskündigung geltenden Arbeitsbedingungen zu beschäftigen mit der Folge, dass er dadurch bedingte eventuelle Vergütungskürzungen nachzuzahlen hat. Voraussetzung ist jedoch, dass die Rückwirkung tatsächlich auch durchführbar ist. Letzteres ist beispielsweise bei einer vollzogenen Versetzung dann nicht der Fall, wenn mit der Versetzung keine Entgeltminderung und auch keine sonstigen wirtschaftlichen Auswirkungen eingetreten sind. Vorliegend steht dem Arbeitnehmer im Wege eines arbeitsvertraglichen Erfüllungsanspruchs und nicht etwa aus ungerechtfertigter Bereicherung die Nachzahlung der Schichtzulage für 15 Monate entsprechend seiner Geltendmachung zu (HaKo-KSchR/*Pfeiffer* § 8 KSchG Rn 4).

[2] **Außerordentliche Änderungskündigung.** Da nach der hM im Anwendungsbereich des KSchG für die außerordentliche Änderungskündigung § 2 KSchG entsprechend anzuwenden ist, muss auf sie folgerichtig auch § 8 KSchG entsprechend angewandt werden.

[3] **Modalitäten der Rechtsfolge.** Wegen weiterer Einzelheiten in Bezug auf den Inhalt des Anspruchs, der Anrechnung anderweitig erzielter Entgelte und des Laufs von Ausschluss- und Verjährungsfristen wird verwiesen auf die Kommentierung in HaKo-KSchR/*Pfeiffer* § 8 Rn 4 ff.

[4] **Zinsforderung.** Die jeweilige Zinsforderung für den einzelnen Monatsbetrag folgt ebenfalls aus der kraft Gesetzes eintretenden Rückwirkung des Bedingungseintritts (vgl. §§ 614, 286 Abs. 2 Nr. 1, 288 Abs. 1 BGB).

§ 9 KSchG Auflösung des Arbeitsverhältnisses durch Urteil des Gerichts; Abfindung des Arbeitnehmers

(1) ¹Stellt das Gericht fest, daß das Arbeitsverhältnis durch die Kündigung nicht aufgelöst ist, ist jedoch dem Arbeitnehmer die Fortsetzung des Arbeitsverhältnisses nicht zuzumuten, so hat das Gericht auf Antrag des Arbeitnehmers das Arbeitsverhältnis aufzulösen und den Arbeitgeber zur Zahlung einer angemessenen Abfindung zu verurteilen. ²Die gleiche Entscheidung hat das Gericht auf Antrag des Arbeitgebers zu treffen, wenn Gründe vorliegen, die eine den Betriebszwecken dienliche weitere Zusammenarbeit zwischen Arbeitgeber und Arbeitnehmer nicht erwarten lassen. ³Arbeitnehmer und Arbeitgeber können den Antrag auf Auflösung des Arbeitsverhältnisses bis zum Schluß der letzten mündlichen Verhandlung in der Berufungsinstanz stellen.

(2) Das Gericht hat für die Auflösung des Arbeitsverhältnisses den Zeitpunkt festzusetzen, an dem es bei sozial gerechtfertigter Kündigung geendet hätte.

§ 10 KSchG Höhe der Abfindung

(1) Als Abfindung ist ein Betrag bis zu zwölf Monatsverdiensten festzusetzen.

(2) ¹Hat der Arbeitnehmer das fünfzigste Lebensjahr vollendet und hat das Arbeitsverhältnis mindestens fünfzehn Jahre bestanden, so ist ein Betrag bis zu fünfzehn Monatsverdiensten, hat der Arbeitnehmer das fünfundfünfzigste Lebensjahr vollendet und hat das Arbeitsverhältnis mindestens zwanzig Jahre bestanden, so ist ein Betrag bis zu achtzehn Monatsverdiensten festzusetzen. ²Dies gilt nicht, wenn der Arbeitnehmer in dem Zeitpunkt, den das Gericht nach § 9 Abs. 2 für die Auflösung des Arbeitsverhältnisses festsetzt, das in der Vorschrift des Sechsten Buches Sozialgesetzbuch über die Regelaltersrente bezeichnete Lebensalter erreicht hat.

(3) Als Monatsverdienst gilt, was dem Arbeitnehmer bei der für ihn maßgebenden regelmäßigen Arbeitszeit in dem Monat, in dem das Arbeitsverhältnis endet (§ 9 Abs. 2), an Geld und Sachbezügen zusteht.

A. Auflösungsantrag des Arbeitnehmers
   I. Muster: Antrag des Arbeitnehmers auf Auflösung des Arbeitsverhältnisses
   II. Erläuterungen
     [1] Grundsätze, Antragstellung im Prozess 2
     [2] Beendigungszeitpunkt 9
     [3] Angemessene Abfindung 12
     [4] Verzinslichkeit der Abfindung 19
     [5] Sozialwidrigkeit der ordentlichen Kündigung 20
     [6] Unzumutbarkeit der Fortsetzung des Arbeitsverhältnisses 22

B. Auflösungsantrag des Arbeitgebers
   I. Muster: Antrag des Arbeitgebers auf Auflösung des Arbeitsverhältnisses
   II. Erläuterungen
     [1] Hilfsantrag des Arbeitgebers 29
     [2] Sozialwidrigkeit der ordentlichen Kündigung 30
     [3] Keine den Betriebszwecken dienliche Zusammenarbeit 32

A. Auflösungsantrag des Arbeitnehmers

1   **I. Muster: Antrag des Arbeitnehmers auf Auflösung des Arbeitsverhältnisses**

▶ Arbeitsgericht ▪▪▪

Az. ▪▪▪

In der Rechtssache

▪▪▪ ./. ▪▪▪

werden wir im Termin zur mündlichen Verhandlung vor der Kammer für den Kläger ferner beantragen:[1]

Das Arbeitsverhältnis der Parteien wird aufgelöst.[2] Die Beklagte wird verurteilt, an den Kläger eine angemessene Abfindung,[3] deren Höhe in das Ermessen des Gerichts gestellt wird, jedoch ... EUR nicht unterschreiten sollte, nebst Zinsen hieraus in Höhe von fünf Prozent über dem Basiszinssatz seit ..., zu zahlen.[4]

Begründung

I.

Die seitens der Beklagten mit Schreiben vom ... erklärte Kündigung ist sozialwidrig[5] und führt damit nicht zur Beendigung des zwischen den Parteien bestehenden Arbeitsverhältnisses.

Allerdings ist dem Kläger die Fortsetzung des Arbeitsverhältnisses aus den nachfolgend genannten Gründen nicht mehr zuzumuten.[6] Das Arbeitsverhältnis ist daher antragsgemäß aufzulösen.

...

(An dieser Stelle folgt unter Beweisantritt substantiierter Sachvortrag zu den Auflösungsgründen sowie zu den für die Bemessung der Höhe der Abfindung maßgeblichen Tatsachen, wie nachfolgend exemplarisch dargestellt.)

Die Beklagte wirft dem Kläger vor, er habe in erheblichem Umfang falsche Reisekostenabrechnungen erstellt und sich auf diese Weise einen Vermögensvorteil auf Kosten der Beklagten verschafft. Durch dieses missbilligenswerte Verhalten habe er das ihm entgegengebrachte Vertrauen erheblich missbraucht.

Beweis: Zeugnis ...

Schriftsatz der Beklagten vom ..., S. ...

Diese schweren Vorwürfe, welche die Beklagte gegenüber dem Kläger erhebt, sind unzutreffend. Sie entbehren jeglicher tatsächlichen Grundlage und werden daher vom Kläger nachdrücklich bestritten. Der Kläger hat seine Reisekosten stets korrekt abgerechnet, weshalb ihm nicht der geringste Vorwurf entgegen zu halten ist. Die seitens der Beklagten damit ohne ersichtlichen Grund erhobenen Vorwürfe stellen für den Kläger eine herbe Enttäuschung dar und treffen ihn sehr.

Beweis: ...

Im Hinblick auf die zwischenzeitlich eingetretene Zerstörung des für die Fortführung des Arbeitsverhältnisses unabdingbaren Vertrauensverhältnisses wiegt besonders schwer, dass die Beklagte bislang an einer sachgerechten Aufklärung der durch sie erhobenen Vorwürfe nicht im Geringsten interessiert war, wenngleich sich der Kläger hierum zunächst sehr bemüht hat. So wurde dem Kläger bis zum heutigen Tage keine Möglichkeit zu einer angemessenen Verteidigung eingeräumt. Stattdessen wurde er im Rahmen eines am ... stattgefundenen Besprechungstermins, dessen Erforderlichkeit seitens der Beklagten unter einem ganz anderen Grund vorgeschoben wurde, völlig unvermittelt mit einer Vielzahl von Fragen zu zum Teil sehr lange zurückliegenden Abrechnungsvorgängen bezüglich seiner Reisekosten konfrontiert. In dieser mutmaßlich gezielt seitens der Beklagten geschaffenen Überrumpelungssituation hatte der Kläger nachvollziehbarerweise keine Chance, sich sachgerecht zu den gegen ihn erhobenen Vorwürfen einzulassen und sich zu verteidigen.

Beweis: ...

Weiter ist kein nachvollziehbarer Grund dafür ersichtlich, weshalb dem Kläger erstmals im Verlauf des vorerwähnten Gespräches bekannt gegeben wurde, dass der wahre Anlass des Zusammentreffens die Kündigung seines eigenen Arbeitsverhältnisses sei.

Beweis: ...

Die Beklagte hat den Kläger sodann am ... einseitig und gegen seinen Willen freigestellt, den ihm überlassenen Dienstwagen heraus verlangt, sämtliche Arbeitsmittel eingezogen und seinen Intranetzugang gesperrt.

Beweis: ...

Mit Aushang am Schwarzen Brett vom ... hat die Beklagte betriebsöffentlich bekannt gemacht, dass der Kläger zukünftig nicht mehr für sie arbeite. Das Arbeitsverhältnis sei gekündigt worden, weil der Kläger zahlreiche Betrugs- und Untreuehandlungen verwirklicht habe, woraus der Beklagten ein erheblicher finanzieller Schaden entstanden sei.

Beweis: ...

Die vorbeschriebene Vorgehensweise der Beklagten ist für den Kläger gleichermaßen enttäuschend wie ehrabschneidend. Für die Beklagte scheint seine in mehr als ... Jahren Betriebszugehörigkeit erbrachte Lebensleistung sowie sein Beitrag zum wirtschaftlichen Erfolg des Unternehmens, völlig belanglos zu sein. Gleichzeitig bringt die Beklagte die Integrität des Klägers leichtfertig und unberechtigter Maßen schwerwiegend in Misskredit und verletzt sein Persönlichkeitsrecht hierdurch in nicht zu rechtfertigender Art und Weise. Die gesamte Belegschaft hat durch die vorbeschriebene Vorgehensweise Kenntnis von den unberechtigten Vorwürfen erlangt, der Kläger fühlt sich regelrecht an den Pranger gestellt. Durch dieses Verhalten hat die Beklagte das zur Fortführung des Arbeitsverhältnisses erforderliche Vertrauensverhältnis unwiederbringlich zerstört. Dem Kläger fehlt es im Hinblick auf eine weitere Zusammenarbeit an jeglicher Vertrauensgrundlage, eine Fortführung desselben wäre für ihn schlicht nicht mehr zumutbar.[6]

Das Arbeitsverhältnis wurde unter Beachtung der ordentlichen Kündigungsfrist von ... gekündigt, es ist daher mit Wirkung zum Ablauf des ... [Zeitpunkt des Ablaufs der korrekt berechneten Kündigungsfrist aufzulösen.[2]

II.

Aus den vorstehenden Gründen ist die Beklagte zur Zahlung einer angemessenen Abfindung zu verurteilen,[3] deren Höhe sich nach § 10 KSchG richtet.

Wegen seines Alters und der langen Dauer seines Arbeitsverhältnisses hat sich die festzusetzende Abfindung im oberen Bereich des Abfindungsrahmens des § 10 Abs. 1 KSchG zu bewegen.

Ein maßgebliches Bewertungskriterium ist zudem der Umstand, dass der Kläger ein kündigungsgeschütztes Arbeitsverhältnis und seinen aufgrund seiner langjährigen Betriebszugehörigkeit erdienten Bestandsschutz verlieren wird. Nach dem Verlust seines jetzigen Arbeitsplatzes wird der Kläger künftig erhebliche Vergütungseinbußen zu vergegenwärtigen haben. Entscheidungserheblich sind ferner die weitreichenden Unterhaltsverpflichtungen des Klägers, die zugunsten der den Haushalt führenden Ehefrau sowie der beiden aus der Ehe hervorgegangenen schulpflichtigen Kinder bestehen.

Die monatliche Bruttoarbeitsvergütung des Klägers beläuft sich auf ... EUR. Hinzu kommt ein dreizehntes Monatsgehalt, das zeitanteilig zu berücksichtigen ist. Somit ergibt sich ein bei der Festsetzung der Abfindungshöhe zu berücksichtigender Monatsverdienst in Höhe von ... EUR.

A. Auflösungsantrag des Arbeitnehmers § 10 KSchG

Unter Berücksichtigung aller Umstände des Einzelfalls ist eine Abfindung entsprechend ... Bruttomonatsverdiensten angemessen.

III.

Abschließend wird beantragt, im Hinblick auf den mit diesem Schriftsatz ausgebrachten Auflösungsantrag einen eigenen Streitwert festzusetzen.
[Sehr umstr., dafür: LAG Hamm 16.8.1989, 2 Sa 308/89, NZA 1990, 328; dagegen: LAG Baden-Württemberg 22.9.2004, 3 Ta 136/04 sowie LAG Hessen 13.10.2011, 11 Sa 1755/10]

...

Rechtsanwalt ◂

II. Erläuterungen

[1] **Grundsätze, Antragstellung im Prozess.** Ein Auflösungsantrag nach § 9 KSchG kann nur gestellt werden, wenn das KSchG anwendbar ist, eine ordentliche Kündigung im Streit steht und diese sozialwidrig ist (vgl HaKo-KSchR/*Gieseler* § 9 KSchG Rn 1). Bei einer **Änderungskündigung** ist die Auflösung des Arbeitsverhältnisses nicht möglich, wenn der Arbeitnehmer das mit der Kündigung verbundene Änderungsangebot angenommen oder unter Vorbehalt angenommen hat (BAG 24.10.2013, 2 AZR 320/13, NZA 2014, 486). Streitgegenstand der Änderungsschutzklage ist nämlich nicht die Beendigung des Arbeitsverhältnisses, sondern die Frage, ob die Änderung der Arbeitsbedingungen sozial gerechtfertigt ist. Im Änderungsschutzprozess können daher weder Arbeitnehmer noch Arbeitgeber die Auflösung des Arbeitsverhältnisses nach § 9 KSchG beantragen (BAG 29.1.1981, 2 AZR 1055/78, NJW 1982, 1118). Nach seiner grundlegenden Konzeption ist das KSchG ein Bestandsschutz- und kein Abfindungsgesetz (BAG 8.10.2009, 2 AZR 682/08, ArbRB 2010, 72). Die Sozialwidrigkeit einer Kündigung führt zu deren Rechtsunwirksamkeit und damit gleichzeitig zum Fortbestand des Arbeitsverhältnisses. Eine Auflösung des Arbeitsverhältnisses trotz Sozialwidrigkeit der Kündigung kommt daher nur in Ausnahmefällen in Betracht (BAG 24.3.2011, 2 AZR 674/09, NZA-RR 2012, 243). Dies ist etwa dann der Fall, wenn während eines Kündigungsschutzprozesses zusätzliche Spannungen zwischen den Parteien auftreten, die dem Arbeitnehmer eine Fortsetzung des Arbeitsverhältnisses unzumutbar machen (zB BAG 10.12.2009, 2 AZR 534/08, NZA 2010, 698). 2

Eine Antragstellung nach § 9 KSchG setzt zunächst voraus, dass ein Kündigungsschutzrechtsstreit anhängig ist. Fehlt es an dieser Voraussetzung, ist der Auflösungsantrag als unzulässig zurückzuweisen (BAG 29.5.1959, 2 AZR 450/58, NJW 1959, 1942). Über den Auflösungsantrag des Arbeitnehmers soll durch das Gericht entschieden werden, wenn der Arbeitnehmer mit seinem Hauptantrag auf Feststellung, dass das Arbeitsverhältnis durch die Kündigung nicht aufgelöst worden ist, erfolgreich durchdringt (BAG 23.6.1993, 2 AZR 56/93, NZA 1994, 264). Es handelt sich damit um einen **sog. unechten Hilfs- bzw uneigentlichen Eventualantrag** (vgl HaKo-KSchR/*Gieseler* § 9 KSchG Rn 13). 3

Der Arbeitnehmer kann den Auflösungsantrag auch dann (noch) stellen, wenn der Arbeitgeber im Verlauf des Kündigungsschutzprozesses die durch ihn ausgebrachte Kündigung „zurücknimmt" und hierdurch zu verstehen gibt, dass er die Beendigung des Arbeitsverhältnisses entgegen seiner ursprünglichen Zielrichtung nicht mehr weiter verfolgt. Das Rechtsschutzinteresse auf Seiten des Arbeitnehmers für die anhängige Kündigungsschutzklage bleibt in diesem Fall bestehen. Mit der Antragstellung nach § 9 KSchG bringt der Arbeitnehmer in diesem 4

Fall üblicherweise konkludent zum Ausdruck, dass er das Angebot des Arbeitgebers, die Wirkungen der Kündigung einverständlich rückgängig zu machen und das Arbeitsverhältnis fortzusetzen, nicht annimmt (BAG 19.8.1982, 2 AZR 230/80, NJW 1983, 1628).

5 Je nach rechtlicher Ausgangsposition und Interessenlage des Arbeitnehmers sollte unter taktischen Aspekten stets sorgfältig geprüft werden, zu welchem Zeitpunkt der Auflösungsantrag für den Arbeitnehmer im Kündigungsschutzprozess gestellt wird.

6 Nach dem Gesetzeswortlaut ist die Antragstellung **bis zum Schluss der letzten mündlichen Verhandlung in der Berufungsinstanz** möglich. § 9 Abs. 1 S. 3 KSchG ist insoweit lex specialis gegenüber den verfahrensrechtlichen Einschränkungen der Klagerweiterung in der Berufungsinstanz und verdrängt diese. Der die Auflösung des Arbeitsverhältnisses stützende Tatsachenvortrag kann somit auch in diesem späten prozessualen Stadium nicht als verspätet zurückgewiesen werden (LAG Hamm 8.6.2000, 16 Sa 2122/99, BB 2000, 2475). Die Begründetheit des Auflösungsantrags beurteilt sich nach den bei Erlass des Urteils vorliegenden Umständen. Der maßgebliche Zeitpunkt für die Entscheidung über den Auflösungsantrag ist also der Termin der letzten mündlichen Verhandlung in der Tatsacheninstanz (BAG 8.10.2009, 2 AZR 682/08, ArbRB 2010, 72).

7 Der erstinstanzlich mit seinem Kündigungsschutzantrag **obsiegende Arbeitnehmer** kann mit der Zielsetzung, in der zweiten Instanz *erstmals* den Auflösungsantrag nach § 9 KSchG stellen zu wollen, nicht erfolgreich Berufung einlegen. Mangels Beschwer ist die Berufung in diesem Fall als unzulässig zurückzuweisen, was ebenfalls im Rahmen der jeweiligen Prozesstaktik zu berücksichtigen ist (vgl HaKo-KSchR/*Gieseler* § 9 KSchG Rn 18).

8 Haben in einem Kündigungsschutzprozess **beide Parteien einen Auflösungsantrag gestellt** und löst das Arbeitsgericht das Arbeitsverhältnis auf Antrag des Arbeitgebers auf, so ist der Arbeitnehmer durch dieses Urteil nicht beschwert, es sei denn, er greift mit der Berufung die Höhe der festgesetzten Abfindung an (BAG 23.6.1993, 2 AZR 56/93, NZA 1994, 264). Der Umstand, dass die Auflösung des Arbeitsverhältnisses auf Antrag des Arbeitgebers erfolgt ist, begründet für sich gesehen indes keinen Berufungsgrund. Die Berufung des Arbeitnehmers bietet auch dann keine Aussicht auf Erfolg, wenn er beabsichtigt, seinen erstinstanzlich gestellten Auflösungsantrag in der Berufungsinstanz zurückzunehmen, um auf diese Weise die Fortsetzung des Arbeitsverhältnisses herbeizuführen. Auch hier fehlt es an der erforderlichen Beschwer für die Berufungseinlegung.

9 **[2] Beendigungszeitpunkt.** Für die Auflösung des Arbeitsverhältnisses nach §§ 9, 10 KSchG ist gemäß § 9 Abs. 2 KSchG der Zeitpunkt festzusetzen, zu dem das Arbeitsverhältnis unter Zugrundelegung der objektiv zutreffenden Kündigungsfrist geendet hätte. Dies gilt auch dann, wenn der Arbeitgeber die ordentliche Kündigungsfrist nicht eingehalten und der Arbeitnehmer dies im Rechtsstreit nicht gerügt hat.

10 Ein Antrag auf Auflösung des Arbeitsverhältnisses kann nicht mehr gestellt werden, wenn das Arbeitsverhältnis im Zeitpunkt der Antragstellung bereits aus anderen Gründen geendet hat, etwa nach Erreichen der Regelaltersgrenze, durch den Tod des Arbeitnehmers oder durch Ausspruch einer rechtswirksamen fristlosen Kündigung aus wichtigem Grund. Eine gerichtliche Auflösung des Arbeitsverhältnisses setzt zwingend voraus, dass es zu dem gesetzlich vorgeschriebenen Auflösungszeitpunkt noch besteht oder bestand.

11 Hat das Arbeitsverhältnis erst nach dem gemäß § 9 Abs. 2 KSchG festzusetzenden Zeitpunkt, aber schon vor Erlass des Auflösungsurteils geendet, steht dies einer gerichtlichen Auflösung grundsätzlich nicht entgegen. Die gerichtliche Entscheidung erfolgt in diesem Fall unter Be-

A. Auflösungsantrag des Arbeitnehmers § 10 KSchG

rücksichtigung des Zeitraums, welcher zwischen dem Termin, zu dem die Kündigung gewirkt hätte, wenn sie sozial gerechtfertigt gewesen wäre und dem Zeitpunkt der anderweitigen Beendigung des Arbeitsverhältnisses, liegt.

[3] **Angemessene Abfindung.** Wird dem – gleich von welcher der Parteien gestellten – Auflösungsantrag stattgegeben, hat der Arbeitgeber an den Arbeitnehmer eine angemessene Abfindung (vgl zur Höhe der Abfindung HaKo-KSchR/*Gieseler* § 10 KSchG Rn 11 ff) zu zahlen, da dem Rechtsstreit ursprünglich eine an sich ungerechtfertigte Kündigung des Arbeitsverhältnisses zugrunde lag. Die nach Maßgabe der §§ 9, 10 KSchG durch Gerichtsurteil zuzusprechende Abfindung stellt ein vermögensrechtliches Äquivalent für den Verlust des Arbeitsplatzes dar und hat somit entschädigenden Charakter (BAG 25.6.1987, 2 AZR 504/86, NZA 1988, 466). Mit der Abfindung soll dem Arbeitnehmer ein pauschaler Ausgleich für die Vermögens- und Nichtvermögensschäden gewährt werden, die sich aus dem Verlust des Arbeitsplatzes ergeben. 12

Bei der **Bemessung der Abfindungshöhe** ist das Gericht an die Anträge der Parteien nicht gebunden, es trifft seine Entscheidung nach **pflichtgemäßem Ermessen** (LAG Niedersachsen 22.8.2001, 15 Sa 290/01). Das Revisionsgericht ist nicht befugt, die Ermessensentscheidung des Berufungsgerichtes durch eine eigene Ermessensausübung zu ersetzen. Überprüfungsfähig ist einzig, ob das Berufungsgericht die Voraussetzungen und Grenzen seines Ermessens beachtet oder stattdessen den Rechtsbegriff der angemessenen Entschädigung verkannt, wesentliche Umstände nicht berücksichtigt oder gegen Denkgesetze oder allgemeine Erfahrungsgrundsätze verstoßen hat (BAG 28.5.2009, 2 AZR 282/08, NZA 2009, 966). 13

Entscheidungsrelevante Faktoren im Hinblick auf die Höhe der festzusetzenden Abfindung sind bspw neben der Dauer des Arbeitsverhältnisses, das Lebensalter des Arbeitnehmers sowie etwaig bestehende Unterhaltspflichten (LAG Niedersachsen 22.8.2001, 15 Sa 290/01). Zu berücksichtigen ist auch der Grad der Sozialwidrigkeit der Kündigung und wie hoch die Wahrscheinlichkeit ist, dass der Arbeitnehmer in überschaubarer Zeit eine vergleichbare, adäquate und annähernd vergleichbar dotierte Tätigkeit findet (LAG München 9.7.2009, 4 Sa 57/09). Eine umfassende Zusammenstellung weiterer abfindungsrelevanter Umstände findet sich bei HaKo-KSchR/*Fiebig*/*Gieseler* § 10 KSchG Rn 19 ff. 14

Gemäß § 10 Abs. 1 KSchG ist eine Abfindung in Höhe eines Betrages von **bis zu zwölf Monatsverdiensten** zuzusprechen. 15

Eine darüber hinaus gehende Abfindung darf nur festgesetzt werden, wenn die Voraussetzungen des § 10 Abs. 2 S. 1 KSchG erfüllt sind. Hiernach erweitert sich die Höchstgrenze zunächst auf maximal fünfzehn Monatsverdienste, wenn der Arbeitnehmer das fünfzigste Lebensjahr vollendet und das Arbeitsverhältnis mindestens fünfzehn Jahre bestanden und auf achtzehn Monatsverdienste, wenn der Arbeitnehmer das fünfundfünfzigste Lebensjahr vollendet und das Arbeitsverhältnis mindestens zwanzig Jahre bestanden hat. Die vorgenannten Voraussetzungen müssen jeweils kumulativ erfüllt sein (vgl HaKo-KSchR/*Gieseler* § 10 KSchG Rn 11). 16

Als Berechnungsgrundlage für die Höhe der Abfindung ist der dem Arbeitnehmer individuell zustehende Bruttomonatsverdienst im Monat der Beendigung des Arbeitsverhältnisses ohne Abzug von Lohnsteuer und Sozialversicherungsbeiträgen heranzuziehen. Berücksichtigungsfähig sind alle Leistungen mit Entgeltcharakter (Ausführlich HaKo-KSchR/*Gieseler* § 10 KSchG Rn 6 ff). 17

18 Der **Abfindungsanspruch entsteht** bereits durch die richterliche Festsetzung im Urteil und wird hierdurch, frühestens jedoch zum Zeitpunkt des festgesetzten Endes des Arbeitsverhältnisses, fällig.

19 **[4] Verzinslichkeit der Abfindung.** Der Abfindungsanspruch entsteht bei der gerichtlichen Auflösung des Arbeitsverhältnisses nicht erst mit Eintritt der Rechtskraft des Auflösungsurteils, sondern vielmehr – auflösend bedingt – bereits durch die richterliche Festsetzung im Urteil und wird damit, frühestens jedoch zum Zeitpunkt des festgesetzten Endes des Arbeitsverhältnisses, fällig (BAG 9.12.1987, 4 AZR 561/87, NZA 1988, 329-330). Ab dem Zeitpunkt der Festsetzung der Abfindung, also der Verkündung des Auflösungsurteils, kommt deren Verzinsung in Betracht (BAG 13.5.1969, 5 AZR 309/68, NJW 1969, 1735). § 286 Abs. 1 S. 2 BGB ist entsprechend anzuwenden, so dass es keiner weiteren Mahnung zur Begründung des Verzuges bedarf. Für vor der Festsetzung der Abfindung liegende Zeiträume können keine Zinsen verlangt werden, da der Abfindungsanspruch erst mit der gerichtlichen Auflösung des Arbeitsverhältnisses entsteht (KR/*Spilger* § 10 KSchG Rn 19).

20 **[5] Sozialwidrigkeit der ordentlichen Kündigung.** Der Auflösungsantrag nach § 9 KSchG setzt voraus, dass die seitens des Arbeitgebers ausgebrachte Kündigung sozialwidrig **und aus diesem Grunde** unwirksam ist (vgl HaKo-KSchR/*Mayer*, § 1 KSchG Rn 170 ff). Beruht die Unwirksamkeit der Kündigung demgegenüber ausschließlich auf einem anderen Grund, kommt weder auf Antrag des Arbeitgebers noch auf Antrag des Arbeitnehmers die Auflösung des Arbeitsverhältnisses nach § 9 KSchG in Betracht (vgl HaKo-KSchR/*Gieseler* § 9 KSchG Rn 27).

21 Die **Rechtsprechung** billigt dem **Arbeitnehmer** einen Auflösungsantrag auch dann zu, wenn sich die Unwirksamkeit der Kündigung *zusätzlich* aus einem anderen Grund als dem der Sozialwidrigkeit ergibt (BAG 29.1.1981, 2 AZR 1055/78, NJW 1982, 1118). Dem Arbeitnehmer steht es grundsätzlich frei, sich Im Rahmen des Kündigungsschutzprozesses auch auf die Geltendmachung des sich aus anderen Normen zu seinen Gunsten ergebenden Bestandsschutzes zu berufen. Es darf ihm daher im Hinblick auf den Auflösungsantrag nach § 9 KSchG nicht zum Nachteil gereichen, wenn er sich neben der Sozialwidrigkeit der Kündigung auch auf sonstige Unwirksamkeitsgründe beruft (umstr. so aber u.a. BAG 28.8.2008, 2 AZR 63/07, NZA 2009, 275 mit ausführlicher Darstellung des Meinungsstreits).

22 **[6] Unzumutbarkeit der Fortsetzung des Arbeitsverhältnisses.** Nach § 9 Abs. 1 S. 1 KSchG hat das Gericht auf Antrag des Arbeitnehmers das durch eine sozialwidrige Kündigung nicht beendete Arbeitsverhältnis durch Urteil aufzulösen, wenn dem Arbeitnehmer die Fortsetzung des Arbeitsverhältnisses nicht mehr zuzumuten ist (hierzu ausführlich HaKo-KSchR/*Gieseler* § 9 KSchG Rn 44 ff). Der Begriff der Unzumutbarkeit in § 9 KSchG weist inhaltliche Ähnlichkeiten mit dem der Unzumutbarkeit in § 626 BGB auf. In beiden Fällen geht es um das notwendige Vertrauen, das auf Seiten beider Vertragspartner gegeben sein muss, um ein Arbeitsverhältnis dauerhaft fortführen zu können. Dennoch gibt es im Rahmen der einzelnen Definitionen **wesentliche Unterschiede**.

23 So ist eine außerordentliche Kündigung nach **§ 626 BGB** erst dann möglich, wenn das Vertrauen der Parteien des Arbeitsverhältnisses so nachhaltig gestört wurde, dass die Fortsetzung desselben selbst bis zum Ablauf der Frist für eine ordentliche Kündigung oder bis zum Eintritt eines vereinbarten Beendigungszeitpunkts unzumutbar wäre.

24 Bei **§ 9 KSchG** geht es dagegen um die langfristige Perspektive der zukünftigen Zusammenarbeit, die schon durch einen weniger gravierenden Vertrauensverlust unwiederbringlich zer-

stört sein kann (LAG Mecklenburg-Vorpommern 01.6.2010, 5 Sa 266/09). Das Tatbestandsmerkmal der Unzumutbarkeit im Sinne des § 9 Abs. 1 S. 1 KSchG setzt eine wertende Betrachtung der Ursachen voraus, die der Arbeitgeber gesetzt hat. Sie müssen von solchem Gewicht sein, dass es gerechtfertigt ist, den Grundsatz des kündigungsschutzrechtlichen Bestandsschutzes zugunsten einer Entlassungsentschädigung zu durchbrechen (BVerfG 22.10.2004, 1 BvR 1944/01, NZA 2005, 41). Das Verhalten des Arbeitgebers, das zur Unzumutbarkeit der Fortsetzung des Arbeitsverhältnisses führt, muss von der Rechtsordnung in stärkerem Maß als der bloßen Rechtsunwirksamkeit mangels fehlender sozialer Rechtfertigung missbilligt werden (LAG Baden-Württemberg 21.12.2011, 9 Sa 136/11).

Die Auflösungsgründe müssen nach der Rspr des BAG im Zusammenhang mit der ausgesprochenen Kündigung oder dem anschließenden Kündigungsschutzprozess stehen (BAG 24.9.1992, 8 AZR 557/91, NZA 1993, 362). Es kann hiernach auch das Verhalten des Arbeitgebers im Zusammenhang mit der ausgesprochenen Kündigung sowie im anschließenden Kündigungsschutzprozess geeignet sein, die Unzumutbarkeit der Fortsetzung des Arbeitsverhältnisses zu begründen (BAG 27.3.2003, 2 AZR 9/02, BAGReport 2003, 268). 25

Maßgeblicher Zeitpunkt für die Beurteilung der Frage, ob dem Arbeitnehmer die Fortsetzung des Arbeitsverhältnisses noch zuzumuten ist, ist der Zeitpunkt der Entscheidung über den Auflösungsantrag, mithin also der letzten mündlichen Verhandlung, denn nur zu diesem Zeitpunkt kann eine vom Gericht anzustellende Prognose sachgerecht durchgeführt werden (BAG 7.3.2002, 2 AZR 158/01, NZA 2003, 261). 26

Die Gründe, die im Einzelnen zur Unzumutbarkeit der Fortsetzung des Arbeitsverhältnisses führen können, lassen sich an dieser Stelle nicht abschließend aufführen (ausführlich hierzu HaKo-KSchR/*Gieseler* § 9 KSchG Rn 50 ff). In Betracht kommen beispielsweise leichtfertig aufgestellte diskriminierende oder ehrverletzende Behauptungen des Arbeitgebers über die Person oder das Verhalten des Arbeitnehmer (LAG Schleswig Holstein 25.2.2004, 3 Sa 491/03, NZA-RR 2005, 132) sowie Umstände, die den Schluss nahelegen, dass der Arbeitgeber den Arbeitnehmer im Falle einer Rückkehr in den Betrieb grob fehlerhaft, schikanös oder gegenüber den übrigen Mitarbeitern benachteiligen oder unkorrekt behandeln werde, in Betracht (LAG Mecklenburg-Vorpommern 1.6.2010, 5 Sa 266/09). 27

B. Auflösungsantrag des Arbeitgebers

I. Muster: Antrag des Arbeitgebers auf Auflösung des Arbeitsverhältnisses 28

▶ Arbeitsgericht ▬▬▬

Az. ▬▬▬

In der Rechtssache

▬▬▬ ./. ▬▬▬

beantragen (s. oben Rn 3 f) wir für die Beklagte:

Die Klage wird abgewiesen.

Hilfsweise[1] wird beantragt:

Das Arbeitsverhältnis der Parteien wird gegen Zahlung einer angemessenen Abfindung (s. oben Rn 12 ff), deren Höhe in das Ermessen des Gerichts gestellt wird, jedoch EUR ▬▬▬ nicht überschreiten sollte, aufgelöst.

Begründung

I.

Die Beklagte hält nach wie vor an ihrem Klagabweisungsantrag fest, nachdem die streitgegenständliche Kündigung sozial gerechtfertigt[2] ist und aus diesem Grunde zur Beendigung des zwischen den Parteien bestehenden Arbeitsverhältnisses geführt hat.

Unbeschadet dieses Umstands wäre das Arbeitsverhältnis zusätzlich, sollte das Arbeitsgericht wider Erwarten eine Sozialwidrigkeit der streitgegenständlichen Kündigung feststellen, hilfsweise durch gerichtliche Entscheidung gemäß § 9 KSchG aufzulösen. Der Auflösungsantrag der Beklagten ist begründet, nachdem das Arbeitsverhältnis zwischenzeitlich eine Entwicklung genommen hat, die eine den Betriebszwecken dienliche weitere Zusammenarbeit nicht mehr erwarten lässt.[3]

...

(An dieser Stelle folgt unter Beweisantritt substantiierter Sachvortrag zu den Auflösungsgründen sowie zu den für die Bemessung der Höhe der Abfindung maßgeblichen Tatsachen, wie nachfolgend exemplarisch dargestellt.)

Eine den Betriebszwecken dienliche Zusammenarbeit setzt grundsätzlich das Vorhandensein einer Vertrauensgrundlage zwischen Arbeitgeber und Arbeitnehmer voraus.

Eine solche Vertrauensgrundlage existiert zwischen den Prozessparteien nicht mehr.

Zwar mag möglicherweise der Auftritt des Klägers im Personalgespräch vom ... noch nicht ausgereicht haben, um die Kündigung vom ... als außerordentliche oder ordentliche Kündigung zu rechtfertigen.

Beweis: ...

Gleichwohl ist dieser Sachverhalt im Zusammenhang mit den nachfolgend geschilderten Umständen so beschaffen, dass er eine weitere gedeihliche Zusammenarbeit der Parteien nicht mehr erwarten lässt. Meinungsverschiedenheiten, wie sie in Betrieben immer wieder auftreten können, müssen von den jeweils Betroffenen mit der gebotenen Sachlichkeit ausgetragen werden. Sowohl das persönliche Verhältnis des Klägers zum Personalleiter als auch das Verhältnis zu seinen Arbeitskollegen und unmittelbaren Vorgesetzten ist durch sein aggressives und impulsives Verhalten nachhaltig geschädigt.

Beweis: ...

So hat der Zeuge X während seiner Einvernahme ausgeführt, der Kläger sei am ... „wutentbrannt" gewesen und habe, weil er den Schlüssel zum Werkzeugschrank nicht gefunden habe, mehrmals heftig gegen diesen getreten. Des Weiteren hat der Zeuge Y während seiner Vernehmung ausgesagt, er sei in seiner Eigenschaft als Qualitätsprüfer, als er die vom Kläger gefertigten Bauteile in der Endabnahme beanstandet und eine Nachbearbeitung gefordert habe, völlig ungerechtfertigt beleidigt und beschimpft worden. Im Verlauf der sich anschließenden Diskussion über diese Beanstandung habe ihm der Kläger vorgeworfen: "Wenn Du keine Ahnung hast, hältst Du Deinen Mund Du Vollidiot". Der Zeuge Z hat die beiden Ausbrüche, wenn auch in abgeschwächter Form, ebenfalls bestätigt. Er konnte sich daran erinnern, dass der Kläger ihm und dem Zeugen X erklärt habe „Ich lasse mir von Euch nichts sagen". Dabei habe der Kläger geschrien. Dem Qualitätsprüfer Y habe er vorgeworfen: „Du blöder Hund hast eh keine Ahnung".

Beweis: ...

Dem Personalleiter und den Vorgesetzten des Klägers gelingt es nach seinen eigenen Angaben nicht mehr, diesen zu einem angemessenen und respektvollen Umgang mit seinen Arbeitskollegen zu bewegen. Seine Autorität wird vom Kläger nicht mehr anerkannt, dies wird durch sein Verhalten im Personalgespräch vom ... belegt.

Beweis: ...

Eine derart negative Entwicklung des Arbeitsverhältnisses, insbesondere die durch das Verhalten des Klägers verursachte Verschlechterung des Betriebsklimas, muss die Beklagte nicht hinnehmen.

Die Gesamtschau der vorgenannten Umstände lässt keine andere Alternative als die Auflösung des Arbeitsverhältnisses zu. Eine den Betriebszwecken dienliche Zusammenarbeit zwischen dem Kläger, seinen Arbeitskollegen, seinen unmittelbaren Vorgesetzten und dem Personalleiter ist nicht mehr zu erwarten.

Das Gericht hat daher, sollte der Klagabweisungsantrag für sich gesehen nicht bereits durchgreifen, hilfsweise die Auflösung des Arbeitsverhältnisses mit Wirkung zum Ablauf der ordentlichen Kündigungsfrist am ... auszusprechen. (s. oben Rn 9 ff)

II.

Wegen seines Alters und der kurzen Dauer seines Arbeitsverhältnisses, der Kläger ist erst seit dem ... betriebszugehörig, hat sich die dem Kläger zuzusprechende Abfindung im unteren Bereich des Abfindungsrahmens des § 10 Abs. 1 KSchG zu bewegen. Anknüpfungspunkte, welche im vorliegenden Fall eine hierüber hinausgehende Abfindungshöhe rechtfertigen könnten, etwa erhöhte Schwierigkeiten des Klägers eine adäquate Ersatzbeschäftigung zu finden, sind nicht ersichtlich und werden bereits an dieser Stelle vorsorglich mit Nichtwissen bestritten. Dass der Kläger die Auflösung seines Arbeitsverhältnisses durch sein eigenes Fehlverhalten maßgeblich zu verantworten hat, muss im Rahmen der Bemessung der Abfindungshöhe ebenfalls Berücksichtigung finden.

III.

Es wird abschließend beantragt, im Hinblick auf den mit diesem Schriftsatz ausgebrachten Auflösungsantrag einen eigenen Streitwert festzusetzen.

[Sehr umstr., dafür: LAG Hamm 16.8.1989, 2 Sa 308/89, NZA 1990, 328; dagegen: LAG Baden-Württemberg 22.9.2004, 3 Ta 136/04, sowie LAG Hessen 13.10.2011, 11 Sa 1755/10]

...

Rechtsanwalt ◄

II. Erläuterungen

[1] **Hilfsantrag des Arbeitgebers.** Der Auflösungsantrag nach § 9 KSchG wird seitens des Arbeitgebers üblicherweise als Hilfsantrag für den Fall gestellt, dass der Arbeitgeber mit seinem Hauptantrag auf Klagabweisung nicht durchdringt. Es handelt sich damit um einen **echten Hilfs- bzw Eventualantrag**. 29

[2] **Sozialwidrigkeit der ordentlichen Kündigung.** Der Auflösungsantrag des Arbeitgebers ist im Gegensatz zu dem des Arbeitnehmers **nur dann zulässig**, wenn neben der Sozialwidrigkeit der Kündigung **keine anderen Unwirksamkeitsgründe** vorliegen (BAG 23.2.2010, 2 AZR 554/08, NZA 2010, 1123; HaKo-KSchR/*Gieseler* § 9 KSchG Rn 27, 31 ff). Die Rechtsunwirksamkeit der Kündigung muss also alleine auf der Sozialwidrigkeit beruhen, sie darf hingegen nicht auf sonstige Unwirksamkeitsgründen iSd § 13 Abs. 3 KSchG gestützt werden. Begründet wird diese nicht unumstrittene Auffassung damit, dass die Auflösungsmöglichkeit nach § 9 KSchG für den Arbeitgeber eine Vergünstigung beinhalte, die grundsätzlich nur 30

dann in Betracht komme, wenn eine Kündigung „ausschließlich" sozialwidrig und nicht auch aus anderen Gründen nichtig ist (BAG 28.8.2008, 2 AZR 63/07, NZA 2009, 275).

31 Unschädlich für den Auflösungsantrag des Arbeitgebers ist demgegenüber, wenn er zur Begründung seiner Kündigung im Rahmen des Kündigungsschutzprozess **mehrere** Kündigungssachverhalte heranzieht, die ihrerseits **auch** aus anderen Gründen die Unwirksamkeit der Kündigung begründen. Ein zulässiger Auflösungsantrag des Arbeitgebers liegt demnach vor, wenn bei einem von mehreren Kündigungssachverhalten die Unwirksamkeit der Kündigung alleine aus ihrer Sozialwidrigkeit iSv § 1 Abs. 2 und 3 KSchG abgeleitet werden kann (vgl HaKo-KSchR/*Gieseler* § 9 KSchG Rn 31).

32 **[3] Keine den Betriebszwecken dienliche Zusammenarbeit.** Nach § 9 Abs. 1 S. 2 KSchG ist das Arbeitsverhältnis auf **Antrag des Arbeitgebers** aufzulösen, wenn Gründe vorliegen, die eine den Betriebszwecken dienliche weitere Zusammenarbeit zwischen Arbeitgeber und Arbeitnehmer nicht erwarten lassen. Nach der Grundkonzeption des Kündigungsschutzgesetzes führt die Sozialwidrigkeit einer Kündigung zu deren Rechtsunwirksamkeit und damit zum Fortbestand des Arbeitsverhältnisses (BAG 24.3.2011, 2 AZR 674/09, NZA-RR 2012, 243). Die Beurteilung der Voraussetzungen des § 9 Abs. 1 S. 2 KSchG erfordert daher verfassungsrechtlich eine Abwägung, die der Grundkonzeption des KSchG als Bestandsschutzgesetz und dem Ausnahmecharakter der Vorschrift hinreichend Rechnung trägt (BVerfG 14.1.2008, BvR 273/03, juris).

33 Der Bestandsschutzgrundsatz wird bei einem Auflösungsantrag des Arbeitgebers durch § 9 KSchG ausschließlich unter der Voraussetzung durchbrochen, dass die Vertrauensgrundlage für eine sinnvolle Fortsetzung des Arbeitsverhältnisses nicht mehr besteht (LAG München 9.7.2009, 4 Sa 57/09). An die Auflösungsgründe sind daher grundsätzliche strenge Anforderungen zu stellen (BAG 23.10.2008, 2 AZR 483/07, NZA-RR 2009, 362).

34 Maßgeblicher Zeitpunkt für die Beurteilung der Frage, ob eine den Betriebszwecken dienliche weitere Zusammenarbeit zwischen den Arbeitsvertragsparteien zu erwarten ist, ist der **Zeitpunkt der letzten mündlichen Verhandlung in der Tatsachen-** (BAG 23.6.2005, 2 AZR 256/04, NZA 2006, 363) **bzw in der Berufungsinstanz** (BAG 8.10.2009, 2 AZR 682/08). Im Zeitpunkt der Entscheidung über den Antrag ist anhand einer Prognose zu beurteilen, ob in Zukunft noch mit einer den Betriebszwecken dienenden weiteren Zusammenarbeit der Vertragsparteien zu rechnen ist (BAG 10.7.2008, 2 AZR 1111/06, NZA 2009, 312).

35 Als **Auflösungsgründe** (ausführlich hierzu HaKo-KSchR/*Gieseler* § 9 KSchG Rn 65 ff) für den Arbeitgeber kommen solche Umstände in Betracht, die das persönliche Verhältnis zum Arbeitnehmer, die Wertung seiner Persönlichkeit, seiner Leistung oder seiner Eignung für die ihm gestellten Aufgaben und sein Verhältnis zu den übrigen Mitarbeitern betreffen (LAG München 9.7.2009, 4 Sa 57/09). Als Auflösungsgrund geeignet sind etwa Beleidigungen, sonstige **ehrverletzende Äußerungen oder persönliche Angriffe** des Arbeitnehmers gegen den Arbeitgeber, Vorgesetzte oder Kollegen (BAG 10.7.2008, 2 AZR 1111/06, NZA 2009, 312). Auch das Verhalten eines Prozessbevollmächtigten des Arbeitnehmers im Kündigungsschutzprozess kann die Auflösung des Arbeitsverhältnisses bedingen (BAG 7.3.2002, 2 AZR 158/01, NZA 2003, 261). Dies gilt für von ihm nicht veranlasste Erklärungen des Prozessbevollmächtigten jedenfalls dann, wenn der Arbeitnehmer sich diese zu eigen macht und sich auch nachträglich nicht von ihnen distanziert. Gleichwohl ist zu berücksichtigen, dass Erklärungen im Rahmen eines laufenden Kündigungsschutzverfahrens durch ein berechtigtes Interesse des Arbeitnehmers gedeckt sein können (BAG 23.6.2005, 2 AZR 256/04, NZA 2006,

363). Anerkannt ist etwa, dass ein Verfahrensbeteiligter auch starke und eindringliche Ausdrücke sowie sinnfällige Schlagworte benutzen darf, um seine Rechtsposition zu unterstreichen, dies gilt selbst dann, wenn er seinen Standpunkt auch vorsichtiger hätte formulieren können (BAG 24.3.2011, 2 AZR 674/09, NZA-RR 2012, 243). Geschützt werden entsprechende Äußerungen allerdings nur in den Grenzen der Wahrheitspflicht. Auch dürfen die Parteien nicht leichtfertig Tatsachenbehauptungen aufstellen, deren Unhaltbarkeit ohne Weiteres auf der Hand liegt (BVerfG 11.4.1991, 2 BvR 963/90, NJW 1991, 2074). Im Zusammenhang mit einem Kündigungsschutzprozess sind daher sowohl der Inhalt als auch die Art und Weise des Parteivortrages sorgfältig abzuwägen, um prozessuale Nachteile für die eigene Partei zu vermeiden.

§ 11 KSchG Anrechnung auf entgangenen Zwischenverdienst

¹Besteht nach der Entscheidung des Gerichts das Arbeitsverhältnis fort, so muß sich der Arbeitnehmer auf das Arbeitsentgelt, das ihm der Arbeitgeber für die Zeit nach der Entlassung schuldet, anrechnen lassen,

1. was er durch anderweitige Arbeit verdient hat,
2. was er hätte verdienen können, wenn er es nicht böswillig unterlassen hätte, eine ihm zumutbare Arbeit anzunehmen,
3. was ihm an öffentlich-rechtlichen Leistungen infolge Arbeitslosigkeit aus der Sozialversicherung, der Arbeitslosenversicherung, der Sicherung des Lebensunterhalts nach dem Zweiten Buch Sozialgesetzbuch oder der Sozialhilfe für die Zwischenzeit gezahlt worden ist. Diese Beträge hat der Arbeitgeber der Stelle zu erstatten, die sie geleistet hat.

A. Auskunftsanspruch des Arbeitgebers
   I. Muster: Aufforderungsschreiben zur Auskunftserteilung über Zwischenverdienst
   II. Erläuterungen
      [1] Anspruchsgrundlage und Anspruchshöhe des Entgeltanspruchs aus Annahmeverzug 2
      [2] Böswillig unterlassener Zwischenverdienst 3
      [3] Ersparte Aufwendungen 4
      [4] Anrechnung auf die gesamte Zeit des Annahmeverzuges 5
      [5] Kausal erworbener tatsächlicher Zwischenverdienst 6
      [6] Fälligkeit/Bezug der anderweitigen Vergütung nach dem Verzugszeitraum 7
      [7] Anrechnung der Bruttovergütung ... 8
      [8] Nachweis bei anderweitigem Arbeitseinkommen 9
      [9] Entgeltlichkeit der Leistungen 10
      [10] Einkünfte aus selbstständiger Tätigkeit 11
      [11] Nachweis bei selbstständiger Tätigkeit 12
      [12] Anrechnung öffentlich-rechtlicher Leistungen 13
      [13] Nachweis bei öffentlich-rechtlichen Leistungen 14
      [14] Leistungsverweigerungsrecht 15

B. Zahlungsklage des Arbeitnehmers
   I. Muster: Zahlungsklage auf Annahmeverzugslohn nach Obsiegen im Kündigungsschutzverfahren
   II. Erläuterungen
      [1] Angebot der Arbeitsleistung 17
      [2] Leistungswilligkeit/Leistungsbereitschaft 18
      [3] Leistungsfähigkeit 19
      [4] Arbeitsfähigkeit 20
      [5] Darlegungs- und Beweislast 21
      [6] Verfallfristen 22
      [7] Leistungen der BA für die Kranken-, Pflege – und Rentenversicherung 23
      [8] Verzugszinsen auf den Bruttoanspruch 24
      [9] Steuern und Sozialversicherungsbeiträge 25
      [10] Zinsen auf BA-Leistungen 26
C. Einwendungen des Arbeitgebers gegen die Zahlungsklage des Arbeitnehmers
   I. Muster: Mögliche Einwendungen
   II. Erläuterungen
      [1] Darlegungs- und Beweislast 28
      [2] Leistungsverweigerungsrecht 29
      [3] Aufforderung zur vorläufigen Weiterbeschäftigung 30
      [4] Änderungskündigung 31
      [5] Angebot eines Prozessarbeitsverhältnisses 32

[6] Einwand der fehlenden Leistungsfähigkeit/Leistungsbereitschaft 33	2. Erläuterungen und Varianten
[7] Anrechnung der Leistungen der BA zur Sozialversicherung.............. 34	[1] Annahmeverzugsrisiko im Kündigungsschutzverfahren......... 42
D. Widerklage des Arbeitgebers auf Auskunftserteilung	[2] Befristung bis zu rechtskräftigem Abschluss des Kündigungsschutzprozesses................. 43
I. Muster: Widerklage auf Auskunftserteilung	[3] Schriftform des Prozessarbeitsvertrags......................... 44
II. Erläuterungen	[4] Wiederaufnahme oder Fortsetzung der Arbeit................. 45
[1] Auskunftsanspruch................. 36	[5] Böswilliges Unterlassen.......... 46
[2] Zeitlicher Rahmen.................. 37	[6] Zumutbarkeit..................... 47
[3] Begründung des Auskunftsanspruchs............................... 38	[7] Prozessarbeitsvertrag............ 48
[4] Leistungsverweigerungsrecht bis zur Auskunftserteilung................. 39	II. Abschluss des Prozessarbeitsvertrages
[5] Antrag auf eidesstattliche Versicherung................................. 40	1. Muster: Prozessarbeitsvertrag
E. Durch böswilliges Unterlassen anrechenbarer Zwischenverdienst	2. Erläuterungen und Varianten
I. Vorbereitung des Prozessarbeitsvertrages	[1] Inhalt der Prozessarbeitsvertrages................................ 50
1. Muster: Aufforderung zum Abschluss eines Prozessarbeitsvertrages	[2] Zeitpunkt der Beendigung des Prozessarbeitsvertrages.......... 51
	[3] Kündbarkeit des Prozessarbeitsvertrages......................... 52

A. Auskunftsanspruch des Arbeitgebers

1 I. Muster: Aufforderungsschreiben zur Auskunftserteilung über Zwischenverdienst

▶ An

Frau ... (Arbeitnehmerin)

Ihre Vergütungsansprüche nach Feststellung des Fortbestands Ihres Arbeitsverhältnisses

Sehr geehrte Frau ...,

durch Urteil des Arbeitsgerichts vom ... ist festgestellt worden, dass Ihr Arbeitsverhältnis fortbesteht. Ihnen steht daher grundsätzlich ein Anspruch auf das Arbeitsentgelt zu, welches Sie zwischen dem Entlassungszeitpunkt (...) und der Wiederaufnahme der Arbeit am ... hätten verdienen können.[1] Gemäß § 11 KSchG müssen Sie sich aber u.a.[2][3] das anrechnen lassen, was Sie durch anderweitige Arbeit verdient haben oder was Ihnen an öffentlich-rechtlichen Leistungen infolge Arbeitslosigkeit zugeflossen ist. Zur Berechnung Ihrer Ansprüche fordern wir Sie daher auf, uns mitzuteilen, was

1. Sie innerhalb dieser Zeit[4] an Arbeitsverdienst[5] bezogen haben. Das gilt auch für Arbeitsentgelt, welches Sie erst nach dem vorgenannten Zeitraum erhalten haben, soweit es auf Tätigkeiten innerhalb dieses Zeitraums beruht.[6] Sollten Sie in dieser Zeit also ein anderes Arbeitsverhältnis begründet haben, so teilen Sie uns bitte mit, für welche Zeiträume Sie welches Bruttoarbeitsentgelt[7] bezogen haben. Zu Nachweiszwecken[8] stellen Sie uns bitte Kopien Ihrer Entgeltabrechnungen zur Verfügung. Sofern Sie innerhalb der vorgenannten Zeitspanne Einkünfte für Gefälligkeitsarbeiten[9] oder infolge einer selbstständigen Geschäftstätigkeit[10] erzielt haben, teilen Sie uns bitte mit, in welcher Höhe und für welche Zeitspannen diese Einkünfte erzielt wurden; im Falle selbstständiger Tätigkeit erbitten wir, falls bereits vorhanden, eine Kopie Ihres Einkommensteuerbescheides.[11]

2. Sie innerhalb dieser Zeit an öffentlich-rechtlichen Leistungen[12] infolge Arbeitslosigkeit aus der Sozialversicherung, der Arbeitslosenversicherung, der Sicherung des Lebensunterhalts nach dem Zweiten Buch Sozialgesetzbuch oder der Sozialhilfe bezogen haben. Insoweit erbitten wir Kopien der Bewilligungsbescheide.[13]

A. Auskunftsanspruch des Arbeitgebers § 11 KSchG

Wir weisen darauf hin, dass uns solange, wie Sie Ihrer Auskunftspflicht nicht nachkommen, ein Leistungsverweigerungsrecht zusteht, Sie also bis zur Erfüllung unserer Forderung von uns keine Vergütung für den eingangs genannten Zeitraum erhalten werden.[14] Es liegt daher in Ihrem Interesse, wenn Sie uns die erbetene Auskunft bis zum ... erteilen und binnen gleicher Frist die angeforderten Unterlagen zur Verfügung stellen.

Mit freundlichen Grüßen

...

Unterschrift ◄

II. Erläuterungen

[1] **Anspruchsgrundlage und Anspruchshöhe des Entgeltanspruchs aus Annahmeverzug.** § 11 ist lediglich eine Anrechnungsvorschrift. Ob über den Fortbestand des Arbeitsverhältnisses in einem Kündigungsschutzverfahren oder in einem Entfristungsrechtsstreit entschieden wurde, ist dabei ohne Bedeutung (*Lüderitz/Pawlak*, Das Annahmeverzugsrisiko des Arbeitgebers, NZA 2011, 313 ff). Die **Anspruchsgrundlagen** für den Nachzahlungsanspruch liegen in gesetzlichen, tarif- und einzelvertraglichen Vergütungsnormen; für den Fall des idR vorliegenden Annahmeverzuges (§ 293 BGB) in § 611 Abs. 1 BGB iVm der anspruchserhaltenden Ergänzungsnorm des § 615 Satz 1 BGB (HaKo-KSchR/*Fiebig/Nägele-Berkner*, § 11 KSchG Rn 6; siehe im Übrigen zu den Anspruchsvoraussetzungen im ungekündigten Arbeitsverhältnis die Ausführungen zu § 615 Rn 14 ff). Die Höhe des Verzugslohns berechnet sich nach dem **Lohnausfallprinzip**. Der Arbeitnehmer ist so zu stellen, als hätte er während des Annahmeverzugszeitraums weitergearbeitet. Im Verzugszeitraum eingetretene Erhöhungen des Arbeitsentgelts, zB infolge von Tariferhöhungen, sind ebenso zu berücksichtigen wie das Entgelt für Überstunden, die der Arbeitnehmer im Verzugszeitraum geleistet hätte (HaKo-KSchR/*Fiebig/Nägele-Berkner*, § 11 KSchG Rn 14). Bei der Berücksichtigung – fiktiver – **Überstunden** während des Annahmeverzugs sind das Maßregelungsverbot (§ 612 a BGB) und der Gleichbehandlungsgrundsatz zu beachten (BAG 7.11.2002 – 2 AZR 742/00, NJW 2003, 3219). Verdienstminderungen infolge von Kurzarbeit sind ebenfalls zu berücksichtigen. Zum nachzuzahlenden Arbeitsentgelt zählen alle Leistungen mit Entgeltcharakter, also insbesondere die regelmäßige Vergütung (Gehalt, Stundenlohn, Fixum). **Vermögenswirksame Leistungen** sind Geldleistungen, die der Arbeitgeber für den Arbeitnehmer anlegt. Sie sind insgesamt, dh auch soweit sie auf einem vom Arbeitgeber zusätzlich zum Lohn gezahlten Zuschuss beruhen, arbeitsrechtlicher Bestandteil der Vergütung, sie gehören im Sinne der Sozialversicherung zum Arbeitsentgelt und steuerrechtlich zu den Einkünften aus nichtselbstständiger Arbeit. Hat ein Arbeitgeber ohne Zuzahlung des von ihm geschuldeten Zuschusses zu den vermögenswirksamen Leistungen aus der abgerechneten Nettovergütung des Arbeitnehmers den vertragsgemäßen Beitrag auf das vermögenswirksame Konto des Arbeitnehmers abgeführt, kann der Arbeitnehmer noch Zahlung des Arbeitgeberzuschusses an sich selbst verlangen. Der Zuschuss ist als Bruttobetrag geschuldet (BAG 19.9.2012 – 5 AZR 628/11, BeckRS 2013, 65963). Bei **leistungsorientierter Vergütung** wie Akkordlohn, Prämien und Provisionen ist der Anspruch nach § 287 Abs. 2 ZPO zu schätzen. Eine Berechnung kann unter Zugrundelegung des leistungsbezogenen Einkommens eines vergleichbaren Arbeitnehmers vorgenommen werden. Falls ein solcher nicht zur Verfügung steht, ist eine Durchschnittsberechnung auf der Grundlage der in der Vergangenheit erzielten leistungsabhängigen Vergütung vorzunehmen, wobei als angemessene Vergleichsperiode die letzten drei Monate bzw 13 Wochen, in denen der Ar-

beitnehmer noch gearbeitet hat, ausreicht (HaKo-KSchR/*Fiebig/Nägele-Berkner*, § 11 KSchG Rn 26). **Sonderzahlungen mit Entgeltcharakter** sind unabhängig von ihrer Benennung (zB Weihnachtsgeld, BAG 18.1.1963 – 5 AZR 200/62, NJW 1963, 1123) ebenso wie **Zulagen mit Entgeltcharakter** (zB Gefahrenzulagen – BAG 18.6.1958 – 4 AZR 590/55, AP BGB § 615 Nr. 6) zu berücksichtigen. Zu vergüten ist auch der Wert von **Sachbezügen**, wozu auf die amtlichen Sachbezugswerte Bezug genommen werden kann (MAH ArbR/*Boewer*, § 69 Rn 36). Nicht erfasst werden solche Leistungen, die davon abhängig sind, dass der Arbeitnehmer tatsächlich arbeitet oder dass ihm tatsächliche Aufwendungen entstehen wie Schmutzzulagen, Fahrtkosten, Essenszuschüsse, Aufwendungs- und Spesenersatz (HaKo-KSchR/*Fiebig/Nägele-Berkner*, § 11 KSchG Rn 27). Eine Einsatzzulage, die ganz wesentlich zur Abgeltung der Mehraufwendungen für Wohnung und Verpflegung für Auslandsmitarbeiter dient, fällt nicht unter die fortzuzahlende Vergütung (BAG 30.5.2001 – 4 AZR 249/00, NZA 2002, 55).

3 [2] **Böswillig unterlassener Zwischenverdienst.** Nach § 11 Nr. 2 ist auf das anrechenbar, was der Arbeitnehmer hätte verdienen können, wenn er es nicht böswillig unterlassen hätte, eine ihm zumutbare Arbeit anzunehmen. Die Geltendmachung dieser Anrechnung setzt indes voraus, dass der Arbeitgeber von einer solchen Möglichkeit, die der Arbeitnehmer nicht genutzt hat, Kenntnis hat. Zum Auskunftsanspruch s. ab Rn 36.

4 [3] **Ersparte Aufwendungen.** Nach § 615 Satz 2 Alt 1 BGB muss sich der Dienstverpflichtete den Wert desjenigen anrechnen lassen, was er infolge des Unterbleibens der Dienstleistung erspart hat. Im Anwendungsbereich des § 11 werden die Ersparnisse infolge des Unterbleibens der Arbeitsleistung nicht angerechnet. Aufwendungen, die dem Arbeitnehmer nur bei einer Weiterbeschäftigung entstanden wären (insbesondere Fahrtkosten) sind somit nicht anrechenbar. Um die Fortsetzung des Arbeitsverhältnisses durch Auseinandersetzungen über die idR geringfügigen Beträge nicht zu belasten, wurde im Gesetzgebungsverfahren die entsprechende Anrechnungsvorschrift jedoch fallengelassen (HaKo-KSchR/*Fiebig/Nägele-Berkner*, § 11 KSchG Rn 40). Nach Auffassung des LAG Nürnberg ist das eine Verletzung des allgemeinen Gleichheitssatzes des Art. 3 I GG, da § 11 infolge der Kleinbetriebsklausel des § 23 Abs. 1 S. 3 KSchG für **Arbeitnehmer in Kleinbetrieben** nicht zur Anwendung gelangt. Die Vorlage nach Art. 100 Abs. 1 GG hat die 3. Kammer des Ersten Senats des BVerfG jedoch für unzulässig gehalten (BVerfG 24.6.2010 – 1 BvL 5/10, NZA 2010, 1004). Es könne unter Berücksichtigung des Regelungsspielraums des Gesetzgebers verfassungsrechtlich unbedenklich sein, das durch § 11 verfolgte Anliegen, nämlich die Fortsetzung des Arbeitsverhältnisses nicht durch Auseinandersetzungen über die Höhe des Annahmeverzugsentgelts zu belasten, dann hinter das Interesse des Arbeitgebers an einer Anrechnung der ersparten Aufwendungen des Arbeitnehmers zurücktreten zu lassen, wenn es sich um einen Arbeitgeber eines Kleinbetriebs handelt, der typischerweise finanziell weniger leistungsstark und deshalb an einer Reduzierung der Lohnkosten besonders interessiert ist.

5 [4] **Anrechnung auf die gesamte Zeit des Annahmeverzuges.** § 11 sieht im Gegensatz zu §§ 74 b, 74 c HGB von einer Anrechnung nach einzelnen Zeitabschnitten ab. Das anderweitig erzielte Arbeitseinkommen ist daher grds. auf die vertragsgemäße Vergütung für die ganze Zeit und nicht nur für den Zeitabschnitt anzurechnen, in dem der anderweitige Verdienst erzielt worden ist. Dadurch soll eine sonst bei hohen Zwischenverdiensten in einzelnen Zeitabschnitten mögliche Gewinnerzielung zulasten des Arbeitgebers verhindert werden. Es ist eine **vergleichende Gesamtberechnung** vorzunehmen. Dazu ist zunächst die Vergütung für die aufgrund des Annahmeverzugs des Arbeitgebers nicht geleisteten Dienste zu ermitteln. Dieser

A. Auskunftsanspruch des Arbeitgebers § 11 KSchG

Gesamtvergütung ist gegenüberzustellen, was der Arbeitnehmer während des gesamten Zeitraums anderweitig erworben hat (BAG 22.11.2005 – 1 AZR 407/04, NZA 2006, 736). Das gilt selbst dann, wenn über einen Teil des Zeitraums bereits durch rechtskräftiges Urteil entschieden wurde. Erfährt er später von einem anrechenbaren Verdienst des Arbeitnehmers in dieser Zeit, so ist er durch das rechtskräftige Urteil nicht gehindert, den überzahlten Betrag nach § 812 BGB zurückzufordern bzw der Endabrechnung über die restliche Zeit des Annahmeverzugs zur Anrechnung zu bringen (BAG 29.7.1993 – 2 AZR 110/93, NZA 1994, 116). Anderseits muss sich ein teilzeitbeschäftigter Arbeitnehmer nur den Verdienst anrechnen lassen, der durch das Freiwerden der Arbeitskraft ermöglicht worden ist; der Umfang der Anrechnung bestimmt sich also nach der für den Arbeitnehmer beim alten Arbeitgeber maßgebenden Arbeitszeit (BAG – 6.9.1990 – 2 AZR 165/90, NZA 1991, 221).

[5] Kausal erworbener tatsächlicher Zwischenverdienst. Nach § 11 Nr. 1 ist das im Verzugszeitraum tatsächlich erzielte anderweitige Arbeitseinkommen anzurechnen. Es kann sich auch um Verdienst aufgrund einer anderen als der geschuldeten Tätigkeit handeln. Der anderweitige Arbeitsverdienst ist aber nur dann anrechenbar, wenn er *kausal* durch das Freiwerden der Arbeitskraft ermöglicht wurde und hierauf beruht. Einkünfte aus einem Nebenverdienst während der Dauer des Annahmeverzuges werden also nicht angerechnet, wenn dieser Nebenverdienst auch bei Erfüllung der arbeitsvertraglichen Pflichten möglich gewesen wäre (BAG – 6.9.1990 – 2 AZR 165/90, NZA 1991, 221). Das betrifft also insbesondere das Einkommen aus einem Nebenarbeitsverhältnis, welches der Arbeitnehmer schon während des Arbeitsverhältnisses unterhalten hat. Ob ein anderweitiger Erwerb kausal durch das Freiwerden von der bisherigen Arbeitsleistung ermöglicht wurde, ist im Einzelfall festzustellen. Anhaltspunkte können sich sowohl aus objektiven als auch aus subjektiven Umständen ergeben. Auszugehen ist vom Normzweck, der darin besteht, dass der Arbeitnehmer aus dem Annahmeverzug keinen finanziellen Vorteil ziehen soll. Er soll nicht mehr erhalten, als er bei normaler Abwicklung des Arbeitsverhältnisses erhalten hätte; er soll nicht auf Kosten des Arbeitgebers einen Gewinn machen; letzterem soll vielmehr aus Gründen der Billigkeit gestattet sein, die Anrechnung vorzunehmen (BAG aaO). Diese Grundsätze gelten auch für **teilzeitbeschäftigte Arbeitnehmer**, die im Annahmeverzugszeitraum ein neues Teilzeitbeschäftigungsverhältnis mit einem anderen Arbeitgeber begründen (HaKo-KSchR/*Fiebig/Nägele-Berkner*, § 11 KSchG Rn 30). Hat der Arbeitnehmer schon während des Arbeitsverhältnisses eine Nebenbeschäftigung unterhalten und hat er während des Annahmeverzugs die dort geschuldete Arbeitszeit erhöht oder ist sogar in ein Vollzeitarbeitsverhältnis gewechselt, ist die Differenz zwischen dem Bruttoverdienst während des Annahmeverzuges zu dessen Höhe im laufenden Arbeitsverhältnis anrechenbar, sofern die Erhöhung der Arbeitszeit während des fortbestehenden Arbeitsverhältnisses objektiv nicht möglich gewesen wäre. Zu beachten ist in diesem Zusammenhang auch die **zeitliche Lage** eines im Annahmeverzugszeitraum neu begründeten Teilzeitarbeitsverhältnisses zu demjenigen, dessen Fortbestand zwischen den Parteien im Streit stand. So muss sich ein Arbeitnehmer, der in einem Reinigungsunternehmen tätig ist, den Nebenverdienst, den er nach einer fristlosen Kündigung eines Vollzeitarbeitsverhältnisses im Annahmeverzugszeitraum morgens in der Zeit ab 5.00 Uhr bei einem Konkurrenzunternehmen erzielt, auf die Annahmeverzugsansprüche anrechnen lassen, wenn seine Arbeitszeit bei dem in Annahmeverzug geratenen Arbeitgeber um 7.30 Uhr begonnen hätte. Er hätte diese Nebentätigkeit nicht ausüben dürfen, da sie wegen ständiger Ableistung von Mehrarbeit bei seinem Hauptarbeitgeber gegen das **Arbeitszeitgesetz** verstoßen hätte und eine Tätigkeit bei einem Konkurrenzunternehmen arbeitsvertraglich unzulässig gewesen wäre (LAG Bremen – 17.9.2001 – 4 Sa 43/01, NZA-RR 2002, 186 ff).

7 **[6] Fälligkeit/Bezug der anderweitigen Vergütung nach dem Verzugszeitraum.** Soweit Einkünfte erst nach Beendigung des Annahmeverzugs erzielt werden, diese aber auf Tätigkeiten im Verzugszeitraum beruhen, sind diese (ggf anteilig) anzurechnen (BAG – 16.6.2004 – 5 AZR 508/03, NZA 2004, 1155). Maßgebend ist also der Zeitraum für den (nicht in dem) der anderweitige Verdienst angefallen ist. Darauf, wann dieser Verdienst fällig wird oder zur Auszahlung gelangt, kommt es nicht an.

8 **[7] Anrechnung der Bruttovergütung.** Der anderweitig bezogene Arbeitsverdienst ist stets mit dem Bruttobetrag anzurechnen, so wie sich auch die Höhe des Verdienstes aus Annahmeverzug nach den Bruttobezügen richtet (BAG – 6.9.1990 – 2 AZR 165/90, NZA 1991, 221).

9 **[8] Nachweis bei anderweitigem Arbeitseinkommen.** Der Arbeitgeber kann zur Erfüllung der Auskunftspflicht grundsätzlich *konkrete Nachweise* verlangen (HaKo-KSchR/*Fiebig/Nägele-Berkner*, § 11 KSchG Rn 342). Die Pflicht des Arbeitnehmers, seine Angaben zu belegen, besteht nicht stets und von vornherein, sondern nur bei begründeten Einwendungen und mit dem Ziel, dem Arbeitgeber die Überprüfung der Auskunft zu ermöglichen. Der Arbeitgeber muss also seinerseits begründete Zweifel geltend machen können (BAG 2.6.1987 – 3 AZR 626/85, NZA 1988, 130). Das hindert indes nicht, die Forderung zur Vorlage von Belegen außergerichtlich geltend zu machen.

10 **[9] Entgeltlichkeit der Leistungen.** Nicht anzurechnen ist der Wert der Arbeitsleistung, die der Arbeitnehmer unentgeltlich durch Einsatz der Arbeitskraft erbringt, wie zB in seinem Privathaushalt oder durch Nachbarschaftshilfe (MAH ArbR/*Boewer*, § 69 Rn 44).

11 **[10] Einkünfte aus selbstständiger Tätigkeit.** Bei Einkünften aus selbstständiger Tätigkeit sind die Gewinne maßgebend, die sich nach Abzug der Betriebsausgaben von den Einnahmen als Ergebnis vor Steuern errechnen (MAH ArbR/*Boewer*, § 69 Rn 44).

12 **[11] Nachweis bei selbstständiger Tätigkeit.** Welche Belege billigerweise verlangt werden können, ist eine Frage des Einzelfalls. Bei Einkünften aus einer selbstständigen Tätigkeit kann der Arbeitnehmer den Nachweis führen, indem er seinen Einkommensteuerbescheid vorlegt. Es kommen aber auch andere Belege in Betracht (BAG 2.6.1987 – 3 AZR 626/85, NZA 1988, 130). Einen zusätzlichen Einblick in die Bilanz nebst Gewinn- und Verlustrechnung kann der Arbeitgeber nicht verlangen. Steuerunterlagen des Arbeitnehmers können nur beigezogen werden, wenn er das Finanzamt vom Steuergeheimnis entbindet; weigert er sich, eine entsprechende Erklärung abzugeben, kann dies im Rahmen der Gesamtwürdigung nach § 286 ZPO berücksichtigt werden (HaKo-KSchR/*Fiebig/Nägele-Berkner*, § 11 KSchG Rn 36). IÜ siehe auch RZ 9.

13 **[12] Anrechnung öffentlich-rechtlicher Leistungen.** Anzurechnen sind nach § 11 Nr. 3 vom Arbeitnehmer im Nachzahlungszeitraum bezogene öffentlich-rechtliche Leistungen infolge Arbeitslosigkeit aus der Sozialversicherung, der Arbeitslosenversicherung, der Sicherung des Lebensunterhalts nach dem Zweiten Buch Sozialgesetzbuch oder der Sozialhilfe. Die **vorgezogene Altersrente wegen Arbeitslosigkeit** (§ 38 SGB VI) stellt eine Leistung aus der Sozialversicherung infolge Arbeitslosigkeit dar. Der Anspruch auf Arbeitslosengeld ruht nach § 143 Abs. 1 SGB III während der Zeit, für die der Arbeitslose Arbeitsentgelt erhält oder zu beanspruchen hat. Soweit der Arbeitslose das ihm zustehende Arbeitsentgelt jedoch tatsächlich nicht erhält, was während der Dauer des Annahmeverzuges des Arbeitgebers der Regelfall ist, wird gemäß § 143 Abs. 3 Satz 1 SGB III (sog Gleichwohlgewährung) das Arbeitslosengeld

auch für die Zeit geleistet, in der der Anspruch auf Arbeitslosengeld ruht (HaKo-KSchR/*Fiebig/Nägele-Berkner*, § 11 KSchG Rn 37). Bezieht der Arbeitnehmer im Nachzahlungszeitraum öffentlich-rechtliche Leistungen nach § 11 Nr. 3, führt dies für den Arbeitgeber nicht zu einer Minderung des Nachzahlungsbetrags. Vielmehr ordnet § 115 Abs. 1 SGB X einen gesetzlichen **Forderungsübergang** zugunsten des Leistungsträgers bis zur Höhe der erbrachten Sozialleistungen an (HaKo-KSchR/*Fiebig/Nägele-Berkner*, § 11 KSchG Rn 38). Zahlt der Arbeitgeber den Annahmeverzugslohn in voller Höhe an den Arbeitnehmer, hat dies nach § 407 Abs. 1 BGB nur dann befreiende Wirkung, wenn der Arbeitgeber keine Kenntnis von der Gewährung von Sozialleistungen hat. In der Praxis zeigen die öffentlich-rechtlichen Leistungsträger den Forderungsübergang gegenüber dem Arbeitgeber mit einer sog. **Überleitungsanzeige** an. Ein dem Arbeitnehmer gewährter **Gründungszuschuss** ist ebenfalls eine aufgrund anderweitiger Verwendung der Dienste erworbene Leistung iSd § 615 BGB (LAG Hessen 21.6.2011 – 15 Sa 254/10, BeckRS 2011, 78086). Bezieht ein Arbeitnehmer im Annahmeverzugszeitraum **Krankengeld von der Krankenkasse**, geht sein Vergütungsanspruch in Höhe des Nettokrankengeldes gemäß § 115 Abs. 1 SGB X auf die Krankenkasse über. Der Forderungsübergang umfasst nicht die seitens der Krankenkasse abgeführten Beiträge zur Sozialversicherung (BAG 19.9.2012 – 5 AZR 924/11, BeckRS 2013, 65308). Die Krankenkasse führt die Sozialversicherungsbeiträge aufgrund einer eigenen gesetzlichen Verpflichtung ab. Sie zählen nicht zur Krankengeldleistung selbst (§§ 44 ff SGB V) und sind deshalb keine Sozialleistung an den Arbeitnehmer iSd § 115 SGB X, sondern eine zusätzliche Aufwendung der Krankenkasse. Ob und inwieweit die Krankenkasse gegen den Arbeitgeber einen Anspruch auf Erstattung der Sozialversicherungsbeiträge hat, ist für das Rechtsverhältnis zwischen Arbeitgeber und Arbeitnehmer unerheblich (BAG aaO).

[13] **Nachweis bei öffentlich-rechtlichen Leistungen.** Da der Arbeitgeber auch insoweit einen Anspruch auf Nachweis der bezogenen Leistungen hat, richtet sich der Anspruch auf die Vorlage der Bewilligungsbescheide der öffentlich-rechtlichen Leistungsträger.

[14] **Leistungsverweigerungsrecht.** Kommt der Arbeitnehmer seiner Auskunftspflicht nicht nach, hat der Arbeitgeber ein **Leistungsverweigerungsrecht** nach § 320 Abs. 1 BGB und gerät nicht in **Verzug** (BAG 27.3.1974 – 5 AZR 258/73, AP BGB § 242 Auskunftspflicht Nr. 15; BAG 16.5.1969 – 3 AZR 137/68, AP GewO § 133 f Nr. 23). Da der Umfang der Leistungspflicht des Arbeitgebers ohne vorherige ordnungsgemäße Auskunft des Arbeitnehmers nicht bestimmt werden kann, scheidet eine Verurteilung des Arbeitgebers auf Zahlung des Annahmeverzugslohns Zug um Zug gegen die Auskunftserteilung aus (BAG 29.7.1993 – 2 AZR 110/93, NJW 1994, 2041). Die Zahlungsklage ist in diesem Fall als derzeit unbegründet abzuweisen (BAG 2.6.1987 – 3 AZR 626/85, NZA 1988, 130).

B. Zahlungsklage des Arbeitnehmers

I. Muster: Zahlungsklage auf Annahmeverzugslohn nach Obsiegen im Kündigungsschutzverfahren

▶ An das Arbeitsgericht

Klage

des ▪▪▪

– Kläger –

– Prozessbevollmächtigter: Rechtsanwalt ▪▪▪

gegen

die ▪▪▪

– Beklagte –

wegen: Annahmeverzugslohn

Streitwert: EUR ▪▪▪

Namens und in Vollmacht des Klägers erheben wir Klage, bitten um Anberaumung eines frühestmöglichen Termins zu Güteverhandlung und werden beantragen zu erkennen:

> Die Beklagte wird verurteilt, an den Kläger EUR ▪▪▪ brutto abzüglich am ▪▪▪ erhaltener EUR ▪▪▪ netto Arbeitslosengeld nebst Zinsen in Höhe von fünf Prozentpunkten über dem Basiszinssatz seit dem ▪▪▪ zu zahlen.
>
> Die Beklagte wird verurteilt, an den Kläger EUR ▪▪▪ brutto abzüglich am ▪▪▪ erhaltener EUR ▪▪▪ netto Arbeitslosengeld nebst Zinsen in Höhe von fünf Prozentpunkten über dem Basiszinssatz seit dem ▪▪▪ zu zahlen.

[ggf entsprechend für weitere Verzugslohnperioden fortzusetzen]

Begründung

Die Parteien verbindet seit dem ▪▪▪ ein Arbeitsverhältnis, nach welchem der Kläger mit einem Bruttoentgeltanspruch in Höhe von EUR ▪▪▪ bei einer regelmäßigen Arbeitszeit von ▪▪▪ Stunden monatlich tätig ist. Das Entgelt ist monatlich zahlbar zum ▪▪▪.

Beweis: 1. Vorlage des Arbeitsvertrages vom ▪▪▪, Kopie als Anlage K1 anbei.
          2. Vorlage der Entgeltabrechnung für den letzten vollen abgerechneten Monat ▪▪▪, Kopie als Anlage K2 anbei.

Die Beklagte hatte das Arbeitsverhältnis zwar am ▪▪▪ zum ▪▪▪ gekündigt. In dem Kündigungsschutzverfahren zu Az ▪▪▪ hat das Arbeitsgericht indes mit Urteil vom ▪▪▪ festgestellt, dass die Kündigung sozial nicht gerechtfertigt war, so dass das Arbeitsverhältnis der Parteien fortbesteht.

Beweis: Beiziehung der Akten des Arbeitsgerichts ▪▪▪ zu Aktenzeichen ▪▪▪, Kopie des Urteils vom ▪▪▪ als Anlage K3 anbei.

Dem Kläger ist es nicht gelungen, nach Ablauf der Kündigungsfrist ein neues Arbeitsverhältnis zu begründen; er bezog daher seit dem ▪▪▪ Arbeitslosengeld. Am ▪▪▪ hat der Kläger die Arbeit bei der Beklagten wieder aufgenommen. Für die Zeit nach Ablauf der Kündigungsfrist der für unwirksam erkannten Kündigung bis zur Wiederaufnahme der Arbeit hat die klägerische Partei bisher keine Vergütung erhalten.

Die Beklagte ist erfolglos mit Schreiben vom ▪▪▪ unter Fristsetzung bis zum ▪▪▪ zur Abrechnung und Auszahlung der Nettobezüge aufgefordert worden.

Beweis: Vorlage des Schreibens vom ▪▪▪ durch die Beklagte, Kopie als Anlage K4 anbei.

Eines Angebots der Arbeitsleistung durch den Kläger bedurfte es gem. § 296 BGB nicht. Da in der Kündigung zugleich die Erklärung der Beklagten lag, sie werde die Leistung nicht annehmen, bedurfte es keines Angebots des Klägers, §§ 295, 296 Satz 1 BGB.[1] Der Kläger war auch leistungswillig[2] und leistungsfähig.[3] Insbesondere war er im laufenden Arbeitsverhältnis wie in der Zeit des Annahmeverzugs arbeitsfähig.[4][5]

Etwaige Verfallfristen stehen dem Anspruch nicht entgegen; diese sind durch die Kündigungsschutzklage gewahrt.[6]

Die Beklagte ist somit verpflichtet, für die Zeit nach Ablauf der Kündigungsfrist bis zur Wiederaufnahme der Arbeit die vertragsgemäße Vergütung als Annahmeverzugslohn zu zahlen (§ 615 BGB). Der Anspruch berechnet sich wie folgt: ... [weiter auszuführen]

Der Kläger rechnet darauf gem. § 11 Nr. 3 KSchG die für denselben Zeitraum bezogenen Leistungen der Bundesagentur für Arbeit an. Diese beliefen sich auf EUR ... je Kalendertag bzw EUR ... monatlich. Zudem zieht er von seiner Forderung die Beträge ab, die die Bundesagentur für Arbeit zur gesetzlichen Kranken-, Pflege- und Rentenversicherung gezahlt hat.[7]

Beweis: Bewilligungsbescheid der Bundesagentur für Arbeit vom ..., Kopie als Anlage K5 anbei.

Es ergibt sich daraus für den ersten Monat nach Ablauf der Kündigungsfrist ein Anspruch auf brutto EUR ... und für die folgenden Monate ... bis ... ebenso.

Für den letzten Monat bis zur Wiederaufnahme der Arbeit am ... ergibt sich ein anteiliger Anspruch, der sich wie folgt errechnet:

Kalendertäglicher Anspruch auf Arbeitsentgelt = EUR ... monatlich geteilt durch 30 = EUR ... je Kalendertag. Bis zum ... (letzter Tag vor der Arbeitsaufnahme) entspricht ... Kalendertagen.

... Kalendertage mal EUR ... pro Kalendertag = EUR ...

abzüglich ... Kalendertage mal EUR ... Arbeitslosengeld incl. Beiträge an die ges. Kranken-, Pflege- und Rentenversicherung = EUR ...

Die Beklagte befindet sich mit dem jeweiligen Ablauf des Fälligkeitstermins für den monatlichen Entgeltanspruch ohne Mahnung im Verzug. Der Kläger macht unter dem Vorbehalt der Geltendmachung weiteren Schadens ab dem jeweils folgenden Tag seinen Verzugszinsanspruch auf den Bruttobetrag mit dem gesetzlichen Verzugszins geltend.[8] Er bestreitet insoweit mit Nichtwissen, dass die Beklagte Steuern und Sozialversicherungsbeiträge auf die Bruttoentgeltansprüche an die Finanzbehörde bzw die Sozialversicherungsträger abgeführt hat.[9]

Der Kläger lässt sich aber für den jeweiligen Monat das bezogene Arbeitslosengeld nebst Beitragszahlungen der Arbeitsagentur an die gesetzliche Kranken-, Pflege- und Rentenversicherung mit dem Zeitpunkt des tatsächlichen Zuflusses auch hinsichtlich der Verzinsung auf seine Verzugslohnansprüche anrechnen.[10]

...

Rechtsanwalt ◄

II. Erläuterungen

[1] **Angebot der Arbeitsleistung.** Nach einer unwirksamen Arbeitgeberkündigung bedarf es zur Begründung des Annahmeverzugs keines Angebots des Arbeitnehmers (st. Rspr, zuletzt BAG 22.2.2012 – 5 AZR 249/11 – Rn 14 mwN, NZA 2012, 858). Allerdings geht die Rechtsprechung des BAG nur im Falle einer unwirksamen Arbeitgeberkündigung von der Anwendbarkeit des § 296 BGB aus. § 296 BGB findet indes keine Anwendung, wenn der Arbeitgeber das Arbeitsverhältnis wirksam ordentlich kündigt und die Parteien im Wege der Auslegung der Kündigungserklärung lediglich über den richtigen Beendigungstermin streiten (BAG 15.5.2013 – 5 AZR 130/12, NZA 2013, 1076). Allerdings genügt gem. § 295 BGB ein wörtliches Angebot jedenfalls dann, wenn der Arbeitgeber mit der Aufnahme eines Datums in die Kündigung erklärt, er werde nach diesem Zeitpunkt keine weitere Arbeitsleistung mehr an-

nehmen. Ein wörtliches Angebot liegt auch in der Zustellung der Kündigungsschutzklage erfolgt. Dieses Angebot wirkt aber nicht zurück (BAG 15.5.2013 aaO).

Überflüssig ist ein Angebot auch dann, wenn der Arbeitnehmer **bei Ausspruch der Kündigung arbeitsunfähig krank** war oder später im Laufe der Annahmeverzugsperiode erkrankt. Die Verzugsfolgen treten nach einer unwirksamen Arbeitgeberkündigung unabhängig davon ein, ob der arbeitsunfähig erkrankte Arbeitnehmer seine wiedergewonnene Arbeitsfähigkeit dem Arbeitgeber anzeigt; eine Pflicht zur Gesundmeldung besteht insoweit nicht, wenn der Arbeitnehmer durch Erhebung einer Kündigungsschutzklage oder sonstigen Widerspruch gegen die Kündigung seine weitere Leistungsbereitschaft deutlich gemacht hat (BAG 24.11.1994 – 2 AZR 179/94, NJW 1995, 2653). Einzige Voraussetzung des Annahmeverzugs ist daher, dass der leistungswillige Arbeitnehmer objektiv arbeitsfähig ist (HaKo-KSchR/*Fiebig/Nägele-Berkner*, § 11 KSchG Rn 20). Hat der Arbeitnehmer aber vor Ausspruch einer unwirksamen Arbeitgeberkündigung die **Arbeit verweigert**, muss er seinen wieder gefassten Leistungswillen gegenüber dem Arbeitgeber kundtun (siehe Rn 18). Der Kündigung gleichgestellt sind die Fälle, in denen der Arbeitgeber in sonstiger Weise erkennen lässt, dass er seiner Mitwirkungspflicht nicht nachkommt und von einer Beendigung des Arbeitsverhältnisses ausgeht, etwa bei einem Streit über die Wirksamkeit einer **Befristung** (ErfK/Preis § 615 BGB Rn 32). Ist das Zustandekommen eines **Aufhebungsvertrags** zwischen den Arbeitsvertragsparteien streitig, bedarf es zur Begründung des Annahmeverzugs des Arbeitgebers in der Regel ebenso eines tatsächlichen Angebots der Arbeitsleistung durch den Arbeitnehmer; selbst ein wörtliches/schriftliches Angebot reicht nicht aus (BAG 7.12.2005 – 5 AZR 19/05, NZA 2006, 435). Dasselbe gilt, wenn der Arbeitnehmer die Wirksamkeit einer **Eigenkündigung** angegriffen hat (*Küttner*, Personalhandbuch, Annahmeverzug Rn 7 lässt dabei ein wörtliches Angebot ausreichen, welches regelmäßig in der Klagerhebung liegen soll). Im Fall des **Betriebsübergangs** wirkt der gegenüber dem früheren Inhaber eingetretene Annahmeverzug ohne erneutes Angebot gegenüber dem Betriebsübernehmer fort (BAG 21.3.1991 – 2 AZR/90, NZA 1991, 726).

18 **[2] Leistungswilligkeit/Leistungsbereitschaft.** Nach § 297 BGB kommt der Arbeitgeber nicht nur dann in Annahmeverzug, wenn der Arbeitnehmer außerstande ist, die Arbeitsleistung zu bewirken. Neben der tatsächlichen oder rechtlichen Leistungsfähigkeit umfasst § 297 BGB auch die nicht ausdrücklich genannte Leistungsunwilligkeit. Dem Anspruch auf Verzugslohn kann es daher entgegen stehen, dass der Arbeitnehmer in der Zeit, für die er Annahmeverzugsvergütung verlangt, nicht leistungswillig iSd § 297 BGB war. Dies folgt schon daraus, dass ein leistungsunwilliger Arbeitnehmer sich selbst außerstande setzt, die Arbeitsleistung zu bewirken. Die objektive Leistungsfähigkeit und der subjektive Leistungswille sind von dem Leistungsangebot und dessen Entbehrlichkeit unabhängige Voraussetzungen, die während des gesamten Verzugszeitraums vorliegen müssen (BAG 22.2.2012 – 5 AZR 249/11, NZA 2012, 858). Der **Leistungswille ist eine innere Tatsache**. Der vor Ausspruch der Kündigung leistungsunwillige, die Arbeit verweigernde Arbeitnehmer muss deshalb einen wieder gefassten Leistungswillen nach außen gegenüber dem Arbeitgeber kundtun. Dazu reicht ein „Lippenbekenntnis" nicht aus (BAG 19.5.2004 – 5 AZR 434/03 – zu II 2 b bb der Gründe, AP BGB § 615 Nr. 108). Vielmehr ist es regelmäßig erforderlich, den neu gewonnenen Leistungswillen im Rahmen des Zumutbaren durch ein **tatsächliches Arbeitsangebot** zu dokumentieren (BAG 22.2.2012 – 5 AZR 249/11 – LS 3, NZA 2012, 858). An der erforderlichen Leistungswilligkeit fehlt es daher auch, wenn sich der Arbeitnehmer im Annahmeverzugszeitraum an einem **Streik** beteiligt (BAG 17.7.2012 – 1 AZR 564/11, NJW 2012, 3676). Andererseits muss sich der Arbeitnehmer nicht ununterbrochen arbeitsbereit zur Verfügung halten. Es ge-

nügt, wenn er bereit und in der Lage ist, die Arbeit auf Aufforderung des Arbeitgebers kurzfristig wieder aufzunehmen. So steht auch ein **längerer Auslandsaufenthalt** (BAG 11.7.1985 – 2 AZR 106/84, NZA 1987, 57 – dort für 3 Monate) dem Annahmeverzug entgegen.

[3] **Leistungsfähigkeit.** Der Arbeitgeber kommt nicht in Annahmeverzug, wenn der Arbeitnehmer außerstande ist, die Arbeitsleistung zu bewirken (§ 297 BGB). Das ist insbesondere dann der Fall, wenn der Arbeitnehmer an der Erbringung der Arbeitsleistung rechtlich oder tatsächlich gehindert ist oder die Arbeitsleistung unmöglich ist. Ob es sich um gesundheitliche, rechtliche oder andere Gründe handelt, ist nicht maßgebend. Gleiches gilt für **mutterschutzrechtliche Beschäftigungsverbote** nach §§ 3, 4, 6 MuSchG. Schwangere Arbeitnehmerinnen haben in diesen Fällen allerdings nach § 11 MuSchG Anspruch auf Mutterschutzlohn, auf Mutterschaftsgeld (§ 13 MuSchG) und Zuschuss zum Mutterschaftsgeld (HaKo-KSchR/ *Fiebig/Nägele-Berkner*, § 11 KSchG Rn 17). Das Unvermögen kann auch auf **dem Fehlen einer erforderlichen Erlaubnis** beruhen. Keine Annahmeverzugsansprüche bestehen deswegen bei fehlender Berufsausführungserlaubnis wie der Approbation eines Arztes (BAG 6.3.1974 – 5 AZR 313/73, AP BGB § 615 Nr. 29), fehlender Arbeitsgenehmigung eines ausländischen Arbeitnehmers (BAG 10.5.1984 – 2 AZR 87/83, BeckRS 1984, 30711296), dem Entzug der Fahrerlaubnis bei einem Kraftfahrer (BAG 18.12.1986 – 2 AZR 34/86, NJW 1987, 2837), einem fehlenden Flugtauglichkeitszeugnis bei einem Flugteilnehmer (LAG Rheinland-Pfalz 31.8.2006 – 11 Sa 323/06, BeckRS 2006, 44669) oder einer fehlenden ärztlichen Unbedenklichkeitsbescheinigung, die Voraussetzung für den Einsatz eines Arbeitnehmers ist (BAG 15.6.2004 – 9 AZR 483/03, NZA 2005/462).

[4] **Arbeitsfähigkeit.** An der Leistungsfähigkeit mangelt es insbesondere dann, wenn der Arbeitnehmer während des Annahmeverzugszeitraums arbeitsunfähig erkrankt ist. Für Krankheitszeiten innerhalb des Annahmeverzugszeitraums besteht wie in ungekündigten Arbeitsverhältnissen lediglich ein Vergütungsfortzahlungsanspruch im Krankheitsfall nach den jeweiligen gesetzlichen Vorschriften und ggf vertraglichen Grundlagen, nicht jedoch ein Anspruch auf Annahmeverzugslohn. Ist zwischen den Parteien streitig, ob eine die Leistungsfähigkeit ausschließende Arbeitsunfähigkeit des Arbeitnehmers vorliegt, so ist entscheidend, ob der Arbeitnehmer, ggf nach sachverständiger medizinischer Begutachtung, **objektiv arbeitsunfähig** war (BAG 29.10.1998 – 2 AZR 666/97- NJW 99, 3432). Die objektive Arbeitsunfähigkeit beurteilt sich nicht nach der zuletzt übertragenen Tätigkeit, sondern nach der vom Arbeitnehmer aufgrund des Arbeitsvertrages geschuldeten Tätigkeit, die der Arbeitgeber als vertragsgemäß hätte annehmen müssen (BAG 20.1.1998 – 9 AZR 812/96, NZA 1998, 816). Kann der Arbeitnehmer zwar nicht die ihm zugewiesene Arbeit, aber eine andere Arbeitsleistung erbringen, begründet dies auch dann die Leistungsunfähigkeit, solange der Arbeitgeber von seinem Direktionsrecht keinen Gebrauch macht (BAG 19.5.2010 – 5 AZR 162/09, NZA 2010, 1119 in Abkehr von BAG 27.8.2008 – 5 AZR 16/08, NZA 2008, 1410). Allerdings ist der Arbeitgeber verpflichtet, sein Weisungsrecht nach billigem Ermessen auszuüben und dabei gem. § 106 S. 3 GewO auf eine **Behinderung des Arbeitnehmers** Rücksicht zu nehmen (BAG 24.9.2003 – 5 AZR 282/02, NZA 2003, 1332). Ist es dem Arbeitgeber möglich und zumutbar, einem **behinderten Arbeitnehmer** einen anderen, vertrags- und leidensgerechten Arbeitsplatz zuzuweisen, steht das Unvermögen, die bislang zugewiesene Arbeit auszuüben, dem Annahmeverzug nicht entgegen (BAG 27.8.2008 – 5 AZR 16/08, NZA 2008, 1410; BAG 4.10.2005 – 9 AZR 632/04, NZA 2006, 442). Das LAG Rheinland-Pfalz nimmt eine entsprechende Rücksichtnahmepflicht unabhängig von einer Behinderung an (LAG Rheinland-Pfalz – 2.9.2011 – 6 Sa 160/11, BeckRS 2011, 77900). Die unterlassene Zuweisung ei-

nes leidensgerechten Arbeitsplatzes kann allerdings **Schadensersatzansprüche** nach sich ziehen. Das setzt aber voraus, dass der Arbeitnehmer die Umsetzung auf einen leidensgerechten Arbeitsplatz verlangt und dem Arbeitgeber mitgeteilt hat, wie er sich seine weitere, die aufgetretenen Leistungshindernisse ausräumende Beschäftigung vorstellt. Dem Verlangen des Arbeitnehmers muss der Arbeitgeber regelmäßig entsprechen, wenn ihm die in der Zuweisung einer anderen Tätigkeit liegende Neubestimmung der zu bewirkenden Arbeitsleistung zumutbar und rechtlich möglich ist (BAG 19.5.2010 – 5 AZR 162/09, NZA 2010, 1119). Auch eine **Alkoholkrankheit** kann den Annahmeverzug ausschließen (LAG Schleswig-Holstein 28.11.1988 – 4 Sa 382/88, NZA 1989, 472).

21 **[5] Darlegungs- und Beweislast.** Eines Beweisantritts bedarf es insoweit zunächst nicht. Der Arbeitgeber ist für die fehlende Leistungswilligkeit und -fähigkeit darlegungs- und beweispflichtig (siehe Rn 28). War der Arbeitnehmer vor Ausspruch einer ordentlichen Arbeitgeberkündigung allerdings längerfristig arbeitsunfähig, begründet das zeitliche Zusammenfallen von Ablauf der Kündigungsfrist und behauptetem Ende der Arbeitsunfähigkeit eine Indizwirkung dafür, dass der Arbeitnehmer über den Ablauf der Kündigungsfrist hinaus arbeitsunfähig war (BAG 22.2.2012 – 5 AZR 249/11, BeckRS 2012, 70851).

22 **[6] Verfallfristen.** Tarif- oder einzelvertragliche Ausschluss- bzw Verfallfristen stehen dem Anspruch nicht entgegen (st. Rspr zuletzt BAG 16.5.2012 – 5 AZR 251/11, NZA 2012, 971). Das gilt auch bei zweistufigen Verfallfristen. Ein Arbeitnehmer macht mit Erhebung einer Bestandsschutzklage (Kündigungsschutz- oder Befristungskontrollklage) die von deren Ausgang abhängigen Vergütungsansprüche „gerichtlich geltend" und wahrt damit die zweite Stufe einer tariflichen Ausschlussfrist (BAG 19.9.2012 – 5 AZR 627/11, BeckRS 2012, 75900).

23 **[7] Leistungen der BA für die Kranken-, Pflege – und Rentenversicherung.** Nach § 11 Nr. 3 Satz 1 KSchG muss sich der Arbeitnehmer auf das Arbeitsentgelt, das ihm der Arbeitgeber für die Zeit nach der Entlassung nach § 615 Satz 1 BGB schuldet, anrechnen lassen, was ihm an öffentlich-rechtlichen Leistungen infolge Arbeitslosigkeit aus der Arbeitslosenversicherung für die Zwischenzeit gezahlt worden ist. Dies gilt auch für die von der Bundesagentur für Arbeit (BA) für seine Krankenversicherung aufgebrachten Beträge bis zu der Höhe, die er sonst selbst als Arbeitnehmer-Anteil zu tragen gehabt hätte (BAG 9.4.1981 – 6 AZR 787/78, AP KSchG 1969 § 11 Nr. 1; ebenso ErfK/*Kiel* KSchG § 11 Rn 12). Teilweise (LAG Nürnberg 24.6.2003 – 6 Sa 424/02, BeckRS 2003, 41274; *Lüderitz/Pawlak* aaO, NZA 2011, 313, 315) wird sogar vertreten, dass sich der Arbeitnehmer auch die durch die Agentur für Arbeit als Arbeitnehmeranteil abgeführten Beiträge zur Pflege- und Rentenversicherung „anrechnen" lassen muss. Da der Annahmeverzugslohnanspruch des Arbeitnehmers nach § 615 S. 1 BGB gem. § 115 Abs. 1 SGB X auf die BA übergeht, findet jedoch keine Anrechnung im Rechtssinne statt, vielmehr ist der Arbeitnehmer mit seinem Annahmeverzugslohnanspruch in dieser Höhe nicht aktivlegitimiert. Nichts anderes ergibt sich bei Geltung des § 11 Nr. 3, der zwar eine Anrechnung solcher Leistungen ausdrücklich vorsieht, jedoch wegen der fehlenden Aktivlegitimation keinen Anwendungsbereich hat. Diese Argumentation ist überzeugend, scheint aber in die instanzgerichtliche Rechtsprechung bisher wenig Eingang gefunden zu haben. Auf den Einwand des Arbeitgebers, hinsichtlich der durch die BA als Arbeitnehmeranteil abgeführten Beiträge zur Kranken-, Pflege- und Rentenversicherung sei der Arbeitnehmer nach dem gesetzlichen Forderungsübergang des § 115 Abs. 1 SGB X nicht aktivlegitimiert, müsste die Klage wohl teilweise abgewiesen werden. Da davon auszugehen ist, dass die BA die Abführung der Beiträge regelmäßig gesetzeskonform vorgenommen hat, ist es im Prozess

Sache des Arbeitnehmers darzulegen, in welcher Höhe der Anspruch nicht mehr besteht, oder zu erklären, dass die Abführung der Beiträge gesetzwidrig unterblieben ist. Fehlt eine solche Darlegung, ist der Entgeltanspruch nicht schlüssig dargelegt (LAG Nürnberg aaO, aA ArbG Frankfurt aM 25.8.2004 – 2 Ca 3809/04, NZA-RR 2005, 362, wonach ein in Annahmeverzug geratener Arbeitgeber, der sich gegenüber dem während des Annahmeverzugs Arbeitslosengeld in Anspruch nehmenden Arbeitnehmer auf die Abführung von Sozialversicherungsbeiträgen durch die BA beruft, für die Abführung und deren Höhe darlegungspflichtig sein soll).

[8] **Verzugszinsen auf den Bruttoanspruch.** Der Arbeitnehmer kann die Verzugszinsen nach § 288 Satz 1 BGB aus der in Geld geschuldeten Bruttovergütung verlangen (BAG 7.3.2001 – GS 1/00, NJW 2001, 3570). Zwar ist der Arbeitgeber nach § 28 g SGB IV berechtigt und verpflichtet, die Sozialversicherungsbeiträge vom Arbeitsentgelt abzuziehen und an den Sozialversicherungsträger abzuführen. Er erfüllt den Entgeltanspruch des Arbeitnehmers dadurch, dass er die vom Arbeitnehmer geschuldeten Steuern und Sozialversicherungsbeiträge vom Entgelt einbehält, an das Finanzamt und den zuständigen Sozialversicherungsträger abführt sowie das verbleibende Entgelt an den Arbeitnehmer auszahlt. Führt der Arbeitgeber die einbehaltenen Beträge ab, leistet er kraft gesetzlicher Anordnung an Dritte mit der Folge der Schuldbefreiung nach § 362 BGB. Die bürgerlich-rechtliche Schuld des Arbeitgebers gegenüber dem Arbeitnehmer erlischt (LAG Hessen 21.6.2011 – 15 Sa 254/10, BeckRS 2011, 78086 mwN). Das setzt aber die tatsächliche Abführung voraus, was im Streit über Verzugslohnansprüche regelmäßig nicht geschehen sein wird. Der Arbeitgeber kann den **Erfüllungseinwand aber im Rahmen der Zwangsvollstreckung** erneut erheben.

[9] **Steuern und Sozialversicherungsbeiträge.** Der klagende Arbeitnehmer kann mit Nichtwissen bestreiten (§ 138 Abs. 4 ZPO), dass der Arbeitgeber Steuern und Sozialversicherungsbeiträge tatsächlich abgeführt hat, mithin tatsächlich bereits Erfüllung eingetreten ist (LAG Hessen 21.6.2011 – 15 Sa 254/10, BeckRS 2011, 78086).

[10] **Zinsen auf BA-Leistungen.** In Höhe des erhaltenen Arbeitslosengeldes kann der Arbeitnehmer vom Arbeitgeber keine Zinsen auf den Annahmeverzugslohn verlangen (BAG 13.6.2002 – 2 AZR 391/01, NZA 2003, 44). Dabei ist das vom Arbeitnehmer bezogene Arbeitslosengeld ab dem Zeitpunkt des tatsächlichen Zuflusses von der Verzinsung der Bruttoschuld auszunehmen (BAG 19.5.2010 – 5 AZR 253/09, NZA 2010, 939).

C. Einwendungen des Arbeitgebers gegen die Zahlungsklage des Arbeitnehmers

I. Muster: Mögliche Einwendungen

▶ In Sachen

... ./. ...

wendet die Beklagte gegen den von vom Kläger geltend gemachten Anspruch auf Verzugslohn unter Beweisantritt[1] folgendes ein:

a) Der Kläger hat sich auf seinen Anspruch die in § 11 Nr. 1 bis 3 KSchG aufgeführten Einkünfte anrechnen zu lassen, hat aber trotz Aufforderung mit Schreiben vom ... der Beklagten bisher keine Auskunft [alt. nur eine unvollständige Auskunft] über seine Einkünfte im Annahmeverzugszeitraum erteilt. Die Beklagte macht daher ihr Leistungsverweigerungsrecht bis zur vollständigen Auskunftserteilung und ggf eidesstattlicher Versicherung des Klägers über die Vollständigkeit seiner Angaben zu den Einkünften im Annahmeverzugszeitraum geltend.[2]

b) Der Kläger ist im vorangegangenen Kündigungsschutzverfahren mit Urteil des Arbeitsgerichts vom ... erstinstanzlich mit seinem Antrag auf vorläufige Weiterbeschäftigung durchgedrungen. Die Beklagte hat den Kläger daher mit Schreiben vom ... aufgefordert, entsprechend der arbeitsgerichtlichen Entscheidung ab ... seine Arbeit wieder bis zum rechtskräftigen Abschluss des Kündigungsrechtsstreits wieder aufzunehmen. Dieser Aufforderung hat der Kläger nicht Folge geleistet, so dass ihm Verzugslohnansprüche nur bis zum ..., dem Tag vor dem vorgesehenen Tag der Arbeitsaufnahme im Rahmen der vorläufigen Weiterbeschäftigung, zustehen.[3]

c) Streitgegenstand des vorangegangenen Kündigungsschutzverfahrens war die Änderungskündigung der Beklagten von ..., mit der dem Kläger zugleich angeboten worden war, das Arbeitsverhältnis im Anschluss an die Kündigungsfrist zu geänderten Bedingungen als ... mit einer Bruttovergütung in Höhe von EUR ... monatlich fortzusetzen. Der Kläger hat das Änderungsangebot auch nicht unter Vorbehalt angenommen, sondern Arbeitslosengeld bezogen. Damit hat er böswillig ihm zumutbaren Erwerb iSd § 11 Nr. 2 KSchG mit der Folge unterlassen, dass er sich neben der Anrechnung des Arbeitslosengeldes gem. § 11 Nr. 2 KSchG auch das anrechnen lassen muss, was er bei – ggf nach § 2 KSchG vorbehaltlicher – Annahme des Änderungsangebots der Beklagten hätte verdienen können.[4]

d) Dem Kläger ist mit Schreiben der Beklagten vom ... angeboten worden, bis zum rechtskräftigen Abschluss des Verfahrens mit der Beklagten ein befristetes Prozessarbeitsverhältnis einzugehen.

Beweis: Vorlage des Schreibens vom ... durch den Kläger, Kopie als Anlage B ... anbei.

Dieses Angebot hat der Kläger abgelehnt, so dass er es ab dem Zeitpunkt des ihm angetragenen Beginns des Prozessarbeitsverhältnisses böswillig unterlassen hat, eine ihm zumutbare Arbeit anzunehmen. Im Prozessarbeitsverhältnis hätte er einen Verdienst in Höhe von EUR ... monatlich erzielt.

Beweis: Vorlage des dem Kläger angebotenen Prozessarbeitsvertrages, Kopie als Anlage B ... anbei.

Diesen hypothetischen Verdienst muss er sich gem. § 11 Nr. 2 KSchG auf seine Ansprüche anrechnen lassen, so dass sich diese auf EUR ... reduzieren.[5]

e) Dem Anspruch steht entgegen, dass der Kläger während des Annahmeverzugszeitraums nicht leistungsfähig/leistungsbereit war. Das folgt daraus, dass [ist unter Beweisantritt weiter auszuführen].[6]

f) Der Kläger muss sich zudem infolge des gesetzlichen Forderungsübergangs nach § 115 Abs. 1 SGB X nicht nur das ihm ausgezahlte Arbeitslosengelt, sondern auch die für ihn von der Bundesagentur für Arbeit erbrachten Leistungen für die Kranken-, Pflege – und Rentenversicherung anrechnen lassen. Der Anspruch ist also um weitere EUR ... monatlich bzw EUR ... kalendertäglich zu kürzen.[7] ◄

II. Erläuterungen

28 [1] **Darlegungs- und Beweislast.** Der Arbeitnehmer trägt die Darlegungs- und Beweislast für die **anspruchsbegründenden Voraussetzungen** (Bestehen eines Arbeitsverhältnisses, Angebot der Arbeitsleistung durch den Arbeitnehmer und Nichtannahme durch den Arbeitgeber) und die *Höhe* des verlangten Annahmeverzugslohns. Die Darlegungs- und Beweislast für das **Leistungsunvermögen** und die **Leistungsunwilligkeit** des Arbeitnehmers im streitigen Zeitraum

C. Einwendungen des Arbeitgebers gegen die Zahlungsklage § 11 KSchG

trägt dagegen der Arbeitgeber (siehe Rn 33), da § 297 BGB eine Einwendung darstellt, deren tatbestandliche Voraussetzungen der Gläubiger darzulegen und ggf zu beweisen hat (Natter/Groß, Arbeitsgerichtsgesetz 1. Auflage 2010, ArbGG § 58 Rn 80). Der Arbeitgeber kann die **Leistungsunfähigkeit** des Arbeitnehmers während des Streitzeitraums zwar nicht "ins Blaue hinein" behaupten. Trägt er aber ausreichende Indiztatsachen vor, die die Arbeitsunfähigkeit des Arbeitnehmers ergeben können, dürfen die Arbeitsgerichte den hierfür angebotenen Beweis nicht als ungeeignet ablehnen. Als Indiztatsachen kommen etwa Krankheitszeiten des Arbeitnehmers vor und nach dem Verzugszeitraum in Betracht. Der Arbeitnehmer muss sich dann substantiiert einlassen und ggf. die behandelnden Ärzte von der Schweigepflicht entbinden. Erst wenn die Frage der Leistungsfähigkeit des Arbeitnehmers auch nach Ausschöpfung der Beweismittel, insbesondere nach Einholung eines ärztlichen Sachverständigengutachtens, nicht geklärt werden kann, geht das zu Lasten des Arbeitgebers (BAG 5.11.2003 – 5 AZR 562/02, AP BGB § 615 Nr. 106)

[2] Leistungsverweigerungsrecht. Siehe Rn 15. 29

[3] Aufforderung zur vorläufigen Weiterbeschäftigung. Erwirkt der Arbeitnehmer beim Arbeitsgericht die Verurteilung des Arbeitgebers zur vorläufigen Weiterbeschäftigung bis zum rechtskräftigen Abschluss des Kündigungsrechtsstreits, so ist ihm mangels besonderer, von ihm darzulegender Umstände nicht unzumutbar (§ 11 Nr. 2), der Aufforderung des Arbeitgebers nachzukommen, die Beschäftigung entsprechend der arbeitsgerichtlichen Entscheidung vorläufig wieder aufzunehmen; das gilt auch bei einer außerordentlichen Kündigung aus verhaltensbedingten Gründen (BAG 24.9.2003 – 5 AZR 500/02, NZA 2004, 90). 30

[4] Änderungskündigung. Die **vorbehaltslose Ablehnung** eines mittels Änderungskündigung unterbreiteten Angebots auf Fortsetzung des Arbeitsverhältnisses zu geänderten Arbeitsbedingungen kann eine **böswillige Unterlassung zumutbarer Arbeit** iSd § 11 Nr. 2 sein (BAG 16.6.2004 – 5 AZR 508/03, NZA 2004, 1155). Bezieht der Arbeitnehmer während des Annahmeverzugs Arbeitslosengeld und unterlässt er zugleich böswillig einen ihm zumutbaren Erwerb, hat eine proportionale Zuordnung der Anrechnung nach § 11 Nrn. 2 und 3 zu erfolgen, und zwar in zwei Schritten: Zunächst ist von dem vom Arbeitgeber geschuldeten Bruttoarbeitsentgelt der Bruttoverdienst in Abzug zu bringen, den zu erwerben der Arbeitnehmer böswillig unterlassen hat. Von dem so errechneten Differenzbetrag muss sich der Arbeitnehmer den Teil des bezogenen Arbeitslosengelds anrechnen lassen, der dem Anteil der Bruttovergütung entspricht, die der Arbeitgeber dem Arbeitnehmer noch nach Anrechnung des böswillig unterlassenen Erwerbs auf das vertraglich geschuldete Arbeitsentgelt zu zahlen hat (BAG 11.1.2006 – 5 AZR 125/05, NJW 2006, 1452). Lehnt der Arbeitnehmer das Angebot ab, bedarf es keines neuen, auf eine sogenannte Prozessbeschäftigung gerichteten Angebots. Der Arbeitnehmer, der die Möglichkeit des § 2 nicht wahrnimmt, handelt auf eigenes Risiko (BAG 26.9.2007 – 5 AZR 870/06, NZA 2008, 1063). Die Zumutbarkeit ist nach den gesamten Umständen des konkreten Einzelfalls, insbesondere dem Maß der Verschlechterung der Arbeitsbedingungen und der Dauer der Kündigungsfrist, zu beurteilen. Dabei kann nicht auf die Zumutbarkeitskriterien des § 121 SGB III abgestellt werden, bei denen es um einen anderen Regelungsgegenstand, nämlich den Schutz der Versichertengemeinschaft, geht. Ebenso aber ist der Maßstab des § 2 S. 1 ein anderer als der des § 11 Nr. 2, weil § 2 S. 1 im Gegensatz zu § 11 Nr. 2 die betriebliche Situation bei dem kündigenden Arbeitgeber entscheidend berücksichtigt. Demgegenüber kommt es bei § 11 Nr. 2 KSchG in erster Linie auf die Verhältnisse des gekündigten Arbeitnehmers an. Die Unzumutbarkeit der Arbeit ist somit nicht automatisch zu bejahen, wenn sich die Änderungskündigung als unwirksam erweist. Das Än- 31 derungsangebot mit einer sozial nicht gerechtfertigten Änderungskündigung (§ 2) kann also durchaus zumutbare Arbeit iSd § 11 Nr. 2 sein. Eine deutliche Verschlechterung seiner Arbeitsbedingungen muss der Arbeitnehmer nicht hinnehmen, solange er berechtigte Aussichten hat, anderweitig günstigere Arbeit zu finden. Je länger Arbeitsangebot und vorgesehene Arbeitsaufnahme auseinander liegen, desto weniger wird es ihm im Regelfall vorzuwerfen sein, wenn er das Änderungsangebot ablehnt und sich stattdessen um für ihn günstigere Arbeit bemüht (BAG 11.10.2006 – 5 AZR 754/05, NJW 2007, 2060). Das Angebot ist nicht allein deshalb unzumutbar, weil der Arbeitgeber die Fortsetzung derselben Tätigkeit zu einer verminderten Vergütung (BAG 16.6.2004 – 5 AZR 508/03, NZA 2004, 1155) oder nach Wegfall des Arbeitsplatzes einen anderen Arbeitsplatz mit längerem Anfahrtsweg anbietet (LAG Köln 21.6.2005 – 13 (5) SA 179/05, NZA-RR 2006, 14 bei 2 Stunden; anders LAG Hamm 24.5.2007 – 8 Sa 51/07, NZA-RR 2008, 175 bei mehr als 2 Stunden). Schlägt der Arbeitnehmer ein **Angebot auf Teilzeitbeschäftigung** aus, muss er sich den möglichen (Teilzeit-)Verdienst nicht nach § 11 Nr. 2 anrechnen lassen, wenn er damit seinen Lebensunterhalt nicht bestreiten kann (LAG Baden-Württemberg 26.2.2008 – 14 Sa 90/07, BeckRS 2008, 54082). Dasselbe dürfte in allen Fällen gelten, in denen das Nettoentgelt aus der angebotenen Tätigkeit niedriger als das Arbeitslosengeld ist, welches der Arbeitnehmer nach dem beendeten Arbeitsverhältnis bezieht. Wird die Änderungskündigung nach § 2 **unter Vorbehalt** akzeptiert, muss es sich der Arbeitnehmer regelmäßig als böswillig unterlassenen Zwischenverdienst anrechnen lassen, wenn er die Arbeit zu den geänderten Bedingungen nach Ablauf der Änderungskündigungsfrist tatsächlich doch nicht aufnimmt (LAG Köln 15.10.2007 – 14 Sa 150/07, BeckRS 2008, 56970).

32 **[5] Angebot eines Prozessarbeitsverhältnisses.** Siehe dazu unten Muster und Erläuterungen ab Rn 41.

33 **[6] Einwand der fehlenden Leistungsfähigkeit/Leistungsbereitschaft.** Ein pauschales Bestreiten der Leistungsfähigkeit und/oder -bereitschaft genügt nicht. Für den Einwand des Unvermögens iSd § 297 BGB ist der Arbeitgeber im Rahmen der abgestuften Darlegungs- und Beweislast darlegungs- und beweispflichtig (HaKo-KSchR/KSchG/*Fiebig/Nägele-Berkner*, § 11 KSchG Rn 14). Es handelt sich um eine rechtsvernichtende Einwendung, die der Arbeitgeber im Prozess substantiiert darzulegen hat (BAG 23.1.2008 – 5 AZR 393/07, NZA 2008, 595). Es ist daher näher zu erläutern, welche konkreten Anhaltspunkte gegen die mit der Klage geltend gemachte Leistungsfähigkeit und Leistungsbereitschaft des Klägers sprechen sollen. Beispiele siehe Rn 17 und 18 sowie zur **Arbeitsunfähigkeit** Rn 20. Der Arbeitgeber kann zwar regelmäßig nicht beurteilen, ob der Arbeitnehmer zB nach Ablauf der Kündigungsfrist arbeitsfähig ist. Gleichwohl verlangt das BAG greifbare tatsächliche Anhaltspunkte für eine Leistungsunfähigkeit. Ein willkürlicher Vortrag des Arbeitgebers zu einer vermuteten Arbeitsunfähigkeit „aufs Geratewohl" oder „ins Blaue hinein" ist unzulässig. Wendet der Arbeitgeber die fehlende Leistungsfähigkeit oder den fehlenden Leistungswillen des Arbeitnehmers im Annahmeverzugszeitraum ein, reicht es indes zunächst aus, dass er Indizien vorträgt, aus denen auf die fehlende Leistungsfähigkeit oder -willigkeit geschlossen werden kann. Sodann ist es Sache des Arbeitnehmers, die Indizwirkung zu erschüttern. Trägt er nichts vor oder lässt er sich nicht substantiiert ein, gilt die Behauptung des Arbeitgebers, der Arbeitnehmer sei während des Verzugszeitraums leistungsunfähig bzw leistungsunwillig gewesen, als zugestanden. Andernfalls ist der Arbeitgeber für die die fehlende Leistungsfähigkeit bzw den fehlenden Leistungswillen begründenden Tatsachen beweispflichtig (BAG 22.2.2012 – 5 AZR 249/11 – LS 1, NZA 2012, 858). In Betracht kommen Hinweise auf Krankheitszeiten des Arbeitneh-

mers vor und nach dem Annahmeverzugszeitraum. Hat der Arbeitgeber solche **Indizien** vorgetragen, ist es Sache des Arbeitnehmers, die Indizwirkung durch konkreten Sachvortrag zu erschüttern (BAG 5.11.2003 – 5 AZR 562/02, AP § 615 BGB Nr. 106), etwa durch die Vorlage einer Arbeitsfähigkeitsbescheinigung. Umgekehrt kann der Arbeitgeber nicht ohne hinreichenden Grund eine Arbeitsfähigkeitsbescheinigung verlangen (*Oberthür* in: Grobys/Panzer, StichwortKommentar Arbeitsrecht, Annahmeverzug Rn 21). War der Arbeitnehmer vor Ausspruch einer ordentlichen Arbeitgeberkündigung längerfristig arbeitsunfähig, begründet das zeitliche Zusammenfallen von Ablauf der Kündigungsfrist und behauptetem Ende der Arbeitsunfähigkeit eine Indizwirkung dafür, dass der Arbeitnehmer über den Ablauf der Kündigungsfrist hinaus arbeitsunfähig war (BAG 22.2.2012 – 5 AZR 249/11 – LS 2, NZA 2012, 858).

[7] **Anrechnung der Leistungen der BA zur Sozialversicherung.** Siehe Rn 23.

D. Widerklage des Arbeitgebers auf Auskunftserteilung

I. Muster: Widerklage auf Auskunftserteilung

▶ In Sachen

... / ...

beantragen wir im Wege der Widerklage wie folgt zu erkennen:

Der Kläger wird verurteilt, Auskunft über sein im Zeitraum vom ... bis ... erzieltes Einkommen zu erteilen.

Der Kläger wird verurteilt, zu Protokoll an Eides statt zu versichern, dass er seine Einnahmen für den Zeitraum vom ... bis ... im [zB Schriftsatz oder außergerichtlichen Schreiben] vom ... vollständig angegeben hat.

Begründung

Der Kläger macht einen Anspruch auf Annahmeverzugslohn geltend. Dabei ist er der Beklagten zur Auskunft über die Höhe seines anderweitigen Verdienstes im Verzugszeitraum verpflichtet.[1]

Die Beklagte verlangt von dem Kläger daher Auskunft über die Höhe des anderweitigen Verdienstes für die Zeitabschnitte, für die er fortlaufend seit Beginn des Annahmeverzuges klageweise Vergütung geltend macht.[2] Der Auskunftsanspruch ist bisher nicht erfüllt. Der Kläger hat bisher noch nicht einmal dargelegt, ob und in welcher Höhe er Leistungen der Bundesagentur für Arbeit bezogen oder mit welchem Einkommen er seinen Lebensunterhalt nach Ablauf der Kündigungsfrist bestritten hat.[3]

Bis zur Erfüllung des Auskunftsanspruchs macht die Beklagte daher ihr Leistungsverweigerungsrecht geltend.[4]

Der Antrag zu 2) rechtfertigt sich daraus, dass immer dann, wenn Grund zu der Annahme besteht, dass die Angaben des Arbeitnehmers über die Höhe seines Zwischenverdienstes unvollständig sind, der Anspruch des Arbeitgebers gegen den Arbeitnehmer auf die Abgabe einer eidesstattlichen Versicherung besteht.[5] Das ist vorliegend der Fall. [weiter auszuführen]

...

Rechtsanwalt ◀

II. Erläuterungen

[1] **Auskunftsanspruch.** Macht der Arbeitnehmer gegen den Arbeitgeber Ansprüche aus Annahmeverzug geltend, so hat der Arbeitgeber gegen den Arbeitnehmer aus § 615 S. 2 BGB

einen selbstständig einklagbaren Anspruch auf Auskunft über die Höhe seines anderweitigen Verdienstes in der Zeit des Annahmeverzugs (BAG 29.7.1993 – 2 AZR 110/93, NJW 1994, 2041). Zwar steht dem Arbeitnehmer wegen des gesetzlichen Forderungsübergangs nach § 115 Abs. 1 SGB X kein Annahmeverzugslohnanspruch gegen den Arbeitgeber zu, weshalb sich damit auch kein Auskunftsanspruch des Arbeitgebers gegen den Arbeitnehmer begründen lässt. Der Auskunftsanspruch erstreckt sich aber analog § 74c Abs. 2 HGB auch auf die Auskunft des Arbeitnehmers, ob und in welcher Höhe er Arbeitslosengeld bezieht.

37 **[2] Zeitlicher Rahmen.** Es besteht keine Auskunftspflicht über den Zwischenverdienst in Bezug auf solche Zeiträume, für die der Arbeitnehmer noch keine Klage auf Zahlung des Annahmeverzugslohns erhoben hat (BAG 24.8.1999 – 9 AZR 804/98, NZA 2000, 818).

38 **[3] Begründung des Auskunftsanspruchs.** Das BAG hat bisher in den Fällen, in denen über eine Widerklage des Arbeitgebers auf Auskunftserteilung zu entscheiden war, ohne weitere Problematisierung einen selbstständigen Auskunftsanspruch angenommen (BAG 29.7.1993 – 2 AZR 110/93, NZA 194, 166 mwN). Weiterer Ausführungen zur Begründung, etwa zu Indizien, aus denen folgt, dass der Arbeitnehmer Zwischenverdienst erzielt hat, bedarf es daher im Regelfall nicht. Sind dem Arbeitgeber aber solche Indizien bekannt, sollten sie vorsorglich vorgetragen werden. Sinnvoll erscheint daher zumindest der Hinweis darauf, dass der Arbeitnehmer bereits nach den Regeln der Wahrscheinlichkeit zumindest Arbeitslosengeld bezogen haben dürfte.

39 **[4] Leistungsverweigerungsrecht bis zur Auskunftserteilung.** Zum Leistungsverweigerungsrecht siehe Rn 15. Ein Leistungsverweigerungsrecht hat der Arbeitgeber allerdings nur, soweit von einer Nichterfüllung der Auskunftspflicht auszugehen ist. Ist die erteilte Auskunft lediglich in einzelnen Punkten unvollständig, so kommt nur eine Verpflichtung des Arbeitnehmers zur Ableistung einer eidesstattlichen Versicherung in Betracht (BAG 29.7.1993 – 2 AZR 110/93, NZA 1994, 116).

40 **[5] Antrag auf eidesstattliche Versicherung.** Besteht Grund zu der Annahme, dass die Angaben des Arbeitnehmers über die Höhe seines Zwischenverdienstes unvollständig sind, hat der Arbeitgeber gegen den Arbeitnehmer einen Anspruch auf Abgabe einer eidesstattlichen Versicherung. Dieser Anspruch ist nicht bereits dadurch erfüllt, dass der Arbeitnehmer im Prozess vor dem Arbeitsgericht an Eides statt versichert hat, eine bestimmte im Prozess vorgelegte Aufstellung, die mit seinen sonstigen Angaben nicht übereinstimmt, sei richtig. Bevor das Gericht nach der Zurückverweisung über Inhalt und Umfang des Auskunftsanspruchs entschieden hat, steht überhaupt nicht fest, wie die Auskunft auszusehen hat, zu der der Kläger gesetzlich verpflichtet ist. Es kann weder geprüft werden, ob der Kläger seine Auskunftspflicht überhaupt erfüllt hat, noch ob seine Auskunft vollständig oder unvollständig war. Irgendeine eidesstattliche Versicherung auf irgendeine im Prozess erteilte Auskunft über die Höhe des anrechenbaren Zwischenverdienstes ist daher von vornherein nicht geeignet, den Anspruch der Beklagten zu erfüllen, dass der Kläger die Vollständigkeit der gesetzlich geschuldeten Auskunft an Eides statt versichert (BAG 29.7.1993 – 2 AZR 110/93, NJW 1994, 2041). Gleichwohl sind zur Begründung des Antrags auf eidesstattliche Versicherung Ausführungen dazu geboten, weshalb Zweifel an der Richtigkeit und Vollständigkeit einer erteilten Auskunft bestehen. Solche Zweifel lassen sich uU bereits dadurch begründen, dass der Arbeitnehmer zuvor trotz Aufforderung seiner Auskunftspflicht nicht nachgekommen ist.

E. Durch böswilliges Unterlassen anrechenbarer Zwischenverdienst

I. Vorbereitung des Prozessarbeitsvertrages

1. Muster: Aufforderung zum Abschluss eines Prozessarbeitsvertrages

▶ Betr.: Kündigungsschutzverfahren ... ./. ...

Sehr geehrte/r Frau/Herr Kollege/in ...,

in dem o.a. Kündigungsschutzverfahren machen Sie für Ihren Mandanten die Unwirksamkeit der streitgegenständlichen Kündigung vom ... geltend.

Angesichts dieses Rechtsstreits[1] bieten wir Ihrem Mandanten namens und in Vollmacht unserer Mandantin eine bis zum rechtskräftigen Abschluss des Verfahrens[2] befristete Weiterbeschäftigung zu den bisherigen Bedingungen seines Arbeitsverhältnisses an. Wir haben uns erlaubt, dafür eine schriftliche Vereinbarung, unsererseits bereits unterzeichnet, zweifach zu erstellen und diesem Schreiben beizufügen. Bitte unterzeichnen Sie, falls Sie dazu bevollmächtigt sind, für Ihren Mandanten bzw lassen diesen selbst unterzeichnen und senden Sie uns bis zum ... ein gegengezeichnetes Exemplar[3] originalschriftlich zurück.

Im Rahmen des abzuschließenden Prozessarbeitsverhältnisses und des vorliegenden Angebots auf Abschluss des Vertrages fordern wir Ihren Mandanten zugleich auf, am ... seine Arbeit wieder aufzunehmen, das heißt also seine Arbeitskraft tatsächlich zum üblichen Arbeitsbeginn im Betrieb anzubieten und seiner Arbeitseinteilung entgegenzusehen.[4]

Vorsorglich weisen wir darauf hin, dass die Ablehnung dieses Angebotes als böswilliges Unterlassen anderweitigen Verdienstes iSd §§ 11 Nr. 2 KSchG, 615 S. 2 BGB[5] zum Verlust des Anspruchs auf möglichen Annahmeverzugslohn Ihres Mandanten führt. Die Aufnahme der Ihrem Mandanten angebotenen Tätigkeit ist für diesen auch zumutbar.[6]

Mit freundlichen kollegialen Grüßen

...

Rechtsanwalt

Anlage: Prozessarbeitsvertrag,[7] 2fach ◀

2. Erläuterungen und Varianten

[1] **Annahmeverzugsrisiko im Kündigungsschutzverfahren.** Im Kündigungsschutzverfahren trägt der Arbeitgeber das mit der Dauer des Verfahrens ständig anwachsende Annahmeverzugsrisiko. Bei späterer Feststellung der Unwirksamkeit der Kündigung wird er zumeist Annahmeverzugslohn bis zur Wiederaufnahme der Arbeit leisten zu müssen, wenn der klagende Arbeitnehmer nicht im laufenden Verfahren ein neues Arbeitsverhältnis aufnimmt. Er muss daher ein Interesse daran haben, dieses Risiko so weit als möglich zu minimieren. Den Annahmeverzug beenden kann der Arbeitgeber nur, wenn er die Kündigung zurücknimmt. Der Annahmeverzug des Arbeitgebers nach Ausspruch einer unwirksamen Kündigung endet nicht insbesondere dadurch, dass der Arbeitgeber den Arbeitnehmer zu einer Arbeitsaufnahme für die Dauer des Rechtsstreits unter Aufrechterhaltung der Kündigung auffordert. Nach § 11 Nr. 2 aber muss sich der Arbeitnehmer auf den Verzugslohnspruch das anrechnen lassen, was er hätte verdienen können, wenn er es nicht böswillig unterlassen hätte, eine ihm zumutbare Arbeit anzunehmen. Eine Anrechnung des hypothetischen Verdienstes nach § 11 Nr. 2 kommt auch in Betracht, wenn der Arbeitgeber, der sich mit der Annahme der Dienste in Verzug befindet, dem klagenden Arbeitnehmer Arbeit anbietet (BAG 24.9.2003 – 5 AZR

500/02, NZA 2004, 90). Aus der Arbeitgebersicht ist vor einem solchen Angebot eines Prozessarbeitsverhältnisses aber zunächst zu prüfen, welche Auswirkungen ein Angebot auf vorläufige Weiterbeschäftigung auf die Wirksamkeit der Kündigung hat.
Bei einer aus dem Verhalten des Arbeitnehmers begründeten **fristlosen Kündigung** spräche das Angebot für die fehlende Unzumutbarkeit der Weiterbeschäftigung jedenfalls bis zum Ablauf der Kündigungsfrist (§ 626 BGB) und hätte damit uU die Unwirksamkeit der Kündigung zur Folge. Dasselbe Risiko dürfte bei einer fristgerechten **verhaltensbedingten Kündigung** bestehen. Der Arbeitgeber begibt sich mit einem solchen Angebot in beiden Fällen in Widerspruch zu seinem Vortrag im Kündigungsschutzprozess, ihm sei eine Fortsetzung des Arbeitsverhältnisses nicht zumutbar. Bei einer **betriebsbedingten Kündigung** ist ein Angebot zur Weiterbeschäftigung jedenfalls unter unveränderten Bedingungen ausgeschlossen, da dadurch dokumentiert würde, dass es doch eine Möglichkeit zur Weiterbeschäftigung des Arbeitnehmers gibt. Handelt es sich jedoch um das Angebot einer Tätigkeit zu geänderten Arbeitsbedingungen, kommt es darauf an, ob es sich um eine zum Zeitpunkt des Ausspruchs der Kündigung bereits vorhandene oder zumindest absehbare Beschäftigungsmöglichkeit handelt. Angeboten werden kann somit nur eine für das Prozessarbeitsverhältnis geschaffene befristete und keine bereits zuvor dauerhaft vorhandene Beschäftigungsmöglichkeit; andernfalls ist die Kündigung sozialwidrig. Geeignet sind auch Arbeiten, die ansonsten von Dritten erledigt wurden oder werden sollen und die nur für das Prozessverhältnis vorübergehend (wieder) durch das Unternehmen selbst erbracht werden (*Lüderitz/Pawlak* aaO). Klassischer Anwendungsfall ist daher die **krankheitsbedingte (personenbedingte) Kündigung**, bei der es für den Arbeitnehmer auch regelmäßig zumutbar sein dürfte, das Angebot des Arbeitgebers anzunehmen (HaKo-KSchR/*Fiebig/Nägele-Berkner*, § 11 KSchG Rn 35), wenn er im laufenden Verfahren wieder arbeitsfähig werden sollte. Im Betracht kommt das Prozessarbeitsverhältnis auch dann, wenn der Betriebsveräußerer dem Arbeitnehmer, der dem Übergang seines Arbeitsverhältnisses nach § 613a BGB widersprochen hat, ab dem Zeitpunkt des Betriebsübergangs für den Betriebserwerber dieselbe Tätigkeit zu denselben Bedingungen zu verrichten anbietet und für die Vergütungsansprüche die gesamtschuldnerische Haftung übernimmt (BAG 9.9.2010 – 2 AZR 582/09, BeckRS 2010, 75731). Ebenso kommt ein Prozessarbeitsverhältnis in Betracht, wenn über den Fortbestand des Arbeitsverhältnisses statt in einem Kündigungsschutzverfahren in einem Entfristungsrechtsstreit entschieden werden soll (*Lüderitz/Pawlak* aaO).

43 **[2] Befristung bis zu rechtskräftigen Abschluss des Kündigungsschutzprozesses.** Wird die Beschäftigung des Arbeitnehmers bis zum rechtskräftigen Abschluss des Kündigungsschutzprozesses vereinbart, handelt es sich um eine Befristung, da die rechtskräftige Entscheidung über die Kündigungsschutzklage ein zukünftiges Ereignis ist, dessen Eintritt feststeht und bei dem lediglich der Zeitpunkt des Eintritts ungewiss ist. Bei der – alternativ möglichen – Vereinbarung der Weiterbeschäftigung bis zur rechtskräftigen Abweisung der Kündigungsschutzklage handelt es sich hingegen um eine auflösende Bedingung (BAG 22.10.2003 – 7 AZR 113/03, NZA 2004, 1275 ff). Der für die Praxis relevante Unterschied liegt in §§ 21, 15 Abs. 2 TzBfG. Ein auflösend bedingter Arbeitsvertrag endet grundsätzlich frühestens zwei Wochen nach Zugang der schriftlichen Mitteilung des Arbeitgebers über den Zeitpunkt des Eintritts des auflösenden Ereignisses (siehe auch Rn 50).

44 **[3] Schriftform des Prozessarbeitsvertrags.** Der Abschluss eines befristeten Prozessarbeitsverhältnisses zur Vermeidung von Annahmeverzugslohn beruht auf einem den Befristungsgründen des § 14 TzBfG gleichwertigen Sachgrund (LAG Köln 30.5.2011 – 9 Sa 209/11). Die Be-

fristung bedarf daher nach § 3 Abs. 1 Satz 2 iVm § 14 Abs. 4 TzBfG der Schriftform (BAG 22.10.2003 – 7 AZR 113/03, NZA 2004, 1275 ff). Ist die Befristung mangels Einhaltung der Schriftform rechtsunwirksam, gilt der Vertrag nach § 16 S. 1 TzBfG als auf unbestimmte Zeit geschlossen. Von einem befristeten Prozessarbeitsverhältnis auf vertraglicher Basis ist die schlichte bzw faktische Weiterbeschäftigung des Arbeitnehmers zur Vermeidung der Zwangsvollstreckung aus einem erstinstanzlichen Weiterbeschäftigungstitel zu unterscheiden. Die schlichte Prozessbeschäftigung in Erfüllung des titulierten Weiterbeschäftigungsanspruchs unterliegt nicht dem Schriftformerfordernis gemäß § 14 Abs. 4 TzBfG.

[4] **Wiederaufnahme oder Fortsetzung der Arbeit.** Das Muster betrifft den wohl häufigeren Fall, dass das Angebot erst nach Ablauf der Kündigungsfrist im laufenden Kündigungsschutzverfahren unterbreitet wird. Läuft die Kündigungsfrist indes noch, ist der Absatz abweichend wie folgt zu formulieren: 45

▶ **Variante: Fortsetzung der Arbeit**

Im Rahmen des abzuschließenden Prozessrechtsarbeitsverhältnisses und des vorliegenden Angebots auf Abschluss des Vertrages fordern wir Ihren Mandanten zugleich auf, über die Kündigungsfrist hinaus weiter zu arbeiten. ◀

[5] **Böswilliges Unterlassen.** Inhaltlich besteht zwischen § 11 Nr. 2 und § 615 Satz 2 BGB trotz des nicht völlig identischen Wortlauts kein Unterschied (HaKo-KSchR/*Fiebig/Nägele-Berkner*, § 11 KSchG Rn 35). Der Arbeitnehmer handelt *böswillig*, wenn er während des Annahmeverzugs trotz Kenntnis aller objektiven Umstände, also insbesondere Kenntnis von der Möglichkeit, anderweitigen Erwerb zu erzielen, vorsätzlich untätig bleibt oder die Aufnahme der Arbeit bewusst verhindert (BAG 7.2.2007 – 5 AZR 422/06, NZA 2007, 561 mwN). 46

[6] **Zumutbarkeit.** Nach § 11 Nr. 2 wie nach § 615 Satz 2 Alt. 3 BGB kommt es darauf an, ob dem Arbeitnehmer unter Gesamtabwägung aller Umstände nach Treu und Glauben (§ 242 BGB) sowie unter Beachtung des Grundrechts auf freie Arbeitsplatzwahl (Art. 12 GG) die Aufnahme einer anderweitigen Arbeit zumutbar ist. Maßgebend sind die Umstände des Einzelfalls. Die Unzumutbarkeit der Arbeit kann sich unter verschiedenen Gesichtspunkten ergeben. Sie kann ihren Grund in der Person des Arbeitgebers, der Art der Arbeit oder den sonstigen Arbeitsbedingungen haben (BAG 7.2.2007 – 5 AZR 422/06, NZA 2007, 561 mwN). Bei betriebs- oder personenbedingten Kündigungen ist eine Weiterbeschäftigung in der Regel zumutbar, bei verhaltensbedingten und insbesondere fristlosen Kündigungen nicht (HaKo-KSchR/*Fiebig/Nägele-Berkner*, § 11 KSchG Rn 6). Anders ist dies, wenn der Arbeitgeber im Zusammenhang mit der Kündigung keine unbewiesenen Vorwürfe gemacht, sondern auf einen unstreitigen und für den Ausspruch einer Kündigung grundsätzlich geeigneten Sachverhalt abgestellt hat, der nur rechtlich zu bewerten ist oder der Arbeitnehmer erstinstanzlich mit einem von ihm gestellten vorläufigen allgemeinen Weiterbeschäftigungsantrag durchgedrungen ist (BAG 24.9.2003 – 5 AZR 500/02, NZA 2004, 90). Der Umstand, dass die Annahme eines Prozessarbeitsverhältnisses nur eine vorläufige Beschäftigung beinhalte, führt nicht zur Unzumutbarkeit, da es nach dem Wortlaut des § 11 Nr. 2 nur darauf ankommt, dass im Annahmeverzugszeitraum überhaupt Verdienst erzielt werden kann. 47

[7] Muster siehe Rn 49. 48

II. Abschluss des Prozessarbeitsvertrages

49 **1. Muster: Prozessarbeitsvertrag**

▶ **Prozessarbeitsvertrag**

Im Hinblick auf den vor dem Arbeitsgericht ... zu Geschäftszeichen ... geführten Rechtsstreit über die Wirksamkeit der von der Arbeitgeberin ausgesprochenen ordentlichen Kündigung vom ... [Datum der streitigen Kündigung] vereinbaren die Parteien Folgendes:

Die Parteien begründen mit Wirkung ab ... [Beginn des Prozessarbeitsvertrags] befristet bis zum rechtskräftigen Abschlusses des vorgenannten Verfahrens ein Prozessarbeitsverhältnis.

Der Arbeitnehmer wird als ... mit einer wöchentlichen Arbeitszeit von ... Stunden eingestellt. Er erhält eine Vergütung in Höhe von EUR ... brutto monatlich. [ggf weitere Details zu den Inhalten des Vertrages][1]

Das Prozessarbeitsverhältnis endet mit der Rechtskraft der Entscheidung im vorgenannten arbeitsgerichtlichen Verfahren.[2] Sollte dabei der Fortbestand des streitigen Arbeitsverhältnisses festgestellt werden, wird der Arbeitnehmer im direkten Anschluss daran zu den vertragsgemäßen Bedingungen des streitigen Arbeitsverhältnisses weiterbeschäftigt.

Das Prozessarbeitsverhältnis kann während seiner Laufzeit beiderseits mit der Frist gekündigt werden, die bei Fortbestand des in dem Arbeitsgerichtsverfahren streitigen Arbeitsverhältnisses gelten würde.[3]

...

Ort, Datum

...   ...

Arbeitgeber   Arbeitnehmer ◀

2. Erläuterungen und Varianten

50 **[1] Inhalt der Prozessarbeitsvertrages.** Ob der Arbeitnehmer zu den bisherigen Bedingungen weiterbeschäftigt wird oder ob ihm eine anderweitige und zumutbare Beschäftigung zu geänderten Konditionen angeboten wird, ist eine Frage des Einzelfalls in Abhängigkeit zu der Begründung der streitigen Kündigung (siehe oben Rn 42). Bei **betriebsbedingten Kündigungen** dürfte im Regelfall nur eine von der bisherigen und in ihrem Bestand streitigen Beschäftigung abweichende Tätigkeit in Betracht kommen. Dann sind die entsprechenden neuen Arbeitsbedingungen hinsichtlich ihrer Aufgaben sowie des Umfangs (Arbeitszeit) und Vergütung im Prozessarbeitsvertrag entsprechend auszuführen. Bei der **personenbedingten Kündigung** hingegen kommt auch eine Weiterbeschäftigung zu den bisherigen Vertragsbedingungen in Betracht. In diesem Fall kann der Absatz alternativ wie folgt formuliert werden:

▶ **Variante: Weiterbeschäftigung zu den bisherigen Bedingungen**

Die Weiterbeschäftigung erfolgt zu den bisherigen vertraglichen Bedingungen. ◀

Entsteht im Rahmen einer **Entfristungsklage** durch übereinstimmende Willenserklärung der Parteien ein neues Arbeitsverhältnis für die Zeit des Rechtsstreits, gelten im Zweifel die bisherigen Arbeitsbedingungen als vereinbart. War der Arbeitnehmer im Rahmen des befristeten Arbeitsvertrages voll beschäftigt, kommt daher – wenn keine andere Regelung getroffen wird – ein Prozessarbeitsverhältnis auf Basis einer Vollzeitbeschäftigung zustande (LAG Mecklenburg-Vorpommern 21.4.2009 – 5 Sa 251/07 – BeckRS 2009, 67062).

[2] Zeitpunkt der Beendigung des Prozessarbeitsvertrages. Der Zeitpunkt des Eintritts der Rechtskraft muss vom Arbeitgeber festgestellt werden. Dazu bedarf es zwar keines formalen Rechtskraftzeugnisses des Gerichts, aber doch zumindest der Feststellung, dass nach Ablauf der Rechtsmittelfrist kein Rechtsmittel mehr eingelegt wurde. Wurde das Verfahren bis zum Landesarbeitsgericht geführt, tritt die formelle **Rechtskraft** eines LAG-Urteils, mit welchem die Revision nicht zugelassen ist, erst mit **Ablauf der Nichtzulassungsbeschwerdefrist** (§ 72 a ArbGG) und bei eingelegter Nichtzulassungsbeschwerde erst mit deren abschlägiger Bescheidung durch das Revisionsgericht ein. Dass es sich bei der Nichtzulassungsbeschwerde um einen Rechtsbehelf und nicht um ein Rechtsmittel handelt, ist ohne Bedeutung (BAG 28.2.2008 – 3 AZB 56/07, NZA 2008, 660).

Von der alternativ möglichen Vereinbarung der Weiterbeschäftigung bis zur rechtskräftigen Abweisung der Kündigungsschutzklage ist abzuraten, da in dieser Variante der auflösend bedingte Arbeitsvertrag frühestens zwei Wochen nach Zugang der schriftlichen Mitteilung des Arbeitgebers über den Zeitpunkt des Eintritts des auflösenden Ereignisses endet (§§ 21, 15 Abs. 2 TzBfG). Der Arbeitgeber wäre also gehalten, nach Abschluss jeder Instanz zunächst durch Feststellung des Zeitpunktes der Zustellung des klagabweisenden Urteils an die Gegenseite den voraussichtlichen Ablauf der Rechtsmittelfrist selbst zu ermitteln und zur Sicherheit spätestens zwei Wochen zuvor den Arbeitnehmer auf das erst voraussichtliche und noch gar nicht sicher feststehende Ende des Prozessarbeitsverhältnisses hinzuweisen (siehe oben Rn 43).

[3] Kündbarkeit des Prozessarbeitsvertrages. Da ein Prozessarbeitsvertrag ein befristeter Vertrag ist, wäre das Vertragsverhältnis während seiner vereinbarten Laufzeit nicht ordentlich kündbar, wenn dies nicht einzelvertraglich vereinbart ist (§ 15 Abs. 3 TzBfG). Die nach § 15 Abs. 3 TzBfG mögliche weitere Alternative der Kündigungsregelung in einem Tarifvertrag dürfte in der Praxis für einen Prozessarbeitsvertrag nicht existieren. Zwar bleibt in jedem Fall das Recht der Vertragsparteien unberührt, unter den Voraussetzungen des § 626 BGB auch das Prozessarbeitsverhältnis aus wichtigem Grund zu kündigen. Das hilft in der Praxis aber dann nicht weiter, wenn sich bei einer längeren Verfahrensdauer Gründe für eine fristgerechte Kündigung unabhängig von dem Streitstand im Kündigungsschutzverfahren ergeben; sei dies, weil der angebotene Arbeitsplatz aus betrieblichen Gründen entfällt oder der Arbeitnehmer während des Verfahrens einen neuen Grund für eine verhaltens- oder betriebsbedingte Kündigung setzt.

Welche **Kündigungsfrist** vereinbart wird, ist eine Frage des Einzelfalls. Ist das Arbeitsverhältnis auf der Grundlage der streitgegenständlichen Kündigung zunächst beendet worden und existiert somit eine Lücke zwischen dem streitigen Vertragsende und dem Beginn des Prozessarbeitsverhältnisses, kommt es darauf an, ob streitiges Arbeitsverhältnis und Prozessarbeitsverhältnis in einem engen sachlichen Zusammenhang zueinander stehenden. Diese Frage wird nach dem Anlass und der Dauer der Unterbrechung sowie der Art der Weiterbeschäftigung zu beantworten sein (HaKo-KSchR/*Fiebig/Spengler*, § 222 BGB Rn 6). Bei der Begründung eines Prozessarbeitsverhältnisses dürfte aber selbst bei einer zwischenzeitlichen Unterbrechung immer von einem engen sachlichen Zusammenhang ausgegangen werden. Im Regelfall empfiehlt sich daher die im Muster vorgesehene Bezugnahme auf die Kündigungsfrist, die bei Fortbestand des streitigen Arbeitsverhältnisses gelten würde.

§ 12 KSchG Neues Arbeitsverhältnis des Arbeitnehmers; Auflösung des alten Arbeitsverhältnisses

¹Besteht nach der Entscheidung des Gerichts das Arbeitsverhältnis fort, ist jedoch der Arbeitnehmer inzwischen ein neues Arbeitsverhältnis eingegangen, so kann er binnen einer Woche nach der Rechtskraft des Urteils durch Erklärung gegenüber dem alten Arbeitgeber die Fortsetzung des Arbeitsverhältnisses bei diesem verweigern. ²Die Frist wird auch durch eine vor ihrem Ablauf zur Post gegebene schriftliche Erklärung gewahrt. ³Mit dem Zugang der Erklärung erlischt das Arbeitsverhältnis. ⁴Macht der Arbeitnehmer von seinem Verweigerungsrecht Gebrauch, so ist ihm entgangener Verdienst nur für die Zeit zwischen der Entlassung und dem Tage des Eintritts in das neue Arbeitsverhältnis zu gewähren. ⁵§ 11 findet entsprechende Anwendung.

A. Muster: Verweigerung der Fortsetzung des Arbeitsverhältnisses nach Obsiegen im Kündigungsschutzverfahren – Schreiben an Arbeitgeber	[5] Form und Frist	6
	[6] Beendigung des altes Arbeitsverhältnisses mit Erklärungszugang	7
	[7] Verzugslohnansprüche des Arbeitnehmers	8
B. Erläuterungen und Varianten		
[1] Anwendungsbereich ... 2	[8] Beendigung des Zwischenarbeitsverhältnisses	9
[2] Fortbestand des streitigen Arbeitsverhältnisses ... 3	[9] Kein außerordentliches Kündigungsrecht des unterlegenen Arbeitgebers	10
[3] rechtskräftiges Feststellungsurteil ... 4		
[4] Bestand eines neuen Arbeitsverhältnisses ... 5		

1 A. Muster: Verweigerung der Fortsetzung des Arbeitsverhältnisses nach Obsiegen im Kündigungsschutzverfahren – Schreiben an Arbeitgeber

▶ An

Firma ... (Arbeitgeber)

Arbeitsverhältnis mit Herrn ...

Sehr geehrter Herr ...,

durch Urteil des Arbeitsgerichts ... vom ... ist festgestellt worden, dass die von Ihnen ausgesprochene Kündigung[1] das Arbeitsverhältnis nicht beendet hat und Ihr Arbeitsverhältnis mit unserem Mandanten fortbesteht.[2] Das Urteil ist seit dem ... rechtskräftig.[3]

Unser Mandant ist jedoch vor Rechtskraft des Urteils ein neues Arbeitsverhältnis eingegangen,[4] so dass er an der Fortsetzung des mit Ihnen bestehenden Arbeitsverhältnisses kein Interesse mehr hat. Namens und in Vollmacht unseres Mandanten teilen wir Ihnen daher form- und fristgemäß[5] mit, dass unser Mandant die Fortsetzung des mit Ihnen bestehenden Arbeitsverhältnisses verweigert. Das Arbeitsverhältnis endet daher gem. § 12 KSchG mit dem Zugang dieses Schreibens.[6]

Unserem Mandanten stehen aus dem damit beendeten Arbeitsverhältnis noch folgende Ansprüche[7] zu:

[weiter auszuführen]

Mit freundlichen Grüßen

...

Rechtsanwalt ◀

B. Erläuterungen und Varianten

2 **[1] Anwendungsbereich.** Im Kündigungsrechtsstreit verfolgt der Arbeitnehmer mit dem Klagantrag das Ziel der Feststellung der Unwirksamkeit der Kündigung um im Obsiegensfall an

seinen Arbeitsplatz zurückzukehren. Im laufenden Verfahren ist er indes gehalten, sich wegen des noch ungewissen Ausgangs des Rechtsstreits und zur Erfüllung seiner gegenüber der Agentur für Arbeit bestehenden Pflicht zur Arbeitssuche um einen neuen Arbeitsplatz zu bemühen. Zudem muss er zur Erhaltung seines Annahmeverzugslohnanspruchs auch den Einwand seines Arbeitgebers vermeiden, er habe anderweitige zumutbare Arbeit böswillig unterlassen (§ 11 Nr. 2, vergl. § 11 Rn 41 ff). Hat er aber inzwischen ein neues Arbeitsverhältnis begründet, kann er seine Arbeitspflicht regelmäßig nicht in beiden Arbeitsverhältnissen erfüllen. Diesen Konflikt löst § 12, indem ihm das Recht eingeräumt wird, das alte Arbeitsverhältnis kurzfristig und ohne Einhaltung der sonst für ihn geltenden Kündigungsfrist zu beenden. § 12 ist auf Fälle rechtsunwirksamer ordentlicher Kündigungen sowie nach § 13 Abs. 1 Satz 5, Abs. 2 Satz 2 Hs 1 auf rechtsunwirksame außerordentliche und sittenwidrige Kündigungen anwendbar. Wird der Kündigungsschutz im Rahmen der Betriebsverfassung oder Personalvertretung (§ 15 KSchG) geltend gemacht, sieht § 16 KSchG ein § 12 Satz 1 nachgebildetes Recht vor und verweist im Übrigen auf die in § 12 Satz 2 bis 4 enthaltenen Regelungen. Im Geltungsbereich des Kündigungsschutzgesetzes besteht das Wahlrecht somit ohne Ausnahme (HaKo-KSchR/*Fiebig*/*Nägele-Berkner* § 12 KSchG Rn 1).

[2] Fortbestand des streitigen Arbeitsverhältnisses. Das streitige Arbeitsverhältnis muss infolge einer rechtskräftigen Entscheidung des Gerichts fortbestehen. Das setzt als selbstverständlich voraus, dass das Arbeitsverhältnis nicht schon aus anderen Gründen (zB durch eine erneute Kündigung oder Zeitablauf) beendet oder auf einen Auflösungsantrag nach § 9 aufgelöst worden ist. Weist das Gericht aber den Auflösungsantrag ab, bleibt dem Arbeitnehmer das Wahlrecht nach § 12 erhalten (APS/*Biebl* § 12 KSchG Rn 4, 26).

[3] Rechtskräftiges Feststellungsurteil. Das Arbeitsverhältnis muss infolge eines klagestattgebenden, rechtskräftigen Feststellungsurteils fortbestehen. Eine dem punktuellen Streitgegenstand des § 4 Satz 1 entsprechende gerichtliche Feststellung („Es wird festgestellt, dass das Arbeitsverhältnis. durch die Kündigung vom … nicht aufgelöst ist.") reicht grundsätzlich aus, obwohl nach dem Wortlaut des § 12 Satz 1 die Feststellung des Fortbestandes des Arbeitsverhältnisses vorausgesetzt wird. Sind zwischen den Parteien auch **andere Beendigungsgründe** wie Bedingungseintritt, Befristung, oder Anfechtung streitig und hat der Arbeitnehmer die Kündigungsschutzklage im Wege der objektiven Klagehäufung mit einer allgemeinen Feststellungsklage nach § 256 ZPO verbunden, so steht ihm das Recht nach § 12 nur zu, wenn er sowohl mit seinem Kündigungsschutzantrag als auch mit dem allgemeinen Feststellungsantrag obsiegt (Däubler/Hjort/Schubert/Wolmerath/*Fiebig* Arbeitsrecht § 12 KSchG Rn 5). Der Eintritt der **Rechtskraft** richtet sich nach den allgemeinen prozessrechtlichen Bestimmungen. Gegen erstinstanzliche Urteile in Kündigungs- und Bestandsschutzverfahren ist die Berufung gem. § 64 Abs. 2 c ArbGG ohne Bindung an einen Beschwerdewert stets statthaft, ohne Berufung tritt die Rechtskraft mit Ablauf der einmonatigen Berufungsfrist ein (§§ 705 Satz 1 ZPO, § 66 Abs. 1 Satz 1 ArbGG). Das zweitinstanzliche Urteil des Landesarbeitsgerichts wird ohne Einlegung eines Rechtsmittel mit Ablauf der einmonatigen Frist zur Einlegung der Revision oder Nichtzulassungsbeschwerde (§ 705 Satz 1 ZPO iVm §§ 74 Abs. 1 Satz 1, 72 a Abs. 2 Satz 1 ArbGG) rechtskräftig. Bleibt eine Nichtzulassungsbeschwerde erfolglos, tritt die Rechtskraft des Urteils des LAG mit der Ablehnung der Beschwerde durch das BAG ein (§ 72 a Abs. 5 Satz 6 ArbGG). Ein Urteil des BAG wird, sofern der Rechtsstreit nicht an das LAG zurückverwiesen wird, mit seiner Verkündung rechtskräftig (§ 705 Satz 1 ZPO).

[4] Bestand eines neuen Arbeitsverhältnisses. Ob es sich bei dem neuen Arbeitsverhältnis um ein befristetes oder unbefristetes, ein **Probe-, Aushilfs-, Leih- oder Teilzeitarbeitsverhältnis**

handelt, ist ohne Bedeutung. Ebenso kann es sich um ein **Berufsausbildungsverhältnis** handeln. § 12 gilt auch, wenn der Arbeitnehmer ein **Dienstverhältnis als Organmitglied** einer juristischen Person (zB Geschäftsführer einer GmbH oder Vorstandsmitglied einer AG) eingegangen ist (hM, vgl ErfK/*Kiel* § 12 KSchG Rn 4). Nicht ausreichend ist die Aufnahme eines **selbstständige Gewerbes** oder einer **freiberuflichen Tätigkeit** (BAG 25.10.2007 – 6 AZR 662/06, NZA 2008, 1074). Allerdings kann die unrechtmäßige Berufung auf § 12 regelmäßig nach § 140 BGB in eine ordentliche Kündigung zum nächstmöglichen Zeitpunkt umgedeutet werden, dies allerdings mit der Folge, dass sich der Arbeitnehmer bis zum Ablauf der Kündigungsfrist an das gesetzliche Wettbewerbsverbot nach § 60 HGB halten muss (BAG 25.10.2007 – 6 AZR 662/06, NZA 2008, 1074). Das neue Arbeitsverhältnis muss frühestens nach Zugang der streitigen Kündigung und spätestens vor Rechtskraft des klagestattgebenden Urteils im Kündigungsschutzprozess eingegangen worden sein und länger dauern als bis zum Tag der Rechtskraft (ErfK/*Kiel* § 12 KSchG Rn 4). Der Abschluss des neuen Arbeitsvertrages reicht aus, ein tatsächlicher Arbeitsantritt ist nicht erforderlich.

6   **[5] Form und Frist.** Die Formulierung des § 12 ist insoweit terminologisch unscharf, als das Gesetz von „verweigern" spricht. Tatsächlich handelt es sich nicht um ein Leistungsverweigerungsrecht bei Fortbestehen des ursprünglichen Arbeitsvertrags sondern um ein **fristgebundenes Sonderkündigungsrecht** des Arbeitnehmers (ErfK/*Kiel* § 12 KSchG Rn 1 mwN). Das Recht muss binnen einer Woche nach Eintritt der Rechtskraft ausgeübt werden. Für die Fristberechnung gelten die allgemeinen Regeln (§§ 187 ff BGB). Die Frist beginnt nach § 187 Abs. 1 BGB am Tag nach Eintritt der Rechtskraft und endet gem. § 188 Abs. 2 BGB mit dem Ablauf desjenigen Tages der Folgewoche, der durch seine Benennung dem Tag des Eintritts der Rechtskraft entspricht. Handelt es sich dabei um einen Samstag, Sonntag oder einen staatlich anerkannten allgemeinen Feiertag, endet die Frist nach § 193 BGB erst am darauf folgenden Werktag. Der Arbeitnehmer kann die Erklärung nach § 12, dass er im Falle seines Obsiegens im Kündigungsschutzprozess das bisherige Arbeitsverhältnis nicht fortsetzen wolle, auch schon vor der Rechtskraft des Urteils abgeben, und daneben den Antrag auf Auflösung des Arbeitsverhältnisses nach § 9 KSchG verfolgen (BAG 19.10.1997 – 2 AZR 150/72, AP KSchG § 12 Nr. 1). Sie führt dann aber nicht bereits mit ihrem Zugang beim Arbeitgeber sondern erst mit Eintritt der Rechtskraft des klagestattgebenden Feststellungsurteils zum Erlöschen des Arbeitsverhältnis (BAG 25.10.2007 – 6 AZR 662/06, NZA 2008, 1074). Die Beendigungserklärung bedarf Schriftform gem. § 623 BGB; eine mündliche oder telefonische Erklärung reicht ebenso wenig aus wie die elektronische Form. Es reicht aus, wenn die schriftliche Erklärung innerhalb der Wochenfrist zur Post gegeben wird (§ 12 Satz 2). Bedient sich der Arbeitnehmer zur Übergabe der schriftlichen Erklärung aber eines Boten, so muss sie dem Arbeitgeber innerhalb der Frist zugehen. Es handelt sich um eine materiellrechtliche Ausschlussfrist, deren Versäumung zum Erlöschen dieses Rechts führt (BAG 6.11.1986 – 2 AZR 744/85, BeckRS 1986, 30719121 zu III 1 a der Gründe). Eine Wiedereinsetzung in den vorigen Stand gegen eine Versäumung der Frist ist nicht vorgesehen (APS/*Biebl* § 12 KSchG Rn 14). Eine verspätet zugehende schriftliche Nichtfortsetzungserklärung nach § 12 kann gem. § 140 BGB in eine ordentliche Kündigung umgedeutet, so dass sie das Arbeitsverhältnis mit Ablauf der ordentlichen Kündigungsfrist beendet. Allerdings wird durch eine nur versehentlich verspätet abgegebene Fortsetzungsverweigerungserklärung der Annahmeverzug des Arbeitgebers beendet, weil der Arbeitnehmer damit zum Ausdruck bringt, nicht mehr leistungsbereit zu sein (LAG Berlin 15.10.1999 – 6 Sa 1235/99, LSK 2000, 320608, MDR 2000, 281).

B. Erläuterungen und Varianten § 12 KSchG

[6] **Beendigung des altes Arbeitsverhältnisses mit Erklärungszugang.** Das Arbeitsverhältnis grundsätzlich mit Zugang der Erklärung (§ 12 Satz 1 und 3; BAG 19.7.1978 – 5 AZR 748/77, AP BGB § 242 Auskunftspflicht Nr. 16). Tritt die Rechtskraft indes vor Ablauf der Frist der streitgegenständlichen Kündigung ein, führt das nicht zu einer vorfristigen Beendigung des Arbeitsverhältnisses; es endet frühestens zu dem Zeitpunkt, zu dem es bei Rechtswirksamkeit der Kündigung geendet hätte (ErfK/Kiel § 12 KSchG Rn 7 mwN). Wurde sie bereits vor Rechtskraft des Feststellungsurteils abgegeben, so wirkt sie erst mit Eintritt der Rechtskraft (BAG 25.10.2007 – 6 AZR 662/06, NZA 2008, 1074).

[7] **Verzugslohnansprüche des Arbeitnehmers.** Beendet der Arbeitnehmer durch die Erklärung nach § 12 das alte Arbeitsverhältnis, kann er **Annahmeverzugslohnansprüche** nach § 615 BGB bis zur rechtlichen Beendigung des Arbeitsverhältnisses infolge seiner Erklärung geltend machen. Hat er die anderweitige Arbeit indes bereits vor seiner Erklärung aufgenommen, ist ihm entgangener Verdienst nur für die Zeit zwischen der Entlassung, im Regelfall also Ablauf der Kündigungsfrist im streitigen Verfahren, bis zu dem Tag des Eintritts in das neue Arbeitsverhältnis zu gewähren (§ 12 Satz 4). Der Tag des Eintritts im neuen Arbeitsverhältnis entspricht dabei dem Tag der Arbeitsaufnahme. Der Arbeitnehmer wird also durch die Gestaltungserklärung des § 12 daran gehindert, beim alten Arbeitgeber geltend zu machen, dass dieser einen niedrigeren Verdienst im neuen Arbeitsverhältnis ausgleicht (BAG 19.7.1978 – 5 AZR 748/77, AP BGB § 242 Auskunftspflicht Nr. 16). Vorbehaltlich möglicher anderer Einwendungen des alten Arbeitgebers (§ 11 Satz 3) steht ihm Annahmeverzugslohn in Höhe der Vergütungsansprüche im alten Arbeitsverhältnis somit nur bis zur Aufnahme des Zwischenarbeitsverhältnisses zu. Für die Zeit danach schließt das Gesetz eine Verrechnung der Entgelte zwischen altem und neuem Arbeitsverhältnis ausdrücklich aus. Hat er das Arbeitsverhältnis mit dem alten Arbeitgeber indes **auf andere Weise beendet**, also zum Beispiel durch Abschluss eines Aufhebungsvertrages oder fristgerechte Eigenkündigung, bleibt ihm der Anspruch auf die Vergütungsdifferenz erhalten (APS/Biebl § 12 KSchG Rn 21). Da er zur Vermeidung der Rechtsnachteile des § 11 Nr. 2 ein neues Arbeitsverhältnis eingegangen ist, wird er gemäß § 275 I BGB von der Verpflichtung zur Arbeitsleistung frei, da ihm die Leistung unmöglich ist. Dem steht § 297 BGB nicht entgegen, da aus der Eingehung des neuen Arbeitsverhältnisse nicht das Fehlen der Leistungsbereitschaft gegenüber dem alten Arbeitgeber hergeleitet werden kann (BAG 6.11.1986 – 2 AZR 744/85, BeckRS 1986, 30719121; BAG 16.5.2012 – 5 AZR 251/11, NZA 2012, 971). Der Arbeitnehmer muss sich aber das vom neuen Arbeitgeber geschuldete Entgelt nach § 11 anrechnen lassen, so dass sich der Annahmeverzugsanspruch gegen den alten Arbeitgeber auf die Vergütungsdifferenz zu dem neuen Arbeitsverhältnis beschränkt. Eine analoge Anwendung des § 12 S. 4 scheidet in diesem Falle aus, weil keine Gesetzeslücke besteht und die Beschränkung des Annahmeverzugsanspruch auf die Zeit bis zum Eintritt in ein neues Arbeitsverhältnis in § 12 S. 4 eine Ausnahmeregelung darstellt, deren Folgen (nur) den Arbeitnehmer treffen, der sich durch die Ausübung des gesetzlichen Wahlrechts vorzeitig aus dem alten Arbeitsverhältnis lösen will (APS/Biebl § 12 KSchG Rn 21).

▶ **Variante: Mitteilung über bestehende Zwischenbeschäftigung**

An

Firma ... (Arbeitgeber)

Arbeitsverhältnis mit Herrn ...

Sehr geehrter Herr ...,

durch Urteil des Arbeitsgerichts ... vom ... ist festgestellt worden, dass die von Ihnen ausgesprochene Kündigung das Arbeitsverhältnis nicht beendet hat. Ihr Arbeitsverhältnis mit unserem Mandanten besteht daher fort.

Unser Mandant hat indes während des laufenden Rechtsstreits ein Zwischenarbeitsverhältnis begründet, welches er nun vor dem Hintergrund seines Obsiegens in dem gegen Sie geführten Rechtsstreit beenden wird, um anschließend bei Ihnen die Arbeit wieder aufzunehmen. Er ist allerdings in dem Zwischenarbeitsverhältnis gehalten, eine Kündigungsfrist von [Dauer der Kündigungsfrist im Zwischenarbeitsverhältnis] zu wahren, so dass er voraussichtlich erst nach deren Ablauf am ... das mit Ihnen bestehende Arbeitsverhältnis wieder am ... aufnehmen kann.[8]

Wir bitten darum, dies bei Ihren betrieblichen Dispositionen zu berücksichtigen und weisen vorsorglich darauf hin, dass Ihnen der Umstand, dass unser Mandant seiner Arbeit in Ihrem Betrieb nicht sofort wieder aufnehmen kann, kein Recht zur Kündigung des Arbeitsverhältnisses mit unserem Mandanten gibt.[9]

Mit freundlichen Grüßen

...

Rechtsanwalt ◄

9 [8] **Beendigung des Zwischenarbeitsverhältnisses.** Der Arbeitnehmer muss im Regelfall, wenn er von seinem Recht aus § 12 keinen Gebrauch macht, binnen einer Woche seine Tätigkeit wieder aufnehmen. Ist der Arbeitgeber nach einer unwirksamen Kündigung mit der Annahme der Dienste des Arbeitnehmers in Verzug gekommen, muss er zur Beendigung des Annahmeverzugs die versäumte Arbeitsaufforderung nachholen (BAG 16.5.2012 – 5 AZR 251/11, NZA 2012, 971). Allein aus der Eingehung eines neuen Arbeitsverhältnisses kann nicht das Fehlen der Leistungsbereitschaft des Arbeitnehmers im gekündigten Arbeitsverhältnis hergeleitet werden. Kommt er der Arbeitsaufforderung des alten Arbeitgebers aber ohne jegliche Erklärung nicht nach, indiziert dies seine fehlende Leistungsbereitschaft im gekündigten Arbeitsverhältnis (BAG 16.5.2012 – 5 AZR 251/11, NZA 2012, 971). Bei Eingehung eines Zwischenarbeitsverhältnisses wird es dem Arbeitnehmer im Regelfall aber nicht gelingen, dies so auszugestalten, dass er bei Feststellung der Rechtskraft eines für ihn obsiegenden Urteils im Kündigungsschutzverfahren sofort seine Arbeit beim alten Arbeitgeber wieder aufnehmen kann. Es würde auch dem Rechtsgedanken des § 11 KSchG, den Verzugsschaden durch die Annahme anderweitiger Arbeit zu mindern und dem Einwand böswillige Unterlassung von Zwischenverdienst zu begegnen, widersprechen, wenn man von ihm verlangen wollte, dass er bei Eingehung eines Zwischenarbeitsverhältnisses von vornherein auf die Einräumung eines Sonderkündigungsrechts für den Fall seines Obsiegens im Kündigungsrechtsstreit hinwirken müsste. Bewilligt der neue Arbeitgeber nicht in eine vorzeitige Beendigung des Arbeitsverhältnisses ein, kommt für den Arbeitnehmer somit nur dessen ordentliche Kündigung in Betracht. Insbesondere gewährt ihm der gewonnene Kündigungsschutzprozess gegen den alten Arbeitgeber kein außerordentliches Kündigungsrecht im Sinne des § 626 BGB gegen den anderen Arbeitgeber. Ihm bleibt daher nichts anderes übrig, als seine Arbeitskraft dem Altarbeitgeber erst nach Ablauf der Kündigungsfrist im Zwischenarbeitsverhältnis anzubieten (ErfK/*Kiel* § 12 KSchG Rn 8). Das Wahlrecht des § 12 besteht nur gegenüber dem Altarbeitgeber (HaKo-KSchR/*Fiebig/Nägele-Berkner* § 12 KSchG Rn 4). Der Arbeitnehmer kann das neue Arbeitsverhältnis also unter Einhaltung der dort geltenden Kündigungsfrist beenden, ohne deswegen Rechtsnachteile befürchten zu müssen (BAG 16.5.2012 – 5 AZR 251/11, NZA 2012, 971). Entscheidet er sich indes dafür, das alte Arbeitsverhältnis fortzu-

setzen und lässt er die Wochenfrist des § 12 Abs. 1 verstreichen, muss er seinen Arbeitgeber allerdings unverzüglich darüber unterrichten, welche Fristen er im Zwischenarbeitsverhältnis einzuhalten hat (LAG Sachsen 19.5.2004 – 5 Sa 873/03, BeckRS 2004, 31057996). Zudem hat er unverzüglich nach Rechtskraft des Feststellungsurteils eine ordentliche Kündigung auszusprechen (LAG Köln 23.11.1994 – 8 Sa 862/94, NZA 1995, 992). Ist das neue Arbeitsverhältnis beendet, muss er die alte Tätigkeit allerdings unverzüglich aufnehmen.

[9] **Kein außerordentliches Kündigungsrecht des unterlegenen Arbeitgebers.** Der im Kündigungsrechtsstreit unterlegene Arbeitgeber kann das Arbeitsverhältnis nicht wegen Arbeitsverweigerung außerordentlich kündigen, wenn der Arbeitnehmer nicht binnen einer Woche ab Rechtskraft des Urteils seine Tätigkeit bei ihm wieder aufnimmt (LAG Köln 23.11.1994 – 8 Sa 862/94, NZA 1995, 992). Die Aufnahme der Zwischenbeschäftigung lag auch im Interesse des alten Arbeitgebers, dessen Kündigung sich als unwirksam erwiesen hat. Er kann daher seinen Arbeitnehmer nicht zum Vertragsbruch gegenüber dem Arbeitgeber des Zwischenarbeitsverhältnisses zwingen (ErfK/*Kiel* § 12 KSchG Rn 8).

10

§ 13 KSchG Außerordentliche, sittenwidrige und sonstige Kündigungen

(1) ¹Die Vorschriften über das Recht zur außerordentlichen Kündigung eines Arbeitsverhältnisses werden durch das vorliegende Gesetz nicht berührt. ²Die Rechtsunwirksamkeit einer außerordentlichen Kündigung kann jedoch nur nach Maßgabe des § 4 Satz 1 und der §§ 5 bis 7 geltend gemacht werden. ³Stellt das Gericht fest, dass die außerordentliche Kündigung unbegründet ist, ist jedoch dem Arbeitnehmer die Fortsetzung des Arbeitsverhältnisses nicht zuzumuten, so hat auf seinen Antrag das Gericht das Arbeitsverhältnis aufzulösen und den Arbeitgeber zur Zahlung einer angemessenen Abfindung zu verurteilen. ⁴Das Gericht hat für die Auflösung des Arbeitsverhältnisses den Zeitpunkt festzulegen, zu dem die außerordentliche Kündigung ausgesprochen wurde. ⁵Die Vorschriften der §§ 10 bis 12 gelten entsprechend.
(2) ¹Verstößt eine Kündigung gegen die guten Sitten, so finden die Vorschriften des § 9 Abs. 1 Satz 1 und Abs. 2 und der §§ 10 bis 12 entsprechende Anwendung.
(3) Im Übrigen finden die Vorschriften dieses Abschnitts mit Ausnahme der §§ 4 bis 7 auf eine Kündigung, die bereits aus anderen als den in § 1 Abs. 2 und 3 bezeichneten Gründen rechtsunwirksam ist, keine Anwendung.

A. Außerordentliche Kündigung
  I. Verweisungen
  II. Auflösungsantrag
    1. Auflösungsantrag des Arbeitgebers
      a) Muster: Auflösungsantrag des Arbeitgebers bzgl hilfsweise erklärter ordentlicher Kündigung
      b) Erläuterungen
        [1] Antragsberechtigung............ 3
        [2] Verweisungen.................. 5
        [3] Textbausteine................... 6
        [4] Auflösungszeitpunkt............ 7
    2. Antrag des Arbeitgebers auf Zurückweisung eines Auflösungsantrags des Arbeitnehmers
      a) Muster: Zurückweisungsantrag des Arbeitgebers
      b) Erläuterungen
        [1] Verweisungen.................. 9
        [2] Textbausteine.................. 10
    3. Auflösungsantrag des Arbeitnehmers
      a) Muster: Auflösungsantrag des Arbeitnehmers bei außerordentlicher Kündigung
      b) Erläuterungen und Varianten
        [1] Allgemeines.................... 12
        [2] Textbausteine.................. 14
        [3] Auflösungszeitpunkt............ 15
        [4] Auflösungsantrag bei außerordentlicher und hilfsweise ordentlicher Kündigung............ 16
        [5] Erhöhung der Abfindung........ 20
    4. Antrag des Arbeitnehmers auf Zurückweisung eines Auflösungsantrags des Arbeitgebers

a) Muster: Zurückweisungsantrag des Arbeitnehmers
b) Erläuterungen
   [1] Verweisungen 22
   [2] Textbausteine 23
B. Sittenwidrige Kündigung
   I. Verweisungen
   II. Auflösungsantrag
      1. Muster: Auflösungsantrag des Arbeitnehmers
      2. Erläuterungen

[1] Antragsberechtigung 26
[2] Allgemeines 28
C. Aus sonstigen Gründen unwirksame Kündigung
   I. Verweisungen
   II. Auflösungsantrag
      1. Muster: Antrag auf Zurückweisung eines Auflösungsantrags – statusneutral
      2. Erläuterungen
         [1] Keine Antragsberechtigung 33

A. Außerordentliche Kündigung

I. Verweisungen

1 – Das **Muster einer Kündigungsschutzklage** des Arbeitnehmers mit zahlreichen Textbausteinen findet sich aus systematischen Gründen bei § 4 KSchG Rn 1 ff. Zur Klage gegen eine außerordentliche Kündigung wird ergänzend auf § 4 KSchG Rn 26 und zur Klage gegen eine außerordentliche Änderungskündigung auf § 4 KSchG Rn 115 verwiesen.

– Eine **Musterverteidigungsanzeige für den Arbeitgeber** nach Zustellung der Klage findet sich bei § 626 BGB Rn 69, das Muster für eine Klagerwiderung bei § 626 BGB Rn 72.

– Zum **Zwischenverdienst und dessen Anrechnung** wird auf Muster und Erläuterungen bei § 11 KSchG Rn 1 ff, zum Prozessarbeitsverhältnis auf Muster und Erläuterungen bei § 11 KSchG Rn 41 ff verwiesen.

– Hinsichtlich des **Auflösungsrechts des Arbeitnehmers** nach § 12 KSchG wird verwiesen auf die dortigen Muster bei Rn 1 und 8 nebst Erläuterungen.

II. Auflösungsantrag

1. Auflösungsantrag des Arbeitgebers

2 a) **Muster: Auflösungsantrag des Arbeitgebers bzgl hilfsweise erklärter ordentlicher Kündigung**[1]

▶ Arbeitsgericht ▪▪▪

Az. ▪▪▪

In der Rechtssache

▪▪▪ ./. ▪▪▪

werden wir für die Beklagte im Termin zur mündlichen Verhandlung vor der Kammer hilfsweise beantragen:

Das Arbeitsverhältnis der Parteien wird gegen Zahlung einer angemessenen Abfindung, deren Höhe in das Ermessen des Gerichts gestellt wird, jedoch EUR ▪▪▪ nicht überschreiten sollte, aufgelöst.[2]

Begründung

Die Beklagte hat die außerordentliche fristlose Kündigung vom ▪▪▪ hilfsweise als ordentliche Kündigung erklärt.

Soweit das Gericht feststellen sollte, dass die außerordentliche Kündigung rechtsunwirksam und die vorsorgliche ordentliche Kündigung sozial ungerechtfertigt sei, ist das Arbeitsverhältnis der Parteien jedenfalls auf Antrag der Beklagten mit Ablauf der ordentlichen Kündigungsfrist aufzulösen.

Eine den Betriebszwecken dienliche weitere Zusammenarbeit der Parteien ist nicht zu erwarten. Die weitere Fortsetzung des Arbeitsverhältnisses ist der Beklagten nicht zumutbar. Das Vertrauensverhältnis zum Kläger ist objektiv und unwiederbringlich zerrüttet. Das Auflösungsbegehren der Beklagten scheitert auch nicht daran, dass die Kündigung noch aus anderen Gründen unwirksam wäre.

I.

1. Am ... (Datum) gegen ... (Uhrzeit) befand sich der Kläger in ... (Örtlichkeit) um ...(Tätigkeit).

   Beweis: ...

   Bei dieser Gelegenheit äußerte der Kläger gegenüber ..., dass ...

   Beweis: ...

2. Im Gütertermin vom ... behauptete der Kläger, ...

   Mit Schriftsatz vom ... ließ der Kläger vortragen, die Beklagte ...

[Substantiierter und unter Beweisantritt erfolgender Sachvortrag zum Auflösungsgrund und zu den Umständen, die die Besorgnis/Erwartung des Arbeitgebers begründen, dass eine weitere, den Betriebszwecken dienliche Zusammenarbeit der Parteien nicht zu erwarten ist (Für die Beurteilung dürfen vom Gericht nur solche Tatsachen herangezogen werden, die der darlegungspflichtige Arbeitgeber vorgetragen und ggf bewiesen oder aufgegriffen hat, BAG 10.12.2009 – 2 AZR 534/08, NZA 2010, 698).]

II.[3]

1. a) Der Arbeitgeber kann zwar hinsichtlich einer unwirksamen außerordentlichen Kündigung keinen Auflösungsantrag stellen. Er kann die gerichtliche Auflösung des Arbeitsverhältnisses aber im Hinblick auf die Sozialwidrigkeit einer ordentlichen Kündigung beantragen, wenn er neben der außerordentlichen Kündigung noch eine vorsorgliche ordentliche Kündigung erklärt hat oder die außerordentliche Kündigung in eine ordentliche Kündigung umzudeuten ist.

   aa) Das KSchG ist nach seiner Konzeption zwar ein Bestandsschutz- und kein Abfindungsgesetz. Es lässt eine Auflösung des Arbeitsverhältnisses auf Antrag des Arbeitgebers bei resp. trotz festgestellter Sozialwidrigkeit der Kündigung dennoch unter bestimmten Voraussetzungen zu.

   Nach der Rechtsprechung des BAG kann der Arbeitgeber die Auflösung des Arbeitsverhältnisses indessen nur verlangen, wenn die Rechtsunwirksamkeit der ordentlichen Kündigung allein auf der Sozialwidrigkeit und nicht auch auf anderen Gründen iSd § 13 Abs. 3 KSchG beruht. Die Lösungsmöglichkeit nach § 9 KSchG bedeutet für den Arbeitgeber eine Vergünstigung. Sie kommt nur in Betracht, wenn eine Kündigung „lediglich" sozialwidrig und nicht (auch) aus anderen Gründen rechtsunwirksam ist. Dies gilt jedoch nicht, wenn die Norm, aus der der Arbeitnehmer die sonstige Unwirksamkeit der Kündigung herleitet, nicht den Zweck verfolgt, diesem einen zusätzlichen Schutz zu verschaffen, sondern allein der Wahrung der Interessen Dritter dient, BAG 24.11.2011, 2 AZR 429/10, NZA 2012, 610.

   bb) Der Auflösungsantrag ist trotz seiner nach § 9 Abs. 2 KSchG gesetzlich angeordneten Rückwirkung auf den Kündigungszeitpunkt in die Zukunft gerichtet. Maßgeblicher Beurteilungszeitpunkt ist derjenige der letzten mündlichen Verhandlung in der Tatsacheninstanz, ggf also vor dem Berufungsgericht.

Von diesem Standpunkt aus ist im Sinne einer Vorausschau zu prüfen, ob aufgrund des Verhaltens des Arbeitnehmers in der Vergangenheit eine den Betriebszwecken dienliche weitere Zusammenarbeit der Parteien in Zukunft zu erwarten ist, BAG 24.11.2011, 2 AZR 429/10, NZA 2012, 610. Erforderlich ist eine zweistufige Prüfung. Liegt ein Grund vor, der an sich zur Auflösung des Arbeitsverhältnisses geeignet erscheint, ist in einem zweiten Schritt zu prüfen, ob in Anbetracht der konkreten betrieblichen Umstände, unter Berücksichtigung eines möglicherweise zwischenzeitlich eingetretenen Wandels der betrieblichen Verhältnisse, noch eine den Betriebszwecken dienliche Zusammenarbeit möglich ist, BAG 10.7.2008, 2 AZR 1111/06, NZA 2009, 312.

cc) Als Auflösungsgründe iSd § 9 Abs. 1 S. 2 KSchG kommen solche Umstände in Betracht, die das persönliche Verhältnis des Arbeitgebers zum Arbeitnehmer, die Wertung seiner Persönlichkeit, seiner Leistung oder seiner Eignung für die ihm gestellten Aufgaben und sein Verhältnis zu den übrigen Mitarbeitern betreffen. Die Gründe, die eine den Betriebszwecken dienliche weitere Zusammenarbeit zwischen den Vertragspartnern nicht erwarten lassen, müssen nicht im Verhalten, insbesondere nicht im schuldhaften Verhalten des Arbeitnehmers liegen. Entscheidend ist, ob die objektive Lage die Besorgnis rechtfertigt, dass die weitere gedeihliche Zusammenarbeit gefährdet ist, BAG 8.10.2009, 2 AZR 682/08, ArbR 2010, 68.

Die Auflösungsgründe für den Arbeitgeber lassen sich nicht abschließend bestimmen (ausführlich HaKo-KSchR/*Fiebig/Gieseler* § 9 KSchG Rn 64 ff). Derartige Umstände können sich nicht nur, aber insbesondere aus während eines Kündigungsschutzprozesses zwischen den Parteien entstehenden zusätzlichen Spannungen ergeben, die eine Fortsetzung des Arbeitsverhältnisses sinnlos erscheinen lassen, BAG 10.7.2008, 2 AZR 1111/06, NZA 2009, 312.

Ein vorsätzlich falscher Prozessvortrag kommt als Auflösungsgrund ebenso in Betracht wie Beleidigungen, sonstige ehrverletzende Äußerungen oder persönliche Angriffe des Arbeitnehmers gegen den Arbeitgeber, Vorgesetzte oder Kollegen, BAG 10.7.2008, 2 AZR 1111/06, NZA 2009, 312.

Auch das Verhalten des Prozessbevollmächtigten des Arbeitnehmers im Kündigungsschutzprozess kann die Auflösung des Arbeitsverhältnisses bedingen. Dies gilt für vom Arbeitnehmer nicht veranlasste Erklärungen des Prozessbevollmächtigten jedenfalls dann, wenn der Arbeitnehmer sich diese zu eigen macht und sich auch nachträglich nicht von ihnen distanziert, BAG 10.6.2010, 2 AZR 297/09, NJW 2010, 3796. Allerdings können gerade Erklärungen in laufenden Gerichtsverfahren, insbesondere dem Kündigungsschutzprozess selbst, durch ein berechtigtes Interesse des Arbeitnehmers gedeckt sein. Zudem ist im Hinblick auf grundgesetzlich geschützte Rechtspositionen zu berücksichtigen, dass Parteien zur Verteidigung von Rechten schon im Hinblick auf den Grundsatz rechtlichen Gehörs iSd Art. 103 GG alles vortragen dürfen, was als rechts-, einwendungs- oder einredebegründender Umstand prozesserheblich sein kann, BVerfG 11.4.1991, 2 BvR 963/90, NJW 1991, 2074. Ein Verfahrensbeteiligter darf anerkanntermaßen – allerdings nur in den Grenzen der Wahrheitspflicht – auch starke, eindringliche Ausdrücke und sinnfällige Schlagworte benutzen, um seine Rechtsposition zu unterstreichen, selbst wenn er seinen Standpunkt vorsichtiger hätte formulieren können. Die Parteien dürfen jedoch nicht leichtfertig Tatsachenbehauptungen aufstellen, deren Unhaltbarkeit ohne Weiteres auf der Hand liegt, BAG 24.3.2011, 2 AZR 674/09, NZA-RR 2012, 243.

Auch die Anlässe, die zur Kündigung geführt haben, können eine negative Prognose für eine den Betriebszwecken dienliche weitere Zusammenarbeit begründen oder verstärken. Solche Umstände können, auch wenn sie nicht geeignet sind, die Kündigung sozial zu rechtfertigen, zur Begründung des Auflösungsantrags jedenfalls dann herangezogen werden, wenn sich der Arbeitgeber zusätzlich noch auf weitere Tatsachen beruft, BAG 23.10.2008, 2 AZR 483/07, NZA-RR 2009, 362.

dd) Für die Auflösung des Arbeitsverhältnisses durch das Gericht ist nach § 9 Abs. 2 KSchG der Zeitpunkt festzusetzen, an dem es bei sozial gerechtfertigter Kündigung geendet hätte. Dies ist der Zeitpunkt, zu dem die maßgebliche Kündigungsfrist abgelaufen wäre. ...[4]

b) Die angemessene Abfindung ist gemäß § 9 Abs. 1 S. 1 KSchG innerhalb der Höchstgrenzen des § 10 KSchG im jeweiligen Einzelfall von den Tatsacheninstanzen festzusetzen. Es handelt sich insoweit um eine Ermessensentscheidung. Die Festsetzung der Abfindung durch das Tatsachengericht kann vom Revisionsgericht nur eingeschränkt überprüft werden. Revisionsrechtlich ist nur von Bedeutung, ob das angefochtene Urteil den Rechtsbegriff der „angemessenen Abfindung" selbst verkannt sowie alle wesentlichen Umstände des Einzelfalls berücksichtigt hat und nicht durch sachfremde oder willkürliche Erwägungen beeinflusst und in sich widerspruchsfrei ist, BAG 20.11.1997, 2 AZR 803/96, Rz K I 11c Nr. 13.

aa) Die gesetzliche Höchstgrenze der Abfindung ergibt aus § 10 Abs. 1 und 2 KSchG. ...

bb) Bemessungsgrundlage für die festzusetzende Abfindung ist der Monatsverdienst iSd § 10 Abs. 3 KSchG (näher HaKo-KSchR/*Fiebig/Gieseler* § 10 KSchG Rn 6 ff).

cc) Die bei der Ermittlung der Höhe der festzusetzenden Abfindung wichtigsten Bemessungskriterien sind der Vorschrift des § 10 KSchG zu entnehmen, nämlich die Höhe des zuletzt bezogenen Monatsverdienstes sowie das Lebensalter des Arbeitnehmers und die Dauer des Arbeitsverhältnisses. Daneben kommen zur Bestimmung der Angemessenheit der Abfindung weitere Kriterien in Betracht (näher HaKo-KSchR/*Fiebig/Gieseler* § 10 KSchG Rn 20 ff).

2. Unter Berücksichtigung der von der Rechtsprechung entwickelten – oben unter II. 1. aufgezeigten – Grundsätze erweist sich der von der Beklagten hilfsweise gestellte Auflösungsantrag als begründet.
[Nachstehend: Anwendung auf konkreten Fall]

a) Auflösungsgründe liegen vor. ...

b) Eine den Betriebszwecken dienliche weitere Zusammenarbeit der Beklagten mit dem Kläger steht nicht zu erwarten. ...

c) Die Kündigung der Beklagten ist nicht aus anderen Gründen unwirksam. ...

d) Die Höchstgrenze der Abfindung beträgt ... Monatsverdienste. ...

e) Das zu berücksichtigende Monatsverdienst des Klägers beläuft sich auf ... EUR brutto. ...

f) Unter Berücksichtigung aller relevanten Kriterien kann allenfalls eine Abfindung in Höhe von ... festgesetzt werden. ...

...

Rechtsanwalt ◄

b) Erläuterungen

[1] Antragsberechtigung. Der Arbeitgeber kann bei einer unwirksamen außerordentlichen Kündigung im Hinblick auf den klaren Wortlaut des § 13 Abs. 1 S. 3 KSchG keinen Auflösungsantrag stellen. Die unwirksame außerordentliche Kündigung bewertet der Gesetzgeber als besonders schwerwiegende Vertragsverletzung. Dem Arbeitgeber soll die Möglichkeit einen Auflösungsantrag zu stellen deswegen verwehrt bleiben (Begr. zum Entwurf eines KSchG BT-Drucks. I/2090 S. 15; BAG 26.10.1979 – 7 AZR 752/77, AP KSchG 1969 § 9 Nr. 5). Dies gilt auch in den Fällen, in denen das Arbeitsverhältnis ordentlich nicht gekündigt werden kann (LAG Rheinland-Pfalz 18.2.2008 – 5 Sa 381/07) und für außerordentliche Kündigungen des Arbeitgebers mit notwendiger („sozialer") Auslauffrist, die bei ordentlich unkündbaren Arbeitsverhältnissen an die Stelle der ordentlichen Kündigung treten (BAG 26.3.2009 – 2 AZR 879/07, NZA 2009, 679).

Nur in den Fällen, in denen der Arbeitgeber neben der außerordentlichen Kündigung noch eine vorsorgliche ordentliche Kündigung erklärt hat oder eine Umdeutung der außerordentlichen Kündigung in eine ordentliche Kündigung in Betracht kommt (hierzu HaKo-KSchR/*Gieseler* § 13 KSchG Rn 30 ff), kann er die gerichtliche Auflösung des Arbeitsverhältnisses im Hinblick auf die Sozialwidrigkeit der ordentlichen Kündigung beantragen.

[2] Verweisungen. Das Recht des Arbeitgebers, den Auflösungsantrag zu stellen, ergibt sich in den bei [1] genannten Fällen aus § 9 Abs. 1 S. 2 KSchG. Auf Muster und Anmerkungen zu §§ 9, 10 KSchG Rn 28 ff kann daher verwiesen werden.

[3] Textbausteine. Bei den verwendeten Textbausteinen handelt es lediglich um auf typische Prozesssituationen bezogene Muster ohne Anspruch auf Vollständigkeit. Die dortigen Rechtsausführungen sind ggf nach Bedarf und auf den Einzelfall bezogen zu ergänzen oder auch zu kürzen oder zu entfernen.

[4] Auflösungszeitpunkt. Der Auflösung zugrunde zu legen ist stets die objektiv zutreffende Kündigungsfrist, und zwar auch dann, wenn der Arbeitgeber sie nicht eingehalten hat und der Arbeitnehmer die Nichteinhaltung der Kündigungsfrist im Rechtsstreit nicht gerügt hat (BAG 21.6.2012 – 2 AZR 694/11, NZA 2013, 635).

2. Antrag des Arbeitgebers auf Zurückweisung eines Auflösungsantrags des Arbeitnehmers

a) Muster: Zurückweisungsantrag des Arbeitgebers[1]

▶ Arbeitsgericht ...

Az. ...

In der Rechtssache

... ./. ...

werden wir für die Beklagte im Termin zur mündlichen Verhandlung vor der Kammer ferner beantragen:

> Der Antrag des Klägers auf Auflösung des Arbeitsverhältnisses wird zurück gewiesen.

Begründung

Die tatbestandlichen Voraussetzungen einer Auflösung des Arbeitsverhältnisses durch das Gericht sind nicht erfüllt.

1. Die streitgegenständliche Kündigung der Beklagten vom ... führte zur Auflösung des Arbeitsverhältnisses der Parteien.

A. Außerordentliche Kündigung § 13 KSchG

Die Kündigung ist als außerordentliche Kündigung rechtswirksam bzw als vorsorgliche ordentliche Kündigung sozial gerechtfertigt. Auf den unter Beweisantritt erfolgten Sachvortrag der Beklagten in den Schriftsätzen vom ... und ... wird verwiesen.

Die Bestandsschutzklage ist als unbegründet abzuweisen. Über den Auflösungsantrag des Klägers ist daher nicht zu entscheiden.

2. Zum Auflösungsantrag des Klägers wird für die Beklagte – vorsorglich – wie folgt vorgetragen.

   a) Die Beklagte bestreitet, dass ... Richtig ist vielmehr, dass ...
      (Substantiiertes Bestreiten und ggf substantiierter und unter (Gegen-)Beweisantritt erfolgender Sachvortrag zum geltend gemachten Auflösungsgrund und zur behaupteten Unzumutbarkeit der Fortsetzung des Arbeitsverhältnisses für den Kläger.)

   b) Der Auflösungsantrag des Klägers ist unbegründet.[2]

      aa) Auflösungsgründe liegen nicht vor.
          Das KSchG ist nach seiner Konzeption ein Bestandsschutz- und kein Abfindungsgesetz. Es lässt eine Auflösung des Arbeitsverhältnisses bei resp. trotz festgestellter Unwirksamkeit/Sozialwidrigkeit der Kündigung nur ausnahmsweise zu. An die Auflösungsgründe sind deshalb strenge Anforderungen zu stellen. Dies gilt auch für den Auflösungsantrag des Arbeitnehmers.
          Der Kläger hat Auflösungsgründe nicht substantiiert dargelegt. Soweit er anführt, die Fortsetzung des Arbeitsverhältnisses sei ihm nicht zuzumuten, das Vertrauensverhältnis zwischen den Parteien sei zerstört, genügt dieser pauschale Vortrag nicht, eine Auflösung des Arbeitsverhältnisses zu rechtfertigen (vgl zu Auflösungsgründen für den Arbeitnehmer HaKo-KSchR/*Fiebig/Gieseler* § 9 KSchG Rn 50 ff).
          ...

      bb) Die Fortsetzung des Arbeitsverhältnisses mit der Beklagten ist dem Kläger nicht unzumutbar.
          Gründe für eine Auflösung des Arbeitsverhältnisses können sich zwar insbesondere aus während eines Kündigungsschutzprozesses entstehenden Spannungen zwischen den Parteien ergeben. Hierfür reichen im Rahmen einer rechtlichen Auseinandersetzung regelmäßig und üblicherweise eintretende Konflikte allerdings nicht aus. Erforderlich sind vielmehr zusätzliche Spannungen, die eine Fortsetzung des Arbeitsverhältnisses sinnlos erscheinen lassen, BAG 10.7.2008, 2 AZR 1111/06, NZA 2009, 312.
          Die Fortsetzung eines Arbeitsverhältnisses kann für den Arbeitnehmer dann unzumutbar sein, wenn feststeht, dass der Arbeitgeber sich, ungeachtet der Rechtsauffassung des Gerichts, auf jeden Fall vom Arbeitnehmer trennen will und offensichtlich beabsichtigt, mit derselben oder einer beliebigen anderen Begründung so lange Kündigungen auszusprechen, bis er sein Ziel erreicht hat. Ein Auflösungsgrund liegt hingegen noch nicht allein darin, dass der Arbeitgeber nach dem der Klage stattgebenden Urteil 1. Instanz im Kündigungsschutzprozess nunmehr aus seiner Sicht unter Beachtung der Rechtsauffassung des Gerichts erneut kündigt. Auch die Ankündigung, er wolle alle rechtlichen Mittel einsetzen, um seine unternehmerische Entscheidung weiter zu verfolgen, hält sich noch im Rahmen der Wahrnehmung berechtigter Interessen und ist ohne das Vorliegen weiterer Umstände nicht als rechtswidrig anzusehen, BAG 27.3.2003, 2 AZR 9/02, ArbRB 2003, 260.

Die nur subjektiv empfundene Unzumutbarkeit der Wiederaufnahme der Arbeit durch den Arbeitnehmer, hierzu LAG MV, 1.6.2010, 5 Sa 266/09, reicht für das Vorliegen eines Auflösungsgrundes ebenso wenig aus, wie allein der schlichte Ausspruch einer sozialwidrigen Kündigung, LAG RP 17.1.2005, 7 Sa 525/04.

Die Auflösung des Arbeitsverhältnisses nach sozial ungerechtfertigter Kündigung muss die Ausnahme bleiben und beschränkt sich daher auf die Fälle eines objektiv zerrütteten Arbeitsverhältnisses, LAG MV, 1.6.2010, 5 Sa 266/09.

...

cc) Die vom Kläger begehrte Abfindung wäre im Übrigen der Höhe nach weit übersetzt. ...

dd) Der Kläger hat zudem sein der Berechnung zugrunde liegendes Monatsverdienst unzutreffend berechnet. ...

ee) ...

...

Rechtsanwalt ◄

b) Erläuterungen

9 **[1] Verweisungen.** Zum Auflösungsantrag des Arbeitnehmers wird auf Muster und Anmerkungen bei §§ 9, 10 KSchG Rn 1 ff und unten bei Rn 11 ff verwiesen.

10 **[2] Textbausteine.** Bei den verwendeten Textbausteinen handelt es lediglich um auf typische Prozesssituationen bezogene Muster ohne Anspruch auf Vollständigkeit. Die dortigen Rechtsausführungen sind ggf nach Bedarf und auf den Einzelfall bezogen zu ergänzen oder auch zu kürzen oder zu entfernen.

3. Auflösungsantrag des Arbeitnehmers

11 **a) Muster: Auflösungsantrag des Arbeitnehmers bei außerordentlicher Kündigung[1]**

▶ Arbeitsgericht ...

Az. ...

In der Rechtssache

... ./. ...

werden wir für den Kläger im Termin zur mündlichen Verhandlung vor der Kammer beantragen:

Das Arbeitsverhältnis der Parteien wird aufgelöst. Die Beklagte wird verurteilt, eine angemessene Abfindung, deren Höhe in das Ermessen des Gerichts gestellt wird, jedoch ... EUR nicht unterschreiten sollte, nebst Zinsen hieraus in Höhe von fünf Prozent über dem Basiszinssatz seit ..., an den Kläger zu zahlen.

Begründung

Die Kündigung der Beklagten vom ... ist rechtsunwirksam. Das Arbeitsverhältnis der Parteien besteht daher zwar weiter. Dem Kläger ist dessen Fortsetzung jedoch unzumutbar. Das Arbeitsverhältnis ist deswegen antragsgemäß aufzulösen und die Beklagte zur Zahlung einer angemessenen Abfindung an den Kläger zu verurteilen.

I.

1. Am ... (Datum) gegen ... (Uhrzeit) in ... (Örtlichkeit) äußerte der Geschäftsführer der Beklagten gegenüber dem Kläger, dass ...

Beweis: ▪▪▪
2. Im Gütertermin vom ▪▪▪ behauptete der Geschäftsführer der Beklagten, der Kläger ▪▪▪
   Beweis: ▪▪▪
   Mit Schriftsatz vom ▪▪▪ ließ die Beklagte vortragen, der Kläger ▪▪▪
[Substantiierter und unter Beweisantritt erfolgender Sachvortrag zum Auflösungsgrund und zu den Umständen, die die Unzumutbarkeit der Fortsetzung des Arbeitsverhältnisses für den Kläger begründen (für die Beurteilung dürfen vom Gericht nur solche Tatsachen herangezogen werden, die der darlegungspflichtige Arbeitnehmer vorgetragen und ggf bewiesen oder aufgegriffen hat, hierzu HaKo-KSchR/*Fiebig/Gieseler* § 9 KSchG Rn 58 f)]

II.[2]

1. a) Das KSchG ist nach seiner Konzeption zwar ein Bestandsschutz- und kein Abfindungsgesetz. Es lässt eine Auflösung des Arbeitsverhältnisses auf Antrag des Arbeitnehmers gleichwohl unter bestimmten Voraussetzungen ausnahmsweise zu.
   Nach § 13 Abs. 1 S. 3 KSchG hat das Gericht das durch eine unbegründete außerordentliche Kündigung nicht beendete Arbeitsverhältnis durch Urteil aufzulösen, wenn dem Arbeitnehmer die Fortsetzung des Arbeitsverhältnisses nicht zuzumuten ist.
   Der Auflösungsantrag ist unbeschadet seiner nach § 9 Abs. 2 KSchG gesetzlich angeordneten Rückwirkung auf den Kündigungszeitpunkt in die Zukunft gerichtet. Maßgeblicher Beurteilungszeitpunkt ist derjenige der letzten mündlichen Verhandlung in der Tatsacheninstanz (ggf also vor dem Berufungsgericht).
   aa) Ein wichtiger Grund iSd § 626 Abs. 1 BGB, der dem Arbeitnehmer die Fortsetzung des Arbeitsverhältnisses auch nur bis zum Ablauf der Kündigungsfrist unzumutbar machte, muss bei der gerichtlichen Auflösung des Arbeitsverhältnisses nicht vorliegen.
   Bei der Auflösung nach § 9 KSchG sind die langfristigen Perspektiven der Zusammenarbeit maßgeblich, die schon durch einen weniger gravierenden Vertrauensverlust unwiederbringlich zerstört sein können. Es reicht daher aus, wenn die Fortsetzung des Arbeitsverhältnisses auf unbestimmte Dauer iSd § 9 KSchG unzumutbar ist, BAG 27.3.2003, 2 AZR 9/02, ArbRB 2003, 260.
   bb) Die Anlässe, die für den Arbeitnehmer zur Unzumutbarkeit der Fortsetzung des Arbeitsverhältnisses führen können, lassen sich nicht abschließend bezeichnen.
   [Ausführlich zu Auflösungsgründen für den Arbeitnehmer HaKo-KSchR/*Fiebig/Gieseler* § 9 KSchG Rn 50 ff]
   Als Auflösungsgründe kommen jedoch nur solche Umstände in Betracht, die in einem inneren Zusammenhang mit der vom Arbeitgeber erklärten sozialwidrigen Kündigung stehen oder die im Laufe des anschließenden Kündigungsschutzprozesses entstanden sind, LAG RP, 17.1.2005, 7 Sa 525/04.
   So kann insbesondere das Verhalten des Arbeitgebers im Zusammenhang mit der von ihm ausgesprochenen sozialwidrigen Kündigung geeignet sein, die Unzumutbarkeit der Fortsetzung des Arbeitsverhältnisses zu begründen. Dies kann etwa dann der Fall sein, wenn durch unzutreffende, ehrverletzende Behauptungen des Arbeitgebers über die Person oder das Verhalten des Arbeitnehmers das Vertrauensverhältnis zwischen den Arbeitsvertragsparteien unheilbar zerrüttet ist oder das Kündigungsschutzverfahren über eine offensichtlich sozialwidrige Kündigung seitens des

Arbeitgebers mit einer derartigen Schärfe geführt wird, dass der Arbeitnehmer mit einem schikanösen Verhalten des Arbeitgebers und der anderen Mitarbeiter rechnen muss, wenn er in den Betrieb zurückkehrt, BAG 27.3.2003, 2 AZR 9/02, ArbRB 2003, 260.

Darüber hinaus kommen solche Umstände als Auflösungsgrund in Betracht, die den Schluss nahelegen, der Arbeitgeber werde den Arbeitnehmer im Falle einer Rückkehr in den Betrieb gegenüber den übrigen Mitarbeitern benachteiligen oder unkorrekt behandeln. Ein Vertrauensverlust kann sich auch aus dem nichtigen Anlass der Kündigung ergeben oder aus der unfairen Behandlung des Arbeitnehmers während der Kündigungsfrist und der eklatanten Missachtung der berechtigten Vertragsinteressen des Arbeitnehmers resultieren, LAG MV, 1.6.2010, 5 Sa 266/09.

Die Fortsetzung eines Arbeitsverhältnisses kann für den Arbeitnehmer zudem unzumutbar sein, wenn feststeht, dass der Arbeitgeber sich, ungeachtet der Rechtsauffassung des Gerichts, auf jeden Fall vom Arbeitnehmer trennen will und offensichtlich beabsichtigt, mit derselben oder einer beliebigen anderen Begründung so lange Kündigungen auszusprechen, bis er sein Ziel erreicht hat, BAG 27.3.2003, 2 AZR 9/02, ArbRB 2003, 260.

Gründe für die Auflösung des Arbeitsverhältnisses können sich auch aus während eines Kündigungsschutzprozesses entstehenden zusätzlichen Spannungen zwischen den Parteien ergeben.

[Vgl Muster bei Rn 1 unter II. 1. a) cc) - für den Auflösungsantrag des AN kann nichts anderes gelten]

cc) Das Arbeitsverhältnis ist nach § 13 Abs. 1 S 4 KSchG zu dem Zeitpunkt aufzulösen, zu dem die außerordentliche Kündigung ausgesprochen wurde.[3] [4]

b) Die angemessene Abfindung ist gemäß §§ 13 Abs. 1 S. 5, 9 Abs. 1 S. 1 KSchG innerhalb der Höchstgrenzen des § 10 KSchG im jeweiligen Einzelfall von den Tatsacheninstanzen festzusetzen. Es handelt sich insoweit um eine Ermessensentscheidung. Die Festsetzung der Abfindung durch das Tatsachengericht kann vom Revisionsgericht nur eingeschränkt überprüft werden. Revisionsrechtlich ist nur von Bedeutung, ob das angefochtene Urteil den Rechtsbegriff der "angemessenen Abfindung" selbst verkannt sowie alle wesentlichen Umstände des Einzelfalls berücksichtigt hat und nicht durch sachfremde oder willkürliche Erwägungen beeinflusst und in sich widerspruchsfrei ist, BAG 20.11.1997, 2 AZR 803/96, RzK I 11 c Nr. 13.

aa) Die gesetzliche Höchstgrenze der Abfindung ergibt aus § 10 Abs. 1 und 2 KSchG.

bb) Bemessungsgrundlage für die festzusetzende Abfindung ist der Monatsverdienst iSd § 10 Abs. 3 KSchG. Das sind die Bezüge, die dem Arbeitnehmer aus dem Arbeitsverhältnis insgesamt zustehen, BAG 19.4.2012, 2 AZR 186/11, NZA 2013, 27.

[Ausführlich HaKo-KSchR/*Fiebig/Gieseler* § 10 KSchG Rn 6 ff]

cc) Die bei der Ermittlung der Höhe der festzusetzenden Abfindung wichtigsten Bemessungskriterien sind der Vorschrift des § 10 KSchG zu entnehmen, nämlich die Höhe des zuletzt bezogenen Monatsverdienstes sowie das Lebensalter des Arbeitnehmers und die Dauer des Arbeitsverhältnisses. Daneben kommen zur Bestimmung der Angemessenheit der Abfindung weitere Kriterien in Betracht, vorliegend insbesondere der Grad der Sozialwidrigkeit der Kündigung und

[Ausführlich HaKo-KSchR/*Fiebig/Gieseler* § 10 KSchG Rn 20 ff)

dd) Eine ordentliche Kündigung hätte von der Beklagten nur unter Wahrung einer Kündigungsfrist von ▪▪▪ zum ▪▪▪ ausgesprochen werden können. ▪▪▪ [5]

2. Unter Berücksichtigung der von der Rechtsprechung entwickelten – oben unter II. 1. aufgezeigten – Grundsätze erweist sich der vom Kläger gestellte Auflösungsantrag als begründet. (Nachstehend: Anwendung auf konkreten Fall)

a) Auflösungsgründe liegen vor. ▪▪▪

b) Eine weitere Fortsetzung des mit der Beklagten bestehenden Arbeitsverhältnisses ist dem Kläger nicht mehr zuzumuten. ▪▪▪

c) Die Höchstgrenze der Abfindung beträgt ▪▪▪ Monatsverdienste. ▪▪▪

d) Das zu berücksichtigende Monatsverdienst des Klägers beläuft sich auf ▪▪▪ EUR brutto. ▪▪▪

e) Unter Berücksichtigung aller relevanten Kriterien ist eine Abfindung in Höhe von mindestens ▪▪▪ festzusetzen. ▪▪▪

▪▪▪

Rechtsanwalt ◄

b) Erläuterungen und Varianten

[1] Allgemeines. Nach § 13 Abs. 1 S. 3 KSchG kann das Arbeitsverhältnis auf Antrag des Arbeitnehmers gerichtlich aufgelöst und der Arbeitgeber zur Zahlung einer angemessenen Abfindung verurteilt werden. Erforderlich ist zunächst die gerichtliche Feststellung, dass die außerordentliche Kündigung unbegründet ist. Gemeint ist der Mangel des wichtigen Grundes iSd § 626 Abs. 1 BGB einschließlich der Versäumung der Kündigungserklärungsfrist nach § 626 Abs. 2 BGB. Die Fortsetzung des Arbeitsverhältnisses muss dem Arbeitnehmer ferner unzumutbar sein. Die Unzumutbarkeit der Fortsetzung des Arbeitsverhältnisses richtet sich nach den zu § 9 Abs. 1 Satz 1 KSchG entwickelten Grundsätzen. Die Höhe der Abfindung ist nach § 13 Abs. 1 S. 5 KSchG in entsprechender Anwendung des § 10 KSchG zu ermitteln. Insoweit kann zunächst auf Muster und Anmerkungen zu §§ 9, 10 KSchG Rn 1 ff verwiesen werden. Besonderheiten werden nachstehend erläutert.

[2] Textbausteine. Bei den verwendeten Textbausteinen handelt es lediglich um auf typische Prozesssituationen bezogene Muster ohne Anspruch auf Vollständigkeit. Die dortigen Rechtsausführungen sind ggf nach Bedarf und auf den Einzelfall bezogen zu ergänzen oder auch zu kürzen oder zu entfernen.

[3] Auflösungszeitpunkt. Als Auflösungszeitpunkt hat das Gericht nach § 13 Abs. 1 S. 4 KSchG den Zeitpunkt festzulegen, zu dem die außerordentliche Kündigung ausgesprochen wurde, also den Zeitpunkt, zu dem es bei begründeter außerordentlicher Kündigung geendet hätte. Der Auflösungszeitpunkt im Falle der außerordentlichen (fristlosen) Kündigung mit sofortiger Wirkung entspricht deshalb dem Zeitpunkt des Kündigungszugangs, bei einer außerordentlichen befristeten Kündigung dem vom Arbeitgeber genannten Zeitpunkt und bei einer außerordentlichen Kündigung mit notwendiger Auslauffrist dem Zeitpunkt zu dem das Arbeitsverhältnis bei ordentlicher Kündigung geendet hätte (Gesetzesentwurf BT-Drucks. 15/1204 Begründung B zu Art. 1 Nr. 6).

[4] Auflösungsantrag bei außerordentlicher und hilfsweise ordentlicher Kündigung. Eine außerordentliche Kündigung des Arbeitgebers iSd § 626 BGB unterliegt strengen Anforderungen – denen bereits der Kündigungsgrund und/oder sodann die Durchführung des tatsächlichen Ausspruchs der Kündigung und/oder der Sachvortrag im Bestandschutzverfahren vor dem Arbeitsgericht in der überwiegenden Zahl der Fälle nicht gerecht werden. Meist wird das Arbeitsverhältnis durch den Arbeitgeber daher zusätzlich ordentlich gekündigt.

17 Hat der Arbeitgeber neben der außerordentlichen Kündigung noch hilfsweise oder vorsorglich eine ordentliche Kündigung erklärt oder ist die außerordentliche Kündigung in eine ordentliche Kündigung umzudeuten, hat der Arbeitnehmer ein Wahlrecht. Er kann den Auflösungsantrag nach § 13 Abs. 1 S. 3 KSchG im Hinblick auf die außerordentliche Kündigung stellen, aber auch nach § 9 Abs. 1 S. 1 KSchG nur hinsichtlich der ordentlichen Kündigung.

18 Für die Auflösung des Arbeitsverhältnisses durch das Gericht ist dann im letztgenannten Fall nach § 9 Abs. 2 KSchG der Zeitpunkt festzusetzen, an dem es bei sozial gerechtfertigter Kündigung geendet hätte. Dies ist der Zeitpunkt, zu dem die maßgebliche Kündigungsfrist abgelaufen wäre. Zugrunde zu legen ist stets die objektiv zutreffende Kündigungsfrist, und zwar auch dann, wenn der Arbeitgeber sie nicht eingehalten hat und der Arbeitnehmer die Nichteinhaltung der Kündigungsfrist im Rechtsstreit nicht gerügt hat (BAG 21.6.2012 – 2 AZR 694/11, NZA 2013, 635). An diesem Wahlrecht des Arbeitnehmers hat sich durch die gesetzliche Klarstellung des Auflösungszeitpunktes in § 13 Abs. 1 S. 4 KSchG nichts geändert (BAG 21.5.2008 – 8 AZR 623/07, ArbRB 2008, 298). Der Auflösungszeitpunkt hängt in diesen Fällen somit vom prozessualen Verhalten des Arbeitnehmers ab (BAG 26.8.1993 – 2 AZR 159/93, AP BGB § 626 Nr. 113).

19 Der Auflösungsantrag kann bspw wie folgt gestellt werden:

▶ Das Arbeitsverhältnis der Parteien wird mit Wirkung zum ... (Zeitpunkt des Zugangs der außerordentlichen Kündigung oder Zeitpunkt des Ablaufs der objektiv zutreffenden ordentlichen Kündigungsfrist) aufgelöst. Die Beklagte wird verurteilt, eine angemessene Abfindung, deren Höhe in das Ermessen des Gerichts gestellt wird, jedoch ... EUR nicht unterschreiten sollte, nebst Zinsen hieraus in Höhe von fünf Prozent über dem Basiszinssatz seit ..., an den Kläger zu zahlen. ◀

20 **[5] Erhöhung der Abfindung.** Die für die Abfindungshöhe bei der Auflösung nach ordentlicher Kündigung maßgeblichen Höchstgrenzen, Bemessungsgrundlagen und -kriterien sind auch bei der Auflösung nach § 13 KSchG zu berücksichtigen. Da der Auflösungszeitpunkt idR dem Zeitpunkt des Kündigungszugangs entspricht, ist die Abfindung im Rahmen der gesetzlichen Höchstgrenzen zusätzlich um das dem Arbeitnehmer während der Kündigungsfrist entgangene Arbeitsentgelt zu erhöhen, es sei denn, der Arbeitnehmer hat im unmittelbaren Anschluss an die außerordentliche Kündigung eine neue Arbeitsstelle mit entsprechender Vergütung angetreten (KR/*Friedrich* § 13 KSchG Rn 73).

4. Antrag des Arbeitnehmers auf Zurückweisung eines Auflösungsantrags des Arbeitgebers

21 **a) Muster: Zurückweisungsantrag des Arbeitnehmers**[1]

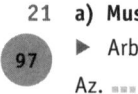

▶ Arbeitsgericht ...

Az. ...

In der Rechtssache

... ./. ...

werden wir für den Kläger im Termin zur mündlichen Verhandlung vor der Kammer ferner beantragen:

Der Antrag der Beklagten auf Auflösung des Arbeitsverhältnisses wird zurück gewiesen.

Begründung

Die tatbestandlichen Voraussetzungen einer Auflösung des Arbeitsverhältnisses durch das Gericht auf Antrag der Beklagten sind nicht erfüllt.

A. Außerordentliche Kündigung   § 13 KSchG

1. Die streitgegenständliche Kündigung der Beklagten vom ... führt nicht zur Auflösung des zwischen den Parteien bestehenden Arbeitsverhältnisses.
   Die Kündigung ist als außerordentliche Kündigung in Ermangelung eines wichtigen Grundes rechtsunwirksam bzw als vorsorgliche ordentliche Kündigung nicht sozial gerechtfertigt iSd § 1 Abs. 2 KSchG. Zudem ist die Kündigung wegen eines Verstoßes gegen ... aus sonstigen Gründen rechtsunwirksam iSd § 13 Abs. 3 KSchG. Auf den unter Beweisantritt erfolgten Sachvortrag des Klägers in den Schriftsätzen vom ... und ... wird verwiesen.
2. Zum Auflösungsantrag der Beklagten wird für den Kläger wie folgt vorgetragen.
   a) Der Kläger bestreitet, dass die von der Beklagten behaupteten Auflösungsgründe tatsächlich vorliegen.
      Es trifft nicht zu, dass ... Richtig ist vielmehr, dass ...
      (Substantiiertes Bestreiten und ggf substantiierter und unter (Gegen-) Beweisantritt erfolgender Sachvortrag zum geltend gemachten Auflösungsgrund und zur behaupteten Prognose des Arbeitgebers, eine weitere den Betriebszwecken dienliche Zusammenarbeit der Parteien stehe nicht zu erwarten.)
   b) Der Auflösungsantrag der Beklagten ist unbegründet.[2]
      Das KSchG ist nach seiner Konzeption ein Bestandsschutz- und kein Abfindungsgesetz. Es lässt eine Auflösung des Arbeitsverhältnisses auf Antrag des Arbeitgebers bei resp. trotz festgestellter Sozialwidrigkeit der Kündigung nur ausnahmsweise zu. An die Auflösungsgründe sind deshalb strenge Anforderungen zu stellen.
      aa) Eine Auflösung des Arbeitsverhältnisses auf Antrag der Beklagten kommt bereits aus Rechtsgründen nicht in Betracht.
          Während § 9 KSchG ein beidseitiges Antragsrecht kennt, sieht § 13 Abs. 1 S. 3 KSchG nur für den Arbeitnehmer, nicht aber für den Arbeitgeber einen Auflösungsantrag vor. Der Gesetzeswortlaut ist eindeutig. Der Gesetzgeber sieht eine unberechtigte außerordentliche Kündigung als besonders schwerwiegenden Eingriff in das Arbeitsverhältnis an und verweigert dem Arbeitgeber deshalb bewusst die Möglichkeit seinen Auflösungsantrag zu stellen. Ein Auflösungsantrag des Arbeitgebers kann sich daher nicht auf eine außerordentliche Kündigung beziehen. Dies gilt auch für eine hilfsweise außerordentliche Kündigung mit (notwendiger) Auslauffrist für den Fall der ordentlichen Unkündbarkeit des Arbeitnehmers. Der Auflösungsantrag der Beklagten ist daher unzulässig, BAG 26.3.2009, 2 AZR 879/07, NZA 2009, 679.
          Die Kündigung der Beklagten vom ... ist nicht nur sozialwidrig, sondern auch wegen eines Verstoßes gegen ... nichtig. Nach der Rechtsprechung des BAG kann der Arbeitgeber die Auflösung des Arbeitsverhältnisses nur verlangen, wenn die Rechtsunwirksamkeit der ordentlichen Kündigung allein auf der Sozialwidrigkeit und nicht auch auf anderen Gründen iSd § 13 Abs. 3 KSchG beruht, BAG 24.11.2011, 2 AZR 429/10, NZA 2012, 610.
          Das Arbeitsverhältnis des Klägers kann daher auf den Antrag der Beklagten nicht aufgelöst werden.
          ...
      bb) Auflösungsgründe liegen nicht vor.
          ...
          Die Beklagte hat Auflösungsgründe nicht substantiiert dargelegt. Soweit sie pauschal anführt, das Vertrauensverhältnis zwischen den Parteien sei unwiederbringlich

Gieseler

zerstört, genügt dieser pauschale Vortrag nicht, eine Auflösung des Arbeitsverhältnisses nach § 9 Abs. 1 S. 2 KSchG zu rechtfertigen, BAG 12.1.2006, 2 AZR 21/05, NZA 2006, 917.

Für die Beurteilung dürfen vom Gericht nur solche Tatsachen herangezogen werden, die der darlegungspflichtige Arbeitgeber vorgetragen und ggf bewiesen oder aufgegriffen hat, BAG 10.12.2009, 2 AZR 534/08, NZA 2010, 698.

...

cc) Das Vertrauensverhältnis der Parteien ist keineswegs unwiederbringlich zerrüttet. Eine den Betriebszwecken dienende weitere Zusammenarbeit ist daher nicht ausgeschlossen, sondern vielmehr zukünftig zu erwarten.

...

Selbst wenn ein Grund vorliegt, der an sich zur Auflösung des Arbeitsverhältnisses geeignet erscheint, ist in einem zweiten Schritt stets zu prüfen, ob in Anbetracht der konkreten betrieblichen Umstände – unter Berücksichtigung eines möglicherweise zwischenzeitlich eingetretenen Wandels der betrieblichen Verhältnisse – noch eine den Betriebszwecken dienliche Zusammenarbeit möglich ist, BAG 10.7.2008, 2 AZR 1111/06, NZA 2009, 312. Aufgrund dieses zeitlichen Beurteilungsansatzes kommt es in Betracht, dass mögliche Auflösungsgründe ihr Gewicht im Laufe der Zeit wieder verlieren, weil die tatsächlichen oder rechtlichen Umstände sich im Zeitpunkt der abschließenden Entscheidung geändert haben, BAG 23.6.2005, 2 AZR 256/04, NZA 2006, 363.

Die Beklagte hat mit der Kündigung und den sie begleitenden Umständen maßgeblich zu den Spannungen zwischen den Parteien beigetragen. Nach der Rechtsprechung des BAG darf sich der Arbeitgeber jedoch auf von ihm selbst oder von Personen, für die er einzustehen hat, herbeigeführte resp. provozierte Auflösungsgründe nicht berufen, BAG 23.2.2010, 2 AZR 554/08, NZA 2010, 1123.

Überwiegen die dem Arbeitgeber zuzurechnenden Anteile an der Verursachung der Spannungen gegenüber den Anteilen an der Verursachung der Spannungen gegenüber den Anteilen des Arbeitnehmers und hat der Arbeitgeber das von ihm jetzt beanstandete Verhalten des Arbeitnehmers geradezu provoziert, verstößt es regelmäßig gegen Treu und Glauben, wenn der Arbeitgeber nunmehr geltend macht, eine den Betriebszwecken dienliche weitere Zusammenarbeit zwischen den Parteien sei nicht mehr möglich, BAG 2.6.2005, 2 AZR 234/04, ArbuR 2006, 66.

...

dd) Rein vorsorglich wird darauf hingewiesen, dass für den Kläger mindestens eine Abfindung von ... festzusetzen wäre. ...

...

Rechtsanwalt ◄

b) Erläuterungen

22 **[1] Verweisungen.** Zum Auflösungsantrag des Arbeitgebers wird auf Muster und Anmerkungen bei §§ 9, 10 KSchG Rn 28 ff und oben auf Rn 1 ff verwiesen.

23 **[2] Textbausteine.** Bei den verwendeten Textbausteinen handelt es lediglich um auf typische Prozesssituationen bezogene Muster ohne Anspruch auf Vollständigkeit. Die dortigen Rechtsausführungen sind ggf nach Bedarf und auf den Einzelfall bezogen zu ergänzen oder auch zu kürzen oder zu entfernen.

B. Sittenwidrige Kündigung

I. Verweisungen

Das Muster einer Kündigungsschutzklage des Arbeitnehmers mit zahlreichen Textbausteinen findet sich aus systematischen Gründen bei § 4 KSchG Rn 1 ff. Zur Klage gegen eine sittenwidrige Kündigung wird ergänzend auf § 4 KSchG Rn 81 ff verwiesen.

Zum Zwischenverdienst und dessen Anrechnung wird auf Muster und Erläuterungen bei § 11 KSchG Rn 1 ff, zum Prozessarbeitsverhältnis auf Muster und Erläuterungen bei § 11 KSchG Rn 41 ff verwiesen.

Hinsichtlich des Auflösungsrechts des Arbeitnehmers nach § 12 KSchG wird verwiesen auf die dortigen Muster bei Rn 1 und 8 nebst Erläuterungen.

II. Auflösungsantrag

1. Muster: Auflösungsantrag des Arbeitnehmers[1]

▶ 1. Das Arbeitsverhältnis der Parteien wird aufgelöst.

2. Die Beklagte wird verurteilt, eine angemessene Abfindung, deren Höhe in das Ermessen des Gerichts gestellt wird, jedoch ... EUR nicht unterschreiten sollte, nebst Zinsen hieraus in Höhe von fünf Prozent über dem Basiszinssatz seit ..., an den Kläger zu zahlen.[2] ◀

2. Erläuterungen

[1] **Antragsberechtigung.** Aus der ausschließlichen Verweisung des § 13 Abs. 2 KSchG auf § 9 Abs. 1 S. 1 KSchG folgt, dass nur der Arbeitnehmer die Auflösung des Arbeitsverhältnisses gegen Zahlung einer Abfindung beantragen kann, wenn ihm die Fortsetzung des Arbeitsverhältnisses unzumutbar ist. Das wird bei einer sittenwidrigen Kündigung regelmäßig anzunehmen sein (LAG Schleswig-Holstein 22.6.2011 – 3 Sa 95/11, ArbRB 2011, 257).

Der Arbeitgeber hat – mangels Verweisung auf § 9 Abs. 1 S. 2 KSchG – nicht das Recht, die Auflösung zu beantragen. Auch die Umdeutung einer außerordentlichen sittenwidrigen Kündigung in eine ordentliche Kündigung scheidet aus, da sich der Vorwurf der Sittenwidrigkeit gegen das Rechtsgeschäft insgesamt richtet (LAG Berlin 3.10.1988 – 9 Sa 61/88, LAGE § 140 BGB Nr. 7).

[2] **Allgemeines.** Der Auflösungszeitpunkt nach § 9 Abs. 2 KSchG entspricht bei der ordentlichen sittenwidrigen Kündigung dem Ablauf der Kündigungsfrist, bei der außerordentlichen fristlosen sittenwidrigen Kündigung dem Zeitpunkt des Zugangs. Zum Wahlrecht des Arbeitnehmers bei außerordentlicher und hilfsweise ordentlicher Kündigung vgl oben Rn 16 ff.

Die Abfindungshöhe richtet sich nach den zu § 10 KSchG aufgestellten Grundsätzen, wobei sich der Vorwurf der Sittenwidrigkeit bei der Bemessung zugunsten des Arbeitnehmers auswirken wird (HaKo-KSchR/*Gieseler* § 13 KSchG Rn 60).

Im Übrigen kann auf Muster und Anmerkungen zu §§ 9, 10 KSchG Rn 1 ff verwiesen werden.

C. Aus sonstigen Gründen unwirksame Kündigung

I. Verweisungen

Das Muster einer Kündigungsschutzklage des Arbeitnehmers mit zahlreichen Textbausteinen findet sich aus systematischen Gründen bei § 4 KSchG Rn 1 ff. Zur Klage gegen eine aus sonstigen Gründen iSd § 13 KSchG unwirksame Kündigung wird zudem auf die umfangreichen Muster und Textbausteine bei § 4 KSchG wird verwiesen: Sonderkündigungsschutz, Rn 28 ff; sonstige Unwirksamkeitsgründe, Rn 77 ff.

II. Auflösungsantrag

1. Muster: Antrag auf Zurückweisung eines Auflösungsantrags – statusneutral[1]

▶ Der Antrag der Beklagten/des Klägers auf Auflösung des Arbeitsverhältnisses wird zurück gewiesen. ◀

2. Erläuterungen

[1] *Keine Antragsberechtigung.* Auf die sonstigen Unwirksamkeitsgründe finden §§ 1 – 14 KSchG, mit Ausnahme der §§ 4 – 7 KSchG, keine Anwendung. Daher steht weder dem Arbeitnehmer noch dem Arbeitgeber ein Antragsrecht auf Auflösung des Arbeitsverhältnisses zu, wenn die Kündigung ausschließlich aus einem anderen Unwirksamkeitsgrund iSd § 13 Abs. 3 KSchG nichtig ist [hierzu HaKo-KSchR § 13 KSchG Rn 27; vgl dort auch § 13 Rn 75 ff].

Ist die Kündigung sowohl sozialwidrig als auch aus sonstigen Gründen rechtsunwirksam, kann der Arbeitnehmer die Auflösung des Arbeitsverhältnisses nach § 9 KSchG, bei einer außerordentlichen Kündigung, wenn der wichtige Grund fehlt, nach § 13 Abs. 1 S. 3 KSchG, beantragen. Für diese Konstellationen wird auf Muster und Anmerkungen bei §§ 9, 10 KSchG Rn 1 ff und oben Muster bei Rn 11 mit Anmerkungen verwiesen.

Demgegenüber steht dem Arbeitgeber das Recht zur Beantragung der Auflösung des Arbeitsverhältnisses nur dann zu, wenn die Kündigung lediglich nach § 1 KSchG sozialwidrig ist. Ist die Kündigung also bereits – auch – aus anderen Gründen unwirksam, ist eine Auflösung des Arbeitsverhältnisses auf Antrag des Arbeitgebers nicht möglich (BAG 26.3.2009 – 2 AZR 879/07, NZA 2009, 679).

§ 14 KSchG Angestellte in leitender Stellung

(1) Die Vorschriften dieses Abschnitts gelten nicht
1. in Betrieben einer juristischen Person für die Mitglieder des Organs, das zur gesetzlichen Vertretung der juristischen Person berufen ist,
2. in Betrieben einer Personengesamtheit für die durch Gesetz, Satzung oder Gesellschaftsvertrag zur Vertretung der Personengesamtheit berufenen Personen.

(2) ¹Auf Geschäftsführer, Betriebsleiter und ähnliche leitende Angestellte, soweit diese zur selbständigen Einstellung oder Entlassung von Arbeitnehmern berechtigt sind, finden die Vorschriften dieses Abschnitts mit Ausnahme des § 3 Anwendung. ²§ 9 Abs. 1 Satz 2 findet mit der Maßgabe Anwendung, daß der Antrag des Arbeitgebers auf Auflösung des Arbeitsverhältnisses keiner Begründung bedarf.

A. Muster: Auflösungsantrag des Arbeitgebers gegenüber leitenden Angestellten 1	[3] Sozialwidrigkeit der ordentlichen Kündigung 4
B. Erläuterungen	[4] Leitende Angestellte 5
[1] Persönlicher Anwendungsbereich des Abs. 1 2	[5] Begründungsfreiheit des Auflösungsantrags 6
[2] Rechtscharakter des Antrags 3	

A. Muster: Auflösungsantrag des Arbeitgebers gegenüber leitenden Angestellten § 14 KSchG

[6] Privilegierung des Auflösungsantrags im Allgemeinen 7
[7] Beendigungszeit 8
[8] Höhe der Abfindung 9
[9] Entstehung des Abfindungsanspruchs.. 10

A. Muster: Auflösungsantrag des Arbeitgebers gegenüber leitenden Angestellten[1]

▶ An das

Arbeitsgericht ...

... (Datum)

In Sachen ... ./. ...

Az.: ...

wegen Kündigung

Namens und in Vollmacht der Beklagten werden wir über den klageabweisenden Antrag hinaus **hilfsweise**[2] beantragen:

Das Arbeitsverhältnis wird gegen Zahlung einer Abfindung, deren Höhe in das Ermessen des Gerichts gestellt wird, aber EUR ... nicht überschreiten sollte, zum Ablauf des ... aufgelöst.

Begründung

Die Beklagte verfolgt nach wie vor die Klageabweisung. Die streitgegenständliche Kündigung ist sozial gerechtfertigt und führt aus diesem Grund zur Auflösung des Arbeitsverhältnisses der Parteien.

Sofern das Arbeitsgericht die Sozialwidrigkeit der Kündigung[3] nicht feststellen sollte, ist das Arbeitsverhältnis durch gerichtliche Entscheidung gem. § 9 KSchG iVm § 14 Abs. 2 Satz 2 KSchG aufzulösen.

Der Auflösungsantrag bedarf keiner Begründung[5], da der Kläger leitender Angestellter[4] iSd § 14 Abs. 2 Satz 1 KSchG ist.

Nach dieser Bestimmung ist der Kläger Leiter seines Beschäftigungsbetriebes und verfügt in rechtlicher, aber auch in tatsächlicher Hinsicht über die Befugnis zur selbstständigen Einstellung, aber auch zur Entlassung der in seinem Beschäftigungsbetrieb tätigen Arbeitnehmer. Als Betriebsleiter ist er sowohl Vorgesetzter der dort beschäftigten Arbeitnehmer und ist auch weisungsberechtigt. Die Kompetenz, sowohl entlassen als auch einstellen zu dürfen, gründet sich auf die ihm mit Wirkung ab ... erteilte und am ... in das Handelsregister eingetragene Prokura. Eine diesbezügliche interne Begrenzung der Prokura in Bezug auf die Einstellungs- und Entlassungsbefugnis besteht nicht.

Beweis: Prokurabestellungsurkunde

Der Kläger hat in der Vergangenheit und auch aktuell eigenverantwortlich Kündigungen ausgesprochen und auch Beschäftigte eingestellt.

Beweis: Vorlage der vom Kläger unterzeichneten Kündigungsschreiben und Vorlage der vom ihm für die Beklagte abgeschlossenen Arbeitsverträge

Der Auflösungsantrag[6] kann bis zum Schluss der letzten mündlichen Verhandlung in der Berufungsinstanz gestellt werden, § 9 Abs. 1 Satz 3 KSchG. Mithin kann er erst recht im laufenden Rechtsstreit vor dem Arbeitsgericht angebracht werden.

Aus dem Antrag ergibt sich der Zeitpunkt[7] der mit der Auflösung verfolgten Beendigung des Arbeitsverhältnisses. Er entspricht dem Ablauf der Kündigungsfrist, würde das Arbeitsverhältnis durch sozial gerechtfertigte Kündigung enden, § 9 Abs. 2 KSchG.

Die Festsetzung der in das Ermessen des Gerichts gestellten Höhe[8] der auszuurteilenden Abfindung, die jedoch EUR ▪▪▪ nicht überschreiten sollte, richtet sich nach den zu § 10 KSchG entwickelten Grundsätzen. Angesichts des Alters des Klägers ▪▪▪ (Geburtsdatum), der erst seit ▪▪▪ bestehenden Beschäftigungsdauer und der nicht bestehenden Unterhaltsverpflichtungen kommt allenfalls eine Abfindung[9] im unteren Bereich des § 10 Abs. 1 KSchG in Betracht. Hinzu kommt, dass die Auflösung, obgleich es keines Grundes bedarf, sich auf die Verletzung eines Betriebs- und Geschäftsgeheimnisses gründet. Sollte das der Kläger in seiner Erwiderung in Abrede stellen, wird hierzu näher bestimmt Vortrag gehalten werden, damit das Gericht diesen Gesichtspunkt im Rahmen seiner vorzunehmenden Prüfung der Angemessenheit der Abfindung hinreichend berücksichtigen kann.

▪▪▪

Rechtsanwalt ◄

B. Erläuterungen

2 **[1] Persönlicher Anwendungsbereich des Abs. 1.** Nach § 14 Abs. 1 KSchG gelten die den Kündigungsschutz regelnden §§ 1 bis 13 KSchG nicht für gesetzliche Vertreter von juristischen Personen und die zur Vertretung von Personengesamtheiten berufenen Personen. Da es sich bei diesem Personenkreis um keine Arbeitnehmer handelt, hat die Vorschrift nur klarstellenden Charakter. Wegen weiterer Einzelheiten hierzu wird auf die Kommentierung in HaKo-KSchR/*Pfeiffer* § 14 KSchG Rn 1, 3 ff verwiesen.

3 **[2] Rechtscharakter des Antrags.** Der Auflösungsantrag nach § 9 KSchG ist rechtslogisch ein echter Hilfs- bzw Eventualantrag, da er nur dann zur Entscheidung anfällt, wenn der Arbeitgeber mit seinem Hauptantrag auf Klageabweisung keinen Erfolg hat. Von daher ergibt jedenfalls die Auslegung nach dem Grundsatz des wohlverstandenen Interesses des nicht ausdrücklich als Hilfsantrag bezeichneten Auflösungsbegehrens seinen Charakter als echten Hilfsantrag.

4 **[3] Sozialwidrigkeit der ordentlichen Kündigung.** Nach der früheren Rechtsprechung des BAG konnte der Arbeitgeber die Auflösung des Arbeitsverhältnisses nach § 9 Abs. 1 Satz 2 KSchG nur bei einer ausschließlich sozialwidrigen Kündigung verlangen. Eine Auflösung auf Antrag des Arbeitgebers war danach ausgeschlossen, wenn die Kündigung bereits aus anderen Gründen unwirksam war. Nach der neueren Rechtsprechung des BAG ist nunmehr der Auflösungsantrag des Arbeitgebers auch dann zulässig, wenn die neben der Sozialwidrigkeit vorliegenden Unwirksamkeitsgründe keine Schutznormen zugunsten des Arbeitnehmers darstellen (Schutznormen sind zB §§ 9 MuSchG, 85, 91 SGB IX). Wegen weiterer Einzelheiten wird auf die Kommentierung in HaKo-KSchR/*Fiebig*/*Gieseler* § 9 KSchG Rn 32 ff verwiesen.

5 **[4] Leitende Angestellte.** Demgegenüber finden auf leitende Angestellte iSd § 14 Abs. 2 Satz 1 KSchG die den Kündigungsschutz regelnden §§ 1 bis 13 KSchG mit Ausnahme des § 3 Anwendung. Der Begriff des leitenden Angestellten idS stimmt jedoch insoweit nicht mit dem des § 5 Abs. 3 BetrVG überein, als er die Einstellungs- oder Entlassungsbefugnis genügen lässt. Beide Begriffsbestimmungen decken sich jedoch insofern, als es jeweils entscheidend darauf ankommt, ob der Angestellte die ihn als leitenden Angestellten prägenden Funktionen auch tatsächlich ausübt; auf die rechtliche Ausgestaltung des Arbeitsvertrags kommt es also alleine nicht an. Zur Inanspruchnahme der privilegierten Auflösung des Arbeitsverhältnisses hat der Beklagte Arbeitgeber den Rechtsbegriff des leitenden Angestellten nach Maßgabe der von der Rechtsprechung gesetzeskonkretisierend aufgestellten Kriterien näher bestimmt dar-

zulegen. Wegen der inhaltlichen Anforderungen an den Begriff des leitenden Angestellten wird auf die Kommentierung in HaKo-KSchR/*Pfeiffer* § 14 KSchG Rn 17 ff verwiesen.

[5] **Begründungsfreiheit des Auflösungsantrags.** Nach § 14 Abs. 2 Satz 2 KSchG bedarf der Antrag des Arbeitgebers auf gerichtliche Auflösung des Arbeitsverhältnisses bei leitenden Angestellten iSd § 14 Abs. 2 Satz 1 KSchG keiner Begründung. Die sachliche Rechtfertigung für die vereinfachte Lösbarkeit des Arbeitsverhältnisses ist darin zu sehen, dass zwischen dem Arbeitgeber und dem leitenden Angestellten ein besonderes Vertrauensverhältnis fortgesetzt bestehen muss. Ob der Arbeitgeber trotz der Sozialwidrigkeit der Kündigung noch das erforderliche Vertrauen zu dem leitenden Angestellten hat, soll er nach Ansicht des Gesetzgebers selbst entscheiden können. 6

[6] **Privilegierung des Auflösungsantrags im Allgemeinen.** Nach § 9 Abs. 1 Satz 3 KSchG kann der Auflösungsantrag bis zum Schluss der letzten mündlichen Verhandlung in der Berufungsinstanz gestellt werden. § 9 Abs. 1 Satz 3 KSchG ist insoweit lex specialis gegenüber den verfahrensrechtlichen Einschränkungen der Klageerweiterung in der Berufungsinstanz. Eine Zurückweisung der den Auflösungsantrag stützenden Tatsachen als verspätet entfällt. 7

[7] **Beendigungszeit.** Für die Auflösung des Arbeitsverhältnisses ist nach § 9 Abs. 2 KSchG der Zeitpunkt festzusetzen, zu dem das Arbeitsverhältnis aufgrund der objektiv zutreffenden Kündigungsfrist geendet hätte. 8

[8] **Höhe der Abfindung.** Das Gericht trifft seine Entscheidung nach pflichtgemäßem Ermessen. Bei der Ermessung der Höhe der Abfindung ist das Gericht nicht an die Anträge der Parteien gebunden. Wegen der Kriterien der Bemessung wird auf die Erläuterungen zu § 9 Rn 12 ff verwiesen. Ergänzend ist auszuführen, dass es trotz der von Rechts wegen nicht erforderlichen Begründung von Vorteil ist, wenn der Arbeitgeber für die Festsetzung der Höhe der Abfindung vorhandene Auflösungsgründe darlegt. 9

[9] **Entstehung des Abfindungsanspruchs.** Der Anspruch entsteht mit der Festsetzung im Urteil und wird frühestens zum Zeitpunkt des festgesetzten Endes des Arbeitsverhältnisses fällig (Einzelheiten hierzu HaKo-KSchR/*Fiebig*/*Gieseler* § 10 KSchG Rn 28 ff). 10

Zweiter Abschnitt Kündigungsschutz im Rahmen der Betriebsverfassung und Personalvertretung

§ 15 KSchG Unzulässigkeit der Kündigung

(1) ¹Die Kündigung eines Mitglieds eines Betriebsrats, einer Jugend- und Auszubildendenvertretung, einer Bordvertretung oder eines Seebetriebsrats ist unzulässig, es sei denn, daß Tatsachen vorliegen, die den Arbeitgeber zur Kündigung aus wichtigem Grund ohne Einhaltung einer Kündigungsfrist berechtigen, und daß die nach § 103 des Betriebsverfassungsgesetzes erforderliche Zustimmung vorliegt oder durch gerichtliche Entscheidung ersetzt ist. ²Nach Beendigung der Amtszeit ist die Kündigung eines Mitglieds eines Betriebsrats, einer Jugend- und Auszubildendenvertretung oder eines Seebetriebsrats innerhalb eines Jahres, die Kündigung eines Mitglieds einer Bordvertretung innerhalb von sechs Monaten, jeweils vom Zeitpunkt der Beendigung der Amtszeit an gerechnet, unzulässig, es sei denn, daß Tatsachen vorliegen, die den Arbeitgeber zur Kündigung aus wichtigem Grund ohne Einhaltung einer Kündigungsfrist berechtigen; dies gilt nicht, wenn die Beendigung der Mitgliedschaft auf einer gerichtlichen Entscheidung beruht.

(2) ¹Die Kündigung eines Mitglieds einer Personalvertretung, einer Jugend- und Auszubildendenvertretung oder einer Jugendvertretung ist unzulässig, es sei denn, daß Tatsachen vorliegen, die den Arbeitgeber zur Kündigung aus wichtigem Grund ohne Einhaltung einer Kündigungsfrist berechtigen, und daß die nach dem Personalvertretungsrecht erforderliche Zustimmung vorliegt oder durch gerichtliche Entscheidung ersetzt ist. ²Nach Beendigung der Amtszeit der in Satz 1 genannten Personen ist ihre Kündigung innerhalb eines Jahres, vom Zeitpunkt der Beendigung der Amtszeit an gerechnet, unzulässig, es sei denn, daß Tatsachen vorliegen, die den Arbeitgeber zur Kündigung aus wichtigem Grund ohne Einhaltung einer Kündigungsfrist berechtigen; dies gilt nicht, wenn die Beendigung der Mitgliedschaft auf einer gerichtlichen Entscheidung beruht.

(3) ¹Die Kündigung eines Mitglieds eines Wahlvorstands ist vom Zeitpunkt seiner Bestellung an, die Kündigung eines Wahlbewerbers vom Zeitpunkt der Aufstellung des Wahlvorschlags an, jeweils bis zur Bekanntgabe des Wahlergebnisses unzulässig, es sei denn, daß Tatsachen vorliegen, die den Arbeitgeber zur Kündigung aus wichtigem Grund ohne Einhaltung einer Kündigungsfrist berechtigen, und daß die nach § 103 des Betriebsverfassungsgesetzes oder nach dem Personalvertretungsrecht erforderliche Zustimmung vorliegt oder durch eine gerichtliche Entscheidung ersetzt ist. ²Innerhalb von sechs Monaten nach Bekanntgabe des Wahlergebnisses ist die Kündigung unzulässig, es sei denn, daß Tatsachen vorliegen, die den Arbeitgeber zur Kündigung aus wichtigem Grund ohne Einhaltung einer Kündigungsfrist berechtigen; dies gilt nicht für Mitglieder des Wahlvorstands, wenn dieser durch gerichtliche Entscheidung durch einen anderen Wahlvorstand ersetzt worden ist.

(3 a) ¹Die Kündigung eines Arbeitnehmers, der zu einer Betriebs-, Wahl- oder Bordversammlung nach § 17 Abs. 3, § 17a Nr. 3 Satz 2, § 115 Abs. 2 Nr. 8 Satz 1 des Betriebsverfassungsgesetzes einlädt oder die Bestellung eines Wahlvorstands nach § 16 Abs. 2 Satz 1, § 17 Abs. 4, § 17a Nr. 4, § 63 Abs. 3, § 115 Abs. 2 Nr. 8 Satz 2 oder § 116 Abs. 2 Nr. 7 Satz 5 des Betriebsverfassungsgesetzes beantragt, ist vom Zeitpunkt der Einladung oder Antragstellung an bis zur Bekanntgabe des Wahlergebnisses unzulässig, es sei denn, dass Tatsachen vorliegen, die den Arbeitgeber zur Kündigung aus wichtigem Grund ohne Einhaltung einer Kündigungsfrist berechtigen; der Kündigungsschutz gilt für die ersten drei in der Einladung oder Antragstellung aufgeführten Arbeitnehmer. ²Wird ein Betriebsrat, eine Jugend- und Auszubildendenvertretung, eine Bordvertretung oder ein Seebetriebsrat nicht gewählt, besteht der Kündigungsschutz nach Satz 1 vom Zeitpunkt der Einladung oder Antragstellung an drei Monate.

(4) Wird der Betrieb stillgelegt, so ist die Kündigung der in den Absätzen 1 bis 3 genannten Personen frühestens zum Zeitpunkt der Stillegung zulässig, es sei denn, daß ihre Kündigung zu einem früheren Zeitpunkt durch zwingende betriebliche Erfordernisse bedingt ist.

(5) ¹Wird eine der in den Absätzen 1 bis 3 genannten Personen in einer Betriebsabteilung beschäftigt, die stillgelegt wird, so ist sie in eine andere Betriebsabteilung zu übernehmen. ²Ist dies aus betrieblichen Gründen nicht möglich, so findet auf ihre Kündigung die Vorschrift des Absatzes 4 über die Kündigung bei Stillegung des Betriebs sinngemäß Anwendung.

A. Formulare für das betriebsinterne Verfahren
   I. Außerordentliche Kündigung eines sich im nachwirkenden Kündigungsschutz befindenden BR-Mitgliedes
      1. Muster: Anhörung des Betriebsrates zur beabsichtigten außerordentlichen Kündigung des sich im nachwirkenden Kündigungsschutz befindenden BR-Mitgliedes
      2. Erläuterungen
         [1] Zweck des § 15 2
         [2] Aufnahme der relevanten Sozialdaten 4
         [3] Vollständigkeit der Anhörung/subjektive Determination 5

II. Bedenken gegen die außerordentliche Kündigung eines Mandatsträgers
1. Muster: Bedenken des Betriebsrats gegen die außerordentliche Kündigung eines Mandatsträgers iSd § 15 KSchG
2. Erläuterungen
   [1] Mitteilung von Bedenken bei außerordentlicher Kündigung... 7
   [2] Fiktion der Zustimmungsverweigerung.......................... 8
III. Betriebsratsanhörung bei beabsichtigter ordentlicher Kündigung wegen Betriebsstillegung
1. Muster: Anhörung des Betriebsrats bei einer beabsichtigten ordentlichen Kündigung eines JAV-Mitgliedes wegen Betriebsstillegung
2. Erläuterungen
   [1] Kündigung eines Mandatsträgers gem. § 15 Abs. 4............ 11
   [2] Aufnahme aller relevanten Sozialdaten........................... 12

B. Formulare für das gerichtliche Verfahren

A. Formulare für das betriebsinterne Verfahren

I. Außerordentliche Kündigung eines sich im nachwirkenden Kündigungsschutz befindenden BR-Mitgliedes

1. Muster: Anhörung des Betriebsrates zur beabsichtigten außerordentlichen Kündigung des sich im nachwirkenden Kündigungsschutz befindenden BR-Mitgliedes

▶ Geschäftsleitung der Firma ...

An den

Betriebsrat

Im Haus

Stellungnahme zur beabsichtigten außerordentlichen Kündigung von Herrn ...[1]

Sehr geehrter Herr ...,

seitens der Geschäftsleitung wird beabsichtigt, das Arbeitsverhältnis mit Herrn ... außerordentlich zu kündigen. Herr ... ist bei uns seit dem ... als [Tätigkeit] beschäftigt und ist seit dem ... Mitglied des Betriebsrates. Er wurde am ... geboren, ist [Familienstand] und hat [Anzahl] Kinder.[2] Bis zum ... war Herr ... ordentliches Mitglied des Betriebsrates. Bei der letzten Betriebsratswahl wurde Herr ... nicht mehr gewählt. Der einjährige nachwirkende Kündigungsschutz für Betriebsratsmitglieder endet am ... . Wir beabsichtigen jedoch, Herrn ... vorzeitig außerordentlich zu kündigen.

Begründung[3]

Herr ... wurde mehrere Tage dabei beobachtet, dass er morgens die Stechuhr aktivierte (einstach), sich jedoch im Anschluss hierzu wieder in sein Auto setzte und davonfuhr. Nachdem dem Arbeitgeber einige anonyme Hinweise seitens der Belegschaft über diese Vorgehensweise zugetragen worden waren, wurde Herr ... bei seiner morgendlichen Ankunft von unserem Personalchef Herrn ... selbst beobachtet. Herr ... folge Herrn ... mit dem Auto, nachdem dieser eingestochen hatte und musste am ... sowie am ... beobachten, dass Herr ... einen Supermarkt aufsuchte, und jeweils einen Großeinkauf vornahm. Da zum einen die Materialbeschaffung nicht zum beruflichen Tätigkeitsgebiet von Herrn ... gehört und zum anderen auch Windeln, Babynahrung und Waschpulver Teil des Einkaufs von Herrn ... waren, nahm der Personalchef ... die Verfolgung auf und stellte fest, dass Herr ... zu sich nach Hause fuhr, um seiner Ehefrau an der Tür die Einkäufe zu übergeben.

Noch an diesem Ort auf den Vorwurf des Arbeitszeitbetruges vom Personalchef Herrn ... angesprochen, schlug Herr ... den Personalchef Herrn ... mit der flachen Hand ins Gesicht und bezeichnete ihn als „Stasi-Stalker". Erst nachdem die Polizei zu dem Vorfall herbeigerufen worden war, räumte Herr ▪▪▪ seine Verfehlungen ein.

Herr ▪▪▪ hat sich durch dieses Verhalten des (Arbeitszeit-) Betruges sowie der Körperverletzung und Beleidigung zulasten des Personalchefs Herrn ▪▪▪ schuldig gemacht. Das Vertrauen der Geschäftsleitung in Herrn ▪▪▪ ist nunmehr vollständig zerstört.

Ein solches Verhalten würde die Geschäftsleitung bei allen Mitarbeitern zum Anlass für eine außerordentliche Kündigung nehmen. Die Tatsache, dass Herr ▪▪▪ bis zur letzten Wahl Mitglied Betriebsrates war und sich im nachwirkenden Kündigungsschutz befindet, kann hier keine andere Behandlung rechtfertigen.

Wir bitten daher, die Zustimmung zur außerordentlichen Kündigung zu erteilen.

▪▪▪

Geschäftsführung ◂

2. Erläuterungen

2 [1] **Zweck des § 15.** Zweck des § 15 ist der Schutz der Arbeitnehmervertretung, insbesondere ihrer stetigen unveränderten personellen Zusammensetzung sowie der Schutz des einzelnen Funktionsträgers oder Wahlbewerbers. Während Mandatsträger während ihrer laufenden Amtszeit bzw schon als Wahlbewerber durch die in den §§ 103 Abs. 1 BetrVG bzw 47 Abs. 1, 108 Abs. 1 BPersVG geregelten Zustimmungserfordernisse abgesichert sind, gibt der nachwirkende Sonderkündigungsschutz den ehemaligen Mandatsträgern innerhalb der Nachwirkungsphase Kündigungsschutz, jedoch ohne an die vorherige Zustimmung des Arbeitnehmervertretungsgremiums gebunden zu sein. Der Schutz nach § 15 setzt eine Kündigung voraus. Bei Befristungsabreden greift diese Vorschrift nicht.

3 Soll ein Mandatsträger iSd § 15 Abs. 1 bis 3 gekündigt werden, so bedarf es eines wichtigen Grundes. Eine ordentliche Kündigung ist hier aufgrund des Sonderkündigungsschutzes per se unzulässig. Ausnahmen gelten bei Betriebs- oder Abteilungsstilllegungen. Dies gilt nicht nur für die Beendigungskündigung, sondern für alle Formen der außerordentlichen Kündigung. Die Voraussetzungen des § 626 BGB sind hierbei zwingend zu beachten, insbesondere ist der Ausspruch einer Abmahnung stets milderes Mittel zur Kündigung.

4 [2] **Aufnahme der relevanten Sozialdaten.** Auch wenn dem Betriebsratsgremium die Mitglieder bekannt sein sollten empfiehlt es sich, alle relevanten Sozialdaten in die Kündigungsanhörung aufzunehmen. Nicht immer wissen die Betriebsratsmitglieder in größeren Gremien oder von unterschiedlichen Listen tatsächlich die Sozialdaten ihrer Gremiumskollegen. Für andere betroffene Funktionsträger, die dem Schutz des § 103 BetrVG unterfallen, muss dies erst Recht gelten.

5 [3] **Vollständigkeit der Anhörung/subjektive Determination.** Auch wenn ein (ehemaliger) Funktionsträger betroffen ist, muss der Arbeitgeber dem Betriebsrat die Umstände mitteilen, die für die Kündigung aus seiner subjektiven Sicht ausschlaggebend und für den Kündigungsentschluss maßgeblich sind (HaKo-KSchR/*Nägele* § 102 BetrVG Rn 75 mwN). Ist die Anhörung unvollständig erfolgt, ist es dem Arbeitgeber verwehrt, innerhalb des Kündigungsschutzprozesses weitere Kündigungsgründe nachzuschieben, über die der Betriebsrat nicht im Vorfeld zum Ausspruch der Kündigung angehört worden ist (HaKo-KSchR/*Nägele* § 102 BetrVG Rn 75 mwN; Grundsatz der subjektiven Determination).

A. Formulare für das betriebsinterne Verfahren § 15 KSchG

II. Bedenken gegen die außerordentliche Kündigung eines Mandatsträgers

1. Muster: Bedenken des Betriebsrats gegen die außerordentliche Kündigung eines Mandatsträgers iSd § 15 KSchG

6

▶ Betriebsrat ▪▪▪

An die Geschäftsleitung der Firma ▪▪▪

z.Hd. [Name, Personalleiterin]

im Haus

Stellungnahme zur beabsichtigten außerordentlichen Kündigung von Herrn ▪▪▪ [1]

Sehr geehrte Frau ▪▪▪,

in seiner außerordentlichen Sitzung vom ▪▪▪ hat der Betriebsrat über die beabsichtigte außerordentliche Kündigung von Herrn ▪▪▪ beraten. Der Betriebsrat hat nach Anhörung von Herrn ▪▪▪ beschlossen, gegen die außerordentliche Kündigung Bedenken vorzutragen.[2]

Herr ▪▪▪ ist seit 16 Jahren bei uns beschäftigt. Er hat drei schulpflichtige Kinder und hat seit Beginn seines Arbeitsverhältnisses keinerlei Verfehlungen begangen. Dass er am ▪▪▪ sowie am ▪▪▪ während der Arbeitszeit Einkaufen fuhr, um dann den Einkauf wieder bei sich zuhause abzuladen, ist der aktuellen Überforderungssituation des Herrn ▪▪▪ geschuldet. Die Ehefrau von Herrn ▪▪▪ wurde durch einen Autounfall am ▪▪▪ schwer verletzt und liegt seither im künstlichen Koma. Mit der Betreuung seiner drei Kleinkinder ist Herr ▪▪▪ allein überfordert, weshalb er die Hilfe seiner Schwester in Anspruch nehmen muss, die sich um die Kinder kümmert. Die Schwester hat jedoch selber schulpflichtige Kinder, weshalb sie sich erst ab 8.00 Uhr morgens – nach Schulbeginn – um ihre Nichten und Neffen kümmern kann. Ein zweites Auto steht der Familie nicht zur Verfügung, weshalb Großeinkäufe von Herrn ▪▪▪ erledigt werden müssen. Dass Herr ▪▪▪ sich erst eingestochen hat und dann zum Einkaufen fuhr, ist wohl seinem absoluten Überforderungszustand geschuldet, mithin der Tatsache, dass er den Gesundungsverlauf seiner Ehefrau überhaupt nicht einschätzen kann. Daraus resultiert auch die Ohrfeige und Beschimpfung des ihn verfolgenden Personalchefs.

Aufgrund der Abwägung der sozialen Gesichtspunkte gegenüber der Schwere seiner Verfehlungen kommt der Betriebsrat zu dem Entschluss, dass anstelle einer außerordentlichen Kündigung der Ausspruch einer Abmahnung das mildere Mittel darstellt. Eine verhaltensbedingte ordentliche oder gar außerordentliche Kündigung sehen wir jedenfalls als völlig überzogene Reaktion an. Es ist nicht zu erwarten, dass Herr ▪▪▪ zukünftig noch einmal in ähnlicher Weise reagieren wird. Ferner hat er sich für sein Verhalten entschuldigt. ◀

2. Erläuterungen

[1] **Mitteilung von Bedenken bei außerordentlicher Kündigung.** Der Betriebsrat kann einer außerordentlichen Kündigung nicht widersprechen, vielmehr bleibt ihm nur das recht schwache Mittel, innerhalb von maximal drei Tagen schriftlich seine Bedenken zu äußern. Dies gilt auch für Mandatsträger, die nicht (mehr) über den vollen Kündigungsschutz verfügen. Die Äußerung von Bedenken gewährt dem Arbeitnehmer jedoch im Gegensatz zum Widerspruch aus den Gründen des Abs. 3 Nr. 1-5 keinen Weiterbeschäftigungsanspruch bis zur Beendigung des Kündigungsschutzverfahrens gem. § 102 Abs. 5 BetrVG (HaKo-KSchR/*Nägele* § 102 Rn 165).

7

[2] **Fiktion der Zustimmungsverweigerung.** Eine Frist, wie sie bspw in § 102 BetrVG zur Äußerung des Betriebsrates vorgesehen ist, gibt es in § 103 BetrVG nicht. Allerdings fingiert die

8

Rechtsprechung eine *Verweigerung* der Zustimmung, wenn der Betriebsrat sich nicht innerhalb von drei Tagen äußert (BAG v. 24.10.1996, 2 AZR 3/96).

9 Die Mitteilung der Zustimmungsverweigerung an den Arbeitgeber ist an keine bestimmte Form gebunden, es empfiehlt sich jedoch zu Beweiszwecken die Schriftform. Eine Rücknahme der einmal erteilten Zustimmung ist im Nachhinein nicht mehr.

III. Betriebsratsanhörung bei beabsichtigter ordentlicher Kündigung wegen Betriebsstillegung

10 **1. Muster: Anhörung des Betriebsrats bei einer beabsichtigten ordentlichen Kündigung eines JAV-Mitgliedes wegen Betriebsstillegung**

▶ Geschäftsleitung der Firma ...

An den

Betriebsrat

Im Haus

Stellungnahme zur beabsichtigten ordentlichen Kündigung von Herrn ... wegen Betriebsstillegung[1]

Sehr geehrter Herr ...,

seitens der Geschäftsleitung wird beabsichtigt, das Arbeitsverhältnis mit Herrn ... ordentlich zu kündigen. Herr ... ist bei uns seit dem ... als [Tätigkeit] beschäftigt und ist seit dem ... ordentliches Mitglied der JAV. Er wurde am ... geboren, ist ledig und hat keine Kinder.[2] Wir beabsichtigen jedoch, Herrn ... vorzeitig ordentlich wegen der bekanntermaßen beabsichtigten Betriebsstillegung zu kündigen.

Begründung

[...] ◀

2. Erläuterungen

11 [1] **Kündigung eines Mandatsträgers gem. § 15 Abs. 4.** Soll ein Mandatsträger iSd § 15 Abs. 4 gekündigt werden, so ist eine ordentliche Kündigung trotz des Sonderkündigungsschutzes möglich.

12 [2] **Aufnahme aller relevanten Sozialdaten.** Auch wenn dem Betriebsratsgremium die Mitglieder bekannt sein sollten, empfiehlt es sich, alle relevanten Sozialdaten in die Kündigungsanhörung mit aufzunehmen. Nicht immer wissen die Betriebsratsmitglieder in größeren Gremien oder von unterschiedlichen Listen tatsächlich die Sozialdaten ihrer Gremiumskollegen. Für andere betroffene Funktionsträger, die dem Schutz des § 103 BetrVG unterfallen, gilt dies erst Recht.

B. Formulare für das gerichtliche Verfahren

13 Vgl Hierzu die Muster und Erläuterungen bei § 103 BetrVG, Rn 17 ff.

§ 16 KSchG Neues Arbeitsverhältnis; Auflösung des alten Arbeitsverhältnisses

¹Stellt das Gericht die Unwirksamkeit der Kündigung einer der in § 15 Abs. 1 bis 3 a genannten Personen fest, so kann diese Person, falls sie inzwischen ein neues Arbeitsverhältnis einge-

B. Erläuterungen　　　　　　　　　　　　　　　　　　　　　　　§ 16 KSchG

gangen ist, binnen einer Woche nach Rechtskraft des Urteils durch Erklärung gegenüber dem alten Arbeitgeber die Weiterbeschäftigung bei diesem verweigern. ²Im übrigen finden die Vorschriften des § 11 und des § 12 Satz 2 bis 4 entsprechende Anwendung.

A. Muster: Verweigerung der Weiterbeschäftigung der nach § 15 Abs. 1 bis 3 genannten Personen gegenüber dem Arbeitgeber
B. Erläuterungen
  [1]　Voraussetzungen des Verweigerungsanspruchs 2
  [2]　Anrechnung von Zwischenverdiensten 3
  [3]　Verweigerungsanspruch - Angabe von Gründen 4

A. Muster: Verweigerung der Weiterbeschäftigung der nach § 15 Abs. 1 bis 3 genannten Personen gegenüber dem Arbeitgeber

▶ Name des Arbeitnehmers

An die

Geschäftsleitung

z.Hd. Herrn ...

Adresse

Verweigerung der Weiterbeschäftigung

Sehr geehrter Herr ...,

am ... entschied das Landesarbeitsgericht ... im Verfahren Az: [...], dass die von Ihnen ausgesprochene Kündigung gegenüber meiner Person vom ... unwirksam ist. Da keine Partei ein Rechtsmittel gegen diese Entscheidung eingelegt hat und die Frist zur Einlegung der Berufung nunmehr verstrichen ist, ist dieses Urteil rechtskräftig geworden.[1]

Da ich bereits vor einem Jahr ein unbefristetes Arbeitsverhältnis mit der Fa. ... eingegangen[2] bin und mich dort auch recht wohl fühle, habe ich mich nach langer Überlegung dazu entschlossen, zugunsten dieses Arbeitsverhältnisses die Weiterbeschäftigung in Ihrem Unternehmen zu verweigern.[3]

Mit freundlichen Grüßen

...

Unterschrift ◀

B. Erläuterungen

[1] § 16 gilt nur für den in § 15 Abs. 1 bis 3 a genannten Personenkreis und verweist auf die formalen Voraussetzungen des § 12 (siehe dort). Zwingende Voraussetzung für den Verweigerungsanspruch ist jedenfalls, dass das Gericht die Unwirksamkeit der Kündigung rechtskräftig festgestellt hat, was wiederum voraussetzt, dass der Arbeitnehmer Kündigungsschutzklage gegen die ihm gegenüber ausgesprochene Kündigung eingelegt hat. Darüber hinaus ist notwendig, dass das Urteil rechtskräftig ist. Die Frist zur Verweigerung der Weiterbeschäftigung beträgt eine Woche ab Rechtskraft, maßgeblich ist der Poststempel, vgl § 12. Sobald der Arbeitnehmer von seinem Verweigerungsrecht Gebrauch gemacht hat, erlischt sein bisheriges Arbeitsverhältnis (vgl § 12 Abs. 3).

[2] Da der Arbeitnehmer, der den Kündigungsrechtsstreit führt, im Falle des Obsiegens vergütungsrechtlich weder besser noch schlechter gestellt werden soll als bei einer ununterbroche-

nen Beschäftigung, werden ihm Zwischenverdienste angerechnet. Dies gilt auch für den Fall des böswilligen Unterlassens zumutbarer Arbeit und für das zwischenzeitlich erhaltene Arbeitslosengeld [vgl hierzu § 11 Rn 3].

4   [3] Eine detaillierte Angabe von Gründen, warum sich der Arbeitnehmer entschieden hat, die Weiterbeschäftigung zu verweigern, ist nicht notwendig.

Dritter Abschnitt Anzeigepflichtige Entlassungen

Vor §§ 17–22 KSchG

1   Beabsichtigt der Arbeitgeber die Entlassung einer bestimmten Anzahl von Arbeitnehmern in einem Zeitraum von 30 Kalendertagen, so hat er gem. § 17 Abs. 1 Satz 1 KSchG der Agentur für Arbeit im Voraus Anzeige zu erstatten (sog. Massenentlassungsanzeige). Die insoweit die Massenentlassungsanzeige auslösende Anzahl von Entlassungen ergibt sich aus der dreigeteilten Zahlenstaffel des § 17 Abs. 1 KSchG. Die Pflicht zur Anzeige ist betriebsbezogen, der den § 17 ff KSchG zugrunde liegende Arbeitnehmerbegriff entspricht dem üblicherweise im Arbeitsrecht verstandenen Begriffsinhalt. Wegen der Einzelheiten des betrieblichen und auch des persönlichen Geltungsbereichs wird auf die Kommentierung in HaKo-KSchR/*Pfeiffer* § 17 Rn 14 bis 26 verwiesen.

2   Unter dem Begriff **Entlassung** ist seit der sog. Junk-Entscheidung des EuGH v. 27.1.200 (C-188/03, NZA 2005, 213) nicht mehr der Zeitpunkt des tatsächlichen Ausscheidens zu verstehen, sondern die Kündigungserklärung des Arbeitgebers bzw sonstige vom Arbeitgeber veranlasste Beendigungshandlungen. Wegen der in Betracht kommenden Entlassungsarten ist Näheres der Kommentierung in HaKo-KSchR/*Pfeiffer* § 17 Rn 28 bis 36 zu entnehmen.

3   Das in § 17 KSchG geregelte Verfahren ist in zwei Abschnitte, nämlich dem sog. **Konsultationsverfahren** und dem sich anschließenden **Massenentlassungsanzeigeverfahren**, gegliedert. Ist vor Ausspruch einer Kündigung ein nach § 17 Abs. 2 KSchG erforderliches Konsultationsverfahren nicht durchgeführt worden, ist die Kündigung wegen Verstoßes gegen ein gesetzliches Verbot iSv § 134 BGB rechtsunwirksam (BAG 21.3.2013 – 2 AZR 60/12, NZA 2013, 966). Das Fehlen einer wirksamen Massenentlassungsanzeige hat ebenfalls die Unwirksamkeit der Kündigung gem. § 134 BGB zur Folge (BAG 21.3.2013 – 2 AZR 60/12, NZA 2013, 966).

§ 17 KSchG Anzeigepflicht

(1) ¹Der Arbeitgeber ist verpflichtet, der Agentur für Arbeit Anzeige zu erstatten, bevor er

1. in Betrieben mit in der Regel mehr als 20 und weniger als 60 Arbeitnehmern mehr als 5 Arbeitnehmer,
2. in Betrieben mit in der Regel mindestens 60 und weniger als 500 Arbeitnehmern 10 vom Hundert der im Betrieb regelmäßig beschäftigten Arbeitnehmer oder aber mehr als 25 Arbeitnehmer,
3. in Betrieben mit in der Regel mindestens 500 Arbeitnehmern mindestens 30 Arbeitnehmer

innerhalb von 30 Kalendertagen entläßt. ²Den Entlassungen stehen andere Beendigungen des Arbeitsverhältnisses gleich, die vom Arbeitgeber veranlaßt werden.

(2) ¹Beabsichtigt der Arbeitgeber, nach Absatz 1 anzeigepflichtige Entlassungen vorzunehmen, hat er den Betriebsrat rechtzeitig die zweckdienlichen Auskünfte zu erteilen und ihn schriftlich insbesondere zu unterrichten über

1. die Gründe für die geplanten Entlassungen,
2. die Zahl und die Berufsgruppen der zu entlassenden Arbeitnehmer,
3. die Zahl und die Berufsgruppen der in der Regel beschäftigten Arbeitnehmer,
4. den Zeitraum, in dem die Entlassungen vorgenommen werden sollen,
5. die vorgesehenen Kriterien für die Auswahl der zu entlassenden Arbeitnehmer,
6. die für die Berechnung etwaiger Abfindungen vorgesehenen Kriterien.

²Arbeitgeber und Betriebsrat haben insbesondere die Möglichkeiten zu beraten, Entlassungen zu vermeiden oder einzuschränken und ihre Folgen zu mildern.

(3) ¹Der Arbeitgeber hat gleichzeitig der Agentur für Arbeit eine Abschrift der Mitteilung an den Betriebsrat zuzuleiten; sie muß zumindest die in Absatz 2 Satz 1 Nr. 1 bis 5 vorgeschriebenen Angaben enthalten. ²Die Anzeige nach Absatz 1 ist schriftlich unter Beifügung der Stellungnahme des Betriebsrates zu den Entlassungen zu erstatten. ³Liegt eine Stellungnahme des Betriebsrates nicht vor, so ist die Anzeige wirksam, wenn der Arbeitgeber glaubhaft macht, daß er den Betriebsrat mindestens zwei Wochen vor Erstattung der Anzeige nach Absatz 2 Satz 1 unterrichtet hat, und er den Stand der Beratungen darlegt. ⁴Die Anzeige muß Angaben über den Namen des Arbeitgebers, den Sitz und die Art des Betriebes enthalten, ferner die Gründe für die geplanten Entlassungen, die Zahl und die Berufsgruppen der zu entlassenden und der in der Regel beschäftigten Arbeitnehmer, den Zeitraum, in dem die Entlassungen vorgenommen werden sollen und die vorgesehenen Kriterien für die Auswahl der zu entlassenden Arbeitnehmer. ⁵In der Anzeige sollen ferner im Einvernehmen mit dem Betriebsrat für die Arbeitsvermittlung Angaben über Geschlecht, Alter, Beruf und Staatsangehörigkeit der zu entlassenden Arbeitnehmer gemacht werden. ⁶Der Arbeitgeber hat dem Betriebsrat eine Abschrift der Anzeige zuzuleiten. ⁷Der Betriebsrat kann gegenüber der Agentur für Arbeit weitere Stellungnahmen abgeben. ⁸Er hat dem Arbeitgeber eine Abschrift der Stellungnahme zuzuleiten.

(3 a) ¹Die Auskunfts-, Beratungs- und Anzeigepflichten nach den Absätzen 1 bis 3 gelten auch dann, wenn die Entscheidung über die Entlassungen von einem den Arbeitgeber beherrschenden Unternehmen getroffen wurde. ²Der Arbeitgeber kann sich nicht darauf berufen, daß das für die Entlassungen verantwortliche Unternehmen die notwendigen Auskünfte nicht übermittelt hat.

(4) ¹Das Recht zur fristlosen Entlassung bleibt unberührt. ²Fristlose Entlassungen werden bei Berechnung der Mindestzahl der Entlassungen nach Absatz 1 nicht mitgerechnet.

(5) Als Arbeitnehmer im Sinne dieser Vorschrift gelten nicht

1. in Betrieben einer juristischen Person die Mitglieder des Organs, das zur gesetzlichen Vertretung der juristischen Person berufen ist,
2. in Betrieben einer Personengesamtheit die durch Gesetz, Satzung oder Gesellschaftsvertrag zur Vertretung der Personengesamtheit berufenen Personen,
3. Geschäftsführer, Betriebsleiter und ähnliche leitende Personen, soweit diese zur selbständigen Einstellung oder Entlassung von Arbeitnehmern berechtigt sind.

A. Bausteine für Massenentlassungsanzeigen
I. Anzeige von Massenentlassungen
1. Muster: Massenentlassungsanzeige
2. Erläuterungen
   - [1] Allgemeines 2
   - [2] Notwendiger Inhalt 7
   - [3] Vordruck „Massenentlassungsanzeige" 10
   - [4] Auflistung sämtlicher Arbeitnehmer 11
   - [5] Entlassungsgründe 13
   - [6] Interessenausgleich und Sozialplan 14
   - [7] Stellungnahme des Betriebsrates 15
   - [8] Rechtswirkungen der Anzeige ... 17

II. Beteiligung des Betriebsrats
1. Muster: Unterrichtung des Betriebsrats von geplanter Massenentlassung
2. Erläuterungen
   - [1] Unterrichtung des Betriebsrat ... 23
   - [2] Inhalt der Unterrichtung 29
   - [3] Konsultationsverfahren 35
   - [4] Rechtsfolgen 37

III. Interessenausgleichsverhandlungen
1. Muster: Formulierungsbaustein für Interessenausgleich
2. Erläuterungen
   - [1] Fortbestand der Rechte des Betriebsrats 39

B. Kündigungsschutzklage
I. Massenentlassungsanzeige
1. Muster: Bestreiten ordnungsgemäßer Massenentlassungsanzeige
2. Erläuterungen
   - [1] Darlegungslast 44
   - [2] Geltendmachungsfrist 46

II. Erwiderung des Arbeitgebers
1. Muster: Baustein Klageerwiderung im Massenentlassungsverfahren
2. Erläuterungen

C. Amtliche Formulare der Agentur für Arbeit
I. Formularsatz als Anlagen
II. Erläuterungen
- [1] Zuständigkeit der Agentur für Arbeit 50
- [2] Zeitpunkt der Erstattung 51
- [3] Form der Anzeige 52
- [4] Inhalt der Anzeige 53
- [5] Betriebsratsbeteiligung 55
- [6] Rechtsfolgen einer unterbliebenen oder nicht ordnungsgemäßen Massenentlassungsanzeige 56
- [7] Wirksame Anzeige 57

III. Betriebsratsbeteiligung bei Massenentlassung
1. Muster: Stellungnahme des Betriebsrats zur Massenentlassungsanzeige nach § 17 Abs. 3 Satz 7 KSchG
2. Erläuterungen
   - [1] Beteiligung des Betriebsrats 59
   - [2] Sperrfrist 60

A. Bausteine für Massenentlassungsanzeigen

I. Anzeige von Massenentlassungen

1. Muster: Massenentlassungsanzeige

▶ An die Agentur für Arbeit

Anzeige von Entlassungen gem. § 17 KSchG

Sehr geehrte Damen und Herren,

hiermit stellen wir gemäß § 17 KSchG eine Massenentlassungsanzeige[8] für ▪▪▪ Arbeitnehmer.[1]

In der Anlage[2] fügen wir bei:

- das ausgefüllte Formblatt für die Anzeige von Massenentlassungen gem. § 17 KSchG (Anlage 1),[3]
- Eine Auflistung sämtlicher Arbeitnehmer, gegliedert nach Berufsgruppen und Sozialdaten (Alter, Betriebszugehörigkeit, Unterhaltspflichten, Schwerbehinderung, eventueller Sonderkündigungsschutz sowie Kündigungsfrist (Anlage 2),[4]
- Umstrukturierungskonzept der Antragstellerin (Anlage 3),[5]
- Mit dem Betriebsrat abgeschlossener Interessenausgleich und Sozialplan (Anlagenkonglomerat 4),[6]
- Stellungnahme des Betriebsrates (Anlage 5).[7]

A. Bausteine für Massenentlassungsanzeigen § 17 KSchG

Die Antragstellerin ist ein metallverarbeitender Betrieb mit Sitz in ▪▪▪ Der Betrieb wird in erheblichem Umfang umstrukturiert. Wegen der Einzelheiten verweisen wir auf das als Anlage 3 beigefügte unternehmerische Konzept.

Mit dem Betriebsrat wurde am ▪▪▪ ein Interessenausgleich und ein Sozialplan vereinbart. Von den Kündigungen sind ▪▪▪/keine schwerbehinderten Menschen und ▪▪▪/keine Mitarbeiterinnen, die dem Mutterschutzgesetz unterliegen, betroffen.[8]

▪▪▪, den ▪▪▪

▪▪▪

Arbeitgeber ◄

2. Erläuterungen

[1] **Allgemeines.** Das Verfahren bei Massenentlassungen nach den §§ 17 ff KSchG verfolgt primär einen arbeitsmarktpolitischen Zweck. Gleichwohl haben Fehler bei der Massenentlassungsanzeige individualrechtliche Auswirkungen, die bis zur Unwirksamkeit der Kündigung(en) führen können. Die erforderliche Beteiligung des Betriebsrats wiederum betrifft das kollektive Arbeitsrecht (vgl eingehend: HaKo-KSchR/*Pfeiffer* § 17 KSchG Rn 5 ff).

a) Als „**Entlassung**" im Sinne der Richtlinie 98/59 EG zur Angleichung der Rechtsvorschriften der Mitgliedstaaten über Massenentlassungen ist bereits die Kündigungserklärung anzusehen. Das BAG verstand bis zu seiner richtlinienkonformen Auslegung des Begriffs der Entlassung in seinem Urteil vom 23.3.200 (BAG 23.3.2006 – 2 AZR 343/05, AP KSchG 1969 § 17 Nr. 21) die tatsächliche Beendigung des Arbeitsverhältnisses, die auf eine Kündigung des Arbeitgebers zurückzuführen ist (HaKo-KSchR/*Pfeiffer* § 17 KSchG Rn 2 mwN). Im Nachgang zur sog. „Junk"-Entscheidung des EuGH (v. 27.1.2005 – Rs C 188/03 – „Junk", AP KSchG 1969 § 17 Nr. 18) hat das BAG in der Entscheidung vom 23.3.2006 seine Rechtsprechung den Vorgaben des EuGH angepasst. Dies bedeutet also, dass die Massenentlassungsanzeige bereits vor Ausspruch der Kündigungen und nicht erst vor der rechtlichen Beendigung des Arbeitsverhältnisses gestellt werden muss.

b) Der Begriff des „**Betriebs**" entspricht dem des BetrVG. Grundsätzlich unterfallen den §§ 17 ff KSchG nur **Entlassungen** aufgrund ordentlicher (Beendigungs-)Kündigung durch den Arbeitgeber. Eigenkündigungen und Aufhebungsverträge werden nur dann erfasst, wenn sie vom Arbeitgeber veranlasst worden sind (vgl insgesamt und eingehend: HaKo-KSchR/*Pfeiffer* § 17 KSchG Rn 14-42).

c) **Form.** Gemäß § 17 Abs. 3 S. 2 KSchG hat der Arbeitgeber oder ein von ihm Bevollmächtigter die Anzeige schriftlich gegenüber der Arbeitsagentur zu erstatten und die Stellungnahme des Betriebsrats beizufügen. Eine Anzeige per Telefax ist zulässig (BAG 24.9.1986 AP ArbGG 1979 § 72 Rn 12). Die Anzeige ist von dem Arbeitgeber zu unterzeichnen und an die zuständige Arbeitsagentur zu übermitteln. Die Anzeige wird gemäß § 130 BGB mit Zugang bei der zuständigen Arbeitsagentur wirksam.

d) **Zuständig** ist die Agentur, in deren Bezirk der Betrieb liegt. Es kommt nicht auf den Sitz des Unternehmens an (ErfK/*Ascheid* § 17 KSchG Rn 28).

[2] **Notwendiger Inhalt.** Die Anzeige muss Angaben enthalten über (§ 17 Abs. 3 S 4 KSchG)

– den Namen des Arbeitgebers, den Sitz und die Art des Betriebes,
– die Gründe für die geplanten Entlassungen,
– die Zahl und die Berufsgruppen der zu entlassenden und der in der Regel beschäftigten Arbeitnehmer,

– den Zeitraum, in dem die Entlassungen vorgenommen werden sollen,
– die vorgesehenen Kriterien für die Auswahl der zu entlassenden Arbeitnehmer.

8   Die Begriffe und mithin der Inhalt dieser erforderlichen Angaben entspricht (mit Ausnahme des Arbeitgebernamens und Sitz und Art des Betriebes) dem der Unterrichtung des Betriebsrats iSd. § 17 Abs. 2 S 1 Nr. 1-5 (s.u. Rn 23 ff). Enthält die Anzeige nicht diese zwingenden Angaben, so ist sie **unwirksam**.

9   Darüber hinaus *soll* die Anzeige nach § 17 Abs. 3 S 5 KSchG für die Arbeitsvermittlung Angaben über Geschlecht, Alter, Beruf und Staatsangehörigkeit der zu entlassenden Arbeitnehmer im Einvernehmen mit dem Betriebsrat gemacht werden. Aus dem Umstand, dass es sich um eine „Soll-Vorschrift" handelt, folgt, dass ein Verstoß nicht zur Unwirksamkeit der Anzeige führt.

10 [3] **Vordruck „Massenentlassungsanzeige".** Es empfiehlt sich, die von der Bundesagentur für Arbeit zur Verfügung gestellten Vordrucke zu verwenden. Dies ist zwar nicht zwingend erforderlich, hilft aber, Fehler zu vermeiden, da er Felder für die „Muss-Angaben" vorgibt. Diese umfangreichen Vordrucke werden auf Anfrage zugesandt oder sind im Internet abrufbar, ebenso wie eine Ausfüllanleitung (zum Download und online-Ausfüllen bereitgestellt unter: www.arbeitsagentur.de/nn_27728/Navigation/zentral/Unternehmen/Recht/Entlassungen/Entlassungen-Nav.html).

11 [4] **Auflistung sämtlicher Arbeitnehmer.** Eine solche Liste enthält der Vordruck der Bundesagentur ebenfalls, gegliedert nach Berufsgruppen und Sozialdaten (Alter, Betriebszugehörigkeit, Unterhaltspflichten, Schwerbehinderung, eventueller Sonderkündigungsschutz sowie der jeweiligen Kündigungsfrist). Bei der Einteilung in Berufsgruppen wird eine Reihe ähnlicher Berufe zusammengefasst, wobei der Arbeitgeber für die Bewertung, welche Berufe in eine Berufsgruppe gehören, auf die Grundsätze der Bundesagentur für Arbeit zurückgreifen sollte (BeckOK-ArbR/*Volkening* § 17 KSchG Rn 29). Diese Angaben sollen es der Bundesagentur ermöglichen, individuelle arbeitsmarktpolitische Maßnahmen nach dem SGB III einzuleiten.

12 Zu den weitergehenden Sollangaben gehören Angaben über Geschlecht, Alter, Beruf und Staatsangehörigkeit der zu entlassenden Arbeitnehmer. Ein Verstoß führt nicht zur Unwirksamkeit der Anzeige. Die Arbeitsagentur kann das Fehlen dieser Angaben aber unter Umständen bei § 18 KSchG im Rahmen ihrer Ermessensentscheidung berücksichtigen. Entscheidet sich der Arbeitgeber aber entsprechende Angaben zu machen, kann er hieran gebunden sein, sofern er seine Angaben nicht mit einem Vorbehalt versieht (BAG 6.10.1960 – 2 AZR 47/59 AP KSchG § 15 Nr. 7).

13 [5] **Entlassungsgründe.** Auch diese Angaben dienen der Vorabinformation der Bundesagentur, um diese in die Lage zu versetzen, die nötigen Maßnahmen zu ergreifen, insbesondere zu prüfen, ob gem. § 19 KSchG Kurzarbeit zugelassen werden kann. Eine dem Darlegungserfordernis im Kündigungsrechtsstreit entsprechende Ausgestaltung ist hier nicht erforderlich. Ist aber die Restrukturierung in einer unternehmerischen Entscheidung niedergelegt, ist es sinnvoll, hiervon eine Abschrift beizufügen.

14 [6] **Interessenausgleich und Sozialplan.** Es ist noch nicht geklärt, ob vor der Erstattung der Massenentlassungsanzeige eine Einigung zwischen dem Arbeitgeber und dem Betriebsrat über einen Interessenausgleich herbeigeführt werden muss und ob widrigenfalls dann die Anzeige unwirksam ist (BVerfG 25.2.2010 – 1 BvR 230/09, NZA 2010, 439). Am sichersten ist es folglich, die Anzeige erst dann zu erstatten, wenn das Verfahren nach den §§ 111 ff. BetrVG

zum Abschluss gebracht worden ist und der Bundesagentur die Dokumente vorgelegt werden können.

[7] **Stellungnahme des Betriebsrates.** Der Anzeige muss die Stellungnahme des Betriebsrats beiliegen(§ 17 Abs. 3 S 2 KSchG). Fehlt diese, so ist die Anzeige unwirksam (BAG 28. 6. 2012 – 6 AZR 780/10 NZA 2012, 1029). 15

Für den Fall, dass der Betriebsrat keine schriftliche Stellungnahme abgegeben hat, muss der Arbeitgeber glaubhaft machen, dass er den Betriebsrat mindestens zwei Wochen vor Erstattung der Anzeige unterrichtet hat. Gleichzeitig muss der Arbeitgeber den Stand der Beratungen darlegen. Für die Glaubhaftmachung genügt es, wenn der Anzeige eine Abschrift der gemäß § 17 Abs. 2 S 1 KSchG erfolgten schriftlichen Unterrichtung des Betriebsrats beigefügt ist. Zudem ist sinnvoll, der Anzeige in diesen Fällen einen Beleg über den Zugang, etwa mittels Empfangsbekenntnis, beizufügen. Sofern ein solcher Beleg nicht vorhanden ist, kommt auch eine eidesstattliche Versicherung betreffend die Übergabe an den Betriebsrat in Betracht (*Löwisch* NJW 1978, 1238). Die Anzeige ist auch wirksam, wenn der Betriebsrat die Stellungnahme direkt an die Arbeitsagentur übermittelt hat. 16

[8] **Rechtswirkungen der Anzeige.** Erstattet der Arbeitgeber gegenüber der zuständigen Arbeitsagentur rechtzeitig eine Anzeige, die den formellen und inhaltlichen Anforderungen des § 17 KSchG unter Beachtung der Beteiligungsrechte des Betriebsrates entspricht, ergeben sich die Rechtsfolgen dieser wirksamen Anzeige aus den §§ 18 ff KSchG. 17

Gemäß § 18 Abs. 1 KSchG beginnt mit Zugang der Anzeige bei der zuständigen Arbeitsagentur die sogenannte Sperrfrist (vgl dazu Anmerkungen zu § 18 KSchG). 18

Eine **unterlassene** Anzeige führt, sofern sie nicht ausnahmsweise rechtzeitig nachgeholt wird, zur Unwirksamkeit der Entlassung (BAG 28.5.2009 – 8 AZR 273/08, NZA 2009, 1267). Im Zuge der vor zitierten „Junk"-Entscheidung des EuGH und der Übernahme durch das BAG führt dies folglich zur Rechtsunwirksamkeit der Kündigung, wenn sie vor einer nach § 17 Abs. 1 KSchG erforderlichen und den gesetzlichen Anforderungen genügenden Anzeige ausgesprochen wurde (BAG 28.5.2009 aaO). 19

Fehler der Massenentlassungsanzeige führen indes nicht zwingend zu ihrer Unwirksamkeit (vgl, auch zum folgenden: BeckOK-ArbR/*Volkening* § 17 KSchG Rn 51 mwN). Es ist zwischen den sogenannten Soll-Bestimmungen und den Muss-Bestimmungen zu unterscheiden. Auch eine falsche Angabe des Arbeitgebers in der Anzeige zu der Zahl der in der Regel beschäftigten Arbeitnehmer bleibt folgenlos, soweit die Arbeitsverwaltung hierdurch nicht in ihrer sachlichen Prüfung beeinflusst wurde (BAG 22.3.2001 AP GG Art. 101 Nr. 59). Dies kann auch bei einer unrichtigen Angabe zur Zahl der von den Entlassungen betroffenen Arbeitnehmern gelten, insbesondere bei Angabe einer geringfügig überhöhten Zahl, da hierdurch die Vermittlungsmöglichkeiten für die Agentur für Arbeit nicht nachteilig beeinflusst werden. Grundsätzlich handelt es sich bei der Anzahl der zu entlassenden Arbeitnehmer jedoch um eine Muss-Angabe, deren Fehlerhaftigkeit zur Unwirksamkeit der Massenentlassungsanzeige führen kann, allerdings nur zugunsten derjenigen Arbeitnehmer, die nicht von der Anzeige erfasst wurden (BAG 28.6.2012 – 6 AZR 780/10, NZA 2012, 1029). 20

Erfüllt die Massenentlassungsanzeige die gesetzlichen Voraussetzungen nicht, so ist sie auch dann unwirksam, wenn die zuständige Agentur für Arbeit einen Verwaltungsakt nach § 18 Abs. 1 oder Abs. 2 KSchG erlassen hat und dieser bestandskräftig geworden ist. Ein solcher Bescheid entfaltet weder gegenüber dem Arbeitnehmer noch gegenüber der Arbeitsgerichtsbarkeit materielle Bestandskraft (BAG 28.6.2012 aaO). 21

II. Beteiligung des Betriebsrats

1. Muster: Unterrichtung des Betriebsrats von geplanter Massenentlassung

▶ An den Betriebsrat

Im Hause

Unterrichtung gem. § 17 Abs. 2 KSchG[1]

Sehr geehrte Damen und Herren,

hiermit teilen wir Ihnen gem. § 17 Abs. 2 KSchG mit, dass wir beabsichtigen, eine Massenentlassung durchzuführen.

In unserem Betrieb beschäftigen wir derzeit ... Mitarbeiter. Von diesen sollen ... Mitarbeiter entlassen werden.

Wir teilen Ihnen aus diesem Grund folgendes mit:[2]

Diesen Kündigungen liegen folgende betriebliche Gründe zugrunde:

...

Die zu kündigenden 30 Mitarbeiter gliedern sich in folgende Berufsgruppen auf:

1. ...
2. ...
3. ...
4. ...
5. ...

In unserem gesamten Betrieb beschäftigen wir folgende Berufsgruppen:

...

Die Kündigungen sollen bis spätestens ... ausgesprochen werden. Die jeweils maßgebliche Kündigungsfrist wird hierbei berücksichtigt, wobei kürzere Kündigungsfristen bis zum endgültigen Stilllegungszeitpunkt am 31.12. ... verlängert werden.

Hinsichtlich der vorzunehmenden sozialen Auswahl werden wir auf die Kriterien des Gesetzes zurückgreifen (Lebensalter, Betriebszugehörigkeit, Unterhaltspflichten und Behinderung). Abfindungen ergeben sich aus dem noch zu verhandelnden Sozialplan.

Wir fordern Sie auf, über diese Massenentlassungen mit uns zu beraten und schlagen Ihnen hierfür den kommenden Montag im großen Sitzungszimmer um 13:00 Uhr vor.[3] An diesem Termin möchten wir zudem in die Verhandlungen über einen Interessenausgleich und Sozialplan eintreten.[4]

Mit freundlichen Grüßen

...

Geschäftsleitung ◀

2. Erläuterungen

[1] **Unterrichtung des Betriebsrat.** Die Pflicht zur Unterrichtung über die Gründe für die geplanten Entlassungen soll den Betriebsrat in die Lage versetzen, über den Sachverhalt in Kenntnis gesetzt zu werden, der den Arbeitgeber dazu veranlasst, anzeigepflichtige Entlassungen vorzunehmen (ErfK/*Ascheid* § 17 KSchG Rn 20), wodurch die nachfolgende Beratung erst ermöglicht wird. Der Arbeitgeber hat den Betriebsrat mithin so genau und umfassend zu unterrichten, dass weitere eigene Nachforschungen des Betriebsrates über die tatsächlichen Gründe der Entlassungen entbehrlich sind (BeckOK-ArbR/*Volkening* § 17 KSchG Rn 28).

A. Bausteine für Massenentlassungsanzeigen § 17 KSchG

a) Form: Ob „schriftlich" bedeutet, dass die Vorschrift des § 126 Abs. 1 BGB beachtet werden muss, hat das BAG bislang offen gelassen (BAG 20.9.2012 – 6 AZR 155/11, NZA 2013, 32). 24

Teilweise wird eine nur mündliche Unterrichtung des Betriebsrates in der Rechtsprechung als unschädlich angesehen (LAG Hamm 15.12.2010 – 6 Sa 1344/10). Eine abschließende Stellungnahme des Betriebsrats heilt allerdings einen etwaigen Formverstoß aufgrund einer nur mündlichen Unterrichtung, da dieser hierdurch zum Ausdruck bringt, sich ausreichend unterrichtet zu fühlen (BAG 20.9.2012 – 6 AZR 155/11, NZA 2013, 32). 25

Erklärt der Betriebsrat in einem Interessenausgleich, rechtzeitig und umfassend unterrichtet worden zu sein, genügt dies zum Nachweis der Unterrichtungspflicht nicht. Die Vorlage des Interessenausgleichs mit Namensliste ersetzt nur die Stellungnahme des Betriebsrats oder Gesamtbetriebsrats gegenüber der Agentur für Arbeit. Erforderlich ist **daneben** noch die vorherige schriftliche Unterrichtung des Betriebsrats nach § 17 Abs. 2 S. 1 KSchG (BAG 20.9.2012 – 6 AZR 155/11, NZA 2013, 32). 26

Allerdings kann der Arbeitgeber seine Pflichten gegenüber dem Betriebsrat aus § 111 BetrVG, § 17 Abs. 2 S. 1 KSchG und § 102 Abs. 1 BetrVG, soweit sie übereinstimmen, gleichzeitig erfüllen. Dabei ist hinreichend klarzustellen, dass und welche Verfahren gleichzeitig durchgeführt werden sollen (BAG 18.1.2012 – 6 AZR 407/10 NZA 2012, 817). 27

b) Zeitpunkt der Unterrichtung. Die Unterrichtung hat **rechtzeitig** zu erfolgen. Eine Definition dieses Begriffes sieht das Gesetz nicht vor. Aus § 17 Abs. 3 S. 3 KSchG kann jedoch entnommen werden, dass der Gesetzgeber eine Unterrichtung des Betriebsrates mindestens zwei Wochen vor Erstattung der Anzeige für erforderlich hält. Die Pflicht zur Unterrichtung des Betriebsrats entsteht, wenn der Arbeitgeber erwägt, Massenentlassungen vorzunehmen oder einen Plan für Massenentlassungen aufstellt (EuGH 10.9.2009 – C-44/08 *Akavan Erityisalojen Keskusliitto AEK ry u.a. ./. Fujitsu Siemens Computers Oy*, NZA 2009, 1083). Die Pflicht entsteht also bereits mit der **Absicht** zukünftiger anzeigepflichtiger Entlassungen, etwa aufgrund feststehender betriebswirtschaftlicher Entscheidungen. Nach Art. 2 Abs. 4 RL 98/59 ist nicht erforderlich, dass der Arbeitgeber die Entscheidung selbst trifft. Es kann bereits eine Entscheidung der Konzernmutter genügen (ErfK/*Kiel* § 17 KSchG Rn 20). 28

[2] Inhalt der Unterrichtung. Der Arbeitgeber hat dem Betriebsrat rechtzeitig auf der Grundlage seines unternehmerischen Konzeptes zweckdienliche Auskünfte zu erteilen und ihn nach § 17 Abs. 2 Nr. 1 bis 6 KSchG zu unterrichten über 29

– die Gründe für die geplanten Entlassungen,
– die Zahl und die Berufsgruppen der zu entlassenden AN,
– die Zahl und die Berufsgruppen der in der Regel beschäftigten AN,
– den Zeitraum, in dem die Entlassungen vorgenommen werden sollen,
– die vorgesehenen Kriterien für die Auswahl der zu entlassenden AN und
– die für die Berechnung etwaiger Abfindungen vorgesehenen Kriterien.

a) Zu den **Gründen** für die geplanten Entlassungen nach Nr. 1 gehört die Angabe des Sachverhalts, den der AG zur Kündigung verwenden will. Eine Substantiierung nach den für den Kündigungsschutzprozess geltenden Grundsätzen ist zwar nicht erforderlich, jedoch genügt die pauschale Angabe „betriebliche Gründe" nicht (*Krieger/Ludwig* NZA 2010, 919, 921). 30

b) Wegen der **Zahl und der Berufsgruppeneinteilung** wird auch vorstehende Ausführungen zur Massenentlassungsanzeige verwiesen (Anmerkung A 1 [4]). 31

32 c) Der Betriebsrat ist weiter über den **Zeitraum** zu unterrichten, in dem die beabsichtigten Entlassungen vorgenommen, also die Kündigungen ausgesprochen werden sollen (KR/*Weigand* § 17 KSchG Rn 62 f).

33 d) Der Arbeitgeber hat den Betriebsrat gemäß § 17 Abs. 2 Nr. 5 KSchG über die vorgesehenen **Kriterien für die Auswahl** der zu entlassenden Arbeitnehmer zu unterrichten. Neben den sozialen Auswahlkriterien nach § 1 Abs. 3 KSchG soll der Betriebsrat auch über andere Kriterien unterrichtet werden, die der Arbeitgeber bei seiner Auswahl zugrunde legt. Solche Kriterien können betriebliche (zB organisatorische Gründe), sowie fachliche und persönliche Belange sein (BeckOK-ArbR/*Volkening* § 17 KSchG Rn 32).

34 e) Der Arbeitgeber hat den Betriebsrat nach Nr. 6 auch über die Kriterien für die Berechnung etwaiger Abfindungen zu unterrichten. Diese Regelung wurde aufgenommen, weil nicht jede anzeigepflichtige Massenentlassung eine Betriebsänderung im Sinne des § 111 BetrVG darstellt und eine Sozialplanpflicht nach § 112 BetrVG auslöst (*Volkening* aaO mit Verweis auf BT-Drucks. 13/668, 14). In Fällen, in denen eine Sozialplanpflicht besteht, reicht es aus, wenn der Arbeitgeber dem Betriebsrat mitteilt, dass sich die Kriterien für die Berechnung der Abfindung aus dem noch zu schließenden Sozialplan ergeben (BAG 30.3.2004 – 1 AZR 7/03 NZA 2004, 931).

35 **[3] Konsultationsverfahren.** Nach der Unterrichtung treten der Arbeitgeber und der Betriebsrat in die Beratungen über die beabsichtigten Massenentlassungen ein (sog. Konsultationsverfahren). Ziel dieser Beratungen ist es, Möglichkeiten zu erörtern, Entlassungen zu vermeiden oder einzuschränken und ihre Folgen zu mildern. Der Zweck des Beteiligungsrechts kann nur erreicht werden, wenn die Betriebsparteien mit einem ernsthaften Einigungswillen verhandeln. Die Beratung erfordert deshalb mehr als Auskunftserteilung und Unterrichtung und mehr als eine schlichte Anhörung. Aufgrund der Regelung in § 17 Abs. 3 S. 3 KSchG ist für das Konsultationsverfahren in der Regel ein Zeitfenster von mindestens zwei Wochen erforderlich (ErfK/*Kiel* § 17 KSchG Rn 24).

36 Das Konsultationsverfahren endet, sobald eine abschließende Stellungnahme des Betriebsrats vorliegt. Ferner wird es abgeschlossen, sobald die Betriebsparteien einen Interessenausgleich abschließen (BAG 18.9.2003 – 2 AZR 79/02, NZA 2004, 375). Dies ist aber nicht zwingend erforderlich. Das BAG hat daran festgehalten, dass mit der Konsultationspflicht nach Abs. 2 keine Pflicht zur Verständigung über Umfang und Folgen der Massenentlassung verbunden ist (BAG 13.7.2006 – 6 AZR 198/06, NZA 2007, 25; 21.5.2008 – 8 AZR 84/07, NZA 2008, 753).

37 **[4] Rechtsfolgen.** Die Durchführung des Konsultationsverfahrens mit dem Betriebsrat ist Wirksamkeitsvoraussetzung für die Massenentlassung. Eine Anzeige bei der Agentur für Arbeit nach nicht pflichtgemäßer Beratung führt zur Unwirksamkeit der Kündigung (str., vgl Nachweise bei *Kiel* aaO).

III. Interessenausgleichsverhandlungen

38 **1. Muster: Formulierungsbaustein für Interessensausgleich**

▶ **§ … Beteiligungsverfahren (Formulierung nach dem Sachverhalt in BAG v. 20.9.2012)**[1]

Im Hinblick auf die erforderlich werdenden betriebsbedingten Kündigungen besteht zwischen den Parteien ferner Einigkeit darüber, dass der Betriebsrat noch im Rahmen der Interessenausgleichsverhandlungen umfassend gem. § 17 Abs. 2 KSchG unterrichtet und beteiligt worden ist. Ihm sind insbesondere die Gründe für die geplanten Entlassungen, die Zahl und die Berufsgruppen der zu entlassenden Arbeitnehmer, die Zahl und die Berufsgruppen der in der Regel beschäftigten Arbeitnehmer, der Zeitraum, in dem die Entlassungen, die für die Berechnung etwaiger Abfindungen vorgesehenen Kriterien vorgenommen werden sollen, sowie die vorgesehenen Kriterien für die Auswahl der zu entlassenden Arbeitnehmer mitgeteilt worden. Der Arbeitgeber und der Gesamtbetriebsrat haben insbesondere auch die Möglichkeiten beraten, Entlassungen zu vermeiden oder zumindest einzuschränken und ihre Folgen zu mildern. Die Parteien sehen das Konsultationsverfahren gem. § 17 Abs. 2 KSchG damit als abgeschlossen an. ◄

2. Erläuterungen

[1] **Fortbestand der Rechte des Betriebsrats.** Grundsätzlich bestehen die Rechte und Pflichten des Betriebsrates aus den §§ 111 ff. BetrVG unabhängig von dem Beteiligungsrecht nach § 17 Abs. 2 KSchG fort. Keines der beiden Beteiligungsrechte wird durch das jeweils andere ersetzt. In der Praxis überlagern sich jedoch sowohl die Beteiligungsrechte selbst, als auch die Sachverhalte, durch die sie ausgelöst werden. Der Arbeitgeber ist daher nicht verpflichtet, bei zusammentreffenden Pflichten jeweils getrennte Verfahren durchzuführen, sondern kann aus Gründen der Zweckmäßigkeit unter Beachtung der Rechte des Betriebsrates beide Verfahren miteinander verbinden (ErfK/*Ascheid* § 17 KSchG Rn 24). 39

Verständigen sich der Arbeitgeber und der Betriebsrat auf einen Interessenausgleich und einen Sozialplan, kann dieser die Stellungnahme des Betriebsrats nach § 17 Abs. 3 S. 2 ersetzen, nicht aber die schriftliche Unterrichtung des Betriebsrates nach § 17 Abs. 2 S. 1 KSchG (BAG 18.1.2012, NZA 2012, 817). 40

Eine Formulierung in einem Interessenausgleich, die lediglich besagt, dass die Zustimmung des Betriebsrats zu dem Interessenausgleich dessen Stellungnahme ersetzt, genügt also nicht. In einem Kündigungsschutzprozess müsste der Arbeitgeber darüber hinaus die ordnungsgemäße Unterrichtung darlegen und ggf nachweisen. 41

Da die Stellungnahme des Betriebsrats allerdings eventuelle Formfehler heilt, ist es sinnvoll, in den Interessenausgleich die konkreten Inhalte der erforderlichen Unterrichtungen des Betriebsrates mit aufzunehmen und diese Passage mit der ersetzenden Stellungnahme des Betriebsrates zu verknüpfen. 42

B. Kündigungsschutzklage

I. Massenentlassungsanzeige

1. Muster: Bestreiten ordnungsgemäßer Massenentlassungsanzeige 43

▶ Die Klagepartei bestreitet darüber hinaus mit Nichtwissen, dass die erforderliche Massenentlassungsanzeige sowie das erforderliche Konsultationsverfahren gem. § 17 KSchG ordnungsgemäß durchgeführt worden ist. Bei den vorliegenden Kündigungen handelt es sich um Massenentlassungen. Bei der Beklagten wurden zuletzt regelmäßig ... Mitarbeiter beschäftigt. Nach Kenntnis der Klagepartei sind von den vorliegenden Entlassungen insgesamt ... Mitarbeiter betroffen, so dass die Schwellenwerte des § 17 Abs. 1 KSchG überschritten wurden. Bei der vorgenannten Maßnahme handelt es sich daher um eine Massenentlassung im Sinne des Gesetzes.

Beweis: ... ◄

2. Erläuterungen

[1] **Darlegungslast.** Der Arbeitnehmer ist beweispflichtig dafür, dass eine Anzeigepflicht bestand. Er muss also sowohl die Zahl der beschäftigten Arbeitnehmer als auch die Zahl der 44

entlassenen Arbeitnehmer darlegen und im Streitfall beweisen (BAG 22.3.2001 – 8 AZR 565/00, AP GG Art. 101 Nr. 59 mwN). Allerdings sind an die Darlegungslast keine überzogenen Anforderungen zu stellen (ErfK/*Kiel* § 17 KSchG Rn 40). Der Arbeitnehmer genügt daher seiner Darlegungslast, wenn er die äußeren Umstände schlüssig vorträgt, die für ein Erreichen der Schwellenwerte sprechen. Es ist dann Sache des Arbeitgebers hierauf substantiiert und ggf unter Beweisantritt zu erwidern (BAG 24.2.2005 – 2 AZR 207/04, NZA 2005, 766).

45 Daraus folgt also, dass das bloße Bestreiten der ordnungsgemäßen Massenentlassungsanzeige grundsätzlich für einen schlüssigen Sachvortrag nicht ausreicht.

46 **[2] Geltendmachungsfrist.** Die fehlerhafte Massenentlassungsanzeige ist innerhalb der Kündigungsschutzklagefrist des § 4 KSchG geltend zu machen. Hat der Arbeitnehmer jedoch aus anderen Gründen fristgerecht Kündigungsschutzklage erhoben, kann er sich nachträglich bis zum Schluss der mündlichen Verhandlung erster Instanz gem. § 6 KSchG auf die Unwirksamkeit der Kündigung aufgrund fehlender oder fehlerhafter Massenentlassungsanzeige berufen (LAG Düsseldorf 1.3.2007 – 13 Sa 1275/06, ZIP 2007, 1025).

II. Erwiderung des Arbeitgebers

47 **1. Muster: Baustein Klageerwiderung im Massenentlassungsverfahren**

▶ Das Konsultationsverfahren ist ordnungsgemäß durchgeführt worden, die Massenentlassungsanzeige form- und fristgerecht gestellt worden.

Der bei der Beklagten gebildete Betriebsrat wurde gem. § 17 Abs. 2 KSchG mit Schreiben vom ... unterrichtet. Dieses Schreiben ging dem Vorsitzenden des Betriebsrats am gleichen Tage zu.

Beweis: Unterrichtung nach § 17 Abs. 2 KSchG vom ... in Kopie als Anlage B

In der Folgezeit haben die Betriebsparteien einen Interessenausgleich und Sozialplan verhandelt und am ... abgeschlossen.

Beweis: Interessenausgleich und Sozialplan vom ... als Anlagekonvolut B

Unter Verwendung des Vordrucks „Massenentlassungsanzeige" der Bundesagentur für Arbeit wurde der zuständigen Agentur für Arbeit in ... die Massenentlassungsanzeige am ... gestellt. Dieser Massenentlassungsanzeige entsprach den Voraussetzungen des § 17 Abs. 3 KSchG. Sie enthält den Namen des Arbeitgebers sowie Angaben zum Sitz und die Art des Betriebes, die Gründe für die geplanten Entlassungen, die Zahl und die Berufsgruppen der zu entlassenden und der in der Regel beschäftigten Arbeitnehmer, den Zeitraum, in dem die Entlassungen vorgenommen werden sollen, sowie die vorgesehenen Kriterien für die Auswahl der zu entlassenden Arbeitnehmer.

Beweis: Massenentlassungsanzeige der Beklagten in Kopie als Anlage B

Die Stellungnahme des Betriebsrats vom ... wurde dem Antrag beigefügt. Gemäß Bescheinigung der Agentur für Arbeit vom ... wurde festgestellt, dass die Massenentlassungsanzeige vollständig und fristgerecht am ... bei ihr eingegangen ist.

Beweis: 1. Stellungnahme des Betriebsrates gem. § 17 Abs. 2 KSchG in Kopie als Anlage B

2. Schreiben der Agentur für Arbeit in ... in Kopie als Anlage B

Die Massenentlassungsanzeige ist somit ordnungsgemäß. ◀

2. Erläuterungen

Hat der Arbeitnehmer ordnungsgemäß vorgetragen ist es nun am Arbeitgeber, ähnlich wie bei § 102 BetrVG, dem Grunde nach den Verlauf und die Ordnungsmäßigkeit des Massenentlassungsverfahrens darzulegen. Hierbei genügt es nicht, das Schreiben der Agentur für Arbeit, das den Eingang bestätigt, vorzulegen. Zu einem schlüssigen Vortrag bedarf es auch der dezidierten Darlegung der rechtzeitigen Unterrichtung des Betriebsrates, des Inhalts der Massenentlassungsanzeige, insbesondere der Darlegung der Muss-Inhalte sowie schließlich der Darlegung – und ggf Beweis durch das Schreiben der Agentur für Arbeit- des rechtzeitigen Eingangs vor Ausspruch der Kündigung. Ein Verwaltungsakt der Agentur für Arbeit, die die Ordnungsmäßigkeit und Rechtzeitigkeit der Massenentlassungsanzeige bestätigt, entfaltet gegenüber der Arbeitsgerichtsbarkeit keine Rechtsbindung (BAG 28.6.2012 s. Fn 19). 48

§ 17 KSchG — Anzeigepflicht

C. Amtliche Formulare der Agentur für Arbeit

I. Formularsatz als Anlagen

49

Bitte Zutreffendes ausfüllen bzw. ☒ ankreuzen

An die
Agentur für Arbeit

Anzeige von Entlassungen
gemäß § 17 Kündigungsschutzgesetz (KSchG)

Bundesagentur für Arbeit

1	Angaben zum Betrieb	Wird von der Agentur für Arbeit ausgefüllt
11	Firmenname	Eingangsstempel
12	Anschrift	
13	Betriebsart	
14	Rückfragen beantwortet — Name — Tel.-Nr.	
15	Betriebsrat ist vorhanden ☐ ja ☐ nein — Wenn ja: Betriebsratsvorsitzender — Name — Tel.-Nr.	Lfd. Nr. — WKl. des Betriebes
16	Die Anzeige bezieht sich auf ☐ Hauptbetrieb ☐ Zweigbetrieb → Standort	**Bitte beachten!** Nr. 4.1 des Merkblattes

2	Angaben zur Beschäftigungssituation		Nr. 4.3 des Merkblattes
21	Zahl der in der Regel beschäftigten Arbeitnehmer	Insgesamt	Maßgebend ist die Zahl der beschäftigten Arbeitnehmer bei **normaler** Geschäftstätigkeit. Zu den Auszubildenden gehören auch Praktikanten und Volontäre.
22	Zum Zeitpunkt der Anzeige werden beschäftigt — Arbeiter (m/w), Angestellte (m/w), Auszubildende (m/w), Summe — Insgesamt — darunter: über 45jähr., ausl. Arbeitnehmer, Schwb./Gleichg.		Hier sind **alle** beschäftigten Arbeitnehmer anzugeben. Dazu zählen auch Arbeitnehmer, die nur vorübergehend aus Anlass einer außergewöhnlichen Arbeitshäufung oder als Ersatz für in Urlaub befindliche oder erkrankte Arbeitnehmer beschäftigt werden. Die Angabe dieser Zahlen ist jedoch ohne rechtliche Verpflichtung.

3	Angaben zu den Entlassungen		
31	Es sollen entlassen werden — Arbeiter (m/w), Angestellte (m/w), Auszubildende (m/w), Summe — Insgesamt — davon am Datum — darunter: über 45jähr., ausl. Arbeitn., Schwb./Gleichg.		Nr. 4.5 des Merkblattes — **Maßgeblich ist der Tag, an dem die Kündigung ausgesprochen werden soll.** — Nr. 3.1, 5.1 u. 5.3 des Merkblattes — Voraussetzung für die Wirksamkeit der Anzeige sind die Angaben über die **Gesamtzahl** der zu entlassenden Arbeitnehmer und den **Zeitraum**, in dem die Kündigungen ausgesprochen werden sollen. Die übrigen Angaben können nachgereicht werden.
32	Entlassungsgründe:		Bitte eingehend erläutern; ggf. zusätzliches Blatt verwenden.
33	Vorgesehene Kriterien für die Auswahl der zu entlassenden Arbeitnehmer:		

C. Amtliche Formulare der Agentur für Arbeit   § 17 KSchG

34	Eine im Einvernehmen mit dem Betriebsrat (soweit vorhanden) erstellte Liste mit Alters-, Berufs-, Staatsangehörigkeits- und sonstigen Angaben	☐ ist beigefügt ☐ wird nachgereicht	**Bitte beachten !** Nr. 3.2 des Merkblattes Vordruck KSchG 3 bitte verwenden.
	Erklärung Die Aufgliederung der Zahl der Entlassungen unter Nr. ⑶¹ nach Geschlecht und Arbeitnehmereigenschaft sowie die Angaben in der Liste - falls beigefügt - stehen unter dem Vorbehalt etwaiger noch eintretender Änderungen	☐ ja ☐ nein	
35	In den letzten 30 Kalendertagen vor den angezeigten Entlassungen sind bereits Arbeitnehmer gekündigt worden	☐ ja ☐ nein	Nr. 4.5 und 4.6 des Merkblattes Diese Angaben sind zur Prüfung der Anzeigepflicht erforderlich.
	Wenn ja: Kündigungserklärung am	Datum | Zahl der AN	
4	**Antrag auf Abkürzung der Entlassungssperre**		Nr. 6.2 des Merkblattes
	Für die vor Ablauf der einmonatigen Entlassungssperre geplanten Entlassungen wird die Zustimmung zur Abkürzung nach § 18 Abs. 1 KSchG beantragt - siehe unter ⑶¹ -	☐ ja ☐ nein	
	Wenn ja: Begründung:		Bitte eingehend erläutern; ggf. zusätzliches Blatt verwenden. Auf die Frage, weshalb die Entlassungen nicht früher angezeigt wurden, ist besonders einzugehen.
5	**Sonstige Angaben**		Nr. 1.1, 1.2, 2.1 und 5.1 bis 5.3 des Merkblattes
	Die Stellungnahme des Betriebsrates zu den angezeigten Entlassungen ist beigefügt	☐ ja ☐ nein	Bitte nur ausfüllen, soweit ein Betriebsrat vorhanden ist. Fehlt die Stellungnahme des Betriebsrates, sollten Sie mit der Anzeige auch den Stand der Beratungen darlegen.
	Wenn nein: Der Betriebsrat wurde gemäß § 17 Abs. 2 KSchG über die Entlassungen schriftlich unterrichtet	☐ ja ☐ nein	
	Wenn ja: Eine Abschrift dieser Mitteilung wurde der Agentur für Arbeit zugeleitet	☐ ja ☐ nein	
	Wenn nein: Eine Abschrift der Mitteilung ist beigefügt	☐ ja ☐ nein	

Prüfen Sie bitte noch einmal, ob Sie alle Felder ausgefüllt bzw. ☒ angekreuzt und die erforderlichen Unterlagen beigefügt haben. Fehlen Angaben oder Unterlagen der unter ⑾, ⑿, ⒀, ㉑, ㉛, ㉜, ㉝ und ⑤ bezeichneten Art ganz oder teilweise, wird die Anzeige erst nach Eingang dieser vollständigen Angaben bzw. Unterlagen wirksam. Weitere Voraussetzungen für die Wirksamkeit der Anzeige sind die Angaben zu den Berufsgruppen der zu entlassenden und in der Regel beschäftigten Arbeitnehmer (siehe Vordruck „Anlage zur Anzeige von Entlassungen").

Ort und Datum	Firmenstempel und Unterschrift	Anlagen
		☐ Vordruck „Anlage zur Anzeige von Entlassungen" ☐ Liste ☐ Stellungnahme d. Betriebsrates ☐ Sonstige (bitte erläutern)

§ 17 KSchG   Anzeigepflicht

Bundesagentur für Arbeit

Bitte Zutreffendes ausfüllen, 2fach an die zuständige Agentur für Arbeit senden!

Anlage zur
Anzeige von Entlassungen

gemäß § 17 Kündigungsschutzgesetz

Voraussetzung für die Wirksamkeit der Anzeige sind die Angaben zu 1. Angaben zu 2. können nachgereicht werden.

1. **Berufsgruppen der zu entlassenden und der in der Regel beschäftigten Arbeitnehmer (AN)**
   (bitte die Zahlen für die einzelne(n) Berufsgruppe(n) eintragen)

Berufsgruppe	zu entlassende Arbeitnehmer	in der Regel beschäftigte Arbeitnehmer
011 Offiziere		
012 Unteroffiziere mit Portopee		
013 Unteroffiziere ohne Portopee		
014 Angehörige der regulären Streitkräfte in sonstigen Rängen		
111 Landwirtschaft		
112 Tierwirtschaft		
113 Pferdewirtschaft		
114 Fischwirtschaft		
115 Tierpflege		
116 Weinbau		
117 Forst- & Jagdwirtschaft, Landschaftspflege		
121 Gartenbau		
122 Floristik		
211 Berg-, Tagebau & Sprengtechnik		
212 Naturstein- & Mineralaufbereitung & -verarbeitung & Baustoffherstellung		
213 Industrielle Glasherstellung & -verarbeitung		
214 Industrielle Keramikherstellung &-verarbeitung		
221 Kunststoff- & Kautschukherstellung &-verarbeitung		
222 Farb- & Lacktechnik		
223 Holzbe- & -verarbeitung		
231 Papier- & Verpackungstechnik		
232 Technische Mediengestaltung		
233 Fototechnik & Fotografie		
234 Drucktechnik & -weiterverarbeitung, Buchbinderei		
241 Metallerzeugung		
242 Metallbearbeitung		
243 Metalloberflächenbehandlung		
244 Metallbau & Schweißtechnik		
245 Feinwerk- & Werkzeugtechnik		
251 Maschinenbau- & Betriebstechnik		
252 Fahrzeug-, Luft-, Raumfahrt- & Schiffbautechnik		
261 Mechatronik & Automatisierungstechnik		
262 Energietechnik		
263 Elektrotechnik		
271 Technische Forschung & Entwicklung		
272 Technisches Zeichnen, Konstruktion & Modellbau		
273 Technische Produktionsplanung & -steuerung		
281 Textiltechnik & -produktion		
282 Textilverarbeitung		
283 Leder-, Pelzherstellung & -verarbeitung		
291 Getränkeherstellung		
292 Lebensmittel- & Genussmittelherstellung		

Berufsgruppe	zu entlassende Arbeitnehmer	in der Regel beschäftigte Arbeitnehmer
293 Speisenzubereitung		
311 Bauplanung & -überwachung, Architektur		
312 Vermessung & Kartografie		
321 Hochbau		
322 Tiefbau		
331 Bodenverlegung		
332 Tischler, Modellbauer		
332 Maler-, Lackierer-, Stuckateurarbeiten, Bauwerksabdichtung, Holz- & Bautenschutz		
333 Aus- & Trockenbau, Isolierung, Zimmerei, Glaserei, Rollladen- & Jalousiebau		
341 Gebäudetechnik		
342 Klempnerei, Sanitär-, Heizungs- & Klimatechnik		
343 Ver- & Entsorgung		
411 Mathematik & Statistik		
412 Biologie		
413 Chemie		
414 Physik		
421 Geologie, Geografie & Meteorologie		
422 Umweltschutztechnik		
423 Umweltmanagement & -beratung		
431 Informatik		
432 IT-Systemanalyse, IT Anwendungsberatung & IT-Vertrieb		
433 IT-Netzwerktechnik, IT-Koordination, IT-Administration & IT-Organisation		
434 Softwareentwicklung & Programmierung		
511 Technischer Betrieb des Eisenbahn-, Luft- & Schiffsverkehrs		
512 Überwachung & Wartung der Verkehrsinfrastruktur		
513 Lagerwirtschaft, Post & Zustellung, Güterumschlag		
514 Servicekräfte im Personenverkehr		
515 Überwachung & Steuerung des Verkehrsbetriebs		
516 Kaufleute – Verkehr & Logistik		
521 Fahrzeugführung im Straßenverkehr		
522 Fahrzeugführung im Eisenbahnverkehr		
523 Fahrzeugführung im Flugverkehr		
524 Fahrzeugführung im Schiffsverkehr		
525 Bau- & Transportgeräteführung		
531 Objekt-,Personen-, Brandschutz, Arbeitssicherheit		
532 Polizeivollzugs- & Kriminaldienst, Gerichts- & Justizvollzug		
533 Gewerbe- & Gesundheitsaufsicht, Desinfektion		
541 Reinigung		
611 Einkauf & Vertrieb		
612 Handel		
613 Immobilienwirtschaft & Facility-Management		
621 Verkauf (ohne Produktspezialisierung)		
622 Verkauf von Bekleidung, Elektronik, Kraftfahrzeugen & Hartwaren		
623 Verkauf von Lebensmitteln		
624 Verkauf von drogerie- & apothekenüblichen Waren, Sanitäts- & Medizinbedarf		
625 Buch-, Kunst-, Antiquitäten- & Musikfachhandel		
631 Tourismus & Sport		
632 Hotellerie		
633 Gastronomie		
634 Veranstaltungsservice & -management		
711 Geschäftsführung & Vorstand		
712 Angehörige gesetzgebender Körperschaften &leitende Bedienstete von Interessenorganisationen		
713 Unternehmensorganisation & -strategie		
714 Büro & Sekretariat		
715 Personalwesen & -dienstleistung		
721 Versicherungs- & Finanzdienstleistungen		

Berufsgruppe	zu entlassende Arbeitnehmer	in der Regel beschäftigte Arbeitnehmer
722 Rechnungswesen, Controlling & Revision		
723 Steuerberatung		
731 Rechtsberatung, -sprechung & -ordnung		
732 Verwaltung		
733 Medien-, Dokumentations- & Informationsdienste		
811 Arzt- & Praxishilfe		
812 Medizinisches Laboratorium		
813 Gesundheits- & Krankenpflege Rettungsdienst & Geburtshilfe		
814 Human- & Zahnmedizin		
815 Tiermedizin & Tierheilkunde		
816 Psychologie & nicht ärztliche Psychotherapie		
817 Nicht ärztliche Therapie & Heilkunde		
818 Pharmazie		
821 Altenpflege		
822 Ernährungs- & Gesundheitsberatung, Wellness		
823 Körperpflege		
824 Bestattungswesen		
825 Medizin-, Orthopädie & Rehatechnik		
831 Erziehung, Sozialarbeit, Heilerziehungspflege		
832 Hauswirtschaft & Verbraucherberatung		
833 Theologie & Gemeindearbeit		
841 Lehrtätigkeit an allgemeinbildenden Schulen		
842 Lehrtätigkeit für berufsbildende Fächer, betriebliche Ausbildung &Betriebspädagogik		
843 Lehr- & Forschungstätigkeit an Hochschulen		
844 Lehrtätigkeit an außerschulischen Bildungseinrichtungen		
845 Fahr- &Sportunterricht an außerschulischen Bildungseinrichtungen		
911 Sprach- & Literaturwissenschaften		
912 Geisteswissenschaften		
913 Gesellschaftswissenschaften		
914 Wirtschaftswissenschaften		
921 Werbung & Marketing		
922 Öffentlichkeitsarbeit		
923 Verlags- & Medienwirtschaft		
924 Redaktion & Journalismus		
931 Produkt- & Industriedesign		
932 Innenarchitektur, visuelles Marketing, Raumausstattung		
933 Kunsthandwerk & bildende Kunst		
934 Kunsthandwerkliche Keramik- & Glasgestaltung		
935 Kunsthandwerkliche Metallgestaltung		
936 Musikinstrumentenbau		
941 Musik-, Gesangs- & Dirigententätigkeit		
942 Schauspiel, Tanz & Bewegungskunst		
934 Moderation & Unterhaltung		
944 Theater-, Film- & Fernsehproduktion		
945 Veranstaltungs-, Kamera- & Tontechnik		
946 Bühnen- & Kostümbildnerei, Requisite		
947 Museumstechnik & -management		

2. Vorgesehene Kriterien für die Berechnung etwaiger Abfindungen
(ggf. zusätzliches Blatt verwenden)

Liste der zur Entlassung vorgesehenen Arbeitnehmer
(ohne Namensangabe)

Anlage zur Anzeige gemäß § 17 KSchG vom [Datum], Blatt

Lfd. Nr.	Geschlecht	Staatsangehörigkeit	Alter (Jahre)	Familienstand	Wohnort	Beruf	zuletzt ausgeübte Tätigkeit	im Betrieb seit ... (Jahr)	•	••	•••	vorgesehener Kündigungstermin (Datum)
1	2	3	4	5	6	7	8	9	10	11	12	13

Anmerkung: Die Liste mit den ergänzenden Angaben soll der Agentur für Arbeit die Einleitung gezielter arbeitsmarktpolitischer Maßnahmen ermöglichen. Sie ist jedoch nicht Voraussetzung für die Wirksamkeit der Anzeige; sie kann auch nachgereicht werden.

• Soweit zutreffend bitte einsetzen: schwerbehindert = SB, gleichgestellt = GL

•• Zutreffendes bitte einsetzen: Arbeiter(in) = 1, Angestellte(r) = 2, Auszubildende(r) = 3

••• Zutreffendes bitte einsetzen: vollzeitbeschäftigt = VZ, teilzeitbeschäftigt = TZ

Die Formulare sind abrufbar unter www.bundesagenturfuerarbeit.de

II. Erläuterungen

[1] Zuständigkeit der Agentur für Arbeit. Die Anzeige ist an die Agentur für Arbeit, in dessen Bezirk der Betrieb liegt, zu richten. Etwas anderes gilt nur für Massenentlassungen in Betrieben des Verkehrswesens und der Post. In diesem Falle ist nach § 21 KSchG die Anzeige an die Hauptstelle der Bundesagentur für Arbeit zu richten. Auf den Sitz des Unternehmens kommt es nicht an. Die Anzeige wird erst wirksam mit Eingang bei der örtlich zuständigen Agentur für Arbeit, §§ 130 Abs. 1 und 3 BGB, 18 Abs. 1 KSchG. Die bei der örtlich unzuständigen Agentur für Arbeit eingereichte Anzeige wird dann wirksam, wenn sie an die örtlich zuständige Agentur für Arbeit weitergeleitet wird (vgl zum Vorstehenden HaKo-KSchR/*Pfeiffer* § 17 Rn 62).

[2] Zeitpunkt der Erstattung. Ein bestimmter Zeitpunkt für die Erstattung der Anzeige ist gesetzlich nicht geregelt. § 17 Abs. 1 Satz 1 KSchG sieht lediglich vor, dass die Anzeige vor der Entlassung zu erstatten ist („… bevor er … entlässt…"). Nach der Entscheidung des EuGH v. 27.1.200 (C-188/03, NZA 2005, 213) darf der Arbeitgeber Massenentlassungen erst nach Ende des Konsultationsverfahrens iSd Art. 2 und nach Anzeige der Massenentlassung nach Art. 3 und 4 der Richtlinie 98/59 des Rates v. 20.7.1998 (MERL) vornehmen. Aufgrund der gebotenen richtlinienkonformen Auslegung muss die Anzeige vor Ausspruch der Kündigung oder vor Abschluss von Aufhebungsverträgen erstattet werden, jedoch nach Abschluss des Konsultationsverfahrens nach § 17 Abs. 2 KSchG (BAG 23.3.2006 – 2 AZR 343/05, AP KSchG 1969 § 17 Rn 21). 51

[3] Form der Anzeige. Die Anzeige ist vom Arbeitgeber (Inhaber, gesetzlicher Vertreter) oder von einem bevollmächtigten Vertreter schriftlich zu erstatten, § 17 Abs. 3 Satz 2 KSchG. Die gesetzliche Schriftform richtet sich nach § 126 BGB, bedarf also einer eigenständigen Unterzeichnung, anderenfalls ist die Anzeige unwirksam, § 125 Satz 1 BGB. 52

[4] Inhalt der Anzeige. Die inhaltlichen Voraussetzungen der Anzeige sind in § 17 Abs. 3 KSchG abschließend geregelt. Neben der Beifügung der Stellungnahme des Betriebsrats unterscheidet die Vorschrift zwischen Angaben, die zwingend enthalten sein müssen (**Muss-Inhalt**) und solchen, die enthalten sein sollen (**Soll-Inhalt**). 53

Muss-Inhalt: 54
– Name des Arbeitgebers
– Sitz und Art des Betriebs
– Gründe für die geplanten Entlassungen
– Zahl und Berufsgruppen der zu entlassenden Arbeitnehmer
– Zahl und Berufsgruppen der idR beschäftigten Arbeitnehmer
– Zeitraum, in dem die Entlassungen vorgenommen werden sollen
– vorgesehene Kriterien für die Auswahl der zu entlassenden Arbeitnehmer.

Soll-Inhalt: Im Einvernehmen mit dem Betriebsrat sollen nach § 17 Abs. 3 Satz 5 KSchG folgende Angaben in der Anzeige gemacht werden:
– Geschlecht
– Alter
– Beruf
– Staatsangehörigkeit
der zu entlassenden Arbeitnehmer.

[5] Betriebsratsbeteiligung. Nach § 17 Abs. 3 Satz 2 KSchG ist der Anzeige an die Agentur für Arbeit die Stellungnahme des Betriebsrats **beizufügen**. Vereinbaren Arbeitgeber und Betriebsrat einen Interessenausgleich mit Namensliste ist es empfehlenswert, die Massenentlassungsanzeige erst nach dessen Abschluss zu erstatten, da ein Interessenausgleich mit Namensliste gem. § 1 Abs. 5 Satz 4 KSchG die Stellungnahme des Betriebsrats nach § 17 Abs. 3 Satz 2 KSchG ersetzt. Eine ohne Stellungnahme erstattete Massenentlassungsanzeige ist dann wirksam, wenn der Arbeitgeber glaubhaft macht, dass er den Betriebsrat mindestens zwei Wo- 55 chen vor Erstattung der Anzeige nach § 17 Abs. 2 Satz 1 KSchG unterrichtet hat und er den Stand der Beratungen darlegt, § 17 Abs. 3 Satz 3 KSchG.

56 **[6] Rechtsfolgen einer unterbliebenen oder nicht ordnungsgemäßen Massenentlassungsanzeige.** Erstattet der Arbeitgeber die erforderliche Anzeige nicht oder ist die Anzeige fehlerhaft, weil zB nicht alle zwingend vorgeschriebenen Angaben enthalten sind oder die Stellungnahme des Betriebsrats fehlt, sind alle anzeigepflichtigen Entlassungen gem. § 134 BGB unwirksam (BAG 21.3.2013 – 2 AZR 16/12, NZA 2013, 966). In der Erklärung zB der Kündigung ohne wirksame Massenentlassungsanzeige liegt ein Verstoß gegen ein gesetzliches Verbot iSv § 134 BGB (BAG 21.3.2013 – 2 AZR 60/12, NZA 2013, 966). Auch das Anzeigeerfordernis gem. Art. 3 MERL bezweckt nämlich den Schutz der Arbeitnehmer im Falle von Massenentlassungen (EuGH 17.12.1998 – C-250/97, SlG 1998, I-8737). Insoweit handelt es sich um einen Unwirksamkeitsgrund, den der Arbeitnehmer auch innerhalb der Dreiwochenfrist des § 4 Satz 1 KSchG nach Zugang der Kündigungserklärung im Klageweg geltend machen muss. Eine Heilung des Mangels ist bis zum Zeitpunkt der ersten Entlassung mit ex nunc-Wirkung möglich (KR/*Weigand* § 17 KSchG Rn 83; von Hoyningen-Huene/Linck/*v. Hoyningen-Huene* § 17 KSchG Rn 93). Ist hingegen eine Angabe objektiv falsch, führt dies nicht zur Unwirksamkeit der Anzeige, sofern die Agentur für Arbeit bei ihrer Prüfungsentscheidung nicht beeinflusst wird (BAG 22.3.2001 – 8 AZR 565/00, AP GG Art. 101 Nr. 59; LAG Bad.-Württ. 16.9.2010 – 9 Sa 33/10, LAGE § 17 KSchG Nr. 7).

57 **[7] Wirksame Anzeige.** Hat der Arbeitgeber eine erforderliche Anzeige wirksam erstattet, tritt nach dem gesetzlichen Regelfall des § 18 Abs. 1 KSchG eine einmonatige **Entlassungssperre** ein. Der Lauf der Sperrfrist beginnt ab Eingang der wirksamen Anzeige. Während der Sperrfrist werden die Entlassungen, insbesondere Kündigungen, nur wirksam, wenn die Agentur für Arbeit hierzu die Zustimmung erteilt, was auch rückwirkend bis zur Antragstellung geschehen kann. Ein solcher Antrag kann bereits mit der Anzeige verbunden werden. Ein solcher Antrag ist unter Nr. 4 des Anzeigeformulars (BA-KSchG 2) ausdrücklich vorgesehen. Die Agentur für Arbeit hat im Rahmen des ihr zustehenden pflichtgemäßen Ermessens („kann") über den zu begründenden Antrag des Arbeitgebers unter Berücksichtigung der Umstände des Einzelfalls zu entscheiden. Eine Zustimmung kann dann in Betracht kommen, wenn die auf die betroffenen Arbeitsverhältnisse anwendbaren Kündigungsfristen wesentlich kürzer sind als die Sperrfrist, wenn die Entlassungen trotz aller Sorgfalt bei der betrieblichen Planung nicht vorhersehbar waren oder wenn die Arbeitnehmer einen Anschlussarbeitsplatz haben (Thüsing/Laux/Lemke/*Lemke/Oberwinter* § 18 KSchG Rn 10, APS/*Moll* § 18 KSchG Rn 15). Wegen weiterer Einzelheiten hierzu wird auf die Kommentierung in HaKo-KSchR/ *Pfeiffer* § 18 Rn 8 bis 13 verwiesen. Nach unionsrechtlichem Verständnis beginnt die sog. **Freifrist** des § 18 Abs. 4 nach Erstattung der Anzeige zu laufen (vgl BAG 23.2.2010 – 2 AZR 268/08, NZA 2010, 944 ff; BAG 6.11.2008 – 2 AZR 935/07, AP KSchG 1969 § 18 Nr. 4). Auf der Grundlage dieses Verständnisses hat die Freifrist noch einen praktischen Anwendungsbereich. Sie hilft sog. Vorratsmeldungen zu verhindern und der Agentur für Arbeit eine entsprechende Planbarkeit zu garantieren. Danach ist eine erneute Anzeige nicht erforderlich, wenn Kündigungen nach einer ersten Anzeige vor Ablauf der Freifrist ausgesprochen werden, die Arbeitsverhältnisse wegen langer Kündigungsfristen aber erst nach Ablauf der Freifrist enden. Erst nach Ablauf der Freifrist muss der Arbeitgeber unter den Voraussetzungen des § 17 KSchG eine erneute Anzeige erstatten, wenn er bis dahin noch nicht gekündigt hat. Wegen weiterer Einzelheiten zur Freifrist wird auf die Kommentierung in HaKo-KSchR/*Pfeiffer* § 18 Rn 19 f verwiesen.

III. Betriebsratsbeteiligung bei Massenentlassung

1. Muster: Stellungnahme des Betriebsrats zur Massenentlassungsanzeige nach § 17 Abs. 3 Satz 7 KSchG

▶ ... (Betriebsrat)

An die

Agentur für Arbeit ...

... (Datum)

Massenentlassungsantrag des Arbeitgebers vom ...

Sehr geehrte Damen und Herren,

der Betriebsrat[1] hat mit der Geschäftsleitung die im Antrag aufgeführte Umstrukturierung eingehend erörtert. Der Betriebsrat sieht keine Möglichkeit, andere Vorschläge zu machen. Das belegt auch der vereinbarte Interessenausgleich. Der Antrag gegenüber der Agentur für Arbeit wird daher seitens des Betriebsrats unterstützt.

Dementsprechend schließen wir uns dem Antrag in der Anzeige an, die Zustimmung zur Massenentlassung rückwirkend zum Tage der Antragstellung zu erteilen, § 18 Abs. 1 KSchG.[2]

Mit freundlichen Grüßen

...

(Unterschrift des Betriebsrats) ◀

2. Erläuterungen

[1] **Beteiligung des Betriebsrats.** Der Betriebsrat ist in das durch die Anzeige ausgelöste Beteiligungsverfahren kraft Gesetzes eingebunden ist. Ihm steht das Recht zu, eine weitere Stellungnahme abzugeben, § 17 Abs. 3 Satz 7 KSchG. Weitere Stellungnahme deshalb, weil der Betriebsrat schon vor der Erstattung der Anzeige im Rahmen des Konsultationsverfahrens nach § 17 Abs. 2 Satz 1 KSchG berechtigt ist, zu den Entlassungen Stellung zu nehmen, § 17 Abs. 3 Satz 2 KSchG. Diese Stellungnahme hat der Arbeitgeber seiner Anzeige beizufügen.

[2] **Sperrfrist.** Die im Schreiben erwähnte rückwirkende Zustimmung für Entlassungen während der Sperrfrist kann von Rechts wegen nur vom Arbeitgeber beantragt werden. Ein solcher Antrag kann bereits in der Anzeige gestellt werden (vgl Formblatt BA-KSchG 2 unter Rubrik 4). Die Unterstützung des Antrags durch den Betriebsrat kann im Rahmen der von der Agentur für Arbeit nach pflichtgemäßem Ermessen zu treffenden Entscheidung Gewicht finden.

§ 18 KSchG Entlassungssperre

(1) Entlassungen, die nach § 17 anzuzeigen sind, werden vor Ablauf eines Monats nach Eingang der Anzeige bei der Agentur für Arbeit nur mit deren Zustimmung wirksam; die Zustimmung kann auch rückwirkend bis zum Tage der Antragstellung erteilt werden.

(2) Die Agentur für Arbeit kann im Einzelfall bestimmen, daß die Entlassungen nicht vor Ablauf von längstens zwei Monaten nach Eingang der Anzeige wirksam werden.

(3) (aufgehoben)

(4) Soweit die Entlassungen nicht innerhalb von 90 Tagen nach dem Zeitpunkt, zu dem sie nach den Absätzen 1 und 2 zulässig sind, durchgeführt werden, bedarf es unter den Voraussetzungen des § 17 Abs. 1 einer erneuten Anzeige.

A. Sperrfristverkürzung
   I. Muster: Antrag auf Verkürzung der Sperrfrist für einzelne Mitarbeiter
   II. Erläuterungen
      [1] Allgemeines 2
      [2] Verhältnis zur Massenentlassungsanzeige 5
      [3] Begriff der „Entlassung" iSd § 18 KSchG 7
      [4] Zeitpunkt 8
      [5] Entscheidungsmaßstäbe der Agentur für Arbeit 9
      [6] Freifrist 14
B. Beendigungszeitpunkt
   I. Muster: Kündigungsschutzklage bei streitigem Beendigungszeitpunkt
   II. Erläuterungen
      [1] Allgemeines 16
      [2] Klageantrag 19
      [3] Darlegungslast 20
      [4] Geltendmachungsfrist 21

A. Sperrfristverkürzung

1 **I. Muster: Antrag auf Verkürzung der Sperrfrist für einzelne Mitarbeiter**

▶ An die Agentur für Arbeit

...

Antrag auf Verkürzung der Sperrfrist[1]

Sehr geehrte Damen und Herren,

unter Vollmachtsvorlage zeige ich die Vertretung der A-GmbH in B-Stadt an.

Ich nehme Bezug auf die Ihnen am ... zugegangene Massenentlassungsanzeige[2] und beantrage namens und im Auftrag meiner Mandantschaft, die Sperrfrist für die Entlassung[3] der Mitarbeiter:

1. ...

2. ...

3. ...

rückwirkend bis zum Tag der Antragstellung abzukürzen.[4]

Dem Antrag ist zu entsprechen, da nach Abwägung aller Umstände des Einzelfalles die beantragte Abkürzung ermessensgerecht ist. Das Interesse des Arbeitgebers überwiegt die der betroffenen Arbeitnehmer sowie das öffentliche Interesse.[5]

Das Interesse meiner Mandantschaft an der Abkürzung ergibt sich aus Folgendem.[6]

...

Hinter diesem Interesse muss das öffentliche Interesse sowie das Interesse der Arbeitnehmer zurückstehen.[5]

Insgesamt bitten wir daher um Abkürzung der Sperrfrist.

Mit freundlichen Grüßen

...

Rechtsanwalt ◀

II. Erläuterungen

2 **[1] Allgemeines.** Der Zweck des § 18 KSchG liegt in der Verhinderung übermäßiger Belastungen des Arbeitsmarktes bei Massenentlassungen (BeckOK-ArbR/*Volkening* § 18 KSchG Rn 1). Die Agentur für Arbeit kann auf Antrag des Arbeitgebers jedoch zustimmen, dass die Entlassungen bereits vor Ablauf eines Monats nach Eingang der Anzeige bei der Agentur für Arbeit wirksam werden. Diese Zustimmung ist ein begünstigender Verwaltungsakt. Ein solcher Verwaltungsakt setzt einen Antrag des Arbeitgebers voraus (vgl § 18 Abs. 1 Halbs. 2 KSchG „Antragstellung").

A. Sperrfristverkürzung § 18 KSchG

Der Antrag ist formfrei möglich. Er muss jedoch erkennbar vorgebracht werden (APK/*Moll* § 18 KSchG Rn 14). 3

Der von der Bundesagentur für Arbeit bereit gehaltene Vordruck „Anzeige von Entlassungen" (s.o.) sieht unter Ziffer 4 bereits einen solchen Antrag vor. Je nach Komplexität des Sachverhaltes kann aber ein eigenständiges Schreiben sinnvoll sein. 4

[2] **Verhältnis zur Massenentlassungsanzeige.** Der Antrag auf Abkürzung der Sperrfrist ist nicht bereits in der Massenentlassungsanzeige enthalten, sondern muss gesondert gestellt werden (ErfK/*Kiel* § 18 KSchG Rn 5). Die vollständige sowie form- und fristgerechte Massenentlassungsanzeige ist Voraussetzung für den Antrag nach § 18 Abs. 2 KSchG, da erst eine solche die gesetzliche Sperrzeit von einem Monat in Gang setzt. 5

Zwar sind Begehren und Mitteilungen des Arbeitgebers auszulegen, so dass sich die Antragstellung aus dem Gesamtinhalt der bei der Agentur für Arbeit eingehenden Unterlagen ergeben kann. Doch bedarf die Annahme einer Antragstellung ausreichend deutlicher Äußerungen und Umstände. 6

[3] **Begriff der „Entlassung" iSd § 18 KSchG.** Grundsätzlich ist seit der „Junk"-Entscheidung des EuGH unter „Entlassung" auch iSd § 18 KSchG bereits die „Kündigungserklärung" als Entlassung zu verstehen. Allerdings hat das BAG mittlerweile entschieden, dass auch eine vor Ablauf der Entlassungssperre ausgesprochene Kündigung möglich ist (BAG 28.5.2009 – 8 AZR 273/08, AP BGB § 613 a Nr. 370, im Einzelnen: HaKo-KSchR/*Pfeiffer* § 18 KSchG Rn 2). Wie auch nach bisherigem Verständnis des Entlassungsbegriffs, bewirkt eine Kündigung innerhalb der Sperrfrist nicht die Unwirksamkeit der Kündigung selbst, sondern nur eine Entlassungssperre, das heißt, die Kündigung kann erst nach Ablauf der Sperrfrist die Beendigung des Arbeitsverhältnisses bewirken (BAG 6.11.2008 – 2 AZR 935/07, BB 2009, 725). Praktische Bedeutung erlangt diese Rechtsfolge im Falle der „normalen" einmonatigen Sperrfrist nur bei Arbeitsverhältnissen, deren Kündigungsfrist weniger als einen Monat beträgt. Denn bei einer Kündigungsfrist von einem Monat oder länger, geht die Sperrfrist in aller Regel in der Kündigungsfrist auf. Dies entspricht auch dem Gesetzeszweck, den Arbeitsmarkt vor überraschenden Belastungen zu schützen (BeckOK-ArbR/*Volkening* § 18 KSchG Rn 13). 7

[4] **Zeitpunkt.** Die Agentur für Arbeit kann die Sperrfrist längstens rückwirkend bis zum Zeitpunkt des Eingangs des Antrags nach § 18 Abs. 2 KSchG verkürzen. Dies ist nicht mit der Massenentlassungsanzeige zu verwechseln. 8

[5] **Entscheidungsmaßstäbe der Agentur für Arbeit.** Über die Abkürzung der Regelsperrfrist hat die Agentur für Arbeit unter Berücksichtigung von Sinn und Zweck der Sperrfrist und sämtlicher Umstände des Einzelfalls im Rahmen pflichtgemäßen Ermessens zu entscheiden. Der Sinn und Zweck der Sperrfrist liegt in erster Linie im arbeitsmarktpolitischen Allgemeininteresse, indem sie der Agentur für Arbeit Zeit verschafft, sich auf die Vermittlung und Betreuung der Arbeitssuchenden einzustellen. Die Sperrrist soll nicht Leistungen der Agentur für Arbeit an die Arbeitslosen vermeiden (*Eckhoff* in Moll, MAH ArbR § 50 Rn 73). 9

a) Eine Verkürzung kann demnach in Betracht kommen, wenn die Anzeige des Arbeitgebers durch entschuldbare Versehen nicht rechtzeitig wirksam geworden ist. Diese können etwa in inhaltlichen Mängeln der Anzeige oder in einer Verkennung der örtlichen Zuständigkeiten liegen. Auch kann die Unvorhersehbarkeit der Entlassungen trotz sorgfältiger unternehmerischer Planungen ein relevanter Gesichtspunkt sein. Schließlich spricht für eine Abkürzung der 10

Sperrfrist, wenn die betroffenen Arbeitnehmer bereits Anschlussarbeitsverhältnisse gefunden haben (*Eckhoff* in Moll, MAH ArbR § 50 Rn 73).

11 b) **Interesse des Arbeitgebers.** Beim Antrag sollten die besonderen Interessen des Arbeitgebers an einer Verkürzung der Sperrfrist vorgetragen werden. In Betracht kommt die wirtschaftliche Lage des Unternehmens, dem der Betrieb angehört. Die Agentur hat zu prüfen, ob die Beschäftigung der zu entlassenden Arbeitnehmer während der Sperrfrist wirtschaftlich noch zumutbar ist, wobei auch die Möglichkeit einer Arbeitsstreckung nach § 19 zu berücksichtigen ist, und ob der Betrieb die bei Verweigerung der Genehmigung für Abkürzung oder Verlängerung der Sperrfrist entstehenden Lohnkosten tragen kann (Ziffer 4.5 der Geschäftsanweisung zum 3. und 4. Abschnitt des KSchG (GA KSchG) Stand: 11/2012 unter: www.arbeitsagentur.de).

12 In Insolvenzfällen tritt an die Stelle des Arbeitgeberinteresses das Interesse des Insolvenzverwalters. Hierbei muss berücksichtigt werden, dass die Insolvenz eines Unternehmens allein grundsätzlich keinen Anlass bietet, eine Sperrfristabkürzung vorzunehmen. Das Insolvenzverfahren befreit nicht von bestehenden Pflichten. Es erlaubt insbesondere nicht, Arbeitsverhältnisse außerordentlich zu lösen (Ziffer 4.5 der Geschäftsanweisung zum 3. und 4. Abschnitt des KSchG [GA KSchG] Stand: 11/2012 unter: www.arbeitsagentur.de).

13 c) Das **öffentliche Interesse** ist darauf gerichtet, Arbeitslosigkeit und ihre Auswirkungen möglichst zu verhindern bzw zu verringern, aber auch gesunde Betriebe zu erhalten. Dabei ist die Lage des gesamten Arbeitsmarktes und insbesondere diejenige des in Frage kommenden Wirtschaftszweiges in Betracht zu ziehen. Die Entscheidung muss dabei erkennen lassen, in welcher Weise die Arbeitsmarktlage unter besonderer Beachtung des jeweiligen Wirtschaftszweiges berücksichtigt worden ist. Bei der Prüfung der Frage, ob die betroffenen Arbeitnehmer kurzfristig in andere Arbeitsverhältnisse vermittelt werden können, ist daher auch festzustellen, ob und inwieweit eine Vermittlung in Berufe eines anderen Wirtschaftszweiges möglich ist (Ziffer 4.5 der Geschäftsanweisung zum 3. und 4. Abschnitt des KSchG [GA KSchG] Stand: 11/2012 unter: www.arbeitsagentur.de).

14 [6] **Freifrist.** Eine weitere wesentliche Rechtsfolge der wirksamen Anzeige ist in § 18 Abs. 3 KSchG geregelt: Ab dem Zeitpunkt der Zulässigkeit der Entlassungen unter Berücksichtigung der Sperrfrist gemäß § 18 Abs. 1, 2 KSchG beginnt die sogenannte Freifrist. Der Arbeitgeber ist innerhalb dieser 90-Tages-Frist berechtigt, die Entlassungen vorzunehmen. Weitere Rechtsfolgen der wirksamen Anzeige ergeben sich aus § 19 KSchG und aus § 20 KSchG, nämlich die Zulässigkeit von Kurzarbeit und die Bestimmungen über die Entscheidungen der Agentur für Arbeit.

B. Beendigungszeitpunkt

15 **I. Muster: Kündigungsschutzklage bei streitigem Beendigungszeitpunkt**[1]

▶ An das Arbeitsgericht Musterstadt
Musterstraße
Musterstadt

In Sachen

Herr/Frau Mustermann, Adresse

– Kläger/in –

Prozessbevollmächtigte:

B. Beendigungszeitpunkt § 18 KSchG

gegen

XY GmbH, Adresse

– Beklagte –

erheben wir Klage zum zuständigen Arbeitsgericht Musterstadt und stellen folgenden Antrag:

Es wird festgestellt, dass das Arbeitsverhältnis der Parteien durch die Kündigung der Beklagten vom ... nicht zum ..., sondern erst zum ... aufgelöst wird.[2]

Begründung

Die Parteien streiten über den Beendigungszeitpunkt durch die Kündigung des Arbeitsverhältnisses im Schreiben vom ... Die Klagepartei ist seit dem ... bei der Beklagten als ... beschäftigt, verheiratet und ... Kindern zum Unterhalt verpflichtet. Seine durchschnittliche Monatsvergütung betrug zuletzt ... EUR.

Mit Schreiben vom ..., zugegangen am ..., hat die Beklagtenpartei das Arbeitsverhältnis ordentlich zum ... gekündigt.

Beweis: Kündigungsschreiben vom ... in Kopie als Anlage K 1

In dem Betrieb der Beklagten in Musterstadt beschäftigte die Beklagte insgesamt 100 Mitarbeiter. Der Betrieb soll zum ... stillgelegt werden, allen Mitarbeitern wurde die Kündigung ausgesprochen.[3]

Beweis: ...

Aus den vorgenannten Zahlen ergibt sich, dass es sich um eine anzeigepflichtige Massenentlassung im Sinne des § 17 KSchG handelt. Nach Kenntnis der Klagepartei wurde die erforderliche Massenentlassungsanzeige erst am ... gestellt. Die Sperrfrist des § 18 KSchG begann somit an diesem Tag zu laufen und endete erst am ... Die zuständige Agentur für Arbeit in Musterstadt hat nach Kenntnis des Klägers die Sperrfrist gem. § 18 KSchG nicht abgekürzt.[4]

Rechtsfolge ist, dass die am ... ausgesprochene Kündigung nicht bereits zum, sondern erst zum... wirkt.

Gemäß dem Kündigungsschreiben will die Beklagtenseite das Arbeitsverhältnis allerdings bereits vor diesem Tage beenden.

Da die Beklagtenpartei an dieser Rechtsfolge weiterhin festhält, ist Klage geboten.

...

Rechtsanwalt ◄

II. Erläuterungen

[1] **Allgemeines.** Nach § 18 Abs. 1 KSchG werden anzeigepflichtige Entlassungen erst im Ablauf der Sperrfrist oder mit Zustimmung der Agentur für Arbeit wirksam. Nimmt der Arbeitgeber vor diesem Zeitpunkt Entlassungen vor, sind diese nicht endgültig unwirksam, sondern lediglich in ihrer Wirksamkeit gehemmt (HaKo-KSchR/*Pfeiffer* § 18 KSchG Rn 15). 16

Praktische Bedeutung erlangt die Sperrfrist somit nur bei Mitarbeitern mit einer Kündigungsfrist von unter einem Monat oder in den Fällen, in denen die Agentur für Arbeit die Sperrfrist gem. § 18 Abs. 2 KSchG verlängert worden ist. 17

Eine verspätete Massenentlassungsanzeige führt gem. § 17 KSchG zur Unwirksamkeit der Kündigung. Die Frage der Wirksamkeit der rechtlichen Beendigung stellt sich in dieser Konstellation also nicht. 18

19 **[2] Klageantrag.** Liegt ein solcher Fall vor, ist der richtige Antrag der Feststellungsantrag nach § 256 ZPO. Dieser kann ausschließlich gestellt werden, oder aber in Verbindung mit dem Kündigungsschutzantrag nach § 4 KSchG. In diesem Falle wäre der Antrag auf Feststellung der erst späteren Beendigung des Arbeitsverhältnisses als Hilfsantrag zu stellen.

20 **[3] Darlegungslast.** Zur schlüssigen Darlegung des Klageanspruchs gehört zunächst einmal die Darstellung, dass es sich um eine anzeigepflichtige Massenentlassung nach § 17 KSchG handelt (vgl hierzu die entsprechenden Ausführungen zu § 17 KSchG). Grundsätzlich muss der Arbeitnehmer auch darlegen, dass eine Massenentlassungsanzeige gestellt wurde und ggf auch zu welchem Zeitpunkt. Dies ist erfahrungsgemäß in der Praxis recht schwierig, so dass sich diese Konstellation im Allgemeinen wohl auf einen hilfsweisen Vortrag beschränken wird. Denkbar ist, dass sich erst nach dem grundsätzlichen Bestreiten einer wirksamen Massenentlassungsanzeige auf entsprechenden Sachvortrag der Arbeitgeberseite hin erst die Abkürzung der Sperrfrist ergibt.

21 **[4] Geltendmachungsfrist.** Auch der Umstand der erst später wirksam werdenden Entlassungen nach § 18 KSchG ist grundsätzlich innerhalb der Dreiwochenfrist des § 4 KSchG zu stellen. Wurde eine Kündigungsschutzklage erhoben, kann der Umstand der nicht eingehaltenen Sperrfrist auch nachträglich in den Prozess eingeführt werden.

§ 19 KSchG Zulässigkeit von Kurzarbeit

(1) Ist der Arbeitgeber nicht in der Lage, die Arbeitnehmer bis zu dem in § 18 Abs. 1 und 2 bezeichneten Zeitpunkt voll zu beschäftigen, so kann die Bundesagentur für Arbeit zulassen, daß der Arbeitgeber für die Zwischenzeit Kurzarbeit einführt.
(2) Der Arbeitgeber ist im Falle der Kurzarbeit berechtigt, Lohn oder Gehalt der mit verkürzter Arbeitszeit beschäftigten Arbeitnehmer entsprechend zu kürzen; die Kürzung des Arbeitsentgelts wird jedoch erst von dem Zeitpunkt an wirksam, an dem das Arbeitsverhältnis nach den allgemeinen gesetzlichen oder den vereinbarten Bestimmungen enden würde.
(3) Tarifvertragliche Bestimmungen über die Einführung, das Ausmaß und die Bezahlung von Kurzarbeit werden durch die Absätze 1 und 2 nicht berührt.

§ 20 KSchG Entscheidungen der Agentur für Arbeit

(1) ¹Die Entscheidungen der Agentur für Arbeit nach § 18 Abs. 1 und 2 trifft deren Geschäftsführung oder ein Ausschuß (Entscheidungsträger). ²Die Geschäftsführung darf nur dann entscheiden, wenn die Zahl der Entlassungen weniger als 50 beträgt.
(2) ¹Der Ausschuß setzt sich aus dem Geschäftsführer, der Geschäftsführerin oder dem oder der Vorsitzenden der Geschäftsführung der Agentur für Arbeit oder einem von ihm oder ihr beauftragten Angehörigen der Agentur für Arbeit als Vorsitzenden und je zwei Vertretern der Arbeitnehmer, der Arbeitgeber und der öffentlichen Körperschaften zusammen, die von dem Verwaltungsausschuß der Agentur für Arbeit benannt werden. ²Er trifft seine Entscheidungen mit Stimmenmehrheit.
(3) ¹Der Entscheidungsträger hat vor seiner Entscheidung den Arbeitgeber und den Betriebsrat anzuhören. ²Dem Entscheidungsträger sind, insbesondere vom Arbeitgeber und Betriebsrat, die von ihm für die Beurteilung des Falles erforderlich gehaltenen Auskünfte zu erteilen.
(4) ¹Der Entscheidungsträger hat sowohl das Interesse des Arbeitgebers als auch das der zu entlassenden Arbeitnehmer, das öffentliche Interesse und die Lage des gesamten Arbeitsmark-

tes unter besonderer Beachtung des Wirtschaftszweiges, dem der Betrieb angehört, zu berücksichtigen.

§ 21 KSchG Entscheidungen der Zentrale der Bundesagentur für Arbeit

¹Für Betriebe, die zum Geschäftsbereich des Bundesministers für Verkehr oder des Bundesministers für Post und Telekommunikation gehören, trifft, wenn mehr als 500 Arbeitnehmer entlassen werden sollen, ein gemäß § 20 Abs. 1 bei der Zentrale der Bundesagentur für Arbeit zu bildender Ausschuß die Entscheidungen nach § 18 Abs. 1 und 2. ²Der zuständige Bundesminister kann zwei Vertreter mit beratender Stimme in den Ausschuß entsenden. ³Die Anzeigen nach § 17 sind in diesem Falle an die Zentrale der Bundesagentur für Arbeit zu erstatten. ⁴Im übrigen gilt § 20 Abs. 1 bis 3 entsprechend.

§ 22 KSchG Ausnahmebetriebe

(1) Auf Saisonbetriebe und Kampagne-Betriebe finden die Vorschriften dieses Abschnitts bei Entlassungen, die durch diese Eigenart der Betriebe bedingt sind, keine Anwendung.

(2) ¹Keine Saisonbetriebe oder Kampagne-Betriebe sind Betriebe des Baugewerbes, in denen die ganzjährige Beschäftigung nach dem Dritten Buch Sozialgesetzbuch gefördert wird. ²Das Bundesministerium für Arbeit und Soziales wird ermächtigt, durch Rechtsverordnung Vorschriften zu erlassen, welche Betriebe als Saisonbetriebe oder Kampagne-Betriebe im Sinne des Absatzes 1 gelten.

§ 22a KSchG (aufgehoben)

Vierter Abschnitt Schlußbestimmungen

Vor § 23 KSchG

Die Darlegung der in § 23 Abs. 1 KSchG geregelten betrieblichen Geltungsvoraussetzungen für das KSchG ist der Einstieg für die Prüfung der sozialen Rechtfertigung der Kündigung. Nach ständiger Rechtsprechung des BAG trägt der Arbeitnehmer insoweit die Darlegungs- und ggf Beweislast (BAG 23.10.2008 – 2 AZR 131/07, AP Nr. 43 zu § 23 KSchG 1969). § 23 KSchG beschreibt eine Anspruchsvoraussetzung. Der Arbeitnehmer kann nur bei Überschreitung des Schwellenwerts die fehlende soziale Rechtfertigung geltend machen. Auch hat der Gesetzgeber den Wortlaut des § 23 KSchG trotz verschiedentlicher Neuregelungen im hier maßgeblichen Punkt unverändert gelassen, obwohl ihm die seit Jahrzehnten bestehende bisherige Rechtsprechung bekannt war. Schließlich verlangt der Gesichtspunkt der Sachnähe des Arbeitgebers, was die grundsätzliche Verteilung der Darlegungs- und Beweislast anbelangt, kein anderes Ergebnis (BAG 23.10.2008 – 2 AZR 131/07, AP Nr. 43 zu § 23 KSchG 1969; BAG 26.6.2008 – 2 AZR 264/07, AP Nr. 42 zu § 23 KSchG 1969). 1

§ 23 KSchG Geltungsbereich

(1) ¹Die Vorschriften des Ersten und Zweiten Abschnitts gelten für Betriebe und Verwaltungen des privaten und des öffentlichen Rechts, vorbehaltlich der Vorschriften des § 24 für die Seeschiffahrts-, Binnenschiffahrts- und Luftverkehrsbetriebe. ²Die Vorschriften des Ersten Abschnitts gelten mit Ausnahme der §§ 4 bis 7 und des § 13 Abs. 1 Satz 1 und 2 nicht für

Betriebe und Verwaltungen, in denen in der Regel fünf oder weniger Arbeitnehmer ausschließlich der zu ihrer Berufsbildung Beschäftigten beschäftigt werden. ³In Betrieben und Verwaltungen, in denen in der Regel zehn oder weniger Arbeitnehmer ausschließlich der zu ihrer Berufsbildung Beschäftigten beschäftigt werden, gelten die Vorschriften des Ersten Abschnitts mit Ausnahme der §§ 4 bis 7 und des § 13 Abs. 1 Satz 1 und 2 nicht für Arbeitnehmer, deren Arbeitsverhältnis nach dem 31. Dezember 2003 begonnen hat; diese Arbeitnehmer sind bei der Feststellung der Zahl der beschäftigten Arbeitnehmer nach Satz 2 bis zur Beschäftigung von in der Regel zehn Arbeitnehmern nicht zu berücksichtigen. ⁴Bei der Feststellung der Zahl der beschäftigten Arbeitnehmer nach den Sätzen 2 und 3 sind teilzeitbeschäftigte Arbeitnehmer mit einer regelmäßigen wöchentlichen Arbeitszeit von nicht mehr als 20 Stunden mit 0,5 und nicht mehr als 30 Stunden mit 0,75 zu berücksichtigen.

(2) ¹Die Vorschriften des Dritten Abschnitts gelten für Betriebe und Verwaltungen des privaten Rechts sowie für Betriebe, die von einer öffentlichen Verwaltung geführt werden, soweit sie wirtschaftliche Zwecke verfolgen. ²Sie gelten nicht für Seeschiffe und ihre Besatzung.

A. Klageschrift
   I. Muster: Klagevortrag zum Geltungsbereich des KSchG
   II. Erläuterungen
      [1] Darlegungslast 2
B. Klageerwiderung
   I. Muster: Klageerwiderung der Beklagten – Bestreiten der Geltung des KSchG
   II. Erläuterungen
      [1] Erklärungsobliegenheit 5
      [2] Sekundäre Darlegungslast 6
      [3] Umfang der Recherche 7
      [4] Zwischenergebnis 8
C. Replik
   I. Muster: Erwiderungsschriftsatz des Klägers
   II. Erläuterungen
      [1] Replikobliegenheit 10

A. Klageschrift

1 ### I. Muster: Klagevortrag zum Geltungsbereich des KSchG

▶ An das

Arbeitsgericht ...

... (Datum)

Klage

In Sachen ... ./. ...

wegen ordentlicher Kündigung

Namens und in Vollmacht des Klägers erhebe ich Klage und werde beantragen:

Es wird festgestellt, dass das Arbeitsverhältnis der Parteien durch die ordentliche Kündigung der Beklagten vom (Datum) nicht aufgelöst werden wird.

Begründung

Der am ... geborene, verheiratete Kläger[1] ist seit dem 1.1.2005 im Betrieb der Beklagten in ... beschäftigt.

Die Beklagte beschäftigt mehr als 10 Vollzeitarbeitnehmer ausschließlich der zu ihrer Berufsausbildung Beschäftigten.

...

Rechtsanwalt ◀

B. Klageerwiderung   § 23 KSchG

II. Erläuterungen

[1] **Darlegungslast.** Entsprechend der dem klagenden Arbeitnehmer für die in § 23 Abs. 1 KSchG geregelten betrieblichen Geltungsvoraussetzungen obliegenden Darlegungs- und ggf Beweislast hat der Kläger im Muster insoweit schlüssigen Vortrag gehalten. Er hat die Anwendungsvoraussetzungen

– Betrieb (§ 23 Abs. 1 Satz 1 KSchG)
– Wartezeit (länger als sechs Monate im Zeitpunkt des Zugangs der Kündigung beschäftigt, § 1 Abs. 1 KSchG)
– Anzahl der Arbeitnehmer (mehr als zehn anrechenbare Arbeitnehmer – Teilzeitkräfte werden nach § 23 Abs. 1 Satz 4 KSchG berechnet – ausschließlich der zu ihrer Berufsausbildung Beschäftigten; Kläger ist seit dem 1.1.2005 beschäftigt, § 23 Abs. 1 Satz 3 KSchG)

durch die zunächst genügende schlichte Rechtsbehauptung dargelegt.

Denn der Arbeitnehmer genügt regelmäßig seiner Darlegungslast, wenn er – entsprechend seiner Kenntnismöglichkeiten – die für eine entsprechende Arbeitnehmerzahl sprechenden Tatsachen und die ihm bekannten äußeren Umstände schlüssig darlegt. Der Arbeitgeber muss dann nach § 138 Abs. 2 ZPO im Einzelnen erklären, welche rechtserheblichen Umstände gegen die Darlegungen des Arbeitnehmers sprechen (BAG 23.10.2008 – 2 AZR 131/07, AP Nr. 43 zu § 23 KSchG 1969).

B. Klageerwiderung

I. Muster: Klageerwiderung der Beklagten – Bestreiten der Geltung des KSchG

▶ An das

Arbeitsgericht ...

... (Datum)

In Sachen ... ./. ...

Az: ...

zeige ich an, dass ich die Beklagte vertrete.

Namens und im Auftrag der Beklagten wird beantragt, die Klage abzuweisen.

Begründung

Die Beklagte[1] unterhält einen Betrieb mit regelmäßig einschließlich des Klägers 12 Arbeitnehmern, von denen sechs in Teilzeit beschäftigt sind. Das KSchG findet keine Anwendung.[2][3][4]

...

Rechtsanwalt ◀

II. Erläuterungen

[1] **Erklärungsobliegenheit.** Der beklagte Arbeitgeber hat sich in seiner Erwiderung zur schlüssig behaupteten Anwendung des KSchG gem. § 138 Abs. 2 ZPO erklärt, andernfalls wären die behaupteten Tatsachen des klagenden Arbeitnehmers als zugestanden zu bewerten, § 138 Abs. 3 ZPO. Dementsprechend verlangt das BAG, auf entsprechenden Vortrag müsse sich der Arbeitgeber nach § 138 Abs. 2 ZPO im Einzelnen erklären und ggf dartun, welche rechtserheblichen Tatsachen der Behauptung des Arbeitnehmers entgegenstünden (BAG 23.5.2013 – 2 AZR 54/12, NZA 2013, 1197). Etwaigen Beweisschwierigkeiten des Arbeit-

nehmers ist nach den Grundsätzen der **abgestuften Darlegungs- und Beweislast** Rechnung zu tragen ist. Es dürfen keine zu hohen Anforderungen an die Erfüllung der Darlegungslast gestellt werden (BAG 23.10.2008 – 2 AZR 131/07, AP Nr. 43 zu § 23 KSchG 1969). Darüber hinaus greifen die Grundsätze der **sekundären Darlegungslast** ein, wenn ein darlegungspflichtiger Kläger außerhalb des für seinen Anspruch erheblichen Geschehensablaufs steht, aber der Beklagte alle wesentlichen Tatsachen kennt. Bei dieser Sachlage muss der Beklagte den Vortrag des Klägers substantiiert bestreiten, wenn er ihm entgegentreten will. Einfaches Bestreiten genügt nicht, sofern nähere Angaben zumutbar sind (BAG 26.6.2008 – 2 AZR 264/07, AP Nr. 42 zu § 23 KSchG 1969).

6 [2] **Sekundäre Darlegungslast.** Trägt der sekundär Darlegungspflichtige, hier die Beklagte, ausreichend vor, benennt aber keine Beweismittel, so kann dies vom Tatsachengericht zwar nicht als Verletzung der sekundären Darlegungslast nach § 138 ZPO, wohl aber nach § 286 ZPO uU als Beweisvereitelung berücksichtigt werden. Benennt der **sekundär Darlegungspflichtige** dagegen Beweismittel, etwa auch Zeugen, so kann sich der **primär Darlegungspflichtige**, hier der Kläger, der vom Gegner benannten Beweismittel bedienen. Auf diese Möglichkeit ist der primär Darlegungspflichtige nach § 139 ZPO hinzuweisen, wenn er sie erkennbar übersehen hat.

7 [3] **Umfang der Recherche.** Dagegen besteht keine Verpflichtung einer Prozesspartei, ihrerseits und außerhalb des Gerichts an Zeugen heranzutreten und sie zu ihren Rechtsverhältnissen mit der Gegenpartei zu befragen, um alsdann gegebenenfalls vorzutragen und Beweis antreten zu können (BAG 26.6.2008 – 2 AZR 264/07, AP Nr. 42 zu § 23 KSchG 1969).

8 [4] **Zwischenergebnis.** Vorliegend spricht zunächst die Anzahl der Arbeitnehmer für die Geltung des KSchG. Jedoch ist das Bestreiten seiner Geltung insofern erheblich, als Teilzeitkräfte entsprechend ihrer regelmäßig wöchentlich geschuldeten Arbeitszeit zu berücksichtigen sind. Sofern die behaupteten sechs Teilzeitkräfte jeweils mit dem Faktor 0,75 zu berücksichtigen wären, würde das KSchG gelten (10,5 anrechenbare Arbeitnehmer).

C. Replik

9 **I. Muster: Erwiderungsschriftsatz des Klägers**

115 ▶ An das

Arbeitsgericht ▪▪▪

In Sachen ▪▪▪ ./. ▪▪▪

Az: ▪▪▪

Zur Klageerwiderung mit Schriftsatz vom (Datum) nehme ich namens und in Vollmacht für den Kläger wie folgt Stellung:[1]

Es ist zutreffend, wenn die Beklagte behauptet, sie beschäftige einschließlich meines Mandanten 12 Arbeitnehmer. Der Kläger räumt nach eigener Recherche auch ein, dass Frau A und die Herren B, C und D in Teilzeit arbeiten. Ihm ist es jedoch nicht möglich zum einen den zeitlichen Umfang der regelmäßigen wöchentlichen Arbeitszeit der vorgenannten Personen in Erfahrung zu bringen und zum anderen den Beschäftigungsumfang der beiden anderen als Teilzeitkräfte benannten Arbeitnehmer zu verifizieren. Die Beklagte wird hiermit aufgefordert, hierüber Auskünfte zu erteilen.

▪▪▪

Rechtsanwalt ◀

II. Erläuterungen

[1] **Replikobliegenheit.** Der Kläger hatte sich nach Maßgabe des § 138 ZPO (einerseits Wahrheitspflicht, Abs. 1, andererseits Erklärungsobliegenheit, Abs. 2) zum Bestreiten der Beklagten zu erklären. Die **Grenze** seiner **Darlegungstiefe** ist insofern erreicht, als der jeweils vereinbarte Teilzeitumfang der im Schriftsatz genannten vier Personen nicht Gegenstand seiner eigenen Wahrnehmung ist und damit die sekundäre Darlegungslast der Beklagten kraft Sachnähe und kraft der grundgesetzlich verbrieften verfahrensrechtlichen Dimension des Bestandsschutzes auslöst (vgl auch Auskunftsersuchen im Muster, das juristisch bewertet die sekundäre Darlegungslast anspricht). Ein gleichsam detektivisches Vorgehen des Klägers zB in Form der Befragung der vier Arbeitnehmer ist nicht geschuldet. Kommt der beklagte Arbeitgeber nunmehr seiner ausgelösten sekundären Darlegungs- und Beweislast nicht nach, ist von der Geltung des KSchG auszugehen.

§ 24 KSchG Anwendung des Gesetzes auf Betriebe der Schifffahrt und des Luftverkehrs

(1) Die Vorschriften des Ersten und Zweiten Abschnitts finden nach Maßgabe der Absätze 2 bis 4 auf Arbeitsverhältnisse der Besatzung von Seeschiffen, Binnenschiffen und Luftfahrzeugen Anwendung.
(2) Als Betrieb im Sinne dieses Gesetzes gilt jeweils die Gesamtheit der Seeschiffe oder der Binnenschiffe eines Schifffahrtsbetriebs oder der Luftfahrzeuge eines Luftverkehrsbetriebs.
(3) Dauert die erste Reise eines Besatzungsmitglieds eines Seeschiffes oder eines Binnenschiffes länger als sechs Monate, so verlängert sich die Sechsmonatsfrist des § 1 Absatz 1 bis drei Tage nach Beendigung dieser Reise.
(4) ¹Die Klage nach § 4 ist binnen drei Wochen zu erheben, nachdem die Kündigung dem Besatzungsmitglied an Land zugegangen ist. ²Geht dem Besatzungsmitglied eines Seeschiffes oder eines Binnenschiffes die Kündigung während der Fahrt des Schiffes zu, ist die Klage innerhalb von sechs Wochen nach dem Dienstende an Bord zu erheben. ³An die Stelle der Dreiwochenfrist in § 5 Absatz 1 und § 6 treten die hier in den Sätzen 1 und 2 genannten Fristen.

§ 25 KSchG Kündigung in Arbeitskämpfen

Die Vorschriften dieses Gesetzes finden keine Anwendung auf Kündigungen und Entlassungen, die lediglich als Maßnahmen in wirtschaftlichen Kämpfen zwischen Arbeitgebern und Arbeitnehmern vorgenommen werden.

§ 25 a KSchG Berlin-Klausel

(gegenstandslos)

§ 26 KSchG Inkrafttreten

Dieses Gesetz tritt am Tage nach seiner Verkündung in Kraft.[1]

---

1 Die Vorschrift betrifft das Inkrafttreten des Gesetzes in der Fassung vom 10. August 1951 (Bundesgesetzbl. I S. 499).

Bürgerliches Gesetzbuch (BGB)

In der Fassung der Bekanntmachung vom 2. Januar 2002
(BGBl. I S. 42, ber. S. 2909 und BGBl. 2003 I S. 738)
(FNA 400-2)
zuletzt geändert durch Art. 1 G zur Bekämpfung von Zahlungsverzug im Geschäftsverkehr
und zur Änd. des EEG[1] vom 22. Juli 2014 (BGBl. I S. 1218)
– Auszug –

§§ 119, 123 BGB – die Anfechtung der Kündigung

§ 119 BGB Anfechtbarkeit wegen Irrtums

(1) Wer bei der Abgabe einer Willenserklärung über deren Inhalt im Irrtum war oder eine Erklärung dieses Inhalts überhaupt nicht abgeben wollte, kann die Erklärung anfechten, wenn anzunehmen ist, dass er sie bei Kenntnis der Sachlage und bei verständiger Würdigung des Falles nicht abgegeben haben würde.

(2) Als Irrtum über den Inhalt der Erklärung gilt auch der Irrtum über solche Eigenschaften der Person oder der Sache, die im Verkehr als wesentlich angesehen werden.

§ 123 BGB Anfechtbarkeit wegen Täuschung oder Drohung

(1) Wer zur Abgabe einer Willenserklärung durch arglistige Täuschung oder widerrechtlich durch Drohung bestimmt worden ist, kann die Erklärung anfechten.

(2) [1]Hat ein Dritter die Täuschung verübt, so ist eine Erklärung, die einem anderen gegenüber abzugeben war, nur dann anfechtbar, wenn dieser die Täuschung kannte oder kennen musste. [2]Soweit ein anderer als derjenige, welchem gegenüber die Erklärung abzugeben war, aus der Erklärung unmittelbar ein Recht erworben hat, ist die Erklärung ihm gegenüber anfechtbar, wenn er die Täuschung kannte oder kennen musste.

A. Anfechtung der Kündigung oder des Aufhebungsvertrags
  I. Muster: Anfechtungserklärung bei Kündigung/Aufhebungsvertrag
  II. Erläuterungen
    [1] Anfechtungserklärung 2
    [2] Zugang 5
    [3] Nennung des Anfechtungsgrundes .. 6
    [4] Arbeitsangebot 9
    [5] Anfechtungsfrist 10
    [6] Erklärungsirrtum 17
    [7] Androhung einer Kündigung 20
    [8] Arglistige Täuschung 25
B. Feststellung des Fortbestehens des Arbeitsverhältnisses
  I. Muster: Feststellungsklage (Beispiel: Drohung mit fristloser Kündigung)
  II. Erläuterungen und Varianten
    [1] Zuständigkeit des Arbeitsgerichts ... 28
    [2] Klagefrist 29
    [3] Antragstellung 31
    [4] Angaben zum Arbeitsverhältnis 34
    [5] Angabe der Bruttovergütung 35
    [6] Zugang 36
    [7] Darlegung des Sachverhaltes 37
    [8] Beweisangebot Parteieinvernahme .. 41
    [9] Kausalität der Drohung 42
    [10] Feststellungsinteresse 43

---

1 Dieses Gesetz dient der Umsetzung der Richtlinie 2011/7/EU des Europäischen Parlaments und des Rates vom 16. Februar 2011 zur Bekämpfung von Zahlungsverzug im Geschäftsverkehr (ABl. L 48 vom 23.2.2011, S. 1).

A. Anfechtung der Kündigung oder des Aufhebungsvertrags

I. Muster: Anfechtungserklärung bei Kündigung/Aufhebungsvertrag[1]

▶ An

die Firma ...[2]

Sehr geehrte Damen und Herren,

am ... habe ich das mit Ihnen bestehende Arbeitsverhältnis gekündigt/mit Ihnen einen Vertrag über die Beendigung meines Arbeitsverhältnisses geschlossen. Meine Erklärung fechte ich nach § 119 BGB, § 123 BGB an.[5]-[8]

Sie haben mich zur Abgabe meiner Erklärungen gezwungen/mich durch eine Täuschung zur Abgabe meiner Erklärung veranlasst.

Meinen Erklärungen gingen folgende Umstände voraus ...[3]

Ich biete Ihnen meine Arbeitsleistung wieder an.[4]

Mit freundlichen Grüßen

...

Arbeitnehmer ◀

II. Erläuterungen

[1] **Anfechtungserklärung.** Jede Kündigung und jede Willenserklärung, die auf den Abschluss eines Aufhebungs- oder Abwicklungsvertrags gerichtet ist, kann angefochten werden, wenn die Voraussetzungen der §§ 119 ff BGB vorliegen. Rechtswirkung der Anfechtung ist grundsätzlich die rückwirkende Beseitigung dieser Willenserklärung (ex-tunc-Wirkung). Auch wenn die Anfechtung einer Kündigungserklärung in der Praxis überwiegend Kündigungen durch Arbeitnehmer betrifft, da dem Arbeitgeber die Möglichkeit der „Rücknahme" der eigenen Kündigungserklärung gegeben ist, unterliegen auch arbeitgeberseitige Kündigungen grundsätzlich der Anfechtungsmöglichkeit.

Ein Widerrufsrecht bei Aufhebungsverträgen nach den Regeln über Haustürgeschäfte (§§ 312 ff BGB) hat das BAG grundsätzlich abgelehnt, da weder die Eigenkündigung des Arbeitnehmers, noch ein Aufhebungsvertrag ein Haustürgeschäft nach den gesetzlichen Vorschriften darstellen würde (BAG 9.6.2011 – 2 AZR 418/10, NZA-RR 2012, 129, 130; 27.11.2003 – 2 AZR 135/03, NZA 2004, 597).

Die Anfechtung ist grundsätzlich formfrei möglich. Sie unterliegt **nicht** der **Schriftform** nach § 623 BGB und kann somit auch mündlich erfolgen (MüKo-BGB/*Henssler* BGB § 623 Rn 19; BeckOK-ArbR/*Hesse*, § 620 Rn 70 ; *Rolfs* NJW 2000, 1227, 1228; *Richardi/Annuß* NJW 2000, 1231, 1233). Aus Beweiszwecken ist aber die schriftliche Anfechtung zu empfehlen.

[2] **Zugang.** Die Anfechtungserklärung ist eine empfangsbedürftige Willenserklärung. Ihre Gestaltungswirkungen treten grundsätzlich mit Zugang der Erklärung beim Anfechtungsgegner ein. Sie ist unwiderruflich und kann nach ihrem Zugang nicht mehr zurückgenommen werden (BAG 26.4.2006 – 7 AZR 366/05, AP TzBfG § 14 Vergleich Nr. 1). Die Anfechtung ist **an den Empfänger der angefochtenen Willenserklärung zu richten**, also in der Regel an den Inhaber, den Geschäftsführer oder Vorstand. Hat der Arbeitgeber eine Personalleitung, so kann die Erklärung auch an diese gerichtet werden (BAG 30.5.1972 – 2 AZR 298/71, AP BGB § 174 Nr. 1; BAG 12.1.2006 – 2 AZR 179/05, NZA 2006, 980). Dabei ist es ausreichend, aber auch notwendig, dass der (Empfangs-) Vertreter eine gegenüber dem Arbeitneh-

mer publizierte Stellung bekleidet, mit der üblicherweise eine Vollmacht verbunden ist, die auch das konkrete Rechtsgeschäft umfasst (BAG 20.9.2006 – 6 AZR 82/06, NZA 2007, 377).

6 **[3] Nennung des Anfechtungsgrundes.** Ob der **tatsächliche Grund** für die Anfechtung in der Erklärung **genannt** werden muss, ist umstritten (*Schaub/Linck* ArbR-Hdb § 34 Rn 37 ff, für eine Angabe der Gründe BAG 7.11.2007 – 5 AZR 1007/06, NJW 2008, 939). Insbesondere vor dem Hintergrund der unterschiedlichen Fristen für die Anfechtung (siehe Rn 10), ist die vorsorgliche Angabe des Anfechtungsgrundes dringend zu empfehlen.

7 Aus diesem Grund ist ebenso eine kurze Umschreibung der tatsächlichen Umstände, die zur Anfechtbarkeit führen, auch schon in der Anfechtungserklärung angeraten. Eine eingehende Substantiierung ist dagegen nicht erforderlich. Es genügt, die Gründe so genau zu bezeichnen, dass der Anfechtungsempfänger genügend klar erkennen kann, was gemeint ist.

8 Ist die Anfechtung aus einem bestimmten Grund ausgesprochen worden, können andere Gründe nicht mehr nachgeschoben werden (ErfK/*Müller-Glöge*, § 620 BGB Rn 11). In diesem Fall wird eine erneute Anfechtungserklärung erforderlich (BAG 7.11.2007 aaO).

9 **[4] Arbeitsangebot.** Ein **tatsächliches Angebot** der Arbeitsleistung ist bei einer Anfechtung der Eigenkündigung oder eines Aufhebungsvertrags durch den Arbeitnehmer stets erforderlich (BAG 7.12.2005 – 5 AZR 19/05, NZA 2006, 435; HWK/*Krause*, § 615 BGB Rn 41; *Richardi/Annuß*, NJW 2000, 1231, 1233). Hierdurch hat der Arbeitnehmer zu verdeutlichen, dass er weiterhin zu den vertraglichen Bedingungen arbeiten möchte. Der Arbeitgeber kann ein solches Angebot erwarten, wenn der Arbeitnehmer meint, durch seine Anfechtung habe weder seine Eigenkündigung noch ein Aufhebungsvertrag das Arbeitsverhältnis beendet. Ein wörtliches Angebot nach § 295 BGB genügt regelmäßig nicht. Es wäre nur dann ausreichend, wenn dem Arbeitnehmer im Einzelfall, etwa nach einem Hausverbot, ein tatsächliches Angebot nicht zumutbar wäre (BAG 7.12.2005 aaO). Auf die Rechtsprechung zur Begründung des Annahmeverzugs nach einer Kündigung des Arbeitsverhältnisses durch den Arbeitgeber kann bei einem Streit über das Zustandekommen eines Aufhebungsvertrags ebenso wie nach einer unwirksamen Eigenkündigung des Arbeitnehmers nicht abgestellt werden, weil in diesen Fällen nicht der Arbeitgeber dem Arbeitnehmer durch einseitige gestaltende Willenserklärung die Arbeitsmöglichkeit entzieht (BAG 7.12.2005 aaO).

10 **[5] Anfechtungsfrist.** Im Fall der auf § 123 BGB gestützten Anfechtung beträgt die Anfechtungsfrist ein Jahr. Sie beginnt in dem Zeitpunkt, in welchem der Anfechtungsberechtigte die Täuschung entdeckt, im Falle der Drohung mit dem Zeitpunkt, in welchem die Zwangslage aufhört (§ 124 BGB).

11 Für eine Verwirkung des Anfechtungsrechts vor Ablauf dieser Frist ist grundsätzlich kein Raum. Das Interesse des vorsätzlich Täuschenden oder Drohenden an einer alsbaldigen Entscheidung über den Fortbestand des Vertragsverhältnisses ist nach Auffassung des BAG als nicht schutzwürdig einzustufen (BAG 6.11.1997 – 2 AZR 162/97 – AP BGB § 242 Verwirkung Nr. 45).

12 Für die **Irrtumsanfechtung** gilt die Frist des § 121 S 1 BGB (*unverzüglich*), die Anfechtung hat somit ohne schuldhaftes Zögern zu erfolgen. Die Frist beginnt zu laufen, sobald der Anfechtungsberechtigte Kenntnis vom Anfechtungsgrund erlangt hat (§ 121 Abs. 1 S. 1 BGB).

13 Nach (umstrittener) Auffassung könne als „unverzüglich" maximal eine Frist von zwei Wochen angesehen werden (*Bauer*, Arbeitsrechtliche Aufhebungsverträge Teil I Rn 196). Als Begründung wird auf den in § 626 Abs. 2 BGB zum Ausdruck kommenden allgemeinen Rechts-

gedanken verwiesen. Sowohl die Kündigung nach § 626 BGB als auch die Anfechtung des Arbeitsvertrags seien auf die sofortige Beendigung des Arbeitsvertrags gerichtet, so dass es zur Vermeidung von Wertungswidersprüchen erforderlich sei, die für den Ausspruch der außerordentlichen Kündigung geltende zweiwöchige Frist auch auf die Irrtumsanfechtung anzuwenden (BAG 19.5.1983 – 2 AZR 171/81, AP BGB § 123 Nr. 25; 21.2.1991 – 2 AZR 449/90, AP BGB § 123 Nr. 35; *Stahlhacke/Preis/Vossen* Rn 57).

Ob diese Erwägungen auch bei der Irrtumsanfechtung einer Eigenkündigung oder eines Aufhebungsvertrag zum Tragen kommen, ist bislang noch nicht entschieden (APS/*Rolfs*, Aufhebungsvertrag Rn 92). Eine Anwendung der Zwei-Wochenfrist auf diese Konstellation ist jedoch abzulehnen. Ein Wertungswiderspruch tritt nämlich nicht auf, wenn eine Irrtumsanfechtung einer auf die Beendigung des Arbeitsverhältnisses abzielenden Willenserklärung im Raume steht, da Zielrichtung dieser Anfechtung die Fortsetzung des Arbeitsverhältnisses und nicht dessen Beendigung ist. § 626 Abs. 2 BGB dagegen hat nur eine, auf die (sofortige) Beendigung des Arbeitsverhältnisses abzielende Willenserklärung zum Gegenstand. Somit besteht auch kein Bedürfnis, die Anfechtungsmöglichkeiten bei Eigenkündigung oder Aufhebungsvertrag zu erweitern. Denn der in § 121 Abs. 1 BGB verwendete Begriff der Unverzüglichkeit enthält sowohl eine an das Verschuldenserfordernis anknüpfende subjektive als auch eine auf den Zeitablauf abstellende objektive Komponente, während § 626 Absatz 2 BGB durch die alleinige Anknüpfung an den Zeitablauf in vollem Umfang objektiviert ist (so zu Recht BAG 19.5.1983 aaO). Somit kann also die bereits nach Ablauf einer Woche erklärte Irrtumsanfechtung nicht mehr unverzüglich sein, wenn nicht besondere subjektive Momente hinzutreten, die die Schuldhaftigkeit des Zögerns entfallen lassen. 14

Jedenfalls wird nach der hM die Zweiwochenfrist lediglich als eine Höchstfrist angesehen. Eine Verfristung des Anfechtungsrechts kann somit auch vor Ablauf der Zweiwochenfrist eintreten, wenn zB der Anfechtende nicht mit der gebotenen Eile gehandelt hat (BAG 21.2.1991 – 2 AZR 449/90, NZA 1991, 719, 722). Eine Anfechtung, die erst nach drei Wochen erfolgt, ist jedenfalls nicht mehr unverzüglich (BAG 27.11.2003 – 2 AZR 135/03, NZA 2004, 597, 599). 15

Weitere Anfechtungsgründe können zulässigerweise nur innerhalb der vorgenannten Fristen nachgeschoben werden (BAG 21.1.1981 – 7 AZR 1093/78, AP BGB § 119 Nr. 5; 7.11.2007 – 5 AZR 1007/06, AP BGB § 613 a Nr. 329). 16

[6] Erklärungsirrtum. Ein Erklärungsirrtum iSd § 119 BGB liegt vor, wenn der äußere Erklärungstatbestand nicht dem Willen des Erklärenden entspricht (LAG Köln 19.8.2009 – 8 Sa 544/09, BeckRS 2010, 68249). Allerdings ist nur die unbewusste, nicht die bewusste Unkenntnis vom wirklichen Sachverhalt ein Irrtum im Sinne des § 119 BGB. Wer etwa eine Urkunde ungelesen oder als Ausländer unverstanden unterschreibt, hat in der Regel kein Anfechtungsrecht (LAG Köln 2.9.2004 – 6 Sa 274/04, BeckRS 2004 30463623; BAG 27.8.1970 – 2 AZR 519/69, MDR 1971, 248; Palandt/*Heinrichs*, BGB, § 119 Rn 9 mwN). 17

Etwas anderes gilt nur dann, wenn der Erklärende beim Unterzeichnen der nicht gelesenen Urkunde eine vom tatsächlichen Inhalt abweichende Vorstellung, zum Beispiel die positive Vorstellung, nur den Empfang von Papieren zu bestätigen, in Wirklichkeit aber eine Verzichtserklärung unterschreibt (LAG Köln 2.9.2004, aaO). 18

Der **Irrtum einer schwangeren** Arbeitnehmerin über die mutterschutzrechtlichen Folgen eines Aufhebungsvertrages berechtigt sie nicht zur Anfechtung. Es handelt sich um einen unbeachtlichen Rechtsfolgenirrtum (BAG 16.2.1983 – 7 AZR 134/81, AP BGB § 123 Nr. 22). Glei- 19 ches gilt bei einem Irrtum des Arbeitnehmers über die sozialrechtlichen Folgen eines Aufhebungsvertrages (BAG 10.2.2004 – 9 AZR 401/02, AP BGB § 119 Nr. 15).

20 **[7] Androhung einer Kündigung.** Praxisrelevant für die Anfechtung einer Eigenkündigung oder eines Aufhebungsvertrags sind vor allem die Fälle, in denen der Arbeitgeber den Arbeitnehmer durch die **Androhung einer außerordentlichen oder auch ordentlichen Kündigung** dazu bewegt, eine Eigenkündigung zu erklären oder einem Aufhebungsvertrag zuzustimmen. Die Androhung einer Kündigung stellt dann eine rechtswidrige Drohung iSd § 123 Abs. 1 BGB dar, wenn ein verständiger Arbeitgeber aufgrund der sich bietenden Tatsachenlage eine Kündigung nicht ernsthaft in Erwägung ziehen durfte (BAG 21.3.1996 – 2 AZR 543/95, AP BGB § 123 Nr. 42; 16.1.1992 – 2 AZR 412/91, NZA 1992, 1023). Dabei ist nicht erforderlich, dass die (fristlose) Kündigung wirksam gewesen wäre (BAG 21.3.1996 aaO). Es kommt somit auch nicht darauf an, ob der Drohende selbst kündigungsberechtigt ist (BAG 15.12.2005 – 6 AZR 197/05, NZA 2006, 841).

21 Nicht in Erwägung gezogen werden darf eine fristlose Kündigung, wenn im Zeitpunkt der Drohung die zwei-Wochen-Frist des § 626 Abs. 2 BGB bereits abgelaufen ist (BAG 5.12.2002 – 2 AZR 478/01, DB 2003, 1685; *J.-H. Bauer* in: Arbeitsrechtliche Aufhebungsverträge I. Rn 182).

22 Eine **Bedenkzeit** für die Annahme eines Aufhebungsvertrags muss nicht eingeräumt werden. Das BAG lehnt dies in ständiger Rechtsprechung grundsätzlich mit dem Hinweis ab, dass hierdurch die gesetzlichen Neuregelungen zum Widerrufsrecht in den §§ 312 ff BGB konterkariert würden, da ein derart schwerwiegender Eingriff in die Privatautonomie, wie ihn die Gewährung eines gesetzlich nicht vorgesehenen Widerrufsrechts darstellen würde, nicht zu begründen sei (BAG 9.6.2011 – 2 AZR 418/10, NZA-RR 2012, 129, 130 mwN).

23 **Gewährt** der Arbeitgeber dem Arbeitnehmer jedoch eine **Bedenkzeit**, so beseitigt dies die Widerrechtlichkeit der Drohung nicht. Im Einzelfall kann jedoch die Kausalität zwischen Drohung und Willensentschluss entfallen, so zB wenn der Anfechtende die Bedenkzeit dazu genutzt hat, die zwischen den Parteien getroffene Vereinbarung durch aktives Verhandeln erheblich zu seinen Gunsten zu beeinflussen, insbesondere wenn er zuvor Rechtsrat eingeholt hat bzw aufgrund der Dauer der eingeräumten Bedenkzeit hätte einholen können (BAG 28.11.2007 – 6 AZR 1108/06, AP BGB § 620 Aufhebungsvertrag Nr. 36).

24 Ein Drohung iSd § 123 BGB liegt jedoch begrifflich schon nicht vor, wenn der Arbeitgeber die Kündigung bereits ausgesprochen hat, bevor er in Verhandlungen über einen Aufhebungsvertrag mit dem Arbeitnehmer eintritt (BAG 23.11.2006 – 6 AZR 394/06, NZA 2007, 466, 469 mwN).

25 **[8] Arglistige Täuschung.** Eine arglistige Täuschung iSv. § 123 Abs. 1 BGB setzt in objektiver Hinsicht voraus, dass der Täuschende durch Vorspiegelung oder Entstellung von Tatsachen beim Erklärungsgegner einen Irrtum erregt und ihn hierdurch zur Abgabe einer Willenserklärung veranlasst hat. Dabei muss sich die Täuschung auf objektiv nachprüfbare Tatsachen beziehen. Die Äußerung subjektiver Werturteile genügt nicht (BAG 11.7.2012 – 2 AZR 42/11, NZA 2012, 1316). Eine Täuschung kann auch in dem Verschweigen von Tatsachen bestehen, sofern der Erklärende zu deren Offenbarung verpflichtet war. Sie liegt vor, wenn der Täuschende weiß oder billigend in Kauf nimmt, dass seine Behauptungen nicht der Wahrheit entsprechen oder mangels Offenbarung bestimmter Tatsachen irrige Vorstellungen beim Erklärungsgegner hervorrufen können, so dass die Täuschung den anderen zu der Erklärung bestimmen könnte (BAG 11.11.1993 – 2 AZR 467/93, NZA 1994, 407). Fahrlässigkeit – auch grobe Fahrlässigkeit – genügt insoweit nicht (BAG aaO).

Dem Arbeitnehmer steht ein Anfechtungsrecht nach § 123 BGB wegen arglistiger Täuschung zu, wenn der Arbeitgeber ihm bei Vertragsschluss vorspiegelt, der Betrieb solle geschlossen werden, in Wahrheit jedoch ein (Teil-) Betriebsübergang geplant ist (BAG 23.11.2006 – 8 AZR 349/06, AP BGB § 613a Wiedereinstellung Nr. 1).

B. Feststellung des Fortbestehens des Arbeitsverhältnisses

I. Muster: Feststellungsklage (Beispiel: Drohung mit fristloser Kündigung)

▶ An das Arbeitsgericht ...[1]

Datum[2]

Klage

In dem Rechtsstreit

...

– Klagepartei –

Prozessbevollmächtigte: ...

gegen

...

– Beklagte –

Prozessbevollmächtigte: ...

erheben wir namens und in Vollmacht der Klagepartei Klage und werden beantragen:

Es wird festgestellt, dass das Arbeitsverhältnis der Parteien über den ... hinaus fortbesteht.[3]

Begründung

Die Parteien streiten um die Wirksamkeit eines Aufhebungsvertrags.

I.

In tatsächlicher Hinsicht führen wir aus:

Die am ... geborene Klagepartei ist seit dem ... als ... bei der Beklagtenpartei beschäftigt. Die Einzelheiten der Rechtsbeziehungen regelt der als Anlage K1 beigefügte Arbeitsvertrag vom ... Die Beklagtenpartei beschäftigt regelmäßig mehr als 10 Arbeitnehmer iSd § 23 KSchG.[4]

Das von der Beklagtenpartei an die Klägerseite zu zahlende Bruttoentgelt beträgt vierteljährlich ... EUR.[5]

Am ... hat die Klagepartei einen von der Beklagtenseite vorbereiteten schriftlichen Aufhebungsvertrag unterzeichnet.[6]

Beweis: Aufhebungsvertrag vom ..., in Kopie als Anlage K2.

Mit Schreiben vom ... hat die Klagepartei die Annahmeerklärung des Aufhebungsvertrags angefochten.

Beweis: Schreiben der Klagepartei vom ..., in Kopie als Anlage K3.

Die Anfechtung ist wirksam und beseitigt die Rechtswirkungen der angefochtenen Willenserklärung. Die Klagepartei ist nach § 123 BGB zur Anfechtung berechtigt, da sie zur Abgabe der Willenserklärung durch widerrechtliche Drohung bestimmt worden ist.

Dem Aufhebungsvertrag ging folgender Sachverhalt voraus:[7]

Am ... fand ein Personalgespräch mit der Klagepartei statt, das damit angekündigt wurde, dass es „um die Fehlzeiten" der Klagepartei gehen solle. In diesem Gespräch wurde der Klagepartei jedoch eröffnet, dass die Beklagtenpartei gerüchteweise gehört habe, die Klagepartei habe die aufgetretene Krankheit vor zwei Wochen nur vorgetäuscht. Sie wurde aufgefordert, hierzu Stellung zu nehmen. Die Klagepartei wies auf die ärztliche Arbeitsunfähigkeitsbescheinigung hin, die der Beklagtenseite vorliegt.

Beweis: Ärztliche Arbeitsunfähigkeitsbescheinigung vom ... in Kopie als Anlage K4

Der Personalleiter der Beklagtenpartei teilte der Klageseite daraufhin mit, dass ihm das gleichgültig sei, man beabsichtige, das Arbeitsverhältnis fristlos zu kündigen, da sie einen Lohnbetrug zulasten der Arbeitgeberseite begangen habe. Dann bekäme die Klagepartei eine Sperrzeit, auch mache sich die fristlose Kündigung im Lebenslauf schlecht.

Beweis: Parteivernahme der Klagepartei[8]

Dies könne die Klagepartei allerdings vermeiden, wenn ein vorbereiteter Aufhebungsvertrag unterzeichnet würde, der das Arbeitsverhältnis unter Einhaltung der für eine ordentliche Kündigung maßgeblichen Kündigungsfrist beende. Dieses Angebot müsse sofort angenommen werden, eine Bedenkzeit gebe es nicht.

Beweis: Parteivernahme der Klagepartei[8]

Aus Angst vor den erheblichen Folgen unterschrieb die Klagepartei sodann den Aufhebungsvertrag.[9]

Mit Schreiben vom ... teilte die Beklagtenseite mit, dass sie an der Kündigung festhalte.

Beweis: Schreiben der Beklagtenpartei vom ..., in Kopie als Anlage K4.

Aus diesem Grund ist Klage geboten.[10]

II.

In rechtlicher Hinsicht ist folgendes auszuführen:

Die Arbeitgeberseite hat die Klagepartei durch eine widerrechtliche Drohung zur Annahme des Aufhebungsvertragsangebotes bestimmt. Ohne die Drohung mit der fristlosen Kündigung hätte die Klagepartei den Aufhebungsvertrag nicht unterschrieben.

Die Drohung mit einer außerordentlichen Kündigung ist widerrechtlich, da ein verständiger Arbeitgeber eine solche Kündigung nicht ernsthaft in Erwägung ziehen durfte.

Die Beklagtenseite begründete ihre Kündigungsabsicht lediglich mit Gerüchten, denen die Klagepartei mit dem Hinweis auf die ärztliche Arbeitsunfähigkeitsbescheinigung entgegengetreten ist. Der Arbeitgeber, der das Vorliegen einer durch ärztliche Bescheinigung belegten Arbeitsunfähigkeit bestreiten will, muss jedoch Umstände darlegen und ggf beweisen, die zu ernsthaften Zweifeln an einer Arbeitsunfähigkeit Anlass geben. Solche Umstände liegen jedoch nicht vor.

Somit greift die von der Klagepartei ausgesprochene Anfechtung durch und beseitigt den Aufhebungsvertrag. Das Arbeitsverhältnis besteht ungekündigt fort.

...

Rechtsanwalt ◀

II. Erläuterungen und Varianten

28   [1] **Zuständigkeit des Arbeitsgerichts.** Zur Zuständigkeit des Arbeitsgerichts sei auf die Anmerkungen zu den §§ 1 und 4 KSchG verwiesen.

[2] Klagefrist. Ob die Dreiwochenfrist des § 4 KSchG zu beachten ist, hat das BAG bislang offengelassen (BAG 14.12.1979 – 7 AZR 38/78, AP BGB § 119 Nr. 4). Daher sollte die Klage unbedingt innerhalb dieser Frist erhoben werden. 29

Das Klagerecht kann jedoch grundsätzlich **verwirkt** werden (BAG 10.10.2007 – 7 AZR 487/06, AP AÜG § 10 Nr. 20; 25.4.2006 – 3 AZR 372/05 – AP BetrAVG § 16 Nr. 60; 6.11.1997 – 2 AZR 162/97, AP BGB § 242 Verwirkung Nr. 45), wenn der Anspruchsteller die Klage erst nach Ablauf eines längeren Zeitraums erhebt (Zeitmoment) und dadurch ein Vertrauenstatbestand beim Anspruchsgegner geschaffen wird, er werde nicht mehr gerichtlich belangt. Hierbei muss das Erfordernis des Vertrauensschutzes das Interesse des Berechtigten an einer sachlichen Prüfung des von ihm behaupteten Anspruchs derart überwiegen, dass dem Gegner die Einlassung auf die nicht innerhalb angemessener Frist erhobene Klage nicht mehr zuzumuten ist (Umstandsmoment; BAG 6.11.1997 2 AZR 162/97, NZA 1998, 374 unter II, 3 b) der Gründe). Diese Klagebefugnis kann im Falle der widerrechtlichen Drohung, wenn überhaupt, so nur in ganz außergewöhnlichen Fällen als verwirkt angesehen werden (BAG aaO). Der widerrechtlich Drohende oder arglistig Täuschende ist nur eingeschränkt schutzbedürftig. 30

[3] Antragstellung. Korrekter Antrag bei der Anfechtung eines Aufhebungsvertrags, aber auch der Eigenkündigung, ist der allgemeine Feststellungsantrag nach § 256 ZPO (HaKo-KSchR/*Gallner*, § 4 KSchG Rn 10; APS/*Hesse*, § 4 KSchG Rn 16), **nicht** aber eine Formulierung entsprechend des punktuellen Streitgegenstandsbegriffs iSd § 4 KSchG (also zB „Es wird festgestellt, dass das Arbeitsverhältnis nicht durch die Kündigung/ den Aufhebungsvertrag vom ... aufgelöst worden ist."). 31

Streitgegenstand ist das Fortbestehen des Arbeitsverhältnisses als Rechtsverhältnis über den Zeitpunkt des Zugangs der Anfechtung hinaus. Der punktuelle Klageantrag ist dem Rechtsstreit über die Sozialwidrigkeit einer Kündigung nach dem KSchG vorbehalten. 32

In der Praxis wird häufig eine „Mischung" von allgemeinem und besonderem Kündigungsschutzantrag gestellt: 33

▶ Es wird festgestellt, dass die Kündigung vom ... unwirksam ist und das Arbeitsverhältnis über den ... hinaus fortbesteht. ◀

Ein solcher Antrag wird von der Rechtsprechung grundsätzlich als allgemeiner Feststellungsantrag nach § 256 ZPO ausgelegt, mit dem die Feststellung begehrt wird, dass das Arbeitsverhältnis der Parteien über einen bestimmten Zeitpunkt hinaus fortbesteh (BAG 21.2.2001 – 7 AZR 262/99, NZA 2001 833, 834) und in einem Urteil entsprechend tenoriert.

[4] Angaben zum Arbeitsverhältnis. Grundsätzlich sollten die grundlegenden Daten des Arbeitsverhältnisses mit aufgenommen werden. Hierzu zählen neben der Vorlage des Vertrags und der allgemeinen Beschreibung der zuletzt ausgeübten Tätigkeit auch Angaben zur Betriebszugehörigkeit und zur Größe des Betriebs iSd. § 23 Abs. 1 KSchG. Zwar findet das KSchG unmittelbar keine Anwendung. Die Frage aber, ob ein Arbeitnehmer Kündigungsschutz genießt, kann aber für die Beurteilung, ob die Drohung mit einer Kündigung widerrechtlich ist, bedeutsam werden. Einem Arbeitnehmer, der keinen Kündigungsschutz genießt, kann eine ordentliche Kündigung in Aussicht gestellt werden, ohne dass diese Drohung widerrechtlich ist, wenn der Aufhebungsvertrag das Arbeitsverhältnis zu dem Zeitpunkt beendet, zu dem es auch durch die ordentliche Kündigung durch den Arbeitgeber geendet hätte (*Moll*, Arbeitsrecht § 49 Rn 378). 34

35 **[5] Angabe der Bruttovergütung.** Die Angabe der Bruttovierteljahresvergütung sollte schon in der Klage nicht fehlen, um den Gegenstandswert zu ermitteln. Der Gegenstandswert für eine Klage, die die Rechtsfolgen einer Anfechtung einer Eigenkündigung oder eines Aufhebungsvertrags zum Gegenstand hat, richtet sich nach § 42 Abs. 3 GKG, da es sich um eine Bestandsstreitigkeit handelt.

36 **[6] Zugang.** Um die Rechtsfolgen einer Willenserklärung durch Anfechtung beseitigen zu können, muss jene Rechtswirksamkeit entfaltet haben. Sowohl die Eigenkündigung wie auch die Annahmeerklärung eines Aufhebungsvertrags müssen daher dem Empfänger zugegangen sein, sonst ginge eine Anfechtung ins Leere. Folglich gehört der Zugang der angefochtenen Willenserklärung zum schlüssigen Sachvortrag in der Klage.

37 **[7] Darlegung des Sachverhaltes.** Die Darlegungs- und Beweislast für den Anfechtungsgrund trifft grundsätzlich den Anfechtenden (BAG 12.8.1999 – 2 AZR 832/98, AP BGB § 123 Nr. 51). Der Kläger trägt daher die Beweislast für sämtliche Voraussetzungen einer wirksamen Anfechtung und muss deshalb alle Tatsachen darlegen und gegebenenfalls beweisen, die zB eine angedrohte außerordentliche Kündigung als widerrechtlich erscheinen lassen (BAG 21.3.1985 – 6 AZR 565/82, NZA 1986, 25; BAG 12.8.1999 – 2 AZR 832/98, NZA 2000, 27). Aber auch Einwendungen gegen vom Arbeitgeber vorgebrachte Verdachtsmomente sind vom Anfechtenden schlüssig vorzutragen und ggfls. zu beweisen. Der Anfechtende ist daher uU auch verpflichtet, den Beweis zu erbringen, dass er, wie im Beispielsfall, tatsächlich arbeitsunfähig erkrankt war (BAG 12.8.1999 aaO).

38 Das BAG überträgt der Arbeitgeberseite allerdings eine **sekundäre Darlegungslast** (BAG 28.11.2007 – 6 AZR 1108/06 – NZA 2008, 348, 354). Der Arbeitnehmer müsse im Falle einer Drohung zwar darlegen und beweisen, dass die Beklagtenseite als verständiger Arbeitgeber nicht annehmen durfte, die Fortsetzung des Vertragsverhältnisses sei unzumutbar und deshalb die Kündigung gerechtfertigt. Hierbei handelt es jedoch um einen Negativbeweis, also der Beweis nicht gegebener, bzw vorliegender Tatsachen. Daher genüge hierfür zunächst eine entsprechende pauschale Behauptung. „Wegen der Schwierigkeiten des Negativbeweises ist von der Bekl. als Anfechtungsgegnerin nach den Grundsätzen der sekundären Darlegungslast das substantiierte Bestreiten der negativen Tatsache unter Darlegung der für das Positive sprechenden Tatsachen und Umstände zu verlangen. Die Bekl. hat damit im Einzelnen darzulegen, dass sie in vertretbarer Weise einen Kündigungsgrund annehmen durfte" (BAG 28.11.2007 aaO). Nur die dann in diesem Zusammenhang vorgetragenen Umstände müsse der beweispflichtige Anfechtende dann widerlegen.

39 Wenn also – anders als im Beispielsfall – ein Gegenbeweis nicht zB in Form einer ärztlichen Arbeitsunfähigkeitsbescheinigung bei der Hand ist, genügt folglich der Vortrag:

▶ Es wird bestritten, dass Umstände vorliegen, wegen der die Beklagtenseite annehmen durfte, dass aus Sicht eines verständigen Arbeitgebers die angedrohte (fristlose) Kündigung gerechtfertigt ist. ◀

Wurden dem Kläger gegenüber konkrete Vorhaltungen gemacht, sollten diese konkret aufgegriffen und bestritten werden (§ 138 Abs. 3 ZPO).

40 Im Falle einer **arglistigen Täuschung** gehört zum schlüssigen Klagevorbringen zunächst in objektiver Hinsicht die Darlegung (und ggfls. der Beweis), dass der Täuschende durch Vorspiegelung oder Entstellung von Tatsachen beim Erklärungsgegner einen Irrtum erregt und ihn hierdurch zur Abgabe einer Willenserklärung veranlasst hat. In subjektiver Hinsicht muss auch die „Arglist" iSv. § 123 Abs. 1 BGB vom Anfechtenden dargelegt werden. Der Anfech-

tende genügt seiner Darlegungslast, wenn er Umstände schlüssig vorträgt, aus denen sich jedenfalls ein bedingter Vorsatz ergibt.

[8] **Beweisangebot Parteieinvernahme.** Häufig bleibt dem Anfechtenden nur die Möglichkeit, den erforderlichen Beweis durch seine eigene **Vernahme als Partei** zu erbringen. Behauptet der Arbeitnehmer zB, die Drohung sei im Rahmen eines sog „Vier-Augen-Gesprächs" durch einen Repräsentanten des Arbeitgebers mit Vorgesetztenfunktion ausgesprochen worden, so hat das Gericht, um dem Grundsatz eines fairen Verfahrens zu genügen, den Arbeitnehmer gem. § 448 ZPO als Partei zu vernehmen oder ihn jedenfalls hierzu informatorisch gem. § 421 ZPO anzuhören (BAG 6.12.2001 – 2 AZR 396/00, AP ZPO § 286 Nr. 33). 41

[9] **Kausalität der Drohung.** Zu einem schlüssigen Klagevortrag gehört auch die Darlegung, dass die Klagepartei zur Abgabe der angefochtenen Willenserklärung **bestimmt** worden ist. Auch für die Kausalität ist der Anfechtende darlegungs- und beweisbelastet. Der Sachvortrag muss daher die Verknüpfung des gerügten Verhaltens zur angefochtenen Willenserklärung umfassen. Fehlt dieser Sachvortrag, wird die Klage mangels Schlüssigkeit abgewiesen. 42

[10] **Feststellungsinteresse.** Dass die Gegenseite die Anfechtungserklärung zurückweist, oder sich innerhalb einer gesetzten Frist nicht dahin gehend äußert, dass die angefochtene Willenserklärung übereinstimmend als gegenstandslos betrachtet wird, gehört ebenfalls zum schlüssigen Klagevortrag. Hiermit wird das Feststellungsinteresse dokumentiert, das Zulässigkeitsvoraussetzung für die Feststellungsklage ist. Das Feststellungsinteresse des Klägers einer Feststellungsklage besteht dann, wenn der Arbeitgeber den Bestand des Arbeitsverhältnisses gegenüber dem Arbeitnehmer in Zweifel zieht, wie im Falle der Anfechtung einer Eigenkündigung bzw eines Aufhebungsvertrags (*Jaroschek/Lüken* JuS 2001, 64, mwN). 43

§§ 174, 180 BGB – Vertretung bei Kündigung

§ 174 BGB Einseitiges Rechtsgeschäft eines Bevollmächtigten

¹Ein einseitiges Rechtsgeschäft, das ein Bevollmächtigter einem anderen gegenüber vornimmt, ist unwirksam, wenn der Bevollmächtigte eine Vollmachtsurkunde nicht vorlegt und der andere das Rechtsgeschäft aus diesem Grunde unverzüglich zurückweist. ²Die Zurückweisung ist ausgeschlossen, wenn der Vollmachtgeber den anderen von der Bevollmächtigung in Kenntnis gesetzt hatte.

§ 180 BGB Einseitiges Rechtsgeschäft

¹Bei einem einseitigen Rechtsgeschäft ist Vertretung ohne Vertretungsmacht unzulässig. ²Hat jedoch derjenige, welchem gegenüber ein solches Rechtsgeschäft vorzunehmen war, die von dem Vertreter behauptete Vertretungsmacht bei der Vornahme des Rechtsgeschäfts nicht beanstandet oder ist er damit einverstanden gewesen, dass der Vertreter ohne Vertretungsmacht handele, so finden die Vorschriften über Verträge entsprechende Anwendung. ²Das Gleiche gilt, wenn ein einseitiges Rechtsgeschäft gegenüber einem Vertreter ohne Vertretungsmacht mit dessen Einverständnis vorgenommen wird.

A. Zurückweisung einer Kündigung
  I. Nichtvorlage einer Vollmacht
    1. Muster: Zurückweisungsschreiben
       wegen Nichtvorlage einer Vollmacht
       nach § 174 BGB
    2. Erläuterungen
	[1] Vertretung bei Kündigung,
	     Anwendungsfälle 2
	[2] Vollmachtsurkunde 5
	[3] Entbehrlichkeit der Vorlage;
	     Kenntnis der Vollmacht 7
	[4] Inhalt der Erklärung, Form 8

[5] „Unverzüglich"........................ 10	3. Erläuterungen
[6] Zurückweisung der Zurückweisung........................ 11	[1] Darlegungs- und Beweislast..... 28
[7] Rechtsfolge........................ 12	C. Bausteine für Erwiderungsschriftsatz der Arbeitgeberseite
II. Beanstandung des Nichtvorliegens einer Vollmacht	I. Kündigungsbefugnis
1. Muster: Beanstandungsschreiben nach § 180 BGB	1. Muster: bei Zweifeln über die Kündigungsbefugnis
2. Erläuterungen	2. Erläuterungen
[1] Vertreter ohne Vertretungsmacht........................ 15	[1] Kenntnis von der Vollmacht.... 31
	[2] Kenntnis aufgrund Stellung im Betrieb........................ 32
[2] Zurückweisung der Beanstandung........................ 18	[3] Arbeitsvertrag........................ 33
[3] „Unverzüglich"........................ 19	[4] Bekanntmachung im Betrieb.... 34
[4] Rechtsfolgen........................ 20	[5] Aushang im Betrieb, schwarzes Brett, Intranet........................ 35
[5] Vorsorgliche Zurückweisung nach § 174 BGB........................ 25	II. Vertretungsmängel
B. Bausteine für die Kündigungsschutzklage	1. Muster: Beanstandung fehlender Vertretungsmacht zur Kündigung
1. Muster: Zurückweisung nach § 174 BGB	2. Erläuterungen
2. Muster: Zurückweisung nach § 180 BGB	[1] Erteilung der Vertretungsmacht. 37
	[2] Nachträgliche Genehmigung/ Billigung........................ 39

A. Zurückweisung einer Kündigung

I. Nichtvorlage einer Vollmacht

1. Muster: Zurückweisungsschreiben wegen Nichtvorlage einer Vollmacht nach § 174 BGB[1]

▶ An

die Firma ▪▪▪

Sehr geehrte Damen und Herren,

ich zeige Ihnen unter Vorlage einer auf mich lautenden Originalvollmacht[6] die anwaltliche Vertretung von Herrn/Frau ▪▪▪ an.

Mit Schreiben vom ▪▪▪, zugegangen am ▪▪▪[5] haben Sie das Arbeitsverhältnis zu unserer Mandantschaft (ordentlich/außerordentlich) gekündigt. Dieses Schreiben wurde von ▪▪▪ unterzeichnet, der/die weder als Inhaber/Geschäftsführer/Vorstand tätig ist. Eine Vollmachtsurkunde lag diesem Schreiben nicht/nur in Kopie[2][3] bei.

Daher weise ich die Kündigungserklärung nach § 174 BGB zurück.[4][7]

Mit freundlichen Grüßen

▪▪▪

Rechtsanwalt ◀

2. Erläuterungen

[1] Vertretung bei Kündigung, Anwendungsfälle. Der zur Kündigung Berechtigte kann beim Ausspruch einer Kündigung vertreten werden. Neben der gesetzlichen Vertretung ist insbesondere die rechtsgeschäftliche Vertretung möglich (BAG 13.12.2007 – 6 AZR 145/07, NZA 2008, 403). Das Recht zur Zurückweisung nach § 174 BGB besteht nur bei letzterer, nicht hingegen bei Vertretungsmacht auf gesetzlicher Grundlage und grundsätzlich auch nicht im Falle der organschaftlichen Vertretung (BAG 20.9.2006 – 6 AZR 82/06, NZA 2007, 377). Die gesetzliche Vertretungsmacht beruht nicht auf einer Willensentscheidung des Vertretenen. Sie kann somit auch nicht durch eine Vollmachtsurkunde nachgewiesen werden (BGH 9.11.2001, AuR 2003, 115). Für den Fall, dass eine organschaftliche Gesamtvertretungs-

A. Zurückweisung einer Kündigung § 180 BGB

macht im Wege der Ermächtigung eines einzelnen Organmitgliedes durch die zusammen mit ihm gesamtvertretungsbefugten Organmitglieder zu einer organschaftlichen Alleinvertretungsmacht erweitert wird, ist die analoge Anwendung des § 174 BGB anerkannt (BAG 18.12.1980 – 2 AZR 980/78, AP BGB § 174 Nr. 4).

§ 174 BGB soll der Unsicherheit entgegenwirken, ob ein einseitiges Rechtsgeschäft von einem Bevollmächtigten ausgeht und den Vertretenen bindet (BAG 20.9.2006 aaO). 3

Die Erteilung einer Vollmacht ist grundsätzlich auch formlos möglich. Nach der gesetzgeberischen Konzeption dieser Vorschrift ist im Falle der rechtsgeschäftlichen Vertretung grundsätzlich eine Vollmachtsurkunde vorzulegen. Allerdings bewirkt erst die Zurückweisung wegen des Fehlens der Vollmachtsurkunde die (unheilbare) Unwirksamkeit des Rechtsgeschäfts, also der Kündigungserklärung. Auf die Frage, ob eine Bevollmächtigung überhaupt vorliegt, kommt es dann nicht mehr an (ErfK/*Müller-Glöge*, § 620 BGB Rn 23). 4

[2] **Vollmachtsurkunde.** Nach § 174 BGB ist die „Vollmachtsurkunde" vorzulegen, dh in Urschrift, also im Original. Eine beglaubigte Abschrift (BGH 4.2.1981 – VIII ZR 313/79, NJW 1981, 1210) oder eine Faxkopie (LAG Düsseldorf 22.5.1995 – 4 Sa 1817/94, NZA 1995, 994) genügen nicht. Denn eine beglaubigte Abschrift belegt nur, dass die Vollmacht einmal erteilt war, nicht hingegen, dass sie im Zeitpunkt der Kündigung noch bestand (vgl § 172 Abs. 2 BGB) (BGH aaO). 5

Der Grund der Vertretung braucht in der schriftlichen Kündigung nicht genannt zu werden (BAG 20.9.2006 aaO). Für wen der Vertreter handelt, ist vom Empfängerhorizont unter Berücksichtigung aller Umstände auszulegen (BAG 19.4.2007 – 2 AZR 180/06, NZA-RR 2007, 571). 6

[3] **Entbehrlichkeit der Vorlage; Kenntnis der Vollmacht.** Nach § 174 S. 2 BGB ist die Zurückweisung ausgeschlossen, wenn der Vertretene den Empfänger von der Vollmacht in Kenntnis gesetzt hat (vgl Rn 26 ff). 7

[4] **Inhalt der Erklärung, Form.** Die Zurückweisungserklärung ist formfrei möglich. Sie kann also auch mündlich oder per E-Mail erfolgen (ErfK/*Müller-Glöge*, § 620 BGB Rn 26). Allerdings ist die Schriftform aus Beweisgründen zu empfehlen. Die Zurückweisungserklärung als Willenserklärung muss dem Empfänger zugehen. Auch der Zugang ist vom Zurückweisenden zu beweisen (vgl die Anmerkungen zur Kündigungserklärung § 623 BGB Rn). 8

Die Zurückweisung muss gerade wegen der fehlenden Vollmachtsurkunde erklärt werden („aus diesem Grunde"). Die fehlende Vorlage der Vollmacht braucht nicht ausdrücklich gerügt zu werden. Es reicht auch aus, dass sich der Grund der Zurückweisung aus den Umständen eindeutig ergibt und für den Vertragspartner erkennbar ist. Hieran fehlt es, wenn die Zurückweisung allein wegen fehlender Kündigungsbefugnis des Erklärenden oder wegen fehlender „rechtsverbindlicher Unterzeichnung" erfolgt (BAG 18.2.1993 – 2 AZR 482/92 mwN). 9

[5] **„Unverzüglich".** Die Zurückweisung muss „unverzüglich" iSv § 121 BGB erfolgen, also ohne schuldhaftes Zögern. Dem Kündigungsempfänger verbleibt also eine gewisse Zeit zur Überlegung und zur Einholung des Rates eines Rechtskundigen (BAG 5.4.2001 – 2 AZR 159/00, AP BGB § 626 Nr. 171). Die Frist beginnt mit der tatsächlichen Kenntnis des Empfängers von der Kündigung und der fehlenden Vorlegung der Vollmachtsurkunde. Die Zurückweisung ist nach einer Zeitspanne von mehr als einer Woche ohne das Vorliegen besonderer Umstände des Einzelfalls nicht mehr unverzüglich (BAG 8.12.2011 – 6 AZR 354/10, NZA 2012, 495). Allein die Einreichung einer Kündigungsschutzklage bei Gericht genügt nicht, denn die Fiktion des § 167 ZPO wahrt nicht den Schutzzweck des § 174 BGB. 10

Doßler

11 **[6] Zurückweisung der Zurückweisung.** Da auch die Zurückweisung eine einseitige empfangsbedürftige Willenserklärung ist, kann auch diese nach § 174 BGB zurückgewiesen werden (LAG Düsseldorf 22.5.1995 aaO). Somit hat auch der Anwalt dafür Sorge zu tragen, dass seinem Zurückweisungsschreiben eine Vollmachtsurkunde im Original und nicht nur in einer beglaubigten Abschrift beiliegt. Ebenso genügt es nicht, wenn der Anwalt sein Zurückweisungsschreiben nebst Vollmacht lediglich per Telefax übermittelt. Zur Wahrung der Unverzüglichkeit der Zurückweisung kommt es daher auf den Zugang der Zurückweisung einschließlich der Originalurkunde an, die entsprechend zu besorgen ist.

12 **[7] Rechtsfolge.** Erfolgte die Zurückweisung der Kündigung zu Recht, so ist diese unheilbar rechtsunwirksam (APS/*Preis*, Kündigungsrecht 1. Teil D. Rn 77). Es muss eine neue Kündigung ausgesprochen werden. Bei einer fristlosen Kündigung ist zu beachten, dass die Zwei-Wochen-Frist des § 626 Abs. 2 BGB nicht erneut zu laufen beginnt, sondern uU bereits abgelaufen sein kann. Dann könnte lediglich noch eine ordentliche Kündigung ausgesprochen werden.

13 Zudem muss ggf der Betriebsrat erneut nach § 102 BetrVG angehört werden, da die erste Kündigung mit Ihrem Zugang ein bereits erfolgtes Anhörungsverfahren „verbraucht" ist. Vor einer erneuten Versendung des Kündigungsschreiben, dem nunmehr die Vollmachtsurkunde beigefügt werden soll, ist daher eine erneute Anhörung des Betriebsrats erforderlich (*Thüsing* in: Richardi BetrVG § 102 Rn 118; LAG Köln 30.3.2004, ZTR 2004, 606).

II. Beanstandung des Nichtvorliegens einer Vollmacht

14 **1. Muster: Beanstandungsschreiben nach § 180 BGB**[1]

▶ An

die Firma ...

Sehr geehrte Damen und Herren,

ich zeige Ihnen unter Vorlage einer auf mich lautenden Originalvollmacht[2] die anwaltliche Vertretung von Herrn/Frau Mustermann an.

Mit Schreiben vom ..., zugegangen am ...[3] wurde das Arbeitsverhältnis mit unserer Mandantschaft (ordentlich/außerordentlich) gekündigt.

Die Kündigung ist von Herrn A unterzeichnet worden. Herr A ist jedoch nicht berechtigt, für Ihr Unternehmen zu handeln, weswegen ich unter Bezugnahme auf meine im Original beiliegende Vollmacht die Vertretungsmacht des Herrn A nach § 180 BGB beanstande.[4]

Für den Fall, dass gleichwohl eine Vollmacht bestanden haben sollte, weise ich die Kündigung zudem vorsorglich nach § 174 BGB zurück, da darüber hinaus der Kündigung auch keine Vollmachtsurkunde beigefügt war.[5]

Mit freundlichen Grüßen

...

Rechtsanwalt ◀

2. Erläuterungen

15 **[1] Vertreter ohne Vertretungsmacht.** Gemäß § 180 BGB ist bei einseitigen Rechtsgeschäften eine Vertretung ohne Vertretungsmacht unzulässig. Während bei § 174 BGB der fehlende Nachweis einer an sich bestehenden Vollmacht sanktioniert wird, erfasst § 180 BGB den Fall, dass eine Vertretungsmacht zum Ausspruch der Kündigung als solche fehlt.

In der Praxis ist der Fall der Kündigung eines Vertreters ohne Vertretungsmacht keine Seltenheit (*Meyer/Reufels*, NZA 2011, 5, 6). Er kann zB auftreten bei Kündigungen durch einen Prozessvertreter insbesondere im Rahmen sogenannter Schriftsatzkündigungen, sofern die Prozessvollmacht den Ausspruch von Kündigungen nicht umfassen sollte. Ebenfalls kann eine Vertretung ohne Vertretungsmacht gegeben sein, wenn ein Konzernunternehmen das Arbeitsverhältnis mit einem anderen Konzernunternehmen kündigt, bei Kündigung nach einem Betriebsübergang oder im Rahmen des Insolvenzverfahrens (BAG 26.3.2009 – 2 AZR 403/07, NZA 2009, 1146). Entschieden wurde auch der Fall einer Kündigung, die von der Verwalterin einer Eigentümergemeinschaft gegenüber der bei ihr beschäftigten Hausmeisterin ausgesprochen war (LAG München 29.4.2009 – 11 Sa 952/08, NZA-RR 2009, 645). 16

Kein Fall der Vertretung ohne Vertretungsmacht liegt hingegen vor, wenn zwei Geschäftsführer, die nur zusammen zur Vertretung einer GmbH berechtigt sind, ihre Gesamtvertretung in einer Weise ausüben, dass ein Gesamtvertreter den anderen intern formlos zur Abgabe einer Willenserklärung ermächtigt und der andere Gesamtvertreter allein die Willenserklärung abgibt (BAG, 18.12.1980 – 2 AZR 980/78, AP BGB § 174 Nr. 4). Fehlt es indes an solch einer Ermächtigung, so ist der Anwendungsbereich des § 180 BGB eröffnet. 17

[2] **Zurückweisung der Beanstandung.** Auch die Beanstandung nach § 180 BGB ist ein einseitiges Rechtsgeschäft, welches seinerseits der Zurückweisung nach § 174 BGB zugänglich ist. Es wird auf die vorstehenden Ausführungen zu diesem Punkt zu § 174 BGB verwiesen. Der anwaltliche Vertreter sollte daher auch hier sicherstellen, dass seinem Schreiben eine Anwaltsvollmacht im Original beiliegt. 18

[3] **„Unverzüglich".** § 180 BGB fordert zwar nicht ausdrücklich die „unverzügliche" Beanstandung. Die absolut herrschende Meinung legt jedoch das gesetzliche Erfordernis, die Beanstandung „bei der Vornahme des Rechtsgeschäftes" zu erklären, entsprechend aus. Insoweit sei auf die Ausführung zur Unverzüglichkeit § 174 BGB verwiesen. 19

[4] **Rechtsfolgen.** Ein einseitiges Rechtsgeschäft eines Vertreters ohne Vertretungsmacht ist unwirksam. Allerdings kann gem. § 180 S. 2 BGB, der auf § 177 BGB verweist, auch ein einseitiges Rechtsgeschäft wie die Kündigung des Arbeitsverhältnisses vom Vertretenen nachträglich genehmigt werden (BAG 26.3.2009 aaO). Die rechtzeitige Beanstandung der fehlenden Vertretungsmacht beseitigt allerdings die Genehmigungsmöglichkeit. Die ausgesprochene Kündigung ist dann endgültig unwirksam (APS/*Preis*, Kündigungsrecht 1. Teil D. Rn 76). Fehlt es hingegen an der rechtzeitigen Beanstandung, kann die Kündigung durch Genehmigung des Arbeitgebers, ggf auch erst nachträglich geheilt werden (BAG aaO). 20

Erteilt der Arbeitgeber nachträglich die Genehmigung der ohne Vertretungsmacht ausgesprochenen Kündigung, beginnt die Drei-Wochenfrist des § 4 KSchG erst mit Zugang der Billigung oder Genehmigung durch den Arbeitgeber zu laufen. Zur Begründung verweist das BAG darauf, die dreiwöchige Klagefrist diene dem Schutz des Arbeitgebers und setze daher eine dem Arbeitgeber zurechenbare Kündigung voraus. Eine ohne Billigung (Vollmacht) des Arbeitgebers ausgesprochene Kündigung ist dem Arbeitgeber erst durch eine (nachträglich) erteilte Genehmigung zurechenbar (BAG 26.3.2009, aaO S. 1147, mwN). 21

Noch nicht vom BAG beantwortet wurde indes die Frage, ob die Dreiwochenfrist des § 4 KSchG bereits mit Zugang der Genehmigung beim Vertreter ohne Vertretungsmacht zu laufen beginnt oder aber erst mit Zugang beim Erklärungsempfänger (*Berkowsky*, NZA 2009, 1125, 1127). 22

Das Bundesarbeitsgericht stellt in der vorgenannten Entscheidung auf den Zeitpunkt ab, ab dem die Kündigungserklärung dem Arbeitgeber tatsächlich zuzurechnen ist. Das ist nach den 23

§§ 180 S. 2, 177 Abs. 2 BGB schon mit Zugang der Genehmigung beim Vertreter ohne Vertretungsmacht der Fall. Der Kündigungsempfänger selbst würde dann aber über dem tatsächlichen Beginn der Dreiwochenfrist in diesem Falle in Unkenntnis gelassen. Deshalb sei der Anwendungsbereich der §§ 180, 177 BGB im Lichte des § 4 KSchG zu reduzieren und auf den Zeitpunkt abzustellen, an dem der Arbeitnehmer Kenntnis von der Genehmigung erhalte (*Berkowsky* aaO). Vorzugswürdig erscheint indes die Auffassung, dass die Frist des § 4 KSchG bereits mit Zugang der Genehmigung beim Vertreter ohne Vertretungsmacht zu laufen beginnt. Denn für eine einengende Anwendung der §§ 180 S. 2, 177 Abs. 2 BGB besteht kein Bedürfnis. Im Zeitpunkt des Zugangs der Kündigung weiß der Arbeitnehmer oder nimmt an, dass eine Kündigung von einem Vertreter ohne Vertretungsmacht ausgesprochen wurde. In diesem Fall steht ihm dann mit dem Beanstandungsrecht eine wirkungsvolle Reaktionsmöglichkeit zur Seite. Zweifelt der Kündigungsempfänger hingegen die fehlende Vertretungsmacht nicht an, so wird er ab Zugang der Kündigungserklärung selbst darauf achten, die Kündigungsschutzklagefrist einzuhalten. Schließlich steht auch für den Fall, in dem sowohl eine Beanstandung nicht oder nicht „unverzüglich" erfolgt ist als auch die Frist des § 4 KSchG versäumt wurde, dem Arbeitnehmer in § 177 Abs. 2 BGB eine gesetzliche Möglichkeit offen, Unklarheiten zu beseitigen, indem die Erklärung nur ihm gegenüber verlangt wird. Ein Grund, die Genehmigungsmöglichkeiten des Arbeitgebers, dem die Kündigung mangels Vollmacht (noch) nicht zugerechnet werden kann, durch Eingrenzung möglicher Genehmigungsadressaten einzuschränken, besteht demnach nicht.

24 Für die Praxis empfiehlt sich allerdings aus Vorsorgegründen bis zu einer klarstellenden Entscheidung des BAG, die Genehmigung auf jeden Fall dem Erklärungsempfänger zugehen zu lassen, da dann die Dreiwochenfrist rechtssicher zu laufen beginnt.

25 [5] **Vorsorgliche Zurückweisung nach § 174 BGB.** Wie bereits zu § 174 BGB ausgeführt, verlangt die Rechtsprechung, dass sich aus der Erklärung ggf nach Auslegung, zweifelsfrei ergibt, weswegen das Rechtsgeschäft beanstandet bzw zurückgewiesen wurde. Für den Erklärungsempfänger ist es in der Regel nicht eindeutig erkennbar, ob eine Vertretungsmacht, deren Fehlen man durch Beanstandungsschreiben nach § 180 BGB rügt, nicht doch, ggf formlos, erteilt worden ist. In diesem Falle würde jedoch dann, wie sich allerdings erst später in einem Prozess herausstellen wird, kein Fall einer Vertretung ohne Vertretungsmacht vorliegen, sondern ein möglicher Zurückweisungsfall nach § 174 BGB. Dann jedoch wäre eine Zurückweisung nicht mehr „unverzüglich". Aus diesem Grund ist zu empfehlen, neben der Beanstandung einer möglichen Vertretung ohne Vertretungsmacht immer auch die Kündigung wegen Nichtvorlage der Vollmachtsurkunde zurückzuweisen.

B. Bausteine für die Kündigungsschutzklage[1]

26 1. Muster: Zurückweisung nach § 174 BGB

▶ Die Kündigung ist darüber hinaus wegen der Zurückweisung der Kündigung mangels Vorlage einer Vollmachtsurkunde im Sinne des § 174 BGB im Anwaltsschreiben vom ... unwirksam. Das Kündigungsschreiben wurde von Herrn/Frau ... unterzeichnet, der/die weder als organschaftlicher Vertreter, noch Kraft einer im Handelsregister eingetragenen Bevollmächtigung tätig geworden ist.

---

1 Hinsichtlich des Rubrums, der Antragsstellung sowie des grundlegenden Aufbaus einer Kündigungsschutzklage sei auf die Ausführungen zu § 4 KSchG verwiesen.

C. Bausteine für Erwiderungsschriftsatz der Arbeitgeberseite § 180 BGB

Der Kündigungserklärung vom ... lag eine Vollmachtsurkunde nicht bei. Mit Anwaltsschreiben vom ... wurde aufgrund dieses Umstands die Kündigung zurückgewiesen.

Beweis:[1] Anwaltsschreiben vom ... in Kopie als Anlage K: ... ◄

2. Muster: Zurückweisung nach § 180 BGB

▶ Die Kündigung ist zudem wegen Vertretung ohne Vertretungsmacht rechtsunwirksam. Die Kündigung wurde von Herrn ... /von der XY GmbH unterschrieben, der über keine Vertretungsmacht zur Aussprache von Kündigung verfügt. Dies wurde mit Schreiben vom ... beanstandet.

Beweis: Anwaltsschreiben vom ... in Anlage als Kopie K: ...

Dieses Anwaltsschreiben gingen der Beklagtenpartei am ... zu.

Beweis: ... ◄

3. Erläuterungen

[1] **Darlegungs- und Beweislast.** Nach der allgemeinen Rosenberg'schen Normentheorie muss die Partei, die sich auf die für sie günstige Norm beruft, die tatsächlichen Voraussetzungen darlegen und beweisen (*Rosenberg*, Die Beweislast auf der Grundlage des BGB und der ZPO, 5. Aufl. 1965; APS/*Preis*, Kündigungsrecht 1. Teil J. Rn 75). Die andere Partei hat sich gemäß § 138 Abs. 2 ZPO zu den vom Gegner vorgebrachten Tatsachen zu erklären. Die Darlegungs- und Beweislast im Zusammenhang mit der Zurückweisung bzw der Beanstandung einer Kündigung ist somit abgestuft. So ist es zunächst einmal Sache des Arbeitnehmers, die Tatsache der Zurückweisung bzw der Beanstandung darzulegen und durch Vorlage der entsprechenden Schreiben zu beweisen. Hinsichtlich der fehlenden Vollmachtsurkunde und der fehlenden Vertretungsmacht genügt zunächst die Behauptung des Fehlens. Sodann ist es Angelegenheit des Kündigenden, den Behauptungen entgegenzutreten. So muss der Arbeitgeber entweder beweisen, dass seine Vollmachtsurkunde im Original beigefügt war oder aber das der Erklärungsempfänger, Kenntnis von der Kündigungsbefugnis hatte. Im Falle des § 180 BGB ist es Sache des Arbeitgebers, das Vorliegen der Vertretungsmacht im Zeitpunkt des Ausspruchs der Kündigung im Einzelnen darzulegen und zu beweisen. Lag im Zeitpunkt des Zugangs der Kündigung keine Vertretungsmacht vor, so hat der Arbeitgeber ggf die Genehmigung als solches sowie deren Zugang noch vor Zugang des Beanstandungsschreibens zu beweisen (*Bader*, NZA 1997, 905, 911).

Die Tatsache, dass das Zurückweisungs- bzw Beanstandungsschreiben dem Erklärenden dem Arbeitgeber zugegangen ist und ggf zu welchem Zeitpunkt, obliegt der Darlegungs- und Beweislast des Arbeitnehmers.

C. Bausteine für Erwiderungsschriftsatz der Arbeitgeberseite

I. Kündigungsbefugnis

1. Muster: bei Zweifeln über die Kündigungsbefugnis

▶ Die Zurückweisung der Kündigung mangels Vorlage einer Originalvollmacht geht ins Leere.
Die Klagepartei hatte von der Kündigungsbefugnis des Herrn/Frau ... Kenntnis.[1] Herr/Frau ... ist seit dem ... Personalleiter der Beklagten /hat seit dem ... Prokura, die in das Handelsregister am ... eingetragen worden ist.[2]

Beweis: ...

oder:

Herr/Frau ... ist der Leiter der Niederlassung, in der die Klagepartei gearbeitet hat. In § XY des Arbeitsvertrags der Parteien ist ausdrücklich geregelt, dass der jeweilige Niederlassungsleiter kündigungsberechtigt ist.

Beweis: Arbeitsvertrag der Parteien, von der Klagepartei bereits vorgelegt.

Der Klagepartei war weiterhin bekannt, dass Herr/Frau ... der/die für sie zuständige Niederlassungsleiter ist, weil ...[3]

oder:

In der Betriebsversammlung vom ... wurde Herr/Frau ... der Belegschaft vorgestellt. Es wurde mitgeteilt, dass Herr/Frau ... für sämtliche Personalfragen zuständig sei, dies erfasse alle notwendigen Erklärungen vom Abschluss des Arbeitsvertrages bis hin zur Kündigung. An dieser Betriebsversammlung nahm die Klagepartei auch teil.[4]

Beweis: ...

oder:

Mit Aushang vom ... wurde der Belegschaft mitgeteilt, dass Herr/Frau ... ab sofort die Personalleiterstelle übernommen hat und in dieser Funktion zur Begründung von Arbeitsverhältnis sowie deren Kündigung alleinvertretungsberechtigt ist. Dieser Aushang hing vom ... bis ... am „schwarzen Brett" im Betrieb aus.

Beweis: 1. Aushang vom ... in Kopie als Anlage B ...
2. Zeugnis des Herrn/Frau ... zu laden über die Beklagte

Das sogenannte „schwarze Brett" der Beklagten ist unterteilt und sieht durch feste Aufdrücke optisch hervorgehoben drei Spalten vor: „Mitteilung der Geschäftsleitung"; „Mitteilung des Betriebsrats" und „Sonstiges" unter Sonstiges haben die Mitarbeiter der Beklagten Gelegenheit, allgemeine Mitteilungen zum Verkauf oder Erwerb von Gegenständen, Geburtsmitteilungen oder ähnliches anzubringen. Der Bereich „Mitteilung des Betriebsrates" steht der Mitarbeitervertretung zu. Unter „Mitteilung der Geschäftsleitung" werden Personaländerungen im Bereich der Geschäftsleitung selbst sowie der Führungskräfte insbesondere aufgeführt.[5]

Beweis: Zeugnis des Herrn/Frau ... ◀

2. Erläuterungen

31 **[1] Kenntnis von der Vollmacht.** Hat der Kläger form- und fristgerecht die Kündigung des Arbeitgebers wegen fehlender Vorlage der Vollmachtsurkunde zurückgewiesen, genügt es der Beklagtenseite nicht, darzulegen, dass derjenige, der die Kündigung unterschrieben hat, tatsächlich entsprechende Vollmacht hatte. Die Unwirksamkeitsfolge des § 174 S. 1 BGB kann auf Arbeitgeberseite nur vermieden werden, wenn man darlegen und nachweisen kann, dass der Arbeitgeber den Arbeitnehmer von der Bevollmächtigung in Kenntnis gesetzt hat. Die Unleserlichkeit der Unterschrift des Vertreters bei gleichzeitigem Fehlen einer Namensangabe steht dem Ausschluss der Zurückweisung nach § 174 S. 2 BGB nicht entgegen (BAG 20.9.2006 – 6 AZR 82/06, AP Nr. 19 BGB § 174, LAG Schleswig-Holstein v. 25.02.2014 - 1 Sa 252/13, FD-ArbR 2014, 357535).

32 **[2] Kenntnis aufgrund Stellung im Betrieb.** Ein derartiges In-Kenntnis-setzen wird angenommen, wenn der Bevollmächtigte eine Stellung bekleidet, die üblicherweise mit einer entspre-

chenden Vertretungsmacht ausgestattet ist. Eine gewisse Schwierigkeit beim Nachweis kann sich dabei daraus ergeben, dass die Rechtsprechung des BAG offenbar fordert, dass der Arbeitnehmer die Stellung des Bevollmächtigten als des Leiters der Personalabteilung positiv kennt (BAG 18.5.1994 – 2 AZR 920/93, AP BetrVG 1972 § 102 Nr. 64). Spricht ein Prokurist die Kündigung aus, bedarf es nicht der Vorlage einer Vollmachtsurkunde, wenn seine Prokura im Handelsregister eingetragen ist. Dies gilt selbst dann, wenn die Kündigung ohne einen die Prokura andeutenden Zusatz (§ 51 HGB) unterzeichnet worden ist (BeckOK-ArbR/ Hesse, § 620 BGB Rn 17; BAG 11.7.1991 – 2 AZR 107/91, AP BGB § 174 Nr. 9).

[3] **Arbeitsvertrag.** Die bloße Mitteilung im Arbeitsvertrag, dass der jeweilige Inhaber einer bestimmten Stelle kündigen dürfe, genügt für den Ausschluss des Zurückweisungsrechts nicht aus. Es bedarf vielmehr zusätzlichen Handelns des Arbeitgebers, aufgrund dessen es vor Zugang der Kündigungserklärung dem Arbeitgeber möglich ist, der ihm genannten Funktion, mit der das Kündigungsrecht verbunden ist, die Person des jeweiligen Stelleninhabers zuzuordnen (BAG 14.4.2011 – 6 AZR 727/09, NZA 2011, 683). Das Bundesarbeitsgericht verlangt daher neben der abstrakten Befugnis einer Stelle, eine nach außen kundgetane Verknüpfung dieser Stelle mit dem jeweiligen Stelleninhaber. Hierbei genügt es, wenn der Arbeitgeber im Vertrag oder während des Arbeitsverhältnisses dem Arbeitnehmer einen Weg aufzeigt, auf dem dieser unschwer erfahren kann, welche Person die Position inne hat, mit der nach dem Arbeitsvertrag das Kündigungsrecht verbunden ist (BAG aaO). Von einem In-Kenntnis-setzen ist allerdings auszugehen, wenn die kündigende Person bereits den Arbeitsvertrag unterzeichnet hat. Denn das Recht zur Unterzeichnung des Arbeitsvertrages belegt eine entsprechende Stelle, mit der üblicherweise eine Vollmacht verbunden ist, die auch das Recht zur Kündigung umfasst (BAG 9.9.2010 ZTR 2011,113; LAG Baden-Württemberg, 25.4.2010 – 13 Sa 135/11). 33

[4] **Bekanntmachung im Betrieb.** Von einer Kenntnis der Bevollmächtigung ist weiter auszugehen, wenn diese betriebsüblich bekannt gegeben wurde. Im öffentlichen Dienst kann dies zB durch eine allgemeine Bekanntmachung, zB eines veröffentlichten Ministerialerlasses (BAG 18.10.2000 – 2 AZR 627/99, AP BGB § 626 Krankheit Nr. 9). Auch das Verkünden einer Vollmacht bzw die Besetzung einer Stelle, mit der typischerweise diese Bevollmächtigung verbunden ist, auf einer Betriebsversammlung, genügt für ein In-Kenntnis-setzen. Voraussetzung hierfür ist allerdings, dass der Arbeitgeber nachweisen kann, dass die Klagepartei an dieser Betriebsversammlung auch persönlich anwesend war (BAG 28.10.2010 – 2 AZR 392/08, AP KSchG 1969 § 23 Nr. 48). 34

[5] **Aushang im Betrieb, schwarzes Brett, Intranet.** Eine allgemeine Bekanntmachung im Betrieb in betriebsüblicher Form, zB über einen Aushang am schwarzen Brett im Betrieb oder eine Mitteilung im firmeninternen Intranet, genügt für sich genommen noch nicht zur schlüssigen Darlegung des In-Kenntnis-Setzens von der Vollmacht. Sogenannte „schwarze Bretter" werden nach Auffassung des LAG Köln typischerweise zu ganz unterschiedlichen Mitteilungen verwandt. Neben Aushängen des Betriebsrats oder der Gewerkschaft enthalten diese sogar Einzelanzeigen von Arbeitnehmern, die Gegenstände erwerben oder verkaufen wollen. Daher kann es nicht als allgemein üblich angesehen werden, an schwarzen Brettern Vollmachtsurkunden oder ähnliches auszuhängen. Darüber hinaus muss vorgetragen werden, dass es im Betrieb allgemein üblich gewesen sei, dass alle Arbeitnehmer sich am schwarzen Brett regelmäßig informierten (LAG Köln 3.5.2002, NZA-RR 2394). Das Bundesarbeitsgericht nimmt diese Rechtsprechung in Bezug. Der Sachvortrag alleine, der Hinweis wurde am schwarzen Brett ausgehängt, genügt folglich nicht. Hinzukommen muss Sachvortrag, dass 35

das schwarze Brett ein Ort ist, der zum Zwecke des in Kenntnis-Setzen nach § 174 S. 2 BGB als gleichwertiger Satz für die Vorlage der Vollmachtsurkunde angesehen werden könnte (LAG Köln, aaO; BAG 3.7.2003 – 2 AZR 235/02, NZA 2004, 427,431).

II. Vertretungsmängel

36 **1. Muster: Beanstandung fehlender Vertretungsmacht zur Kündigung**

▶ a) Die Beanstandung, die Kündigung sei ohne Vertretungsmacht ausgesprochen worden, geht ins Leere. Mit Schreiben vom ▬▬▬ wurde Herr/Frau ▬▬▬ mit der Durchführung der Maßnahme insbesondere mit dem Ausspruch der Kündigungen bevollmächtigt. Dieses Schreiben ging Herrn/Frau ▬▬▬ am ▬▬▬ zu.[1]

Beweis: 1. Schreiben vom ▬▬▬ in Kopie als Anlage B ▬▬▬
2. Zeugnis des/der Herr/Frau ▬▬▬ zu laden über die Beklagte.

Alternativ:

b) Zwar war Herr/Frau ▬▬▬ zum Ausspruch der Kündigung im Zeitraum des Zugangs derselben nicht bevollmächtigt. Noch am selben Tag erhielt der Geschäftsführer der Beklagten Partei allerdings Kenntnis von dieser Kündigung und billigte diese mit Schreiben vom ▬▬▬, das der Klagepartei noch am selben Tage persönlich übergeben wurde.[2]

Beweis: 1. Billigungsschreiben vom ▬▬▬ in Kopie als Anlage B ▬▬▬
2. Zeugnis des/der Herr/Frau ▬▬▬ zu laden über die Beklagte. ◀

2. Erläuterungen

37 [1] **Erteilung der Vertretungsmacht.** Wurde die Kündigung nach § 180 BGB beanstandet, so genügt der Arbeitgeber seiner Darlegungslast, wenn er vorträgt, wann dem Kündigenden in welchem Umfang Vertretungsmacht vor Ausspruch der Kündigung eingeräumt worden ist. Zur Wirksamkeit der Vollmachtserteilung und damit für die Schlüssigkeit des entsprechenden Sachvortrags gehört auch die Darlegung, dass die Vollmacht gegenüber dem Bevollmächtigten erklärt wurde (§ 167 Abs. 1 BGB). Damit genügt der Arbeitgeber seinem Darlegungserfordernis bei einer einfachen Beanstandung nach § 180 BGB.

38 Weist der Arbeitnehmer jedoch, so wie hier empfohlen, gleichzeitig die Kündigung mangels Vollmachtvorlage zurück, so genügt der Arbeitgebersachvortrag indes nicht aus. Neben der Darlegung der Erteilung der Vollmacht bedarf es dann noch der Ausführungen, die vorstehend zu § 174 BGB dargestellt worden sind (s. Rn 2 ff).

39 [2] **Nachträgliche Genehmigung/Billigung.** Lag eine Vertretungsmacht im Zeitpunkt des Zugangs der streitigen Kündigung nicht vor, so hat der Arbeitgeber nur noch die Möglichkeit die Unwirksamkeit der Kündigung zu verhindern, indem er das vom Vertreter ohne Vertretungsmacht vorgenommene Rechtsgeschäft genehmigt, **bevor** es beanstandet wurde (§ 180 S. 2, § 177 Abs. 2 BGB). Die Genehmigung ist grundsätzlich formlos möglich und heilt den Mangel bereits bei Zugang der Genehmigung beim Vertreter (*Berkowsky* NZA 2009, 1125, 1127). Es ist in der Praxis aber dringend zu empfehlen, die Genehmigung der Kündigung dem Gekündigten gegenüber zu erklären (s. oben Rn 22).

§§ 138, 242, 612a BGB, §§ 1, 2 AGG – Allgemeine privatrechtliche Kündigungseinschränkungen

§ 138 BGB Sittenwidriges Rechtsgeschäft; Wucher

(1) Ein Rechtsgeschäft, das gegen die guten Sitten verstößt, ist nichtig.
(2) Nichtig ist insbesondere ein Rechtsgeschäft, durch das jemand unter Ausbeutung der Zwangslage, der Unerfahrenheit, des Mangels an Urteilsvermögen oder der erheblichen Willensschwäche eines anderen sich oder einem Dritten für eine Leistung Vermögensvorteile versprechen oder gewähren lässt, die in einem auffälligen Missverhältnis zu der Leistung stehen.

§ 242 BGB Leistung nach Treu und Glauben

Der Schuldner ist verpflichtet, die Leistung so zu bewirken, wie Treu und Glauben mit Rücksicht auf die Verkehrssitte es erfordern.

§ 612a BGB Maßregelungsverbot

Der Arbeitgeber darf einen Arbeitnehmer bei einer Vereinbarung oder einer Maßnahme nicht benachteiligen, weil der Arbeitnehmer in zulässiger Weise seine Rechte ausübt.

§ 1 AGG Ziel des Gesetzes

Ziel des Gesetzes ist, Benachteiligungen aus Gründen der Rasse oder wegen der ethnischen Herkunft, des Geschlechts, der Religion oder Weltanschauung, einer Behinderung, des Alters oder der sexuellen Identität zu verhindern oder zu beseitigen.

§ 2 AGG Anwendungsbereich

(1) Benachteiligungen aus einem in § 1 genannten Grund sind nach Maßgabe dieses Gesetzes unzulässig in Bezug auf:
1. die Bedingungen, einschließlich Auswahlkriterien und Einstellungsbedingungen, für den Zugang zu unselbstständiger und selbstständiger Erwerbstätigkeit, unabhängig von Tätigkeitsfeld und beruflicher Position, sowie für den beruflichen Aufstieg,
2. die Beschäftigungs- und Arbeitsbedingungen einschließlich Arbeitsentgelt und Entlassungsbedingungen, insbesondere in individual- und kollektivrechtlichen Vereinbarungen und Maßnahmen bei der Durchführung und Beendigung eines Beschäftigungsverhältnisses sowie beim beruflichen Aufstieg,
3. den Zugang zu allen Formen und allen Ebenen der Berufsberatung, der Berufsbildung einschließlich der Berufsausbildung, der beruflichen Weiterbildung und der Umschulung sowie der praktischen Berufserfahrung,
4. die Mitgliedschaft und Mitwirkung in einer Beschäftigten- oder Arbeitgebervereinigung oder einer Vereinigung, deren Mitglieder einer bestimmten Berufsgruppe angehören, einschließlich der Inanspruchnahme der Leistungen solcher Vereinigungen,
5. den Sozialschutz, einschließlich der sozialen Sicherheit und der Gesundheitsdienste,
6. die sozialen Vergünstigungen,
7. die Bildung,
8. den Zugang zu und die Versorgung mit Gütern und Dienstleistungen, die der Öffentlichkeit zur Verfügung stehen, einschließlich von Wohnraum.

(2) Für Leistungen nach dem Sozialgesetzbuch gelten § 33 c des Ersten Buches Sozialgesetzbuch und § 19 a des Vierten Buches Sozialgesetzbuch. Für die betriebliche Altersvorsorge gilt das Betriebsrentengesetz.

(3) Die Geltung sonstiger Benachteiligungsverbote oder Gebote der Gleichbehandlung wird durch dieses Gesetz nicht berührt. Dies gilt auch für öffentlich-rechtliche Vorschriften, die dem Schutz bestimmter Personengruppen dienen.

(4) Für Kündigungen gelten ausschließlich die Bestimmungen zum allgemeinen und besonderen Kündigungsschutz.

A. Kündigung außerhalb des Geltungsbereiches des KSchG
   I. Muster: Klage gegen Kündigung außerhalb des Geltungsbereiches des KSchG
   II. Muster: Klage gegen sittenwidrige Kündigung § 138 Abs. 1 BGB
   III. Erläuterungen
      [1] Klageantrag 3
      [2] Darlegungs- und Beweislast 4
      [3] Sittenwidrige Kündigung 5
B. Verstoß gegen Treu und Glauben
   I. Muster: Begründung bei Verstoß gegen Treu und Glauben § 242 BGB
   II. Erläuterungen
      [1] Klageantrag 10
      [2] Treu und Glauben 11
C. Diskriminierende Kündigung
   I. Muster: Begründung bei Verstoß gegen Treu und Glauben, Unterfall AGG
   II. Erläuterungen
      [1] AGG und Kündigungen 15
      [2] Darlegungs- und Beweislast 17
D. Verstoß gegen das Maßregelungsverbot
   I. Muster: Verstoß gegen das Maßregelungsverbot des § 612 a BGB
   II. Erläuterungen
      [1] Klageantrag 19
      [2] Maßregelungsverbot 21

A. Kündigung außerhalb des Geltungsbereiches des KSchG

1 **I. Muster: Klage gegen Kündigung außerhalb des Geltungsbereiches des KSchG**

▶ An das Arbeitsgericht ...

In Sachen

Herr ..., ...

– Kläger –

Prozessbevollmächtigte:

gegen

...-GmbH, Adresse

– Beklagte –

erheben wir namens und im Auftrag der Klagepartei Klage zum zuständigen Arbeitsgericht mit folgendem Antrag:

Es wird festgestellt, dass das Arbeitsverhältnis der Parteien durch die Kündigung der Beklagten vom ... nicht aufgelöst worden ist.[1]

Begründung

Die Klagepartei ist am ... geboren, verheiratet und zwei Kindern gegenüber zum Unterhalt verpflichtet. Sie ist seit dem ... bei der Beklagtenpartei als ... beschäftigt. Die durchschnittlich von der Beklagtenpartei zu bezahlende Bruttomonatsvergütung beträgt ... EUR. Die Rechtsbeziehungen der Arbeitsvertragsparteien regelt der als **Anlage K 1** beigefügte Arbeitsvertrag.

Die Beklagte beschäftigt weniger als zehn Mitarbeiter, so dass das Kündigungsschutzgesetz keine Anwendung findet. Gleichwohl ist die angegriffene Kündigung rechtsunwirksam. Dies ergibt sich aus Folgendem:[2] ... ◀

A. Kündigung außerhalb des Geltungsbereiches des KSchG §§ 138, 242, 612a BGB; 1, 2 AGG

II. Muster: Klage gegen sittenwidrige Kündigung § 138 Abs. 1 BGB

▶ ...

Die Kündigung ist rechtswidrig, da sie gegen die guten Sitten verstößt.[3]

Der angegriffenen Kündigung vorausgegangen ist ein Gespräch des Arbeitgebers mit dem Zeugen ... . Die Beklagtenpartei hat hierbei dem Zeugen ... gegenüber mitgeteilt, dass der Klagepartei gekündigt wird, um ihm „eins auszuwischen". Er warte auf diese Gelegenheit schon länger und habe nun erfahren, dass die Klagepartei einen Bankkredit aufgenommen habe, um ein Eigenheim zu erwerben. Die Klagepartei sei ihm schon seit längerem ein Dorn im Auge, insbesondere weil er bei den Kunden besser angekommen sei, als er selbst, der „Chef". Die Kündigung kurz nach Kreditaufnahme sei hier besonders günstig, weil ihn die Klagepartei umso härter treffen würde.

Beweis: Herr ..., zu laden über ... als Zeuge

In rechtlicher Hinsicht ist auszuführen, dass die Kündigung gem. § 138 BGB rechtsunwirksam ist. Eine Kündigung ist nach dieser Vorschrift sittenwidrig und damit nichtig, da sie dem Anstandsgefühl aller billig und gerecht Denkenden widerspricht. Das ist insbesondere der Fall, wenn die Kündigung auf einem verwerflichen Motiv beruht, insbesondere Rachsucht oder Vergeltung. Wie durch den Zeugen ... zu beweisen ist, lag das alleinige Motiv der Beklagtenpartei für die Kündigung darin, der Klagepartei einen Schaden zuzufügen. Wie in den Gesprächen mit dem Zeugen ... geäußert wurde, hat der Arbeitgeber lediglich einen Zeitpunkt abgewartet, an dem die Kündigung die Klagepartei besonders hart trifft. Motiv für diese Kündigung ist Rachsucht. Aus diesem Grund ist die Kündigung nichtig und der Klage daher stattzugeben.

...

Rechtsanwälte ◀

III. Erläuterungen

[1] **Klageantrag.** Gemäß §§ 4 KSchG, 13 Abs. 3 KSchG ist auch bei Kündigungen, auf die die Regelungen des Kündigungsschutzgesetzes grundsätzlich keine Anwendung finden, der punktuelle Klageantrag zu wählen. Auch die Dreiwochenfrist zur Erhebung der Klage findet folglich auch auf Kündigungen außerhalb des Kündigungsschutzgesetzes Anwendung (APS/*Biebl*, § 13 KSchG Rn 62). Nur für – formnichtige – mündliche Kündigungen findet die Klagefrist keine Anwendung, da der Zugang einer schriftlichen Kündigung Voraussetzung für den Beginn der Frist ist (§ 4 S. 1 KSchG).

[2] **Darlegungs- und Beweislast.** Außerhalb des Geltungsbereiches des Kündigungsschutzgesetzes trifft die Darlegungs- und Beweislast dafür, dass die Kündigung rechtsunwirksam ist, den Arbeitnehmer (ErfK/*Kiel*, § 13 KSchG Rn 21). Die Beweislastumkehr des § 1 Abs. 2 S. 4 KSchG findet auf sonstige Kündigungen gem. § 13 Abs. 3 KSchG keine Anwendung. Allerdings gilt im Rahmen der verfassungsrechtlichen Garantien eine abgestufte Darlegungs- und Beweislast: Der Arbeitnehmer muss zumindest greifbare Anhaltspunkte für einen Verstoß vortragen. Dann ist es Sache des Arbeitgebers Tatsachen darzulegen, die solche Tatbestände ausschließen. Schließlich muss der Arbeitnehmer sodann Gegentatsachen vortragen oder aber jedenfalls die vom Arbeitgeber behaupteten Tatsachen substantiiert bestreiten und ggf beweisen. Sodann sind die vom Arbeitnehmer angebotenen Beweise zu erheben. Eine Erhebung der vom Arbeitgeber angebotenen Beweise erfolgt dann nicht (BAG 28.8.2003 – 2 AZR 333/02, AP BGB § 242 Kündigung Nr. 17).

5 **[3] Sittenwidrige Kündigung.** Eine Kündigung ist nach § 138 Abs. 1 BGB sittenwidrig und damit nichtig, wenn sie dem Anstandsgefühl aller billig und gerecht Denkenden widerspricht (BAG 23.11.1961 – 2 AZR 301/61, AP BGB § 138 Nr. 22). § 138 Abs. 1 BGB verlangt die Einhaltung eines „ethischen Minimums" (BAG 21.2.2001 – 2 AZR 15/00, NZA 2001, 833). Der Vorwurf objektiver Sittenwidrigkeit kann nur in besonders krassen Fällen erhoben werden und spielt in der Praxis kaum mehr eine Rolle. Insbesondere wird Sittenwidrigkeit immer dann ausscheiden, wenn der Arbeitgeber für sein Verhalten sachlich zu respektierende Gründe anführen kann (*Kiel* aaO Rn 11).

6 Entschieden wurde, dass eine Kündigung sittenwidrig sein kann, wenn tragendes Motiv für die Kündigung Rachsucht oder Vergeltung war (BAG 23.11.1961 aaO). Die Kündigung eines HIV-Infizierten (auf dessen Arbeitsverhältnis das KSchG keine Anwendung findet) ist jedenfalls dann nicht sittenwidrig, nachdem der Arbeitnehmer in Folge eines Selbstmordversuches nach Kenntniserlangungen von seiner Infektion lange arbeitsunfähig war (BAG 16.2.1989 – 2 AZR 347/88, AP BGB § 138 Nr. 46). Ebenso nicht sittenwidrig, sondern evtl ein Verstoß gegen Treu und Glauben (§ 242 BGB siehe nachfolgend), ist eine Kündigung, die aufgrund des privaten Verhaltens des Arbeitnehmers erfolgt. Hierzu zählt auch das private Sexualverhalten (BAG 23.6.1994 – 2 AZR 617/93, AP BGB § 242 Kündigung Nr. 9).

7 Mobbinghandlungen begründen keinen Sonderkündigungsschutz für deren Opfer, sie können zur Treu- oder Sittenwidrigkeit einer Kündigung in der Probezeit führen, wenn der Arbeitgeber sie sich zu eigen macht und die Kündigung aus willkürlichen oder verwerflichen Motiven ausspricht (LAG Hessen 21.2.2003 – 12 Sa 561/02, NZA-RR 2004, 356).

8 Ist eine Kündigung wegen Verstoßes gegen die guten Sitten nichtig, besteht für diesen Fall die Möglichkeit, einen Antrag nach § 9 KSchG zu stellen, das Arbeitsverhältnis gegen Zahlung einer Abfindung (§§ 10 bis 12 KSchG) aufzulösen (§ 13 Abs. 2 KSchG).

B. Verstoß gegen Treu und Glauben

9 I. Muster: Begründung bei Verstoß gegen Treu und Glauben § 242 BGB

▶ ...[1]

Die Kündigung ist rechtswidrig, da sie gegen Treu und Glauben (§ 242 BGB) verstößt.[2] Dies ergibt sich aus Folgendem:

Noch am Tage vor dem Ausspruch der Kündigung hat die Beklagtenpartei die Klagepartei als „Stützpfeiler" des Betriebes gelobt. Die Zukunft der Firma sei ohne die Klagepartei „schlechterdings nicht vorstellbar". Nur einen Tag später erhielt die Klagepartei die vorliegende Kündigung, die die Beklagtenpartei wegen „schlechten Leistungen" ausgesprochen hat.

Beweis: 1. Herr ..., Mitarbeiter der Beklagtenpartei, zu laden über diese als Zeuge

2. Kündigungsschreiben vom ... in Kopie als Anlage K 2

In rechtlicher Hinsicht ist auszuführen, dass diese Kündigung aufgrund widersprüchlichen Verhaltens des Arbeitgebers gegen Treu und Glauben verstößt und damit nichtig ist. Durch die Erklärung nur einen Tag zuvor, die Klagepartei sei der Stützpfeiler des Betriebes und eine Zukunft ohne diese sei nicht vorstellbar, hat sich die Beklagtenpartei sich mit der sodann ausgesprochenen Kündigung in krassen Widerspruch gesetzt. Die Kündigung ist daher rechtswidrig und der Klage ist daher stattzugeben.

...

Rechtsanwalt ◀

II. Erläuterungen

[1] Zum **Klageantrag** sowie zur Verteilung der **Darlegungs- und Beweislast** sei auf die vorstehenden Ausführungen zu § 138 BGB verwiesen.

[2] **Treu und Glauben.** Eine Kündigung ist nichtig wegen eines Verstoßes gegen § 242 BGB, wenn sie aus Gründen ausgesprochen wird, die von § 1 KSchG nicht erfasst und hierdurch Treu und Glauben verletzt werden. Der Grundsatz von Treu und Glauben wird allerdings nicht angewendet, wenn das KSchG allein wegen Nichterfüllung der gesetzlichen Wartezeit keine Anwendung findet, weil sonst der (noch) nicht gewährte Kündigungsschutz über § 242 BGB doch gewährt würde. Dies widerspräche dem Willen des Gesetzgebers und schränkte die Handlungsmöglichkeiten des Arbeitgebers unzulässiger Weise ein (*Vossen* in: Moll, Arbeitsrecht § 43 Rn 36). Auf eine Wartezeitkündigung findet daher im Geltungsbereich des Kündigungsschutzgesetzes der zu beachtende Grundsatz der Verhältnismäßigkeit keine Anwendung. Eine verhaltensbedingte Kündigung setzt keine vorhergehende Abmahnung voraus (*Kiel* aaO Rn 19).

Wann eine Kündigung gegen den Grundsatz von Treu und Glauben verstößt, bedarf der Ermittlung und Berücksichtigung sämtlicher Umstände des Einzelfalls. Beispiele der treuwidrigen Kündigung (s.a. *Vossen* aaO Rn 37) sind ein widersprüchliches Verhalten des Arbeitgebers (BAG 4.12.1997 – 2 AZR 799/96, AP BGB § 626 Nr. 141), eine Kündigung in ehrverletzender Form, eine willkürliche Kündigung, wobei zu beachten ist, dass diese dann nicht gegeben ist, wenn irgendein einleuchtendes Motiv für die Kündigung besteht (BAG 24. 1. 2008 – 6 AZR 96/07, NZA-RR 2008, 404, 406). Schließlich ist eine Kündigung auch außerhalb des Geltungsbereichs des KSchG unwirksam, wenn wegen desselben Kündigungsgrundes bereits eine Abmahnung ausgesprochen worden ist (BAG 13. 12. 2007 – 6 AZR 145/07, NZA 2008, 403).

C. Diskriminierende Kündigung

I. Muster: Begründung bei Verstoß gegen Treu und Glauben, Unterfall AGG[1]

▶ ...

Die Kündigung wegen Verstoßes gegen Treu und Glauben (§ 242 BGB) sowie aufgrund eines Verstoßes gegen §§ 1, 2 AGG nichtig, der Klage ist stattzugeben. Dies ergibt sich aus Folgendem:

Der Kläger ist homosexuell. Am ... erschien in der ...-Zeitung ein Bericht über eine Kundgebung zum „Christopher Street Day". Zu dem Bericht wurde ein Foto abgedruckt, auf dem der Kläger als Teilnehmer an der Parade abgebildet war. Der Arbeitgeber hielt, als der Kläger an diesem Tag in dem Betrieb erschien, ihm diesen Bericht vor und teilte mit, dass er fassungslos sei, dass er „Sowas" beschäftigen müsse. Dies sei für ihn nicht tolerabel. Dem Kläger werde daher jetzt die ordentliche Kündigung ausgesprochen.

Beweis: Herr ... als Zeuge

Noch am selben Tage erhielt der Kläger die hier angegriffene ordentliche Kündigung zum ...[2]

In rechtlicher Hinsicht ist auszuführen, dass die Beklagtenpartei die Klagepartei allein aufgrund seiner sexuellen Identität des § 1 AGG iVm § 2 AGG benachteiligt hat. Er hat die Kündigung nur wegen der sich ihm nun offenbarten Homosexualität der Klagepartei ausgesprochen. Nach der Rechtsprechung des Bundesarbeitsgerichts stellt dies eine Kündigung wegen Verstoßes gegen den Grundsatz von Treu und Glauben (§ 242 BGB) dar. Die Kündigung ist daher nichtig. Der Klage ist stattzugeben.

...

Rechtsanwalt ◄

II. Erläuterungen

15 **[1] AGG und Kündigungen.** Eine Treuwidrigkeit ist auch bei einer Kündigung denkbar, die den Arbeitnehmer diskriminiert. Diese Diskriminierung kann auch eine Diskriminierung nach dem AGG sein. Der deutsche Gesetzgeber hat sich bei der Umsetzung der europarechtlichen Richtlinien zum Schutz vor Diskriminierungen dazu entschlossen, in § 2 Abs. 4 AGG eine Bereichsausnahme aufzunehmen, nach der das AGG für Kündigungen keine Anwendung finden solle, sondern „ausschließlich die Bestimmungen zum allgemeinen und besonderen Kündigungsschutz". Dies wurde teils heftig kritisiert, da die umzusetzenden Richtlinien ausdrücklich auch eine Anwendung für Kündigungen vorsehen. Entsprechende Bedenken hat auch die EG-Kommission mit Schreiben vom 31.1.2008 geäußert (AuR 2008 145 ff).

16 Das Bundesarbeitsgericht hat in einer Entscheidung vom 6.11.2008 die „Bereichsausnahme" des § 2 Abs. 4 AGG europarechtskonform ausgelegt. Demnach sollen die Diskriminierungsverbote des AGG nicht als eigene Unwirksamkeitsnormen angewandt werden. Unterliegt die Beurteilung der Wirksamkeit der Kündigung den Vorgaben des Kündigungsschutzgesetzes, seien die Diskriminierungsverbote des AGG im Rahmen der Prüfung der Sozialwidrigkeit von Kündigungen zu beachten. Eine Kündigung kann sozialwidrig sein, wenn sie gegen die Diskriminierungsverbote verstößt (BAG 6.11.2008 – 2 AZR 523/07, NZA 2009, 361). Dem stünde § 2 Abs. 4 AGG nicht entgegen. Kündigungen außerhalb des Geltungsbereichs des KSchG sind treuwidrig nach § 242 BGB, wenn sie aufgrund eines in § 1 AGG genannten Merkmales benachteiligen. Dies hat das BAG bereits zuvor wiederholt entschieden (BAG 22.5.2003 – 2 AZR 426/02, AP KSchG 1969 § 1 Wartezeit Nr. 18). Die zivilrechtlichen Generalklauseln (§ 244 BGB, § 138 Abs. 1 BGB) gewährleisten bereits den erforderlichen Mindestschutz nach den europarechtlichen Vorgaben (*Hamacher/Ulrich* NZA 2007, 657).

17 **[2] Darlegungs- und Beweislast.** Behauptet der Arbeitnehmer wegen eines verpönten Merkmals nach § 1 AGG diskriminiert worden zu sein, so kommt eine Privilegierung hinsichtlich der Darlegungs- und Beweislast nach § 22 AGG in Betracht. § 22 AGG ist anwendbar auf alle Prozesse wegen einer Benachteiligung aus den Gründen des § 1 AGG. Für Klagen gegen diskriminierende Kündigungen gilt die Beweiserleichterung ebenfalls (ErfK/*Schlachter*, § 22 AGG Rn 11). Dies folgt aus der gebotenen europarechtskonformen Auslegung des § 2 Abs. 4 AGG. Der Beschäftigte muss also in den Genuss der Privilegierung des § 22 AGG kommen, die zu einer Umkehr der Beweislast führen kann. Sofern er also Umstände beweist, die den Rückschluss auf eine Benachteiligung wegen eines unzulässigen Merkmals vermuten lassen, muss der Arbeitgeber darlegen und gegebenenfalls beweisen, dass die Kündigung allein oder auch (str.) aus anderen Gründen erfolgt ist (BeckOK-ArbR/*Roloff*, § 2 AGG Rn 26).

D. Verstoß gegen das Maßregelungsverbot

I. Muster: Verstoß gegen das Maßregelungsverbot des § 612 a BGB

▶ ...[1]

Die Kündigung ist rechtswidrig, da sie gegen das Maßregelungsverbot (§ 612 a BGB) verstößt. Dies ergibt sich aus Folgendem:

Die Klagepartei hat mit Schreiben vom 11.7.2013 Elternzeit für den Zeitraum vom 1.3.2014 bis 30.4.2014 („Vätermonate") für sein am 2.7.2013 geborenes Kind verlangt.

Beweis: Schreiben der Beklagtenpartei vom 11.7.2013 in Kopie als Anlage K 2.

Dieses Schreiben ging am 12.7.2013 durch persönliche Übergabe der Beklagtenpartei zu. Bereits am 13.7.2013 kündigte die Beklagtenpartei das Arbeitsverhältnis sodann zum 31.8.2013.

Beweis: Kündigungsschreiben der Beklagtenpartei als Anlage K 3

Tragendes Motiv für die Kündigung ist der nur einen Tag vorangegangene Antrag auf Elternzeit. Ein anderer Beweggrund als dieser Antrag bestand für die Arbeitgeberkündigung nicht.

In rechtlicher Hinsicht ist auszuführen, dass die Kündigung gem. § 612 a BGB rechtsunwirksam ist. Demnach sind Maßnahmen des Arbeitgebers verboten, die den Arbeitnehmer benachteiligen, weil dieser in zulässiger Weise seine Rechte ausgeübt hat. Als solche Maßnahme ist auch die Kündigung durch den Arbeitgeber zu verstehen. Ein Verstoß gegen das Maßregelungsverbot des § 612 a BGB macht die Kündigung nach § 134 BGB nichtig. Eine Kündigung, auf die das KSchG keine Anwendung findet, ist auch dann nichtig, wenn überwiegender Grund für die Kündigung ein vorangegangener Antrag auf Elternzeit des Arbeitnehmers war.[2]

Der Klage ist daher stattzugeben, die Kündigung ist nichtig.

...

Rechtsanwalt ◀

II. Erläuterungen

[1] Hinsichtlich **Klageantrag** und **Darlegungs- und Beweislast** sei zunächst auf das Vorstehende verwiesen.

Der Arbeitnehmer hat im Falle des § 612 a BGB zudem den Kausalzusammenhang zwischen Rechtsausübung und Kündigung darzulegen (APS/*Linck*, § 612 a BGB Rn 22). Auch hier gilt eine abgestufte Darlegungs- und Beweislast. Dem Arbeitnehmer kann der Beweis des ersten Anscheins zugutekommen. Voraussetzung hierfür ist, dass sich unter Berücksichtigung des festgestellten Sachverhalts ein für die zu beweisende Tatsache nach der Lebenserfahrung typischer Geschehensablauf ergibt. Typizität bedeutet dabei nicht, dass die Ursächlichkeit einer bestimmten Tatsache für einen bestimmten Erfolg bei allen Sachverhalten dieser Fallgruppe notwendig immer vorhanden ist; sie muss aber so häufig gegeben sein, dass die Wahrscheinlichkeit, einen solchen Fall vor sich zu haben, sehr groß ist (BGH 5.4.2006 – VIII ZR 283/05, NJW 2006, 2262). Ein Anscheinsbeweis ist insbesondere dann anzunehmen, wenn ein enger zeitlicher Zusammenhang zwischen Rechtsausübung und Maßnahme des Arbeitgebers besteht und mit hoher Wahrscheinlichkeit davon auszugehen ist, dass die Maßnahme des Arbeitgebers als Reaktion auf die Ausübung eines Rechts durch den Arbeitnehmer erfolgt ist (LAG Niedersachsen 12.9.2005 – 5 Sa 396/05, NZA-RR 2006, 346 mwN).

[2] **Maßregelungsverbot.** § 612 a BGB ist ein Sonderfall der sittenwidrigen Kündigung. Eine gegen § 612 a BGB verstoßende Kündigung ist nach § 134 BGB nichtig.

22 Eine Maßnahme des Arbeitgebers ist nichtig, wenn diese allein deshalb ausgesprochen wird, weil der Arbeitnehmer in zulässigerweise seine Rechte ausübt. Zu den verbotenen Maßnahmen zählt auch der Ausspruch einer Kündigung durch den Arbeitgeber (BAG 23. 4. 2009 – 6 AZR 189/08, NJW 2010, 104).

23 Dies setzt zunächst voraus, dass die Ausübung der Rechte durch den Arbeitnehmer ihrerseits rechtmäßig war. Hierzu zählt auch der Antrag auf Elternzeit, wenn der Kündigungsschutz nach dem BEEG noch nicht eingesetzt hat. Das ist der Fall bei frühzeitigem Elternzeitverlangen, da der Kündigungsschutz frühestens acht Wochen vor Beginn der Elternzeit (§ 18 Abs. 1 S. 1 BEEG) und nicht schon mit dem Elternzeitverlangen eintritt (BAG 17. 2. 1994 – 2 AZR 616/93, NZA 1994, 656). Im Beispielsfall bestand folglich noch kein Kündigungsschutz.

24 Weiter kommen in Betracht eine vorangegangenen Eigenkündigung des Arbeitnehmers (LAG Nürnberg, Urteil vom 7.10.1988 – 6 Sa 44/87), die Vollstreckung eines Weiterbeschäftigungsurteils (LAG Düsseldorf 13. 12. 1988 – 8 Sa 663/88, LAGE BGB § 612 a Nr. 3), ein Antrag auf Vorruhestand des Arbeitnehmers (BAG 2.4.1987 – 2 AZR 227/86, AP BGB § 612 a Nr. 1), die Geltendmachung des Freistellungsanspruchs bei Erkrankung eines Kindes (§ 45 Abs. 3 S. 1 SGB V (LAG Köln 13.10.1993 – 7 Sa 690/93, NZA 1995, 128 (LS.)) oder eine Kündigung wegen Nichtannahme eines Änderungsangebotes durch den Arbeitnehmer, sofern sich das Angebot selbst als unerlaubte Maßregelung darstellt (BAG 22.5.2003 – 2 AZR 426/02, AP KSchG 1969 § 1 Wartezeit Nr. 18).

25 Für die Nichtigkeit der ausgesprochenen Kündigung genügt, dass die zulässige Rechtsausübung des Arbeitnehmers tragender Beweggrund für die Maßnahme des Arbeitgebers war. Ein bloßer äußerer Anlass genügt nicht. Ist der Kündigungsentschluss des Arbeitgebers nicht nur wesentlich, sondern ausschließlich durch die zulässige Rechtsverfolgung des Arbeitnehmers bestimmt gewesen, deckt sich das Motiv des Arbeitgebers mit dem objektiven Anlass zur Kündigung. Es ist dann unerheblich, ob die Kündigung auf einen anderen Kündigungssachverhalt hätte gestützt werden können, weil sich ein möglicherweise vorliegender anderer Grund auf den Kündigungsentschluss nicht kausal ausgewirkt hat und deshalb als bestimmendes Motiv für die Kündigung ausscheidet (BAG 23.4.2009 aaO S. 105). Eine dem Maßregelungsverbot widersprechende Kündigung kann deshalb auch dann vorliegen, wenn an sich ein Sachverhalt gegeben ist, der eine Kündigung des Arbeitgebers gerechtfertigt hätte (BAG 22.5.2003 – 2 AZR 426/02, AP KSchG 1969 § 1 Wartezeit Nr. 18).

§ 314 Abs. 2 BGB – Abmahnung

§ 314 BGB Kündigung von Dauerschuldverhältnissen aus wichtigem Grund

(1) ¹Dauerschuldverhältnisse kann jeder Vertragsteil aus wichtigem Grund ohne Einhaltung einer Kündigungsfrist kündigen. ²Ein wichtiger Grund liegt vor, wenn dem kündigenden Teil unter Berücksichtigung aller Umstände des Einzelfalls und unter Abwägung der beiderseitigen Interessen die Fortsetzung des Vertragsverhältnisses bis zur vereinbarten Beendigung oder bis zum Ablauf einer Kündigungsfrist nicht zugemutet werden kann.

(2) ¹Besteht der wichtige Grund in der Verletzung einer Pflicht aus dem Vertrag, ist die Kündigung erst nach erfolglosem Ablauf einer zur Abhilfe bestimmten Frist oder nach erfolgloser Abmahnung zulässig. ²§ 323 Abs. 2 findet entsprechende Anwendung.

(3) Der Berechtigte kann nur innerhalb einer angemessenen Frist kündigen, nachdem er vom Kündigungsgrund Kenntnis erlangt hat.

(4) Die Berechtigung, Schadensersatz zu verlangen, wird durch die Kündigung nicht ausgeschlossen.

Das BGB definiert den **Begriff Abmahnung** ebenso wenig wie spezielle arbeitsrechtliche Gesetze, etwa das KSchG. Die arbeitsrechtlichen Regelungen, die den Bestandsschutz des Arbeitnehmers normieren, etwa § 1 KSchG oder § 626 BGB, enthalten nicht einmal einen Hinweis auf das – idR notwendige – Abmahnungserfordernis. Etwas anderes gilt nur für § 314 Abs. 2 BGB; eine Vorschrift die von Struktur und Dogmatik Parallelen zu § 626 BGB aufweist.

Im Arbeitsrecht bedarf es in aller Regel der Erteilung einer oder mehrerer einschlägiger Abmahnungen nicht nur vor dem Ausspruch einer außerordentlichen, fristlosen Kündigung des Arbeitgebers aus wichtigem Grund iSd § 626 BGB (vgl. HaKo-KSchR/*Gieseler* § 626 BGB Rn 87 ff), sondern auch vor Erklärung einer ordentlichen verhaltensbedingten Arbeitgeberkündigung iSd § 1 KSchG (vgl. HaKo-KSchR/*Zimmermann* § 1 KSchG Rn 251 ff, 266 f).

Der gesamte Komplex Abmahnung und Reaktionsmöglichkeiten des Arbeitnehmers nach Erteilung einer Abmahnung wird daher bei § 1 KSchG behandelt. Auf Muster und Anmerkungen bei § 1 KSchG verhaltensbedingte Kündigung Rn 1 ff, Rn 36 ff wird verwiesen.

§§ 613 a, 615, 622, 623, 626 BGB – Betriebsübergang und BGB-Kündigungstatbestände

§ 613 a BGB Rechte und Pflichten bei Betriebsübergang

(1) ¹Geht ein Betrieb oder Betriebsteil durch Rechtsgeschäft auf einen anderen Inhaber über, so tritt dieser in die Rechte und Pflichten aus den im Zeitpunkt des Übergangs bestehenden Arbeitsverhältnissen ein. ²Sind diese Rechte und Pflichten durch Rechtsnormen eines Tarifvertrags oder durch eine Betriebsvereinbarung geregelt, so werden sie Inhalt des Arbeitsverhältnisses zwischen dem neuen Inhaber und dem Arbeitnehmer und dürfen nicht vor Ablauf eines Jahres nach dem Zeitpunkt des Übergangs zum Nachteil des Arbeitnehmers geändert werden. ³Satz 2 gilt nicht, wenn die Rechte und Pflichten bei dem neuen Inhaber durch Rechtsnormen eines anderen Tarifvertrags oder durch eine andere Betriebsvereinbarung geregelt werden. ⁴Vor Ablauf der Frist nach Satz 2 können die Rechte und Pflichten geändert werden, wenn der Tarifvertrag oder die Betriebsvereinbarung nicht mehr gilt oder bei fehlender beiderseitiger Tarifgebundenheit im Geltungsbereich eines anderen Tarifvertrags dessen Anwendung zwischen dem neuen Inhaber und dem Arbeitnehmer vereinbart wird.

(2) ¹Der bisherige Arbeitgeber haftet neben dem neuen Inhaber für Verpflichtungen nach Absatz 1, soweit sie vor dem Zeitpunkt des Übergangs entstanden sind und vor Ablauf von einem Jahr nach diesem Zeitpunkt fällig werden, als Gesamtschuldner. ²Werden solche Verpflichtungen nach dem Zeitpunkt des Übergangs fällig, so haftet der bisherige Arbeitgeber für sie jedoch nur in dem Umfang, der dem im Zeitpunkt des Übergangs abgelaufenen Teil ihres Bemessungszeitraums entspricht.

(3) Absatz 2 gilt nicht, wenn eine juristische Person oder eine Personenhandelsgesellschaft durch Umwandlung erlischt.

(4) ¹Die Kündigung des Arbeitsverhältnisses eines Arbeitnehmers durch den bisherigen Arbeitgeber oder durch den neuen Inhaber wegen des Übergangs eines Betriebs oder eines Betriebsteils ist unwirksam. ²Das Recht zur Kündigung des Arbeitsverhältnisses aus anderen Gründen bleibt unberührt.

(5) Der bisherige Arbeitgeber oder der neue Inhaber hat die von einem Übergang betroffenen Arbeitnehmer vor dem Übergang in Textform zu unterrichten über:

1. den Zeitpunkt oder den geplanten Zeitpunkt des Übergangs,
2. den Grund für den Übergang,
3. die rechtlichen, wirtschaftlichen und sozialen Folgen des Übergangs für die Arbeitnehmer und
4. die hinsichtlich der Arbeitnehmer in Aussicht genommenen Maßnahmen.

(6) ¹Der Arbeitnehmer kann dem Übergang des Arbeitsverhältnisses innerhalb eines Monats nach Zugang der Unterrichtung nach Absatz 5 schriftlich widersprechen. ²Der Widerspruch kann gegenüber dem bisherigen Arbeitgeber oder dem neuen Inhaber erklärt werden.

A. Außer-/vorgerichtliche Muster
  I. Informationsschreiben gemäß § 613a Abs. 5 BGB
    1. Muster: Umfassendes Informationsschreiben in betriebsratslosem Betrieb
    2. Erläuterungen und Varianten
      [1] Allgemeines, Person des Erwerbers, vertretungsberechtigte Personen ... 2
      [2] Zeitpunkt des Übergangs ... 4
      [3] Grund für den Übergang ... 5
      [4] Asset Deal ... 6
      [5] Unternehmerischer Hintergrund ... 7
      [6] Rechtliche Folgen des Betriebsübergangs ... 8
      [7] Anlage: Gesetzestext ... 15
      [8] Wirtschaftliche Folgen ... 16
      [9] Soziale Folgen ... 17
      [10] Geplante Maßnahmen ... 18
      [11] Widerspruchsrecht und Folgen des Widerspruchs ... 19
      [12] Person des Unterrichtenden ... 21
  II. Rechtsgeschäftliche Gestaltung des Betriebsübergangs – dreiseitiger Vertrag
    1. Muster: Dreiseitiger Vertrag
    2. Erläuterungen
      [1] Allgemeine Interessenslage ... 23
      [2] Keine Umgehung des § 613a BGB ... 25
  III. Widerspruch gegen den Betriebsübergang
    1. Muster: Widerspruchsschreiben
    2. Erläuterungen und Varianten
      [1] Beweis des Zugangs ... 28
      [2] Adressat ... 29
      [3] Form ... 30
      [4] Frist ... 31
      [5] Wirkung des Widerspruches ... 32
      [6] Angebot der Arbeitsleistung ... 34
  IV. Gestaltung des Erwerbers: Neue unternehmerische Konzeption
    1. Muster: Unternehmerische Entscheidung zur neuen unternehmerischen Konzeption
    2. Erläuterungen
      [1] Unternehmerische Neuausrichtung nach Betriebsübergang ... 36
      [2] Kündigungen trotz Betriebsübergang ... 37
  V. Wiedereinstellungsansprüche
    1. Arbeitnehmer-Vertretung
      a) Muster: Außergerichtliche Geltendmachung eines Wiedereinstellungsanspruches
      b) Erläuterungen und Varianten
        [1] Allgemeines ... 39
        [2] Adressat des Wiedereinstellungsanspruches ... 40
        [3] Wirksamkeit der Kündigung ... 41
        [4] Zeitpunkt der Geltendmachung ... 44
        [5] Zeitpunkt der geänderten Umstände ... 45
        [6] Art der Fortführung ... 46
        [7] Unveränderte Arbeitsbedingungen ... 47
        [8] Konkretisierung des Angebotes ... 48
        [9] Inverzugsetzung ... 49
    2. Arbeitgebervertretung
      a) Muster: Beantwortung der Anspruchsgeltendmachung
      b) Erläuterungen
        [1] Unzumutbarkeit der Wiedereinstellung wegen anderweitigem unternehmerischen Konzept ... 51
        [2] Unzumutbarkeit wegen anderweitiger Dispositionen ... 53
        [3] Angebot zu geänderten Bedingungen ... 54
B. Gerichtliche Vertretung
  I. Kündigungsschutzklage gegen Kündigung entgegen dem Kündigungsverbot, § 613a Abs. 4 S. 1 BGB
    1. Muster: Kündigungsschutzklage bei bekanntem Betriebsübergang
    2. Erläuterungen
      [1] Kündigungsschutzantrag nach § 4 KSchG ... 56
      [2] Antrag auf Feststellung des Betriebsübergangs ... 57
      [3] Weiterbeschäftigungsantrag ... 58
  II. Replik (Arbeitgebervertretung)
    1. Muster: Bestreiten des Vorliegens eines Betriebsübergangs
    2. Erläuterungen
      [1] Beklagter ... 60
      [2] Darlegungs- und Beweislast ... 62

	[3] Vorliegen eines Betriebsübergangs 65	2. Erläuterungen	
	[4] Identität der wirtschaftlichen Einheit 66	[1] Anwendungsbereich der Änderungssperre 77
		[2] Anträge 78
III. Wiedereinstellung nach Betriebsübergang		[3] Allgemeine Begründung 79
	1. Muster: Klage auf Wiedereinstellung nach Betriebsübergang	[4] Normative Geltung 80
	2. Erläuterungen und Varianten	[5] Keine Regelung durch Rechtsnormen eines anderen Tarifvertrages 81
	[1] Adressat des Wiedereinstellungsanspruches 68	
	[2] Antragsformulierung 69	[6] Änderungsmöglichkeiten nach § 613a Abs. 1 S. 4 BGB 82
	[3] Ausdrückliches Vertragsangebot und Arbeitsbedingungen 73	
	[4] Soziale Auswahl 75	
IV. Klage wegen Änderungskündigung durch den Betriebserwerber		
	1. Muster: Klage nach Änderungskündigung	

A. Außer-/vorgerichtliche Muster

I. Informationsschreiben gemäß § 613a Abs. 5 BGB

1. Muster: Umfassendes Informationsschreiben in betriebsratslosem Betrieb

▶ Herrn ... (Arbeitnehmer)
Übergang Ihres Arbeitsverhältnisses nach § 613a BGB

Information gemäß § 613a Abs. 5 BGB

Sehr geehrter Herr ...,

wie Sie möglicherweise bereits in unserer Betriebsversammlung erfahren haben, beabsichtigen wir, den Hotelbetrieb ... in seiner Gesamtheit an die A GmbH, eingetragen im Handelsregister des Amtsgerichtes ... unter der Nummer HRB ... mit Sitz in ... unter der Geschäftsanschrift ... (im Folgenden: A), derzeit vertreten durch die Geschäftsführer ... und ..., zu verkaufen und zu übertragen.[1]

Durch die Veräußerung kommt es zu einem sogenannten Betriebsübergang gemäß § 613a BGB, über den wir Sie nachfolgend unter Berücksichtigung der gesetzlichen Vorschriften informieren möchten.

I. Zeitpunkt des Betriebsübergangs[2]

Der Übergang des Betriebes soll nach heutiger Planung zum ..., 00:00 Uhr, erfolgen (geplanter Übergabestichtag).

II. Grund für den Betriebsübergang[3]

Dem Betriebsübergang liegt ein zwischen uns und der A abgeschlossener Unternehmenskaufvertrag (sog. „Asset-Deal")[4] zugrunde. Dieser Unternehmenskaufvertrag wurde am ... notariell abgeschlossen, und zwar unter der Urkundsnummer ... vor dem Notar ....

Der unternehmerische Grund für die Übertragung des Betriebes liegt darin, dass wir uns entschlossen haben, uns beim Betrieb unserer Hotels zukünftig auf den Premium-Bereich zu konzentrieren und ausschließlich solche Hotels zu betreiben, die über einen einheitlichen Qualitätsstandard im 5-Sterne-Bereich (Klassifizierung nach DEHOGA) verfügen. Der Hotelbetrieb ... erfüllt diese Voraussetzungen nicht, und auch ein Ausbau ist nach unserer Einschätzung entweder nicht oder jedenfalls nicht wirtschaftlich möglich. Der Hotelbetrieb passt daher nicht mehr in unser unternehmerisches Konzept, was zur Entscheidung der Veräußerung geführt hat.[5]

III. Rechtliche, wirtschaftliche und soziale Folgen des Übergangs

1. Rechtliche Folgen[6]

Die rechtlichen Folgen eines Betriebsübergangs sind in § 613a BGB geregelt. Der Wortlaut der Regelung ist als Anlage diesem Informationsschreiben beigefügt.[7] Im Einzelnen ergeben sich die folgenden rechtlichen Folgen.

Durch den Betriebsübergang tritt für Sie zum geplanten Übergabestichtag ein Arbeitgeberwechsel von Ihrem bisherigen Arbeitgeber zur A ein. Ihr Arbeitsverhältnis geht kraft Gesetz von uns auf die A über, A wird also Ihr neuer Arbeitgeber. Ihr bisheriges Arbeitsverhältnis zu uns erlischt hiermit. Der Abschluss eines neuen Arbeitsvertrages wegen des Betriebsübergangs ist somit nicht nötig. Sie behalten Ihren bisherigen Arbeitsplatz, allerdings rechtlich Ihrem neuen Arbeitgeber zugeordnet.

Die Bedingungen Ihres Arbeitsvertrages bleiben unverändert. Die A tritt gesetzlich in alle Rechte und Pflichten Ihres derzeit bestehenden Arbeitsverhältnisses ein. Etwaig in Ihrem Arbeitsvertrag enthaltene Befristungsabreden gelten weiter. Die bisher für uns zurückgelegte Betriebszugehörigkeit bleibt Ihnen vollständig erhalten.

Weder bei uns noch bei der A existiert ein Betriebsrat oder eine tarifliche Bindung. Unserer Kenntnis nach beabsichtigt die A auch nicht, einem Arbeitgeberverband beizutreten oder Firmentarifverträge abzuschließen. Die Bedingungen Ihres Arbeitsvertrages werden sich also auch weiterhin nach dem individuellen Arbeitsvertrag richten.

Die A tritt in alle Versorgungsverpflichtungen aus den bestehenden Zusagen der betrieblichen Altersversorgung ein. Die für die Beurteilung der Unverfallbarkeit maßgebliche Betriebszugehörigkeitsdauer erfasst auch ihre bisherigen Beschäftigungszeiten mit uns.

Ihr bisheriger Arbeitgeber haftet für alle Forderungen aus dem Arbeitsverhältnis, die bis zum Zeitpunkt des Übergangs entstanden sind und vor Ablauf von einem Jahr nach diesem Zeitpunkt fällig werden. Für Forderungen, die nach dem Zeitpunkt des Übergangs fällig werden, haften wir aber nur in dem Umfang, der dem im Zeitpunkt des Übergangs abgelaufenen Teil ihres Bemessungszeitraumes entspricht.

Die A haftet für alle Forderungen aus dem Arbeitsverhältnis, die ab dem Zeitpunkt des Übergangs entstehen sowie darüber hinaus für alle älteren Forderungen, die Ihnen vor dem Betriebsübergang gegen uns zustanden und noch nicht erfüllt sind. Für Ansprüche, die vor dem Zeitpunkt des Betriebsübergangs entstanden sind und die vor Ablauf eines Jahres nach diesem Zeitpunkt fällig werden, haften wir und die A gesamtschuldnerisch, wobei unsere Haftung – wie oben bereits bemerkt – für erst nach dem Übergang fällig werdende Ansprüche auf den anteiligen Betrag bis zum Betriebsübergang beschränkt ist.

Eine Kündigung Ihres Arbeitsverhältnisses durch uns oder die A wegen des Betriebsübergangs ist gesetzlich ausgeschlossen (§ 613a Abs. 4 S. 1 BGB). Die Kündigung Ihres Arbeitsverhältnisses aus einem anderen Grund ist dadurch allerdings nicht ausgeschlossen (§ 613a Abs. 4 S. 2 BGB).

2. Wirtschaftliche Folgen[8]

Nach unserer Einschätzung wird der Betriebsübergang für Sie keine wirtschaftlichen Folgen haben. Uns sind keine Hinweise darauf bekannt, dass es um die wirtschaftliche Lage der A kritisch bestellt wäre. Übertragen wird von uns nicht nur die Gesamtheit der beweglichen Anlagegüter, sondern auch das Betriebsgrundstück, auf dem das Hotel errichtet ist.

3. Soziale Folgen[9]

Soziale Folgen wird der Betriebsübergang für Sie nicht haben. Wir weisen Sie allerdings darauf hin, dass aus rein sozialversicherungsrechtlichen Gründen Ihr Arbeitsverhältnis bei der zuständigen Krankenkasse von uns abgemeldet, mit Wirkung zu demselben Tag jedoch durch A wieder neu angemeldet werden wird, so dass für Sie ein durchgängiger Versicherungsschutz bestehen wird.

IV. Geplante Maßnahmen[10]

Da weder wir noch die A über einen Betriebsrat verfügen, wird über die Maßnahme weder ein Interessensausgleich noch ein Sozialplan abgeschlossen. Wirtschaftliche Nachteile für Sie hat dies aber nicht.

Nach unserer Kenntnis beabsichtigt die A aus Gründen der Vereinheitlichung der Formulare, Ihnen den Abschluss eines neuen Arbeitsvertrages anzubieten. Sie sind zum Abschluss eines solchen neuen Arbeitsvertrages rechtlich nicht verpflichtet. Sollte es aber zum Neuabschluss von Arbeitsverträgen kommen, so hat der Neuabschluss rechtlich zur Folge, dass der bisherige Arbeitsvertrag durch den neuen Arbeitsvertrag ersetzt wird. Hierdurch kann es auch zu einer Veränderung der materiellen Arbeitsbedingungen kommen, und zwar sowohl zu Ihren Gunsten als auch zu Ihren Lasten.

Nach unserer Kenntnis beabsichtigt die A des Weiteren, eine Weiterbildung zur Schulung auf die unternehmerischen und betrieblichen Grundsätze innerhalb der A durchzuführen. Näheres hierzu wird Ihnen von der A rechtzeitig mitgeteilt werden.

V. Widerspruchsrecht und Folgen des Widerspruchs[11]

Sie haben das Recht, dem Übergang Ihres Arbeitsverhältnisses auf die A innerhalb eines Monats ab Zugang dieses Schreibens zu widersprechen. Ein Widerspruch hat zur Folge, dass das Arbeitsverhältnis beim bisherigen Arbeitgeber verbliebe.

Wir weisen allerdings darauf hin, dass Ihr Betrieb der einzige von uns am Standort ... unterhaltene Betrieb ist und infolge des Übergangs dieses Betriebes auf die A entsprechende Arbeitsplätze in diesem Betrieb nicht mehr vorhanden sind. Im Falle eines Widerspruches könnten Sie daher auf Ihrem bisherigen Arbeitsplatz nicht mehr weiterbeschäftigt werden.

Sollten Sie dem Übergang widersprechen, werden wir daher prüfen müssen, ob die individuellen Voraussetzungen für eine betriebsbedingte Beendigungskündigung vorliegen. Einer solchen Kündigung stünde nicht das oben unter III.1. angesprochene Kündigungsverbot gemäß § 613a Abs. 4 S. 1 BGB entgegen, da eine solche Kündigung nicht wegen des Betriebsübergangs, sondern wegen der gegebenen fehlenden Weiterbeschäftigungsmöglichkeit erfolgen würde. Die Vorschrift des § 613a Abs. 4 S. 2 BGB lässt die Kündigung aus einem anderen Grund als dem Betriebsübergang ausdrücklich zu.

Sollten Sie trotz dieser Sach- und Rechtslage dem Übergang Ihres Arbeitsverhältnisses auf die A widersprechen wollen, ist hierbei eine Frist von einem Monat einzuhalten, die mit Zugang dieses Schreibens in Gang gesetzt wird. Ihr Widerspruch muss bis zum Ablauf dieser Frist in schriftlicher Form vorliegen. Sie können den Widerspruch sowohl uns gegenüber als auch gegenüber der A erklären. Die Erklärung gegenüber einem der beiden beteiligten Rechtsträger reicht aus. Die beiden Adressen, an die Sie den Widerspruch wahlweise richten können, lauten:

...

Etwaige Rückfragen zu dieser Information werden wir Ihnen gerne beantworten. Bitte wenden Sie sich hierzu an ...

Mit freundlichen Grüßen

... (bisheriger Arbeitgeber)[12] ◄

2. Erläuterungen und Varianten

2 [1] **Allgemeines, Person des Erwerbers, vertretungsberechtigte Personen.** Das vorliegende Muster beschreibt einen einfachen Übergang von einem nicht tarifgebundenen und betriebsratslosen Arbeitgeber auf einen nicht tarifgebundenen und betriebsratslosen Arbeitgeber. Gegenstand des Übergangs ist ein Hotel. In diesem Zusammenhang muss darauf geachtet werden, ob ein für allgemeinverbindlich erklärter Tarifvertrag auf das Arbeitsverhältnis Anwendung findet. Dies ist gerade im Hotel- und Gaststättenbereich häufig der Fall. In diesem Falle muss sorgfältig überprüft werden, ob die individuellen Bedingungen die Normen des **allgemeinverbindlichen Tarifvertrages** abdecken oder nicht. Unterschreiten die individuellen Bedingungen die Normen des allgemeinverbindlichen Tarifvertrages (möglicherweise durch die Parteien bislang unentdeckt), so muss dies im Übergangsschreiben ausdrücklich Erwähnung finden:

▶ ...

III. 1. ...

Die rechtlichen Folgen eines Betriebsübergangs sind in § 613 a BGB geregelt. Der Wortlaut der Regelung ist als Anlage diesem Informationsschreiben beigefügt. Im Einzelnen ergeben sich die folgenden rechtlichen Folgen.

Durch den Betriebsübergang tritt für Sie zum geplanten Übergabestichtag ein Arbeitgeberwechsel von Ihrem bisherigen Arbeitgeber zur A ein. Ihr Arbeitsverhältnis geht kraft Gesetz von uns auf die A über, A wird also Ihr neuer Arbeitgeber. Ihr bisheriges Arbeitsverhältnis zu uns erlischt hiermit. Der Abschluss eines neuen Arbeitsvertrages wegen des Betriebsübergangs ist somit nicht nötig. Sie behalten Ihren bisherigen Arbeitsplatz, allerdings rechtlich Ihrem neuen Arbeitgeber zugeordnet.

Die Bedingungen Ihres Arbeitsvertrages bleiben unverändert. Die A tritt gesetzlich in alle Rechte und Pflichten Ihres derzeit bestehenden Arbeitsverhältnisses ein. Etwaig in Ihrem Arbeitsvertrag enthaltene Befristungsabreden gelten weiter. Die bisher für uns zurückgelegte Betriebszugehörigkeit bleibt Ihnen vollständig erhalten.

Eine Besonderheit ergibt sich aufgrund der Tatsache, dass Sie fachlich im Hotel- und Gaststättengewerbe arbeiten: Im Bundesland ... findet für alle Beschäftigten im Hotel- und Gaststättengewerbe ein für allgemeinverbindlich erklärter Tarifvertrag (...) Anwendung. Dessen Bestimmungen sind aufgrund der Allgemeinverbindlichkeitserklärung und solange wie diese reicht für beide Arbeitsvertragsparteien verpflichtend. Insoweit Ihre bisherigen Arbeitsbestimmungen günstiger vereinbart sind als sie sich aus dem Tarifvertrag ergeben, gelten die günstigeren individuellen Bedingungen. Insoweit als die tarifvertraglichen Bestimmungen günstiger sind, gelten allerdings diese. Hieran wird sich durch den Betriebsübergang nichts ändern.

... ◄

3 In der Einleitung des Unterrichtungsschreibens ist – insoweit jenseits des ausdrücklichen Wortlautes des § 613 a Abs. 5 BGB – die Person des Erwerbers zu benennen, und zwar mit Firmensitz und den vertretungsberechtigten Personen (vgl BAG 13.7.2006 – 8 AZR 305/05 –

NZA 2006, 1268). Das BAG hat in der genannten Entscheidung ausdrücklich dahinstehen lassen, ob die fehlerhafte Bezeichnung der vertretungsberechtigten Personen einer ordnungsgemäßen Unterrichtung entgegensteht. In einer weiteren Entscheidung (BAG 23.7.2009 – 8 AZR 538/08 – NZA 2010, 89) allerdings verlangt das BAG bei Gesellschaften zumindest die Nennung einer identifizierbaren natürlichen Person mit Personalkompetenz als Ansprechpartner beim Betriebserwerber. Vorsichtshalber sollten also die vertretungsberechtigten Personen vollständig angegeben werden. Möchte sich der Erwerber auf eine **natürliche Person mit Personalkompetenz** beschränken, könnte wie folgt formuliert werden:

▶ ...

wie Sie möglicherweise bereits in unserer Betriebsversammlung erfahren haben, beabsichtigen wir, den Hotelbetrieb ... in seiner Gesamtheit an die A GmbH, eingetragen im Handelsregister des Amtsgerichtes ... unter der Nummer HRB ... mit Sitz in ... unter der Geschäftsanschrift ... (im Folgenden: A), soweit es den Betriebsübergang und alle hiermit einhergehenden Personalfragen angeht rechtsgeschäftlich vertreten durch Frau ... (Personalleiterin), zu erreichen unter der Geschäftsanschrift ..., Tel.: ..., zu verkaufen und zu übertragen.

... ◀

[2] **Zeitpunkt des Übergangs.** Der Zeitpunkt bzw der geplante Zeitpunkt des Übergangs ist eine der Pflichtangaben gemäß § 613a Abs. 5 BGB. Der geplante Übergangszeitpunkt ist der, der sich aus dem Kaufvertrag ergibt. Wenn allerdings zwischen den Parteien vereinbart ist, dass die tatsächliche Leitungsmacht bereits zu einem früheren Zeitpunkt übergeht, muss dieser Zeitpunkt erwähnt werden (HaKo-KSchR/*Mestwerdt* § 613a BGB Rn 159). Das Schreiben zum Betriebsübergang wird nicht dadurch unwirksam, dass sich möglicherweise später die Prognose betreffend den Übergabezeitpunkt nicht realisiert. Entscheidend ist die prognostische Sicht aus der zeitlichen Sicht der Information gegenüber den Arbeitnehmern. Dies ist insbesondere in Umwandlungsfällen von Relevanz, bei denen wegen der erforderlichen Eintragung in der Regel nicht angegeben werden kann, wann die Wirksamkeit eintritt. 4

[3] **Grund für den Übergang.** § 613a Abs. 5 Nr. 2 BGB verlangt den Grund für den Übergang als Pflichtinhalt der Information. Dies ist zum einen der rechtliche Grund, nämlich die Angabe der **rechtsgeschäftlichen Grundlage**. Gibt es einen solchen rechtlichen Grund nicht, zum Beispiel dann, wenn rein faktisch ein Betriebsübergang durch Übernahme sämtlicher Aufträge und eines wesentlichen Teils der Belegschaft stattfindet, wäre dies entsprechend mitzuteilen. Darüber hinaus vertritt das BAG sehr weitreichend die Auffassung, dass dem Arbeitnehmer die **unternehmerischen Gründe** mitgeteilt werden müssen, soweit sich diese im Fall des Widerspruches auf den Arbeitsplatz auswirken können (BAG 24.7.2008 – 8 AZR 202/07 – AP § 613a BGB Nr. 352; HaKo-KSchR/*Mestwerdt* § 613a BGB Rn 160). Auch wenn dies im Einzelnen streitig sein mag, muss in der Umsetzung sorgfältig darauf geachtet werden, alle wirtschaftlichen Hintergründe zu erwähnen, um eine Unwirksamkeit des Informationsschreibens zu verhindern. Die Frage, inwieweit der bisherige Arbeitgeber ein vergleichbares Geschäft weiterbetreibt, ist schon deshalb für die möglichen Folgen im Falle eines Widerspruches wichtig, weil sich hieraus Konsequenzen für etwaige Weiterbeschäftigungsmöglichkeiten und die Sozialauswahl ergeben können. 5

[4] **Asset Deal.** Der rechtliche Hinweis darauf, dass es sich im vorliegenden Fall um einen rechtsgeschäftlichen Übergang von einzelnen Anlagegütern (sog. Asset Deal) handelt, ist der Qualifizierung des zugrunde liegenden Kaufvertrages geschuldet. Würde es sich allerdings um einen reinen Anteilskauf handeln (sog. Share Deal), läge bereits kein Betriebsübergang vor. 6

Der Übergang lediglich von Geschäftsanteilen stellt keinen Betriebsübergang nach § 613 a BGB dar.

7 [5] **Unternehmerischer Hintergrund.** Die ausführliche Erwähnung des unternehmerischen Hintergrundes erfolgt im Hinblick auf die unter Anm. 3 genannten Anforderungen der Rechtsprechung. Die unternehmerischen Hintergründe sind im Einzelfall anzupassen und können auf das beschränkt werden, was im Falle eines Widerspruches rechtliche Relevanz haben kann.

8 [6] **Rechtliche Folgen des Betriebsübergangs.** Die Listung der rechtlichen Folgen stellt den Schwerpunkt eines jeden Informationsschreibens dar. Es geht sowohl um die individualrechtlichen als auch um die kollektivrechtlichen Rechtsfolgen des Übergangs. Das BAG erwartet darüber hinaus eine Darlegung des Haftungssystems, des Widerspruchsrechts und der möglichen Widerspruchsfolgen. Darüber hinaus muss über das Kündigungsverbot unterrichtet werden (vgl im Einzelnen: HaKo-KSchR/*Mestwerdt* § 613 a BGB Rn 161).

9 Äußerst komplex kann die rechtliche Information dann werden, wenn Tarifverträge und/oder Betriebsvereinbarungen auf Erwerber- oder Veräußererseite existieren oder kein einfacher Betriebsübergang, sondern Umwandlungsvorgänge vorliegen. Rein exemplarisch seien einige Varianten erwähnt.

10 Sind die Rechte und Pflichten im Arbeitsverhältnis beim Veräußerer durch einen **Tarifvertrag** geregelt, der jedoch **auf den Erwerber keine Anwendung** findet, so werden die Inhaltsnormen des Tarifvertrages Inhalt des Arbeitsverhältnisses zwischen dem neuen Inhaber und dem Arbeitnehmer und dürfen nicht vor Ablauf eines Jahres nach dem Zeitpunkt des Übergangs zum Nachteil des Arbeitnehmers geändert werden (§ 613 a Abs. 1 S. 2 BGB). Die Veränderungssperre gilt allerdings nur dann, wenn zuvor eine normative Geltung gegeben war, nicht wenn die tariflichen Regelungen lediglich kraft Einbeziehung im Arbeitsvertrag galten. Dies könnte im Informationsschreiben wie folgt formuliert werden:

▶ ...

III. 1. Rechtliche Folgen

... Die bisher für uns zurückgelegte Betriebszugehörigkeit bleibt Ihnen vollständig erhalten.

Bei der A sind momentan keine Tarifverträge anwendbar. Die A hat bisher weder Firmentarifverträge abgeschlossen noch sind auf die A kraft Mitgliedschaft in einem Arbeitgeberverband Tarifverträge anwendbar. Es ist nach unserer Kenntnis auch nicht beabsichtigt, Firmentarifverträge abzuschließen oder einem Arbeitgeberverband beizutreten.

Soweit auf Ihr Arbeitsverhältnis daher vor dem Übergang unmittelbar Tarifverträge anwendbar waren und Sie tarifgebundener Arbeitnehmer sind, werden die in diesen Tarifverträgen geregelten Arbeitsbedingungen nach dem Betriebsübergang grundsätzlich nach § 613 a Abs. 1 S 2 BGB Inhalt des Arbeitsverhältnisses zwischen Ihnen und der A. und wirken wie arbeitsvertragliche Regelungen fort; sie können innerhalb eines Jahres nach dem Übergang nicht zu Ihrem Nachteil geändert werden. Diese Sperre gilt allerdings dann nicht, soweit bei der A entgegen den heutigen Erwartungen zum selben Regelungskomplex mit einer im selben fachlichen Geltungsbereich agierenden Gewerkschaft Tarifverträge abgeschlossen werden. Die tariflichen Regelungen würden dann mit dem Inhalt gelten, den sie zum Zeitpunkt des Betriebsübergangs hatten.

Sofern tarifliche Regelungen für Ihr Arbeitsverhältnis bislang aufgrund einer arbeitsvertraglichen Bezugnahmeklausel gegolten haben, entscheidet die arbeitsvertragliche Bezugnahme auf die Tarifverträge darüber, ob zukünftig etwaige Tarifverträge der A Anwendung finden oder es bei einer

Geltung der bisherigen tarifvertraglichen Regelung bleibt. Es bleibt bei einer rein individualvertraglichen Geltung, solange nicht der Fall der beiderseitigen Tarifgebundenheit eintritt. Wir möchten Sie in diesem Zusammenhang aber darauf hinweisen, dass nach der derzeitigen Rechtsprechung des Bundesarbeitsgerichtes sog. dynamische Verweisungen auf die einschlägigen Tarifwerke in Arbeitsverträgen, die vor dem 1.1.2002 abgeschlossen wurden, als sog. Gleichstellungsabrede zu bewerten sind mit der Folge, dass diese Regelungen im Zeitpunkt des Betriebsübergangs ihre Dynamik verlieren und statisch fortgelten. In später abgeschlossenen Arbeitsverträgen (also nach dem 1.1.2002) behalten solche Regelungen nach der o.g. Rechtsprechung ihre Dynamik. Welcher der angesprochenen Fälle auf Ihren individuellen Arbeitsvertrag anwendbar ist, hängt davon ab, auf wann dieser datiert und ist daher im Einzelfall zu prüfen.
Die A tritt in die Verpflichtungen aus den bestehenden Zusagen der betrieblichen Altersversorgung ein ... ◄

Sind die Rechte im Arbeitsvertrag durch einen (**normativ**) **geltenden Tarifvertrag beim Veräußerer** geregelt und sind die Rechte und Pflichten bei dem **neuen Inhaber ebenfalls durch Rechtsnormen eines anderen Tarifvertrages** geregelt, könnte dies wie folgt formuliert werden:

▶ ...

III. 1. Rechtliche Folgen
... Die bisher für uns zurückgelegte Betriebszugehörigkeit bleibt Ihnen vollständig erhalten.
Bei der A gelten kraft Tarifgebundenheit der A (Mitgliedschaft im Arbeitgeberverband ...) die zwischen diesem Arbeitgeberverband und Arbeitnehmervertretungen abgeschlossenen Tarifverträge.
Soweit die bei der A geltenden Tarifverträge normativ auch für Sie gelten, weil Sie tarifgebundener Arbeitnehmer sind, werden die in diesen Tarifverträgen geregelten Arbeitsbedingungen nach dem Betriebsübergang für Sie verbindlich und bestimmen den Inhalt Ihres Arbeitsverhältnisses. Insofern Ihr bisheriger Individualvertrag günstigere Regelungen beinhaltet, gelten diese günstigeren Regelungen zu Ihren Gunsten weiter.
Sofern tarifliche Regelungen für Ihr Arbeitsverhältnis bislang aufgrund einer arbeitsvertraglichen Bezugnahmeklausel gegolten haben, entscheidet die arbeitsvertragliche Bezugnahmeklausel darüber, ob die Normen des bislang in Bezug genommenen Tarifvertrages (statisch oder dynamisch) oder Normen der für die A geltenden Tarifverträge auf Ihr Arbeitsverhältnis Anwendung finden. Dies ist eine Frage der individuellen Rechtsberatung im Einzelfall und müsste somit individuell überprüft werden. ◄

Galten im Betrieb des Veräußerers **Betriebsvereinbarungen** und geht der Betrieb vollständig über, so dass seine **Identität gewahrt** bleibt, bleibt es auch bei den betriebsverfassungsrechtlichen Organen. Die entsprechenden Konsequenzen können dann im Informationsschreiben wie folgt formuliert werden:

▶ ...

III. 1. Rechtliche Folgen
... Die bisher für uns zurückgelegte Betriebszugehörigkeit bleibt Ihnen vollständig erhalten.
Insoweit in unserem Betriebsvereinbarungen gelten, gelten diese auch nach dem Übergang weiterhin normativ auf Ihr Arbeitsverhältnis. Denn die Identität des Betriebes bleibt erhalten, so dass auch der Betriebsrat weiter fortbestehen wird.
Die A tritt in die Verpflichtungen aus den bestehenden Zusagen der betrieblichen Altersversorgung ein ... ◄

13 Geht die **betriebliche Identität** allerdings im Zuge des Übergangs **verloren**, zum Beispiel weil lediglich ein Teilbetrieb übergeht, scheidet die normative Weitergeltung von Betriebsvereinbarungen aus (HaKo-KSchR/*Mestwerdt* § 613 a BGB Rn 93). In diesem Fall tritt die individualvertragliche Geltung ein, solange die entsprechenden Regelungsgegenstände nicht beim Erwerber in einer Betriebsvereinbarung geregelt sind. Es könnte dann formuliert werden:

▶ ...

III. 1. Rechtliche Folgen

... Die bisher für uns zurückgelegte Betriebszugehörigkeit bleibt Ihnen vollständig erhalten.

Mit dem Betriebsübergang verliert der Teilbetrieb, der hiervon betroffen ist, seine betriebliche Identität. Die bei uns geltenden Betriebsvereinbarungen verlieren somit ihren normativen Charakter. Für Sie bedeutet dies, dass alle Rechte und Pflichten, die sich durch bei uns geltende Betriebsvereinbarungen ergeben, mit dem Übergabezeitpunkt Inhalt Ihres individuellen Arbeitsvertrages werden; sie können innerhalb eines Jahres nach dem Übergang nicht zu Ihrem Nachteil geändert werden. Dies tritt lediglich dann nicht ein, wenn und soweit bei A die von den Betriebsvereinbarungen geregelten Gegenstände durch eine andere Betriebsvereinbarung geregelt werden.

Die A tritt in die Verpflichtungen aus den bestehenden Zusagen der betrieblichen Altersversorgung ein ... ◀

14 Existiert im vorgenannten Fall eine Betriebsvereinbarung zu vertraglichen Regelungsgegenständen im Erwerberbetrieb, ohne dass die einzelnen Betriebsvereinbarungen bereits im Informationsschreiben gegenübergestellt und auf ihre Regelungsdichte hin untersucht werden sollen, könnte dies **abstrakt** wie folgt formuliert werden:

▶ ...

III. 1. Rechtliche Folgen

... Die bisher für uns zurückgelegte Betriebszugehörigkeit bleibt Ihnen vollständig erhalten.

Teile der Arbeitsbedingungen sind bei uns durch Betriebsvereinbarungen geregelt. Auch bei A existieren Betriebsvereinbarungen. Durch den Teilbetriebsübergang verliert der Teilbetrieb seine bisherige betriebliche Identität. Für Sie bedeutet dies das Folgende: Insoweit, als Rechte und Pflichten durch Rechtsnormen einer Betriebsvereinbarung bei uns geregelt sind und diese Regelungsgegenstände nicht in einer Betriebsvereinbarung bei A geregelt sind, werden diese Normen Inhalt Ihres individuellen Arbeitsvertrages; sie dürfen nicht vor Ablauf eines Jahres nach dem Zeitpunkt des Übergangs zu Ihrem Nachteil geändert werden. Insoweit aber als dieselben Rechte und Pflichten, die bereits bei uns durch Betriebsvereinbarungen geregelt sind, auch bei A durch eine andere Betriebsvereinbarung geregelt sind, werden die Inhalte unserer Betriebsvereinbarung nicht Bestandteil Ihres Arbeitsvertrages. Es gelten dann für Sie ab dem Zeitpunkt des Übergangs insoweit die bei A geltenden Betriebsvereinbarungen.

Die A tritt in die Verpflichtungen aus den bestehenden Zusagen der betrieblichen Altersversorgung ein ... ◀

15 Das Muster sieht vor, dass dem Informationsschreiben der Gesetzeswortlaut beigefügt wird. Dies ist rechtlich nicht zwingend, gleichwohl aber sinnvoll, weil es zum Verständnis des Informationsschreibens beitragen kann.

16 [8] **Wirtschaftliche Folgen.** Die Gliederung des Informationsschreibens folgt der Gliederung des § 613 a Abs. 5 BGB. Die „wirtschaftlichen Folgen" beschreiben dabei die **faktischen Folgen**, zB das Haftungsvolumen. Aus diesem Grunde erwähnt das Informationsschreiben aus-

drücklich, dass auch das Betriebsgrundstück übergeht (vgl BAG 31.1.2008 – 8 AZR 1116/06 – NZA 2008, 642; HaKo-KSchR/*Mestwerdt* § 613 a BGB Rn 164). Ein Verstoß gegen diese Vorgaben ist unter Umständen sogar haftungsbewehrt (BAG aaO).

[9] **Soziale Folgen.** Der Inhalt dessen, was der Gesetzgeber mit „sozialen Folgen" meint, ist wenig konturiert. In der Regel wird die konkrete Darlegung der Rechtsfolgen und der wirtschaftlichen Folgen die Anforderung erfüllen.

[10] **Geplante Maßnahmen.** Das Informationsschreiben muss sich nur insoweit zu in Aussicht genommenen Maßnahmen verhalten, als diese bereits „ein **Stadium konkreter Planungen** erreicht haben" (BAG 10.11.2011 – 8 AZR 430/10 – NZA 2012, 584). Solche Maßnahmen wären beispielsweise bereits im Planungsstadium befindliche Umstrukturierungsmaßnahmen und andere Maßnahmen, welche die berufliche Entwicklung des Arbeitnehmers betreffen. Der im Muster aufgenommene Hinweis auf die sich aus dem Melderecht ergebenden Konsequenzen stellt strenggenommen mangels Auswirkungen der An- und Abmeldung keine „soziale Folge" dar. Allerdings verursacht die notwendige An- und Abmeldung in der Praxis häufig Friktionen und Nachfragen, weshalb ein Hinweis im Rahmen des Informationsschreibens sinnvoll ist.

[11] **Widerspruchsrecht und Folgen des Widerspruchs.** Eine der maßgeblichen Gründe für eine umfassende Unterrichtung liegt darin begründet, dass die Frist zur Ausübung des Widerspruchsrechtes nach § 613 a Abs. 6 BGB erst mit einer vollständigen Unterrichtung zu laufen beginnt. Dabei entscheidet der Inhalt der Unterrichtung nicht nur darüber, ob die Widerspruchsfrist überhaupt läuft, sondern auch über die Verteilung der **Darlegungs- und Beweislast**: Genügt die Unterrichtung zunächst formal den gesetzlichen Anforderungen, insbesondere der Auflistung in § 613 a Abs. 5 BGB, und ist sie nicht offensichtlich fehlerhaft, so ist es Sache des Arbeitnehmers, der sich auf die Unzulänglichkeit der Unterrichtung berufen möchte, einen behaupteten Mangel näher darzulegen. Eine solchermaßen „offensichtlich unzureichende Unterrichtung" ist nur dann gegeben, wenn die Unterrichtung über die Person des Betriebserwerbers und/oder in Bezug auf einen in § 613 a Abs. 5 BGB genannten Umstand fehlt bzw unverständlich oder auf den ersten Blick mangelhaft ist (BAG 10.11.2011 – 8 AZR 430/10 – NZA 2012, 584). Hieraus folgt die Sinnhaftigkeit einer klaren Struktur und Gliederung des Informationsschreibens sowie selbstverständlich der Abarbeitung aller gesetzlich gebotener Vorgaben. Es gilt der erste Anschein der Rechtmäßigkeit dann, wenn die Mindestangaben enthalten sind.

Über das Widerspruchsrecht und die Folgen des Widerspruches muss der Arbeitgeber allerdings nur dann informieren, wenn ein solches Widerspruchsrecht überhaupt existiert. Es sind Fälle des Betriebsübergangs denkbar, in denen dies gerade nicht der Fall ist. So verhält es sich, wenn der **bisherige Arbeitgeber** infolge des Betriebsübergangs **erlischt**. Das BAG ist – in ausgiebiger Auseinandersetzung mit den insoweit streitigen Ansichten – der Auffassung, dass in allen Fällen, in denen der bisherige Rechtsträger im Zusammenhang mit dem rechtsgeschäftlichen Übergang erlischt (also insbesondere in den Fällen der Verschmelzung, Spaltung oder Vermögensübertragung), in teleologischer Reduktion von § 613 a Abs. 6 BGB ein Widerspruchsrecht des Arbeitnehmers nicht existiert und ein dennoch erklärter Widerspruch unbeachtlich ist. Das BAG folgert dies aus der grundsätzlichen Bestandsschutzfunktion des § 613 a BGB, die insoweit auch den rechtlich geschützten Interessen des Arbeitnehmers auf Wahl des Vertragspartners vorgeht. Zu einem anderen Ergebnis kann es aber führen, wenn die Parteien individuell ein Widerspruchsrecht vereinbaren. Aus diesem Grunde ist bei der

Formulierung des Informationsschreibens hierauf gesondert zu achten. Unter Ausblendung der nicht betroffenen Teile, hinsichtlich derer auf das Ausgangsmuster zurückgegriffen werden kann, könnte dann wie folgt formuliert werden:

▶ Herrn

... (Arbeitnehmer)

Übergang Ihres Arbeitsverhältnisses nach §§ 613 a BGB, 324 UmwG

Sehr geehrter Herr ...,

wie Ihnen möglicherweise bereits aus der von uns abgehaltenen Betriebsversammlung bekannt ist, ist entschieden worden, Ihren bisherigen Arbeitgeber, die B GmbH, auf die A GmbH, eingetragen im Handelsregister des Amtsgerichtes ... unter der Nummer HRB ... mit Sitz in ... unter der Anschrift ... (im Folgenden: A), derzeit vertreten durch die Geschäftsführer ... und ..., zu verschmelzen. Durch die Verschmelzung kommt es – bei arbeitsrechtlicher Betrachtung – zu einem sogenannten Betriebsübergang gemäß § 613 a BGB, über den wir Sie nachfolgend unter Berücksichtigung der gesetzlichen Vorschriften (§ 613 a Abs. 5 BGB) unterrichten.

I. Zeitpunkt des Übergangs

Der Betriebsübergang erfolgt voraussichtlich zum ... (geplanter Übergabestichtag). Er ist allerdings in seinen Wirkungen abhängig von der Eintragung des Verschmelzungsvertrages beim zuständigen Registergericht. Über den Zeitpunkt der Eintragung können wir heute keine konkrete Prognose geben.

II. Grund für den Übergang

Dem Betriebsübergang liegt ein zwischen B und A am ... vor dem Notar ... unter der Urkundsnummer ... abgeschlossener Verschmelzungsvertrag zugrunde, der durch die Gesellschafterversammlung der B am ... und die Gesellschafterversammlung der A am ... genehmigt wurde. Der unternehmerische Grund der Maßnahme ist der folgende: ...

III. Rechtliche, wirtschaftliche und soziale Folgen des Übergangs

...

IV. Geplante Maßnahmen

...

V. Widerspruchsrecht

Grundsätzlich stünde Ihnen im Falle eines Betriebsübergangs ein Widerspruchsrecht gegen den Betriebsübergang zu, § 613 a Abs. 6 BGB. Ihre Rechte aus § 613 a Abs. 1, 4-6 BGB bleiben im Übrigen auch im Falle einer Verschmelzung gemäß § 324 UmwG unberührt.

Ungeachtet dessen steht Ihnen trotzdem im konkreten Fall kein Widerspruchsrecht zu. Ein Widerspruch gegen den Übergang könnte lediglich zur Konsequenz haben, dass das Arbeitsverhältnis nicht auf A übergeht. Es könnte aber auch nicht mit B fortbestehen, denn B erlischt mit Wirksamkeit der Verschmelzung. In diesem Falle würde also Ihr Arbeitsvertrag vollständig erlöschen. § 613 a BGB verfolgt grundsätzlich eine Bestandsschutzfunktion. Nach der einschlägigen Rechtsprechung (BAG 21.2.2008 – 8 AZR 157/07 – NZA 2008, 815) scheidet in Fällen, in denen der bisherige Arbeitgeber mit der Eintragung der Umwandlung (Verschmelzung) liquidationslos erlischt, ein Widerspruchsrecht aus. Der vorliegende Fall ist ein solcher Fall.

Sollten Sie allerdings einen Übergang auf die A als Ihren neuen Arbeitgeber nicht wünschen, ist sowohl die B als auch die A jederzeit bereit, mit Ihnen einvernehmlich eine Beendigung des Anstellungsverhältnisses herbeizuführen. Bitte wenden Sie sich in einem solchen Fall an die folgenden Ansprechpartner, mit denen alles Weitere abgesprochen werden kann:

...

Mit freundlichen Grüßen

... (Arbeitgeber) ◄

[12] **Person des Unterrichtenden.** Nach § 613 a Abs. 5 BGB können sowohl der bisherige Arbeitgeber als auch der neue Inhaber über den Übergang unterrichten. Unabhängig hiervon muss lediglich die Textform gewahrt werden. Das Muster geht davon aus, dass der bisherige Arbeitgeber unterrichtet, da Mitteilungen des aktuellen Arbeitgebers erfahrungsgemäß ernster genommen werden als Mitteilungen eines (noch gar nicht bekannten) neuen Arbeitgebers. Soll der neue Arbeitgeber unterrichten, muss der Text des Musters entsprechend angepasst werden.

II. Rechtsgeschäftliche Gestaltung des Betriebsübergangs – dreiseitiger Vertrag

1. Muster: Dreiseitiger Vertrag[1]

▶ **Vereinbarung**

zwischen:

1. B GmbH ... (bisheriger Arbeitgeber)
2. ... (Arbeitnehmer)

und

3. A GmbH (Erwerber)

Präambel

Zwischen den Beteiligten B und A ist am ... ein Vertrag über die Übernahme des Betriebes ... geschlossen worden. Der Arbeitnehmer ist in diesem Betrieb beschäftigt.

Aufgrund der Tatsache, dass diese Übernahme als Betriebsübergang gemäß § 613 a BGB zu werten ist, wurde der Arbeitnehmer gemäß § 613 a Abs. 5 BGB am ... umfassend darüber informiert, dass ein Betriebsübergang stattfindet und welche Rechte sich hieraus ergeben. Hierbei wurde der Arbeitnehmer insbesondere auch darüber unterrichtet, dass sämtliche Rechte und Pflichten aus dem Arbeitsverhältnis durch A übernommen werden und es deshalb nicht die rechtliche Notwendigkeit des Abschlusses eines neuen Arbeitsvertrages gibt. Der Arbeitnehmer wurde insbesondere auch über sein Widerspruchsrecht informiert.

Mit dem vorliegenden Vertrag beabsichtigen die Parteien, aus Zwecken der Rechtssicherheit sowie wegen des Interesses der A auf Vereinheitlichung aller Arbeitsbedingungen innerhalb des Unternehmens:

– das bisherige Vertragsverhältnis zwischen B und dem Arbeitnehmer rechtswirksam zu beenden und
– zugleich ein neues Arbeitsverhältnis zwischen A und dem Arbeitnehmer zu begründen, indem sämtliche Rechte und Pflichten, die der Arbeitnehmer aus § 613 a BGB hat, gewahrt werden.

Allen Parteien ist bewusst, dass eine rechtsgeschäftliche Umgehung der Bestimmungen des § 613 a BGB unzulässig ist.[2] Eine solche Umgehung ist nicht gewollt.

Dies vorausgeschickt, vereinbaren die Parteien was folgt:
1. Der zwischen der B und dem Arbeitnehmer bestehende Arbeitsverhältnis endet mit Ablauf des ...
2. Zugunsten des Arbeitnehmers gilt für alle Zwecke der Abwicklung des Arbeitsverhältnisses mit B und des neuen Arbeitsverhältnisses mit A der ... als Tag des Eintritts in das Arbeitsverhältnis (Dauer der Betriebszugehörigkeit).
3. Mit Wirkung zum ... wird zwischen A und dem Arbeitnehmer der beiderseits unterzeichnete und in die Anlage zu dieser Vereinbarung genommene Arbeitsvertrag begründet, der die Kontinuität des Arbeitsverhältnisses zwischen (vormals) dem Arbeitnehmer und B wahrt und in dem neuen Vertragsverhältnis zwischen dem Arbeitnehmer und A fortsetzt.

Bonn, den ...

...   .
B GmbH   Arbeitnehmer   A GmbH   ◄

2. Erläuterungen

23 **[1] Allgemeine Interessenlage.** Im Umfeld eines Betriebsübergangs haben alle drei beteiligten Parteien in der Regel das Interesse an größtmöglicher Rechtssicherheit und Rechtsklarheit. Die in § 613a BGB geregelten Themen sind komplex und erschließen sich dem Laien in der Regel nicht. Es besteht daher in der Praxis häufig das Bedürfnis, eine vertragliche Regelung der Angelegenheiten zu treffen, um für alle Parteien Rechtssicherheit zu schaffen. Der Betriebsveräußerer erlangt hierdurch die Rechtssicherheit, dass von dem gesetzlich bestehenden Widerspruchsrecht kein Gebrauch gemacht wird. Der Betriebserwerber erlangt die Sicherheit, dass der Arbeitnehmer ihm zukünftig zur Verfügung steht und hat – sofern dies einvernehmlich möglich ist – darüber hinaus die Möglichkeit, im Vereinheitlichungsinteresse ein neues Arbeitsvertragsformular zu vereinbaren. Der Arbeitnehmer schließlich hat die Sicherheit, weiterbeschäftigt zu werden und erlangt durch das Arbeitsvertragsformular eine aktuelle Übersicht über die geltenden Bedingungen.

24 Um die **Formvorschrift des § 623 BGB** zu wahren, muss der dreiseitige Vertrag schriftlich abgeschlossen, also allseits unterzeichnet und jedem der Parteien im Original zur Verfügung gestellt werden. Der dreiseitige Vertrag enthält eine Aufhebungsvertragskomponente, die der Formvorschrift unterliegt.

25 **[2] Keine Umgehung des § 613a BGB.** Der Abschluss eines dreiseitigen Vertrages bzw eines Aufhebungsvertrages im Zusammenhang mit dem Betriebsübergang ist grundsätzlich zulässig, unterliegt allerdings der Rechtskontrolle. Das BAG hatte sich in seiner Entscheidung vom 18.8.2011 (8 AZR 312/10 – NZA 2012, 152) mit einem solchen Aufhebungsvertrag auseinanderzusetzen. Hiernach ist ein Aufhebungsvertrag stets dann zulässig, wenn er auf das endgültige Ausscheiden des Arbeitnehmers aus dem Betrieb gerichtet ist. Der vom BAG geprüfte dreiseitige Vertrag war deshalb unzulässig, weil er auf den Erhalt des Arbeitsplatzes bei gleichzeitiger Beseitigung der Kontinuität des Arbeitsverhältnisses gerichtet war. Dies hat das BAG wegen Umgehung des § 613a BGB als nach § 134 BGB nichtig erkannt.

26 Der vorliegende dreiseitige Vertrag allerdings beabsichtigt keine Umgehung der Bestimmungen des § 613a BGB, sondern eine Regelung zur Erreichung der Rechtssicherheit im allseitigen Interesse. Er ist auch unter Berücksichtigung der Rechtsprechung des BAG zulässig. Bei der Gestaltung muss allerdings besonders darauf geachtet werden, dass sämtliche Rechte des Arbeitnehmers aus § 613a BGB diesem bekannt und gewahrt sind. Darüber hinaus muss – in

A. Außer-/vorgerichtliche Muster § 613a BGB

deren Anwendungsbereich – die Änderungssperre des § 613a Abs. 1 S 2. Hs 2 BGB beachtet werden. Die Tatsache, dass der Arbeitnehmer durch Abschluss des dreiseitigen Vertrages auf sein Widerspruchsrecht verzichtet, ist unproblematisch. Der Vertrag kann deshalb sowohl vor Ablauf der Widerspruchsfrist als auch danach geschlossen werden. Das Widerspruchsrecht kann kraft Vertrag ausgeschlossen werden (siehe HaKo-KSchR/*Mestwerdt* § 613a BGB Rn 183).

III. Widerspruch gegen den Betriebsübergang
1. Muster: Widerspruchsschreiben

▶ Per Einwurf-Einschreiben[1]

... (Arbeitgeber)[2]

Widerspruch gegen den Betriebsübergang

Sehr geehrte Damen und Herren,

hiermit widerspreche ich dem Übergang meines Arbeitsverhältnisses form-[3] und fristgemäß.[4]
Ich biete Ihnen ab sofort[5] meine Arbeitsleistung an und stehe für eine Fortführung des Arbeitsverhältnisses jederzeit zur Verfügung.[6]

Mit freundlichen Grüßen

... (Arbeitnehmer) ◀

2. Erläuterungen und Varianten

[1] **Beweis des Zugangs.** Der Widerspruch ist ein **bedingungsfeindliches Gestaltungsrecht**, das zu seiner Wirksamkeit des Zugangs bedarf. Für den Zugang trägt der Arbeitnehmer **die Darlegungs- und Beweislast**. Dies bedeutet, dass er nicht nur den Zugang bewirken, sondern ihn auch so bewirken muss, dass er gerichtlich nachweisbar wird. Das Muster schlägt die Übersendungsart „Einwurf-Einschreiben" vor. Es hat den Vorteil, dass es nicht von der Empfangswilligkeit des Empfängers abhängig ist (anders als ein Einschreiben/Rückschein) und der Zugang sich durch Ausdruck des Zustellungsnachweises über Internet sowie notfalls durch zeugenschaftliche Vernehmung des Postboten beweisen lässt. Im Falle der persönlichen Übergabe muss der Arbeitnehmer beachten, dass er selber als Partei vor Gericht nicht Zeuge sein kann. Ist also beabsichtigt, das Schreiben persönlich zu übergeben, sollte sich der Arbeitnehmer entweder den Empfang quittieren lassen oder den Einwurf durch einen Zeugen (zB die Lebensgefährtin/Ehefrau) bewirken lassen.

[2] **Adressat.** Der Widerspruch kann gemäß § 613a Abs. 6 S. 2 BGB sowohl gegenüber dem alten wie auch gegenüber dem neuen Arbeitgeber erklärt werden. Wen der Arbeitnehmer wählt, ist eine Frage der Opportunität.

[3] **Form.** Der Widerspruch muss gemäß § 613a Abs. 6 BGB schriftlich erfolgen. Die Anforderungen an die Schriftform ergeben sich aus § 126 BGB. Der Arbeitnehmer muss den Widerspruch deshalb **eigenhändig unterzeichnen**, und dieses eigenhändig unterzeichnete Schreiben muss dem Erklärungsempfänger tatsächlich auch zugehen. Entscheidet sich der Arbeitnehmer für die eigenhändige Übergabe und lässt sich den Empfang quittieren, muss das Originalschreiben für den Empfänger bestimmt sein, der Empfang darf deshalb nur auf einer Kopie quittiert werden. Auf die Behauptung, das Originalschreiben habe dem Empfänger zumindest zur Unterschriftsleistung vorgelegen und sei diesem deshalb zugegangen, sollte sich der Arbeitnehmer nicht einlassen.

Osnabrügge

31 **[4] Frist.** Der Widerspruch muss innerhalb eines Monats nach Zugang der Unterrichtung erfolgen. Die Frist berechnet sich nach §§ 187 Abs. 1, 188 Abs. 2 BGB. Beispiel: Geht die Information dem Arbeitnehmer an einem Montag, den 2.5. zu, läuft die Frist für den Widerspruch am 1.6. um 24:00 Uhr ab. § 193 BGB findet Anwendung. Endet die Frist also an einem Sonn- oder Feiertag oder einem Sonnabend, tritt an dessen Stelle der nächste Werktag. Beispiel: Erfolgt die Unterrichtung am 2.4., so endet die Widerspruchsfrist nicht am (Montag) 1.5., sondern erst am (Dienstag) 2.5. um 24:00 Uhr. Erfolgt der Widerspruch nicht innerhalb der Monatsfrist, kann und möchte sich der Arbeitnehmer aber darauf berufen, dass diese mangels ordnungsgemäßer Information nicht zu laufen begonnen hat, kann wie folgt formuliert werden:

▶ ... widerspreche ich form- und fristgerecht dem Übergang meines Arbeitsverhältnisses. Zugleich mache ich geltend, dass die Information über den Betriebsübergang, die mich erreicht hat, fehlerhaft ist und deshalb die Widerspruchsfrist nicht in Gang gesetzt hat. Konkret ergeben sich folgende Rechtsfehler im Informationsschreiben: ...

Ich biete Ihnen ab sofort meine Arbeitsleistung an und stehe für eine Fortführung des Arbeitsverhältnisses jederzeit zur Verfügung.

Mit freundlichen Grüßen

... (Arbeitnehmer) ◀

32 **[5] Wirkung des Widerspruches.** Der Widerspruch wirkt auf den Zeitpunkt des Betriebsübergangs zurück. Dies widerspricht zwar dem Charakter einer Gestaltungserklärung, ist durch das BAG aber so entschieden (BAG 13.7.2006 – 8 AZR 305/05 – NZA 2006, 1268). Der Arbeitsvertrag ist somit infolge des Widerspruches nicht übergegangen, sondern bleibt übergangslos beim bisherigen Arbeitgeber.

33 Hat der Arbeitnehmer in der Zwischenzeit bereits für den Erwerber gearbeitet, ist dieses Arbeitsverhältnis als „**faktisches Arbeitsverhältnis**" rückabzuwickeln. Die gezahlte Vergütung verbleibt dem Arbeitnehmer als Gegenleistung für die Arbeit, da sie im Zweifel der taxmäßigen Vergütung entspricht. Gegen den bisherigen Arbeitgeber (der infolge des Widerspruches der Arbeitgeber bleibt) gibt es indes für diese Karenzzeit keinen Vergütungsanspruch, da in der Zeit bis zum Widerspruch nicht für diesen Arbeitgeber gearbeitet wurde und ein Ausnahmetatbestand, der „Lohn ohne Arbeit" gewährt, nicht einschlägig ist.

34 **[6] Angebot der Arbeitsleistung.** Mit Zugang des Widerspruches steht fest, dass der Arbeitsvertrag weiter mit dem bisherigen Arbeitgeber gilt. Infolge des Betriebsübergangs allerdings kann dieser den bisherigen Arbeitsplatz nicht mehr zur Verfügung stellen. Zur Vermeidung der Situation des Schuldnerverzuges muss der Arbeitnehmer somit seine Arbeitsleistung tatsächlich anbieten. Dies erfolgt sinnvollerweise gleich im Widerspruchsschreiben. Es ist dann Sache des Arbeitgebers, dem Arbeitnehmer eine Arbeit zuzuweisen oder, falls er dies nicht kann, Verzugslohn zu zahlen.

IV. Gestaltung des Erwerbers: Neue unternehmerische Konzeption

35 **1. Muster: Unternehmerische Entscheidung zur neuen unternehmerischen Konzeption**[1]

▶ **Unternehmerische Entscheidung zur Neuausrichtung**

1. Nach Übernahme des Betriebes hat die neue Geschäftsleitung die Abläufe und Prozesse analysiert und ist zu dem Ergebnis gekommen, dass dem Ziel der zukunftssicheren Ausrichtung und der Verbesserung der Prozesse Veränderungen unumgänglich sind. Im Einzelnen hat die Ge-

schäftsleitung Verbesserungs- und Erneuerungsbedarf in den folgenden Bereichen festgestellt:
▪▪▪ Insbesondere muss das gesamte Lager auf ein neues Lagerwirtschaftssystem umgestellt werden, das es ermöglicht, die Ein- und Ausgänge der Waren automatisiert zu erfassen und mit Einkauf und Verkauf zu vernetzen. Die Geschäftsleitung hat sich hierzu beraten lassen und ist zu der Überzeugung gekommen, insgesamt auf das folgende System umzusteigen: ▪▪▪
Die derzeitige EDV-Abteilung, die inhouse geführt wird, ist nach Überzeugung der Geschäftsführung nicht in der Lage, die nötigen Umstrukturierungen zu begleiten und die zu erwartenden Serviceanforderungen zu erfüllen.

2. Vor diesem Hintergrund hat die Geschäftsleitung beschlossen, die bislang inhouse geführte EDV-Abteilung aufzulösen und die gesamte EDV zukünftig extern betreuen zu lassen. Die entsprechenden Angebote externer Dienstleister liegen vor.

3. Die Personalabteilung wird beauftragt, die nötigen personellen Maßnahmen zu ergreifen[2] und die vorstehende Entscheidung so umzusetzen, dass ein geordneter Übergang der Funktionen der derzeitigen EDV-Abteilung an den externen Dienstleister zum ▪▪▪ gewährleistet ist.

Bonn, den ▪▪▪

▪▪▪

Geschäftsleitung ◄

2. Erläuterungen

[1] **Unternehmerische Neuausrichtung nach Betriebsübergang.** Das Kündigungsverbot des § 613a Abs. 4 BGB steht grundsätzlich keinen unternehmerischen Maßnahmen entgegen. Dies gilt zum Beispiel für Rationalisierungs- und Sanierungskonzepte, die den Ausspruch betriebsbedingter Kündigungen bedingen. Dies gilt sowohl für solche Konzepte, die noch der Veräußerer umsetzt, als auch hinsichtlich entsprechender Konzepte des Erwerbers. In der Praxis ist die Veräußererkündigung auf Grundlage eines eigenen, neuen unternehmerischen Konzepts des Erwerbers der häufigste Fall, da die Abgrenzung zu einer „wegen des Betriebsübergangs" ausgesprochenen Kündigung hierbei am einfachsten darzustellen ist. Allerdings ist, damit das gesetzliche Kündigungsverbot nicht vollständig leerläuft, in der Regel zu fordern, dass das **Erwerberkonzept greifbare Formen annimmt** und nicht lediglich vorgeschoben ist (vgl HaKo-KSchR/*Mestwerdt* § 613a BGB Rn 130). Die Rechtsprechung stellt zu Recht hohe Anforderungen an die Darlegung eines solchen unternehmerischen Konzeptes. Es empfiehlt sich daher stets ein ausführliches schriftlich gefasstes Konzept, das das konkrete Vorhaben erkennen lässt und die Umsetzungsschritte plausibel macht.

36

[2] **Kündigungen trotz Betriebsübergang.** Liegt ein unternehmerisches Konzept des Erwerbers vor, das eine Neuausrichtung des Betriebes erkennen lässt, so können zu dessen Umsetzung betriebsbedingte Kündigungen ungeachtet des Kündigungsverbotes des § 613a Abs. 4 BGB ausgesprochen werden. Zeitlich können die Kündigungen sowohl vor dem Betriebsübergang (wenn das Erwerberkonzept zu diesem Zeitpunkt bereits bekannt ist) als auch danach ausgesprochen werden. Wie bei jeder betriebsbedingten Kündigung allerdings muss das Konzept die Prognose tragen, dass zum Ablauf der Kündigungsfrist der Beschäftigungsbedarf weggefallen sein wird, um die Kündigung zu rechtfertigen. Ein früherer Wegfall des Beschäftigungsbedarfes schadet nicht, allerdings müssten die Arbeitnehmer dann freigestellt oder mit Abwicklungsarbeiten beschäftigt werden, damit der Arbeitgeber nicht alleine durch die Weiterbeschäftigung selber den Nachweis führt, das Konzept gar nicht umgesetzt zu haben.

37

V. Wiedereinstellungsansprüche

1. Arbeitnehmer-Vertretung

38 a) Muster: Außergerichtliche Geltendmachung eines Wiedereinstellungsanspruches[1]

▶ Firma

... (Erwerber des Betriebes des früheren Arbeitgebers)[2]

... ./. ... wegen: Wiedereinstellung

Sehr geehrte Damen und Herren,

wir zeigen Ihnen an, dass wir die Interessen des Herrn ... anwaltlich vertreten. Eine auf uns lautende Vollmacht wird anwaltlich versichert.

Unser Mandant war von ... bis zum ... Arbeitnehmer der ... GmbH. Diese sprach mit Datum vom ... eine ordentliche, betriebsbedingte Kündigung aus, nachdem zuvor in mehreren Betriebsversammlungen kommuniziert worden war, dass der Betrieb insgesamt stillgelegt werden werde. Gegen die Kündigung vom ... ist unser Mandant aus diesem Grunde auch nicht vorgegangen. Die Kündigung ist damit rechtswirksam geworden.[3]

Umso überraschter war unser Mandant, als er nun – nur drei Monate nach Ablauf der Kündigungsfrist –[4] erfuhr, dass der Betrieb tatsächlich gar nicht stillgelegt worden ist, sondern ohne jegliche Unterbrechung und somit aufgrund eines Fortsetzungsbeschlusses, der jedenfalls vor dem Ablauf der Kündigungsfrist unseres Mandanten datiert,[5] unverändert fortgeführt wird.[6]

Die Übernahme des Betriebes stellt einen Betriebsübergang nach § 613 a BGB dar. Dieser führt bei bestehenden Arbeitsverhältnissen zum Übergang des Arbeitsverhältnisses zu unveränderten Arbeitsbedingungen. Das Arbeitsverhältnis unseres Mandanten ist hiervon nicht betroffen, da die Kündigung wirksam geworden ist. Allerdings kompensiert die Rechtsprechung die Tatsache, dass die Wirksamkeit einer Kündigung stets bezogen auf den Zeitpunkt des Kündigungsausspruchs und damit unter prognostischen Erwägungen beurteilt wird, dadurch, dass dem Arbeitnehmer unter bestimmten Umständen ein Wiedereinstellungsanspruch zugestanden wird. Solche Umstände sind im vorliegenden Fall gegeben. Denn noch während des Laufs der Kündigungsfrist hat sich die ursprüngliche Prognose, dass der Betrieb stillgelegt werde, offensichtlich als falsch erwiesen. Unser Mandant hat daher gegen Sie als Betriebserwerber einen Anspruch auf Wiedereinstellung zu unveränderten Arbeitsbedingungen.[7] Wir bieten Ihnen hiermit in Vertretung unseres Mandanten den Abschluss eines Arbeitsvertrages zu den Bedingungen des in der Anlage 1 beigefügten bisherigen Arbeitsvertrages an. Die Höhe des zuletzt gültigen Arbeitsentgelts entnehmen Sie bitte der ebenfalls in der Anlage beigefügten Lohn- und Gehaltsabrechnung des letzten Beschäftigungsmonats. Zugleich bieten wir hiermit die Arbeitsleistung unseres Mandanten an.[8]

Wir fordern Sie auf, das Vertragsangebot bis spätestens zum ... uns gegenüber anzunehmen und uns mitzuteilen, wann unser Mandant zur Arbeit erscheinen darf.[9]

Mit freundlichen Grüßen

...

Rechtsanwalt ◀

b) Erläuterungen und Varianten

39 **[1] Allgemeines.** Nach der Rechtsprechung des BAG steht dem Arbeitnehmer ein Anspruch auf Wiedereinstellung dann zu, wenn sich **nach Zugang der Kündigung und dem Ablauf der Kündigungsfrist** eine geänderte Tatsachenlage ergibt, die entgegen der zum Zeitpunkt der Kündigung erstellten Prognose eine Weiterbeschäftigung des gekündigten Arbeitnehmers erforderlich gemacht hätte. Dieser Wiedereinstellungsanspruch, der insbesondere in den Fällen einer nicht zu Ende geführten Betriebsstilllegung in Betracht kommt (vgl BAG 27.2.1997 – 2 AZR 160/96 – NZA 1997, 757), wird durch das BAG auf eine **vertragliche Nebenpflicht** aus dem noch fortbestehenden Arbeitsverhältnis gestützt (BAG 28.6.2000 – 7 AZR 904/98 – NZA 2000, 1097). Zu den weiteren Details vgl HaKo-KSchR/*Mestwerdt* § 613a BGB Rn 133 ff.

[2] **Adressat des Wiedereinstellungsanspruches.** Die vorstehende außergerichtliche Geltendmachung ist an den **Betriebserwerber** adressiert. Möchte der Arbeitnehmer die Kündigung als solche angreifen – und kann dies auch noch innerhalb der Frist des § 4 KSchG, wäre der richtige Adressat der bisherige Arbeitgeber als Aussteller der Kündigung. Ist allerdings wie in dem vorliegenden Fall die Klagefrist längst abgelaufen und macht der Arbeitnehmer nicht Kündigungsschutz sondern Wiedereinstellung geltend, müsste der Anspruch gegen den bisherigen Arbeitgeber ins Leere laufen. Denn dieser unterhält keine Betriebsstätte mehr und ist, da sein Beendigungswille sich jedenfalls realisiert hat, auch nicht tauglicher Adressat einer Wiedereinstellungsklage. Die Klage muss sich daher gegen den Betriebserwerber richten. 40

[3] **Wirksamkeit der Kündigung.** Die ursprünglich ausgesprochene Kündigung ist wirksam. Gegen sie sind Angriffe nicht nur wegen des Verstreichenlassens der Klagefrist nach § 4 KSchG aussichtslos. Selbst wenn die Klage rechtzeitig erhoben worden wäre, käme es für deren Begründung gleichwohl darauf an, ob zum Zeitpunkt der Kündigung tatsächlich ein Stilllegungswille bestand oder nicht. Nur dann, wenn dieser Stilllegungswille bereits zum Zeitpunkt der Kündigung nicht bestand, hätte die Klage Aussicht auf Erfolg. Ergibt sich jedoch nach Ausspruch der Kündigungen (mit Stilllegungsabsicht) für den Arbeitgeber eine neue Möglichkeit, zB weil plötzlich ein Interessent für die Betriebsübernahme auftaucht, lässt dies die bereits ausgesprochenen betriebsbedingten Kündigungen grundsätzlich unberührt und hindert auch nicht deren Rechtswirksamkeit (vgl hierzu BAG 27.2.1997 – 2 AZR 160/96 – NZA 1997, 757). 41

Auch wenn in der Zwischenzeit nicht nur eine Kündigung bestandskräftig geworden ist, sondern zB im Kündigungsschutzverfahren ein Abfindungsvergleich geschlossen oder außergerichtlich ein **Aufhebungsvertrag** geschlossen wurde, bleibt es dabei, dass diese Rechtshandlungen wirksam bleiben, hiervon unbenommen aber ein rechtlich selbstständiger Wiedereinstellungsanspruch besteht/bestehen kann. Der ursprüngliche Ansatz des BAG, dem Arbeitnehmer einen Anspruch auf Anpassung des Aufhebungsvertrages wegen Wegfalls der Geschäftsgrundlage einzuräumen, wird mittlerweile nicht mehr verfolgt. Denn richtigerweise ist die vom Arbeitnehmer begehrte Wiedereinstellung nicht eine Anpassung eines Abfindungsvergleiches bzw Aufhebungsvertrages, sondern das Gegenteil dessen, was die Parteien in diesem vereinbart haben (BAG 28.6.2000 – 7 AZR 904/98 – NZA 2000, 1097). 42

Soll **nach Abschluss eines Abfindungsvergleiches** eine Wiedereinstellung geltend gemacht werden, so gelten hierfür nach der Rechtsprechung erhöhte Anforderungen. Denn wie auch allgemein beim Wiedereinstellungsanspruch müssen die Interessen des Arbeitgebers gegen die Interessen des Arbeitnehmers abgewogen werden. So scheidet ein Wiedereinstellungsanspruch aus, wenn der Arbeitgeber in der Zwischenzeit berechtigt anderweitig disponiert hat (BAG 4.12.1997 – NZA 1998, 701). Im Falle eines Aufhebungsvertrages bzw Abwicklungsvergleiches ist zudem zu berücksichtigen, dass eine für die Beendigung gezahlte Abfindung in der Regel dem Arbeitnehmer das Festhalten an dem Vergleich/dem Aufhebungsvertrag zumutbar macht. Bei Abfindungsvergleichen/Aufhebungsverträgen kann deshalb nicht ohne 43

Weiteres davon ausgegangen werden, Geschäftsgrundlage der Parteien sei die gemeinsame Vorstellung gewesen, bis zu dem vereinbarten Ende des Arbeitsverhältnisses werde sich keine anderweitige Beschäftigungsmöglichkeit ergeben. Möchte der Arbeitnehmer gleichwohl einen Wiedereinstellungsanspruch geltend machen, so kann wie folgt formuliert werden:

▶ Firma

... (Betriebsübernehmer)

... ./. ...

hier: Wiedereinstellungsanspruch

Sehr geehrte Damen und Herren,

wir zeigen Ihnen an, dass wir die Interessen des Herrn ... anwaltlich vertreten. Auf uns lautende Vollmacht wird anwaltlich versichert.

Gegenstand unserer Mandatierung ist die Geltendmachung des unserem Mandanten gegen Sie zustehenden Wiedereinstellungsanspruches. Unser Mandant stand vom ... bis zum ... in einem Arbeitsverhältnis mit der ... GmbH. Bei dieser wurde in mehreren Betriebsversammlungen kommuniziert, dass der Betrieb endgültig geschlossen und sämtliche Geschäftstätigkeit eingestellt werden sollte. Folgerichtig erhielt unser Mandant am ... die ordentliche, betriebsbedingte Kündigung zum ... . Gegen diese Kündigung ist unser Mandant im Wege der Kündigungsschutzklage vorgegangen. Man einigte sich dann vor Gericht auf einen Abfindungsvergleich. Diesen allerdings schloss unser Mandant ausschließlich deshalb, weil vor Gericht der bisherige Arbeitgeber ausführlich darlegte, dass der Betrieb tatsächlich geschlossen werde und hierfür auch Beweis antrat. Im gesamten Verfahren machte unser Mandant deutlich, dass er keinen Abfindungsvergleich schließen würde, würde der Betrieb nicht insgesamt stillgelegt werden.

Umso überraschter war unser Mandant, als er nun – nur kurz nach Ablauf der ordentlichen Kündigungsfrist – erfuhr, dass der Betrieb tatsächlich gar nicht stillgelegt worden ist, sondern durch Sie übernommen wurde und – nach Informationen unseres Mandanten – unverändert fortgeführt wird. Unter diesen Voraussetzungen hätte unser Mandant niemals den Abfindungsvergleich geschlossen.

Unser Mandant strebt die Wiedereinstellung in seine bisherige Tätigkeit zu unveränderten Arbeitsbedingungen an und bietet Ihnen hiermit den Neuabschluss dieses Arbeitsvertrages an. Die zuletzt geltenden Arbeitsvertragsbedingungen entnehmen Sie bitte dem in der Anlage 1 beigefügten Arbeitsvertrag sowie der in der Anlage 2 beigefügten letzten Lohn- und Gehaltsabrechnung. Wir fordern Sie zur Annahme dieses Arbeitsvertrages und zur tatsächlichen Weiterbeschäftigung unseres Mandanten auf. Wir bieten zugleich die Arbeitskraft unseres Mandanten an.

Für den Fall, dass Sie sich im Zuge der Betriebsübernahme die durch den Betriebsveräußerer gezahlte Abfindung haben anrechnen lassen, bieten wir hiermit Zug um Zug gegen Abschluss des neuen Arbeitsvertrages die Rückzahlung der vom Betriebsveräußerer gezahlten Abfindung an. Sollten Sie nicht nachweisen können, dass diese Abfindung im Innenverhältnis zwischen dem Betriebsveräußerer und Ihnen Ihnen zusteht, wird unser Mandant die Abfindung hinterlegen. Sie können dann mit dem Betriebsveräußerer die Berechtigung hierüber klären.

Mit freundlichen Grüßen

...

Rechtsanwalt ◀

44 **[4] Zeitpunkt der Geltendmachung.** Entscheidend für den Anspruch ist nicht der Tag der Geltendmachung durch den Arbeitnehmer, sondern die Veränderung der Tatsachen, im Mus-

ter also der Entschluss, den Betrieb nicht stillzulegen sondern auf einen Erwerber übergehen zu lassen. Die Geltendmachung durch den Arbeitnehmer mag auch zu einem späteren Zeitpunkt erfolgen, unterliegt aber zeitablaufsabhängigen Einreden und – zeitlich enger – der Verwirkung.

[5] Zeitpunkt der geänderten Umstände. Nach der Rechtsprechung des BAG besteht der Wiedereinstellungsanspruch ausschließlich dann, wenn die neuen Tatsachen sich **zwischen dem Ausspruch der Kündigung** (davor: Unwirksamkeit der Kündigung) **und dem Ablauf der Kündigungsfrist** ergeben. Entstehen die neuen Tatsachen erst nach dem Ablauf der Kündigungsfrist, führen sie nicht zu einem Wiedereinstellungsanspruch, da die dogmatische Begründung des Wiedereinstellungsanspruches eine Nebenpflicht aus dem Arbeitsverhältnis ist und eine solche mit Beendigung des Arbeitsverhältnisses ebenfalls endet (BAG 28.6.2000 – NZA 2000, 1097). Eine Ausdehnung dieser zeitlichen Grenze, die in der Ausgangsentscheidung des BAG (BAG 27.2.1997 – 2 AZR 160/96 – NZA 1997, 757) noch für möglich erachtet wurde, lässt sich nur bei anderer rechtlicher Begründung des Wiedereinstellungsanspruches begründen (vgl HaKo-KSchR/*Mestwerdt* § 613 a BGB Rn 135). Es empfiehlt sich, den maßgeblichen Anknüpfungspunkt für die geänderten Umstände ebenfalls bereits zu verdeutlichen. Ist es zu einer übergangslosen Fortsetzung gekommen, muss bereits aus logischen Gesichtspunkten der entsprechende Fortsetzungsbeschluss vor der Übernahme und damit in der Regel auch vor Ablauf der Kündigungsfrist des Arbeitnehmers gelegen haben.

[6] Art der Fortführung. Der Wiedereinstellungsanspruch basiert auf der Wertung, dass unter Zugrundelegung der ex post bekannten Tatsachen die Kündigung nicht wirksam hätte ausgesprochen werden können. Voraussetzung ist also, dass im Zuge der Fortführung des Betriebes Weiterbeschäftigungsmöglichkeiten geschaffen werden, die für den Arbeitnehmer eine Weiterbeschäftigungsmöglichkeit im Sinne von § 1 Abs. 2 KSchG dargestellt hätte. Würde der Betrieb in vollständig veränderter Form so weitergeführt, dass der Arbeitnehmer keine vertragskonforme Einsatzmöglichkeit mehr im neuen betrieblichen Zuschnitt gefunden hätte, hätte dies die Berechtigung der Kündigung nicht betroffen und würde somit auch den Wiedereinstellungsanspruch ausschließen.

[7] Unveränderte Arbeitsbedingungen. Ein Wiedereinstellungsanspruch besteht grundsätzlich nur zu unveränderten Arbeitsbedingungen. Etwas anderes kann sich allerdings dann ergeben, wenn der Betriebserwerber von Anfang an die Übernahme davon abhängig gemacht hat, dass entweder keine Belegschaft mehr vorhanden war oder nur eine solche mit gänzlich anderen Arbeitsbedingungen. Solange und soweit der Veräußerer oder der Erwerber auf Grundlage eines veränderten Konzeptes eine ordentliche betriebsbedingte Kündigung hätten aussprechen können, wäre die Kündigung wirksam gewesen und besteht somit auch kein Wiedereinstellungsanspruch. Beispielsweise ist es möglich, dass ein Erwerber den Kauf von der vorherigen Durchführung von Rationalisierungsmaßnahmen oder der Änderung der Arbeitsbedingungen abhängig macht, und zwar in rechtlich zulässiger Weise (vgl BAG 27.2.1997 – 2 AZR 160/96 – NZA 1997, 757; BAG 18.7.1996 – 8 AZR 127/94 – AP § 613 a BGB Nr. 147). Je nachdem also, wie das unternehmerische Konzept des Veräußerers bzw des Erwerbers ausgestaltet ist, hat der Arbeitnehmer unter Umständen nur einen Anspruch auf eine Wiedereinstellung zu veränderten/verringerten Arbeitsbedingungen. Dies wirft Probleme im Zuge der Geltendmachung auf. Denn der Arbeitnehmer muss ein annahmefähiges Angebot machen, also ein solches, das der Arbeitgeber mit „Ja" annehmen kann. Nur wenn der Arbeitnehmer auf exakt diese Beschäftigung auch Anspruch hat, ist ein solches Angebot annahmefähig und kann das Angebot den Arbeitgeber in Verzug bringen. Vermutet der Arbeitnehmer, dass am Ende eventuell nur ein Anspruch auf Wiedereinstellung **zu verringerten Arbeitsbedingungen** stehen könnte, empfiehlt es sich, ergänzend wie folgt zu formulieren:

▶ ...

Sollten Sie der Auffassung sein, dass Sie aus rechtlichen Gründen nicht zur Übernahme/Wiedereinstellung unseres Mandanten zu unveränderten Arbeitsbedingungen verpflichtet sind, so wäre unser Mandant in Grenzen auch bereit, zu veränderten Arbeitsbedingungen zu arbeiten. In diesem Falle teilen Sie uns die veränderten Arbeitsbedingungen bitte bis zum ... mit und begründen, warum unser Mandant verpflichtet sein soll, sich auf diese Arbeitsbedingungen einzulassen. Wir sagen Ihnen hiermit die unverzügliche Prüfung dieser Arbeitsbedingungen durch unseren Mandanten zu.

... ◀

48 **[8] Konkretisierung des Angebotes.** Der Arbeitnehmer hat rechtlich einen Anspruch auf Begründung eines neuen Arbeitsvertrages zu unveränderten Arbeitsbedingungen. Der spätere Klageantrag muss sich daher auf die Annahme eines Angebots des Klägers auf Abschluss eines Arbeitsvertrages richten, um im Falle der Rechtskraft des Urteils die Annahmeerklärung seitens der Beklagten zu ersetzen. Auch wenn die Rechtsprechung in der Regel in der Klage das Angebot auf Abschluss eines Arbeitsvertrages erblickt (BAG 28.6.2000 – 7 AZR 904/98 – NZA 2000, 1097), empfiehlt es sich doch, den Inhalt des Angebotes zu konkretisieren. Dies erfolgt am besten durch Übersendung der bisherigen Vertragsunterlagen. Dabei muss darauf geachtet werden, dass sich Arbeitsverträge in der Regel im Laufe eines Arbeitslebens weiterentwickeln und die bei der Personalakte befindliche schriftliche Form des Arbeitsvertrages häufig nicht den tatsächlich gelebten Arbeitsvertrag abbildet. Zumindest sollte eine Gehaltsabrechnung beigefügt werden, um das aktuelle Gehalt abzubilden.

49 **[9] Inverzugsetzung.** Der Anspruch richtet sich auf Begründung eines neuen Arbeitsvertrages. Hieraus ergibt sich dann eine tatsächliche Beschäftigungspflicht. Solange der Anspruch nicht geltend gemacht worden ist, befindet sich der Arbeitgeber grundsätzlich auch nicht in Verzug. Für den Fall, dass die Frist zur Annahme des Angebotes verstreicht, sollte deshalb die tatsächliche Arbeitsleistung des Arbeitnehmers angeboten werden, um später auch Verzugslohnansprüche geltend machen zu können.

2. Arbeitgebervertretung

50 **a) Muster: Beantwortung der Anspruchsgeltendmachung**

134 ▶ ... (Rechtsanwalt des Arbeitnehmers)

... ./. ...

Sehr geehrte Damen und Herren Kollegen,

wir zeigen Ihnen an, dass wir die Interessen der ... GmbH vertreten. Unsere Mandantin legte uns Ihr Schreiben vom ... betreffend die Geltendmachung eines Wiedereinstellungsanspruches vor.

Es ist zutreffend, dass unsere Mandantin den Betrieb ..., der früher von der ... GmbH geführt wurde, mit Wirkung zum ... übernommen hat. Die Übernahme geht auf einen Übernahmevertrag vom ... zurück. Gleichwohl besteht der von Ihnen geltend gemachte Wiedereinstellungsanspruch allerdings nicht.

Zunächst dürfen wir als Konsens unterstellen, dass die von der Rechtsvorgängerin unserer Mandantin ausgesprochene betriebsbedingte Kündigung wirksam ist. Denn zum Zeitpunkt der Kündigung hatte die ... GmbH beschlossen, den Betrieb dauerhaft stillzulegen. Die Kündigung diente – genau wie alle anderen in diesem Zusammenhang ausgesprochenen Kündigungen – der Umsetzung dieses Entschlusses.

Der vorherige Stilllegungsbeschluss änderte sich erst, als unsere Mandantin sich entschloss, den Betrieb zu erwerben und sodann unter veränderten Bedingungen fortzuführen. Dieser Entschluss allerdings stand von vornherein unter der Bedingung, dass der Betrieb wirtschaftlich nur mit einer deutlich verringerten Zahl der Belegschaft fortgeführt werden konnte. Dies war zum Zeitpunkt der Aufnahme der Verhandlungen dadurch gewährleistet, dass die Rechtsvorgängerin unserer Mandantin die betriebsbedingten Kündigungen bereits wirksam ausgesprochen hatte.[1] Unsere Mandantin hätte den Betrieb nicht übernommen, wenn er zum Zeitpunkt der Entscheidung unserer Mandantin mit der Personalzahl ausgestattet gewesen wäre, mit der er offensichtlich früher von der Rechtsvorgängerin unserer Mandantin geführt wurde. Unserer Mandantin ist es aus diesem Grunde vollkommen unzumutbar, Ihren Mandanten weiter zu beschäftigen bzw wieder einzustellen.

Äußerst vorsorglich weisen wir darauf hin, dass durchaus einige Arbeitnehmer wieder eingestellt worden sind, da diese zur Fortsetzung der Produktion benötigt wurden. Mit diesen Arbeitnehmern sind bereits Arbeitsverträge abgeschlossen worden, so dass unsere Mandantin also bereits Dispositionen im Vertrauen auf den Bestand der Kündigungen getroffen hat.[2]

Nur äußerst vorsorglich möchten wir erwähnen, dass selbst eine Wiedereinstellung Ihres Mandanten zu veränderten Bedingungen unserer Mandantin unzumutbar wäre, da der Personalbedarf bereits gestillt ist und weitere Arbeitnehmer nicht einträglich beschäftigt werden könnten.[3]

Mit freundlichen kollegialen Grüßen

...

Rechtsanwalt ◀

b) Erläuterungen

[1] **Unzumutbarkeit der Wiedereinstellung wegen anderweitigem unternehmerischen Konzept.** Ein Anspruch auf unveränderte Fortsetzung des Arbeitsverhältnisses hat der Arbeitnehmer nur, wenn unter Berücksichtigung der Umstände des Einzelfalles seine schutzwürdigen Interessen wirklich das Interesse des Arbeitgebers überwiegen, es beim Ergebnis der Kündigung, also der Beendigung des Arbeitsverhältnisses zu belassen. Ein **überwiegendes Interesse der Arbeitgeberseite** sieht die Rechtsprechung zB dann, wenn bei einer im Kündigungszeitpunkt beabsichtigten Betriebsstilllegung die spätere Chance, den Betrieb zu veräußern, davon abhing, dass der Erwerber den Kauf von der vorherigen Durchführung von Rationalisierungsmaßnahmen oder der Änderung der Arbeitsbedingungen der Arbeitnehmer abhängig machte (vgl BAG 27.2.1997 – 2 AZR 160/96 – NZA 1997, 757; BAG 18.7.1996 – 8 AZR 127/94 – NZA 1997, 148). Dieses Ergebnis entspricht auch einer Parallele zum Kündigungsrecht. Ein Wiedereinstellungsanspruch kann dann nicht bestehen, wenn selbst unter Hinzudenken aller nun ex post bekannt gewordenen Tatsachen die betriebsbedingte Kündigung sozial gerechtfertigt gewesen wäre. Unter Zugrundelegung eines vom Betriebsveräußerer oder vom Betriebserwerber ersonnenen neuen unternehmerischen Konzepts allerdings kann auch eine betriebsbedingte Kündigung berechtigt ausgesprochen werden. Es ist daher auch unter Wertungsgesichtspunkten richtig, wenn in solchen Fällen die Rechtsprechung einen Wiedereinstellungsanspruch ablehnt.

Der in Anspruch genommene Arbeitgeber trägt allerdings die **Darlegungs- und Beweislast** dafür, dass ein neues unternehmerisches Konzept besteht, seit wann dieses besteht und dass – im vorliegenden Fall – die Wirksamkeit der Kündigungen Voraussetzung dafür war, dass der Betrieb überhaupt übernommen wird.

53 **[2] Unzumutbarkeit wegen anderweitiger Dispositionen.** Ein weiterer – durchaus auch parallel denkbarer – Grund dafür, warum die Befriedigung des Wiedereinstellungsanspruches unzumutbar ist, können anderweitige, vom Arbeitgeber bereits getroffene Dispositionen sein. Solche Dispositionen sind beispielsweise der Abschluss von Arbeitsverträgen mit anderen Arbeitnehmern im Vertrauen darauf, dass die Beendigung wirksam ist. Selbstverständlich darf der Arbeitgeber hierbei nicht durch den Abschluss der Arbeitsverträge mit Dritten die Anspruchsgeltendmachung treuwidrig vereiteln (§ 162 BGB). Hierzu müsste der Arbeitnehmer allerdings die Kenntnis des Arbeitgebers von der bevorstehenden Geltendmachung des Wiedereinstellungsanspruches nachweisen, was faktisch nicht gelingen dürfte. Darüber hinaus hat der Arbeitgeber bei der Auswahl der wieder einzustellenden Arbeitnehmer grundsätzlich soziale Gesichtspunkte (Alter, Betriebszugehörigkeit, Unterhaltpflichten, Schwerbehinderung) zu berücksichtigen (BAG 4.12.1997 – 2 AZR 140/97 – NZA 1998, 701), gleichwohl eine echte soziale Auswahl nicht stattzufinden hat (HaKo-KSchR/*Mestwerdt* § 613a BGB Rn 140). Darüber hinaus wird man von einer Verpflichtung zur sozialen Auswahl/Berücksichtigung sozialer Kriterien auch allenfalls hinsichtlich derer zu reden haben, die sich aktiv für eine Wiedereinstellung bewerben. Eine Verpflichtung des Arbeitgebers, sich seinerseits aktiv an die betroffenen Arbeitnehmer zu wenden und sie über die Weiterbeschäftigung zu informieren, besteht regelmäßig nicht (in diesem Sinne wohl BAG 27.2.1997 – 2 AZR 160/96 – NZA 1997, 757).

54 **[3] Angebot zu geänderten Bedingungen.** Je nach den Umständen des Einzelfalles kann es aufgrund geänderter unternehmerischer Konzepte unter Umständen auch Verpflichtung des (neuen) Arbeitgebers sein, den betroffenen Arbeitnehmer zu veränderten Bedingungen weiter zu beschäftigen. Dass auch diese Weiterbeschäftigung unzumutbar ist, sollte daher im Ablehnungsschreiben explizit erwähnt werden.

B. Gerichtliche Vertretung

I. Kündigungsschutzklage gegen Kündigung entgegen dem Kündigungsverbot, § 613a Abs. 4 S. 1 BGB

55 **1. Muster: Kündigungsschutzklage bei bekanntem Betriebsübergang**

▶ **Klage**

des ▪▪▪ (Arbeitnehmer)

– Klägers –

Prozessbevollmächtigte: Rechtsanwälte ▪▪▪

gegen

1. die A GmbH, ▪▪▪

– Beklagte zu 1) –

2. die B GmbH, ▪▪▪

– Beklagte zu 2) –

wegen: 1. Kündigungsschutz
2. Feststellung des Bestehens eines Arbeitsverhältnisses

Namens und im Auftrage des Klägers erheben wir Klage. Wir werden beantragen:

1. Es wird festgestellt, dass das zwischen der Beklagten zu 1) und dem Kläger bestehende Arbeitsverhältnis nicht durch die schriftliche Kündigung vom ▪▪▪, dem Kläger zugestellt am ▪▪▪, beendet worden ist.[1]

B. Gerichtliche Vertretung § 613 a BGB

2. Es wird festgestellt, dass das vormals zwischen der Beklagten zu 1) und dem Kläger bestehende Arbeitsverhältnis infolge des Betriebsübergangs seit dem ... zu unveränderten Arbeitsbedingungen nun zwischen der Beklagten zu 2) als Betriebserwerber und dem Kläger besteht.[2]
[3]
3. Die Beklagten zu 1) und 2) tragen die Kosten des Rechtsstreits.

Begründung

1. Zwischen dem Kläger und der Beklagten zu 1) besteht seit dem ... ein Arbeitsverhältnis.

    Beweis: Arbeitsvertrag vom ..., in Kopie anbei als Anlage K1

    Aufgrund des als Anlage K1 beigefügten Arbeitsvertrages ist der Kläger bei der Beklagten zu 1) als ... zu einem monatlichen Bruttomonatsentgelt von ... EUR beschäftigt. Neben dem laufenden Entgelt bezog der Kläger die folgenden Leistungen: ..., so dass sich ein durchschnittlicher Quartalsverdienst in Höhe von ... EUR brutto ergibt.

2. Am ... wurde dem Kläger ein schriftliches Kündigungsschreiben zugestellt, mit dem die Beklagte zu 1) die ordentliche, betriebsbedingte Kündigung zum ... ausspricht.

    Beweis: Kündigungsschreiben vom ..., in Kopie anbei als Anlage K2

3. Der Betrieb ..., in dem der Kläger beschäftigt ist, beschäftigt regelmäßig mehr als 10 Arbeitnehmer ausschließlich der zur Berufsbildung Beschäftigten. Es ist ein Betriebsrat gebildet. Es wird bestritten, dass dieser Betriebsrat ordnungsgemäß angehört worden ist.

    Der Betrieb ... geht nach Kenntnis des Klägers infolge einer rechtsgeschäftlichen Vereinbarung zwischen den Beklagten mit Wirkung zum ... von der Beklagten zu 1) auf die Beklagte zu 2) über. Eine Information nach § 613 a Abs. 5 BGB hat der Kläger noch nicht erhalten.

4. Die ausgesprochene Kündigung ist rechtsunwirksam. Das Kündigungsschutzgesetz findet auf das Arbeitsverhältnis und den Betrieb ... Anwendung. Gründe, die die Kündigung sozial gemäß § 1 KSchG rechtfertigen könnten, liegen nicht vor. Darüber hinaus ist der Betriebsrat nicht ordnungsgemäß angehört worden.

    Ungeachtet Vorstehendem verstößt die die Kündigung auch gegen das besondere Kündigungsverbot des § 613 a Abs. 4 BGB. Die Kündigung erfolgte alleine wegen des Betriebsübergangs.

5. Im Hinblick auf die gestellten Anträge wird auf das Folgende hingewiesen:

Für die Kündigungsschutzklage gegen die ausgesprochene Kündigung ist (und bleibt) der bisherige Betriebsveräußerer, also die Beklagte zu 1), passiv legitimiert (BAG 18.4.2002 – 8 AZR 347/01 – ZinsO 2002, 1198). Der Antrag zu 1) richtet sich gegen die ausgesprochene Kündigung.

Alleine der Kündigungsschutzantrag allerdings befriedigt das Rechtsschutzbedürfnis des Klägers nicht. Zwar müsste die Beklagte zu 2) aufgrund des Betriebsübergangs das obsiegende Urteil gegen sich gelten lassen. Die Zwangsvollstreckung aus dem Weiterbeschäftigungsantrag allerdings würde sich problematisch gestalten, da die Voraussetzungen für eine Titelumschreibung nicht vorlägen. Darüber hinaus würde das alleine gegen die Kündigung gerichtete Urteil die Beklagte zu 2) als Betriebserwerberin nicht im Hinblick auf das Vorliegen eines Betriebsübergangs binden. Denn Streitgegenstand der Kündigungsschutzklage ist lediglich die Frage der Unwirksamkeit der Kündigung, nicht der Übergang des Arbeitsverhältnisses. Aus diesem Grunde wird mit dem getrennten Antrag zu 2) die Feststellung begehrt, dass das Arbeitsverhältnis auf die Beklagte zu 2) übergegangen ist.

Einfache und beglaubigte Abschriften anbei.

...

Rechtsanwalt ◄

2. Erläuterungen

56 **[1] Kündigungsschutzantrag nach § 4 KSchG.** Die Kündigung selber wird in der Regel durch den Betriebsveräußerer ausgesprochen. Hat der **Betriebsübergang nach Ausspruch der Kündigung** stattgefunden, ist die Rechtslage wie folgt: Der Betriebsveräußerer ist als Absender der Kündigung für die Kündigungsschutzklage grundsätzlich passiv legitimiert (HaKo-KSchR/ *Mestwerdt* § 613 a BGB Rn 199). Das gilt sowohl dann, wenn zum Zeitpunkt der Kündigungsschutzklage der Betriebsübergang noch nicht vollzogen ist, als auch dann, wenn er bereits vollzogen ist, der bisherige Arbeitgeber also gar nicht mehr der aktuelle Arbeitgeber ist. Der allgemeine Kündigungsschutzantrag nach § 4 KSchG richtet sich deshalb stets gegen den bisherigen Arbeitgeber (Beklagter zu 1). Der Arbeitgeber, der das Arbeitsverhältnis vor einem Betriebsübergang gekündigt hat, ist für die gerichtliche Klärung der Wirksamkeit der Kündigung auch nach einem Betriebsübergang gem. § 265 Abs. 2 ZPO passivlegitimiert und prozessführungsbefugt (BAG 16.2.2012 – 8 AZR 693/10 – NZA-RR 2012, 465). Dabei ist nicht nur gleichgültig, ob der Betriebsübergang vor oder nach Klageerhebung stattfindet, sondern auch, ob das Arbeitsverhältnis vor oder nach dem Betriebsübergang endet bzw enden soll. Der neue Arbeitgeber kann den Prozess nur mit Zustimmung des klagenden Arbeitnehmers übernehmen, nicht aber als Hauptpartei beitreten. Ein Fall des § 62 ZPO liegt nicht vor. Die Rechtskraft eines gegen den früheren Arbeitgeber ergehenden Urteils wirkt in entsprechender Anwendung der §§ 265, 325 Abs. 1 ZPO für und gegen den neuen Arbeitgeber, wenn der Betriebsübergang nach Rechtshängigkeit erfolgt ist (BAG 18.5.2010 – 1 AZR 864/08 – NZA 2010, 1198). Wird hingegen die Klage erst nach dem Betriebsübergang erhoben, greift § 325 ZPO nicht. In diesem Fall muss der AN die Klage gegen Betriebsveräußerer und -Erwerber erheben oder dem Betriebserwerber den Streit verkünden. Anders ist die Sachlage dann, wenn der **Betriebsübergang bereits vor Ausspruch der Kündigung** tatsächlich oder auch nur möglicherweise stattgefunden hat. Eine alleine gegen den Betriebsveräußerer gerichtete Klage ist dann unbegründet. Denn ein Erfolg im Kündigungsschutzprozess setzt nach der punktuellen Streitgegenstandstheorie voraus, dass zum Zeitpunkt der Kündigung (noch) ein Arbeitsverhältnis besteht. Das gilt auch im Falle des Betriebsübergangs. Die Kündigung eines Betriebsveräußerers nach Betriebsübertragung geht damit mangels bestehendem Arbeitsverhältnis ins Leere, was zur Unbegründetheit der Klage führt (BAG 15.12.2005 – 8 AZR 202/05 – NZA 2006, 597). Kann der Arbeitnehmer nicht erkennen, ob und wann ein Betriebsübergang stattgefunden hat, muss er daher zur Sicherheit sowohl gegen den Veräußerer als auch gegen den möglichen Erwerber eine unbedingte Klage erheben. Eine nur bedingte subjektive Klagehäufung wäre nämlich unzulässig (BAG 24.6.2004 – 2 AZR 215/03 – AP Nr. 278 zu § 613 a BGB). Zu alternativen Formulierungen des Kündigungsschutzantrages siehe § 4 KSchG Rn 28 ff.

57 **[2] Antrag auf Feststellung des Betriebsübergangs.** Der Kündigungsschutzantrag alleine klärt zwar die Wirksamkeit der Kündigung. Das Rechtsschutzbedürfnis des Klägers allerdings befriedigt er nicht. Denn Streitgegenstand der Kündigungsschutzklage ist ausschließlich die Wirksamkeit der Kündigung, nicht jedoch die Tatsache des Betriebsübergangs oder der Übergang des Arbeitsverhältnisses. Es bedarf daher eines weiteren Antrages gegen den Betriebs-

übernehmer. Beide Klagen können in subjektiver Klagehäufung verbunden werden, es entsteht aber keine notwendige Streitgenossenschaft nach § 62 ZPO (HaKo-KSchR/*Mestwerdt* § 613 a BGB Rn 202). Aus diesem Grunde ist unbedingt zu empfehlen, den Betriebserwerber mit dem Veräußerer zusammen zu verklagen.

[3] **Weiterbeschäftigungsantrag.** Der Weiterbeschäftigungsantrag kann sich ausschließlich gegen den Betriebserwerber richten, da nur er noch die betrieblichen Voraussetzungen für eine tatsächliche Beschäftigung vorhält. Möchte der Arbeitnehmer den Weiterbeschäftigungsantrag geltend machen, reicht es also nicht aus, alleine den Betriebsveräußerer zu verklagen, der die Kündigung ausgestellt hat. Die Klage kann aber gegen Betriebsveräußerer und -Erwerber als einfache Streitgenossen gerichtet werden (BAG 25.4.1996 – 5 AS 1/96 – AP ZPO § 59 Nr. 1) und sollte dies auch, wenn unklar ist, ob und wann ein Betriebsübergang stattgefunden hat oder feststeht, dass dies vor Ausspruch der Kündigung erfolgte. Dasselbe gilt, wenn unklar ist, ob ein Betriebsübergang stattgefunden hat oder nicht (BAG 25.4.1996 – 5 AS 1/96 – AP ZPO § 59 Nr. 1).

II. Replik (Arbeitgebervertretung)

1. Muster: Bestreiten des Vorliegens eines Betriebsübergangs

▶ ... (Arbeitsgericht)

In dem Rechtsstreit

... (volles Rubrum)

... (Aktenzeichen)

zeigen wir die Vertretung der Beklagten[1] an. Wir werden beantragen:

die Klage abzuweisen.

Begründung

1. ...
2. Die Behauptung des Klägers, es habe einen Betriebsübergang gegeben, weshalb die Kündigung nach § 613 a Abs. 4 BGB unwirksam sei, wird bestritten.[2] Unter Verwahrung gegen die Darlegungs- und Beweislast und lediglich vorsorglich hierzu das Folgende:

Es ist zutreffend, dass mit der Stilllegung der gesamten Produktion im Betrieb ... der Beklagten einherging, dass die dortigen Produktivmittel veräußert wurden. Der Kläger behauptet nun mit seiner Klage, es habe eine Veräußerung einer wirtschaftlichen Einheit im Sinne einer organisierten Gesamtheit dieser Produktion durch die ... GmbH gegeben, weshalb ein Betriebsübergang vorliege. Dieser Vortrag ist unzutreffend. Ein Betriebsübergang liegt nur dann vor, wenn durch rechtsgeschäftlichen Übergang materielle oder immaterielle Betriebsmittel unter Wahrung der Identität der wirtschaftlichen Einheit auf einen neuen Rechtsträger übergehen.[3] Als wirtschaftliche Einheit werden sie nur dann übertragen, wenn sie als organisierte Gesamtheit übergehen und vom Erwerber in unveränderter betrieblicher Organisation eingesetzt werden (siehe HaKo-KSchR/*Mestwerdt* § 613 a BGB Rn 15). Dies ist vorliegend nicht der Fall. Dabei ist zutreffend, dass die B GmbH einzelne Maschinen übernommen hat. Diese Maschinen allerdings werden bei der B GmbH in die dortigen Bandstraßen integriert und daher in eine fremde Arbeitgeberorganisation integriert. Von der bisherigen betrieblichen Organisation bei der Beklagten bleibt nichts übrig. Beispiel: ...[4] Von einem Betriebsübergang kann daher nicht die Rede sein.

Einfache und beglaubigte Abschriften anbei

…

Rechtsanwalt ◄

2. Erläuterungen

60 **[1] Beklagter.** Mit der Frage, ob ein Betriebsübergang stattgefunden hat oder nicht, muss sich – sofern überhaupt beide verklagt sind – sowohl der Veräußerer als auch der Erwerber beschäftigen. Für den Veräußerer spielt dies gemäß § 613 a Abs. 4 BGB eine Rolle. Liegt ein Betriebsübergang vor, ist die Kündigung unter Umständen nichtig.

61 Für den Erwerber ist dies von Relevanz, weil durch ein Feststellungsurteil den Betriebsübergang betreffend alle anderen Arbeitnehmer ebenfalls zumindest Wiedereinstellungsansprüche geltend machen können.

62 **[2] Darlegungs- und Beweislast.** Die Darlegungs- und Beweislast folgt den allgemeinen Grundsätzen und ist davon abhängig, wer sich aus welchem Grunde auf was beruft:

63 Beruft sich der Arbeitnehmer auf die Unwirksamkeit einer Kündigung wegen § 613 a Abs. 4 BGB, muss er die Voraussetzungen für den Betriebsübergang darlegen und beweisen (BAG 16.5.2002 – 8 AZR 320/01 – AP § 113 InsO Nr. 9; HaKo-KSchR/*Mestwerdt* § 613 a BGB Rn 55). Allerdings können dem Arbeitnehmer Beweiserleichterungen (zB Beweis des ersten Anscheins) zukommen. Es ist deshalb durchaus sinnvoll, bereits in der Klageerwiderung einigermaßen substantiiert hierzu vorzutragen, auch wenn die Darlegungs- und Beweislast auf der anderen Prozessseite liegt.

64 Wird hingegen der bisherige Arbeitgeber auf Leistungen in Anspruch genommen und beruft sich auf einen Betriebsübergang bzw darauf, nicht mehr passiv legitimiert zu sein, muss er die Voraussetzungen des Betriebsübergangs nachweisen.

65 **[3] Vorliegen eines Betriebsübergangs.** Zu den materiellrechtlichen Voraussetzungen eines Betriebsübergangs und den denkbaren Einwendungen des Arbeitgebers siehe HaKo-KSchR/*Mestwerdt* § 613 a BGB Rn 5 ff).

66 **[4] Identität der wirtschaftlichen Einheit.** Im vorliegenden Fall beruft sich die Beklagte darauf, dass keine vollständige organisatorische Einheit übergegangen sei. Insbesondere bei der Übernahme von Betriebsmitteln durch Dritte kommt es regelmäßig zu der Frage, ob ein Betriebsübergang vorliegt oder nicht. Entscheidend ist dabei auf die Identität der wirtschaftlichen Einheit abzustellen. Der Arbeitgeber sollte daher im Prozess darlegen, dass zwar einzelne Betriebsmittel übernommen worden sein mögen, diese jedoch an eine fremde Organisation integriert werden und ihre organisatorische Einheit verloren haben. Idealerweise erfolgt diese Darlegung anhand konkreter Darstellungen und Schilderungen, wie welche Maschine nun eingebunden ist, sofern der bisherige Arbeitgeber dies überhaupt leisten kann.

III. Wiedereinstellung nach Betriebsübergang

67 **1. Muster: Klage auf Wiedereinstellung nach Betriebsübergang**

137 ▶ … (Arbeitsgericht)

Klage

des … (Klägers)

Prozessbevollmächtigte: …

B. Gerichtliche Vertretung　　　　　　　　　　　　　　　　　　　　　　§ 613 a BGB

gegen

A GmbH (Beklagte)[1]

wegen: Wiedereinstellung

Namens und im Auftrage des Klägers erheben wir Klage. Wir werden beantragen:

1. Die Beklagte wird verurteilt, das Arbeitsvertragsangebot des Klägers zu den Bedingungen des Arbeitsvertrages vom ..., der zwischen der B GmbH und dem Kläger bestand und zum ... beendet wurde, anzunehmen.[2]
2. Die Beklagte trägt die Kosten des Rechtsstreits.

Begründung

1. Zwischen der B GmbH und dem Kläger bestand seit dem ... ein Arbeitsverhältnis. Dieses Arbeitsverhältnis richtete sich nach den Maßgaben des Arbeitsvertrages vom ..., den wir als Anlage K1 beifügen.
2. Der Arbeitsvertrag wurde durch die B GmbH mit Kündigungsschreiben vom ... gekündigt. Das Kündigungsschreiben fügen wir als Anlage K2 bei. Der hiesige Kläger sah damals davon ab, gegen die Kündigung Kündigungsschutzklage zu erheben.
3. Am ... erfuhr der Kläger davon, dass entgegen allen Ankündigungen der Betrieb tatsächlich gar nicht stillgelegt worden ist, sondern ohne jegliche Unterbrechung und somit aufgrund eines Fortsetzungsbeschlusses, der jedenfalls vor dem Ablauf der Kündigungsfrist unseres Mandanten datiert, unverändert fortgeführt wird.

Aus den dargestellten Gründen hat der hiesige Prozessbevollmächtigte des Klägers die Beklagte mit Schreiben vom ... angeschrieben und einen Wiedereinstellungsanspruch geltend gemacht. Das Schreiben der Rechtsanwälte ... vom ... fügen wir als Anlage K3 bei. Hierauf erhielt der Unterzeichner das ablehnende Schreiben der Vertreter der Beklagten vom ..., das wir als Anlage K4 beifügen.

4. Der Kläger hat nach Maßgabe der Rechtsprechung des Bundesarbeitsgerichtes (insbesondere BAG 6.8.1997 – 7 AZR 557/96 – NZA 1998, 254; BAG 28.6.2000 – 7 AZR 904/98 – NZA 2000, 1097) einen Anspruch auf Wiedereinstellung. Der Kläger wiederholt mit dieser Klage ausdrücklich sein Angebot auf Abschluss eines Arbeitsvertrages zu den Bedingungen des Arbeitsvertrages vom ..., dessen Annahme mit der Klage begehrt wird.[3]
5. Die Beklagte hat außergerichtlich vortragen lassen, der Anspruch bestünde deshalb nicht, weil sie bereits anderweitig disponiert und einen anderen Arbeitnehmer eingestellt habe. Zum einen wird diese anderweitige Einstellung ausdrücklich bestritten. Zum zweiten kann die anderweitige Einstellung die Beklagte nicht vor dem Wiedereinstellungsanspruch des Klägers schützen. Denn der Kläger hatte sich bereits telefonisch am ... mit der Beklagten in Verbindung gesetzt und sich dort danach erkundigt, ob es zutreffend sei, dass die Arbeitnehmerin B ausscheide. Dies wurde ihm telefonisch bestätigt. Dem Kläger wurde mitgeteilt, er könne gerne eine Bewerbung einreichen, die man dann ggf berücksichtigen werde. Dem neu einzustellenden Mitarbeiter war noch kein Arbeitsvertragsangebot unterbreitet. Die Beklagte hätte folglich den Kläger berücksichtigen müssen. Indem sie dem damaligen Bewerber nun ein Einstellungsangebot unterbreitete, führte sie die anderweitige Besetzung des Arbeitsvertrages treuwidrig herbei und hat damit den Bedingungseintritt gemäß § 162 BGB vereitelt. Sie kann sich folglich hierauf nicht berufen.
6. Schließlich ist der Kläger auch der Auffassung, dass bei der Frage, wer weiter beschäftigt wird, die Grundsätze der Sozialauswahl gelten (vgl BAG 4.12.1997 – 2 AZR 140/98 – NZA 1998,

701). Folglich hätte die Beklagte unabhängig von allen vorstehenden Erwägungen bei der Wiedereinstellung die sozialen Daten berücksichtigen müssen. Der Bewerber, den die Beklagte eingestellt hat, ist jünger als der Kläger, verfügt naturgemäß über bislang keine Betriebszugehörigkeit, ist nicht verheiratet und hat anders als der Kläger auch keine unterhaltsberechtigten Kinder.[4]

Nach alldem ist die Klage berechtigt.

...

Rechtsanwalt ◄

2. Erläuterungen und Varianten

68 **[1] Adressat des Wiedereinstellungsanspruches.** Die vorstehende Klage ist gegen den **Betriebserwerber** zu richten. Möchte der Arbeitnehmer die Kündigung als solche angreifen – und kann dies auch noch innerhalb der Frist des § 4 KSchG –, wäre der richtige Klagegener der bisherige Arbeitgeber als Aussteller der Kündigung. Ist allerdings wie in dem vorliegenden Fall die Klagefrist längst abgelaufen und macht der Arbeitnehmer nicht Kündigungsschutz sondern Wiedereinstellung geltend, müsste der Anspruch gegen den bisherigen Arbeitgeber ins Leere laufen. Denn dieser unterhält keine Betriebsstätte mehr und ist, da sein Beendigungswille sich jedenfalls realisiert hat, auch nicht tauglicher Adressat einer Wiedereinstellungsklage. Die Klage muss sich daher gegen den Betriebserwerber richten.

69 **[2] Antragsformulierung.** Mit der Klage wird die Abgabe einer Willenserklärung zur Annahme eines Arbeitsvertragsangebotes geltend gemacht. Dies setzt voraus, dass es nicht um die Entfernung einer Kündigung geht, sondern um die Begründung eines neuen Arbeitsverhältnisses. Hierbei muss sich der Antrag auf die Abgabe der Annahmeerklärung richten. Die Geltendmachung eines „Weiterbeschäftigungsanspruchs" ist nicht ausreichend. Allerdings legt die Rechtsprechung solche Anträge in der Regel entsprechend dem tatsächlichen Begehr aus (so zB im Fall BAG 28.6.2000 – 7 AZR 904/98 – NZA 2000, 1097).

70 Verurteilt werden kann der Arbeitgeber nicht zu einem **rückwirkenden Abschluss** (siehe auch hierzu BAG 28.6.2000 – 7 AZR 904/98 – NZA 2000, 1097). Der Tag des Abschlusses des Arbeitsvertrages sollte daher in der Antragsformulierung offen bleiben. Der Arbeitsvertrag entsteht dann mit Rechtskraft des Urteils.

71 Idealerweise würde man den Antrag so formulieren, dass er unmittelbar auch vollstreckbar wäre. Hierzu allerdings müssen sämtliche materiellen Arbeitsbedingungen in den Antrag einbezogen werden, und zwar etwa in der folgenden **Antragsvariante**:

▶ ...

1. Die Beklagte wird verurteilt, mit dem Kläger den folgenden Arbeitsvertrag zu schließen:
   ... (vollständige Zitierung des Arbeitsvertrages)
2. Die Beklagte trägt die Kosten des Rechtsstreites. ◄

72 Mit einem **geringen Vollstreckungsrisiko** könnte schließlich folgende Antragsformulierung gewählt werden:

B. Gerichtliche Vertretung § 613 a BGB

▶ ...

1. Die Beklagte wird verurteilt, das Angebot des Klägers auf Abschluss eines Arbeitsvertrages zu den Bedingungen des als Anlage 1 zu diesem Urteil aufgenommenen Vertragsdokuments abzuschließen.
2. Die Beklagte trägt die Kosten des Rechtsstreits ◀

[3] Ausdrückliches Vertragsangebot und Arbeitsbedingungen. Die Rechtsprechung legt eine Klage auf Wiedereinstellung zugleich konkludent als Angebot des Abschlusses eines entsprechenden Vertrages durch den Kläger aus (BAG 28.6.2000 – 7 AZR 904/98 – NZA 2000, 1097). Ungeachtet dessen sollte der den Kläger vertretende Anwalt im Rahmen der Klage das Angebot ausdrücklich nochmals wiederholen und hierbei auch deutlich machen, worauf es sich konkret bezieht. Denn auch bei Auslegung der Klage als Arbeitsvertragsangebot bleibt im Zweifel offen, zu welchen Bedingungen der Arbeitsvertrag geschlossen werden soll. Dies provoziert Folgestreitigkeiten. 73

Ein Wiedereinstellungsanspruch besteht grundsätzlich nur **zu unveränderten Arbeitsbedingungen**. Etwas anderes kann sich allerdings dann ergeben, wenn der Betriebserwerber von Anfang an die Übernahme davon abhängig gemacht hat, dass entweder keine Belegschaft mehr vorhanden war oder nur eine solche mit gänzlich anderen Arbeitsbedingungen. Solange und soweit der Veräußerer oder der Erwerber auf Grundlage eines veränderten Konzeptes eine ordentliche betriebsbedingte Kündigung hätten aussprechen können, wäre die Kündigung wirksam gewesen, und es besteht somit auch kein Wiedereinstellungsanspruch. Beispielsweise ist es möglich, dass ein Erwerber den Kauf von der vorherigen Durchführung von Rationalisierungsmaßnahmen oder der Änderung der Arbeitsbedingungen abhängig macht, und zwar in rechtlich zulässiger Weise (vgl BAG 27.2.1997 – 2 AZR 160/96 – NZA 1997, 757; BAG 18.7.1996 – 8 AZR 127/94 – AP § 613a BGB Nr. 147). Je nachdem also, wie das unternehmerische Konzept des Veräußerers bzw des Erwerbers ausgestaltet sind, hat der Arbeitnehmer unter Umständen nur einen Anspruch auf eine Wiedereinstellung zu veränderten/verringerten Arbeitsbedingungen. Dies wirft Probleme im Zuge der Geltendmachung auf. Denn der Arbeitnehmer muss ein annahmefähiges Angebot machen, also ein solches, das der Arbeitgeber mit „Ja" annehmen kann. Nur wenn der Arbeitnehmer auf exakt diese Beschäftigung auch Anspruch hat, ist ein solches Angebot annahmefähig und kann das Angebot den Arbeitgeber in Verzug bringen. 74

[4] Soziale Auswahl. Ob der Arbeitgeber im Falle der Geltendmachung eines Wiedereinstellungsanspruches verpflichtet ist, eine Sozialauswahl vorzunehmen, ist umstritten. Grundsätzlich hat das BAG dies mit Urteil v. 4.12.1997 (2 AZR 140/97) bejaht. Allerdings stellte sich dort die Auswahl unterer mehreren Arbeitnehmern, die einen Wiedereinstellungsanspruch geltend machten. Geht es um den Vergleich zwischen einem neuen Bewerber und einem bisherigen Arbeitnehmer, der einen Wiedereinstellungsanspruch hat, stellt sich die Frage der Sozialauswahl nicht. Der Arbeitgeber ist vorrangig verpflichtet, seinen vertraglichen Obliegenheiten nachzukommen und den Wiedereinstellungsanspruch zu befriedigen. Sollten allerdings noch andere Arbeitnehmern einen solchen Wiedereinstellungsanspruch geltend machen, so würden die Grundsätze der Sozialauswahl greifen, weshalb auch der Hinweis auf die Sozialdaten des Klägers sinnvoll ist. 75

IV. Klage wegen Änderungskündigung durch den Betriebserwerber

76 **1. Muster: Klage nach Änderungskündigung**[1]

▶ An das

Arbeitsgericht ▪▪▪

Klage

des ▪▪▪

– Klägers –

Prozessbevollmächtigte: ▪▪▪

gegen

▪▪▪

– Beklagte –

wegen: unwirksamer Änderungskündigung nach Betriebsübergang

Namens und im Auftrage des Klägers erheben wir Klage. Wir werden beantragen:

▪▪▪[2]

Begründung

▪▪▪[3]

Die ausgesprochene Änderungskündigung ist gemäß § 613 a Abs. 1 S. 4 BGB unwirksam. Vor dem soeben dargestellten Betriebsübergang fanden auf das Arbeitsverhältnis kraft beiderseitiger Tarifgebundenheit[4] die Arbeitsverträge der ▪▪▪ Industrie Anwendung. Die Beklagte, die den Betrieb von der früheren Arbeitgeberin zum ▪▪▪ übernommen hat, ist nach eigenem Bekunden nicht tarifgebunden. Dies hat dazu geführt, dass die Arbeitsbedingungen, die sich zuvor aus dem Tarifvertrag ergaben, gemäß § 613 a Abs. 1 S. 2 BGB Eingang in den individuellen Vertrag gefunden haben. Vor diesem Hintergrund ist die Änderungskündigung, mit der die wesentlichen materiellen Bedingungen des Arbeitsvertrages geändert und „auf das Niveau aller anderen Arbeitnehmer im Betrieb angepasst" werden soll, unwirksam. Denn nach § 613 a Abs. 1 S 2. Hs 2 BGB dürfen in den Inhalt des Arbeitsverhältnisses transformierte Betriebsvereinbarungen oder Tarifverträge nicht vor Ablauf eines Jahres nach dem Betriebsübergang zum Nachteil des Arbeitnehmers geändert werden. Die Voraussetzungen der Veränderungssperre liegen hier vor, insbesondere die frühere normative Geltung. Die Rechte und Pflichten des Arbeitsvertrages sind bei der Beklagten auch nicht durch Rechtsnormen eines anderen Tarifvertrages oder durch eine andere Betriebsvereinbarung geregelt.[5] Der früher normativ anwendbare Tarifvertrag ist auch nach wie vor in Kraft, und zwischen den Parteien ist auch nicht die Anwendung eines anderweitigen Tarifvertrages vereinbart.[6]

Die ausgesprochene Änderungskündigung ist somit gemäß §§ 613 a Abs. 1 S. 2, 134 BGB nichtig. Einfache und beglaubigte Abschriften anbei.

▪▪▪

Rechtsanwalt ◀

2. Erläuterungen

77 [1] **Anwendungsbereich der Änderungssperre.** Die Änderungssperre, die häufig von Arbeitnehmern als allgemeiner Grundsatz vermutet wird („Ein Jahr lang darf nichts geändert werden"), gilt nur in einem ausgesprochen engen Anwendungsbereich. Voraussetzung ist, dass die Arbeitsbedingungen vor dem Betriebsübergang normativ, das heißt kraft beiderseitiger

Tarifgebundenheit, auf das Arbeitsverhältnis Anwendung fanden und diese Voraussetzung mit dem Betriebsübergang wegfällt. Der vorliegende Fall erfasst eine trotz dieser Situation ausgesprochene Änderungskündigung des Arbeitgebers zur Anpassung der Arbeitsbedingungen an die ansonsten im Unternehmen des Erwerbers geltenden Bedingungen.

[2] **Anträge.** Zu den richtigen Anträgen im Änderungskündigungsschutzverfahren siehe § 2 KSchG Rn 18 ff. 78

[3] **Allgemeine Begründung.** Zu den allgemeinen Elementen der Klagebegründung, der Prozessgeschichte etc. siehe § 4 KSchG Rn 1 ff, § 2 KSchG Rn 18 ff. 79

[4] **Normative Geltung.** Die Veränderungssperre gilt ausschließlich dann, wenn der Tarifvertrag vor dem Übergang normativ galt („… durch Rechtsnormen eines Tarifvertrages …"). Die bloße **individualvertragliche Einbeziehung des Tarifvertrages** reicht nicht aus. In der Praxis vereinbaren tarifgebundene Arbeitgeber ungeachtet der möglichen Gewerkschaftsmitgliedschaft der Arbeitnehmer vertraglich häufig die Geltung der Tarifverträge, auf die sie gemäß der Mitgliedschaft im Arbeitgeberverband (schuldrechtlich) verpflichtet sind. Alleine anhand des Arbeitsvertrages lässt sich also nicht erkennen, ob die tarifvertraglichen Normen normativ oder nur individualrechtlich Anwendung finden. Aus diesem Grunde muss der Anwalt, der sich gegen eine entsprechende Änderungskündigung zur Wehr setzen möchte, in der Änderungskündigung darlegen, dass die Normen normativ galten. Dies setzt zunächst die Behauptung beiderseitiger Tarifgebundenheit voraus, im Bestreitensfalle auch den Nachweis der Gewerkschaftszugehörigkeit des Arbeitnehmers und ggf der Tarifmitgliedschaft des früheren Arbeitgebers. 80

[5] **Keine Regelung durch Rechtsnormen eines anderen Tarifvertrages.** Die **Darlegungs- und Beweislast** für die Ausnahmevorschrift des § 613a Abs. 1 S. 3 BGB dürfte beim Arbeitgeber liegen. Gleichwohl kann und sollte der Arbeitnehmer bereits im Rahmen der Klage zur Schlüssigkeit seines Vortrages darlegen, dass sich die Arbeitsbedingungen im Arbeitsverhältnis beim Betriebserwerber ausschließlich nach den transformierten Tarifbestimmungen im Einzelvertrag richten. 81

[6] **Änderungsmöglichkeiten nach § 613a Abs. 1 S. 4 BGB.** Der Arbeitnehmer muss gemäß § 613a Abs. 1 S. 4 BGB vortragen, dass der früher normativ geltende Tarifvertrag weitergilt und die Anwendung eines anderen Tarifvertrages zwischen den Arbeitsvertragsparteien auch nicht vereinbart ist. 82

§ 615 BGB Vergütung bei Annahmeverzug und bei Betriebsrisiko

Kommt der Dienstberechtigte mit der Annahme der Dienste in Verzug, so kann der Verpflichtete für die infolge des Verzugs nicht geleisteten Dienste die vereinbarte Vergütung verlangen, ohne zur Nachleistung verpflichtet zu sein. Er muss sich jedoch den Wert desjenigen anrechnen lassen, was er infolge des Unterbleibens der Dienstleistung erspart oder durch anderweitige Verwendung seiner Dienste erwirbt oder zu erwerben böswillig unterlässt. Die Sätze 1 und 2 gelten entsprechend in den Fällen, in denen der Arbeitgeber das Risiko des Arbeitsausfalls trägt.

A. Freistellung von der Arbeitsleistung nach Kündigungsausspruch
  I. Anrechnung von Urlaub und Mehrarbeitsausgleich
    1. Muster: Freistellung nach Kündigungsausspruch mit Hinweis auf Anrechnung von Zwischenverdienst
    2. Erläuterungen und Varianten
      [1] Urlaubsanrechnung bei Freistellung in der Kündigungsfrist 2
      [2] Jahresübergreifende Freistellung 3
      [3] Freistellung bis zum Ablauf der Kündigungsfrist 4
      [4] Anrechnung von Ausgleichsansprüchen wegen Mehrarbeit 5
  II. Wettbewerbsverbot
    1. Muster: Unwiderrufliche Freistellung mit Hinweis auf Wettbewerbsverbot
    2. Erläuterungen
      [1] Wettbewerbsverbot in der Freistellungsphase 7
  III. Arbeitsunfähigkeit
    1. Muster: Freistellung bei bestehender Arbeitsunfähigkeit
    2. Erläuterungen
      [1] Arbeitsunfähigkeit in der Freistellungsphase 9
      [2] Wiederherstellung der Arbeitsfähigkeit in der Freistellungsphase 10
  IV. Anrechnung von Zwischenverdienst
    1. Muster: Freistellung unter Anrechnung von Zwischenverdienst
    2. Erläuterungen
      [1] Anordnung der anrechnungsfreien Zeit 12
B. Ungekündigtes Arbeitsverhältnis
  I. Annahmeverzugslohn im ungekündigten Arbeitsverhältnis
    1. Muster: Klage auf Annahmeverzugslohn im ungekündigten Arbeitsverhältnis
    2. Erläuterungen
      [1] Höhe des Entgeltanspruchs aus Annahmeverzug 14
      [2] Wirtschaftsrisiko 15
      [3] Angebot der Arbeitsleistung im ungekündigten Arbeitsverhältnis 16
      [4] Verzugszinsen auf den Bruttoanspruch 19
      [5] Steuern und Sozialversicherungsbeiträge 20
  II. Betriebsrisikofälle
    1. Muster: Begründung bei Betriebsrisikofällen
    2. Erläuterungen
      [1] Betriebsrisiko 22
C. Einwendungen des Arbeitgebers gegen die Zahlungsklage des Arbeitnehmers
  I. Muster: Einwendungen gegen Klage auf Annahmeverzugslohn
  II. Erläuterungen
    [1] Typische Fälle nach unwirksamen Kündigungen 25
    [2] Darlegungs- und Beweislast 26
    [3] Arbeitskampfrisiko 27
    [4] Fernwirkung des Arbeitskampfs 28
    [5] Wegerisiko 31
    [6] Anrechnung anderweitigen Zwischenverdienstes 32
    [7] Böswilliges Unterlassen von Erwerb 33
    [8] Ersparte Aufwendungen 34

A. Freistellung von der Arbeitsleistung nach Kündigungsausspruch

I. Anrechnung von Urlaub und Mehrarbeitsausgleich

1. Muster: Freistellung nach Kündigungsausspruch mit Hinweis auf Anrechnung von Zwischenverdienst

▶ [Kündigungserklärung]

Im Übrigen stellen wir Sie unter Fortzahlung Ihrer Bezüge mit Wirkung ab [Datum] unwiderruflich und unter Anrechnung auf Ihre restlichen Urlaubsansprüche[1][2] bis zur Beendigung des Arbeitsverhältnisses am [Datum des Ablaufs der Kündigungsfrist][3] von der weiteren Arbeitsleistung frei. Ebenso verrechnen wir mit der Zeit der Freistellung Ihnen etwa noch zustehende Ausgleichsansprüche wegen Mehrarbeit oder Überstunden.[4]

Mit freundlichen Grüßen

…

Unterschrift ◀

A. Freistellung von der Arbeitsleistung nach Kündigungsausspruch § 615 BGB

2. Erläuterungen und Varianten

[1] Urlaubsanrechnung bei Freistellung in der Kündigungsfrist. Erklärt der Arbeitgeber im Zusammenhang mit der Kündigung die Freistellung des Arbeitnehmers von der weiteren Arbeitsleistung gerät er ebenso in Annahmeverzug wie in allen anderen Fällen, in denen er auf die Annahme der Arbeitsleistung verzichtet (§ 293 BGB). Die Anrechnung von Urlaub während der Freistellung ist zulässig; soll der Urlaub aber während einer Freistellung gewährt werden, muss dies in der Freistellungserklärung des Arbeitgebers deutlich zum Ausdruck kommen. Andernfalls bleibt der Urlaubsanspruch erhalten. Auch eine rechtswidrige, unwiderrufliche Freistellung unter Anrechnung von Resturlaub erfüllt etwaige Urlaubsansprüche (BAG 16.7.2013 – 9 AZR 50/12, AP § 7 BurlG Nr. 65. Die bloße Freistellung ohne Anrechnungsklausel stellt keine wirksame Urlaubsgewährung dar (BAG 19.5.2009 – 9 AZR 433/08, NZA 2009, 1211; BAG 20.1.2009 – 9 AZR 650/07, AP § 7 BUrlG Nr. 91). Einer konkreten zeitlichen Festlegung des Urlaubs bedarf es im Fall der unwiderruflichen Freistellung nicht (BAG 16.7.2013 – 9 AZR 50/12, AP § 7 BurlG Nr. 65), sondern nur bei widerruflicher Freistellung, da nur eine unwiderrufliche, nicht aber auch eine widerrufliche Freistellung den Urlaubsanspruch erfüllt (BAG aaO). Bereits die *„Freistellung bis zur Beendigung des Arbeitsverhältnisses unter Anrechnung auf Urlaubsansprüche"* soll eine unwiderrufliche Freistellung darstellen (BAG 14.8.2007 – 9 AZR 934/06, NZA 2008, 473). Die **Unwiderruflichkeit** ist Rechtsfolge der Urlaubserteilung. Sie muss deshalb nicht vom Arbeitgeber gesondert erklärt werden (BAG 14.3.2006 – 9 AZR 11/05, NZA 2006, 1008). In der Praxis empfiehlt es sich gleichwohl, in der Freistellungserklärung ausdrücklich darauf hinzuweisen, dass die Freistellung unwiderruflich erfolgt. Die Entscheidung der Sozialversicherungsträger im Besprechungsergebnis vom 5./6.7.2005, nach welcher die einvernehmliche unwiderrufliche Freistellung das beitragsrechtliche Beschäftigungsverhältnis mit der Folge beenden sollte, dass der betroffene Arbeitnehmer kein Pflichtmitglied in der Sozialversicherung mehr war, hatte die Frage der Erwähnung der Widerruflichkeit oder Unwiderruflichkeit der Freistellung in der Erklärung des Arbeitgebers in der Vergangenheit in den Mittelpunkt der Überprüfung der Freistellungserklärung gerückt. Vielfach wurden nur noch widerrufliche Freistellungen ausgesprochen. Infolge zweier Entscheidungen des Bundessozialgerichts vom 24.9.2008 (B 12 KR 27/07 R, NZA-RR 2009, 269 und B 12 KR 22/07 R, NZA-RR 2009, 272), der sich mittlerweile auch die Sozialversicherungsträger angeschlossen haben (Besprechung am 2./3.11.2010), besteht dieses Problem nicht mehr. Die ausdrückliche Erwähnung der Unwiderruflichkeit in der Freistellungserklärung erspart in der Regel aber unnötige Nachfragen des Arbeitnehmers (ebenso Moll, Münchener Anwaltshandbuch Arbeitsrecht § 4 Rn 113). Behält sich der Arbeitgeber bei Urlaubserteilung aber den **Widerruf** vor, fehlt die zur Erfüllung des Urlaubsanspruchs notwendige Freistellungserklärung (BAG 14.3.2006 – 9 AZR 11/05, NZA 2006, 1008). Erklärt der Arbeitgeber, dass er den Arbeitnehmer unter Anrechnung noch bestehender Urlaubsansprüche unter Vergütungsfortzahlung von der Arbeitsleistung freistelle, räumt er dem Arbeitnehmer damit zugleich das Recht ein, die konkrete Lage des Urlaubs innerhalb der Kündigungsfrist selbst zu bestimmen. Einer nicht näher bestimmten Urlaubsfestlegung kann der Arbeitnehmer regelmäßig entnehmen, dass der Arbeitgeber es ihm überlässt, die zeitliche Lage seines Urlaubs innerhalb des Freistellungszeitraums festzulegen (BAG 19.3.2002 – 9 AZR 16/01, NZA 2002, 1055 - zu II 2 b bb (2) der Gründe). Eine zeitliche Festlegung des – im Voraus erteilten – Urlaubszeitraums ist deshalb regelmäßig nicht notwendig. Sollte der Arbeitnehmer mit der Inanspruchnahme von Urlaub in der Kündigungsfrist nicht einverstanden sein, weil er zB **andere Urlaubswünsche** hat, und will deshalb

2

ein Annahmeverweigerungsrecht geltend machen, so ist er verpflichtet, dies dem Arbeitgeber unverzüglich mitzuteilen; andernfalls ist die Festlegung des Urlaubs auf die Zeit der Kündigungsfrist ordnungsgemäß durch die Erklärung des Arbeitgebers erfolgt (BAG 18.4.2007 – 9 AZR 934/06, NZA 2008, 473).

3 **[2] Jahresübergreifende Freistellung.** Will der Arbeitgeber bei einer jahresübergreifenden Freistellung Urlaubsansprüche des Arbeitnehmers anrechnen, muss er dies hinreichend deutlich machen. Zweifel über den Inhalt der Freistellungserklärung gehen zu seinen Lasten (BAG 17.5.11 – 9 AZR 189/10, NZA 2011, 1032). Zwar erwirbt der Arbeitnehmer am 1. Januar den Anspruch auf den vollen Jahresurlaub, wenn er bereits länger als 6 Monate beschäftigt war (§ 4 BUrlG). Sofern der Arbeitnehmer nicht abweichende Urlaubswünsche äußert, kann der Arbeitgeber daher die Freistellung auch im Vorgriff auf das kommende Urlaubsjahr erklären und dem Arbeitnehmer damit jahresübergreifend Erholungsurlaub gewähren. Einer einfachen Erklärung des Arbeitgebers, er kündige bspw zum 31.3. des Folgejahres und stelle den Arbeitnehmer ab sofort unter Anrechnung seiner Urlaubstage von der Arbeit unter Fortzahlung der Bezüge frei, lässt sich aber nicht mit der erforderlichen Deutlichkeit entnehmen, dass der Arbeitgeber auch den vollen und nicht nur den anteiligen Urlaubanspruch des Arbeitnehmers auch für das Jahr der Vertragsbeendigung erfüllen will. Hätte das Arbeitsverhältnis mit Ablauf der Kündigungsfrist am 31.3. geendet, wäre der Anspruch gem. § 5 Abs. 1 c BUrlG auf 3/12 des Vollurlaubs gekürzt worden.

▶ **Variante 1: Jahresübergreifende Urlaubsanrechnung**

Im Übrigen stellen wir Sie unter Fortzahlung Ihrer Bezüge mit Wirkung ab ... [Datum] unwiderruflich bis zur Beendigung des Arbeitsverhältnisses am ... [Datum des Ablaufs der Kündigungsfrist im Folgejahr] unter Anrechnung auf Ihre restlichen Urlaubsansprüche des laufenden Jahres sowie den vollen Jahresurlaubsanspruch des Folgejahres von der weiteren Arbeitsleistung frei. Ebenso rechnen wir auf die Freistellung Ihnen etwa zustehende Ausgleichsansprüche wegen Mehrarbeit oder Überstunden an. ◀

Aus der Sicht der Arbeitnehmervertretung dürfte es indes nahe liegen, bei einer solchen Anrechnungserklärung der Urlaubsanordnung unter Hinweis darauf zu widersprechen, dass eigene, nach der Kündigungsfrist liegende Urlaubsplanungen des Arbeitnehmers vorliegen.

4 **[3] Freistellung bis zum Ablauf der Kündigungsfrist.** Zur Meidung unnötiger Probleme empfiehlt es sich, in der Freistellungserklärung ausdrücklich das Datum des Ablaufs der Kündigungsfrist, also des letzten Tages des mit der Kündigung angenommenen rechtlichen Bestandes des Arbeitsverhältnisses, zu nennen. Andernfalls besteht die Gefahr, dass bei einem späteren Rechtsstreit über die Wirksamkeit der Kündigung der Verzicht auf die Arbeitsleistung mit allen damit verbundenen Folgen für den Arbeitgeber auch über das ursprünglich angenommene Ende des Arbeitsverhältnisses hinaus erklärt wurde. Zwar wird man einer solchen arbeitnehmerseitigen Argumentation entgegenhalten können, dass aus dem Gesamtzusammenhang der Freistellungserklärung entnommen werden kann, dass der Arbeitgeber die Freistellung auch nur bis zu dem von ihm mit der Kündigung angenommenen Ende des Arbeitsverhältnisses erklären wollte. Die ausdrückliche Erwähnung des Datums erspart hierüber aber unnötige Auseinandersetzungen.

A. Freistellung von der Arbeitsleistung nach Kündigungsausspruch   § 615 BGB

▶ **Variante 2: Widerrufliche Freistellung mit Anrechnung von Ausgleichsansprüchen aus einem Arbeitszeitkonto**

Gleichzeitig stellen wir Sie ab ... [Datum] bis zum Ende des Arbeitsverhältnisses am ... [Datum des Ablaufs der Kündigungsfrist] unter Fortzahlung Ihrer vertragsgemäßen Vergütung widerruflich unter Anrechnung auf die Ihnen noch zustehenden Freizeitausgleichsansprüche aus Ihrem Arbeitszeitkonto von der weiteren Arbeitsleistung frei. ◀

[4] Anrechnung von Ausgleichsansprüchen wegen Mehrarbeit. Ohne eine entsprechend eindeutige Erklärung des Arbeitgebers, dass mit der Freistellung auch der Ausgleichsanspruch wegen etwa in der Vergangenheit geleisteter Überstunden bzw ein Freizeitausgleichanspruch aus einem Arbeitszeitkonto abgegolten werden soll, bleiben diese Ansprüche trotz der Freistellung erhalten. Allerdings erfüllt der Arbeitgeber den Ausgleichsanspruch aus einem Arbeitszeitkonto auch bei widerruflicher Freistellung (BAG 19.5.2009 – 9 AZR 433/08, NZA 2009, 1211). Insoweit ist zwischen Urlaubsanspruch und Anspruch auf Freizeitausgleich zu unterscheiden. Nach dem BUrlG gibt es keinen Anspruch des Arbeitgebers gegen den Arbeitnehmer, den gewährten Urlaub abzubrechen oder zu unterbrechen (BAG 20.6.2000 – 9 AZR 405/99, NZA 2001, 100). Demgegenüber handelt es sich bei der Gewährung von Freizeitausgleich zum Abbau eines zugunsten des Arbeitnehmers bestehenden Zeitsaldos regelmäßig nur um eine Weisung zur Verteilung der Arbeitszeit iS von § 106 S. 1 GewO. Da mit der Bestimmung der Zeit der Arbeitsleistung auch zugleich die Zeit bestimmt wird, während derer der Arbeitnehmer keine Arbeit zu leisten hat, unterliegen beide Feststellungen dem Weisungsrecht des Arbeitgebers; mit dem Vorbehalt der widerruflichen Freistellung weist der Arbeitgeber deshalb nur auf die gesetzliche Regelung hin, indem er erklärt, für die Zeit der Freistellung nicht auf sein Weisungsrecht nach § 106 S. 1 GewO zu verzichten und den Arbeitnehmer gegebenenfalls auch im Freistellungszeitraum zur Arbeitsleistung auffordern können will. Das ist rechtlich nicht zu beanstanden, da das Weisungsrecht des Arbeitgebers nicht nur die Befugnis umfasst, den Arbeitnehmer an bestimmten Tagen von der Arbeit freizustellen, sondern auch das Recht, ihn an bisher "freien" Tagen zur Arbeitsleistung heranzuziehen. Bei der Ausübung seines Weisungsrechts in Form des Widerrufs der gewährten Freistellung hat er indes die Grenzen des billigen Ermessens nach § 315 Abs. 3 einzuhalten und muss damit auch auf die berechtigten Interessen des Arbeitnehmers an der Planbarkeit seiner Freizeit Rücksicht nehmen (BAG aaO).

II. Wettbewerbsverbot

1. Muster: Unwiderrufliche Freistellung mit Hinweis auf Wettbewerbsverbot

▶ Im Übrigen stellen wir Sie unter Fortzahlung Ihrer Bezüge mit Wirkung ab ... [Datum] bis zur Beendigung des Arbeitsverhältnisses am ... [Datum des Ablaufs der Kündigungsfrist] unwiderruflich und unter Anrechnung auf Ihre restlichen Urlaubsansprüche sowie etwaige Ausgleichsansprüche wegen Mehrarbeit oder Überstunden von der weiteren Arbeitsleistung frei. Wir weisen Sie ausdrücklich darauf hin, dass Sie auch in der Zeit der Freistellung an Ihr vertragliches Wettbewerbsverbot[1] gebunden bleiben. ◀

2. Erläuterungen

[1] Wettbewerbsverbot in der Freistellungsphase. Stellt der Arbeitgeber den Arbeitnehmer einseitig frei, so kann dieser regelmäßig davon ausgehen, dass er nunmehr in der Verwertung seiner Arbeitskraft frei ist und das **allgemeine gesetzliche Wettbewerbsverbot** des § 60 HGB nicht mehr gilt. Dies sei nach der Rechtsprechung des BAG letztlich die Kehrseite des durch den Arbeitgeber herbeigeführten Annahmeverzugs mit der Anrechnung anderweitigen Verdienstes (BAG 6.9.2006 – 5 AZR 703/05, NZA 2007, 36; aA *Bauer*, "Spielregeln" für die Freistellung von Arbeitnehmern NZA 2007, 410; *Nägele*, Freistellung und anderweitiger Erwerb NZA 2008, 1039 ff, 1040). Das Gleiche gilt bei der einvernehmlichen Freistellung, sofern die Anrechnung von Zwischenverdienst vereinbart worden ist. Häufig dient die Freistellung des Arbeitnehmers dazu, den Arbeitnehmer in der Freistellungsphase von relevanten Informationen fernzuhalten, die für Wettbewerber von Bedeutung sein können. Es empfiehlt sich daher mit der Freistellungserklärung zu entscheiden, ob überwiegend darauf Wert gelegt wird, etwaigen Zwischenverdienst des Arbeitnehmers anrechnen zu können oder ihn von möglichen Wettbewerbshandlungen, insbesondere der vorzeitigen Aufnahme eines Anschlussarbeitsverhältnisses bei einem Konkurrenzarbeitgeber, abzuhalten. Von der Kombination einer unwiderruflichen Freistellung mit der Anrechnung von Zwischenverdienst und den gleichzeitigen Hinweis auf das allgemeine gesetzliche Wettbewerbsverbot des § 60 HGB ist im Hinblick auf die Rechtsprechung (BAG 6.9.2006 – 5 AZR 703/05, NZA 2007, 36) abzuraten.

III. Arbeitsunfähigkeit

8 **1. Muster: Freistellung bei bestehender Arbeitsunfähigkeit**

141 ▶ Im Übrigen stellen wir Sie für die Zeit nach Wiederherstellung Ihrer Arbeitsfähigkeit[1] bis zur Beendigung des Arbeitsverhältnisses am [Datum des Ablaufs der Kündigungsfrist] unter Fortzahlung Ihrer Bezüge unwiderruflich und unter Anrechnung auf Ihre restlichen Urlaubsansprüche sowie etwaige Ausgleichsansprüche wegen Mehrarbeit oder Überstunden von der weiteren Arbeitsleistung frei. Sollte Ihre Arbeitsfähigkeit wieder hergestellt werden, teilen Sie uns dies bitte zeitnah mit und legen Sie uns dazu eine Bescheinigung Ihres behandelnden Arztes vor, aus der folgt, dass Sie Ihre arbeitsvertraglich geschuldete Arbeitsleistung an Ihren bisherigen Arbeitsplatz wieder erbringen können.[2] ◀

2. Erläuterungen

9 [1] **Arbeitsunfähigkeit in der Freistellungsphase.** Mit einer unwiderruflichen Freistellung von der Arbeit unter Fortzahlung der Vergütung wird regelmäßig kein Rechtsgrund für eine Entgeltzahlungspflicht des Arbeitgebers geschaffen, die über die gesetzlich, tarif- oder arbeitsvertraglich geregelten Fälle hinausgeht. Das betrifft insbesondere die Entgeltfortzahlung bei krankheitsbedingter Arbeitsunfähigkeit. Der Arbeitgeber sagt mit der Freistellung keine Entgeltzahlung unabhängig von der Leistungsfähigkeit des Arbeitnehmers zu (BAG 23.1.2008 – 5 AZR 393/07, NZA 2008, 595). Soll die Freistellungsvereinbarung einen Entgeltanspruch unabhängig von den gesetzlichen, tarifvertraglichen oder arbeitsvertraglichen Voraussetzungen begründen, bedarf dies einer besonderen Regelung. Das gilt auch für den Fall der vertraglich, bspw in einem Vergleich, vereinbarten Freistellung (siehe auch BAG 29.9.2004 – 5 AZR 99/04, NZA 2005, 104).

10 [2] **Wiederherstellung der Arbeitsfähigkeit in der Freistellungsphase.** Wird die Freistellung unter Entgeltfortzahlung während einer länger bestehenden Arbeitsunfähigkeit ausgesprochen oder vereinbart, besteht die Gefahr, dass der nach wie vor arbeitsunfähige und mittlerweile Krankengeld von der Krankenkasse beziehende Arbeitnehmer zur Erlangung des Ent-

geltsanspruchs kurzerhand mitteilt, nun wieder arbeitsfähig zu sein. Dabei ist zu beachten, dass sich die Arbeitsfähigkeit nach der vom Arbeitnehmer aufgrund des Arbeitsvertrags geschuldeten Leistung, die der Arbeitgeber als vertragsgemäß hätte annehmen müssen, beurteilt (BAG 20.1.1998 – 9 AZR 812/96, NZA 1998, 816). Krankheitsbedingte Arbeitsunfähigkeit liegt vor, wenn der Arbeitnehmer beim Arbeitgeber seine vertraglich geschuldete Tätigkeit wegen Krankheit nicht mehr ausüben kann oder nicht mehr ausüben sollte, weil die Heilung einer vorhandenen Krankheit nach ärztlicher Prognose verhindert oder verzögert wird (BAG 7.8.1991 – 5 AZR 410/90, NZA 1992, 69). Die Arbeitsunfähigkeit eines Arbeitnehmers endet im Grundsatz am letzten Tag der in der Arbeitsunfähigkeitsbescheinigung attestierten Periode. Zwar darf der Arbeitgeber nach einer krankheitsbedingten Arbeitsunfähigkeit die Annahme der vom Arbeitnehmer angebotenen Arbeitskraft ohne Hinzutreten besonderer Umstände nicht von der Vorlage einer „**Gesundschreibung**" abhängig machen (LAG Berlin 10.5.2001 – 10 Sa 2695/00, NZA-RR 2002, 23; LAG Düsseldorf 17.7.2003 – 11 Sa 183/03, NZA-RR 2004, 65; siehe auch Rn 17). Lehnt er also die Arbeitsleistung außerhalb einer Freistellungsphase mit der Begründung ab, der Arbeitnehmer sei weiterhin aus gesundheitlichen Gründen außer Stande, die von ihm geschuldete Arbeitsleistung zu erbringen, ist der Arbeitgeber nach § 615 zur Entgeltzahlung verpflichtet, wenn sich eine unverschuldete Fehlbeurteilung des Gesundheitszustandes des Arbeitnehmers herausstellt. In einer Freistellungsphase besteht indes kein derartiges, über die ohnehin schon bestehende Verpflichtung zur Entgeltfortzahlung hinausgehendes Risiko. In Zweifelsfällen empfiehlt es sich daher, die Vorlage einer ärztlichen Bescheinigung über die Wiederherstellung der Arbeitsfähigkeit zu verlangen.

IV. Anrechnung von Zwischenverdienst

1. Muster: Freistellung unter Anrechnung von Zwischenverdienst

▶ ... [Kündigungserklärung]

Im Übrigen stellen wir Sie unter Fortzahlung Ihrer Bezüge mit Wirkung ab ... [Datum] unwiderruflich und unter Anrechnung auf Ihre restlichen Urlaubsansprüche bis zur Beendigung des Arbeitsverhältnisses am ... [Datum des Ablaufs der Kündigungsfrist] von der weiteren Arbeitsleistung frei. Ebenso verrechnen wir mit der Zeit der Freistellung die Ihnen noch zustehende Ausgleichsansprüche wegen Mehrarbeit bzw Überstunden. Den anrechnungsfreien Zeitraum der Gewährung von Urlaub und Mehrarbeitsausgleich bestimmen wir auf die Zeit vom ... [Datum] bis ... [Datum].[1] Zwischenverdienst, den Sie außerhalb dieses Zeitraums erzielen, bitten wir uns mitzuteilen, da wir diesen auf Ihre Vergütung anrechnen werden.

Mit freundlichen Grüßen

...

Unterschrift ◀

2. Erläuterungen

[1] **Anrechnung von Zwischenverdienst bei Freistellung.** Eine automatische Anrechnung eines etwaigen Zwischenverdienstes während der Freistellungszeit kommt nur im Fall des Annahmeverzugs nach § 615 S. 2 in Betracht. Allerdings vertritt das Bundesarbeitsgericht die Auffassung, der Arbeitnehmer müsse sich auf seine Entgeltansprüche anderweitigen Verdienst nicht in jedem Falle anrechnen lassen. Vielmehr könne eine einseitige Freistellung oder Anrechnung von Urlaub auf drei unterschiedlichen dogmatischen Wegen vorgenommen werden. In der ersten Alternative könne der Arbeitgeber dem Arbeitnehmer selbst die Festlegung der

Urlaubstage überlassen und im Übrigen die Annahme der Arbeitsleistung verweigern; dies mit der Folge dass er gem. §§ 293, 295 S 1 BGB in **Annahmeverzug** gerät. In diesem Falle sei auch eine Anrechnung anderweitigen Verdienstes möglich (§ 615 S. 2). Alternativ könne der Arbeitgeber dem Arbeitnehmer die Festlegung des Resturlaubs überlassen und im Übrigen einen **Erlassvertrag** im Sinne des § 397 BGB anbieten. Als dritte Alternative könne die Erklärung des Arbeitgebers bedeuten, dass er dem Arbeitnehmer unabhängig von der Zahl der ihm noch verbleibenden restlichen Urlaubstage **für die gesamte Dauer der Kündigungsfrist Urlaub** erteilt. In diesen beiden letztgenannten Alternativen sehe das Gesetz hingegen keine Anrechnung anderweitigen Erwerbs vor (BAG 6.9.2006 – 5 AZR 703/05, NZA 2007, 36; vgl dazu die kritischen Anmerkungen von *Bauer*: „Spielregeln" für die Freistellung von Arbeitnehmern, NZA 2007, 409). Zwar soll im Zweifel anzunehmen sein, dass der Arbeitgeber nach der ersten Variante (Annahmeverzug mit der Folge der Anrechnung anderweitigen Verdienstes) vorgehen wolle; im Interesse der Klarheit der Freistellungserklärung indes empfiehlt es sich, eine eindeutige Erklärung über den Vorbehalt der Anrechnung von Zwischenverdienst abzugeben. Einer nicht näher bestimmten Urlaubsfestlegung innerhalb des Freistellungszeitraums kann der Arbeitnehmer regelmäßig entnehmen, dass der Arbeitgeber es ihm überlässt, die zeitliche Lage seines Urlaubs festzulegen. Der Arbeitnehmer kann allerdings, insbesondere aus wirtschaftlichen Gründen, ein berechtigtes Interesse an einer solchen zeitlichen Festlegung haben. So hat er ein wirtschaftliches Interesse daran, sein Verhalten während des Freistellungszeitraums daran zu orientieren, ob ein etwaiger Zwischenverdienst der Anrechnung unterliegt oder nicht. Deshalb obliegt es dem Arbeitgeber, wenn er Zwischenverdienst anrechnen und gleichzeitig mit der Freistellung Urlaub oder Mehrarbeitsausgleichsansprüche verrechnen will, entweder den anrechnungsfreien Urlaubszeitraum konkret zu benennen, die Reihenfolge der Zeiträume zweifelsfrei festzulegen oder dem Arbeitnehmer auf andere Weise mitzuteilen, ob und innerhalb welcher Zeiträume die Anrechnungsvorschrift des § 615 Satz 2 BGB nicht zur Anwendung kommt (BAG 16.7.2013 – 9 AZR 50/12, AP § 7 BUrlG Nr. 65). Das erfordert dann naturgemäß aber eine genaue Feststellung der zu verrechnenden Ansprüche und der Angabe des Zeitraums, in dem diese verrechnet werden sollen. Das allerdings birgt das wohl nicht vermeidbare Risiko in sich, dass der Arbeitnehmer genau in diesem Zeitraum arbeitsunfähig erkranken könnte; dies mit der weiteren Folge, dass der Urlaub und ggf Ausgleichsansprüche wegen Mehrarbeit doch noch finanziell abzugelten sind.

B. Ungekündigtes Arbeitsverhältnis

I. Annahmeverzugslohn im ungekündigten Arbeitsverhältnis

1. Muster: Klage auf Annahmeverzugslohn im ungekündigten Arbeitsverhältnis

▶ An das Arbeitsgericht

Klage

des ▬

– Kläger –

– Prozessbevollmächtigter: Rechtsanwalt ▬

gegen

die ▬

– Beklagte –

B. Ungekündigtes Arbeitsverhältnis § 615 BGB

wegen: Annahmeverzugslohn

Streitwert: EUR ...

Namens und in Vollmacht des Klägers erheben wir Klage, bitten um Anberaumung eines frühestmöglichen Termins zu Güteverhandlung und werden beantragen zu erkennen:

Die Beklagte wird verurteilt, an den Kläger EUR ... brutto nebst Zinsen in Höhe von fünf Prozentpunkten über dem Basiszinssatz seit dem ... zu zahlen.

Begründung

Die Parteien verbindet seit dem ... ein ungekündigtes Arbeitsverhältnis, nach welchem der Kläger mit einem Bruttoentgeltanspruch in Höhe von EUR ... bei einer regelmäßigen Arbeitszeit von ... Stunden monatlich tätig ist. Das Entgelt ist monatlich zahlbar zum ...

Beweis: 1. Vorlage des Arbeitsvertrages vom ..., Kopie als Anlage K1 anbei.
2. Vorlage der Entgeltabrechnung für den letzten vollen abgerechneten Monat ..., Kopie als Anlage K2 anbei.

Der Vorgesetzte des Klägers, Herr ..., erklärte dem Kläger und seinen Kollegen, darunter dem nachbenannten Zeugen ..., am [Datum], dass die Beklagte infolge von Auftragsmangel keine Arbeit für den Kläger habe und er bis auf Weiteres zu Hause bleiben möge.

Beweis: Zeugnis des ..., zu laden bei der Beklagten.

Die letzte Vergütung erhielt der Kläger für den Monat [letzter Zahlungsmonat], für welchen die Beklagte auch noch eine ordnungsgemäße Entgeltabrechnung erteilte.

Beweis: Vorlage der Entgeltabrechnung (Anlage K2).

Für die folgenden Monate erhielt der Kläger keine Vergütung; die Beklagte erteilte auch keine Abrechnungen. Auf Nachfrage erhielt der Kläger vom Personalbüro die Mitteilung, dass die Beklagte ihm kein Arbeitsentgelt zahlen könne, wenn sie für ihn keine Arbeit habe.

Beweis: Zeugnis des ..., zu laden bei der Beklagten.

Indes bleibt die Beklagte zur Zahlung Annahmeverzugslohn (§ 615 S. 1 BGB) verpflichtet. Dabei ist der Kläger so zu stellen, als ob er gearbeitet hätte. Der Höhe nach berechnet der Kläger daher seine Ansprüche wie folgt: [ist weiter auszuführen][1]

Der Einwand der Beklagten, sie müssen dem Kläger nichts zahlen, wenn sie seine Arbeitsleistung nicht verwerten könne, greift nicht durch. Sie trägt das wirtschaftliche Risiko des Auftragsmangels.[2]

Der Kläger hat seine Arbeitsleistung am ... angeboten, indem er [näher auszuführen].[3]

Beweis: [individuell passender Beweisantritt]

Die Beklagte befindet sich mit dem jeweiligen Ablauf des Fälligkeitstermins für den monatlichen Entgeltanspruch ohne Mahnung im Verzug. Der Kläger macht unter dem Vorbehalt der Geltendmachung weiteren Schadens ab dem jeweils folgenden Tag seinen Verzugszinsanspruch auf den Bruttobetrag mit dem gesetzlichen Verzugszins geltend.[4] Er bestreitet insoweit mit Nichtwissen, dass die Beklagte Steuern und Sozialversicherungsbeiträge auf die Bruttoentgeltansprüche an die Finanzbehörde bzw die Sozialversicherungsträger abgeführt hat.[5]

...

Rechtsanwalt ◀

2. Erläuterungen

14 **[1] Höhe des Entgeltanspruchs aus Annahmeverzug.** Die Höhe des Verzugslohns berechnet sich nach dem **Lohnausfallprinzip**. Der Arbeitnehmer ist so zu stellen, als hätte er während des Annahmeverzugszeitraums weitergearbeitet. Zu den Einzelheiten siehe § 11 KSchG Rn 1.

15 **[2] Wirtschaftsrisiko.** Ist die Fortführung des Betriebs technisch möglich, aber aus wirtschaftlichen Gründen wie Auftrags- oder Absatzmangels nutzlos und unterbleibt die Annahme der Arbeitsleistung aufgrund der vom Arbeitgeber getroffenen Entscheidung, den Betrieb einzustellen, spricht man vom **Wirtschaftsrisiko** (BAG 23.6.1994 – 6 AZR 853/93, NZA 1995, 468). Die Arbeitsleistung bleibt betriebstechnisch möglich. Wie bei allen Austauschverträgen bleibt der Arbeitgeber zur Entgeltzahlung verpflichtet. Insofern unterscheidet sich der Arbeitsvertrag schuldrechtlich nicht von anderen Austauschverträgen. Geht es allein um die Frage, ob der Arbeitgeber als Gläubiger der Arbeitsleistung noch eine Verwendungsmöglichkeit der Leistung hat, die er weiterhin verlangen könnte, gerät er bei Nichtbeschäftigung aus diesem Grund in Annahmeverzug und hat das Arbeitsentgelt nach § 615 S. 1 zu zahlen. Der Arbeitgeber muss daher, wenn er aus wirtschaftlichen Gründen den Betrieb einstellt, im Falle der Kündigung auch die ordentliche Kündigungsfrist einhalten (BAG 7.3.2002 – 2 AZR 173/01, NZA 2002, 963).

16 **[3] Angebot der Arbeitsleistung im ungekündigten Arbeitsverhältnis.** Voraussetzungen des Annahmeverzugs sind zunächst Angebot und Nichtannahme der Leistung (§ 293 BGB). Das Angebot iSd § 293 hat zwei Funktionen: die Leistungsbereitschaft des Schuldners klarzustellen und den Zeitpunkt des Annahmeverzugs eindeutig festzulegen (BAG 9.8.1984 – 2 AZR 374/83, NZA 1985, 119). Nach § 294 BGB ist **tatsächliches Angebot** der vertraglichen vereinbarten Leistung erforderlich. Dieser Grundsatz gilt jedenfalls im ungekündigten Arbeitsverhältnis (BAG 27.8.2008 – 5 AZR 16/08, NZA 2008, 1410; ErfK/*Preis* § 615 BGB Rn 17). Ein Annahmeverzug setzt somit voraus, dass die geschuldete Leistung dem Gläubiger „so, wie sie zu bewirken ist, tatsächlich angeboten" wird. Dazu ist grundsätzlich unter anderem erforderlich, dass sich der Arbeitnehmer am Arbeitsplatz einfindet, und zwar nicht nur am rechten (Arbeits-)Ort, sondern auch zur rechten Zeit, regelmäßig also zum Arbeitsbeginn (LAG Köln 12.4.2002 NZA-RR 2003, 128). Ein **wörtliches/schriftliches Angebot** des Arbeitnehmers genügt, wenn ihm der Arbeitgeber erklärt hat, dass er die Leistung nicht annehmen werde (§ 295 S. 1 Hs 1 BGB). Da ein wörtliches Angebot eine **geschäftsähnliche Handlung** ist, sind die Vorschriften über Willenserklärungen entsprechend anwendbar; das wörtliche Angebot muss daher dem Arbeitgeber iSd. § 130 BGB zugehen (BAG 21.3.1985 – 2 AZR 210/84, NZA 1985, 778). Die **Ablehnungserklärung des Arbeitgebers** als ebenso geschäftsähnliche Handlung muss nach dem Wortlaut des § 195 BGB vor dem wörtlichen Angebot des Arbeitnehmers abgegeben werden. Wichtigster Fall der Ablehnungserklärung ist daher die Kündigung durch den Arbeitgeber, die indes jedes Arbeitsangebot des Arbeitnehmers entbehrlich macht (siehe § 11 KSchG Rn 17). Das wörtliche/schriftliche Angebot reicht zudem dann aus, wenn es an der erforderlichen **Mitwirkungshandlung des Arbeitgebers** fehlt (§ 295 S. 2 Hs 2 BGB), deren Zeit nach dem Kalender bestimmt ist, nämlich der Einrichtung eines funktionsfähigen Arbeitsplatzes und der Zuweisung der Arbeit, damit der Arbeitnehmer die geschuldete Arbeitsleistung erbringen kann (BAG 9.8.1984 – 2 AZR 374/83, NZA 1985, 119). Erforderliche Mitwirkungshandlungen sind daher das Bereitstellen der Arbeitsräume, Energie, Werkzeuge, Rohstoffe und sonstigen Arbeitsgeräte. Dazu gehört auch die Erfüllung der **Arbeitnehmerschutzbestimmungen** und der **Fürsorgepflicht**.

B. Ungekündigtes Arbeitsverhältnis § 615 BGB

Ist der Arbeitnehmer wegen eines ihm zustehenden Leistungsverweigerungsrechts nicht leistungsbereit, so muss das Angebot der Arbeitsleistung die Geltendmachung des Leistungsverweigerungsrechts mit umfassen. (BAG 7.6.1973 – 5 AZR 563/72, AP BGB § 615 Nr. 28). Die Bedeutung der Mitwirkungspflicht des § 295 ist nur noch gering und grundsätzlich auf die eindeutig nicht kalendarisch bestimmten Mitwirkungshandlungen beschränkt. Eine Mitwirkungshandlung iSd § 295 liegt nur dann vor, wenn die ursprünglich geschuldete Leistung hierdurch noch konkretisiert oder möglich gemacht wird (ErfK/*Preis* § 615 BGB Rn 36). Falls für die Mitwirkungshandlung eine Zeit nach dem Kalender bestimmt ist, bedarf es überhaupt keines Angebots (§ 296 BGB), was beim Annahmeverzug im gekündigten Arbeitsverhältnis, aber auch bei der **unrechtmäßigen Anordnung von Kurzarbeit** (BAG 27.1.1994 – 6 AZR 541/93, NZA 1995, 134) an Bedeutung gewonnen hat. 17

Im ungekündigten Arbeitsverhältnis ist § 296 BGB nur ausnahmsweise anzuwenden. Im unstreitig bestehenden Arbeitsverhältnis muss der Arbeitnehmer die Arbeitsleistung tatsächlich anbieten, § 294 BGB. Selbst wenn der Arbeitgeber von einem vermeintlichen Recht Gebrauch macht, die Arbeitszeitdauer flexibel zu bestimmen, kommt § 296 BGB nicht zur Anwendung. Vielmehr muss der Arbeitnehmer die Arbeit anbieten, um Annahmeverzug zu begründen (BAG 25.4.2007 – 5 AZR 504/06, NZA 2007, 801). Denkbar sind indes Mitwirkungshandlungen wie die vertraglich vereinbarte Abholung von Arbeitnehmern zur Arbeit auf einer Baustelle, die der Arbeitgeber unterlässt. Häufiger Anwendungsfall ist zudem noch die Fallkonstellation, in der dem Arbeitgeber, bspw bei variablen Arbeitseinsatz, die Arbeitseinteilung obliegt, wenn zum Ende der Ausgleichsperiode die vereinbarte durchschnittliche Wochenarbeitszeit nicht mehr erreicht werden kann (BAG 8.10.2008 – 5 AZR 715/07 – BeckRS 2009, 50370; NZA 2009, 920 LS) Gleiches gilt, wenn der Arbeitgeber die Wiederaufnahme der Beschäftigung nach einer krankheitsbedingten Arbeitsunfähigkeit unzulässiger Weise von der Vorlage eines ärztl. Gutachtens abhängig macht (LAG Schleswig-Holstein 6.9.2007 – 4 Sa 204/07 – BeckRS 2007, 48199; siehe auch Rn 13). Holt der Arbeitgeber seine Mitwirkungshandlung nach, muss der Arbeitnehmer ein tats. Angebot iSd § 294 BGB machen. Bei geringen Verstößen des Arbeitgebers gegen eine Mitwirkungspflicht, die die Arbeitsleistung weiterhin zumutbar erscheinen lassen, muss der Arbeitnehmer aber seine Arbeit tatsächlich anbieten (ErfK/*Preis* § 615 BGB Rn 36). 18

Für den Sonderfall des – entbehrlichen – Angebots der Arbeitsleistung nach unwirksamer Arbeitgeberkündigung und anderen Fällen des Streits um eine Beendigung des Arbeitsvertrages siehe § 11 KSchG Rn 17.

[4] **Verzugszinsen auf den Bruttoanspruch** (siehe § 11 KSchG Rn 24). 19

[5] **Steuern und Sozialversicherungsbeiträge** (siehe § 11 KSchG Rn 25). 20

II. Betriebsrisikofälle

1. Muster: Begründung bei Betriebsrisikofällen 21

▶ ... Die Produktionsräume, in denen der Kläger bisher seine Arbeit verrichtete, brannten am ... ab. Der Vorgesetzte des Klägers, Herr ..., erklärte dem Kläger am ..., dass er bis auf Weiteres zu Hause bleiben möge.

Beweis: Zeugnis des ..., zu laden bei der Beklagten.

Die letzte Vergütung erhielt der Kläger für den Monat [letzter Zahlungsmonat], für welchen die Beklagte auch noch eine ordnungsgemäße Entgeltabrechnung erteilte.

Beweis: Vorlage der Entgeltabrechnung (Anlage K2).

Für die folgenden Monate erhielt der Kläger keine Vergütung; die Beklagte erteilte auch keine Abrechnungen. Auf Nachfrage erhielt der Kläger vom Personalbüro die Mitteilung, dass die Beklagte keine Arbeitsvergütung schulde, wenn sie seine Arbeitsleistung mangels Existenz von Produktionsräumen nicht annehmen könne.

Beweis: Zeugnis des ..., zu laden bei der Beklagten.

Indes bleibt die Beklagte zur Zahlung Annahmeverzugslohn verpflichtet. Sie trägt das Betriebsrisiko (§ 615 S. 3 BGB).[1] ◄

2. Erläuterungen

22 **[1] Betriebsrisiko.** Es ist zwischen Betriebs- und Wirtschaftsrisiko zu unterscheiden. Das **Betriebsrisiko**, das § 615 S. 3 erfasst, betrifft die Fälle der **Leistungsstörung**, in denen der Arbeitgeber die Arbeitsleistung auch ohne eigenes Verschulden nicht annehmen kann. Die Arbeitsleistung wird aus betriebstechnischen Gründen unmöglich, die nach schuldrechtlichen Grundsätzen weder Arbeitgeber noch Arbeitnehmer zu vertreten haben. Vor der Einfügung des S. 3 in § 615 durch das Schuldrechtsmodernisierungsgesetz vom 26.11.2001 hatte die Rechtsprechung diese Fälle nach der **Betriebsrisikolehre** gelöst und dem Arbeitgeber in bestimmten Fällen abweichend von §§ 275, 326 Abs. 1, 615 S. 1 und 2 das Risiko des Arbeitsausfalls auferlegt. Nun kann der Arbeitnehmer aus § 615 S. 3 iVm § 615 S. 1, 2 unter Anrechnung des Ersparten oder anderweitigen Erwerbs seinen Anspruch auf Zahlung der vereinbarten Vergütung geltend machen, ohne zur Nachleistung verpflichtet zu sein. Nach Auffassung des Gesetzgebers (BT-Drucks. 14/6857, S. 48) soll die Rechtsprechung den Begriff des Betriebsrisikos konkretisieren und den Besonderheiten der denkbaren Fallgestaltungen Rechnung tragen. Vom Betriebsrisiko sind daher alle Ursachen erfasst, die von außen auf typische Betriebsmittel (zB Maschinen, Fabrikgebäude, Heizungsanlagen) einwirken und sich für den Arbeitgeber als ein Fall der höheren Gewalt darstellen, wie zB Naturkatastrophen (Erdbeben, Überschwemmungen, Brände usw.), Unglücksfälle sowie extreme Witterungsverhältnisse (BAG 9.3.1983 – 4 AZR 301/80, AP BGB § 615 Betriebsrisiko Nr. 31). Bei witterungsabhängigen Unternehmen trägt der Arbeitgeber auch dann das Risiko des Arbeitsausfalls gem. § 615 S. 3, wenn er selbst den Betrieb aus Gründen, die in seinem betrieblichen oder wirtschaftlichen Verantwortungsbereich liegen, einschränkt oder stilllegt (BAG 9.7.2008 – 5 AZR 810/07, NZA 2008, 1407).

23 Der Anspruch setzt **kein Angebot der Arbeitsleistung** voraus, da § 615 S. 1 lediglich „entsprechend" gilt (ErfK/*Preis* § 615 BGB Rn 122 unter Hinweis auf BAG 7.12.1962 1 AZR 134/61, AP BGB § 615 Betriebsrisiko Nr. 14). Die direkte Anwendbarkeit des § 615 in Fällen des Betriebsrisikos ergibt sich aus dessen S. 3.

C. Einwendungen des Arbeitgebers gegen die Zahlungsklage des Arbeitnehmers

24 **I. Muster: Einwendungen gegen Klage auf Annahmeverzugslohn**[1]

▶ In Sachen

... ./. ...

wendet die Beklagte gegen den vom Kläger geltend gemachten Anspruch auf Verzugslohn unter Beweisantritt[2] folgendes ein:

C. Einwendungen des Arbeitgebers gegen die Zahlungsklage des Arbeitnehmers § 615 BGB

a) Die Beklagte war zur Annahme der Arbeitsleistung des Klägers infolge einer Arbeitskampfmaßnahme nicht in der Lage. Der Betrieb, in dem der Kläger normalerweise seine Arbeit verrichtet, wurde während der Zeit, für die der Kläger Annahmeverzugslohn geltend macht, von der Gewerkschaft bestreikt. Mit den arbeitswilligen Arbeitnehmern, darunter dem Kläger, konnte die Beklagte den Betrieb nicht aufrechterhalten, so dass sie ihn während der gesamten Dauer des Arbeitskampfs geschlossen hat.[3]

b) Die Beklagte war zur Annahme der Arbeitsleistung des Klägers infolge einer Arbeitskampfmaßnahme nicht in der Lage. Der Betrieb, in dem der Kläger normalerweise seine Arbeit verrichtet, ist darauf angewiesen, dass er zuvor mit Produktionsmitteln der Firma ___, die denselben Tarifvertrag wie die Beklagte anwendet und demselben Arbeitgeberverband wie die Beklagte angehört, beliefert wird. Das Zentrallager dieser Firma wurde ab dem ___ von der auch für die Beklagte zuständigen Gewerkschaft bestreikt. Ab dem ___ waren die vorhandenen Betriebsmittel der Beklagten aufgebraucht, so dass sie den Betrieb einstellen musste.[4]

c) Der Kläger ist an dem streitgegenständlichen Tag allein deshalb nicht zur Arbeit erschienen, weil er infolge eines witterungsbedingten Fahrverbots den Betrieb nicht erreichen konnte. Das aber ist kein Fall des Betriebsrisikos der Beklagten, sondern des Wegerisikos, welches der Kläger selbst trägt.[5]

d) Der Kläger muss sich auf seinen Anspruch nicht nur den Wert desjenigen anrechnen lassen, was er infolge des Unterbleibens der Dienstleistung erspart oder durch anderweitige Verwendung seiner Dienste erwirbt,[6] sondern auch das, was er zu erwerben böswillig unterlassen hat (§ 615 S. 2 BGB).[7] Er ist der Aufforderung der Beklagten, ab dem ___ statt als ___ [bisherige Tätigkeit] als ___ [neu zugewiesene Tätigkeit] zu arbeiten, nicht nachgekommen. Er bestand vielmehr darauf, seine bis dahin übliche Arbeit zu erbringen. Dazu bot er seine Arbeitsleistung auch an, weigerte sich aber als [neu zugewiesene Tätigkeit] zu arbeiten, obwohl ihm die Beklagte ausdrücklich erklärt hatte, ihm weiterhin die auch bisher gezahlte vertragsgemäße Vergütung zu zahlen.

e) Der Kläger muss sich auf den von ihm geltend gemachten Anspruch ersparte Aufwendungen anrechnen lassen. Das sind zunächst die Fahrtkosten von der Wohnung zur Arbeitsstätte.[8] ◄

II. Erläuterungen

[1] **Typische Fälle nach unwirksamen Kündigungen.** Siehe die Ausführungen zu § 11 KSchG, insbesondere zur Anrechnung von Leistungen der Sozialversicherungsträger (§ 11 KSchG Rn 23), zum Leistungsverweigerungsrecht (§ 11 KSchG Rn 29 und 15), Aufforderung zur vorläufigen Weiterbeschäftigung (§ 11 KSchG Rn 30), Änderungskündigung (§ 11 KSchG Rn 31), Angebot eines Prozessarbeitsverhältnisses (§ 11 KSchG Rn 32 und 41 ff) und dem Einwand fehlender Leistungsfähigkeit bzw -bereitschaft § 11 KSchG Rn 33).

[2] **Darlegungs- und Beweislast** (siehe § 11 KSchG Rn 28).

[3] **Arbeitskampfrisiko.** Von der normalerweise bestehenden Pflicht des Arbeitgebers, das Wirtschafts- oder das Betriebsrisiko zu tragen ist das besondere Risiko der **Betriebsstörung durch einen legitimen Arbeitskampf** (Arbeitskampfrisiko) zu trennen. Nach ständiger Rechtsprechung des BAG ist dieses Risiko nach den Grundsätzen der arbeitskampfrechtlichen Parität zu verteilen. Können Auswirkungen eines rechtmäßigen Streiks oder einer rechtmäßigen Aussperrung das Kräfteverhältnis der kampfführenden Parteien beeinflussen, tragen beide Seiten das Risiko. Für die betroffenen Arbeitnehmer – und zwar auch für die nichtorganisierten – bedeutet dies den Verlust der Vergütungsansprüche für die Dauer der arbeitskampfbe-

dingten Störung (BAG 14.12.1993 – 1 AZR 550/93, NZA 1994, 332 mwN). Das gilt zunächst bei **unmittelbarer Beteiligung am Arbeitskampf**. Voraussetzung ist, dass der Arbeitgeber wegen des Arbeitskampfes seinen Betrieb in der Betriebsstätte, in der der Arbeitnehmer normalerweise tätig ist, völlig einstellt. Hält der Arbeitgeber trotz des Streiks seinen Betrieb aufrecht und besteht die Beschäftigungsmöglichkeit fort, wird er gegenüber arbeitswilligen Arbeitnehmern nicht von der Entgeltzahlung befreit (BAG 14.12.1993 – 1 AZR 550/93, NZA 1994, 331). Die Beschäftigung arbeitswilliger Arbeitnehmer während eines Streiks ist dem Arbeitgeber auch nicht allein deshalb unzumutbar, weil er der Gewerkschaft im Zusammenhang mit dem Abschluss einer sog. Notdienstvereinbarung zugesichert hat, andere als die in der Vereinbarung benannten Arbeitnehmer nicht an den Arbeitsplatz zu lassen.

28 **[4] Fernwirkung des Arbeitskampfs.** Auch bei Störungen aufgrund eines fremden Arbeitskampfs (Fernwirkung) gelten andere Grundsätze als für das allgemeine Betriebs- und Wirtschaftsrisiko. Die Last der Beschäftigungs- und Entgeltzahlungspflicht kann bei legitimen Streiks auch den mittelbar betroffenen Arbeitgebern nicht uneingeschränkt aufgebürdet werden. Die Ursachen und Folgen der Fernwirkungen von Arbeitskämpfen, insbesondere soweit sie kampftaktisch bestimmt sind, müssen bei der Risikoverteilung berücksichtigt werden. Führt ein Arbeitskampf also mittelbar zu Störungen in Betrieben, die weder von Streiks noch von Aussperrungen unmittelbar betroffen sind, so richtet sich die Entgeltzahlungspflicht nach den Grundsätzen des Arbeitskampfrisikos (BAG 22.12.1980 – 1 ABR 2/79, NJW 1981, 937). Dabei ist unerheblich, ob die Betriebsstörung auf einem rechtmäßigen Streik oder auf einer rechtmäßigen **Abwehraussperrung** beruht (BAG 22.12.1980 – 1 ABR 76/79, NJW 1981, 942). Können die Fernwirkungen eines Streiks das Kräfteverhältnis der kampfführenden Parteien beeinflussen (Kampfbezogenheit), so tragen beide Seiten das Arbeitskampfrisiko. Das bedeutet für die betroffenen Arbeitnehmer, dass sie für die Dauer der Störung keine Beschäftigungs- und Vergütungsansprüche haben. Ein solcher Fall ist zB dann anzunehmen, wenn die für den mittelbar betroffenen Betrieb (Drittbetrieb) zuständigen Verbände mit den unmittelbar kampfführenden Verbänden identisch oder doch organisatorisch eng verbunden sind (BAG 22.12.1980 – 1 ABR 2/79, NJW 1981, 937), also zB bestreikter Betrieb und Drittbetrieb zur selben Branche des umstrittenen Tarifvertrags gehören.

29 Die Wirkung des Paritätsprinzips und damit die Grenzen des Arbeitskampfrisikos können indes nicht ausschließlich davon abhängig gemacht werden, wie sich der im Arbeitskampf umstrittene Tarifvertrag für die mittelbar betroffenen Arbeitnehmer auswirken wird. Für das Kampfgleichgewicht kommt es nicht nur darauf an, welche Arbeitnehmer durch den Arbeitskampf begünstigt werden. Die entscheidende Frage lautet vielmehr, wie sich die Folgen eines Arbeitskampfes auf die Position der sozialen Gegenspieler auswirken. Dabei ist nicht jede entfernte Wirkung in die Paritätsbetrachtung einzubeziehen. Maßgebend sind nur diejenigen Belastungen, die die Kampf- und Verhandlungschancen der beiden Seiten nachteilig oder vorteilhaft beeinflussen. Dafür genügt die bloße abstrakte Möglichkeit nicht. Die Bedeutung der Fernwirkungen für den Kampfverlauf muss bei einer typisierenden Betrachtung feststellbar sein (BAG 22.12.1980 – 1 ABR 100/79 – BeckRS 1980, 02709 und BAG 22.12.1980 – 1 ABR 2/79, NJW 1981, 937). Die im Zusammenhang mit der mittelbaren Arbeitskampfbetroffenheit zutage tretenden Fehldispositionen können ebenso wenig als paritätsrelevant angesehen werden wie das allg. Marktrisiko (ErfK/*Dieterich* Art. 9 GG Rn 145).

30 Ebenso führt der **Wellenstreik** zu einer anderen Risikoverteilung. Bei dieser Streiktaktik legt eine Gruppe von Arbeitnehmern überraschend für kurze Zeit die Arbeit nieder, um sie nach einiger Zeit ebenso überraschend wieder anzubieten, wenn dem Arbeitgeber die Arbeitsleis-

tung nichts mehr nützt. Typischer Fall ist die Arbeitsniederlegung durch Drucker für die Dauer des nicht verschiebbaren Andrucks einer Zeitung, die nach einiger Zeit ebenso überraschend wieder angeboten wird. Hat der Arbeitgeber im Zuge eines Arbeitskampfes Vorsorge für die Arbeitsniederlegung, zB durch Fremdvergabe des Drucks, Herausgabe einer Notausgabe oder Einstellung von Aushilfskräften getroffen, kann dann seine Stammbelegschaft bei deren Rückkehr an den Arbeitsplatz uU nicht sofort wieder beschäftigen. In diesen Fällen trägt der seine Arbeitsniederlegung beendende Arbeitnehmer das Entgeltrisiko insoweit, als die Unmöglichkeit oder Unzumutbarkeit der Annahme seiner Arbeitsleistung in einem engen zeitlichen und organisatorischen Zusammenhang zu einer Abwehrmaßnahme steht, die der Arbeitgeber als zwingend erforderlich ansehen durfte (BAG 12.11.1996 – 1 AZR 364/96, NZA 1997, 293). Ist es dem Arbeitgeber hingegen möglich und zumutbar, wenigstens einen Teil der Arbeitnehmer zu beschäftigen, so hat er insoweit regelmäßig in Ausübung seines Direktionsrechts eine Auswahl zu treffen. Unterlässt er dies, so gerät er gegenüber allen Arbeitnehmern, die ihre Arbeit ordnungsgemäß anbieten, in Annahmeverzug (BAG 17.2.1998 – 1 AZR 386/97, NZA 1998, 896).

[5] **Wegerisiko.** Die Folgen anderer objektiver Leistungshindernisse außerhalb der Betriebsgefahr des Arbeitgebers, die den Arbeitnehmer zB daran hindern, seinen Arbeitsplatz zu erreichen, hat der Arbeitgeber nicht zu tragen. Das betrifft somit insbesondere die Fälle von Eisglätte (BAG 8.12.1982 – 4 AZR 134/80, AP BGB § 616 Nr. 58) oder eines witterungsbedingten Fahrverbots (BAG 8.9.1982 – 5 AZR 283/80, AP BGB § 616 Nr. 59). Der Arbeitnehmer trägt das Wege- und damit das Arbeitsentgeltrisiko (§ 297 BGB). Nach den allgemeinen Grundsätzen der §§ 275, 326 Abs. 1 BGB werden Arbeitnehmer wie Arbeitgeber von der Leistungspflicht frei. Das gilt auch dann, wenn vom Arbeitgeber zur Verfügung gestellte Verkehrsmittel vom Wohn- zum Arbeitsort (zB Werksbus) wegen Eisglätte nicht verkehren können (BAG 8.12.1982 – 4 AZR 134/80- AP BGB 616 Nr. 58). Indes muss es sich um Fälle handeln, die außerhalb der personenbedingten Gründe des § 616 BGB liegen. Danach verliert der Arbeitnehmer seinen Vergütungsanspruch nicht dadurch, dass er für eine verhältnismäßig nicht erhebliche Zeit durch einen in seiner Person liegenden Grund ohne sein Verschulden an der Dienstleistung verhindert ist. Er muss sich jedoch den Betrag anrechnen lassen, welcher ihm für die Zeit der Verhinderung aus einer aufgrund gesetzlicher Verpflichtung bestehenden Kranken- oder Unfallversicherung zukommt (§ 616 S. 2 BGB). 31

[6] **Anrechnung anderweitigen Zwischenverdienstes.** Nach § 615 S. 2 ist das im Verzugszeitraum tatsächlich erzielte anderweitige Einkommen anzurechnen, welches der Arbeitnehmer durch anderweitige Verwendung seiner Arbeitskraft erwirbt. Der Verdienst ist anzurechnen, der **kausal durch das Freiwerden der Arbeitskraft** ermöglicht worden ist. So muss sich ein **teilzeitbeschäftigter Arbeitnehmer** nicht jeden im Verzugszeitraum anderweit erzielten Verdienst anrechnen lassen, sondern nur einen solchen, der kausal durch das Freiwerden der Arbeitskraft ermöglicht worden ist. Anhaltspunkte für die Kausalität können sich sowohl aus objektiven als auch aus subjektiven Umständen ergeben (BAG 6.9.1990 – 2 AZR 165/90, NZA 1991, 221). Somit bleibt ein Nebenverdienst während der Dauer des Annahmeverzuges insoweit unberücksichtigt, wie er auch bei Erfüllung der arbeitsvertraglichen Pflichten möglich gewesen wäre. Wird der Verdienst durch Arbeitsleistungen in der eigentlich freien Zeit erzielt, so unterliegt er nicht der Anrechnung. § 615 S. 2 deckt sich inhaltlich trotz des nicht völlig identischen Wortlauts mit § 11 KSchG. Zu weiteren Einzelheiten siehe daher § 11 KSchG Rn 4-15. 32

33 **[7] Böswilliges Unterlassen von Erwerb.** Nach § 615 S. 2 Alt 2 muss sich der Arbeitnehmer den Wert desjenigen anrechnen lassen, was er durch anderweitige Verwendung seiner Dienste erwirbt oder zu erwerben böswillig unterlässt (siehe dazu auch § 11 KSchG Rn 3 und 31). Ein böswilliges Unterlassen von Erwerb kann auch darin liegen, dass der Arbeitnehmer eine vertraglich nicht geschuldete Arbeitsleistung ablehnt, die der Arbeitgeber von ihm in einem unstreitig bestehenden Arbeitsverhältnis verlangt (BAG 7.2.2007 – 5 AZR 422/06, NJW 2007, 2062). Die von einem Arbeitgeber im unstreitig bestehenden Arbeitsverhältnis unter **Überschreitung des Weisungsrechts** zugewiesene Arbeit ist nicht ohne Weiteres als unzumutbar anzusehen. Vielmehr sind auch hier alle Umstände des Einzelfalls zu berücksichtigen. Neben der Art der Arbeit und den sonstigen Arbeitsbedingungen ist zu prüfen, aus welchen Gründen der Arbeitgeber keine vertragsgemäße Arbeit anbietet und der Arbeitnehmer die zugewiesene Arbeit ablehnt. Dem Grundsatz nach darf die Unzumutbarkeit im unstreitig bestehenden Arbeitsverhältnis, also etwa während des Laufs der Kündigungsfrist, nicht anders beurteilt werden als nach Ablauf der Kündigungsfrist (zum Fall der **Änderungskündigung** S. § 11 KSchG Rn 31). Auch die objektiv vertragswidrige Arbeit kann nach den konkreten Umständen zumutbar, uU sogar mit einer Verbesserung für den Arbeitnehmer verbunden sein. Diese Prüfung darf nicht durch vermeintlich absolut geltende Schranken vertragsrechtlicher Art abgeschnitten werden. Ebenso schränkt der Grundsatz von Treu und Glauben auch das Zurückbehaltungsrecht des Arbeitnehmers ein (BAG 7.2.2007 – 5 AZR 422/06 NJW 2007, 2062 unter Aufgabe der alten Rechtsprechung – zuvor BAG 3.12.1980 – 5 AZR 477/78, AP BGB § 615 Nr. 4).

34 **[8] Ersparte Aufwendungen.** Anders als nach § 11 KSchG im Falle des Annahmeverzugs nach einer unwirksamen Arbeitgeberkündigung (vergl. dazu § 11 KSchG Rn 4) muss sich der Arbeitnehmer nach § 615 S 2 Alt 1 auf den Annahmeverzugslohnanspruch das anrechnen lassen, was er infolge des Unterbleibens der Arbeitsleistung erspart. Anzurechnen auf die vom Arbeitgeber geschuldete Vergütung sind indes nur diejenigen ersparten Aufwendungen, die in einem unmittelbaren Zusammenhang mit der zu erbringenden Arbeitsleistung stehen. Dazu gehören beispielsweise entfallene **Fahrtkosten**, wenn diese tatsächlich erspart wurden, nicht also zB, wenn der Arbeitnehmer ohnehin über eine schon bezahlte Dauerfahrkarte (zB Monatskarte) verfügt, die er nun nur nicht mehr nutzen kann. Nicht anzurechnen sind nur mittelbare Ersparnisse für nicht gemachte Ausgaben des Arbeitnehmers, die er nur deshalb nicht macht, weil ihm der Arbeitgeber das Entgelt nicht zahlt. Erspart iSd § 615 S. 2 sind auch solche Kosten, die dadurch entfallen, dass eine **Berufskleidung** nun nicht angeschafft oder gereinigt werden muss.

§ 622 BGB Kündigungsfristen bei Arbeitsverhältnissen

(1) Das Arbeitsverhältnis eines Arbeiters oder eines Angestellten (Arbeitnehmers) kann mit einer Frist von vier Wochen zum Fünfzehnten oder zum Ende eines Kalendermonats gekündigt werden.

(2) Für eine Kündigung durch den Arbeitgeber beträgt die Kündigungsfrist, wenn das Arbeitsverhältnis in dem Betrieb oder Unternehmen

1. zwei Jahre bestanden hat, einen Monat zum Ende eines Kalendermonats,
2. fünf Jahre bestanden hat, zwei Monate zum Ende eines Kalendermonats,
3. acht Jahre bestanden hat, drei Monate zum Ende eines Kalendermonats,

4. zehn Jahre bestanden hat, vier Monate zum Ende eines Kalendermonats,
5. zwölf Jahre bestanden hat, fünf Monate zum Ende eines Kalendermonats,
6. 15 Jahre bestanden hat, sechs Monate zum Ende eines Kalendermonats,
7. 20 Jahre bestanden hat, sieben Monate zum Ende eines Kalendermonats.

Bei der Berechnung der Beschäftigungsdauer werden Zeiten, die vor der Vollendung des 25. Lebensjahrs des Arbeitnehmers liegen, nicht berücksichtigt.

(3) Während einer vereinbarten Probezeit, längstens für die Dauer von sechs Monaten, kann das Arbeitsverhältnis mit einer Frist von zwei Wochen gekündigt werden.

(4) Von den Absätzen 1 bis 3 abweichende Regelungen können durch Tarifvertrag vereinbart werden. Im Geltungsbereich eines solchen Tarifvertrags gelten die abweichenden tarifvertraglichen Bestimmungen zwischen nicht tarifgebundenen Arbeitgebern und Arbeitnehmern, wenn ihre Anwendung zwischen ihnen vereinbart ist.

(5) Einzelvertraglich kann eine kürzere als die in Absatz 1 genannte Kündigungsfrist nur vereinbart werden,
1. wenn ein Arbeitnehmer zur vorübergehenden Aushilfe eingestellt ist; dies gilt nicht, wenn das Arbeitsverhältnis über die Zeit von drei Monaten hinaus fortgesetzt wird;
2. wenn der Arbeitgeber in der Regel nicht mehr als 20 Arbeitnehmer ausschließlich der zu ihrer Berufsbildung Beschäftigten beschäftigt und die Kündigungsfrist vier Wochen nicht unterschreitet.

Bei der Feststellung der Zahl der beschäftigten Arbeitnehmer sind teilzeitbeschäftigte Arbeitnehmer mit einer regelmäßigen wöchentlichen Arbeitszeit von nicht mehr als 20 Stunden mit 0,5 und nicht mehr als 30 Stunden mit 0,75 zu berücksichtigen. Die einzelvertragliche Vereinbarung längerer als der in den Absätzen 1 bis 3 genannten Kündigungsfristen bleibt hiervon unberührt.

(6) Für die Kündigung des Arbeitsverhältnisses durch den Arbeitnehmer darf keine längere Frist vereinbart werden als für die Kündigung durch den Arbeitgeber.

A. Ordentliche Kündigung
  I. Muster: Klage gegen eine (nicht fristgerechte) ordentliche Kündigung
  II. Erläuterungen
    [1] Einhaltung der dreiwöchigen Klagefrist 2
    [2] Antragstellung/Gefahr der subjektiven Determination 3
    [3] Grundkündigungsfrist gem. § 622 Abs. 1 BGB 4
    [4] Achtung: Ausschlussfristen 5
B. Probezeitkündigung
  I. Muster: Klage gegen eine Probezeitkündigung
  II. Erläuterungen
    [1] Antrag auf Feststellung der Unwirksamkeit der Kündigung 7
    [2] Probezeitkündigungen 8
    [3] Verkürzung der Probezeit durch Tarifvertrag 9
    [4] Vergütungsansprüche bis zum regulären Ende der Probezeit 10
C. Verkürzte Kündigungsfrist
  I. Muster: Erwiderung bei verkürzter Kündigungsfrist – Aushilfe
  II. Erläuterungen
    [1] Einzelvertraglich vereinbarte Fristverkürzungen 12
    [2] Besonderheiten in Kleinunternehmen 13

A. Ordentliche Kündigung

I. Muster: Klage gegen eine (nicht fristgerechte) ordentliche Kündigung

▶ Arbeitsgericht ...
Vorab per Telefax ...

Klage[1]

in Sachen

... ./. ...

wegen Kündigung

zeigen wir – ordnungsgemäße Bevollmächtigung anwaltlich versichernd – an, dass wir den Kläger vertreten. Namens und in Vollmacht des Klägers beantragen wir:

I. Es wird festgestellt, dass das Arbeitsverhältnis der Klagepartei durch die Kündigung der Beklagtenseite vom ... nicht aufgelöst worden ist.

II. Es wird festgestellt, dass das Arbeitsverhältnis auch nicht durch andere Beendigungstatbestände endet, sondern zu unveränderten vertraglichen Bedingungen über den ... hinaus fortbesteht.

III. Die Kosten des Rechtsstreits werden gegeneinander aufgehoben.

Hilfsweise, für den Fall des Unterliegens mit den Anträgen zu I. und II., beantragen wir:

IV. Es wird festgestellt, dass das Arbeitsverhältnis der Parteien durch die Kündigung des Beklagten vom ... nicht zum ..., sondern erst zum ... aufgelöst ist.[2]

Begründung

Der am ... geborene und verheiratete Kläger ist bei dem Beklagten seit dem ... als [Tätigkeit] zu einem monatlichen Bruttoentgelt in Höhe von ... beschäftigt.

Beweis: Arbeitsvertrag in Kopie als Anlage K ...

Gehaltsabrechnung in Kopie als Anlage K ...

Mit Schreiben vom ..., dem Kläger zugegangen am ...,[3] kündigte der Beklagte dem Kläger ordentlich mit einer Kündigungsfrist von einem Monat zum Ende des Kalendermonats, also zum ... . Die Kündigung ging am ... zu. ◀

Beweis: Kündigungsschreiben vom ... in Kopie als Anlage K ...

▶ Zum Zeitpunkt des Zugangs bestand das Arbeitsverhältnis länger als 6 Monate. Der Betrieb der Beklagtenseite ist kein Kleinstbetrieb iSd § 23 KSchG. Bei der Beklagtenseite sind regelmäßig mehr als 10 Arbeitnehmer iSd § 23 KSchG beschäftigt.

Bei der Beklagtenseite besteht kein Betriebsrat.

Die Kündigung ist unwirksam. Die Kündigung ist sozial ungerechtfertigt im Sinne des Kündigungsschutzgesetzes. Es liegen keine verhaltens-, betriebsbedingten oder personenbedingten Gründe vor. Es wird des Weiteren die Durchführung einer dem Gesetz entsprechenden Sozialauswahl bestritten. Sollte sich die Beklagtenseite auf eine betriebsbedingte Kündigung berufen und eine Sozialauswahl behaupten, wird sie aufgefordert, der Klagepartei die Gründe bekanntzugeben, die zu der getroffenen Sozialauswahl geführt haben sollen.

Die allgemeine Feststellungsklage im Antrag zu II. wird aus Befürchtung vor Folgekündigungen, die damit angegriffen werden, erhoben, da zu befürchten steht, dass die Beklagtenseite im Laufe

A. Ordentliche Kündigung § 622 BGB

dieses Verfahrens die Unwirksamkeit ihrer Kündigung erkennt und erneut Kündigungen aussprechen wird. Es wird deshalb die Feststellung begehrt, dass das Arbeitsverhältnis auch durch solche Kündigungen oder andere Beendigungstatbestände nicht beendet wird.

Für den Fall des Unterliegens mit den Anträgen zu I. und II. haben wir die Feststellung beantragt, dass das Arbeitsverhältnis der Parteien durch die Kündigung des Beklagten vom ... nicht zum ..., sondern erst zum ... aufgelöst ist.

Da das Arbeitsverhältnis der Parteien bereits länger als ... [acht] Jahre besteht und weder anderweitige arbeitsvertragliche, noch tarifliche Kündigungsfristen vereinbart worden sind, ist die Kündigung gem. § 140 BGB dahin gehend umzudeuten, dass das Arbeitsverhältnis mit einer ordentlichen Kündigungsfrist von ... [drei] Monaten zum Ende eines Kalendermonats, also zum ... sein Ende finden wird.

Der Kläger macht bereits hiermit die Vergütungsansprüche für den Restmonat [Monat] geltend und behält sich vor, die Klage bezüglich der weiteren Vergütungsansprüche zu erweitern.[4]

Um antragsgemäße Entscheidung wird gebeten.

...

Rechtsanwalt ◄

II. Erläuterungen

[1] **Einhaltung der dreiwöchigen Klagefrist.** Aufgrund der Divergenzen innerhalb der BAG-Rechtsprechung empfiehlt es sich stets, die dreiwöchige Klagefrist auch dann einzuhalten, wenn ausschließlich die Überprüfung der Kündigungsfrist im Raume steht. Der 2. Senat des BAG hatte sich zutreffend gegen die Anwendbarkeit der Klagefrist des § 4 KSchG ausgesprochen (BAG v. 15.12.2005 – 2 AZR 148/05). Erhebt nach dieser Rechtsprechung der Arbeitnehmer ausschließlich zur Überprüfung der Kündigungsfrist Kündigungsschutzklage, ist wegen § 140 BGB die dreiwöchige Klagefrist nicht zwingend einzuhalten (dazu näher HaKo-KSchR/Spengler § 622 BGB Rn 17). Da allerdings der 5. Senat des BAG von obiger Rechtsprechung abweichend in einer abzulehnenden Entscheidung eine Einschränkung vorgenommen hat, wonach die Umdeutung gem. § 140 BGB nur innerhalb der dreiwöchigen Klagefrist vorgenommen werden dürfe, ist hier dem Rechtsanwalt zur Vermeidung von Haftungsrisiken anzuraten, die Dreiwochenfrist einzuhalten.

[2] **Antragstellung/Gefahr der subjektiven Determination.** Sofern ausschließlich der Zeitpunkt der Beendigung des Arbeitsverhältnisses streitig sein sollte und der Arbeitnehmer nur dies geltend machen möchte, genügt zwar der Antrag zu Ziffer IV. Dennoch ist dringend anzuraten, die weitergehenden Anträge auf Feststellung der Unwirksamkeit der Kündigung zu stellen, da sich – gerade in Betrieben mit einem Betriebs- oder Personalrat – erst später weitere Unwirksamkeitsgründe ergeben können oder der Arbeitgeber subjektiv determiniert war (vgl Muster zu § 102 BetrVG).

[3] **Grundkündigungsfrist gem. § 622 Abs. 1 BGB.** Sofern die Grundkündigungsfrist gem. § 622 Abs. 1 BGB von vier Wochen zum Fünfzehnten oder zum Ende eines Kalendermonats Anwendung findet, muss der Arbeitgeber, wenn er unter Wahrung der Grundkündigungsfrist beispielsweise zum 15.5. kündigen möchte, dafür Sorge tragen, dass die Kündigung dem Arbeitnehmer spätestens am 17.4. (Monat mit 30 Tagen) zugeht.

[4] **Achtung: Ausschlussfristen.** Im Falle der Vergütungsdifferenzen bis zum richtig berechneten Ende des Arbeitsverhältnisses sind die Geltendmachungs- und Ausschlussfristen zur Vermeidung der Anwaltshaftung zwingend zu beachten und zu notieren.

B. Probezeitkündigung

I. Muster: Klage gegen eine Probezeitkündigung

▶ Arbeitsgericht ▬▬▬
Vorab per Telefax ▬▬▬

Klage

in Sachen

▬▬▬ ./. ▬▬▬

wegen Kündigung

zeigen wir – ordnungsgemäße Bevollmächtigung anwaltlich versichernd – an, dass wir den Kläger vertreten. Namens und in Vollmacht des Klägers beantragen wir:

I. Es wird festgestellt, dass das Arbeitsverhältnis der Klagepartei durch die Kündigung der Beklagtenseite vom ▬▬▬ nicht aufgelöst worden ist.[1]

II. Es wird festgestellt, dass das Arbeitsverhältnis auch nicht durch andere Beendigungstatbestände endet, sondern zu unveränderten vertraglichen Bedingungen über den ▬▬▬ hinaus fortbesteht.

Hilfsweise, für den Fall des Unterliegens mit den Anträgen zu Ziffer I. und II. wird beantragt:

III. Es wird festgestellt, dass das Arbeitsverhältnis der Parteien durch die Kündigung des Beklagten vom ▬▬▬, nicht zum ▬▬▬, sondern erst zum ▬▬▬ aufgelöst ist.[2]

IV. Die Beklagte wird verurteilt, an den Kläger ▬▬▬ EUR brutto nebst Zinsen hieraus in Höhe von 5 Prozentpunkten über dem jeweiligen Basiszinssatz seit Rechtshängigkeit zu bezahlen.

V. Die Kosten des Rechtsstreits werden gegeneinander aufgehoben.

Begründung

Der am ▬▬▬ geborene und verheiratete Kläger ist bei dem Beklagten seit dem ▬▬▬ als [Tätigkeit] beschäftigt. Es wurde eine Probezeit von sechs Monaten vereinbart, die noch nicht abgelaufen ist. Ein Tarifvertrag findet auf das Arbeitsverhältnis keine Anwendung.[3]

Mit Schreiben vom ▬▬▬, dem Kläger zugegangen am ▬▬▬, kündigte der Beklagte dem Kläger noch innerhalb der Probezeit mit einer Kündigungsfrist von einer Woche zum ▬▬▬.

Diese von der Beklagtenseite berechnete Kündigungsfrist widerspricht der in § 622 Abs. 3 BGB geregelten zweiwöchigen Kündigungsfrist, welche zwingend von dem Beklagten einzuhalten ist.

Mit dem Hilfsantrag zu IV. macht der Kläger die Vergütungsdifferenz bis zum ▬▬▬ geltend, also dem sich unter Beachtung der richtig berechneten Kündigungsfrist von 14 Tagen ergebenden Ende des Arbeitsverhältnisses.[4]

Um antragsgemäße Entscheidung wird gebeten.

▬▬▬

Rechtsanwalt ◀

II. Erläuterungen

[1] **Antrag auf Feststellung der Unwirksamkeit der Kündigung.** Es empfiehlt sich auch in diesen Fällen, den grundsätzlichen Antrag auf Feststellung der Unwirksamkeit der Kündigung zu stellen. Unterlassene Betriebsratsbeteiligung oder ein AGG-Verstoß oder andere Unwirksamkeitsgründe könnten sich erst nach Klageerhebung ergeben.

C. Verkürzte Kündigungsfrist § 622 BGB

[2] Probezeitkündigungen. Von den Grundkündigungsfristen des § 622 BGB kann bei Probezeit abgewichen werden. Zum Schutz beider Vertragsparteien ist jedoch eine Mindestkündigungsfrist von 2 Wochen ohne festen Kündigungstermin einzuhalten (Ausnahme: vgl nachfolgendes Muster zur verkürzten Kündigungsfrist bei Aushilfen). Eine einzelvertragliche Abrede einer Kündigungsfrist von weniger als zwei Wochen ist unwirksam (vgl HaKo-KSchR/*Spengler* § 622 BGB Rn 23). 8

[3] Verkürzung der Probezeit durch Tarifvertrag. Soweit ein Tarifvertrag auf das Arbeitsverhältnis Anwendung findet, ist eine abweichende Verkürzung auch in der Probezeit möglich (vgl HaKo-KSchR/*Spengler* § 622 BGB Rn 23). 9

[4] Vergütungsansprüche bis zum regulären Ende der Probezeit. Vergütungsansprüche bis zum regulären Ende der Probezeit können in der Regel ebenfalls eingeklagt werden, denn letztlich ist das ja das Ziel einer Klage gegen eine zu kurz berechnete Kündigungsfrist im Rahmen einer Probezeit. 10

C. Verkürzte Kündigungsfrist

I. Muster: Erwiderung bei verkürzter Kündigungsfrist – Aushilfe 11

▶ Arbeitsgericht ▪▪▪
Vorab per Telefax ▪▪▪
Aktenzeichen

Klageerwiderung

in Sachen

▪▪▪ ./. ▪▪▪

wegen Kündigung

zeigen wir – ordnungsgemäße Bevollmächtigung anwaltlich versichernd – an, dass wir die Beklagte vertreten. Namens und in Vollmacht der Beklagten beantragen wir:

I. Die Klage wird abgewiesen.

Begründung

[▪▪▪]

Die Kündigungsfrist ist in korrekter Weise berechnet worden und hat das Arbeitsverhältnis zum ▪▪▪ beendet und nicht wie von der Klägerin vorgetragen erst zum ▪▪▪.

Die Klägerin war nämlich als Aushilfe für die Zeit der Weinlese eingestellt. Eine dauerhafte Beschäftigung bzw eine Beschäftigung für einen Zeitraum von länger als drei Monaten war nicht beabsichtigt und ergibt sich bereits aus der arbeitsvertraglichen Bezeichnung „Kurzfristige Aushilfe zur Weinlese". Alle in dieser Weise Beschäftigten Lesehelfer werden nur in der Zeit von September bis Ende Oktober beschäftigt.[1]

Beweis:	Zeugeneinvernahme des Steuerberaters Dr. ▪▪▪
	Vorlage der Arbeitsverträge der Lesehelfer
	Zeugeneinvernahme des Weingutleiters ▪▪▪

In allen Arbeitsverträgen, so auch in dem der Klägerin, ist eine einzelvertraglich kürzere Kündigungsfrist[2] von drei Tagen vereinbart worden, die sich aus einem betrieblichen Erfordernis ergibt.

Wenn die Lese aufgrund der Witterung schnell erfolgen kann, ist es der Beklagten wirtschaftlich nicht zumutbar, nach Ende der letzten Fuhre mehrere Tage Vergütung zu bezahlen, ohne dass die Arbeitsleistung noch benötigt wird. ◄

II. Erläuterungen

12 **[1] Einzelvertraglich vereinbarte Fristverkürzungen.** Abweichend von der gesetzlichen Grundkündigungsfrist kann einzelvertraglich eine kürzere Frist vereinbart werden, wenn der Arbeitnehmer vorübergehend als Aushilfe eingestellt und das Arbeitsverhältnis nicht über die Zeit von drei Monaten hinaus fortgesetzt wird. Der Arbeitgeber trägt dafür die Darlegungs- und Beweislast (vgl HaKo-KSchR/*Spengler* § 622 BGB Rn 24).

13 **[2] Besonderheiten in Kleinunternehmen.** Die einzelvertragliche Abweichung von der Grundkündigungsfrist gilt auch in Kleinunternehmen. Allerdings eröffnet § 622 Abs. 5 Nr. 2 BGB nur die Möglichkeit, eine vierwöchige Kündigungsfrist ohne festen Endtermin zu vereinbaren (vgl HaKo-KSchR/*Spengler* § 622 BGB Rn 25).

§ 623 BGB Schriftform der Kündigung

Die Beendigung von Arbeitsverhältnissen durch Kündigung oder Auflösungsvertrag bedürfen zu ihrer Wirksamkeit der Schriftform; die elektronische Form ist ausgeschlossen.

A. Bausteine für Kündigungsschreiben
   I. Kündigungsschreiben
     1. Muster: Einfaches Kündigungsschreiben
     2. Erläuterungen
       [1] Zugang/Zustellung 2
       [2] Schriftform 4
       [3] Frist und Umdeutung 9
       [4] Unterschrift 17
       [5] Kein Hinweis auf Arbeitssuchendmeldung 18
   II. Einseitige unwiderrufliche Freistellung
     1. Muster: Einseitige unwiderrufliche Freistellung unter Anrechnung auf Resturlaub und Überstunden
     2. Erläuterungen
       [1] Einseitige Freistellung 20
       [2] Unwiderrufliche Freistellung 25
       [3] Resturlaubsansprüche 30
       [4] Arbeitszeitkonto 35
       [5] Anrechnung Nebenverdienst und Wettbewerbsverbot 36
   III. Urlaubsgewährung bei unwiderruflicher Freistellung und jahresübergreifender Kündigungsfrist
     1. Muster: Jahresübergreifende Kündigungsfrist
     2. Erläuterungen
       [1] Unwiderrufliche Freistellung und jahresübergreifende Kündigungsfrist 39
   IV. Widerrufliche Freistellung mit Urlaubsgewährung
     1. Muster: Einseitige widerrufliche Freistellung mit Urlaubsgewährung
     2. Erläuterungen
       [1] widerrufliche Freistellung 42
       [2] Urlaubsgewährung 43
B. Gestaltung von Aufhebungsverträgen
   I. Aufhebungsvertrag
     1. Muster: Einfacher Aufhebungsvertrag
     2. Erläuterungen und Varianten
       [1] Aufhebungsvertrag 46
       [2] Beendigungszeitpunkt 53
       [3] Abfindung 57
       [4] Arbeitszeugnis 63
       [5] Tatsachenvergleich Urlaub 67
       [6] Abgeltungsklausel 71
       [7] Belehrung 74
   II. Zwischenzeugnis und endgültiges Zeugnis
     1. Muster: Zwischenzeugnis und endgültiges Zeugnis mit Notenstufe und Schlussformulierung
     2. Erläuterungen und Varianten
       [1] „Vereinbarung" einer Notenstufe 78
       [2] Zwischenzeugnis 83
       [3] Endzeugnis 84
       [4] Schlussformulierung 85
       [5] Versendung 86
   III. Freistellung
     1. Muster: Unwiderrufliche Freistellung bis zur rechtlichen Beendigung des Arbeitsverhältnisses
     2. Erläuterungen und Varianten
       [1] Einvernehmliche unwiderrufliche Freistellung 88
       [2] Fortzahlung der Vergütung 91

[3] Anrechnung von Urlaub und Nebenverdienst; Wettbewerbsverbot 94	2. Erläuterungen und Varianten [1] Privatnutzung auch bei Freistellung .... 108 [2] Rückgabepflicht .... 111 [3] Alternativen 112
IV. Vorzeitiges Lösungsrecht 1. Muster: Vorzeitiges Lösungsrecht 2. Erläuterungen [1] Lösungsrecht: auflösende Bedingung .... 97 [2] Anzeigefrist .... 100 [3] Erhöhung der Abfindung 101	VII. Betriebliche Altersversorgung 1. Muster: Übertragung Betriebliche Altersversorgung 2. Erläuterungen und Varianten [1] Betriebliche Altersversorgung ... 115 [2] Übertragung einer versicherungsförmigen Altersversorgung 123
V. Outplacement-Maßnahmen 1. Muster: Outplacementberatung 2. Erläuterungen [1] Outplacementberatung .... 104 [2] Kostentragung .... 105 [3] Zeitliche Begrenzung 106	VIII. Nachvertragliches Wettbewerbsverbot 1. Muster: Aufhebung eines nachvertraglichen Wettbewerbsverbots 2. Erläuterungen und Varianten [1] Nachvertragliches Wettbewerbsverbot .... 126 [2] Abgeltungsklausel 131
VI. Dienstwagen 1. Muster: Weiternutzung von Dienstwagen	

A. Bausteine für Kündigungsschreiben

I. Kündigungsschreiben

1. Muster: Einfaches Kündigungsschreiben

▶ Sehr geehrte Frau,[1]

hiermit kündigen wir das mit Ihnen bestehende Arbeitsverhältnis ordentlich unter Einhaltung der vertraglich vereinbarten Kündigungsfrist.[2] Dies ist nach unserer Rechnung der ▬▬[3]

▬▬

Mit freundlichen Grüßen[4] ◀

2. Erläuterungen

[1] **Zugang/Zustellung.** Die Kündigung ist eine einseitige, empfangsbedürftige Willenserklärung. Sie entfaltet ihre Rechtswirksamkeit in dem Moment, in dem sie dem Erklärungsempfänger zugeht. Die in der schriftlichen Erklärung verkörperte Kündigung geht unter Anwesenden durch Übergabe des Kündigungsschreibens zu; unter Abwesenden gem. § 130 BGB in dem Moment, in der die Kündigung dergestalt in den Herrschaftsbereich des Empfängers gelangt, dass dieser jederzeit hiervon Kenntnis nehmen kann (BAG 11.6.1959 – 2 AZR 334/57, AP BGB § 130 Nr. 1; 16.1.1976 – 2 AZR 619/74, NJW 1976, 1284). Da von dem Zeitpunkt des Zugangs der Kündigung zahlreiche Fristen abhängig sind – die Kündigungserklärungsfrist des § 626 Abs. 2 BGB, die Berechnung der Kündigungsfrist nach § 622 BGB, und natürlich die Klagefrist des § 4 KSchG – kommt es in der Praxis entscheidend darauf an, dass dieser Zeitpunkt genau nachvollzogen und ggf bewiesen werden kann.

Der Kündigende trägt grundsätzlich das Übermittlungsrisiko (BAG 8.12.1984 – 2 AZR 337/82, AP BGB § 130 Nr. 12). Bei Einwurf in den Hausbriefkasten tritt der Zugang in dem Zeitpunkt ein, indem üblicherweise mit der Leerung des Briefkastens gerechnet werden kann. Hierbei kommt es aus Gründen der Rechtsicherheit auf den Zeitpunkt der ortsüblichen Postzustellzeiten an (BAG 22.3.2012 – 2 AZR 224/11, NZA 2012, 1320; Einzelheiten HaKo-KSchR/*Fiebig/Mestwerdt* Einl. Rn 33 ff). Unabhängig von der Tatsache, dass nach Möglichkeit die persönliche Übergabe unter Hinzuziehung eines Zeugen oder gegen Empfangsbestätigung vorzuziehen ist, sollte beim Ausspruch der Kündigung und dem Zugang unter Abwesenden von Beginn an eine möglichst lückenlose Sicherstellung der Beweiskette gedacht werden. So sollte der Bote, der das Kündigungsschreiben in den Hausbriefkasten werfen soll, Kenntnis vom Inhalt des Schreibens haben, welches er übermittelt. Dies gilt umso mehr, wenn die Kündigung durch mehrere Hände geht, bevor sie in den Hausbriefkasten eingeworfen wird, zB unter Einschaltung eines Postzustellservices (im Einzelnen: HaKo-KSchR/*Fiebig/ Mestwerdt* aaO Rn 56 ff).

4 **[2] Schriftform.** § 623 BGB konstituiert die Schriftform für die Kündigungserklärung nach § 126 Abs. 1 BGB. Die Kündigungserklärung muss in einer Urkunde enthalten sein. Das setzt eine schriftliche Verkörperung voraus. Die Urkunde selbst kann auf jede Weise (Druck, Fotokopie etc.) gefertigt, in jeder Sprache abgefasst und auf beliebigen Material niedergelegt sein (vgl HaKo-KSchR/*Fiebig/Spengler* § 623 BGB Rn 15 mwN). Die Urkunde muss von dem Aussteller eigenhändig durch Namensunterschrift oder mittels notariell beglaubigten Handzeichens unterzeichnet werden (HaKo-KSchR/*Fiebig/Spengler* § 623 BGB Rn 17).

5 Im Urkundstext selbst muss **das Wort „Kündigung"** nicht enthalten sein (*Preis/Gotthardt*, NZA 2000, 348, 351). Endscheidend ist, dass der Wille, das Arbeitsverhältnis durch einseitige Willenserklärung für die Zukunft lösen zu wollen, eindeutig, ggf nach Auslegung, zum Ausdruck kommt (BAG 11.6.1959 – 2 AZR 334/57, AP BGB § 130 Nr. 1).

6 Grundsätzlich muss ein **Kündigungsgrund** zur Wahrung der Form des § 623 BGB nicht genannt sein (BAG 16.9.2004 – 2 AZR 447/03, AP BGB § 611 Kirchendienst Nr. 44). Für eine solche Auslegung bietet § 623 BGB keinen Anhaltspunkt. Gegen das Erfordernis den Kündigungsgrund zu nennen, spricht insbesondere, dass der Gesetzgeber bei Formvorschriften in Spezialgesetzen eine ausdrückliche Regelung zur Nennung der Gründe geschaffen hat (zB § 23 Abs. 3 BBiG; § 9 Abs. 3 S. 2 MuSchG).

7 Beim Ausspruch einer ordentlichen Kündigung ist die **Angabe des Beendigungszeitpunktes** ebenfalls nicht Voraussetzung für die Formwirksamkeit der Kündigung (LAG Köln 6.10.2005 – 6 Sa 843/05, NZA-RR 2006, 353). Die Kündigung wirkt in diesem Fall grundsätzlich zum nächst zulässigen Termin (BAG 18.4.1985 – 2 AZR 197/84, NZA 1986, 229). Dieser Termin lässt sich anhand des Zugangszeitpunkt sowie der maßgeblichen Frist aus Gesetz oder Vertrag errechnen.

8 Schließlich erfordert § 623 BGB zur Wahrung der Schriftform nicht, dass sich aus der Urkunde selbst eindeutig ergibt, ob es sich um eine ordentliche oder außerordentliche Kündigung handelt (*Preis/Gotthardt*, NZA 2000, 348, 351). Die Kündigung ist nicht unwirksam, wenn nicht eindeutig hervorgeht, ob diese als fristgemäße oder fristlose gewollt ist. Es genügt, wenn ggf nach Auslegung feststeht, dass die Beendigung des Arbeitsverhältnisses gewollt ist. Unklarheiten, zu welchem Zeitpunkt die Kündigung wirken soll, gehen im Zweifel zulasten des Kündigenden (BAG 11.6.1959 aaO). In diesem Fall wirkt die Kündigung dann als ordentliche.

9 **[3] Frist und Umdeutung.** Es ist allerdings aus Gründen der Rechtsklarheit zu empfehlen, bei einer ordentlichen Kündigung einen Beendigungstermin im Kündigungsschreiben zu nennen. Kommt es bei der Fristberechnung zu einem Fehler, so ist zu unterscheiden:

10 a) Wählt der Kündigende eine zu lange Frist (zB 31.08. anstatt des 31.07) so gilt die Kündigung zu dem in der Kündigung benannten Termin. Bei den Kündigungsfristen des § 622 BGB bzw solcher im Arbeitsvertrag, handelt es sich um Mindestfristen, von denen zugunsten des Arbeitnehmers abgewichen werden darf (ErfK/*Müller-Glöge*, § 622 BGB Rn 34). Nach allgemeiner Meinung können jedoch durch die Einhaltung einer Kündigungsfrist, die länger als die gesetzliche oder vertraglich vereinbarte Kündigungsfrist ist, die gesetzlich vorgeschriebe-

nen **Kündigungstermine** nicht verändert werden (BAG 21.8.2008 – 8 AZR 201/07, NZA 2009, 29). Kündigt der Arbeitgeber also beispielsweise das Arbeitsverhältnis mit einer verlängerten Frist von fünf Monaten zum 17.10., so soll eine „sachgerechte" Auslegung ergeben, dass der Arbeitgeber die Kündigung zum zulässigen Kündigungstermin, dh zum 31.10., aussprechen wollte (BAG aaO S. 31).

b) Wählt der Kündigende versehentlich eine zu kurz bemessene Kündigungsfrist, so ist abermals zu unterscheiden: **11**

aa) Ergibt sich aus dem Kündigungstext durch Auslegung, dass der Kündigende grundsätzlich zum „richtigen" Kündigungstermin kündigen wollte, so endet das Arbeitsverhältnis ohne Weiteres zu dem dann korrekten Kündigungsdatum. Für die Auslegung sind einerseits der Wortlaut des Kündigungsschreibens, aber auch außerhalb des Kündigungsschreibens liegende Umstände heranzuziehen. Für eine entsprechende Auslegung kann zB sprechen, dass die Kündigung unter Hinweis auf die gesetzliche oder tarifliche Kündigungsfrist ausgesprochen wurde (BAG 20.6.2013, 6 AZR 805/11). Entsprechendes gilt für die Formulierung, wonach die Erklärung „hilfsweise zum nächstmöglichen Zeitpunkt" wirken solle (BAG 9.09.2010 – 2 AZR 714/08, AP BGB § 622 Nr. 66). Ebenso können erkennbare Verzögerungen im Postlauf für eine Auslegung einer Kündigung mit zu kurzer Kündigungsfrist zum rechtlich zutreffenden späteren Kündigungstermin herangezogen werden (BAG 1.9.2010 – 5 AZR 700/09, NZA 2010, 1409). **12**

bb) Kann die Kündigung aufgrund des eindeutigen Wortlauts nicht dahin gehend ausgelegt werden, es solle zum nächstzulässigen Termin gekündigt werden (BAG 12.7.2007 – 2 AZR 492/05, NZA 2008, 476), so kann die Kündigung im Zweifel in eine Kündigung zum nächstzulässigen Termin umgedeutet werden (§ 140 BGB). Voraussetzung für eine Umdeutung ist die Rechtswidrigkeit eines Rechtsgeschäftes, welche durch den eindeutigen Wortlaut und damit verbundene eindeutige Wahl eines falschen Beendigungspunktes feststeht. Eine Umdeutung in eine Kündigung zu einem späteren Zeitpunkt ist allerdings nur möglich, sofern die Kündigung innerhalb der Frist des § 4 KSchG angegriffen worden ist. Nach Ablauf der Dreiwochenfrist tritt die Fiktionswirkung des § 7 KSchG ein. Die Kündigung wird so, wie sie ausgesprochen wurde, rechtswirksam. Also auch mit der zu kurzen Kündigungsfrist (BAG 1.9.2010, aaO). **13**

cc) An dieser Stelle sei darauf hingewiesen, dass der 2. und der 5. Senat des Bundesarbeitsgerichtes diese Frage zuletzt uneinheitlich beantwortet haben. So lässt der 2. Senat eine großzügigere Anwendung der Auslegungsmöglichkeiten zu. Nach dessen Rechtsprechung sei im Regelfall davon auszugehen, dass der Arbeitgeber zum richtigen Kündigungstermin kündigen wolle (BAG 15.12.2005 – 2 AZR 148/05, NZA 2006, 791). Der 2. Senat des BAG hat zudem angenommen, dass eine Umdeutung immer dann ausscheidet, wenn sich aus der Kündigung und im Rahmen der Auslegung zu berücksichtigenden Umstände des Einzelfalles ein Wille des Arbeitgebers ergebe, die Kündigung nur zum erklärten Zeitpunkt gegen sich geltend zu lassen (BAG 15.12.2005 aaO, so jetzt auch der 6. Senat v. 20.6.2013). **14**

Der Auffassung des 2. Senates kann nicht gefolgt werden. Zunächst einmal ist die Annahme eines Regelfalls, dass der Arbeitgeber immer zum richtigen Zeitpunkt habe kündigen wollen, zu weitgehend. Insbesondere gibt es eine Vielzahl von Fällen, in denen die richtige Kündigungsfrist im Streite steht, zB bei der Frage der Anwendbarkeit tarifvertraglicher Fristen, Anrechnung Vorbeschäftigungszeiten oder einem Betriebsübergang. Die sehr rigide Handhabung des Umdeutungsrechts des 2. Senates stößt ebenfalls nicht auf Zustimmung. Die Um- **15** deutung nach § 140 BGB erfordert die Feststellung darüber, was die Parteien im Zeitpunkt des Vertragsabschlusses bei Kenntnis der Nichtigkeit vereinbart hätten (hypothetischer Wille). Dabei ist auf den von den Parteien verfolgten Zweck unter Berücksichtigung ihrer beiderseitigen Interessenlage abzustellen. Es muss daher geprüft werden, ob es Anhaltspunkte dafür gibt, dass der Arbeitgeber bei Kenntnis der fehlerhaften Kündigungsfrist und damit der Unwirksamkeit der Kündigung gleichwohl an dieser Kündigung festgehalten oder stattdessen die Kündigung zum nächsten Termin ausgesprochen hätte. Hierbei ist grundsätzlich Letzteres anzunehmen, weil regelmäßig kein Grund dafür ersichtlich ist, dass der Arbeitgeber einen mit zu kurzer Frist gekündigten Arbeitnehmer lieber weiter beschäftigen will, als die Kündigung zum nächstzulässigen Termin wirken zu lassen. Wirtschaftlich betrachtet geht es dem Arbeitgeber um die Beendigung des Arbeitsverhältnisses (APS/*Linck*, § 622 Rn 66 b).

16 dd) In der hier vorgeschlagenen Formulierung soll diesem Streit der Senate im Interesse des Kündigenden begegnet werden. Durch den Zusatz „dies ist nach unserer Berechnung der..." ist sowohl nach der Rechtsprechung des 5. wie auch nach der Rechtsprechung des 2. Senates stets eine Auslegung möglich. Aber auch im Falle einer Umdeutung würde die Rechtsprechung des 2. Senates zum Ausschluss der Umdeutungsmöglichkeit nicht zum Tragen kommen, da dokumentiert ist, dass es dem Arbeitgeber gerade nicht auf ein bestimmtes Datum ankommt.

17 **[4] Unterschrift.** Neben dem Urkundentext ist zur Wahrung der Schriftform die eigenhändige Unterschrift des Ausstellers erforderlich. Es genügt die Unterschrift mit dem Familiennamen ohne Hinzuziehung eines Vornamens. Auf eine Lesbarkeit kommt es nicht an. Es genügt das Vorlegen eines die Identität des unterschreibenden ausreichend kennzeichnenden Schriftzuges der individuelle und entsprechend charakteristische Merkmale aufweist, die die Nachahmung erschweren, der sich als Wiedergabe eines Namens darstellt und der die Absicht einer vollen Unterschriftsleistung erkennen lässt, selbst wenn er nur flüchtig niedergelegt und von einem starken Abschleifungsprozess gekennzeichnet ist (BAG 20.9.2006 – 6 AZR 82/06, NZA 2007, 377; im Einzelnen: HaKo-KSchR/*Fiebig*/*Sprenger* § 623 Rn 16 ff).

18 **[5] Kein Hinweis auf Arbeitssuchendmeldung.** Nicht mit aufgenommen haben wir den immer noch in Kündigungen zu findenden Hinweis auf das Erfordernis, sich nach Zugang der Kündigung persönlich bei der zuständigen Agentur für Arbeit, arbeitsuchend zu melden. Hintergrund für diese Formulierung war die Einführung der § 2 Abs. 2, S. 2 Nr. 3 iVm § 37 b SGB III zum 1.1.2002. Hier wurde den Arbeitgebern im Rahmen der Arbeitsförderung aufgegeben, dass sie insbesondere Arbeitnehmer vor der Beendigung des Arbeitsverhältnisses frühzeitig über die Notwendigkeit eigener Aktivitäten sowie über die Verpflichtungen unverzüglicher Meldung beim Arbeitsamt informieren sollen. Da offen war, ob dem Arbeitgeber bei Nichtbeachtung dieser Pflicht, Schadenersatzansprüche drohen, wurden im Zuge dieser Gesetzesänderung die Aufnahme eines entsprechenden Hinweises in das Kündigungsschreiben empfohlen. Das Bundesarbeitsgericht hat mittlerweile entschieden, dass eine allgemeine vertragliche Nebenpflicht des Arbeitgebers, den Arbeitnehmer über eine frühzeitige Meldung bei der Agentur für Arbeit zu informieren, nicht bestehe (BAG 29.9.2005 – 8 AZR 571/04, NZA 2005, 1406). Folglich drohen dem Arbeitgeber bei Unterlassung dieser Pflicht keine Schadenersatzansprüche des gekündigten Arbeitnehmers. Grundsätzlich ist der Arbeitgeber regelmäßig nicht verpflichtet, den Arbeitnehmer – auch bei einvernehmlicher Vertragsbeendigung – über mögliche sozialrechtliche Konsequenzen aufzuklären. Nimmt der Arbeitgeber gleichwohl, ohne hierzu verpflichtet zu sein, zu möglichen sozialrechtlichen Folgen Stellung, so haftet er unter Umständen auf Schadenersatz wegen einer falschen Auskunft (BAG 13.11.1984 –

3 AZR 255/84, BAGE 47, 169). Hierbei ist insbesondere zu beachten, dass man nach wie vor sehr häufig den Hinweis auf die Verpflichtung zur unverzüglichen Arbeitssuchendmeldung nach § 37b SBG III liest, obschon diese Vorschrift nicht mehr besteht. Mittlerweile ist diese Pflicht in § 38 SBG III geregelt. Aufgrund der Fehlerträchtigkeit eines Hinweises zur Verpflichtung der Arbeitssuchendmeldung wird empfohlen, diese Hinweise gänzlich zu unterlassen.

II. Einseitige unwiderrufliche Freistellung
1. Muster: Einseitige unwiderrufliche Freistellung unter Anrechnung auf Resturlaub und Überstunden[1]

▶ Gleichzeitig stellen wir Sie ab sofort/ab dem ... unwiderruflich[2] von der Erbringung der Arbeitsleistung frei. Auf die Zeit der Freistellung rechnen wir Ihre Urlaubsansprüche[3] sowie das Guthaben auf ihrem Arbeitszeitkonto[4] vollständig an. Sie unterliegen während der Freistellung weiter dem vertraglichen Wettbewerbsverbot. Anderweitiger Verdienst während der Freistellung, die nicht mehr der Urlaubsgewährung dient, wird entsprechend § 615 S. 2 BGB auf Ihre vertragliche Vergütung angerechnet.[5] ◀

2. Erläuterungen

[1] **Einseitige Freistellung.** Die Hauptpflichten des Arbeitsverhältnisses bestehen in der Arbeitspflicht des Arbeitnehmers und der Vergütungszahlungspflicht des Arbeitgebers. Mit der Arbeitspflicht des Arbeitnehmers verknüpft ist aber der vom BAG aus Art. 2 und 12 GG hergeleitete Beschäftigungsanspruch (s. bereits BAG 10.11.1955 – 2 AZR 591/54, AP BGB § 611 Beschäftigungspflicht Nr. 2). Eine Arbeitsleistung ist nicht nur ein Wirtschaftsgut; sie gestaltet wesentlich das Leben des Arbeitnehmers und bestimmt dadurch maßgeblich seine Persönlichkeit (ErfK/*Schmidt*, Art. 2 GG Rn 82).

Durch eine einseitige Freistellungserklärung greift der Arbeitgeber in diese grundgesetzlich geschützte Rechtsposition ein. Für einen solchen Eingriff bedarf es für den Arbeitgeber überwiegender und schutzwürdiger Interessen (BAG GS 27.2.1985 – GS 1/84, AP BGB § 611 Beschäftigungspflicht Nr. 14). Allein der Ausspruch einer Kündigung begründet kein allgemeines Freistellungsrecht des Arbeitgebers (ErfK/*Preis*, § 611 BGB Rn 570). Ein solches überwiegendes und schutzwürdiges Interesse kann vorliegen
- bei Verdacht schwerer, gegen das Unternehmen gerichteter Arbeitsvertragsverletzungen, zB Wettbewerbsverstößen, Verrat von Betriebsgeheimnissen,
- bei der konkreten Befürchtung, der Arbeitnehmer werde zur Konkurrenz wechseln,
- bei Einblicksmöglichkeiten des Arbeitnehmers in wichtige, vertrauliche Vorgänge oder
- bei ersatzlosem Wegfall sämtlicher Beschäftigungsmöglichkeiten, zB Schließung des Betriebs oder der Betriebsabteilung (*Bauer*, Aufhebungsverträge IV Rn 11).

Diesem Interesse des Arbeitgebers muss das Beschäftigungsinteresse des Arbeitnehmers gegenüber gestellt werden. Hierbei sind alle Umstände des Einzelfalles zu berücksichtigen, insbesondere die Dauer der Kündigungsfrist sowie die Art der zu leistenden Tätigkeit des Arbeitnehmers. Je höherwertiger, je spezieller, je trainingsintensiver eine Tätigkeit, umso gewichtiger müssen die Gründe für den Arbeitgeber sein, eine einseitige Freistellung zu erklären (*U. Fischer* NZA 2004, 233, 236). Ebenso ist eine Freistellung für den Arbeitgeber kaum begründbar, wenn die von ihm erklärte Kündigung bereits offenkundig unwirksam ist (BAG GS 27.2.1985 aaO).

23 Aufgrund der relativ kurzen Laufzeit der Kündigungsfristen steht dem Arbeitnehmer nur die Möglichkeit offen, sich gegen eine unberechtigte Freistellung im Rahmen der einstweiligen Verfügung zur Wehr zu setzen.

24 Ob der Arbeitgeber dieser Konstellation vorbeugen kann, indem er bereits im Arbeitsvertrag die Möglichkeit einer Freistellung nach Ausspruch einer Kündigung mit aufnimmt, ist umstritten. Gegen die formularmäßige Vereinbarung eines Freistellungsrechts bereits im Arbeitsvertrag spricht vor allem, dass es sich bei der Beschäftigungspflicht um eine Kardinalpflicht des Arbeitgebers handelt, in die gem. § 307 Abs. 1 und 2 BGB nicht durch allgemeine Geschäftsbedingungen eingegriffen werden kann (zum Streitstand: ErfK/*Preis*, § 611 BGB Rn 569).

25 **[2] Unwiderrufliche Freistellung.** Die Erklärung des Arbeitgebers ist grundsätzlich der Auslegung zugänglich. Die Verwendung anderer Formulierungen (zB „Beurlaubung", „Suspendierung", etc.) ist unschädlich. Entscheidend ist das tatsächlich Gewollte. Es ist in diesem Zusammenhang aber darauf hinzuweisen, dass das Bundesarbeitsgericht bei fehlender Angabe, ob eine Freistellung widerruflich oder unwiderruflich erfolgen soll, stets davon ausgeht, die Freistellung solle lediglich widerruflich erklärt werden (BAG 14.3.2006 – 9 AZR 11/05, NZA 2006, 1008; 30.5.2006 – 1 AZR 25/05, NZA 2006, 1122). Die Unwiderruflichkeit kann aber auch aus der Auslegung der Erklärung folgen, wenn zB die weder als unwiderruflich noch widerruflich bezeichnete Freistellung mit der Anrechnung von Urlaubsansprüchen verbunden ist (*Günther* ArbRAktuell 2009, 127).

26 Durch den einseitigen Verzicht des Arbeitgebers auf die Erbringung der Arbeitsleistung durch den Arbeitnehmer gerät der Arbeitgeber in der Regel in Annahmeverzug nach § 615 BGB. Der Arbeitnehmer verliert seinen Vergütungsanspruch grundsätzlich also nicht.

27 Für den Vergütungsanspruch während der Freistellung ist es also unerheblich, ob diese in der Freistellungserklärung zugesichert wird oder nicht. Eine Ergänzung, mit der die „Fortzahlung der Vergütung" zugesichert wird, ist zu bedenken, da der Arbeitgeber uU Gefahr läuft, Arbeitsentgelt auch dann zu leisten, wenn hierzu, zB wegen lang dauernder Erkrankung, keine anderweitige Verpflichtung besteht.

28 Bei der einseitigen unwiderruflichen Freistellung hat sich das aus dem Besprechungsergebnis der Spitzenorganisationen der Sozialversicherungsträger vom 5./6.7.2005 ausgelöste Problem des endenden (Sozial-)Versicherungsschutzes nicht gestellt, da sich dieses nur auf einvernehmliche Freistellungen, zB in einem Aufhebungsvertrag, bezogen hat (*Bergwitz* NZA 2009, 518).

29 Es ist jedoch sorgsam abzuwägen, ob, wie hier vorgeschlagen, eine unwiderrufliche Freistellung erklärt wird, da ab Zugang für den Arbeitgeber keine Möglichkeit besteht, den entsprechend freigestellten Mitarbeiter zurückzuholen, zB bei krankheitsbedingten Personalengpässen oder für die Übergabe seiner Tätigkeiten. Anderseits bietet die unwiderrufliche Freistellung bequemere Möglichkeiten, Urlaub anzurechnen (siehe nachfolgend [3]).

30 **[3] Resturlaubsansprüche.** Stellt der Arbeitgeber den gekündigten Arbeitnehmer von der Arbeitsleistung unwiderruflich frei, so liegt es in der Regel in seinem ureigensten Interesse, auf die Zeiten der Freistellung Resturlaubsansprüche des Arbeitnehmers anzurechnen, um nicht noch zusätzlich am Ende des Arbeitsverhältnisses eine Urlaubsabgeltung nach § 7 Abs. 4 BUrlG leisten zu müssen. Die unwiderrufliche Freistellung allein genügt nicht für eine wirksame Urlaubsgewährung. Es ist erforderlich, die Anrechnung auf Resturlaubsansprüche ausdrücklich zu erklären (*Bauer* NZA 2007, 409, 410).

Stellt der Arbeitgeber den Arbeitnehmer bei Ausspruch der Kündigung unter Anrechnung der Urlaubsansprüche unwiderruflich von der Arbeitsleistung frei, ist davon auszugehen, dass der Arbeitgeber dem Arbeitnehmer die zeitliche Festlegung der Urlaubszeit überlässt, im Übrigen die Annahme der Arbeitsleistung des Arbeitnehmers ablehnt und so gem. § 293 BGB in Annahmeverzug gerät (BAG, 6.9.2006 – 5 AZR 703/05, NZA 2007, 36). Der hiesige Formulierungsvorschlag folgt der Annahmeverzugslösung, also der Annahme, dass der Arbeitgeber die Arbeitsleistung nicht mehr abruft, soweit nicht Urlaub gewährt wird. Ansatzpunkt für diese Auslegung des vorliegenden Vorschlages ist auch die hierin erklärte Anrechnung von Nebenverdienst nach § 615 S. 2 BGB. Kürzlich hat das BAG klargestellt, dass es der Festlegung der Lage der anzurechnenden Urlaubstage nicht bedarf und sogar eine rechtswidrige Freistellung unter Anrechnung von Resturlaub etwaige Urlaubsansprüche erfüllt (BAG 16.7.2013 – 9 AZR 50/12). 31

Nur mit einer unwiderruflichen Freistellung für die Dauer des Urlaubs ist es dem Arbeitnehmer möglich, anstelle der geschuldeten Arbeitsleistung die ihm aufgrund des Urlaubsanspruch zustehende Freizeit uneingeschränkt zu nutzen (*Jacobsen* in: Moll, MAH ArbeitsR § 27 Rn 58). Da auch der „normalen" Urlaubsgewährung der Widerruf fremd ist, kann eine nur widerrufliche Freistellungserklärung auch nicht unter Anrechnung auf Urlaub erfolgen. 32

Ist der Arbeitnehmer mit der einseitigen Festlegung nicht einverstanden, hat er dies dem Arbeitgeber unverzüglich mitzuteilen. Unterbleibt eine solche Mitteilung, kann der Arbeitgeber davon ausgehen, der Arbeitnehmer lege die Urlaubszeit innerhalb der Kündigungsfrist selbst fest. Ein späteres Urlaubsabgeltungsverlangen des Arbeitnehmers wäre rechtsmissbräuchlich (§ 242 BGB) und deshalb nicht begründet (BAG 6.9.2006 aaO). 33

Übersteigt der Resturlaubsanspruch die Kündigungsfrist, so verbleibt ein Rest, der nach § 7 Abs. 4 BUrlG abzugelten ist. Der Urlaubsanspruch ist nicht abdingbar. 34

[4] **Arbeitszeitkonto.** Der Arbeitgeber erfüllt den sich aus einem Arbeitszeitkonto ergebenden Freizeitausgleichsanspruch regelmäßig durch Freistellung des Arbeitnehmers von seiner Pflicht, Arbeitsleistungen zu erbringen. Hierfür genügt auch eine nur widerrufliche Freistellung (BAG 19.5.2009 – 9 AZR 433/08, NZA 2009, 1211). 35

[5] **Anrechnung Nebenverdienst und Wettbewerbsverbot.** Eine Regelung, wie mit eventuell erzieltem Nebeneinkommen zu verfahren ist, ist ratsam. Grundsätzlich kommt ohne ausdrückliche Erklärung eine Anrechnung nur in Betracht, soweit Annahmeverzugsansprüche im Raum stehen (§ 615 S. 2 BGB). Versteht man die Freistellung als Angebot auf Abschluss eines Erlassvertrags (§ 397 BGB), so scheidet eine Anrechnung mangels Annahmeverzug grundsätzlich aus. Aber auch für die Dauer eines gewährten Urlaubs scheidet eine Anrechnung mangels Annahmeverzug aus. Aus diesem Grund sollte, der Klarheit dienend, auf die Anrechnung hingewiesen werden. 36

Wird anderweitiger Verdienst jedoch angerechnet, wertet das BAG diese Erklärung als konkludenten Verzicht auf das vertragliche Wettbewerbsverbot (BAG 6.9.2006 aaO), da der Arbeitgeber hierdurch zu verstehen gebe, ihn störten Wettbewerbshandlunge nicht (mehr). Diese Rechtsprechung überzeugt nicht, da solche Wettbewerbsverstöße als Grund für eine einseitige Freistellung herangezogen werden können und diese auch gerade verhindern sollen (s.o. Rn 2). Gleichwohl empfiehlt sich dringend, in der Freistellungserklärung hierauf ausdrücklich hinzuweisen. 37

III. Urlaubsgewährung bei unwiderruflicher Freistellung und jahresübergreifender Kündigungsfrist

1. Muster: Jahresübergreifende Kündigungsfrist[1]

38

151 ▶ Die Gewährung der Urlaubsansprüche umfasst nicht nur den Teilurlaubsanspruch bis zum Ablauf der Kündigungsfrist, sondern vorsorglich darüber hinaus auch noch den unserer Rechtsauffassung nach nicht geschuldeten Urlaub, der sich aus der Differenz zwischen dem Teilurlaub und dem gesamten Jahresurlaub ergibt. ◀

2. Erläuterungen

39 [1] **Unwiderrufliche Freistellung und jahresübergreifende Kündigungsfrist.** Problematisch kann die Urlaubsgewährung bei unwiderruflicher Freistellung bei einer jahresübergreifenden Kündigungsfrist werden. Denn zunächst einmal „gewährt" der Arbeitgeber mit der Freistellungserklärung teilweise bereits Urlaub, der noch nicht entstanden ist. Zum anderen tritt ein Problem dann auf, wenn der Arbeitnehmer später in seinem Kündigungsschutzprozess obsiegt und sich dann auf den vollen Urlaubsanspruch aus dem „Rumpfjahr" beruft. Das BAG hat in einer Entscheidung vom 17.5.2011 klargestellt, dass der Arbeitgeber die Freistellungserklärung zum Zweck der Erfüllung des Urlaubsanspruchs auch im Vorgriff auf das nächste Urlaubsjahr abgeben kann, soweit kein abweichender Festlegungswunsch des Arbeitnehmers verbindlich ist (BAG 17.5.2011 – 9 AZR 189/10, NZA 2011, 1032).

40 Um jedoch den im Falle seines Unterliegens bestehenden vollen Jahresurlaub in Natur zu gewähren und damit zum Erlöschen zu bringen, bedarf es der ausdrücklichen Erklärung durch den Arbeitgeber schon in der Freistellung. Fehlt es hieran, so gehen Zweifel zulasten des Arbeitgebers: weil dieser bei der Freistellung davon ausgeht, dass die Kündigung wirksam ist, erfasst die Urlaubsgewährung aus Sicht des Erklärungsempfängers auch nur den in diesem Fall entstehenden Teilurlaubsanspruch. Die Differenz zum Vollurlaubsanspruch bleibt bestehen und kann später genommen bzw abgegolten werden (BAG 17.5.2011 aaO). Dies hat zur Konsequenz, dass der Arbeitgeber, um diese Folge zu vermeiden, in diesen Konstellationen eine ergänzende Formulierung in die Freistellungserklärung mit aufnehmen sollte.

IV. Widerrufliche Freistellung mit Urlaubsgewährung

1. Muster: Einseitige widerrufliche Freistellung mit Urlaubsgewährung

41

152 ▶ Gleichzeitig stellen wir Sie ab sofort/ab dem ▬▬▬ von der Erbringung der Arbeitsleistung frei unter Anrechnung auf Guthaben aus Ihrem Arbeitszeitkonto. Diese Freistellung ist jederzeit widerruflich.[1] Gleichzeitig erteilen wir Ihnen vom ▬▬▬ bis einschließlich ▬▬▬ Erholungsurlaub.[2] ◀

2. Erläuterungen

42 [1] **widerrufliche Freistellung.** Soll die Freistellung nur widerruflich erfolgen, sollte dies auch unmissverständlich zum Ausdruck kommen. Zweifel gehen zulasten des Arbeitgebers. In Anlehnung an das BA (BAG 19.5.2009 aaO) kann die widerrufliche Freistellung (nur) unter Anrechnung auf Guthaben aus einem Arbeitszeitkonto erfolgen.

43 [2] **Urlaubsgewährung.** Der Arbeitgeber erfüllt den Urlaubsanspruch des Arbeitnehmers nicht, wenn er ihn nur widerruflich von der Pflicht zur Arbeitsleistung freistellt. Eine Erklärung, den Arbeitnehmer „widerruflich unter Anrechnung auf Resturlaubsansprüche" freizustellen, führt daher nicht zum Erlöschen des Urlaubsanspruchs (BAG 19.5.2009 aaO). Muss der Arbeitnehmer, wie dies für die widerrufliche Freistellung typisch ist, damit rechnen, wie-

der zur Arbeitsleistung herangezogen zu werden, kann er nicht die ihm aufgrund des Urlaubsanspruchs zustehende Freizeit selbstbestimmt nutzen. Erforderlich ist in diesem Fall, dem Arbeitnehmer für einen konkret bestimmten Zeitraum seinen Urlaub zu gewähren.

Auch in diesem Fall der einseitigen Urlaubsgewährung steht dem Arbeitnehmer grundsätzlich das Recht zu, der Gewährung zu widersprechen (Annahmeverweigerungsrecht), sofern es noch andere Möglichkeiten zur Urlaubsgewährung gibt. Eine Annahmeverweigerung, die alleine das Ziel verfolgt, in den Genuss der Urlaubsabgeltung zu kommen, wäre rechtsmissbräuchlich, da eine Urlaubnahme in Natur grundsätzlich der Abgeltung vorgeht (ErfK/*Gallner*, 7 BUrlG Rn 15).

B. Gestaltung von Aufhebungsverträgen

I. Aufhebungsvertrag

1. Muster: Einfacher Aufhebungsvertrag

▶ Zwischen

der X GmbH, vertreten durch den Geschäftsführer ___, Adresse

– nachfolgend: Arbeitgeber –

und Herrn/Frau ___, Adresse

– nachfolgend: Arbeitnehmer –

kommt folgender

Aufhebungsvertrag[1]

zustande:

1. Die Parteien heben das zwischen ihnen bestehende Arbeitsverhältnis auf Veranlassung des Arbeitgebers zum ___[2] einvernehmlich auf.
2. Der Arbeitgeber verpflichtet sich, dem Arbeitnehmer für den Verlust des Arbeitsplatzes eine Abfindung in Anlehnung an die §§ 9, 10 KSchG in Höhe von ___ EUR brutto zu zahlen. Diese Abfindung ist mit Unterschrift dieser Vereinbarung entstanden und damit vererblich. Sie wird mit der rechtlichen Beendigung zur Auszahlung fällig.[3]
3. Der Arbeitgeber verpflichtet sich, dem Arbeitnehmer ein qualifiziertes Arbeitszeugnis zu erstellen und zu übersenden.[4]
4. Die Parteien sind sich darüber einig, dass der dem Arbeitnehmer zustehende Urlaubsanspruch vollumfänglich in Natur genommen wurde.[5]
5. Darüber hinaus besteht Einigkeit, dass mit Erfüllung der vorstehenden Vereinbarung und der ordnungsgemäßen Abrechnung künftig entstehender Monatsentgeltansprüche sämtliche gegenseitigen Ansprüche aus dem Arbeitsverhältnis und anlässlich dessen Beendigung abgegolten und erledigt sind.[6]
6. Der Arbeitnehmer wurde darüber belehrt, dass dieser Aufhebungsvertrag zu Nachteilen beim Bezug von sozialversicherungsrechtlichen Leistungen, insbesondere zu einer Sperrzeit beim Bezug von Arbeitslosengeld, führen kann. Hierüber entscheiden verbindlich allein die zuständigen Sozialversicherungsträger, die zur Erteilung von Auskünften berufen und verpflichtet sind.[7]

___

Ort, Datum, Unterschriften ◀

2. Erläuterungen und Varianten

46 **[1] Aufhebungsvertrag.** Eine Möglichkeit das Dauerschuldverhältnis „Arbeitsvertrag" zu beenden, ist neben einer Kündigung, dem Zeitablauf (Befristung), der Fristerreichung, auch der Abschluss eines Aufhebungsvertrages. Die Möglichkeit ergibt sich aus dem Grundsatz der Vertragsfreiheit.

47 a) Gem. § 623 BGB bedarf der Aufhebungsvertrag der **Schriftform**. Als Sondervorschrift ist § 126 Abs. 2 BGB zu beachten. Die Erklärung, das Arbeitsverhältnis einvernehmlich zu einem bestimmten Zeitpunkt beenden zu wollen, muss in einer Urkunde verkörpert sein, die von den vertragschließenden Parteien grundsätzlich auf derselben Urkunde eigenhändig zu unterschreiben ist. Der Austausch einseitiger Erklärungen reicht grundsätzlich nicht aus (BAG 24.10.1972 – 3 AZR 102/72, AP HGB § 74 Nr. 31). Der gesamte Vertragsinhalt muss durch die Unterschrift beider Parteien gedeckt sein. Für die Wahrung der Schriftform genügt nicht der Abschluss eines Aufhebungsvertrages mittels Telefax oder durch den Austausch der elektronischen Form (APS/*Greiner*, Kündigungsrecht II. Teil Rn 27 zu § 623 BGB).

48 Zu beachten ist ferner der Grundsatz der **Urkundeneinheit**. Zwar bedarf es nach § 126 BGB keiner körperlichen Verbindung der einzelnen Blätter der Urkunde, wenn sich deren Zusammengehörigkeit zB aus fortlaufender Paginierung, durchlaufender Nummerierung der Bestimmungen oder vergleichbaren Merkmalen zweifelsfrei ergibt (BGH 21.1.1999 – IX ZR 140-98, NJW 1999, 1105; BAG 7.5.1998 – 2 AZR 55/98, NZA 1998, 1110). Werden einzelne Regelungen nicht in den Vertrag selbst mit aufgenommen, sondern als Anlage beigefügt, so muss sich die Zugehörigkeit der Anlagen zweifelsfrei auf die Gesamturkunde beziehen. Dies kann zB durch eine körperliche Verbindung, aber auch durch Verweisung im Vertragstext selbst oder aber durch gesonderte Unterschrift unter die Anlagen erfolgen (BGH 21.1.1999, aaO). Grundsätzlich genügt für die formwirksame Beendigung aufgrund Aufhebungsvertrag die Herstellung **einer** Urkunde. Die Schriftform wird allerdings auch gewahrt, wenn mehrere, gleichlautende Urkunden aufgenommen werden und jede Partei die für die andere Partei bestimmte Urkunde unterzeichnet (vgl § 126 Abs. 2 S. 2 BGB).

49 Ein gerichtlicher Vergleich, der im Rahmen des § 278 Abs. 6 S. 1 alt. 2 ZPO zustande kommt, wahrt die für den Aufhebungsvertrag erforderliche Schriftform. Dies folgt aus der analogen Anwendung des § 127a BGB, wonach die notarielle Beurkundung bei einem gerichtlichen Vergleich durch die Aufnahme der Erklärungen in ein nach den Vorschriften der ZPO errichtetes Protokoll ersetzt wird (BAG 23.11.2006 – 6 AZR 394/06, NZA 2007, 466).

50 b) Ein Aufhebungsvertrag, der **unter einer Bedingung** abgeschlossen wird, ist unwirksam, wenn und soweit die Bedingung zu einer Umgehung zwingender Kündigungsschutzvorschriften oder sonstiger Arbeitnehmerschutzvorschriften führt. Dies ist der Fall bei einer Bedingung, dass das Arbeitsverhältnis endet, sofern der Arbeitnehmer seine Arbeit nach Beendigung seines Urlaubs nicht wieder aufnimmt (BAG 19.12.1974 – 2 AZR 565/73, NJW 1975, 1531).

51 c) Die in einem von dem Arbeitgeber vorformulierten Aufhebungsvertrag vereinbarte einvernehmliche Beendigung des Arbeitsverhältnisses unterliegt keiner **Angemessenheitskontrolle nach § 307 Abs. 1 S. 1 BGB**. Hierdurch wird nicht von Rechtsvorschriften abgewichen (BAG 8.5.2008 – 6 AZR 517/07, AP BGB § 620 Aufhebungsvertrag Nr. 40). Folglich unterliegt auch die Frage der Höhe der vereinbarten Abfindung keiner Angemessenheitskontrolle. Ein formularmäßig erklärter Klageverzicht allerdings verstößt dann gegen § 307 Abs. 1 BGB, wenn für diesen Klageverzicht von dem Arbeitgeber keine Gegenleistung gewährt wird. Ein

solcher Klageverzicht ist daher unwirksam (BAG 6.9.2007 – 2 AZR 722/06, AP KSchG 1969 § 4 Nr. 62).

d) Vom Aufhebungsvertrag dogmatisch abzugrenzen ist der **Abwicklungsvertrag**. Während der Aufhebungsvertrag als solcher das Arbeitsverhältnis beendet, regelt der Abwicklungsvertrag die Einzelheiten des bereits durch einen anderen Rechtsakt beendeten Arbeitsverhältnisses, zB durch eine arbeitgeberseitige Kündigung oder aufgrund Befristungsabrede. Von den Regelungsgegenständen unterscheidet sich der Abwicklungsvertrag grundsätzlich im Wesentlichen nur in der einleitenden Vorschrift. Die übrigen Inhalte können, so wie vorgeschlagen, verwendet werden.

Eine Formulierung für einen Abwicklungsvertrag könnte lauten:

▶ Die Parteien sind sich darüber einig, dass das zwischen ihnen bestehende Arbeitsverhältnis aufgrund arbeitgeberseitiger Kündigung vom ... /aufgrund Befristungsabrede zum ... enden wird. ◀

[2] **Beendigungszeitpunkt.** Für die Wirksamkeit des Aufhebungsvertrages muss die für eine Kündigung durch den Arbeitgeber zu beachtende Kündigungsfrist nicht eingehalten werden. An eine Frist sind die Vertragsparteien nicht gebunden. So kann die Beendigung des Arbeitsverhältnisses durch Aufhebungsvertrag mit sofortiger Wirkung erklärt werden.

a) Bei einem **Hinauszögern des Beendigungszeitpunktes** über das Ende bei Ausspruch einer fristgebundenen, ordentlichen Arbeitgeberkündigung hinaus, können Konflikte mit dem Befristungsrecht entstehen. Die nachträgliche Befristung eines zunächst unbefristeten Arbeitsverhältnisses bedarf zur Rechtfertigung eines sachlichen Grundes nach § 14 Abs. 1 TzBfG (st. Rspr. BAG, vgl nur 8.7.1998 – 7 AZR 245/97, NZA 1999, 81). Die Erklärung der Parteien muss daher ausgelegt werden. Um zu klären, ob der Vertrag das Arbeitsverhältnis beenden oder aber befristet fortsetzen soll, müssen alle Umstände des Einzelfalls betrachtet werden. Enthält die Vereinbarung Regelungen, wie sie in Aufhebungsverträgen üblich sind, zB Freistellungen, Urlaubsregelungen, Abfindungen, spricht dies für einen Aufhebungsvertrag. Fehlen solche Regelungen und übersteigt die Auslauffrist die jeweilige Kündigungsfrist deutlich, so ist von einer Befristungskontrolle auszugehen (BAG 12.1.2000 – 7 AZR 48/99, AP BGB § 620 Aufhebungsvertrag Nr. 16).

b) Umstritten ist, ob der Aufhebungsvertrag **rückwirkend** abgeschlossen werden kann. Teilweise wird dies unter Hinweis auf die Vertragsfreiheit bejaht. Diese Auffassung ist allerdings dann abzulehnen, wenn auch nach dem später vereinbarten Beendigungsdatum Arbeitsleistung erbracht wurde. Denn so würde dieser Teil des Arbeitsverhältnisses zu einem faktischen Arbeitsverhältnis; dies wäre wenig praktikabel (*Bauer*, Aufhebungsverträge I. Rn 7). Etwas anderes gilt allerdings, wenn das Arbeitsverhältnis außer Vollzug gesetzt wurde (BAG vom 17.12.2009 – 6 AZR 242/09, NJW 2010, 1100). Eine solche Konstellation ist zB bei einer Verrentung des Arbeitnehmers wegen verminderter Erwerbsfähigkeit vorstellbar, wenn das Ende des Arbeitsverhältnisses mit einem rückwirkenden Rentenbeginn synchronisiert werden soll.

c) Eine **Rückdatierung** des Aufhebungsvertrages hingegen ist gem. § 138 Abs. 1 BGB rechtsunwirksam, da eine solche Rückdatierung in der Regel die Absicht verfolgt, eine Abkürzung der Kündigungsfrist zulasten der Bundesagentur für Arbeit herbeizuführen (*Seel*, JA 2006, 366, 367).

[3] **Abfindung.** Meistens – wenn auch nicht zwingend – ist mit einem Aufhebungsvertrag die Zahlung einer Abfindung verbunden.

58 a) Rechtliche Vorgaben, wie ein grundsätzlicher Anspruch oder Regelunge einer rechtlich beanspruchbaren Höhe der Abfindung, existieren nicht. Über die Abfindung ist im Rahmen freier Verhandlungen Einvernehmen herzustellen. Wie bereits ausgeführt, findet eine Angemessenheitskontrolle der Höhe der vereinbarten Abfindung nicht statt.

59 b) Sofern der Aufhebungsvertrag im Zusammenhang mit einer Betriebsänderung im Sinne der § 111 ff. BetrVG abgeschlossen wird, ist aus Sicht des Arbeitgebers darauf zu achten, dass eine bestehende oder noch zu verhandelnde Abfindung aus einem Sozialplan berücksichtigt wird. Auf die Ansprüche aus einem Sozialplan kann ein Arbeitnehmer nicht wirksam verzichten, ohne dass der Betriebsrat zustimmt (§ 77 Abs. 4 S. 2 BetrVG). In diesem Fall sollte die Anrechnung der einzelvertraglich vereinbarten Abfindung auf Ansprüche aus einem Sozialplan vereinbart werden.

Eine solche Formulierung könnte lauten:

▶ Diese Abfindungszahlung erfolgt unter Anrechnung auf Ansprüche aus dem betrieblichen Sozialplan vom ... ◀

60 c) Die Abfindung unterliegt grundsätzlich in voller Höhe der **Einkommenssteuerpflicht**. Es besteht allerdings die Möglichkeit, die sog. „Fünftel-Regelung" in Anspruch zu nehmen (*Bolsmann/Maaß* ArbRAktuell 2011, 287). In einem Aufhebungsvertrag sollte klargestellt werden, dass die Beendigung „auf Veranlassung des Arbeitgebers" erfolgt. Diese Formulierung kann für den Arbeitnehmer nach §§ 24, 34 EStG steuerlich vorteilhaft sein, bindet aber letztlich die Finanzverwaltung nicht (*Lingemann/Groneberg*: NJW 2010, 3496).

61 d) Die Abfindung **entsteht** grundsätzlich erst mit der rechtlichen Beendigung des Arbeitsverhältnisses aufgrund des Aufhebungsvertrages (BAG 27.6.2006 – 1 AZR 322/05, BB 2006, 2027). Endet das Arbeitsverhältnis bereits vor dem vereinbarten Termin aus anderen Gründen, zB der Arbeitnehmer verstirbt oder erhält eine wirksame – fristlose – Kündigung, entfällt daher grundsätzlich auch der Abfindungsanspruch. Insbesondere für den Fall des Versterbens sollte aus Sicht des Arbeitnehmers ausdrücklich mit aufgenommen werden, dass die Abfindung mit Abschluss des Aufhebungsvertrages bereits entstanden und damit vererblich ist. Nur so wird dem Versorgungszweck der Abfindung Rechnung getragen.

62 e) Eine allgemein akzeptierte Regel, dass die Abfindung immer erst mit der rechtlichen Beendigung des Arbeitsverhältnisses **fällig** wird, wenn eine klarstellende Regelung fehlt, existiert nicht (*Klar* NZA 2003, 543). Dies ist im Einzelfall durch Auslegung zu ermitteln (BAG 15.7.2004 – 2 AZR 630/03, NZA 2005, 292). Insoweit sollte auch der Fälligkeitszeitpunkt der Abfindung vereinbart werden.

63 [4] **Arbeitszeugnis**. Ohne besonderes Verlangen erhält der ausgeschiedene Arbeitnehmer lediglich ein einfaches Zeugnis. Gem. § 109 Abs. 1 S. 3 muss der Arbeitnehmer ein sog. qualifiziertes Zeugnis ausdrücklich verlangen.

64 Im Gegensatz zum einfachen Zeugnis, das lediglich Angaben zur Art und Dauer der Tätigkeit enthält, erstreckt sich das qualifizierte Zeugnis auch auf eine Bewertung der Leistung und des Verhaltens des Arbeitnehmers im Arbeitsverhältnis. Um Streitigkeiten vorzubeugen, sollte in einer Aufhebungsvereinbarung ausdrücklich vereinbart werden, dass ein qualifiziertes Zeugnis erteilt werden soll.

65 Das Arbeitszeugnis ist grundsätzlich eine Holschuld. Ein Anspruch auf Übersendung steht dem Arbeitnehmer nur dann zu, wenn das persönliche Abholen unzumutbar ist oder sich der Arbeitgeber mit Erteilung des Zeugnisses in Verzug befindet (BAG 8.31995 – 5 AZR 848/93,

AP BGB § 630 Nr. 21). Zur Klarstellung sollte die Übersendungspflicht des Zeugnisses ausdrücklich mit aufgenommen werden.

Nicht zu empfehlen ist die gleichwohl sehr verbreitete Formulierung, dass ein „wohlwollendes" qualifiziertes Zeugnis geschuldet sei. Die Aufnahme des Wortes „wohlwollend" ist ebenso redundant wie unbestimmt. Eine solche Klausel hätte keinen vollstreckungsfähigen Inhalt (LAG Sachsen Beschl. v. 6.8.2012 – 4 Ta 170/12 (9), NZA-RR 2013, 215). Allerdings sollte nicht nur im gerichtlichen Vergleich, sondern auch bei außergerichtlichen Aufhebungsverträgen von Anfang an vermieden werden, bloße Füllworte zu verwenden, die die rechtliche Durchsetzung im Nachhinein unnötig erschweren. 66

[5] **Tatsachenvergleich Urlaub.** Auf Urlaubsansprüche kann der Arbeitnehmer nicht wirksam verzichten (ErfK/*Gallner*, § 1 BUrlG Rn 13). 67

a) Besteht Streit über die Höhe des gewährten und ggf noch offenen Urlaubs, kann dieser Streit nur über einen sog. **Tatsachenvergleich** beigelegt werden. Zu berücksichtigen ist allerdings, dass ein Tatsachenvergleich nicht dazu führen kann, unstreitige Resturlaubsansprüche zu beseitigen und diese in eine Abfindung „umzuwidmen". Eine solche Vereinbarung wäre gem. § 138 Abs. 1 BGB unwirksam. Unstreitiger Urlaub ist entweder in Natur zu nehmen oder gem. § 7 Abs. 4 BUrlG am Ende des Arbeitsverhältnisses abzugelten. 68

Besteht im Zeitpunkt des Abschlusses des Aufhebungsvertrages ein unstreitiger Resturlaubsanspruch, der nicht über eine Freistellung in Natur genommen wird, empfiehlt sich folgende alternative Formulierung: 69

▶ Die Parteien sind sich darüber einig, dass dem Arbeitnehmer im Zeitpunkt des Abschlusses dieses Aufhebungsvertrages noch ein Urlaubsanspruch in Höhe von ... Urlaubstagen zusteht. Der Arbeitnehmer wird diesen Urlaub im Laufe der Kündigungsfrist in Natur nehmen und zwar vom ... bis ... Ein zum Beendigungszeitpunkt möglicherweise bestehender Rest wird gem. § 7 Abs. 4 BUrlG abgegolten. ◀

b) Ist hingegen das Arbeitsverhältnis im Zeitpunkt des Abschlusses einer Aufhebungs-/Abwicklungsvereinbarung bereits beendet, so kann hingegen auf den Urlaubsabgeltungsanspruch verzichtet werden. Denn in diesem Fall ist bei Abschluss der Beendigungsvereinbarung der Urlaubsabgeltungsanspruch als Geldanspruch bereits entstanden. Nur auf diesen – nicht hingegen auf den Naturalanspruch „Urlaub" – kann verzichtet werden (BAG 14.5.2013 – 9 AZR 844/11). 70

[6] **Abgeltungsklausel.** Im Sinne einer abschließenden Erledigung des Arbeitsverhältnisses kann eine Abgeltungsklausel sinnvoll sein. 71

Rechtlich handelt es sich bei der Abgeltungsklausel um ein wechselseitiges negatives Schuldanerkenntnis im Sinne des § 397 Abs. 2 BGB. Die Abgeltungsklausel erfasst insbesondere Gratifikationsansprüche sowie evtl Rückforderungsklauseln oder Schadensersatzansprüche. Nach Gesetz unverzichtbare Ansprüche werden von der Abgeltungsklausel nicht erfasst. Dies betrifft insbesondere Ansprüche auf Mindesturlaub nach § 7 BUrlG oder Ansprüche aus einer betrieblichen Altersversorgung. 72

Die oft zu lesende Formulierung *„mit ordnungsgemäßer Abrechnung des Arbeitsverhältnisses sind alle wechselseitigen Ansprüche abgegolten"* dient einer endgültigen Klärung nicht. Das Bundesarbeitsgericht hat klargestellt, dass sich bei einer solchen Formulierung die ordnungsgemäße Abrechnung auf das ganze Arbeitsverhältnis bezieht (BAG 17.11.2009 – 9 AZR 765/08, NZA-RR 2010, 293, 296). Dies hat zur Folge, dass durch eine Ergänzung um die 73

Formulierung „nach ordnungsgemäßer Abrechnung" die Abgeltungsklausel schlicht und ergreifend überflüssig wird. Insoweit sollte man im Sinne der Rechtsklarheit herausstellen, dass „künftige" Entgeltansprüche noch abzurechnen sind, damit die Abgeltungsklausel für die Vergangenheit die gewünschte befriedende Wirkung hat.

74 **[7] Belehrung.** Jeder Vertragspartner hat grundsätzlich selbst für die Wahrnehmung seiner Interessen zu sorgen. Hinweis- und Aufklärungspflichten beruhen auf den besonderen Umständen des Einzelfalles und sind das Ergebnis einer umfassenden Interessenabwägung (BAG 11.12.2001 – 3 AZR 339/00, NZA 2002, 1150).

75 Ergreift der Arbeitgeber die Initiative für den Aufhebungsvertrag und erweckt dabei den Eindruck, den Arbeitnehmer vor unbedachten Nachteilen zu bewahren und ihn nicht ohne hinreichende Aufklärung neuen, besonderen Gefahrenquellen auszusetzen, können ggf Belehrungsverpflichtungen entstehen (BAG aaO).

76 Eine Klarstellung in einem Aufhebungsvertrag ist aber sinnvoll. Eine inhaltliche Belehrung oder Beratung wird dem Arbeitgeber in der Regel selbst nicht möglich sein und ist auch nicht geschuldet (ErfK/*Müller-Glöge*, § 620 BGB Rn 12). Weiß oder vermutet er, dass dem Arbeitnehmer wegen des Aufhebungsvertrags sozialrechtliche Nachteile drohen, hat er hierauf hinzuweisen (BAG 10.3.1988 – 8 AZR 420/85, AP BGB § 611 Fürsorgepflicht Nr. 99). Der Arbeitgeber genügt seiner Verpflichtung in der Regel also bereits damit, dass er auf die Möglichkeit eines Nachteils und auf die vorrangige Beratungsmöglichkeit bei dem zuständigen Sozialversicherungsträger hinweist.

II. Zwischenzeugnis und endgültiges Zeugnis

77 **1. Muster: Zwischenzeugnis und endgültiges Zeugnis mit Notenstufe und Schlussformulierung**

▶ Der Arbeitnehmer erhält bis spätestens ... ein qualifiziertes Zwischenzeugnis mit der Leistungs- und Führungsbewertung „gut".[1] Als Ausstellungsdatum wird der ... festgesetzt, als Grund für die Erstellung des Zwischenzeugnisses: *„Dieses Zwischenzeugnis erhält Herr ... auf eigenen Wunsch."*[2]

Mit der rechtlichen Beendigung des Arbeitsverhältnisses[3] erhält der Arbeitnehmer ein auf der Basis des Zwischenzeugnisses erstelltes qualifiziertes Endzeugnis. Das Endzeugnis enthält folgende Schlussformulierung:[4] *„Wir bedauern sein Ausscheiden sehr, bedanken uns für die geleistete Arbeit und wünschen ihm für seine berufliche und private Zukunft alles Gute."*

Sowohl das Zwischenzeugnis als auch das Endzeugnis werden an den Arbeitnehmer versandt.[5] ◀

2. Erläuterungen und Varianten

78 **[1] „Vereinbarung" einer Notenstufe.** Durch die in der Basisversion des Aufhebungsvertrages vorgeschlagene Formulierung werden nur die Grundbedürfnisse des Arbeitnehmers auf Erteilung eines qualifizierten Arbeitszeugnisses befriedigt. Nicht ausgeräumt ist die Gefahr eines sich anschließenden Rechtsstreits über den Inhalt des Arbeitszeugnisses. Insoweit ist grundsätzlich zu empfehlen, nicht nur einen Basisbaustein zu verwenden, sondern sich im Rahmen der Verhandlung der Beendigungsvereinbarung auch idealerweise bereits umfänglich auf einen detaillierten Zeugnistext zu einigen, der dem Aufhebungsvertrag als Anhang beigefügt werden kann.

Eine solche Regelung könnte lauten:

▶ Der Arbeitnehmer erhält das als Anlage beigefügte Arbeitzeugnis. ◀

Anspruch auf eine **bestimmte Formulierung** hat der Arbeitnehmer nicht (BAG 29.7.1971 – 2 AZR 270/70, AP BGB § 630 Nr. 6; BAG 15.11.2011, 9 AZR 386/10 – NZA 2012, 448). Oberster Grundsatz des Zeugnisrechts ist der Grundsatz der Zeugniswahrheit (LAG Hamm, 22.5.2002 – 3 Sa 231/02, NZA-RR 2003, 71). Dem Arbeitgeber steht zwar bei der Notengebung ein gewisser Beurteilungsspielraum zu, der allerdings seine Grenzen in den allgemeinen Grundsätzen des Zeugnisrechts findet.

Der Arbeitgeber erfüllt den Anspruch des Arbeitnehmers auf Erteilung eines Zeugnisses grundsätzlich mit der Erteilung eines durchschnittlichen Zeugnisses. Strebt der Arbeitnehmer eine bessere als nur durchschnittliche Beurteilung an, trifft ihn die Darlegungs- und Beweislast (BAG 14.10.2003 – 9 AZR 12/03, NZA 2004, 842, 843). Im Rahmen der fünfstelligen Notenskala stellt nach der bisherigen Rechtsprechung daher die Note „3" ein „durchschnittliches" Zeugnis dar.

Im Mai 2011 hat die Universität Nürnberg-Erlangen eine Studie auf der Basis einer Untersuchung von 802 Arbeitszeugnissen veröffentlicht. Hierbei stellte sich heraus, dass bei 86,6 % der untersuchten Zeugnisse die Leistungsbeurteilungen im Bereich „sehr gut" oder „gut" lagen (*Düwell/Dahl* NZA 2011, 958). Dies wirft die Frage auf, ob die bisherige Rechtsprechung, die Note „befriedigend" sei ein durchschnittliches Zeugnis, noch haltbar ist. Insoweit bleibt die weitere Rechtsprechungsentwicklung abzuwarten. Einzelne Instanzgerichte haben bereits aufgrund dessen die Notenstufe „gut" als durchschnittliche Bewertung angenommen (Arbeitsgericht Berlin, 26.10.2012 – 28 Ca 18230/11).

Will der Arbeitnehmer daher ein „gutes" Zeugnis, sollte er, bis zu einer Klärung der vorgenannten Rechtsfrage durch das BAG, dies in der Vereinbarung mitaufnehmen.

[2] **Zwischenzeugnis.** Mit Ausspruch einer Kündigung oder Abschluss des Aufhebungsvertrages entsteht grundsätzlich der Anspruch auf ein – in der Praxis selten verwendetes – vorläufiges Zeugnis oder auch ein Zwischenzeugnis (ErfK/*Müller-Glöge*, § 109 GewO Rn 8). Es kann im Einzelfall sinnvoll sein, dass aus dem Zwischenzeugnis bzw vorläufigen Zeugnis der Grund für dessen Erteilung nicht ersichtlich wird. Insoweit kann man durchaus – was auch der Wahrheit entspricht – als Ausstellungsgrund den Wunsch des Arbeitnehmers erwähnen.

[3] **Endzeugnis.** Spätestens mit Ablauf der Kündigungsfrist, respektive der Beendigung des Arbeitsverhältnisses durch Aufhebungsvertrag, entsteht der Anspruch auf ein Endzeugnis. Ein solches Endzeugnis kann auch bereits vor der rechtlichen Beendigung erteilt werden, wenn der Arbeitnehmer von der Erbringung der Arbeitsleistung freigestellt wird und sich daher keine zukünftigen Umstände mehr ergeben können, die die Bewertung der Leistung des Arbeitnehmers noch verändern können (ErfK/*Müller-Glöge*, § 109 GewO Rn 8).

[4] **Schlussformulierung.** Wenn schon kein vollständig formuliertes Endzeugnis dem Aufhebungsvertrag beigefügt werden kann, so sollte aus Sicht des Arbeitnehmers unbedingt darauf geachtet werden, dass eine Schlussformulierung ausformuliert mit aufgenommen wird. Denn die beste Bewertung hilft nichts, wenn die Schlussformulierung fehlt. Auf Erteilung der Schlussformulierung besteht kein Anspruch des Arbeitnehmers (st. Rspr zuletzt BAG 11.12.2012 – 9 AZR 227/11, NJW 2013, 811). Abgeraten wird von allgemeinen Formulierungen wie zB „*Das Zeugnis erhält die übliche Schlussformel.*", da auch in diesem Falle auf der Basis der vorgenannten BAG Rechtsprechung Rechtssicherheit für den Arbeitnehmer nicht erreicht werden kann. Denn diese allgemeine Formulierung bietet keine Gewähr, dass (bewusst) missverständliche und herabwürdigende Formulierungen gefunden werden (zB

"Wir wünschen ihm alles Gute, vor allem Gesundheit.") (ErfK/*Müller-Glöge*, § 109 GewO Rn 46).

86 **[5] Versendung.** Das Zeugnis ist grundsätzlich eine Holschuld. Um dies zu ändern, sollte eine entsprechende Versendung als Verpflichtung des Arbeitgebers in die Formulierung mit aufgenommen werden.

III. Freistellung

87 **1. Muster: Unwiderrufliche Freistellung bis zur rechtlichen Beendigung des Arbeitsverhältnisses**

▶ Der Arbeitnehmer wird ab sofort unwiderruflich bis zur rechtlichen Beendigung des Arbeitsverhältnisses von der Erbringung seiner Arbeitsleistung[1] unter Fortzahlung der vertragsgemäßen Vergütung[2] freigestellt. Es besteht Einigkeit, dass Urlaubsansprüche und etwaige Zeitguthaben in die Freistellung in Natur eingebracht werden. Der Arbeitnehmer unterliegt während der Freistellung weiter dem vertraglichen Wettbewerbsverbot. Anderweitiger Verdienst während der Freistellung, die nicht mehr der Urlaubsgewährung dient, wird entsprechend § 615 S. 2 BGB auf seine vertragliche Vergütung angerechnet.[3] ◀

2. Erläuterungen und Varianten

88 **[1] Einvernehmliche unwiderrufliche Freistellung.** Zur Abgrenzung zwischen einer widerruflichen und einer unwiderruflichen Freistellung wird zunächst auf die vorstehenden Ausführungen verwiesen.

89 Eine unwiderrufliche Freistellung ist auch einvernehmlich möglich, ohne dass der Arbeitnehmer Gefahr läuft, den Schutz der Sozialversicherung zu verlieren. Die Unsicherheit, die durch das Besprechungsergebnis des Spitzenverbände der Sozialversicherungsträger vom 5./6.07.2005 hervorgerufen wurde (abrufbar u.a. unter www.deutsche-rentenversicherung.de), ist mittlerweile durch das Bundessozialgericht ausgeräumt worden (BSG 24.9.2008 – B 12 KR 22/07 R, NZA-RR 2009, 272).

90 Die Spitzenorganisationen sind hierbei von anderen Urteilen des BSG ausgegangen und haben die Auffassung vertreten, dass das sozialversicherungsrechtliche Beschäftigungsverhältnis bei einer einvernehmlichen unwiderruflichen Freistellung mit dem letzten Arbeitstag vor der Freistellung ende, so dass darauf folgend auch die Versicherungspflicht, insbesondere in der Kranken-, Pflege- und Rentenversicherung, ende. Das BSG hat klargestellt, dass bei einer Beendigung des Arbeitsverhältnisses im Rahmen eines gerichtlichen Vergleichs oder eines Aufhebungsvertrags der sich hieraus ergebende Beendigungszeitpunkt auch das Ende der Beschäftigung bestimme (BSG aaO).

91 **[2] Fortzahlung der Vergütung.** Im Gegensatz zur einseitigen Freistellung in der Kündigungserklärung, bei der Arbeitgeber auf die Annahme des Leistungsangebots des Arbeitnehmers verzichtet und dadurch in Annahmeverzug nach § 615 BGB gerät, heben bei der einvernehmlichen Regelung die Parteien des Arbeitsvertrags die Leistungspflicht des Arbeitnehmers auf (sog. Erlassvertrag nach § 397 BGB). Ohne besondere Regelung betrifft dieser Erlassvertrag nicht die Verpflichtung des Arbeitgebers die regelmäßige Vergütung zu bezahlen (BAG 23.1.2008 – 5 AZR 393/07, NZA 2008, 595). Sie besteht unverändert fort, geht aber auch nicht weiter, als sie bestünde, wenn die Arbeitsleistung tatsächlich erbracht würde.

92 a) Dies kann Auswirkungen auf **leistungsabhängige variable Vergütungsbestandteile** haben, wenn – zB bei mit dem Arbeitnehmer geschlossenen Zielvereinbarungen – die Freistellung

von der Arbeitspflicht dazu führt, dass gesetzte Ziele nicht erreicht werden. Da dies die Folge der auch vom Arbeitnehmer akzeptierten Freistellung ist, entfällt folglich auch der Anspruch auf zeitanteilige variable Vergütungsbestandteile, sofern keine anderweitige Regelung getroffen wurde (*Fuhlrott/Balupuri-Beckmann* ArbRAktuell 2011, 393). Sollen die anteiligen variablen Vergütungsbestandteile dem Arbeitnehmer erhalten bleiben, so muss dies in die Beendigungsvereinbarung einfließen, etwa durch die Festlegung eines festen Betrags oder fester Berechnungsparameter.

Eine Formulierung könnte lauten:

▶ Der Arbeitnehmer erhält die Zielvereinbarungsprämie für das Jahr 2013 in voller Höhe. ◀

b) **Erkrankt** der Arbeitnehmer während der Freistellung, so endet die Entgeltfortzahlungsverpflichtung des Arbeitgebers mit Ablauf der Sechs-Wochenfrist des EFZG, sofern nicht ausdrücklich etwas anderes vereinbart worden ist (BAG 23.1.2008 aaO). Die Entgeltfortzahlung während der Freistellungsphase setzt voraus, dass der Arbeitnehmer die gesetzlichen, tarifvertraglichen oder arbeitsvertraglichen Voraussetzungen eines Entgeltanspruchs ohne Arbeitsleistung erfüllt (BAG 23.1.2008, aaO). Der Arbeitnehmer bleibt auch während der Freistellung grundsätzlich dazu verpflichtet, ärztliche Arbeitsunfähigkeitsbescheinigungen vorzulegen. Für eine fortdauernde Arbeitsunfähigkeit ist der Arbeitgeber als Gläubiger der Arbeitsleistung beweispflichtig (BAG 23.1.2008, aaO).

93

[3] **Anrechnung von Urlaub und Nebenverdienst; Wettbewerbsverbot.** Hinsichtlich der Anrechnung von Urlaub sei auf die Ausführungen zur einseitigen Freistellung verwiesen.

94

Da es sich bei der einvernehmliche Freistellung um einen Erlassvertrag iSd § 397 BGB handelt, liegt im Gegensatz zur einseitigen Freistellung grundsätzlich kein Annahmeverzug vor. Dies hat zur Folge, dass Nebenverdienst nur dann anzurechnen ist, wenn dies im Aufhebungsvertrag ausdrücklich vereinbart worden ist (LAG Hamm 11.10.1996 – 10 Sa 104/96, NZA-RR 1997, 287). Fehlt es an einer solchen Formulierung, so ist Nebenverdienst grundsätzlich nicht anzurechnen. Folglich ist bei einer einvernehmlichen unwiderruflichen Freistellung ohne eine entsprechende Klarstellung davon auszugehen, dass der Arbeitgeber durch die Erklärung, er werde Nebenverdienst anrechnen, den Arbeitnehmer auch für Wettbewerbstätigkeiten freigibt (BAG 6.9.2006 – 5 AZR 703/05, NZA 2007, 36). Um dies zu vermeiden, sollte ausdrücklich auch auf das Fortgelten des Wettbewerbsverbots hingewiesen werden.

95

IV. Vorzeitiges Lösungsrecht

1. Muster: Vorzeitiges Lösungsrecht

96

▶ Der Arbeitnehmer erhält das Recht, auch vor der in Ziffer 1 bezeichneten rechtlichen Beendigung vorzeitig aus dem Arbeitsverhältnis auszuscheiden durch einseitige schriftliche Anzeige (Telefax genügt)[1] gegenüber der Personalabteilung unter Einhaltung einer Frist von einer Woche zum Monatsende.[2] In diesem Fall erhöht sich die unter ... genannte Abfindung um ... EUR brutto je vollem Monat des vorzeitigen Ausscheidens.[3] ◀

2. Erläuterungen

[1] **Lösungsrecht: auflösende Bedingung.** In der Praxis üblich ist die Vereinbarung eines Rechts zugunsten des Arbeitnehmers, das Arbeitsverhältnis auch vor dem vereinbarten Beendigungszeitpunkt zu beenden. Rechtstechnisch handelt es sich hierbei nicht um die Einräu-

97

mung eines Sonderkündigungsrechtes, sondern um die Vereinbarung einer auflösenden Bedingung (§ 21 TzBfG).

98 Da bei dieser auflösenden Bedingung die Entscheidungsgewalt ausschließlich beim Arbeitnehmer liegt, also vom Willen des Arbeitgebers unabhängig ist und dadurch keine zwingenden Kündigungs- bzw Befristungsschutzregelungen umgangen werden, stößt diese Regelung nicht auf Bedenken. Die Vereinbarung des vorzeitigen Lösungsrechtes allerdings bedarf der Schriftform nach § 623 BGB (§§ 21, 14 Abs. 4 TzBfG). Die Bedingung selbst ist hier die Erklärung des Arbeitnehmers. Diese Erklärung muss nicht die Schriftform des § 623 BGB wahren, sie kann auch grundsätzlich formlos erfolgen, sofern deren Eintritt objektiv bestimmbar ist (APS/*Backhaus*, § 21 TzBfG Rn 7).

99 Aus Sicht des Arbeitnehmers ist allerdings zu beachten, dass von diesem Lösungsrecht grundsätzlich nur Gebrauch gemacht werden sollte, wenn sich ein anderes Arbeitsverhältnis unmittelbar anschließt. Die Wahrnehmung dieses Lösungsrechtes kann Auswirkungen auf den späteren Arbeitslosengeldbezug haben. Denn in aller Regel wird die für eine Kündigung durch den Arbeitgeber maßgebenden Kündigungsfrist bei Zahlung einer Abfindung abgekürzt, wodurch der Arbeitslosengeldanspruch ruht (§ 158 SGB III).

100 **[2] Anzeigefrist.** Die Vereinbarung einer Frist zwischen Zugang der Auflösungserklärung und Beendigung des Arbeitsverhältnisses ist grundsätzlich nicht erforderlich. Aus Sicht des Arbeitgebers ist dies allerdings durchaus empfehlenswert, da mit der vorzeitigen Beendigung auch Abfindungsansprüche sowie Ansprüche auf ein Zeugnis kurzfristig fällig werden. Aus Sicht des Arbeitnehmers ist die Vereinbarung einer Frist nicht erforderlich.

101 **[3] Erhöhung der Abfindung.** Durch die vorzeitige Beendigung des Arbeitsverhältnisses vor Ablauf des im eigentlichen Aufhebungsvertrag vereinbarten Zeitpunkts erspart sich der Arbeitgeber Lohnkosten. Allerdings kann es Sinn machen, dem Arbeitnehmer die Wahrnehmung seines vorzeitigen Lösungsrechts finanziell attraktiv zu gestalten. Um welchen Betrag sich die Abfindung erhöhen soll, unterliegt der freien Verhandlung. Üblicherweise werden 50-75 % der monatlichen Bruttovergütung als zusätzliche Abfindung vereinbart.

102 Aus Gründen der Rechtsklarheit und im Falle eines gerichtlichen Vergleichsschlusses aus Gründen der Vollstreckbarkeit empfiehlt sich allerdings, einen bestimmten Betrag pro (vollem) Monat des vorzeitigen Ausscheidens festzuschreiben.

V. Outplacement-Maßnahmen

1. Muster: Outplacementberatung

103

157 ▶ Der Arbeitgeber verpflichtet sich, gegen Vorlage entsprechender Belege, die Kosten einer durch den Arbeitnehmer beauftragten Outplacement-Maßnahme[1] bis zu einem Maximalbetrag in Höhe von EUR ... zu erstatten,[2] sofern die Maßnahme bis spätestens zum ... aufgenommen worden ist.[3] ◀

2. Erläuterungen

104 **[1] Outplacementberatung.** Beim sog. Outplacement bzw Außenvermittlung handelt es sich um eine von Unternehmen finanzierte Dienstleistung für ausscheidende Mitarbeiter, die als professionelle Hilfe zur beruflichen Neuorientierung angeboten wird bis hin zum Abschluss eines neuen Vertrages oder einer Existenzgründung. Der entlassene Mitarbeiter erhält Unterstützung auf der Suche nach einem neuen Arbeitsplatz, was die Stellensuche verkürzen kann. Die Hilfe reicht, je nach Angebot, von der Zusammenstellung der Bewerbungsunterlagen bis

zum Proben von Vorstellungsgesprächen. Unterschieden wird zwischen Einzelberatung und Gruppenoutplacement (*Lingemann/Groneberg*, NJW 2011, 3629). Die Vereinbarung einer Outplacementberatung macht vor allen Dingen in Kombination mit der Vereinbarung eines vorzeitigen Lösungsrechts Sinn.

[2] **Kostentragung.** Die Kosten einer Outplacementmaßnahme hängen vom Umfang der Dienstleistungen ab und können aus Sicht des Arbeitgebers durchaus erhebliche Größen von über 20.000 EUR netto übersteigen. Es empfiehlt sich hierbei in den Aufhebungsvertrag eine Kostenbegrenzung zu vereinbaren. Hierzu ist es erforderlich, bereits vor Abschluss des Aufhebungsvertrages Kontakt zu Outplacementberatern aufzunehmen, um die entsprechenden Kosten für das gewünschte Beratungspaket zu ermitteln. Teilweise werden die Outplacementverträge von den Outplacementberatern direkt mit dem Unternehmen zugunsten des Arbeitnehmers vereinbart, teilweise wird der Outplacementvertrag jedoch auch direkt mit dem Mitarbeiter geschlossen. 105

[3] **Zeitliche Begrenzung.** Um den Arbeitnehmer zu einer zügigen Suche nach einem neuen Arbeitsplatz zu motivieren, sollte eine zeitliche Grenze eingezogen werden, bis zu welchem Zeitpunkt der Arbeitnehmer mit der Maßnahme beginnen soll. So behält der Arbeitgeber, sofern er nicht selbst Vertragsteil wird, eine gewisse Kontrolle darüber, dass diese Maßnahme zeitnah aufgenommen wird. 106

VI. Dienstwagen

1. Muster: Weiternutzung von Dienstwagen

▶ Der Arbeitnehmer ist berechtigt, den ihm zur Verfügung gestellten Dienstwagen bis zur rechtlichen Beendigung des Arbeitsverhältnisses weiterhin privat zu nutzen. Die Kosten trägt die Firma ___.[1] 107

Der Arbeitnehmer wird den Dienstwagen nebst sämtlichen Fahrzeugpapieren, Schlüsseln, allem Zubehör sowie der Tankkarte zum Zeitpunkt der rechtlichen Beendigung des Arbeitsverhältnisses auf dem Betriebsgelände zu Händen von ___ zurückgeben.[2][3] ◀

2. Erläuterungen und Varianten

[1] **Privatnutzung auch bei Freistellung.** Nicht selten entbrennt um den zur Privatnutzung überlassenen Dienstwagen im Zusammenhang mit einer Beendigung heftiger Streit. Auf Arbeitnehmerseite wird im Dienstwagen nicht selten ein Statussymbol gesehen, dessen ggf sofortige Rückgabe besonders schmerzhaft ist. 108

Ob der Arbeitgeber hierzu im Einzelfall berechtigt ist, hängt von der arbeitsvertraglichen Regelung ab. Ist ein Rückgabeanspruch des Arbeitgebers nicht oder nicht wirksam vereinbart, hat der Arbeitnehmer Anspruch darauf, den Dienstwagen auch weiterhin privat zu nutzen, bis zur rechtlichen Beendigung des Arbeitsverhältnisses. Insbesondere sind Widerrufsvorbehalte in den Arbeits- oder Dienstwagenüberlassungsverträgen nur unter sehr engen Voraussetzungen wirksam (*Lingemann/Groneberg* NJW 2011, 2028). Um hier möglichem Streit zu begegnen, empfiehlt es sich, bei Überlassung eines Dienstwagens die Rückgabemodalitäten im Einzelnen zu regeln. Neben der Frage, ob die private Nutzung auch weiterhin gestattet ist, oder ob der Dienstwagen sofort zurückzugeben ist, sollte die Frage geklärt werden, wer die Kosten für die Privatnutzung trägt. Grundsätzlich ist dies Sache des Unternehmens. Denkbar ist allerdings auch, dass der Arbeitnehmer die Verbrauchskosten, wie zB Treibstoff oder Öle, trägt, Versicherungssteuern etc. indes das Unternehmen. 109

110 Fürchtet der Arbeitgeber eine überobligatorische „Reisetätigkeit" des Arbeitnehmers während seiner Freistellung, kann es sinnvoll sein, die Kilometergesamtlaufleistung zu begrenzen und ggf Kostenfolgen aus einem Leasingvertrag auf den Arbeitnehmer zu überbürden. Eine solche Formulierung könnte lauten:

▶ Der Arbeitnehmer ist berechtigt, den ihm zur Verfügung gestellten Dienstwagen bis zur rechtlichen Beendigung des Arbeitsverhältnisses weiterhin privat zu nutzen. Die Verbrauchskosten, zB Treibstoffe und Öl, trägt der Arbeitnehmer; die Grundkosten, zB die Leasingrate, die Versicherungsprämien und die Kfz-Steuern, trägt das Unternehmen. Gemäß Leasingvertrag vom ... ist die Gesamtkilometerlaufleistung auf ... Kilometer pro Jahr begrenzt. Der Arbeitnehmer verpflichtet sich, diese Begrenzung auch während seiner Freistellung einzuhalten. Wird die Laufleistung während der Freistellung überschritten, verpflichtet sich der Arbeitnehmer, die insoweit entstehenden Zusatzkosten dem Unternehmen gegen Nachweis zu erstatten. ◀

111 **[2] Rückgabepflicht.** Auch hier sollte noch einmal genau dargelegt werden, wann und wo der Pkw zurückzugeben ist, da auch hier Potential für streitige Auseinandersetzung ruht. Zur Klarstellung sollte auch aufgeführt werden, welches Zubehör gemeinsam mit dem Dienstwagen zurückzugeben ist.

112 **[3] Alternativen.** Neben der weiteren Gestattung der Privatnutzung ist allerdings auch die einvernehmliche Rückgabe des Dienstwagens mit Beginn der Freistellung möglich. In diesem Zusammenhang kann eine Nutzungsausfallentschädigung vereinbart werden:

▶ Der Arbeitnehmer gibt den ihm auch zur privaten Nutzung überlassenen Dienstwagen nebst sämtlichen Fahrzeugpapieren, Schlüsseln, allem Zubehör sowie der Tankkarte an seinem letzten Arbeitstag auf dem Betriebsgelände zu Händen von Frau/Herrn ... zurück. Als Entschädigung erhält er/sie eine (monatliche) Pauschale in Höhe von ... EUR brutto. ◀

113 Schließlich ist denkbar, dass der Arbeitgeber dem Arbeitnehmer den Dienstwagen zum Kauf überlässt. Vereinbart werden kann hier, dass der Nettokaufpreis von der Abfindung abgezogen wird. Sollte der vereinbarte Kaufpreis allerdings niedriger sein als der Händlerverkaufswert (Marktwert), so ist die sich hieraus ergebende Differenz als geldwerter Vorteil steuerpflichtig (APS/*Schmidt*, Kündigungsrecht 3. Teil C. Rn 12). Dann muss geregelt werden, wer die hierauf entfallende Steuer trägt:

▶ Der Arbeitnehmer übernimmt den Dienstwagen am ... käuflich zum Preis von ... EUR inklusive etwaiger Mehrwertsteuer. Das Fahrzeug einschließlich folgenden Zubehörs: ... wird am ... Frau/Herrn ... mit Wirkung zum ... unter Aushändigung sämtlicher Fahrzeugpapiere übereignet. Der vorgenannte Kaufpreis wird mit dem sich aus der Abfindung ergebenden Nettobetrag verrechnet. Eventuell hierauf entfallende Steuern trägt Frau/Herr ... . ◀

VII. Betriebliche Altersversorgung

114 **1. Muster: Übertragung Betriebliche Altersversorgung**

▶ Die Eigenschaft als Versicherungsnehmer der bei der XY-Versicherungs-AG auf den Arbeitnehmer abgeschlossene Direktversicherung mit der Versicherungsnummer ... wird zum Beendigungszeitpunkt auf den Arbeitnehmer übertragen. Der Arbeitgeber verpflichtet sich, alle hierfür erforderlichen Erklärungen und Willenserklärungen auf seine Kosten abzugeben.[1][2] ◀

2. Erläuterungen und Varianten

115 **[1] Betriebliche Altersversorgung.** Gewährt der Arbeitgeber dem Arbeitnehmer betriebliche Altersvorsorge, so sollte dieser Gesichtspunkt in der Beendigungsvereinbarung geregelt wer-

den. Neben dem Altersversorgungsinteresse des Arbeitnehmers stehen auch auf Arbeitgeberseite möglicherweise erhebliche Beträge im Raum.

a) Unabhängig von einer vertraglichen Regelung bleiben Anwartschaften auf betriebliche Altersversorge nur dann erhalten, wenn sie **entweder gesetzlich oder vertraglich unverfallbar** sind. Gem. § 1 b Abs. 1 BetrAVG tritt eine gesetzlich unverfallbare Anwartschaft dann ein, wenn das Arbeitsverhältnis nach Vollendung des 25. Lebensjahres endet und die Versorgungszusage bis zum Ausscheiden mindestens 5 Jahre bestanden hat. 116

Der unverfallbare Anspruch des Arbeitnehmers bleibt in diesem Fall bei Ausscheiden vor Erreichen des Versorgungsalters zeitratierlich bestehen. Für die Ermittlung der Höhe wird die tatsächliche Beschäftigungsdauer (m) und die mögliche Beschäftigungsdauer bis zum Erreichen der Versorgungsaltersgrenze (n) ins Verhältnis gesetzt. Der Versorgungsfaktor (m/n) multipliziert mit der Altersrente, die bei einer vollen Betriebszugehörigkeit bis zum Rentenbeginn erreicht worden wäre, ergibt die unverfallbare Anwartschaft. 117

Vor Ablauf der fünf Jahre ist eine Anwartschaft aus einer betrieblichen Altersversorgung allerdings bereits unverfallbar, wenn diese durch Entgeltumwandlung finanziert wird (§ 1 b Abs. 5 BetrAVG). In diesem Fall tritt die Unverfallbarkeit sofort ein. 118

Liegt ein unverfallbarer Anspruch auf betriebliche Altersversorgung vor, hat der Arbeitnehmer Anspruch auf eine schriftliche Mitteilung der Höhe der unverfallbaren Anwartschaften (§ 4 a BetrAVG). 119

Im Fall der unverfallbaren Anwartschaft kann eine klarstellende Regelung aufgenommen werden, die wie folgt lauten könnte:

▶ Der Arbeitnehmer hat eine unverfallbare Anwartschaft aus der Versorgungsordnung vom ... Mit der rechtlichen Beendigung seines Arbeitsverhältnisses erhält er eine Bestätigung nach § 4 a BetrAVG. ◀

b) Unverfallbare Anwartschaften können grundsätzlich **nicht abgefunden** werden. Insoweit ist die Verfügungsbefugnis der Parteien der Beendigungsvereinbarungen eingeschränkt. Lediglich bei Kleinstrenten kann im engen Rahmen nach den Maßstäben des § 3 BetrAVG eine Abfindung zulässig sein. Insoweit sind hier die Gestaltungsmöglichkeiten gering. 120

c) Scheidet ein Arbeitnehmer **kurz vor Erreichen der Unverfallbarkeit** aus dem Arbeitsverhältnis aus, kann es aus seiner Sicht sinnvoll sein, anstelle oder unter Reduzierung einer Abfindung eine ausreichende Verlängerung des Arbeitsverhältnisses zu verhandeln, um hierdurch die fünfjährige Wartezeit des § 1 b Abs. 1 BetrAVG zu erreichen. Die Parteien können sich allerdings auch auf eine sog. vertragliche Unverfallbarkeit verständigen: 121

▶ Die Parteien sind sich darüber einig, dass die vom Arbeitnehmer erworbene Anwartschaft aus der Versorgungsordnung vom ... mit der rechtlichen Beendigung des Arbeitsverhältnisses unverfallbar ist. ◀

Denkbar ist auch, dass die Parteien auf eine zeitratierliche Kürzung der Rentenanwartschaften bei Ausscheiden verzichten: 122

▶ Eine zeitratierliche Kürzung der unverfallbaren Anwartschaft des Arbeitnehmers aus der Versorgungszusage vom ... gem. § 2 BetrAVG findet nicht statt. ◀

[2] Übertragung einer versicherungsförmigen Altersversorgung. Wählt der Arbeitgeber für seine betriebliche Altersvorsorge einen versicherungsförmigen Durchführungsweg (Pensionsfonds, Pensionskasse oder Direktversicherung), so besteht die Möglichkeit, diese Versiche- 123 rung durch den Arbeitnehmer fortführen zu lassen (§ 1 b Abs. 5 BetrAVG). Dies kann unabhängig davon geschehen, ob der Anspruch unverfallbar ist oder nicht. Da Versicherungsnehmer der bisherige Arbeitgeber ist, bedarf es eines Schuldnerwechsels im Versicherungsvertrag. Eine Formulierung, dass der Arbeitgeber sich generell nur zur „Übertragung" verpflichtet, wäre zu unbestimmt (BAG, Beschl. v. 31. 5. 2012 – 3 AZB 29/12, NZA 2012, 1117).

124 Bei versicherungsförmigen Durchführungswegen besteht für Zusagen, die nach dem 31.12.2004 erteilt worden und unverfallbar sind, ein Anspruch des Arbeitnehmers auf Übertragung des Übertragungswertes der betrieblichen Altersversorgung auf den neuen Arbeitgeber (§ 4 Abs. 3 BetrAVG). Dieser Anspruch muss innerhalb eines Jahres nach Beendigung geltend gemacht werden. Eine solche Übertragung auf den neuen Arbeitgeber kann ebenfalls in die Beendigungsvereinbarung mit aufgenommen werden:

▶ Der Arbeitgeber verpflichtet sich, die betriebliche Altersversorgung gem. der Zusage vom ... auf Verlangen des Arbeitnehmers auf einen von diesem zu benennenden Arbeitgeber zu übertragen. ◀

VIII. Nachvertragliches Wettbewerbsverbot

125 **1. Muster: Aufhebung eines nachvertraglichen Wettbewerbsverbots**

160 ▶ Die Parteien heben das nachvertragliche Wettbewerbsverbot mit sofortiger Wirkung auf.[1][2] ◀

2. Erläuterungen und Varianten

126 **[1] Nachvertragliches Wettbewerbsverbot.** Nicht selten wird die Existenz eines nachvertraglichen Wettbewerbsverbotes im Zusammenhang mit dem Abschluss von Aufhebungsverträgen übersehen. Existiert ein solches nachvertragliches Wettbewerbsverbot, so sollte dringend eine Regelung in die Beendigungsvereinbarung mitaufgenommen werden. Selbst wenn Einigkeit über die Fortgeltung des Wettbewerbsverbots besteht, sollte dies klar und deutlich in der Beendigungsvereinbarung aufgenommen werden:

▶ Das zwischen den Arbeitsvertragsparteien in § ... des Arbeitsvertrages vereinbarte nachvertragliche Wettbewerbsverbot wird von dieser Aufhebungsvereinbarung nicht berührt. ◀

127 Soll das Wettbewerbsverbot aufgehoben werden, so ist dies durch eine entsprechende Vereinbarung jederzeit möglich. Die Aufhebung führt zum Erlöschen sämtlicher Ansprüche aus dem nachvertraglichen Wettbewerbsverbot:

▶ Der Arbeitnehmer ist mit Beendigung des Arbeitsverhältnisses nicht daran gehindert, zu seinem bisherigen Arbeitgeber in Wettbewerb zu treten. Andererseits wird der Arbeitgeber von der Zahlung einer Karenzentschädigung frei. ◀

128 Gerade der letzte Punkt sollte auf Arbeitnehmerseite wohl überlegt sein, da mit der Karenzentschädigung ggf auf erhebliche Entgeltansprüche verzichtet wird, sofern der Arbeitnehmer nicht beabsichtigt, zu seinem bisherigen Arbeitgeber in Wettbewerb zu treten.

129 Jenseits einer einvernehmlichen Regelung hat der Arbeitgeber lediglich die Möglichkeit, auf das Wettbewerbsverbot zu verzichten. Der Verzicht kann allerdings nur vor der rechtlichen Beendigung des Arbeitsverhältnisses gemäß § 75a HGB schriftlich erklärt werden. Dieser Verzicht führt zum sofortigen Wegfall der Pflicht des Arbeitnehmers, sich des Wettbewerbs zu enthalten; der Arbeitgeber wird jedoch erst nach Ablauf von einem Jahr ab Zugang der Verzichtserklärung von der Pflicht zur Zahlung der Karenzentschädigung frei.

Hiervon zu unterscheiden ist das den Arbeitsvertragsparteien jeweils zustehende Lösungsrecht nach § 75 Abs. 1 HGB. Ein solches Lösungsrecht besteht zugunsten der Partei, welche berechtigt fristlos kündigt, weil die andere Vertragspartei sich vertragswidrig verhalten hat und die Lösung binnen eines Monats nach der Kündigung schriftlich erklärt wird. 130

[2] **Abgeltungsklausel.** Denkbar ist schließlich auch, dass bereits die allgemeine Abgeltungsklausel auch das nachvertragliche Wettbewerbsverbot erfasst. Solche Klauseln sind grundsätzlich weit auszulegen (BAG 22.10.2008 – 10 AZR 617/07, NZA 2009, 139). Daher kann die allgemeine Abgeltungsklausel bereits ausreichen, das nachvertragliche Wettbewerbsverbot aufzuheben. 131

§ 626 BGB Fristlose Kündigung aus wichtigem Grund

(1) Das Dienstverhältnis kann von jedem Vertragsteil aus wichtigem Grund ohne Einhaltung einer Kündigungsfrist gekündigt werden, wenn Tatsachen vorliegen, auf Grund derer dem Kündigenden unter Berücksichtigung aller Umstände des Einzelfalles und unter Abwägung der Interessen beider Vertragsteile die Fortsetzung des Dienstverhältnisses bis zum Ablauf der Kündigungsfrist oder bis zu der vereinbarten Beendigung des Dienstverhältnisses nicht zugemutet werden kann.

(2) Die Kündigung kann nur innerhalb von zwei Wochen erfolgen. Die Frist beginnt mit dem Zeitpunkt, in dem der Kündigungsberechtigte von den für die Kündigung maßgebenden Tatsachen Kenntnis erlangt. Der Kündigende muss dem anderen Teil auf Verlangen den Kündigungsgrund unverzüglich schriftlich mitteilen.

A. Außerordentliche Beendigungskündigung
  I. Arbeitgebersicht
    1. Muster: Außerordentliche Beendigungskündigung – Arbeitgebersicht (ausführlich)
    2. Erläuterungen
      [1] Außerordentliche Beendigungskündigung/Auflösungszeitpunkt ... 2
      [2] Kündigungserklärungsfrist/Zugang ... 3
      [3] Wichtiger Grund/Bestimmtheit der Kündigungserklärung ... 5
      [4] Begründung der Kündigung ... 7
      [5] Beteiligungsverfahren/Öffentlich-rechtliches Zustimmungsverfahren ... 9
      [6] Hinweispflicht gem. §§ 2 Abs. 2 Ziff. 3, 38 Abs. 1 SGB III ... 14
      [7] Hinweis auf Klagefrist ... 15
      [8] Abwicklung des Arbeitsverhältnisses ... 16
      [9] Schriftformerfordernis/Kündigungsberechtigung/Vollmacht ... 17
  II. Variante
    1. Muster: Außerordentliche Beendigungskündigung – Arbeitgebersicht (kurz)
    2. Erläuterungen
      [1] Praxistipp/Verweise ... 21
  III. Muster: Außerordentliche Beendigungskündigung – Arbeitnehmersicht
  IV. Erläuterungen
    [1] Außerordentliche Beendigungskündigung ... 23
    [2] Kündigungserklärungsfrist/Zugang . 24
    [3] Bestimmtheit der Kündigungserklärung/Umdeutung/Auflösungszeitpunkt ... 25
    [4] Begründung der Kündigung ... 28
    [5] Abwicklung des Arbeitsverhältnisses ... 30
    [6] Treuwidrigkeit des Berufens auf Unwirksamkeit ... 31
    [7] Schriftformerfordernis ... 32
B. Alternative Formen der außerordentlichen Kündigung
  I. Hilfsweise ordentliche Kündigung
    1. Muster: Außerordentliche Kündigung und hilfsweise ordentliche Kündigung
    2. Erläuterungen
      [1] Verbindung/Umdeutung einer außerordentlichen Kündigung ... 35
      [2] Stellungnahmefristen der Arbeitnehmervertretung ... 37
      [3] Widerspruch des Betriebsrats ... 38
  II. Änderungskündigung
    1. Muster: Außerordentliche Änderungskündigung
    2. Erläuterungen
      [1] Anderweitige Beschäftigungsmöglichkeit ... 40
      [2] Bestimmtheit des Änderungsangebots ... 41

[3] Reaktionsmöglichkeiten des Arbeitnehmers	43

III. (Soziale) Auslauffrist
  1. Muster: Außerordentliche Kündigung mit (sozialer) Auslauffrist
  2. Erläuterungen
    [1] (Soziale) Auslauffrist 45

IV. Notwendige Auslauffrist
  1. Muster: Außerordentliche Kündigung mit notwendiger Auslauffrist(bei Ausschluss des Rechts zur ordentlichen Kündigung)
  2. Erläuterungen
    [1] Notwendige Auslauffrist 47
    [2] Kündigungsfrist 48
    [3] Anwendung auf die ordentliche Kündigung bezogener Vorschriften 49

V. Verdachtskündigung
  1. Muster: Verdachtskündigung – Anhörung, Ladung
  2. Erläuterungen
    [1] Verdacht als Kündigungsgrund . 51
    [2] Form der Kündigungserklärung . 53
    [3] Gegenstand der Anhörung 55
    [4] Anhörung als Wirksamkeitserfordernis 56
    [5] Zeitpunkt der Anhörung 57
    [6] Anwesenheit eines RA/BR-Mitglieds 58
    [7] Form von Ladung und Anhörung 59

C. Mitteilung des Kündigungsgrundes
  I. Aufforderung zur Mitteilung des Kündigungsgrundes
    1. Muster: Aufforderung zur Mitteilung des Kündigungsgrundes
    2. Erläuterungen
      [1] Form des Auskunftsverlangens.. 61
      [2] Beginn der Auskunftspflicht..... 62
      [3] Fehlerhafte oder unterbliebene Mitteilung 63
  II. Mitteilung des Kündigungsgrundes
    1. Muster: Mitteilung des Kündigungsgrundes
    2. Erläuterungen
      [1] Schriftliche Mitteilung........... 65
      [2] Zeitpunkt der Mitteilung........ 66
      [3] Angabe des Kündigungsgrundes 67

D. Klageschrift

E. Klageerwiderung
  I. Verteidigungsanzeige (Sicht des Arbeitgebers)
    1. Muster: Verteidigungsanzeige des Arbeitgebers (vor Gütetermin)
    2. Erläuterungen
      [1] Zeitpunkt 70
      [2] Sachvortrag vor Gütetermin..... 71
  II. Klageerwiderung (Sicht des Arbeitgebers)
    1. Muster: Klageerwiderung des Arbeitgebers (idR: nach Gütetermin)
    2. Erläuterungen
      [1] Aufbau des Musterschriftsatzes . 73
      [2] Darlegungs- und Beweislast für wichtigen Grund 74
      [3] Erfordernis einer Interessenabwägung 76
      [4] Darlegungs- und Beweislast für die Wahrung der Ausschlussfrist 77

A. Außerordentliche Beendigungskündigung

I. Arbeitgebersicht

1. Muster: Außerordentliche Beendigungskündigung[1] – Arbeitgebersicht (ausführlich)

1

161

▶ Persönliche Übergabe/Per Boten[2]

Mitarbeiter

Anschrift

Außerordentliche Kündigung Ihres Arbeitsverhältnisses

Sehr geehrter Herr ▬▬▬,

wir kündigen das mit Ihnen bestehende Arbeitsverhältnis außerordentlich aus wichtigem Grund mit sofortiger Wirkung.[3]

Die Kündigung erfolgt aus verhaltensbedingten Gründen und beruht auf folgendem Sachverhalt: ▬▬▬[4]

Der Betriebsrat/Personalrat/Die MAV wurde vor Ausspruch der Kündigung ordnungsgemäß beteiligt (evtl.: und hat der Kündigung zugestimmt/keine Stellungnahme abgegeben/gegen die Kündigung Bedenken erhoben)./Das Integrationsamt/▬▬▬amt hat die Zustimmung zu dieser Kündigung am ▬▬▬ erteilt.[5]

Wir weisen darauf hin, dass Sie verpflichtet sind, eigene Initiative bei der Suche nach einer neuen Tätigkeit zu entwickeln und sich innerhalb von drei Tagen seit Zugang dieser Kündigung bei der Agentur für Arbeit persönlich arbeitsuchend zu melden. Anderenfalls können sozialversicherungsrechtliche Nachteile, insbesondere die Verhängung einer einwöchigen Sperrfrist, eintreten. Zur Wahrung der Frist reicht eine Anzeige unter Angabe Ihrer persönlichen Daten und des Beendigungszeitpunktes aus, wenn die persönliche Meldung nach terminlicher Vereinbarung nachgeholt wird.[6][7]

Wir fordern Sie auf, sämtliche Ihnen überlassenen Arbeitsmittel sowie sämtliches Firmeneigentum, insbesondere ..., unverzüglich, längstens bis zum ..., in ..., an uns herauszugeben.[8]

Ihren noch nicht genommenen Urlaub sowie etwaige Überstunden werden wir ordnungsgemäß abgelten und abrechnen.[8]

Ihre Arbeitspapiere und Ihr Arbeitszeugnis übersenden wir Ihnen in den nächsten Tagen.[8]

Mit freundlichen Grüßen

...

Unterschrift[9]

Empfangsbestätigung[1][2]

Die außerordentliche Kündigung vom ... habe ich am ... um ... erhalten.

...

Ort, Datum

...

Unterschrift ◄

2. Erläuterungen

[1] **Außerordentliche Beendigungskündigung/Auflösungszeitpunkt.** Grundfall der außerordentlichen Kündigung ist die fristlose Beendigungskündigung (zu alternativen Formen s.u. Rn 34 ff), die meist aus verhaltensbedingten Gründen erklärt wird und die zur sofortigen Auflösung des Arbeitsverhältnisses führt (vgl hierzu Rn 21 und Muster bei Rn 20). Diese Wirkung tritt regelmäßig bereits im Zeitpunkt des Zugangs der Kündigungserklärung ein, nicht erst mit Ablauf des Kalendertages, an dem der Zugang erfolgt. Eine außerordentliche Kündigung kann nicht mit Rückwirkung auf einen früheren Zeitpunkt, etwa den des Eintritts des wichtigen Grundes, ausgesprochen werden.

[2] **Kündigungserklärungsfrist/Zugang.** Eine außerordentliche Kündigung muss innerhalb der zweiwöchigen Kündigungserklärungsfrist des § 626 Abs. 2 BGB ausgesprochen und dem Kündigungsempfänger zugestellt werden (vgl HaKo-KSchR § 626 BGB Rn 118 zum Fristbeginn, Rn 119 ff zur Hemmung der Frist infolge Sachverhaltsaufklärung, Rn 122 ff zum Neubeginn der Frist, Rn 124 ff zu Dauertatbeständen). Beförderungsschwierigkeiten, etwa die verzögerte Zustellung eines Einschreibens über die üblichen Postlaufzeiten hinaus, gehen grds. zulasten des Kündigenden. Eine Wiedereinsetzung in den vorigen Stand kommt nach Fristablauf nicht in Betracht, da es sich nicht um eine prozessuale Frist handelt. Eine nach Fristablauf zugehende außerordentliche Kündigung ist rechtsunwirksam. Der – fristgerechte – Zugang muss vom Kündigenden dargelegt und im Bestreitensfall bewiesen werden (vgl HaKo-KSchR/*Mestwerdt* Einl. Rn 33 ff zum Zugang (Grundsätze), Rn 38 ff zu Einzelfällen, Rn 51 zur Abwesenheit des Kündigungsempfängers, Rn 52 ff zu Vereitelung/Verzögerung des

Zugangs, Rn 56 ff zur Darlegungs- und Beweislast). Es empfiehlt sich daher unbedingt, die Kündigungserklärung auf dem sichersten Weg, nämlich durch persönliche Übergabe, an den Arbeitnehmer zuzustellen und deren Empfang, etwa auf einer Abschrift der Kündigung oder einer gesonderten Empfangsbestätigung, durch den Kündigungsadressaten durch Unterschrift bestätigen zu lassen. Hierbei sollte stets dafür Sorge getragen werden, die erfolgte Zustellung erforderlichenfalls auch ohne Mitwirkung des zu Kündigenden prozessordnungsgemäß dokumentieren zu können. Es bietet sich hierzu an, die Kündigung in Anwesenheit (mindestens) eines als Zeuge in Betracht kommenden geeigneten, glaubwürdigen Dritten, etwa eines Mitarbeiters der Personalabteilung, zu übergeben. Der Zeuge sollte die Kündigung und ihren Inhalt kennen (lesen lassen) und ein präzises Übergabe- und Zustellungsprotokoll erstellen (vgl unten).

Alternativ kann die Kündigung auch durch einen, besser: zwei eigene interne, vertrauenswürdige Boten, insb. andere Mitarbeiter, zugestellt werden, die erforderlichenfalls als Zeugen zum Beweis des Zugangs und dessen Zeitpunkts in einem etwaigen späteren Verfahren benannt werden können müssen (vgl HaKo-KSchR/*Mestwerdt* Einl. Rn 47 ff zur Entgegennahme der Kündigung durch dritte Personen, Rn 79 ff zur rechtsgeschäftlichen Vertretung beim Empfang der Kündigung). Der Bote muss den Inhalt der von ihm zuzustellenden Erklärung kennen (Kündigung lesen lassen) und sollte nach deren Zustellung einen detaillierten Vermerk erstellen, etwa:

▶ **Übergabe-/Zustellungsprotokoll**

Außerordentliche Kündigung ... (Mitarbeiter) vom ... (Datum) von ... (Kündigungsberechtigter) unterzeichnet im Original

am ... (Datum) um ... (Uhrzeit) in ..., ... (Ort, genaue Anschrift, ggf Beschreibung) an ... (Mitarbeiter/Berechtigten/Empfangsbote) übergeben.

Empfangsbestätigung unterzeichnet, Orig. anbei/Unterschrift verweigert; niemanden angetroffen und Kündigungsschreiben in Briefkasten ... (genaue Beschreibung) eingeworfen/... (sonstige Zustellung, genaue Darstellung).

...

Ort, Datum

...

Unterschrift(en) Bote(n) ◀

4 Eine Zustellung der Kündigungserklärung auf dem Postweg weist, je nach Art der Übersendung, unterschiedliche Risiken auf. Nach Möglichkeit sollte daher einer der oben genannten Zustellungsvarianten (Rn 3) der Vorzug gegeben werden. Bei Übersendung der Kündigung auf dem Postweg erfolgt deren Zugang nach Maßgabe der allgemeinen, zivilrechtlichen Kriterien des § 130 Abs. 1 BGB; also dann, wenn die Kündigungserklärung so in den Machtbereich des Empfängers gelangt ist, dass dieser unter gewöhnlichen Umständen Kenntnis von deren Inhalt erlangen kann. Dies ist noch nicht der Fall, wenn bei der Übermittlung durch Einschreiben/Rückschein oder Übergabe-Einschreiben nur eine Benachrichtigung über den erfolglosen Zustellungsversuch beim Kündigungsadressaten hinterlassen wird. Die Kündigung geht erst mit der – möglicherweise einige Tage später erfolgenden – Abholung durch den Arbeitnehmer zu. Ist die Ausschlussfrist zu diesem Zeitpunkt bereits abgelaufen, ist die außerordentliche Kündigung unwirksam. Das Arbeitsverhältnis kann dann nur noch ordentlich ge-

kündigt werden – soweit nicht das Recht zur ordentlichen Kündigung, etwa aufgrund einer tariflichen Vereinbarung, ausgeschlossen ist.

Um eine fristgerechte Übersendung der Kündigungserklärung auf dem Postweg – soweit möglich – sicherzustellen, ist daher in der Regel die Zustellung mit Einwurf-Einschreiben (HaKo-KSchR/*Mestwerdt* Einl. Rn 40, 57 ff, 61) die zwar nicht risikolose (Dokumentation nur des Zugangszeitpunkts, ggf auch nur unter erheblichen Schwierigkeiten/Unwägbarkeiten (hierzu Hümmerich/Lücke/Mauer/*Regh*, Arbeitsrecht § 4 Rn 23), nicht aber der Zustellung der Originalerklärung) gleichwohl aber geeignetere Alternative als zB das Einschreiben mit Rückschein. Da der Kündigende auch darlegen und beweisen können muss, welchen Inhalt die zugestellte Erklärung hat, ist bei dieser Form der Zustellung allerdings zudem eine sorgfältige Vorgehensweise in tatsächlicher Hinsicht und eine ebensolche Dokumentation des gesamten Weges der Kündigung vom Einkuvertieren des Kündigungsschreibens bis hin zu dessen Aufgabe beim Versender geboten. Dies kann insb. durch Anfertigung entsprechender Vermerke eines ggf in einem späteren Kündigungsschutzverfahren als Zeugen zu benennenden Mitarbeiters für die Personalakte und sorgfältige Ablage von Unterlagen/Belegen erfolgen, Beispiel:

▶ **Aufgabevermerk Einschreiben**

Außerordentliche Kündigung ... (Mitarbeiter) vom ... (Datum) von ... (Kündigungsberechtigter) unterzeichnet im Original am ... um ... in ... bei ... Filiale ... per ...-Einschreiben von ... (Sachbearbeiter) aufgegeben. Auftrags-/Sendungsnummer: ..., Belege anbei.

...

Ort, Datum

...

Unterschrift Sachbearbeiter ◄

▶ Zustellung erfolgte am .../Zustellung online recherchiert am ..., Ausdruck anbei.

...

Ort, Datum

...

Unterschrift Sachbearbeiter ◄

[3] **Wichtiger Grund/Bestimmtheit der Kündigungserklärung.** Eine außerordentliche Kündigung iSd § 626 BGB kann nur aus wichtigem Grund erklärt werden. Ob ein konkreter Lebenssachverhalt einen wichtigen Grund darstellt, wird von der Rechtsprechung regelmäßig in zwei Schritten geprüft. Zunächst ist festzustellen, ob ein bestimmter Sachverhalt ohne die besonderen Umstände des Einzelfalles als wichtiger Kündigungsgrund „an sich" geeignet ist. Ist dies der Fall, ist sodann zu prüfen, ob dem Kündigenden die (zeitweilige) Fortsetzung des Arbeitsverhältnisses unter Berücksichtigung der konkreten Umstände des Einzelfalles und unter Abwägung der Interessen beider Vertragsteile bis zum Ablauf der ordentlichen Kündigungsfrist oder dem vereinbarten Beendigungszeitpunkt zumutbar ist oder nicht (BAG 23.6.2009 – 2 AZR 103/08, NZA 2009, 1198; vgl HaKo-KSchR/*Gieseler* § 626 BGB Rn 53 ff zum wichtigen Grund, Rn 58 f zum Prüfungsaufbau, Rn 66 ff zum Verschulden, Rn 76 ff zur Unzumutbarkeit der Vertragsfortsetzung, Rn 94 ff zur Interessenabwägung, Rn 100 zu einzelnen Kündigungsgründen [Übersicht]). 5

Da die außerordentliche Kündigung Ausnahmecharakter hat und der Vertragspartner des Kündigenden nicht ohne Weiteres mit ihr zu rechnen hat, muss die Kündigungserklärung ein- 6 deutig erkennen lassen, dass das Arbeitsverhältnis aus wichtigem Grund außerordentlich fristlos gekündigt werden soll. Es empfiehlt sich daher, auf die präzise Formulierung der Kündigungserklärung ebenso Sorgfalt zu verwenden, wie auf die Prüfung, welche Kündigungsform im konkreten Einzelfall die Erforderliche ist. Letzteres ist von besonderer Bedeutung, wenn die ordentliche Kündigung ausgeschlossen ist und bei der Entscheidung zwischen Tat- und Verdachtskündigung (s.u. Rn 51 ff; vgl zur Verdachtskündigung Hako-KSchR/*Gieseler* § 626 BGB Rn 51 ff, 121 ff).

7 **[4] Begründung der Kündigung.** Die Angabe des Kündigungsgrundes und die Darstellung des Kündigungssachverhalts in der Kündigungserklärung sind im Regelfall keine Wirksamkeitsvoraussetzungen der Kündigung und daher aus rechtlichen Gründen nicht erforderlich. Gleiches gilt für Angaben zu in der Vergangenheit ggf bereits erfolgten Abmahnungen oder sonstigen Sanktionen. Unter taktischen Aspekten wird es sich, insbesondere bei dem verhaltensbedingten Bereich zuzuordnenden Umständen, zumeist empfehlen, auf derartige Ausführungen zu verzichten (s.u. Rn 21).

8 Etwas anderes gilt aber dann, wenn ausnahmsweise aufgrund gesetzlicher Regelung (vgl § 22 Abs. 3 BBiG, § 9 Abs. 3 MuSchG) oder aufgrund individual- oder kollektivrechtlicher Vereinbarungen eine Begründung der Kündigung zwingende Wirksamkeitsvoraussetzung ist (vgl BAG 25.10.2012 – 2 AZR 845/11, ArbR 2013, 244). Die Kündigungsgründe müssen dann so genau bezeichnet werden, dass der Kündigungsempfänger hinreichend klar erkennen kann, was Anlass der Kündigung ist und welche Verfehlung ihm ggf zur Last gelegt wird. Eine Substantiierung der Kündigungsgründe wie im Kündigungsschutzprozess ist regelmäßig nicht erforderlich; der Kündigungsempfänger muss sich aufgrund der mitgeteilten Gründe aber darüber klar werden können, ob er gegen die Kündigung vorgehen will. Pauschale Schlagworte und Wertungen reichen ebenso wenig aus wie die Bezugnahme auf ein Gespräch. Eine diesen Anforderungen nicht entsprechende Kündigung ist nach §§ 125 S. 1, 126 BGB nichtig.

9 **[5] Beteiligungsverfahren** (vgl Muster und Erläuterungen bei § 102 BetrVG Rn 15 ff)/**Öffentlich-rechtliche Zustimmungsverfahren** (vgl Muster bei §§ 85-92 SGB IX Rn 7, § 9 MuSchG Rn 1, § 18 BEEG Rn 9). Die nach § 102 BetrVG oder zB nach § 79 Abs. 3 BPersVG oder § 31 MAVO erforderliche Anhörung eines Betriebs-/Personalrats oder einer Mitarbeitervertretung ist während des Laufs der Ausschlussfrist vor Ausspruch der Kündigung durchzuführen. Das Beteiligungsverfahren hemmt den Lauf der Frist nicht. Daher muss der Betriebsrat spätestens am zehnten Tag nach der Kenntniserlangung von den kündigungsrelevanten Tatsachen unterrichtet werden, um in jedem Fall nach Ablauf der Anhörungsfrist von längstens drei Tagen (§ 102 Abs. 2 S. 3 BetrVG) am folgenden letzten Tag der Ausschlussfrist die Kündigung aussprechen und zustellen zu können (zum Fristbeginn vgl HaKo-KSchR/*Gieseler* § 626 BGB Rn 118 ff). Für die Beteiligung der Personalvertretungen gelten ähnliche Verfahren (vgl etwa zum BPersVG HaKo/*Nägele* §§ 72, 79, 108 BPersVG Rn 1, 16).

10 Ein Hinweis in der Kündigungserklärung auf die Durchführung des Beteiligungsverfahrens und/oder die Reaktion der Arbeitnehmervertretung ist aus rechtlichen Gründen nicht erforderlich. Ob Angaben hierzu erfolgen oder nicht, kann daher nach Maßgabe taktischer Erwägungen entschieden werden. Die Stellungnahme des Betriebsrats muss der Kündigungserklärung in keinem Fall angeschlossen werden, da § 102 Abs. 4 BetrVG nur für die ordentliche Kündigung gilt.

11 Die außerordentliche Kündigung der Arbeitsverhältnisse schwer behinderter oder diesen gleich gestellter Arbeitnehmer bedarf abgesehen von den in § 90 SGB IX aufgeführten Aus-

nahmen gemäß §§ 85, 91 SGB IX der vorherigen Zustimmung des Integrationsamtes. Die Zustimmung muss innerhalb von zwei Wochen nach der Erlangung vollständiger Kenntnis des Kündigungsberechtigten von den für die Kündigung maßgeblichen Tatsachen beantragt werden (§ 91 Abs. 2 SGB IX). Ist dem Arbeitgeber aufgrund der Dauer des Zustimmungsverfahrens die Wahrung der Frist des § 626 Abs. 2 S. 1, 2 nicht möglich, kann die Kündigung auch noch zu einem späteren Zeitpunkt ausgesprochen werden, wenn sie unverzüglich nach der Erteilung der Zustimmung erklärt wird (§ 91 Abs. 5 SGB IX; HaKo-KSchR/O*snabrügge* §§ 85-92 SGB IX Rn 45-49).

Die gleichen Grundsätze gelten, wenn eine behördliche Zustimmung vor Ausspruch der Kündigung aus anderen rechtlichen Gründen, etwa nach § 9 Abs. 3 MuSchG oder § 18 Abs. 1 BEEG, erforderlich ist (HaKo-KSchR/*Gieseler* § 626 BGB Rn 147). 12

Angaben zum durchgeführten Zustimmungsverfahren in der Kündigungserklärung selbst sind aus rechtlichen Gründen nicht erforderlich. Es kann daher der Beurteilung des jeweiligen Einzelfalles überlassen bleiben, ob die Aufnahme derartiger Hinweise in das Kündigungsschreiben erfolgen soll. In der Regel wird sich ein Hinweis auf die erteilte Zustimmung der Behörde jedoch anbieten. 13

[6] **Hinweispflicht gem. §§ 2 Abs. 2 Ziff. 3, 38 Abs. 1 SGB III.** Das Unterlassen des Hinweises auf die aus § 38 SGB III resultierenden Meldepflicht begründet nach der bisherigen Rechtsprechung des BAG zwar keine Schadenersatzansprüche des Arbeitnehmers gegen den Arbeitgeber (BAG 29.9.2005 – 8 AZR 571/04, NZA 2005, 1406). Gleichwohl sollte der Hinweis in die Kündigungserklärung aufgenommen werden, schon um der gesetzlich vorgesehenen Verpflichtung des Arbeitgebers zu entsprechen. 14

[7] **Hinweis auf Klagefrist.** Der kündigende Arbeitgeber ist nicht verpflichtet, den Arbeitnehmer auf das Erfordernis der Einhaltung der dreiwöchigen Klagefrist hinzuweisen (LAG Rheinland-Pfalz 17.10.2005 – 10 Ta 245/05, juris, mwN). 15

[8] **Abwicklung des Arbeitsverhältnisses.** Erklärungen, Fristsetzungen oder Mitteilungen des Arbeitgebers zu im Rahmen der Abwicklung des Arbeitsverhältnisses relevanten Sachbereichen, wie Urlaub bzw Urlaubsabgeltung, Überstunden, Arbeitsmitteln, Zeugnis, Geheimhaltung etc., sind aus rechtlichen Gründen im Kündigungsschreiben nicht erforderlich. Ob hierzu Ausführungen, ggf auch in einem gesonderten Schreiben, erfolgen, kann im Einzelfall entschieden werden. 16

Dessen ungeachtet müssen die eine außerordentliche Kündigung gegebenenfalls flankierenden tatsächlichen und rechtlichen Aspekte, je nach Funktion, Tätigkeit und Stellung des Mitarbeiters vor Ausspruch der Kündigung umfassend bedacht, ggf vorbereitet und dann durchgeführt. Hierzu zählen etwa die Sperrung des Internet-/Intranetzugangs, der Widerruf von Vollmachten, die Rückgabe von PC/Laptop, Mobiltelefon, Dienstwagen, Kreditkarten, Zugangskarten und Schlüsseln oder die Kommunikation des Vorgangs intern und gegenüber Dritten.

[9] **Schriftformerfordernis/Kündigungsberechtigung/Vollmacht.** Für eine jede außerordentliche Kündigung gilt das Schriftformerfordernis des § 623 BGB. Die Kündigungserklärung muss mithin durch einen Kündigungsberechtigten eigenhändig mittels Namensunterschrift (oder mittels notariell beglaubigten Handzeichens) unterzeichnet sein und dem Arbeitnehmer im Original zugestellt werden. Eine bspw nur mündlich erklärte oder lediglich via Telefax, E-Mail oder durch Übergabe einer Kopie ausgesprochene Kündigung wahrt die gesetzliche Schriftform nicht und ist gem. §§ 125 S. 1, 126 BGB formnichtig (vgl HaKo-KSchR/*Spengler* § 623 BGB Rn 14 ff, 31 ff). 17

18 Kündigungsberechtigt ist die natürliche Person, die das Kündigungsrecht ausüben darf. Hierzu zählen zunächst der Arbeitgeber, soweit es sich um eine natürliche Person handelt, bspw der Inhaber einer Einzelfirma sowie bei juristischen Personen, die gesetzlichen Vertreter einer Gesellschaft oder Körperschaft, also etwa der Geschäftsführer einer GmbH oder der Vorstand einer AG. Neben den Mitgliedern der Organe juristischer Personen und Körperschaften gehören zu den Kündigungsberechtigten auch die Mitarbeiter, denen der Arbeitgeber das Recht zur (außerordentlichen) Kündigung übertragen hat. Zum relevanten Personenkreis gehören etwa Prokuristen oder Mitarbeiter mit Handlungsvollmacht (§ 54 HGB) und leitende Angestellte mit Kündigungsbefugnis (HaKo-KSchR/*Mestwerdt* Einl. Rn 63 ff, 74 ff).

19 Wird die Kündigung durch einen nicht kündigungsberechtigten Vertreter ausgesprochen, etwa den Rechtsanwalt des Arbeitgebers, muss dem Kündigungsschreiben eine durch einen Kündigungsberechtigten unterzeichnete Originalvollmacht angeschlossen werden. Gleiches gilt, wenn die Kündigung durch einen Vorgesetzten ausgesprochen werden soll, bei dem die Kündigungsberechtigung nicht betriebsöffentlich durch den Arbeitgeber bekannt gemacht wurde resp. bei dem sich die bestehende Kündigungsberechtigung nicht schon aus der ausgeübten Tätigkeit als solcher ergibt, wie dies etwa bei einem Personalleiter regelmäßig der Fall ist (HaKo-KSchR/*Mestwerdt* Einl. Rn 73–75). Anderenfalls kann die Kündigung gemäß § 174 S. 1 BGB unverzüglich zurück gewiesen werden. Erforderlich hierfür ist jedoch gleichfalls die Beifügung einer hierzu berechtigenden Originalvollmacht des Gekündigten (vgl Muster zu §§ 174, 180 BGB Rn 1, 14; HaKo-KSchR/*Mestwerdt* Einl. Rn 69 ff).

II. Variante

20 **1. Muster: Außerordentliche Beendigungskündigung[1] – Arbeitgebersicht (kurz)**

▶ Persönliche Übergabe/per Boten[2]

Mitarbeiter

Anschrift

Außerordentliche hilfsweise ordentliche Kündigung Ihres Arbeitsverhältnisses

Sehr geehrter ...,

wir kündigen das mit Ihnen bestehende Arbeitsverhältnis außerordentlich aus wichtigem Grund mit sofortiger Wirkung.[3] Hilfsweise und vorsorglich kündigen wir Ihr Arbeitsverhältnis unter Einhaltung der ordentlichen Kündigungsfrist von ... zum nächst zulässigen Zeitpunkt. Dies ist nach unserer Berechnung der ....[4][5]

Wir weisen darauf hin, dass Sie verpflichtet sind, sich innerhalb von drei Tagen seit Zugang dieser Kündigung bei der Agentur für Arbeit persönlich arbeitsuchend zu melden. Anderenfalls können sozialversicherungsrechtliche Nachteile, insbesondere die Verhängung einer einwöchigen Sperrfrist, eintreten. Zur Wahrung der Frist reicht eine Anzeige unter Angabe Ihrer persönlichen Daten und des Beendigungszeitpunktes aus, wenn die persönliche Meldung nach terminlicher Vereinbarung nachgeholt wird.[6][7][8]

Mit freundlichen Grüßen

...

Unterschrift[9]

Empfangsbestätigung[1][2]

Die Kündigung vom ... habe ich am ... um ... erhalten.

A. Außerordentliche Beendigungskündigung   § 626 BGB

...

Ort, Datum

...

Unterschrift ◄

2. Erläuterungen

In der Praxis wird es sich zumeist anbieten, die Kündigungserklärung kurz und knapp zu halten (Ausnahme jedoch immer: § 22 Abs. 3 BBiG, § 9 Abs. 3 S. 2 MuSchG, hierzu § 22 BBiG Rn 38 ff; § 9 MuSchG Rn 12) Aus Sicht des Arbeitgebers sollte es jedenfalls unbedingt unterbleiben, (weitschweifige) Ausführungen zu Kündigungsgründen zu machen, denen der sachkundige Leser ohne weiteres die (sichere oder mutmaßliche) Unwirksamkeit der Kündigung entnehmen kann. Unnötige und überflüssige Angaben erschweren zudem häufig die Möglichkeit einer späteren einvernehmlichen Einigung der Parteien (vgl unten Rn 71). In der Regel sollte nicht nur außerordentlich, sondern zusätzlich hilfsweise ordentlich gekündigt werden (s.u. Muster Rn 34).

Die obigen Erläuterungen zur ausführlichen Fassung der Kündigungserklärung ab Rn 2 gelten für vorstehendes Muster gleichermaßen; hinsichtlich [4] vgl unten Rn 35 ff.

21

III. Muster: Außerordentliche Beendigungskündigung – Arbeitnehmersicht[1]

22

▶ Persönliche Übergabe/Einschreiben mit Rückschein[2]

...-GmbH

– Geschäftsleitung –

Herrn Geschäftsführer ...

Anschrift

Außerordentliche Kündigung meines Arbeitsverhältnisses

Sehr geehrter ...,

hiermit erkläre ich die außerordentliche Kündigung meines mit der ...-GmbH bestehenden Arbeitsverhältnisses aus wichtigem Grund mit sofortiger Wirkung.[3][4][5][6]

Mit freundlichen Grüßen

...

Unterschrift[7] ◄

IV. Erläuterungen

[1] **Außerordentliche Beendigungskündigung.** § 626 BGB gilt für Kündigungen des Arbeitnehmers in gleicher Weise wie für Arbeitgeberkündigungen (HaKo-KSchR/*Gieseler* § 626 BGB Rn 101). Auch bei außerordentlichen Arbeitnehmerkündigungen muss daher ein wichtiger Grund „an sich" vorliegen, zu beachten sind ebenso das Verhältnismäßigkeits- und das Prognoseprinzip einschließlich der Abmahnungsobliegenheit (BAG 26.7.2007 – 8 AZR 796/06, NZA 2007, 1419), die Notwendigkeit einer umfassenden Interessenabwägung (BAG 26.7.2001 – 8 AZR 739/00, NZA 2002, 325), die Frist des § 626 Abs. 2 BG (BAG 8.8.2002 – 8 AZR 574/01, NZA 2002, 1323) sowie die im Prozess beim Kündigenden liegende Darlegungs- und Beweislast für das Vorliegen der Voraussetzungen von § 626 (BAG 25.7.1963 – 2 AZR 510/62, AP ZPO § 448 Nr. 1).

23

24 **[2] Kündigungserklärungsfrist/Zugang.** Eine außerordentliche Kündigung muss innerhalb der zweiwöchigen Kündigungserklärungsfrist des Abs. 2 ausgesprochen und zugestellt werden (vgl HaKo-KSchR/*Gieseler* § 626 BGB Rn 118 ff zum Fristbeginn, Rn 124 ff zu Dauertatbeständen). Beförderungsschwierigkeiten, etwa die verzögerte Zustellung eines Einschreibens über die üblichen Postlaufzeiten hinaus, gehen grds. zulasten des Kündigenden. Eine Wiedereinsetzung in den vorigen Stand kommt nach Fristablauf nicht in Betracht, da es sich nicht um eine prozessuale Frist handelt. Der – fristgerechte – Zugang muss vom Kündigenden dargelegt und im Bestreitensfall bewiesen werden. Es empfiehlt sich daher, die Kündigung gegen Empfangs-/Eingangsbestätigung der Geschäftsleitung oder Personalabteilung persönlich zu übergeben. Alternativ kann die Übergabe der Kündigung auch in Anwesenheit einer als Zeuge in Betracht kommenden dritten Person erfolgen oder die Kündigung durch einen Boten zugestellt werden. Der Bote sollte den Inhalt der von ihm zuzustellenden Erklärung kennen (Kündigung lesen lassen) und dokumentieren (vgl Bsp oben Rn 3 aE). Eine Zustellung der Kündigung auf dem Postweg sollte unbedingt durch Einschreiben erfolgen. Nachdem der Kündigende allerdings nicht nur „das Ob" und den Zeitpunkt der Zustellung einer Sendung darlegen und beweisen können muss, sondern auch, welchen Inhalt die zugestellte Erklärung hat, sollten die erforderlichen tatsächlichen Handlungen bis zu deren Aufgabe beim Beförderungsunternehmen durch oder in Anwesenheit einer als Zeuge benannt werden könnenden dritten Person (Kündigung lesen lassen) erfolgen und dokumentiert werden (vgl Bsp oben Rn 4 aE).

25 **[3] Bestimmtheit der Kündigungserklärung/Umdeutung/Auflösungszeitpunkt.** Da die außerordentliche Kündigung Ausnahmecharakter hat und der Vertragspartner des Kündigenden nicht ohne Weiteres mit ihr zu rechnen hat, muss die Kündigungserklärung eindeutig erkennen lassen, dass das Arbeitsverhältnis aus wichtigem Grund außerordentlich und mit sofortiger Wirkung gekündigt werden soll.

26 Das Arbeitsverhältnis kann auch durch den Arbeitnehmer zugleich vorsorglich/hilfsweise ordentlich gekündigt werden (s. Rn 34). Zwingend erforderlich ist dies idR aber nicht. Eine außerordentliche fristlose Kündigung kann regelmäßig gemäß § 140 BGB in eine fristwahrende Kündigung zum nächst zulässigen Termin umgedeutet resp. als solche ausgelegt werden.

27 Die außerordentliche fristlose Kündigung führt zur Auflösung des Arbeitsverhältnisses im Zeitpunkt des Zugangs der Kündigungserklärung (s. Rn 2). Zur Meidung eines ungewöhnlichen Beendigungszeitpunktes (zB dem 27. eines Monats) kann, insbesondere bei nur wenigen zu überbrückenden Tagen bis zum „runden" Auflösungszeitpunkt, folgende Alternative in Betracht kommen (s. Rn 45):

▶ ... erkläre ich die außerordentliche Kündigung meines mit der ...-GmbH bestehenden Arbeitsverhältnisses aus wichtigem Grund mit Wirkung zum ... (zB Monatsletzten). ◀

28 **[4] Begründung der Kündigung.** Die Angabe des Kündigungsgrundes und die Darstellung des Kündigungssachverhalts sowie Ausführungen zu etwa ausgesprochenen Abmahnungen des Arbeitnehmers in der Kündigungserklärung sind keine Wirksamkeitsvoraussetzungen der Kündigung und daher aus rechtlichen Gründen nicht erforderlich.

29 Die Angabe des Kündigungsgrundes kann allerdings sinnvoll sein. Etwa um die Geltendmachung von Schadenersatzansprüchen des Kündigenden nach § 628 BGB vorzubereiten oder dann, wenn die Kündigung der Agentur für Arbeit vorgelegt werden muss, weil ein Anschlussarbeitsverhältnis (noch) nicht begründet werden konnte und der Arbeitnehmer die Leistung von Arbeitslosengeld beantragen muss. In solchen Fällen wird es sich für den Ar-

beitnehmer idR ohnehin empfehlen, vor der Kündigung bereits Kontakt mit der zuständigen Arbeitsagentur aufzunehmen, um zu klären, dass mit deren Ausspruch keine sozialversicherungsrechtlichen Nachteile, insbesondere die Verhängung einer Sperrfrist, einhergehen.

Für den regelmäßig vorkommenden Fall einer außerordentlichen Arbeitnehmerkündigung aufgrund erheblicher Vergütungsrückstände (hierzu HaKo-KSchR/*Gieseler* § 626 BGB Rn 110 f, 126) kann eine Begründung beispielsweise wie folgt formuliert werden:

▶ ... Seit ... habe ich keine Arbeitsvergütung mehr erhalten. Der offene Vergütungsrückstand beläuft sich auf derzeit .... Mit Schreiben vom ... habe ich Ihnen eine Abmahnung erteilt und für den Fall, dass nicht bis zum ... eine entsprechende Nachzahlung erfolge, die fristlose Kündigung meines Arbeitsverhältnisses angekündigt. Die gesetzte Frist ist mittlerweile verstrichen. Bis zum heutigen Tag sind keinerlei Zahlungen mehr an mich geleistet worden. Ich sehe mich daher gezwungen, das Arbeitsverhältnis außerordentlich mit sofortiger Wirkung zu kündigen.

Ich fordere Sie auf, die rückständige Vergütung bis längstens eingehend am ... gegenüber meiner Ihnen bekannten Bankverbindung zur Anweisung zu bringen. Sollte diese Frist erneut fruchtlos verstreichen, werde ich ohne weitere Ankündigung die gerichtliche Titulierung meiner offenen Forderungen einleiten.

Die Geltendmachung von Schadenersatzansprüchen behalte ich mir vor.

Mit freundlichen Grüßen

...

Unterschrift ◀

[5] **Abwicklung des Arbeitsverhältnisses.** Erklärungen, Fristsetzungen oder Mitteilungen des 30 Arbeitnehmers zu im Rahmen der Abwicklung des Arbeitsverhältnisses tangierten Komplexen, wie etwa rückständiger Arbeitsvergütung, Ankündigung/Geltendmachung von Schadenersatzansprüchen, Urlaubsabgeltung, Überstundenvergütung, Zeugniserteilung, Arbeitspapieren, Übertragung von Anwartschaften aus betrieblicher Altersversorgung etc. sind aus rechtlichen Gründen in der Kündigungserklärung nicht erforderlich, können dort aber erfolgen.

[6] **Treuwidrigkeit des Berufens auf Unwirksamkeit.** Vor Ausspruch einer außerordentlichen 31 Kündigung sollten arbeitnehmerseits die hieraus ggf resultierenden weitreichenden tatsächlichen, rechtlichen und wirtschaftlichen Konsequenzen sorgfältig bedacht werden. Nimmt nämlich der Arbeitgeber die außerordentliche Kündigung hin, kann sich der Arbeitnehmer auch später, bei geänderter Sach-/Interessenlage, regelmäßig nicht mehr darauf berufen, dass kein wichtiger Grund vorgelegen habe und seine Kündigung daher insgesamt oder zumindest als fristlose unwirksam sei, da hierin ein Verstoß gegen das Verbot widersprüchlichen Verhaltens liegt. Die Geltendmachung der Unwirksamkeit einer schriftlich erklärten Eigenkündigung ist regelmäßig treuwidrig (BAG 12.3.2009 – 2 AZR 894/07, NZA 2009, 840; HaKo-KSchR § 626 BGB Rn 27 ff und Rn 32 zur gleichen Problematik bei formunwirksamen Kündigungen).

[7] **Schriftformerfordernis.** Für jede außerordentliche Kündigung gilt das Schriftformerforder- 32 nis des § 623 BGB. Auch die Kündigungserklärung des Arbeitnehmers muss mithin eigenhändig mittels Namensunterschrift (oder mittels notariell beglaubigten Handzeichens) unterzeichnet sein und dem Arbeitgeber im Original zugestellt werden. Eine nur mündlich erklärte oder lediglich via Telefax, E-Mail, Kopie etc. ausgesprochene Kündigung wahrt die gesetzliche Schriftform nicht und ist gem §§ 125 S. 1, 126 BGB formnichtig (vgl HaKo-KSchR/*Spengler* § 623 BGB Rn 14 ff, 31 ff).

B. Alternative Formen der außerordentlichen Kündigung

33 Die nachfolgend dargestellten Alternativen beziehen sich nur auf die Form der außerordentlichen Kündigung an sich und deren Formulierung. Der Text des Grundmusters kann ansonsten übernommen werden. Die Erläuterungen gelten entsprechend, soweit keine gesonderten Hinweise erfolgen.

I. Hilfsweise ordentliche Kündigung

34 **1. Muster: Außerordentliche Kündigung und hilfsweise ordentliche Kündigung**[1]

▶ ... wir kündigen das mit Ihnen bestehende Arbeitsverhältnis außerordentlich aus wichtigem Grund mit sofortiger Wirkung. Hilfsweise und vorsorglich kündigen wir Ihr Arbeitsverhältnis unter Einhaltung der ordentlichen Kündigungsfrist von ... (evtl.: aus ... Gründen) zum nächst zulässigen Zeitpunkt. Dies ist nach unserer Berechnung der ....[2]

Der Betriebsrat hat der Kündigung zugestimmt/hat gegen die außerordentliche Kündigung Bedenken erhoben, der hilfsweise erklärten ordentlichen Kündigung jedoch zugestimmt/hat gegen die außerordentliche Kündigung Bedenken erhoben und der hilfsweise erklärten ordentlichen Kündigung widersprochen. Eine Abschrift des Widerspruchs des Betriebsrats ist der Kündigung angeschlossen.[3] ... ◀

2. Erläuterungen

35 **[1] Verbindung/Umdeutung einer außerordentlichen Kündigung.** Eine fristlose außerordentliche Kündigung kann mit einer vorsorglich erklärten fristwahrenden ordentlichen (bzw bei ordentlich unkündbaren Arbeitsverhältnissen mit einer außerordentlichen Kündigung mit notwendiger Auslauffrist zu dem fiktiven ordentlichen Kündigungstermin) verbunden werden. Eine außerordentliche fristlose Kündigung kann zwar regelmäßig gemäß § 140 BGB in eine fristwahrende Kündigung zum nächst zulässigen Termin umgedeutet resp. als solche ausgelegt werden. Gleichwohl wird sich eine Verbindung in der Regel empfehlen, schon zur Klarstellung und zur Verdeutlichung des unbedingten Beendigungswillens des Kündigenden; die Rechtswirksamkeit einer außerordentlichen Kündigung wird in der Praxis von den Arbeitsgerichten nämlich nur in einer durchaus begrenzten Anzahl von Fällen festgestellt.

36 Eine Umdeutung ist idR nicht möglich, wenn die für eine ordentliche Kündigung bzw für eine außerordentliche Kündigung mit Auslauffrist erforderlichen Kündigungsvoraussetzungen nicht erfüllt sind. Dies gilt insbesondere für die Beteiligung von Betriebs- oder Personalrat oder der MAV, aber auch bei öffentlich-rechtlichen Zustimmungsverfahren, etwa vor dem Integrationsamt (Hako-KSchR/*Nägele* § 102 BetrVG Rn 86; HaKo-KSchR § 13 KSchG Rn 38 ff, § 626 BGB Rn 146 ff). Die Arbeitnehmervertretung sollte daher regelmäßig auch zu einer – hilfsweisen – ordentlichen Kündigung angehört, gegenüber Behörden die Zustimmung zur – hilfsweisen – ordentlichen Kündigung beantragt werden.

37 **[2] Stellungnahmefristen der Arbeitnehmervertretung.** Ist der Betriebsrat zur beabsichtigten Erklärung einer außerordentlichen und hilfsweise ordentlichen Kündigung anzuhören, werden für die Ausübung des Beteiligungsrechts unterschiedlich lange Fristen – unverzüglich, längstens drei Tage, bzw eine Woche – in Gang gesetzt, § 102 Abs. 2 Satz 1-3 BetrVG [vgl Muster und Erläuterungen bei § 102 BetrVG Rn 15 ff]. Der Betriebsrat kann daher zwei getrennte Stellungnahmen nacheinander abgeben, so dass ggf zuerst außerordentlich und nach Verstreichen der Wochenfrist nochmals (hilfsweise) ordentlich zu kündigen ist. Dies wird in

B. Alternative Formen der außerordentlichen Kündigung § 626 BGB

der Praxis häufig übersehen (Ausspruch einer außerordentlichen hilfsweise ordentlichen Kündigung nach Ablauf der kürzeren Frist zur außerordentlichen Kündigung oder nach fristgerechter Stellungnahme des Betriebsrats nur zur außerordentlichen Kündigung) und kann die fatale Konsequenz nach sich ziehen, dass die Voraussetzungen der außerordentlichen Kündigung (wie so oft) nicht erfüllt sind und die ordentliche Kündigung bereits an § 102 Abs. 1 BetrVG scheitert. Unterschiedliche Fristen gelten auch im BPersVG und bei der Anhörung von Mitarbeitervertretungen.

[3] **Widerspruch des Betriebsrats.** Der Betriebsrat kann einer außerordentlichen Kündigung (ausdrücklich oder durch das Verstreichenlassen der Einlassungsfrist ohne Stellungnahme im Ergebnis) zustimmen oder Bedenken äußern, allerdings nur der (hilfsweisen) ordentlichen Kündigung gemäß § 102 Abs. 3 BetrVG widersprechen [vgl Muster und Erläuterungen bei § 102 BetrVG Rn 39 ff]. Im Widerspruchsfall ist dem Arbeitnehmer nach § 102 Abs. 4 BetrVG mit der Kündigung eine Abschrift der Stellungnahme des Betriebsrats zuzuleiten. Ein Verstoß gegen diese Vorschrift führt zwar nicht zur Unwirksamkeit der Kündigung, vermag aber ggf Schadenersatzansprüche des Arbeitnehmers zu begründen (HaKo-KSchR/*Nägele* § 102 BetrVG Rn 176 ff).

38

II. Änderungskündigung

1. Muster: Außerordentliche Änderungskündigung[1]

39

▶ ... wir kündigen das mit Ihnen bestehende Arbeitsverhältnis außerordentlich aus wichtigem Grund mit sofortiger Wirkung. Gleichzeitig bieten wir Ihnen an, das Arbeitsverhältnisses mit Zugang dieser Kündigung (alt: ... ab dem ... = Zugangszeitpunkt der Kündigung) zu nachfolgend geänderten Bedingungen fortzusetzen:

1. ...
2. ... etc.[2]

Im Übrigen bleibt es bei den bisherigen Bedingungen Ihres Arbeitsverhältnisses, die unverändert weiter gelten. ◀

▶ Bitte teilen Sie uns unverzüglich mit, ob Sie mit der Fortsetzung des Arbeitsverhältnisses zu den angebotenen Änderungen einverstanden sind.[3] ... ◀

2. Erläuterungen

[1] **Anderweitige Beschäftigungsmöglichkeit.** Eine außerordentliche Kündigung kann – und muss ggf unter Beachtung des Verhältnismäßigkeitsgrundsatzes – ebenso wie die ordentliche Kündigung gem. § 2 KSchG mit dem Angebot der Fortsetzung des Arbeitsverhältnisses zu geänderten Vertragsbedingungen verbunden werden, wenn dem Kündigenden die zumindest befristete oder zeitweilige Fortsetzung des Arbeitsverhältnisses zu den geänderten Bedingungen möglich und zumutbar ist. Voraussetzung eines wichtigen Grundes ist stets, dass die beabsichtigte Änderung der Arbeitsbedingungen nicht durch die Ausübung des Direktionsrechts des Kündigenden erreicht werden kann (BAG 6.9.2007 – 2 AZR 368/06, BB 2008, 325).

40

[2] **Bestimmtheit des Änderungsangebots.** Die anzubietende Vertragsänderung muss inhaltlich eindeutig bestimmt oder zumindest bestimmbar sein, so dass die andere Partei das Angebot durch einfache Erklärung annehmen kann, §§ 145 ff BGB. Sie muss für den Kündigenden unabweisbar notwendig und für den Kündigungsempfänger zumutbar sein. Dabei ist zunächst ohne Berücksichtigung des Änderungsangebotes zu prüfen, ob dem Kündigenden die

41

Vertragsfortsetzung zu unveränderten Bedingungen nicht mehr zumutbar ist und bejahendenfalls, ob mildere Mittel anstelle einer Kündigung zur Verfügung stehen. Ergibt sich nicht bereits aus dieser Prüfung die Unwirksamkeit der außerordentlichen Änderungskündigung, ist die Zumutbarkeit des Änderungsangebotes für den Kündigungsempfänger durch eine Abwägung mit den Interessen des Kündigenden zu ermitteln (HaKo-KSchR/*Pfeiffer* § 2 KSchG Rn 78 ff).

42 Enthält ein Änderungsangebot mehrere Vertragsänderungen, muss jede einzelne Änderung gerechtfertigt sein (BAG 23.6.2005 – 2 AZR 642/04, NZA 2006, 92). Aus diesem Grund sollte der Kündigende bestrebt sein, der Versuchung zu widerstehen, die Erforderlichkeit der Änderung einer oder einzelner Arbeitsbedingung(en) zum Anlass für eine weitergehende Überholung des Arbeitsvertrages zu nehmen, da dies regelmäßig zur Unwirksamkeit der Änderungskündigung insgesamt führt.

43 **[3] Reaktionsmöglichkeiten des Arbeitnehmers.** Die Reaktionsmöglichkeiten des Arbeitnehmers – Annahme der Änderung, Annahme unter Vorbehalt der Rechtfertigung der Änderung, Ablehnung – entsprechen den Möglichkeiten bei der ordentlichen Änderungskündigung (HaKo-KSchR/*Pfeiffer* § 2 KSchG Rn 26–35). Auf die Muster bei § 2 KSchG, Rn 1 ff, wird verwiesen, allerdings mit dem Hinweis, dass der Arbeitnehmer die Annahme des Änderungsangebots unter Vorbehalt in Abwandlung von § 2 S. 2 KSchG unverzüglich erklären muss. Eine sofortige Reaktion ist dazu nicht erforderlich. Der Arbeitnehmer darf eine angemessene Frist verstreichen lassen, um über das Angebot nachzudenken und Rechtsrat einzuholen (BAG 27.3.1987 – 7 AZR 790/85, NZA 1988, 737). Zur Bestimmung der Frist ist der Begriff der Unverzüglichkeit des § 121 Abs. 1 S. 2 BGB heranzuziehen. Als angemessene Überlegungsfrist wird ein Zeitraum von mindestens zwei Tagen bis zu längstens einer Woche angenommen (APS/*Künzl* § 2 KSchG Rn 217, 222 f mwN). Bei außerordentlichen Änderungskündigungen mit notwendiger Auslauffrist gegenüber ordentlich unkündbaren Arbeitnehmern (s.u. Rn 46 ff) gilt dagegen § 2 S. 2 KSchG (KR/*Fischermeier* § 626 BGB Rn 200), um den andernfalls mit der Schlechterstellung besonders geschützter Arbeitnehmer verbundenen Wertungswiderspruch zu vermeiden (hierzu und zu Besonderheiten der außerordentlichen Änderungskündigung vgl HaKo-KSchR/*Pfeiffer* § 2 KSchG Rn 75-80).

III. (Soziale) Auslauffrist

44 **1. Muster: Außerordentliche Kündigung mit (sozialer) Auslauffrist**[1]

166 ▶ ... wir kündigen das mit Ihnen bestehende Arbeitsverhältnis außerordentlich aus wichtigem Grund unter Gewährung einer Auslauffrist mit Wirkung zum Ablauf des ... ◀

2. Erläuterungen

45 **[1] (Soziale) Auslauffrist.** Dass ein Vertragsverhältnis im Fall des Vorliegens eines wichtigen Grundes mit sofortiger Wirkung gekündigt werden kann, bedeutet nicht, dass der Kündigungsberechtigte stets fristlos kündigen kann oder gar muss. Auch wenn ihn ein wichtiger Grund zur fristlosen Kündigung berechtigen würde, kann er sich auf eine außerordentliche Kündigung mit einer Auslauffrist beschränken, die nicht der ordentlichen Kündigungsfrist zu entsprechen braucht. Dies kann sowohl zugunsten des Vertragspartners geschehen, etwa aus einfacher zwischenmenschlicher Rücksichtnahme oder zur Abmilderung der gravierenden sozialen und rechtlichen Folgen der fristlosen Beendigung (sog. soziale Auslauffrist; zur notwendigen Auslauffrist s.u.), als auch aus eigenen Interessen, etwa wenn der Arbeitgeber zu-

nächst nicht über eine Ersatzkraft verfügt. Ist dem Kündigenden die Fortsetzung des Vertragsverhältnisses für eine gewisse Zeit, nicht aber bis zum Ablauf der ordentlichen Kündigungsfrist oder bis zu dessen vereinbarter Beendigung zumutbar, darf er nach dem Grundsatz der Verhältnismäßigkeit nicht fristlos, sondern nur zu dem Kündigungstermin außerordentlich kündigen, von dem an ihm die Fortsetzung unzumutbar wird (HaKo-KSchR/*Gieseler* § 626 BGB Rn 38 ff).

IV. Notwendige Auslauffrist

1. Muster: Außerordentliche Kündigung mit notwendiger Auslauffrist (bei Ausschluss des Rechts zur ordentlichen Kündigung)[1]

▶ ... wir kündigen das mit Ihnen bestehende Arbeitsverhältnis außerordentlich aus wichtigem Grund unter Einhaltung einer der ordentlichen Kündigungsfrist von ... entsprechenden Auslauffrist zum nächst zulässigen Termin. Dies ist nach unserer Berechnung der ... .[2]
Der Betriebsrat wurde vor Ausspruch der Kündigung ordnungsgemäß beteiligt und hat der Kündigung zugestimmt/Bedenken geäußert/widersprochen. ...[3] ◀

2. Erläuterungen

[1] **Notwendige Auslauffrist.** Ist dem Arbeitgeber bei tarif- oder arbeitsvertraglich ordentlich unkündbaren Arbeitnehmern zwar die Fortsetzung des Arbeitsverhältnisses bis zu dessen vereinbarter Beendigung, dh im Regelfall bis zum Erreichen des Pensionsalters, nicht zumutbar, könnte ein entsprechendes, nicht besonders kündigungsgeschütztes Arbeitsverhältnis jedoch nur fristgemäß gekündigt werden, kann der Arbeitgeber zur Kündigung aus wichtigem Grund, regelmäßig nur unter Gewährung einer der fiktiven ordentlichen Kündigungsfrist entsprechenden notwendigen Auslauffrist, berechtigt sein (vgl HaKo-KSchR/*Gieseler* § 1 KSchG Rn 336 ff zur außerordentl. verhaltensbedingten Kündigung, Rn 475 ff zur außerordentl. personenbedingten Kündigung, Rn 688 ff zur außerordentl. betriebsbedingten Kündigung). In dieser Konstellation ersetzt die außerordentliche Kündigung mit notwendiger Auslauffrist soz. die ordentliche Kündigung, bzw tritt an deren Stelle, wenngleich mit erheblich verschärften Anforderungen an den Kündigungsgrund. Im Insolvenzverfahren sind tarifvertraglich unkündbare Arbeitsverhältnisse jedoch ordentlich kündbar (BAG 20.9.2006 – 6 AZR 249/05, EzA-SD 2007, Nr. 5).

[2] **Kündigungsfrist.** Nach der Rechtsprechung des BAG ist bei außerordentlichen Kündigungen gegenüber tariflich unkündbaren Arbeitnehmern die fiktive Kündigungsfrist als notwendige Auslauffrist anzuwenden, die gelten würde, wenn bei unterstellter ordentlicher Kündbarkeit nur eine fristgerechte Kündigung zulässig wäre (BAG 7.3.2002 – 2 AZR 173/01, NZA 2002, 963).

[3] **Anwendung auf die ordentliche Kündigung bezogener Vorschriften.** Um den mit einer fristlosen Beendigung verbundenen Wertungswiderspruch – der besondere Kündigungsschutz würde sich zulasten des Arbeitnehmers auswirken – zu vermeiden, nimmt das BAG in ständiger Rechtsprechung Korrekturen vor, indem es die für eine fiktive ordentliche Kündigung des Arbeitsverhältnisses geltenden, einen weitergehenden Schutz des Arbeitnehmers vermittelnden Bestimmungen auf die außerordentliche Kündigung (allerdings nicht ausnahmslos) anwendet. Neben der Gewährung einer notwendigen Auslauffrist gebietet der Gleichstellungsgedanke die Anwendung der gegenüber den für außerordentliche Kündigungen geltenden Vorschriften weitergehenden Regelungen zur Beteiligung von Betriebs- bzw Personalrat bei

der ordentlichen Kündigung. Daher ist für die Anhörung des Betriebsrats die Wochenfrist von § 102 Abs. 2 Satz 1 und nicht die Frist von § 102 Abs. 2 Satz 3 BetrVG maßgeblich (BAG 12.1.2006 – 2 AZR 242/05, ArbRB 2006, 171). Entsprechend bestehen ein Widerspruchsrecht des Betriebsrats nach § 102 Abs. 3 BetrVG, der Weiterbeschäftigungsanspruch gem. § 102 Abs. 5 BetrV (HaKo-KSchR/*Nägele* § 102 BetrVG Rn 136, 192) sowie die Beteiligungsrechte des Personalrats iR der personalvertretungsrechtlichen Mitwirkungs- und Zustimmungsverfahren (HaKo-KSchR/*Nägele* §§ 72, 79, 108 BPersVG Rn 4, 10, 20 f). Hinsichtlich der Reaktionsmöglichkeiten der Arbeitnehmervertretung wird auf Muster und Erläuterungen zu § 102 BetrVG Rn 37 ff verwiesen.

V. Verdachtskündigung

50 **1. Muster: Verdachtskündigung[1][2] – Anhörung, Ladung**

▶ Persönliche Übergabe/Per Boten

Mitarbeiter

Anschrift

Anhörung wegen des Verdachts ▄▄▄ am ▄▄▄

Sehr geehrter Herr ▄▄▄,

nach den uns vorliegenden Erkenntnissen haben Sie ▄▄▄ (Schilderung des Sachverhalts/der Verdachtsmomente).[3]

Es besteht daher der dringende Verdacht, dass Sie ▄▄▄ (konkreter Vorwurf).

Wir geben Ihnen Gelegenheit, die bestehenden Unklarheiten und Widersprüche aufzuklären, die bestehenden Verdachtsmomente zu widerlegen und Sie entlastende Umstände vorzutragen.[4]

Wir haben allerdings auch darauf hinzuweisen, dass Ihre Angaben möglicherweise zum Anlass genommen werden könnten, eine ordentliche oder ggf auch außerordentlich erfolgende Kündigung Ihres Arbeitsverhältnisses auszusprechen.

Ihre Anhörung erfolgt am

▄▄▄, ▄▄▄ Uhr in ▄▄▄

oder alternativ für den Fall Ihrer Verhinderung am

▄▄▄, ▄▄▄ Uhr am gleichen Ort.[5]

Bitte teilen Sie uns unverzüglich mit, welchen der angebotenen Termine Sie wahrnehmen werden. Es steht Ihnen frei, sich zu dieser Anhörung von Ihrem Rechtsanwalt begleiten zu lassen und/oder ein Mitglied des Betriebsrats hinzuzuziehen.[6]

Sollten Sie aus gesundheitlichen Gründen daran gehindert sein, den genannten Anhörungstermin in ▄▄▄ wahrzunehmen, sind wir dazu bereit, die Anhörung in ▄▄▄ durchzuführen. In diesem Fall bitten wir um unverzügliche Rücksprache mit dem Unterzeichner, damit Zeit und Ort vereinbart werden können.

(Evtl.: Sollte Ihnen eine Anreise nach ▄▄▄ krankheitsbedingt nicht möglich sein, fordern wir Sie auf, uns hiervon unverzüglich in Kenntnis zu setzen. Wir geben Ihnen in diesem Fall Gelegenheit, sich schriftlich zu dem dargestellten Sachverhalt zu erklären und zwar bis längstens eingehend bei uns am ▄▄▄.

Evtl.: Sollten Sie die Abgabe einer schriftlichen Stellungnahme zu dem aufgezeigten Sachverhalt bevorzugen, sehen wir deren Eingang bei uns entgegen, bis spätestens ▄▄▄)[7]

Mit freundlichen Grüßen

▪▪▪

Unterschrift

Anlage: ▪▪▪[7] ◄

2. Erläuterungen

[1] **Verdacht als Kündigungsgrund.** Der auf objektive Tatsachen und Verdachtsmomente 51
gründende dringende Verdacht eines erheblichen vertragswidrigen oder strafbaren und in irgendeiner Form einen Bezug zum Arbeitsverhältnis aufweisenden Verhaltens des Vertragspartners kann das für die Fortsetzung des Arbeitsverhältnisses erforderliche Vertrauen in einem derartigen Maß zerstören, dass dessen Fortsetzung bis zum ordentlichen oder vereinbarten Beendigungszeitpunkt unzumutbar wird (BAG 29.11.2007 – 2 AZR 724/06, FA 2008, 29). So ist bspw der gegen den Arbeitnehmer gerichtete dringende Verdacht der Begehung eines gegen den Arbeitgeber gerichteten Eigentums- oder Vermögensdelikts „an sich" geeignet eine außerordentliche Kündigung zu rechtfertigen. Bei der außerordentlichen Verdachtskündigung handelt es sich daher im Prinzip nicht um eine eigenständige Form der Kündigung als Gestaltungsrecht, sondern um einen besonderen Typus von Kündigungsgrund.

Der Verdacht einer strafbaren Handlung oder eines grob vertragswidrigen Verhaltens stellt 52
gegenüber dem Vorwurf, der Vertragspartner habe die Tat oder Pflichtverletzung begangen, einen eigenständigen Kündigungsgrund dar, der im Tatvorwurf nicht enthalten ist (BAG 10.12.2009 – 2 AZR 534/08, DB 2010, 1128). Bei der Tatkündigung ist für den Kündigungsentschluss maßgeblich die Überzeugung des Kündigenden, der Vertragspartner habe die Tat oder Pflichtverletzung tatsächlich begangen. Demgegenüber kann eine Verdachtskündigung gerechtfertigt sein, wenn sich starke Verdachtsmomente auf objektive Tatsachen gründen, die Verdachtsmomente geeignet sind, das für die Vertragsfortsetzung erforderliche Vertrauen zu zerstören und der Kündigende alle zumutbaren Anstrengungen zur Aufklärung des Sachverhalts unternommen hat, insbesondere dem Verdächtigen Gelegenheit zur Stellungnahme gegeben hat (BAG 10.2.2005 – 2 AZR 189/04, NZA 2005, 1056). Entscheidend ist gerade nicht, dass der Tatvorwurf erwiesen ist, sondern das die vom Kündigenden zur Begründung des Verdachts vorgetragenen Tatsachen einerseits den Verdacht rechtfertigen und andererseits tatsächlich zutreffen, also entweder eingeräumt werden oder bewiesen werden können (BAG 10.2.2005 – 2 AZR 189/04, NZA 2005, 1056). Der Verdacht muss dringend sein; es muss also eine große Wahrscheinlichkeit dafür bestehen, dass er zutrifft (BAG 24.5.2012 – 2 AZR 206/11, NZA-RR 2012, 222).

[2] **Form der Kündigungserklärung.** Hinsichtlich der Form und des Inhalts der Kündigungserklärung 53
selbst bestehen keine spezifischen Besonderheiten; es kann daher auf das obige Muster bei Rn 20 (Rn 1) verwiesen werden. Nach der aktuellen Rechtsprechung des BAG ist Wirksamkeitserfordernis einer jeden Verdachtskündigung indessen das Vorliegen eines wichtigen Grundes iSd § 626 BGB (BAG 21.11.2013 – 2 AZR 797/11, BB 2014, 371). Eine Verdachtskündigung muss zwar nicht zwingend als außerordentliche fristlose Kündigung ausgesprochen, sondern kann auch als ordentliche Kündigung unter Einhaltung der Kündigungsfrist erklärt werden. Sie unterliegt in diesem Fall jedoch keinen geringeren materiell-rechtlichen Anforderungen. Eine Verdachtskündigung ist demnach auch als ordentliche Kündigung sozial nur gerechtfertigt, wenn Tatsachen vorliegen, die zugleich eine außerordentliche fristlose Kündigung gerechtfertigt hätten.

54 Die Differenzierung zwischen Tat- und Verdachtskündigung ist auch bei der Beteiligung der Arbeitnehmervertretung vor Ausspruch einer Kündigung zu beachten (vgl Muster und Erläuterungen bei § 102 BetrVG Rn 15 ff).

55 **[3] Gegenstand der Anhörung.** Grundsätzlich unzureichend ist es, wenn der Arbeitgeber den Arbeitnehmer mit einer lediglich allgemein gehaltenen Wertung konfrontiert. Die Anhörung muss sich auf einen konkreten, greifbaren Sachverhalt beziehen (BAG 13.3.2008 – 2 AZR 961/06, NZA 2008, 809). Es müssen alle bekannten erheblichen Umstände angegeben werden, aus denen sich der Verdacht herleitet (BAG 28.11.2007 – 5 AZR 952/06, NZA-RR 2008, 344). Der notwendige Umfang der Anhörung richtet sich nach den Umständen des Einzelfalls. Der Arbeitnehmer muss die Möglichkeit haben, bestimmte, zeitlich und räumlich eingegrenzte Tatsachen ggf zu bestreiten oder den Verdacht entkräftende Tatsachen aufzuzeigen und so zur Aufhellung der für den Arbeitgeber im Dunkeln liegenden Geschehnisse beizutragen (BAG 24.5.2012 – 2 AZR 206/11, NZA-RR 2012, 222). Etwas anderes kann ausnahmsweise nur dann gelten, wenn dem Anzuhörenden die den Tatverdacht begründenden Umstände, etwa aufgrund eines gegen ihn geführten Ermittlungs- oder Strafverfahrens, bereits bekannt sind. Ggf kann eine mehrmalige Anhörung des Verdächtigen erforderlich sein, etwa dann, wenn relevante neue Tatsachen bekannt werden.

56 **[4] Anhörung als Wirksamkeitserfordernis.** Bei einer Verdachtskündigung besteht die erhöhte Gefahr, dass der Arbeitnehmer zu Unrecht beschuldigt wird. Die Anhörung des Verdächtigen, um diesem Gelegenheit zur Entkräftung von Verdachtsgründen und zur Anführung von Entlastungstatsachen zu geben, ist daher in aller Regel unbedingte Wirksamkeitsvoraussetzung einer Verdachtskündigung (BAG 23.6.2009 – 2 AZR 474/07, NZA 2009, 1136). Eine ohne Anhörung oder nach einer mit schwerwiegenden Fehlern durchgeführten Anhörung, etwa einem nur unzureichenden Bemühen um Sachverhaltsaufklärung, ausgesprochene Kündigung ist idR rechtsunwirksam (BAG 24.5.2012 – 2 AZR 206/11, NZA-RR 2012, 222). Bei einer schuldhaften Verletzung der Anhörungspflicht kann sich der Kündigende im Prozess auf den Verdacht als Kündigungsgrund nicht berufen (BAG 28.11.2007 – 5 AZR 952/06, NZA-RR 2008, 344). Eine solche liegt nicht vor, wenn der Arbeitnehmer von vornherein nicht bereit war, sich zu dem ihm gegenüber erhobenen Vorwurf substantiiert einzulassen und nach seinen Kräften an der Aufklärung des Verdachts mitzuwirken (zu Aufklärungs- und Mitteilungspflichten des Arbeitnehmers, insb. im Hinblick auf ein laufendes Ermittlungsverfahren, vgl BAG 23.10.2008 – 2 AZR 483/07, EzA-SD 2009, Nr. 8, 3-7). Erklärt der Arbeitnehmer sogleich, er werde sich zum Vorwurf nicht äußern und benennt er für seine Weigerung keine nachvollziehbaren Gründe, ist eine nähere Information über die Verdachtsmomente durch den Arbeitgeber im Rahmen der Anhörung nicht erforderlich (BAG 13.3.2008 – 2 AZR 961/06, NZA 2008, 809).

57 **[5] Zeitpunkt der Anhörung.** Die Anhörung ist, um das Anlaufen der Ausschlussfrist des § 626 Abs. 2 BGB zu vermeiden, regelmäßig innerhalb einer Frist von einer Woche durchzuführen, die nur aus sachlich erheblichen, verständigen Gründen überschritten werden darf (BAG 27.1.2011 – 2 AZR 825/09 – NZA 2011, 798). Eine Verschiebung der Anhörung über die Wochenfrist hinaus kommt vor allem bei in der Sphäre des Kündigungsgegners liegenden Gründen wie Krankheit oder Abwesenheit in Betracht (MüKo-BGB/*Henssler* § 626 Rn 305, 313). Voraussetzung ist allerdings, dass dadurch die Anhörung unmöglich ist. Ist der Arbeitnehmer trotz seiner Arbeitsunfähigkeit zu einer Stellungnahme in der Lage, muss der Arbeitgeber die Anhörung während der Krankschreibung durchführen (LAG Frankfurt/Main 10.12.1979 – 11 Sa 544/79, DB 1980, 1079).

C. Mitteilung des Kündigungsgrundes

[6] Anwesenheit eines RA/BR-Mitglieds. Auf entsprechendes Verlangen muss der Arbeitgeber dem Arbeitnehmer die Gelegenheit einräumen, zu der Anhörung entweder einen Rechtsanwalt hinzuzuziehen oder sich über einen Rechtsanwalt innerhalb einer bestimmten Frist schriftlich zu äußern (BAG 24.5.2012 – 2 AZR 206/11, NZA-RR 2012, 222). Ein Anspruch auf Teilnahme eines Betriebsratsmitglieds besteht hingegen nicht (*Urban*, Rechtliche Aspekte von Personalgesprächen, ArbR 2011, 88).

[7] Form von Ladung und Anhörung. Der Arbeitgeber kann den verdächtigen Arbeitnehmer schriftlich oder mündlich auffordern, zu einer Anhörung zu erscheinen, jedoch nicht unter dem Vorwand, lediglich ein Personalgespräch führen zu wollen (LAG Berlin-Brandenburg 16.12.2010 – 2 Sa 2022/10, ArbR 2011, 100). Die Anhörung selbst kann ebenfalls schriftlich oder – was aufgrund der höheren Authentizität sowie der Möglichkeit, flexibel auf Inhalt und Verlauf zu reagieren und des hieraus regelmäßig resultierenden höheren Erkenntnisgewinns im Regelfall vorzuziehen zu sein dürfte – mündlich erfolgen. Bei schwierigen oder umfangreichen Sachverhalten ist dem Verdächtigen eine angemessene Gelegenheit zur Vorbereitung der Anhörung zuzugestehen. Erforderlichenfalls sind diesem hierzu notwendige Unterlagen zu übermitteln oder es ist Gelegenheit zur Einsichtnahme zu gewähren. Aus Gründen der Darlegungs- und Beweislast empfehlen sich für den Kündigenden eine schriftliche Ladung mit, jedenfalls bei komplexen Geschehen, einer ausführlichen, präzisen und vollständigen Darstellung von Sachverhalt und Verdachtsmomenten sowie eine sorgfältige schriftliche Dokumentation des Ablaufs der Anhörung und der aus dieser gewonnenen Erkenntnisse.

C. Mitteilung des Kündigungsgrundes

I. Aufforderung zur Mitteilung des Kündigungsgrundes

1. Muster: Aufforderung zur Mitteilung des Kündigungsgrundes

▶ ...-GmbH

Persönlich/Vertraulich

Geschäftsleitung

Anschrift

Außerordentliche Kündigung vom ...

Hier: Mitteilung des Kündigungsgrundes[1]

Sehr geehrte Damen und Herren,

mit Schreiben vom ... haben Sie das mit mir bestehende Arbeitsverhältnis aus wichtigem Grund außerordentlich mit sofortiger Wirkung gekündigt. Das Kündigungsschreiben enthält keine Begründung. Die Kündigung wurde mir nicht erläutert.

Ich fordere Sie auf, mir den aus Ihrer Sicht relevanten Kündigungsgrund unverzüglich, längstens bis zum ... bei mir eingehend, schriftlich mitzuteilen.[2]

Ich weise vorsorglich darauf hin, dass ich mir vorbehalte, aus einer verspäteten, unvollständigen oder unzutreffenden Mitteilung resultierende Schadenersatzansprüche geltend zu machen.[3]

Mit freundlichen Grüßen

...

Unterschrift ◀

2. Erläuterungen

61 **[1] Form des Auskunftsverlangens.** Das Auskunftsverlangen unterliegt zwar keinem Formzwang und kann auch konkludent zum Ausdruck gebracht werden. Gleichwohl empfiehlt sich unbedingt eine schriftliche Geltendmachung.

62 **[2] Beginn der Auskunftspflicht.** Nach § 626 Abs. 2 S. 3 BGB ist der Kündigende verpflichtet, dem Vertragspartner auf Verlangen den Kündigungsgrund unverzüglich schriftlich mitzuteilen. Da der Grund erst nach Kündigungsausspruch und nach einer Aufforderung des Gekündigten zu offenbaren ist, kann die Begründung der Kündigung anders als in den gesetzlich geregelten Ausnahmefällen der §§ 9 Abs. 3 Satz 2 MuSchG, 22 Abs. 3 BBiG oder im Falle eines einzel- oder kollektivvertraglich vereinbarten Begründungserfordernisses nicht als Wirksamkeitsvoraussetzung für die Kündigung verstanden werden (BAG 16.9.2004 – 2 AZR 447/03, EzA-SD 2004, Nr. 20, 3).

63 **[3] Fehlerhafte oder unterbliebene Mitteilung.** Eine verspätete, ungenügende oder unterbleibende Mitteilung des Kündigenden nach Abs. 2 führt nicht zur Unwirksamkeit der Kündigung. Hierdurch können allenfalls Schadenersatzersatzansprüche des Gekündigten gemäß §§ 280, 281 BGB oder § 286 BGB begründet werden (HaKo-KSchR/*Gieseler* § 626 BGB Rn 190).

II. Mitteilung des Kündigungsgrundes

64 1. Muster: Mitteilung des Kündigungsgrundes

▶ via Telefax[1]

Sehr geehrter ...,

wir beziehen uns auf Ihr Schreiben vom ...[2] Die außerordentliche Kündigung Ihres Arbeitsverhältnisses vom ... beruht auf nachfolgend dargestelltem Sachverhalt: ...[3]

Mit freundlichen Grüßen

...

Unterschrift

Geschäftsführer

...-GmbH ◀

2. Erläuterungen

65 **[1] Schriftliche Mitteilung.** Die Mitteilung des Kündigungsgrundes muss schriftlich erfolgen, bedarf aber nicht der Schriftform des § 126 BGB.

66 **[2] Zeitpunkt der Mitteilung.** Die Mitteilung muss unverzüglich nach der Geltendmachung des Auskunftsverlangens erfolgen. Das Verlangen selbst unterliegt keinem Formzwang und kann sogar konkludent zum Ausdruck gebracht werden.

67 **[3] Angabe des Kündigungsgrundes.** Der Kündigende muss die ihm bekannten und von ihm berücksichtigten Gründe vollständig und wahrheitsgemäß angeben (KR/*Fischermeier* § 626 BGB Rn 38). Pauschale Bezeichnungen genügen nicht (KDZ/*Däubler* § 626 BGB Rn 230). Eine verspätete, ungenügende oder unterbleibende Mitteilung nach Abs. 2 führt indessen nicht zur Unwirksamkeit der Kündigung. Hierdurch können allenfalls Schadenersatzersatzansprüche des Gekündigten gemäß §§ 280, 281 BGB oder § 286 BGB begründet werden (HWK/*Sandmann* § 626 BGB Rn 448 f).

D. Klageschrift

Das Muster einer Kündigungsschutzklage des Arbeitnehmers mit zahlreichen Textbausteinen findet sich aus systematischen Gründen bei § 4 KSchG Rn 1 ff. Zur Klage gegen eine außerordentliche Kündigung wird auf § 4 KSchG Rn 26, gegen eine außerordentliche Änderungskündigung auf § 4 KSchG Rn 115 verwiesen.

68

E. Klageerwiderung

I. Verteidigungsanzeige (Sicht des Arbeitgebers)
1. Muster: Verteidigungsanzeige des Arbeitgebers (vor Gütetermin)

69

▶ Arbeitsgericht ...
Anschrift

Verteidigungsanzeige[1]

Az. ...

In der Rechtssache

... ./. ...

zeigen wir die anwaltliche Vertretung der beklagten Partei an. Vom Termin zur Güteverhandlung am ... haben wir Kenntnis. Namens und in Vollmacht der Beklagten werden wir im Termin zur mündlichen Verhandlung vor der Kammer beantragen:

1. Die Klage wird abgewiesen.
2. Der Kläger trägt die Kosten des Rechtsstreits.

Eine Begründung vorstehend angekündigter Anträge erfolgt mit gesondertem Schriftsatz (Muster Rn 72).[2]

...

Rechtsanwalt ◀

2. Erläuterungen

[1] **Zeitpunkt.** Eine Verteidigungsanzeige sollte idR unmittelbar nach Erteilung das Mandats erfolgen, schon um sicherzustellen, dass weitere Zustellungen, etwa eine Verlegung des Gütetermins, vom Arbeitsgericht gegenüber dem Prozessbevollmächtigten bewirkt werden.

70

[2] **Sachvortrag vor Gütetermin.** Die beklagte Partei ist im arbeitsgerichtlichen Verfahren nicht gehalten, vor dem Gütetermin schriftsätzlich vorzutragen. Sie kann hierzu, auch durch eine entsprechende und unter Fristsetzung erfolgende Verfügung des Arbeitsgerichts, nicht verpflichtet werden.

71

Aus taktischen Gründen sollte sorgfältig bedacht werden, ob überhaupt und wenn ja, wann und in welchem Umfang vor dem Termin zur Güteverhandlung für die Beklagte vorgetragen wird. Zu früher und/oder zu umfangreicher Sachvortrag kann eine mögliche gütliche Einigung erschweren oder verhindern, u.a. führt ein solcher oftmals zu einer emotionalen Eskalation des Konflikts und einer Verhärtung der jeweiligen Standpunkte der Parteien. Die Klägerseite erhält außerdem die Gelegenheit, sich auf den Sachvortrag des Arbeitgebers einzustellen, diesen zu widerlegen und/oder Entlastungstatsachen anzuführen und die mögliche Rechtsunwirksamkeit der außerordentlichen Kündigung auf Basis einer breiteren Sachverhaltskenntnis besser beurteilen zu können. Jedenfalls in den – nicht seltenen – Fällen, in denen schon aus

Sicht der Arbeitgeberseite kleinere oder größere Zweifel an der rechtlichen Wirksamkeit der Kündigung bestehen und eine vergleichsweise Einigung angestrebt werden soll, wird es sich empfehlen, auf zu frühe (ausführliche) schriftliche Darlegungen zu verzichten und im Gütetermin, unter Zuhilfenahme der Katalysationswirkung des gerichtlichen Verfahrens und (falls vorhanden) des Gerichts nach Möglichkeit eine Einigung der Parteien zu erzielen. Substantieller Vortrag kann angezeigt sein, wenn sich der Arbeitgeber in einer erfolgversprechenden Ausgangssituation befindet und/oder bei komplizierten oder komplexen Sachverhalten, um eine sinnvolle Durchführung des Gütertermins überhaupt erst möglich zu machen.

II. Klageerwiderung (Sicht des Arbeitgebers)

Bei den im nachfolgenden Musterschriftsatz verwendeten Textbausteinen handelt es um auf typische Prozesssituationen bezogene Muster ohne Anspruch auf Vollständigkeit. Die dortigen Rechtsausführungen sind nach Bedarf und auf den Einzelfall bezogen zu ergänzen oder auch zu kürzen oder zu entfernen.

72 **1. Muster: Klageerwiderung des Arbeitgebers (idR: nach Gütetermin)**

▶ Arbeitsgericht ...

Anschrift

Klageerwiderung[1]

Az. ...

In der Rechtssache

... ./. ...

beziehen wir uns auf die mit Schriftsatz vom ... bereits angekündigten Anträge (Muster Rn 69). Zu deren Begründung wird für die beklagte Partei wie folgt vorgetragen.

Die streitgegenständliche außerordentliche Kündigung der Beklagten vom ... führte im Zeitpunkt von deren Zugang zur Auflösung des zwischen den Parteien bestanden habenden Arbeitsverhältnisses. Im Übrigen hat auch die hilfsweise ausgesprochene ordentliche Kündigung das Arbeitsverhältnis des Klägers aufgelöst.

Im Einzelnen:

I.

1. Der Kläger wurde am ... geboren und ist verheiratet/ledig/geschieden. Unterhaltsverpflichtungen gegenüber ... bestehen/bestehen nicht. Die Beklagte beschäftigte den Kläger seit ..., zuletzt als ... in ... Seine regelmäßige wöchentliche Arbeitszeit belief sich auf ... h. Die monatliche Bruttoarbeitsvergütung des Klägers betrug zuletzt ... EUR nebst ...

2. Im Betrieb der Beklagten in ... werden regelmäßig ... Arbeitnehmer beschäftigt. Ein Betriebsrat ist errichtet/nicht errichtet. Auf das Arbeitsverhältnis der Parteien fanden die tarifvertraglichen Vereinbarungen für die ... (Branche) in ... (räumlicher Geltungsbereich) zwischen der ... und ... (tarifvertragschließende Parteien) Anwendung/fanden tarifliche Regelungen keine Anwendung.

II.

1. a) Der außerordentlichen Kündigung der Beklagten vom ... liegt ein wichtiger Grund im Sinne des § 626 Abs. 1 BGB zugrunde.

E. Klageerwiderung § 626 BGB

aa) Ein wichtiger Grund „an sich" liegt vor.
Am ... (Datum) gegen ... (Uhrzeit) befand sich der Kläger in ... (Örtlichkeit) um ... (Tätigkeit).

Beweis: ...

...

[Substantiierter und unter Beweisantritt erfolgender Sachvortrag zum Kündigungssachverhalt unter Angabe von Datum, Uhrzeit, Ort, beteiligten Personen, Ereignis (Pflichtverletzung), Auswirkungen und zum Verschulden des Klägers. (vgl HaKo-KSchR/*Gieseler* § 626 BGB Rn 100 (alphabetische Übersicht möglicher Kündigungsgründe)]

bb) Der Kläger hat in der Vergangenheit bereits mehrfach in gleicher Art und Weise gegen seine arbeitsvertraglichen Pflichten verstoßen.

...

[Substantiierter und unter Beweisantritt erfolgender Sachvortrag zu einschlägigen oder gleichartigen Pflichtverletzungen in der Vergangenheit, insbesondere zu bereits erteilten Abmahnungen (HaKo-KSchR/*Gieseler* § 626 BGB Rn 87 f, § 1 Rn 236 ff). Erforderlichenfalls ist an dieser Stelle der Vortrag zu führen, aus dem sich ergibt, dass mildere Mittel zur Vermeidung der Kündigung, etwa ein Wechsel des Arbeitsplatzes oder die Zuweisung einer anderen Tätigkeit, nicht in Betracht kommen. (HaKo-KSchR/*Gieseler* § 626 BGB Rn 89 ff]

cc) Soweit der Kläger ausführen sollte, die Darstellung des Kündigungssachverhalts durch die Beklagte sei unrichtig, weil ..., handelte es sich um eine schlichte Schutzbehauptung.[2]

...

[Substantiierter und unter (Gegen-)Beweisantritt erfolgender Sachvortrag zu möglichen und/oder arbeitnehmerseits bereits geltend gemachten entlastenden Tatsachen sowie etwaigen Entschuldigungs- und Rechtfertigungsgründen. (vgl HaKo-KSchR § 626 BGB Rn 161 ff zur abgestuften Darlegungslast und zur Beweislast für das Nichtvorliegen den Kündigungsgegner entlastender Tatsachen und Rechtfertigungs- oder Entschuldigungsgründe]

dd) Die Fortsetzung des Arbeitsverhältnisses mit dem Kläger ist der Beklagten nicht, auch nicht bis zum Ablauf der ordentlichen Kündigungsfrist, zumutbar.[3]

...

[Substantiierter und unter Beweisantritt erfolgender Sachvortrag zu den in die Interessenabwägung einzustellenden Kriterien. (vgl HaKo-KSchR/*Gieseler* § 626 BGB Rn 94 zur Interessenabwägung, Rn 95 ff zu einzelnen Abwägungskriterien, Rn 98 zum Nachtat/Prozessverhalten, Rn 99 zu Bagatelldelikten]

b) Die Kündigungserklärungsfrist des § 626 Abs. 2 S. 1 BGB wurde gewahrt.
Der allein kündigungsberechtigte Geschäftsführer der Beklagten hat am ... vollständige Kenntnis von den die Kündigung tragenden maßgeblichen tatsächlichen Umständen erlangt. Die streitgegenständliche Kündigung wurde dem Kläger sodann am ... per ... zugestellt.[4]

[Substantiierter und unter Beweisantritt erfolgender Sachvortrag zur Ausschlussfrist des Abs. 2 – zum Fristbeginn, erforderlichenfalls zur Hemmung der Frist durch Sachverhaltsaufklärung und/oder zum Neubeginn der Frist – und zur Zustellung der Kündigung. (vgl HaKo-KSchR/*Gieseler* § 626 BGB Rn 118 zum Fristbeginn, Rn 119 ff zur Hemmung der Frist durch Sachverhaltsaufklärung, Rn 122 ff zum Neubeginn der Frist, Rn 124 ff zu Dauertatbeständen]

c) Das Beteiligungsverfahren gemäß § 102 BetrVG wurde von der Beklagten vor Ausspruch der Kündigung ordnungsgemäß durchgeführt.

...

[Substantiierter und unter Beweisantritt erfolgender Sachvortrag zu sonstigen Unwirksamkeitsgründen, etwa im Hinblick auf die Beteiligung von Betriebsrat, Personalrat oder MAV, ein Zustimmungsverfahren nach SGB IX, BEEG, MuSchG, bezüglich des tariflichen Ausschlusses des Rechts zur ordentlichen Kündigung etc.]

d) Die Beklagte hat das Arbeitsverhältnis des Klägers hilfsweise ordentlich gekündigt.

...

[Substantiierter und unter Beweisantritt erfolgender Sachvortrag zur sozialen Rechtfertigung der hilfsweise erklärten ordentlichen Kündigung iSd § 1 KSchG, zu etwaigen Beteiligungs- und Zustimmungsverfahren etc.]

2. Die vom Kläger ferner mit den Kiaganträgen Ziff. ... geltend gemachten Ansprüche bestehen nicht.

...

[Ggf substantiierter und unter Beweisantritt erfolgender Sachvortrag zu etwaigen weiteren Klaganträgen, etwa bzgl der Weiterbeschäftigung des Klägers, der Rücknahme/Entfernung von Abmahnungen, der Erteilung eines (Zwischen-) Zeugnisses etc.]

III.

1. Ein wichtiger Grund im Sinne des § 626 Abs. 1 BGB „an sich" liegt vor. Die vorzunehmende Interessenabwägung führt zu dem Ergebnis, dass der Beklagten eine auch nur zeitweilige Fortsetzung des Arbeitsverhältnisses mit dem Kläger unzumutbar ist. Die Kündigungserklärungsfrist des § 626 Abs. 2 BGB wurde gewahrt.

a) Gemäß § 626 Abs. 1 BGB kann das Arbeitsverhältnis aus wichtigem Grund ohne Einhaltung einer Kündigungsfrist gekündigt werden, wenn Tatsachen vorliegen, aufgrund derer dem Kündigenden unter Berücksichtigung aller Umstände des Einzelfalls und unter Abwägung der Interessen beider Vertragsteile die Fortsetzung des Arbeitsverhältnisses selbst bis zum Ablauf der Kündigungsfrist nicht zugemutet werden kann.
Nach ständiger Rechtsprechung des BAG ist das Vorliegen eines wichtigen Grundes in zwei Schritten zu untersuchen. Zunächst ist zu prüfen, ob der Kündigungssachverhalt ohne die besonderen Umstände des Einzelfalles „an sich", dh. typischerweise als wichtiger Grund geeignet ist. Soweit dies der Fall ist, folgt als zweiter Schritt die Prüfung, ob dem Kündigenden unter Berücksichtigung der konkreten Umstände des Einzelfalls und unter Abwägung der gegenseitigen Interessen beider Vertragsteile die Fortsetzung des Arbeitsverhältnisses jedenfalls bis zum Ablauf der Kündigungsfrist oder bis zum vereinbarten Beendigungszeitpunkt zumutbar ist oder nicht.

aa) Ein wichtiger Grund „an sich" liegt vor.

(1) § 626 BGB kennt keine absoluten Kündigungsgründe in dem Sinn, dass ein bestimmter Sachverhalt immer und stets als wichtiger Grund anerkannt würde. Die Gründe für arbeitgeberseitige außerordentliche Kündigungen unterschei-

den sich von den Gründen für die soziale Rechtfertigung ordentlicher Kündigungen iSv § 1 KSchG nur dadurch, dass sie in dem Sinn ein höheres Gewicht haben müssen, als dem Arbeitgeber nicht nur die dauerhafte Fortsetzung des Arbeitsverhältnisses, sondern schon die Wahrung der ordentlichen Kündigungsfrist oder das Zuwarten bis zum vereinbarten Beendigungstermin unzumutbar sein muss.

Ein wichtiger Grund für eine außerordentliche Kündigung kann sowohl in einer Verletzung der vertraglichen Hauptleistungspflichten als auch in der Verletzung von vertraglichen Nebenpflichten liegen, wenn das regelmäßig geringere Gewicht letzterer durch erschwerende Umstände verstärkt wird, BAG, Urteil vom 12.5.2010, 2 AZR 845/08.

Ein Umstand ist in der Regel nur dann geeignet, eine außerordentliche Kündigung zu rechtfertigen, wenn er sich konkret auf das Vertragsverhältnis auswirkt. Die Fortsetzung des Vertragsverhältnisse muss durch objektive Umstände, die Einstellung oder das Verhalten des Gekündigten im Leistungsbereich, im Bereich der betrieblichen Verbundenheit, im Vertrauensbereich der Vertragsparteien oder im Unternehmensbereich beeinträchtigt sein, vgl BAG, 20.9.1984, EzA BGB § 626 nF Nr. 91.

... [ggf weitere Rechtsausführungen]

(2) ... Anwendung auf konkreten Fall.

bb) Die Kündigung ist erforderlich. Die Zukunftsprognose ist negativ; es besteht Wiederholungsgefahr. Mit dem Eintritt weiterer erheblicher Störungen des Vertragsverhältnisses der Parteien ist zu rechnen. Mildere Mittel zu deren Vermeidbarkeit stehen nicht zur Verfügung.

(1) Eine außerordentliche Kündigung mit sofortiger Wirkung kommt als ultima ratio nur dann in Betracht, wenn es keinen angemessenen Weg gibt, das Arbeitsverhältnis fortzusetzen, weil dem Arbeitgeber sämtliche milderen Reaktionsmöglichkeiten unzumutbar sind, BAG, Urteil vom 9.6.2011, 2 AZR 323/10.

Als im Vergleich zu einer außerordentlichen fristlosen Kündigung mildere Mittel kommen insbesondere die Erteilung eine Abmahnung oder der Ausspruch einer ordentlichen Kündigung in Betracht. Diese sind dann alternative Gestaltungsmittel, wenn schon sie geeignet sind, den mit der außerordentlichen Kündigung verfolgten Zweck – nämlich nicht die Sanktionierung pflichtwidrigen Verhaltens – sondern die Vermeidung des Risikos zukünftiger Vertragsstörungen, zu erreichen.

Beruht eine Vertragspflichtverletzung auf einem steuerbaren Verhalten des Arbeitnehmers, ist in der Regel davon auszugehen, dass sein künftiges Verhalten schon durch die Androhung von Folgen für den Bestand des Arbeitsverhältnisses positiv beeinflusst werden kann. Eine Kündigung wegen einer Vertragspflichtverletzung setzt deshalb regelmäßig eine Abmahnung voraus.

Einer solchen bedarf es unter Berücksichtigung des Verhältnismäßigkeitsgrundsatzes nur dann nicht, wenn bereits ex ante erkennbar ist, dass eine Verhaltensänderung in Zukunft auch nach Erteilung einer Abmahnung nicht zu erwarten steht, oder es sich um eine so schwere Pflichtverletzung handelt, dass selbst deren erstmalige Hinnahme dem Arbeitgeber nach objektiven Maßstäben unzumutbar und damit offensichtlich – auch für den Arbeitnehmer erkennbar – ausgeschlossen ist, BAG, Urteil vom 25.10.2012, 2 AZR 495/11.

... [ggf weitere Rechtsausführungen]

(2) ... Anwendung auf den konkreten Fall [zum Prüfungsaufbau vgl HaKo-KSchR § 626 BGB Rn 58 f], insbesondere zu in der Vergangenheit erfolgten Sanktionen – Abmahnungen – bzw Ausführungen zur ausnahmsweise anzunehmenden Entbehrlichkeit einer vorangegangenen Abmahnung.

cc) Die Interessenabwägung führt zu dem Ergebnis, dass der Beklagten eine weitere Fortsetzung des Arbeitsverhältnisses mit dem Kläger nicht mehr zumutbar ist.

(1) Bei der Prüfung, ob dem Arbeitgeber eine Weiterbeschäftigung des Arbeitnehmers jedenfalls bis zum Ablauf der Kündigungsfrist zumutbar ist, ist in einer Gesamtwürdigung das Interesse des Arbeitgebers an der sofortigen Beendigung des Arbeitsverhältnisses gegen das Interesse des Arbeitnehmers an dessen Fortbestand abzuwägen. Unter Beachtung des Verhältnismäßigkeitsgrundsatzes ist eine Bewertung des Einzelfalls erforderlich, BAG, Urteil vom 19.4.2012, 2 AZR 258/11.

In die Interessenabwägung sind alle vernünftigerweise in Betracht zu ziehenden Umstände einzubeziehen, die für oder gegen eine außerordentliche Kündigung sprechen, ohne dass sich diese für alle Fälle abschließend festlegen ließen. Zu berücksichtigen sind aber regelmäßig das Gewicht und die Auswirkungen einer Vertragspflichtverletzung, der Grad des Verschuldens des Arbeitnehmers, eine mögliche Wiederholungsgefahr sowie die Dauer des Arbeitsverhältnisses und dessen bisheriger störungsfreier Verlauf, BAG, Urteil vom 9.6.2011, 2 AZR 323/10.

... [ggf weitere Rechtsausführungen]

(2) ... Anwendung auf konkreten Fall.[3]

b) Die Beklagte hat dem Kläger die Kündigung innerhalb der Frist des § 626 Abs. 2 BGB zugestellt.

aa) Der Lauf der zweiwöchigen Ausschlussfrist des § 626 Abs. 2 S. 2 BGB beginnt mit dem Zeitpunkt, in dem der Kündigungsberechtigte von den für die Kündigung maßgeblichen Tatsachen eine zuverlässige und möglichst vollständige Kenntnis erlangt. Dazu ist positive Kenntnis erforderlich; selbst grob fahrlässige Unkenntnis genügt nicht. Ausschlaggebend sind nicht erste vage Informationen über den Kündigungsgrund. Die Kenntnisse des Kündigenden müssen vielmehr so fundiert sein, dass sie es ihm erlauben, seiner prozessualen Darlegungs- und Beweislast zu genügen und ihm die Entscheidung ermöglichen, ob die Fortsetzung des Arbeitsverhältnisses zumutbar ist oder nicht. Dazu gehören nicht nur der eigentliche Kündigungssachverhalt, sondern auch alle für und alle gegen die Kündigung sprechenden Umstände, die bei der Zumutbarkeitsprüfung in die Gesamtwürdigung einzubeziehen sind.

... [ggf weitere Rechtsausführungen]

bb) ... Anwendung auf den konkreten Fall.[4]

c) Die außerordentliche Kündigung vom ... ist rechtswirksam und führte zur Auflösung des zwischen den Parteien bestanden habenden Arbeitsverhältnisses.

E. Klageerwiderung § 626 BGB

d) Vorsorglich sei für die Beklagte darauf hingewiesen, dass das Arbeitsverhältnis der Parteien auch durch die hilfsweise erklärte ordentliche Kündigung der Beklagten aufgelöst wurde/werden würde.

...

[Ggf weitere rechtliche Ausführungen zur sozialen Rechtfertigung der Kündigung und Anwendung auf konkreten Fall]

2. Die mit den Klaganträgen Ziff. ... bis ... weiter geltend gemachten Ansprüche des Klägers bestehen nicht.

...

[Ggf weitere rechtliche Ausführungen zu etwaigen weiteren Klagbegehren und Anwendung auf konkreten Fall]

3. Die Klage ist unbegründet und wird daher abzuweisen sein.

...

Rechtsanwalt ◀

2. Erläuterungen

[1] **Aufbau des Musterschriftsatzes.** Die Klageerwiderung ist als Musterschriftsatz mit einem systematischen, den tatbestandlichen Voraussetzungen einer außerordentlichen fristlosen Kündigung folgenden, abstrakten Aufbau zu verstehen.

– Unter Ziff. I. erfolgt Vortrag zur Person des Klägers, zu Bestand und Inhalt des Arbeitsverhältnisses sowie zu allgemeinen Informationen über den Betrieb der Beklagten.
– Unter Ziff. II. ist der erforderliche Sachvortrag – unter Beweisantritt – zur streitgegenständlichen außerordentlichen Kündigung für die Beklagte zu führen.
– Ziff. III. bietet, in korrespondierender Folge – falls gewünscht, sinnvoll oder geboten – Raum für rechtliche Ausführungen, Hinweise auf einschlägige Entscheidungen und die Auseinandersetzung mit dem streitgegenständlichen Fall.

Als Beispiel für eine auf einen konkreten Sachverhalt (Diebstahl geringwertiger Sachen) bezogene Klageerwiderung kann aufgrund der Strukturgleichheit (vgl Rn 72 unter III. 1) a) a.) auf das Muster bei § 1 KSchG verhaltensbedingte Kündigung Rn 131 entsprechend verwiesen werden.

73

[2] **Darlegungs- und Beweislast für wichtigen Grund.** Die Darlegungs- und Beweislast für alle Elemente des wichtigen Grundes trägt der kündigende Arbeitgeber (BAG 6.9.2007 – 2 AZR 264/06, NZA 2008, 636). Dies gilt auch für das Nichtvorliegen von den Kündigungsgegner entlastenden Tatsachen und für das Nichtvorliegen von Umständen, insbesondere Rechtfertigungs- oder Entschuldigungsgründen, die auf andere Weise zum Wegfall des Kündigungsgrundes führen (BAG 28.8.2008 – 2 AZR 15/07, NZA 2009, 192). Um die mit einer Pflicht zum Ausschluss aller denkbaren Entlastungsgründe verbundene Überforderung des Kündigenden zu vermeiden, legt die Rechtsprechung allerdings eine abgestufte Darlegungslast zugrunde. Bei Umständen, die dem Bereich des Kündigungsgegners zuzuordnen sind, ist die Darlegungslast des Kündigenden durch eine aus § 138 Abs. 1 und 2 ZPO folgende Mitwirkungspflicht des Gegners gemindert (HaKo-KSchR/*Gieseler* § 626 BGB Rn 161 ff).

74

Beispiel: Der Arbeitgeber wirft dem Arbeitnehmer vor, unentschuldigt der Arbeit ferngeblieben zu sein. Der Arbeitnehmer beruft sich darauf, arbeitsunfähig erkrankt gewesen zu sein. Zur Entlastung genügt zunächst die Vorlage eines die Arbeitsunfähigkeit bestätigenden ärztlichen Attests durch den Arbeitnehmer. Jetzt obliegt es dem Arbeitgeber, dessen Beweiswert durch die Darlegung und erforderlichenfalls den Beweis von Umständen, mit denen die behauptete Arbeitsunfähigkeit nicht vereinbar ist, zu erschüttern. Gelingt dem Arbeitgeber dies, hat nunmehr der Arbeitnehmer seine Erkrankung im Einzelnen nach Art und Auswirkungen zu schildern. Hat er seine Substantiierungspflicht erfüllt und den behandelnden Arzt von der Schweigepflicht entbunden, hat der Arbeitgeber ggf weiteren Vortrag zu halten und, etwa durch Benennung des Arztes als Zeugen, den ihm obliegenden Beweis zu führen.

Diese – in der Praxis häufig nicht ausreichend beachtete – Verteilung der Darlegungs- und Beweislast ist insbesondere bei verhaltensbedingten Kündigungen zu beachten, etwa wenn ein Arbeitnehmer sich zur Rechtfertigung einer Tätlichkeit auf Notwehr (BAG 31.5.1990 – 2 AR 535/89, RzK I 10h Nr. 28) oder zur Rechtfertigung von Fehlzeiten auf eine bereits ausgesprochene Urlaubserteilung (BAG 19.12.1991 – 2 AZR 367/91, RzK I 6a Nr. 82) oder auf eine krankheitsbedingte Arbeitsunfähigkeit beruft (BAG 26.8.1993 – 2 AZR 154/93, NZA 1994, 63).

75 Die Abstufung der Darlegungs- und Beweislast bedeutet allerdings nicht, dass die Parteien stets davon ausgehen können, nach einem Verhandlungstermin noch Gelegenheit zu erhalten, zur nächsten Stufe vorzutragen. Dies widerspräche § 57 Abs. 1 Satz 1 ArbGG. Daher kann es für die Parteien in Erfüllung ihrer prozessualen Pflicht zu vollständigem Vortrag nach § 138 Abs. 1 ZPO geboten sein, vorsorglich möglichst frühzeitig umfassend zu allen Prüfungsstufen vorzutragen.

76 **[3] Erfordernis einer Interessenabwägung.** Selbst wenn ein wichtiger Grund zur außerordentlichen Kündigung „an sich" vorliegt, führt eine hierauf gestützte außerordentliche fristlose Kündigung des Arbeitgebers gleichwohl nur dann zur wirksamen Beendigung des Arbeitsverhältnisses, wenn auch bei der stets vorzunehmenden Interessenabwägung das Beendigungsinteresse des Kündigenden – an der sofortigen Auflösung – das Bestandsinteresse des Arbeitnehmers überwiegt (BAG 26.3.2009 – 2 AZR 953/07, AP BGB § 626 Nr. 220). Das Erfordernis einer zugunsten des Arbeitgebers ausfallen müssenden Interessenabwägung wird in der Praxis des Öfteren unterschätzt und/oder übersehen. Im arbeitsgerichtlichen Verfahren sollte für die beklagte Partei daher substantiiert vorgetragen werden, dass eine Interessenabwägung durchgeführt wurde und welche Kriterien hierbei mit welcher Gewichtung zugunsten und zulasten welcher Partei eingestellt und berücksichtigt wurden.

77 **[4] Darlegungs- und Beweislast für die Wahrung der Ausschlussfrist.** Der kündigende Arbeitgeber trägt auch hinsichtlich der für die Wahrung der Frist des § 626 Abs. 2 BGB relevanten Tatsachen die Darlegungs- und Beweislast. Diese liegen nämlich im Einfluss- und Kontrollbereich des Kündigenden. Nähere Ausführungen zu den für die Fristwahrung relevanten Tatsachen sind nur dann entbehrlich, wenn die Fristwahrung nach dem zeitlichen Zusammenhang von Kündigungsgrund und Kündigungszugang nicht zweifelhaft ist oder wenn der Gegner die Fristwahrung unstreitig stellt. Andernfalls genügt die pauschale Behauptung, die Frist sei gewahrt, der Kündigende habe erst innerhalb der letzten zwei Wochen vor Ausspruch der Kündigung von den maßgeblichen Umständen erfahren, nicht. Der Kündigende hat vielmehr den zur Aufdeckung des Kündigungsgrundes führenden Sachverhalt einschließlich der zur Erlangung seiner Kenntnisse führenden Umstände im Einzelnen darzulegen. Hierzu gehört insbesondere auch die Angabe von Zeiten und Daten sowie die Benennung der beteiligten Personen.

Betriebsverfassungsgesetz

In der Fassung der Bekanntmachung vom 25. September 2001 (BGBl. I S. 2518)
(FNA 801-7)
zuletzt geändert durch Art. 3 Abs. 4 G zur Umsetzung des Seearbeitsübereinkommens 2006
der Internationalen Arbeitsorganisation vom 20. April 2013 (BGBl. I S. 868)
– Auszug –

§ 102 BetrVG Mitbestimmung bei Kündigungen

(1) Der Betriebsrat ist vor jeder Kündigung zu hören. Der Arbeitgeber hat ihm die Gründe für die Kündigung mitzuteilen. Eine ohne Anhörung des Betriebsrats ausgesprochene Kündigung ist unwirksam.

(2) Hat der Betriebsrat gegen eine ordentliche Kündigung Bedenken, so hat er diese unter Angabe der Gründe dem Arbeitgeber spätestens innerhalb einer Woche schriftlich mitzuteilen. Äußert er sich innerhalb dieser Frist nicht, gilt seine Zustimmung zur Kündigung als erteilt. Hat der Betriebsrat gegen eine außerordentliche Kündigung Bedenken, so hat er diese unter Angabe der Gründe dem Arbeitgeber unverzüglich, spätestens jedoch innerhalb von drei Tagen, schriftlich mitzuteilen. Der Betriebsrat soll, soweit dies erforderlich erscheint, vor seiner Stellungnahme den betroffenen Arbeitnehmer hören. § 99 Abs. 1 Satz 3 gilt entsprechend.

(3) Der Betriebsrat kann innerhalb der Frist des Absatzes 2 Satz 1 der ordentlichen Kündigung widersprechen, wenn

1. der Arbeitgeber bei der Auswahl des zu kündigenden Arbeitnehmers soziale Gesichtspunkte nicht oder nicht ausreichend berücksichtigt hat,
2. die Kündigung gegen eine Richtlinie nach § 95 verstößt,
3. der zu kündigende Arbeitnehmer an einem anderen Arbeitsplatz im selben Betrieb oder in einem anderen Betrieb des Unternehmens weiterbeschäftigt werden kann,
4. die Weiterbeschäftigung des Arbeitnehmers nach zumutbaren Umschulungs- oder Fortbildungsmaßnahmen möglich ist oder
5. eine Weiterbeschäftigung des Arbeitnehmers unter geänderten Vertragsbedingungen möglich ist und der Arbeitnehmer sein Einverständnis hiermit erklärt hat.

(4) Kündigt der Arbeitgeber, obwohl der Betriebsrat nach Absatz 3 der Kündigung widersprochen hat, so hat er dem Arbeitnehmer mit der Kündigung eine Abschrift der Stellungnahme des Betriebsrats zuzuleiten.

(5) Hat der Betriebsrat einer ordentlichen Kündigung frist- und ordnungsgemäß widersprochen, und hat der Arbeitnehmer nach dem Kündigungsschutzgesetz Klage auf Feststellung erhoben, dass das Arbeitsverhältnis durch die Kündigung nicht aufgelöst ist, so muss der Arbeitgeber auf Verlangen des Arbeitnehmers diesen nach Ablauf der Kündigungsfrist bis zum rechtskräftigen Abschluss des Rechtsstreits bei unveränderten Arbeitsbedingungen weiterbeschäftigen. Auf Antrag des Arbeitgebers kann das Gericht ihn durch einstweilige Verfügung von der Verpflichtung zur Weiterbeschäftigung nach Satz 1 entbinden, wenn

1. die Klage des Arbeitnehmers keine hinreichende Aussicht auf Erfolg bietet oder mutwillig erscheint oder
2. die Weiterbeschäftigung des Arbeitnehmers zu einer unzumutbaren wirtschaftlichen Belastung des Arbeitgebers führen würde oder
3. der Widerspruch des Betriebsrats offensichtlich unbegründet war.

(6) Arbeitgeber und Betriebsrat können vereinbaren, dass Kündigungen der Zustimmung des Betriebsrats bedürfen und dass bei Meinungsverschiedenheiten über die Berechtigung der Nichterteilung der Zustimmung die Einigungsstelle entscheidet.

(7) Die Vorschriften über die Beteiligung des Betriebsrats nach dem Kündigungsschutzgesetz bleiben unberührt.

A. Anhörungsbögen an den Betriebsrat
   I. Geplante ordentliche Kündigung
      1. Muster: Anhörung des Betriebsrates zu einer geplanten ordentlichen Kündigung nach § 102 BetrVG
      2. Erläuterungen
         [1] Anhörung des Betriebsrats 2
         [2] Anwendung auf Personalräte/Mitarbeitervertretungen 3
         [3] Aufnahme relevanter Sozialdaten 4
         [4] Kündigungsgründe/subjektive Determination 5
         [5] Inhalt der Anhörung zur betriebsbedingten Kündigung ... 6
         [6] Mitteilung der Sozialdaten 7
         [7] Inhalt der Anhörung zur personenbedingten Kündigung 8
         [8] Langzeiterkrankung/häufige Kurzzeiterkrankungen 9
         [9] Negative Zukunftsprognose - Fehlzeiten 10
         [10] Prüfungsschema bei personenbedingter Kündigung 11
         [11] Inhalt der Anhörung zur verhaltensbedingten Kündigung 12
         [12] Negative Zukunftsprognose - Abmahnungen 13
         [13] Schriftform der Anhörung 14
   II. Geplante außerordentliche Kündigung
      1. Muster: Anhörung des Betriebsrates zu einer geplanten außerordentlichen Kündigung nach § 102 BetrVG
      2. Erläuterungen
         [1] Anhörung des Betriebsrats 16
         [2] Soziale Auslauffrist 17
         [3] Mitteilung der hilfsweise ordentlichen Kündigung 18
         [4] Aufnahme aller relevanten Sozialdaten 19
         [5] Kündigungsgründe/subjektive Determination 20
         [6] Vorherige Anhörung des Gekündigten 21
         [7] Anlagen zum Anhörungsbogen .. 22
         [8] Beweisbarkeit des Vorwurfs 23
         [9] Zulässigkeit der Verdachtskündigung 24
         [10] Inhalt und Voraussetzungen der Verdachtskündigung 26
         [11] Prüfung der Anhörung durch den Betriebsrat 27
         [12] Interessenabwägung 28
         [13] Entbehrlichkeit der Abmahnung 29
         [14] Kenntnis des Arbeitgebers/Zwei-Wochen-Frist 30
         [15] Zusätzliche mündliche Erläuterungen 31
   III. Geplante Änderungskündigung
      1. Muster: Anhörung des Betriebsrates zu einer geplanten Änderungskündigung nach § 102 BetrVG
      2. Erläuterungen
         [1] Anhörung des Betriebsrats 33
         [2] Aufnahme der relevanten Sozialdaten 36
         [3] Mitzuteilende Daten innerhalb der Anhörung 36

B. Stellungnahmen des Betriebsrats bei geplanten Kündigungen
   I. Zustimmung des Betriebsrates
      1. Muster: Zustimmung zur beabsichtigten verhaltensbedingten Kündigung
      2. Erläuterungen
         [1] Fristen zur Reaktion des Betriebsrats auf die Anhörung zur Kündigung 38
   II. Stellungnahme des Betriebsrats bei außerordentlicher Kündigung
      1. Muster: Bedenken des Betriebsrats gegen eine außerordentliche Kündigung gem. § 102 Abs. 2 S. 3 BetrVG
      2. Erläuterungen
         [1] Äußerung von Bedenken 40
         [2] Reaktionsmöglichkeiten bei der ordentlichen Kündigung 41
         [3] Keine Zustimmungsfiktion bei der außerordentlichen Kündigung 42
   III. Widerspruch des Betriebsrats gegen eine geplante Kündigung
      1. Muster: Widerspruch des Betriebsrats gegen eine geplante Kündigung gem. § 102 Abs. 3 BetrVG
      2. Erläuterungen

[1]	Weiterbeschäftigungsanspruch gem. Abs. 5 bei Widerspruch des Betriebsrates	44
[2]	Widerspruch des Betriebsrates – ordnungsgemäße Ladung	46
[3]	Begründung des Widerspruchs durch den Betriebsrat	47
[4]	Berücksichtigung sozialer Gesichtspunkte	48
[5]	Feststellungsantrag gem. § 69 SGB IX	49
[6]	Bezeichnung anderer, in die Sozialauswahl einzubeziehender Mitarbeiter	50
[7]	Herausnahme einzelner Mitarbeiter aus der Sozialauswahl	51
[8]	Beachtung der Auswahlrichtlinien gem. § 95 Abs. 1	52
[9]	Umstritten: Anwendbarkeit von Auswahlrichtlinien auf andere Kündigungsarten	54
[10]	Widerspruchsrecht bei nicht dem KSchG unterfallenden Arbeitnehmern	55
[11]	Weiterbeschäftigung auf einem anderen Arbeitsplatz	56
[12]	Direktionsrecht des Arbeitgebers	57
[13]	Voraussetzung: freier Arbeitsplatz	58
[14]	Keine konkludente Zustimmung gem. § 99	59
[15]	Zumutbare Umschulungs- und Fortbildungsmaßnahmen	60
[16]	Vorhandener Arbeitsplatz	62
[17]	Zumutbarkeit/Interessenabwägung	64
[18]	Weiterbeschäftigung bei Verschlechterung der Arbeitsbedingungen	65
[19]	Voraussetzungen	66
[20]	Einverständnis des Arbeitnehmers im Falle der Verschlechterung	67
[21]	Stellungnahme des Betriebsrates	69

IV. Beabsichtigte Kündigung eines Schwerbehinderten Mitarbeiters
　1. Muster: Stellungnahme des Betriebsrates zur beabsichtigten Kündigung eines Schwerbehinderten Mitarbeiters
　2. Erläuterungen
　　[1] Stellungnahme des Betriebsrats an das Integrationsamt 71

V. Mitteilung an den zu kündigenden Arbeitnehmer
　1. Muster: Mitteilung des Arbeitgebers an den zu kündigenden Arbeitnehmer gem.§ 102 Abs. 4 BetrVG
　2. Erläuterungen
　　[1] Beifügen der Stellungnahme des Betriebsrates zur Kündigung nur bei ordentlicher Kündigung 74
　　[2] Zusatz der inhaltlichen Unzutreffendheit 76

C. Weiterbeschäftigungsverlangen des Arbeitnehmers gem. § 102 Abs. 5 BetrVG
　I. Muster für das betriebsinterne Verfahren
　　1. Muster: Antrag auf Weiterbeschäftigung bis zum Ende des Kündigungsschutzprozesses
　　2. Erläuterungen
　　　[1] Voraussetzungen des Weiterbeschäftigungsanspruchs 78
　　　[2] Schriftform/Frist 79
　　　[3] Folgen des Weiterbeschäftigungsanspruchs bei form- und fristgerechtem Widerspruch 80
　　　[4] Konsequenz des Weiterbeschäftigungsanspruchs – Zahlung der vollen Bruttomonatsvergütung.. 81
　II. Formulare für das gerichtliche Verfahren
　　1. Einstweilige Verfügung zur Durchsetzung des betriebsverfassungsrechtlichen Weiterbeschäftigungsanspruchs
　　　a) Muster: Antrag auf Erlass einer einstweiligen Verfügung zur Durchsetzung des betriebsverfassungsrechtlichen Weiterbeschäftigungsanspruchs nach Ablauf der Kündigungsfrist § 102 Abs. 5 BetrVG
　　　b) Erläuterungen
　　　　[1] Unterscheidung betriebsverfassungsrechtlicher und allgemeiner Weiterbeschäftigungsanspruch.. 83
　　　　[2] Verweis auf die letzte Fassung des Arbeitsvertrages 85
　　　　[3] Voraussetzungen der §§ 1, 23 KSchG 86
　　　　[4] Folgen des Auflösungsantrages gem. § 9 KSchG 87
　　　　[5] Anforderungen an den Betriebsratsbeschluss 88
　　　　[6] Umstritten: Verfügungsgrund als Voraussetzung für den Weiterbeschäftigungsanspruch 89
　　2. Entbindung von der Weiterbeschäftigungspflicht
　　　a) Muster: Antrag des Arbeitgebers auf Entbindung von der Weiterbeschäftigungspflicht nach § 102 Abs. 5 S. 2 BetrVG
　　　b) Erläuterungen
　　　　[1] Zuständiges Arbeitsgericht 91
　　　　[2] Einstweilige Verfügung auf Entbindung von der Weiterbeschäftigungspflicht 92
　　　　[3] Folgen des nicht ordnungsgemäßen Widerspruchs des Betriebsrates 93
　　　　[4] Voraussetzung: Anwendbarkeit des KSchG 96
　　　　[5] Hinreichende Wahrscheinlichkeit für Erfolglosigkeit der Kündigungsschutzklage 97
　　　　[6] Existenzgefährdung des Betriebes 98
　　　　[7] Schlüssige Darlegung der Existenzgefährdung 99

[8]	Abweichende Widerspruchsgründe außerhalb der Nrn. 1-5 .		100
[9]	Ordnungsgemäße Beschlussfassung – Darlegungs- und Beweislast		102

D. Erweiterung der Mitbestimmung gem.
§ 102 Abs. 6 BetrVG
I. Muster: Beschäftigungssicherungspakt

II. Erläuterungen
[1] Regelungen zu Kündigungen in Betriebsvereinbarungen.............. 104
[2] Zuständigkeit der Einigungsstelle... 105

A. Anhörungsbögen an den Betriebsrat

I. Geplante ordentliche Kündigung

1. Muster: Anhörung des Betriebsrates zu einer geplanten ordentlichen Kündigung nach § 102 BetrVG

▶ Geschäftsführung [Name, Anschrift]

An den Betriebsrat

Im Haus

Anhörung zur ordentlichen Kündigung gem. § 102 BetrVG[1]

Sehr geehrter Damen und Herren des Betriebsrates[2]

wir haben die Absicht, Frau ▬▬▬ ordentlich betriebsbedingt mit Wirkung zum Ablauf des ▬▬▬ zu kündigen. Für den Fall, dass die für die Arbeitnehmerin maßgebliche Kündigungsfrist erst nach dem ▬▬▬ abläuft, soll diese Kündigung zum sich aus der maßgeblichen Kündigungsfrist ergebenden späteren Termin gelten. Die Kündigung soll unmittelbar nach Abschluss des Anhörungsverfahrens ausgesprochen werden.

Angaben zur Person des zu Kündigenden:[3]

   Name:
   Geburtsdatum:
   wohnhaft in:
   Betriebszugehörigkeit seit:
   Beschäftigt als:
   Abteilung:
   Familienstand:
   unterhaltsberechtigte Kinder:
   Grad der Behinderung:
   ordentliche Kündigungsfrist: ▬▬▬ Monat(e) zum Monatsende

Gründe für die Kündigung[4]

Variante 1: Betriebsbedingte Kündigung[5]

1. Es soll eine betriebsbedingte Kündigung ausgesprochen werden. Aufgrund arbeitgeberseitiger Entscheidung vom ▬▬▬ soll zum ▬▬▬ eine Vollzeitstelle im Bereich [▬▬▬] wegfallen. Hintergrund hierfür ist die [Darstellung der betrieblichen Gründe]
Einen Auszug aus dem Protokoll des Geschäftsführermeetings vom ▬▬▬ haben wir Ihnen als Anlage beigefügt.

2. Die Geschäftsführung hat bereits eine Sozialauswahl unter Berücksichtigung der im KSchG vorgesehenen Kriterien durchgeführt. Einbezogen wurden alle Mitarbeiter der [▬▬▬]-Abteilung und vergleichbare Arbeitnehmer anderer Abteilungen an den Standorten Wir verweisen in diesem Zusammenhang auf die beigefügte Liste, aus der sich auch die Namen und die vergebene

Punktebewertung ergeben.[6] Wie Sie daraus ersehen können, halten wir die Arbeitnehmerin Frau ▪▪▪ mit folgenden Mitarbeitern für vergleichbar: [namentliche Aufzählung der Mitarbeiter].

3. Nicht in die Sozialauswahl mit einzubeziehen wurde der Mitarbeiter ▪▪▪, da es sich hier um ein Mitglied des Betriebsrates mit Sonderkündigungsschutz handelt. Ebenfalls nicht mit einbezogen wurde der Mitarbeiter ▪▪▪, da dieser aufgrund seiner Zusatzqualifikation eine besondere ▪▪▪.

4. Die Frage der Vergleichbarkeit setzt voraus, dass die betroffene Arbeitnehmerin auf den Arbeitsplatz eines sozial Stärkeren ohne Änderung des Arbeitsvertrages – und zwar allein durch Weisung des Arbeitgebers – versetzt werden kann. Damit reduziert sich aufgrund der Arbeitsverträge nach unserer Auffassung der Kreis der vergleichbaren Mitarbeiter zunächst auf den Stammsitz in ▪▪▪. Dort ist die Mitarbeiterin Frau ▪▪▪ als [Berufsbezeichnung] eingesetzt. Nach den Regelungen ihres Arbeitsvertrages ist es nicht möglich, sie ohne ihre Zustimmung an einen der anderen Standorte zu versetzen oder ihr andere Aufgaben zu übertragen. Nur rein vorsorglich wurden dennoch die [Berufsbezeichnung] der anderen Standorte in die Sozialauswahl mit einbezogen.

5. Jedem der in die Sozialauswahl miteinbezogenen Mitarbeiter wurde je nach Betriebszugehörigkeit, Lebensalter, Unterhaltspflichten und eventuell bestehender Schwerbehinderung ein Punktewert zugeordnet. Grundlage für das Punkteschema ist folgende: Jedes vollendete Jahr der Betriebszugehörigkeit und jedes vollendete Lebensjahr wurde jeweils mit einem Punkt bewertet. Eventuelle Schwerbehinderungen wurden mit 8 Punkten je 10 GdB bewertet. Anhand der uns mitgeteilten individuellen Steuerklasse wurden die Unterhaltspflichten der Mitarbeiter wie folgt bewertet: Steuerklasse 1 entspricht 2 Punkten, Steuerklasse 2 entspricht 8 Punkten, Steuerklasse 3 entspricht 8 Punkten, Steuerklasse 4 entspricht 4 Punkten. Die Steuerklassen 5 und 6 wurden jeweils mit 0 Punkten bewertet.

6. Wie sich aus der Summe der ermittelten Sozialpunkte ersehen lässt, ist Frau ▪▪▪ die mit Abstand am wenigsten schutzwürdige Arbeitnehmerin. Sie ist erst [▪▪▪] Jahre alt, seit [▪▪▪] Jahren bei uns im Unternehmen und hat weder unterhaltsberechtigte Kinder noch eine Schwerbehinderung, was insgesamt eine Punktsumme von [▪▪▪] ergibt. Der nächstschutzwürdige vergleichbare Arbeitnehmer ist Herr ▪▪▪, der bereits [▪▪▪] Jahre alt ist, [▪▪▪] unterhaltsberechtigte Kinder hat und seit [▪▪▪] Jahren in unserem Unternehmen ist.

Frau ▪▪▪ ist aus diesen Gründen eine ordentliche betriebsbedingte Kündigung auszusprechen, weil eine Weiterbeschäftigungsmöglichkeit aufgrund des Wegfalls eines Vollzeitarbeitsplatzes in der [▪▪▪]-Abteilung eine Weiterbeschäftigungsmöglichkeit innerhalb des Unternehmens nicht besteht. Weder sind freien Stellen vorhanden, auf denen wir Frau ▪▪▪ einsetzen könnten, noch ist absehbar, dass solche Stellen innerhalb der Kündigungsfrist frei werden. Aufgrund der Qualifikation ist auch eine Versetzung oder eine Weiterbeschäftigung nach Umschulungsmaßnahmen nicht möglich.

Variante 2: Personenbedingte Kündigung[7]

Es soll eine personenbedingte Kündigung ausgesprochen werden. In den letzten drei Jahren hatte Frau ▪▪▪ folgende Arbeitsunfähigkeitszeiten wegen Krankheit aufzuweisen, die sie bitte den als Anlage beigefügten EDV-Ausdrucken entnehmen.[8]

Insgesamt ergeben sich damit innerhalb der letzten drei Jahre ▪▪▪ Fehltage.

Die Anzahl der Fehltage der Frau ▪▪▪ ergibt eine negative Gesundheitsprognose. Tatsachen für eine andere gesundheitliche Entwicklung in der Zukunft gibt es nicht.[9]

Die andauernden Fehlzeiten von Frau ▪▪▪ haben zu erheblichen Beeinträchtigungen des Betriebsablaufs und zu erheblichen wirtschaftlichen Belastungen des Unternehmens geführt.[10] Entgeltfortzahlungskosten sind im genannten Zeitraum in Höhe von insgesamt ▪▪▪ EUR entstanden. Darüber hinaus sind bei den Kollegen von Frau ▪▪▪ Überstunden im Rahmen von ▪▪▪ Stunden angefallen, die zur Bewältigung des Arbeitsanfalles notwendig waren und mit einem Überstundenzuschlag von 35 % (vgl geltender Tarifvertrag) abzugelten waren. Es ist also eine weitere Belastung des Unternehmens in Höhe von ▪▪▪ EUR entstanden.

Innerhalb der durchzuführenden Interessenabwägung zwischen dem Interesse der Arbeitnehmerin am Erhalt ihres Arbeitsplatzes und den Firmeninteressen haben wir die Ursachen der Erkrankung von Frau ▪▪▪, die Dauer ihrer Betriebszugehörigkeit und ihre Unterhaltspflichten berücksichtigt, sind jedoch zum Ergebnis gekommen, dass die ständigen Störungen des Betriebsablaufs und die dadurch entstehenden wirtschaftlichen Belastungen durch die Erkrankungen von Frau ▪▪▪ für das Unternehmen nicht weiter tragbar sind. Schon der von den Wettbewerbern hart umkämpfte Markt zwingt uns zur Kostenminimierung.

Variante 3: Verhaltensbedingte Kündigung[11]

Es soll eine verhaltensbedingte Kündigung ausgesprochen werden. Frau ▪▪▪, die bei uns als [Berufsbezeichnung] beschäftigt ist, erschien am ▪▪▪ und am ▪▪▪ jeweils zwei Stunden zu spät zur Arbeit. Mit Schreiben als Anlage beigefügten vom ▪▪▪ und vom ▪▪▪ wurde sie entsprechend abgemahnt. Auf diese Abmahnungen hin erfolgten seitens der Arbeitnehmerin keine Gegendarstellungen.[12]

Durch das verspätete Erscheinen von Frau ▪▪▪ am Arbeitsplatz kam es zu massiven Störungen im Betriebsablauf [nähere Beschreibung, welche Störungen].

Da Frau ▪▪▪ am ▪▪▪ erneut unentschuldigt über eine Stunde verspätet zur Arbeit erschienen ist, beabsichtigen wir, eine ordentliche verhaltensbedingte Kündigung auszusprechen. Da sie bereits mehrfach wegen dieses Fehlverhaltens abgemahnt und darauf hingewiesen wurde, pünktlich zur Arbeit zu erscheinen, jedoch immer wieder beharrlich gegen diese Anweisung verstößt, sehen wir für die Zukunft eine Wiederholungsgefahr für gegeben an.

Nach umfassender Interessenabwägung zwischen der Betriebszugehörigkeit, dem Lebensalter und den Unterhaltspflichten der Arbeitnehmerin mit den betrieblichen Interessen, überwiegt das arbeitgeberseitige Interesse am ordnungsgemäßen Funktionieren des betrieblichen Ablaufs. Es drohen bei verspätetem Erscheinen nicht nur schwere Schäden und Folgen [nähere Beschreibung], sondern auch eine Rufschädigung unseres Betriebes.

Ein nochmaliger Ausspruch einer Abmahnung ist nicht hinnehmbar, da Frau ▪▪▪ die bisher ergangenen Abmahnungen offensichtlich nicht zum Anlass genommen hat, ihr Verhalten zu ändern. Insofern sind auch weitere gleichgelagerte Verfehlungen zu befürchten.

Wir hören den Betriebsrat gem. § 102 BetrVG an und bitten darum, der beabsichtigten Kündigung zuzustimmen. Die Gründe werden Ihnen ergänzend – auch für Rückfragen in der BR-Sitzung – durch den Personalchef nochmals mündlich erläutert.[13] ◄

2. Erläuterungen

2 [1] **Anhörung des Betriebsrats.** Der Betriebsrat ist vor Ausspruch einer Kündigung anzuhören, § 102 Abs. 1 S. 1 BetrVG. Die Anhörungspflicht gilt bei allen Arten der Kündigung. In der Anhörung muss hinreichend deutlich werden, dass der Arbeitgeber den Ausspruch einer bestimmten Kündigung beabsichtigt und mit der Mitteilung an den Betriebsrat das Anhörungsverfahren einleiten möchte (HaKo-KSchR/*Nägele* § 102 BetrVG Rn 74 mwN). Wichtig ist daher die genaue Angabe, ob es sich um eine ordentliche oder außerordentliche bzw um eine Beendigungs- oder Änderungskündigung handelt.

A. Anhörungsbögen an den Betriebsrat § 102 BetrVG

[2] Anwendung auf Personalräte/Mitarbeitervertretungen. Das Muster ist analog auf Personalratsgremien und Mitarbeitervertretungen anwendbar.

[3] Aufnahme relevanter Sozialdaten. Zur Identifikation des Arbeitnehmers und damit zur Wirksamkeit der später erfolgenden Kündigung wird stets empfohlen, alle relevanten Sozialdaten in jede Kündigungsanhörung mit aufzunehmen.

[4] Kündigungsgründe/subjektive Determination. Da die Kündigungsgründe dem Betriebsrat mitgeteilt werden sollen (§ 102 Abs. 1 S. 2 BetrVG), muss der Arbeitgeber die Umstände mitteilen, die die Kündigung aus seiner subjektiven Sicht rechtfertigen und die für seinen Kündigungsentschluss maßgeblich sind (HaKo-KSchR/*Nägele* § 102 BetrVG Rn 75 mwN). Ist die Anhörung unvollständig erfolgt, ist es dem Arbeitgeber verwehrt, innerhalb des Kündigungsschutzprozesses weitere Kündigungsgründe nachzuschieben, über die der Betriebsrat nicht im Vorfeld zum Ausspruch der Kündigung angehört worden ist (HaKo-KSchR/*Nägele* § 102 BetrVG Rn 75 mwN; **Grundsatz der subjektiven Determination**). Daher ist dem Arbeitgeber zu empfehlen, all diejenigen Tatsachen vollständig und detailliert darzulegen, auf die er sich auch – in einem eventuell später stattfindenden Kündigungsschutzprozess – berufen will. Nach der Rechtsprechung gehören hierzu nicht nur die für die Kündigung sprechenden Aspekte, sondern auch die gegen die Kündigung zu berücksichtigenden Fakten. Falsche oder unzureichende Informationen des Betriebsrates führen zur Unwirksamkeit der Anhörung – und damit der Kündigung. Der Betriebsrat soll in die Lage versetzt werden, sich ohne weitere Nachforschungen ein vollständiges Bild über die Begründetheit der Kündigung zu machen.

[5] Inhalt der Anhörung zur betriebsbedingten Kündigung. Eine Anhörung zu einer betriebsbedingten Kündigung muss daher Folgendes enthalten:

– die Darlegung einer unternehmerischen Entscheidung (vgl HaKo-KSchR/*Gallner/Mestwerdt* § 1 KSchG Rn 663 ff),
– die Darlegung der betrieblichen Gründe (vgl HaKo-KSchR/*Gallner/Mestwerdt* § 1 KSchG Rn 663 ff; Rn 673 ff),
– der Wegfall des Arbeitsplatzes (vgl HaKo-KSchR/*Gallner/Mestwerdt* § 1 KSchG Rn 683),
– die mangelnde Weiterbeschäftigungsmöglichkeit (HaKo-KSchR/*Gallner/Mestwerdt* § 1 KSchG 691 ff) und
– die Durchführung der Sozialauswahl (HaKo-KSchR/*Gallner/Mestwerdt* § 1 KSchG Rn 812).

[6] Mitteilung der Sozialdaten. Bei einer Sozialauswahl unter mehreren Arbeitnehmern sind auch die Sozialdaten dieser nicht betroffenen Arbeitnehmer mitzuteilen. Nur so kann der Betriebsrat die Sozialauswahl nachvollziehen (BAG v. 29.3.1984, AP BetrVG 102 Nr. 31, HaKo-KSchR/*Gallner/Mestwerdt* § 1 KSchG Rn 814 ff).

[7] Inhalt der Anhörung zur personenbedingten Kündigung. Eine Anhörung zu einer personenbedingten Kündigung muss daher Folgendes enthalten:

– Verlust der Befähigung und Eignung für die vertraglich geschuldete Leistung (HaKo-KSchR/*Gallner* § 1 KSchG Rn 474; Rn 495 ff)
– Erhebliche Störung der Belange des Arbeitgebers (HaKo-KSchR/*Gallner* § 1 KSchG Rn 476)
– Negative Zukunftsprognose (HaKo-KSchR/*Gallner* § 1 KSchG Rn 474)

- Ultima ratio (HaKo-KSchR/*Gallner* § 1 KSchG Rn 477)
- Interessenabwägung: Schutzwürdige Interessen des Arbeitgebers überwiegen (HaKo-KSchR/*Gallner* § 1 KSchG Rn 483)

9 **[8] Langzeiterkrankung/häufige Kurzzeiterkrankungen.** Bei einer personenbedingten Kündigung, die mit einer Vielzahl von Kurzerkrankungen und der damit einhergehenden negativen Prognose begründet werden soll, empfiehlt sich die Angabe der medizinischen Ausrichtung der attestierenden Mediziner. Damit kann einem Einwand der einheitlichen Grunderkrankung begegnet werden. Aus den EDV-Ausdrucken müssen sich die konkreten Fehlzeiten des Arbeitnehmers ersichtlich sein. Der Erstellung einer besonderen Auswertung bedarf es nicht (LAG Hamm v. 25.11.1987 – 14 Sa 2302/85).

10 **[9] Negative Zukunftsprognose – Fehlzeiten.** Nicht nur die bereits entstanden Fehlzeiten, auch die noch zu erwartenden Fehlzeiten und Betriebsbeeinträchtigungen infolge Krankheit und die wirtschaftlichen Belastungen müssen dem Betriebsrat mitgeteilt werden (BAG v. 24.1.1983 – 2 AZR 347/82). Im Rahmen der Prognose für die Zukunft genügt grds. die Angabe der Indizwirkung von Fehlzeiten in der Vergangenheit (BAG v. 12.4.1984 – 2 AZR 76/83). Angaben von künftigen Entwicklungen des Gesundheitszustandes sind jedenfalls dann entbehrlich, wenn der Arbeitgeber dem Betriebsrat ein ärztliches Attest des Arbeitnehmers übergibt, aus dem sich eine eingeschränkte Arbeitsfähigkeit für die Zukunft ergibt.

11 **[10] Prüfungsschema bei personenbedingter Kündigung.** Bei einer personenbedingten Kündigung hat der Arbeitgeber drei Prüfungsstufen einzuhalten: Darstellung der sich aus der persönlichen Sphäre des Arbeitnehmers ergebende Beeinträchtigungen hinsichtlich seiner Arbeitsfähigkeit, konkrete Tatsachen zur Beurteilung der negativen Auswirkung auf betriebliche/unternehmerische Interessen sowie Gründe, warum aus Sicht des Arbeitgebers diese Beeinträchtigungen nicht weiter hinnehmbar sind (HaKo/*Nägele* § 102 Rn 100 mwN).

12 **[11] Inhalt der Anhörung zur verhaltensbedingten Kündigung.** Eine umfassende Anhörung zur verhaltensbedingten Kündigung muss enthalten:
- Mitteilung der verletzten arbeitsvertraglichen Pflichten (HaKo-KSchR/*Fiebig/Zimmermann* § 1 KSchG Rn 207 ff)
- Mitteilung des tatsächlichen Störungseintritts und der nachteiligen Auswirkungen im Unternehmen (HaKo-KSchR/*Fiebig/Zimmermann* § 1 KSchG Rn 207 ff)
- Mitteilung der Wiederholungsgefahr auf Grundlage der negativen Zukunftsprognose (HaKo-KSchR/*Fiebig/Zimmermann* § 1 KSchG Rn 236 ff)
- Mitteilung der Interessenabwägung (HaKo-KSchR/*Fiebig/Zimmermann* § 1 KSchG Rn 323 ff)
- Mitteilung über die Berücksichtigung des ultima-ratio-Prinzips (HaKo-KSchR/*Fiebig/Zimmermann* § 1 KSchG Rn 314 ff)

13 **[12] Negative Zukunftsprognose – Abmahnungen.** Bei einer auf das Fehlverhalten gestützten Kündigung sind für die negative Zukunftsprognose die zuvor erteilten Abmahnungen darzulegen und dem Betriebsrat zur Kenntnis zu geben. Liegen Gegendarstellungen vor, sollten auch diese als zugunsten des Arbeitnehmers relevante Tatsachen im Rahmen einer vollständigen Anhörung sicherheitshalber mit vorgelegt werden.

14 **[13] Schriftform der Anhörung.** Zwingend erforderlich ist die Schriftform der Anhörung nicht. Anzuraten ist jedoch aus Beweisgründen die schriftliche Information. Um dem Risiko zu begegnen, eine kündigungsrelevante Tatsache nicht hinreichend dargelegt zu haben, empfiehlt es sich, die Gründe dem Betriebsrat zusätzlich mündlich zu erläutern.

II. Geplante außerordentliche Kündigung

1. Muster: Anhörung des Betriebsrates zu einer geplanten außerordentlichen Kündigung nach § 102 BetrVG

▶ Geschäftsführung [Name, Anschrift]

An den Betriebsrat

Im Haus

Anhörung zur geplanten außerordentlichen Kündigung des Mitarbeiters ... gem. § 102 BetrVG[1]

Sehr geehrter Herr ...,

wir haben die Absicht, Herrn ... außerordentlich fristlos,[2] hilfsweise ordentlich verhaltensbedingt[3] zum ... zu kündigen.

Angaben zur Person des zu Kündigenden:[4]

    Name:
    Geburtsdatum:
    wohnhaft in:
    Betriebszugehörigkeit seit:
    Beschäftigt als:
    Abteilung:
    Familienstand:
    unterhaltsberechtigte Kinder:
    Grad der Behinderung:
    ordentliche Kündigungsfrist: ... Monat(e) zum Monatsende

Die Kündigungsgründe legen wir Ihnen wie folgt dar:[5]

Variante 1. Tatkündigung

Zum Sachverhalt:

Herr ..., der bei unser Genossenschaftsbank als Filialleiter in ... beschäftigt ist, geriet durch Prüfungen der Innenrevision in Verdacht, fiktive Kunden angelegt, diesen Darlehen ausgereicht zu haben und als Auszahlungskonto sein Konto angegeben zu haben. Nachforschungen haben dann folgendes ergeben: [genauere Ergebnisse der Ermittlungen]

Als der Vorstand am ... durch die Innenrevision über diesen Vorgang in Kenntnis gesetzt wurde, veranlasste Herr Vorstand ... zusammen mit dem Personalchef ... eine Anhörung des Herrn ... . In diesem Gespräch räumte Herr ... die Manipulation und das Auszahlen der Gelder.[6]

Am darauffolgenden Tag schaltete der Vorstand nach Information des Betriebsratsvorsitzenden die Kriminalpolizei ein.

Wir haben dem Betriebsrat das Protokoll über die Anhörung des Herrn ... vom ... ebenso wie den Prüfbericht der Innenrevision vom ... sowie Kopien des Darlehensverträge und der Unterschriftenliste aller Mitarbeiter beigefügt.[7]

Dieser Vorfall stellt einen schwerwiegenden Verstoß gegen die arbeitsvertraglichen Pflichten eines Filialleiters unserer Bank dar, so dass Herr ... nicht weiter tragbar für unser Haus ist. Neben einem gewaltigen Image-Schaden ist zu befürchten, dass die Herr ... auch weiterhin aus finanziellen Nöten die Bank und/oder Kunden schädigen wird und weiterhin gegen interne Vorgaben verstößt.

Ein wichtiger Grund für die außerordentliche Kündigung von Herrn ... ist somit geboten. Es liegen nicht nur Verstöße gegen interne Richtlinien, sondern auch Straftaten vor. Der massive arbeitsvertragliche Pflichtverstoß ist nicht nur bewiesen, sondern wird von Herrn ... zugegeben.[8]

Variante 2 Verdachtskündigung[9]

Zum Sachverhalt:

Herr ..., der bei unser Genossenschaftsbank als Filialleiter in ... beschäftigt ist, geriet durch Prüfungen der Innenrevision in Verdacht, fiktive Kunden angelegt, diesen Darlehen ausgereicht zu haben und als Auszahlungskonto sein Konto angegeben zu haben. Nachforschungen haben dann folgendes ergeben: [genauere Ergebnisse der Ermittlungen]

Als der Vorstand am ... durch die Innenrevision über diesen Vorgang in Kenntnis gesetzt wurde, veranlasste Herr Vorstand ... zusammen mit dem Personalchef ... eine Anhörung des Herrn .... In diesem Gespräch bestritt Herr ... die Manipulation und das Auszahlen der Gelder. Er konnte jedoch zu seiner Entlastung keinerlei Erklärungen für die von der Innenrevision festgestellten Sachverhalte geben. Er erklärte lediglich, ein unbekannter Mitarbeiter der Bank habe die Vorgänge veranlasst, um den Verdacht auf ihn zu lenken und ihm zu schaden.[10]

Am darauffolgenden Tag schaltete der Vorstand nach Information des Betriebsratsvorsitzenden die Kriminalpolizei ein. Auch die Innenrevision überprüfte die Vorgänge nochmals auf den Einwand einer Manipulation durch Dritte. Dagegen sprechen aber folgende Aspekte [Ausführungen].[11]

Wir haben dem Betriebsrat das Protokoll über die Anhörung des Herrn ... vom ... ebenso wie den Prüfbericht der Innenrevision vom ... sowie Kopien des Darlehensverträge und der Unterschriftenliste aller Mitarbeiter beigefügt.

Aus Sicht der Bank liegt aufgrund der objektiv feststehenden Tatsachen ein solch dringender Tatverdacht vor, für dessen Richtigkeit eine äußerst hohe Wahrscheinlichkeit spricht. Die Vorgänge, derer der Mitarbeiter verdächtigt wird, stellen eine so massive Vertragspflichtverletzung für einen Filialleiter dieser Bank dar, dass das für die Fortsetzung des Arbeitsverhältnisses notwendige Vertrauen zerstört ist.

Nach der ständigen Rechtsprechung des Bundesarbeitsgerichts stellt nicht nur die definitiv erwiesene Straftat, sondern auch der schwerwiegende Verdacht einer Straftat einen außerordentlichen Kündigungsgrund dar. Insofern stellt der schwerwiegende und durch nichts wiederlegte Verdacht einen eigenständigen Kündigungsgrund in der Person des Arbeitnehmers dar. Seitens der Bank wurden alle Versuche der Aufklärung des Sachverhalte sowie die Anhörung des Betroffenen veranlasst, bekräftigten aber stets nur den Verdacht gegenüber Herrn ....

Ein wichtiger Grund für die außerordentliche Kündigung von Herrn ... ist somit geboten. Es liegen nicht nur erhebliche schwere Verdachtsmomente vor, auch wenn Herr ... die Verfehlungen leugnet. Die Einlassungen des Mitarbeiters Herrn ... müssen als reine Schutzbehauptungen gewertet werden, da sich bei Überprüfung hierfür keinerlei Anhaltspunkte ergeben haben.

Die Betriebszugehörigkeit des Herrn ... und seine Unterhaltspflichten wurden ebenso berücksichtigt wie seine Entschuldigung für dieses Verhalten. Angesichts der kriminellen Energie und der Missachtung einer Vielzahl von bankinternen Vorschriften ist der Bank zum Schutz der Kunden und der Mitarbeiter aufgrund des nicht unerheblichen Imageschadens ist auch unter Berücksichtigung der für Herrn ... sprechenden Aspekte die Fortbeschäftigung in unserer Bank nicht hinnehmbar.[12]

Auch einer vorherigen Abmahnung bedurfte es im vorliegenden Fall nicht, weil es sich um einen besonders schweren Verstoß im Bereich des Vertrauensbereichs handelt, bei dem der Mitarbeiter wissen muss, dass er nicht mit einer Billigung seines Verhaltens rechnen kann und er sich bewusst sein muss, dass er seinen Arbeitsplatz aufs Spiel setzt.[13]

Der Vorstand hat am ▬ von dem Vorgang und den Ermittlungsergebnissen Kenntnis erlangt. Die Frist des § 626 Abs. 2 BGB ist damit zum Zeitpunkt des beabsichtigten Kündigungsausspruches eingehalten.[14]

Wir hören den Betriebsrat gem. § 102 BetrVG an und bitten darum, der beabsichtigten Kündigung zuzustimmen. Die Gründe werden Ihnen ergänzend – auch für Rückfragen in der BR-Sitzung – durch den Personalchef nochmals mündlich erläutert.[15] ◄

2. Erläuterungen

[1] **Anhörung des Betriebsrats.** Der Betriebsrat ist vor Ausspruch einer Kündigung anzuhören, § 102 Abs. 1 S. 1 BetrVG, dies gilt auch uns insbesondere für die fristlose Kündigung. In der Anhörung muss hinreichend deutlich werden, dass der Arbeitgeber den Ausspruch einer außerordentlichen Kündigung beabsichtigt und mit der Mitteilung an den Betriebsrat das Anhörungsverfahren einleiten möchte (HaKo-KSchR/*Nägele* § 102 BetrVG Rn 74 mwN). Wichtig ist daher die genaue Angabe, ob es sich um eine außerordentliche Beendigungs- oder Änderungskündigung handelt.

16

[2] **Soziale Auslauffrist.** Nicht jede außerordentliche Kündigung aus wichtigem Grund ist fristlos. Insbesondere bei tariflichen Unkündbarkeitsregelungen sind auch außerordentliche Kündigungen unter Einhaltung einer sozialen Auslauffrist denkbar. Es empfiehlt sich insofern klarzustellen, ob eine fristlose Beendigung beabsichtigt ist.

17

[3] **Mitteilung der hilfsweise ordentlichen Kündigung.** Soll die Kündigung auch hilfsweise ordentlich ausgesprochen werden, ist dies dem Betriebsrat in der Anhörung mitzuteilen (zu den teilweise umstrittenen Ausnahmen HaKo-KSchR/*Nägele* § 102 BetrVG Rn 88), zur hilfsweise ordentlichen Kündigung vgl HaKo-KSchR/*Gieseler* § 626 BGB Rn 47 f).

18

[4] **Aufnahme aller relevanten Sozialdaten.** Zur Identifikation des Arbeitnehmers und damit zur Wirksamkeit der später erfolgenden Kündigung wird stets empfohlen, alle relevanten Sozialdaten in jede Kündigungsanhörung mit aufzunehmen. Die Möglichkeit des Verzicht darauf bei schwerwiegenden Verstößen erscheint wenig praxistauglich (vgl im einzelnen HaKo-KSchR/*Nägele* § 102 BetrVG Rn 87 mwN).

19

[5] **Kündigungsgründe/subjektive Determination.** Da die Kündigungsgründe dem Betriebsrat mitgeteilt werden sollen (§ 102 Abs. 1 S. 2 BetrVG), muss der Arbeitgeber die Umstände mitteilen, die die Kündigung aus seiner subjektiven Sicht rechtfertigen und die für seinen Kündigungsentschluss maßgeblich sind (HaKo-KSchR/*Nägele* § 102 BetrVG Rn 75 mwN). Ist die Anhörung unvollständig erfolgt, ist es dem Arbeitgeber verwehrt, innerhalb des Kündigungsschutzprozesses weitere Kündigungsgründe nachzuschieben, über die der Betriebsrat nicht im Vorfeld zum Ausspruch der Kündigung angehört worden ist (HaKo-KSchR/*Nägele* § 102 BetrVG Rn 75 mwN; Grundsatz der subjektiven Determination). Daher ist dem Arbeitgeber zu empfehlen, all diejenigen Tatsachen vollständig und detailliert darzulegen, auf die er sich auch – in einem eventuell später stattfindenden Kündigungsschutzprozess – berufen will. Folgende Punkte sollte der Arbeitgeber zur Vermeidung einer späteren subjektiven Determinierung daher in die Anhörung zur außerordentlichen Kündigung aufnehmen:

20

– Mitteilung der verletzten arbeitsvertraglichen Pflichten
– Mitteilung des tatsächlichen Störungseintritts und der nachteiligen Auswirkungen im Unternehmen
– Mitteilung der Wiederholungsgefahr auf Grundlage der negativen Zukunftsprognose, insbesondere vorausgegangene Abmahnungen

– Mitteilung der Interessenabwägung
– Mitteilung über die Berücksichtigung des ultima-ratio-Prinzips
Zu den einzelnen Gliederungspunkten vgl HaKo-KSchR/*Gieseler* § 626 BGB Rn 51-99.

21 **[6] Vorherige Anhörung des Gekündigten.** Die vorherige Anhörung des Gekündigten ist grundsätzlich keine Voraussetzung für die Wirksamkeit einer Tatkündigung. Für die Verdachtskündigung siehe unten Erläuterung Nr. 9 in diesem Muster. Allerdings sind die vorherige Anhörung und die Mitteilung der Erkenntnisse dringend anzuraten. Wird die Anhörung unterlassen, könnten wichtige Aspekte für die Interessenabwägung zunächst verborgen bleiben. Bestimmte Tarifverträge und kirchliche Arbeitsvertragsregelungen sehen im Übrigen die vorherige Anhörung zwingend vor.

22 **[7] Anlagen zum Anhörungsbogen.** Zur Vervollständigung der Informationen des Betriebsrates sollten die vollständigen Unterlagen und Beweismittel der Anhörung beigefügt werden, so dass sich der Betriebsrat daraus ein umfassendes Bild machen kann. Die Zurückhaltung von entlastendem Material kann zur Unwirksamkeit der Anhörung führen.

23 **[8] Beweisbarkeit des Vorwurfs.** Für die Tatkündigung ist wichtig, dass der Arbeitgeber den Sachverhalt beweisen kann. Besteht nur ein hinreichend wahrscheinlicher Verdacht, erweckt der Arbeitgeber jedoch in der Anhörung den Eindruck, die Tat sei bewiesen oder übertreibt, führt dies zur Unwirksamkeit der Kündigung. Wenn der Vorwurf nicht bewiesen werden kann, dann empfiehlt sich die Verdachtskündigung.

24 **[9] Zulässigkeit der Verdachtskündigung.** Allein der Verdacht einer schwerwiegenden Vertragsverletzung kann nach der ständigen Rechtsprechung des BAG eine außerordentliche Kündigung nach § 626 BGB rechtfertigen. Aufgrund der schwerwiegenden Folgen ist eine solche Kündigung nur „dann zulässig, wenn sich starke Verdachtsmomente auf objektive Tatsachen gründen und die Verdachtsmomente geeignet sind, das für die Fortsetzung des Arbeitsverhältnisses erforderliche Vertrauen zu zerstören".

25 Erforderlicher Vortrag für die Rechtfertigung einer Verdachtskündigung ist:
– Verdacht eines schweren Fehlverhaltens des Arbeitnehmers,
– auf objektive Umstände gestützt,
– hohe Wahrscheinlichkeit,
– verdächtigte Fehlverhalten gewichtig genug für eine verhaltensbedingte Kündigung,
– geeignet sein, das erforderliche Vertrauen zur Fortsetzung des Arbeitsverhältnisses zu erschüttern,
– Arbeitgeber hat alle zumutbaren Schritte zur Aufklärung des Sachverhalts unternommen,
– Ausführlich zur Verdachtskündigung und den Bedenken vgl HaKo-KSchR/*Gallner* § 1 KSchG Rn 630 ff.

26 **[10] Inhalt und Voraussetzungen der Verdachtskündigung.** Bei der Verdachtskündigung ist dem Mitarbeiter Gelegenheit zur Stellungnahme zu dem Verdacht zu gewähren. Die Durchführung dieser Anhörung und die Einlassungen des Betroffenen sind dem Betriebsrat im Rahmen des § 102 BetrVG mitzuteilen, um ihn umfassend zu informieren. Empfehlenswert ist es, bei der Anhörung des Betroffenen dem Betriebsrat die Teilnahme eine s. Mitglieds zu ermöglichen, damit sich dieser selbst ein Bild von den Einlassungen des verdächtigten Arbeitnehmers machen kann.

27 **[11] Prüfung der Anhörung durch den Betriebsrat.** Wenn Angaben des verdächtigen Mitarbeiters überprüft wurden, so sollte in der Anhörung des Betriebsrates auch dazu Stellung ge-

nommen werden. Unterbleibt dies, droht späteres Vorbringen in einem Prozess aufgrund der subjektiven Determinierung unberücksichtigt zu bleiben.

[12] **Interessenabwägung.** Oftmals wird vergessen im Rahmen der außerordentlichen Kündigung die Abwägung der Interessen, die für den Arbeitnehmer sprechenden Aspekte und die Gründe, weswegen die Unzumutbarkeit der Fortsetzung des Arbeitsverhältnisses gegeben ist, darzulegen. Die außerordentliche Kündigung aus wichtigem Grund ist aber keine Sanktionskündigung (vgl HaKo-KSchR/*Gieseler* § 626 BGB Rn 53 ff) In der Regel zeigen sich die Unzumutbarkeit der Vertragsfortsetzung und die Gefahr künftiger Störungen oder Wiederholungen an vorausgegangenen Abmahnungen. Diese wären auch im Rahmen einer hilfsweise ordentlichen Kündigung relevant. Zu den Darlegungsanforderungen für die Unzumutbarkeit HaKo-KSchR/*Gieseler* § 626 BGB Rn 77.

[13] **Entbehrlichkeit der Abmahnung.** Grundsätzlich folgt aus dem Gesichtspunkt der Verhältnismäßigkeit die Notwendigkeit einer vorherigen Abmahnung, wenn es sich um Pflichtwidrigkeiten im Leistungsbereich handelt. Ein Verzicht ist im Leistungs- und Verhaltensbereich nur als Ausnahme denkbar, wenn besondere Umstände vorliegen, aufgrund derer eine Abmahnung keinen Erfolg verspricht. Entbehrlich kann eine Abmahnung ferner bei besonders schweren Verstößen im Vertrauensbereich sein. Hier ist dem Arbeitnehmer dann bewusst, dass sein Verhalten offensichtlich nicht gebilligt wird und zur Beendigung des Arbeitsverhältnisses führen kann. (HaKo-KSchR/*Fiebig/Zimmermann* § 1 KSchG Rn 254 ff.)

[14] **Kenntnis des Arbeitgebers/Zwei-Wochen-Frist.** Bei einer außerordentlichen Kündigung ist vor dem Hintergrund der Frist des § 626 Abs. II BGB dem Betriebsrat mitzuteilen, wann der Arbeitgeber wie Kenntnis erlangt hat (HaKo-KSchR/*Nägele* § 102 BetrVG Rn 113).

[15] **Zusätzliche mündliche Erläuterungen.** Um dem späteren Risiko zu begegnen, eine kündigungsrelevante Tatsache nicht hinreichend dargelegt zu haben, empfiehlt es sich, die Gründe dem Betriebsrat zusätzlich mündlich zu erläutern. Wird im Rahmen der außerordentlichen Kündigung auf vorausgegangenes bereits abgemahntes Fehlverhalten Bezug genommen, sollten auch diese Sachverhalte nochmals mündlich ergänzend erläutert werden.

III. Geplante Änderungskündigung

1. Muster: Anhörung des Betriebsrates zu einer geplanten Änderungskündigung nach § 102 BetrVG

▶ Geschäftsführung [Name, Anschrift]

An den Betriebsrat

Im Haus

Anhörung zur geplanten Änderungskündigung des Mitarbeiters ... gem. § 102 BetrVG[1]

Sehr geehrter Herr ...,

wir haben die Absicht, gegenüber Frau ... eine Änderungskündigung auszusprechen.

Angaben zur Person:[2]

    Name:
    Geburtsdatum:
    wohnhaft in:
    Betriebszugehörigkeit seit:
    Beschäftigt als:
    Abteilung:

Familienstand:
unterhaltsberechtigte Kinder:
Grad der Behinderung:
ordentliche Kündigungsfrist: ▬▬▬ Monat(e) zum Monatsende
Die Kündigungsgründe legen wir Ihnen wie folgt dar:[3]

Frau ▬▬▬ ist seit ▬▬▬ als Shopmanagerin in unserem Shop 101 in ▬▬▬ beschäftigt. In ihrem Arbeitsvertrag ist dieser Beschäftigungsort angegeben. Aufgrund drastischer Mieterhöhungen ist der Shop 101 in ▬▬▬ mittlerweile unrentabel. Wir hatten dies dem Wirtschaftsausschuss und dem Betriebsrat ja bereits in der Vergangenheit mitgeteilt. Deswegen wurde der Mietvertrag zum ▬▬▬ gekündigt. Unser Unternehmen zieht sich daher aus dem ▬▬▬ zurück, da auch eine vergleichbare Verkaufsfläche in ähnlicher Lage nicht gefunden werden konnte. Aufgrund dieser unternehmerischen Entscheidung der Geschäftsführung in der Sitzung vom ▬▬▬ beabsichtigen wir, Frau ▬▬▬ zum ▬▬▬ zu kündigen.

Gleichzeitig bieten wir jedoch Frau ▬▬▬ die Fortsetzung des Arbeitsverhältnisses als Shopmanagerin im Shop 134 im 35 km entfernten ▬▬▬ bei gleicher Arbeitszeit und Vergütung an. Den insofern geänderten neuen Arbeitsvertrag als Angebot unter Anerkennung der bisherigen Betriebszugehörigkeitszeiten haben wir dem Betriebsrat in der Anlage beigefügt. Bekanntlich fällt der Shop 134 ebenfalls in die Zuständigkeit dieses Betriebsratsgremiums. Deswegen wird parallel die Zustimmung zur Einstellung der Frau ▬▬▬ beantragt. In ▬▬▬ sucht unser Unternehmen ja bereits seit Wochen nach einer neuen geeigneten Shopmanagerin, die wir hiermit gefunden hätten. ◄

2. Erläuterungen

33 [1] **Anhörung des Betriebsrats**. Der Betriebsrat ist auch vor Ausspruch einer Änderungskündigung anzuhören, § 102 Abs. 1 S. 1 BetrVG.

34 In der Anhörung muss hinreichend deutlich werden, dass der Arbeitgeber den Ausspruch einer bestimmten Kündigung beabsichtigt und mit der Mitteilung an den Betriebsrat das Anhörungsverfahren einleiten möchte (HaKo-KSchR/*Nägele* § 102 BetrVG Rn 74 mwN).

35 Wichtig ist daher die genaue Angabe, ob es sich um eine ordentliche oder außerordentliche bzw um eine Beendigungs- oder Änderungskündigung handelt.

36 [2] **Aufnahme der relevanten Sozialdaten**. Zur Identifikation des Arbeitnehmers und damit zur Wirksamkeit der später erfolgenden Kündigung wird stets empfohlen, alle relevanten Sozialdaten in jede Kündigungsanhörung mit aufzunehmen.

B. Stellungnahmen des Betriebsrats bei geplanten Kündigungen

I. Zustimmung des Betriebsrates

37 **1. Muster: Zustimmung zur beabsichtigten verhaltensbedingten Kündigung**

176 ▶ Betriebsrat [Name, Adresse]
An die Geschäftsleitung der Firma ▬▬▬
z.Hd. [Name, Personalleiterin]
im Haus

Zustimmung zur beabsichtigten verhaltensbedingten Kündigung von Herrn ▬▬▬
Sehr geehrte Frau ▬▬▬,

B. Stellungnahmen des Betriebsrats bei geplanten Kündigungen   § 102 BetrVG

Der Betriebsrat hat sich in seiner Sitzung vom ▬▬▬ mit den von Ihnen dargelegten Gründen für die Kündigung beschäftigt und unter diesen Umständen beschlossen, der verhaltensbedingten Kündigung des Mitarbeiters ▬▬▬ die Zustimmung[1] zu erteilen. ◄

2. Erläuterungen

[1] **Fristen zur Reaktion des Betriebsrats auf die Anhörung zur Kündigung.** Der Betriebsrat kann einer geplanten ordentlichen Kündigung innerhalb einer Woche, einer außerordentlichen Kündigung innerhalb von drei Tagen seine Zustimmung erteilen. Oftmals wollen Betriebsratsgremien einer Kündigung eines Mitarbeiters nicht aktiv zustimmen. Das Gesetz fingiert dann bei Verstreichenlassen der Wochenfrist die Zustimmung zur ordentlichen Kündigung.

II. Stellungnahme des Betriebsrats bei außerordentlicher Kündigung

1. Muster: Bedenken des Betriebsrats gegen eine außerordentliche Kündigung gem. § 102 Abs. 2 S. 3 BetrVG[1]

▶ Betriebsrat [Name, Adresse]

An die Geschäftsleitung der Firma ▬▬▬

z.Hd. [Name, Personalleiterin]

im Haus

Stellungnahme zur beabsichtigten außerordentlichen Kündigung von Herrn ▬▬▬[1]

Sehr geehrte Frau ▬▬▬,

in seiner außerordentlichen Sitzung vom ▬▬▬ hat der Betriebsrat über die beabsichtigte außerordentliche[2] Kündigung von Herrn ▬▬▬ beraten. Der Betriebsrat hat nach Anhörung von Herrn ▬▬▬ beschlossen, gegen die außerordentliche Kündigung Bedenken vorzutragen.[3]

Herr ▬▬▬ ist seit 16 Jahren bei uns beschäftigt. Er hat drei schulpflichtige Kinder und hat seit Beginn seines Arbeitsverhältnisses keinerlei Verfehlungen begangen. Dass er sich seit einigen Wochen gegenüber seinem Vorgesetzten leicht reizbar zeigt und diesen am ▬▬▬ mit den Worten „Du alter Egomane" beschimpft hat, ist unseres Erachtens dem Umstand geschuldet, dass er durch die langandauernde schwere Erkrankung seines dritten Kindes ziemlich angegriffen ist. Er hat sich für seine Äußerung auch am folgenden Tag bereits entschuldigt.

Aufgrund der Interessenabwägung der sozialen Gesichtspunkte gegenüber der Schwere seiner Verfehlung kommt der Betriebsrat zu dem Entschluss, dass anstelle einer außerordentlichen Kündigung der Ausspruch einer Abmahnung das mildere Mittel darstellt. Eine verhaltensbedingte ordentliche oder gar außerordentliche Kündigung sehen wir jedenfalls als völlig überzogene Reaktion an. ◄

2. Erläuterungen

[1] **Äußerung von Bedenken.** Bei einer außerordentlichen Kündigung kann der Betriebsrat nicht widersprechen, vielmehr bleibt ihm nur das recht schwache Mittel, innerhalb von maximal drei Tagen schriftlich seine Bedenken zu äußern. Die Äußerung von Bedenken gewährt dem Arbeitnehmer jedoch im Gegensatz zum Widerspruch aus den Gründen des Abs. 3 Nr. 1-5 keinen Weiterbeschäftigungsanspruch bis zur Beendigung des Kündigungsschutzverfahrens gem. § 102 Abs. 5 BetrVG (HaKo-KSchR/*Nägele* § 102 BetrVG Rn 165). Der Arbeit-

geber kann die Bedenken zum Anlass nehmen seine Kündigungsabsicht zu überdenken, ist am Ausspruch der Kündigung jedoch nicht gehindert.

41 **[2] Reaktionsmöglichkeiten bei der ordentlichen Kündigung.** Bei einer ordentlichen Kündigung hat der Betriebsrat häufig eine Wahlmöglichkeit, wie er reagiert. Nicht selten sind die Bedenken des Betriebsrates auch als Gründe geeignet, die einen Widerspruch nach § 102 Abs. 3 BetrVG rechtfertigen würden. In diesen Fällen ist dem Betriebsrat anzuraten, einen Widerspruch zu formulieren und zu begründen, weil damit – im Gegensatz zu den bloßen Bedenken – weitergehende Rechtsfolgen wie der betriebsverfassungsrechtliche Weiterbeschäftigungsanspruch bis zur Beendigung des Kündigungsschutzverfahrens verbunden sind.

42 **[3] Keine Zustimmungsfiktion bei der außerordentlichen Kündigung.** Falls der Betriebsrat es versäumt, innerhalb von drei Tagen Stellung zur beabsichtigten außerordentlichen Kündigung zu nehmen, gilt die Zustimmung nicht automatisch als erteilt (HaKo-KSchR/*Nägele* § 102 BetrVG Rn 162 ff). Da dies allerdings keinerlei praktische Auswirkung hat, ist mit Ablauf der 3-Tages-Frist das Anhörungsverfahren jedenfalls abgeschlossen mit der Folge, dass der Arbeitgeber seine Kündigung aussprechen darf.

III. Widerspruch des Betriebsrats gegen eine geplante Kündigung

43 **1. Muster: Widerspruch des Betriebsrats gegen eine geplante Kündigung gem. § 102 Abs. 3 BetrVG**

▶ Betriebsrat [Name, Adresse]

An die Geschäftsleitung der Firma ▪▪▪

z.Hd. [Name, Personalleiterin]

im Haus

Widerspruch[1] zur beabsichtigten Kündigung von Herrn ▪▪▪

Sehr geehrte Frau ▪▪▪,

hiermit widerspricht der Betriebsrat der von Ihnen beabsichtigten Kündigung unseres Mitarbeiters Herrn ▪▪▪. Der Widerspruch wurde am ▪▪▪[2] im Betriebsratsgremium beschlossen. Zur Begründung berufen wir uns auf folgende Widerspruchsgründe:[3]

Variante 1: Soziale Gesichtspunkte § 102 Abs. 3 Nr. 1 BetrVG

Grundlage des Widerspruchs ist § 102 Abs. 3 Nr. 1 BetrVG, weil soziale Gesichtspunkte[4] nicht bzw nicht ausreichend berücksichtigt wurden. Im Vorfeld der Kündigung fand keine ordnungsgemäße Durchführung der Sozialauswahl statt.

Begründung

Herr ▪▪▪, geboren am ▪▪▪, ist seit dem ▪▪▪ durchgehend in unserem Unternehmen beschäftigt. Er ist verheiratet, hat vier minderjährige Kinder und ist mit einem GdB von 40 schwerbehindert.[5]

Der Betriebsrat widerspricht aufgrund der aufgeführten Sozialdaten der beabsichtigten Kündigung von Herrn ▪▪▪.

Die Kündigung von Herrn ▪▪▪ aufgrund seiner Sozialdaten der erforderlichen Sozialauswahl nicht stand. In unserer Marketing-Abteilung sind insgesamt 12 Mitarbeiter[6] mit Herrn ▪▪▪ von Aufgabe, Stellenbeschreibung und Hierarchie vergleichbar. Davon verfügen vier Mitarbeiter über eine kürzere Beschäftigungsdauer als Herrn ▪▪▪. Drei weitere Mitarbeiter dieser Abteilung haben keine Unterhaltspflichten zu leisten.

Darüber hinaus haben Sie zwei Mitarbeiter gar nicht erst in die Sozialauswahl mit einbezogen.

Wir können das von Ihnen angeführte berechtigte betriebliche Interesse gem. § 1 Abs. 3 KSchG in Bezug auf die genannten Mitarbeiter [Namen] unsererseits nicht erblicken, weshalb diese Mitarbeiter in die Sozialauswahl hätten mit einbezogen werden müssen. Es handelt sich weder um Mitarbeiter mit besonderen Kenntnissen oder Fähigkeiten noch mit besonderen Leistungen.[7]

Variante 2: Soziale Gesichtspunkte § 102 Abs. 3 Nr. 2 BetrVG

Grundlage des Widerspruchs ist § 102 Abs. 3 Nr. 2 BetrVG, weil sie mit der Betriebsvereinbarung vom ... über Auswahlrichtlinien ... nicht in Einklang steht (§ 102 Abs. 3 Nr. 2 BetrVG).[8]

§ ... der Betriebsvereinbarung regelt ausdrücklich, dass Beschäftigte, die das 50. Lebensjahr vollendet haben nach einer Beschäftigungsdauer von 15 Jahren durch den Arbeitgeber nicht mehr ordentlich betriebsbedingt gekündigt werden dürfen.[9]

Das bedeutet also, dass im Falle des Herrn ..., der 55 Jahre alt[10] ist und seit 25 Jahren in unserem Unternehmen beschäftigt ist, keine ordentliche Kündigung ausgesprochen werden darf.

Variante 3: Weiterbeschäftigungsmöglichkeit § 102 Abs. 3 Nr. 3 BetrVG

Der Widerspruch wird aufgrund § 102 Abs. 3 Nr. 3 BetrVG damit begründet, dass eine Weiterbeschäftigungsmöglichkeit[11] auf einem vergleichbaren freien Arbeitsplatz im Betrieb besteht[12] (§ 102 Abs. 3 Nr. 3 BetrVG).

Herr ... übt seit ... im Versand die Tätigkeit des [Tätigkeit beschreiben] aus, die aufgrund des Hebens und teilweise „Über-Kopf-Arbeitens" mit einer extremen Belastung des Rückens einhergehen. Da er bereits zwei Bandscheibenvorfälle erlitten hat, ist es ihm gesundheitsbedingt nicht mehr zuzumuten, weiterhin diese Tätigkeit auszuführen. Sie stützen die Kündigung auf die vorgelegten ärztlichen Atteste, die ein „Über-Kopf-Arbeiten" aus medizinischer Sicht untersagen. Der Betriebsrat verkennt nicht, dass im Rahmen der Fürsorgepflicht eine Weiterbeschäftigung in der bisherigen Tätigkeit nicht möglich ist.

Herr ... könnte jedoch im Rahmen einer Versetzung als Mitarbeiter sogar im Versand weiterbeschäftigt werden. Zum ... wird dort ein Arbeitsplatz in der Qualitätskontrolle frei,[13] da der Mitarbeiter Herr ... zum ... in die Abteilung ... wechselt. Da der freie Arbeitsplatz durchaus mit dem bisherigen Arbeitsplatz vom Leistungsniveau und der tariflichen Eingruppierung her vergleichbar ist, nämlich Kenntnisse des Versandes voraussetzt, aber die stichprobenartige Kontrolle der Päckchen im Sitzen erfolgt und eben keine körperliche Aktivität erfordert, hält der Betriebsrat die beabsichtigte personenbedingte Kündigung des Herrn ... für sozial ungerechtfertigt und widerspricht ihr ausdrücklich. Der Betriebsrat signalisiert, dass er einer Versetzung in die Qualitätskontrolle sein Einverständnis erteilen würde.[14]

Variante 4: Widerspruch des Betriebsrats gegen eine geplante Kündigung gem. § 102 Abs. 3 Nr. 4 BetrVG

Der Betriebsrat der Auffassung ist, dass eine Weiterbeschäftigungsmöglichkeit auf einem vergleichbaren freien Arbeitsplatz nach einer zumutbaren Fortbildungsmaßnahme besteht (§ 102 Abs. 3 Nr. 4 BetrVG).[15]

Frau übt seit ... die folgende ... aus. Diese Zwischenstufe soll aufgrund einer arbeitgeberseitigen Entscheidung zum ... entfallen. Frau ... übernahm im Rahmen ihrer bisherigen Tätigkeit oftmals bereits folgende [Aufgaben], wobei sie dafür stets große Anerkennung für ihre Leistungen erhielt. Diese Aufgaben gehören aber eigentlich in den Bereich der Tätigkeit einer ... . Hierfür ist in der Regel ein Fortbildungskurs in [Name der Schulung] erforderlich. Innerhalb der Abteilung ... ist aber zum ▬ genau die Position einer ▬ zu besetzen, weil die dortige Mitarbeiterin ▬ aufgrund Eigenkündigung ausscheiden wird.[16] Der Betriebsrat hält daher eine Weiterbeschäftigung der Frau ▬ auf dieser frei werdenden Position für realistisch.

Dafür wäre lediglich die in unserem Konzern inhouse im Trainingscenter angebotene Weiterqualifikation zur ▬ erforderlich. Die betroffene Kollegin wäre auch bereit, hierfür einen eine Woche ihres über den gesetzlichen Mindesturlaub hinausgehenden Urlaubs einzubringen. Insofern ist sowohl der erforderliche Zeitaufwand als auch die finanzielle Belastung des Betriebs gering und unserem Unternehmen zumutbar.[17]

Der Betriebsrat widerspricht aus den oben genannten Gründen der beabsichtigten Kündigung von Herrn ▬ und bittet um nochmalige Prüfung des Sachverhalts auf Grundlage der von uns vorgeschlagenen Qualifizierungsmaßnahme.

Variante 5: Geänderte Vertragsbedingungen § 102 Abs. 3 Nr. 5 BetrVG

Den Widerspruch des Betriebsrates begründen wir wie folgt:

Der Betriebsrat ist der Meinung, dass eine Weiterbeschäftigung nach Änderung der Arbeitsbedingungen auf einem anderen freien Arbeitsplatz möglich ist (§ 102 Abs. 3 Nr. 5 BetrVG).[18]

Herr ▬ ist seit ▬ als Mechatroniker beschäftigt. Da er unmittelbar vor der Ausbildung zum Mechatroniker eine andere Ausbildung zum Tankwart erfolgreich abgeschlossen hat, dort allerdings aufgrund der damaligen Abkehr von diesem Berufsbild an allen Tankstellen keinen Arbeitsplatz bekam, käme eine Weiterbeschäftigung an unserer Tankstelle als Servicekraft und Tankwart in Betracht, auch wenn die Stelle tariflich geringwertiger ist.[19] Hierfür sucht unser Haus seit Monaten nach einer geeigneten Kraft Herr ▬ wäre hier auch ab sofort einsatzfähig und einsatzbereit.

Herr ▬ hat auch bereits gegenüber dem Betriebsrat bestätigt, dass er bereits wäre diese niedriger bezahlte Tätigkeit auszuüben.[20]

Der Betriebsrat widerspricht aus den oben genannten Gründen der beabsichtigten Kündigung. Wir weisen darauf hin, dass für den Fall, dass Herr ▬ Kündigungsschutzklage einreichen sollte, Sie ihn nach Ablauf der Kündigungsfrist bis zum rechtskräftigen Ablauf des Rechtsstreits bei unveränderten Arbeitsbedingungen weiter zu beschäftigen haben, falls Herr ▬ dies geltend macht. Für den Fall, dass Sie dennoch die Kündigung aussprechen, ist diese Stellungnahme der Kündigung beizufügen.[21] ◄

2. Erläuterungen

44 **[1] Weiterbeschäftigungsanspruch gem. Abs. 5 bei Widerspruch des Betriebsrates.** Der Widerspruch des Betriebsrats gegen eine ordentliche Kündigung muss, um den vorläufigen Weiterbeschäftigungsanspruch des Arbeitnehmers gem. Abs. 5 auszulösen, fristgerecht und ordnungsgemäß eingelegt werden und auf einem entsprechenden Beschluss des Gremiums beruhen (HaKo-KSchR/*Nägele*§ 102 BetrVG Rn 116 ff). Der Widerspruch in Abs. 3 als Reaktion des Betriebsrats auf die ordentliche Kündigung ist eine andere Reaktion als das Mitteilen von Bedenken. Bedenken des Gremiums führen nach § 102 Abs. 2 nämlich nicht dazu, dass der Arbeitnehmer sich auf den betriebsverfassungsrechtlichen Weiterbeschäftigungsanspruch nach Abs. 5 berufen kann. Gegen außerordentliche Kündigungen ist ein Widerspruch nicht möglich. Hier verbleibt es bei der Möglichkeit, dass der Betriebsrat Bedenken äußert. Ein vorläufiger Weiterbeschäftigungsanspruch des Arbeitnehmers wird in diesem Fall jedoch nicht ausgelöst.

45 Daher ist stets darauf zu achten, dass die Stellungnahme des Betriebsrates ausdrücklich als „Widerspruch" bezeichnet wird, um eine Verwechslung mit reinen Bedenken zu vermeiden.

B. Stellungnahmen des Betriebsrats bei geplanten Kündigungen § 102 BetrVG

[2] Widerspruch des Betriebsrates – ordnungsgemäße Ladung. Der Widerspruch setzt einen ordnungsgemäßen Beschluss des Betriebsratsgremiums in der richtigen Besetzung aufgrund einer ordnungsgemäßen Ladung gem. § 33 BetrVG voraus.

[3] Begründung des Widerspruchs durch den Betriebsrat. Der Betriebsrat kann den Widerspruch auch auf mehrere Tatbestände und Nummern des Abs. 3 stützen. Es empfiehlt sich aus Sicht des Betriebsrates alle Aspekte zur Begründung des Widerspruchs heranzuziehen, insbesondere für den Fall, dass der Betriebsrat befürchtet, der Arbeitgeber könnte einen Antrag nach Abs. 5 auf Entbindung von der Weiterbeschäftigung stellen.

[4] Berücksichtigung sozialer Gesichtspunkte. Dieser Widerspruchsgrund bezieht sich offensichtlich in erster Linie auf betriebsbedingte Kündigungen nach § 1 Abs. 3 KSchG und die darin genannten sozialen Gesichtspunkte. Ob aus diesem Grund § 102 Abs. 3 Nr. 1 BetrVG nur bei einer betriebsbedingten Kündigung in Betracht kommt ist strittig (vgl dazu § 102 Rn 142 mwN). Soziale Gesichtspunkte sind auch im Rahmen der Interessenabwägung bei personen- und verhaltensbedingten Kündigung zu berücksichtigen, so dass die besseren Argumente gegen eine Beschränkung nur auf die betriebsbedingte Kündigung sprechen. Bei personen- und verhaltensbedingten Kündigungen kann sich der Hinweis auf die soziale Lage des Arbeitnehmers in einigen Fällen also als Widerspruchsgrund eignen. Aus Sicht des Betriebsrates verbessert ein solcher Widerspruch jedenfalls die Erfolgsaussichten des Arbeitnehmers.

[5] Feststellungsantrag gem. § 69 SGB IX. Wird dem Arbeitgeber erst durch das Widerspruchsverfahren des Betriebsrates bekannt, dass der von der beabsichtigten Kündigung betroffene Arbeitnehmer einen Feststellungsantrag nach § 69 SGB IX gestellt hat, muss er diese Information berücksichtigen und darf nicht ohne vorherige Einschaltung des Integrationsamtes kündigen.

[6] Bezeichnung anderer, in die Sozialauswahl einzubeziehender Mitarbeiter. Um den Widerspruch formgerecht zu begründen, ist nach umstrittener Auffassung es nicht notwendig, dass der Betriebsrat andere Arbeitnehmer namentlich bezeichnet, die vorrangig gekündigt werden könnten. Es genügt ein allgemeiner Hinweis des Betriebsrates auf vergleichbare in die Sozialauswahl einzubeziehende Mitarbeiter und auf die unzureichende Berücksichtigung sozialer Gesichtspunkte im Rahmen der bereits erfolgten Kündigung (HaKo-KSchR/*Nägele* § 102 BetrVG Rn 143 mwN). Hat der Arbeitgeber im Rahmen der Anhörung die Sozialdaten der vergleichbaren Mitarbeiter nicht mitgeteilt, empfiehlt sich für den Betriebsrat sogar dieser allgemeine Hinweis.

[7] Herausnahme einzelner Mitarbeiter aus der Sozialauswahl. Nach § 1 Abs. 3 KSchG ist der Arbeitgeber berechtigt, einzelne Arbeitnehmer in die soziale Auswahl nicht einbeziehen, deren Weiterbeschäftigung wegen ihrer Kenntnisse, Fähigkeiten und Leistungen oder zur Sicherung einer ausgewogenen Personalstruktur des Betriebes ein berechtigtes betriebliches Interesse darstellt (vgl ausführlich HaKo-KSchR/*Gallner/Mestwerdt* § 1 KSchG Rn 883 f). Der Betriebsrat kann im Rahmen der Rüge der Sozialauswahl natürlich auch widersprechen, wenn er die Begründung für die Herausnahme einzelner Mitarbeiter bestreitet.

[8] Beachtung der Auswahlrichtlinien gem. § 95 Abs. 1. Auswahlrichtlinien iSd § 95 Abs. 1 BetrVG sind abstrakt generelle Grundsätze, die im Vorfeld beabsichtigter personeller Einzelmaßnahmen – also bei der Frage, welcher von mehreren Arbeitnehmern oder Bewerbern in Frage kommt – zu berücksichtigen sind. Sinn und Zweck von Auswahlrichtlinien ist es festzulegen, unter welchen Voraussetzungen die jeweiligen personellen Einzelmaßnahmen erfolgen sollen, um die zugrunde liegende Personalentscheidung zu versachlichen und für die Betroffenen durchschaubar zu machen. Der Arbeitnehmer soll erkennen können, warum er und nicht ein anderer von einer ihn belastenden Personalmaßnahme betroffen wird oder warum eine günstigere Maßnahme nicht ihn, sondern einen anderen trifft (BAG 31.5.1983 – 1 ABR 6/80 – BAGE 43, 26). Die Auswahl selbst ist Sache des Arbeitgebers. Die Richtlinien sollen lediglich seinen Ermessensspielraum durch die Aufstellung von Entscheidungskriterien einschränken, ohne ihn gänzlich zu beseitigen (so zuletzt BAG v. 31.3.2005 – 1 ABR 22/04).

53 Möchte der Betriebsrat einer Kündigung aus dem Grund des Abs. 3 Nr. 2 widersprechen, muss er zwingend die Auswahlrichtlinie in seinem Widerspruchsschreiben benennen, gegen die durch die Kündigung verstoßen wird (HaKo-KSchR/*Nägele* § 102 BetrVG Rn 145). Ferner muss er im Einzelnen angeben, worin genau einer Auffassung nach der Verstoß liegt.

54 **[9] Umstritten: Anwendbarkeit von Auswahlrichtlinien auf andere Kündigungsarten.** Es ist von der Rechtsprechung noch nicht abschließend geklärt, ob Auswahlrichtlinien auch für andere als betriebsbedingte Kündigungen verfasst werden können. Wegen der Unvorhersehbarkeit von verhaltens- und personenbedingten Umständen einer Kündigung kommen diesbezügliche Auswahlrichtlinien in der Praxis nicht vor (HaKo-KSchR/*Nägele* § 102 BetrVG Rn 145).

55 **[10] Widerspruchsrecht bei nicht dem KSchG unterfallenden Arbeitnehmern.** Werden auch nicht dem KSchG unterfallende Arbeitnehmer von der Auswahlrichtlinie umfasst, besteht das Widerspruchsrecht des Betriebsrats auch bei diesen. Ob zukünftig Inhalte einer Auswahlrichtlinie, die sehr deutliches Gewicht auf das Kriterium ‚Alter' legen, in diesem Punkt wirksam sind, darf vor dem Hintergrund der BAG-Rechtsprechung zu solchen Klauseln bezweifelt werden (siehe BAG v. 14.5.2013 – 1 AZR 44/12).

56 **[11] Weiterbeschäftigung auf einem anderen Arbeitsplatz.** Der Widerspruchsgrund des § 102 Abs. 3 Nr. 3 BetrVG ist nicht auf betriebsbedingte Kündigungen beschränkt, sondern kommt bei allen Möglichkeiten der ordentlichen Kündigung in Betracht (HaKo-KSchR/*Nägele* § 102 BetrVG Rn 146). Hat allerdings der Arbeitnehmer nicht eine arbeitsplatzbezogene, sondern eine arbeitgeberbezogene Pflichtverletzung begangen, so findet auf eine solche betriebsbedingte Kündigung Nr. 3 keine Anwendung (HaKo-KSchR/*Nägele* aaO). Größere Bedeutung kann die Vorschrift bei krankheitsbedingten Kündigungen erlangen (freier, leidensgerechter Arbeitsplatz).

57 **[12] Direktionsrecht des Arbeitgebers.** Erfasst werden Um- und Versetzungen, die der Arbeitgeber durch Ausübung seines Direktionsrechtes herbeiführen kann. Der Anspruch auf Weiterbeschäftigung bezieht sich auf das gesamte Unternehmen. Ob und inwieweit eine Beschäftigungsmöglichkeit in andern Konzernunternehmen möglich ist, ist in der Rechtsprechung stark umstritten (HaKo-KSchR/*Nägele* § 102 BetrVG Rn 148 mwN). Bei Annahme dieser Möglichkeit muss der Arbeitsvertrag des betroffenen Arbeitnehmers eine Beschäftigung in anderen Unternehmen zulassen. Ferner muss sichergestellt sein, dass das Direktionsrecht des Arbeitgebers bis in das Konzernunternehmen reicht.

58 **[13] Voraussetzung: freier Arbeitsplatz.** Da der Arbeitgeber nicht verpflichtet ist, einen bestehenden Arbeitsplatz freizumachen oder einen neuen zu schaffen, kann das Widerspruchsrecht nach Nr. 3 nur dann geltend gemacht werden, wenn ein entsprechende freier Arbeitsplatz bereits vorhanden ist (HaKo-KSchR/*Nägele* § 102 BetrVG Rn 147) oder in absehbarer Zeit frei wird.

59 **[14] Keine konkludente Zustimmung gem. § 99.** Der Widerspruch des Betriebsrates ist nicht gleichzeitig als Zustimmung zur Versetzung des Arbeitnehmers nach § 99 BetrVG zu sehen,

da hierfür eine einzelfallbezogene Anhörung notwendig ist. Der Widerspruch ist allerdings zumindest als Ankündigung des Betriebsrats zu werten, einer ggf erforderlichen Versetzung zuzustimmen (HaKo-KSchR/*Nägele* § 102 BetrVG Rn 151).

[15] **Zumutbare Umschulungs- und Fortbildungsmaßnahmen.** Vor allem bei personen- und betriebsbedingten Kündigungen hat der Betriebsrat die Möglichkeit, einer Kündigung zu widersprechen, wenn eine Weiterbeschäftigung des Arbeitnehmers durch zumutbare Umschulungs- oder Fortbildungsmaßnahmen *hinreichend wahrscheinlich* ist (HaKo-KSchR/*Nägele* § 102 BetrVG Rn 153). Unter Umschulung versteht man dabei die Ausbildung in einem anderen Beruf, unter Fortbildung, die Weiterbildung in einem bisher ausgeübten Beruf. Diese Definition entspricht dem Begriff des § 1 Abs. 2 S. 3 KSchG (HaKo-KSchR/*Nägele* § 102 BetrVG Rn 153). 60

Der Widerspruch nach Abs. 3 Nr. 4 kommt daher also insbesondere im Rahmen von Rationalisierungs- und Umstrukturierungsmaßnahmen einerseits, und bei krankheitsbedingter Leistungsminderung andererseits in Betracht. 61

[16] **Vorhandener Arbeitsplatz.** Voraussetzung im Rahmen der Nr. 4 ist, dass nach Abschluss der Bildungsmaßnahme auch ein zu besetzender Arbeitsplatz vorhanden ist, bzw der bereits besetzte Arbeitsplatz des Arbeitnehmers danach mit dem neuen Wissen wieder ausgefüllt werden kann (HaKo-KSchR/*Nägele* § 102 BetrVG Rn 153). 62

Es ist also auch eine Schulungsmaßnahme, die eine Weiterbeschäftigung am bisherigen Arbeitsplatz des Arbeitnehmers bspw aufgrund technischer Neuerungen erlaubt, denkbar. 63

[17] **Zumutbarkeit/Interessenabwägung.** Ein wichtiger Aspekt ist die Zumutbarkeit. Hierfür ist eine Interessenabwägung zwischen dem Qualifizierungsbedarf des Mitarbeiters, dessen bisheriger und zukünftiger Betriebszugehörigkeit auf der einen Seite und der wirtschaftlichen Leistungsfähigkeit des Betriebs auf der anderen Seite. Hierbei ist auch auf die üblichen Qualifizierungskosten in anderen Fällen sowie auf eventuelle Eigenanteile des Mitarbeiters durch Urlaub, Zeitguthaben oder Arbeitszeitreduzierung abzustellen. Bietet der Mitarbeiter solche Kosteneinsparungen an, tritt die wirtschaftliche Unzumutbarkeit für den Arbeitgeber mehr und mehr in den Hintergrund. 64

[18] **Weiterbeschäftigung bei Verschlechterung der Arbeitsbedingungen.** Nr. 5 ist ein Auffangtatbestand, der alle Alternativen zum Erhalt des Arbeitsplatzes des betroffenen Arbeitnehmers auszuschöpfen soll. Der Arbeitnehmer kann der Weiterbeschäftigung auch bei Verschlechterung der Vertragsbedingungen zustimmen, soweit dadurch nicht gegen unabdingbare Vorschriften aus Gesetz, Tarifvertrag oder Betriebsvereinbarung verstoßen wird. 65

[19] **Voraussetzungen.** Der Betriebsrat muss die Weiterbeschäftigung des Arbeitnehmers zu geänderten Vertragsbedingungen für möglich halten und der Arbeitnehmer muss ein Einverständnis dazu erklären. Voraussetzung für die Versetzung auf einen anderen Arbeitsplatz oder in einen anderen Betrieb des Arbeitgebers oder in ein anderes Konzernunternehmen ist, dass ein freier Arbeitsplatz vorhanden ist (HaKo-KSchR/*Nägele* § 102 BetrVG Rn 155). Der Widerspruchsgrund nach Abs. 3 Nr. 5 wird überwiegend nur für den Fall der Weiterbeschäftigungsmöglichkeit auf einem geringerwertigen Arbeitsplatz gesehen (HaKo-KSchR/*Nägele* § 102 BetrVG Rn 155). Allerdings ist dies aus dem Wortlaut nicht unbedingt abzuleiten. Betriebsräte könnten also auch mit dem Argument widersprechen, dass ein Arbeitsplatz mit besseren Bedingungen vorliegt. Der Regelfall ist allerdings die Verschlechterung, der Beförderungsfall wird eher im Rahmen der Nr. 4 mit einer Fortbildungsnotwendigkeit angesiedelt sein. 66

67 **[20] Einverständnis des Arbeitnehmers im Falle der Verschlechterung.** Der Widerspruch macht natürlich nur Sinn, wenn der Mitarbeiter sein Einverständnis zu geänderten, in der Regel schlechteren Arbeitsbedingungen erklärt hat. Andererseits wird er zu diesem Zeitpunkt die genauen Vertragsbedingungen nach einer Änderung ja noch gar nicht kennen, weil der Mitarbeiter ja oft gar nicht weiß, dass eine solche Stelle frei wäre.

68 Insofern ist der Streit über die Frage, ob das Einverständnis bereits bei der Einlegung des Widerspruchs vorliegen muss, eher akademisch (dafür APS/*Koch* § 102 Rn 203, *Fitting* § 102 Rn 95, HaKo-KSchR/*Nägele* § 102 BetrVG Rn 155; dagegen DKK/*Kittner* § 102 Rn 220. Jedenfalls ist erforderlich, dass der Mitarbeiter diese Erklärung mit dem Weiterbeschäftigungsbegehren abgibt und er gegenüber dem Betriebsrat zumindest grundsätzlich – vorbehaltlich der genauen Arbeitsbedingungen – sein Einverständnis mit der Tätigkeit unter schlechteren Arbeitsbedingungen erklärt.

69 **[21] Stellungnahme des Betriebsrates.** Der Hinweis auf die Folge des betriebsverfassungsrechtlichen Weiterbeschäftigungsanspruches ist nicht notwendig. Im Falle des Widerspruchs ist der Arbeitgeber aber verpflichtet, dem Kündigungsschreiben die Stellungnahme des Betriebsrates beizufügen (§ 102 Abs. 4 BetrVG). Der Arbeitnehmer erhält dann nicht nur Kenntnis von den der Kündigung entgegenstehenden betrieblichen Gründen, sondern auch über die Vorgehensweise, die sich aus Sicht des Betriebsrates für den Arbeitnehmer ergibt.

IV. Beabsichtigte Kündigung eines Schwerbehinderten Mitarbeiters

70 **1. Muster: Stellungnahme des Betriebsrates zur beabsichtigten Kündigung eines Schwerbehinderten Mitarbeiters**

▶ Betriebsrat [Name, Adresse]

An die Geschäftsleitung der Firma ...

z.Hd. [Name, Personalleiterin]

im Haus

Stellungnahme zur beabsichtigten Kündigung von Herrn ...

Sehr geehrte Frau ...,

in seiner ordentlichen Sitzung vom ... hat der Betriebsrat über die beabsichtigte ordentliche Kündigung von Herrn ... beraten. Aufgrund der Schwerbehinderung von Herrn ... hat Betriebsrat beschlossen, die Zustimmung zur Kündigung zu verweigern.[1]

Herr ... ist seit 22 Jahren bei uns beschäftigt und hat ein schulpflichtiges Kind. Bei Herrn ... wurde vor fünf Jahren ein Grad der Behinderung von 50 festgestellt. Dennoch hat er seine Tätigkeit in unserem Unternehmen stets einwandfrei durchgeführt. Auch wenn der Arbeitsplatz von Herrn ... im Zuge der Neustrukturierung wegfallen soll, so ist er damit einverstanden, dass er unter Änderung seines Arbeitsvertrages als ... in der Abteilung ... weiterbeschäftigt wird. Diese Tätigkeitsänderung ist schon deshalb vorrangig vor der Kündigung vorzunehmen, weil unsere Firma im Falle der Kündigung von Herrn ... die vorgeschriebene Behindertenquote nicht mehr erfüllen würde.

Aus den oben genannten Gründen widerspricht der Betriebsrat der betriebsbedingten Kündigung des Herrn .... ◀

2. Erläuterungen

71 **[1] Stellungnahme des Betriebsrats an das Integrationsamt.** Eine Stellungnahme des Betriebsrates an das Integrationsamt wird von diesem idR vor der Einleitung des Anhörungsverfah-

B. Stellungnahmen des Betriebsrats bei geplanten Kündigungen § 102 BetrVG

rens nach § 87 Abs. 2 BetrVG eingeholt. Dadurch erhält der Betriebsrat die Möglichkeit, die Entscheidung des Integrationsamtes maßgeblich zu beeinflussen.
Vgl auch Anmerkungen zu §§ 85-92 BetrVG Rn 17.

V. Mitteilung an den zu kündigenden Arbeitnehmer
1. Muster: Mitteilung des Arbeitgebers an den zu kündigenden Arbeitnehmer gem. § 102 Abs. 4 BetrVG

▶ Firma [Name, Adresse]
Personalabteilung
An Herrn ▬▬
▬▬

Kündigung

Sehr geehrter Herr ▬▬,

▬▬ [Kündigung des Arbeitsverhältnisses]

Der Betriebsrat hat der oben ausgesprochenen Kündigung im Rahmen der Anhörung nach § 102 Abs. 3 BetrVG widersprochen hat. Wir sind gesetzlich verpflichtet, Ihnen zusammen mit der Kündigung eine Abschrift dieser Stellungnahme des Betriebsrates zu übersenden.[1]
Wir erfüllen diese gesetzliche Verpflichtung, gleichwohl wir sie inhaltlich für unzutreffend erachten.[2] ◀

2. Erläuterungen

[1] **Beifügen der Stellungnahme des Betriebsrates zur Kündigung nur bei ordentlicher Kündigung.** Im Falle des (form- und fristgerechten) Widerspruchs des Betriebsrats nach § 102 Abs. 3 hat der Arbeitgeber der Kündigung des Arbeitnehmers die Stellungnahme des Betriebsrates beizufügen (HaKo-KSchR/*Nägele* § 102 BetrVG Rn 175 ff). Bei der außerordentlichen Kündigung besteht dieses Erfordernis nicht. Dadurch soll es dem Arbeitnehmer erleichtert werden, die Erfolgsaussichten einer Kündigungsschutzklage zu beurteilen und seinen Weiterbeschäftigungsanspruch gem. Abs. 5 geltend zu machen. Beachtet der Arbeitgeber dieses Formerfordernis nicht, hat dies nicht die Unwirksamkeit der Kündigung zufolge, allerdings können Schadensersatzansprüche des Arbeitnehmers als Ausgleich der materiellen Folgen der Nichterhebung einer Kündigungsschutzklage entstehen. Hierbei ist jedoch das Mitverschulden des Arbeitnehmers anzurechnen (HaKo-KSchR/*Nägele* § 102 BetrVG Rn 175 f).

Eine Mindermeinung (*Düwell* NZA 1988, 886) hält die Mitteilung für eine formelle Kündigungsvoraussetzung. Für diesen Ansatz spricht immerhin die Funktion des Abs. 3. Der Widerspruch des Betriebsrates signalisiert dem Arbeitnehmer, dass eine Kündigungsschutzklage Aussicht auf Erfolg bietet. Letztendlich liegt hier die Verbindung von Individualarbeitsrecht und Kollektivarbeitsrecht. Der Betriebsrat mit allen Kenntnissen der personellen Situation im Betrieb (freie Stellen, demnächst freie Stellen, Personalplanung, Personalentwicklung) gibt dem betroffenen Arbeitnehmer diese Kenntnisse an die Hand, um ihm so eine erfolgreiche Kündigungsschutzklage erst zu ermöglichen. In der Regel könnte sich der Arbeitnehmer mangels dieser Kenntnisse gar nicht gegen eine betriebsbedingte Kündigung wehren, da ihm beispielsweise nicht einmal die Sozialdaten anderer Mitarbeiter bekannt sein dürften.

[2] **Zusatz der inhaltlichen Unzutreffendheit.** Aufgrund der Wirkung eines Widerspruchs versuchen manche Arbeitgeber diese Wirkung durch einen solchen Zusatz zu relativieren.

C. Weiterbeschäftigungsverlangen des Arbeitnehmers gem. § 102 Abs. 5 BetrVG

I. Muster für das betriebsinterne Verfahren

1. Muster: Antrag auf Weiterbeschäftigung bis zum Ende des Kündigungsschutzprozesses

▶ Arbeitnehmer [Name, Adresse]

An die Geschäftsleitung der Firma ...

z.Hd. [Name, Personalleiterin]

im Haus

Weiterbeschäftigung bis zum Ende des Kündigungsschutzprozesses

Sehr geehrte Frau ...,

aufgrund des Widerspruchs des Betriebsrats gegen die mir am ... zugegangene Kündigung teile ich Ihnen mit, dass ich gegen die Kündigung beim Arbeitsgericht Kündigungsschutzklage eingelegt habe.[1]

Hiermit stelle ich den Antrag,[2] mich bis zum rechtskräftigen Abschluss des Kündigungsschutzverfahrens gem. § 102 Abs. 5 BetrVG zu unveränderten Bedingungen auf meinem bisherigen Arbeitsplatz zu arbeitsvertraglichen unveränderten Bedingungen weiter zu beschäftigen. Sie sind also verpflichtet, mir auch über den mit der Kündigung ausgesprochenen angeblichen Beendigungszeitpunkt meine monatliche Vergütung zu bezahlen und mich zu beschäftigen.[3]

Sollten Sie meinem Antrag nicht stattgeben, behalte ich mir vor, meine Kündigungsschutzklage um diesen Weiterbeschäftigungsanspruch zu erweitern und die Weiterbeschäftigung nötigenfalls im einstweiligen Rechtsschutz durchzusetzen.[4] ◀

2. Erläuterungen

[1] **Voraussetzungen des Weiterbeschäftigungsanspruchs.** Voraussetzung für den Weiterbeschäftigungsanspruch ist die fristgerechte Erhebung der Kündigungsschutzklage. Der Weiterbeschäftigungsanspruch nach Widerspruch des Betriebsrates kommt daher bei allen ordentlichen Kündigungen und ausnahmsweise bei außerordentlichen Kündigungen mit sozialer Auslauffrist in Betracht (sonst würde der mit Sonderkündigungsschutz versehene „tariflich unkündbare" Arbeitnehmer schlechter stehen als ein Kollege ohne dieses Privileg). Stellt der Arbeitnehmer im Rahmen des Kündigungsschutzprozesses einen Auflösungsantrag nach § 9 KSchG, erlischt der Weiterbeschäftigungsanspruch (HaKo-KSchR/*Nägele* § 102 Rn 219; APS/*Koch* § 102 BetrVG Rn 205; DKK/*Kittner* § 102 Rn 256). Für Rechtsanwälte ist daher auch haftungsrechtlich Vorsicht geboten.

[2] **Schriftform/Frist.** Der Weiterbeschäftigungsanspruch muss gegenüber dem Arbeitgeber ausdrücklich geltend gemacht werden. Hier empfehlen sich zu Beweiszwecken immer die Schriftform sowie ein Zustellungsnachweis. Eine gesetzliche Frist für den Weiterbeschäftigungsantrag gibt es nicht (HaKo-KSchR/*Nägele* § 102 Rn 200 ff). Das BAG verlangt allerdings, dass der Antrag spätestens am Tag nach Auslaufen der Kündigungsfrist gestellt wird. Sofern der Arbeitgeber sich weigert, den Arbeitnehmer weiter zu beschäftigen, kann eine einstweilige Verfügung erwirkt werden. Empfehlenswert ist ein früherer Zeitpunkt, damit bei Ablehnung durch den Arbeitgeber rechtzeitig mittels einer einstweiligen Verfügung die Weiterbeschäftigung durchgesetzt werden kann. Außerdem ist das Geltendmachen vor dem Gütetermin oftmals „abfindungstaktisch" von Vorteil.

C. Weiterbeschäftigungsverlangen des Arbeitnehmers § 102 BetrVG

[3] **Folgen des Weiterbeschäftigungsanspruchs bei form- und fristgerechtem Widerspruch.** 80
Die Geltendmachung des betriebsverfassungsrechtlichen Weiterbeschäftigungsanspruches ist ein entscheidender Faktor im Rahmen eines Kündigungsschutzprozesses. Voraussetzung dafür ist, dass der Betriebsrat form- und fristgerecht Widerspruch eingelegt hat – und nicht nur Bedenken angemeldet hat. Die Weiterbeschäftigung über den in der Kündigung errechneten Beendigungszeitpunkt hinaus, stellt für den Arbeitgeber das Risiko einer Entgeltfortzahlung von mehreren Monaten bis eventuell Jahren dar. Denn dank des Weiterbeschäftigungsanspruches klagt der betroffene Arbeitnehmer nicht aus einer eventuellen Arbeitslosigkeit heraus und ist aus wirtschaftlichem Druck abfindungsbereit, sondern aus einer wirtschaftlich abgesicherten Position.

[4] **Konsequenz des Weiterbeschäftigungsanspruchs – Zahlung der vollen Bruttomonatsvergütung.** 81
Vielen Arbeitgebern ist die Konsequenz eines betriebsverfassungsrechtlichen Weiterbeschäftigungsanspruches nicht bewusst. Gerade wenn der Arbeitnehmer derzeit nicht an einer Beendigung des Arbeitsverhältnisses interessiert ist, sollte dem Arbeitgeber gleich verdeutlicht werden, dass er weiterhin die volle Bruttomonatsvergütung zu bezahlen hat – im Übrigen auch dann, wenn er den Arbeitnehmer von der Arbeit freigestellt hat.

II. Formulare für das gerichtliche Verfahren

1. Einstweilige Verfügung zur Durchsetzung des betriebsverfassungsrechtlichen Weiterbeschäftigungsanspruchs

a) **Muster: Antrag auf Erlass einer einstweiligen Verfügung zur Durchsetzung des betriebsverfassungsrechtlichen Weiterbeschäftigungsanspruchs nach Ablauf der Kündigungsfrist § 102 Abs. 5 BetrVG** 82

▶ Arbeitsgericht

Name, Adresse

Antrag auf Erlass einer einstweiligen Verfügung

In Sachen

...

– Antragsteller –

Prozessbevollmächtigte:

gegen

Firma

– Antragsgegnerin –

wegen einstweiliger Verfügung auf Weiterbeschäftigung[1]

zeigen wir an, dass wir den Antragsteller anwaltlich vertreten. Namens und in Vollmacht des Antragstellers beantragen wir – wegen Dringlichkeit ohne mündliche Verhandlung – den Erlass der folgenden einstweiligen Verfügung:

1. Der Antragsgegnerin wird im Wege der einstweiligen Verfügung aufgegeben, den Antragsteller bis zum rechtskräftigen Abschluss des unter dem Aktenzeichen ... rechtshängigen des Kündigungsschutzprozesses als [Tätigkeitsbezeichnung] zu den bisherigen arbeitsvertraglichen Be-

dingungen, niedergelegt in der letzten Fassung des Arbeitsvertrages[2] vom ▪▪▪, weiter zu beschäftigen.

2. Die Antragsgegnerin trägt die Kosten des Rechtsstreits.

Begründung

Der Antragsteller ist seit dem ▪▪▪ als ▪▪▪ bei der Antragsgegnerin zu einem durchschnittlichen Bruttomonatsentgelt von ▪▪▪ EUR beschäftigt. Im Betrieb der Antragsgegnerin sind regelmäßig mehr als 10 Arbeitnehmer beschäftigt.[3]

Glaubhaftmachung: Arbeitsvertrag vom ▪▪▪

Mit Schreiben vom ▪▪▪ wurde das Arbeitsverhältnis seitens der Antragsgegnerin personenbedingt ordentlich zum ▪▪▪ gekündigt.

Glaubhaftmachung: Kündigung vom ▪▪▪

Mit Schriftsatz vom ▪▪▪ hat der Antragsteller unter dem Aktenzeichen ▪▪▪ Kündigungsschutzklage[4] eingelegt. Der Termin zur Güteverhandlung[4] ist anberaumt für den ▪▪▪.

Mit Schreiben vom ▪▪▪ hat der bei der Antragsgegnerin bestehende Betriebsrat der Kündigung widersprochen, da er die Auffassung[5] vertritt, durch eine Versetzung auf einen zum ▪▪▪ frei gewordenen Arbeitsplatz als ▪▪▪ und eine inhouse angebotene zumutbare Schulungsmaßnahme sei eine Weiterbeschäftigung des Antragstellers möglich.

Glaubhaftmachung: Widerspruch des Betriebsrats vom ▪▪▪

Der Antragsteller hat daraufhin mit Schreiben vom ▪▪▪ von der Antragsgegnerin ausdrücklich die Weiterbeschäftigung zu unveränderten Arbeitsbedingungen verlangt.

Glaubhaftmachung: Schreiben des Antragstellers vom ▪▪▪

Mit Schreiben vom ▪▪▪ lehnte die Antragsgegnerin es ausdrücklich ab, den Antragsteller weiter zu beschäftigen. Diese Ablehnung erfolgte jedoch ohne jegliche Begründung.

Glaubhaftmachung: Schreiben der Antragsgegnerin vom ▪▪▪

Da die Kündigungsfrist gem. § 622 Abs. 2 BGB lediglich zwei Monate beträgt, also am ▪▪▪ ausläuft und nicht mit einer Einigung im Gütetermin am ▪▪▪ gerechnet wird, würde der Antragsteller ab dem ▪▪▪ arbeitslos.

Dringlichkeit ist geboten, weil der Antragsteller die ihm zur Verfügung stehenden Möglichkeiten im Rahmen der Klageerhebung ausgeschöpft[6] hat. Es ist dem Kläger nicht zuzumuten, erst auf eine Titulierung seines Weiterbeschäftigungsanspruches im Urteil – und damit eventuell erst mehreren Monaten abzuwarten. Gerade der Bezug zum Betrieb und die nahtlose Weiterbeschäftigung sollen nach einem Widerspruch des Betriebsrates dem Mitarbeiter erhalten bleiben.

Aus diesem Grund ist der Erlass einer entsprechenden einstweiligen Verfügung vorzunehmen. ◂

b) Erläuterungen

83 **[1] Unterscheidung betriebsverfassungsrechtlicher und allgemeiner Weiterbeschäftigungsanspruch.** Der betriebsverfassungsrechtliche Weiterbeschäftigungsanspruch ist deutlich vom allgemeinen Weiterbeschäftigungsanspruch (vgl HaKo-KSchR/*Nägele* § 102 BetrVG Rn 195) zu unterscheiden.

84 Der betriebsverfassungsrechtliche Weiterbeschäftigungsanspruch setzt einen in einer Betriebsratssitzung wirksam beschlossenen fristgerechten Widerspruch des Betriebsrates voraus. Bedenken des Betriebsrates reichen nicht aus. Der betriebsverfassungsrechtliche Weiterbeschäftigungsanspruch kommt nur bei ordentlichen Kündigungen oder einer außerordentlichen

C. Weiterbeschäftigungsverlangen des Arbeitnehmers § 102 BetrVG

Kündigung mit sozialer Auslauffrist (str. vgl HaKo-KSchR/*Nägele* § 102 BetrVG Rn 197 mwN) in Betracht.

[2] Verweis auf die letzte Fassung des Arbeitsvertrages. Zur Vermeidung von Problemen der Vollstreckbarkeit sollte zumindest ein Verweis auf die letzte Fassung des Arbeitsvertrages erfolgen. 85

[3] Voraussetzungen der §§ 1, 23 KSchG. Nachdem der betriebsverfassungsrechtliche Weiterbeschäftigungsanspruch nur bei Erhebung einer Kündigungsschutzklage geltend gemacht werden kann, müssen die Voraussetzungen der §§ 1, 23 KSchG vorliegen. 86

[4] Folgen des Auflösungsantrages gem. § 9 KSchG. Wird im Laufe eines Prozesses der Antrag nach § 9 KSchG auf Auflösung gestellt, entfällt der Anspruch nach § 102 Abs. 5 BetrVG. Für Rechtsanwälte ist daher haftungsrechtlich Vorsicht geboten. 87

[5] Anforderungen an den Betriebsratsbeschluss. Der Betriebsrat muss nicht nur einen ordnungsgemäßen formell wirksamen Beschluss über einen Widerspruch erhoben haben, sondern dieser muss auch begründet sein, insbesondere, die für den Arbeitnehmer und gegen die Kündigung sprechenden Aspekte dargelegt haben. 88

[6] Umstritten: Verfügungsgrund als Voraussetzung für den Weiterbeschäftigungsanspruch. Grundsätzlich umstritten ist die Frage, ob für den Weiterbeschäftigungsanspruch ein Verfügungsgrund vorliegen muss (zum Meinungsstreit vgl HaKo-KSchR/*Nägele* § 102 BetrVG Rn 208 f). Obwohl einige Landesarbeitsgerichte (LAG München NZA 1993,1130; LAG Hamburg NZA 1993, 140) dies für entbehrlich halten, weil mit jedem Tag der Nichtbeschäftigung der Anspruch bereits vereitelt wird, ist ein Sachvortrag hierzu anzuraten. Die Gegenauffassung (LAG Baden-Württemberg NZA 1995, 683; LAG Berlin-Brandenburg 30.3.2011 – 4 SaGa 432/11 – juris) verlangt auch im Rahmen des § 102 Abs. 5 eine Darlegung und Glaubhaftmachung der Dringlichkeit. 89

2. Entbindung von der Weiterbeschäftigungspflicht

a) Muster: Antrag des Arbeitgebers auf Entbindung von der Weiterbeschäftigungspflicht nach § 102 Abs. 5 S. 2 BetrVG 90

▶ Arbeitsgericht[1]

Name, Adresse

Antrag auf Erlass einer einstweiligen Verfügung

In Sachen

Firma

– Antragstellerin –

Prozessbevollmächtigte:

gegen

Betriebsrat der Firma

– Antragsgegner –

wegen einstweiliger Verfügung[2]

zeigen wir an, dass wir die Antragstellerin anwaltlich vertreten. Namens und in Vollmacht der Antragstellerin beantragen wir – wegen Dringlichkeit ohne mündliche Verhandlung – den Erlass der folgenden einstweiligen Verfügung:

1. Die Antragstellerin wird von der Verpflichtung zur Weiterbeschäftigung des Antragsgegners bis zum rechtskräftigen Abschluss des Kündigungsschutzverfahrens im Verfahren Az: ... Ca ... / ... vor dem Arbeitsgericht ... entbunden.
   hilfsweise:
   Es wird festgestellt,[3] dass ein Anspruch des Antragsgegners auf Weiterbeschäftigung nach § 102 Abs. 5 BetrVG nicht besteht.
2. Die Antragsgegnerin hat die Kosten des Verfahrens zu tragen.

Begründung

Der Antragsgegner ist seit dem ... als ... bei der Antragstellerin zu einem durchschnittlichen Bruttomonatsentgelt von ... EUR in Vollzeit beschäftigt.

Glaubhaftmachung: Arbeitsvertrag vom ...

                      Gehaltsabrechnung

Im Betrieb des Antragsstellers sind derzeit ca. 180 Mitarbeiter beschäftigt. Der Antragsgegner unterfällt also dem Kündigungsschutzgesetz.[4] Es findet der Tarifvertrag [Branche] Anwendung. Es besteht ein Betriebsrat.

Mit Schreiben vom ... wurde das Arbeitsverhältnis seitens der Antragstellerin betriebsbedingt unter Einhaltung der maßgeblichen Kündigungsfrist ordentlich zum ... gekündigt.

Glaubhaftmachung: Kündigung vom ...

Mit Schriftsatz vom ... hat der Antragsgegner unter dem Aktenzeichen ... beim Arbeitsgericht ... Kündigungsschutzklage eingelegt und mit Schreiben vom ... seinen Weiterbeschäftigungsanspruch über den Kündigungstermin hinaus bis zum rechtskräftigen Abschluss des Verfahrens beantragt. Der Termin zur Güteverhandlung ist anberaumt für den ...

Glaubhaftmachung: Ladung zum Gütertermin am ...

Zuvor hatte der bei der Antragstellerin bestehende und ordnungsgemäß angehörte Betriebsrat mit Schreiben vom ... der Kündigung widersprochen[2] Das Gremium ist der Auffassung, dass die Antragstellerin bei der Auswahl des zu kündigenden Arbeitnehmers soziale Gesichtspunkte nicht bzw. nur unzureichend berücksichtigt habe.

Glaubhaftmachung: Widerspruch des Betriebsrats vom ...

Der Antragsgegner hat gleichzeitig mit Einlegung der Kündigungsschutzklage mit Schreiben vom ... gegenüber der Antragstellerin ausdrücklich die Weiterbeschäftigung zu unveränderten Arbeitsbedingungen verlangt.

Glaubhaftmachung: Schreiben des Antragsgegners vom ...

Mit Schreiben vom ... lehnte die Antragstellerin es ausdrücklich ab, den Antragsgegner weiter zu beschäftigen.

Glaubhaftmachung: Schreiben der Antragstellerin vom ...

Ein Anspruch des Antraggegners auf Weiterbeschäftigung besteht jedoch nicht:

Variante 1: Klage bietet keine hinreichende Aussicht auf Erfolg[5]

Der Antragsgegner hat die Kündigung am ... erhalten. Zwei Tage später erschien er im Personalbüro und wollte wissen, wieviel „Flocken denn so als Abfindung" gezahlt würden, wenn er „keinen Stress" mache.

C. Weiterbeschäftigungsverlangen des Arbeitnehmers § 102 BetrVG

Glaubhaftmachung: Eidesstattliche Versicherung des Personalleiterin ...

Es kam dann in den folgenden zwei Wochen zu mehreren Gesprächen und letztendlich einem Aufhebungsvertrag unter Einhaltung der Kündigungsfrist und einer Zahlung einer sozialen Abfindung von ... EUR, mithin also einem Faktor von 0,6.

Glaubhaftmachung: Aufhebungsvertrag in Kopie

Zwei Tage danach erschien der Kläger und verlangte eine Erhöhung des Faktors auf 1,0 – mit den Worten „Ihr wolltet mich wohl verar..."

Glaubhaftmachung: Eidesstattliche Versicherung

Als daraufhin kein Anlass für weitere Gespräche gesehen wurden, erklärte der Bevollmächtigte des Antraggegners mit Schreiben vom ... die Anfechtung des Aufhebungsvertrages und erhob gleichzeitig Kündigungsschutzklage.

Glaubhaftmachung: Anfechtungserklärung mit Schreiben vom ... in Kopie

Die Klage ist offensichtlich ohne Aussicht auf Erfolg. Der Aufhebungsvertrag hat das Arbeitsverhältnis wirksam beendet. Ein Anfechtungsgrund ist nicht ersichtlich.

Variante 2: unzumutbare wirtschaftliche Belastung[6]

Der Antragsteller hatte am ... die unternehmerische Entscheidung getroffen, die Abteilung, der unter anderem auch der Antragsgegner angehört, vollständig zu schließen. Hintergrund hierfür sind erhebliche Umsatzrückgänge. Im Vergleich zum Vorjahr ist der Umsatz um 40 Prozent, von ... EUR auf ... EUR eingebrochen. Die Konkurrenz im Internet, die weder Kosten für Verkaufsflächen noch in vergleichbarem Umfang Personalkosten für Beratung hat, würde auch nach einer Überprüfung des Unternehmensberaters weitere Marktanteile in dieser Abteilung wegnehmen.

Glaubhaftmachung: 1. BWA des Geschäftsjahres in Kopie

2. Unternehmensberater Strategie-Gutachten in Kopie

Die bisher in dieser hoch defizitären Abteilung beschäftigten Arbeitnehmerinnen und Arbeitnehmer können aufgrund ihrer Qualifikation weder in den übrigen Abteilungen eingesetzt werden noch stehen dort überhaupt freie Arbeitsplätze zur Verfügung.

Dem Betriebsrat ist dies auch sehr wohl bekannt. Dies zeigt der aufgrund der Teilbetriebsstilllegung abgeschlossene Interessenausgleich und Sozialplan.

Glaubhaftmachung: Interessenausgleich in Kopie

Der Betriebsrat hat der Maßnahme ausdrücklich vor dem Hintergrund zugestimmt, dass nur so die übrigen Arbeitsplätze gerettet werden können, weil der Verlust der Abteilung mittlerweile die nur geringen Verluste der anderen Bereich so überschattet, dass die Hausbank mit der Kündigung der Kredite droht.

Glaubhaftmachung: Schreiben der Hausbank in Kopie

Eine Weiterbeschäftigung des Antragsgegners würde hier zu einer weiteren finanziellen Belastung führen. Jede Weiterbeschäftigung eines Beschäftigten aus dieser Abteilung gefährdet insgesamt den Bestand und die Zahlungsfähigkeit des gesamten Betriebes.[7]

Glaubhaftmachung: aktuelle monatliche Gewinn-/Verlust-Rechnung in Kopie

Die Stellungnahme des Steuerberaters zeigt, dass die derzeitige Verlustsituation durch eine Weiterbeschäftigung des Antragsgegners noch weiter verschlechtert würde.

Variante 3: Offensichtliche Unbegründetheit

Der Betriebsrat hat sich in seinem Schreiben vom ... lediglich allgemein darauf beschränkt, eine angeblich mangelhafte und unzureichende Sozialauswahl zu rügen. Konkret hierarchisch und arbeitsvertraglich vergleichbare Arbeitnehmer hat der Betriebsrat nicht benannt. Auch freier oder frei werdender Arbeitsplatz wurde nicht benannt. Insofern drängt sich die Grundlosigkeit des Widerspruchs geradezu auf.[8]

Der Widerspruch des Betriebsrates ist aber erschwerend bereits deshalb unwirksam, weil an der Betriebsratssitzung vom ... nur zwei von fünf Betriebsratsmitgliedern teilgenommen haben.

Die Mitglieder A und B befanden sich im Jahresurlaub, A in Italien, B in den USA. Ersatzmitglieder wurden nicht geladen. Stattdessen sollen neben C und D noch das Betriebsratsmitglied E an der Sitzung teilgenommen haben. E befand sich jedoch nachweislich zu dieser Zeit in stationärer klinischer Behandlung in der Universitätsklinik in .... Auf Nachfrage erklärte Betriebsratsmitglied A auch der Personalleiterin, dass E per Telefon seine Meinung zu der Kündigungsanhörung abgegeben habe und auch an der Abstimmung per Telefon teilgenommen habe.[9]

Glaubhaftmachung: 1. Eidesstattliche Versicherung der Personalleiterin in Kopie

2. AU-Bescheinigung des Betriebsratsmitglieds E

Insofern ist der Widerspruch des Betriebsrates offensichtlich fehlerhaft zustande gekommen und auch inhaltlich unbegründet.

Dem Antrag auf Entbindung von der Verpflichtung zur Weiterbeschäftigung ist daher stattzugeben. ◄

b) Erläuterungen

91 [1] **Zuständiges Arbeitsgericht.** Zuständig ist das Arbeitsgericht, an dem auch der Kündigungsschutzprozess als Hauptsacheverfahren anhängig ist. Da der Antrag jederzeit bis zum Abschluss des Kündigungsschutzprozesses gestellt werden kann, bleibt das Arbeitsgericht I. Instanz für die einstweilige Verfügung auf Entbindung von der Weiterbeschäftigung zuständig, selbst wenn der Kündigungsprozess mittlerweile bereits beim Landesarbeitsgericht anhängig ist.

92 [2] **Einstweilige Verfügung auf Entbindung von der Weiterbeschäftigungspflicht.** Die einstweilige Verfügung auf Entbindung von der Weiterbeschäftigungspflicht ist nicht die Regel, sondern die Ausnahme. Der Regelfall des Gesetzes sieht die Weiterbeschäftigung nach Widerspruch des Betriebsrates vor. Die Vorschrift des Abs. 5 S. 2 ist also im Zweifel immer so eng auszulegen, dass es nicht zur Umkehrung des gesetzlichen Leitbildes führt. Die Glaubhaftmachung eines Verfügungsgrundes soll nach teilweise vertretener Auffassung (LAG Hamburg 21.5.2008 – 4 Sa 2/08 BB 2008, 2636; LAG Berlin-Brandenburg 25.3.2010 – 2 TA 387/10 ArbR 2010, 349) entfallen können, wird teilweise jedoch zurecht gefordert (LAG Nürnberg 18.9.2007 – 4 Sa 586/07; ZTR 2008, 108), denn die Voraussetzungen in § 102 Abs. 5 S. 2 BetrVG ersetzen gerade nicht vollständig die Notwendigkeit der Glaubhaftmachung des Verfügungsgrundes. Ansonsten könnte der Arbeitgeber noch Monate nach der Weiterbeschäftigung des Arbeitnehmers – ohne dass sich an den betrieblich eine Änderung ergeben hat – mittels einer einstweiligen Verfügung und damit im Eilverfahren agieren.

93 [3] **Folgen des nicht ordnungsgemäßen Widerspruchs des Betriebsrates.** Teilweise wird vertreten, dass gegen einen nicht ordnungsgemäßen Widerspruch des Betriebsrates keine Entbindung von der Weiterbeschäftigung verlangt werden kann (LAG Baden-Württemberg

C. Weiterbeschäftigungsverlangen des Arbeitnehmers § 102 BetrVG

15.5.1974 – 6 Sa 35/74 BB 1975,43) und der Antrag daher mangels Rechtsschutzinteresses als unzulässig zurückgewiesen werden müsse. Tatsächlich wird dem oft erst im Rahmen des Entbindungsverfahrens Klarheit darüber entstehen, ob ein Beschluss des Betriebsrates an schweren Mängeln leidet oder ob die zwingenden Voraussetzungen der §§ 26 Abs. 2; 29 Abs. 2 S. 3 BetrVG eingehalten wurden. Insofern sichert der Hilfsantrag für solchen Fall eines unwirksamen Beschlusses die Feststellung, dass ein Anspruch des Arbeitnehmers auf Weiterbeschäftigung gar nicht besteht.

Die wohl hM hingegen geht davon aus, dass ein formal unwirksamer Widerspruch dem Antrag auf Entbindung nicht entgegensteht (LAG Frankfurt/Main 2.11.1984 – 13 Ta 309/84 NZA 1985, 163; HaKo-KSchR/*Nägele* § 102 BetrVG Rn 225). 94

Die Durchführung einer ordnungsgemäßen Beschlussfassung des Betriebsrates hat der Antragsgegner (= Arbeitnehmer) im Rahmen seiner Darlegung- und Beweislast glaubhaft zu machen (BAG – 28.10.1992 – 7 ABR 14 / 92 DB 1993, 840). 95

[4] Voraussetzung: Anwendbarkeit des KSchG. Voraussetzung für diese Fälle ist immer die Anwendbarkeit des Kündigungsschutzgesetzes. 96

[5] Die Kündigungsschutzklage darf nicht mit hinreichender Wahrscheinlichkeit keinen Erfolg haben. Das ist der Fall, wenn eine überwiegende Wahrscheinlichkeit des Nichterfolgs gegeben ist. Da bedeutet, dass eine Risikoverteilung 50 / 50 oder sogar selbst leicht unterhälftige Chancen noch zur Zurückweisung des Entbindungsantrags führen. 97

[6] Existenzgefährdung des Betriebes. Die unzumutbare wirtschaftliche Belastung ist der Ausnahmefall. Die Belastung muss so groß sein, dass die Existenz des Betriebes gefährdet ist (APS/*Koch* § 102 BetrVG Rn 222; HaKo-KSchR/*Nägele* § 102 BetrVG Rn 223; *Rieble* BB 2003, 844; LAG Hamburg 16.5.2001- 4 Sa 33/01 NZA RR 2002, 25). Bloße Auswirkungen auf die Liquidität, Wettbewerbsfähigkeit oder das Geschäftsergebnis reichen nicht aus, insbesondere auch nicht die Argumentation, der Mitarbeiter sei durch die unternehmerische Entscheidung überflüssig. Diese Aspekte liegen bei einer Kündigung in der Regel immer vor – und stellen dann gerade nicht die besondere betriebliche Ausnahmesituation dar, der § 102 Abs. 5 S. 2 als enge Ausnahme Rechnung tragen soll. 98

[7] Schlüssige Darlegung der Existenzgefährdung. Der antragstellende Arbeitgeber muss dem Gericht anhand von Zahlen, Gutachten und Fakten die konkrete wirtschaftliche Situation des Unternehmens samt der Zukunftsprognose vortragen und die Existenzgefährdung schlüssig darzulegen. Allgemeine Ausführungen zu höherer Kostenbelastung oder gar höheren Lohnkosten allein reichen nicht aus (LAG Hamburg 21.5.2008 – 4 SaGa 2/08, BB 2008, 2636; 16.5.2001 – 4 SaGa 33/01 NZA-RR 2002, 25). 99

[8] Abweichende Widerspruchsgründe außerhalb der Nrn. 1-5. Dem Betriebsrat stehen nach abschließend in § 102 Abs. 3 BetrVG nur die Nr. 1-5 zur Begründung eines Widerspruchs gegen eine Kündigung zur Verfügung. Argumentiert der Betriebsrat mit anderen Gründen im Rahmen eines Widerspruchs, ist der Widerspruch offensichtlich unbegründet. Gegen einen eventuellen Missbrauch oder erhebliche Unkenntnis schützt die Entbindungsmöglichkeit des § 102 Abs. 5 S. 2 Nr. 3 BetrVG. Das Tatbestandsmerkmal „offensichtlich" verlangt aber, dass die Grundlosigkeit des Widerspruchs sich jedem verständigen sofort erschließt, also schier „ins Auge springt". Müssen die näheren Umstände hingegen erst durch das Gericht oder eine Beweisaufnahme ermittelt werden, fehlt es bereits an dieser Evidenz. „Offensichtliche Fälle" liegen beispielsweise vor, wenn der Arbeitsplatz bereits besetzt ist, auf den der Be- 100

Spengler

triebsrat verweist oder wenn die Umsetzung der Argumente des Betriebsrates die Schaffung einer neuen Stelle erfordern würde.

101 Ebenso liegt ein offensichtlich unbegründeter Widerspruch vor, wenn der Betriebsrat keine Argumente und Begründungen liefert, sondern nur den Gesetzestext „abschreibt".

102 **[9] Ordnungsgemäße Beschlussfassung – Darlegungs- und Beweislast.** Die Durchführung einer ordnungsgemäßen Beschlussfassung des Betriebsrates hat der Antragsgegner (= Arbeitnehmer) im Rahmen seiner Darlegung- und Beweislast glaubhaft zu machen (BAG – 28.10.1992 – 7 ABR 14/92, DB 1993, 840). Der formell nicht ordnungsgemäße Widerspruch wird aber von Rspr und Lit. so behandelt, als handle es sich um einen offensichtlich unbegründeten Widerspruch iSd Nr. 3 (Fitting, § 102 Rn 121; LAG Baden-Württemberg v. 15.5.1974, BB 75, 43). Dies ist richtig, denn das Arbeitsgericht entscheidet so inhaltlich, ob eine Weiterbeschäftigungsverpflichtung besteht oder nicht.

D. Erweiterung der Mitbestimmung gem. § 102 Abs. 6 BetrVG

103 **I. Muster: Beschäftigungssicherungspakt**

▶ **Beschäftigungssicherungspakt**[1]

Zwischen

Firma ___

und

Betriebsrat

§ ___

Der Betriebsrat stimmt der Einführung der neuen Bank-Software „Felicia 5.0" zu. Das Nähere regelt die Betriebsvereinbarung zur Einführung und Verwendung von „Felicia 5.0".

Zur Sicherung der Arbeitsplätze vereinbaren die Betriebsparteien, dass betriebsbedingte ordentliche oder außerordentliche Kündigungen vor Ausspruch der Zustimmung des Betriebsrates bedürfen. Erteilt der Betriebsrat seine Zustimmung nicht und Bestehen Bedenken über die Berechtigung dieser Zustimmungsverweigerung, entscheidet die Einigungsstelle.[2] ◀

II. Erläuterungen

104 **[1] Regelungen zu Kündigungen in Betriebsvereinbarungen.** Die Betriebsparteien können in einer betrieblichen Vereinbarung regeln, dass für eine bestimmte Zeit oder dauerhaft, alle oder bestimmte Kündigungen der Zustimmung des Betriebsrates bedürfen. Die Vorschrift ist oftmals bei Interessenausgleichsverhandlungen und Sanierungen der Kompromiss, wenn der Betriebsrat die Sicherheit wünscht, dass die Maßnahme keine Arbeitsplätze kostet, der Arbeitgeber aber den weitergehenden Verzicht auf jegliche betriebsbedingte Kündigungen für einen längeren Zeitraum aufgrund wirtschaftlicher Faktoren nicht abgeben kann.

105 **[2] Zuständigkeit der Einigungsstelle.** Beabsichtigt der Arbeitgeber zu kündigen und der Betriebsrat erteilt die Zustimmung nicht, so hat die Einigungsstelle die Meinungsverschiedenheit beilegen. Entweder findet sich in ihr ein Kompromiss oder die Abstimmung ersetzt entweder die Zustimmung des Betriebsrates oder aber der Arbeitgeber kann nicht kündigen. Ist die Zustimmung erteilt, verbleibt es bei den allgemeinen Regelungen des Kündigungsschutzes. Der betroffene Arbeitnehmer kann diese Kündigung also vollumfänglich der gerichtlichen Korntrolle stellen.

§ 103 BetrVG Außerordentliche Kündigung und Versetzung in besonderen Fällen

(1) Die außerordentliche Kündigung von Mitgliedern des Betriebsrats, der Jugend- und Auszubildendenvertretung, der Bordvertretung und des Seebetriebsrats, des Wahlvorstands sowie von Wahlbewerbern bedarf der Zustimmung des Betriebsrats.

(2) Verweigert der Betriebsrat seine Zustimmung, so kann das Arbeitsgericht sie auf Antrag des Arbeitgebers ersetzen, wenn die außerordentliche Kündigung unter Berücksichtigung aller Umstände gerechtfertigt ist. In dem Verfahren vor dem Arbeitsgericht ist der betroffene Arbeitnehmer Beteiligter.

(3) Die Versetzung der in Absatz 1 genannten Personen, die zu einem Verlust des Amtes oder der Wählbarkeit führen würde, bedarf der Zustimmung des Betriebsrats; dies gilt nicht, wenn der betroffene Arbeitnehmer mit der Versetzung einverstanden ist. Absatz 2 gilt entsprechend mit der Maßgabe, dass das Arbeitsgericht die Zustimmung zu der Versetzung ersetzen kann, wenn diese auch unter Berücksichtigung der betriebsverfassungsrechtlichen Stellung des betroffenen Arbeitnehmers aus dringenden betrieblichen Gründen notwendig ist.

A. Betriebsinterne Verfahren
  I. Zustimmung zur außerordentlichen Kündigung des Betriebsratsmitglieds
    1. Muster: Antrag des Arbeitgebers auf Zustimmung zur außerordentlichen Kündigung des Betriebsratsmitglieds gem. § 103 BetrVG
    2. Erläuterungen
      [1] Anwendbarkeit auf Personalratsgremien 2
      [2] Anwendbarkeit auf andere Kündigungsarten 3
      [3] Garantierter Schutz für Mandatsträger 4
      [4] Aufnahme aller relevanten Sozialdaten 6
      [5] Beginn des Schutzes für Mandatsträger 7
      [6] Umfang der Anhörung des Betriebsrats/subjektive Determination 8
      [7] Unterscheidung arbeitsvertragliche Pflichtverletzung – Amtspflichtverletzung 9
  II. Verweigerung der Zustimmung des Betriebsrats bei geplanter außerordentlicher Kündigung eines Betriebsratsmitglieds
    1. Muster: Zustimmungsverweigerung des Betriebsrats bezüglich der geplanten außerordentlichen Kündigung eines Betriebsratsmitglieds gem. § 103 BetrVG
    2. Erläuterungen
      [1] Reaktionsmöglichkeiten des Betriebsrates 11
      [2] Fristen 13
      [3] Rechtliche Verhinderung des betroffenen Betriebsratsmitgliedes 14
      [4] Nichtigkeit des zugrundeliegenden Betriebsratsbeschlusses 16

B. Gerichtliches Verfahren
  I. Ersetzung der Zustimmung des Betriebsrats zur außerordentlichen Kündigung eines Betriebsratsmitgliedes
    1. Muster: Antrag des Arbeitgebers auf Zustimmungsersetzung des Betriebsrats zur außerordentlichen Kündigung eines Betriebsratsmitgliedes
    2. Erläuterungen
      [1] Verbindung verschiedener Anträge 18
      [2] Zeitpunkt des Zustimmungsersetzungsantrages 19
      [3] Amtsausübung während des schwebenden Beschlussverfahrens 20
  II. Ersetzung der Zustimmung des Betriebsrats wegen der Versetzung eines Betriebsratsmitglieds
    1. Muster: Antrag des Arbeitgebers auf Zustimmungsersetzung wegen der Versetzung eines Betriebsratsmitglieds
    2. Erläuterungen
      [1] Geltung des § 103 – Versetzungsbegriff 22
      [2] Direktionsrecht des Arbeitgebers 23
      [3] Notwendigkeit der Versetzung .. 24

A. Betriebsinterne Verfahren

I. Zustimmung zur außerordentlichen Kündigung des Betriebsratsmitglieds

1. Muster: Antrag des Arbeitgebers auf Zustimmung zur außerordentlichen Kündigung des Betriebsratsmitglieds gem. § 103 BetrVG[1]

▶ Geschäftsleitung der Firma ...

An den

Betriebsrat

Im Haus

Anhörung zur beabsichtigten außerordentlichen Kündigung[2] des Betriebsratsmitglieds[3] Herrn ...

Sehr geehrte Damen und Herren des Betriebsrates,

seitens der Geschäftsleitung wird beabsichtigt, das Arbeitsverhältnis mit Herrn ... außerordentlich fristlos zu kündigen. Herr ... ist bei uns seit dem ... als ... beschäftigt. Er wurde am ... geboren, ist [Familienstand] und hat ... Kinder.·[4]

Herr ... ist seit der letzten Betriebsratswahl erstes Ersatzmitglied des Betriebsrates, so dass eine Anhörung nach § 103 BetrVG nicht notwendig wäre. Er war jedoch seit ... ununterbrochen aufgrund der Langzeiterkrankung des ordentlichen Betriebsratsmitglieds Herr ... als dessen Vertretung dem Gremium angehörig.[5]

Begründung[6]

Aufgrund des Entsendungsbeschlusses des Betriebsrates vom ... genehmigte die Geschäftsführung den Betriebsratsmitgliedern Herrn ... sowie Frau ... die Teilnahme an der Betriebsräteschulung „Neues aus Erfurt – Aktuelle Entscheidungen des BAG" vom ... bis ... in Erfurt.

Herrn ... war mit Genehmigung vom ... eine Nebentätigkeitserlaubnis für den Verkauf von selbsterzeugtem Erdbeer-Prosecco erteilt worden. Anlässlich eines Fernsehberichts des Mitteldeutschen Rundfunks mussten wir jedoch zufällig feststellen, dass Herr ... in der Zeit der Schulung tagsüber in der Messehalle in Erfurt an einem Verkaufsstand mit seinen Produkten gezeigt und interviewt wurde. Die Rechnungen für das Hotel, die Arbeitszeit und die Reisekosten wurden von ihm für das Seminar abgerechnet. Auf Nachfrage räumte das Betriebsratsmitglied Frau ... ein, dass Herr ... zwar mit nach Erfurt angereist war. Er hatte jedoch nicht am Seminar teilgenommen, sondern betreute stattdessen einen Stand auf der Erfurter Messe. Die Geschäftsleitung befragte am ... Herrn .... Er bestritt zuerst den Sachverhalt, räumte ihn jedoch nach Vorspielen der Aufzeichnung des TV-Beitrags ein.

Herr ... hat sich durch dieses Verhalten des Betruges schuldig gemacht. Das Vertrauen der Geschäftsleitung in Herrn ... ist nunmehr vollständig zerstört. Ein solches Verhalten würde die Geschäftsleitung bei allen Mitarbeitern zum Anlass für eine außerordentliche Kündigung nehmen. Die Tatsache, dass Herr ... Mitglied des Betriebsrates ist, kann hier keine andere Behandlung rechtfertigen.

Es liegt hier nicht nur eine Amtspflichtverletzung als Mitglied des Betriebsrates vor, sondern eine massive Verletzung der arbeitsvertraglichen Pflichten.[7] Herr ... erschlich sich durch sein Verhalten Vergütungsansprüche, Reisekosten und Übernachtungskosten.

[Ausführungen zur Unzumutbarkeit der Fortsetzung des Arbeitsverhältnissen und zur Interessenabwägung, vgl auch Muster § 102 BetrVG Anhörung zur außerordentlichen Kündigung § 102 Rn 15ff.]

A. Betriebsinterne Verfahren § 103 BetrVG

Wir bitten daher darum, die Zustimmung zur außerordentlichen Kündigung zu erteilen.

...

[Arbeitgeber] ◄

2. Erläuterungen

[1] Anwendbarkeit auf Personalratsgremien. Das Muster ist auch auf die Regelungen des Personalvertretungsrechts und des Schutzes der Gremiumsmitglieder nach § 47 Bundespersonalvertretungsrecht bzw der ähnlich lautenden Vorschriften der Landespersonalvertretungsgesetze übertragbar.

[2] Anwendbarkeit auf andere Kündigungsarten. Der besondere Kündigungsschutz durch das Erfordernis der vorherigen Zustimmung des Betriebsrates gilt nicht nur für die Beendigungskündigung, sondern für alle Formen der Kündigung. Die Voraussetzungen des § 626 BGB sind hierbei zwingend zu beachten, insbesondere ist auch in diesen Fällen der Ausspruch einer Abmahnung stets das mildere Mittel zur Kündigung. Sachverhalte, die lediglich eine ordentliche Kündigung rechtfertigen würden, erfüllen nicht die Voraussetzungen des wichtigen Grundes.

[3] Garantierter Schutz für Mandatsträger. Der umfassende Schutz von Mandatsträgern ist ein Zusammenspiel dreier Gesetze:

– § 15 KSchG regelt die Erforderlichkeit einer außerordentlichen Kündigung des dort geschützten Personenkreises (vgl HaKo-KSchR/*Nägele-Berkner* § 15 KSchG Rn 103; siehe auch § 15 Rn 2 f).

– § 103 BetrVG erfordert für einen enger geschützten Personenkreis die ausdrückliche Zustimmung des Betriebsrates, die der Arbeitgeber im Verweigerungsfall gerichtlich ersetzen lassen muss.

– § 626 BGB normiert die engen Voraussetzungen, unter denen ein Arbeitsverhältnis aus wichtigem Grund gekündigt werden kann.

Soll also ein Mitglied des Betriebsrates, der Jugend- und Auszubildendenvertretung, der Bordvertretung oder des Seebetriebsrates, des Wahlvorstandes oder von Wahlbewerbern außerordentlich gekündigt werden, ist zuvor die Zustimmung des Betriebsrates einzuholen. Vom besonderen Schutz des § 103 BetrVG umfasst sind aufgrund der Verweisung in § 94 Abs. 6 SGB IX ferner die Mitglieder der Schwerbehindertenvertretungen. Das Zustimmungserfordernis des Betriebsrates gilt hingegen nicht bei gewerkschaftlichen Vertrauensleuten, Beisitzern einer Einigungsstelle oder Mitgliedern von betrieblichen Kommissionen im TVöD.

[4] Aufnahme aller relevanten Sozialdaten. Auch wenn dem Betriebsratsgremium die Mitglieder bekannt sein sollten, empfiehlt es sich alle relevanten Sozialdaten in die Kündigungsanhörung mit aufzunehmen. Nicht immer wissen die Betriebsratsmitglieder in größeren Gremien oder von unterschiedlichen Listen tatsächlich die Sozialdaten ihrer Gremiumskollegen. Für andere betroffene Funktionsträger, die dem Schutz des § 103 BetrVG unterfallen, gilt dies erst Recht.

[5] Beginn des Schutzes für Mandatsträger. Für die Frage, ob das „positive" Zustimmungserfordernis nach § 103 BetrVG greift oder aber nur ein Fall der Anhörung des Gremiums nach § 102 BetrVG vorliegt, kommt es oftmals auf den Zeitpunkt an. Bei Ersatzmitgliedern beginnt der Schutz bereits mit dem Zeitpunkt der Ladung oder der Information durch den Betriebsratsvorsitzenden, dass ein Vertretungsfall eingetreten ist, nicht erst mit der Teilnahme an der Sitzung. Der Schutz entfällt erst, wenn der Vertretungsfall für das verhinderte Mitglied beendet ist. Der Wahlschutz von Wahlbewerbern beginnt bereits mit dem Aufstellen eines Wahlvorschlags, wenn der betroffene Arbeitnehmer auf dem Vorschlag aufgeführt ist und dieser die notwendige Anzahl Stützunterschriften trägt, nicht erst mit der Einreichung beim Wahlvorstand.

8 **[6] Umfang der Anhörung des Betriebsrats/subjektive Determination.** Auch wenn eine Person aus dem Kreis der in § 103 genannten Schutzwürdigen betroffen ist, muss der Arbeitgeber dem Betriebsrat bereits bei dem Antrag auf Zustimmung alle Umstände mitteilen, die für die Kündigung aus seiner subjektiven Sicht ausschlaggebend und für den Kündigungsentschluss maßgeblich sind (HaKo-KSchR/*Nägele* § 102 BetrVG Rn 75 mwN). Ist die Anhörung unvollständig erfolgt, ist es dem Arbeitgeber nicht nur innerhalb des späteren Kündigungsschutzprozesses verwehrt, weitere Kündigungsgründe nachzuschieben, über die der Betriebsrat nicht im Vorfeld zum Ausspruch der Kündigung angehört worden ist (HaKo-*Nägele* § 102 BetrVG Rn 75 mwN; Grundsatz der subjektiven Determination), sondern bereits im Zustimmungsersetzungsverfahren.

9 **[7] Unterscheidung arbeitsvertragliche Pflichtverletzung – Amtspflichtverletzung.** Im Zusammenhang mit der Prüfung der Voraussetzungen des § 626 BGB muss zwischen der Verletzung von arbeitsvertraglichen Pflichten und Amtspflichtverletzungen unterschieden werden. Letztere kann nur einen Ausschluss aus dem Betriebsrat nach § 23 Abs. 1 wegen grober Pflichtverletzung rechtfertigen. Ausnahmen können gelten, falls das konkrete Arbeitsverhältnis unmittelbar und erheblich durch die begangene Amtspflichtverletzung beeinträchtigt wird (*Fitting* § 103 Rn 30; DKKW/*Trittin* § 23 Rn 101).

II. Verweigerung der Zustimmung des Betriebsrats bei geplanter außerordentlicher Kündigung eines Betriebsratsmitglieds

10 **1. Muster: Zustimmungsverweigerung des Betriebsrats bezüglich der geplanten außerordentlichen Kündigung eines Betriebsratsmitglieds gem. § 103 BetrVG**

▶ Betriebsrat [Name, Adresse]

An die Geschäftsleitung der Firma ▬

z.Hd. [Name, Personalleiterin]

im Haus

Stellungnahme zur beabsichtigten Kündigung von Herrn ▬[1]

Sehr geehrte Frau ▬,

mit Schreiben vom ▬ haben Sie uns von Ihrer Absicht, Herrn ▬ außerordentlich gem. § 103 BetrVG iVm § 626 BGB zu kündigen, in Kenntnis gesetzt. In unserer heutigen außerordentlichen Sitzung[2] haben wir uns mit der Thematik befasst und beschlossen,[3] unsere Zustimmung zu dieser Kündigung zu verweigern.

Begründung

▬ [Stellungnahme zum Sachverhalt]

Eine arbeitsvertragliche Pflichtverletzung ist nicht erkennbar. Im Übrigen fehlt es an der Unzumutbarkeit der Fortsetzung des Arbeitsverhältnisses. Eine außerordentliche Kündigung unseres Kollegen Herrn ▬ ist damit nicht gerechtfertigt. Offensichtlich soll die Kündigung nur dazu dienen, sich eines engagierten Betriebsratsmitglied zu entledigen.

B. Gerichtliches Verfahren   § 103 BetrVG

Alternativ:

Der Betriebsrat hat in seiner Sitzung vom ... beschlossen,[3] die Zustimmung[4] zur außerordentlichen Kündigung des Wahlvorstandsmitglieds Frau ... zu erteilen. ◄

2. Erläuterungen

[1] **Reaktionsmöglichkeiten des Betriebsrates.** Der Betriebsrat muss keine Stellungnahme abgeben. Es tritt keine Zustimmungsfiktion ein, sondern die Zustimmung gilt als verweigert, wenn der Betriebsrat sich nicht innerhalb von drei Tagen äußert (BAG v. 24.10.1996 – 2 AZR 3/96). 11

Die Mitteilung der Zustimmungsverweigerung an den Arbeitgeber ist an keine bestimmte Form gebunden, zu Beweiszwecken empfiehlt sich jedoch die Schriftform. 12

[2] **Fristen.** Eine Frist, wie sie in § 102 BetrVG zur Äußerung des Betriebsrates vorgesehen ist, gibt es in § 103 BetrVG nicht. Allerdings fingiert die Rechtsprechung eine *Verweigerung* der Zustimmung, wenn der Betriebsrat sich nicht innerhalb von drei Tagen äußert (BAG v. 24.10.1996 – 2 AZR 3/96). Die Fristverstreichung führt also nicht wie bei § 102 BetrVG zur Zustimmungsfiktion. Die analog anzuwendende Frist des § 626 Abs. 2 BGB beginnt mit Ablauf der 3-Tagefrist, wenn der Betriebsrat sich nicht äußert. 13

[3] **Rechtliche Verhinderung des betroffenen Betriebsratsmitgliedes.** Über die Frage der Zustimmung entscheidet der Betriebsrat per Beschluss. Ein betroffenes Betriebsratsmitglied wäre an der Teilnahme rechtlich verhindert (§ 25 BetrVG), so dass es weder an der Beratung noch an der Abstimmung teilnehmen darf. Eine Anwesenheit in der Sitzung zur Anhörung durch das Gremium ist natürlich zulässig. 14

Ein unwirksamer zustimmungsverweigernder Beschluss des Betriebsrates führt nicht zur Zustimmungsfiktion des Betriebsrates. Vielmehr ist eine Zustimmung ausdrücklich zu erklären. 15

[4] **Nichtigkeit des zugrundeliegenden Betriebsratsbeschlusses.** Wurde die Zustimmung erteilt und ist dieser Beschluss nichtig, so liegt keine Zustimmung vor. Der Arbeitgeber wird dann sofort nach Bekanntwerden der Nichtigkeit das Zustimmungsersetzungsverfahren einleiten müssen. Ansonsten ist jedoch die Rücknahme der einmal erteilten Zustimmung im Nachhinein durch den Betriebsrat nicht mehr möglich (*Fitting* § 103 Rn 37). Andererseits ist die spätere Erteilung der Zustimmung im Laufe des gerichtlichen Zustimmungsersetzungsverfahrens durch das Gremium jederzeit möglich. In diesem Fall erledigt sich das Beschlussverfahren. 16

B. Gerichtliches Verfahren

I. Ersetzung der Zustimmung des Betriebsrats zur außerordentlichen Kündigung eines Betriebsratsmitgliedes

1. Muster: Antrag des Arbeitgebers auf Zustimmungsersetzung des Betriebsrats zur außerordentlichen Kündigung eines Betriebsratsmitgliedes 17

▶ Arbeitsgericht ...

Vorab per Telefax ...

Az. ...

In dem

Beschlussverfahren

mit den Beteiligten

Spengler

Beteiligter zu 1) [Name, Adresse, ggf vertreten durch Geschäftsführer] ./. Beteiligter zu 2) [BR, Adresse, vertr. d. d. BR-Vorsitzenden]

wegen Zustimmungsersetzung zur außerordentlichen Kündigung des Betriebsratsmitglieds Herrn ...

wird namens und in Vollmacht des Antragstellers beantragt:

Die Zustimmung des Antragsgegners zur Kündigung des Betriebsratsmitglieds Herrn ... wird ersetzt.[1]

Begründung

Die Antragstellerin ist Automobilzulieferin. An ihrem Standort in ... sind 120 Mitarbeiter beschäftigt. Antragsgegner ist der siebenköpfige Betriebsrat, der seit dem ... im Amt ist und dessen Vorsitzender Herr ... ist.

Die Antragstellerin beabsichtigt, den Arbeitnehmer Herrn ... außerordentlich aus verhaltensbedingten Gründen zu kündigen. Der am ... geborene Herr ... ist seit dem ... bei der Antragstellerin als ... beschäftigt. Er ist verheiratet, hat ... Kinder und ist seit dem ... Mitglied des Betriebsrates.

Die Antragstellerin hatte den Antragsgegner mit Schreiben vom ... darum gebeten, die Zustimmung zur außerordentlichen Kündigung des Herrn ... zu erteilen, woraufhin der Antragsgegner mit Schreiben vom ... mitteilte, er habe in seiner Sitzung am ... beschlossen, die Zustimmung zu verweigern.

Da für die außerordentliche Kündigung des Betriebsratsmitglieds Herrn ... ein wichtiger Grund nach § 626 BGB besteht, hätte der Antragsgegner die Zustimmung erteilen müssen.

[Wichtigen Grund ausführen][2]

Aus diesem Grund ist die Zustimmung zur außerordentlichen Kündigung antragsgemäß zu ersetzen.[3]

...

Rechtsanwalt ◄

2. Erläuterungen

18 **[1] Verbindung verschiedener Anträge.** Der Antrag des Arbeitgebers auf Zustimmungsersetzung kann auch hilfsweise mit einem Antrag auf Ausschluss des Betriebsratsmitgliedes gem. § 23 Abs. 1 BetrVG verbunden werden (BAG v. 21.2.1978 – 1 ABR 54/76). Ein Antrag nach § 23 Abs. 1 BetrVG in hilfsweiser Verbindung mit dem Ersetzungsantrag ist umgekehrt jedoch unzulässig (BAG aaO).

19 **[2] Zeitpunkt des Zustimmungsersetzungsantrages.** Der Arbeitgeber muss das Zustimmungsersetzungsverfahren innerhalb der Ausschlussfrist des § 626 Abs. 2 BGB einleiten, ein verspäteter Antrag ist unbegründet (BAG v. 18.8.1977 – 2 ABR 19/77; v. 7.5.1986 – 2 ABR 27/85; v. 22.1.1987 – 2 ABR 6/86). Wird der Antrag bereits vor der Entscheidung des Betriebsrates gestellt, ist der Antrag als unzulässig abzuweisen, auch wenn der Betriebsrat tatsächlich im Nachgang die Zustimmung verweigert. Ein Nachschieben von Kündigungsgründen ist unzulässig (DKKW/*Bachner* § 103 Rn 43).

20 **[3] Amtsausübung während des schwebenden Beschlussverfahrens.** Während des schwebenden Beschlussverfahrens ist das Betriebsratsmitglied nicht an der weiteren Ausübung seines Amtes gehindert (*Fitting* § 103 Rn 49).

B. Gerichtliches Verfahren § 103 BetrVG

II. Ersetzung der Zustimmung des Betriebsrats wegen der Versetzung eines Betriebsratsmitglieds

1. Muster: Antrag des Arbeitgebers auf Zustimmungsersetzung wegen der Versetzung eines Betriebsratsmitglieds

▶ Arbeitsgericht ...

Vorab per Telefax ...

Az. ...

In dem Beschlussverfahren

mit den Beteiligten

Beteiligter zu 1) [Name, Adresse, ggf vertreten durch Geschäftsführer]./. Beteiligter zu 2) [Name, Adresse, vertr. d. d. BR-Vorsitzenden]

wegen Zustimmungsersetzung zur Versetzung des Betriebsratsmitglieds Herrn ...

wird namens und in Vollmacht der Antragstellerin beantragt:

Die Zustimmung des Betriebsrats zur Versetzung des Betriebsratsmitglieds Herrn ... von der Abteilung ... in die Abteilung ... wird ersetzt.

Begründung

Die Antragstellerin ist ein Druckereiunternehmen mit eigenständigen Betriebsteilen in ... und in .... Der Antragsgegner ist der siebenköpfige Betriebsrat des Standortes ..., dessen Vorsitzende Frau ... ist.

Die Antragstellerin beabsichtigt, den Mitarbeiter Herrn ..., der gleichzeitig Mitglied des Betriebsrates ist, zum ... vom Standort ... in den Standort ... zu versetzen. Da beide Standorte über eigene Betriebsräte verfügen, hat eine Versetzung des Mitarbeiters den Verlust seines Betriebsratsmandats zur Folge.[1]

Im am ... geschlossenen Arbeitsvertrag zwischen den Parteien ist in § ... vorgesehen, dass Herr ... in seiner Funktion als ... deutschlandweit eingesetzt werden kann.[2]

Nachdem Herrn ... die Versetzungsabsicht mitgeteilt worden war, verweigerte er es ausdrücklich, am Standort ... zu arbeiten.

Beweis: Schreiben des Herrn ... vom ...

Eine Versetzung des Herrn ... ist aus dringenden betrieblichen Gründen notwendig. Herr ... ist Führungskraft der Abteilung ... und verfügt über ein immenses Fachwissen und langjährige Berufserfahrung. Im Zuge der Umstrukturierung des Unternehmens wird die Abteilung ... nach ... verlagert. Dies geschieht, um eine effizientere Zusammenarbeit zwischen der Geschäftsführung und der Abteilung ... herbeizuführen. Aufgrund des Know-how von Herrn ... ist beabsichtigt, ihn als ständigen Berater der Geschäftsführung am Standort ... einzusetzen.[3]

Betriebsverfassungsrechtliche Bedenken bestehen hinsichtlich dieser Versetzung nicht. Der Betriebsrat bleibt funktionsfähig, da noch fünf Ersatzmitglieder vorhanden sind, von denen eines dauerhaft nachrücken wird.

Nachdem der Betriebsrat um Zustimmung zur Versetzung des Herrn ... geben wurde und dies mit Schreiben vom ... abgelehnt hat,

Beweis: 1. Schreiben der Antragstellerin vom ...
2. Schreiben des Antragsgegners vom ...,

ist die Durchführung dieses Verfahrens geboten.
Um antragsgemäße Entscheidung wird gebeten. ◄

2. Erläuterungen

22 **[1] Geltung des § 103 – Versetzungsbegriff.** § 103 BetrVG greift nur für den Fall, dass eine Versetzung zum Verlust des Amtes oder der Wählbarkeit eines Betriebsratsmitgliedes führt. Es gilt der allgemeine Versetzungsbegriff (vgl § 95 Abs. 3, § 99 BetrVG). Eine vorläufige Maßnahme nach § 100 BetrVG ist hier nicht möglich.

23 **[2] Direktionsrecht des Arbeitgebers.** Unter § 103 BetrVG fallen nur diejenigen Versetzungen, zu denen der Arbeitgeber im Rahmen seines Direktionsrechts berechtigt ist. Bei Änderungskündigungen findet hingegen § 15 KSchG Anwendung.

24 **[3] Notwendigkeit der Versetzung.** Die Versetzung muss unter Berücksichtigung des Betriebsratsmandats aus dringenden betrieblichen Gründen notwendig sein, dh, dass es zur Versetzung keine zumutbare Alternative geben darf (DKKW/*Bachner* § 103 Rn 74).

§ 104 BetrVG Entfernung betriebsstörender Arbeitnehmer

Hat ein Arbeitnehmer durch gesetzwidriges Verhalten oder durch grobe Verletzung der in § 75 Abs. 1 enthaltenen Grundsätze, insbesondere durch rassistische oder fremdenfeindliche Betätigungen, den Betriebsfrieden wiederholt ernstlich gestört, so kann der Betriebsrat vom Arbeitgeber die Entlassung oder Versetzung verlangen. Gibt das Arbeitsgericht einem Antrag des Betriebsrats statt, dem Arbeitgeber aufzugeben, die Entlassung oder Versetzung durchzuführen, und führt der Arbeitgeber die Entlassung oder Versetzung einer rechtskräftigen gerichtlichen Entscheidung zuwider nicht durch, so ist auf Antrag des Betriebsrats vom Arbeitsgericht zu erkennen, dass er zur Vornahme der Entlassung oder Versetzung durch Zwangsgeld anzuhalten sei. Das Höchstmaß des Zwangsgeldes beträgt für jeden Tag der Zuwiderhandlung 250 Euro.

A. Formular für das betriebsinterne Verfahren
   I. Muster: Antrag an den Arbeitgeber auf Entfernung eines betriebsstörenden Arbeitnehmers
   II. Erläuterungen
      [1] Schweres Fehlverhalten 2
      [2] Störung des Betriebsfriedens 3
      [3] Verhältnismäßigkeit 4

B. Formular für das gerichtliche Verfahren
   I. Muster: Antrag des Betriebsrats auf Verpflichtung des Arbeitgebers zur Entlassung eines betriebsstörenden Arbeitnehmers
   II. Erläuterungen
      [1] Stellung des betriebsstörenden Arbeitnehmers im Prozess 6

A. Formular für das betriebsinterne Verfahren

1 **I. Muster: Antrag an den Arbeitgeber auf Entfernung eines betriebsstörenden Arbeitnehmers**

▶ Betriebsrat

An die
Geschäftsleitung der Firma ...
Im Haus

Antrag auf Entlassung von Herrn ... wegen wiederholter und beharrlicher Störung des Betriebsfriedens[1]

Sehr geehrte Frau ...,

wiederholt haben wird Sie – zuletzt mit Schreiben vom ... und vom ... – darauf hingewiesen, dass Herr ... unseren beiden afroamerikanischen Mitarbeitern nicht nur jeden Morgen Bananen auf den Tisch legt, sondern sich auch ihnen gegenüber regelmäßig abfällig äußert. Bereits mehrfach hat er über die „stinkigen Schwarzen" geschimpft, die „besser in Hitlers Gaskammern geräuchert hätten werden sollen, als in unserem Betrieb schlechte Arbeit zu verrichten". In diesem Zusammenhang verweisen wir auch auf unsere Schreiben vom ... und vom ....

Am ... kam es zum Eklat, als Herr ... den afroamerikanischen Mitarbeiter Herrn ... mit einer Banane attackierte und laut rief „Friss und stirb, du Schwarzfuß!"[1]

Wir weisen nochmals darauf hin, dass unsere beiden afroamerikanischen Mitarbeiter eine hervorragende Arbeit in unserem Betrieb leisten. Sie werden von allen übrigen Kollegen geschätzt und haben ein gutes Verhältnis zu ihren Vorgesetzten. Die Kollegen und Vorgesetzten beobachten mit wachsender Sorge das unqualifizierte Verhalten des Herrn .... Dies geht sogar so weit, dass es bereits morgens bei Schichtbeginn zu einem Auflauf mehrerer Mitarbeiter am Arbeitsplatz des Herrn ... kam, der von lautem Geschrei und der Ankündigung von Prügel begleitet wurde. Lediglich dem beherzten Eingreifen des Vorgesetzen Herrn ... ist es zu verdanken, dass eine Prügelei am Arbeitsplatz verhindert werden konnte.[2]

Um weitere Vorfälle dieser Art zu verhindern, hat der Betriebsrat in seiner Sitzung vom ... beschlossen, die Entlassung des Arbeitnehmers Herrn ... gem. § 104 iVm § 75 BetrVG zu beantragen. Ein milderes Mittel, insbesondere eine Abmahnung oder Versetzung erscheint angesichts der Tatsache, dass Herr ... immer noch in derselben Abteilung tätig wäre, nicht ausreichend.

Wir fordern Sie auf, den Mitarbeiter Herrn ... zu entfernen und sichern bereits jetzt zu, einer entsprechenden Kündigung[3] zuzustimmen. ◀

II. Erläuterungen

[1] **Schweres Fehlverhalten.** Damit ein Antrag nach § 104 BetrVG begründet sein kann, muss ein mehrfaches Fehlverhalten eines bestimmten Arbeitnehmers vorliegen (hM LAG Bremen v. 28.5.2003 – 2 TaBV 9/02), es sei denn, das Fehlverhalten war so schwerwiegend, dass eine sofortige Entfernung vom Arbeitsplatz offensichtlich gerechtfertigt ist. Rassistisches Verhalten ist hier nur beispielhaft aufgeführt. Es ist vielmehr davon auszugehen, dass jegliche schweren Verstöße gegen das AGG ebenfalls einen Antrag nach § 104 BetrVG rechtfertigen.

[2] **Störung des Betriebsfriedens.** Kausal muss eine grobe und ersthafte Störung des Betriebsfriedens unmittelbar bevorstehen oder bereits eingetreten sein. Dazu hat der Betriebsrat in seinem Aufforderungsschreiben entsprechende Angaben zu machen.

[3] **Verhältnismäßigkeit.** Auch der Betriebsrat hat im Rahmen des Antrags nach § 104 BetrVG den Grundsatz der Verhältnismäßigkeit zu beachten, insbesondere zu prüfen, ob eine Versetzung oder Änderungskündigung als milderes Mittel gegenüber der Beendigungskündigung in Betracht kommt (DKKW/*Bachner* § 104 Rn 8).

B. Formular für das gerichtliche Verfahren

I. Muster: Antrag des Betriebsrats auf Verpflichtung des Arbeitgebers zur Entlassung eines betriebsstörenden Arbeitnehmers

▶ Arbeitsgericht ...
Vorab per Telefax ...
In dem

Beschlussverfahren

mit den Beteiligten

1. [Betriebsrat Unternehmen, Betrieb, v.d.d. Betriebsratsvorsitzenden]

   Antragsteller und Beteiligter zu 1)

2. [Unternehmen, v.d.d. Geschäftsführer]

   Antragsgegner und Beteiligter zu 1)

3. [Name betroffener Arbeitnehmer]

   Beteiligter zu 3)[1]

wegen Entlassung des betriebsstörenden Mitarbeiters Herrn ...
wird namens und in Vollmacht des Antragstellers beantragt:

Die Antragstellerin wird verpflichtet, den Mitarbeiter Herrn ... zum nächstmöglichen Kündigungstermin zu entlassen.

Begründung

Antragsteller ist der siebenköpfige Betriebsrat der Antragsgegnerin am Standort ... . Die Antragsgegnerin beschäftigt als Backwarenhersteller insgesamt 750 Mitarbeiter an insgesamt 15 Standorten in ganz Deutschland. Am Standort ... beschäftigt sie 120 Mitarbeiter.

Der Arbeitnehmer Herr ... ist seit dem ... bei der Antragsgegnerin als ... beschäftigt. Er ist 30 Jahre alt, ledig und hat ein unterhaltsberechtigtes Kind.

In seiner Sitzung vom ... hat der Antragsteller beschlossen, die Antragsgegnerin aufzufordern, den Mitarbeiter ... zu entlassen. Diesem Beschluss liegt folgender Sachverhalt zugrunde:

[Sachverhalt näher ausführen]

Um antragsgemäße Entscheidung wird gebeten. ◀

II. Erläuterungen

[1] **Stellung des betriebsstörenden Arbeitnehmers im Prozess.** Der betriebsstörende Arbeitnehmer ist in diesem Verfahren Beteiligter, somit auch im Rubrum aufzuführen. Hier liegt ein klarer Fall der Interessenkollision für den Fall vor, dass der den Betriebsrat vertretende Rechtsanwalt auch den Beteiligten zu 3) vertreten würde.

Berufsbildungsgesetz (BBiG)

Vom 23. März 2005 (BGBl. I S. 931)
FNA 806-22
Zuletzt geändert durch Art. 22 G zur Förderung der elektronischen Verwaltung sowie zur Änd. weiterer Vorschriften vom 25. Juli 2013 (BGBl. I S. 2749)
– Auszug –

§ 22 BBiG Kündigung

(1) Während der Probezeit kann das Berufsausbildungsverhältnis jederzeit ohne Einhalten einer Kündigungsfrist gekündigt werden.

(2) Nach der Probezeit kann das Berufsausbildungsverhältnis nur gekündigt werden
1. aus einem wichtigen Grund ohne Einhalten einer Kündigungsfrist,
2. von Auszubildenden mit einer Kündigungsfrist von vier Wochen, wenn sie die Berufsausbildung aufgeben oder sich für eine andere Berufstätigkeit ausbilden lassen wollen.

(3) Die Kündigung muss schriftlich und in den Fällen des Absatzes 2 unter Angabe der Kündigungsgründe erfolgen.

(4) Eine Kündigung aus einem wichtigen Grund ist unwirksam, wenn die ihr zugrunde liegenden Tatsachen dem zur Kündigung Berechtigten länger als zwei Wochen bekannt sind. Ist ein vorgesehenes Güteverfahren vor einer außergerichtlichen Stelle eingeleitet, so wird bis zu dessen Beendigung der Lauf dieser Frist gehemmt.

A. Kündigung des Berufsausbildungsverhältnisses
  I. Kündigung während der Probezeit
    1. Ausbildender kündigt
      a) Muster: Probezeitkündigung durch Ausbildenden
      b) Erläuterungen und Varianten
        [1] Rechtsnatur/Kündigungsgrund/Begründung 2
        [2] Kündigung innerhalb der Probezeit/Zugang/Schriftform 6
        [3] Minderjähriger Auszubildender . 10
        [4] Beteiligungsverfahren/öffentlich-rechtliche Zustimmungsverfahren 15
        [5] Hinweispflicht gem. §§ 2 Abs. 2 Ziff. 3, 38 Abs. 1 SGB III 17
    2. Auszubildender kündigt
      a) Muster: Probezeitkündigung durch Auszubildenden
      b) Erläuterungen
        [1] Rechtsnatur/Kündigungsgrund/Begründung 21
        [2] Kündigung innerhalb der Probezeit/Zugang 23
        [3] Schriftform 25
        [4] Minderjähriger Auszubildender . 26
  II. Kündigung nach der Probezeit
    1. Fristlose Kündigung aus wichtigem Grund
      a) Arbeitgebersicht
        aa) Muster: Fristlose Beendigungskündigung – Sicht des Ausbildenden
        bb) Erläuterungen
          [1] Kündigung ohne Einhalten einer Kündigungsfrist 29
          [2] Kündigungserklärungsfrist/Zugang 30
          [3] Minderjähriger Auszubildender 36
          [4] Wichtiger Grund 37
          [5] Begründung der Kündigung . 38
          [6] Beteiligungsverfahren/Öffentlich-rechtliche Zustimmungsverfahren 41
          [7] Hinweispflicht gem. §§ 2 Abs. 2 Ziff. 3, 38 Abs. 1 SGB III 43
          [8] Schriftformerfordernis/Kündigungsberechtigung ... 44
      b) Arbeitnehmersicht
        aa) Muster: Fristlose Beendigungskündigung – Sicht des Auszubildenden
        bb) Erläuterungen
          [1] Verweise 48
          [2] Kündigungsvoraussetzungen 49
          [3] Wichtiger Grund 50
          [4] Schadenersatzanspruch 51
    2. Kündigung wegen Aufgabe der Berufsausbildung

a) Muster: Kündigung des Auszubildenden wegen Aufgabe der Berufsausbildung
b) Erläuterungen
  [1] Verweise 53
  [2] Kündigungsgrund 54
  [3] Kündigungszeitpunkt 55
B. Schlichtungsverfahren
  I. Muster: Antrag des Auszubildenden auf Durchführung eines Schlichtungsverfahrens gemäß § 111 Abs. 2 ArbGG
  II. Erläuterungen
    [1] Prozessvoraussetzung/Zuständigkeit 57
    [2] Antragsfrist 60
    [3] Anhörung der Parteien 61
    [4] Sachvortrag 62
    [5] Rechtsausführungen 63
C. Gerichtliches Verfahren
  I. Klageschrift
    1. Fristlose Kündigung des Ausbildenden
      a) Muster: Klage gegen fristlose Kündigung des Ausbildenden
      b) Erläuterungen
        [1] Klageschrift 66
        [2] Einhaltung der Klagefrist von drei Wochen – nach KSchG 67
        [3] Verbindung mit Feststellungsklage 70

[4] Weiterbeschäftigungsanspruch.. 71
[5] Einhaltung der Klagefrist von zwei Wochen – nach ArbGG.... 72
[6] Wichtiger Grund und Interessenabwägung 73
[7] Kündigungserklärungsfrist...... 75
[8] Beteiligung des Betriebsrats..... 76
  2. Kündigung innerhalb der Probezeit
    a) Muster: Klagantrag bei Kündigung des Ausbildenden innerhalb der Probezeit
    b) Erläuterungen
      [1] Verweise 78
      [2] Kündigungsschutz............ 79
  3. Vorgeschaltetes Schlichtungsverfahren
    a) Muster: Klagantrag des Ausbildenden nach Unterliegen im Schlichtungsverfahren
    b) Erläuterungen
      [1] Feststellungsinteresse........... 83
II. Klageerwiderung
  1. Muster: Klageerwiderung des Ausbildenden (Klage gegen fristlose Kündigung)
  2. Erläuterungen
    [1] Strukturgleichheit mit § 626 BGB...................... 86

A. Kündigung des Berufsausbildungsverhältnisses

I. Kündigung während der Probezeit

1. Ausbildender kündigt

1

191

a) Muster: Probezeitkündigung durch Ausbildenden[1]

▶ Persönliche Übergabe/per Boten[2]

Anschrift

Kündigung Ihres Berufsausbildungsverhältnisses während der Probezeit

Sehr geehrter Herr ▬,[3]

wir kündigen das mit Ihnen bestehende Berufsausbildungsverhältnis zum ▬ (Ausbildungsberuf) innerhalb der vereinbarten Probezeit ordentlich ohne Einhalten einer Kündigungsfrist/▬ ordentlich mit Wirkung zum Ablauf des ▬ (zB Monatsletzten).[1][4][5]

Mit freundlichen Grüßen

▬

Unterschrift

Empfangsbestätigung[2]

Die Kündigung vom ▬ habe ich am ▬ um ▬ erhalten.

▬

Ort, Datum

▬

Unterschrift ◀

A. Kündigung des Berufsausbildungsverhältnisses § 22 BBiG

b) Erläuterungen und Varianten

[1] Rechtsnatur/Kündigungsgrund/Begründung. Das Berufsausbildungsverhältnis beginnt zwingend mit einer Probezeit. Sie muss mindestens einen Monat und darf höchstens vier Monate betragen, § 20 BBiG.

In der Probezeit kann das Berufsausbildungsverhältnis vom Ausbildenden und vom Auszubildenden jederzeit und ohne Einhaltung einer Frist gekündigt werden. Auch wenn die Kündigung fristlos ausgesprochen wird, handelt es sich nicht um eine außerordentliche Kündigung, sondern um eine ordentliche, sog. entfristete Kündigung. Die Kündigung kann auch unter Gewährung einer Auslauffrist ausgesprochen werden (HWK/C.S. *Hergenröder* § 22 BBiG Rn 4).

Die Kündigung innerhalb der Probezeit bedarf keines Kündigungsgrundes. Allerdings kann eine solche Kündigung (ausnahmsweise) unwirksam sein, etwa als unzulässige Maßregelung iSd § 612a BGB, diskriminierende Kündigung iSd § 134 BGB iVm §§ 7, 1 AG (vgl BAG 19.12.2013 – 6 AZR 190/12, NZA 2014, 372) oder aufgrund eines Verstoßes gegen Grundrechte, Treu und Glauben oder die guten Sitten, §§ 242, 138 BGB. § 1 KSchG ist jedoch nicht anwendbar.

Eine Begründung der Probezeitkündigung ist nicht erforderlich.

[2] Kündigung innerhalb der Probezeit/Zugang/Schriftform. Die (ordentliche) Kündigung des Ausbildungsverhältnisses kann nur während der Probezeit erklärt werden. Die Kündigungserklärung muss also innerhalb der Probezeit zugehen, spätestens am letzten Tag (ArbG Verden 9.1.1976 – Ca 404/75, EzB BBiG § 22 Abs. 1 Nr, 2).

Nach Ablauf der Probezeit kann das Berufsausbildungsverhältnis von beiden Parteien nur noch aus einem wichtigen Grund ohne Einhalten einer Kündigungsfrist – also außerordentlich – gem. § 22 Abs. 2 Nr. 1 BBiG oder vom Auszubildenden mit einer Frist von vier Wochen gekündigt werden, wenn er die Ausbildung aufgeben oder sich für eine andere Berufstätigkeit ausbilden lassen will, § 22 Abs. 2 Nr. 2 BBiG.

Der – fristgerechte – Zugang der Kündigung muss vom Kündigenden dargelegt und im Bestreitensfall bewiesen werden. Es empfiehlt sich daher, die Kündigungserklärung auf dem sichersten Weg, nämlich durch persönliche Übergabe, an den Kündigungsempfänger zuzustellen und deren Empfang, etwa auf einer Abschrift der Kündigung oder einer gesonderten Empfangsbestätigung, vom Kündigungsadressaten durch Unterschrift bestätigen zu lassen. Hierbei sollte stets dafür Sorge getragen werden, die erfolgte Zustellung auch ohne Mitwirkung des zu Kündigenden prozessordnungsgemäß dokumentieren zu können (hierzu und zu Alternativen bei der Zustellung ausführlich unten Rn 31 ff).

Die Kündigung muss schriftlich erfolgen, § 20 Abs. 3 BBiG. Die Kündigungserklärung muss durch einen Kündigungsberechtigte (hierzu HaKo-KSchR/*Gieseler* § 626 BGB Rn 132 ff) eigenhändig mittels Namensunterschrift unterzeichnet sein und dem Kündigungsempfänger im Original zugestellt werden. Eine nur mündlich erklärte oder lediglich via Telefax, E-Mail oder durch Übergabe einer Kopie ausgesprochene Kündigung wahrt die gesetzliche Schriftform nicht und ist gem. §§ 125 S. 1, 126 BGB formnichtig (vgl HaKo-KSchR/*Spengler* § 623 BGB Rn 14 ff, 31 ff).

[3] Minderjähriger Auszubildender. Ist das Berufsausbildungsverhältnis eines noch minderjährigen Auszubildenden zu kündigen, kann der Ausbildende eine Kündigung grundsätzlich nur gegenüber dem gesetzlichen Vertreter des Minderjährigen, also gegenüber den Eltern, wirksam erklären (BAG 25.11.1976 – 2 AZR 751/75, DB 1977/868).

11 Eine gegenüber einem nach § 106 BGB in seiner Geschäftsfähigkeit beschränkten Minderjährigen abgegebene schriftliche Willenserklärung geht zu und wird gemäß § 131 Abs. 2 S. 1 BGB wirksam, wenn sie mit dem erkennbaren Willen abgegeben wurde, dessen gesetzlichen Vertreter zu erreichen und tatsächlich in den Herrschaftsbereich des Vertreters gelangt. Die Kündigungserklärung muss mit Willen des Erklärenden in Richtung auf den gesetzlichen Vertreter in den Verkehr gelangt sein und der Erklärende muss damit gerechnet haben können und gerechnet haben, sie werde – und sei es auf Umwegen – den von ihm bestimmten Empfänger erreichen (BAG 8.12.2011 – 6 AZR 354/10, NZA 2012, 495). Gemäß § 1629 Abs. 1 S. 2 Halbs. 2 BGB genügt für den Empfang von Willenserklärungen die Abgabe gegenüber einem Elternteil. Deshalb ist jeder Elternteil zur Entgegennahme der Kündigung berechtigt. Da ein Fall der Gesamtvertretung vorliegt, reicht der Zugang bei einem Elternteil aus (HaKo-KSchR/*Mestwerdt* Einl. Rn 89).

12 Das Kündigungsschreiben ist daher an die Eltern als gesetzliche Vertreter des Auszubildenden *xy* oder an den Auszubildenden, gesetzlich vertreten durch seine Eltern *x* und *y*, zu richten und den Eltern/einem Elternteil des Auszubildenden zuzustellen. Der Zugang wird am sichersten durch persönliche Übergabe an den gesetzlichen Vertreter bewirkt (vgl oben Rn 8), der auch die vorgesehene Empfangsbestätigung unterzeichnen sollte.

13 Ein an den Auszubildenden – gesetzlich vertreten durch seine Eltern – adressiertes Kündigungsschreiben, lässt den Willen des Ausbildenden, das Kündigungsschreiben solle die Eltern des Minderjährigen als dessen gesetzliche Vertreter erreichen, zwar noch hinreichend erkennen. Die Zustellung eines solchen Schreibens per Post birgt allerdings Risiken. Für den Zugang reicht der Einwurf des Kündigungsschreibens in den Hausbriefkasten der gemeinsam vom Minderjährigen mit den Eltern bewohnten Wohnung aus. Hat der Minderjährige aber einen eigenen, deutlich als solchen gekennzeichneten Briefkasten, etwa weil er eine Einliegerwohnung im elterlichen Haus bewohnt und wirft der Postzusteller ein entsprechend adressiertes, per Post übersandtes Kündigungsschreiben in diesen und nicht in den Briefkasten der Eltern ein, geht das Kündigungsschreiben erst zu, wenn es der Minderjährige den Eltern übergibt (BAG 8.12.2011 – 6 AZR 354/10, NZA 2012, 495).

14 Die Formulierung der Kündigungserklärung selbst weist in diesen Fällen inhaltlich keine Besonderheiten auf:

▶ ...

Kündigung des Berufsausbildungsverhältnisses Ihres Sohnes ... während der Probezeit

Sehr geehrter Frau ...

Sehr geehrter Herr ...,

wir kündigen das mit Ihrem Sohn ... bestehende Berufsausbildungsverhältnis zum ... (Ausbildungsberuf) innerhalb der vereinbarten Probezeit ordentlich ohne Einhalten einer Kündigungsfrist/... ordentlich mit Wirkung zum Ablauf des ... (zB Monatsletzten).

... ◀

15 [4] **Beteiligungsverfahren/Öffentlich-rechtliche Zustimmungsverfahren.** Im Berufsausbildungsverhältnis gelten über § 10 Abs. 2 BBiG die allgemeinen arbeitsrechtlichen Kündigungserschwerungen und Kündigungsverbote, etwa nach §§ 85 – 92 SBG IX, 9 MuSchG, § 18 BEEG, §§ 15, 103 BetrVG. Gem. § 5 Abs. 1 BetrVG sind zu ihrer Berufsbildung Beschäftigte Arbeitnehmer iSd BetrVG. Der Betriebsrat ist daher sowohl vor als auch nach Ablauf der Probezeit vor Ausspruch der Kündigung eines Berufsausbildungsverhältnisses in aller Regel

A. Kündigung des Berufsausbildungsverhältnisses § 22 BBiG

gem. § 102 BetrVG zu beteiligen (näher u zu Ausnahmen HaKo-KSchR/*Nägele* § 102 BetrVG Rn 33 f). Entsprechendes gilt für die Beteiligung eines Personalrats oder einer MAV.

Ein Hinweis in der Kündigungserklärung auf die Durchführung des Beteiligungs- und/oder Zustimmungsverfahrens und/oder die Reaktion der Arbeitnehmervertretung ist aus rechtlichen Gründen nicht erforderlich. Ob Angaben hierzu erfolgen oder nicht, kann daher nach Maßgabe taktischer Erwägungen entschieden werden. 16

[5] **Hinweispflicht gem. §§ 2 Abs. 2 Ziff. 3, 38 Abs. 1 SGB III.** Die Meldepflicht des § 38 Abs. 1 SGB III gilt nach dessen Satz 5 nicht für Auszubildende, die in einem betrieblichen Ausbildungsverhältnis (vgl § 2 Abs. 1 Nr. 1 BBiG) ausgebildet werden. Insoweit kann auch keine Hinweispflicht des Ausbildenden bestehen. 17

In außerbetrieblichen Einrichtungen (vgl § 2 Abs. 1 Nr. 3 BBiG) ausgebildet werdende Auszubildende sind hingegen verpflichtet, sich arbeitsuchend zu melden. 18

Der Hinweis des Ausbildenden in der Kündigungserklärung kann erforderlichenfalls wie folgt formuliert werden: 19

▶ Wir weisen darauf hin, dass Sie verpflichtet sind, eigene Initiative bei der Suche nach einer neuen Tätigkeit zu entwickeln und sich innerhalb von drei Tagen seit Zugang dieser Kündigung bei der Agentur für Arbeit persönlich arbeitsuchend zu melden. Anderenfalls können sozialversicherungsrechtliche Nachteile, insbesondere die Verhängung einer einwöchigen Sperrfrist, eintreten. Zur Wahrung der Frist reicht eine Anzeige unter Angabe Ihrer persönlichen Daten und des Beendigungszeitpunktes aus, wenn die persönliche Meldung nach terminlicher Vereinbarung nachgeholt wird. ◀

Das Unterlassen des Hinweises auf die aus § 38 SGB III resultierenden Meldepflicht begründet nach der bisherigen Rechtsprechung des BAG allerdings keine Schadenersatzansprüche gegen den Arbeitgeber (BAG 29.9.2005 – 8 AZR 571/04, NZA 2005, 1406). Gleichwohl sollte der Hinweis in die Kündigungserklärung aufgenommen werden, schon um der gesetzlich vorgesehenen Verpflichtung des Ausbildenden zu entsprechen.

2. Auszubildender kündigt

a) Muster: Probezeitkündigung durch Auszubildenden[1]

▶ Persönliche Übergabe/Einschreiben mit Rückschein[2]

20

...-GmbH

– Geschäftsleitung –

Herrn Geschäftsführer ...

Anschrift

Kündigung meines Ausbildungsverhältnisses innerhalb der Probezeit

Sehr geehrter Herr ...,

ich kündige mein mit der ...-GmbH bestehendes Ausbildungsverhältnisses mit sofortiger Wirkung innerhalb der vereinbarten Probezeit.

Mit freundlichen Grüßen

...

Unterschrift[3]

Anlage: Einwilligungserklärung meiner Eltern[4] ◀

b) Erläuterungen

21 **[1] Rechtsnatur/Kündigungsgrund/Begründung.** In der Probezeit kann das Berufsausbildungsverhältnis vom Auszubildenden jederzeit und ohne Einhaltung einer Frist gekündigt werden. Auch wenn die Kündigung fristlos ausgesprochen wird, handelt es sich nicht um eine außerordentliche Kündigung, sondern um eine ordentliche, sog. entfristete Kündigung. Die Kündigung kann auch unter Gewährung einer Auslauffrist ausgesprochen werden (HWK/ *C.S. Hergenröder* § 22 BBiG Rn 4).

22 Die Kündigung innerhalb der Probezeit bedarf keines Kündigungsgrundes. Eine Begründung im Kündigungsschreiben ist nicht erforderlich.

23 **[2] Kündigung innerhalb der Probezeit/Zugang.** Die ordentliche Kündigung des Ausbildungsverhältnisses kann nur während der Probezeit erklärt werden (Ausnahme s.u. Rn 52). Die Kündigungserklärung muss also innerhalb der Probezeit zugehen, spätestens am letzten Tag (ArbG Verden 9.1.1976 – Ca 404/75, EzB BBiG § 22 Abs. 1 Nr, 2).

24 Der – fristgerechte – Zugang muss vom Auszubildenden dargelegt und im Bestreitensfall bewiesen werden. Es empfiehlt sich daher, die Kündigung gegen Empfangs-/Eingangsbestätigung der Geschäftsleitung oder Personalabteilung persönlich zu übergeben. Alternativ kann die Übergabe der Kündigung auch in Anwesenheit einer als Zeuge in Betracht kommenden dritten Person erfolgen oder die Kündigung durch einen Boten zugestellt werden. Der Bote sollte den Inhalt der von ihm zuzustellenden Erklärung kennen (Kündigung lesen lassen) und dokumentieren (vgl Bsp bei § 626 BGB Rn 3 aE). Eine Zustellung der Kündigung auf dem Postweg sollte unbedingt durch Einschreiben erfolgen. Nachdem der Kündigende allerdings nicht nur „das Ob" und den Zeitpunkt der Zustellung einer Sendung darlegen und beweisen können muss, sondern auch, welchen Inhalt die zugestellte Erklärung hat, sollten die erforderlichen tatsächlichen Handlungen bis zu deren Aufgabe beim Beförderungsunternehmen durch oder in Anwesenheit einer als Zeuge benannt werden könnenden dritten Person (Kündigung lesen lassen) erfolgen und dokumentiert werden (vgl Bsp bei § 626 BGB Rn 4 aE).

25 **[3] Schriftform.** Auch die Kündigung des Ausbildungsverhältnisses durch den Auszubildenden muss schriftlich erfolgen, § 20 Abs. 3 BBiG. Die Kündigungserklärung muss durch diesen eigenhändig mittels Namensunterschrift unterzeichnet sein und dem Kündigungsempfänger im Original zugestellt werden. Eine nur mündlich erklärte oder lediglich via Telefax, E-Mail oder durch Übergabe einer Kopie ausgesprochene Kündigung wahrt die gesetzliche Schriftform nicht und ist gem. §§ 125 S. 1, 126 BGB formnichtig (HaKo-KSchR/*Spengler* § 623 BGB Rn 14 ff, 31 ff).

26 **[4] Minderjähriger Auszubildender.** Ist der Auszubildende noch minderjährig, bedarf seine Kündigungserklärung gem. § 107 BGB der vorherigen Einwilligung des gesetzlichen Vertreters, also der Eltern. Die ohne eine solche erklärte Kündigung ist grds. unwirksam, § 111 S. 1 BGB (HaKo-KSchR/*Mestwerdt* Einl. Rn 86). Die schriftliche Einwilligung sollte daher stets zusammen mit der Kündigung vorgelegt und mit dieser körperlich verbunden werden. Dies empfiehlt sich schon im Hinblick auf das Zurückweisungsrecht des § 111 S. 2, 3 BGB.

27 Alternativ kann die Kündigung des Berufsausbildungsverhältnisses von den Eltern als gesetzlichen Vertretern des Auszubildenden ausgesprochen werden.

II. Kündigung nach der Probezeit
1. Fristlose Kündigung aus wichtigem Grund
a) Arbeitgebersicht
aa) Muster: Fristlose Beendigungskündigung[1] – Sicht des Ausbildenden

▶ Persönliche Übergabe/Per Boten[2]

Herrn ... (Auszubildender)[3]

Anschrift

Fristlose Kündigung Ihres Berufsausbildungsverhältnisses

Sehr geehrter Herr ...,

wir kündigen das mit Ihnen bestehende Berufsausbildungsverhältnis fristlos aus wichtigem Grund.[4]

Die Kündigung beruht auf folgendem Sachverhalt:

Am ... ... gegen ... ... befanden Sie sich in ... um ... . (konkrete Darlegung des Kündigungssachverhalts).[5]

In der Vergangenheit haben Sie bereits in gleicher Art und Weise gegen Ihre Pflichten aus Ihrem Berufsausbildungsvertrag verstoßen. ... (konkrete Darlegung der vorangegangenen arbeitsrechtlichen Sanktionen).[5]

Nachdem Sie nicht bereit sind, Ihr Verhalten zu ändern und alle milderen Mittel keinen Erfolg zeigten, sehen wir uns veranlasst, Ihr Ausbildungsverhältnis fristlos aus wichtigem Grund zu kündigen.

Der Betriebsrat/Personalrat/Die MAV wurde vor Ausspruch der Kündigung ordnungsgemäß beteiligt (evtl.: und hat der Kündigung zugestimmt/keine Stellungnahme abgegeben/gegen die Kündigung Bedenken erhoben)./Das Integrationsamt/...amt hat die Zustimmung zu dieser Kündigung am ... erteilt.[6][7]

Mit freundlichen Grüßen

...

Unterschrift[8]

Empfangsbestätigung[1][2]

Die fristlose Kündigung vom ... habe ich am ... um ... erhalten.

...

Ort, Datum

...

Unterschrift ◀

bb) Erläuterungen

[1] Kündigung ohne Einhalten einer Kündigungsfrist. Nach der zwischen einem und vier Monate dauernden Probezeit (§ 20 BBiG) kann das Berufsausbildungsverhältnis gem. § 22 Abs. 2 Nr. 1 BBiG vom Ausbildenden nur noch aus einem wichtigen Grund ohne Einhalten einer Kündigungsfrist gekündigt werden. Hierbei handelt es sich in der Sache um eine außerordentliche Beendigungskündigung mit sofortiger Wirkung (eine fristlose Änderungskündigung des Berufsausbildungsvertrages aus wichtigem Grund ist systematisch zwar nicht ausgeschlossen, in der Praxis aber kaum vorstellbar). Eine solche wird meist aus verhaltensbedingten Gründen erklärt und führt zur sofortigen Auflösung des Berufsausbildungsverhältnisses. Diese Wirkung tritt bereits im Zeitpunkt des Zugangs der Kündigungserklärung ein, nicht erst mit Ablauf des Kalendertages, an dem der Zugang erfolgt. Eine fristlose Kündigung kann nicht mit Rückwirkung auf einen früheren Zeitpunkt, etwa den des Eintritts des wichtigen Grundes, ausgesprochen werden.

30 **[2] Kündigungserklärungsfrist/Zugang.** Eine fristlose Kündigung muss innerhalb der zweiwöchigen Kündigungserklärungsfrist des § 22 Abs. 4 BBiG ausgesprochen und dem Kündigungsempfänger zugestellt werden (vgl HaKo-KSchR/*Gieseler* § 626 BGB Rn 118 zum Fristbeginn, Rn 119 ff zur Hemmung der Frist infolge Sachverhaltsaufklärung, Rn 122 ff zum Neubeginn der Frist, Rn 124 ff zu Dauertatbeständen). Beförderungsschwierigkeiten, etwa die verzögerte Zustellung eines Einschreibens über die üblichen Postlaufzeiten hinaus, gehen grds. zulasten des Kündigenden. Eine Wiedereinsetzung in den vorigen Stand kommt nach Fristablauf nicht in Betracht, da es sich nicht um eine prozessuale Frist handelt. Eine nach Fristablauf zugehende fristlose Kündigung ist rechtsunwirksam.

31 Der – fristgerechte – Zugang muss vom Kündigenden dargelegt und im Bestreitensfall bewiesen werden (vgl HaKo-KSchR/*Mestwerdt* Einl. Rn 33 ff zum Zugang (Grundsätze), Rn 38 ff zu Einzelfällen, Rn 51 zur Abwesenheit des Kündigungsempfängers, Rn 52 ff zu Vereitelung/Verzögerung des Zugangs, Rn 56 ff zur Darlegungs- und Beweislast). Es empfiehlt sich daher unbedingt, die Kündigungserklärung auf dem sichersten Weg, nämlich durch persönliche Übergabe, an den Kündigungsempfänger zuzustellen und deren Empfang, etwa auf einer Abschrift der Kündigung oder einer gesonderten Empfangsbestätigung, durch den Kündigungsadressaten durch Unterschrift bestätigen zu lassen. Hierbei sollte stets dafür Sorge getragen werden, die erfolgte Zustellung auch ohne Mitwirkung des zu Kündigenden prozessordnungsgemäß dokumentieren zu können. Es bietet sich hierzu an, die Kündigung in Anwesenheit (mindestens) eines als Zeuge in Betracht kommenden geeigneten, glaubwürdigen Dritten, etwa eines Mitarbeiters der Personalabteilung, zu übergeben. Der Zeuge sollte die Kündigung und ihren Inhalt kennen (lesen lassen) und ein präzises Übergabe- und Zustellungsprotokoll erstellen (vgl Bsp bei § 626 BGB Rn 3 aE).

32 Alternativ kann die Kündigung auch durch einen, besser: zwei eigene interne, vertrauenswürdige Boten, insb. andere Mitarbeiter, zugestellt werden, die erforderlichenfalls als Zeugen zum Beweis des Zugangs und dessen Zeitpunkts in einem etwaigen späteren Verfahren benannt werden können müssen. Der Bote muss den Inhalt der von ihm zuzustellenden Erklärung kennen (Kündigung lesen lassen) und sollte nach deren Zustellung einen detaillierten Vermerk erstellen (§ 626 BGB Rn 3 aE).

33 Eine Zustellung der Kündigungserklärung auf dem Postweg weist, je nach Art der Übersendung, unterschiedliche Risiken auf. Nach Möglichkeit sollte daher einer der zuvor genannten Zustellungsvarianten der Vorzug gegeben werden.

34 Bei Übersendung der Kündigung auf dem Postweg erfolgt deren Zugang nach Maßgabe der allgemeinen, zivilrechtlichen Kriterien des § 130 Abs. 1 BGB; also dann, wenn die Kündigungserklärung so in den Machtbereich des Empfängers gelangt ist, dass dieser unter gewöhnlichen Umständen Kenntnis von deren Inhalt erlangen kann. Dies ist noch nicht der Fall, wenn bei der Übermittlung durch Einschreiben/Rückschein oder Übergabe-Einschreiben nur eine Benachrichtigung über den erfolglosen Zustellungsversuch beim Kündigungsadressaten hinterlassen wird. Die Kündigung geht erst mit der – möglicherweise einige Tage später erfolgenden – Abholung durch den Kündigungsempfänger zu. Ist die Ausschlussfrist zu diesem Zeitpunkt bereits abgelaufen, ist die fristlose Kündigung unwirksam.

A. Kündigung des Berufsausbildungsverhältnisses § 22 BBiG

Um eine fristgerechte Übersendung der Kündigungserklärung auf dem Postweg – soweit möglich – sicherzustellen, ist daher in der Regel die Zustellung mit Einwurf-Einschreiben (vgl Ha-Ko-KSchR/*Mestwerdt* Einl. Rn 40, 57 ff, 61) die zwar nicht risikolose (Dokumentation nur des Zugangszeitpunkts, ggf auch nur unter erheblichen Schwierigkeiten/Unwägbarkeiten (hierzu Hümmerich/Lücke/Mauer/*Regh*, Arbeitsrecht § 4 Rn 23), nicht aber der Zustellung der Originalerklärung) gleichwohl aber geeignetere Alternative als zB das Einschreiben mit Rückschein. Da der Kündigende auch darlegen und beweisen können muss, welchen Inhalt die zugestellte Erklärung hat, ist bei dieser Form der Zustellung allerdings zudem eine sorgfältige Vorgehensweise in tatsächlicher Hinsicht und eine ebensolche Dokumentation des gesamten Weges der Kündigung vom Einkuvertieren des Kündigungsschreibens bis hin zu dessen Aufgabe beim Versender geboten. Dies kann insb. durch Anfertigung entsprechender Vermerke eines ggf in einem späteren Kündigungsschutzverfahren als Zeugen zu benennenden Mitarbeiters für die Personalakte und sorgfältige Ablage von Unterlagen/Belegen erfolgen (vgl Bsp bei § 626 BGB Rn 4 aE). 35

[3] Minderjähriger Auszubildender. Ist das Berufsausbildungsverhältnis eines noch minderjährigen Auszubildenden zu kündigen, kann der Ausbildende eine Kündigung grundsätzlich nur gegenüber dem gesetzlichen Vertreter des Minderjährigen, also gegenüber den Eltern, wirksam erklären (hierzu ausführlich oben Rn 10 ff; BAG 25.11.1976 – 2 AZR 751/75, DB 1977/868). 36

[4] Wichtiger Grund. Der Begriff des wichtigen Grundes nach § 22 Abs. 2 Nr. 1 BBiG stimmt mit dem des § 626 Abs. 1 BGB überein. Bei dessen Anwendung ist allerdings die besondere Rechtsnatur des Berufsbildungsverhältnisses und sein auf Ausbildung und Erziehung gerichteter Zweck mit der Folge zu berücksichtigen, dass der Ausbilder Pflichtverletzungen des Auszubildenden hinzunehmen hat, so lange diese nicht ein besonderes Gewicht haben (vgl unten Rn 65 unter III 1. b) und Rn 73 f). 37

[5] Begründung der Kündigung. Nach § 22 Abs. 3 BBiG muss die Kündigung vom Ausbildenden nicht nur schriftlich erklärt, sondern in den Fällen des § 22 Abs. 2 Nr. 1 BBiG auch schriftlich begründet werden. Damit bestehen bei einer Kündigung nach dem Ablauf der Probezeit gegenüber den allgemeinen Regeln des § 623 BGB weitergehende Anforderungen. 38

Die Gründe müssen so genau bezeichnet werden, dass der Kündigungsempfänger hinreichend klar erkennen kann, was Anlass der Kündigung ist und welche Verfehlung ihm zur Last gelegt wird. Eine Substantiierung der Kündigungsgründe wie im Kündigungsschutzprozess ist regelmäßig nicht erforderlich; der Kündigungsempfänger muss sich aufgrund der mitgeteilten Gründe aber darüber klar werden können, ob er gegen die Kündigung vorgehen will. Pauschale Schlagworte und Wertungen, etwa die Bezeichnung der Kündigung als verhaltensbedingt, reichen ebenso wenig aus wie die Bezugnahme auf ein Gespräch. Eine diesen Anforderungen nicht entsprechende Kündigung ist nach §§ 125 Satz 1, 126 BGB nichtig (BAG 10.2.1999 – 2 AZR 848/98, NZA 1999, 603). 39

In der Begründung nicht angegebene Kündigungsgründe können nicht nachgeschoben werden, auch dann nicht, wenn sie dem Kündigenden erst nach dem Ausspruch der Kündigung bekannt werden. Wurde der Kündigungssachverhalt im Kündigungsschreiben dagegen hinreichend konkret bezeichnet, können den Kündigungsrund verstärkende Umstände in den Prozess eingeführt werden, sofern dieser dadurch nicht grundlegend umgestaltet wird (BAG 1.7.1999 – 2 AZR 676/98, NZA 1999, 1270). 40

[6] Beteiligungsverfahren/Öffentlich-rechtliche Zustimmungsverfahren. Im Berufsausbildungsverhältnis gelten über § 10 Abs. 2 BBiG die allgemeinen arbeitsrechtlichen Kündigungs- 41 erschwerungen und Kündigungsverbote, etwa nach §§ 85 – 92 SBG IX, 9 MuSchG, § 18 BEEG, §§ 15, 103 BetrVG. Gem. § 5 Abs. 1 BetrVG sind zu ihrer Berufsbildung Beschäftigte Arbeitnehmer iSd BetrVG. Der Betriebsrat ist daher vor Ausspruch der Kündigung eines Berufsausbildungsverhältnisses in aller Regel gem. § 102 BetrVG zu beteiligen (näher und zu Ausnahmen HaKo-KSchR/*Nägele* § 102 BetrVG Rn 33 f). Entsprechendes gilt für die Beteiligung eines Personalrats oder einer MAV.

42 Ein Hinweis in der Kündigungserklärung auf die Durchführung des Beteiligungs- und/oder Zustimmungsverfahrens und/oder die Reaktion der Arbeitnehmervertretung ist aus rechtlichen Gründen nicht erforderlich. Ob Angaben hierzu erfolgen oder nicht, kann daher nach Maßgabe taktischer Erwägungen entschieden werden.

43 [7] **Hinweispflicht gem. §§ 2 Abs. 2 Ziff. 3, 38 Abs. 1 SGB III.** Auf die Erläuterungen bei Rn 17 ff wird verwiesen.

44 [8] **Schriftformerfordernis/Kündigungsberechtigung.** Für die Kündigung eines Ausbildungsverhältnisses gilt das Schriftformerfordernis des § 22 Abs. 3 BBiG. Die Kündigungserklärung muss mithin durch einen Kündigungsberechtigten eigenhändig mittels Namensunterschrift unterzeichnet sein und dem Kündigungsempfänger im Original zugestellt werden. Eine nur mündlich erklärte oder lediglich via Telefax, E-Mail oder durch Übergabe einer Kopie ausgesprochene Kündigung wahrt die gesetzliche Schriftform nicht und ist gem. §§ 125 S. 1, 126 BGB formnichtig (HK-ArbR/*Herrmann* § 22 BBiG Rn 23).

45 Kündigungsberechtigt ist die natürliche Person, die das Kündigungsrecht ausüben darf. Hierzu zählen zunächst der Arbeitgeber, soweit es sich um eine natürliche Person handelt, bspw der Inhaber einer Einzelfirma sowie bei juristischen Personen, die gesetzlichen Vertreter einer Gesellschaft oder Körperschaft, also etwa der Geschäftsführer einer GmbH oder der Vorstand einer AG. Neben den Mitgliedern der Organe juristischer Personen und Körperschaften gehören zu den Kündigungsberechtigten auch die Mitarbeiter, denen der Arbeitgeber das Recht zur (fristlosen) Kündigung übertragen hat. Zum relevanten Personenkreis gehören etwa Prokuristen oder Mitarbeiter mit Handlungsvollmacht (§ 54 HGB) und leitende Angestellte mit Kündigungsbefugnis (HaKo-KSchR/*Mestwerdt* Einl. Rn 63 ff, 74 ff).

46 Wird die Kündigung durch einen nicht kündigungsberechtigten Vertreter ausgesprochen, etwa den Rechtsanwalt des Arbeitgebers, muss dem Kündigungsschreiben eine durch einen Kündigungsberechtigten unterzeichnete Originalvollmacht angeschlossen werden. Gleiches gilt, wenn die Kündigung durch einen Vorgesetzten ausgesprochen werden soll, bei dem die Kündigungsberechtigung nicht betriebsöffentlich durch den Arbeitgeber bekannt gemacht wurde resp. bei dem sich die bestehende Kündigungsberechtigung nicht schon aus der ausgeübten Tätigkeit als solcher ergibt, wie dies etwa bei einem Personalleiter regelmäßig der Fall ist (Hierzu HaKo-KSchR/*Mestwerdt* Einl. Rn 73-75). Anderenfalls kann die Kündigung gemäß § 174 S. 1 BGB unverzüglich zurück gewiesen werden. Erforderlich hierfür ist jedoch gleichfalls die Beifügung einer hierzu berechtigenden Originalvollmacht des Gekündigten (vgl Muster zu §§ 174, 180 BGB Rn 1, 14; HaKo-KSchR/*Mestwerdt* Einl. Rn 69 ff).

b) Arbeitnehmersicht

47 **aa) Muster: Fristlose Beendigungskündigung – Sicht des Auszubildenden**[1]

▶ Persönliche Übergabe/Einschreiben mit Rückschein

...-GmbH

– Geschäftsleitung –

Herrn Geschäftsführer ...

Anschrift

Fristlose Kündigung meines Ausbildungsverhältnisses aus wichtigem Grund

Sehr geehrter Herr ▪▪▪,

ich kündige mein mit der ▪▪▪-GmbH bestehendes Ausbildungsverhältnisses aus wichtigem Grund mit sofortiger Wirkung.[2]

Die Kündigung beruht auf folgendem Sachverhalt: ▪▪▪ (konkrete Darlegung des Kündigungssachverhalts).[3]

In der Vergangenheit haben Sie bereits in gleicher Art und Weise gegen Ihre Pflichten als Ausbildender verstoßen. Mit Schreiben vom ▪▪▪ habe ich Ihnen eine Abmahnung erteilt, weil Sie ▪▪▪ (konkrete Darlegung der vorangegangenen arbeitsrechtlichen Sanktion(en)).

Nachdem Sie nicht bereit sind, Ihr Verhalten zu ändern, sehe ich mich gezwungen, mein Ausbildungsverhältnis fristlos aus wichtigem Grund zu kündigen.

Die Geltendmachung von Schadenersatzansprüchen behalte ich mir vor.[4]

Mit freundlichen Grüßen

▪▪▪

Unterschrift

Anlage: Einwilligungserklärung meiner Eltern ◄

bb) Erläuterungen

[1] **Verweise.** Hinsichtlich der Kündigungserklärung wird zunächst verwiesen auf die Anmerkungen [1], [2] Rn 29 ff und [5] Rn 38 ff zum vorstehenden Muster bei Rn 28 sowie auf die Anmerkungen [2], [3] und [4] Rn 23 ff zum Muster bei Rn 20, die gleichermaßen gelten.

[2] **Kündigungsvoraussetzungen.** § 22 Abs. 2 Nr. 1 BBiG gilt für beide Parteien des Berufsausbildungsverhältnisses in gleicher Art und Weise. Auch bei einer fristlosen Kündigung durch den Auszubildenden muss daher ein wichtiger Grund „an sich" vorliegen. Zu beachten sind ebenso das Erfordernis der Angabe des Kündigungsgrunde (HK-ArbR/*Herrmann* § 22 BBiG Rn 25), das Verhältnismäßigkeits- und Prognoseprinzip einschließlich der Abmahnungsobliegenheit, die Notwendigkeit einer umfassenden Interessenabwägung, die Frist des § 20 Abs. 4 BBiG sowie die im Prozess beim Kündigenden liegende Darlegungs- und Beweislast für das Vorliegen der Voraussetzungen von § 22 Abs. 2 Nr. 1, Abs. 3 und 4 BBiG.

[3] **Wichtiger Grund.** Als wichtiger Grund kommen zunächst alle Umstände in Betracht, die im Arbeitsverhältnis eine außerordentliche Kündigung des Arbeitnehmers nach § 626 BGB rechtfertigen. Darüber hinaus können sich Kündigungsgründe auch aus den Besonderheiten des Ausbildungsverhältnisses ergeben. In Betracht kommen grobe oder beharrliche Verstöße gegen Arbeitsschutzvorschriften (zB JArbSchG, ArbZG), die dauernde Beschäftigung mit ausbildungsfremden Tätigkeiten oder die tatsächliche Unmöglichkeit der weiteren Ausbildung, weil ein geeigneter Ausbilder nicht mehr zur Verfügung steht (näher HK-ArbR/*Herrmann* § 22 BBiG Rn 18 ff).

[4] **Schadenersatzanspruch.** Der Auszubildende kann Schadenersatzansprüche nach § 23 Abs. 1 S. 1 BBiG geltend machen, wenn das Berufsausbildungsverhältnis vorzeitig gelöst wird und der Ausbildende die vorzeitige Beendigung zu vertreten hat. Der Anspruch muss innerhalb von drei Monaten nach Beendigung des Ausbildungsverhältnisses geltend gemacht werden, § 23 Abs. 2 BBiG (näher HK-ArbR/*Herrmann* § 23 BBiG Rn 1 ff).

2. Kündigung wegen Aufgabe der Berufsausbildung

52 a) **Muster: Kündigung des Auszubildenden wegen Aufgabe der Berufsausbildung**[1]

195 ▶ Persönliche Übergabe/Einschreiben mit Rückschein

...-GmbH

– Geschäftsleitung –

Herrn Geschäftsführer ...

Anschrift

Kündigung meines Ausbildungsverhältnisses wegen Aufgabe der Berufsausbildung

Sehr geehrter Herr ...,

ich habe mich entschlossen, meine Berufsausbildung zum ... (Ausbildungsberuf) aufzugeben.[2]

Aus diesem Grund kündige ich mein mit der ...-GmbH bestehendes Ausbildungsverhältnis gemäß § 22 Abs. 2 Nr. 2 BBiG fristgerecht unter Einhaltung der gesetzlichen Kündigungsfrist von vier Wochen.[3]

Mit freundlichen Grüßen

...

Unterschrift

Anlage: Einwilligungserklärung meiner Eltern ◀

b) **Erläuterungen**

53 [1] **Verweise.** Hinsichtlich der Kündigungserklärung wird zunächst auf die Erläuterungen bei Rn 24–27 verwiesen, die gleichermaßen gelten.

54 [2] **Kündigungsgrund.** Die Aufgabe der Berufsausbildung setzt voraus, dass der Auszubildende seine Ausbildung im gewählten Beruf vollständig aufgibt, etwa infolge mangelnder persönlicher oder fachlicher Eignung, mangelnden Interesses oder aus gesundheitlichen Gründen (näher HK-ArbR/*Herrmann* § 22 BBiG Rn 6 f). Eine Kündigung ist auch möglich, wenn sich der Auszubildende in einem anderen Ausbildungsberuf ausbilden lassen will. Der Wechsel nur des Ausbildungsbetriebes unter Beibehaltung des bisherigen Ausbildungsberufes wird von der Vorschrift indessen nicht erlaubt. Der Kündigungsgrund muss in der Kündigungserklärung angegeben werden (§ 22 Abs. 3 BBiG).

55 [3] **Kündigungszeitpunkt.** Die Kündigung kann nach Ablauf der Probezeit jederzeit durch den Auszubildenden erklärt werden. Ein bestimmter Endtermin, etwa zum Ende des Kalendermonats, muss nicht eingehalten werden.

B. Schlichtungsverfahren

56 I. **Muster: Antrag des Auszubildenden auf Durchführung eines Schlichtungsverfahrens gemäß § 111 Abs. 2 ArbGG**

196 ▶ Handwerkskammer .../Industrie- und Handelskammer ...

– Schlichtungsausschuss –[1]

Anschrift

Antrag auf Durchführung eines Schlichtungsverfahrens (§ 111 Abs. 2 ArbGG)

In dem Schlichtungsverfahren

mit den Beteiligten

... (Auszubildender)

– Antragsteller –

Verfahrensbevollmächtigte: Rechtsanwälte ...

gegen

... (Ausbildender)

– Antragsgegner –

zeigen wir die anwaltliche Vertretung des Antragstellers an. Auf uns lautende Vollmacht ist der Anlage im Original angeschlossen.

Es wird beantragt,[2]

ein Schlichtungsverfahren gem. §§ 111 Abs. 2 ArbGG zur Beilegung einer Streitigkeit zwischen ... als Auszubildendem und ... als Ausbilder vor dem zuständigen Ausschuss der ... durchzuführen.

Die Angelegenheit ist eilbedürftig. Der Antragsgegner hat die Ausbildung des Antragstellers seit ... eingestellt. Der Erfolg der Ausbildung ist gefährdet, wird diese nicht alsbald fortgesetzt.

Wir bitten aus diesem Grund darum,

möglichst kurzfristig einen Termin zur mündlichen Anhörung der Parteien zu bestimmen.[3]

Soweit zwischen den Parteien keine einvernehmliche Einigung möglich sein sollte, möge der Ausschuss folgenden Spruch fällen:

Es wird festgestellt, dass das zwischen den Parteien bestehende Ausbildungsverhältnis durch die schriftliche fristlose Kündigung des Antragsgegners vom ... nicht aufgelöst wurde.

Begründung

I.

1. Der Antragsteller wurde am ... geboren, ist ledig und hat keine Kinder. Zwischen den Parteien besteht seit ... ein Ausbildungsverhältnis. Der Antragsteller wird vom Antragsgegner in seinem Betrieb in ... zum ... ausgebildet. Wir verweisen auf den als – Anlage K 1 – beigefügten Berufsausbildungsvertrag vom ..., der in das Verzeichnis der Berufsausbildungsverhältnisse bei der ... eingetragen ist. Das Ausbildungsverhältnis der Parteien endet hiernach bereits am .../in ... Wochen/Monaten mit dem voraussichtlichen Abschluss der Berufsausbildung.
2. Ein Betriebsrat ist errichtet/nicht errichtet. Auf das Ausbildungsverhältnis der Parteien finden die tarifvertraglichen Vereinbarungen für die ... (Branche) in ... (räumlicher Geltungsbereich) zwischen der ... und ... (tarifvertragschließende Parteien) Anwendung/finden tarifliche Regelungen keine Anwendung.

II.

1. Mit Schreiben vom ..., dem Antragsteller durch ... am ... zugegangen, erklärte der Antragsgegner die Kündigung des Ausbildungsverhältnisses aus wichtigem Grund mit sofortiger Wirkung. Die Kündigungserklärung ist als – Anlage K 2 – beigefügt.
Ausweislich der Kündigungserklärung wird die fristlose Kündigung darauf gestützt, dass der Antragsteller am ...
Der vom Antragsgegner erhobene Vorwurf ist jedoch unzutreffend. ...

2. Das Berufsausbildungsverhältnis der Beteiligten verlief bislang störungsfrei. Eine Abmahnung wurde dem Antragsteller nicht erteilt.
3. ▪▪▪[4]

III.

Ein wichtiger Grund iSd § 22 Abs. 2 Ziff. 1 BBiG liegt nicht vor.

▪▪▪[5]

Die Kündigung des Antragsgegners vom ▪▪▪ ist rechtsunwirksam.

▪▪▪

Rechtsanwalt ◂

II. Erläuterungen

57 **[1] Prozessvoraussetzung/Zuständigkeit.** Die Errichtung eines Schlichtungsausschusses steht im Ermessen der Handwerksinnungen bzw der im Übrigen zuständigen Stellen iSd BBiG. Hierbei handelt es sich nach § 71 ff BBiG in erster Linie um die Berufskammern, etwa die Industrie- und Handelskammern, die Rechtsanwalts-, Patentanwalts- und Notarkammern oder die Ärzte-, Zahnärzte- und Apothekerkammern. Da die Bildung eines Schlichtungsausschusses nicht zwingend ist, muss stets im Einzelfall geprüft werden, ob in der jeweiligen Region für den jeweiligen Beruf oder Wirtschaftszweig ein entsprechender Ausschuss gebildet wurde.

58 Ist dies der Fall, muss das Schlichtungsverfahren vor Klagerhebung durchgeführt werden. Dies gilt auch für die Fälle, in denen eine fristlose Kündigung des Ausbildungsverhältnisses streitgegenständlich ist. Die Anrufung des Ausschusses durch den Auszubildenden ist zwingende Prozessvoraussetzung, § 111 Abs. 2 S. 5 ArbGG. Eine Klage ist anderenfalls unzulässig. Allerdings kann ein solcher Mangel durch rügeloses Verhandeln des Prozessgegners zur Hauptsache gemäß § 295 ZPO geheilt (HK-ArbR/*Gross* § 111 ArbGG Rn 3) oder das Schlichtungsverfahren, wenn möglich, bis zur streitigen Verhandlung nachgeholt werden (HWK/*C.S. Hergenröder* § 22 BBiG Rn 14). In Betracht kommt auch eine Aussetzung des Verfahrens in entsprechender Anwendung des § 148 ZPO (HK-ArbR/*Herrmann* § 22 BBiG Rn 31).

59 Zuständig für die Behandlung einer Streitigkeit ist der bei der für den Ausbildungsberuf zuständigen Stelle gebildete Ausschuss, in deren Verzeichnis der Berufsausbildungsvertrag eingetragen ist oder sein müsste (HWK/*Kalb* § 111 ArbGG Rn 7).

60 **[2] Antragsfrist.** § 111 Abs. 2 ArbGG normiert zwar keine Frist, innerhalb derer die Anrufung des Ausschusses erfolgen müsste. Das Antragsrecht unterliegt jedoch der Verwirkung. Deren Eintritt bestimmt sich nach den allgemeinen Regeln – erfordert also insb. die Verwirklichung des sog. Zeit- und des Umstandsmoments – unter Berücksichtigung der Umstände des Einzelfalles. Nach der Rechtsprechung des BA (9.2.2011 – 7 AZR 221/10, NZA 2011, 854) ist ein Klagebegehren verwirkt, wenn der Anspruchsteller die Klage erst nach Ablauf eines längeren Zeitraums erhebt (Zeitmoment) und dadurch ein Vertrauenstatbestand beim Anspruchsgegner geschaffen wird, dass er gerichtlich nicht mehr belangt werde. Hierbei muss das Erfordernis des Vertrauensschutzes das Interesse des Berechtigten an der sachlichen Prüfung des von ihm behaupteten Anspruchs derart überwiegen, dass dem Gegner die Einlassung auf die nicht innerhalb angemessener Frist erhobene Klage nicht mehr zumutbar ist (Umstandsmoment). Hieraus können alsbald Risiken und Unwägbarkeiten resultieren, da sich feste zeitliche Grenzen nicht bestimmen lassen. In der Rechtsprechung wird zudem die Auf-

fassung vertreten, dass zur Vermeidung der Verwirkung die Anrufung des Ausschusses idR innerhalb der Dreiwochenfrist des § 4 KSchG erfolgen müsse, würden durch den Auszubildenden nicht besondere, eine spätere Anrufung rechtfertigende Gründe geltend gemacht (LAG Rheinland-Pfalz 23.5.2007 – 6 Ta 133/07, juris).

Es empfiehlt sich daher unbedingt, die Durchführung des Schlichtungsverfahrens stets innerhalb von drei Wochen seit Zugang der Kündigung zu beantragen.

[3] **Anhörung der Parteien.** Nach § 111 Abs. 2 S. 2 ArbGG ist eine mündliche Anhörung der Parteien zwingend vorgeschrieben. Manch ein Schlichtungsausschuss tritt allerdings nur in zeitlich durchaus entfernteren Abständen zusammen (bspw zwei- oder dreimal im Jahr), so dass versucht werden sollte, Zeitverzögerungen, soweit möglich, entgegen zu wirken. Erforderlichenfalls ist zu erwägen, ob ein einstweiliges Verfügungsverfahren vor dem Arbeitsgericht einzuleiten ist. Das Verfahren des einstweiligen Rechtsschutzes steht dem Auszubildenden ungeachtet des Erfordernisses der Durchführung des Schlichtungsverfahrens zur Verfügung (ArbG Kiel 30.12.2009 – 1 Ga 34a/09, ArBuR 2010, 271).

[4] **Sachvortrag.** Unter II. werden zunächst in knapper Form der Zugang der Kündigungserklärung sowie der Kündigungssachverhalt aus Sicht des Kündigenden dargestellt. Ob sodann eine ausführliche (Gegen-)Darstellung aus Sicht des Auszubildenden zielführender erscheint, als nur kurze und knappe Angaben oder ein schlichtes Bestreiten, muss der Beurteilung des jeweiligen Einzelfalles vorbehalten bleiben. Es folgen Ausführungen, ob das Ausbildungsverhältnis bisher störungsfrei verlief oder nicht. Abschließend kann ggf weiterer Sachvortrag zu sonstigen Umständen geführt werden, die zur Rechtsunwirksamkeit der streitgegenständlichen Kündigung führen können, etwa aufgrund der Versäumung der Frist des § 22 Abs. 4 S. 1 BBiG oder bzgl einer unterbliebenen oder fehlerhaften Anhörung des Betriebsrats.

[5] **Rechtsausführungen.** Hier können, falls geboten oder sinnvoll, Rechtsausführungen erfolgen (vgl Muster bei Rn 65 unter III.).

C. Gerichtliches Verfahren

Bei den in nachfolgenden Musterschriftsätzen verwendeten Textbausteinen handelt es um auf typische Prozesssituationen bezogene Muster ohne Anspruch auf Vollständigkeit. Die dortigen Rechtsausführungen sind nach Bedarf und auf den Einzelfall bezogen zu ergänzen oder auch zu kürzen oder zu entfernen.

I. Klageschrift

1. Fristlose Kündigung des Ausbildenden

a) Muster: Klage gegen fristlose Kündigung des Ausbildenden[1]

▶ Arbeitsgericht ...

Anschrift

In der Rechtssache

... (Auszubildender, bei Minderjährigen: gesetzlich vertreten durch die Eltern ... und ...),

Anschrift

– Kläger –

Prozessbevollmächtigte: RAe ...

gegen

... (Ausbildende), Anschrift

– Beklagte –

zeigen wir die anwaltliche Vertretung des Klägers an und bitten um zeitnahe Bestimmung eines Termins zur Güteverhandlung. Sollte eine Einigung der Parteien im Gütetermin nicht erfolgen, werden wir namens und in Vollmacht des Klägers im Termin zur mündlichen Verhandlung vor der Kammer beantragen:

1. Es wird festgestellt, dass das Ausbildungsverhältnis der Parteien durch die fristlose Kündigung der Beklagten vom ..., zugestellt am ..., nicht aufgelöst wurde.[2]
2. Es wird festgestellt, dass das Ausbildungsverhältnis der Parteien über den ... (Zeitpunkt der Zustellung) hinaus fortbesteht.[3]
3. Die Beklagte wird verurteilt, den Kläger bis zum rechtskräftigen Abschluss des Bestandsschutzverfahrens weiter als ... auszubilden.[4]
4. Die Beklagte trägt die Kosten des Rechtsstreits.

Begründung

Mit vorliegender Klage begehrt der Kläger die Feststellung, dass die fristlose Kündigung des Ausbildungsverhältnisses aus wichtigem Grund vom ... rechtsunwirksam ist und macht der Beklagten gegenüber seinen Anspruch auf weitere tatsächliche Ausbildung zum ... geltend.

I.

1. Der Kläger wurde am ... geboren, ist ledig und hat keine Kinder. Zwischen den Parteien besteht seit ... ein Ausbildungsverhältnis. Die Beklagte bildet den Kläger in ihrem Betrieb in ... zum ... aus. Die durchschnittliche Bruttoausbildungsvergütung des Klägers beläuft sich auf ... EUR monatlich.
Der zwischen den Parteien geschlossene Berufungsausbildungsvertrag vom ..., eingetragen in das Verzeichnis der Berufsausbildungsverhältnisse bei ..., ist als - Anlage K 1 – beigefügt.
2. Die Beklagte beschäftigt in ihrem Betrieb in ... regelmäßig ... Arbeitnehmer und ... Auszubildende. Ein Betriebsrat ist errichtet/nicht errichtet. Auf das Ausbildungsverhältnis der Parteien finden die tarifvertraglichen Vereinbarungen für die ... (Branche) in ... (räumlicher Geltungsbereich) zwischen der ... und ... (tarifvertragschließende Parteien) Anwendung/finden tarifliche Regelungen keine Anwendung.

II.

1. Mit Schreiben vom ..., dem Kläger durch ... zugegangen am ..., erklärte die Beklagte die fristlose Kündigung des Ausbildungsverhältnisses aus wichtigem Grund.

    Beweis: Kündigung der Beklagten vom ... als

    – Anlage K 2 –

    Die Beklagte stützt die Kündigung darauf, dass der Kläger ... (Darstellung des Kündigungsvorwurfs).
2. Eine Abmahnung wurde dem Kläger durch die Beklagte bislang nicht erteilt.
3. Mit anwaltlichem Schriftsatz vom ... wurde die Durchführung eines Schlichtungsverfahrens vor der Industrie und Handelskammer ... beantragt. In der mündlichen Verhandlung vom ... fällte der Schlichtungsausschuss den Spruch, die Kündigung aufrecht zu erhalten. Der ergangene Schlichtungsspruch ist rechtsfehlerhaft und wurde vom Kläger nicht anerkannt. Der Spruch

mitsamt unterzeichneter Rechtsmittelbelehrung wurde den Verfahrensbevollmächtigten des Klägers am ▪▪▪ zugestellt.[5]

III.

1. a) Es wird bestritten, dass ein wichtiger Grund „an sich" vorliegt, der die Beklagte zur Erklärung einer fristlosen Kündigung aus wichtigem Grund berechtigte. Der in der Kündigungserklärung dem Kläger gegenüber erhobene Vorwurf ist unzutreffend. ▪▪▪
Die Beklagte hat keine – allenfalls eine grob fehlerhafte – Interessenabwägung vorgenommen. ▪▪▪[6]
Der Kläger bestreitet ferner, dass die Beklagte die Kündigung innerhalb der Frist des § 22 Abs. 4 S. 1 BBiG zugestellt hat. ▪▪▪[7]
Bestritten wird zudem, dass die Beklagte den Betriebsrat vor Ausspruch der streitbefangenen Kündigung überhaupt resp. im Rahmen eines ordnungsgemäßen Verfahrens beteiligte.[8]

b) Ein Berufsausbildungsverhältnis kann aufgrund seiner Zweckbestimmung, nämlich zu einem Berufsabschluss für den Auszubildenden zu führen, nur unter erschwerten Voraussetzungen vorzeitig einseitig beendet werden kann, BAG, 10.5.1973, 2 AZR 328/72, DB 1973, 1512; LAG Rheinland-Pfalz, 9.11.2005, 10 Sa 686/05, EzB BBiG § 22 Abs. 2 Nr. 1 Nr. 62 a.
Bei der Beurteilung des wichtigen Grundes iSd § 22 Abs. 2 Nr. 1 BBiG kann nicht von den gleichen Maßstäben ausgegangen werden, die an die außerordentliche Kündigung eines Arbeitsverhältnisses aus wichtigem Grund eines erwachsenen Arbeitnehmers anzulegen sind. Nicht jeder Sachverhalt, der zu einer außerordentlichen Kündigung eines Arbeitsverhältnisses berechtigte, kommt daher als wichtiger Grund iSd § 22 Abs. 2 Nr. 1 BBiG in Betracht. Die Nachteile, die einen fristlos gekündigten Auszubildenden treffen, wiegen oft unverhältnismäßig schwerer als diejenigen, die ein fristlos gekündigter Arbeitnehmer zu erwarten hat, ArbG Essen, 27.9.2005, 2 Ca 2427/05, NZA-RR 2006, 246 mwN. Strengere Anforderungen sind zudem gerechtfertigt, weil es sich bei Auszubildenden idR um ältere Jugendliche oder Heranwachsende handelt, deren geistige, charakterliche und körperliche Entwicklung noch nicht abgeschlossen ist, vgl. LAG Baden-Württemberg, 31.10.1996, 6 Sa 10/96, NZA-RR 1997, 288.
Pflichtverstöße durch Auszubildende können daher generell nur unter erschwerten Bedingungen als unzumutbar für den Ausbildenden bewertet werden.
Bei der Abwägung der beiderseitigen Interessen muss zunächst der Zweck des Berufsausbildungsverhältnisses berücksichtigt werden, nämlich das Erlangen eines Berufsabschlusses für den Auszubildenden. Von besonderer Bedeutung ist die bereits zurückgelegte Ausbildungszeit im Verhältnis zur Gesamtdauer der Ausbildung, BAG, 10.5.1973, 2 AZR 328/72, DB 1973, 1512. Dabei gewinnt das Interesse des Auszubildenden an der Aufrechterhaltung des Ausbildungsverhältnisses mit fortschreitender Dauer der Ausbildung immer mehr an Gewicht, vgl. LAG Düsseldorf, 15.4.1993, 5 Sa 220/93, EzB BBiG § 15 Abs. 2 Nr. 1, Nr. 76. Je länger das Berufsausbildungsverhältnis bereits besteht, je näher also der Zeitpunkt der Abschlussprüfung rückt, umso höher werden die Anforderungen an einen wichtigen Grund zur Kündigung durch den Ausbildenden. Auch bei verhältnismäßig groben Verfehlungen wird gegen Ende des Berufsausbildungsverhältnisses das Interesse des Auszubildenden am Abschluss seiner Ausbildung immer mehr den Vorrang haben, bis

schließlich kurz vor dem Prüfungstermin eine fristlose Kündigung kaum noch möglich sein wird, ArbG Kiel, 30.12.2009, 1 Ga 34a/09, ArBuR 2012, 271 mwN.
Die fristlose Kündigung muss stets das letzte Mittel zur Beendigung eines unrettbaren Berufsausbildungsverhältnisses sein.
... (ggf weitere Ausführungen und Anwendung auf konkreten Fall)
c) Unter Berücksichtigung der von der Rechtsprechung entwickelten, vorstehend dargelegten Grundsätze, erweist sich die Kündigung der Beklagten vom ... als rechtsunwirksam.
2. Bei Klagantrag Ziff. 2. handelt es sich um eine allgemeine Feststellungsklage iSd § 256 ZPO. Es besteht die Besorgnis, dass die Beklagte im Verlauf des Verfahrens weitere Kündigungen aussprechen wird. Mit vorgenanntem Klagantrag wird daher die Feststellung begehrt, dass das Ausbildungsverhältnis der Parteien auch durch derartige weitere Beendigungstatbestände nicht aufgelöst werden wird.
3. Nachdem das Berufsausbildungsverhältnis der Parteien fortbesteht, ist der Kläger bis zum rechtskräftigen Abschluss des Rechtsstreits von der Beklagten weiter als ... auszubilden.
...

Rechtsanwalt ◄

b) Erläuterungen

66 [1] **Klageschrift.** Das Muster einer Kündigungsschutzklage des Arbeitnehmers mit zahlreichen Textbausteinen findet sich aus systematischen Gründen bei § 4 KSchG. Für die Klage eines Auszubildenden gegen eine fristlose Kündigung seines Ausbilders sind die gleichen prozessualen Vorschriften zu beachten und zu berücksichtigen. Besonderheiten werden nachfolgend erläutert, ansonsten wird auf Muster und Erläuterungen zu § 4 KSchG Rn 1 ff verwiesen, die entsprechend gelten.

67 [2] **Einhaltung der Klagefrist von drei Wochen – nach KSchG.** Der Auszubildende muss gegenüber einer fristlosen Kündigung seines Berufsausbildungsverhältnisses nach Maßgabe des § 22 Abs. 2 Nr. 1 BBiG zur Abwendung der Fiktion des § 7 KSchG die Klagefrist nach §§ 13 Abs. 1 S. 2, 4 S. 1 KSchG stets einhalten, wenn kein Schlichtungsausschuss gebildet ist (BAG 26.1.1999 – 2 AZR 134/98, AP KSchG 1969 § 4 Nr. 43). Besteht ein Schlichtungsausschuss, ist dieser vorrangig anzurufen (vgl Muster bei Rn 56 und unten Anm [5], Rn 72).

68 Eine Klage ist bis zur Beendigung des Schlichtungsverfahrens unzulässig. Allerdings kann ein solcher Mangel durch rügeloses Verhandeln des Prozessgegners zur Hauptsache gemäß § 295 ZPO geheilt (HK-ArbR/*Gross* § 111 ArbGG Rn 3) oder die Durchführung des Schlichtungsverfahrens, wenn möglich, bis zur streitigen Verhandlung nachgeholt werden (HWK/*C.S. Hergenröder* § 22 BBiG Rn 14). In Betracht kommt auch eine Aussetzung des Verfahrens in entsprechender Anwendung des § 148 ZPO (HK-ArbR/*Herrmann* § 22 BBiG Rn 31).

69 Das Verschulden seines Prozessbevollmächtigten wird einem Auszubildendem in entsprechender Anwendung des § 85 ZPO zugerechnet, wenn dieser die Klagefrist verstreichen lässt. Eine nachträgliche Klagzulassung gemäß § 5 KSchG kommt nicht in Betracht, wenn der Prozessbevollmächtigte sich zunächst an die nicht reagierende Innung wandte, bei dieser aber kein Ausschuss zur Beilegung von Ausbildungsstreitigkeiten bestand (LAG Berlin 30.6.2003 – 6 Ta 1276/03, MDR 2004, 160). Im Zweifelsfall sollte daher stets innerhalb der Dreiwochenfrist des § 4 KSchG Klage zum Arbeitsgericht eingereicht werden. Stellt sich während des Rechtsstreits heraus, dass ein Ausschuss doch gebildet wurde, kommen die zuvor genannten prozessualen Möglichkeiten in Betracht.

C. Gerichtliches Verfahren § 22 BBiG

[3] Verbindung mit Feststellungsklage. Neben dem gegen eine bestimmte Kündigung gerichteten Kündigungsschutzantrag iSd §§ 13 Abs. 1 S. 2, 4 S. 1 KSchG (Antrag Ziff. 1.) kann die Klage mit einer Feststellungsklage iSd § 256 ZPO (Antrag Ziff. 2.) verbunden werden. Der Feststellungsantrag (Schleppnetzantrag) sollte vorsorglich in der Regel gestellt werden, um die Rechtsfolgen der §§ 4, 7 KSchG im Falle einer weiteren Kündigung möglichst sicher zu vermeiden (hierzu § 4 KSchG Rn 13). Er kann ggf im Kammertermin, nach Erklärung der beklagten Partei zu Protokoll, dass keine weitere, außer der streitgegenständlichen Kündigung erklärt worden sei, zur Meidung eines teilweisen Unterliegens mit entsprechender Kostenfolge, zurück genommen werden. 70

[4] Weiterbeschäftigungsanspruch. Der nach der Rechtsprechung des BAG anerkannte allgemeine Weiterbeschäftigungsanspruch vom Ausspruch der Kündigung bis zum rechtskräftigen Abschluss des Bestandsschutzverfahrens gilt auch im Berufsausbildungsverhältnis (BAG 11.8.1987 – 8 AZR 93/85, NZA 1988, 93). Ist die Kündigung offensichtlich unwirksam oder hat das Arbeitsgericht deren Rechtsunwirksamkeit im erstinstanzlichen Urteil festgestellt, kann der Auszubildende, im ersten Fall ggf per einstweiliger Verfügung (ArbG Kiel 30.12.2009 – 1 Ga 34a/09, ArBuR 2010, 271), seine tatsächliche weitere Ausbildung durchsetzen (HK-ArbR/*Herrmann* § 22 BBiG Rn 32). 71

[5] Einhaltung der Klagefrist von zwei Wochen – nach ArbGG. Wird der Spruch des Schlichtungsausschusses von einer oder von beiden Parteien nicht oder nicht rechtzeitig innerhalb einer Woche entsprechend § 111 Abs. 2 S. 3 ArbGG anerkannt, kann unter Beachtung der Zwei-Wochen-Frist des § 111 Abs. 2 S. 4 ArbGG (Kündigungsschutz-)Klage beim zuständigen Arbeitsgericht eingereicht werden. Der Lauf der Klagefrist beginnt mit der Zustellung des Schlichtungsspruchs und setzt eine ordnungsgemäße, unterschriebene Rechtsmittelbelehrung voraus, §§ 111 Abs. 2 S. 4, 9 Abs. 5 ArbGG (BAG 30.9.1998 – 5 AZR 690/97, NZA 1999, 265). 72

[6] Wichtiger Grund und Interessenabwägung. Nach Ablauf der Probezeit ist das Ausbildungsverhältnis für den Ausbildenden nur fristlos aus wichtigem Grund kündbar. Der Begriff des wichtigen Grundes nach § 22 Abs. 2 Nr. 1 BBiG stimmt mit dem des § 626 Abs. 1 BGB überein. Daher kommen grds. die gleichen Kündigungsgründe in Betracht, also etwa Vermögensdelikte sowie Körperverletzungs- oder Beleidigungsdelikte gegenüber dem Ausbilder oder Kollegen. Ein Kündigungsgrund kann auch in der wiederholten Verletzung der für den Ausbildungsbetrieb geltenden Ordnung liegen, insb. wenn hierdurch der Sinn und Zweck der Ausbildung und das Erreichen des Ausbildungszieles gefährdet werden, bspw durch häufiges Zuspätkommen oder unentschuldigtes Fehlen (näher HK-ArbR/*Herrmann* § 22 BBiG Rn 15 f). 73

Bei der Anwendung der Grundsätze des § 626 BGB und der hierzu ergangen Rechtsprechung, auch und gerade bei der im Gesetzestext zwar nicht erwähnten, aber gleichwohl stets vorzunehmenden Interessenabwägung, sind allerdings die besondere Rechtsnatur des Berufsbildungsverhältnisses und sein auf Ausbildung und Erziehung gerichteter Zweck zu berücksichtigen. Gleiches gilt für das regelmäßig jugendliche Alter des Auszubildenden und, hieraus resultierend, den Umstand, dass seine körperliche, geistige und charakterliche Entwicklung noch nicht abgeschlossen ist. Hieraus folgt, dass an die fristlose Kündigung eines Ausbildungsverhältnisses generell strengere Anforderungen zu stellen sind, als an die außerordentliche Kündigung eines Arbeitsverhältnisses (ArbG Essen, 27.9.2005 – 2 Ca 2427/05, NZA-RR 2006, 246 mwN; HK-ArbR/*Herrmann* § 22 BBiG Rn 8 ff zum wichtigen Grund und zur In- 74 teressenabwägung). Der Ausbilder hat Pflichtverletzungen des Auszubildenden hinzunehmen, so lange diese nicht ein besonderes Gewicht haben (BAG 10.5.1973 – 2 AZR 328/72, AP BBiG § 15 Nr. 3 zu besonders schwerwiegenden Verfehlungen; 1.7.1999 – 2 AZR 676/98, NZA 1999, 1270 zu ausländerfeindlichem Verhalten). Zugunsten des Auszubildenden sind insbesondere die bereits zurückgelegte Ausbildungszeit im Verhältnis zur Gesamtdauer der Ausbildung und ggf die zeitliche Nähe der Abschlussprüfung zu berücksichtigen (LAG Düsseldorf, 15.4.1993 – 5 Sa 220/93, EzB BBiG § 15 Abs. 2 Nr. 1, Nr. 76).

75 [7] **Kündigungserklärungsfrist.** Die Kündigung muss innerhalb von zwei Wochen seit Kenntnis des Kündigungsberechtigten von den der Kündigung zugrunde liegenden Tatsachen erklärt und dem Auszubildenden zugestellt werden. § 22 Abs. 4 S. 1 BBiG regelt eine § 626 Abs. 2 S. 1, 2 BGB entsprechende Ausschlussfrist. Die von der Rechtsprechung zu § 626 Abs. 2 BGB entwickelten Grundsätze gelten entsprechend (vgl HaKo-KSchR/*Gieseler* § 626 BGB Rn 118 zum Fristbeginn, Rn 119 ff zur Hemmung der Frist infolge Sachverhaltsaufklärung, Rn 122 ff zum Neubeginn der Frist, Rn 124 ff zu Dauertatbeständen, Rn 164 zur Darlegungs- und Beweislast). Der Lauf der Ausschlussfrist wird – durch ein in der Praxis kaum vorkommendes – Güteverfahren vor einer außergerichtlichen Stelle gemäß § 22 Abs. 4 S. 2 BBiG gehemmt.

76 [8] **Beteiligung des Betriebsrats.** Besteht im Betrieb ein Betriebsrat/Personalrat/eine MAV, muss diese(r) vor Ausspruch der Kündigung des Auszubildenden in aller Regel beteiligt werden (näher und zu Ausnahmen HaKo-KSchR/*Nägele* § 102 BetrVG Rn 33 f). § 102 BetrVG gilt auch für zu ihrer Berufsausbildung Beschäftigte, vgl § 5 Abs. 1 S. 1 BetrVG. Eine ohne oder nur mit fehlerhafter Anhörung des Betriebsrats erklärte Kündigung ist unwirksam.

2. Kündigung innerhalb der Probezeit[1] [2]

77 **a) Muster: Klagantrag bei Kündigung des Ausbildenden innerhalb der Probezeit**

▶ 1. Es wird festgestellt, dass das Ausbildungsverhältnis der Parteien durch die Kündigung der Beklagten vom ..., zugestellt am ..., nicht aufgelöst wurde.

2. Es wird festgestellt, dass das Ausbildungsverhältnis der Parteien über den ... (Zeitpunkt der Zustellung/Endtermin bei Auslauffrist)) hinaus fortbesteht.

... ◀

b) Erläuterungen

78 [1] **Verweise.** Auf das vorstehende Muster bei Rn 65 und die dortigen Anmerkungen [1]-[5] (Rn 66 ff) und [8] (Rn 76) sei zunächst verwiesen; diese gelten entsprechend.

79 [2] **Kündigungsschutz.** Die Kündigung innerhalb der Probezeit bedarf keines Kündigungsgrundes. § 1 KSchG ist nicht anwendbar.

80 Im Berufsausbildungsverhältnis gelten über § 10 Abs. 2 BBiG jedoch die allgemeinen arbeitsrechtlichen Kündigungserschwerungen und Kündigungsverbote, etwa nach 9 MuSchG, § 18 BEEG oder §§ 15, 103 BetrVG. Der Betriebsrat ist auch vor Ablauf der Probezeit vor Ausspruch der Kündigung eines Berufsausbildungsverhältnisses in aller Regel gem. § 102 BetrVG zu beteiligen (näher und zu Ausnahmen HaKo-KSchR/*Nägele* § 102 BetrVG Rn 33 f). Entsprechendes gilt für die Beteiligung eines Personalrats oder einer MAV. Eine Kündigung kann auch als unzulässige Maßregelung iSd § 612a BGB, diskriminierende Kündigung nach § 134 BGB iVm §§ 7, 1 AG (vgl BAG 19.12.2013 – 6 AZR 190/12, NZA 2014, 372) oder aufgrund eines Verstoßes gegen Grundrechte, Treu und Glauben oder die guten Sitten, §§ 242, 138 BGB, unwirksam sein (vgl HaKo-KSchR § 13 KSchG Rn 70 ff – Übersicht sonstiger Un-

C. Gerichtliches Verfahren   § 22 BBiG

wirksamkeitsgründe). Zudem gelten die allgemeinen Regeln des BGB über Willenserklärungen auch im Ausbildungsverhältnis. Dies betrifft zB die Vorschriften über den Zugang einer Willenserklärung, die Vertretung bei Abgabe und Empfang der Kündigungserklärung, insb. auch die Regelungen über die Wirksamkeit einer Willenserklärung von bzw gegenüber einem Minderjährigen und die gesetzliche Schriftform (vgl HaKo-KSchR/*Mestwerdt* Einl. 13 ff).

Insoweit können sich im Einzelfall auch Ansatzpunkte für die mögliche Unwirksamkeit einer Probezeitkündigung des Ausbildenden ergeben. Für das Vorliegen der tatbestandlichen Voraussetzungen eines solchen Unwirksamkeitsgrundes ist jedoch in aller Regel (Ausnahme jedenfalls: § 102 BetrVG, § 20 Abs. 3 BBiG) der Auszubildende darlegungs- und beweispflichtig.   81

Auf die umfangreichen Muster und Textbausteine bei § 4 KSchG wird verwiesen: Teil C. Sonderkündigungsschutz, Rn 28 ff; Teil D. Sonstige Unwirksamkeitsgründe, Rn 77 ff.

3. Vorgeschaltetes Schlichtungsverfahren

a) Muster: Klagantrag des Ausbildenden nach Unterliegen im Schlichtungsverfahren[1]   82

▶ 1. Es wird festgestellt, dass das Ausbildungsverhältnis der Parteien durch die fristlose Kündigung der Klägerin vom ..., dem Beklagten zugestellt am ..., aufgelöst wurde.
  2. Der Beklagte trägt die Kosten des Rechtsstreits. ◀

b) Erläuterungen

[1] **Feststellungsinteresse.** Auf das vorstehende Muster bei Rn 65 und die dortigen Anmerkungen [1]-[5] (Rn 66 ff) wird verwiesen. Unterliegt der Ausbildende im Schlichtungsverfahren, wird man ihm zur Beseitigung des durch den Schlichtungsspruch zugunsten des Auszubildenden gesetzten Rechtsscheins, das Berufsausbildungsverhältnis bestehe infolge Unwirksamkeit der ausbilderseitigen Kündigung fort, das für die Einreichung einer negativen Feststellungsklage erforderliche Feststellungsinteresse zubilligen müssen (HWK/*Kalb* § 111 ArbGG Rn 33).   83

Die Klageschrift kann dem nachfolgenden Muster einer Klageerwiderung entsprechend – nur mit umgekehrten Parteirollen – erstellt werden.   84

II. Klageerwiderung

1. Muster: Klageerwiderung des Ausbildenden (Klage gegen fristlose Kündigung)   85

▶ Arbeitsgericht ...
Anschrift

Klageerwiderung[1]

Az. ...
In der Rechtssache

... ./. ...

zeigen wir die anwaltliche Vertretung der beklagten Partei an. Vom Termin zur Güteverhandlung am ... haben wir Kenntnis. Namens und in Vollmacht der Beklagten werden wir im Termin zur mündlichen Verhandlung vor der Kammer beantragen:

1. Die Klage wird abgewiesen.
2. Der Kläger trägt die Kosten des Rechtsstreits.

Gieseler

Die streitgegenständliche fristlose Kündigung der Beklagten vom ▪▪▪ führte im Zeitpunkt von deren Zugang zur Auflösung des zwischen den Parteien bestandenen Ausbildungsverhältnisses.
Im Einzelnen:

I.

1. Der Kläger wurde am ▪▪▪ geboren und ist ledig/verheiratet/geschieden. Unterhaltsverpflichtungen gegenüber ▪▪▪ bestehen/bestehen nicht. Die Beklagte bildete den Kläger in ihrem Betrieb in ▪▪▪ seit ▪▪▪ zum ▪▪▪ aus. Die monatliche Bruttoausbildungsvergütung des Klägers betrug zuletzt ▪▪▪ EUR.

2. Im Betrieb der Beklagten in ▪▪▪ werden regelmäßig ▪▪▪ Arbeitnehmer und ▪▪▪ Auszubildende beschäftigt. Ein Betriebsrat ist errichtet/nicht errichtet. Auf das Berufsausbildungsverhältnis der Parteien fanden die tarifvertraglichen Vereinbarungen für die ▪▪▪ (Branche) in ▪▪▪ (räumlicher Geltungsbereich) zwischen der ▪▪▪ und ▪▪▪ (tarifvertragschließende Parteien) Anwendung/ fanden tarifliche Regelungen keine Anwendung.

II.

1. a) Der fristlosen Kündigung der Beklagten vom ▪▪▪ liegt ein wichtiger Grund im Sinne des § 22 Abs. 2 Nr. 1 BBiG zugrunde
   [hierzu HK-ArbR/*Herrmann* § 22 BBiG Rn 8 ff]

   aa) Ein wichtiger Grund „an sich" liegt vor.

   Am ▪▪▪ ▪▪▪ gegen ▪▪▪ ▪▪▪ befand sich der Kläger in ▪▪▪ ▪▪▪ um ▪▪▪

   Beweis: ▪▪▪

   ▪▪▪

   [Substantiierter und unter Beweisantritt erfolgender Sachvortrag zum Kündigungssachverhalt unter Angabe von Datum, Uhrzeit, Ort, beteiligten Personen, Ereignis (Pflichtverletzung), Auswirkungen und zum Verschulden des Klägers; vgl HK-ArbR/ *Herrmann* § 22 BBiG Rn 15 ff; HaKo-KSchR § 626 BGB Rn 100 (Übersicht möglicher Kündigungsgründe)]

   bb) Der Kläger hat in der Vergangenheit bereits mehrfach in gleicher Art und Weise gegen seine Pflichten aus dem Berufsausbildungsvertrag verstoßen.

   ▪▪▪

   [Substantiierter und unter Beweisantritt erfolgender Sachvortrag zu einschlägigen oder gleichartigen Pflichtverletzungen in der Vergangenheit, insbesondere zu bereits erteilten Abmahnunge (hierzu HaKo-KSchR/*Gieseler* § 626 BGB Rn 87 f, § 1 Rn 236 ff) und sonstigen Sanktionen und/oder Maßnahmen erzieherischer Einwirkung, etwa Gesprächen mit den Eltern des Auszubildenden. Hier ist ferner vorzutragen, dass mildere Mittel zur Vermeidung der Kündigung, etwa ein räumlicher Wechsel des Ausbildungsplatzes, nicht in Betracht kommen (hierzu HaKo-KSchR/*Gieseler* § 626 BGB Rn 89 ff). Die Kündigung muss das unausweichlich letzte Mittel zur Beendigung eines unrettbaren Ausbildungsverhältnisses sein (ArbG Essen 27.9.2005 – 2 Ca 2427/05, NZA-RR 2006, 246; HK-ArbR/*Herrmann* § 22 BBiG Rn 13).]

   cc) Soweit der Kläger in der Klageschrift ausführt, die Darstellung des Kündigungssachverhalts durch die Beklagte sei unrichtig, weil ▪▪▪, handelt es sich um eine schlichte Schutzbehauptung.

   ▪▪▪

[Substantiierter und unter (Gegen-)Beweisantritt erfolgender Sachvortrag zu möglichen und/oder vom Auszubildenden bereits geltend gemachten entlastenden Tatsachen sowie etwaigen Entschuldigungs- und Rechtfertigungsgründen. (vgl HaKo-KSchR/*Gieseler* § 626 BGB Rn 161 ff zur abgestuften Darlegungslast und zur Beweislast für das Nichtvorliegen den Kündigungsgegner entlastender Tatsachen und Rechtsfertigungs- oder Entschuldigungsgründen).]

dd) Die Fortsetzung des Ausbildungsverhältnisses mit dem Kläger ist der Beklagten nicht zumutbar.

[Substantiierter und unter Beweisantritt erfolgender Sachvortrag zu den in die Interessenabwägung einzustellenden Kriterien, bspw Alter, Reife, Einsichtsfähigkeit, Lebenserfahrung und geistige, körperliche und charakterliche Entwicklung des Auszubildenden, Dauer der bereits zurück gelegten Ausbildungszeit bzw noch ausstehender Zeitraum bis zur Abschlussprüfung. (hierzu HK-ArbR/*Herrmann* § 22 BBiG Rn 9 ff).]

b) Die Kündigungserklärungsfrist des § 22 Abs. 4 S. 1 BBiG wurde gewahrt.
Der allein kündigungsberechtigte Geschäftsführer der Beklagten hat am ▪▪▪ vollständige Kenntnis von den die Kündigung tragenden maßgeblichen tatsächlichen Umständen erlangt. Die streitgegenständliche Kündigung wurde dem Kläger sodann am ▪▪▪ per ▪▪▪ zugestellt.

▪▪▪

[Substantiierter und unter Beweisantritt erfolgender Sachvortrag zur Ausschlussfrist des § 22 Abs. 4 S. 1 BBiG, also zum Fristbeginn, erforderlichenfalls zur Hemmung der Frist durch Sachverhaltsaufklärung oder ein Güteverfahren nach S. 2 der Vorschrift und/oder zum Neubeginn der Frist und zur Zustellung der Kündigung. (vgl HaKo-KSchR/*Gieseler* § 626 BGB Rn 118 zum Fristbeginn, Rn 119 ff zur Hemmung der Frist durch Sachverhaltsaufklärung, Rn 122 ff zum Neubeginn der Frist, Rn 124 ff zu Dauertatbeständen, Rn 164 zur Darlegungs- und Beweislast]

c) Das Beteiligungsverfahren gemäß § 102 BetrVG wurde von der Beklagten vor Ausspruch der Kündigung ordnungsgemäß durchgeführt.

▪▪▪

[Substantiierter und unter Beweisantritt erfolgender Sachvortrag zu sonstigen Unwirksamkeitsgründen, etwa im Hinblick auf die Beteiligung von Betriebsrat, Personalrat oder MAV, ein Zustimmungsverfahren nach SGB IX, BEEG, MuSchG etc.]

2. Die vom Kläger ferner mit den Klaganträgen Ziff. ▪▪▪ geltend gemachten Ansprüche bestehen nicht.

▪▪▪

[Ggf substantiierter und unter Beweisantritt erfolgender Sachvortrag zu etwaigen weiteren Klaganträgen, etwa bzgl der Weiterbeschäftigung des Klägers, der Rücknahme/Entfernung von Abmahnungen, der Erteilung eines (Zwischen-) Zeugnisses etc.]

III.

1. Ein wichtiger Grund im Sinne des § 22 Abs. 2 Nr. 1 BBiG liegt vor. Die Kündigungserklärungsfrist des § 22 Abs. 4 S. 1 BBiG wurde gewahrt.

a) Gemäß § 22 Abs. 2 Nr. 1 BBiG kann das Ausbildungsverhältnis nach der Probezeit nur noch aus wichtigem Grund ohne Einhalten einer Kündigungsfrist gekündigt werden.
Nach ständiger Rechtsprechung des BAG ist das Vorliegen eines wichtigen Grundes iSd § 626 BGB in zwei Schritten zu untersuchen (sog. Zweistufentheorie). Zunächst ist zu prüfen, ob der Kündigungssachverhalt ohne die besonderen Umstände des Einzelfalles „an sich", dh typischerweise als wichtiger Grund geeignet ist. Soweit dies der Fall ist, folgt als zweiter Schritt die Prüfung, ob dem Kündigenden unter Berücksichtigung der konkreten Umstände des Einzelfalls und unter Abwägung der gegenseitigen Interessen beider Vertragsteile die Fortsetzung des Vertragsverhältnisses bis zum vereinbarten Beendigungszeitpunkt zumutbar ist oder nicht, zB BAG, 16.12.2004, 2 ABR 7/04, EzA 626 BGB 2002 Nr. 7. Die Zweistufentheorie gilt auch für die Prüfung des wichtigen Grundes iSd § 22 Abs. 2 Nr. 1 BBiG.
Ein wichtiger Grund ist daher gegeben, wenn Tatsachen vorliegen, aufgrund derer dem Kündigenden unter Berücksichtigung aller Umstände des Einzelfalles und unter Abwägung der Interessen beider Vertragsteile die Fortsetzung des Berufsausbildungsverhältnisses bis zum Ablauf der Ausbildungszeit nicht mehr zugemutet werden kann.
Eine Kündigung aus Gründen im Verhalten ist in der Regel dann berechtigt, wenn eine Vertragspflicht, in der Regel schuldhaft, in erheblicher Weise verletzt wird, das Vertragsverhältnis hierdurch konkret beeinträchtigt wird, eine zumutbare Möglichkeit einer anderweitigen Beschäftigung nicht gegeben ist und die Beendigung des Vertragsverhältnisses unter Abwägung der beiderseitigen Interessen billigenswert und angemessen erscheint. Es gilt dabei das Prognoseprinzip; eine Kündigung ist keine Sanktion für vergangene Pflichtverletzungen, sondern dient der Vermeidung des Risikos weiterer Vertragsstörungen, so dass sich die Pflichtverletzung auch künftig noch auswirken muss, LAG Hamm, 10.10.2012, 3 Sa 644/12, ArbRB 2013, 12.

aa) Ein wichtiger Grund „an sich" liegt vor.

(1) § 22 Abs. 2 Nr. 1 BBiG kennt keine absoluten Kündigungsgründe in dem Sinn, dass ein bestimmter Sachverhalt immer und stets als wichtiger Grund anerkannt würde. Die Gründe für eine fristlose Kündigung des Berufsausbildungsvertrages durch den Ausbildenden unterscheiden sich von den Gründen für die soziale Rechtfertigung einer ordentlichen Kündigungen iSv § 1 KSchG dadurch, dass sie in dem Sinn ein höheres Gewicht haben müssen, als dem Ausbilder nicht nur die dauerhafte Fortsetzung des Vertragsverhältnisses, sondern schon das Zuwarten bis zum Ablauf der Ausbildungszeit, unzumutbar sein muss. Ein wichtiger Grund für eine fristlose Kündigung kann sowohl in einer Verletzung der vertraglichen Hauptleistungspflichten als auch in der erheblichen Verletzung von vertraglichen Nebenpflichten liegen. Ein Umstand ist in der Regel nur dann geeignet, eine außerordentliche Kündigung zu rechtfertigen, wenn er sich konkret auf das Vertragsverhältnis auswirkt. Die Fortsetzung des Vertragsverhältnisse muss durch objektive Umstände, die Einstellung oder das Verhalten des Gekündigten im Leistungsbereich, im Bereich der betrieblichen Verbundenheit, im Vertrauensbereich der Vertragsparteien oder im Unternehmensbereich beeinträchtigt sein. Nichts anderes gilt vom Grundsatz her für die Kündigung eines Berufsausbildungsverhältnisses, LAG Hamm, Urteil vom 10.10.2012, 3 Sa 644/12, ArbRB 2013, 12.

... [ggf weitere Rechtsausführungen]
(2) ... Anwendung auf konkreten Fall.
bb) Die Kündigung ist erforderlich. Die Zukunftsprognose ist negativ; es besteht Wiederholungsgefahr. Mit dem Eintritt weiterer erheblicher Störungen des Vertragsverhältnisses der Parteien ist zu rechnen. Mildere Mittel zu deren Vermeidbarkeit stehen nicht zur Verfügung.
(1) Eine außerordentliche Kündigung mit sofortiger Wirkung kommt als ultima ratio nur dann in Betracht, wenn es keinen angemessenen Weg gibt, das Ausbildungsverhältnis fortzusetzen, weil dem Ausbildenden sämtliche milderen Reaktionsmöglichkeiten unzumutbar sind, vgl BAG, Urteil vom 9.6.2011 – 2 AZR 323/10. Als im Vergleich zu einer fristlosen Kündigung milderes Mittel kommt insbesondere die Erteilung eine Abmahnung in Betracht. Eine solche ist dann ein alternatives Gestaltungsmittel, wenn schon sie geeignet ist, den mit der fristlosen Kündigung verfolgten Zweck – nämlich nicht die Sanktionierung pflichtwidrigen Verhaltens – sondern die Vermeidung des Risikos zukünftiger Vertragsstörungen, zu erreichen.

Beruht eine Vertragspflichtverletzung auf einem steuerbaren Verhalten des Auszubildenden, ist in der Regel davon auszugehen, dass sein künftiges Verhalten schon durch die Androhung von Folgen für den Bestand des Berufsausbildungsverhältnisses positiv beeinflusst werden kann. Eine Kündigung wegen einer Vertragspflichtverletzung setzt deshalb regelmäßig eine Abmahnung voraus. Einer solchen bedarf es unter Berücksichtigung des Verhältnismäßigkeitsgrundsatzes nur dann nicht, wenn bereits ex ante erkennbar ist, dass eine Verhaltensänderung in Zukunft auch nach Erteilung einer Abmahnung nicht zu erwarten steht, oder es sich um eine so schwere Pflichtverletzung handelt, dass selbst deren erstmalige Hinnahme dem Ausbildenden nach objektiven Maßstäben unzumutbar und damit offensichtlich – auch für den Auszubildenden erkennbar – ausgeschlossen ist, HK-ArbR/Herrmann § 22 BBiG Rn 13 mwN

... [ggf weitere Rechtsausführungen]
(2) ... Anwendung auf den konkreten Fall [zum Prüfungsaufbau vgl HaKo-KSchR/*Gieseler* § 626 BGB Rn 58 f], insbesondere hinsichtlich in der Vergangenheit erfolgter Sanktionen – Abmahnungen – bzw Ausführungen zur ausnahmsweise anzunehmenden Entbehrlichkeit einer vorangegangenen Abmahnung.
cc) Die Interessenabwägung führt zu dem Ergebnis, dass der Beklagten eine weitere Fortsetzung des Berufsausbildungsverhältnisses mit dem Kläger nicht mehr zumutbar ist.
(1) Bei der Prüfung, ob dem Ausbildenden die weitere Ausbildung des Auszubildenden bis zum Ablauf der Ausbildungszeit zumutbar ist, ist in einer Gesamtwürdigung das Interesse des Ausbilders an der sofortigen Beendigung des Berufsausbildungsverhältnisses gegen das Interesse des Auszubildenden an dessen Fortbestand abzuwägen. Unter Beachtung des Verhältnismäßigkeitsgrundsatzes ist eine Bewertung des Einzelfalls erforderlich.

In die Interessenabwägung sind alle vernünftigerweise in Betracht zu ziehenden Umstände einzubeziehen, die für oder gegen eine fristlose Kündigung sprechen, ohne dass sich diese für alle Fälle abschließend festlegen ließen. Zu berücksichtigen sind unter anderem das Gewicht und die Auswirkungen einer Vertragspflichtverletzung, der Grad des Verschuldens des Auszubildenden, eine mögliche Wiederholungsgefahr sowie die Dauer des Ausbildungsverhältnisses und dessen bisheriger störungsfreier Verlauf, LAG Hamm, 10.10.2012, 3 Sa 644/12, ArbRB 2013, 12.

Ein Berufsausbildungsverhältnis kann aufgrund seiner Zweckbestimmung, nämlich zu einem Berufsabschluss für den Auszubildenden zu führen, nur unter erschwerten Voraussetzungen vorzeitig einseitig beendet werden, BAG AP Nr. 3 zu § 15 BBiG; LAG RP 9.11.2005, 10 Sa 686/05, EzB BBiG § 22 Abs. 2 Nr. 1 Nr. 62 a. ▪▪▪ (evtl. weitere Ausführungen, näher hierzu oben Rn 65, Muster bei III. 1. b)

(2) ▪▪▪ Anwendung auf konkreten Fall.[3]

b) Die Beklagte hat dem Kläger die Kündigung innerhalb der Frist des § 22 Abs. 4 S. 1 BBiG zugestellt.

aa) Der Lauf der zweiwöchigen Ausschlussfrist des § 22 Abs. 4 S. 1 BBiG beginnt mit dem Zeitpunkt, in dem der Kündigungsberechtigte von den für die Kündigung maßgeblichen Tatsachen eine zuverlässige und möglichst vollständige Kenntnis erlangt. Dazu ist positive Kenntnis erforderlich; selbst grob fahrlässige Unkenntnis genügt nicht. Ausschlaggebend sind nicht erste vage Informationen über den Kündigungsgrund. Die Kenntnisse des Kündigenden müssen vielmehr so fundiert sein, dass sie es ihm erlauben, seiner prozessualen Darlegungs- und Beweislast zu genügen und ihm die Entscheidung ermöglichen, ob die Fortsetzung des Ausbildungsverhältnisses zumutbar ist oder nicht. Hierzu gehören nicht nur der eigentliche Kündigungssachverhalt, sondern auch alle für und alle gegen die Kündigung sprechenden Umstände, die bei der Zumutbarkeitsprüfung in die Gesamtwürdigung einzubeziehen sind.

▪▪▪ [ggf weitere rechtliche Ausführungen]

bb) ▪▪▪ Anwendung auf den konkreten Fall.

c) Die außerordentliche Kündigung vom ▪▪▪ ist rechtswirksam und führte zur Auflösung des Berufsausbildungsverhältnisses der Parteien.

2. Die mit den Klaganträgen Ziff. ▪▪▪ bis ▪▪▪ weiter geltend gemachten Ansprüche des Klägers bestehen nicht.

▪▪▪

Ggf weitere rechtliche Ausführungen zu etwaigen weiteren Klagbegehren und Anwendung auf konkreten Fall.

3. Die Klage ist unbegründet und wird daher abzuweisen sein.

▪▪▪

Rechtsanwalt ◄

2. Erläuterungen

86 **[1] Strukturgleichheit mit § 626 BGB.** Die Klageerwiderung ist als Musterschriftsatz mit einem systematischen, den tatbestandlichen Voraussetzungen einer fristlosen Kündigung folgenden, abstrakten Aufbau zu verstehen.

– Unter **Ziff. I.** erfolgt Vortrag zur Person des Klägers, zu Bestand und Inhalt des Ausbildungsverhältnisses sowie zu allgemeinen Informationen über den Betrieb der Beklagten.

C. Gerichtliches Verfahren　　　　　　　　　　　　　　　　　§ 22 BBiG

- Unter **Ziff. II.** ist der erforderliche Sachvortrag – unter Beweisantritt – zur streitgegenständlichen fristlosen Kündigung für die Beklagte zu führen.
- **Ziff. III.** bietet, in korrespondierender Folge – falls gewünscht, sinnvoll oder geboten – Raum für rechtliche Ausführungen, Hinweise auf einschlägige Entscheidungen und die Auseinandersetzung mit dem streitgegenständlichen Fall.

Die fristlose Kündigung aus wichtigem Grund iSd § 22 Abs. 2 Nr. 1 BBiG entspricht von ihrem Sinn und Zweck sowie ihrer Struktur der außerordentlichen Kündigung des § 626 BGB. Aus diesem Grund kann ergänzend auf Muster und Erläuterungen zur Klageerwiderung bei § 626 BGB verwiesen werden (§ 626 BGB Rn 72 ff), die sinngemäß gelten, mit der Einschränkung, dass an die Rechtswirksamkeit einer fristlosen Kündigung eines Berufsausbildungsverhältnisses strengere Anforderungen zu stellen sind als an die außerordentliche Kündigung eines Arbeitsverhältnisses (hierzu oben Rn 74; vgl HK-ArbR/*Herrmann* § 22 BBiG Rn 8 ff zum wichtigen Grund und zur Interessenabwägung). 87

Gesetz zum Schutze der erwerbstätigen Mutter (Mutterschutzgesetz – MuSchG)

In der Fassung der Bekanntmachung vom 20. Juni 2002
(BGBl. I S. 2318)
(FNA 8052-1)
zuletzt geändert durch Art. 6 Pflege-Neuausrichtungs-G vom 23. Oktober 2012
(BGBl. I S. 2246)
– Auszug –

§ 9 MuSchG Kündigungsverbot

(1) Die Kündigung gegenüber einer Frau während der Schwangerschaft und bis zum Ablauf von vier Monaten nach der Entbindung ist unzulässig, wenn dem Arbeitgeber zur Zeit der Kündigung die Schwangerschaft oder Entbindung bekannt war oder innerhalb zweier Wochen nach Zugang der Kündigung mitgeteilt wird; das Überschreiten dieser Frist ist unschädlich, wenn es auf einem von der Frau nicht zu vertretenden Grund beruht und die Mitteilung unverzüglich nachgeholt wird. Die Vorschrift des Satzes 1 gilt für Frauen, die den in Heimarbeit Beschäftigten gleichgestellt sind, nur, wenn sich die Gleichstellung auch auf den Neunten Abschnitt – Kündigung – des Heimarbeitsgesetzes vom 14. März 1951 (BGBl. I S. 191) erstreckt.

(2) Kündigt eine schwangere Frau, gilt § 5 Abs. 1 Satz 3 entsprechend.

(3) Die für den Arbeitsschutz zuständige oberste Landesbehörde oder die von ihr bestimmte Stelle kann in besonderen Fällen, die nicht mit dem Zustand einer Frau während der Schwangerschaft oder ihrer Lage bis zum Ablauf von vier Monaten nach der Entbindung in Zusammenhang stehen, ausnahmsweise die Kündigung für zulässig erklären. Die Kündigung bedarf der schriftlichen Form und sie muss den zulässigen Kündigungsgrund angeben.

(4) In Heimarbeit Beschäftigte und ihnen Gleichgestellte dürfen während der Schwangerschaft und bis zum Ablauf von vier Monaten nach der Entbindung nicht gegen ihren Willen bei der Ausgabe von Heimarbeit ausgeschlossen werden; die Vorschriften der §§ 3, 4, 6 und 8 Abs. 5 bleiben unberührt.

A. Antrag auf Zulassung der Kündigung
  I. Muster: Antrag auf Zulassung einer Kündigung nach § 9 Abs. 3 MuSchG
  II. Erläuterungen
    [1] Zuständige Verwaltungsbehörde.... 2
    [2] Angaben zu der betroffenen Person. 3
    [3] Anträge im engeren Sinne.......... 4
    [4] Besonderer Fall im Sinne des § 9 Abs. 3 Satz 1 MuSchG.......... 5
    [5] Betriebsratsanhörung................ 7
    [6] Interessenabwägung................ 8
    [7] Voraussetzungen für Antragstellung 9
B. Kündigungsschreiben nach Zulässigkeitserklärung
  I. Muster: Kündigungsschreiben nach § 9 Abs. 3 Satz 2 MuSchG
  II. Erläuterungen
    [1] Schriftformerfordernis............... 11
    [2] Angabe des Kündigungsgrundes/Kündigungsfrist..................... 12
    [3] Betriebsratsanhörung............... 13
    [4] Pflichten der Arbeitsuchenden....... 14
    [5] Empfangsbestätigung............... 15
C. Klage der schwangeren Arbeitnehmerin beim Arbeitsgericht nach Erhalt einer Kündigung ohne vorherige Zulassung der Kündigung durch die zuständige oberste Landesbehörde
  I. Muster: Arbeitsgerichtliche Klage nach Kündigung ohne Zulassung durch die zuständige oberste Landesbehörde
  II. Erläuterungen
    [1] Verweis auf § 4 KSchG............. 17
D. Klageerwiderung des Arbeitgebers nach Hinweis der Arbeitnehmerin in der Klageschrift, dass die Kündigung mangels vorheriger Zulassung durch die zuständige oberste Landesbehörde nichtig ist
  I. Muster: Klageerwiderung des Arbeitgebers nach unterlassener Einholung der Zulässigkeitserklärung der ausgesprochenen Kündigung

A. Antrag auf Zulassung der Kündigung § 9 MuSchG

II. Erläuterungen
[1] Verweis auf § 1 KSchG............. 19

[2] Keine Kenntnis von der Schwangerschaft/Versäumnis der Zwei-Wochen-Frist......................... 20

A. Antrag auf Zulassung der Kündigung

I. Muster: Antrag auf Zulassung einer Kündigung nach § 9 Abs. 3 MuSchG

▶ An das Regierungspräsidium / Gewerbeaufsichtsamt ...[1]

Antrag auf Zulassung einer Kündigung nach § 9 Abs. 3 MuSchG

Sehr geehrte Damen und Herren,

wir vertreten die Firma ... Eine auf uns lautende Vollmacht ist anliegend beigefügt. Wir beabsichtigen, dass mit der seit dem ... schwangeren Frau ... wohnhaft in ...[2] bestehende Arbeitsverhältnis ordentlich zu kündigen. Wir stellen daher folgenden Antrag:

Die ordentliche Kündigung des mit Frau ... bestehenden Arbeitsverhältnisses wird für zulässig erklärt.

Vorsorglich beantragen wir, auch über den Antrag nach § 18 Abs. 1 Satz 2 BEEG zu entscheiden.[3]

Begründung

Die Firma ... unterhält lediglich den Geschäftsbetrieb in .... Dieser Betrieb wird spätestens zum ... stillgelegt. Die Gesellschaft wird vollständig liquidiert. Alle Mitarbeiter der Firma werden spätestens zum ... entlassen. Eine Weiterbeschäftigungsmöglichkeit besteht für keinen der Mitarbeiter. Für die Kündigung von Frau ... liegt damit ein besonderer Fall im Sinne des § 9 Abs. 3 Satz 1 MuSchG vor.[4] Wir bitten daher darum, die Kündigung für zulässig zu erklären.

Der Betriebsrat wurde bereits zu der beabsichtigten Kündigung angehört.[5] Seine Stellungnahme ist in der Anlage beigefügt. Gleiches gilt für den am ... geschlossenen Interessenausgleich und Sozialplan.

Frau ... ist bei uns seit dem ... als ... beschäftigt. Sie lebt in geordneten Verhältnissen und ist verheiratet, wobei ihr Ehemann ein nicht unerhebliches eigenes Einkommen erzielt. Der voraussichtliche Geburtstermin ihres Kindes wurde für den ... errechnet. Dass es bislang zu irgendwelchen Komplikationen in der Schwangerschaft gekommen ist, ist uns nicht bekannt.[6] Die Inanspruchnahme von Elternzeit wurde bereits verlangt.[7]

Für Rückfragen stehen wir gerne zur Verfügung.

Mit freundlichen Grüßen

...

Rechtsanwalt ◀

II. Erläuterungen

[1] **Zuständige Verwaltungsbehörde.** Zuständige Verwaltungsbehörde. An welche Verwaltungsbehörde der Antrag zu richten ist, bestimmt sich danach, in welchem Bundesland der **Arbeitsort** der zu kündigenden Mitarbeiterin liegt. Zur Zuständigkeit im Einzelnen: HaKo-KSchR/*Böhm*, § 9 MuSchG Rn 28; HK-MuSchG/BEEG/*Schöllmann*, § 9 MuSchG Rn 83. Eine aktuelle Liste der je nach Bundesland zuständigen Behörde findet sich im Internet unter: www.bmfsfj.de.

[2] **Angaben zu der betroffenen Person.** Angaben zu der betroffenen Person. Da die betroffene Arbeitnehmerin zu dem gestellten Antrag und dem ermittelten Sachverhalt vor Erlass der

Zulässigkeitserklärung grundsätzlich nach § 28 VwVfG mündlich oder schriftlich anzuhören ist, sollten **Name** und **Anschrift** der Arbeitnehmerin in dem Antrag des Arbeitgebers vollständig angegeben werden. Um Verzögerungen des Verfahrens zu vermeiden, sollte der Arbeitgeber zudem bereits in dem Antrag zu den wesentlichen Tatsachen Stellung nehmen. Hierzu gehören auch die **Sozialdaten** (Lebensalter, Dauer der Betriebszugehörigkeit, Unterhaltspflichten, etwaige Schwerbehinderung) der betroffenen Mitarbeiterin, wenn es darauf ankommt.

4   [3] **Anträge im engeren Sinne.** Anträge im engeren Sinne. Der Antrag auf Zulassung einer Kündigung nach § 9 Abs. 3 MuSchG setzt voraus, dass die Kündigung entweder **während der Schwangerschaft** oder **bis zu vier Monate nach der Entbindung** erklärt werden soll. Da sich das Verfahren bzw die Entscheidung der Behörde hinziehen können und dann ggf bereits Sonderkündigungsschutz nach § 18 BEEG besteht, empfiehlt es sich, um kein weiteres Verfahren einleiten zu müssen, gleich **vorsorglich** auch den **Antrag nach § 18 Abs. 1 Satz 2 BEEG** zu stellen. Die Kündigungsverbote nach § 9 MuSchG und § 18 BEEG stehen selbstständig nebeneinander, so dass die Erlaubnis gesondert erteilt werden muss (BAG 31.3.1993 – 2 AZR 595/92). Ein Antrag auf Anordnung der sofortigen Vollziehbarkeit der Entscheidung ist nicht erforderlich (BAG 17.6.2003 – 2 AZR 245/02; HK-MuSchG/BEEG/*Schöllmann*, § 9 MuSchG Rn 88, 100; ErfK/*Schlachter*, § 9 MuSchG Rn 14; aA *Zirnbauer* in Münchener Prozessformularbuch ArbR, S. 937).

5   [4] **Besonderer Fall im Sinne des § 9 Abs. 3 Satz 1 MuSchG.** Besonderer Fall im Sinne des § 9 Abs. 3 Satz 1 MuSchG. Nach § 9 Abs. 3 Satz 1 MuSchG darf die für den Arbeitsschutz zuständige oberste Landesbehörde bzw die von ihr bestimmte Stelle die Kündigung nur ausnahmsweise in besonderen Fällen, die nicht mit dem Zustand einer Frau während der Schwangerschaft oder ihrer Lage bis zum Ablauf von vier Monaten nach der Entbindung im Zusammenhang stehen, für zulässig erklären. Nach der Rechtsprechung des Bundesverwaltungsgerichtes ist insoweit erforderlich, dass **außergewöhnliche Umstände** das Zurücktreten der vom Gesetz als vorrangig angesehenen Interessen der Arbeitnehmerin hinter diejenigen des Arbeitgebers rechtfertigen (BVerwG 29.10.1958 – V C 88.56; BVerwG 18.8.1977 – V C 8.77). Der „besondere Fall" ist nicht mit dem in § 626 Abs. 1 BGB genannten wichtigen Grund gleichzusetzen (VG München 19.11.2008 – M 18 K 08.3981; HK-MuSchG/BEEG/ *Schöllmann*, § 9 MuSchG Rn 91).

6   Alternativ zu dem in dem Muster dargestellten betriebsbedingten Grund bei Betriebsstilllegung oder sonstigem ersatzlosen Wegfall des Arbeitsplatzes (BVerwG 18.8.1977 – V C 8.77) kann der besondere Fall auch bei Vorliegen **verhaltensbedingter Gründe**, wie etwa bei Straftaten gegen den Arbeitgeber (HK-MuSchG/BEEG/*Schöllmann*, § 9 MuSchG Rn 94 f; HaKo-KSchR/*Böhm*, § 9 MuSchG Rn 32) gegeben sein. **Personenbedingte Gründe**, die einen besonderen Fall im Sinne des § 9 Abs. 3 MuSchG darstellen können, sind die absolute Ausnahme. Denkbar ist insoweit der Wegfall der Arbeitserlaubnis (*Zirnbauer* in Münchener Prozessformularbuch ArbR, S. 938). Auch für den Ausspruch einer wirksamen **Änderungskündigung** gegenüber einer schwangeren Arbeitnehmerin bedarf es der Zulässigkeitserklärung durch die zuständige Verwaltungsbehörde und damit des Vorliegens eines besonderen Falles.

7   [5] **Betriebsratsanhörung.** Betriebsratsanhörung. Die Anhörung des Betriebsrates gemäß § 102 BetrVG kann erfolgen, bevor der Antrag auf Zulassung einer Kündigung nach § 9 Abs. 3 MuSchG gestellt wird. Aus dem Anhörungsschreiben selbst muss sich jedoch ergeben, dass die Kündigung **erst nach positivem Bescheid** der zuständigen Verwaltungsbehörde ausgesprochen werden soll.

B. Kündigungsschreiben nach Zulässigkeitserklärung

[6] Interessenabwägung. Interessenabwägung. Bevor die zuständige Verwaltungsbehörde über den gestellten Antrag entscheidet, hat sie eine Interessenabwägung durchzuführen. Maßgeblich hierfür sind allein **mutterschutzrechtliche Erwägungen** (HK-MuSchG/BEEG/*Schöllmann*, § 9 MuSchG Rn 91). Das heißt, es ist festzustellen, ob eine Kündigung zu materiellen und psychischen Belastungen während der Schwangerschaft führen würde. Entscheidend ist, ob eine wesens- und sinngerechte Fortführung der Rechtsbeziehung überhaupt noch möglich ist (BVerwG 18.8.1977 – V C 8.77). Ist dies zu verneinen, ist das Arbeitsverhältnis auch unter Berücksichtigung mutterschutzrechtlicher Belange nicht mehr aufrechtzuerhalten (HK-MuSchG/BEEG/*Schöllmann*, § 9 MuSchG Rn 91).

[7] Voraussetzungen für Antragstellung. Voraussetzungen für Antragstellung. Mit dem Hinweis darauf, dass bereits die Inanspruchnahme von Elternzeit verlangt wurde, bringt der Arbeitgeber sein **Interesse an dem vorsorglich gestellten Antrag** zum Ausdruck. Will die Arbeitnehmerin sofort nach dem Ablauf von vier Monaten nach der Entbindung an ihren Arbeitsplatz zurückkehren, kann die Behörde ihre Entscheidung darauf stützen, dass sich die Angelegenheit wegen **Zeitablaufs** erledigt hat.

B. Kündigungsschreiben nach Zulässigkeitserklärung

I. Muster: Kündigungsschreiben nach § 9 Abs. 3 Satz 2 MuSchG

▶ Frau ...

Kündigung Ihres Arbeitsverhältnisses[1]

Sehr geehrte Frau ...,

hiermit kündigen wir das mit Ihnen bestehende Arbeitsverhältnis ordentlich zum ..., hilfsweise zum nächstmöglichen Termin aus dringenden betrieblichen Gründen. Insbesondere wird unser Geschäftsbetrieb spätestens zum ... stillgelegt. Die Gesellschaft wird vollständig liquidiert. Alle Mitarbeiter der Firma werden spätestens zum ... entlassen. Eine Weiterbeschäftigungsmöglichkeit besteht für keinen unserer Mitarbeiter.[2]

Wie Ihnen bekannt ist, hat die zuständige Verwaltungsbehörde die Kündigung mit Bescheid vom ... für zulässig erklärt. Der Betriebsrat wurde ordnungsgemäß angehört. Er hat der Kündigung zugestimmt / nicht widersprochen.[3]

Wir weisen Sie darauf hin, dass Sie verpflichtet sind, aktiv nach einer neuen Beschäftigung zu suchen, und sich nach § 38 Abs. 1 SGB III spätestens drei Monate vor Beendigung des Arbeitsverhältnisses persönlich bei der für Sie zuständigen Agentur für Arbeit arbeitsuchend zu melden. Liegen zwischen der Kenntnis des Beendigungszeitpunktes und der Beendigung des Arbeitsverhältnisses weniger als drei Monate, hat die Meldung innerhalb von drei Tagen nach Kenntnis des Beendigungszeitpunktes zu erfolgen. Eine verspätete Meldung führt zu Nachteilen beim Arbeitslosengeld.[4]

Mit freundlichen Grüßen

...

Name des Unternehmens / Unterschrift der vertretungsberechtigten Person

Erhalten am: ...[5]

...

Unterschrift der Mitarbeiterin ◀

II. Erläuterungen

11 **[1] Schriftformerfordernis.** Nach § 9 Abs. 3 Satz 3 MuSchG bedarf die für zulässig erklärte Kündigung zu ihrer Wirksamkeit der Schriftform. Insoweit handelt es sich um eine Spezialvorschrift zu § 623 BGB (HK-MuSchG/BEEG/*Schöllmann*, § 9 MuSchG Rn 106; HaKo-KSchR/*Böhm*, § 9 MuSchG Rn 38). Welche Anforderungen an das Schriftformerfordernis zu stellen sind, regelt § 126 BGB. Eine Kündigung per SMS oder E-Mail ist gemäß § 125 BGB nichtig und führt nicht zur Beendigung des Arbeitsverhältnisses. Das Schriftformerfordernis kann nicht abbedungen werden, § 9 Abs. 3 Satz 2 MuSchG normiert **zwingendes Recht**.

12 **[2] Angabe des Kündigungsgrundes/Kündigungsfrist.** § 9 Abs. 3 Satz 2 MuSchG bestimmt, dass in dem Kündigungsschreiben der zulässige Kündigungsgrund angegeben werden muss. Dies ist der bei der Entscheidung über die Zulässigkeitserklärung von der Behörde zugrunde gelegte Kündigungsgrund (HK-MuSchG/BEEG/*Schöllmann*, § 9 MuSchG Rn 109; HaKo-KSchR/*Böhm*, § 9 MuSchG Rn 38). Hiermit soll es dem betroffenen Arbeitnehmer ermöglicht werden, seine **Prozesschancen** besser einzuschätzen. Ein **Nachschieben von Kündigungsgründen** im Rahmen eines Kündigungsschutzprozesses ist nicht möglich (LAG Hamburg 30.9.1994 – 3 Sa 51/97 zu § 15 BBiG).

13 **[3] Betriebsratsanhörung.** Rechtlich gesehen ist der Hinweis auf die Betriebsratsanhörung nicht erforderlich. Hat der Betriebsrat der Kündigung zugestimmt oder ihr, indem er die dafür vorgesehene Frist hat verstreichen lassen, nicht widersprochen, kann dies aber aus **psychologischen Gründen** sinnvoll sein. Im Falle eines **Widerspruchs des Betriebsrats** ist der Arbeitgeber nach § 102 Abs. 4 BetrVG verpflichtet, dem Kündigungsschreiben eine Abschrift der Stellungnahme des Betriebsrats beizufügen. Tut er dies nicht, hat dies auf die Wirksamkeit der Kündigung keine Auswirkung. Der Arbeitgeber kann sich aber **schadensersatzpflichtig** machen.

14 **[4] Pflichten der Arbeitsuchenden.** Nach § 38 Abs. 1 SGB III ist der Arbeitnehmer verpflichtet, sich spätestens **drei Monate vor Beendigung** des Arbeitsverhältnisses persönlich bei der für ihn zuständigen Agentur für Arbeit arbeitssuchend zu melden. Liegen zwischen der Kenntnis des Beendigungszeitpunktes und der Beendigung des Arbeitsverhältnisses weniger als drei Monate, hat die Meldung **innerhalb von drei Tagen** nach Kenntnis des Beendigungszeitpunktes zu erfolgen. Verletzt der Arbeitnehmer diese Pflicht, muss er nach §§ 159 Abs. 1 Nr. 7 iVm 159 Abs. 6 SGB III mit einer **einwöchigen Sperrzeit** hinsichtlich des Arbeitslosengeldes rechnen. § 2 Abs. 2 Nr. 3 SGB III bestimmt, dass der Arbeitgeber den Arbeitnehmer vor der Beendigung des Arbeitsverhältnisses frühzeitig über die Notwendigkeit eigener Aktivitäten bei der Suche nach einer anderen Beschäftigung sowie über die Verpflichtung zur Meldung nach § 38 Abs. 1 SGB III informieren soll. Unterlässt der Arbeitgeber die Information und meldet sich der Arbeitnehmer verspätet bei der für ihn zuständigen Agentur für Arbeit, steht dem Arbeitnehmer gegenüber dem Arbeitgeber **kein Schadensersatzanspruch** zu (BAG 29.9.2005 – 8 AZR 571/04).

15 **[5] Empfangsbestätigung.** Die Kündigung ist eine empfangsbedürftige einseitige Willenserklärung. Das heißt, sie wird erst mit dem **Zugang** beim Erklärungsempfänger wirksam. Der Arbeitgeber trägt die **Beweislast** dafür, dass dem Arbeitnehmer die Kündigung zugegangen ist. Wenn dies möglich ist, sollte sich der Arbeitgeber daher den Empfang des Kündigungsschreibens schriftlich bestätigen lassen. Unterzeichnet der Arbeitnehmer die Empfangsbestätigung nicht, ist es ratsam, wenn der Arbeitgeber die Kündigung im Beisein eines Zeugen übergibt. Ist eine **persönliche Übergabe** des Kündigungsschreibens (aufgrund von Krankheit, Urlaubs-

D. Klageerwiderung des Arbeitgebers bei fehlender Zulassung   § 9 MuSchG

abwesenheit etc.) ausgeschlossen, sollte der **Zugang durch einen Boten**, der zuvor von dem Inhalt des zu überbringenden Schreibens persönlich Kenntnis genommen hat, sichergestellt werden. Ist der Kündigungszugang später streitig, kann der Bote sowohl bezüglich des Zeitpunkts des Zugangs des Kündigungsschreibens als auch hinsichtlich des Inhalts des Schreibens Zeuge sein.

C. Klage der schwangeren Arbeitnehmerin beim Arbeitsgericht nach Erhalt einer Kündigung ohne vorherige Zulassung der Kündigung durch die zuständige oberste Landesbehörde

I. Muster: Arbeitsgerichtliche Klage nach Kündigung ohne Zulassung durch die zuständige oberste Landesbehörde

▶ An das Arbeitsgericht ...

Klage[1]

...

Rechtsanwalt ◀

II. Erläuterungen

[1] **Verweis auf § 4 KSchG.** Für Grundmuster zur Kündigungsschutzklage siehe Ausführungen bei § 4 KSchG. Zudem werden bei den Formularen zu § 4 KSchG Rn 35 ff die Besonderheiten für die Kündigungsschutzklage einer schwangeren Arbeitnehmerin nebst Musterformulierungen dargestellt. Zur Vermeidung von Wiederholungen wird auf die dortigen Ausführungen verwiesen.

D. Klageerwiderung des Arbeitgebers nach Hinweis der Arbeitnehmerin in der Klageschrift, dass die Kündigung mangels vorheriger Zulassung durch die zuständige oberste Landesbehörde nichtig ist

I. Muster: Klageerwiderung des Arbeitgebers nach unterlassener Einholung der Zulässigkeitserklärung der ausgesprochenen Kündigung

▶ An das Arbeitsgericht ...

Az.: ...

Klageerwiderung[1]

... ./. ...

Ich vertrete die Beklagte mit folgendem Antrag:

Die Klage wird abgewiesen.

Begründung

Die Klägerin stützt den von ihr gestellten Feststellungsantrag darauf, dass sie schwanger sei, und die Beklagte vor Ausspruch der streitgegenständlichen Kündigung keine Zulässigkeitserklärung der für den Arbeitsschutz zuständigen obersten Landesbehörde eingeholt habe.

Die Klägerin verkennt, dass der Beklagten eine etwaige Schwangerschaft ihrerseits bei Zugang der streitgegenständlichen Kündigung unbekannt war. Die Klägerin hat es zudem schuldhaft versäumt, die Beklagte innerhalb von zwei Wochen nach Ausspruch der streitgegenständlichen Kündigung darüber in Kenntnis zu setzen, dass sie im Zeitpunkt des Kündigungsausspruchs schwanger gewesen sei. Mithin kommt es für die Wirksamkeit der ausgesprochenen Kündigung auf eine etwaige Schwangerschaft der Klägerin nicht an.[2]

Rechtsanwalt ◄

II. Erläuterungen

19 **[1] Verweis auf § 1 KSchG.** Der Systematik des Kündigungsschutzgesetzes folgend finden sich zu § 1 KSchG – abhängig vom Kündigungsgrund – verschiedene Muster für eine Klageerwiderung. Hinsichtlich der **prozessualen Besonderheiten** wird zur Vermeidung von Wiederholungen auf die dortigen Ausführungen verwiesen. Vorliegend werden allein die Argumentationsmöglichkeiten für eine Klageerwiderung des Arbeitgebers nach dem Hinweis der Arbeitnehmerin in der Klageschrift, dass sie im Zeitpunkt des Kündigungszugangs bereits schwanger war und die Kündigung daher mangels vorheriger Einholung der Zulässigkeitserklärung der für den Arbeitsschutz zuständigen obersten Landesbehörde nichtig ist, dargestellt.

20 **[2] Keine Kenntnis von der Schwangerschaft/Versäumnis der Zwei-Wochen-Frist.** Aus §§ 9 Abs. 1 Satz 1 i.V. mit Abs. 3 Satz 1 MuSchG ergibt sich, dass die Kündigung gegenüber einer Frau während der Schwangerschaft und bis zum Ablauf von vier Monaten nach der Entbindung unzulässig ist, wenn dem Arbeitgeber zur Zeit der Kündigung die **Schwangerschaft oder Entbindung bekannt** war (hierzu im Einzelnen: HaKo-KSchR/*Böhm*, § 9 MuSchG Rn 9 f; HK-MuSchG/BEEG/*Schöllmann*, § 9 MuSchG Rn 32 ff) oder innerhalb von **zwei Wochen** nach Zugang der Kündigung mitgeteilt wird, und die für den Arbeitsschutz zuständige oberste Landesbehörde die Kündigung nicht für zulässig erklärt hat. Im Umkehrschluss folgt hieraus, dass es auf die Zulässigkeitserklärung nicht ankommt, wenn dem Arbeitgeber die Schwangerschaft unbekannt war und es die Arbeitnehmerin zudem versäumt hat, ihn innerhalb von zwei Wochen nach Kündigungsausspruch hierüber zu unterrichten. Etwas anderes soll ausnahmsweise nur dann gelten, wenn die Frau die Zwei-Wochen-Frist aus einem **nicht von ihr zu vertretenden Grund** überschritten hat und die Mitteilung gegenüber dem Arbeitgeber unverzüglich nachholt (hierzu im Einzelnen: HaKo-KSchR/*Böhm*, § 9 MuSchG Rn 12 ff; HK-MuSchG/BEEG/*Schöllmann*, § 9 MuSchG Rn 47 ff).

Arbeitsgerichtsgesetz

In der Fassung der Bekanntmachung vom 2. Juli 1979 (BGBl. I S. 853, ber. S. 1036)
FNA 320-1
Zuletzt geändert durch Art. 2 TarifautonomiestärkungsG vom 11. August 2014 (BGBl. I S. 1348)
– Auszug –

§ 12 a ArbGG Kostentragungspflicht
(1) In Urteilsverfahren des ersten Rechtszugs besteht kein Anspruch der obsiegenden Partei auf Entschädigung wegen Zeitversäumnis und auf Erstattung der Kosten für die Zuziehung eines Prozeßbevollmächtigten oder Beistands. Vor Abschluß der Vereinbarung über die Vertretung ist auf den Ausschluß der Kostenerstattung nach Satz 1 hinzuweisen. Satz 1 gilt nicht für Kosten, die dem Beklagten dadurch entstanden sind, daß der Kläger ein Gericht der ordentlichen Gerichtsbarkeit, der allgemeinen Verwaltungsgerichtsbarkeit, der Finanz- oder Sozialgerichtsbarkeit angerufen und dieses den Rechtsstreit an das Arbeitsgericht verwiesen hat.
(2) Werden im Urteilsverfahren des zweiten und dritten Rechtszugs die Kosten nach § 92 Abs. 1 der Zivilprozeßordnung verhältnismäßig geteilt und ist die eine Partei durch einen Rechtsanwalt, die andere Partei durch einen Verbandsvertreter nach § 11 Abs. 2 Satz 2 Nr. 4 und 5 vertreten, so ist diese Partei hinsichtlich der außergerichtlichen Kosten so zu stellen, als wenn sie durch einen Rechtsanwalt vertreten worden wäre. Ansprüche auf Erstattung stehen ihr jedoch nur insoweit zu, als ihr Kosten im Einzelfall tatsächlich erwachsen sind.

A. Erstattung von Verdienstausfall und Rechtsanwaltskosten
  I. Gesetzeslage
    1. Muster: Hinweis des Arbeitsgerichts bei Klagezustellung
    2. Erläuterungen
       [1] Anwendungsbereich 2
       [2] Entschädigung wegen Zeitversäumnis 3
       [3] Anwaltskosten 4
  II. Kostenübernahmevereinbarung der Parteien
    1. Muster: Vergleichsklausel zur bezifferten Übernahme von Anwaltskosten
    2. Erläuterungen und Varianten
       [1] Abweichende Kostenübernahme im Vergleich 6
       [2] Kostenfestsetzung aus Vergleich 7
B. Kostenfestsetzungsverfahren
  I. Reise- und Portokosten
    1. Muster: Kostenfestsetzungsantrag Reise- und Portokosten
    2. Erläuterungen
       [1] Reisekosten der obsiegenden Partei 9
       [2] Reisekosten zum Gerichtsstand des Erfüllungsorts 10
       [3] Weitere Auslagen der obsiegenden Partei 11
  II. Fiktive Parteireisekosten
    1. Muster: Kostenfestsetzungsantrag – Berücksichtigung fiktiver Parteireisekosten
    2. Erläuterungen
       [1] Fiktive Reisekosten der obsiegenden Partei 13
       [2] Angabe der Kostenhöhe 14
       [3] Anreise von einem andern Ort .. 15
  III. Beschwerde
    1. Muster: Sofortige Beschwerde wegen Berücksichtigung von Reisekosten
    2. Erläuterungen und Varianten
       [1] Sofortige Beschwerde 17
       [2] Ortsfremder Terminbevollmächtigter 18
       [3] Begrenzung bei fiktiven Parteireisekosten 19
  IV. Beteiligung von Verbandsvertretern
    1. Muster: Kostenfestsetzungsbeschluss bei Beteiligung eines Verbandsvertreters
    2. Erläuterungen
       [1] Verbandvertreter als Verfahrensbevollmächtigte 21
       [2] Fiktiver Ansatz von Anwaltskosten 22
       [3] Berücksichtigung ohne Antrag .. 23
C. Hinweispflicht vor Mandatsübernahme
  I. Muster: Anwaltlicher Hinweis zu den Rechtsanwaltskosten in Arbeitsrechtsstreitigkeiten
  II. Erläuterungen
    [1] Belehrung durch den Rechtsanwalt . 25
    [2] Anwaltskosten außergerichtlicher Vertretung 26

A. Erstattung von Verdienstausfall und Rechtsanwaltskosten

I. Gesetzeslage

1. Muster: Hinweis des Arbeitsgerichts bei Klagezustellung

▶ Bitte beachten Sie folgenden Hinweis:

Im Urteilsverfahren des ersten Rechtszugs,[1] also vor dem Arbeitsgericht, besteht kein Anspruch der obsiegenden Partei auf Entschädigung wegen Zeitversäumnis (Verdienstausfall)[2] oder auf Erstattung der Kosten für die Hinzuziehung eines Prozessbevollmächtigten wie zB eines Rechtsanwalts oder Beistands.[3] ◀

2. Erläuterungen

[1] **Anwendungsbereich.** Die Vorschrift bezweckt eine Verbilligung des arbeitsgerichtlichen Verfahrens und ist eine gegenüber § 91 Abs. 1 und 2 ZPO vorgehende Spezialvorschrift für das Urteilsverfahren des ersten Rechtszugs vor dem Arbeitsgericht. Sie soll der Verbilligung des Verfahrens dienen, indem beide Seiten durch Freistellung von gegnerischen Kosten der Prozessbevollmächtigten in der ersten Instanz vor überhöhten Kostenrisiken bewahrt werden; ebenso soll dadurch eine Zugangsbarriere abgesenkt worden sein. In wohl vergangenen Zeiten, in denen sich der Arbeitnehmer einen professionellen Prozessbevollmächtigten nicht leisten konnte und sich der Arbeitgeber durch einen Bevollmächtigten vertreten ließ, mag dies der Fall gewesen sein. In den heutzutage zumeist anzutreffenden Verhältnissen, in denen kaum noch ein Arbeitnehmer den Prozess im ersten Rechtszug ohne anwaltliche oder gewerkschaftliche Hilfe auftritt, handelt es sich für beide Seiten um eine Verfahrensverteuerung, wenn die obsiegende Partei die Kosten ihres Prozessbevollmächtigten nicht erstattet bekommt, soweit dieser nicht kostenfrei für die Partei als Gewerkschafts- oder Verbandsvertreter auftritt (ebenso *Augenschein* in: Natter/Groß, ArbGG § 12 a Rn 1). Dem Vorteil, dass der unterliegende Arbeitnehmer nicht für die Kosten des Bevollmächtigten des Arbeitgebers oder dessen Zeitversäumnis verpflichtet ist, steht der entsprechende Nachteil des obsiegenden Arbeitnehmers gegenüber, dass er seine eigenen Aufwendungen nicht erstattet verlangen kann.

Die Norm bezieht sich auf die Definition des Begriffs der erstattungsfähigen Kosten und schränkt ihn ein. Die Einschränkung gilt **unabhängig vom Ausgang des Verfahrens erster Instanz**, also auch dann, wenn der Prozess ohne Obsiegen einer Partei wie durch Erledigungserklärung oder Prozessvergleich endet (BAG 16.11.2005 – 3 AZB 45/05 – NZA 2006, 343) und auch für Vertretungskosten, die einem Nebenintervenienten oder Streitverkündeten erwachsen (LAG Baden-Württemberg 27.9.1982 – 1 Ta 182/82 – AP Nr. 2 zu § 12 a ArbGG 1979).

Materiellrechtliche Kostenerstattungsansprüche sind auch dann ausgeschlossen, wenn im Hinblick auf eine vergleichsweise Regelung § 98 ZPO eingreift. Für den Ausschluss der Kostenerstattung kommt es nicht darauf an, ob das Verfahren durch Urteil beendet wird. Die Bestimmung gilt für alle Verfahren, bei denen die §§ 91 ff ZPO Anwendung finden können (BAG 27.10.2005 – 8 AZR 546/03 – NZA 2006, 259). Dazu gehören neben dem Urteilsverfahren nach §§ 46 ff das Mahnverfahren, das selbstständige Beweisverfahren nach §§ 485 ff ZPO (*Augenschein* in: Natter/Groß, ArbGG § 12 a Rn 3) sowie das Verfahren über Arrest und einstweilige Verfügung (LAG Baden-Württemberg 7.11.1988 – 1 Ta 78/88 – BeckRS 1980, 45397).

Der Begriff „Urteilsverfahren" verdeutlicht nach der Systematik des ArbGG aber lediglich die Abgrenzung der Verfahren gem. § 2 von den im **Beschlussverfahren** zu entscheidenden Angelegenheiten nach § 2 a. Im Beschlussverfahren finden §§ 91 ff. ZPO keine Anwendung, weil es sich dabei um kein Parteiverfahren handelt und deshalb eine Kostenentscheidung unterbleibt. Auf das Beschlussverfahren ist die Sonderregelung daher weder unmittelbar noch analog anwendbar (BAG 27.7.1994 – 7 ABR 10/93 – NZA 1995, 545). Eine Ausnahme gilt gem. § 126 Abs. 3 InsO für das **besondere Beschlussverfahren des § 126 Abs. 1 InsO**. Dort geht es darum, durch das Gericht auf Antrag des Insolvenzverwalters mit verbindlicher Wirkung die Betriebsbedingtheit von Kündigungen betroffener Arbeitnehmer feststellen zu lassen. Arbeitnehmer, die sich in diesem Verfahren durch einen Rechtsanwalt vertreten lassen, müssen ihre erstinstanzlichen Vertretungskosten selbst tragen.

Für das Verfahren vor einem Ausschuss zur Beilegung von Streitigkeiten zwischen Ausbildenden und Auszubildenden aus einem bestehenden Berufsausbildungsverhältnis nach § 111 Abs. 2 findet die Regelung ebenfalls keine Anwendung (G/M/P/*Germelmann* ArbGG § 12 a Rn 2).

Der gesetzliche Ausschluss jedweder Kostenerstattung wegen Zeitversäumnis oder wegen der Kosten der Hinzuziehung eines Prozessbevollmächtigten im ersten Rechtszug des arbeitsgerichtlichen Verfahrens ist **verfassungsrechtlich unbedenklich** (BVerfG 20.7 1971 – 1 BvR 231/69 – NJW 1971, 2302). Das gilt auch für die Geltendmachung von Ansprüchen wegen Diskriminierung vor dem europarechtlichen Hintergrund des AGG. Das nationale Verfahrensrecht wird durch europäische Rechtsvorschriften nicht beeinflusst, da diese nur das materielle Recht regeln. Wie dieses Recht durchgesetzt werden muss, bleibt dem nationalen Verfahrensrecht überlassen. In dem Ausschluss der Kostenerstattung liegt auch keine Benachteiligung, da sie alle Personen betrifft, die ihre Rechte vor dem Arbeitsgericht im Urteilsverfahren geltend machen müssen (*Germelmann* in: Germelmann/Matthes/Prütting, ArbGG § 12 a Rn 6; aA *Däubler/Berzbach* AGG § 15 Rn 37 a). Der Ausschluss der Kostenerstattung ist daher nicht europarechtswidrig (LAG Hamburg 23.6.2010 – 5 Sa 14/10 – NZA-RR 2010, 629 unter Ziff. 3 der Gründe; LAG Rheinland-Pfalz 20.9.2012 – 10 Sa 121/12 – BeckRS 2013, 65152).

Satz 1 gilt nicht für Kosten, die dem Beklagten dadurch entstanden sind, dass der Kläger ein Gericht der ordentlichen Gerichtsbarkeit, der allgemeinen Verwaltungsgerichtsbarkeit, der Finanz- oder Sozialgerichtsbarkeit angerufen und dieses den Rechtsstreit an das Arbeitsgericht verwiesen hat (§ 12 a Abs. 1 S. 3). Dadurch hat auch der ganz oder teilweise unterliegende Beklagte einen Erstattungsanspruch für die Kosten eines Prozessbevollmächtigten und für Zeitversäumnis, die bereits beim zunächst angerufenen Gericht entstanden sind (BAG 1.11.2004 – 3 AZB 10/04 – NZA 2005, 429). Hat vor dem verweisenden Gericht eine mündliche Verhandlung stattgefunden oder sind die Voraussetzungen der Terminsgebühr auf andere Weise erfüllt, kann der unterliegende Beklagte diese Kosten (Gebühren nach Nrn. 3100, 3104, 3105 VV RVG) erstattet verlangen, selbst wenn die Gebühren auch anlässlich des Verfahrens vor dem Arbeitsgericht neu entstanden wären (*Augenschein* in: Natter/Groß ArbGG § 12 a Rn 11). Der Kostenerstattungsanspruch ist nicht beschränkt auf etwaige "Mehrkosten" und gilt unabhängig davon, ob vor dem Arbeitsgericht die gleichen Gebühren ggf noch einmal entstehen und von einer Erstattung wegen § 12 a I 1 ArbGG ausgeschlossen sind (BAG 19.2.201 – 10 AZB 2/13 – NZA 2013, 365).

Umgekehrt gilt: wird eine Sache vom Arbeitsgericht an das ordentliche Gericht verwiesen, so bleiben die bei dem Arbeitsgericht angefallenen Rechtsanwaltskosten von der Erstattung ausgeschlossen; erstattungsfähig sind nur die Rechtsanwaltskosten des Verfahrens vor dem ordentlichen Gericht (OLG München 6.4.1961 – 11 W 1698/60 – AP ZPO § 91 Nr. 26; Thüringer FG 3.11.2006 – IV 70047/05 – BeckRS 2006, 26022549); dasselbe gilt für die dort entstandene Zeitversäumnis. Entstehen die Gebühren aber vor den zuständigen Gericht neu, so sind sie erstattungsfähig (*Roos* in: Däubler/Hjort/Schubert/Wolmerath Arbeitsrecht § 12 a ArbGG Rn 11 mwN).

Die Einschränkung der Kostenerstattungspflicht gilt, auch wenn das ArbG als Prozessgericht gem. § 788 Abs. 2 S. 2 ZPO Vollstreckungsgericht ist, nicht für das **Vollstreckungsverfahren**. Demgegenüber aber unterliegt die **Vollstreckungsgegenklage** nach § 767 ZPO als prozessuale Gestaltungsklage dem Ausschluss der Kostenerstattung (LAG Düsseldorf 9.6.2005 – 16 Ta 299/05 – BeckRS 2005, 41842). Für die Festsetzung von Kosten der Zwangsvollstreckung wegen Geldleistungen aus arbeitsgerichtlichen Titeln ist seit dem 1.1.1999 gem. § 788 Abs. 2 S. 1 ZPO nicht mehr der Rechtspfleger des Arbeitsgerichts, sondern der des örtlich zuständigen Amtsgerichts als Vollstreckungsgericht zuständig.

3 **[2] Entschädigung wegen Zeitversäumnis.** Der Ausschluss einer Entschädigung wegen Zeitversäumnisses hat zur Folge, dass die obsiegende Partei auch nicht einen etwa erlittenen **Verdienstausfall** von dem unterlegenen Gegner verlangen kann. Das umfasst auch die Zeitversäumnis für vorbereitende Handlungen wie das Aufsuchen des Prozessbevollmächtigten und das Fertigen von Schriftsätzen und Durchführen von Ermittlungen. Bei **Anordnung des persönlichen Erscheinens** der Parteien gemäß § 51 Abs. 1 Satz 1 entsteht für die Teilnahme am Termin ebenfalls kein Anspruch auf Erstattung eines Verdienstausfalls. (G/M/P/*Germelmann* ArbGG § 12 a Rn 2). Erstattungsfähig sind auch in diesem Fall nur die durch die Terminwahrnehmung tatsächlich entstandenen Kosten für Übernachtung, Fahrtauslagen sowie Verpflegungsgelder.

4 **[3] Anwaltskosten.** Der Ausschluss der Erstattungspflicht betrifft die Kosten, die durch die **Hinzuziehung eines Prozessbevollmächtigten** entstanden sind, sei dieser Rechtsanwalt, Verbandsvertreter, Beistand oder eine von Antidiskriminierungsverbänden beauftragte Person (G/M/P/*Germelmann* ArbGG § 12 a Rn 13). Auch die Hinzuziehung eines **Unterbevollmächtigten** oder eines **Verkehrsanwaltes** führt im Regelfall nicht zu einem Kostenerstattungsanspruch. Das Gleiche gilt, wenn ein Rechtsanwalt als gesetzlicher Vertreter einer Partei oder als Partei kraft Amtes vor dem Arbeitsgericht auftritt oder sich in eigener Sache selbst vertritt. Auch die Reisekosten für Bevollmächtige können wegen der Bereichsausnahme für die Erstattungsfähigkeit der Kosten für Prozessbevollmächtigte nicht erstattet verlangt werden (*Augenschein* in: Natter/Groß ArbGG § 12 a Rn 7). In Betracht kommt allerdings ein Kostenerstattungsanspruch wegen fiktiver Partei-, insbesondere Reisekosten (vergl. dazu unten Rn 11), desgleichen auch die Erstattung des Aufwands für sächliche Mittel und Bürokommunikation, soweit er nach Teil 7 VV RVG anfällt (*Augenschein* in: Natter/Groß ArbGG § 12 a Rn 7).

Das Gesetz schließt den Anspruch auf Erstattung erstinstanzlicher Rechtsanwaltskosten auch dann aus, wenn sie einem **Betriebsratsmitglied** bei der auf § 37 Abs. 2 BetrVG gestützten Verfolgung seines Lohnanspruchs im Urteilsverfahren entstanden sind (BAG 30.6.1993 – 7 ABR 45/92 – NZA 1994, 284). Bereits der Wortlaut der Norm zeigt, dass jeder Erstattungsanspruch unabhängig von seiner Anspruchsgrundlage hinsichtlich der Kosten der Hinzuziehung eines Prozessbevollmächtigten im ersten Rechtszug des arbeitsgerichtlichen Urteilsverfahrens ausgeschlossen ist. Der Ausschluss trifft uneingeschränkt auch gerade die Fälle, in denen **Lohnansprüche** umstritten sind. Dabei kommt es auf den Grund des Streites nicht an. Selbst in Fällen, in denen die Verfolgung oder Abwehr eines Lohnanspruchs unter dem Gesichtspunkt **strafbarer Handlungen** zumindest prüfenswert erscheint, schließt Satz 1 einen Erstattungsanspruch aus (BAG 30.4.1992 – 8 AZR 288/91 – NZA 1992, 1101).

Verletzt hingegen der **Arbeitgeber als Drittschuldner** die ihm nach § 840 Abs. 1 ZPO obliegende Erklärungspflicht, umfasst der Anspruch des Pfändungsgläubigers auf **Schadenersatz wegen nicht erteilter Drittschuldnererklärung** gem. § 840 Abs. 2 S. 2 ZPO auch die Kosten für die Beauftragung eines Prozessbevollmächtigten zur Eintreibung der gepfändeten Forderung (BAG 16.5.1990 – 4 AZR 56/90 – NZA 1991, 27). Der Anspruch kann indes gleichwohl nicht im arbeitsgerichtlichen Kostenfestsetzungsverfahren nach §§ 104 ff ZPO berücksichtigt werden (BAG 16.11.2005 – 3 AZB 45/05 – NZA 2006, 343). Die Gerichte für Arbeitssachen sind auch nicht für eine isolierte Klage, mit welcher der Gläubiger den Drittschuldner auf Ersatz der durch die nicht abgegebene Drittschuldnererklärung entstandenen Kosten in Anspruch nimmt, zuständig (LAG Baden-Württemberg 23.8.2004 – 15 Ta 21/04 – NZA-RR 2005, 273), da zwischen dem Pfändungsgläubiger und dem Drittschuldner als Arbeitgeber keine arbeitsrechtlichen Beziehungen bestehen, für die nach §§ 2, 2 a ArbGG die Zuständigkeit der Gerichte für Arbeitssachen begründet sein könnte. Möglich ist indes die Geltendmachung des Anspruchs gegen den Drittschuldner vor dem Amtsgericht (AG Bremen 7.2.2012 – 18 C 262/11 – NJW-Spezial 2012, 380). Die dem Gläubiger in einem Drittschuldnerprozess entstandenen notwendigen Kosten können zudem, soweit sie nicht beim Drittschuldner beigetrieben werden können, im Verfahren nach § 788 ZPO festgesetzt werden (BGH 20.10.2005 – VII ZB 57/05 – NJW 2006, 1141).

Ein weiterer, indes nur unter engen Voraussetzungen in Betracht kommender Fall ist, dass das arbeitsgerichtliche Verfahren nicht betrieben wird, um einen möglichen Anspruch durchzusetzen, sondern einziges Ziel des Verfahrens die Belastung des Gegners mit seinen eigenen außergerichtlichen Kosten ist. Dann kommt ein Schadenersatzanspruchs, der trotz § 12 a geltend gemacht werden kann, aus **sittenwidriger Schädigung iSd § 826 BGB** in Betracht (ErfK/ *Koch*, § 12 a Rn 2 mwN). Eine Kostenfestsetzung scheidet aber auch in diesen Fällen aus, da das andernfalls zu einer Verlagerung von Rechtsfragen in das Kostenerstattungsverfahren führen würde, für das dieses nicht geschaffen worden ist. Der Anspruch muss daher in einem gesonderten Erkenntnisverfahren geltend gemacht werden. Sinnvoll dürfte es sein, den Anspruch in dem Verfahren selbst sogleich mit einem gesonderten Klageantrag oder im Verteidigungsfalle im Wege einer Widerklage geltend zu machen.

II. Kostenübernahmevereinbarung der Parteien

1. Muster: Vergleichsklausel zur bezifferten Übernahme von Anwaltskosten

▶ Die Beklagte erstattet dem Kläger die Kosten für die Hinzuziehung seines Prozessbevollmächtigten[1] und zahlt an den Kläger zur Erfüllung dieses Anspruchs EUR ....[2] ◀

2. Erläuterungen und Varianten

[1] Abweichende Kostenübernahme im Vergleich. Wird im Vergleich keine Kostenregelung getroffen ist § 98 ZPO anwendbar. Nach § 98 S. 1 und 2 ZPO gelten die Kosten eines Vergleichs und des zugrunde liegenden Rechtsstreits als gegeneinander aufgehoben, wenn die Parteien keine andere Bestimmung getroffen haben. Die Gerichtskosten fallen jeder Partei zur Hälfte zur Last (§ 92 Abs. 1 S. 2 ZPO); die außergerichtlichen Kosten trägt jede Partei selbst. Bei Beendigung eines Rechtsstreits durch gerichtlichen Vergleich entfallen im Verfahren vor den Gerichten für Arbeitssachen entstandene Gerichtskosten für die Instanz (Vorbemerkung zu Teil 8 Anl. 1 zum GKG); die übrigen Kosten sind als gegeneinander aufgehoben anzusehen, § 98 ZPO. Den Parteien bleibt es aber unbenommen, entgegen der Regelung in Satz 1 im Rahmen der Vertragsfreiheit gem. § 305 BGB die Erstattung prozessual nicht auferlegungsfähiger Kosten zu vereinbaren und so einen materiellrechtlichen Anspruch zu schaffen. Eine solche Vereinbarung kann auch in einem gerichtlichen Vergleich erfolgen. Der gesetzliche Ausschluss der Erstattungsfähigkeit aufgewandter Anwaltskosten steht nach allgemeiner Rechtsauffassung der Rechtswirksamkeit einer *ausdrücklich vertraglich vereinbarten Kostenübernahme* nicht entgegen. § 12 a Abs. 1 S. 1 ArbGG beinhaltet kein gesetzliches Verbot iSd. § 134 BGB. Regeln die Parteien eine solche Kostenübernahme aber nicht bzw nicht mit hinreichender Deutlichkeit, bleibt es bei dem Ausschluss der Erstattungsfähigkeit; im Zweifel ist davon auszugehen, dass die nach Satz 1 nicht erstattungsfähigen Kosten nicht mit einbezogen sind, wenn diese nicht besonders erwähnt sind (BAG 27.10.2005 – 8 AZR 546/03 – NZA 2006, 259).

7 **[2] Kostenfestsetzung aus Vergleich.** Die materiellrechtlich wirksame Vereinbarung über die Erstattung der nach Satz 1 gesetzlich nicht erstattungsfähigen Kosten kann jedoch nach wohl überwiegender Auffassung nicht im Kostenfestsetzungsverfahren nach §§ 103 ff ZPO durchgesetzt werden. Sind diese Ansprüche in dem Vergleich nicht bereits auch der Höhe nach tituliert, muss sich der Anspruchsteller bei einem Streit hierüber auf den Prozessweg verweisen lassen (LAG Düsseldorf 27.5.2004 – 16 Ta 274/04 – NZA-RR 2004, 550; LAG Hessen 4.8.1999 – 9 Ta 570/66 – NZA-RR 2000, 500 und 2.8.2005 – 13 Ta 208/05 – BeckRS 2008, 54519; aA ArbG Berlin 5.7.1993 – 46 AR 31/93 – Beck-FHZivR 40 Nr. 7568). Das vereinfachte Kostenfestsetzungsverfahren nach §§ 103 ff. ZPO soll allein der Festsetzung gesetzlicher Prozesskosten, nicht aber der Festsetzung darüber hinaus vertraglich vereinbarter Erstattungsansprüche, die von Gesetzes wegen nicht vorgesehen sind, dienen. Diese Auffassung überzeugt nicht. Zwar ist es zutreffend, dass das Festsetzungsverfahren nach §§ 103 ff ZPO nur für „Prozesskosten" vorgesehen ist (§ 103 Abs. 1 ZPO). Anwaltsgebühren, die für eine Tätigkeit des Rechtsanwalts im gerichtlichen Verfahren entstehen, sind zweifelsfrei Prozesskosten. Daran ändert aber auch § 12 a Abs. 1 Satz 1 nichts, der lediglich die Erstattungsfähigkeit für den ersten Rechtszug ausschließt. Demgegenüber regelt § 91 ZPO nicht nur die Erstattungsfähigkeit von Prozesskosten, sondern definiert sie auch, und zwar unter ausdrücklicher Erwähnung der gesetzlichen Vergütungsansprüche der Rechtsanwälte (§ 91 Abs. 2 ZPO). Die im Verfahren entstandenen Anwaltsgebühren verlieren demnach auch im arbeitsgerichtlichen Verfahren nicht ihren Charakter als Prozesskosten; sie werden durch § 12 a Abs. 1 Satz 1 nur im Normalfall – also ohne eine anderweitige Regelung – von der Erstattungsfähigkeit ausgenommen. Ist diese indes in einem die Erstattungspflicht begründenden Vollstreckungstitel genannt, sind sie auch nach § 104 ZPO festzusetzen (ebenso *Augenschein* in: Natter/Groß ArbGG § 12 a Rn 10). Zu fordern ist nur, dass die Vereinbarung im Prozessvergleich in diesem Punkt klar und deutlich ist. Nach Weimar (Grundsatzfragen der Kostenregelung im arbeitsgerichtlichen Vergleich, NZA 2003, 540 ff, 542) umfasst jede, die Kosten des Rechtsstreits regelnde vergleichsweise Vereinbarung vor Gericht auch die in § 12 a Abs. 1 Satz 1 von der Erstattung ausgeschlossenen Kosten, auch ohne dass eine explizit von der Regelung des § 12 a Abs. 1 Satz 1 abweichende Vereinbarung getroffen wird.

Die Klausel sollte indes, wenn die Handhabung dieser Problematik bei dem Prozessgericht nicht bekannt ist, zur Meidung unnötiger Probleme so gefasst werden, dass die Verpflichtung zur Kostenbeteiligung im Vergleich beziffert wird, um sogleich einen Zahlungstitel zu erwirken. Bezieht das Gericht indes bekanntermaßen die Anwaltskosten in den Kostenausgleich bei einem hinreichend deutlichen Willen der Prozessparteien ein, kann alternativ formuliert werden:

▶ **Variante: Vergleichsklausel zur Einbeziehung der Anwaltskosten in das Kostenfestsetzungsverfahren**

x) Die außergerichtlichen Kosten einschließlich der Kosten der Prozessbevollmächtigten tragen der Kläger zu [Anteil, zB 1/4] und die Beklagte zu [Anteil, zB 1/4]. ◀

B. Kostenfestsetzungsverfahren

I. Reise- und Portokosten

1. Muster: Kostenfestsetzungsantrag Reise- und Portokosten

▶ In Sachen

... ./. ...

wird beantragt,

die aufgrund des Urteils vom ... vom Kläger an die Beklagte zu erstattenden Kosten auf EUR ... nebst 5 Prozentpunkten über dem Basiszins ab Zugang dieses Gesuches bei Gericht festzusetzen.

Begründung

Die Beklagte begehrt die vollstreckbare Festsetzung ihrer Reisekosten zu den Verhandlungsterminen sowie der ihr entstandenen Portokosten für die Übersendung von Schriftsätzen an das Arbeitsgericht wie folgt:

I.	Reisekosten[1]	
	zur Wahrnehmung des Gütetermins am ...	
	[Strecke Hin- und Rückfahrt] km à 0,25 EUR gemäß §§ 19 Abs. 1 Nr. 1, 5 Abs. 2 Nr. 1 JVEG, in Höhe von	... EUR
	zur Wahrnehmung des Kammertermins am ...	
	[Strecke Hin- und Rückfahrt] km à 0,25 EUR gemäß §§ 19 Abs. 1 Nr. 1, 5 Abs. 2 Nr. 1 JVEG, in Höhe von	... EUR
II.	Portokosten:	
	Schriftsatz vom ...	... EUR
	Schriftsatz vom ...	... EUR
	Gesamt also	... EUR

Die Wahrnehmung der Termine durch Herrn... als sachkundigen und informierten Mitarbeiter der Beklagten aus ... war erforderlich. Er verfügt über die erforderlichen Kenntnisse zur sachgerechten Wahrnehmung der Interessen der Beklagten. Aus der Niederlassung am Erfüllungsort in ... konnte die Beklagte keinen Vertreter zur Wahrnehmung ihrer Interessen in den Verhandlungsterminen entsenden. Das ergibt sich aus folgenden Gründen:[2]

[ist weiter auszuführen]

Als weitere erstattungsfähige Auslagen[3] macht die Beklagte den Portoaufwand für die Übersendung ihrer vorstehend aufgelisteten Schriftsätze geltend. Die geltend gemachten Beträge sind die von der Beklagten für Frankierung der Briefe zur Versendung mit der Deutschen Post aufgewandten Summen.

...

Unterschrift ◄

2. Erläuterungen

9 **[1] Reisekosten der obsiegenden Partei.** § 12 a schließt zwar entgegen der allgemeinen Regel des § 91 Abs. 1 ZPO einen Erstattungsanspruch der obsiegenden Partei im arbeitsgerichtlichen Urteilsverfahren des ersten Rechtszugs sowohl für die Entschädigung wegen Zeitversäumnis als auch für die Kosten der Zuziehung eines Prozessbevollmächtigten oder Beistands aus. Nicht in § 12 a Abs. 1 Satz 1 erwähnt und damit nicht dem Erstattungsverbot unterworfen sind aber zB Reisekosten der Partei selbst. Dementsprechend sind von der unterlegenen Partei grundsätzlich die tatsächlichen Reisekosten zu erstatten, die der obsiegenden Partei durch die Reisen zu den Verhandlungsterminen (Güte- und Kammertermin/e) entstanden sind. Maßgebend für den Umfang der Kostenerstattungspflicht ist § 91 Abs. 1 Satz 1 ZPO. Daraus ergibt sich, dass die entstandenen Kosten nur insoweit erstattungsfähig sind, als sie zur zweckentsprechenden Rechtsverfolgung oder Rechtsverteidigung notwendig gewesen sind. Das kann klägerseitig auch für **Reisekosten zur Aufnahme einer Klage** oder zur Niederschrift der Geschäftsstelle gelten, nicht jedoch bei gehobenen Angestellten die Erfahrungen im Umgang mit Behörden haben und denen es daher zuzumuten ist, die Klageschrift selbst aufzusetzen und auf dem Postwege bei Gericht einzureichen (LAG Frankfurt 6.9.1965 AP ArbGG 1953 § 61 Kosten Nr. 9).

Erstattungsfähig sind die Kosten eines Verfahrensbeteiligten für die Prozessführung, soweit es um Fahrt-, Verpflegungs- und Übernachtungskosten geht und diese zur zweckentsprechenden Rechtsverfolgung oder -verteidigung notwendig waren (ErfK/*Koch*, § 12 a ArbGG Rn 4). Die Kostenerstattung erfolgt wie bei geladenen Zeugen nach den Bestimmungen des JVEG. Da allerdings eine Entschädigung wegen Zeitversäumnis ausgeschlossen ist, kann zur Begründung von höheren Reisekosten wie der Nutzung einer Flugverbindung nicht darauf verwiesen werden, dass hierdurch Zeit erspart worden wäre (LAG Frankfurt 6.9.1965 AP ArbGG 1953 § 61 Kosten Nr. 9).

Die Partei kann die Termine auch selbst wahrnehmen, selbst wenn ihr bei Vertretung durch einen Rechtsanwalt nur geringere Kosten entstanden wären (LAG Hamburg 13.8.1992 – 2 Ta 8/92 – BeckRS 1992, 30939). Die Begrenzung der erstattungsfähigen Parteikosten durch die hypothetischen Anwaltskosten würde dem Gesetzeszweck des § 12 a entgegenlaufen. Der Grundsatz, dass die Kosten einer Partei, die ihren Prozess persönlich führt, regelmäßig nur bis zur Höhe der Gebühren und Auslagen erstattungspflichtig sind, die der Partei für die Hinzuziehung eines Rechtsanwalts entstanden wären, gilt nicht für das erstinstanzliche Urteilsverfahren vor den Gerichten für Arbeitssachen (LAG Frankfurt 6.9.1965 AP ArbGG 1953 § 61 Kosten Nr. 9). Die Vorschrift stellt nicht eine spezielle Ausprägung der allgemeinen Kostengeringhaltungspflicht dar. Vielmehr besteht ihr vorrangiges Ziel im Schutz der sozial schwächeren Prozesspartei, also im Schutz des Arbeitnehmers. Die durch § 12 a beabsichtigte Kalkulierbarkeit des Prozesskostenrisikos insbesondere für die Arbeitnehmerseite verbietet es, die Erstattungsfähigkeit der Parteikosten, durch die Summe der hypothetischen Anwaltskosten zu begrenzen. Denn bei einer solchen Begrenzung trügen die Parteien ein Kostenrisiko sogar für den Fall ihres Obsiegens (LAG Hamburg 13.8.1992 – 2 Ta 8/92 – BeckRS 1992, 30939).

[2] Reisekosten zum Gerichtsstand des Erfüllungsorts. Reisekosten sind notwendige Kosten iSv § 91 Abs. 1 ZPO, wenn eine Partei in der konkreten Lage die die Kosten verursachende Reise vernünftigerweise als sachdienlich ansehen darf. Im Bereich des öffentlichen Dienstes kann eine Erstattungsfähigkeit von Reisekosten dann nicht dadurch erreicht werden, dass die Terminvertretung auf eine entfernt liegende Dienststelle delegiert wird, wenn eine kostengünstigere Regelung der Vertretung am Gerichtsort möglich wäre, weil dort eine übergeordnete Dienststelle oder eine Außenstelle die Vertretung hätte wahrnehmen können. Maßgeblich sind jedoch letztlich die **konkreten objektiven Umstände** (BAG 21.1.2004 – 5 AZB 43/03 – AP ZPO § 91 Nr. 37). Ein Arbeitgeber, der in seiner Hauptverwaltung eine Rechtsabteilung unterhält, kann daher nicht ohne Weiteres einen Mitarbeiter der Rechtsabteilung an einen **entfernten Gerichtsort** mit der Folge der Kostenerstattungspflicht für die unterlegene Partei entsenden, wenn es am Gerichtsort oder in dessen Nähe einer Außenstelle gibt, deren Leiter den Termin wahrnehmen könnte. Das gilt auch, wenn sich der Prozessgegner anwaltlich vertreten lässt; auch der Gesichtspunkt der Waffengleichheit erfordert es also nicht, dass ein Jurist aus der Rechtsabteilung zum Termin anreist. Vielmehr reicht es aus, den Rechtsstreit durch sachkundige Mitarbeiter der Rechtsabteilung in tatsächlicher und rechtlicher Hinsicht vorzubereiten und den Leiter der Außenstelle vor der Terminwahrnehmung entsprechend zu instruieren (BAG aaO). Im Allgemeinen besteht daher kein Anspruch auf Erstattung der Reisekosten für eine Terminwahrnehmung von einem anderen Ort als dem des Erfüllungsorts, wenn der Arbeitgeber am Gerichtsstand des Erfüllungsortes verklagt wird. 10

Nach der Rechtsprechung einiger Landesarbeitsgerichte soll es einen im Arbeitsrecht geltenden Verfahrensgrundsatz geben, dass der Arbeitnehmer, der an einem bestimmten Ort Dienstleistungen für seinen Arbeitgeber erbringt, darauf vertrauen könne, dass er an dem für diesen Ort zuständigen Gericht Rechtsstreitigkeiten mit einem Arbeitgeber ohne das Risiko erhöhter Kosten führen kann (LAG Düsseldorf 30.11.1989 – 7 Ta 386/89 – LAGE Nr. 13 zu § 12 a ArbGG). Mehrkosten, die dadurch entstehen, dass der Arbeitgeber den Rechtsstreit von seinem Haupt-/Verwaltungssitz aus führt, obwohl ihn der Arbeitnehmer am Gerichtsstand des Erfüllungsortes verklagt hat, sollen nicht berücksichtigungsfähig sein. Die klagende Partei solle nur mit solchen Kosten belastet werden, die aus der Wahrnehmung der Termine beim Gericht des Erfüllungsortes erwachsen (LAG Düsseldorf 15.5.1991 – 7 Ta 141/91 – MDR 1991, 996). Lässt eine Partei einen die Zweigniederlassung betreffenden Prozess von der Zentrale aus führen, sollen dadurch entstehende zusätzliche Reisekosten nicht erstattungsfähig sein, sofern der Niederlassung im Rechtsverkehr nach außen wirtschaftliche Eigenständigkeit zukomme (LAG Nürnberg 23.11.1992 – 7 Ta 154/92 – BeckRS 1992 30465382). Der tragende Grund, warum solche Kosten nicht erstattungsfähig sein sollen, sei, dass eine Zentralisierung eine betriebsinterne Angelegenheit sei, die nicht auf Kosten des Gegners mitfinanziert werden könne. Es handele sich um aus der Organisationsform folgende Betriebskosten. Die obsiegende Partei müsse sich daher so behandeln lassen, als sei der Rechtsstreit vom Ort der Zweigniederlassung aus geführt. Dabei komme es nicht darauf an, ob die Niederlassung handelsrechtlich selbstständig und in das Handelsregister eingetragen sei. Entscheidend ist nur, dass ihr im Rechtsverkehr nach außen wirtschaftliche Eigenständigkeit zukomme (LAG Nürnberg aaO).

In dieser vergröbernden Form kann dieser landesarbeitsgerichtlichen Rechtsprechung indes nicht zugestimmt werden. Es gibt weder arbeitsrechtlich noch im allgemeinen Zivilrecht einen Grundsatz des Inhalts, dass am Erfüllungsort eine Prozessvertretung gewährleistet sein muss, bei der keine Reisekosten anfallen. Die Auswahl unter mehreren Gerichtsständen eröffnet der Partei die Möglichkeit, den ihr am günstigsten erscheinenden Ort auszuwählen. Für diese Auswahlentscheidung können Gründe der Praktikabilität oder Bequemlichkeit, die Einschätzung der Prozesschancen oder andere Gesichtspunkte maßgeblich sein. Ein Grund für eine Kostenprivilegierung bei der Wahl des Gerichtsstands des Erfüllungsorts ist nicht ersichtlich. Sie wäre eine arbeitsrechtliche Besonderheit, für die es im Gesetz keine Grundlage gibt. Nach § 12a Abs. 1 sind die Erstattungsmöglichkeiten für das erstinstanzliche Verfahren gegenüber § 91 ZPO eingeschränkt. In dieser Ausnahmeregelung sind Reisekosten der Partei weder generell noch für eine Klage am Gerichtstand des Erfüllungsortes ausgenommen. Die Möglichkeit zu einer Klage am Erfüllungsort ist keine arbeitsgerichtliche Besonderheit, sondern nach § 29 ZPO in jedem Zivilprozess, für den kein ausschließlicher Gerichtsstand gegeben ist, möglich. Eine Kostenprivilegierung ist damit nach allgemeinem Zivilprozessrecht nicht verbunden. Wieso eine solche dann im Arbeitsgerichtsverfahren gelten soll, obwohl weder § 12a Abs. 1 noch andere Vorschriften eine entsprechende Einschränkung enthalten, ist nicht ersichtlich. Es ist auch nicht ersichtlich, warum die eine Besserstellung, nämlich die Klage unabhängig von der Art des Anspruchs auch am einheitlichen arbeitsrechtlichen Erfüllungsort erheben zu können, zugleich die andere Besserstellung, keine Reisekosten der Gegenseite erstatten zu müssen, nach sich ziehen soll (LAG Hamburg 9.10.2009 – 1 Ta 10/09 – BeckRS 2009, 73180).

Nach der Rechtsprechung des Bundesarbeitsgerichts (BAG 21.1.2004 – 5 AZB 43/03 – AP ZPO § 91 Nr. 37) kommt es immer auf den Einzelfall an. Jeder Arbeitgeber hat, wenn es sich um eine natürliche Person handelt, naturgemäß seinen Sitz an nur einem Ort in der Bundesrepublik. An diesem Ort befindet sich bei juristischen Personen die Hauptverwaltung/Zentrale, in der typischerweise auch Rechts- und Personalangelegenheiten bearbeitet werden. Es gibt keinen Rechtsgrundsatz, der Unternehmen verpflichten würde, jede Nebenstelle so auszustatten, dass von dort aus Arbeitsgerichtsverfahren geführt oder auch nur Gerichtstermine wahrgenommen werden können. In der Praxis sind zahlreiche Konstellationen denkbar, in denen in den Nebenstellen kein Personal tätig ist, welches über die erforderlichen Vollmachten bzw Kompetenzen oder auch nur notwendigen intellektuellen Fähigkeiten verfügt, den Arbeitgeber vor Gericht zu vertreten. Dabei kommt es nicht darauf an, ob in der Nebenstelle tätigen Mitarbeitern oder Mitarbeiterinnen aus Anlass des Verfahrens eine Terminvollmacht erteilt werden könnte. Entscheidend ist vielmehr, ob es dort Personen gibt, die sich nach ihrer Position bzw Stellung im Unternehmen auch mit personellen Angelegenheiten in verantwortlicher Weise befassen können. Verfügt eine Nebenstelle also beispielsweise über eine eigene Personalleitung, wird diese auch Termine vor dem Arbeitsgericht wahrnehmen können, selbst wenn die Sache schriftsätzlich in der Rechtsabteilung der Zentrale bearbeitet wird. Dies gilt zB dann, wenn die Nebenstelle auch einen eigenständigen Betrieb im Sinne des BetrVG oder des KSchG bildet. Unterhalb dieser Ebene wird es erforderlich sein, dass es in der Nebenstelle zumindest eine Person gibt, die auch mit sonstigen Führungs- oder Leitungsvollmachten ausgestattet ist, zB einen Niederlassungsleiter im Range eines leitenden Angestellten im Sinne des § 5 Abs. 3 BetrVG.

Eine Ausnahme besteht also zumindest dann, wenn dargelegt wird, dass sich in der Außenstelle oder Niederlassung **keine zur Prozessführung geeignete Person** befunden hat (LAG Hessen 19.10.2011 – 13 Ta 381/11 – BeckRS 2011, 78164). Dabei wird es indes immer auf eine genaue Begründung, ausgerichtet an dem jeweiligen Einzelfall, ankommen. Dabei wird auch danach zu unterscheiden sein, ob es sich einen rechtlich und/oder tatsächlich einfach gelagerten Fall oder um einen solchen handelt, der besondere Kenntnisse in speziellen Rechtsgebieten erfordert.

[3] Weitere Auslagen der obsiegenden Partei. Ebenso nicht in § 12a Abs. 1 Satz 1 erwähnt und damit nicht dem Erstattungsverbot unterworfen sind andere **Kosten der Prozessführung** wie Portokosten für die Übersendung von Schriftsätzen an das Arbeitsgericht, Telefonauslagen und Fotokopiekosten (§ 7 JVEG), wozu auch Recherchekosten in juristischen Datenbanken gehören (*Augenschein* in: Natter/Groß ArbGG § 12a Rn 7). Die Kosten eines im Verfahren verwendeten **Privatgutachtens** sind im Kostenfestsetzungsverfahren festsetzbar, wenn es sich ausnahmsweise um notwendige Kosten handelt. Ob die Kosten notwendig sind, hat sich daran auszurichten, ob eine verständige und wirtschaftlich vernünftige Partei die kostenauslösende Maßnahme vor Beauftragung des Gutachters als sachdienlich ansehen durfte. Dabei ist zu berücksichtigen, dass nach der Systematik der ZPO die Einholung von Sachverständigengutachten als Beweismittel dem Gericht obliegt, das gleichzeitig zur Auswahl und Anleitung des Sachverständigen befugt ist (BAG 20.8.2007 – 3 AZB 57/06 – BeckRS 2007, 47417). **Detektivkosten** können, soweit sie verfahrensbezogen sind, unter den Voraussetzungen des § 91 Abs. 1 ZPO erstattet verlangt werden (vergl. dazu GK-ArbGG/*Wenzel*, § 12a Rn 16 ff).

II. Fiktive Parteireisekosten

1. Muster: Kostenfestsetzungsantrag – Berücksichtigung fiktiver Parteireisekosten

▶ In Sachen

▬▬ ./. ▬▬

wird beantragt,

die aufgrund des Urteils vom ▬▬ vom Kläger an die Beklagte zu erstattenden Kosten auf EUR ▬▬ nebst 5 Prozentpunkten über dem Basiszins ab Zugang dieses Gesuches bei Gericht festzusetzen.

Begründung

Die Beklagte begehrt die Festsetzung ihrer fiktiven Reisekosten, die entstanden wären, wenn sie die Termine vom ▬▬ und ▬▬ selbst wahrgenommen hätte.

Tatsächlich sind der Beklagten durch die Beauftragung ihres Rechtsanwalts folgende Kosten entstanden:

Gegenstandswert: EUR ▬▬

1,3 Verfahrensgebühr §§ 2, 13 RVG, Nr. 3100 VV	▬▬ EUR
1,2 Terminsgebühr §§ 2, 13 RVG, Nr. 3104 VV	▬▬ EUR
Post- und Telekommunikationspauschale Nr. 7002 VV	▬▬ EUR
Netto-Kosten gesamt:	▬▬ EUR

Diese Kosten sind in Höhe der nachstehend hypothetisch berechneter Reisekosten der Beklagten, die ihr ohne Inanspruchnahme eines Rechtsanwalts entstanden wären, erstattungsfähig.[1]

Bahnfahrtkosten (netto)	▬▬ EUR
Taxikosten (netto)	▬▬ EUR
Gesamt	▬▬ EUR

Von der Beklagten wahrzunehmen waren Güte- und Kammertermin, so dass die vorstehenden Reisekosten zweifach, also

insgesamt in Höhe von ... EUR

berücksichtigungsfähig sind.

Die Bahnfahrtkosten entsprechen den Kosten der Nutzung der regulären Verbindungen der Deutschen Bahn zwischen ... und dem Gerichtsort, wie aus der anliegenden Bescheinigung der Deutschen Bahn folgt.

Für diese Bescheinigung begehrt die Beklagte weiteren Kostenersatz in Höhe von ... EUR.[2]

Die Taxikosten für die Fahrt vom Bahnhof zum Gericht und zurück haben wir aus eigener Sachkenntnis geschätzt.

Zudem wären der Beklagten zumindest für den Termin am ...

Übernachtungskosten in Höhe von ... EUR

entstanden, da es von ... aus nicht möglich gewesen wäre, bei einer Anreise am Terminstag selbst sicher und pünktlich zu dem auf ... anberaumten Termin zu erscheinen.

Die Anreise eines/einer sachkundigen und informierten Mitarbeiters/Mitarbeiterin der Beklagten aus ... wäre erforderlich gewesen. In Person wäre der Termin wahrzunehmen gewesen durch Herrn/Frau ..., der/die über die erforderlichen Kenntnisse zur sachgerechten Wahrnehmung der Interessen der Beklagten verfügt. Das ergibt sich aus folgenden Gründen:

[Weitere Begründung im Einzelfall][3]

...

Rechtsanwalt

/ Anlagen ◄

2. Erläuterungen

13 **[1] Fiktive Reisekosten der obsiegenden Partei.** Ausgeschlossen ist der Anspruch auf eine Kostenerstattung für die Hinzuziehung eines Prozessbevollmächtigten, Beistands, Unterbevollmächtigten oder Verkehrsanwalts. Der Ausschluss betrifft den Anspruch auf jegliche Kostenerstattung (Gebühren und Auslagen, Porto und Fahrtkosten) einschließl. der darauf entfallenden Umsatzsteuer. Eine (fiktive) Erstattung der Anwaltsgebühren findet aber dann statt, wenn die Partei durch die Beauftragung eines Rechtsanwalts erstattungsfähige Auslagen einspart (ErfK/*Koch*, ArbGG § 12 a Rn 3). **Das Gesetz bezweckt zwar, das Prozesskostenrisiko für die unterliegende Partei zu begrenzen; es soll ihr aber andererseits kein ungerechtfertigter Kostenvorteil verschafft werden.** Durch die hypothetische Parteikostenberechnung soll erreicht werden, dass die obsiegende Partei aufgrund der Hinzuziehung eines Rechtsanwalts nicht schlechter gestellt wird als sie stehen würde, wenn sie den Rechtsstreit selbst geführt hätte (einschränkend LAG Baden-Württemberg 10.4.1985 – 1 Ta 42/85 – BeckRS 1985, 30453076 für den Fall, dass die Partei auf keinen Fall selbst zum Termin angereist wäre). Die Reisekosten sind hypothetisch zu ermitteln, dh, es sind sämtliche Fahrt-, Unterkunfts- und sonstigen Kosten zu berechnen, die der Partei ohne die Beauftragung eines Rechtsanwaltes entstanden wären. In dieser können dann die durch die Beauftragung des Rechtsanwaltes entstandenen Gebühren und Auslagen erstattet verlangt werden. Die Höhe der festzusetzenden Kosten ist indes auf die tatsächlich entstandenen Kosten begrenzt. Gehen die hypothetischen

Reisekosten über die Anwaltskosten hinaus, so bleibt es bei der Erstattung der Anwaltskosten (*Krönig* in: Hümmerich/Boecken/Düwell, § 12a ArbGG Rn 4; GK-ArbGG/*Wenzel*, § 12a Rn 37). Es kommt in diesem Zusammenhang nicht darauf an, ob das Arbeitsgericht das persönliche Erscheinen angeordnet hatte; auch ist es ohne Belang, ob von der obsiegenden Partei eine schriftliche Information ihres Prozessbevollmächtigten erwartet werden durfte, da es nicht um die Festsetzung eigener zusätzlicher Reisekosten der Partei oder die Erstattungsfähigkeit anwaltlicher Reisekosten und der Erforderlichkeit einer Informationsreise der Partei, sondern ausschließlich um die Frage geht, ob durch die Beauftragung der Prozessbevollmächtigten eigene erstattungsfähige Reisekosten der Partei erspart wurden. Entscheidend ist daher ausschließlich, ob und in welchem Umfang die obsiegende Partei Reisekosten hätte aufwenden und erstattet verlangen können, wenn sie selbst zu den gerichtlichen Terminen angereist wäre (LAG Berlin-Brandenburg 22.2.2012 – 17 Ta (Kost) 6010/12 – BeckRS 2012, 67080).

Im Rahmen der hypothetischen Kostenberechnung sind sämtliche Fahrt-, Unterkunfts- und sonstigen Kosten zu berücksichtigen, wobei die Grenzen des JVEG zu berücksichtigen sind. Bei Benutzung von öffentlichen, regelmäßig verkehrenden Beförderungsmitteln werden die tatsächlich entstandenen Auslagen bis zur Höhe der entsprechenden Kosten für die Benutzung der ersten Wagenklasse der Bahn einschließlich der Auslagen für Platzreservierung und Beförderung des notwendigen Gepäcks ersetzt (§ 5 Abs. 1 JVEG). Bei der Berechnung der Höhe der hypothetischen Reisekosten ist zu berücksichtigen, dass die obsiegende Partei im Kosteninteresse der unterlegenen Partei die günstigste Reisevariante hätte wählen müssen (LAG Berlin 12.5.2006 – 17 Ta (Kost) 6006/06 – NRA-RR 2006, 538). Das bedeutet bei einer Anreise per Flugzeug, dass sie die **günstigste Fluglinie** auswählen muss. Da der Partei die Benutzung der Economy Class zugemutet werden kann, kann der Ersatz erstinstanzlicher Kosten für den Prozessbevollmächtigten ebenfalls nur in diesem Umfang erfolgen (LAG Hamburg 9.10.2009 – 1 Ta 10/09 – BeckRS 2009, 73180). Neben den ersparten Reisekosten sind auch ersparte Porto- und Telefonauslagen sowie Fotokopiekosten der obsiegenden Partei als hypothetische Kosten festsetzbar (§ 7 JVEG).

[2] **Angabe der Kostenhöhe.** Die ersparten Kosten müssen aber so substantiiert dargetan werden, dass zumindest eine reale Basis für eine Schätzung besteht. Bescheinigungskosten sind gemäß § 7 Abs. 1 JVEG als sonstige notwendige Aufwendung ebenfalls anzuerkennen (LAG Hamburg 13.89.1992 – 2 Ta 8/92 – BeckRS 1992, 30939 noch zu dem gleichlautenden § 11 ZSEG). 14

[3] **Anreise von einem anderen Ort.** Bei der hypothetischen Berechnung sind nicht nur die reinen Fahrtkosten, sondern auch der Aufwand und die Übernachtungskosten (§ 6 Abs. 2 JVEG) zu berücksichtigen (LAG Düsseldorf 10.4.1986 – 7 Ta 390/85 – Beck FHArbSozR 32 Nr. 3151 LS). Dabei bedarf es aber einer besonderen Begründung, wenn für den fiktiven Vertreter der Partei selbst die Mehrkosten geltend gemacht werden, die dadurch entstanden sind, dass er von einem anderen als dem Gerichtsort als Gerichtsstand des Erfüllungsortes angereist ist (vgl dazu oben B Kostenfestsetzungsverfahren Rn 3). 15

III. Beschwerde

1. Muster: Sofortige Beschwerde wegen Berücksichtigung von Reisekosten 16

▶ Arbeitsgericht/Landesarbeitsgericht[1]

In Sachen

... ./. ...

legen wir namens und in Vollmacht des Klägers gegen den Kostenfestsetzungsbeschluss vom ..., zugestellt am ...

sofortige Beschwerde

ein und beantragen:

1. den Kostenfestsetzungsbeschluss des ArbG [Gerichtsort] vom ... zu Aktenzeichen [Aktenzeichen] aufzuheben und den Kostenfestsetzungsantrag der Beklagten ... zurückzuweisen,
2. die Aussetzung der Vollziehung des Kostenfestsetzungsbeschlusses des ArbG [Gerichtsort] vom ... zu Aktenzeichen [Aktenzeichen] anzuordnen,
3. der Beklagten die Kosten des Verfahrens aufzuerlegen.

Begründung

Im Kostenfestsetzungsbeschluss wurden Kosten der Beklagten als erstattungsfähig zugrundgelegt, die nicht erstattungsfähig sind. So hat das ArbG ... ausweislich seines Beschlusses Reisekosten von ... zum Gerichtsort in Höhe von EUR ... zur Erstattung festgesetzt.

§ 12 a Abs. 1 Satz 1 ArbGG will zwar der obsiegenden Partei keinen ungerechtfertigten Kostenvorteil verschaffen. In die Berechnung können aber nur solche Kosten einbezogen werden, die zur zweckentsprechenden Rechtsverfolgung oder -verteidigung notwendig gewesen wären.

Reisekosten, die einem Arbeitgeber dadurch entstehen, dass er am Gerichtsstand des Erfüllungsortes verklagt wird, sind nicht erstattungsfähig (vgl. u.a. LAG Düsseldorf 30.11.1989 – 7 Ta 386/89, LAGE Nr. 13 zu § 12 a ArbGG). Besondere Gründe dafür, dass die Beklagte einen ortsfremden Vertreter zum Termin entsenden durfte, liegen nicht vor.[2]

[ist weiter auszuführen]

Der Kostenfestsetzungsbeschluss ist daher insoweit aufzuheben und der Kostenfestsetzungsantrag zurückzuweisen.[3]

...

Rechtsanwalt ◄

2. Erläuterungen und Varianten

17 **[1] Sofortige Beschwerde.** Gegen den Kostenfestsetzungsbeschluss des Arbeitsgerichts kann sofortige Beschwerde eingelegt werden, wenn der Wert des Beschwerdegegenstandes EUR 200 übersteigt. Die Beschwerde muss innerhalb einer Frist von zwei Wochen nach der Zustellung des Kostenfestsetzungsbeschlusses bei dem Arbeitsgericht, welches den Beschluss erlassen hat, eingelegt oder zur Niederschrift der Geschäftsstelle dieses Arbeitsgerichts erklärt werden. Die Einlegung der sofortigen Beschwerde innerhalb dieser Frist beim zuständigen Landesarbeitsgericht genügt zur Wahrung der Frist.

18 **[2] Ortsfremder Terminbevollmächtigter.** Vergl. zur weiteren Begründung oben B Kostenfestsetzungsverfahren Rn 3.

19 **[3] Begrenzung bei fiktiven Parteireisekosten.** Das gilt in erster Linie für die Festsetzung von Reisekosten einer nicht anwaltlich vertretenen Partei. Der Ausschluss der Kostenerstattung für einen Bevollmächtigten nach § 12 a Abs. 1 beinhaltet zwar nicht den Nachteil für eine Partei, die sich vertreten lässt und nicht selbst zum Termin erscheint, dass sie etwa nun die Kosten selbst zu tragen hätte, die sie hätte erstattet verlangen können, wenn sie sich nicht hätte vertreten lassen. Das bedeutet aber auch umgekehrt, dass die erstattungsfähigen Kosten des Bevollmächtigten nicht höher sein können als die fiktiven der Partei selbst (*Augenschein*

in: Natter/Groß ArbGG § 12a Rn 8). Werden solche Kosten als hypothetische Parteireisekosten geltend gemacht, gilt die Begründung also entsprechend, was wie folgt verdeutlicht werden kann:

▶ **Variante bei fiktiven Parteireisekosten:**

Folglich handelt es sich bei den geltend gemachten Reisekosten auch nicht um berücksichtigungsfähig ersparte notwendige Kosten. Der Kostenfestsetzungsbeschluss ist daher insoweit aufzuheben und der Kostenfestsetzungsantrag zurückzuweisen. ◀

IV. Beteiligung von Verbandsvertretern

1. Muster: Kostenfestsetzungsbeschluss bei Beteiligung eines Verbandsvertreters[1]

▶ In dem Rechtsstreit

... ./. ...

werden die aufgrund des Urteils des Landesarbeitsgerichts vom ... von der Beklagten an den Kläger zu erstattenden Kosten auf

... EUR nebst 5 Prozentpunkten über dem Basiszinssatz seit dem ...

festgesetzt.

Der Klägerin hat die ihm entstandenen außergerichtlichen Kosten mit Antrag vom ... berechnet. Dem Prozessbevollmächtigten der Gegenseite ist Gelegenheit zur Stellungnahme gegeben worden. Eine Stellungnahme ist nicht eingegangen.

Bei dem Kostenausgleich war indes zu berücksichtigen, dass die Beklagte durch einen Verbandsvertreter nach § 11 Abs. 2 S. 2 Nr. 4 und 5 ArbGG vertreten war. Sie war daher so zu stellen, als sei sie ebenfalls durch einen Rechtsanwalt vertreten worden. Für den Kostenausgleich waren somit für die Beklagte Anwaltskosten in gleicher Höhe wie für den Kläger zu berücksichtigen.[2] Dass diese in einer für den Normalfall vom Gesetz abweichenden Höhe angefallen wären, ist nicht geltend gemacht worden.[3] ◀

2. Erläuterungen

[1] **Verbandvertreter als Verfahrensbevollmächtigte.** Wenn eine Kostenentscheidung zugunsten der Partei nach §§ 91 oder 97 ZPO vorliegt, können Kosten eines Verbandsvertreters ab der II. Instanz im Wege der Erstattung geltend gemacht werden (G/M/P/*Germelmann* ArbGG § 12a Rn 32), da sie den Rechtsanwälten gleichgestellt sind (§ 11 Abs. 2). Allerdings sind die Verbandsvertreter nicht befugt, Gebühren nach dem RVG zu erheben. Die Berechtigung zur Prozessvertretung von Verbandsmitgliedern umschließt nicht die Befugnis der berufsständischen Vereinigung oder Stelle zur Gebührenerhebung nach Maßgabe der Bestimmungen für Rechtsanwälte. Da auch verbandsinterne Gebührenregelungen keine Rechtswirksamkeit entfalten können, braucht der unterlegene Prozessgegner vom Verband in Ansatz gebrachten Gebühren nicht zu erstatten. (LAG Hamm 18.11.1993 – 8 Ta 61/92 – AP ZPO § 91 Nr. 36). Die erstattungsfähigen Aufwendungen werden der Höhe nach begrenzt durch diejenigen Kosten, die entstanden wären, wenn ein Rechtsanwalt beauftragt worden wäre. Dies entspricht auch dem Grundsatz, der in § 12a Abs. 2 Satz 1 zum Ausdruck gekommen ist (G/M/P/*Germelmann* ArbGG § 12a Rn 32).

Vertritt der Verbandsvertreter das Verbandsmitglied indes als Rechtsanwalt und tritt in dieser Eigenschaft auf, sind die dadurch entstehenden Kosten wie bei einem Rechtsanwalt zu erstatten. Das gilt selbst dann, wenn der Verband seinem Mitglied Kostenschutz gewährt und die Kosten des Rechtsanwaltes trägt. Die Rechtsschutzgewährung folgt insoweit ähnlichen Grundsätzen wie bei einer Rechtsschutzversicherung. Etwas anderes gilt aber dann, wenn der Rechtsanwalt nicht in dieser Funktion, sondern lediglich als Verbandsvertreter vor Gericht auftritt. In diesem Falle kann er keine Gebühren liquidieren (G/M/P/*Germelmann* ArbGG § 12 a Rn 32).

22 **[2] Fiktiver Ansatz von Anwaltskosten.** Im Regelfall ist die Vertretung durch einen Verbandsvertreter für die Verbandsmitglieder unentgeltlich. Bei einer Kostenteilung nach § 92 Abs. 1 Satz 1 ZPO würde dies die durch einen Rechtsanwalt vertretene Partei begünstigen. Um dies zu vermeiden, ist im Kostenausgleichungsverfahren zu fingieren, dass jede Partei anwaltlich vertreten war. Werden im Urteilsverfahren des zweiten Rechtszugs also die Kosten nach § 92 Abs. 1 ZPO verhältnismäßig geteilt und ist die eine Partei durch einen Rechtsanwalt, die andere Partei durch einen Verbandsvertreter nach § 11 Abs. 2 Satz 2 Nr. 4 und 5 vertreten, so ist diese Partei hinsichtlich der außergerichtlichen Kosten so zu stellen, als wenn sie durch einen Rechtsanwalt vertreten worden wäre. Das gilt insbesondere auch dann, wenn der Verband seinen Mitgliedern kostenlosen Rechtsschutz gewährt. Ansprüche auf Erstattung stehen ihr jedoch nur insoweit zu, als ihr Kosten im Einzelfall tatsächlich erwachsen sind (§ 12 a Abs. 2 S. 2). Daraus folgt zugleich, dass dann, wenn beide Parteien durch Verbandsvertreter vertreten werden, § 12 a Abs. 2 keine Anwendung findet. Dies gilt selbst dann, wenn beide Verbandsvertreter unterschiedliche Aufwendungen in Rechnung stellen. In diesen Fällen sind die tatsächlichen Aufwendungen im Kostenfestsetzungsverfahren auszugleichen, die den Parteien erwachsen sind (G/M/P/*Germelmann* ArbGG § 12 a Rn 44). Die Vorschrift will nur das Ungleichgewicht unterschiedlicher Vertretungsformen ausgleichen und lässt eine ausdehnende Auslegung nicht zu.

23 **[3] Berücksichtigung ohne Antrag.** Es sind also die Gebühren und Auslagenpauschalen wie für eine anwaltliche Vertretung anzusetzen. Sie müssen nicht eigens angemeldet werden, soweit es sich um die nach dem RVG zu berechnenden Anwaltsgebühren handelt, die ohne Weiteres nach dem Verfahrensablauf ermittelt werden können. Individuelle Kosten wie Reisekosten des Verbandsvertreters oder fiktive Kosten eines Korrespondenzanwaltes bedürfen jedoch der Geltendmachung im Kostenfestsetzungsverfahren, andernfalls bleiben sie unberücksichtigt (LAG Hamm 28.2.1980 – 8 Ta 25/80 – Beck FHArbSozR 26 Nr. 4690).
Die Beschränkung der Berücksichtigung fiktiver Anwaltskosten auf die Berufungsinstanz fand ihren Grund darin, dass bis zum 30.6.2008 eine Vertretung durch Verbandsvertreter in III. Instanz nicht zulässig war. Infolge der Schaffung der Vertretungsmöglichkeit durch Verbandsvertreter in III. Instanz durch Art. 11 des Gesetzes zur Neuregelung des Rechtsberatungsrechts vom 12.12.2007 (BGBl. I, 2840) mit Wirkung vom 1.7.2008 entstand eine Lücke im Hinblick auf die Berücksichtigung fiktiver Anwaltskosten. Die Norm ist entsprechend anzuwenden, wenn in vergleichbarer Vertretungssituation im **Urteilsverfahren des dritten Rechtszugs** die Kosten nach § 902 Abs. 2 ZPO verhältnismäßig geteilt werden (LAG Hamm 27.9.2012 – 6 Ta 357/12 – BeckRS 2013, 66475; 6 Ta 358/12 – BeckRS 2013, 66476; ErfK/*Koch*, § 12 a Rn 7). Die Vorschrift findet gleichermaßen im **Beschwerdeverfahren** entsprechende Anwendung, soweit dort eine Kostenteilung erfolgt (ErfK/*Koch*, § 12 a Rn 7).

C. Hinweispflicht vor Mandatsübernahme

I. Muster: Anwaltlicher Hinweis zu den Rechtsanwaltskosten in Arbeitsrechtsstreitigkeiten

▶ **Hinweis zur Kostenerstattung in arbeitsrechtlichen Angelegenheiten**[1]

In Gerichtsverfahren I. Instanz vor den Arbeitsgerichten haben Sie keinen Anspruch auf Entschädigung wegen Zeitversäumnis (Verdienstausfall) oder Erstattung Ihrer Anwaltskosten, selbst wenn Ihre Ansprüche begründet sind und einer von Ihnen erhobenen Klage stattgegeben wird (§ 12 a ArbGG).[1] Dasselbe gilt für die Anwaltskosten der außergerichtlichen Geltendmachung von Ansprüchen aus dem Arbeitsverhältnis.[2] Erst in der II. Instanz vor dem Landesarbeitsgericht gilt wieder der Grundsatz, dass die Partei, die den Rechtsstreit verliert, dem Gegner die Anwaltskosten zu erstatten hat.

Mit meiner Unterschrift erkläre ich, diesen Hinweis vor der Erteilung des Mandats[3] zur Kenntnis genommen zu haben.

...

Ort, Datum

...

Unterschrift Mandant ◀

II. Erläuterungen

[1] **Belehrung durch den Rechtsanwalt.** Vor Abschluss der Vereinbarung über die Vertretung vor dem Arbeitsgericht ist auf den Ausschluss der Kostenerstattung nach Satz 1 hinzuweisen (§ 12 a Abs. 1 S. 2). Wie im Einzelnen die Belehrung zu erfolgen hat, ist im Gesetz nicht geregelt, es genügt daher auch der mündliche Hinweis des Prozessbevollmächtigten. Allerdings empfiehlt sich aus Gründen der Beweisbarkeit eine schriftliche Belehrung. Der Partei sind auf Verlangen die voraussichtlichen Kosten mitzuteilen. Unterbleibt die Belehrung und war die Regelung der Partei unbekannt, kann ein Schadensersatzanspruch gegen den Rechtsanwalt aus Verschulden bei Vertragsschluss bestehen. Der Anspruch ist auf das negative Interesse gerichtet, also auf den Betrag, der nicht entstanden wäre, wenn die Belehrung rechtzeitig erfolgt wäre. Mit ihm kann gegen die Gebührenforderung aufgerechnet werden (ErfK/*Koch*, § 12 a ArbGG Rn 5), so dass der Vergütungsanspruch praktisch in Wegfall gerät. Der Schadensersatzanspruch kann im Vergütungsfestsetzungsverfahren als Einwendung im Sinne des § 11 Abs. 5 S. 1 RVG dem Anspruch des Rechtsanwalts entgegengehalten werden (*Augenschein* in: Natter/Groß, ArbGG § 12 a Rn 9). Hätte die Partei aber in jedem Falle diesen Rechtsanwalt oder einen anderen Rechtsanwalt beauftragt, kann ein Schaden nicht entstanden sein, der Ausgang des Prozesses ist dabei unerheblich. Die Darlegungs- und Beweislast trifft grundsätzlich die Partei. Da aber das Gesetz die Aufklärungspflicht festlegt und die Partei die „Nichtaufklärung", also eine negative Tatsache darlegen und beweisen müsste, kann von einer Umkehrung der Beweislast ausgegangen werden (G/M/P/*Germelmann* ArbGG § 12 a Rn 36).

Der Hinweis muss den **gesamten Bereich der Begrenzung der Kostenerstattung** im Verfahren vor dem Arbeitsgericht umfassen. In ihn muss auch aufgenommen werden, dass auch die Kosten von der Partei selbst getragen werden müssen, die durch vorbereitende Tätigkeiten des Vertreters entstehen, und zwar auch dann, wenn es zu keinem Rechtsstreit kommt. Auch muss aufgenommen werden, dass die Partei eine Entschädigung wegen Zeitversäumnis nicht erhält.

Die Belehrung kann unterbleiben, wenn feststeht, dass eine Rechtsschutzversicherung in vollem Umfang eintritt und die Partei kein Kostenrisiko treffen kann. Dazu muss dann schon eine konkrete Zusage der Kostenübernahme seitens der Rechtsschutzversicherung vorliegen. Solange noch zweifelhaft ist, ob die Rechtsschutzversicherung die Kosten übernimmt, ist der Hinweis erforderlich (G/M/P/*Germelmann* ArbGG § 12 Rn 33). Ferner kann die Belehrung unterbleiben, wenn der Partei die Regelung des § 12 a bekannt war, weil sie zB bereits zuvor vom Arbeitsgericht mit einem Merkblatt auf die Kostenregelung hingewiesen worden war oder in sonstiger Weise positive Kenntnis hatte (LAG Düsseldorf 22.12.2003 – 16 Ta 565/03 – NZA-RR 2004, 433). Die mögl. Bewilligung von Prozesskostenhilfe oder eine Beiordnung nach § 11 a schließt hingegen die Belehrungspflicht nicht aus (LAG Rheinland-Pfalz – 4.3.2011 – 10 Ta 33/11 – BeckRS 2011, 71727).

26 **[2] Anwaltskosten außergerichtlicher Vertretung.** Der Ausschluss betrifft nach ständiger Rechtsprechung des BAG nicht nur im gerichtlichen Verfahren anfallende Vertreterkosten, sondern auch vorprozessuale Kosten unabhängig davon, ob später ein Prozess geführt wird oder nicht. Die Vorschrift betrifft nicht nur den prozessualen Kostenerstattungsanspruch, sondern entfaltet auch materiellrechtliche Wirkung (st. Rspr BAG 27.10.2005 – 8 AZR 546/03 – NZA 2006, 259 mwN) und schließt jede Kostenerstattung unabhängig von der Anspruchsgrundlage aus. Sie kann daher auch nicht über den Rückgriff auf Schadenersatzansprüche nach § 823 Abs. 2 BGB oder § 826 BGB umgangen werden. § 12 a Abs. 1 Satz 1 schließt jede Kostenerstattung unabhängig von der Anspruchsgrundlage aus, somit auch die Kosten der Erstellung eines Gutachtens für die Erfolgsaussichten einer Klage oder die Erstellung einer Schutzschrift im Verfahren des einstweiligen Rechtsschutzes (*Krönig* in: Hümmerich/Boecken/Düwell, § 12 a ArbGG Rn 4). Dasselbe gilt für die außergerichtlichen Kosten, die für die Geltendmachung von Entschädigungs- bzw Schmerzensgeldansprüchen wegen Diskriminierung nach dem AGG oder wegen Persönlichkeitsrechtsverletzung geltend gemacht werden. Der Ausschluss der Kostenerstattung ist auch in diesen Fällen nicht europarechtswidrig (LAG Hamburg 23.6.2010 – 5 Sa 14/10 – NZA-RR 2010, 629 unter Ziff. 3 der Gründe; LAG Rheinland-Pfalz 20.9.2012 – 10 Sa 121/12 – BeckRS 2013, 65152).

27 **[3] Zeitpunkt der Belehrung.** Der Hinweis muss vor Abschluss des Vertrages über die Vertretung erfolgen, die Partei muss sich noch frei entscheiden können, ob sie sich selbst vor dem Arbeitsgericht vertreten will oder sich vertreten lassen möchte. Eine besondere Gebühr entsteht durch die Belehrung nicht (G/M/P/*Germelmann* ArbGG § 12 a Rn 32).

§ 61 ArbGG Inhalt des Urteils

(1) Den Wert des Streitgegenstandes setzt das Arbeitsgericht im Urteil fest.
(2) ¹Spricht das Urteil die Verpflichtung zur Vornahme einer Handlung aus, so ist der Beklagte auf Antrag des Klägers zugleich für den Fall, daß die Handlung nicht binnen einer bestimmten Frist vorgenommen ist, zur Zahlung einer vom Arbeitsgericht nach freiem Ermessen festzusetzenden Entschädigung zu verurteilen. ²Die Zwangsvollstreckung nach §§ 887 und 888 der Zivilprozeßordnung ist in diesem Falle ausgeschlossen.
(3) Ein über den Grund des Anspruchs vorab entscheidendes Zwischenurteil ist wegen der Rechtsmittel nicht als Endurteil anzusehen.

A. Muster: Antrag nach § 61 Abs. 2 S. 1 ArbGG im Zusammenhang mit einem Weiterbeschäftigungsantrag
B. Erläuterungen
[1] Weiterbeschäftigungsanspruch 2
[2] Angemessenheit der Frist 3
[3] Schadenshöhe 4
[4] Zeitpunkt der Antragstellung 5
[5] Kündigungsschutzklage/Weiterbeschäftigungsanspruch 6
[6] Schadensdarlegung 7
[7] Schadensschätzung 8

A. Muster: Antrag nach § 61 Abs. 2 S. 1 ArbGG im Zusammenhang mit einem Weiterbeschäftigungsantrag[1]

▶ Rechtsanwälte ▪▪▪

▪▪▪, den ▪▪▪

An das

Arbeitsgericht ▪▪▪

▪▪▪

Klage

des ▪▪▪

– Kläger –

Prozessbevollmächtigte: Rechtsanwalt ▪▪▪

gegen

▪▪▪

– Beklagter –

wegen: ▪▪▪

Streitwert: ▪▪▪

Namens und in Vollmacht des Klägers erheben wir Klage und werden beantragen,

1. Es wird festgestellt, dass das Arbeitsverhältnis der Parteien durch die Kündigung der Beklagten vom ▪▪▪ nicht aufgelöst werden wird/worden ist.
2. Die Beklagte wird verurteilt, den Kläger bis zur Rechtskraft der Entscheidung über die Kündigungsschutzklage zu unveränderten Bedingungen als ▪▪▪ weiter zu beschäftigen.
3. Die Beklagte für den Fall, dass sie ihrer Verpflichtung zur Erbringung der in Ziffer 2 genannten Leistung nicht binnen einer Frist von einem Monat[2] nach Zustellung dieses Urteils nachgekommen ist,[3] zur Zahlung *einer Entschädigung in Höhe von* ▪▪▪ *EUR (ggfs. für jeden Tag oder jeden Monat/einer vom Gericht festzusetzenden Entschädigung* zu verurteilen.[4]

I.

In tatsächlicher Hinsicht tragen wir wie folgt vor:[5]

▪▪▪

Soweit die Beklagte den Kläger nicht vertragsgemäß beschäftigen sollte, entsteht dem Kläger aufgrund der Nichtbeschäftigung ein Schaden in Höhe von ▪▪▪ EUR *(näher ausführen)*.[6]

Beweis: ▪▪▪[7]

▪▪▪

II.

In rechtlicher Hinsicht führen wir wie folgt aus:

▪▪▪

Nach ganz hM kann der Weiterbeschäftigungsanspruch des Klägers zulässig mit einem Antrag nach § 61 Abs. 2 ArbGG im Wege der objektiven Klagehäufung geltend gemacht werden (GMP/*Germelmann* ArbGG § 61 Rn 25). Die Höhe der bei einem Anspruch nach § 61 Abs. 2 S. 1 ArbGG festzusetzenden Entschädigung ist an dem von der klagenden Partei dargelegten und gegebenenfalls durch Beweisaufnahme festzustellenden Schaden für den Fall der Nichterfüllung der Handlung zu ermitteln (LAG Hessen 26.2.2014 – 18 Sa 1156/13; GK-ArbGG/*Schütz*, § 61 Rn 39 f; GMP/*Germelmann* ArbGG § 61 Rn 39). Dem Kläger entsteht vorliegend durch die Nichtbeschäftigung ein Schaden in Form von ... (näher ausführen).

...

Rechtsanwalt ◄

B. Erläuterungen

2 [1] Nach ganz hM ist § 61 Abs. 2 ArbGG im Zusammenhang mit einem geltend gemachten Weiterbeschäftigungsanspruch anwendbar (GMP/*Germelmann* ArbGG § 61 Rn 25; aA: ArbG Wetzlar 8.12.1986 – 1 Ca 343/86 = NZA 1987, 536). Soweit der Weiterbeschäftigungsanspruch im Rahmen eines einstweiligen Verfügungsverfahrens durchgesetzt werden soll, wird allerdings für den entsprechenden Entschädigungsanspruch in diesem Verfahren meist der Verfügungsgrund fehlen(GMP/*Germelmann* aaO). Der Antrag wirkt sich nicht streitwerterhöhend aus (LAG Hamburg 11.1.2008 – 8 Ta 13/07).

3 [2] Nach der Rechtsprechung des BAG ist diesbezüglich eine Orientierung an den Rechtsmittelfristen vorzunehmen. Daher ist die Frist mindestens auf einen Monat nach der Urteilszustellung festzusetzen (BAG 5.6.1985 – 4 AZR 533/83). Nach Ablauf der Frist wandelt sich der Erfüllungsanspruch nicht automatisch in einen Schadensersatzanspruch um. Da der Schadensersatzanspruch den Bestand des Hauptanspruches voraussetzt, kann die Erfüllung, die durch § 61 Abs. 2 ArbGG gesichert werden soll, auch noch nach Zustellung des Urteils in der Rechtsmittelinstanz innerhalb der gesetzten Frist erfolgen (GMP/*Germelmann* ArbGG § 61 Rn 35). Mit der Annahme der Handlung verliert der Kläger aber den Anspruch auf die ihm zugesprochene Entschädigung (BAG 11.7.1975 – 5 AZR 273/74). Die Zwangsvollstreckung nach § 888 ZPO ist erst bei einer positiver Entscheidung über den Entschädigungsanspruch ausgeschlossen (GMP/*Germelmann* ArbGG § 61 Rn 39).

4 [3] Die Schadenshöhe ist zu beziffern, soweit dies möglich ist. Zulässig ist es aber auch, dass die Höhe der Entschädigung und die Länge der zu bestimmenden Frist gänzlich in das Ermessen des Gerichts gestellt werden (ErfK/*Koch* ArbGG § 61 Rn 4).

5 [4] Der Antrag kann noch bis zum Schluss der mündlichen Verhandlung – ggf in der zweiten Instanz (§ 64 Abs. 7 ArbGG) – gestellt werden.

6 [5] vgl zur Kündigungsschutzklage § 4 Rn 1 ff und zum allgemeinen Weiterbeschäftigungsanspruch § 4 KSchG Rn 15.

7 [6] Die in § 61 Abs. 2 Satz 1 ArbGG genannte Entschädigung ist ein allgemeiner Schadensersatzanspruch. Die Klagepartei muss daher substantiiert darlegen, dass und ggfs. in welcher Höhe ihr durch die Nichtvornahme der Handlung voraussichtlich ein Schaden entstehen wird (BAG 20.7.1992 – 8 AZR 121/95; GK-ArbGG/*Schütz*, § 61 Rn 44; GMP/*Germelmann* ArbGG § 61 Rn 25-42). Die Schwierigkeit der Geltendmachung im Zusammenhang mit einem Weiterbeschäftigungsanspruch besteht aber darin, dass der Schaden durch die Nichtbeschäftigung nicht in der entgangenen vertraglichen Vergütung besteht, da der Arbeitgeber bei einer unwirksamen Kündigung für den Zeitraum des Annahmeverzuges ohnehin gem.

§ 615 BGB bzw § 11 KSchG zur Zahlung verpflichtet ist. Der Schaden kann daher nur dann entstehen, wenn der Arbeitnehmer aufgrund der Nichtbeschäftigung an sich Nachteile erleidet. Eine entsprechende Darlegung ist in der Regel aber kaum möglich (GK-ArbGG/*Schütz*, § 61 Rn 44; ArbG Wetzlar 8.12.1986 – 1 Ca 343/86 – NZA 1987, 536). Denkbar wäre wohl aber zB ein Schaden durch zukünftige Vergütungseinbußen durch eine unterbliebene Fortbildung oder Übung (LAG Baden-Württemberg 17.6.2011 – 12 Sa 1/10; LAG Berlin 5.12.1977 – 9 Sa 70/77 – AP SchwbG § 11 Nr. 1).

[7] Ggf ist vom Gericht gem. §§ 287, 495 ZPO iVm § 46 Abs. 2 ArbGG zu verfahren, wenn ausreichende Anhaltspunkte für eine Schätzung vorhanden sind (GMP/*Germelmann* ArbGG § 61 Rn 31; Natter/Gross, § 61 ArbGG Rn 22).

§ 111 ArbGG Änderung von Vorschriften

(1) ¹Soweit nach anderen Rechtsvorschriften andere Gerichte, Behörden oder Stellen zur Entscheidung oder Beilegung von Arbeitssachen zuständig sind, treten an ihre Stelle die Arbeitsgerichte. ²Dies gilt nicht für Seemannsämter, soweit sie zur vorläufigen Entscheidung von Arbeitssachen zuständig sind.

(2) ¹Zur Beilegung von Streitigkeiten zwischen Ausbildenden und Auszubildenden aus einem bestehenden Berufsausbildungsverhältnis können im Bereich des Handwerks die Handwerksinnungen, im übrigen die zuständigen Stellen im Sinne des Berufsbildungsgesetzes Ausschüsse bilden, denen Arbeitgeber und Arbeitnehmer in gleicher Zahl angehören müssen. ²Der Ausschuß hat die Parteien mündlich zu hören. ³Wird der von ihm gefällte Spruch nicht innerhalb einer Woche von beiden Parteien anerkannt, so kann binnen zwei Wochen nach ergangenem Spruch Klage beim zuständigen Arbeitsgericht erhoben werden. ⁴§ 9 Abs. 5 gilt entsprechend. ⁵Der Klage muß in allen Fällen die Verhandlung vor dem Ausschuß vorangegangen sein. ⁶Aus Vergleichen, die vor dem Ausschuß geschlossen sind, und aus Sprüchen des Ausschusses, die von beiden Seiten anerkannt sind, findet die Zwangsvollstreckung statt. ⁷Die §§ 107 und 109 gelten entsprechend.

Der **sachliche Anwendungsbereich** des § 111 Abs. 2 ArbGG umfasst auch Bestandschutzangelegenheiten zwischen Auszubildenden und Ausbildenden.

Soweit ein **Schlichtungsausschuss** im Sinne der Vorschrift gebildet ist, ist die Durchführung des Schlichtungsverfahrens Prozessvoraussetzung für die gegen eine Kündigung des Ausbildenden gerichtete Klage des Auszubildenden.

Das **Muster eines Antrags** des Auszubildenden auf **Durchführung eines Schlichtungsverfahrens** nach § 111 Abs. 2 ArbGG nach Ausspruch einer fristlosen Kündigung des Berufungsausbildungsverhältnisses durch den Ausbildenden befindet sich aus Gründen der chronologischen Darstellung des Verfahrensablaufs bei § 22 BBiG Rn 56, die Anmerkungen hierzu bei Rn 57 ff.

Das **Muster eines Klagantrags** des Ausbildenden nach Unterliegen im Schlichtungsverfahren findet sich nebst Erläuterungen bei § 22 BBiG Rn 82 ff.

Gesetz über die Pflegezeit (Pflegezeitgesetz – PflegeZG)

Vom 28. Mai 2008 (BGBl. I S. 874)

(FNA 860-11-4)

– Auszug –

§ 5 PflegeZG Kündigungsschutz

(1) Der Arbeitgeber darf das Beschäftigungsverhältnis von der Ankündigung bis zur Beendigung der kurzzeitigen Arbeitsverhinderung nach § 2 oder der Pflegezeit nach § 3 nicht kündigen.

(2) In besonderen Fällen kann eine Kündigung von der für den Arbeitsschutz zuständigen obersten Landesbehörde oder der von ihr bestimmten Stelle ausnahmsweise für zulässig erklärt werden. Die Bundesregierung kann hierzu mit Zustimmung des Bundesrates allgemeine Verwaltungsvorschriften erlassen.

A. Anzeige kurzzeitiger Arbeitsverhinderung
  I. Muster: Anzeige kurzzeitiger Arbeitsverhinderung nach § 2 PflegeZG
  II. Erläuterungen
    [1] Adressat/Form und Frist der Mitteilung 2
    [2] Dauer der kurzzeitigen Arbeitsverhinderung 3
    [3] Keine Antragstellung 4
    [4] Inhalt der Mitteilung 5

B. Ankündigung der Inanspruchnahme von Pflegezeit
  I. Muster: Ankündigung der Inanspruchnahme von Pflegezeit nach § 3 PflegeZG
  II. Erläuterungen
    [1] Adressat/Form und Frist der Ankündigung 7
    [2] Dauer der Pflegezeit 8
    [3] Keine Antragstellung/Abgrenzung zur Pflegeteilzeit 9
    [4] Inhalt des Ankündigungsschreibens/ Ergänzungen bei Pflegeteilzeit 10

C. Antrag auf Zulassung der Kündigung
  I. Muster: Antrag auf Zulassung einer Kündigung nach § 5 Abs. 2 Satz 1 PflegeZG
  II. Erläuterungen
    [1] Zuständige Verwaltungsbehörde 12
    [2] Angaben zu der betroffenen Person . 13
    [3] Voraussetzungen im engeren Sinne .. 14
    [4] Besonderer Fall im Sinne des § 5 Abs. 2 Satz 1 PflegeZG 15
    [5] Betriebsratsanhörung 17

D. Kündigungsschreiben nach Zulässigkeitserklärung
  I. Muster: Kündigungsschreiben
  II. Erläuterungen
    [1] Schriftformerfordernis 19

    [2] Angabe des Kündigungsgrundes/ Kündigungsfrist 20
    [3] Betriebsratsanhörung 21
    [4] Pflichten der Arbeitsuchenden 22
    [5] Empfangsbestätigung 23

E. Klage des Arbeitnehmers, der Pflegezeit angekündigt hat/Pflegezeit in Anspruch nimmt beim Arbeitsgericht nach Erhalt einer Kündigung ohne vorherige Zulassung der Kündigung durch die zuständige oberste Landesbehörde
  I. Muster: Arbeitsgerichtliche Klage nach Kündigung ohne Zulassung durch die zuständige oberste Landesbehörde
  II. Erläuterungen
    [1] Verweis auf § 4 KSchG 25

F. Klageerwiderung des Arbeitgebers nach Hinweis des Arbeitnehmers in der Klageschrift, dass die Kündigung mangels vorheriger Zulassung durch die zuständige oberste Landesbehörde nichtig ist
  I. Muster: Klageerwiderung des Arbeitgebers nach unterlassener Einholung der Zulässigkeitserklärung der ausgesprochenen Kündigung
  II. Erläuterungen
    [1] Verweis auf § 1 KSchG 27
    [2] Kein Anspruch auf Pflegezeit bei 15 oder weniger Beschäftigten 28
    [3] Materielle Voraussetzungen für die Inanspruchnahme von Pflegezeit/ Form und Inhalt der Ankündigung von Pflegezeit 29
    [4] Sonderfall: Vorzeitige Beendigung des Sonderkündigungsschutzes 31

A. Anzeige kurzzeitiger Arbeitsverhinderung

I. Muster: Anzeige kurzzeitiger Arbeitsverhinderung nach § 2 PflegeZG

▶ Firma ...[1]

Anzeige kurzzeitiger Arbeitsverhinderung nach § 2 PflegeZG

Sehr geehrter Herr ...,

vom ... bis zum ...[2] werde ich meiner arbeitsvertraglichen Verpflichtung zur Erbringung der geschuldeten Arbeitsleistung vollständig nicht nachkommen.[3] Ich muss in diesem Zeitraum die bedarfsgerechte Pflege meines nahen Angehörigen, Herrn ..., organisieren/die pflegerische Versorgung meines nahen Angehörigen, Herrn ..., sicherstellen, der sich seit ... in einer (akut) aufgetretenen Pflegesituation befindet. Wenn Sie dies wünschen, reiche ich Ihnen eine Bescheinigung der Pflegekasse/des Medizinischen Dienstes über die Pflegebedürftigkeit und die Erforderlichkeit meiner kurzzeitigen Arbeitsverhinderung nach.[4]

Für Rückfragen stehe ich gerne zur Verfügung.

Mit freundlichen Grüßen

...

Mitarbeiter ◀

II. Erläuterungen

[1] Adressat/Form und Frist der Mitteilung. Nach § 2 Abs. 2 PflegeZG ist die Mitteilung über die kurzzeitige Arbeitsverhinderung an den **Arbeitgeber** zu richten. Hierfür bedarf es **keiner besonderen Form**. Aus **Beweisgründen** sollte sie aber **schriftlich** erfolgen, da auch der in § 5 Abs. 1 PflegeZG normierte **Sonderkündigungsschutz** erst mit dem Zugang der ordnungsgemäßen Anzeige eintritt. Die Mitteilung hat unverzüglich zu erfolgen, das heißt, ohne schuldhaftes Zögern (vgl § 121 Abs. 1 Satz 1 BGB).

[2] Dauer der kurzzeitigen Arbeitsverhinderung. Als kurzzeitige Arbeitsverhinderung stuft der Gesetzgeber einen Zeitraum von **bis zu zehn Arbeitstagen** (nicht Wochentagen) ein. Die Fehltage können sich auf mehrere Zeitabschnitte verteilen, wobei auch **keine zeitliche Begrenzung** auf das Kalenderjahr vorgesehen ist (hierzu: HaKo-KSchR/*Böhm*, § 5 PflegeZG Rn 15 f). **Teilzeitbeschäftigte** haben einen anteilig gekürzten Anspruch.

[3] Keine Antragstellung. Um der Arbeit im Sinne des § 2 PflegeZG kurzzeitig fernbleiben zu können, ist es nicht erforderlich, zuvor bei dem Arbeitgeber einen entsprechenden Antrag zu stellen. Das heißt, der Arbeitgeber ist **lediglich Empfänger** der Mitteilung über die kurzzeitige Arbeitsverhinderung, ohne hierüber eine Entscheidungsbefugnis zu haben. Bei einer **Verletzung der Mitteilungs- bzw Nachweispflicht** hat der Arbeitnehmer dennoch ein Leistungsverweigerungsrecht. Es drohen ihm aber Schadensersatzansprüche und arbeitsrechtliche Konsequenzen (hierzu: HaKo-KSchR/*Böhm*, § 5 PflegeZG Rn 24).

[4] Inhalt der Mitteilung. § 2 Abs. 2 PflegeZG verlangt von dem Arbeitnehmer nur, dass er den Arbeitgeber unverzüglich über die **Verhinderung** und deren **voraussichtliche Dauer** unterrichtet und ihm auf Verlangen eine **ärztliche Bescheinigung** (hierzu: HaKo-KSchR/*Böhm*, § 5 PflegeZG Rn 23) über die Pflegebedürftigkeit (hierzu: HaKo-KSchR/*Böhm*, § 5 PflegeZG Rn 20) aufgrund einer akut aufgetretenen Pflegesituation (hierzu: HaKo-KSchR/*Böhm*, § 5 PflegeZG Rn 17) des nahen Angehörigen (hierzu: HaKo-KSchR/*Böhm*, § 5 PflegeZG Rn 19) und die Erforderlichkeit des kurzzeitigen Fernbleibens (hierzu: HaKo-KSchR/*Böhm*, § 5

PflegeZG Rn 18) vorlegt. Der Arbeitgeber ist dabei auch über den Namen des pflegbedürftigen nahen Angehörigen zu informieren, da ihm nur so eine Kontrolle der Berechtigung zur Leistungsverweigerung möglich ist.

B. Ankündigung der Inanspruchnahme von Pflegezeit

I. Muster: Ankündigung der Inanspruchnahme von Pflegezeit nach § 3 PflegeZG

▶ Firma ...[1]

Ankündigung der Inanspruchnahme von Pflegezeit nach § 3 PflegeZG

Sehr geehrter Herr ...,

vom ... bis zum ...[2] werde ich meiner arbeitsvertraglichen Verpflichtung zur Erbringung der geschuldeten Arbeitsleistung vollständig[3] nicht nachkommen. Ich werde in diesem Zeitraum Pflegezeit nach § 3 PflegeZG in Anspruch nehmen, um meinen nahen Angehörigen, Herrn/Frau ..., in häuslicher Umgebung pflegen zu können.

Eine Bescheinigung der Pflegekasse/des Medizinischen Dienstes über die Pflegebedürftigkeit habe ich Ihnen in der Anlage beigefügt.[4]

Für Rückfragen stehe ich gerne zur Verfügung.

Mit freundlichen Grüßen

...

Mitarbeiter ◄

II. Erläuterungen

[1] **Adressat/Form und Frist der Ankündigung.** Richtiger Adressat für die Ankündigung der Inanspruchnahme von Pflegezeit ist der **Arbeitgeber**. Zu beachten ist aber, dass (im Gegensatz zur kurzzeitigen Arbeitsverhinderung im Sinne des § 2 PflegeZG) Pflegezeit nach § 3 Abs. 1 PflegeZG nur in solchen Unternehmen (nicht Betrieben) begehrt werden kann, die in der Regel **mehr als 15 Arbeitnehmer** beschäftigen (hierzu: HaKo-KSchR/*Böhm*, § 5 PflegeZG Rn 28). Die Ankündigung der Inanspruchnahme von Pflegezeit hat nach § 3 Abs. 3 Satz 1 PflegeZG **schriftlich** (§ 126 Abs. 1 BGB) zu erfolgen und muss dem Arbeitgeber spätestens **zehn Tage vor dem Beginn** der Pflegezeit vorliegen (hierzu: HaKo-KSchR/*Böhm*, § 5 PflegeZG Rn 30). Der sich aus § 5 PflegeZG ergebende **Sonderkündigungsschutz** tritt mit Zugang der schriftlichen Ankündigungserklärung beim Arbeitgeber ein (hierzu: HaKo-KSchR/*Böhm*, § 5 PflegeZG Rn 27, 38 f). Eine **Frist zur Vorlage der Bescheinigung der Pflegekasse/des Medizinischen Dienstes** regelt § 3 Abs. 2 PflegeZG nicht. Die Erfüllung der Nachweispflicht ist dementsprechend keine Voraussetzung für die Inanspruchnahme der Pflegezeit. Die Bescheinigung kann auch nachgereicht werden.

[2] **Dauer der Pflegezeit.** Die Höchstdauer der Pflegezeit ist nach § 4 Abs. 1 Satz 1 PflegeZG für jeden pflegebedürftigen nahen Angehörigen maximal auf einen Zeitraum von sechs Monaten begrenzt (hierzu: HaKo-KSchR/Böhm, § 5 PflegeZG Rn 34). Eine Splitting der sechsmonatigen Pflegezeithöchstdauer ist nicht möglich (BAG 15.11.2011 – 9 AZR 348/10).

[3] **Keine Antragstellung/Abgrenzung zur Pflegeteilzeit.** Hinsichtlich der Inanspruchnahme von Pflegezeit ist zwischen vollständiger Suspendierung der Hauptleistungspflichten und der Erbringung von Pflegeteilzeit zu unterscheiden. Bei vollständiger Suspendierung ist es – im Gegensatz zu begehrter Pflegeteilzeit – nicht erforderlich, einen Antrag zu stellen. Die bloße

Ankündigung reicht aus. Das heißt, der Arbeitnehmer kann bis zu sechs Monate Pflegezeit in Anspruch nehmen, wenn er die formellen Voraussetzungen für die Ankündigung beachtet. Nur dann, wenn Pflegeteilzeit beantragt wird, hat der Arbeitgeber ausnahmsweise ein Recht diese abzulehnen, wenn dringende betriebliche Gründe entgegenstehen (hierzu: HaKo-KSchR/Böhm, § 5 PflegeZG Rn 33).

[4] **Inhalt des Ankündigungsschreibens/Ergänzungen bei Pflegeteilzeit.** In dem Ankündigungsschreiben hat der Arbeitnehmer Folgendes anzugeben: den Zeitraum, für den Pflegezeit beansprucht wird; in welchem Umfang die Freistellung von der Arbeitsleistung begehrt wird sowie den Namen des pflegebedürftigen nahen Angehörigen. Zudem ist nach § 3 Abs. 2 PflegeZG die Pflegebedürftigkeit durch Vorlage einer Bescheinigung des Medizinischen Dienstes der Krankenversicherung oder der Pflegekasse nachzuweisen (hierzu: HaKo-KSchR/ Böhm, § 5 PflegeZG Rn 29). Beansprucht der Arbeitnehmer Pflegeteilzeit, hat er bei seinem Arbeitgeber zusätzlich – über die vorstehenden Erfordernisse hinaus – einen entsprechenden Antrag zu stellen. § 3 Abs. 4 PflegeZG verlangt, dass zwischen den Arbeitsvertragsparteien eine schriftliche Vereinbarung über die Verringerung und Verteilung der Arbeitszeit getroffen wird (hierzu: HaKo-KSchR/*Böhm*, § 5 PflegeZG Rn 31). Diese kann auch dadurch geschlossen werden, dass der Arbeitgeber das Angebot bzw den Vorschlag des Arbeitnehmers unter dessen Antrag bestätigt. Der Arbeitnehmer kann seinen Antrag auf Arbeitszeitverringerung auch unter der Bedingung stellen, dass es zu der von ihm gewünschten Verteilung der Arbeitszeit kommt. Lehnt der Arbeitgeber die begehrte Pflegeteilzeit ab, kann der Arbeitnehmer immer noch ankündigen, dass er Pflegezeit in Anspruch nimmt und der von ihm geschuldeten Arbeitsleistung in dieser Zeit vollständig nicht nachkommt.

C. Antrag auf Zulassung der Kündigung

I. Muster: Antrag auf Zulassung einer Kündigung nach § 5 Abs. 2 Satz 1 PflegeZG

▶ An das Regierungspräsidium/den KVJS ...[1]

Antrag auf Zulassung einer Kündigung nach § 5 Abs. 2 Satz 1 PflegeZG

Sehr geehrte Damen und Herren,

wir vertreten die Firma .... Eine auf uns lautende Vollmacht ist anliegend beigefügt. Wir beabsichtigen, dass mit Frau ... wohnhaft in ...[2] bestehende Arbeitsverhältnis ordentlich zu kündigen. Wir stellen daher folgenden Antrag:

Die ordentliche Kündigung des mit Frau ... bestehenden Arbeitsverhältnisses wird für zulässig erklärt.

Begründung

Frau ... hat am ... bei der Antragstellerin Pflegezeit beantragt und mitgeteilt, dass diese vom ... bis zum ... andauern soll.[3] Die Firma ... unterhält lediglich den Geschäftsbetrieb in .... Dieser Betrieb wird spätestens zum ... stillgelegt. Die Gesellschaft wird vollständig liquidiert. Alle Mitarbeiter der Firma werden spätestens zum ... entlassen. Eine Weiterbeschäftigungsmöglichkeit besteht für keinen der Mitarbeiter. Für die Kündigung von Frau ... liegt damit ein besonderer Fall im Sinne des § 5 Abs. 2 Satz 1 PflegeZG vor.[4] Wir bitten daher darum, die Kündigung ausnahmsweise für zulässig zu erklären.

Der Betriebsrat wurde bereits zu der beabsichtigten Kündigung angehört.[5] Seine Stellungnahme ist in der Anlage beigefügt. Gleiches gilt für den am ... geschlossenen Interessenausgleich und Sozialplan.

Für Rückfragen stehen wir gerne zur Verfügung.

Mit freundlichen Grüßen

...

Rechtsanwalt ◄

II. Erläuterungen

12 **[1] Zuständige Verwaltungsbehörde.** An welche Verwaltungsbehörde der Antrag zu richten ist, bestimmt sich danach, in welchem Bundesland der **Arbeitsort** der zu kündigenden Mitarbeiterin liegt. Eine aktuelle Liste der je nach Bundesland zuständigen Behörde findet sich im Internet unter: www.bmfsfj.de unter dem Suchbegriff: Aufsichtsbehörden. Da die Gesetzesbegründung zu § 5 PflegeZG ausdrücklich darauf hinweist, dass die Norm § 18 Abs. 1 BEEG nachgebildet ist, ist grundsätzlich davon auszugehen, dass für den Antrag auf Zulassung der Kündigung nach § 5 Abs. 2 Satz 1 PflegeZG die Behörde zuständig ist, die auch im Falle einer Antragstellung nach § 18 Abs. 1 BEEG zuständig wäre (hierzu: HaKo-KSchR/*Böhm*, § 18 BEEG Rn 34; HK-MuSchG/BEEG/*Rancke*, § 18 BEEG Rn 29).

13 **[2] Angaben zu der betroffenen Person.** Da die betroffene Arbeitnehmerin zu dem gestellten Antrag und dem ermittelten Sachverhalt vor Erlass der Zulässigkeitserklärung grundsätzlich nach § 28 VwVfG mündlich oder schriftlich anzuhören ist, sollten **Name** und **Anschrift** der Arbeitnehmerin in dem Antrag des Arbeitgebers vollständig angegeben werden. Um Verzögerungen des Verfahrens zu vermeiden, sollte der Arbeitgeber zudem bereits in dem Antrag zu den wesentlichen Tatsachen Stellung nehmen. Hierzu gehören auch die **Sozialdaten** (Lebensalter, Dauer der Betriebszugehörigkeit, Unterhaltspflichten, etwaige Schwerbehinderung) der betroffenen Mitarbeiterin, wenn es darauf ankommt.

14 **[3] Voraussetzungen im engeren Sinne.** Der in § 5 Abs. 1 PflegeZG normierte Sonderkündigungsschutz schützt alle **Beschäftigten im Sinne des § 7 Abs. 1 PflegeZG**, das heißt, Arbeitnehmer, die zu ihrer Berufsbildung Beschäftigten und arbeitnehmerähnliche Personen einschließlich die in Heimarbeit Beschäftigten und ihnen Gleichgestellte (im Einzelnen: HaKo-KSchR/*Böhm*, § 5 PflegeZG Rn 3 ff). Er setzt voraus, dass eine **kurzzeitige Arbeitsverhinderung** im Sinne des § 2 PflegeZG bzw **Pflegezeit** im Sinne des § 3 PflegeZG angekündigt worden ist und noch nicht beendet ist. Die kurzzeitige Arbeitsverhinderung und deren voraussichtliche Dauer sind dem Arbeitgeber nach § 2 Abs. 2 PflegeZG unverzüglich mitzuteilen. Die Inanspruchnahme von Pflegezeit muss der Arbeitnehmer dem Arbeitgeber hingegen gemäß § 3 Abs. 3 Satz 1 PflegeZG spätestens **zehn Arbeitstage vor Beginn schriftlich** ankündigen und gleichzeitig erklären, für welchen Zeitraum und in welchem Umfang die Freistellung von der Arbeitsleistung in Anspruch genommen werden soll. Eine **Höchstfrist** für die Ankündigung sieht das Gesetz nicht vor. Die Ankündigung kann deshalb schon Monate vor der tatsächlichen Inanspruchnahme der Pflegezeit erfolgen, so dass ab diesem Zeitpunkt nach dem Gesetzeswortlaut der Sonderkündigungsschutz ausgelöst wird. Obwohl der Gesetzgeber die Vorschriften des BEEG offensichtlich zur Kenntnis genommen hat, hat er es unterlassen, die mit der fehlenden zeitlichen Beschränkung einhergehende **Missbrauchsgefahr** durch Aufnahme einer dem § 18 Abs. 1 Satz 1 BEEG vergleichbaren Regelung einzudämmen (HaKo-KSchR/*Böhm*, § 5 PflegeZG Rn 39). Der Sonderkündigungsschutz dauert grundsätzlich bis zur Beendigung der kurzzeitigen Arbeitsverhinderung bzw der Pflegezeit an. § 4 Abs. 2 Satz 1 PflegeZG regelt drei abschließende **Ausnahmefälle**, in denen eine vorzeitige Beendigung der Pflegezeit eintritt: Entfall der Pflegebedürftigkeit des nahen Angehörigen, Unmöglichkeit der

Pflege des nahen Angehörigen, Unzumutbarkeit der Pflege des nahen Angehörigen. Liegt eine der vorgenannten Fallgruppen vor, endet die Pflegezeit und damit auch der Sonderkündigungsschutz nicht sofort, sondern erst vier Wochen nach Eintritt der veränderten Umstände (HaKo-KSchR/*Böhm*, § 5 PflegeZG Rn 46).

[4] Besonderer Fall im Sinne des § 5 Abs. 2 Satz 1 PflegeZG. Nach § 5 Abs. 2 Satz 1 PflegeZG darf die für den Arbeitsschutz zuständige oberste Landesbehörde bzw die von ihr bestimmte Stelle die Kündigung nur ausnahmsweise in besonderen Fällen für zulässig erklären. Die in § 5 Abs. 2 Satz 2 PflegeZG angekündigten allgemeinen Verwaltungsvorschriften, die Rückschlüsse darauf zulassen könnten, wann von einem solchen besonderen Fall auszugehen ist, liegen bislang noch nicht vor. Da die Gesetzesbegründung ausdrücklich darauf hinweist, dass § 5 PflegeZG § 18 BEEG nachgebildet ist, ist jedenfalls davon auszugehen, dass bei Vorliegen des in dem Muster dargestellten betriebsbedingten Grundes der beabsichtigten **Betriebsstilllegung** die Zustimmung durch die für den Arbeitsschutz zuständige oberste Landesbehörde erteilt wird und somit der Arbeitgeber in der Lage ist, das Arbeitsverhältnis auch während der Pflegezeit bzw laufenden Ankündigungsfrist oder während der Inanspruchnahme der kurzzeitigen Arbeitsverhinderung zu kündigen. Alternativ dürfte in Anlehnung an die zu § 18 BEEG erlassenen allgemeinen Verwaltungsvorschriften beispielsweise auch in den Fällen der **Abteilungsschließung**, der **Betriebsverlagerung**, der Ablehnung einer zumutbaren anderen Beschäftigung in den vorstehenden Fällen, der **Existenzgefährdung des Betriebes** bei Zwang zur Beschäftigung nach dem Ende der Pflegezeit oder bei **besonders schweren Vertragsverstößen** bzw **strafbaren Handlungen** ein besonderer Fall im Sinne des § 5 Abs. 2 Satz 1 PflegeZG vorliegen. Für den Ausspruch einer wirksamen **Änderungskündigung** gegenüber einem Pflegezeit in Anspruch nehmendem Arbeitnehmer bedarf es ebenfalls der Zulässigkeitserklärung durch die zuständige Verwaltungsbehörde und damit des Vorliegens eines besonderen Falles.

15

Liegt ein besonderer Fall vor, hat die zuständige Behörde nach **pflichtgemäßem Ermessen** zu entscheiden, welches dadurch eingeschränkt ist, dass die Zustimmung zulasten der Arbeitnehmerinnen und Arbeitnehmer nur ausnahmsweise erteilt werden soll. Das heißt, dem Antrag des Arbeitgebers kann nur dann stattgegeben werden, wenn sein Interesse erheblich überwiegt. Etwaige **Mängel des Bescheids** können nur im Widerspruchsverfahren bzw Klageverfahren vor den Verwaltungsgerichten geltend gemacht werden (BAG 20.1.2005 – 2 AZR 500/03 zu § 18 BEEG). Dabei ist der Prüfungsumfang auf das Vorliegen von **Ermessensfehlern** im Sinne des § 114 VwGO beschränkt.

16

[5] Betriebsratsanhörung. Die Anhörung des Betriebsrates gemäß § 102 BetrVG kann erfolgen, bevor der Antrag auf Zulassung einer Kündigung nach § 5 Abs. 2 PflegeZG gestellt wird. Aus dem Anhörungsschreiben selbst muss sich jedoch ergeben, dass die Kündigung **erst nach positivem Bescheid** der zuständigen Verwaltungsbehörde ausgesprochen werden soll.

17

D. Kündigungsschreiben nach Zulässigkeitserklärung

I. Muster: Kündigungsschreiben

18

▶ Frau ▪▪▪

Kündigung Ihres Arbeitsverhältnisses[1]

Sehr geehrte Frau ▪▪▪,
hiermit kündigen wir das mit Ihnen bestehende Arbeitsverhältnis ordentlich zum ▪▪▪, hilfsweise zum nächstmöglichen Termin aus dringenden betrieblichen Gründen. Insbesondere wird unser Ge-

schäftsbetrieb spätestens zum ... stillgelegt. Die Gesellschaft wird vollständig liquidiert. Alle Mitarbeiter der Firma werden spätestens zum ... entlassen. Eine Weiterbeschäftigungsmöglichkeit besteht für keinen unserer Mitarbeiter.[2]

Wie Ihnen bekannt ist, hat die zuständige Verwaltungsbehörde die Kündigung mit Bescheid vom ... für zulässig erklärt. Der Betriebsrat wurde ordnungsgemäß angehört. Er hat der Kündigung zugestimmt/nicht widersprochen.[3]

Wir weisen Sie darauf hin, dass Sie verpflichtet sind, aktiv nach einer neuen Beschäftigung zu suchen, und sich nach § 38 Abs. 1 SGB III spätestens drei Monate vor Beendigung des Arbeitsverhältnisses persönlich bei der für Sie zuständigen Agentur für Arbeit arbeitsuchend zu melden. Liegen zwischen der Kenntnis des Beendigungszeitpunktes und der Beendigung des Arbeitsverhältnisses weniger als drei Monate, hat die Meldung innerhalb von drei Tagen nach Kenntnis des Beendigungszeitpunktes zu erfolgen. Eine verspätete Meldung führt zu Nachteilen beim Arbeitslosengeld.[4]

Mit freundlichen Grüßen

...

Name des Unternehmens/Unterschrift der vertretungsberechtigten Person

Erhalten am: ...[5]

...

Unterschrift der Mitarbeiterin ◀

II. Erläuterungen

19 [1] **Schriftformerfordernis.** Nach § 623 BGB bedarf die für zulässig erklärte Kündigung zu ihrer Wirksamkeit der Schriftform. Anders als § 9 MuSchG beinhaltet § 5 PflegeZG keine Spezialvorschrift zu § 623 BGB. Welche Anforderungen an das Schriftformerfordernis zu stellen sind, regelt § 126 BGB. Eine Kündigung per SMS oder E-Mail ist gemäß § 125 BGB nichtig und führt nicht zur Beendigung des Arbeitsverhältnisses. Das Schriftformerfordernis kann nicht abbedungen werden, § 623 BGB normiert **zwingendes Recht**.

20 [2] **Angabe des Kündigungsgrundes/Kündigungsfrist.** Im Gegensatz zu § 9 Abs. 3 Satz 2 MuSchG bestimmt § 5 PflegeZG nicht, dass in dem Kündigungsschreiben der zulässige Kündigungsgrund angegeben werden muss. Entsprechende Ausführungen sind daher entbehrlich. Rein aus pragmatischer Sicht kann es aber dennoch sinnvoll sein, solche zu machen, insbesondere wenn die Angelegenheit eindeutig ist und die Prozesschancen des betroffenen Arbeitnehmers gegen Null tendieren.

21 [3] **Betriebsratsanhörung.** Rechtlich gesehen ist der Hinweis auf die Betriebsratsanhörung nicht erforderlich. Hat der Betriebsrat der Kündigung zugestimmt oder ihr, indem er die dafür vorgesehene Frist hat verstreichen lassen, nicht widersprochen, kann dies aber aus psychologischen Gründen sinnvoll sein. Im Falle eines Widerspruchs des Betriebsrats ist der Arbeitgeber nach § 102 Abs. 4 BetrVG verpflichtet, dem Kündigungsschreiben eine Abschrift der Stellungnahme des Betriebsrats beizufügen. Tut er dies nicht, hat dies auf die Wirksamkeit der Kündigung keine Auswirkung. Der Arbeitgeber kann sich aber schadensersatzpflichtig machen.

22 [4] **Pflichten der Arbeitsuchenden.** Nach § 38 Abs. 1 SGB III ist der Arbeitnehmer verpflichtet, sich spätestens drei Monate vor Beendigung des Arbeitsverhältnisses persönlich bei der für ihn zuständigen Agentur für Arbeit arbeitsuchend zu melden. Liegen zwischen der

Kenntnis des Beendigungszeitpunktes und der Beendigung des Arbeitsverhältnisses weniger als drei Monate, hat die Meldung innerhalb von drei Tagen nach Kenntnis des Beendigungszeitpunktes zu erfolgen. Verletzt der Arbeitnehmer diese Pflicht, muss er nach §§ 159 Abs. 1 Nr. 7 i. V. mit 159 Abs. 6 SGB III mit einer einwöchigen Sperrzeit hinsichtlich des Arbeitslosengeldes rechnen. § 2 Abs. 2 Nr. 3 SGB III bestimmt, dass der Arbeitgeber den Arbeitnehmer vor der Beendigung des Arbeitsverhältnisses frühzeitig über die Notwendigkeit eigener Aktivitäten bei der Suche nach einer anderen Beschäftigung sowie über die Verpflichtung zur Meldung nach § 38 Abs. 1 SGB III informieren soll. Unterlässt der Arbeitgeber die Information und meldet sich der Arbeitnehmer verspätet bei der für ihn zuständigen Agentur für Arbeit, steht dem Arbeitnehmer gegenüber dem Arbeitgeber kein Schadensersatzanspruch zu (BAG 29.9.2005 – 8 AZR 571/04).

[5] **Empfangsbestätigung.** Die Kündigung ist eine empfangsbedürftige einseitige Willenserklärung. Das heißt, sie wird erst mit dem Zugang beim Erklärungsempfänger wirksam. Der Arbeitgeber trägt die Beweislast dafür, dass dem Arbeitnehmer die Kündigung zugegangen ist. Wenn dies möglich ist, sollte sich der Arbeitgeber daher den Empfang des Kündigungsschreibens schriftlich bestätigen lassen. Unterzeichnet der Arbeitnehmer die Empfangsbestätigung nicht, ist es ratsam, wenn der Arbeitgeber die Kündigung im Beisein eines Zeugen übergibt. Ist eine persönliche Übergabe des Kündigungsschreibens (aufgrund von Krankheit, Urlaubsabwesenheit etc.) ausgeschlossen, sollte der Zugang durch einen Boten, der zuvor von dem Inhalt des zu überbringenden Schreibens persönlich Kenntnis genommen hat, sichergestellt werden. Ist der Kündigungszugang später streitig, kann der Bote sowohl bezüglich des Zeitpunkts des Zugangs des Kündigungsschreibens als auch hinsichtlich des Inhalts des Schreibens Zeuge sein.

E. Klage des Arbeitnehmers, der Pflegezeit angekündigt hat/Pflegezeit in Anspruch nimmt beim Arbeitsgericht nach Erhalt einer Kündigung ohne vorherige Zulassung der Kündigung durch die zuständige oberste Landesbehörde

I. Muster: Arbeitsgerichtliche Klage nach Kündigung ohne Zulassung durch die zuständige oberste Landesbehörde

▶ An das Arbeitsgericht ...

Klage[1]

...

Rechtsanwalt ◀

II. Erläuterungen

[1] **Verweis auf § 4 KSchG.** Für Grundmuster zur Kündigungsschutzklage siehe Ausführungen bei § 4 KSchG. Zudem werden bei den Formularen zu § 4 KSchG unter Rn 51 ff die Besonderheiten für die Kündigungsschutzklage eines Arbeitnehmers, der Pflegezeit angekündigt hat/Pflegezeit in Anspruch nimmt nebst Musterformulierungen dargestellt. Zur Vermeidung von Wiederholungen wird auf die dortigen Ausführungen verwiesen.

F. Klageerwiderung des Arbeitgebers nach Hinweis des Arbeitnehmers in der Klageschrift, dass die Kündigung mangels vorheriger Zulassung durch die zuständige oberste Landesbehörde nichtig ist

26 **I. Muster: Klageerwiderung des Arbeitgebers nach unterlassener Einholung der Zulässigkeitserklärung der ausgesprochenen Kündigung**

▶ An das Arbeitsgericht ...

Az.: ...

Klageerwiderung[1]

Kläger

gegen

Beklagte

Ich vertrete die Beklagte mit folgendem Antrag:

Die Klage wird abgewiesen.

Begründung

Der Kläger stützt den von ihm gestellten Feststellungsantrag darauf, dass er Pflegezeit angekündigt hat/Pflegezeit in Anspruch nimmt, und die Beklagte vor Ausspruch der streitgegenständlichen Kündigung keine Zulässigkeitserklärung der für den Arbeitsschutz zuständigen obersten Landesbehörde eingeholt habe.

Der Kläger verkennt, dass bei der Beklagten lediglich 12 Mitarbeiter tätig sind und gegenüber einem Arbeitgeber mit in der Regel 15 oder weniger Beschäftigten kein Anspruch auf Pflegezeit besteht. Mithin kann der Kläger auch keinen Sonderkündigungsschutz beanspruchen. Einer Zulässigkeitserklärung der für den Arbeitsschutz zuständigen obersten Landesbehörde bedurfte es nicht. Die Kündigung ist daher auch nicht nach § 5 Abs. 1 PflegeZG i.V. mit § 134 BGB unwirksam ist.[2]

Oder

Der Kläger verkennt, dass eine Zulässigkeitserklärung der für den Arbeitsschutz zuständigen obersten Landesbehörde nur dann erforderlich ist, mithin Sonderkündigungsschutz nur dann besteht, wenn die in § 3 PflegeZG normierten materiellen Voraussetzungen vorliegen und er die Inanspruchnahme von Pflegezeit formell wirksam und in schriftlicher Form gegenüber dem Arbeitgeber geltend gemacht hat. Dies hat der Kläger versäumt. Zum einen hat der Kläger angekündigt, „lediglich" seinen Onkel pflegen zu wollen. Insoweit handelt es sich nicht um einen nahen Angehörigen im Sinne des § 3 PflegeZG. Zum anderen hat er unbeachtet gelassen, dass die Ankündigung der Pflegezeit schriftlich erfolgen muss und der genaue Zeitraum sowie der Umfang der begehrten Pflegezeit gegenüber dem Arbeitgeber anzugeben sind, damit der Sonderkündigungsschutz des § 5 Abs. 1 PflegeZG entsteht. Der Kläger hat bislang allein mündlich und pauschal mitgeteilt, dass er ab dem ... seinen Onkel pflegen will.[3][4]

...

Rechtsanwalt ◀

II. Erläuterungen

27 [1] **Verweis auf § 1 KSchG.** Der Systematik des Kündigungsschutzgesetzes folgend finden sich zu § 1 KSchG – abhängig vom Kündigungsgrund – verschiedene Muster für eine Klageerwiderung. Hinsichtlich der **prozessualen Besonderheiten** wird zur Vermeidung von Wiederho-

F. Klageerwiderung des Arbeitgebers bei Nichtigkeit der Kündigung § 5 PflegeZG

lungen auf die dortigen Ausführungen verwiesen. Vorliegend werden allein die Argumentationsmöglichkeiten für eine Klageerwiderung des Arbeitgebers nach dem Hinweis des Arbeitnehmers in der Klageschrift, dass er die Inanspruchnahme von Pflegezeit angekündigt hat/ Pflegezeit in Anspruch nimmt und die Kündigung daher mangels vorheriger Einholung der Zulässigkeitserklärung der für den Arbeitsschutz zuständigen obersten Landesbehörde nichtig ist, dargestellt.

[2] Kein Anspruch auf Pflegezeit bei 15 oder weniger Beschäftigten. Im Gegensatz zur kurzzeitigen Arbeitsverhinderung im Sinne des § 2 PflegeZG kann Pflegezeit nach § 3 Abs. 1 PflegeZG nur in solchen Unternehmen (nicht Betrieben) begehrt werden, die in der Regel **mehr als 15 Arbeitnehmer** beschäftigen (hierzu: HaKo-KSchR/*Böhm*, § 5 PflegeZG Rn 28). 28

[3] Materielle Voraussetzungen für die Inanspruchnahme von Pflegezeit/Form und Inhalt der Ankündigung von Pflegezeit. Zum **Zeitpunkt des Zugangs der Kündigung** müssen die in § 3 Abs. 1 PflegeZG geregelten materiellen Voraussetzungen vorliegen. Das heißt, es muss die **Pflege eines nahen Angehörigen** (hierzu: HaKo-KSchR/*Böhm*, § 5 PflegeZG Rn 19) beabsichtigt sein, der **pflegebedürftig** ist (hierzu: HaKo-KSchR/*Böhm*, § 5 PflegeZG Rn 19, 29) und **in häuslicher Umgebung** gepflegt werden soll (hierzu: HaKo-KSchR/*Böhm*, § 5 PflegeZG Rn 26), damit der in § 5 Abs. 1 PflegeZG normierte Sonderkündigungsschutz ausgelöst wird und sich der Arbeitnehmer überhaupt darauf stützen kann, dass eine Zulässigkeitserklärung der für den Arbeitsschutz zuständigen obersten Landesbehörde erforderlich ist. 29

Wer Pflegezeit in Anspruch nehmen will, muss dies dem Arbeitgeber nach § 3 Abs. 3 Satz 1 PflegeZG spätestens **zehn Arbeitstage** vor Beginn **schriftlich** ankündigen (hierzu: HaKo-KSchR/*Böhm*, § 5 PflegeZG Rn 30). In dem Ankündigungsschreiben hat der Arbeitnehmer Folgendes anzugeben: den **Zeitraum**, für den Pflegezeit beansprucht wird; in welchem **Umfang** die Freistellung von der Arbeitsleistung begehrt wird sowie den **Namen des pflegebedürftigen nahen Angehörigen**. Zudem ist nach § 3 Abs. 2 PflegeZG die Pflegebedürftigkeit durch **Vorlage einer Bescheinigung** des Medizinischen Dienstes der Krankenversicherung oder der Pflegekasse nachzuweisen (hierzu: HaKo-KSchR/*Böhm*, § 5 PflegeZG Rn 29). Beansprucht der Arbeitnehmer **Pflegeteilzeit**, hat er bei seinem Arbeitgeber **zusätzlich** – über die vorstehenden Erfordernisse hinaus – einen entsprechenden **Antrag** zu stellen. § 3 Abs. 4 PflegeZG verlangt, dass zwischen den Arbeitsvertragsparteien eine schriftliche Vereinbarung über die Verringerung und Verteilung der Arbeitszeit getroffen wird (hierzu: HaKo-KSchR/ *Böhm*, § 5 PflegeZG Rn 31). Diese kann auch dadurch geschlossen werden, dass der Arbeitgeber das Angebot bzw den Vorschlag des Arbeitnehmers unter dessen Antrag bestätigt. Der Arbeitnehmer kann seinen Antrag auf Arbeitszeitverringerung auch unter der **Bedingung** stellen, dass es zu der von ihm gewünschten Verteilung der Arbeitszeit kommt. Lehnt der Arbeitgeber die begehrte Pflegeteilzeit ab, weil dieser dringende betriebliche Gründe entgegenstehen (hierzu: HaKo-KSchR/*Böhm*, § 5 PflegeZG Rn 33), kann der Arbeitnehmer immer noch ankündigen, dass er Pflegezeit in Anspruch nimmt und der von ihm geschuldeten Arbeitsleistung in dieser Zeit vollständig nicht nachkommt. Macht er hiervon keinen Gebrauch erlischt der Sonderkündigungsschutz jedenfalls mit Ablehnung der gewünschten Pflegeteilzeit (vgl BAG 12.5.2011 – 2 AZR 384/10 zu § 18 BEEG). 30

[4] Sonderfall: Vorzeitige Beendigung des Sonderkündigungsschutzes. Der Sonderkündigungsschutz dauert grundsätzlich bis zur Beendigung der Pflegezeit an. § 4 Abs. 2 Satz 1 PflegeZG regelt **drei abschließende Ausnahmefälle**, in denen eine vorzeitige Beendigung der Pflegezeit eintritt: Entfall der Pflegebedürftigkeit des nahen Angehörigen, Unmöglichkeit der 31

Pflege des nahen Angehörigen, Unzumutbarkeit der Pflege des nahen Angehörigen. Liegt eine der vorgenannten Fallgruppen vor, endet die Pflegezeit und damit auch der Sonderkündigungsschutz nicht sofort, sondern erst vier Wochen nach Eintritt der veränderten Umstände (HaKo-KSchR/*Böhm*, § 5 PflegeZG Rn 46).

Gesetz zum Elterngeld und zur Elternzeit (Bundeselterngeld- und Elternzeitgesetz – BEEG)

Vom 5. Dezember 2006 (BGBl. I S. 2748)
(FNA 85-5)
zuletzt geändert durch Art. 1 BetreuungsgeldG vom 15. Februar 2013 (BGBl. I S. 254)
– Auszug –

§ 18 BEEG Kündigungsschutz

(1) Der Arbeitgeber darf das Arbeitsverhältnis ab dem Zeitpunkt, von dem an Elternzeit verlangt worden ist, höchstens jedoch acht Wochen vor Beginn der Elternzeit, und während der Elternzeit nicht kündigen. In besonderen Fällen kann ausnahmsweise eine Kündigung für zulässig erklärt werden. Die Zulässigkeitserklärung erfolgt durch die für den Arbeitsschutz zuständige oberste Landesbehörde oder die von ihr bestimmte Stelle. Die Bundesregierung kann mit Zustimmung des Bundesrates allgemeine Verwaltungsvorschriften zur Durchführung des Satzes 2 erlassen.

(2) Absatz 1 gilt entsprechend, wenn Arbeitnehmer oder Arbeitnehmerinnen

1. während der Elternzeit bei demselben Arbeitgeber Teilzeitarbeit leisten oder
2. ohne Elternzeit in Anspruch zu nehmen, Teilzeitarbeit leisten und Anspruch auf Elterngeld nach § 1 während des Bezugszeitraums nach § 4 Abs. 1 haben.

A. Antrag auf Elternzeit
   I. Muster: Antrag auf Elternzeit
   II. Erläuterungen
      [1] Adressat/Form und Frist für die Inanspruchnahme von Elternzeit 2
      [2] Mutterschutzfrist nach § 6 MuSchG ... 3
      [3] Notwendiger Inhalt des Elternzeitverlangens/Umfang der Elternzeit ... 4
      [4] Keine echte Antragstellung/Abgrenzung zur Teilzeittätigkeit während der Elternzeit/Sonderkündigungsschutz 5
      [5] Planungssicherheit des Arbeitgebers/Kündigung des Elternzeitnehmers ... 7
B. Antrag auf Zulassung der Kündigung
   I. Muster: Antrag auf Zulassung einer Kündigung nach § 18 Abs. 1 Satz 2 BEEG
   II. Erläuterungen
      [1] Zuständige Verwaltungsbehörde 10
      [2] Angaben zu der betroffenen Person . 11
      [3] Voraussetzungen im engeren Sinne .. 12
      [4] Besonderer Fall im Sinne des § 18 Abs. 1 Satz 2 BEEG 13
      [5] Betriebsratsanhörung 15
C. Kündigungsschreiben nach Zulässigkeitserklärung
   I. Muster: Kündigungsschreiben
   II. Erläuterungen
      [1] Schriftformerfordernis 17
      [2] Angabe des Kündigungsgrundes/Kündigungsfrist 18
      [3] Betriebsratsanhörung 19
      [4] Pflichten der Arbeitssuchenden 20
      [5] Empfangsbestätigung 21
D. Klage des Arbeitnehmers, der Elternzeit beantragt hat/des sich in Elternzeit befindlichen Arbeitnehmers beim Arbeitsgericht nach Erhalt einer Kündigung ohne vorherige Zulassung der Kündigung durch die zuständige oberste Landesbehörde
   I. Muster: Arbeitsgerichtliche Klage nach Kündigung ohne Zulassung durch die zuständige oberste Landesbehörde
   II. Erläuterungen
      [1] Verweis auf § 4 KSchG 23
E. Klageerwiderung des Arbeitgebers nach Hinweis des Arbeitnehmers in der Klageschrift, dass die Kündigung mangels vorheriger Zulassung durch die zuständige oberste Landesbehörde nichtig ist
   I. Muster: Klageerwiderung des Arbeitgebers nach unterlassener Einholung der Zulässigkeitserklärung der ausgesprochenen Kündigung
   II. Erläuterungen
      [1] Verweis auf § 1 KSchG 25
      [2] Beginn des Sonderkündigungsschutzes 26
      [3] Persönliche Voraussetzungen für den Anspruch auf Elternzeit/Notwendiger Inhalt des Elternzeitverlangens 27
      [4] Sonderfall: Sonderkündigungsschutz nach § 18 Abs. 2 Nr. 2 BEEG 29

A. Antrag auf Elternzeit

I. Muster: Antrag auf Elternzeit

▶ Firma ...[1]

Antrag auf Elternzeit

Sehr geehrte/r Frau/Herr ...,

am ... wurde meine Tochter/mein Sohn ... geboren. Die Mutterschutzfrist endet demnach am ... .[2] Nach § 16 BEEG beantrage ich fristgemäß sieben Wochen im Voraus Elternzeit unmittelbar nach Ablauf der Mutterschutzfrist für den Zeitraum vom ... bis zum ... .[3] Ich werde meiner arbeitsvertraglichen Verpflichtung zur Erbringung der geschuldeten Arbeitsleistung in diesem Zeitraum vollständig[4] nicht nachkommen.

Im Anschluss an die Elternzeit möchte ich das Arbeitsverhältnis fortsetzen/kündigen.[5]

Für Rückfragen stehe ich gerne zur Verfügung.

Mit freundlichen Grüßen

...

Mitarbeiter ◀

II. Erläuterungen

[1] **Adressat/Form und Frist für die Inanspruchnahme von Elternzeit.** Richtiger Adressat für das Elternzeitverlangen ist der **Arbeitgeber**. Die Ankündigung der Inanspruchnahme von Elternzeit hat nach § 16 Abs. 1 Satz 1 BEEG **schriftlich** (§ 126 Abs. 1 BGB) zu erfolgen und muss dem Arbeitgeber spätestens **sieben Wochen vor dem Beginn** der Elternzeit vorliegen (hierzu: HaKo-KSchR/*Böhm*, § 18 BEEG Rn 24 ff; Hk-MuSchG/BEEG/*Rancke*, § 16 BEEG Rn 2 ff). Wird die Elternzeit **zu kurzfristig**, also nicht spätestens sieben Wochen vor dem gewünschten Beginn verlangt, führt dies lediglich zu einer Verschiebung des Beginns der Elternzeit. Der sich aus § 18 BEEG ergebende **Sonderkündigungsschutz** beginnt nicht erst mit dem ersten Tag der Elternzeit, sondern bereits ab dem Zeitpunkt, ab dem Elternzeit wirksam verlangt worden ist, höchstens jedoch acht Wochen vor Beginn der Elternzeit. Es kommt daher auf den Zugang des Elternzeitverlangens beim Arbeitgeber an (hierzu: HaKo-KSchR/*Böhm*, § 18 BEEG Rn 22; Hk-MuSchG/BEEG/*Rancke*, § 18 BEEG Rn 8).

[2] **Mutterschutzfrist nach § 6 MuSchG.** Die Mutterschutzfrist nach der Geburt beträgt nach § 6 Abs. 1 MuSchG grundsätzlich acht Wochen bzw bei Früh- und Mehrlingsgeburten zwölf Wochen.

[3] **Notwendiger Inhalt des Elternzeitverlangens/Umfang der Elternzeit.** Gegenstand des schriftlichen Elternzeitverlangens muss nach § 16 Abs. 1 Satz 1 BEEG nur eine konkrete und substantiierte Erklärung (vgl Hk-MuSchG/BEEG/*Rancke*, § 16 BEEG Rn 2) dazu sein, für welche Zeiten „innerhalb von zwei Jahren" die Elternzeit genommen wird. Unklare, vage oder an nicht vom Arbeitgeber zu beeinflussende Bedingungen geknüpfte Erklärungen sind unwirksam (BAG 17.10.1990 – 5 AZR 10/90; BAG 17.2.1994 – 2 AZR 616/93). Mit der erstmaligen Erklärung zur Elternzeit tritt eine Bindungswirkung für den Elternzeitberechtigten für diesen Zweijahreszeitraum ein (Hk-MuSchG/BEEG/*Rancke*, § 16 BEEG Rn 3). Dies gilt auch dann, wenn die Elternzeit für einen kürzeren Zeitraum verlangt wird. Das heißt, wird die Elternzeit lediglich für das erste Lebensjahr des Kindes beansprucht, ist sie für das zweite Lebensjahr des Kindes unwiderruflich verbraucht. Eine Verlängerung ist nach § 16

A. Antrag auf Elternzeit § 18 BEEG

Abs. 3 Satz 1 BEEG nur noch mit der Zustimmung des Arbeitgebers möglich (BAG 19.4.2005 – 9 AZR 233/04). Wenn die Elternzeit auf zwei Zeitabschnitte verteilt werden soll, ist der Arbeitgeber über die jeweils beabsichtigten Zeiträume ebenfalls in Kenntnis zu setzen. Die beabsichtigte Verteilung auf mehr als zwei Zeitabschnitte ist nach § 16 Abs. 1 Satz 5 BEEG nur mit Zustimmung des Arbeitgebers möglich. Eine schon fest geplante Übertragung eines Zeitanteils von bis zu zwölf Monaten auf die Zeit bis zur Vollendung des achten Lebensjahres des Kindes gemäß § 15 Abs. 2 Satz 2 BEEG kann dem Arbeitgeber bereits in dem ersten Schreiben, mit dem Elternzeit verlangt wird, mitgeteilt werden (Hk-MuSchG/BEEG/*Rancke*, § 16 BEEG Rn 2). Hierfür bedarf es allerdings der Zustimmung des Arbeitgebers. Unabhängig vom Gesetzestext kann die Elternzeit von vornherein auch bis zum vollendeten dritten Lebensjahr des Kindes verlangt werden (Hk-MuSchG/BEEG/*Rancke*, § 16 BEEG Rn 3). § 16 Abs. 1 Satz 1 BEEG beschränkt nicht die Möglichkeit, den über zwei Jahre hinausgehenden materiellrechtlichen Anspruch sofort geltend zu machen (BAG 27.4.2004 – 9 AZR 21/04).

[4] **Keine echte Antragstellung/Abgrenzung zur Teilzeittätigkeit während der Elternzeit/Sonderkündigungsschutz.** Hinsichtlich der Inanspruchnahme von Elternzeit ist zwischen vollständiger Suspendierung der Hauptleistungspflichten und der Ausübung einer Teilzeitbeschäftigung während der Elternzeit zu unterscheiden. Bei vollständiger Suspendierung ist es – im Gegensatz zu begehrter Teilzeittätigkeit während der Elternzeit – nicht erforderlich, einen Antrag zu stellen. Das bloße (schriftliche) Verlangen reicht aus. Das heißt, der Arbeitnehmer kann bis zu drei Jahre Elternzeit in Anspruch nehmen, wenn er die formellen Voraussetzungen für die Ankündigung beachtet. Nur der Anspruch auf Verringerung der Arbeitszeit ist an die in § 15 Abs. 7 BEEG normierten Voraussetzungen gekoppelt (hierzu: Hk-MuSchG/BEEG/*Rancke*, § 15 BEEG Rn 66 ff). Will der Arbeitnehmer während der Elternzeit in Teilzeit arbeiten, muss sein Antrag nach § 15 Abs. 7 Satz 2 BEEG den Beginn und den Umfang der verringerten Arbeitszeit enthalten. Zudem soll die gewünschte Verteilung der Arbeitszeit angegeben werden. Wenn der Arbeitgeber die beanspruchte Verringerung der Arbeitszeit ablehnen will, muss er dies innerhalb von vier Wochen mit schriftlicher Begründung tun. Soweit der Arbeitgeber der Verringerung trotz Vorliegens der Voraussetzungen nicht oder nicht rechtzeitig zustimmt, bleibt dem Arbeitnehmer nach § 15 Abs. 7 Satz 5 BEEG nur die Klage vor dem Arbeitsgericht.

Der sich aus § 18 BEEG ergebende Sonderkündigungsschutz kann in insgesamt vier Konstellationen ausgelöst werden: bei der Inanspruchnahme von Elternzeit ohne Beschäftigung; nach § 18 Abs. 2 Nr. 1 BEEG, wenn der Arbeitnehmer während der Elternzeit bei demselben, das heißt, dem bisherigen Arbeitgeber Teilzeitarbeit leistet (hierzu: HaKo-KSchR/*Böhm*, § 18 BEEG Rn 16 ff); wenn der Arbeitnehmer während der Elternzeit bei einem „anderen" Arbeitgeber Teilzeitarbeit leistet (§ 15 Abs. 4 Satz 3 BEEG) gegenüber dem Erstarbeitgeber, bei dem Elternzeit in Anspruch genommen wurde (hierzu: HaKo-KSchR/*Böhm*, § 18 BEEG Rn 19) und nach § 18 Abs. 2 Nr. 2 BEEG, wenn der Arbeitnehmer als Teilzeitleistender keine Elternzeit in Anspruch nimmt, aber einen Anspruch auf Elterngeld nach § 1 BEEG hat (hierzu: HaKo-KSchR/*Böhm*, § 18 BEEG Rn 20).

[5] **Planungssicherheit des Arbeitgebers/Kündigung des Elternzeitnehmers.** Für den Arbeitnehmer besteht keine Verpflichtung, dem Arbeitgeber in dem Schreiben mitzuteilen, ob er das Arbeitsverhältnis im Anschluss an die Elternzeit fortsetzen oder beenden will. Eine Angabe hierzu erleichtert dem Arbeitgeber allerdings die Planung.

8 Nach § 19 BEEG kann derjenige Arbeitnehmer, der elternzeitberechtigt ist und die Elternzeit auch tatsächlich in Anspruch genommen hat, das Arbeitsverhältnis zum Ende der Elternzeit unter Einhaltung einer Kündigungsfrist von drei Monaten kündigen. Es handelt sich insoweit um ein nicht abdingbares Sonderkündigungsrecht zum Ende der Elternzeit. Die Dreimonatsfrist gilt auch dann, wenn die für den Arbeitnehmer geltende Kündigungsfrist kürzer als drei Monate ist (HaKo-KSchR/*Böhm*, § 18 BEEG Rn 9; Hk-MuSchG/BEEG/*Rancke*, § 19 BEEG Rn 5). Die einvernehmliche Aufhebung des Arbeitsverhältnisses, für die das in § 623 BGB normierte Schriftformerfordernis zu beachten ist, ist hingegen jederzeit möglich und kann ohne Beachtung der Dreimonatsfrist erfolgen (Hk-MuSchG/BEEG/*Rancke*, § 19 BEEG Rn 4). Allerdings sollte die in § 159 SGB III normierte Sperrzeitproblematik nicht außer Acht gelassen werden. Wird während der Elternzeit ein Aufhebungsvertrag geschlossen, kann sich der Arbeitnehmer grundsätzlich nicht auf einen wichtigen Grund berufen, der die Sperrzeit ausschließt, es sei denn, ihm hätte zum konkreten Beendigungszeitpunkt eine arbeitgeberseitige Kündigung gedroht (LSG Nordrhein-Westfalen 16.11.2011 – L 9 AL 82/11; LSG Hessen 2.9.2011 – L 9 AL 120/11).

B. Antrag auf Zulassung der Kündigung

9 **I. Muster: Antrag auf Zulassung einer Kündigung nach § 18 Abs. 1 Satz 2 BEEG**

▶ An das Regierungspräsidium/den KVJS ▪▪▪[1]

Antrag auf Zulassung einer Kündigung nach § 18 Abs. 1 Satz 2 BEEG

Sehr geehrte Damen und Herren,

wir vertreten die Firma ▪▪▪ Eine auf uns lautende Vollmacht ist anliegend beigefügt. Wir beabsichtigen, dass mit Frau ▪▪▪ wohnhaft in ▪▪▪[2] bestehende Arbeitsverhältnis ordentlich zu kündigen. Wir stellen daher folgenden Antrag:

Die ordentliche Kündigung des mit Frau ▪▪▪ bestehenden Arbeitsverhältnisses wird für zulässig erklärt.

Begründung

Frau ▪▪▪ hat im Anschluss an die am ▪▪▪ erfolgte Geburt ihres Kindes rechtzeitig im Sinne des § 16 Abs. 1 BEEG Elternzeit verlangt und erklärt, dass diese für den Zeitraum vom ▪▪▪ bis zum ▪▪▪ andauern soll.[3] Die Firma ▪▪▪ unterhält lediglich den Geschäftsbetrieb in ▪▪▪ . Dieser Betrieb wird spätestens zum ▪▪▪ stillgelegt. Die Gesellschaft wird vollständig liquidiert. Alle Mitarbeiter der Firma werden spätestens zum ▪▪▪ entlassen. Eine Weiterbeschäftigungsmöglichkeit besteht für keinen der Mitarbeiter. Für die Kündigung von Frau ▪▪▪ liegt damit nach Maßgabe der Ziff. 2.1.1 der Allgemeinen Verwaltungsvorschriften zum Kündigungsschutz bei Elternzeit ein besonderer Fall im Sinne des § 18 Abs. 1 Satz 2 BEEG vor.[4] Wir bitten daher darum, die Kündigung ausnahmsweise für zulässig zu erklären.

Der Betriebsrat wurde bereits zu der beabsichtigten Kündigung angehört.[5] Seine Stellungnahme ist in der Anlage beigefügt. Gleiches gilt für den am ▪▪▪ geschlossenen Interessenausgleich und Sozialplan.

Für Rückfragen stehen wir gerne zur Verfügung.

Mit freundlichen Grüßen

▪▪▪

Rechtsanwalt ◀

B. Antrag auf Zulassung der Kündigung § 18 BEEG

II. Erläuterungen

[1] **Zuständige Verwaltungsbehörde.** An welche Verwaltungsbehörde der Antrag zu richten ist, bestimmt sich danach, in welchem Bundesland der **Arbeitsort** der zu kündigenden Mitarbeiterin liegt. Zur Zuständigkeit im Einzelnen: HaKo-KSchR/*Böhm*, § 18 BEEG Rn 34; Hk-MuSchG/BEEG/*Rancke*, § 18 BEEG Rn 29. Eine aktuelle Liste der je nach Bundesland zuständigen Behörde findet sich im Internet unter: www.bmfsfj.de unter dem Suchbegriff: Aufsichtsbehörden. 10

[2] **Angaben zu der betroffenen Person.** Da der/die betroffene Arbeitnehmer/-in zu dem gestellten Antrag und dem ermittelten Sachverhalt vor Erlass der Zulässigkeitserklärung grundsätzlich nach § 28 VwVfG mündlich oder schriftlich anzuhören ist, sollten **Name** und **Anschrift** der betroffenen Person in dem Antrag des Arbeitgebers vollständig angegeben werden. Um Verzögerungen des Verfahrens zu vermeiden, sollte der Arbeitgeber zudem bereits in dem Antrag zu den wesentlichen Tatsachen Stellung nehmen. Hierzu gehören auch die **Sozialdaten** (Lebensalter, Dauer der Betriebszugehörigkeit, Unterhaltspflichten, etwaige Schwerbehinderung) der betroffenen Person, wenn es darauf ankommt. 11

[3] **Voraussetzungen im engeren Sinne.** Der in § 18 BEEG normierte Sonderkündigungsschutz setzt voraus, dass die Elternzeit im Sinne des § 16 BEEG **rechtzeitig geltend gemacht** worden ist. Der Sonderkündigungsschutz erstreckt sich nach § 18 Abs. 1 BEEG über den Zeitraum von **acht Wochen vor Beginn der Elternzeit bis zum Ende der Elternzeit**. 12

[4] **Besonderer Fall im Sinne des § 18 Abs. 1 Satz 2 BEEG.** Nach § 18 Abs. 1 Satz 2, 3 BEEG darf die für den Arbeitsschutz zuständige oberste Landesbehörde bzw die von ihr bestimmte Stelle die Kündigung nur ausnahmsweise in besonderen Fällen für zulässig erklären. Insoweit hat die Bundesregierung mit Zustimmung des Bundesrates von der in § 18 Abs. 1 Satz 4 BEEG geregelten Ermächtigungsgrundlage Gebrauch gemacht und **allgemeine Verwaltungsvorschriften** erlassen, die bestimmen, wann der Sonderkündigungsschutz durchbrochen werden kann; abgedruckt in: HaKo-KSchR/*Böhm*, § 18 BEEG Rn 39. Ziffer 2 der entsprechenden Verordnung enthält einen Katalog, der normiert, dass alternativ zu dem in dem Muster dargestellten betriebsbedingten Grund bei **Betriebsstilllegung** beispielsweise auch in den Fällen der **Abteilungsschließung**, der **Betriebsverlagerung**, der Ablehnung einer zumutbaren anderen Beschäftigung in den vorstehenden Fällen, der **Existenzgefährdung des Betriebes** bei Zwang zur Beschäftigung nach dem Ende der Elternzeit oder bei **besonders schweren Vertragsverstößen** bzw strafbaren Handlungen ein besonderer Fall im Sinne des § 18 Abs. 1 Satz 2 BEEG vorliegen kann. Auch für den Ausspruch einer wirksamen **Änderungskündigung** gegenüber einem Arbeitnehmer, der Elternzeit in Anspruch nimmt, bedarf es der Zulässigkeitserklärung durch die zuständige Verwaltungsbehörde und damit des Vorliegens eines besonderen Falles. 13

Liegt ein besonderer Fall vor, hat die zuständige Behörde nach **pflichtgemäßem Ermessen** zu entscheiden, welches dadurch eingeschränkt ist, dass die Zustimmung zulasten der Arbeitnehmerinnen und Arbeitnehmer nur ausnahmsweise erteilt werden soll. Das heißt, dem Antrag des Arbeitgebers kann nur dann stattgegeben werden, wenn sein **Interesse erheblich überwiegt** (Hk-MuSchG/BEEG/*Rancke*, § 18 MuSchG Rn 33). Etwaige **Mängel des Bescheids** können nur im Widerspruchsverfahren bzw Klageverfahren vor den Verwaltungsgerichten geltend gemacht werden (BAG 20.1.2005 – 2 AZR 500/03). Dabei ist der Prüfungsumfang auf das Vorliegen von **Ermessensfehlern** im Sinne des § 114 VwGO beschränkt. 14

[5] **Betriebsratsanhörung.** Die Anhörung des Betriebsrates gemäß § 102 BetrVG kann erfolgen, bevor der Antrag auf Zulassung einer Kündigung nach § 18 Abs. 1 Satz 2 BEEG gestellt 15

wird. Aus dem Anhörungsschreiben selbst muss sich jedoch ergeben, dass die Kündigung **erst nach positivem Bescheid** der zuständigen Verwaltungsbehörde ausgesprochen werden soll.

C. Kündigungsschreiben nach Zulässigkeitserklärung

I. Muster: Kündigungsschreiben

▶ Frau ...

Kündigung Ihres Arbeitsverhältnisses[1]

Sehr geehrte Frau ...,

hiermit kündigen wir das mit Ihnen bestehende Arbeitsverhältnis ordentlich zum ..., hilfsweise zum nächstmöglichen Termin aus dringenden betrieblichen Gründen. Insbesondere wird unser Geschäftsbetrieb spätestens zum ... stillgelegt. Die Gesellschaft wird vollständig liquidiert. Alle Mitarbeiter der Firma werden spätestens zum ... entlassen. Eine Weiterbeschäftigungsmöglichkeit besteht für keinen unserer Mitarbeiter.[2]

Wie Ihnen bekannt ist, hat die zuständige Verwaltungsbehörde die Kündigung mit Bescheid vom ... für zulässig erklärt. Der Betriebsrat wurde ordnungsgemäß angehört. Er hat der Kündigung zugestimmt/nicht widersprochen.[3]

Wir weisen Sie darauf hin, dass Sie verpflichtet sind, aktiv nach einer neuen Beschäftigung zu suchen, und sich nach § 38 Abs. 1 SGB III spätestens drei Monate vor Beendigung des Arbeitsverhältnisses persönlich bei der für Sie zuständigen Agentur für Arbeit arbeitsuchend zu melden. Liegen zwischen der Kenntnis des Beendigungszeitpunktes und der Beendigung des Arbeitsverhältnisses weniger als drei Monate, hat die Meldung innerhalb von drei Tagen nach Kenntnis des Beendigungszeitpunktes zu erfolgen. Eine verspätete Meldung führt zu Nachteilen beim Arbeitslosengeld.[4]

Mit freundlichen Grüßen

...

Name des Unternehmens/Unterschrift der vertretungsberechtigten Person

Erhalten am: ...[5]

...

Unterschrift der Mitarbeiterin ◀

II. Erläuterungen

[1] **Schriftformerfordernis.** Nach § 623 BGB bedarf die für zulässig erklärte Kündigung zu ihrer Wirksamkeit der Schriftform. Anders als § 9 MuSchG beinhaltet § 18 BEEG keine Spezialvorschrift zu § 623 BGB. Welche Anforderungen an das Schriftformerfordernis zu stellen sind, regelt § 126 BGB. Eine Kündigung per SMS oder E-Mail ist gemäß § 125 BGB nichtig und führt nicht zur Beendigung des Arbeitsverhältnisses. Das Schriftformerfordernis kann nicht abbedungen werden, § 623 BGB normiert **zwingendes Recht**.

[2] **Angabe des Kündigungsgrundes/Kündigungsfrist.** Im Gegensatz zu § 9 Abs. 3 Satz 2 MuSchG bestimmt § 18 BEEG nicht, dass in dem Kündigungsschreiben der zulässige Kündigungsgrund angegeben werden muss. Entsprechende Ausführungen sind daher entbehrlich. Rein aus pragmatischer Sicht kann es aber dennoch sinnvoll sein, solche zu machen, insbesondere wenn die Angelegenheit eindeutig ist und die Prozesschancen des betroffenen Arbeitnehmers gen Null tendieren.

[3] **Betriebsratsanhörung.** Rechtlich gesehen ist der Hinweis auf die Betriebsratsanhörung nicht erforderlich. Hat der Betriebsrat der Kündigung zugestimmt oder ihr, indem er die dafür vorgesehene Frist hat verstreichen lassen, nicht widersprochen, kann dies aber aus psychologischen Gründen sinnvoll sein. Im Falle eines Widerspruchs des Betriebsrats ist der Arbeitgeber nach § 102 Abs. 4 BetrVG verpflichtet, dem Kündigungsschreiben eine Abschrift der Stellungnahme des Betriebsrats beizufügen. Tut er dies nicht, hat dies auf die Wirksamkeit der Kündigung keine Auswirkung. Der Arbeitgeber kann sich aber schadensersatzpflichtig machen.

[4] **Pflichten der Arbeitsuchenden.** Nach § 38 Abs. 1 SGB III ist der Arbeitnehmer verpflichtet, sich spätestens drei Monate vor Beendigung des Arbeitsverhältnisses persönlich bei der für ihn zuständigen Agentur für Arbeit arbeitsuchend zu melden. Liegen zwischen der Kenntnis des Beendigungszeitpunktes und der Beendigung des Arbeitsverhältnisses weniger als drei Monate, hat die Meldung innerhalb von drei Tagen nach Kenntnis des Beendigungszeitpunktes zu erfolgen. Verletzt der Arbeitnehmer diese Pflicht, muss er nach §§ 159 Abs. 1 Nr. 7 iVm mit 159 Abs. 6 SGB III mit einer einwöchigen Sperrzeit hinsichtlich des Arbeitslosengeldes rechnen. § 2 Abs. 2 Nr. 3 SGB III bestimmt, dass der Arbeitgeber den Arbeitnehmer vor der Beendigung des Arbeitsverhältnisses frühzeitig über die Notwendigkeit eigener Aktivitäten bei der Suche nach einer anderen Beschäftigung sowie über die Verpflichtung zur Meldung nach § 38 Abs. 1 SGB III informieren soll. Unterlässt der Arbeitgeber die Information und meldet sich der Arbeitnehmer verspätet bei der für ihn zuständigen Agentur für Arbeit, steht dem Arbeitnehmer gegenüber dem Arbeitgeber kein Schadensersatzanspruch zu (BAG 29.9.2005 – 8 AZR 571/04).

[5] **Empfangsbestätigung.** Die Kündigung ist eine empfangsbedürftige einseitige Willenserklärung. Das heißt, sie wird erst mit dem Zugang beim Erklärungsempfänger wirksam. Der Arbeitgeber trägt die Beweislast dafür, dass dem Arbeitnehmer die Kündigung zugegangen ist. Wenn dies möglich ist, sollte sich der Arbeitgeber daher den Empfang des Kündigungsschreibens schriftlich bestätigen lassen. Unterzeichnet der Arbeitnehmer die Empfangsbestätigung nicht, ist es ratsam, wenn der Arbeitgeber die Kündigung im Beisein eines Zeugen übergibt. Ist eine persönliche Übergabe des Kündigungsschreibens (aufgrund von Krankheit, Urlaubsabwesenheit etc.) ausgeschlossen, sollte der Zugang durch einen Boten, der zuvor vom den Inhalt des zu überbringenden Schreibens persönlich Kenntnis genommen hat, sichergestellt werden. Ist der Kündigungszugang später streitig, kann der Bote sowohl bezüglich des Zeitpunkts des Zugangs des Kündigungsschreibens als auch hinsichtlich des Inhalts des Schreibens Zeuge sein.

D. Klage des Arbeitnehmers, der Elternzeit beantragt hat/des sich in Elternzeit befindlichen Arbeitnehmers beim Arbeitsgericht nach Erhalt einer Kündigung ohne vorherige Zulassung der Kündigung durch die zuständige oberste Landesbehörde

I. Muster: Arbeitsgerichtliche Klage nach Kündigung ohne Zulassung durch die zuständige oberste Landesbehörde

▶ An das Arbeitsgericht ▬

Klage[1]

▬

Rechtsanwalt ◀

II. Erläuterungen

23 **[1] Verweis auf § 4 KSchG.** Für Grundmuster zur Kündigungsschutzklage siehe Ausführungen bei § 4 KSchG. Zudem werden bei den Formularen zu § 4 KSchG unter Rn 40 ff die Besonderheiten für die Kündigungsschutzklage eines Arbeitnehmers, der Elternzeit beantragt hat/des sich in Elternzeit befindlichen Arbeitnehmers nebst Musterformulierungen dargestellt. Zur Vermeidung von Wiederholungen wird auf die dortigen Ausführungen verwiesen.

E. Klageerwiderung des Arbeitgebers nach Hinweis des Arbeitnehmers in der Klageschrift, dass die Kündigung mangels vorheriger Zulassung durch die zuständige oberste Landesbehörde nichtig ist

24 **I. Muster: Klageerwiderung des Arbeitgebers nach unterlassener Einholung der Zulässigkeitserklärung der ausgesprochenen Kündigung**

▶ An das Arbeitsgericht ...

Az.: ...

Klageerwiderung[1]

Kläger

gegen

Beklagte

Ich vertrete die Beklagte mit folgendem Antrag:

Die Klage wird abgewiesen.

Begründung

Der Kläger stützt den von ihm gestellten Feststellungsantrag darauf, dass er Elternzeit beantragt hat/sich in Elternzeit befindet, und die Beklagte vor Ausspruch der streitgegenständlichen Kündigung keine Zulässigkeitserklärung der für den Arbeitsschutz zuständigen obersten Landesbehörde eingeholt habe.

Der Kläger verkennt, dass er den Antrag auf Elternzeit bereits drei Monate vor Beginn der begehrten Elternzeit gestellt hat und die Elternzeit erst mehr als zwei Monate nach Zugang der streitgegenständlichen Kündigung beginnen sollte. Sonderkündigungsschutz besteht hingegen erst acht Wochen vor Beginn der Elternzeit, so dass es einer Zulässigkeitserklärung der für den Arbeitsschutz zuständigen obersten Landesbehörde nicht bedurfte und die Kündigung daher auch nicht nach § 18 Abs. 1 Satz 1 BEEG i.V. mit § 134 BGB unwirksam ist.[2]

Oder

Der Kläger verkennt, dass eine Zulässigkeitserklärung der für den Arbeitsschutz zuständigen obersten Landesbehörde nur dann erforderlich ist, mithin Sonderkündigungsschutz nur dann besteht, wenn die in § 15 Abs. 1 BEEG normierten persönlichen Voraussetzungen vorliegen und die Elternzeit im Sinne des § 16 Abs. 1 BEEG ordnungsgemäß und in schriftlicher Form von dem Arbeitgeber verlangt wurde. Der Kläger erfüllt diese Anforderungen nicht. Er lebt weder mit seinem Kind in einem Haushalt noch hat er sich bislang gegenüber dem Arbeitgeber dazu geäußert, für welche Zeiträume Elternzeit in Anspruch genommen werden soll.[3][4]

...

Rechtsanwalt ◀

II. Erläuterungen

[1] **Verweis auf § 1 KSchG.** Der Systematik des Kündigungsschutzgesetzes folgend finden sich zu § 1 KSchG – abhängig vom Kündigungsgrund – verschiedene Muster für eine Klageerwiderung. Hinsichtlich der **prozessualen Besonderheiten** wird zur Vermeidung von Wiederholungen auf die dortigen Ausführungen verwiesen. Vorliegend werden allein die Argumentationsmöglichkeiten für eine Klageerwiderung des Arbeitgebers nach dem Hinweis des Arbeitnehmers in der Klageschrift, dass er Elternzeit beantragt hat/sich in Elternzeit befindet und die Kündigung daher mangels vorheriger Einholung der Zulässigkeitserklärung der für den Arbeitsschutz zuständigen obersten Landesbehörde nichtig ist, dargestellt.

[2] **Beginn des Sonderkündigungsschutzes.** Der sich aus § 18 BEEG ergebende Sonderkündigungsschutz beginnt ab dem **Zeitpunkt, ab dem die Elternzeit wirksam verlangt worden ist, höchstens** jedoch **acht Wochen vor Beginn der Elternzeit.** Es kommt daher auf den Zugang des Elternzeitverlangens beim Arbeitgeber an (hierzu: HaKo-KSchR/*Böhm*, § 18 BEEG Rn 22; Hk-MuSchG/BEEG/*Rancke*, § 18 BEEG Rn 8).

[3] **Persönliche Voraussetzungen für den Anspruch auf Elternzeit/Notwendiger Inhalt des Elternzeitverlangens.** Zum **Zeitpunkt des Zugangs der Kündigung** müssen die in § 15 Abs. 1 BEEG geregelten persönlichen Voraussetzungen vorliegen (hierzu: HaKo-KSchR/*Böhm*, § 18 BEEG Rn 4 ff), damit der in § 18 BEEG normierte Sonderkündigungsschutz ausgelöst wird und sich der Arbeitnehmer überhaupt darauf stützen kann, dass eine Zulässigkeitserklärung der für den Arbeitsschutz zuständigen obersten Landesbehörde erforderlich ist. **Während der Elternzeit** besteht der besondere Kündigungsschutz ebenfalls nur solange, wie der Arbeitnehmer zu Recht Elternzeit in Anspruch nimmt (BAG 26.6.2008 – 2 AZR 23/07).

Gegenstand des schriftlichen Elternzeitverlangens muss nach § 16 Abs. 1 Satz 1 BEEG eine konkrete und substantiierte **Erklärung** (vgl Hk-MuSchG/BEEG/*Rancke*, § 16 BEEG Rn 2) dazu sein, für **welche Zeiten „innerhalb von zwei Jahren"** die Elternzeit genommen wird. Fehlende, unklare, vage oder an nicht vom Arbeitgeber zu beeinflussende Bedingungen geknüpfte Erklärungen sind unwirksam und lösen den Sonderkündigungsschutz nicht aus (BAG 12.5.2011 – 2 AZR 384/10; BAG 17.2.1994 – 2 AZR 616/93; BAG 17.10.1990 – 5 AZR 10/90). Zudem muss der Arbeitnehmer die Elternzeit berechtigterweise angetreten haben. Im Übrigen kann sich der Arbeitnehmer auch dann nicht auf § 18 BEEG stützen, wenn er die Elternzeit lediglich unter der **Bedingung** beansprucht hat, dass er während dieser für den Arbeitgeber in Teilzeit tätig sein kann, der Arbeitgeber den Wunsch auf Elternteilzeit aber vor dem prognostizierten Geburtstermin wirksam abgelehnt hat (BAG 12.5.2011 – 2 AZR 384/10).

[4] **Sonderfall: Sonderkündigungsschutz nach § 18 Abs. 2 Nr. 2 BEEG.** Der Sonderkündigungsschutz kann nach § 18 Abs. 2 Nr. 2 BEEG auch dann ausgelöst werden, wenn der Arbeitnehmer als Teilzeitleistender **keine Elternzeit** in Anspruch nimmt, **aber** einen **Anspruch auf Elterngeld** nach § 1 BEEG hat (hierzu: HaKo-KSchR/*Böhm*, § 18 BEEG Rn 20). In dieser Konstellation ist eine Zulässigkeitserklärung der für den Arbeitsschutz zuständigen obersten Landesbehörde in analoger Anwendung des § 9 Abs. 1 Satz 1 MuSchG dann nicht erforderlich, wenn es der Arbeitnehmer versäumt, den Arbeitgeber **innerhalb von zwei Wochen** nach Kündigungsausspruch über das Kündigungsverbot zu unterrichten (hierzu im Einzelnen: HaKo-KSchR/*Böhm*, § 18 BEEG Rn 21).

Sozialgesetzbuch (SGB) Neuntes Buch (IX)
– Rehabilitation und Teilhabe behinderter Menschen –

Vom 19. Juni 2001 (BGBl. I S. 1046)
(FNA 860-9)
zuletzt geändert durch Art. 3 G zur Änd. personenbeförderungsrechtlicher Vorschriften vom 14. Dezember 2012 (BGBl. I S. 2598)
– Auszug –

Kapitel 4 SGB IX Kündigungsschutz

§ 85 SGB IX Erfordernis der Zustimmung

Die Kündigung des Arbeitsverhältnisses eines schwerbehinderten Menschen durch den Arbeitgeber bedarf der vorherigen Zustimmung des Integrationsamtes.

§ 86 SGB IX Kündigungsfrist

Die Kündigungsfrist beträgt mindestens vier Wochen.

§ 87 SGB IX Antragsverfahren

(1) Die Zustimmung zur Kündigung beantragt der Arbeitgeber bei dem für den Sitz des Betriebes oder der Dienststelle zuständigen Integrationsamt schriftlich. Der Begriff des Betriebes und der Begriff der Dienststelle im Sinne des Teils 2 bestimmen sich nach dem Betriebsverfassungsgesetz und dem Personalvertretungsrecht.
(2) Das Integrationsamt holt eine Stellungnahme des Betriebsrates oder Personalrates und der Schwerbehindertenvertretung ein und hört den schwerbehinderten Menschen an.
(3) Das Integrationsamt wirkt in jeder Lage des Verfahrens auf eine gütliche Einigung hin.

§ 88 SGB IX Entscheidung des Integrationsamtes

(1) Das Integrationsamt soll die Entscheidung, falls erforderlich auf Grund mündlicher Verhandlung, innerhalb eines Monats vom Tage des Eingangs des Antrages an treffen.
(2) Die Entscheidung wird dem Arbeitgeber und dem schwerbehinderten Menschen zugestellt. Der Bundesagentur für Arbeit wird eine Abschrift der Entscheidung übersandt.
(3) Erteilt das Integrationsamt die Zustimmung zur Kündigung, kann der Arbeitgeber die Kündigung nur innerhalb eines Monats nach Zustellung erklären.
(4) Widerspruch und Anfechtungsklage gegen die Zustimmung des Integrationsamtes zur Kündigung haben keine aufschiebende Wirkung.
(5) In den Fällen des § 89 Abs. 1 Satz 1 und Abs. 3 gilt Absatz 1 mit der Maßgabe, dass die Entscheidung innerhalb eines Monats vom Tage des Eingangs des Antrages an zu treffen ist. Wird innerhalb dieser Frist eine Entscheidung nicht getroffen, gilt die Zustimmung als erteilt. Die Absätze 3 und 4 gelten entsprechend.

§ 89 SGB IX Einschränkungen der Ermessensentscheidung

(1) Das Integrationsamt erteilt die Zustimmung bei Kündigungen in Betrieben und Dienststellen, die nicht nur vorübergehend eingestellt oder aufgelöst werden, wenn zwischen dem Tage der Kündigung und dem Tage, bis zu dem Gehalt oder Lohn gezahlt wird, mindestens

drei Monate liegen. Unter der gleichen Voraussetzung soll es die Zustimmung auch bei Kündigungen in Betrieben und Dienststellen erteilen, die nicht nur vorübergehend wesentlich eingeschränkt werden, wenn die Gesamtzahl der weiterhin beschäftigten schwerbehinderten Menschen zur Erfüllung der Beschäftigungspflicht nach § 71 ausreicht. Die Sätze 1 und 2 gelten nicht, wenn eine Weiterbeschäftigung auf einem anderen Arbeitsplatz desselben Betriebes oder derselben Dienststelle oder auf einem freien Arbeitsplatz in einem anderen Betrieb oder einer anderen Dienststelle desselben Arbeitgebers mit Einverständnis des schwerbehinderten Menschen möglich und für den Arbeitgeber zumutbar ist.

(2) Das Integrationsamt soll die Zustimmung erteilen, wenn dem schwerbehinderten Menschen ein anderer angemessener und zumutbarer Arbeitsplatz gesichert ist.

(3) Ist das Insolvenzverfahren über das Vermögen des Arbeitgebers eröffnet, soll das Integrationsamt die Zustimmung erteilen, wenn

1. der schwerbehinderte Mensch in einem Interessenausgleich namentlich als einer der zu entlassenden Arbeitnehmer bezeichnet ist (§ 125 der Insolvenzordnung),
2. die Schwerbehindertenvertretung beim Zustandekommen des Interessenausgleichs gemäß § 95 Abs. 2 beteiligt worden ist,
3. der Anteil der nach dem Interessenausgleich zu entlassenden schwerbehinderten Menschen an der Zahl der beschäftigten schwerbehinderten Menschen nicht größer ist als der Anteil der zu entlassenden übrigen Arbeitnehmer an der Zahl der beschäftigten übrigen Arbeitnehmer und
4. die Gesamtzahl der schwerbehinderten Menschen, die nach dem Interessenausgleich bei dem Arbeitgeber verbleiben sollen, zur Erfüllung der Beschäftigungspflicht nach § 71 ausreicht.

§ 90 SGB IX Ausnahmen

(1) Die Vorschriften dieses Kapitels gelten nicht für schwerbehinderte Menschen,

1. deren Arbeitsverhältnis zum Zeitpunkt des Zugangs der Kündigungserklärung ohne Unterbrechung noch nicht länger als sechs Monate besteht oder
2. die auf Stellen im Sinne des § 73 Abs. 2 Nr. 2 bis 5 beschäftigt werden oder
3. deren Arbeitsverhältnis durch Kündigung beendet wird, sofern sie
    a) das 58. Lebensjahr vollendet haben und Anspruch auf eine Abfindung, Entschädigung oder ähnliche Leistung auf Grund eines Sozialplanes haben oder
    b) Anspruch auf Knappschaftsausgleichsleistung nach dem Sechsten Buch oder auf Anpassungsgeld für entlassene Arbeitnehmer des Bergbaus haben,

    wenn der Arbeitgeber ihnen die Kündigungsabsicht rechtzeitig mitgeteilt hat und sie der beabsichtigten Kündigung bis zu deren Ausspruch nicht widersprechen.

(2) Die Vorschriften dieses Kapitels finden ferner bei Entlassungen, die aus Witterungsgründen vorgenommen werden, keine Anwendung, sofern die Wiedereinstellung der schwerbehinderten Menschen bei Wiederaufnahme der Arbeit gewährleistet ist.

(2a) Die Vorschriften dieses Kapitels finden ferner keine Anwendung, wenn zum Zeitpunkt der Kündigung die Eigenschaft als schwerbehinderter Mensch nicht nachgewiesen ist oder das Versorgungsamt nach Ablauf der Frist des § 69 Abs. 1 Satz 2 eine Feststellung wegen fehlender Mitwirkung nicht treffen konnte.

(3) Der Arbeitgeber zeigt Einstellungen auf Probe und die Beendigung von Arbeitsverhältnissen schwerbehinderter Menschen in den Fällen des Absatzes 1 Nr. 1 unabhängig von der Anzeigepflicht nach anderen Gesetzen dem Integrationsamt innerhalb von vier Tagen an.

§ 91 SGB IX Außerordentliche Kündigung

(1) Die Vorschriften dieses Kapitels gelten mit Ausnahme von § 86 auch bei außerordentlicher Kündigung, soweit sich aus den folgenden Bestimmungen nichts Abweichendes ergibt.
(2) Die Zustimmung zur Kündigung kann nur innerhalb von zwei Wochen beantragt werden; maßgebend ist der Eingang des Antrages bei dem Integrationsamt. Die Frist beginnt mit dem Zeitpunkt, in dem der Arbeitgeber von den für die Kündigung maßgebenden Tatsachen Kenntnis erlangt.
(3) Das Integrationsamt trifft die Entscheidung innerhalb von zwei Wochen vom Tage des Eingangs des Antrages an. Wird innerhalb dieser Frist eine Entscheidung nicht getroffen, gilt die Zustimmung als erteilt.
(4) Das Integrationsamt soll die Zustimmung erteilen, wenn die Kündigung aus einem Grunde erfolgt, der nicht im Zusammenhang mit der Behinderung steht.
(5) Die Kündigung kann auch nach Ablauf der Frist des § 626 Abs. 2 Satz 1 des Bürgerlichen Gesetzbuchs erfolgen, wenn sie unverzüglich nach Erteilung der Zustimmung erklärt wird.
(6) Schwerbehinderte Menschen, denen lediglich aus Anlass eines Streiks oder einer Aussperrung fristlos gekündigt worden ist, werden nach Beendigung des Streiks oder der Aussperrung wieder eingestellt.

§ 92 SGB IX Erweiterter Beendigungsschutz

Die Beendigung des Arbeitsverhältnisses eines schwerbehinderten Menschen bedarf auch dann der vorherigen Zustimmung des Integrationsamtes, wenn sie im Falle des Eintritts einer teilweisen Erwerbsminderung, der Erwerbsminderung auf Zeit, der Berufsunfähigkeit oder der Erwerbsunfähigkeit auf Zeit ohne Kündigung erfolgt. Die Vorschriften dieses Kapitels über die Zustimmung zur ordentlichen Kündigung gelten entsprechend.

A. Nachträgliche Mitteilung des Kündigungsverbotes
   I. Muster: Nachträgliche Mitteilung des Kündigungsverbotes nach § 85 SGB IX
   II. Erläuterungen
      [1] Voraussetzungen des Sonderkündigungsschutzes/Adressat.............. 2
      [2] Geltendmachungsfrist............... 3
      [3] Folgen bei Missachtung des § 85 SGB IX........................ 4
      [4] Schwerbehinderung/Gleichstellung.. 5
      [5] Nachweis........................... 6
B. Antrag auf Einholung der Zustimmung des Integrationsamtes
   I. Muster: Antrag auf Einholung der Zustimmung des Integrationsamtes nach §§ 85, 87 Abs. 1 SGB IX
   II. Erläuterungen
      [1] Zuständige Verwaltungsbehörde/Formalien........................... 8
      [2] Angaben zu der betroffenen Person. 9
      [3] Abgrenzung zur außerordentlichen Kündigung......................... 10
      [4] Schwerbehinderung/Gleichstellung.. 11
      [5] Kenntnis von der Anerkennung der Schwerbehinderteneigenschaft/Nachweis........................... 12
      [6] Wartezeit.......................... 13
      [7] Kündigungsfrist.................... 14
      [8] Pflichtquote/Ermessensentscheidung 15
      [9] Betriebsratsanhörung/Unterrichtung und Anhörung der Schwerbehindertenvertretung....................... 17
      [10] Entscheidung binnen Monatsfrist/Kündigung innerhalb der Erklärungsfrist.......................... 18
      [11] Gebühren/Kosten.................... 19
C. Kündigungsschreiben nach Zustimmungserklärung
   I. Muster: Kündigungsschreiben
   II. Erläuterungen
      [1] Schriftformerfordernis.............. 21
      [2] Kündigungsfrist.................... 22
      [3] Angabe des Kündigungsgrundes..... 23
      [4] Betriebsratsanhörung................ 24

A. Nachträgliche Mitteilung des Kündigungsverbotes § 92 SGB IX

	[5]	Beteiligung der Schwerbehindertenvertretung	25	F.	Verwaltungsgerichtliche Klage des Arbeitgebers wegen Zustimmungsverweigerung	
	[6]	Pflichten der Arbeitssuchenden	26		I. Muster: Verwaltungsgerichtliche Klage des Arbeitgebers wegen Zustimmungsverweigerung	
	[7]	Empfangsbestätigung	27			
D. Widerspruch gegen Entscheidung des Integrationsamtes				II. Erläuterungen		
				[1]	Zuständiges Gericht/Zulässigkeitsvoraussetzungen	52
	I. Muster: Widerspruch gegen Entscheidung des Integrationsamtes			[2]	Folgen der Klage	54
	II. Erläuterungen			[3]	Klagegegner	56
	[1]	Zuständige Verwaltungsbehörde/Frist	29	[4]	Beiladung des betroffenen Arbeitnehmers	57
	[2]	Widerspruchsausschuss	30	[5]	Antrag	58
	[3]	Folgen des Widerspruchs	31	[6]	Kosten/Streitwert	59
	[4]	Antrag	32	[7]	Notwendigkeit der Zuziehung eines Bevollmächtigten	60
	[5]	Begründung	33			
	[6]	Pflichtquote/Ermessensentscheidung	34	[8]	Begründung	61
	[7]	Ergebnis des Widerspruchsverfahrens	36	[9]	Rechtsmittel	62
	[8]	Gebühren/Kosten/Rechtsmittel	37	G.	Klage des schwerbehinderten/einem schwerbehinderten Menschen gleichgestellten Arbeitnehmers beim Arbeitsgericht nach Erhalt einer Kündigung ohne vorherige Einholung der Zustimmung des Integrationsamtes	
E. Verwaltungsgerichtliche Klage des Arbeitnehmers gegen Zustimmung des Integrationsamtes						
	I. Muster: Verwaltungsgerichtliche Klage des Arbeitnehmers gegen Zustimmung des Integrationsamtes			H.	Klageerwiderung des Arbeitgebers nach Hinweis des Arbeitnehmers in der Klageschrift, dass Kündigung mangels vorheriger Zustimmung des Integrationsamtes nichtig ist	
	II. Erläuterungen					
	[1]	Zuständiges Gericht/Zulässigkeitsvoraussetzungen	40	I. Muster: Klageerwiderung des Arbeitgebers nach unterlassener Einholung der Zustimmung des Integrationsamtes		
	[2]	Folgen der Klage	42	II. Erläuterungen		
	[3]	Klagegegner	44	[1]	Verweis auf § 1 KSchG	66
	[4]	Beiladung des Arbeitgebers	45	[2]	Kündigung vor Ablauf der Wartezeit	67
	[5]	Antrag	46			
	[6]	Kosten/Streitwert	47	[3]	Kein Nachweis/Keine Offenkundigkeit der Schwerbehinderung	68
	[7]	Notwendigkeit der Zuziehung eines Bevollmächtigten	48			
	[8]	Begründung	49			
	[9]	Rechtsmittel	50			

A. Nachträgliche Mitteilung des Kündigungsverbotes

I. Muster: Nachträgliche Mitteilung des Kündigungsverbotes nach § 85 SGB IX

1

224

▶ Firma ...[1]

Kündigungsverbot nach § 85 SGB IX

Sehr geehrte Frau ...,

mit Schreiben vom ... haben Sie das zwischen mir und der ... GmbH bestehende Arbeitsverhältnis gekündigt.[2] Diese Kündigung verstößt gegen § 85 SGB IX, da zuvor keine Zustimmung des Integrationsamtes eingeholt wurde.[3] Ich teile Ihnen hiermit ausdrücklich mit, dass ich schwerbehindert/einem schwerbehinderten Menschen gleichgestellt bin.[4] Ein entsprechender Nachweis ist anliegend beigefügt.[5]

Für Rückfragen stehe ich gerne zur Verfügung.

Mit freundlichen Grüßen

...

Mitarbeiter ◀

II. Erläuterungen

[1] Voraussetzungen des Sonderkündigungsschutzes/Adressat. Für die Kündigung des mit einem schwerbehinderten Menschen (§ 2 Abs. 2 SGB IX) bestehenden Arbeitsverhältnisses oder des Arbeitsverhältnisses eines einem schwerbehinderten Menschen gleichgestellten behinderten Menschen (§ 2 Abs. 3 SGB IX) ist nach § 85 SGB IX die vorherige Zustimmung des Integrationsamtes erforderlich. Dies gilt auch für **Kleinbetriebe**. Nach § 90 Abs. 1 Nr. 1 SGB IX setzt der besondere Kündigungsschutz allerdings voraus, dass das **Arbeitsverhältnis zum Zeitpunkt des Zugangs der Kündigungserklärung bereits sechs Monate ohne Unterbrechung** bestanden hat. Zudem muss die Schwerbehinderung/Gleichstellung **am Tag des Zugangs der Kündigungserklärung objektiv** vorliegen. Bei nicht offenkundigem Vorhandensein der Schwerbehinderung/Gleichstellung ist es dem Arbeitgeber nicht möglich, das Bestehen des Kündigungsverbotes zu erkennen. In diesen Fällen muss der von einer Kündigung betroffene Arbeitnehmer den Sonderkündigungsschutz **gegenüber seinem Arbeitgeber** geltend machen (dazu: *Düwell* in LPK-SGB IX § 85 Rn 8; HaKo-KSchR/*Osnabrügge*, §§ 85-92 SGB IX Rn 29). Aus Beweisgründen empfiehlt es sich, dies **schriftlich** zu tun (vgl HaKo-KSchR/*Osnabrügge*, §§ 85-92 SGB IX Rn 29).

[2] Geltendmachungsfrist. Erhält ein schwerbehinderter/diesem gleichgestellter Arbeitnehmer eine Kündigung, ohne dass zuvor eine Zustimmung des Integrationsamtes eingeholt wurde, muss er den Arbeitgeber **innerhalb von drei Wochen nach Zugang des Kündigungsschreibens** über seine Schwerbehinderung, seine Gleichstellung oder über zwar beantragte, aber bis zum Zugang der Kündigung noch nicht vom Versorgungsamt getroffene Feststellungen zum Vorliegen der Schwerbehinderung unterrichten (BAG 23.2.2010 – 2 AZR 659/08; BAG 13.2.2008 – 2 AZR 864/06; BAG 12.1.2006 – 2 AZR 539/05). Zu beachten ist, dass es sich bei dieser Frist um **keine Ausschlussfrist** handelt (*Düwell* in LPK-SGB IX § 85 Rn 9). Der Zweite Senat wendet die Dreiwochenfrist entsprechend dem Grundgedanken von Treu und Glauben großzügig flexibel an (vgl BAG 23.2.2010 – 2 AZR 659/08) und hat für die rechtzeitige Geltendmachung auch den Zugang der Erklärung bei Gericht im Rahmen der Kündigungsschutzklage ausreichen lassen.

[3] Folgen bei Missachtung des § 85 SGB IX. Eine ohne die erforderliche Zustimmung ausgesprochene **Kündigung** ist nach § 134 BGB iVm § 85 SGB IX **nichtig** (HaKo-KSchR/*Osnabrügge*, §§ 85-92 SGB IX Rn 1). Die nachträgliche Zustimmung des Integrationsamtes würde nicht dazu führen, dass die Kündigung wirksam wird. Vielmehr muss der Arbeitgeber nach Erteilung der Zustimmung eine erneute Kündigung aussprechen.

[4] Schwerbehinderung/Gleichstellung. §§ 85-92 SGB IX schützen sowohl schwerbehinderte als auch ihnen gleichgestellte Arbeitnehmer. Umfasst sind **sämtliche Arbeitsverhältnisse** einschließlich in Heimarbeit Beschäftigte, ferner **Auszubildende** und **Organmitglieder** juristischer Personen, wenn sie sich in einem nach der konkreten Ausgestaltung durch persönliche Abhängigkeit geprägten Rechtsverhältnis befinden (hierzu: HaKo-KSchR/*Osnabrügge*, §§ 85-92 SGB IX Rn 2). Nach § 2 Abs. 2 SGB IX sind Menschen **schwerbehindert**, wenn ein **Grad der Behinderung von mindestens 50** besteht (hierzu: HaKo-KSchR/*Osnabrügge*, §§ 85-92 SGB IX Rn 3). Die Schwerbehinderung allein impliziert jedoch noch nicht den Sonderkündigungsschutz. Erforderlich hierfür ist nach § 90 Abs. 2a SGB IX, dass diese nachgewiesen ist oder der Antrag auf Feststellung der Schwerbehinderteneigenschaft mindestens drei Wochen vor Kündigungszugang gestellt wurde (BAG 1.3.2007 – 2 AZR 217/06). Von einer **Gleichstellung mit einem schwerbehinderten Menschen** ist nach § 2 Abs. 3 SGB IX auszugehen,

B. Antrag auf Einholung der Zustimmung des Integrationsamtes §92 SGB IX

wenn ein Grad der Behinderung von weniger als 50, aber wenigstens 30 festgestellt wird und der abhängig Beschäftigte infolge seiner Behinderung ohne die Gleichstellung nicht in der Lage ist, einen geeigneten Arbeitsplatz zu erlangen oder zu behalten (hierzu: HaKo-KSchR/*Osnabrügge*, §§ 85-92 SGB IX Rn 4). Der in §§ 85 ff SGB IX normierte Sonderkündigungsschutz ist für gleichgestellte Arbeitnehmer über die Verweisungsvorschrift des § 68 Abs. 3 SGB IX anwendbar.

[5] **Nachweis.** § 90 Abs. 2 a SGB IX regelt, dass der Sonderkündigungsschutz nur dann besteht, wenn die Eigenschaft als schwerbehinderter Mensch zum Zeitpunkt der Kündigung nachgewiesen ist oder der betroffene Arbeitnehmer alle erforderlichen Mitwirkungshandlungen unternommen hat, damit das Versorgungsamt eine Feststellung treffen kann. Ob § 90 Abs. 2 a SGB IX auch auf Fälle im **Gleichstellungsverfahren** anwendbar ist, ist umstritten (ablehnend: *Düwell* in LPK-SGB IX § 90 Rn 47 f mwN), der Zweite Senat des BAG tritt aber – entgegen dem Wortlaut – für die Ausweitung der Ausnahmevorschrift des § 90 Abs. 2 a SGB IX auch auf das Gleichstellungsverfahren ein (BAG 1.3.2007 – 2 AZR 217/06). Für den **Nachweis** kommt es nicht darauf an, dass dem Arbeitgeber der Bescheid vorliegt, sondern nur darauf, dass ein entsprechender Bescheid, der die Schwerbehinderung oder Gleichstellung nachweist, **objektiv existent** oder die Schwerbehinderung **offenkundig** ist (BAG 13.2.2008 – 2 AZR 864/06). Beruft sich der Arbeitnehmer bei nicht offenkundiger Schwerbehinderung nach Kündigungsausspruch innerhalb der dreiwöchigen Regelfrist auf den Sonderkündigungsschutz empfiehlt es sich, zum Beweis etwa eine Kopie des Schwerbehindertenausweises an den Arbeitgeber zu übermitteln. Ist die Schwerbehinderung/Gleichstellung zum Zeitpunkt des Kündigungszugangs noch nicht festgestellt, kann sich der Arbeitnehmer dennoch auf den Sonderkündigungsschutz berufen, wenn er den entsprechenden Antrag **mindestens drei Wochen vor dem Zugang der Kündigung** gestellt hat (BAG 29.11.2007 – 2 AZR 613/06; BAG 1.3.2007 – 2 AZR 217/06). Wurde der Antrag zu einem späteren Zeitpunkt gestellt, finden die §§ 85 ff SGB IX keine Anwendung (HaKo-KSchR/*Osnabrügge*, §§ 85-92 SGB IX Rn 17).

B. Antrag auf Einholung der Zustimmung des Integrationsamtes

I. Muster: Antrag auf Einholung der Zustimmung des Integrationsamtes nach §§ 85, 87 Abs. 1 SGB IX

▶ An das Integrationsamt ...[1]

Antrag auf Zustimmung zur ordentlichen Kündigung nach §§ 85, 87 Abs. 1 SGB IX

Sehr geehrte Damen und Herren,

wir vertreten die Firma ... Eine auf uns lautende Vollmacht ist anliegend beigefügt. Die Firma ... beabsichtigt, dass mit Frau ..., wohnhaft in ...[2] bestehende Arbeitsverhältnis ordentlich[3] zu kündigen. Wir beantragen daher, der Kündigung zuzustimmen.

Begründung

Frau ... ist schwerbehindert/einem schwerbehinderten Menschen gleichgestellt.[4] Ausweislich des in Kopie beigefügten Schwerbehindertenausweises/Feststellungsbescheides/Gleichstellungsbescheides beträgt der Grad der Behinderung ...[5] Frau ... ist ledig/verheiratet/geschieden und hat ... unterhaltsberechtigte Kinder. Sie ist in der Firma ... seit dem ...[6] als ... beschäftigt und erhält aktuell ein Bruttomonatsgehalt in Höhe von ... EUR.

Die Firma beabsichtigt, das Arbeitsverhältnis unter Einhaltung der gesetzlichen/tariflichen Kündigungsfrist[7] von ... Monaten zu beenden. Dies ist erforderlich, weil die Firma ihren Betrieb in ..., in welchem Frau ... eingesetzt ist, spätestens zum ... stilllegt. Der weitere Betrieb in ... wird auch zukünftig unterhalten. Eine Versetzung kommt jedoch aufgrund des vollständigen Wegfalls des Arbeitsgebietes von Frau ... und mangels eines freien Arbeitsplatzes, auf dem Frau ... weiterbeschäftigt werden könnte, nicht in Betracht. Die Gesellschaft beschäftigt insgesamt mehr als ... schwerbehinderte bzw diesen gleichgestellte Menschen, so dass die sich aus § 71 Abs. 1 Satz 2 SGB IX ergebende Pflichtquote erfüllt ist.[8]

Der Betriebsrat wurde bereits zu der beabsichtigten Kündigung angehört.[9] Er hat dieser zugestimmt. Seine Stellungnahme ist in der Anlage beigefügt. Gleiches gilt für die Stellungnahme der Schwerbehindertenvertretung.

Es wird um antragsgemäße Entscheidung gebeten.[10]

Für Rückfragen stehen wir gerne zur Verfügung.

Mit freundlichen Grüßen

...

Rechtsanwalt[11] ◄

II. Erläuterungen

8 [1] **Zuständige Verwaltungsbehörde/Formalien.** Der **nicht fristgebundene** Antrag ist nach § 87 Abs. 1 SGB IX an das **Integrationsamt** zu richten, welches für den **Sitz des Betriebes/der Dienststelle**, in welchem der schwerbehinderte/diesem gleichgestellte Mensch beschäftigt ist, zuständig ist. Eine aktuelle Liste der Integrationsämter findet sich im Internet unter: www.integrationsaemter.de. Den Antrag auf Zustimmung zur beabsichtigten Kündigung muss der Arbeitgeber entweder **persönlich** oder eine von ihm beauftragte Person oder das satzungsmäßig zuständige Organ stellen (*Düwell* in LPK-SGB IX § 87 Rn 5). Er bedarf nach dem Gesetzeswortlaut der **Schriftform**. Das Integrationsamt stellt Antragsformulare bereit, die in doppelter Ausfertigung auszufüllen und abzugeben sind. Die Zweitschrift erhält die zuständige Arbeitsagentur. Umstritten ist, ob das Schriftformerfordernis auch dann erfüllt ist, wenn der Antrag per Telefax oder mittels nicht signierter E-Mail übermittelt wird (verneinend: *Düwell* in LPK-SGB IX § 87 Rn 6 mwN; aA APS/*Vossen* § 87 Rn 4; *Schrader/Klagges* NZA-RR 2009, 169, 174).

9 [2] **Angaben zu der betroffenen Person.** Da die betroffene Person zu dem gestellten Antrag und dem ermittelten Sachverhalt vor Zustimmung/Ablehnung grundsätzlich nach § 28 VwVfG mündlich oder schriftlich anzuhören ist, sollten **Name** und **Anschrift** in dem Antrag des Arbeitgebers vollständig angegeben werden. Um Verzögerungen des Verfahrens zu vermeiden, sollte der Arbeitgeber zudem bereits in dem Antrag zu den wesentlichen Tatsachen Stellung nehmen. Hierzu gehören auch die über die Schwerbehinderung/Gleichstellung hinausgehenden **Sozialdaten** (Lebensalter, Dauer der Betriebszugehörigkeit, Unterhaltspflichten) der betroffenen Person, wenn es darauf ankommt.

10 [3] **Abgrenzung zur außerordentlichen Kündigung.** Soll das mit einem schwerbehinderten bzw diesem gleichgestellten Menschen bestehende Arbeitsverhältnis außerordentlich gekündigt werden, ist zusätzlich die Vorschrift des § 92 SGB IX zu beachten. Nach dessen Abs. 2 muss die Zustimmung zur Kündigung bei dem zuständigen Integrationsamt **innerhalb von zwei Wochen** ab Kenntnis des Kündigungssachverhaltes beantragt werden. Die Überschreitung der in § 626 Abs. 2 BGB geregelten Zwei-Wochen-Frist steht der Wirksamkeit der Kündigung hingegen nicht entgegen, wenn das Integrationsamt bis zum Ablauf dieser Frist noch

nicht über die Zustimmung entschieden hat und die Kündigung **unverzüglich nach Erteilung der Zustimmung** ausgesprochen wird. Das Integrationsamt selbst hat die Entscheidung darüber, ob es der Kündigung zustimmen will, innerhalb von zwei Wochen vom Tage des Eingangs des Antrags an zu treffen. Versäumt es diese Frist, gilt die Zustimmung nach § 91 Abs. 3 Satz 2 SGB IX als erteilt. Bei der außerordentlichen Kündigung ist zudem das **Ermessen der Behörde eingeschränkt**. Das heißt, die Zustimmung zu der beabsichtigten Kündigung ist nach § 92 Abs. 4 SGB IX zu erteilen, wenn die Kündigung aus einem Grund erfolgt, der nicht im Zusammenhang mit der Behinderung steht (§ 91 Abs. 4 SGB IX).

[4] **Schwerbehinderung/Gleichstellung.** §§ 85-92 SGB IX schützen sowohl schwerbehinderte als auch ihnen gleichgestellte Arbeitnehmer. Umfasst sind **sämtliche Arbeitsverhältnisse** einschließlich in Heimarbeit Beschäftigte, ferner **Auszubildende** und **Organmitglieder** juristischer Personen, wenn sie sich in einem nach der konkreten Ausgestaltung durch persönliche Abhängigkeit geprägten Rechtsverhältnis befinden (hierzu: HaKo-KSchR/*Osnabrügge*, §§ 85-92 SGB IX Rn 2). Nach § 2 Abs. 2 SGB IX sind Menschen **schwerbehindert**, wenn ein **Grad der Behinderung von mindestens 50** besteht (hierzu: HaKo-KSchR/*Osnabrügge*, §§ 85-92 SGB IX Rn 3). Die Schwerbehinderung allein impliziert jedoch noch nicht den Sonderkündigungsschutz. Erforderlich hierfür ist nach § 90 Abs. 2a SGB IX, dass diese nachgewiesen ist oder der Antrag auf Feststellung der Schwerbehinderteneigenschaft mindestens drei Wochen vor Kündigungszugang gestellt wurde (BAG 1.3.2007 – 2 AZR 217/06). Von einer **Gleichstellung mit einem schwerbehinderten Menschen** ist nach § 2 Abs. 3 SGB IX auszugehen, wenn ein Grad der Behinderung von weniger als 50, aber wenigstens 30 festgestellt wird und der abhängig Beschäftigte infolge seiner Behinderung ohne die Gleichstellung nicht in der Lage ist, einen geeigneten Arbeitsplatz zu erlangen oder zu behalten (hierzu: HaKo-KSchR/*Osnabrügge*, §§ 85-92 SGB IX Rn 4). Der in §§ 85 ff SGB IX normierte Sonderkündigungsschutz ist für gleichgestellte Arbeitnehmer über die Verweisungsvorschrift des § 68 Abs. 3 SGB IX anwendbar.

[5] **Kenntnis von der Anerkennung der Schwerbehinderteneigenschaft/Nachweis.** Holt der Arbeitgeber die erforderliche Zustimmung des Integrationsamtes vor Kündigungsausspruch nicht ein, obwohl er **Kenntnis** von der Schwerbehinderung/Gleichstellung hat, beginnt für den Arbeitnehmer die dreiwöchige Klagefrist aufgrund von § 4 Satz 4 KSchG nicht zu laufen (BAG 13.2.2013 – 2 AZR 864/06). Hat er hingegen **keine Kenntnis** von der Schwerbehinderung/Gleichstellung muss der schwerbehinderte bzw diesem gleichgestellte Arbeitnehmer **innerhalb von drei Wochen** mittels **Feststellungsklage** die Unwirksamkeit der ihm gegenüber ausgesprochenen Kündigung beim zuständigen Arbeitsgericht geltend machen. Zugleich muss er sich gegenüber dem Arbeitgeber fristgebunden auf seine Schwerbehinderung/Gleichstellung berufen. § 90 Abs. 2a SGB IX regelt insoweit, dass der Sonderkündigungsschutz nur dann besteht, wenn die Eigenschaft als schwerbehinderter Mensch zum Zeitpunkt der Kündigung nachgewiesen ist oder der betroffene Arbeitnehmer alle erforderlichen Mitwirkungshandlungen unternommen hat, damit das Versorgungsamt eine Feststellung treffen kann. Ob § 90 Abs. 2a SGB IX auch auf Fälle im **Gleichstellungsverfahren** anwendbar ist, ist umstritten (ablehnend: *Düwell* in LPK-SGB IX § 90 Rn 47 f mwN), der Zweite Senat des BAG tritt aber – entgegen dem Wortlaut – für die Ausweitung der Ausnahmevorschrift des § 90 Abs. 2a SGB IX auch auf das Gleichstellungsverfahren ein (BAG 1.3.2007 – 2 AZR 217/06). Für den **Nachweis** kommt es nicht darauf an, dass dem Arbeitgeber der Bescheid vorliegt, sondern nur darauf, dass ein entsprechender Bescheid, der die Schwerbehinderung oder Gleichstellung nachweist, **objektiv existent** oder die Schwerbehinderung **offenkundig** ist (BAG 13.2.2008 –

2 AZR 864/06). Beruft sich der Arbeitnehmer bei nicht offenkundiger Schwerbehinderung nach Kündigungsausspruch innerhalb der dreiwöchigen Regelfrist auf den Sonderkündigungsschutz empfiehlt es sich, zum Beweis etwa eine Kopie des Schwerbehindertenausweises an den Arbeitgeber zu übermitteln. Ist die Schwerbehinderung/Gleichstellung zum Zeitpunkt des Kündigungszugangs noch nicht festgestellt, kann sich der Arbeitnehmer dennoch auf den Sonderkündigungsschutz berufen, wenn er den entsprechenden Antrag **mindestens drei Wochen vor dem Zugang der Kündigung** gestellt hat (BAG 9.6.2011 – 2 AZR 703/09; BAG 29.11.2007 – 2 AZR 613/06; BAG 1.3.2007 – 2 AZR 217/06). Wurde der Antrag zu einem späteren Zeitpunkt gestellt, finden die §§ 85 ff SGB IX keine Anwendung (HaKo-KSchR/*Osnabrügge*, §§ 85–92 SGB IX Rn 17).

13 **[6] Wartezeit.** Zu beachten ist, dass der besondere Kündigungsschutz nach § 90 Abs. 1 Nr. 1 SGB IX voraussetzt, dass das Arbeitsverhältnis zum Zeitpunkt des Zugangs der Kündigungserklärung bereits **sechs Monate ohne Unterbrechung** bestanden hat (hierzu: *Düwell* in LPK-SGB IX § 90 Rn 5 ff). Das heißt, der Arbeitgeber muss die Zustimmungserklärung nicht einholen, wenn die schriftliche Kündigungserklärung dem betroffenen Arbeitnehmer noch am letzten Tag der Sechsmonatsfrist nach § 130 BGB zugeht (*Düwell* in LPK-SGB IX § 90 Rn 19).

14 **[7] Kündigungsfrist.** Nach § 86 SGB IX ist für eine ordentliche Kündigung **mindestens** eine Kündigungsfrist von **vier Wochen** einzuhalten. Finden auf ein Arbeitsverhältnis die gesetzlichen Kündigungsfristen Anwendung, hat § 86 SGB IX keine Bedeutung, da § 622 Abs. 1 BGB dann, wenn das Arbeitsverhältnis bereits sechs Monate bestanden hat, ohnehin eine Mindestkündigungsfrist von 4 Wochen zum 15. bzw zum Monatsende vorsieht. Das heißt, § 86 SGB IX ist nur dann zu beachten, wenn tarifliche Kündigungsfristen zur Anwendung gelangen, die kürzer als die gesetzlichen Vorgaben sind. Dies ist beispielsweise im Baugewerbe, im Gebäudereinigerhandwerk oder im Wach- und Sicherheitsgewerbe der Fall, wo allgemeinverbindliche Tarifverträge gelten.

15 **[8] Pflichtquote/Ermessensentscheidung.** Nach § 71 Abs. 1 Satz 1 SGB IX haben Arbeitgeber mit jahresdurchschnittlich monatlich mindestens 20 Arbeitsplätzen im Sinne des § 73 SGB IX grundsätzlich auf wenigstens **5 Prozent** der Arbeitsplätze schwerbehinderte oder diesen gleichgestellte behinderte Menschen zu beschäftigen (Pflichtquote). Zum **Schutz von Kleinunternehmen** mit weniger als 60 Arbeitsplätzen bestehen nach § 71 Abs. 1 Satz 3 SGB IX Erleichterungen (hierzu im Einzelnen: *Joussen* in LPK-SGB IX § 71 Rn 30). § 71 SGB IX wird durch § 77 SGB IX ergänzt, der zur Zahlung einer Ausgleichsabgabe verpflichtet, solange die Pflichtquote nicht erfüllt ist. Zusätzlich sieht § 156 Abs. 1 Satz 1 SGB IX eine Bußgeldbewehrung für die schuldhafte Nichtbeschäftigung vor.

16 Das Integrationsamt hat die Entscheidung über den Antrag auf Zustimmung zu der beabsichtigten Kündigung nach **pflichtgemäßem Ermessen** zu treffen. § 89 SGB IX regelt die Fälle, in denen das **Ermessen der Behörde eingeschränkt** ist. § 89 Abs. 1 Satz 2 SGB IX bestimmt, dass die Zustimmung zu erteilen ist, wenn die Gesamtzahl der weiterhin beschäftigten schwerbehinderten Menschen zur **Erfüllung der Pflichtquote** nach § 71 SGB IX ausreicht, es sei denn, dass eine Weiterbeschäftigung auf einem anderen Arbeitsplatz desselben Betriebes oder auf einem anderen freien Arbeitsplatz desselben Arbeitgebers möglich und zumutbar ist. Das Gleiche gilt nach § 89 Abs. 1 Satz 1 SGB IX, wenn der **Betrieb**, in dem der Schwerbehinderte/Gleichgestellte beschäftigt war, (nicht nur vorübergehend) **eingestellt oder aufgelöst** wird und der betroffene Arbeitnehmer ab dem Tage der Kündigung noch für mindestens drei Monate

Arbeitsentgelt erhält. Eingeschränkt ist das Ermessen des Integrationsamtes zudem, wenn dem schwerbehinderten Menschen ein **anderer angemessener und zumutbarer Arbeitsplatz** gesichert ist (§ 89 Abs. 2 SGB IX) bzw im Fall der **Insolvenz** des Arbeitgebers (§ 89 Abs. 3 SGB IX). Liegt einer der vorgenannten Sonderfälle vor, sollte hierauf in dem an das Integrationsamt gerichteten Antrag hingewiesen werden.

[9] **Betriebsratsanhörung/Unterrichtung und Anhörung der Schwerbehindertenvertretung.** 17
Die Anhörung des Betriebsrates gemäß § 102 BetrVG kann erfolgen, bevor der Antrag auf Zustimmung zu der beabsichtigten Kündigung gestellt wird. Aus dem Anhörungsschreiben selbst muss sich jedoch ergeben, dass die Kündigung **erst nach positivem Bescheid** der zuständigen Verwaltungsbehörde ausgesprochen werden soll. Sowohl das Anhörungsschreiben als auch die Stellungnahme des Betriebsrates sollten dem an das Integrationsamt gerichteten Antrag beigefügt werden. Wurde der Betriebsrat bis zur Zustimmungserteilung noch nicht angehört, muss der Arbeitgeber darauf achten, dass die Anhörung **vor Ablauf der in § 88 Abs. 3 SGB IX normierten Monatsfrist** abgeschlossen ist. Die **Schwerbehindertenvertretung** muss nach § 95 Abs. 2 SGB IX vor Kündigungsausspruch unverzüglich und umfassend unterrichtet sowie ebenfalls angehört werden. Allerdings führt die Verletzung dieser Pflichten – anders als die fehlende Betriebsratsanhörung – nicht zur Unwirksamkeit der Kündigung (BAG 28.6.2007 – 6 AZR 750/06).

[10] **Entscheidung binnen Monatsfrist/Kündigung innerhalb der Erklärungsfrist.** Nach § 88 18
Abs. 1 SGB IX soll das Integrationsamt seine Entscheidung über die Zustimmung zu einer ordentlichen Kündigung grundsätzlich **innerhalb eines Monats** vom Tage des Eingangs des Antrags an treffen. Im Falle der Betriebseinstellung oder -auflösung (§ 89 Abs. 1 Satz 1 SGB IX) bzw der Insolvenz des Arbeitgebers (§ 89 Abs. 3 SGB IX) muss die Entscheidung innerhalb der Monatsfrist getroffen werden, ansonsten gilt die Zustimmung nach § 88 Abs. 5 SGB IX als erteilt (**Zustimmungsfiktion**). Die Entscheidung des Integrationsamtes wird dem Arbeitgeber und dem schwerbehinderten Arbeitnehmer nach den jeweils geltenden **landesrechtlichen Verwaltungszustellungsgesetzen** zugestellt. Mit der Zustellung an den Arbeitgeber ist die **Kündigungssperre** aufgehoben und der Lauf der Fristen nach § 88 Abs. 3 SGB IX (bzw nach § 91 Abs. 2 SGB IX für den Ausspruch einer außerordentlichen Kündigung) beginnt. Die Zustellung des Bescheides an den Arbeitnehmer muss der Arbeitgeber nicht abwarten. Solange ihm die Entscheidung aber selbst nicht wirksam zugestellt wurde, kann er nicht wirksam kündigen. Die **mündliche Bekanntgabe der Entscheidung** genügt nicht (BAG 16.10.1991 – 2 AZR 332/91; *Düwell* in LPK-SGB IX § 88 Rn 15; aA: *Eylert/Sänger* NZA 2010, 24,37; Liebers/*Oberwinter/Hangarter* FB ArbR K Rn 222). Die noch ausstehende Zustellung hindert den Arbeitgeber jedoch nicht am Kündigungsausspruch. Entscheidend ist, ob die Zustellung des zustimmenden Bescheides noch vor Zugang des Kündigungsschreibens an den schwerbehinderten Arbeitnehmer erfolgt. Gelangt die Kündigung zu früh in den Machtbereich des Arbeitnehmers, besteht für den Arbeitgeber keine Möglichkeit die **Nichtigkeit der vorzeitigen Kündigung** zu heilen. Es steht ihm aber frei, nach Zustellung des Zustimmungsbescheides erneut eine Kündigung auszusprechen. Maßgebend ist, dass die ordentliche Kündigung dem Arbeitnehmer jedenfalls vor Ablauf der in § 88 Abs. 3 SGB IX normierten **Monatsfrist** zugeht. Wird diese Frist versäumt, muss der Arbeitgeber die Zustimmung des Integrationsamtes erneut beantragen. Die durch das Integrationsamt erteilte Zustimmung zur Kündigung entfaltet – es sei denn, sie wäre nichtig – für den Kündigungsschutzprozess solange Wirksamkeit, wie sie nicht bestands- oder rechtskräftig aufgehoben worden ist (BAG 23.5.2013 – 2 AZR

991/11). Das heißt, der Zustimmungsbescheid des Integrationsamtes hat **keine aufschiebende Wirkung**.

19 **[11] Gebühren/Kosten.** Nach § 64 Abs. 1 SGB X werden für den Zustimmungsantrag **keine Gebühren** erhoben. Für die Rechtsanwaltsvergütung ist der **verwaltungsgerichtliche Auffangstreitwert** zu Grunde zu legen, der nach § 52 Abs. 2 GKG 5.000,00 EUR beträgt. Im Zustimmungsverfahren (Ausgangsverfahren) gibt es **keinen Erstattungsanspruch** gegen den unterlegenen Gegner.

C. Kündigungsschreiben nach Zustimmungserklärung

20 **I. Muster: Kündigungsschreiben**

▶ Frau ...

Kündigung Ihres Arbeitsverhältnisses[1]

Sehr geehrte Frau ...,

hiermit kündigen wir das mit Ihnen bestehende Arbeitsverhältnis ordentlich zum ...,[2] hilfsweise zum nächstmöglichen Termin aus dringenden betrieblichen Gründen.[3]

Wie Ihnen bekannt ist, hat das zuständige Integrationsamt der Kündigung mit Bescheid vom ... zugestimmt. Der Betriebsrat wurde ordnungsgemäß angehört. Er hat der Kündigung zugestimmt/nicht widersprochen.[4] Die Schwerbehindertenvertretung wurde ebenfalls ordnungsgemäß angehört.[5]

Wir weisen Sie darauf hin, dass Sie verpflichtet sind, aktiv nach einer neuen Beschäftigung zu suchen, und sich nach § 38 Abs. 1 SGB III spätestens drei Monate vor Beendigung des Arbeitsverhältnisses persönlich bei der für Sie zuständigen Agentur für Arbeit arbeitsuchend zu melden. Liegen zwischen der Kenntnis des Beendigungszeitpunktes und der Beendigung des Arbeitsverhältnisses weniger als drei Monate, hat die Meldung innerhalb von drei Tagen nach Kenntnis des Beendigungszeitpunktes zu erfolgen. Eine verspätete Meldung führt zu Nachteilen beim Arbeitslosengeld.[6]

Mit freundlichen Grüßen

...

Name des Unternehmens/Unterschrift der vertretungsberechtigten Person

Erhalten am: ...[7]

...

Unterschrift der Mitarbeiterin ◀

II. Erläuterungen

21 **[1] Schriftformerfordernis.** Nach § 623 BGB bedarf die Kündigung zu ihrer Wirksamkeit der Schriftform. Welche Anforderungen an das Schriftformerfordernis zu stellen sind, regelt § 126 BGB. Eine Kündigung per SMS oder E-Mail ist gemäß § 125 BGB nichtig und führt nicht zur Beendigung des Arbeitsverhältnisses. Das Schriftformerfordernis kann nicht abbedungen werden, § 623 BGB normiert **zwingendes Recht**.

22 **[2] Kündigungsfrist.** Nach § 86 SGB IX ist für eine ordentliche Kündigung **mindestens** eine Kündigungsfrist von **vier Wochen** einzuhalten. Finden auf ein Arbeitsverhältnis die gesetzlichen Kündigungsfristen Anwendung, hat § 86 SGB IX keine Bedeutung, da § 622 Abs. 1 BGB

dann, wenn das Arbeitsverhältnis bereits sechs Monate bestanden hat, ohnehin eine Mindestkündigungsfrist von 4 Wochen zum 15. bzw zum Monatsende vorsieht. Das heißt, § 86 SGB IX ist nur dann zu beachten, wenn tarifliche Kündigungsfristen zur Anwendung gelangen, die kürzer als die gesetzlichen Vorgaben sind. Dies ist beispielsweise im Baugewerbe, im Gebäudereinigerhandwerk oder im Wach- und Sicherheitsgewerbe der Fall, wo allgemeinverbindliche Tarifverträge gelten. Im Übrigen ist zu beachten, dass das **Ermessen des Integrationsamtes** bei seiner Entscheidungsfindung nach § 89 Abs. 1 Satz 1 SGB IX **eingeschränkt** ist, **wenn** die Kündigung ausgesprochen werden soll, weil der Betrieb nicht nur vorübergehend eingestellt oder aufgelöst wird und zwischen dem Tage der Kündigung und dem Tage, bis zu dem der schwerbehinderte bzw diesem gleichgestellte Arbeitnehmer noch Arbeitsentgelt erhält, **mindestens drei Monate** liegen.

[3] **Angabe des Kündigungsgrundes.** Anders als etwa § 9 Abs. 3 Satz 2 MuSchG bestimmen die §§ 85-92 SGB IX nicht, dass in dem Kündigungsschreiben der zulässige Kündigungsgrund angegeben werden muss. Entsprechende Ausführungen sind daher entbehrlich. Rein aus pragmatischer Sicht kann es aber dennoch sinnvoll sein, solche zu machen, insbesondere wenn die Angelegenheit eindeutig ist und die **Prozesschancen** des betroffenen Arbeitnehmers gegen Null tendieren. 23

[4] **Betriebsratsanhörung.** Rechtlich gesehen ist der Hinweis auf die Betriebsratsanhörung nicht erforderlich. Hat der Betriebsrat der Kündigung zugestimmt oder ihr, indem er die dafür vorgesehene Frist hat verstreichen lassen, nicht widersprochen, kann dies aber aus **psychologischen Gründen** sinnvoll sein. Im Falle eines **Widerspruchs des Betriebsrats** ist der Arbeitgeber nach § 102 Abs. 4 BetrVG verpflichtet, dem Kündigungsschreiben eine Abschrift der Stellungnahme des Betriebsrats beizufügen. Tut er dies nicht, hat dies auf die Wirksamkeit der Kündigung keine Auswirkung. Der Arbeitgeber kann sich aber **schadensersatzpflichtig** machen. 24

[5] **Beteiligung der Schwerbehindertenvertretung.** Die **Schwerbehindertenvertretung** muss nach § 95 Abs. 2 SGB IX vor Kündigungsausspruch unverzüglich und umfassend unterrichtet sowie ebenfalls angehört werden. Allerdings führt die Verletzung dieser Pflichten – anders als die fehlende Betriebsratsanhörung – nicht zur Unwirksamkeit der Kündigung (BAG 28.6.2007 – 6 AZR 750/06). 25

[6] **Pflichten der Arbeitsuchenden.** Nach § 38 Abs. 1 SGB III ist der Arbeitnehmer verpflichtet, sich spätestens **drei Monate vor Beendigung** des Arbeitsverhältnisses persönlich bei der für ihn zuständigen Agentur für Arbeit arbeitssuchend zu melden. Liegen zwischen der Kenntnis des Beendigungszeitpunktes und der Beendigung des Arbeitsverhältnisses weniger als drei Monate, hat die Meldung **innerhalb von drei Tagen** nach Kenntnis des Beendigungszeitpunktes zu erfolgen. Verletzt der Arbeitnehmer diese Pflicht, muss er nach §§ 159 Abs. 1 Nr. 7 iVm 159 Abs. 6 SGB III mit einer **einwöchigen Sperrzeit** hinsichtlich des Arbeitslosengeldes rechnen. § 2 Abs. 2 Nr. 3 SGB III bestimmt, dass der Arbeitgeber den Arbeitnehmer vor der Beendigung des Arbeitsverhältnisses frühzeitig über die Notwendigkeit eigener Aktivitäten bei der Suche nach einer anderen Beschäftigung sowie über die Verpflichtung zur Meldung nach § 38 Abs. 1 SGB III informieren soll. Unterlässt der Arbeitgeber die Information und meldet sich der Arbeitnehmer verspätet bei der für ihn zuständigen Agentur für Arbeit, steht dem Arbeitnehmer gegenüber dem Arbeitgeber **kein Schadensersatzanspruch** zu (BAG 29.9.2005 – 8 AZR 571/04). 26

[7] **Empfangsbestätigung.** Die Kündigung ist eine empfangsbedürftige einseitige Willenserklärung. Das heißt, sie wird erst mit dem **Zugang** beim Erklärungsempfänger wirksam. Der Ar- 27

beitgeber trägt die **Beweislast** dafür, dass dem Arbeitnehmer die Kündigung zugegangen ist. Wenn dies möglich ist, sollte sich der Arbeitgeber daher den Empfang des Kündigungsschreibens schriftlich bestätigen lassen. Unterzeichnet der Arbeitnehmer die Empfangsbestätigung nicht, ist es ratsam, wenn der Arbeitgeber die Kündigung im Beisein eines Zeugen übergibt. Ist eine **persönliche Übergabe** des Kündigungsschreibens (aufgrund von Krankheit, Urlaubsabwesenheit, etc.) ausgeschlossen, sollte der **Zugang durch einen Boten**, der zuvor von dem Inhalt des zu überbringenden Schreibens persönlich Kenntnis genommen hat, sichergestellt werden. Ist der Kündigungszugang später streitig, kann der Bote sowohl bezüglich des Zeitpunkts des Zugangs des Kündigungsschreibens als auch hinsichtlich des Inhalts des Schreibens Zeuge sein.

D. Widerspruch gegen Entscheidung des Integrationsamtes

I. Muster: Widerspruch gegen Entscheidung des Integrationsamtes

▶ An das Integrationsamt ...[1]
– Widerspruchsausschuss –[2]

Widerspruch gegen die Entscheidung des Integrationsamtes

Verfahren: ... . /. ...

Gegen den Bescheid des Integrationsamtes vom ..., Aktenzeichen ..., uns zugestellt am ... lege ich

Widerspruch[3]

ein und **beantrage**, diesen Bescheid aufzuheben und die Zustimmung zur ordentlichen Kündigung von Frau ... zu erteilen.[4]

Begründung[5]

1. Zustimmungsverfahren

Das Integrationsamt hat seine Entscheidung zusammengefasst auf folgende Erwägungen gestützt:
...

2. Bewertung

Der besondere Kündigungsschutz der §§ 85 ff SGB IX beruht auf dem Gedanken, dass schwerbehinderte und ihnen gleichgestellte behinderte Menschen nicht wegen ihrer Behinderung benachteiligt werden dürfen. Das heißt, das Integrationsamt hat einen eingeschränkten Prüfungsmaßstab zu beachten, der sich speziell aus der Schwerbehindertenfürsorge herleitet und nicht dem der Arbeitsgerichte entspricht. Demnach ist weder im Zustimmungsverfahren noch im Widerspruchsverfahren vor den Integrationsämtern die Frage der Sozialwidrigkeit der beabsichtigten betriebsbedingten Kündigung von Relevanz (Bundesverwaltungsgericht 2.7.1992 – 5 C 51/90 und 20.10.1994 – 5 B 19/94). Das Integrationsamt hat seinen Prüfungsumfang verkannt, indem es seinen Bescheid darauf gestützt hat, dass ...

Vorliegend wird die beabsichtigte Kündigung mit betriebsbedingten Gründen gerechtfertigt. Ein Kausalzusammenhang zwischen Kündigungsgründen und Behinderung liegt nicht vor. Der sich aus dem SGB IX ergebende Schutzcharakter ist folglich nicht tangiert. Die Intention des SGB IX zielt überwiegend darauf ab, schwerbehinderte Arbeitnehmer bzw Gleichgestellte vor Verlust des Arbeitsplatzes zu schützen, dessen Ursachen in der Behinderung des Arbeitnehmers liegen. Betriebsbedingte Gründe betreffen behinderte und nicht behinderte Arbeitnehmer regelmäßig in der gleichen Art und Weise.

D. Widerspruch gegen Entscheidung des Integrationsamtes § 92 SGB IX

Der bisherige Arbeitsplatz von Frau ... ist aufgrund einer betrieblich notwendig gewordenen Entscheidung der ... GmbH vollständig entfallen. Umsetzungsmöglichkeiten auf einen anderen freien, angemessenen und zumutbaren Arbeitsplatz konnten unter Berücksichtigung der Qualifikation von Frau ... nicht gefunden werden. Zur Neuschaffung eines Arbeitsplatzes, um einem behinderten Menschen eine Beschäftigungsmöglichkeit geben zu können, ist die ... GmbH nicht verpflichtet. Zudem hat das Integrationsamt unbeachtet gelassen, dass die Gesamtzahl der bei der ... GmbH weiterhin beschäftigten schwerbehinderten Menschen zur Erfüllung der Beschäftigungspflicht nach § 71 SGB IX ausreicht.[6]

3. Sonstiges

Im Übrigen nehme ich Bezug auf die Angaben in dem Protokoll zum Anhörungsgespräch sowie die ausführlichen Darstellungen in dem Zustimmungsantrag vom ... sowie im Schriftsatz vom ... . Ich mache den gesamten diesbezüglichen Vortrag auch zum Gegenstand des Widerspruchsverfahrens.[7]

...

Rechtsanwalt[8] ◄

II. Erläuterungen

[1] **Zuständige Verwaltungsbehörde/Frist.** Der Widerspruch ist **beim Integrationsamt selbst** einzulegen. Nach § 70 VwGO muss er der Verwaltungsbehörde **innerhalb eines Monats** nach Zustellung der Entscheidung zugehen. Für den Lauf der Frist ist die Zustellung bei der beschwerten Partei maßgebend (BAG 17.2.1982 – 9 AZR 846/79). Die Frist beginnt gemäß §§ 70 Abs. 2, 58 Abs. 1 VwGO allerdings nur dann zu laufen, wenn dem Bescheid eine ordnungsgemäße schriftliche **Rechtsbehelfsbelehrung** beigefügt war. Ansonsten gilt nach §§ 70 Abs. 2, 58 Abs. 2 VwGO eine Jahresfrist (*Düwell* in LPK-SGB IX § 88 Rn 24). Neben dem Arbeitgeber kann **auch der Arbeitnehmer** Widerspruch einlegen, wenn das Integrationsamt die Zustimmung oder ein Negativattest erteilt hat. Die **Fiktionen nach § 88 Abs. 5 SGB IX** sind ebenso zu behandeln wie eine ausdrückliche Zustimmungserklärung des Integrationsamtes. Das heißt, der betroffene schwerbehinderte Arbeitnehmer kann sie ebenfalls mit dem Widerspruch anfechten (*Düwell* in LPK-SGB IX § 88 Rn 34). 29

[2] **Widerspruchsausschuss.** Über den Widerspruch entscheidet der beim Integrationsamt eingerichtete Widerspruchsausschuss. Die Zusammensetzung dieses Widerspruchsausschusses, das Verfahren für die Berufung der Mitglieder dieses Ausschusses, deren Amtszeit und die Unentgeltlichkeit ihrer Tätigkeit regelt § 119 SGB IX. 30

[3] **Folgen des Widerspruchs.** Für den schwerbehinderten bzw diesem gleichgestellten Arbeitnehmer ist zu beachten, dass sein Widerspruch gegen die Zustimmung des Integrationsamtes nach § 88 Abs. 4 SGB IX **keine aufschiebende Wirkung** hat. Das heißt, sobald das Integrationsamt der beabsichtigten Kündigung zugestimmt hat, kann der Arbeitgeber diese aussprechen, auch wenn der Arbeitnehmer gegen die Entscheidung des Integrationsamtes bereits Widerspruch eingelegt hat oder dies beabsichtigt. Es muss nicht abgewartet werden, bis der Zustimmungsbescheid bestandskräftig ist (BAG 23.5.2013 – 2 AZR 991/11). Hat der Arbeitnehmer mit einem von ihm geführten Widerspruchsverfahren keinen Erfolg, bleibt die Kündigung wirksam. Wird der Zustimmungsbescheid aufgrund des Widerspruchs des schwerbehinderten Menschen aufgehoben, wird die Kündigung rückwirkend unwirksam. 31

[4] **Antrag.** Eines expliziten Antrags **bedarf es** in der Widerspruchsschrift **nicht**. Ausreichend ist, wenn für die zuständige Behörde erkennbar ist, dass der Widerspruchsführer mit der Entscheidung des Integrationsamtes nicht einverstanden ist. 32

33 **[5] Begründung.** Das Widerspruchsschreiben muss **keine Begründung** enthalten. Allerdings ist es ratsam, wenn die widerspruchsführende Partei nochmal die Umstände darstellt, die aus ihrer Sicht von dem Integrationsamt unberücksichtigt gelassen wurden bzw neue Aspekte vorträgt, die im Zustimmungsverfahren noch nicht bzw nicht ausreichend besprochen wurden. Eine Zurückweisung neuen Vorbringens wegen Verspätung durch den Widerspruchsausschuss ist nicht möglich.

34 **[6] Pflichtquote/Ermessensentscheidung.** Nach § 71 Abs. 1 Satz 1 SGB IX haben Arbeitgeber mit jahresdurchschnittlich monatlich mindestens 20 Arbeitsplätzen im Sinne des § 73 SGB IX grundsätzlich auf wenigstens 5 **Prozent** der Arbeitsplätze schwerbehinderte oder diesen gleichgestellte behinderte Menschen zu beschäftigen (Pflichtquote). Zum **Schutz von Kleinunternehmen** mit weniger als 60 Arbeitsplätzen bestehen nach § 71 Abs. 1 Satz 3 SGB IX Erleichterungen (hierzu im Einzelnen: *Joussen* in LPK-SGB IX § 71 Rn 30). § 71 SGB IX wird durch § 77 SGB IX ergänzt, der zur Zahlung einer Ausgleichsabgabe verpflichtet, solange die Pflichtquote nicht erfüllt ist. Zusätzlich sieht § 156 Abs. 1 Satz 1 SGB IX eine Bußgeldbewehrung für die schuldhafte Nichtbeschäftigung vor.

35 Das Integrationsamt hat die Entscheidung über den Antrag auf Zustimmung zu der beabsichtigten Kündigung nach **pflichtgemäßem Ermessen** zu treffen. § 89 SGB IX regelt die Fälle, in denen das **Ermessen der Behörde eingeschränkt** ist. § 89 Abs. 1 Satz 2 SGB IX bestimmt, dass die Zustimmung zu erteilen ist, wenn die Gesamtzahl der weiterhin beschäftigten schwerbehinderten Menschen zur **Erfüllung der Pflichtquote** nach § 71 SGB IX ausreicht, es sei denn, dass eine Weiterbeschäftigung auf einem anderen Arbeitsplatz desselben Betriebes oder auf einem anderen freien Arbeitsplatz bei demselben Arbeitgeber möglich und zumutbar ist. Das Gleiche gilt nach § 89 Abs. 1 Satz 1 SGB IX, wenn der **Betrieb**, in dem der Schwerbehinderte/Gleichgestellte beschäftigt war, (nicht nur vorübergehend) **eingestellt oder aufgelöst** wird und der betroffene Arbeitnehmer ab dem Tage der Kündigung noch für mindestens drei Monate Arbeitsentgelt erhält. Eingeschränkt ist das Ermessen des Integrationsamtes zudem, wenn dem schwerbehinderten Menschen ein **anderer angemessener und zumutbarer Arbeitsplatz** gesichert ist (§ 89 Abs. 2 SGB IX) bzw im Fall der **Insolvenz** des Arbeitgebers (§ 89 Abs. 3 SGB IX). Liegt einer der vorgenannten Sonderfälle vor, sollte hierauf in dem an das Integrationsamt gerichteten Antrag hingewiesen werden.

36 **[7] Ergebnis des Widerspruchsverfahrens.** Nach Durchführung des Widerspruchsverfahrens ergeht gemäß § 73 VwGO ein Widerspruchsbescheid. Wird der **Widerspruch** (gleich welcher Partei) **zurückgewiesen** hat die Entscheidung folgenden Tenor: 1. Der Widerspruch des … gegen den Bescheid des Integrationsamtes vom … wird zurückgewiesen. 2. Der Widerspruchsführer trägt die Kosten des Vorverfahrens. 3. Verwaltungskosten werden nicht erhoben. Wird dem **Widerspruch zugunsten des Arbeitgebers abgeholfen** entscheidet der Widerspruchsausschuss wie folgt:

▶ 1. Der Bescheid des Integrationsamtes vom … wird aufgehoben.
2. Die Zustimmung zur außer-/ordentlichen Kündigung des mit Frau/Herrn … bestehenden Arbeitsverhältnisses wird erteilt.
3. Die Kosten des Vorverfahrens werden dem Widerspruchsführer erstattet.
4. Die Hinzuziehung eines Bevollmächtigten im Vorverfahren war notwendig (hierzu muss ein entsprechender Antrag gestellt werden, siehe nachfolgend Rn 37; 48; 60).
5. Verwaltungskosten werden nicht erhoben. ◀

Ist der **Widerspruch des schwerbehinderten Menschen erfolgreich**, ergeht folgende Entscheidung:
▶ 1. Der Bescheid des Integrationsamtes vom ... wird aufgehoben.
 2. Die Kosten des Vorverfahrens werden dem Widerspruchsführer erstattet.
 3. Die Hinzuziehung eines Bevollmächtigten im Vorverfahren war notwendig (vgl hierzu die Ausführungen unter nachfolgender Rn 37; 48; 60).
 4. Verwaltungskosten werden nicht erhoben. ◀

Nach § 73 Abs. 3 VwGO muss der Widerspruchsbescheid an die Beteiligten **zugestellt** werden. Das heißt, es hat eine förmliche Bekanntgabe nach den Vorschriften des VwZG zu erfolgen.

[8] Gebühren/Kosten/Rechtsmittel. Nach § 64 Abs. 1 SGB X werden für das Widerspruchsverfahren **keine Gebühren** oder Auslagen erhoben. Für die Rechtsanwaltsvergütung ist der **verwaltungsgerichtliche Auffangstreitwert** zu Grunde zu legen, der nach § 52 Abs. 2 GKG 5.000,00 EUR beträgt. Während es im Ausgangsverfahren keinen **Erstattungsanspruch** gegen den unterlegenen Gegner gibt, besteht im Widerspruchsverfahren ein solcher nach § 63 Abs. 1 SGB X. Die Kosten eines Rechtsanwaltes im Widerspruchsverfahren sind allerdings nur dann erstattungsfähig, wenn dessen **Hinzuziehung notwendig** war. Hierüber entscheidet der Widerspruchsausschuss (§ 63 Abs. 2 und Abs. 3 Satz 2 VwGO) bzw das Verwaltungsgericht (§ 162 Abs. 2 VwGO) nach entsprechender Antragstellung. 37

Gegen den schriftlich zu erlassenden und zuzustellenden Widerspruchsbescheid ist als Rechtsmittel die **Klage vor den Verwaltungsgerichten** zulässig, worauf im Widerspruchsbescheid innerhalb der Rechtsbehelfsbelehrung gesondert hingewiesen wird. Zu differenzieren ist zwischen einer Anfechtungsklage und einer Verpflichtungsklage. Hilft der beim Integrationsamt gebildete Widerspruchsausschuss dem Widerspruch des schwerbehinderten bzw diesem gleichgestellten Arbeitnehmers nicht ab, kann dieser beim Verwaltungsgericht **Anfechtungsklage** erheben. Bei einer den Zustimmungsantrag des Arbeitgebers ablehnenden Entscheidung des Widerspruchsausschusses kann der Arbeitgeber beim zuständigen Verwaltungsgericht eine **Verpflichtungsklage** einreichen. Zu beachten ist, dass die **Kündigungssperre noch nicht automatisch aufgehoben** ist, wenn die Verpflichtungsklage des Arbeitgebers erfolgreich ist. Das Integrationsamt muss dann erst noch in Befolgung des Urteils den Zustimmungsbescheid erlassen und diesem dem Arbeitgeber und dem schwerbehinderten Arbeitnehmer nach § 88 Abs. 2 Satz 1 SGB IX zustellen (*Düwell* in LPK-SGB IX § 88 Rn 26). Hat das Integrationsamt dem Arbeitgeber zunächst die begehrte Zustimmung erteilt, war dann aber der Widerspruch des Arbeitnehmers erfolgreich, hat der Arbeitgeber nach § 79 Abs. 1 Nr. 2 VwGO **Anfechtungsklage** zu erheben, damit der Widerspruchsbescheid nicht bestandskräftig und die von ihm nach Zustellung des Zustimmungsbescheides ausgesprochene Kündigung nicht nichtig wird (*Düwell* in LPK-SGB IX § 88 Rn 27). 38

E. Verwaltungsgerichtliche Klage des Arbeitnehmers gegen Zustimmung des Integrationsamtes

I. Muster: Verwaltungsgerichtliche Klage des Arbeitnehmers gegen Zustimmung des Integrationsamtes

▶ An das Verwaltungsgericht ...[1]

Klage[2]

39

des Herrn ...

Kläger

Prozessbevollmächtigter: Rechtsanwalt ...

gegen

Kommunalverband für Jugend und Soziales .../Regierungspräsidium .../Land ...[3]

Beklagte/r

beizuladen: ...[4]

Namens und in Vollmacht des Klägers erhebe ich Klage und
beantrage:

1. Der Bescheid des Beklagten vom ... in Gestalt des Widerspruchsbescheides vom ... (Az: ...) wird aufgehoben.[5]
2. Der Beklagte trägt die Kosten des Verfahrens.[6]
3. Die Zuziehung des Prozessbevollmächtigten des Klägers im Vorverfahren wird für notwendig erklärt.[7]

Begründung[8]

1. Vorverfahren

Die Klägerin wurde am ... geboren und ist schwerbehinderter Mensch mit einem Grad der Behinderung (GdB) von .... Sie war seit dem ... bei der Beizuladenden als ... in einem unbefristeten Arbeitsverhältnis beschäftigt. Die Beizuladende verfügt über insgesamt ... Arbeitsplätze, auf denen ... schwerbehinderte bzw diesen gleichgestellte Arbeitnehmer tätig sind.

Mit Schreiben vom ... beantragte die Beizuladende beim Integrationsamt ... nach §§ 85 ff SGB IX die Zustimmung zur ordentlichen betriebsbedingten Kündigung des mit der Klägerin bestehenden Arbeitsverhältnisses. Das Integrationsamt hat die Zustimmung mit Bescheid vom ... erteilt.

Beweis: Bescheid vom ..., Anlage K 1

Der hiergegen fristgerecht eingelegte Widerspruch wurde mit Bescheid vom ... zurückgewiesen.

Beweis: Widerspruchsbescheid vom ..., Anlage K 2

Unverzüglich, nachdem der Zustimmungsbescheid der Beizuladenden zugegangen war, kündigte diese mit Schreiben vom ... das mit der Klägerin bestehende Arbeitsverhältnis zum ... unter Einhaltung der ordentlichen Kündigungsfrist.

2. Rechtliches

Die Klage ist begründet.

Weder das Integrationsamt noch der Widerspruchsausschuss haben bei ihrer Prüfung berücksichtigt, dass für die Kündigung die Schwerbehinderung der Klägerin ursächlich ist. Dies ergibt sich aus Folgendem: ....

Die Zustimmung wurde daher ermessensfehlerhaft erteilt mit der Folge, dass der angefochtene Verwaltungsakt rechtswidrig ist und die Klägerin in ihren Rechten verletzt (§ 113 Abs. 1 VwGO). Das Verwaltungsgericht hat somit den Zustimmungsbescheid zusammen mit dem gleichlautenden Widerspruchsbescheid aufzuheben.

E. Klage des Arbeitnehmers gegen Zustimmung des Integrationsamtes   § 92 SGB IX

3. Sonstiges
Im Übrigen nehme ich Bezug auf die Angaben im Vorverfahren. Ich mache den gesamten diesbezüglichen Vortrag auch zum Gegenstand des verwaltungsgerichtlichen Verfahrens.

...

Rechtsanwalt[9] ◄

II. Erläuterungen

[1] **Zuständiges Gericht/Zulässigkeitsvoraussetzungen.** Für Klagen nach §§ 85 ff SGB IX ist gemäß § 40 VwGO der **Rechtsweg zu den Verwaltungsgerichten** (und nicht zu den Sozialgerichten) eröffnet, da die abschließende Aufzählung in § 51 SGG insoweit keine besondere Zuständigkeit der Sozialgerichte begründet. Die **örtliche Zuständigkeit** richtet sich nach § 52 Nr. 3 Satz 1 oder Satz 2 VwGO bzw nach § 52 Nr. 3 Satz 3 iVm Nr. 5 VwGO. Ziel des Gesetzgebers ist es, dem Beschwerten weite Wege zu ersparen. Ist die örtliche Zuständigkeit nicht gegeben, verweist das Gericht das Verfahren nach Anhörung der Beteiligten durch Beschluss an das örtlich zuständige Verwaltungsgericht.   40

Die Klage muss nach § 74 Abs. 1 VwGO **innerhalb eines Monats nach Zustellung** (§ 73 Abs. 3 VwGO) des Widerspruchsbescheides beim zuständigen Verwaltungsgericht erhoben werden. Wird die **Klagefrist** versäumt, kommt ggf eine **Wiedereinsetzung** in die Klagefrist nach § 60 VwGO in Betracht. Bei **fehlender oder unrichtiger Rechtsmittelbelehrung** verlängert sich die Klagefrist auf ein Jahr (§ 58 Abs. 2 VwGO). Weitere Voraussetzung für die Zulässigkeit der Klage ist nach § 68 VwGO, dass zuvor ein **erfolgloses Widerspruchsverfahren** durchgeführt wurde. Zudem muss der Kläger geltend machen, dass er durch rechtswidriges Verwaltungshandeln in eigenen Rechten verletzt wurde. Das Einklagen fremder Rechte ist nicht möglich (vgl § 42 Abs. 2 VwGO). Schließlich muss die klagende Partei ein **Rechtsschutzbedürfnis** haben. Das heißt, es muss ein schützenswertes rechtliches Interesse an der Entscheidung des Gerichts geben. Dieses fehlt beispielsweise dann, wenn die Kündigungsschutzklage des schwerbehinderten Menschen vor dem Arbeitsgericht, die er parallel zur Anfechtungsklage erhoben hat, erfolgreich war und die Kündigung somit bereits für unwirksam erklärt wurde oder wenn sich der schwerbehinderte Arbeitnehmer und der Arbeitgeber auf eine einvernehmliche Beendigung des Arbeitsverhältnisses geeinigt haben. Der Wegfall des Rechtsschutzbedürfnisses führt dazu, dass das Verwaltungsgericht die Klage als unzulässig abweist. Um einer Klageabweisung zu entgehen, können die Beteiligten den **Rechtsstreit in der Hauptsache für erledigt erklären.** Das Gericht stellt dann das Verfahren ein und entscheidet gemäß § 161 Abs. 2 VwGO nach billigem Ermessen, wer die Kosten des Verfahrens zu tragen hat.   41

[2] **Folgen der Klage.** Für den schwerbehinderten bzw diesem gleichgestellten Arbeitnehmer ist zu beachten, dass die Anfechtungsklage gegen die Zustimmung des Integrationsamtes zur Kündigung nach § 88 Abs. 4 SGB IX **keine aufschiebende Wirkung** hat. Das heißt, sobald das Integrationsamt der beabsichtigten Kündigung zugestimmt hat, kann der Arbeitgeber diese aussprechen, auch wenn der Arbeitnehmer gegen die Entscheidung des Integrationsamtes Widerspruch einlegt oder den Klageweg bestreitet. Es muss nicht abgewartet werden, bis der Zustimmungsbescheid bestandskräftig ist. Dies gilt selbst dann, wenn der Arbeitnehmer nach §§ 80 Abs. 4 und 5, 80a Abs. 1 Nr. 1, Abs. 3 VwGO beantragt hat, die aufschiebende Wirkung wiederherzustellen. Das BAG hat entschieden, dass die Kündigung auch dann „schwe-   42

Böhm   609

bend wirksam" bleibt, wenn die Aussetzung der Vollziehung angeordnet wird (BAG 17.6.2003 – 2 AZR 254/02).

43 Hat der Arbeitnehmer mit einem von ihm geführten Klageverfahren **keinen Erfolg**, bleibt die Kündigung wirksam. Wird der **Zustimmungsbescheid** zusammen mit dem gleichlautenden **Widerspruchsbescheid** aufgrund der Anfechtungsklage des schwerbehinderten Menschen **aufgehoben**, wird die Kündigung rückwirkend unwirksam. (Hat erst der Widerspruchsbescheid die Zustimmung erteilt, wird nur der Widerspruchsbescheid aufgehoben.)

44 [3] **Klagegegner.** Wer richtiger Klagegegner ist, bestimmt sich nach § 78 Abs. 1 VwGO. Nach dessen Ziff. 1 kann dies **entweder** der **Rechtsträger** der handelnden Behörde sein (Bund, Länder, Körperschaft, beispielsweise der Kommunalverband für Jugend und Soziales Baden-Württemberg als Träger des Integrationsamtes) **oder** (§ 78 Abs. 1 Ziff. 2 VwGO), sofern das Landesrecht dies bestimmt, die **handelnde Behörde selbst** (etwa in Nordrhein-Westfalen, im Saarland, Mecklenburg-Vorpommern, Brandenburg). Die beklagte Partei wird nach dem Eingang der Klage durch den am Verwaltungsgericht zuständigen Berichterstatter (gesetzlicher Richter) aufgefordert, auf die Klage zu erwidern und die Verwaltungsakten vorzulegen.

45 [4] **Beiladung des Arbeitgebers.** Es empfiehlt sich in die Klageschrift einen Hinweis auf die Beiladung des Arbeitgebers aufzunehmen. Insoweit handelt es sich um eine **notwendige Beiladung** im Sinne des § 65 Abs. 2 VwGO, da der Beizuladende Adressat des angefochtenen Bescheides ist. Zusätzlich ergibt sich die Drittbetroffenheit des Arbeitgebers daraus, dass die von ihm ausgesprochene Kündigung dann, wenn der Arbeitnehmer mit seiner Anfechtungsklage erfolgreich ist, rückwirkend unwirksam wird. Bei unterbliebener notwendiger Beiladung wäre das ergangene Urteil wegen Verstoßes gegen einen **wesentlichen Verfahrensfehler** absolut unwirksam (Liebers/*Geck* FB ArbR X Rn 202). Der Beigeladene hat eine vollwertige Beteiligtenstellung. Die Klage muss auch ihm zugestellt werden, damit er dazu Stellung nehmen kann.

46 [5] **Antrag.** Weist der beim Integrationsamt gebildete Widerspruchsausschuss den Widerspruch des schwerbehinderten bzw diesem gleichgestellten Arbeitnehmers zurück bzw hilft der Widerspruchsausschuss dem Widerspruch des Arbeitgebers ab und erteilt die Zustimmung, kann der Arbeitnehmer beim Verwaltungsgericht **Anfechtungsklage** erheben. Der entsprechende Klageantrag muss sich auf die Aufhebung des belastenden Verwaltungsaktes (Bescheides) richten.

47 [6] **Kosten/Streitwert.** Das Verwaltungsgericht hat auch darüber zu entscheiden, wer die Kosten zu tragen hat. Da gemäß § 188 Satz 2 VwGO bei den verwaltungsgerichtlichen Klagen nach dem SGB IX **keine Gerichtskosten** entstehen, geht es allein darum, wer für die **außergerichtlichen Kosten der drei Beteiligten** (Kläger, Beklagter, Beigeladener) aufkommen muss. Dies richtet sich gemäß §§ 154 VwGO danach, wer den Prozess verliert. Dem beigeladenen Dritten können die Kosten jedoch nur dann auferlegt werden, wenn er einen Klageantrag stellt. Deshalb hat er auch nur unter diesen Voraussetzungen einen Erstattungsanspruch, den ihm das Gericht nach § 162 Abs. 3 iVm § 154 Abs. 3 VwGO zusprechen muss. Hinsichtlich der **Streitwertfestsetzung** ist § 52 Abs. 1 GKG zu beachten, wonach der Streitwert nach der wirtschaftlichen Bedeutung des begehrten Verwaltungsaktes für die klagende Partei zu bestimmen ist. Vor dem Hintergrund, dass die in Streit stehende Zustimmung zu einer beabsichtigten Kündigung mit der Beendigung oder dem Erhalt des Arbeitsverhältnisses einhergeht und die Interessenlage im verwaltungsgerichtlichen Verfahren somit der im arbeitsgerichtlichen Kündigungsschutzprozess vergleichbar ist, ist es sachgerecht im Verwaltungsge-

richtsprozess in analoger Anwendung des § 42 Abs. 3 GKG ebenfalls als Gegenstandswert ein **Bruttovierteljahresgehalt** des Arbeitnehmers zu Grunde zu legen (OVG Lüneburg 25.5.1989 – 11 L 22/89; AG Bingen 23.10.2007 – 3 C 358/06).

[7] **Notwendigkeit der Zuziehung eines Bevollmächtigten.** Die **Kosten** eines Rechtsanwalts im Widerspruchsverfahren sind nur **erstattungsfähig**, wenn dessen Hinzuziehung notwendig war, worüber der Widerspruchsausschuss (§ 63 Abs. 2 und 3 Satz 2 SGB X) bzw das Verwaltungsgericht (§ 162 Abs. 2 VwGO) zu entscheiden hat. Deshalb ist es unbedingt ratsam, spätestens im Verwaltungsgerichtsverfahren einen entsprechenden Antrag zu stellen. Begründet werden kann dieser Antrag damit, dass es der Partei wegen der **Schwierigkeit der Sache** nicht zuzumuten war, das Vorverfahren selbst zu führen, und dass die Entscheidung der zuständigen Behörde von speziellen gesetzlichen Voraussetzungen abhängt, die die Partei weder im Einzelnen kennt noch selbstständig aufarbeiten kann. Zusätzlich kann, wenn die andere beteiligte Partei anwaltlich vertreten ist, darauf hingewiesen werden, dass es auch aus **Gründen der Chancengleichheit** notwendig war, sich ebenfalls durch Zuziehung eines Rechtsanwaltes vertreten zu lassen.

48

[8] **Begründung.** Die Anfechtungsklage des schwerbehinderten bzw diesem gleichgestellten Arbeitnehmers ist nach § 113 Abs. 1 VwGO begründet, wenn der angefochtene Verwaltungsakt rechtswidrig ist und ihn daher in seinen Rechten verletzt. Dies ist insbesondere dann der Fall, wenn die **Zustimmung des Integrationsamtes ermessensfehlerhaft** erteilt wurde. Zu beachten ist, dass eine unter Verletzung von Verfahrens- und Formfehlern (beispielsweise durch Nichtanhörung des Vertrauensmanns des schwerbehinderten Menschen) erteilte Zustimmung den Verwaltungsakt zwar rechtswidrig macht, aber derartige Mängel grundsätzlich geheilt werden können. Mit der Frage, wann die Ermessensentscheidung des Integrationsamtes rechtswidrig ist, haben sich die Verwaltungsgerichte in den **verschiedensten Konstellationen** auseinandergesetzt (vgl hierzu u.a.: BVerwG 6.2.1995 – 5 B 75/94; BVerwG 2.7.1992 – 5 C 51/90; BVerwG 27.10.1971 – V C 78/70; BVerwG 28.2.1968 – V C 22/66; BVerwG 15.4.1964 V C 203/62; VG Münster 25.7.2006 – 5 K 1808/05; BayVGH 10.3.2006 – 9 ZB 05.2600; VG Frankfurt 23.2.2005 – 7 E 1771/04; VG Arnsberg 11.2.1976 – 5 K 821/75).

49

[9] **Rechtsmittel.** Gegen die Entscheidung des Verwaltungsgerichts kann unter engen Voraussetzungen die **Berufung zum Oberverwaltungsgericht** bzw **Verwaltungsgerichtshof** erhoben werden. Gegen dessen Entscheidung gibt es unter noch engeren Voraussetzungen die **Revision zum Bundesverwaltungsgericht** (reine Rechtsprüfung).

50

F. Verwaltungsgerichtliche Klage des Arbeitgebers wegen Zustimmungsverweigerung

I. Muster: Verwaltungsgerichtliche Klage des Arbeitgebers wegen Zustimmungsverweigerung

51

▶ An das Verwaltungsgericht ...[1]

Klage[2]

der ... GmbH

Klägerin

Prozessbevollmächtigter: Rechtsanwalt ...

gegen

Kommunalverband für Jugend und Soziales .../Regierungspräsidium .../Land ...[3]

Beklagter beizuladen: ...[4]

Namens und in Vollmacht der Klägerin erhebe ich Klage und beantrage:

1. Der Beklagte wird unter Aufhebung des Bescheides vom ... in der Gestalt des Widerspruchsbescheides vom ... verpflichtet, die beantragte Zustimmung zu der ordentlichen Kündigung des mit Frau ... bestehenden Arbeitsverhältnisses zu erteilen.[5]
2. Der Beklagte trägt die Kosten des Verfahrens.[6]
3. Die Zuziehung des Prozessbevollmächtigten der Klägerin im Vorverfahren wird für notwendig erklärt.[7]

Begründung[8]

1. Vorverfahren

Die Beizuladende wurde am ... geboren und ist schwerbehinderter Mensch mit einem Grad der Behinderung (GdB) von .... Sie war seit dem ... bei der klagenden Partei als ... in einem unbefristeten Arbeitsverhältnis beschäftigt. Nachdem bei der klagenden Partei die unternehmerische Entscheidung getroffen wurde, den Bereich ... vollständig aufzugeben, und eine Weiterbeschäftigung der Beizuladenden auf einem anderen Arbeitsplatz desselben Betriebes bzw auf einem anderen freien Arbeitsplatz in einem anderen Betrieb der klagenden Partei nicht möglich ist, wurde mit Schreiben vom ... beim Integrationsamt ... nach §§ 85 ff SGB IX die Zustimmung zur ordentlichen betriebsbedingten Kündigung des mit der Beizuladenden bestehenden Arbeitsverhältnisses beantragt. Die klagende Partei verfügt über insgesamt ... Arbeitsplätze, auf denen ... schwerbehinderte bzw diesen gleichgestellte Arbeitnehmer tätig sind. Das Integrationsamt hat die Erteilung der Zustimmung mit Bescheid vom ... abgelehnt.

Beweis: Bescheid vom ..., Anlage K 1

Der hiergegen fristgerecht eingelegte Widerspruch wurde mit Bescheid vom ... zurückgewiesen.

Beweis: Widerspruchsbescheid vom ..., Anlage K 2

2. Rechtliches

Die Klage ist begründet.

Der besondere Kündigungsschutz der §§ 85 ff SGB IX beruht auf dem Gedanken, dass schwerbehinderte und ihnen gleichgestellte behinderte Menschen nicht wegen ihrer Behinderung benachteiligt werden dürfen. Das heißt, sowohl im Vorverfahren als auch nunmehr im verwaltungsgerichtlichen Verfahren gilt ein eingeschränkter Prüfungsmaßstab, der sich speziell aus der Schwerbehindertenfürsorge herleitet und nicht dem der Arbeitsgerichte entspricht. Demnach ist die Frage der Sozialwidrigkeit der beabsichtigten betriebsbedingten Kündigung nicht von Relevanz (Bundesverwaltungsgericht 2.7.1992 – 5 C 51/90 und 20.10.1994 – 5 B 19/94). Im Vorverfahren wurde dieser Prüfungsumfang verkannt, indem die Bescheide darauf gestützt wurden, dass ...

Vorliegend wird die beabsichtigte Kündigung mit betriebsbedingten Gründen gerechtfertigt. Ein Kausalzusammenhang zwischen Kündigungsgründen und Behinderung liegt nicht vor. Der sich aus dem SGB IX ergebende Schutzcharakter ist folglich nicht tangiert. Die Intention des SGB IX zielt überwiegend darauf ab, schwerbehinderte Arbeitnehmer bzw Gleichgestellte vor Verlust des Arbeitsplatzes zu schützen, dessen Ursachen in der Behinderung des Arbeitnehmers liegen. Betriebsbedingte Gründe betreffen behinderte und nicht behinderte Arbeitnehmer regelmäßig in der gleichen Art und Weise.

F. Klage des Arbeitgebers wegen Zustimmungsverweigerung § 92 SGB IX

Der bisherige Arbeitsplatz der Beizuladenden ist aufgrund einer betrieblich notwendig gewordenen Entscheidung der klagenden Partei vollständig entfallen. Umsetzungsmöglichkeiten auf einen anderen freien, angemessenen und zumutbaren Arbeitsplatz konnten unter Berücksichtigung der Qualifikation der Beigeladenen nicht gefunden werden. Zur Neuschaffung eines Arbeitsplatzes, um einem behinderten Menschen eine Beschäftigungsmöglichkeit geben zu können, ist die klagende Partei nicht verpflichtet. Zudem wurde im Vorverfahren unbeachtet gelassen, dass die Gesamtzahl der bei der klagenden Partei weiterhin beschäftigten schwerbehinderten Menschen zur Erfüllung der Beschäftigungspflicht nach § 71 SGB IX ausreicht. Der klagenden Partei steht ein Rechtsanspruch auf Erteilung der begehrten Zustimmung zu. Die Ablehnung der Zustimmung verletzt sie in ihren Rechten (§ 113 Abs. 5 Satz 1 VwGO).

3. Sonstiges

Im Übrigen nehme ich Bezug auf die Angaben im Vorverfahren. Ich mache den gesamten diesbezüglichen Vortrag auch zum Gegenstand des verwaltungsgerichtlichen Verfahrens.

...

Rechtsanwalt[9] ◄

II. Erläuterungen

[1] **Zuständiges Gericht/Zulässigkeitsvoraussetzungen**. Für Klagen nach §§ 85 ff SGB IX ist gemäß § 40 VwGO der **Rechtsweg zu den Verwaltungsgerichten** (und nicht zu den Sozialgerichten) eröffnet, da die abschließende Aufzählung in § 51 SGG insoweit keine besondere Zuständigkeit der Sozialgerichte begründet. Die **örtliche Zuständigkeit** richtet sich nach § 52 Nr. 3 Satz 1 oder Satz 2 VwGO bzw nach § 52 Nr. 3 Satz 3 iVm Nr. 5 VwGO. Ziel des Gesetzgebers ist es, dem Beschwerten weite Wege zu ersparen. Ist die örtliche Zuständigkeit nicht gegeben, verweist das Gericht das Verfahren nach Anhörung der Beteiligten durch Beschluss an das örtlich zuständige Verwaltungsgericht. 52

Die Klage muss nach § 74 Abs. 1 VwGO **innerhalb eines Monats nach Zustellung** (§ 73 Abs. 3 VwGO) des Widerspruchsbescheides beim zuständigen Verwaltungsgericht erhoben werden. Wird die **Klagefrist** versäumt, kommt ggf eine **Wiedereinsetzung** in die Klagefrist nach § 60 VwGO in Betracht. Bei **fehlender oder unrichtiger Rechtsmittelbelehrung** verlängert sich die Klagefrist auf ein Jahr (§ 58 Abs. 2 VwGO). Weitere Voraussetzung für die Zulässigkeit der Klage ist nach § 68 VwGO, dass zuvor ein **erfolgloses Widerspruchsverfahren** durchgeführt wurde. Zudem muss die klagende Partei geltend machen, dass sie durch rechtswidriges Verwaltungshandeln in eigenen Rechten verletzt wurde. Das Einklagen fremder Rechte ist nicht möglich (vgl § 42 Abs. 2 VwGO). Schließlich muss die klagende Partei ein **Rechtsschutzbedürfnis** haben. Das heißt, es muss ein schützenswertes rechtliches Interesse an der Entscheidung des Gerichts geben. Dieses fehlt beispielsweise dann, wenn sich der schwerbehinderte Arbeitnehmer und der Arbeitgeber auf eine einvernehmliche Beendigung des Arbeitsverhältnisses geeinigt haben. Der Wegfall des Rechtsschutzbedürfnisses führt dazu, dass das Verwaltungsgericht die Klage als unzulässig abweist. Um einer Klageabweisung zu entgehen, können die Beteiligten den **Rechtsstreit in der Hauptsache für erledigt erklären**. Das Gericht stellt dann das Verfahren ein und entscheidet gemäß § 161 Abs. 2 VwGO nach billigem Ermessen, wer die Kosten des Verfahrens zu tragen hat. 53

[2] **Folgen der Klage**. Selbst wenn der Arbeitgeber mit seiner Verpflichtungsklage obsiegt, muss er mit dem Ausspruch der Kündigung bis zur **Rechtskraft** der verwaltungsgerichtlichen 54

Klage warten. Ebenso wenig kann er Anträge im einstweiligen Rechtsschutzverfahren stellen, um die Kündigung vorläufig aussprechen zu können.

55 Ist der Arbeitgeber mit seiner Klage erfolgreich, gilt der begehrte **Verwaltungsakt** (Zustimmung) nach § 894 ZPO **nicht automatisch als erteilt**. Vielmehr muss die klagende Partei ggf nach § 172 VwGO noch ein Zwangsvollstreckungsverfahren betreiben.

56 **[3] Klagegegner.** Wer richtiger Klagegegner ist, bestimmt sich nach § 78 Abs. 1 VwGO. Nach dessen Ziff. 1 kann dies **entweder** der **Rechtsträger** der handelnden Behörde sein (Bund, Länder, Körperschaft, beispielsweise der Kommunalverband für Jugend und Soziales Baden-Württemberg als Träger des Integrationsamtes) **oder** (§ 78 Abs. 1 Ziff. 2 VwGO), sofern das Landesrecht dies bestimmt, die **handelnde Behörde selbst** (etwa in Nordrhein-Westfalen, im Saarland, Mecklenburg-Vorpommern, Brandenburg). Die beklagte Partei wird nach dem Eingang der Klage durch den am Verwaltungsgericht zuständigen Berichterstatter (gesetzlicher Richter) aufgefordert, auf die Klage zu erwidern und die Verwaltungsakten vorzulegen.

57 **[4] Beiladung des betroffenen Arbeitnehmers.** Es empfiehlt sich in die Klageschrift einen Hinweis auf die Beiladung des betroffenen Arbeitnehmers aufzunehmen. Insoweit handelt es sich um eine **notwendige Beiladung** im Sinne des § 65 Abs. 2 VwGO, da der Beizuladende Betroffener des angefochtenen Bescheides ist. Insbesondere ergibt sich die Drittbetroffenheit des Arbeitnehmers daraus, dass die eventuell bereits ausgesprochene Kündigung dann, wenn der Arbeitgeber mit seiner Verpflichtungsklage keinen Erfolg hat, rückwirkend unwirksam wird. Bei unterbliebener notwendiger Beiladung wäre das ergangene Urteil wegen Verstoßes gegen einen **wesentlichen Verfahrensfehler** absolut unwirksam (Liebers/*Geck* FB ArbR X Rn 202). Der Beigeladene hat eine vollwertige Beteiligtenstellung. Die Klage muss auch ihm zugestellt werden, damit er dazu Stellung nehmen kann.

58 **[5] Antrag.** Weist der beim Integrationsamt gebildete Widerspruchsausschuss den Widerspruch des Arbeitgebers zurück bzw hilft der Widerspruchsausschuss dem Widerspruch des schwerbehinderten Menschen ab und hebt er eine zuvor erteilte Zustimmung des Integrationsamtes wieder auf, kann der Arbeitgeber beim Verwaltungsgericht **Verpflichtungsklage** erheben. Der entsprechende Klageantrag ist auf die Aufhebung des belastenden Verwaltungsaktes (Ablehnung der Zustimmung) und auf die Verpflichtung der Behörde, einen begünstigenden Verwaltungsakt zu erlassen (das Integrationsamt soll verpflichtet werden, die Zustimmung zu erteilen), zu richten (§ 113 Abs. 5 Satz 1 VwGO). Der Aufhebungsantrag ist nicht zwingend erforderlich, da er im Zweifel stillschweigend in dem Verpflichtungsurteil mit enthalten ist (VGH B-W 28.11.1989 – 10 S 1011/10).

59 **[6] Kosten/Streitwert.** Das Verwaltungsgericht hat auch darüber zu entscheiden, wer die Kosten zu tragen hat. Da gemäß § 188 Satz 2 VwGO bei den verwaltungsgerichtlichen Klagen nach dem SGB IX **keine Gerichtskosten** entstehen, geht es allein darum, wer für die **außergerichtlichen Kosten der drei Beteiligten** (Kläger, Beklagter, Beigeladener) aufkommen muss. Dies richtet sich gemäß §§ 154 VwGO danach, wer den Prozess verliert. Dem beigeladenen Dritten können die Kosten jedoch nur dann auferlegt werden, wenn er einen Klageantrag stellt. Deshalb hat er auch nur unter diesen Voraussetzungen einen Erstattungsanspruch, den ihm das Gericht nach § 162 Abs. 3 iVm § 154 Abs. 3 VwGO zusprechen muss. Hinsichtlich der **Streitwertfestsetzung** ist § 52 Abs. 1 GKG zu beachten, wonach der Streitwert nach der wirtschaftlichen Bedeutung des begehrten Verwaltungsaktes für die klagende Partei zu bestimmen ist. Vor dem Hintergrund, dass die in Streit stehende Zustimmung zu einer beabsichtigten Kündigung mit der Beendigung oder dem Erhalt des Arbeitsverhältnisses einher-

geht und die Interessenlage im verwaltungsgerichtlichen Verfahren somit der im arbeitsgerichtlichen Kündigungsschutzprozess vergleichbar ist, ist es sachgerecht im Verwaltungsgerichtsprozess in analoger Anwendung des § 42 Abs. 3 GKG ebenfalls als Gegenstandswert ein **Bruttovierteljahresgehalt** des Arbeitnehmers zu Grunde zu legen (OVG Lüneburg 25.5.1989 – 11 L 22/89; AG Bingen 23.10.2007 – 3 C 358/06).

[7] Notwendigkeit der Zuziehung eines Bevollmächtigten. Die **Kosten** eines Rechtsanwalts im Widerspruchsverfahren sind nur **erstattungsfähig**, wenn dessen Hinzuziehung notwendig war, worüber der Widerspruchsausschuss (§ 63 Abs. 2 und 3 Satz 2 SGB X) bzw das Verwaltungsgericht (§ 162 Abs. 2 VwGO) zu entscheiden hat. Deshalb ist es unbedingt ratsam, spätestens im Verwaltungsgerichtsverfahren einen entsprechenden Antrag zu stellen. Begründet werden kann dieser Antrag damit, dass es der Partei wegen der **Schwierigkeit der Sache** nicht zuzumuten war, das Vorverfahren selbst zu führen, und dass die Entscheidung der zuständigen Behörde von speziellen gesetzlichen Voraussetzungen abhängt, die die Partei weder im Einzelnen kennt noch selbstständig aufarbeiten kann. Hinzu kommt, dass der Ausgang des Vorverfahrens für den Arbeitgeber **weitreichende, auch wirtschaftliche Folgen** hat, so dass er sich anwaltlich absichern sollte. Zusätzlich kann, wenn die andere beteiligte Partei anwaltlich vertreten ist, darauf hingewiesen werden, dass es auch aus **Gründen der Chancengleichheit** notwendig war, sich ebenfalls durch Zuziehung eines Rechtsanwaltes vertreten zu lassen. 60

[8] Begründung. Die Verpflichtungsklage des Arbeitgebers ist begründet, wenn er einen **Anspruch auf die Zustimmung** hat (§ 113 Abs. 5 Satz 1 VwGO) oder wenn die **Zustimmung ermessensfehlerhaft versagt** wurde (§ 113 Abs. 5 Satz 2 VwGO). Das Gericht hebt in beiden Fällen die Bescheide auf, soweit sie den Arbeitgeber beschwert haben. Besteht ein Anspruch, verpflichtet das Verwaltungsgericht das Integrationsamt dazu, die begehrte Zustimmung zu erteilen. Ist die Zustimmung ermessensfehlerhaft versagt wurden, verpflichtet das Verwaltungsgericht die zuständige Behörde dazu, eine neue Ermessensentscheidung unter Beachtung der Rechtsauffassung des Gerichts, das heißt unter künftiger Vermeidung der Ermessensfehler zu treffen. Das Verwaltungsgericht hat **in zeitlicher Hinsicht** bei seiner Entscheidungsfindung die Sach- und Rechtslage zum Zeitpunkt der letzten mündlichen Verhandlung zu beurteilen und nicht darüber zu befinden, ob die Behörde zum damaligen Zeitpunkt zutreffend entschieden hat. Das heißt, haben sich die Umstände seit dem der Arbeitgeber den Kündigungsentschluss gefasst hat geändert, muss das Urteil des Verwaltungsgerichts auf der neuen Sach- und Rechtslage basieren. 61

[9] Rechtsmittel. Gegen die Entscheidung des Verwaltungsgerichts kann unter engen Voraussetzungen die **Berufung zum Oberverwaltungsgericht bzw Verwaltungsgerichtshof** erhoben werden. Gegen dessen Entscheidung gibt es unter noch engeren Voraussetzungen die **Revision zum Bundesverwaltungsgericht** (reine Rechtsprüfung). 62

G. Klage des schwerbehinderten/einem schwerbehinderten Menschen gleichgestellten Arbeitnehmers beim Arbeitsgericht nach Erhalt einer Kündigung ohne vorherige Einholung der Zustimmung des Integrationsamtes

Für Grundmuster zur Kündigungsschutzklage siehe Ausführungen bei § 4 KSchG. Zudem werden bei den Formularen zu § 4 KSchG unter Rn 29 ff. die Besonderheiten für die Kündigungsschutzklage eines schwerbehinderten bzw diesem gleichgestellten behinderten Menschen nebst Musterformulierungen dargestellt. Zur Vermeidung von Wiederholungen wird auf die dortigen Ausführungen verwiesen. 64

H. Klageerwiderung des Arbeitgebers nach Hinweis des Arbeitnehmers in der Klageschrift, dass Kündigung mangels vorheriger Zustimmung des Integrationsamtes nichtig ist

65 **I. Muster: Klageerwiderung des Arbeitgebers nach unterlassener Einholung der Zustimmung des Integrationsamtes**

230 ▶ An das Arbeitsgericht ...

Az.: ...

Klageerwiderung[1]

Klägerin

gegen

Beklagte

Ich vertrete die Beklagte mit folgendem Antrag:

Die Klage wird abgewiesen.

Begründung

Die Klägerin stützt den von ihr gestellten Feststellungsantrag darauf, dass sie schwerbehindert sei, und die Beklagte vor Ausspruch der streitgegenständlichen Kündigung keine Zustimmung des Integrationsamtes eingeholt habe.

Die Klägerin verkennt, dass sie bei Zugang der streitgegenständlichen Kündigung erst drei Monate bei der Beklagten beschäftigt war. § 90 Abs. 1 Nr. 1 SGB IX bestimmt, dass die Klägerin den in den §§ 85 ff SGB IX normierten Sonderkündigungsschutz erst dann beanspruchen kann, wenn das Arbeitsverhältnis im Zeitpunkt des Kündigungszugangs mehr als sechs Monate bestanden hat. Mithin kommt es für die Wirksamkeit der ausgesprochenen Kündigung auf eine etwaige Schwerbehinderung der Klägerin nicht an.[2]

Oder

Die Klägerin verkennt, dass die Zustimmung des Integrationsamtes nach § 90 Abs. 2 a SGB IX nicht erforderlich ist, wenn im Zeitpunkt des Kündigungszugangs die Eigenschaft als schwerbehinderter Mensch nicht nachgewiesen ist oder das Versorgungsamt nach Ablauf der Frist des § 69 Abs. 1 Satz 2 SGB IX eine Feststellung wegen fehlender Mitwirkung nicht treffen konnte. Vorliegend hat es die Klägerin versäumt, spätestens drei Wochen vor Kündigungsausspruch einen entsprechenden Antrag auf Feststellung der Schwerbehinderteneigenschaft zu stellen/sich nach Kündigungsausspruch innerhalb der dreiwöchigen Regelfrist auf den Sonderkündigungsschutz zu berufen. Ihre Schwerbehinderung ist zudem auch nicht offenkundig.[3]

...

Rechtsanwalt ◀

II. Erläuterungen

66 **[1] Verweis auf § 1 KSchG.** Der Systematik des Kündigungsschutzgesetzes folgend finden sich zu § 1 KSchG – abhängig vom Kündigungsgrund – verschiedene Muster für eine Klageerwiderung. Hinsichtlich der **prozessualen Besonderheiten** wird zur Vermeidung von Wiederholungen auf die dortigen Ausführungen verwiesen. Vorliegend werden allein die Argumentationsmöglichkeiten für eine Klageerwiderung des Arbeitgebers nach dem Hinweis des Arbeit-

nehmers in der Klageschrift, dass die Kündigung mangels vorheriger Zustimmung des Integrationsamtes nichtig ist, dargestellt.

[2] Kündigung vor Ablauf der Wartezeit. Zu beachten ist, dass der besondere Kündigungsschutz nach § 90 Abs. 1 Nr. 1 SGB IX voraussetzt, dass das Arbeitsverhältnis zum Zeitpunkt des Zugangs der Kündigungserklärung bereits **sechs Monate ohne Unterbrechung** bestanden hat (hierzu: *Düwell* in LPK-SGB IX § 90 Rn 5 ff). Das heißt, der Arbeitgeber muss die Zustimmungserklärung nicht einholen, wenn die schriftliche Kündigungserklärung dem betroffenen Arbeitnehmer noch am letzten Tag der Sechsmonatsfrist nach § 130 BGB zugeht (*Düwell* in LPK-SGB IX § 90 Rn 19).

67

[3] Kein Nachweis/keine Offenkundigkeit der Schwerbehinderung. § 90 Abs. 2a SGB IX regelt, dass der Sonderkündigungsschutz nur dann besteht, wenn die Eigenschaft als schwerbehinderter Mensch zum Zeitpunkt der Kündigung nachgewiesen ist oder der betroffene Arbeitnehmer alle erforderlichen Mitwirkungshandlungen unternommen hat, damit das Versorgungsamt eine Feststellung treffen kann. Ob § 90 Abs. 2a SGB IX auch auf Fälle im **Gleichstellungsverfahren** anwendbar ist, ist umstritten (ablehnend: *Düwell* in LPK-SGB IX § 90 Rn 47 f mwN), der Zweite Senat des BAG tritt aber – entgegen dem Wortlaut – für die Ausweitung der Ausnahmevorschrift des § 90 Abs. 2a SGB IX auch auf das Gleichstellungsverfahren ein (BAG 1.3.2007 – 2 AZR 217/06). Für den **Nachweis** kommt es nicht darauf an, dass dem Arbeitgeber der Bescheid vorliegt, sondern nur darauf, dass ein entsprechender Bescheid, der die Schwerbehinderung oder Gleichstellung nachweist, **objektiv existent** oder die Schwerbehinderung **offenkundig** ist (BAG 13.2.2008 – 2 AZR 864/06). Beruft sich der Arbeitnehmer bei nicht offenkundiger Schwerbehinderung nach Kündigungsausspruch innerhalb der dreiwöchigen Regelfrist auf den Sonderkündigungsschutz empfiehlt es sich, zum Beweis etwa eine Kopie des Schwerbehindertenausweises an den Arbeitgeber zu übermitteln. Ist die Schwerbehinderung/Gleichstellung zum Zeitpunkt des Kündigungszugangs noch nicht festgestellt, kann sich der Arbeitnehmer dennoch auf den Sonderkündigungsschutz berufen, wenn er den entsprechenden Antrag **mindestens drei Wochen vor dem Zugang der Kündigung** gestellt hat (BAG 9.6.2011 – 2 AZR 703/09; BAG 29.11.2007 – 2 AZR 613/06; BAG 1.3.2007 – 2 AZR 217/06). Wurde der Antrag zu einem späteren Zeitpunkt gestellt, finden die §§ 85 ff SGB IX keine Anwendung (HaKo-KSchR/*Osnabrügge*, §§ 85-92 SGB IX Rn 17).

68

Gesetz über Teilzeitarbeit und befristete Arbeitsverträge (Teilzeit- und Befristungsgesetz – TzBfG)

Vom 21. Dezember 2000 (BGBl. I S. 1966)
(FNA 800-26)
zuletzt geändert durch Art. 23 G zur Verbesserung der Eingliederungschancen am Arbeitsmarkt vom 20. Dezember 2011 (BGBl. I S. 2854)
– Auszug –

§ 14 TzBfG Zulässigkeit der Befristung

(1) Die Befristung eines Arbeitsvertrages ist zulässig, wenn sie durch einen sachlichen Grund gerechtfertigt ist. Ein sachlicher Grund liegt insbesondere vor, wenn

1. der betriebliche Bedarf an der Arbeitsleistung nur vorübergehend besteht,
2. die Befristung im Anschluss an eine Ausbildung oder ein Studium erfolgt, um den Übergang des Arbeitnehmers in eine Anschlussbeschäftigung zu erleichtern,
3. der Arbeitnehmer zur Vertretung eines anderen Arbeitnehmers beschäftigt wird,
4. die Eigenart der Arbeitsleistung die Befristung rechtfertigt,
5. die Befristung zur Erprobung erfolgt,
6. in der Person des Arbeitnehmers liegende Gründe die Befristung rechtfertigen,
7. der Arbeitnehmer aus Haushaltsmitteln vergütet wird, die haushaltsrechtlich für eine befristete Beschäftigung bestimmt sind, und er entsprechend beschäftigt wird oder
8. die Befristung auf einem gerichtlichen Vergleich beruht.

(2) Die kalendermäßige Befristung eines Arbeitsvertrages ohne Vorliegen eines sachlichen Grundes ist bis zur Dauer von zwei Jahren zulässig; bis zu dieser Gesamtdauer von zwei Jahren ist auch die höchstens dreimalige Verlängerung eines kalendermäßig befristeten Arbeitsvertrages zulässig. Eine Befristung nach Satz 1 ist nicht zulässig, wenn mit demselben Arbeitgeber bereits zuvor ein befristetes oder unbefristetes Arbeitsverhältnis bestanden hat. Durch Tarifvertrag kann die Anzahl der Verlängerungen oder die Höchstdauer der Befristung abweichend von Satz 1 festgelegt werden. Im Geltungsbereich eines solchen Tarifvertrages können nicht tarifgebundene Arbeitgeber und Arbeitnehmer die Anwendung der tariflichen Regelungen vereinbaren.

(2 a) In den ersten vier Jahren nach der Gründung eines Unternehmens ist die kalendermäßige Befristung eines Arbeitsvertrages ohne Vorliegen eines sachlichen Grundes bis zur Dauer von vier Jahren zulässig; bis zu dieser Gesamtdauer von vier Jahren ist auch die mehrfache Verlängerung eines kalendermäßig befristeten Arbeitsvertrages zulässig. Dies gilt nicht für Neugründungen im Zusammenhang mit der rechtlichen Umstrukturierung von Unternehmen und Konzernen. Maßgebend für den Zeitpunkt der Gründung des Unternehmens ist die Aufnahme einer Erwerbstätigkeit, die nach § 138 der Abgabenordnung der Gemeinde oder dem Finanzamt mitzuteilen ist. Auf die Befristung eines Arbeitsvertrages nach Satz 1 findet Absatz 2 Satz 2 bis 4 entsprechende Anwendung.

(3) Die kalendermäßige Befristung eines Arbeitsvertrages ohne Vorliegen eines sachlichen Grundes ist bis zu einer Dauer von fünf Jahren zulässig, wenn der Arbeitnehmer bei Beginn des befristeten Arbeitsverhältnisses das 52. Lebensjahr vollendet hat und unmittelbar vor Beginn des befristeten Arbeitsverhältnisses mindestens vier Monate beschäftigungslos im Sinne des § 138 Absatz 1 Nummer 1 des Dritten Buches Sozialgesetzbuch gewesen ist, Transfer-

A. Befristung mit Sachgrund (Zeit- oder Zweckbefristung) § 14 TzBfG

kurzarbeitergeld bezogen oder an einer öffentlich geförderten Beschäftigungsmaßnahme nach dem Zweiten oder Dritten Buch Sozialgesetzbuch teilgenommen hat. Bis zu der Gesamtdauer von fünf Jahren ist auch die mehrfache Verlängerung des Arbeitsvertrages zulässig.
(4) Die Befristung eines Arbeitsvertrages bedarf zu ihrer Wirksamkeit der Schriftform.

A. Befristung mit Sachgrund (Zeit- oder Zweckbefristung)
  I. Muster: Arbeitsvertrag, mit Sachgrund befristet
  II. Erläuterungen und Varianten
    [1] Inhalt ... 2
    [2] Form ... 3
    [3] Sachgrundnennung bei Zeitbefristung ... 4
    [4] Sachgrundnennung bei Zweckbefristung ... 5
    [5] Kündigungsregelung ... 6
    [6] Zusatzklausel ... 7
    [7] Zusatzklausel ... 9
B. Befristete Kurzarbeitsverhältnisse
  I. Muster: Rahmenvertrag über befristetes Kurzarbeitsverhältnis
  II. Erläuterungen
    [1] Rahmenvertrag für nachfolgende Befristungen ... 12
C. Befristung ohne Sachgrund (§ 14 Abs. 2 TzBfG)
  I. Muster: Arbeitsvertrag, sachgrundlose Befristung
  II. Erläuterungen und Varianten
    [1] Befristungsrechtliche Besonderheiten ... 14
    [2] Zeit- nicht Zweckbefristung ... 15
    [3] Vorbeschäftigungsverbot ... 16
    [4] Zusatzvereinbarung ... 17
D. Befristung mit älteren Arbeitnehmern (§ 14 Abs. 3 TzBfG)
  I. Muster: Arbeitsvertrag älterer Arbeitnehmer, befristet
  II. Erläuterungen
    [1] Besonderheiten der Befristung mit älteren Arbeitnehmern ... 20
E. Schriftform (§ 14 Abs. 4 TzBfG): Mitteilung über beabsichtigte befristete Einstellung
  I. Muster: Mitteilung über beabsichtigte befristete Einstellung
  II. Erläuterungen
    [1] Klarstellungserfordernis bei Befristung ... 22

A. Befristung mit Sachgrund (Zeit- oder Zweckbefristung)[1]

I. Muster: Arbeitsvertrag, mit Sachgrund befristet

1

▶ Zwischen

...

– nachstehend Arbeitgeber genannnt –

und

Frau/Herrn ..., wohnhaft in ...

– nachstehend Arbeitnehmer/in genannt –

wird folgender

Arbeitsvertrag[1]

geschlossen:

§ 1

Der/die Arbeitnehmer/in wird mit Wirkung zum ... als ... eingestellt.

§ 2

Das Arbeitsverhältnis

---

1 Zum befristeten Prozessarbeitsvertrag siehe § 11 KSchG Rn 49 ff.

– ist befristet bis zum ....[2]

alternativ:

– ist befristet (für die Dauer der Elternzeit/des Sonderurlaubs ... der Frau ..., der Erkrankung des Arbeitnehmers ..., der Dauer der Freibadsaison), längstens aber bis zum ....[3][4][6][7]

§ 3

Es wird eine Probezeit von 6 Monaten vereinbart. Innerhalb der Probezeit ist das Arbeitsverhältnis unter Einhaltung einer Frist von 2 Wochen und nach Ablauf der Probezeit unter Einhaltung der gesetzlichen Kündigungsfristen kündbar.[5] ◄

II. Erläuterungen und Varianten

2 **[1] Inhalt.** Das Vertragsformular enthält die befristungsrechtlichen Besonderheiten des mit Sachgrund befristeten Arbeitsvertrags. Soll das Arbeitsverhältnis sachgrundlos nach Maßgabe von § 14 Abs. 2 TzBfG befristet werden, ist das Muster Rn 13 zu verwenden (bezgl. weiterer Vertragsbedingungen, die in den Arbeitsvertrag aufgenommen werden können s. GF-BGB/*Thür/Wodke* § 611 BGB Rn 24).

3 **[2] Form.** Die Befristung eines Arbeitsvertrags bedarf nach § 14 Abs. 4 TzBfG der Schriftform. Regelmäßig wird ein kalendermäßig befristeter Arbeitsvertrag vereinbart. Der Endzeitpunkt muss eindeutig bestimmt oder bestimmbar („für die Dauer von 3 Monaten") sein. Die Zeitbefristung bietet die größte Rechtssicherheit, weil ein Streit über das Erreichen eines Zwecks oder den Eintritt einer auflösenden Bedingung nicht entstehen kann.

4 **[3] Sachgrundnennung bei Zeitbefristung.** Bei einer Zeitbefristung muss der Grund der Befristung nicht im Vertrag vereinbart werden, maßgeblich ist, ob objektiv zum Zeitpunkt des Vertragsschlusses die Befristung sachlich gerechtfertigt ist (Ausnahme: Vertretungsbefristung mit „gedanklicher Zuordnung"). Es empfiehlt sich nicht, den Sachgrund bei einer Zeitbefristung im Vertrag zu benennen. Es wird vermieden, dass der/die Arbeitnehmer/in im Streitfall geltend macht, der Arbeitgeber könne sich nur auf den im Vertrag benannten Sachgrund stützen. Dies ist rechtlich unzutreffend; im Streitfall kann aber der Eindruck entstehen, der Sachgrund sei nachträglich „konstruiert", wenn sich der Arbeitgeber auf einen anderen Sachgrund als den im Vertrag aufgeführten beruft.

5 **[4] Sachgrundnennung bei Zweckbefristung.** Bei einer Zweckbefristung muss der vereinbarte Zweck in die Vertragsurkunde aufgenommen werden (BAG 21.12.2005 – 7 AZR 541/04; HaKo-KSchR/*Mestwerdt* § 14 TzBfG Rn 250). Eine kombinierte Zweck- und Zeitbefristung ist zulässig (BAG 27.6.2001 – 7 AZR 157/00) und unbedingt zu empfehlen. Beim Streit über das Erreichen des vereinbarten Zwecks oder über den Forbestand des Arbeitsverhältnisses nach § 15 Abs. 5 TzBfG über den Zeitpunkt der Zweckerreichung hinaus kann – hilfsweise – die Zeitbefristung greifen.

6 **[5] Kündigungsregelung.** Die ordentliche Kündigung eines befristeten Arbeitsverhältnisses ist nach § 15 Abs. 3 BGB nur möglich, wenn dies einzelvertraglich oder im anwendbaren Tarifvertrag vereinbart ist.

[6] **Zusatzklausel.** Befristung nach § 14 Abs. 1 Satz 2 Nr. 2 TzBfG:

▸ **§ 4**

Der Arbeitnehmer versichert, dass er in der Zeit zwischen der Beendigung seiner Ausbildung/ seines Studiums und der Aufnahme dieses Arbeitsverhältnisses in keinem Arbeitsverhältnis gestanden hat.

... ◂

Nach § 14 Abs. 1 Satz 2 Nr. 2 TzBfG ist eine Befristung zulässig „im Anschluss" an eine Ausbildung oder ein Studium. Eine Zwischenbeschäftigung sperrt regelmäßig diesen Befristungsgrund (BAG 24.8.2011 – 7 AZR 368/10; HaKo-KSchR/*Mestwerdt* § 14 TzBfG Rn 82). Um eine spätere Berufung des Arbeitnehmers im Entfristungsrechtsstreit auf eine Zwischenbeschäftigung auszuschließen oder in diesem Fall die Möglichkeit der Anfechtung des Arbeitsvertrags nach § 123 BGB zu eröffnen, sollte eine entsprechende Bestätigung des Arbeitnehmers Vertragsinhalt sein. Sofern die Befristung 2 Jahre unterschreitet, ist als sachgrundlose Befristung nach § 14 Abs. 2 TzBfG zulässig.

[7] **Zusatzklausel.** Befristung nach § 14 Abs. 1 Satz 2 Nr. 3 TzBfG (Vertretungsbefristung: Sonderfall „gedankliche Zuordnung"):

▸ **§ 4**

Frau ... wird zur Vertretung von Herrn ... eingestellt.

... ◂

Normalfall einer Befristung zur Vertretung sind die unmittelbare (Vertretungskraft wird auf dem Arbeitsplatz der ausfallenden Stammkraft beschäftigt) oder die mittelbare Vertretung (Vertretungskraft wird nicht unmittelbar auf dem Arbeitsplatz der ausfallenden Stammkraft beschäftigt, zwischen Ausfall der Stammkraft und Einsatz der Vertretungskraft besteht aber aufgrund einer Umorganisation ein Kausalzusammenhang). In beiden Fällen ist es nicht erforderlich, im Arbeitsvertrag Angaben zum Sachgrund zu machen. Das BAG akzeptiert in ständiger Rechtsprechung den Sachgrund der Vertretung nach § 14 Abs. 1 Satz 2 Nr. 3 TzBfG aber auch dann, wenn ein unmittelbarer oder mittelbarer Kausalzusammenhang zwischen dem Ausfall der Stammkraft und der Einstellung der Vertretungskraft zum Zeitpunkt der Einstellung nicht besteht. Erforderlich ist nur, dass die Stammkraft bei ihrer Rückkehr die Aufgaben der Vertretungskraft übernehmen und der Arbeitgeber ihr durch Ausübung des Direktionsrechts diesen Arbeitsplatz zuweisen könnte (zuletzt BAG 18.7.2012 – 7 AZR 783/10). Um Missbrauch auszuschließen, fordert der 7. Senat eine Dokumentation der „gedanklichen Zuordnung" der Vertretungskraft zur ausgefallenen Stammkraft im Arbeitsvertrag. Die Zuordnung muss deshalb im Arbeitsvertrag festgehalten werden.

B. Befristete Kurzarbeitsverhältnisse

I. Muster: Rahmenvertrag über befristetes Kurzarbeitsverhältnis

▸ Zwischen

...

– nachstehend Arbeitgeber genannt –

und

..., wohnhaft in ...

– nachstehend der/die Arbeitnehmer/in genannt –

wird folgender

Rahmenvertrag[1]

über noch zu vereinbarende befristete Arbeitsverhältnisse geschlossen:

§ 1

Bei Bedarf wird der Arbeitgeber der/die Arbeitnehmer/in schriftlich ein Angebot unterbreiten, befristet für eine noch zu vereinbarende Dauer als Aushilfe beschäftigt zu werden.

§ 2

Eine Verpflichtung zur Annahme des Angebots besteht nicht. Auch aus diesem Vertrag wird der/die Arbeitnehmer/in nicht zur Erbringung von Arbeitsleistungen verpflichtet.

§ 3

Ein befristetes Arbeitsverhältnis kommt erst durch schriftliche Annahme des Angebots durch den/die Arbeitnehmer/in zustande.

§ 4

Kommt ein befristetes Arbeitsverhältnis zustande, so gelten folgende Arbeitsbedingungen:

... ◄

II. Erläuterungen

12 **[1] Rahmenvertrag für nachfolgende Befristungen.** Das BAG akzeptiert in ständiger Rechtsprechung den Abschluss von Rahmenverträgen über noch abzuschließende befristete Arbeitsverträge (BAG 31.7.2001 – 7 AZR 181/01; 15.2.2012 – 10 AZR 111/11). Denkbar ist ein solcher Rahmenvertrag auch bei freier Mitarbeit (BAG 15.2.2012 – 10 AZR 111/11). In ihm können die Arbeitsbedingungen für nachfolgende Einzelarbeitsverträge vereinbart werden. Entscheidend ist, dass durch einen solchen Rahmenvertrag keine Arbeitspflicht begründet werden darf, weil sonst trotz der Bezeichnung als Rahmenvertrag ein Arbeitsverhältnis begründet wird. Das Risiko für den Arbeitgeber liegt darin, dass jede einzelne auf Grundlage des Rahmensvertrags vereinbarte Befristung mit einer Entfristungsklage angegriffen werden kann und jeweils ein sachlicher Grund für die einzelne Befristung erforderlich ist.

C. Befristung ohne Sachgrund (§ 14 Abs. 2 TzBfG)

13 ### I. Muster: Arbeitsvertrag, sachgrundlose Befristung

▶ Zwischen

...

– nachstehend Arbeitgeber genannt –

und

..., wohnhaft in ...

– nachstehend Arbeitnehmer/in genannt –

wird folgender

C. Befristung ohne Sachgrund (§ 14 Abs. 2 TzBfG)   § 14 TzBfG

Arbeitsvertrag[1]

geschlossen:

§ 1

Frau/Herr wird mit Wirkung zum ... als ... eingestellt.

§ 2

Das Arbeitsverhältnis ist befristet bis zum ... (maximal 2 Jahre).[2] Frau/Herr ... versichert, dass in den letzten 3 Jahren vor Vertragsbeginn kein Arbeitsverhältnis mit der Gesellschaft (oder einer ihrer Vorgesellschaften, nämlich der ... GmbH und der ... GmbH) bestanden hat.[3][4]

§ 3

Das Arbeitsverhältnis ist jederzeit ordentlich kündbar.

... ◄

II. Erläuterungen und Varianten

[1] **Befristungsrechtliche Besonderheiten.** Das Vertragsformular enthält nur die befristungsrechtlichen Besonderheiten eines sachgrundlos befristeten Arbeitsvertrags (Dauer, Vorbeschäftigung), bezüglich der weiteren im Arbeitsvertrag zu regelnden Vertragsbedingungen wird verwiesen auf GF-BGB (GF-BGB/*Thür*/*Wodke* § 611 BGB Rn 24 ff).

[2] **Zeit- nicht Zweckbefristung.** Ein sachgrundlos befristetes Arbeitsverhältnis ist nur als Zeitbefristung zulässig.

[3] **Vorbeschäftigungsverbot:** Nach nunmehr gefestigter Rechtsprechung des BA (BAG 21.9.2011 – 7 AZR 375/10; 6.4.2011 – 7 AZR 716/09) greift das Vorbeschäftigungsverbot des § 14 Abs. 2 Satz 2 TzBfG zeitlich nicht unbeschränkt sondern ist auf die Zeitspanne von drei Jahren vor Beginn des sachgrundlos befristeten Arbeitsverhältnisses beschränkt. Der Arbeitgeber hat im Hinblick auf etwaige Vorbeschäftigungen ein Fragerecht (HaKo-KSchR/ *Mestwerdt* § 14 TzBfG Rn 205).

[4] **Zusatzvereinbarung.** Verlängerungsvereinbarung nach § 14 Abs. 2 Satz 1 Hs 2 TzBfG:

▶ Zwischen

...

– nachstehend Arbeitgeber genannt –

und

..., wohnhaft in ...

– nachstehende Arbeitnehmer/in genannt –

wird folgende

Verlängerungsvereinbarung

geschlossen:

Der Laufzeit des zum ... befristeten Arbeitsvertrags wird bis zum ... verlängert. Die übrigen Arbeitsbedingungen bleiben unverändert. ◄

Nach bisheriger umstrittener Rechtsprechung des BA (eingehend HaKo-KSchR/*Mestwerdt* § 14 TzBfG Rn 193 ff) liegt eine Verlängerung iSv. § 14 Abs. 2 Satz 1 Hs 2 TzBfG nicht vor, wenn zeitgleich Arbeitsbedingungen – auch zugunsten des Arbeitnehmers – verändert werden. Damit ist die Verlängerung unwirksam und entsteht ein unbefristetes Arbeitsverhältnis. Sollen Arbeitsbedingungen verändert werden, muss dies zeitlich vor- oder nachgelagert in einem weiteren Änderungsvertrag erfolgen.

D. Befristung mit älteren Arbeitnehmern (§ 14 Abs. 3 TzBfG)

I. Muster: Arbeitsvertrag älterer Arbeitnehmer, befristet

▶ Zwischen

...

– nachstehend Arbeitgeber genannt –

und

..., wohnhaft ...

– nachstehend Arbeitnehmer genannt –

wird folgender

Arbeitsvertrag

geschlossen:

§ 1

Der Arbeitnehmer wird mit Wirkung zum ... als ... eingestellt.

§ 2

Das Arbeitsverhältnis ist befristet bis zum ... (maximal 5 Jahre).

§ 3

Der Arbeitnehmer versichert, dass er

– vor Beginn des Arbeitsverhältnisses mindestens 4 Monate beschäftigungslos gewesen ist, dh.
– weniger als 15 Stunden wöchentlich in einem Arbeitsverhältnis gestanden hat,
– weniger als 15 Stunden wöchentlich eine selbstständige Tätigkeit ausgeübt hat,
– weniger als 15 Stunden wöchentlich eine Tätigkeit als mithelfender Familienangehöriger verrichtet hat.

§ 4

Das Arbeitsverhältnis ist jederzeit ordentlich kündbar. ◀

II. Erläuterungen

[1] **Besonderheiten der Befristung mit älteren Arbeitnehmern.** § 14 Abs. 3 TzBfG eröffnet erleichterte Möglichkeiten des Abschlusses eines sachgrundlos befristeten Arbeitsvertrags mit über 52jährigen Arbeitnehmern, sofern diese beschäftigungslos iSv. § 138 Abs. 1 Nr. 1 SGB III gewesen sind (vgl HaKo-KSchR/*Mestwerdt* § 14 TzBfG Rn 236). Das Vorliegen dieser Befristungsvoraussetzungen sollte der/die Arbeitnehmer/in in Arbeitsvertrag ausdrücklich bestätigen, damit im Streitfall die Möglichkeit der Anfechtung nach § 123 BGB eröffnet ist.

E. Schriftform (§ 14 Abs. 4 TzBfG): Mitteilung über beabsichtigte befristete Einstellung

I. Muster: Mitteilung über beabsichtigte befristete Einstellung 21

▶ Sehr geehrte Frau ...,

wir kommen zurück auf Ihr Vorstellungsgespräch in unserem Hause. Wir möchten die ausgeschriebene Stelle mit Ihnen besetzen und bieten Ihnen deshalb mit Wirkung zum ... den Abschluss eines auf die Dauer von ... befristeten Arbeitsverhältnisses an.

Anliegend übermitteln wir den von uns bereits unterschriebenen Arbeitsvertrag mit der Bitte um Unterschrift und unverzügliche Rücksendung. Wir weisen darauf hin, dass der Arbeitsvertrag erst mit Ihrer Unterschrift und rechtzeitiger Rücksendung zustande kommt. Der von Ihnen unterschriebene Arbeitsvertrag muss vor Aufnahme ihrer Tätigkeit in unserem Hause hier vorliegen.

Mit freundlichen Grüßen

...

Unterschrift ◀

II. Erläuterungen

[1] **Klarstellungserfordernis bei Befristung.** Nach der Rechtsprechung des BAG kann es zur 22 Begründung eines unbefristeten Arbeitsverhältnisses kommen, wenn zunächst (unwirksam) mündlich – etwa im Anschluss an ein Vorstellungsgespräch – ein befristetes Arbeitsverhältnis vereinbart und erst nach Aufnahme der Tätigkeit ein schriftlicher befristeter Vertrag unterzeichnet wird (vgl zuletzt BAG 16.4.2008 – 7 AZR 1048/06). Der Arbeitgeber muss deshalb klarstellen, dass der befristete Arbeitsvertrag erst mit Unterschrift des Arbeitnehmers begründet wird (vgl HaKo-KSchR/*Mestwerdt* § 14 TzBfG Rn 263 ff).

§ 15 TzBfG Ende des befristeten Arbeitsvertrages

(1) Ein kalendermäßig befristeter Arbeitsvertrag endet mit Ablauf der vereinbarten Zeit.
(2) Ein zweckbefristeter Arbeitsvertrag endet mit Erreichen des Zwecks, frühestens jedoch zwei Wochen nach Zugang der schriftlichen Unterrichtung des Arbeitnehmers durch den Arbeitgeber über den Zeitpunkt der Zweckerreichung.
(3) Ein befristetes Arbeitsverhältnis unterliegt nur dann der ordentlichen Kündigung, wenn dies einzelvertraglich oder im anwendbaren Tarifvertrag vereinbart ist.
(4) Ist das Arbeitsverhältnis für die Lebenszeit einer Person oder für längere Zeit als fünf Jahre eingegangen, so kann es von dem Arbeitnehmer nach Ablauf von fünf Jahren gekündigt werden. Die Kündigungsfrist beträgt sechs Monate.
(5) Wird das Arbeitsverhältnis nach Ablauf der Zeit, für die es eingegangen ist, oder nach Zweckerreichung mit Wissen des Arbeitgebers fortgesetzt, so gilt es als auf unbestimmte Zeit verlängert, wenn der Arbeitgeber nicht unverzüglich widerspricht oder dem Arbeitnehmer die Zweckerreichung nicht unverzüglich mitteilt.

A. Beendigung eines zweckbefristeten Arbeitsverhältnisses (§ 15 Abs. 2 TzBfG)
   I. Muster: Schreiben zur Beendigung des
      zweckbefristeten Arbeitsverhältnisses

II. Erläuterungen und Varianten
   [1] Mitteilung der Zweckerreichung bei
      zweckbefristetem Arbeitsverhältnis . . 2
   [2] Variante 3

B. Widerspruch gegen Fortsetzung des Arbeitsverhältnisses (§ 15 Abs. 5 TzBfG)
    I. Muster: Widerspruch gegen Fortsetzung des Arbeitsverhältnisses

II. Erläuterungen und Varianten
    [1] Widerspruch 6
    [2] Variante 7

A. Beendigung eines zweckbefristeten Arbeitsverhältnisses (§ 15 Abs. 2 TzBfG)

I. Muster: Schreiben zur Beendigung des zweckbefristeten Arbeitsverhältnisses

▶ Sehr geehrte Frau ...,

ich nehme Bezug auf ihren Arbeitsvertrag. Dieser ist befristet für die Dauer des Projektes ... . Dieses Projekt ist mit Wirkung zum ... abgeschlossen. Ihr Arbeitsverhältnis endet deshalb mit Ablauf der gesetzlichen Frist zwei Wochen nach Zugang dieses Schreibens.[1]

Für Ihre geleisteten Dienste möchte ich mich ausdrücklich bedanken. Ich bedaure, Ihnen keinen Anschlussvertrag anbieten zu können.[2]

Mit freundlichen Grüßen

...

Unterschrift ◀

II. Erläuterungen und Varianten

[1] **Mitteilung der Zweckerreichung bei zweckbefristetem Arbeitsverhältnis.** Nach § 15 Abs. 2 TzBfG endet ein zweckbefristetes Arbeitsverhältnis nicht automatisch mit der Zweckerreichung sondern erst zwei Wochen nach schriftlicher Mitteilung über den Zeitpunkt der Zweckerreichung. Die Erklärung ist formgebunden.

[2] **Variante.** Mitteilung des Bedingungseintritts bei auflösend bedingtem Arbeitsverhältnis:

▶ Sehr geehrte Frau ...,

ich nehme Bezug auf Ihren Arbeitsvertrag. Ihr Arbeitsverhältnis ist befristet für die Dauer der Erkrankung der Lehrkraft ... Herr ... hat mitgeteilt, dass er mit Wirkung zum ... genesen und seine Unterrichtstätigkeit wieder aufnehmen wird. Die auflösende Bedingung für die Beendigung ihres Arbeitsverhältnisses ist damit eingetreten. Ihr Arbeitsverhältnis endet mit Ablauf der gesetzlichen Frist zwei Wochen nach Zugang dieses Schreibens.

Für Ihre geleisteten Dienste möchte ich mich ausdrücklich bedanken. Ich bedaure, Ihnen keinen Anschlussvertrag anbieten zu können.

Mit freundlichen Grüßen

...

Unterschrift ◀

Bei einer Zweckbefristung gehen beide Parteien vom Erreichen des Zwecks aus, nur das Datum der Zweckerreichung ist ungewiss; bei einer auflösenden Bedingung ist unsicher, ob diese überhaupt eintreten wird. Beide Beendigungstatbestände greifen erst nach Zugang der Mitteilung nach § 15 Abs. 2 TzBfG.

B. Widerspruch gegen Fortsetzung des Arbeitsverhältnisses (§ 15 Abs. 5 TzBfG)

I. Muster: Widerspruch gegen Fortsetzung des Arbeitsverhältnisses

▶ Sehr geehrte Frau ...,

unser Arbeitsverhältnis ist durch Befristungsablauf mit dem ... beendet worden. Sie sind dennoch am Folgetag im Betrieb erschienen und haben Arbeitsleistungen erbracht. Der Fortsetzung des Arbeitsverhältnisses widerspreche ich hiermit ausdrücklich.[1] Gleichzeitig untersage ich Ihnen das Betreten des Betriebes und erteile Ihnen ein Hausverbot.[2]

Hochachtungsvoll

...

Unterschrift ◄

II. Erläuterungen und Varianten

[1] **Widerspruch.** Nach § 15 Abs. 5 TzBfG entsteht ein unbefristetes Arbeitsverhältnis, wenn das Arbeitsverhältnis über das Ende des befristeten Arbeitsverhältnisses oder über den Zeitpunkt der Zweckerreichung hinaus mit Wissen des Arbeitgebers fortgesetzt wird. Diese Rechtsfolge wird durch unverzüglichen Widerspruch oder unverzügliche Mitteilung der Zweckerreichung verhindert. Die Mitteilung nach § 15 Abs. 5 TzBfG ersetzt in diesem Fall eine möglicherweise unterbliebene Mitteilung nach § 15 Abs. 2 TzBfG und muss schriftlich erfolgen (HaKo-KSchR/*Mestwerdt* § 15 TzBfG Rn 38).

6

[2] **Variante.** Schreiben bei unterbliebener Mitteilung der Zweckerreichung:

7

▶ Sehr geehrte/r Frau/Herr ...,

unser auf die Dauer des Projektes ... befristetes Arbeitsverhältnis ist durch die Beendigung des Projektes zum ... beendet worden. Sie sind aber auch nach der Beendigung des Projektes im Betrieb erschienen und haben Arbeitsleistungen erbracht. Der Fortsetzung des Arbeitsverhältnisses widerspreche ich hiermit ausdrücklich. Vorsorglich teile ich Ihnen hiermit mit, dass das Projekt zum oben genannten Termin beendet worden ist. Gleichzeitig untersage ich Ihnen das Betreten des Betriebes und erteile Ihnen ein Hausverbot.

Hochachtungsvoll

...

Unterschrift ◄

§ 17 TzBfG Anrufung des Arbeitsgerichts

Will der Arbeitnehmer geltend machen, dass die Befristung eines Arbeitsvertrages rechtsunwirksam ist, so muss er innerhalb von drei Wochen nach dem vereinbarten Ende des befristeten Arbeitsvertrages Klage beim Arbeitsgericht auf Feststellung erheben, dass das Arbeitsverhältnis auf Grund der Befristung nicht beendet ist. Die §§ 5 bis 7 des Kündigungsschutzgesetzes gelten entsprechend. Wird das Arbeitsverhältnis nach dem vereinbarten Ende fortgesetzt, so beginnt die Frist nach Satz 1 mit dem Zugang der schriftlichen Erklärung des Arbeitgebers, dass das Arbeitsverhältnis auf Grund der Befristung beendet sei.

A. Befristungskontrollklage 　I. Muster: Klage auf Feststellung des Fortbestehens eines befristeten Arbeitsverhältnisses 　II. Erläuterungen und Varianten 　　[1] Befristungskontrollklage .... 2 　　[2] Allgemeiner Feststellungsantrag ..... 3 　　[3] Weiterbeschäftigungsantrag .... 4 　　[4] Zusätzliche Begründungselemente der Klageschrift 5	a) § 14 Abs. 1 Satz 2 Nr. 1 TzBfG (vorübergehender Beschäftigungsbedarf) b) § 14 Abs. 1 Satz 2 Nr. 2 TzBfG (Anschluss an Ausbildung) c) § 14 Abs. 1 Satz 2 Nr. 3 TzBfG (Sonderfall „gedankliche Zuordnung") d) § 14 Abs. 1 Satz 2 Nr. 8 TzBfG (gerichtlicher Vergleich)

e) Mehrfachbefristung, Kontrolle auf Rechtsmissbrauch
B. Befristungskontrollklage mit Hilfsantrag auf Wiedereinstellung
   I. Muster: Klage auf Feststellung des Fortbestehens eines befristeten Arbeitsverhältnisses mit Wiedereinstellungsantrag
   II. Erläuterungen
      [1] Hilfsantrag auf Wiedereinstellung ... 16
C. Befristungskontroll- und Schadensersatzklage bei unterbliebener Übernahme in ein unbefristetes Arbeitsverhältnis (Verstoß gegen § 612 a BGB)
   I. Muster: Verbundene Befristungskontroll- und Schadensersatzklage wegen unterbliebener Übernahme in ein unbefristetes Arbeitsverhältnis
   II. Erläuterungen
      [1] Schadensersatzanspruch bei unterbliebener Weiterbeschäftigung 18
D. Nachträgliche Zulassung der Befristungskontrollklage
   I. Muster: Befristungskontrollklage mit Antrag auf nachträgliche Zulassung
   II. Erläuterungen
      [1] Nachträgliche Zulassung 20
E. Erwiderung des Arbeitgebers auf Befristungskontrollklage
   I. Muster: Erwiderung des Arbeitgebers auf Befristungskontrollklage mit Begründungselementen
   II. Erläuterungen und Varianten
      [1] § 14 Abs. 1 Satz 2 Nr. 1 TzBfG (vorübergehender Beschäftigungsbedarf) 22
      [2] § 14 Abs. 1 Satz 2 Nr. 3 TzBfG (Vertretung, gedankliche Zuordnung) ... 24

A. Befristungskontrollklage

I. Muster: Klage auf Feststellung des Fortbestehens eines befristeten Arbeitsverhältnisses

▶ An das Arbeitsgericht

In dem Rechtsstreit

(volles Rubrum)

erhebe ich namens und in Vollmacht der klagenden Partei

Klage

und beantrage:

1. festzustellen, dass das zwischen den Parteien bestehende Arbeitsverhältnis nicht aufgrund der Befristungsvereinbarung vom ▬▬▬ zum ▬▬▬ beendet worden ist,[1]

2. festzustellen, dass das zwischen den Parteien bestehende Arbeitsverhältnis fortbesteht,[2]

3. die beklagte Partei zu verurteilen, die klagende Partei zu unveränderten Bedingungen nach Maßgabe von § ▬▬▬ des Arbeitsvertrags als ▬▬▬ bis zur rechtskräftigen Entscheidung über den Antrag zu 1. weiterzubeschäftigen.[3]

Gründe

I.

Die klagende Partei ist seit dem ▬▬▬ für die beklagte Partei als ▬▬▬ zu einem monatlichen Bruttogehalt von ▬▬▬ tätig. Der Arbeitsvertrag vom ▬▬▬ ist befristet bis zum ▬▬▬

II.

Die Befristung ist unwirksam. Sie ist weder durch einen sachlichen Grund iSv. § 14 Abs. 1 TzBfG gerechtfertigt noch liegen die Voraussetzungen für eine wirksame sachgrundlose Befristung iSv § 14 Abs. 2 TzBfG vor; der Beschäftigungsbedarf für die klagende Partei besteht unverändert fort. Der Arbeitsvertrag gilt deshalb als auf unbestimmte Zeit geschlossen, § 16 TzBfG.

Mit dem Klageantrag zu 2. begehrt die klagende Partei die Feststellung, dass das Arbeitsverhältnis zwischen den Parteien fortbesteht. Die klagende Partei rechnet mit der Kündigung des Arbeitsverhältnisses durch die beklagte Partei, sobald diese die Unwirksamkeit der streitgegenständlichen

A. Befristungskontrollklage § 17 TzBfG

Befristungsvereinbarung erkennt. Die beklagte Partei beschäftigt mehr als 10 Mitarbeiter iSv. § 23 Abs. 1 KSchG. Bereits jetzt wird die ordnungsgemäße Beteiligung des Betriebsrats nach § 102 BetrVG bestritten.

Mit dem Klageantrag zu 3. macht die klagende Partei den allgemeinen Weiterbeschäftigungsantrag geltend; die Grundsätze des Beschlusses des Großen Senats des Bundesarbeitsgerichts vom 27.2.1985 zum allgemeinen Weiterbeschäftigungsanspruch nach einem obsiegenden Urteil in der ersten Instanz gelten auch für den Fall einer unwirksamen Befristung.[4]

...

Unterschrift ◄

II. Erläuterungen und Varianten

[1] **Befristungskontrollklage.** Will ein Arbeitnehmer geltend machen, dass die Befristung seines Arbeitsvertrags rechtsunwirksam ist, muss er nach § 17 Satz 1 TzBfG innerhalb von drei Wochen nach dem vereinbarten Ende des befristeten Vertrags Klage auf Feststellung erheben, dass das Arbeitsverhältnis aufgrund der Befristung nicht beendet worden ist. Nach § 17 Satz 2 TzBfG gilt § 6 KSchG analog, so dass Unwirksamkeitsgründe bis zum Schluss der mündlichen Verhandlung erster Instanz nachgeschoben werden können. Streitgegenstand ist die Wirksamkeit der Befristungsvereinbarung. Dies muss in dem Antrag zum Ausdruck kommen. Ein allgemeiner Feststellungsantrag kann zwar als Befristungskontrollklage ausgelegt werden (vgl BAG 15. Mai 2012 – 7 AZR 6/11), hier ist zur Meidung von Risiken aber Vorsicht geboten.

[2] **Allgemeiner Feststellungsantrag.** Die Befristungskontrollklage sollte mit einem allgemeinen Feststellungsantrag verbunden werden, damit nachfolgende Kündigungen mit angegriffen werden (vgl HaKo-KSchR/*Mestwerdt* § 17 TzBfG Rn 7).

[3] **Weiterbeschäftigungsantrag.** Der allgemeine Weiterbeschäftigungsantrag stellt sicher, dass nach einem obsiegenden erstinstanzlichen Urteil die Beschäftigung der klagenden Partei vorläufig erzwungen werden kann. Der Antrag muss ausreichend bestimmt sein, die beanspruchte Tätigkeit sollte konkret und unter Bezugnahme auf den Arbeitsvertrag beschrieben werden.

[4] **Zusätzliche Begründungselemente der Klageschrift.**

a) § 14 Abs. 1 Satz 2 Nr. 1 TzBfG (vorübergehender Beschäftigungsbedarf)

▶ Der Beschäftigungsbedarf ist nicht vorübergehend. Bereits zum Zeitpunkt des Vertragsschlusses lag ein dauerhafter Beschäftigungsbedarf vor. Die beklagte Partei hat mit der angefochtenen Befristungsabrede versucht, das ihr obliegende Risiko von Anschlussaufträgen auf die klagende Partei abzuwälzen. ◄

Bei dem Sachgrund des vorübergehenden Beschäftigungsbedarf sollte der Arbeitnehmer mit der Klageschrift darzulegen versuchen, dass die im Rahmen der „Projektbefristung" verrichtete Tätigkeit tatsächlich Bestandteil der „normalen" unternehmerischen Tätigkeit der beklagten Partei ist. Ein „vorübergehender" Beschäftigungsbedarf, der eine Befristung rechtfertigen kann, liegt dann nicht vor.

b) § 14 Abs. 1 Satz 2 Nr. 2 TzBfG (Anschluss an Ausbildung)

▶ Die klagende Partei bestreitet, dass das Arbeitsverhältnis aus sozialen Erwägungen befristet wurde, um den Übergang in eine Anschlussbeschäftigung zu erleichtern. Die Befristung erfolgte auch nicht im Anschluss an die Ausbildung/das Studium, weil die klagende Partei zunächst in einem Arbeitsverhältnis zur Firma ... als ... gestanden hat. (Beweis: anliegender Arbeitsvertrag, Zeugnis..) ◄

8   Der Sachgrund nach § 14 Abs. 1 Satz 1 Nr. 2 TzBfG hat viele Fallstricke, an denen die Befristung scheitern kann (vgl nur BAG 24.8.2011 – 7 AZR 368/10). Diese sollten in der Klageschrift, sofern es Ansatzpunkte für diesbezüglichen Vortrag gibt, dargelegt werden.

9
c) § 14 Abs. 1 Satz 2 Nr. 3 TzBfG (Sonderfall „gedankliche Zuordnung")
▶ Die klagende Partei bestreitet, dass zwischen der Befristung und dem Ausfall der im Arbeitsvertrag aufgeführten Stammkraft der erforderliche Kausalzusammenhang besteht. Soweit im Arbeitsvertrag als Grund für die Befristung die „Vertretung von ..." genannt wird, ist dies vorgeschoben. Die beklagte Partei könnte die Stammkraft bei einer etwaigen Rückkehr nicht auf dem Arbeitsplatz der klagenden Partei beschäftigen, weil die Stammkraft dazu weder fachlich in der Lage noch eine Versetzung durch Direktionsrecht möglich ist; die ausgefallene Stammkraft ist nach Kenntnis der klagenden Partei nicht in dieselbe Vergütungsgruppe eingruppiert (Beweis: Zeugnis ...). ◄

10 Wird die Befristung auf den Sachgrund der Vertretung gestützt, muss es Ziel der klagenden Partei sein, Zweifel an dem erforderlichen Kausalzusammenhang zwischen befristeter Vertretung und Ausfall der Stammkraft herbeizuführen. Viele Vertretungsbefristungen scheitern daran, dass es dem insoweit darlegungs- und beweisverpflichteten Arbeitgeber nicht gelingt, den Kausalzusammenhang zu belegen.

11
d) § 14 Abs. 1 Satz 2 Nr. 8 TzBfG (gerichtlicher Vergleich)
▶ Die klagende Partei macht geltend, dass die Befristung tatsächlich nicht auf einem „gerichtlichen" Vergleich beruht. Der der Befristung zugrundeliegende Vergleich ist von den Parteien außergerichtlich vereinbart und lediglich nach § 278 Abs. 6 Satz 1 1. Al. ZPO dem Gericht mit der Bitte um Beschlussfassung mitgeteilt worden. Die erforderliche richterliche Kontrolle hat nicht stattgefunden. ◄

12 Ein gerichtlicher Vergleich ist nur dann selber Sachgrund für eine Befristung, wenn er unter maßgeblicher Beteiligung des Gerichts zustande gekommen und sichergestellt ist, dass eine richterliche Kontrolle der vereinbarten Befristung erfolgt ist. Dies ist bei mitgeteilter außergerichtlicher Einigung und der Bitte um Beschlussfassung nach § 278 Abs. 6 ZPO nicht der Fall (BAG 15.2.2012 – 7 AZR 734/10).

13
e) Mehrfachbefristung, Kontrolle auf Rechtsmissbrauch
▶ Die klagende Partei macht geltend, dass die Berufung der beklagten Partei auf die Befristungsvereinbarung vom ... rechtsmissbräuchlich ist. Die klagende Partei ist ununterbrochen seit ... Jahren auf Grundlage von ... befristeten Verträgen für die beklagte Partei tätig (Beweis: Vorlage der befristeten Arbeitsverträge vom ...). Als Grund für die jeweilige Befristung wurde der Ausfall verschiedener Stammarbeitnehmer benannt. Tatsächlich besteht, wie die einander ablösenden Befristungsvereinbarungen zeigen, bei der beklagten Partei unbefristeter Beschäftigungsbedarf. ◄

14 Nach Rechtsprechung des BA (BAG 18.7.2012 – 7 AZR 783/10 und 7 AZR 443/09) findet bei mehrfachbefristeten Arbeitsverhältnissen eine zusätzliche Prüfung der Befristung nach den Grundsätzen des institutionellen Rechtsmissbrauchs statt, wobei alle Umstände des Einzelfalls, die Gesamtdauer und der Zahl der mit derselben Person zur Verrichtung der gleichen Arbeit geschlossenen aufeinanderfolgenden befristeten Verträge zu berücksichtigen sind.

B. Befristungskontrollklage mit Hilfsantrag auf Wiedereinstellung

Mögliche Anhaltspunkte für einen Rechtsmissbrauch (systematische Beschäftigung im Rahmen befristeter Arbeitsverträge trotz ständigen Vertretungsbedarfs, soziale Lage, etc.) sollten bereits mit der Klage vorgetragen werden.

B. Befristungskontrollklage mit Hilfsantrag auf Wiedereinstellung

I. Muster: Klage auf Feststellung des Fortbestehens eines befristeten Arbeitsverhältnisses mit Wiedereinstellungsantrag[1]

▶ An das Arbeitsgericht

In dem Rechtsstreit

(volles Rubrum)

erhebe ich namens und in Vollmacht der Klägerin

Klage

und beantrage:

1. festzustellen, dass das zwischen den Parteien bestehende Arbeitsverhältnis nicht aufgrund der Befristungsvereinbarung vom ... zum ... beendet worden ist,
2. festzustellen, dass das zwischen den Parteien bestehende Arbeitsverhältnis fortbesteht,
3. die Beklagte zu verurteilen, die Klägerin zu unveränderten Bedingungen nach Maßgabe von § ... des Arbeitsvertrags als ... bis zur rechtskräftigen Entscheidung über den Antrag zu 1. weiterzubeschäftigen,
4. hilfsweise zu 1:
   die beklagte Partei zu verurteilen, die klagende Partei zu den Bedingungen des befristeten Vertrags als ... mit Wirkung zum ... unbefristet einstellen.

Gründe

...

Zum Hilfsantrag: Sollte das Gericht die Befristungskontrollklage abweisen, hat die klagende Partei Anspruch auf Abschluss eines unbefristeten Arbeitsvertrags, dh auf Annahme des in dem Hilfsantrag enthaltenen Angebots der klagenden Partei auf Begründung eines unbefristeten Arbeitsverhältnisses. Der für die beklagte Partei einstellungsbefugte Personalleiter ... hat der klagenden Partei mehrfach, letztmalig am ... in einem über die Zukunft des Klägers geführten Gespräch zugesagt, das befristete Arbeitsverhältnis in ein unbefristetes Arbeitsverhältnis umzuwandeln (Beweis: Zeugnis ..., Parteivernehmung der klagenden Partei). Damit war die klagende Partei einverstanden. Die Parteien haben deshalb einen Vorvertrag abgeschlossen, aus dem die beklagte Partei zur Annahme des Angebots der klagenden Partei verpflichtet ist. ◀

II. Erläuterungen

[1] Hilfsantrag auf Wiedereinstellung. Mit der Befristungskontrollklage kann ein Antrag auf Wiedereinstellung verbunden werden. Dies setzt voraus, dass aus einem Rechtsgrund ein Anspruch auf Abschluss eines neuen Arbeitsvertrags hergeleitet werden kann. Die Rechtsprechung des BAG ist restriktiv. Anerkannt ist der Anspruch auf Wiedereinstellung bei (tariflich) normierten Rückkehrrechten (BAG 13.6.2012 – 7 AZR 537/10) bzw dann, wenn Erklärungen oder Verhaltensweisen des Arbeitgebers als Zusage auf Fortsetzung des Arbeitsverhältnisses auszulegen sind (BAG 21.9.2011 – 7 AZR 150/10). Zu beachten ist, dass es sich um unterschiedliche Streitgegenstände handelt, die mit verschiedenen Anträgen verfolgt werden müssen. Im Rahmen einer Befristungskontrollklage wird ein Anspruch auf Wiedereinstellung nicht geprüft.

C. Befristungskontroll- und Schadensersatzklage bei unterbliebener Übernahme in ein unbefristetes Arbeitsverhältnis (Verstoß gegen § 612a BGB)

I. Muster: Verbundene Befristungskontroll- und Schadensersatzklage wegen unterbliebener Übernahme in ein unbefristetes Arbeitsverhältnis[1]

▶ An das Arbeitsgericht

In dem Rechtsstreit

(volles Rubrum)

erhebe ich namens und in Vollmacht der Klägerin

Klage

und beantrage:

1. festzustellen, dass das zwischen den Parteien bestehende Arbeitsverhältnis nicht aufgrund der Befristungsvereinbarung vom ... zum ... beendet worden ist,
2. festzustellen, dass das zwischen den Parteien bestehende Arbeitsverhältnis fortbesteht,
3. die Beklagte zu verurteilen, die Klägerin zu unveränderten Bedingungen nach Maßgabe von § ... des Arbeitsvertrags als ... bis zur rechtskräftigen Entscheidung über den Antrag zu 1. weiterzubeschäftigen,
4. hilfsweise zu 1:
   die beklagte Partei zu verurteilen, die klagende Partei zu den Bedingungen des befristeten Vertrags als ... mit Wirkung zum ... unbefristet einzustellen.

Weiter hilfsweise für den Fall der Abweisung dieses Hilfsantrags:

die beklagte Partei zu verurteilen, an die klagende Partei Schadensersatz iHv ... zzgl 5 Prozentpunkten Zinsen über dem jeweiligen Basiszinssatz seit ... zu zahlen.

Gründe

Zum weiteren Hilfsantrag: Sollte das Gericht auch den Antrag auf Begründung eines neuen Arbeitsverhältnisses abweisen, steht der klagenden Partei jedenfalls ein Anspruch auf Schadensersatz zu. Die beklagte Partei hat mit der klagenden Partei nur deshalb keinen neuen Arbeitsvertrag abgeschlossen, weil diese in der Betriebsversammlung zum Missfallen der Geschäftsführung ihr Recht auf Meinungsäußerung wahrgenommen und sich für eine Sonderzahlung eingesetzt hat (Beweis für die Äußerungen in der Betriebsversammlung: Zeugnis ...). Die beklagte Partei hat allen mit der klagenden Partei befristet eingestellten Mitarbeitern unbefristete Verträge angeboten, nur nicht der klagenden Partei. Sie hat die klagende Partei damit wegen der zulässigen Ausübung ihrer Rechte benachteiligt (§ 612a BGB) und ist zum Ersatz des bei der klagenden Partei entstandenen materiellen Schadens verpflichtet. Dieser berechnet sich wie folgt: ... ◀

II. Erläuterungen

[1] **Schadensersatzanspruch bei unterbliebener Weiterbeschäftigung.** Nach der Rechtsprechung des BAG kann der Arbeitnehmer Schadensersatz in Geld verlangen, wenn er unter Verstoß gegen § 612a BGB nicht weiterbeschäftigt wird. Damit kann grundsätzlich das ent-

E. Erwiderung des Arbeitgebers auf Befristungskontrollklage § 17 TzBfG

gangene monatliche Bruttoentgelt abzüglich anderweitig bezogener Leistungen geltend gemacht werden. Ob dieser Anspruch zeitlich begrenzt ist, ist noch nicht entschieden. Einen Anspruch auf Wiedereinstellung hat das BAG abgelehnt (BAG 21.9.2011 – 7 AZR 150/10).

D. Nachträgliche Zulassung der Befristungskontrollklage

I. Muster: Befristungskontrollklage mit Antrag auf nachträgliche Zulassung[1]

▶ An das Arbeitsgericht

In dem Rechtsstreit

(volles Rubrum)

erhebe ich namens und in Vollmacht der ...

Klage

und beantrage:
1. festzustellen, dass das zwischen den Parteien bestehende Arbeitsverhältnis nicht aufgrund der Befristungsvereinbarung vom ... zum ... beendet worden ist,
2. festzustellen, dass das zwischen den Parteien bestehende Arbeitsverhältnis fortbesteht,
3. die Beklagte zu verurteilen, die Klägerin zu unveränderten Bedingungen nach Maßgabe von § ... des Arbeitsvertrags als ... bis zur rechtskräftigen Entscheidung über den Antrag zu 1. weiterzubeschäftigen,
4. die Befristungskontrollklage nachträglich zuzulassen.

Gründe

...

Zum Antrag auf nachträgliche Zulassung: Die zwischen den Parteien vereinbarte Befristung ist zum ... abgelaufen. Nach § 17 TzBfG musste die Befristungskontrollklage bis zum ... erhoben werden. Die klagende Partei musste sich am ... in notärztliche Behandlung begeben und wurde in das Krankenhaus ... eingeliefert. Der Krankenhausaufenthalt war nicht vorhersehbar. Die klagende Partei war erst nach der Entlassung am ... in der Lage, die notwendigen Schritte einzuleiten. Sie hat innerhalb der Frist des § 5 Abs. 3 KSchG Klage erhoben (Beweis: eidesstattliche Versicherung der klagenden Partei, Bescheinigung des Krankenhauses über die stationäre Behandlung). ◀

II. Erläuterungen

[1] **Nachträgliche Zulassung.** Die nachträgliche Zulassung einer Befristungskontrollklage richtet sich nach denselben Voraussetzungen wie bei einer Kündigungsschutzklage.

E. Erwiderung des Arbeitgebers auf Befristungskontrollklage

I. Muster: Erwiderung des Arbeitgebers auf Befristungskontrollklage mit Begründungselementen

▶ An das Arbeitsgericht

In Sachen

...

beantworte ich die Klage.

Die Klage ist unbegründet. Das Arbeitsverhältnis ist durch die im Arbeitsvertrag vom ▪▪▪ vereinbarte Befristung mit Wirkung zum ▪▪▪ beendet worden. Die Befristung ist unter keinem rechtlichen Gesichtspunkt rechtsunwirksam.[1],[2] ◄

II. Erläuterungen und Varianten

22 [1] § 14 Abs. 1 Satz 2 Nr. 1 TzBfG (vorübergehender Beschäftigungsbedarf):

▶ Die klagende Partei ist auf Grundlage des Arbeitsvertrags vom ▪▪▪ befristet eingestellt worden, um einen bis zum ▪▪▪ bestehenden vorübergehenden Beschäftigungsbedarf zu decken. Die beklagte Partei betreibt ein Autohaus. Sie handelt mit Pkws und erbringt Reparaturarbeiten in der angeschlossenen Werkstatt. Sie hat ihren Betriebsablauf bis zur Einstellung des Klägers mit der Computersoftware ▪▪▪ organisiert. Sie hat beschlossen, ihren Betrieb zu modernisieren und sowohl Hard- und Software zu ersetzen. Sie hat die Installation nicht einem Fachbetrieb übertragen sondern lediglich die Produkte käuflich erworben (Beweis: Vorlage Rechnungen, Zeugnis Verkäufer). Für die Installation, Einrichtung und Schulung der Mitarbeiter hat sie die klagende Partei eingestellt, die ihr als kompetenter Computerspezialist bekannt ist. Die beklagte Partei hat prognostiziert, dass für Installation, Einrichtung und Schulung der Mitarbeiter eine Zeitspanne von ▪▪▪ Monaten erforderlich ist. Für diese EDV-Umstellung hat sie die klagende Partei befristet eingestellt. Die Befristung ist durch den Sachgrund des § 14 Abs. 1 Satz 2 Nr. 1 TzBfG sachlich gerechtfertigt. Bei der im Rahmen des Projekts zu bewältigenden Aufgabe handelt es sich um eine auf vorübergehende Dauer angelegte und gegenüber den Daueraufgaben der beklagten Partei abgrenzbare Zusatzaufgabe.

Soweit der Kläger darauf verweist, dass noch Restarbeiten zu erledigen sind, ist dies unerheblich. Die Laufzeit des Arbeitsvertrags mit dem befristet beschäftigten Arbeitnehmer muss nicht mit der voraussichtlichen Dauer des vorübergehenden Bedarfs übereinstimmen. Unerheblich ist auch, dass in der Verwaltung der beklagten Partei eine freie Stelle ausgeschrieben ist. Dies begründet keinen Anspruch auf Weiterbeschäftigung; entscheidend ist, dass zum Zeitpunkt des Vertragsschlusses die begründete Prognose für einen nur vorübergehenden Beschäftigungsbedarf bestanden hat. Spätere Änderungen sind unerheblich. ◄

23 [2] § 14 Abs. 1 Satz 2 Nr. 3 TzBfG (Vertretung, gedankliche Zuordnung):

▶ Die klagende Partei ist, wie im Arbeitsvertrag zutreffend vermerkt, zur Vertretung der Sachbearbeiterin ▪▪▪ eingestellt worden. Die klagende Partei ist zwar nicht unmittelbar auf dem Arbeitsplatz der Sachbearbeiterin ▪▪▪ beschäftigt worden, dies ist nach Rechtsprechung des BAG jedoch nicht erforderlich. Die beklagte Partei ist rechtlich und tatsächlich in der Lage, die Sachbearbeiterin ▪▪▪ nach ihrer Rückkehr auf dem Arbeitsplatz der klagenden Partei zu beschäftigen. Sowohl die klagende Partei wie auch die ausgefallene Stammkraft sind in der Vergütungsgruppe ▪▪▪ eingruppiert, so dass es der beklagten Partei möglich wäre, durch Ausübung des Direktionsrechts Frau ▪▪▪ auf den Arbeitsplatz der klagenden Partei zu versetzen. Frau ▪▪▪ kann die Aufgaben der klagenden Partei ohne Verzögerung übernehmen, da beide über dieselbe Ausbildung verfügen und auf dem Arbeitsplatz der klagenden Partei ausbildungsspezifische Tätigkeiten der Sachbearbeitung zu verrichten sind. ◄

24 Es können an dieser Stelle nur zwei typische Erwiderungsmöglichkeiten aufgezeigt werden. Grundsätzlich gilt: Der Arbeitgeber ist darlegungs- und beweispflichtig für das Vorliegen der tatsächlichen Voraussetzungen des jeweiligen Befristungsgrunds. Maßgeblicher Prüfungszeitpunkt ist der Abschluss des befristeten Vertrags. Zu diesem Zeitpunkt muss die Prognose gerechtfertigt sein, dass der Beschäftigungsbedarf nur vorübergehend besteht. Darzulegen ist

deshalb sowohl der vorübergehende Beschäftigungsbedarf wie auch der Kausalzusammenhang zwischen befristeter Einstellung des Arbeitnehmers und vorübergehendem Beschäftigungsbedarf.

§ 20 TzBfG Information der Arbeitnehmervertretung

Der Arbeitgeber hat die Arbeitnehmervertretung über die Anzahl der befristet beschäftigten Arbeitnehmer und ihren Anteil an der Gesamtbelegschaft des Betriebes und des Unternehmens zu informieren.

A. Muster: Information der Arbeitnehmervertreter über Anzahl befristeter Arbeitsverhältnisse

▶ An den Betriebsrat der ▬

In Erfüllung der uns nach § 20 TzBfG obliegenden gesetzlichen Verpflichtung zur Information über die Anzahl der befristet beschäftigten Arbeitnehmer und ihren Anteil an der Gesamtbelegschaft des Betriebs und des Unternehmens teilen wir ihnen folgendes mit: ▬ (Daten). ◀

B. Erläuterungen

[1] **Informationsverpflichtung.** Die Informationsverpflichtung besteht gegenüber dem Betriebsrat. Eine besondere Form und eine bestimmte Frist sind nicht vorgeschrieben. Ein Vierteljahresrhythmus ist ausreichend.

§ 21 TzBfG Auflösend bedingte Arbeitsverträge

Wird der Arbeitsvertrag unter einer auflösenden Bedingung geschlossen, gelten § 4 Abs. 2, § 5, § 14 Abs. 1 und 4, § 15 Abs. 2, 3 und 5 sowie die §§ 16 bis 20 entsprechend.

A. Auflösung bei Entzug einer Einsatzgenehmigung
   I. Muster: Für den Fall des Entzugs einer Einsatzgenehmigung auflösend bedingter Arbeitsvertrag
   II. Erläuterungen
      [1]   Entzug einer Einsatzgenehmigung... 2
	B. Auflösung bei Rückfall (Alkoholkrankheit)
	   I. Muster: Vereinbarung einer auflösenden Bedingung in einem Vergleich mit einem Alkoholkranken für den Fall eines Rückfalls
	   II. Erläuterungen
	      [1] Rückfallvereinbarung............... 4

A. Auflösung bei Entzug einer Einsatzgenehmigung

I. Muster: Für den Fall des Entzugs einer Einsatzgenehmigung auflösend bedingter Arbeitsvertrag

▶ Zwischen

▬

– nachstehend Arbeitgeber genannt –

und

▬, wohnhaft in ▬

– nachstehend Arbeitnehmer/in genannt –

wird folgender

Arbeitsvertrag

geschlossen:

§ 1

Frau/Herr wird mit Wirkung zum ... als ... eingestellt.

§ 2

Beide Parteien erkennen an, dass die geschuldete Arbeitsleistung nur erbracht werden kann, wenn die Einsatzgenehmigung des Kunden ... vorliegt. Wird diese Genehmigung vom Kunden widerrufen, endet der Vertrag, ohne dass es einer Kündigung bedarf, mit Ablauf der gesetzlichen Kündigungsfrist.

§ 3

Das Arbeitsverhältnis ist jederzeit ordentlich kündbar.

...

Unterschrift ◄

II. Erläuterungen

2 **[1] Entzug einer Einsatzgenehmigung.** Vgl im Einzelnen HaKo-KSchR/*Mestwerdt* § 21 TzBfG Rn 10 ff. **Entfall einer für die Erbringung der Arbeitsleistung erforderlichen Genehmigung** (vgl BAG 19. März 2008 – 7 AZR 1033/06): Ein Arbeitsverhältnis kann unter der auflösenden Bedingung des Entzuges einer notwendigen Erlaubnis oder Genehmigung vereinbart werden. Der nach §§ 21, 14 Abs. 1 TzBfG erforderliche Sachgrund liegt dabei nicht in dem Entzug der Erlaubnis sondern in der fehlenden Beschäftigungsmöglichkeit nach Entzug der Genehmigung. Es bedarf deshalb jeweils der Prüfung, ob nach Entzug der Erlaubnis anderweitige Beschäftigungsmöglichkeiten bestehen. Bestehen keine Weiterbeschäftigungsmöglichkeiten, endet das Arbeitsverhältnis zwei Wochen nach Mitteilung gem. § 15 Abs. 2 TzBfG (vgl Muster zu § 15 TzBfG). Bezüglich weiterer Vertragsbedingungen wird verwiesen auf GF-BGB (GF-BGB/*Thür*/*Wodke* § 611 BGB Rn 24 ff.).

B. Auflösung bei Rückfall (Alkoholkrankheit)

3 **I. Muster: Vereinbarung einer auflösenden Bedingung in einem Vergleich mit einem Alkoholkranken für den Fall eines Rückfalls[1]**

▶ **§ 1**

Das gekündigte Arbeitsverhältnis wird über den Kündigungstermin hinaus zu unveränderten Arbeitsbedingungen fortgesetzt.

§ 2

Das Arbeitsverhältnis endet nach Maßgabe von § 15 Abs. 2 TzBfG, sofern die klagende Partei erneut alkoholisiert am Arbeitsplatz erscheint.

§ 3

Die klagende Partei verpflichtet sich, auf Verlangen der beklagten Partei sich einem Alkoholtest zu unterziehen. Belegt das Testergebnis Alkoholgenuss, so ist die auflösende Bedingung eingetreten. Der klagenden Partei bleibt vorbehalten, anhand einer unverzüglich eingeholten Blutprobe den Gegenbeweis zu führen. ◄

II. Erläuterungen

[1] **Rückfallvereinbarung.** Vgl HaKo-KSchR/*Mestwerdt* § 21 TzBfG Rn 35. Eine personenbedingte Kündigung kann sozial gerechtfertigt sein, wenn der Arbeitnehmer aufgrund Alkoholsucht nicht in der Lage ist, die geschuldete Leistung ordnungsgemäß zu erbringen (BAG 20.12.2012 – 2 AZR 32/11). In einem Kündigungsschutzverfahren kann es geboten sein, einen Vergleich über die Fortsetzung des Arbeitsverhältnisses zu schließen, gleichzeitig aber für den Fall eines erneuten Rückfalls die Auflösung des Arbeitsverhältnisses zu vereinbaren. Als Sachgrund kommen § 14 Abs. 1 Satz 2 Nr. 6 (Gründe in der Person) oder Nr. 8 (gerichtlicher Vergleich) in Betracht.

Gesetz über die Zahlung des Arbeitsentgelts an Feiertagen und im Krankheitsfall
(Entgeltfortzahlungsgesetz)

Vom 26. Mai 1994 (BGBl. I S. 1014)

FNA 800-19-3

Zuletzt geändert durch Art. 1 a G zur Änd. des TransplantationsG vom 21. Juli 2012 (BGBl. I S. 1601)

– Auszug –

Kündigung aus Anlass der Arbeitsunfähigkeit

§ 8 EntgeltFG Beendigung des Arbeitsverhältnisses

(1) Der Anspruch auf Fortzahlung des Arbeitsentgelts wird nicht dadurch berührt, daß der Arbeitgeber das Arbeitsverhältnis aus Anlaß der Arbeitsunfähigkeit kündigt. Das gleiche gilt, wenn der Arbeitnehmer das Arbeitsverhältnis aus einem vom Arbeitgeber zu vertretenden Grunde kündigt, der den Arbeitnehmer zur Kündigung aus wichtigem Grund ohne Einhaltung einer Kündigungsfrist berechtigt.

(2) Endet das Arbeitsverhältnis vor Ablauf der in § 3 Abs. 1 oder in § 3 a Absatz 1 bezeichneten Zeit nach dem Beginn der Arbeitsunfähigkeit, ohne daß es einer Kündigung bedarf, oder infolge einer Kündigung aus anderen als den in Absatz 1 bezeichneten Gründen, so endet der Anspruch mit dem Ende des Arbeitsverhältnisses.

A. Entgeltfortzahlung bei Krankheit zum Kündigungszeitpunkt	B. Erwiderung der Arbeitgeberseite
I. Muster: Klage auf Entgeltfortzahlung im Krankheitsfall	I. Muster: Erwiderungsschriftsatz der Arbeitgeberseite
II. Erläuterungen	II. Erläuterungen
[1] Streitgegenstand 2	[1] Sekundäre Beweislast des Arbeitgebers 13
[2] Dauer des Anspruchs 4	[2] Fehlende Kenntnis von der Arbeitsunfähigkeit 14
[3] Aus „Anlass" der Arbeitsunfähigkeit 6	[3] „Andere Gründe" 15
[4] Darlegungs- und Beweislast 10	

A. Entgeltfortzahlung bei Krankheit zum Kündigungszeitpunkt

I. Muster: Klage auf Entgeltfortzahlung im Krankheitsfall

▶ An das Arbeitsgericht ...

In Sachen

Herr ..., ...

– Kläger –

Prozessbevollmächtigte:

gegen

...-GmbH, Adresse

– Beklagte –

erheben wir namens und im Auftrag der Klagepartei Klage zum zuständigen Arbeitsgericht mit folgendem Antrag:[1]

Die Beklagte wird verurteilt, an den Kläger einen Betrag in Höhe von ▬▬ EUR brutto abzüglich gezahlten Krankengeldes in Höhe von ▬▬ EUR netto[2] nebst Zinsen hieraus in Höhe von 5-%-Punkten über dem Basiszinssatz der EZB seit Rechtshängigkeit zu bezahlen.

Begründung

Die Parteien streiten um Ansprüche auf Entgeltfortzahlung im Krankheitsfall.

Der Kläger war bei der Beklagten vom 1.10 ▬▬ bis 31.12 ▬▬ als ▬▬ beschäftigt. Der Kläger ist ledig und hat keine Kinder. Die zuletzt geschuldete monatliche Bruttovergütung betrug ▬▬ EUR.

Die Rechtsbeziehungen der Parteien regelte der beigefügte befristete Arbeitsvertrag vom ▬▬, welchen wir in Kopie als Anlage K 1 beifügen.

Mit Kündigung vom 17.12. ▬▬ hat die Beklagte das zwischen den Parteien bestehende Arbeitsverhältnis innerhalb der Probezeit unter Einhaltung der maßgeblichen Kündigungsfrist zum 31.12. ▬▬ gekündigt.

Beweis: Kündigungsschreiben der Beklagten vom 17.12. ▬▬ in Kopie als Anlage K 2

Die Kündigung erfolgte aus Anlass der Arbeitsunfähigkeit des Klägers.[3] Am 15.12.2012 erkrankte der Kläger arbeitsunfähig und teilte dies dem Beklagten mit. Noch am selben Tag suchte er den ihn behandelnden Arzt, Herrn Dr. ▬▬ auf, der ihn sofort bis zum 31.12. ▬▬ arbeitsunfähig geschrieben hat. Unmittelbar nach dem Besuch des Arztes hat der Kläger die Arbeitsunfähigkeitsbescheinigung der Beklagten übergeben.

Beweis: Arbeitsunfähigkeitsbescheinigung vom 15.12. ▬▬ in Kopie als Anlage K 3

Schon zwei Tage später erfolgte dann die „Probezeitkündigung" am 17.12.2013.

Der Kläger ist seit dem 15.12. ▬▬ auch über den 15.1. ▬▬ hinaus bis zum heutigen Tage arbeitsunfähig erkrankt.

Beweis: Ärztliches Attest v. Hr. Dr. ▬▬ vom ▬▬ in Kopie als Anlage K 4

Aufgrund des engen zeitlichen Zusammenhangs zwischen der längerfristigen Krankmeldung und der ausgesprochenen Probezeitkündigung steht fest, dass das Arbeitsverhältnis durch die Beklagte aus Anlass der Arbeitsunfähigkeit gekündigt worden ist. Diese schuldet somit gem. § 8 EFZG Entgeltfortzahlung auch über das Ende des Arbeitsverhältnisses hinaus. Nach dieser Vorschrift wird der Anspruch auf Entgeltfortzahlung nicht dadurch berührt, dass der Arbeitgeber das Arbeitsverhältnis aus Anlass der Arbeitsunfähigkeit kündigt. Im vorliegenden Fall ist es allerdings allein aufgrund der zeitlichen Nähe offensichtlich, dass allein die Arbeitsunfähigkeit Grund für die Kündigung war.[4]

Aufgrund der Tatsache, dass der Kläger ab dem 15.12. ▬▬ länger als sechs Wochen durchgehend arbeitsunfähig erkrankt war, behält der Kläger seinen Anspruch auf Entgeltfortzahlung im Krankheitsfall bis zum Ablauf von sechs Wochen. Ausgehend vom ersten Arbeitsunfähigkeitstag am 15.12. ▬▬ endet somit der Anspruch auf Entgeltfortzahlung am 25.1. ▬▬.

Hieraus resultieren folgende Ansprüche:

Der Monat Dezember wurde von der Beklagten ordnungsgemäß und vollständig abgerechnet. Für den Zeitraum vom 1. bis zum 25. Januar ▬▬ hat der Kläger jedoch noch einen Anspruch auf Entgeltfortzahlung im Krankheitsfall in Höhe von ▬▬ EUR brutto (monatliches Bruttogehalt ▬▬ EUR : 30 x 13).

Der Kläger hat für diesen Zeitraum von seiner Krankenkasse insgesamt ▬▬ EUR Krankengeld erhalten.[2]

Beweis: Bestätigung Krankenkasse vom ... in Kopie als Anlage K 5

Die Beklagte hat trotz Aufforderung keine Zahlung geleistet. Daher ist die Klage geboten.

...

Rechtsanwalt ◀

II. Erläuterungen

2 **[1] Streitgegenstand.** § 8 EntgeltFG sichert den bereits entstandenen Entgeltfortzahlungsanspruch, falls der Arbeitgeber aus Anlass der Arbeitsunfähigkeit das Arbeitsverhältnis mit dem arbeitsunfähig erkrankten Arbeitnehmer kündigt und das Arbeitsverhältnis dadurch beendet wird. Der Entgeltfortzahlungsanspruch bleibt dem gekündigten Arbeitnehmer also auch über das Ende des Arbeitsverhältnisses erhalten (*Schlachter* in MAH ArbeitsR § 75 Rn 36).

3 § 8 EntgeltFG kommt somit nur dann zur Anwendung, wenn das Arbeitsverhältnis durch die Kündigung des Arbeitgebers wirksam beendet wird. Daher ist die Leistungsklage und nicht die Feststellungsklage die richtige Klageart; der Klageantrag muss auf Entgeltzahlung und nicht auf Feststellung eines späteren Beendigungszeitpunktes lauten.

4 **[2] Dauer des Anspruchs.** Der Anspruch auf Entgeltfortzahlung endet mit der Arbeitsunfähigkeit, längstens jedoch nach sechs Wochen (§ 3 EntgeltFG). Die Anwendung des § 8 EntgeltFG führt nicht zu einer Ausweitung dieses Anspruchs. Endet die Arbeitsunfähigkeit vor Ablauf der Sechs-Wochen-Frist so endet auch der entsprechende Anspruch (ErfK/*Dörner/Reinhard*, § 8 EntgeltFG Rn 1).

5 Regelmäßig erhält der Arbeitnehmer, der erkrankt ist, mit rechtlicher Beendigung des Arbeitsverhältnisses zunächst Krankengeld von der Krankenkasse. Dieser Fall muss daher bei der Antragstellung berücksichtigt werden, weil der Anspruch auf Entgeltfortzahlung in der Höhe des gezahlten Krankengeldes gem. § 115 SGB X auf die Krankenkasse übergeht (Legalzession). Mit Übergang des Entgeltanspruchs verliert der Arbeitnehmer die Verfügungsbefugnis über die Forderung in Höhe des übergegangenen Teils (*Bieresborn* in v. Wulffen SGB X § 115 Rn 6). Er kann diese auch nicht mehr im eigenen Namen geltend machen (LAG Rheinland-Pfalz 13.4.2007 – 2 Ta 92/07, BeckRS 2007, 45149). Ein Verzicht oder auch ein Vergleich über übergangene Entgeltansprüche ist daher mangels Verfügungsbefugnis unwirksam (BAG 28.11.1979 – 5 AZR 955/77, AP § 6 LohnFG Nr. 10).

6 **[3] Aus „Anlass" der Arbeitsunfähigkeit.** Die Kündigung muss nicht notwendig aufgrund der Erkrankung erfolgen (*Schlachter* in MAH ArbeitsR § 75 Rn 36). Der Begriff „Anlass" ist vom Kündigungsgrund zu unterscheiden und grundsätzlich weit auszulegen (ErfK/*Dörner/Reinhard*, § 8 EntgeltFG Rn 6). Ein Anlass ist weniger gewichtig als ein Kündigungsgrund.

7 Die Krankheit ist dann Anlass, wenn sie die Entscheidung des Kündigenden beeinflusst, gerade jetzt den Kündigungsgrund auszunutzen und die Kündigung zu erklären, wenn also gerade die Arbeitsunfähigkeit den entscheidenden Anstoß für den Arbeitgeber zum Ausspruch der Kündigung gegeben hat. Hierbei reicht es aus, wenn die Kündigung ihre objektive Ursache und wesentliche Bedingung in der Arbeitsunfähigkeit des Arbeitnehmers hat und den entscheidenden Anstoß für den Kündigungsentschluss gegeben hat (BAG 17.4.2002 – 5 AZR 2/01, AP EntgeltFG § 8 Nr. 1). Innerhalb einer Ursachenkette muss sich die Arbeitsunfähigkeit allerdings als eine die Kündigung wesentlich mitbestimmende Bedingung darstellen (BAG 26.10.1971 – 1 AZR 40/71, AP LohnFG § 6 Nr. 1).

8 Erste Voraussetzung für den Anspruch ist es daher, dass im Zeitpunkt des Zugangs der Kündigung tatsächlich Arbeitsunfähigkeit besteht oder der Arbeitgeber mit einer angekündigten

Arbeitsunfähigkeit sicher rechnet, zB bei einer geplanten Operation oder Rehabilitationsmaßnahme (BAG 17.4.2002 – 5 AZR 2/01, AP EntgeltFG § 8 Nr. 1). Bei einer krankheitsbedingten Kündigung decken sich Kündigungsgrund und Anlass, so dass der Anspruch auf Entgeltfortzahlung erst recht bestehen bleibt (*Schlachter* in MAH ArbeitsR § 75 Rn 36).

Der Arbeitgeber muss von der Arbeitsunfähigkeit des Gekündigten Kenntnis haben. Ansonsten fehlt es mangels erforderlicher subjektiver Voraussetzungen an einer Anlasskündigung (BAG 17.4.2002 – 5 AZR 2/01, AP EntgeltFG § 8 Nr. 1).

[4] **Darlegungs- und Beweislast.** Der Arbeitnehmer ist für die anspruchsbegründenden Tatsachen darlegungspflichtig, aus denen sich ergibt, dass der Arbeitgeber die Kündigung aus Anlass der Erkrankung ausgesprochen hat (LAG Hamm 12.1.2005 – 18 Sa 1661/04).

Das dies regelmäßig sehr schwierig sein wird, hilft dem Arbeitnehmer grundsätzlich der Beweis des ersten Anscheins. Es genügt also zunächst der Vortrag, dass eine Arbeitsunfähigkeit und die Kenntnis des Arbeitgebers hiervon im Zeitpunkt des Zugangs der Kündigung vorlagen. Kann der Arbeitnehmer dann noch einen engen zeitlichen Zusammenhang mit der ausgesprochenen Kündigung darlegen, so ist es Sache des Arbeitgebers, entlastende Umstände darzulegen und zu beweisen (BAG 5.2.1998 – 2 AZR 270/97, AP TVG § 1 Tarifverträge: Apotheken Nr. 3).

B. Erwiderung der Arbeitgeberseite

I. Muster: Erwiderungsschriftsatz der Arbeitgeberseite

▶ An das Arbeitsgericht ▄▄▄

In Sachen

▄▄▄

– Kläger –

Prozessbevollmächtigte: ▄▄▄

gegen

XY GmbH, Adresse

– Beklagte –

Prozessbevollmächtigte: ▄▄▄

Die Klage ist abzuweisen. Die Kündigung erfolgte nicht aus Anlass der Arbeitsunfähigkeit des Klägers.[1]

Die Kündigung in der „Probezeit" wurde durch Anhörung des Betriebsrates bereits am 10.12. ▄▄▄ eingeleitet, also noch vor der Arbeitsunfähigkeit des Klägers. Mit Einleitung des Anhörungsverfahrens des Betriebsrates wurde der Kündigungsentschluss also bereits zu einem Zeitpunkt manifestiert, zu dem die Arbeitsunfähigkeit der Klagepartei noch gar nicht vorlag, sie kann also auch nicht Anlass für die Kündigung gewesen sein.[2]

Zudem führten andere Gründe als die Erkrankung der Klagepartei zur Kündigung. Der Kläger hat aufgrund seines Verhaltens zu erheblichen Beanstandungen Anlass gegeben. So ist der Kläger am 25., 26. und 29.11. ▄▄▄ mit über einer halben Stunde Verspätung zur Arbeit erschienen, ohne dies zu begründen. Am 30.11. ▄▄▄ ist er darüber hinaus bereits um 14:00 Uhr nach Hause gegangen. Weder das Zuspätkommen noch das vorzeitige Verlassen hat die Klagepartei hinreichend entschuldigt.[3]

Die Erkrankung des Klägers ab 15.12. ▄▄▄ ist daher für die Kündigung unerheblich.

Weitere Ausführungen bleiben vorbehalten.

...

Rechtsanwalt ◄

II. Erläuterungen

13 **[1] Sekundäre Beweislast des Arbeitgebers.** Erfüllt der Arbeitnehmer die ihn obliegende primäre Beweislast, ist es am Arbeitgeber, diesen Beweis des ersten Anscheins dadurch zu entkräften, indem er Tatsachen vorträgt und im Bestreitensfalle beweist, aus denen sich ergibt, dass er den Entschluss zur Kündigung bereits gefasst hatte, als die Arbeitsunfähigkeit oder seine Kenntnis hiervon noch nicht gegeben war oder andere Gründe seinen Kündigungsentschluss bestimmt haben (BAG 5.2.1998 – 2 AZR 270/97, AP TVG § 1 Tarifverträge: Apotheken Nr. 3; ArbG Hamburg 17.11.2004 – 16 Ca 330/04, NZA-RR 2005, 296).

14 **[2] Fehlende Kenntnis von der Arbeitsunfähigkeit.** Ein solcher Beweis kann dadurch geführt werden, dass der Arbeitgeber genau darlegt, dass er ein der Kündigung vorgeschaltetes Verfahren (zB das Anhörungsverfahren nach § 102 BetrVG) zu einem Zeitpunkt bereits eingeleitet hat, in dem die Arbeitsunfähigkeit noch nicht vorlag.

15 **[3] „Andere Gründe".** Es kommt entscheidend darauf an, ob diese anderen Gründe ein solches Gewicht haben, dass sie den Arbeitgeber auch ohne das Vorliegen der krankheitsbedingten Arbeitsunfähigkeit zum Ausspruch einer Kündigung veranlasst hätten (BAG 20.8.1980 – 5 AZR 1192/79, AP LohnFG § 6 Nr. 17).

16 Diese Darlegung ist auch bei einer Kündigung erforderlich, die der Arbeitgeber innerhalb der Wartezeit des § 3 Abs. 3 EntgeltFG ausspricht. Auch eine solche Kündigung kann aus Anlass der Arbeitsunfähigkeit erfolgt sein (BAG 26.5.1999 – 5 AZR 476/98, AP EntgeltFG § 3 Nr. 10).

17 Die wiederholte Verletzung der Mitteilungs- und Anzeigepflicht durch den Arbeitnehmer kann für den Arbeitgeber ein Anlass zur Kündigung sein, ohne dass das Arbeitsverhältnis dann aus Anlass der Arbeitsunfähigkeit gekündigt wird (BAG 20.8.1980 – 5 AZR 1192/79, AP LohnFG § 6 Nr. 17).

18 Zu beachten ist aber, dass selbst dann, wenn der Arbeitgeber wegen eines Beschäftigungsverbotes, etwa nach den §§ 42, 31 Infektionsschutzgesetz, kündigt, eine Anlasskündigung vorliegt, wenn das Beschäftigungsverbot die unmittelbare Folge der Erkrankung ist (BAG 26.4.1978 – 5 AZR 7/77, AP LohnFG § 6 Nr. 6).

19 Nach Ansicht des BAG ist sogar dann von einer Anlasskündigung auszugehen, wenn eine Kündigung ausgesprochen wird, um durch anderweitige Besetzung des freien Arbeitsplatzes des erkrankten Arbeitnehmers Störungen im Betriebsablauf zu vermeiden (BAG 26.10.1971 – 1 AZR 40/71, AP LohnFG § 6 Nr. 1).

20 Kündigt der Arbeitgeber, weil der Arbeitnehmer zur Erreichung eigener Ziele mit einer „Erkrankung droht", liegt eine Anlasskündigung nicht vor, auch wenn der Arbeitnehmer sich dann anschließend arbeitsunfähig meldet (*Müller-Glöge* RdA 2006, 105, 111).

21 Keinen Anlass bietet die Arbeitsunfähigkeit schließlich, wenn eine betriebsbedingte Kündigung erklärt und die Sozialauswahl korrekt vorgenommen wird, aber auf den gerade arbeitsunfähig Erkrankten fällt (*Schlachter* in MAH ArbeitsR § 75 Rn 36).

Zivilprozessordnung

In der Fassung der Bekanntmachung vom 5. Dezember 2005
(BGBl. I S. 3202, ber. 2006 S. 431 und 2007 S. 1781)
(FNA 310-4)
zuletzt geändert durch Art. 1 G zur Durchführung der VO (EU) Nr. 1215/2012 sowie zur
Änd. sonstiger Vorschriften vom 8. Juli 2014 (BGBl. I S. 890)
– Auszug –

§ 114 ZPO Voraussetzungen

¹Eine Partei, die nach ihren persönlichen und wirtschaftlichen Verhältnissen die Kosten der Prozessführung nicht, nur zum Teil oder nur in Raten aufbringen kann, erhält auf Antrag Prozesskostenhilfe, wenn die beabsichtigte Rechtsverfolgung oder Rechtsverteidigung hinreichende Aussicht auf Erfolg bietet und nicht mutwillig erscheint. ²Für die grenzüberschreitende Prozesskostenhilfe innerhalb der Europäischen Union gelten ergänzend die §§ 1076 bis 1078.

A. Anträge auf Prozesskostenhilfe und Beiordnung
   I. Muster: Antrag auf Gewährung von Prozesskostenhilfe und Beiordnung bei einer Kündigungsschutzklage
   II. Erläuterungen
     [1] Mehrere Streitgegenstände 2
     [2] Beizuordnender Rechtsanwalt 3
     [3] Erstreckung 4
     [4] Sachvortrag Kündigungsschutzklage 5
     [5] Persönlicher Geltungsbereich 6
     [6] Betrieblicher Geltungsbereich 7
     [7] Fehlende Kenntnis 8
     [8] Zugang 9
     [9] Sachvortrag Unwirksamkeit 10
B. Weitere Streitgegenstände im selben Verfahren
   I. Muster: Zusätzliche Streitgegenstände neben einer Kündigungsschutzklage

II. Erläuterungen
   [1] Beiordnung Rechtsanwalt 12
   [2] Unbedingte Antragstellung 15
   [3] Bestimmtheit 17
   [4] Zwischenzeugnis 18
   [5] Holschuld 19
   [6] Unbedingte Antragstellung 20
   [7] Unbedingte Antragstellung 21
   [8] Verzugsbeginn 22
   [9] Beiordnung 23
   [10] Erstreckung 24
   [11] Erfolgsaussicht 25
   [12] Vorherige Aufforderung 26
   [13] Anspruchsübergang 27
   [14] Vorläufiges Arbeitszeugnis 28
   [15] „Schleppnetzantrag" 29
   [16] Annahmeverzug 30
   [17] Beiordnung in einfachen Fällen 31

A. Anträge auf Prozesskostenhilfe und Beiordnung

I. Muster: Antrag auf Gewährung von Prozesskostenhilfe und Beiordnung bei einer[1] Kündigungsschutzklage

▶ Rechtsanwalt ▪▪▪

▪▪▪, den ▪▪▪

An das

Arbeitsgericht ▪▪▪

             Klage und Antrag auf Gewährung von Prozesskostenhilfe

des ▪▪▪

                                         – Kläger –

Prozessbevollmächtigter: Rechtsanwalt ▪▪▪

gegen

...

– Beklagte –

wegen: ...

Streitwert: ...

Namens und in Vollmacht des Klägers erhebe ich Klage und werde beantragen,

1. Es wird festgestellt, dass das Arbeitsverhältnis der Parteien durch die Kündigung der Beklagten vom ... nicht aufgelöst werden wird/worden ist.
2. Dem Kläger Prozesskostenhilfe für das vorliegende Verfahren unter Beiordnung von Rechtsanwalt ...[2] zu bewilligen.
3. Vorsorglich für den Fall etwaiger Klageerweiterungen, die Verteidigung gegen eine Widerklage oder des Abschlusses eines Vergleichs mit Mehrwert die Prozesskostenhilfe bei Bedingungseintritt auch hierauf zu erstrecken.[3]

I.

In tatsächlicher Hinsicht trage ich wie folgt vor:[4]

Der am ... geborene Kläger ist bei der Beklagten seit ... (*ggfs. weitere Ausführungen zur Eröffnung des persönlichen Geltungsbereiches des KSchG, insbesondere der Anrechnung von Vorbeschäftigungszeiten*)[5] als ... mit einem zuletzt bezogenen Bruttomonatsverdienst von (*ggfs. durchschnittlich*) ... EUR beschäftigt.

Beweis: ...

Die Beklagte beschäftigt in der Regel mehr/weniger[6] als zehn Arbeitnehmer mit einer Wochenarbeitszeit von mehr als 30 Stunden, mit Ausnahme der zu ihrer Berufsausbildung Beschäftigten (*ggfs. weitere Ausführungen zur Eröffnung des betrieblichen Geltungsbereiches des KSchG, insbesondere zum „virtuellen Altbetrieb"*).[7]

Beweis: ...

Die Beklagte kündigte das Arbeitsverhältnis mit Schreiben unter dem Datum vom ..., dem Kläger persönlich übergeben am selben Tag/am .../welches der Kläger am ... in seinem Briefkasten vorfand /(*oder anderweitige Zugangstatsachen*) ... (*nähere Ausführungen zur Kündigungsart und ggfs. -frist*).[8]

Beweis: ...

(*ggfs. weitere Ausführungen zu Sonderkündigungsschutz oder Betriebsrat*)

II.

In rechtlicher Hinsicht führe ich wie folgt aus:

(*nähere Ausführungen zur Rechtsunwirksamkeit*)[9]

III.

Die Klage hat hinreichend Aussicht auf Erfolg und ist nicht mutwillig, was oben dargelegt wurde. Der Kläger ist auch aufgrund seiner persönlichen und wirtschaftlichen Verhältnisse nicht in der Lage, die Kosten der Prozessführung aufzubringen. *Wir verweisen insoweit auf die beigefügte Erklärung über die persönlichen und wirtschaftlichen Verhältnisse nebst Belegen / Die Erklärung über die persönlichen und wirtschaftlichen Verhältnisse nebst Belegen wird nachgereicht.*

(**Variante** *bei fehlender Vertretung der Beklagten durch einen Rechtsanwalt*)

Bei einem Kündigungsschutzverfahren handelt es sich regelmäßig um eine nicht einfach liegende Rechtsstreitigkeit, welche daher eine Beiordnung eines Rechtsanwaltes nach § 121 Abs. 2 ZPO erfordert (BAG 28.4.2003 – 2 AZB 78/02).

▪ ▪ ▪

Rechtsanwalt ◄

II. Erläuterungen

[1] **Mehrere Streitgegenstände.** Sollten mehrere Beendigungstatbestände oder weitere Streitgegenstände im Raum stehen, stellt sich die Frage, ob diese auch in getrennten Verfahren unter Gewährung von Prozesskostenhilfe geltend gemacht werden können. Im Rahmen der Prozesskostenhilfe gilt jedoch – wie bei § 91 ZPO – das Gebot der kostensparenden Prozessführung. Hiernach müssen grundsätzlich Streitgegenstände, die in einem Zusammenhang stehen (zB Folgekündigungen, Annahmeverzugslohn, Arbeitspapiere, Zeugnis) im Wege einer Klageerweiterung geltend gemacht werden statt kostenerhöhend durch neue Klagen. Neue Klagen sind ausnahmsweise nur dann ohne Kostennachteile zulässig, wenn dafür vernünftige Gründe bestehen (vgl nur LAG Hessen 11.10.2011 – 13 Ta 327/11).

[2] **Beizuordnender Rechtsanwalt.** Es empfiehlt sich den beizuordnenden Rechtsanwalt/Rechtsanwältin namentlich zu bezeichnen. Gerade bei Sozietäten entsteht ansonsten durch Zusätze wie „den Unterfertigten/Unterzeichner" bei gleichzeitig fehlendem Unterschriftenzusatz in regelmäßigen Abständen in der Praxis die Problematik der Identifikation. Zur Frage der Beiordnung eines außerhalb des Gerichtsbezirkes ansässigen Rechtsanwaltes sowie eines Verkehrsanwaltes siehe § 121 Rn 1 ff.

[3] **Erstreckung.** Eine solche „vorsorgliche" Antragstellung kann unter Umständen verhindern, dass im Falle einer bereits bewilligten Prozesskostenhilfe die Beantragung der Erstreckung derselben auf die genannten Streitgegenstände übersehen wird. Allerdings ist die Rechtsprechung insoweit nicht einheitlich. Im Hinblick auf eine solche vorsorgliche und damit bedingte Antragstellung im Rahmen einer PKH Bewilligung wird insoweit zwar die Auffassung vertreten, dass es sich – zumindest bezüglich eines etwaigen Vergleichsmehrwertes – um keine zulässige Rechtsbedingung handele und der Antrag daher unzulässig sei (so LAG Hessen 14.10.2013 – 13 Ta 294/13). Allerdings ist nach hM ohne weitere Anhaltspunkte regelmäßig sogar davon auszugehen, dass eine rein konkludente – und insoweit hinreichend bestimmte (BAG 30.4.2014 – 10 AZB 13/14 Rn 18 – juris) – Antragstellung für weitere Streitgegenstände und einen Vergleichsmehrwert vorliegt, wenn diese noch eingeführt werden, bevor über die Prozesskostenhilfe entschieden wurde (BAG 30.4.2014 – 10 AZB 13/14; LAG Hamm 10.2.2014 – 14 Ta 310/13; LAG Mecklenburg-Vorpommern 3.12.2012 – 3 Ta 32/12; LAG Köln 23.7.2012 – 1 Ta 153/12; LAG Baden-Württemberg 1.10.2010 18 Ta 3/10). Nach einer einschränkenden Ansicht setzt eine solche konkludente Antragstellung für einen Vergleichsmehrwert aber voraus, dass die bisher nicht rechtshängig gemachte Streitpunkte erörtert und mit einbezogen wurden und dass deren Berechtigung unmittelbar von Fortbestand oder Beendigung des Arbeitsverhältnisses abhängt bzw der Vergleich auf Vorschlag des Gerichts geschlossen wurde (LAG Düsseldorf 12.1.2010 – 3 Ta 581/09). Ist aber bereits PKH für ein Verfahren bewilligt worden, bedarf es nach nunmehriger Rechtsprechung des BAG für Klageerweiterung oder für die Erstreckung der Prozesskostenhilfe auch für einen Mehrvergleich eines neuen Antrags (BAG 30.4.2014 – 10 AZB 13/14).

5 [4] **Sachvortrag Kündigungsschutzklage.** Allgemein zur Kündigungsschutzklage siehe § 4 KSchG Rn 1 ff.

6 [5] **Persönlicher Geltungsbereich.** Zur Eröffnung des persönlichen Geltungsbereiches § 1 KSchG Rn 1 ff.

7 [6] **Betrieblicher Geltungsbereich.** Zur Eröffnung des betrieblichen Geltungsbereiches siehe § 23 KSchG Rn 2 ff.

8 [7] **Fehlende Kenntnis.** Sollte der Klagepartei – welcher die Darlegungs- und Beweislast für die Eröffnung des Geltungsbereiches des KSchG obliegt (vgl BAG 26.6.2008 – 2 AZR 264/07) – nicht bekannt sein, ob der betriebliche Geltungsbereich des KSchG eröffnet ist, darf diese die Überschreitung des Schwellenwertes nicht lediglich „gutgläubig" behaupten. Eine hinreichende Erfolgsaussicht der beabsichtigten Rechtsverfolgung ist insoweit nur dann zu bejahen, wenn Tatsachen, die das Erreichen des Schwellenwerts gemäß § 23 KSchG begründen, unter Berücksichtigung einer ggf vorliegenden Stellungnahme des Arbeitgebers schlüssig dargelegt sind (LAG München 5.9.2007 – 11 Ta 286/07).

9 [8] **Zugang.** Insbesondere im Hinblick auf die Frage der von Amts wegen zu prüfenden Wahrung der Frist nach § 4 S. 1 KSchG empfiehlt sich nicht nur die Behauptung der „Rechtstatsache" des Zugangs, sondern die tatsächliche Begründung desselben.

10 [9] **Sachvortrag Unwirksamkeit.** Vgl umfassend hierzu § 4 KSchG Rn 1 ff.

B. Weitere Streitgegenstände im selben Verfahren

11 **I. Muster: Zusätzliche Streitgegenstände neben einer Kündigungsschutzklage**[1]

▶ Rechtsanwalt ...

..., den ...

An das

Arbeitsgericht ...

Klage und Antrag auf Gewährung von Prozesskostenhilfe

des ...

– Kläger –

Prozessbevollmächtigter: Rechtsanwalt ...

gegen

...

wegen: ...

Streitwert: ...

Namens und in Vollmacht des Klägers erhebe ich Klage und werde beantragen,

1. Es wird festgestellt, dass das Arbeitsverhältnis der Parteien durch die Kündigung der Beklagten vom ... nicht aufgelöst worden ist / werden wird.

(*optional: „allgemeiner Feststellungsantrag („Schleppnetzantrag")*))

(...) Es wird festgestellt, dass das Arbeitsverhältnis der Parteien über den ... hinaus zu unveränderten Bedingungen fortbesteht.

(*optional: „allgemeiner Weiterbeschäftigungsanspruch"*)

(**ggf hilfsweise**[2] für den Fall des Obsiegens mit der Kündigungsschutzklage:)

B. Weitere Streitgegenstände im selben Verfahren § 114 ZPO

(...) Die Beklagte wird verurteilt, den Kläger bis zur Rechtskraft der Entscheidung über die Kündigungsschutzklage als ...[3] weiter zu beschäftigen.

(*optional: „qualifiziertes Zwischenzeugnis"*)

hilfsweise[4] für den Fall des Obsiegens mit der Kündigungsschutzklage

(...) Die Beklagte wird verteilt, dem Kläger ein qualifiziertes Zwischenzeugnis zu erteilen.[5]

(*optional: „qualifiziertes Arbeitszeugnis"*)

(**ggf hilfsweise**[6] für den Fall des Unterliegens mit der Kündigungsschutzklage)

(...) Die Beklagte wird verteilt, dem Kläger ein qualifiziertes Arbeitszeugnis zu erteilen.

(*optional: „Annahmeverzug"*)

hilfsweise[7] für den Fall des Obsiegens mit der Kündigungsschutzklage:

(...) Die Beklagte wird verurteilt, an den Kläger ... EUR brutto (*ggfs. bei Vorliegen eines Anspruchsübergangs nach § 115 SGB X: abzüglich ... EUR netto*) nebst Zinsen hieraus in Höhe 5 Prozentpunkten über dem jeweiligen Basiszinssatz seit ...[8] zu zahlen.

(...). Dem Kläger Prozesskostenhilfe für das vorliegende Verfahren unter Beiordnung von Rechtsanwalt ... zu bewilligen.[9]

(...). Vorsorglich für den Fall etwaiger Klageerweiterungen, die Verteidigung gegen eine Widerklage oder des Abschlusses eines Vergleichs mit Mehrwert die Prozesskostenhilfe bei Bedingungseintritt auch hierauf zu erstrecken.[10]

I.

In tatsächlicher Hinsicht trage ich wie folgt vor:

...

(*optional: „allgemeiner Feststellungsantrag" („Schleppnetzantrag")*)[11]

Derzeit sind dem Kläger zwar keine weiteren Beendigungstatbestände als die streitgegenständliche Kündigung bekannt. Allerdings kann nicht ausgeschlossen werden, dass die Beklagte während des vorliegenden Verfahrens Folgekündigungen ausspricht.

(**Variante:**) Die Beklagte hat am ... den Ausspruch von Folgekündigungen angekündigt (*näher ausführen*).

Beweis: ...

(*optional: „qualifiziertes Zwischenzeugnis/Arbeitszeugnis"*)

Die Beklagte wurde am ... aufgefordert, dem Kläger ein qualifiziertes *Zwischenzeugnis / Arbeitszeugnis* zu erteilen und zur Abholung bereit zu stellen.[12] *Hierauf hat die Beklagte jedoch nicht reagiert / Dies hat die Beklagte abgelehnt (ggfs. näher ausführen).*

Beweis: ...

(*optional: „Annahmeverzug"*)

Die Vergütung ist gem. ... (*näher ausführen*) jeweils fällig am ...

Beweis: ...

(ggfs. Hinsichtlich der Fälligkeit der Vergütung kommt vorliegend keine eigenständige Regelung zur Anwendung)

Der Kläger bezieht seit dem ... staatliche Leistungen in Form von ... in Höhe von monatlich ... EUR.[13]

II.

In rechtlicher Hinsicht trage ich wie folgt vor (...)

(*optional: „allgemeiner Feststellungsantrag" („Schleppnetzantrag"*))

Es ist in der Rechtsprechung des Bundesarbeitsgerichts anerkannt, dass ein Arbeitnehmer neben einer gegen eine Kündigung nach § 4 KSchG gerichteten Klage eine allgemeine Feststellungsklage nach § 256 ZPO auf Fortbestand des Arbeitsverhältnisses zu unveränderten Bedingungen über den Kündigungsendtermin hinaus erheben und damit zwei selbständige prozessuale Ansprüche geltend machen kann (BAG 13.3.1997 – 2 AZR 512/96).

Variante: *Die konkrete Gefahr einer weiteren Kündigung ergibt sich vorliegend schon daraus, dass die Kündigung aus formellen Gründen unwirksam ist (näher ausführen ...).*

Variante: *Die konkrete Gefahr einer weiteren Kündigung ergibt sich vorliegend schon daraus, dass die Beklagte bereits den Ausspruch von Folgekündigungen angekündigt hat (näher ausführen ...).*

(*optional: „allgemeiner Weiterbeschäftigungsanspruch"*)

Nach der ständigen Rechtsprechung des Bundesarbeitsgerichts (BAG GS 27.2.1985 – GS 1/84) hat der gekündigte Arbeitnehmer außerhalb der Regelung der § 102 Abs. 5 BetrVG, § 79 Abs. 2 BPersVG einen arbeitsvertraglichen Anspruch auf vertragsgemäße Beschäftigung über den Ablauf der Kündigungsfrist oder bei einer fristlosen Kündigung über deren Zugang hinaus bis zum rechtskräftigen Abschluss des Kündigungsschutzprozesses, wenn die Kündigung unwirksam ist und überwiegende schutzwerte Interessen des Arbeitgebers einer solchen Beschäftigung nicht entgegenstehen. Dies ist bei einer offensichtlich unwirksamen Kündigung der Fall oder nach stattgebendem Urteil erster Instanz, sofern nicht Interessen des Arbeitgebers an einer Nichtbeschäftigung überwiegen.

(**Variante:** *offensichtliche Unwirksamkeit*)

Die offensichtliche Unwirksamkeit der Kündigung folgt vorliegend aus einem Verstoß der Beklagten gegen ... (näher ausführen).

(*optional: „qualifiziertes Zwischenzeugnis"*)

Nach ganz hM hat der Arbeitnehmer nach Ausspruch einer Kündigung aufgrund der Fürsorgepflicht des Arbeitgebers einen Anspruch auf die Erteilung eines Zwischenzeugnis, wenn hierfür ein wichtiger Grund gegeben ist, § 241 Abs. 2 BGB. Ein solcher wichtiger Grund stellt unter anderem der Streit über die Beendigung des Arbeitsverhältnisses dar (vgl nur LAG Köln 2.2.2000 – 3 Sa 1296/99). Dieser wurde ordnungsgemäß geltend gemacht, aber von der Beklagten nicht innerhalb der gesetzten Frist erfüllt. Insbesondere besteht somit auch das erforderliche Rechtsschutzbedürfnis und Klage war daher geboten.[14]

(*optional: „qualifiziertes Arbeitszeugnis"*)

Der Kläger hat einen Anspruch auf Erteilung eines qualifizierten Arbeitszeugnis, § 109 GewO. Dieser wurde ordnungsgemäß geltend gemacht, aber von der Beklagten nicht innerhalb der gesetzten Frist erfüllt. Insbesondere besteht somit auch das erforderliche Rechtsschutzbedürfnis und Klage war daher geboten.

(*optional: „Annahmeverzug"*)

Dem Kläger steht für den Zeitraum ab ... ein Vergütungsanspruch aus Annahmeverzug nach §§ 293 ff, 611 Abs. 1, 615 Satz 1 BGB zu. Nach ständiger Rechtsprechung des Bundesarbeitsgerichts bedarf es insoweit nach einer unwirksamen Arbeitgeberkündigung zur Begründung des Annahmeverzugs auch keines (wörtlichen) Angebots des Arbeitnehmers, § 296 BGB (vgl nur BAG

22.2.2012 – 5 AZR 249/11). Der Zinsanspruch folgt aus §§ *(ggfs. 193,)* 286 Abs. 2, 288 BGB *i.V.m ... (individual- oder kollektivrechtliche Rechtsgrundlage) / § 614 Satz 2 BGB.*

III.

Die Klage hat hinreichend Aussicht auf Erfolg und ist nicht mutwillig, was oben dargelegt wurde.
...

(optional: „allgemeiner Feststellungsantrag" („Schleppnetzantrag"))

Nach ganz hM ist ein allgemeiner Feststellungsantrag geeignet, die Klagefrist für Folgekündigungen zu wahren (vgl nur HaKo-KSchR/*Gallner*, 4. Aufl., § 4 Rn 59). Damit gehört es zu einer sachgerechten Rechtsverfolgung, neben dem Kündigungsschutzantrag einen allgemeinen Feststellungsantrag zu stellen. Angesichts dieser vorherrschenden Empfehlung würde im Falle einer Zurückweisung des PKH-Gesuchs somit eine unbemittelte Partei gegenüber einer bemittelten, die ihre Prozessaussichten vernünftig abwägt und dabei auch das Kostenrisiko abwägt (vgl hierzu BVerfG 13.3.1990 – 2 BvR 94/88), benachteiligt werden (LAG Hessen 9.11.2006 – 2 Ta 472/06; LAG Köln 22.5.2013 – 7 Ta 109/13).[15]

(optional: „Annahmeverzug")

Der Kläger muss sich auch nicht darauf verweisen lassen, erst den Ausgang des Kündigungsrechtsstreits abzuwarten, bevor er die Annahmeverzugsansprüche geltend machen kann (LAG Hessen 16.2.2005 – 16 Ta 13/05; LAG Rheinland-Pfalz 13.1.2003 – 7 Ta 1195/02). Dies gilt insbesondere schon deshalb, da das eingeklagte Arbeitseinkommen regelmäßig dem Zweck dient, den Unterhalt des Arbeitnehmers und gegebenenfalls seiner Angehörigen zu sichern (LAG Rheinland-Pfalz, aaO).[16]

(*Variante* bei fehlender Vertretung der Beklagten durch einen Rechtsanwalt)

Bei der Klage auf ...[handelt es sich nicht um eine einfach liegende Rechtsstreitigkeit, die ein rechtlicher Laie auch unter etwaiger Inanspruchnahme der Rechtsantragsstellen der Arbeitsgerichte ohne Weiteres hätte verfolgen können. Die Beiordnung ist daher iSv § 121 Abs. 2 ZPO erforderlich.

(*Optional:* Insbesondere ist in persönlicher Hinsicht beim Kläger zu berücksichtigen, dass ... (*näher ausführen*).[17] ◄

II. Erläuterungen

[1] **Beiordnung Rechtsanwalt.** Bei der Einführung von weiteren Streitgegenständen im Rahmen eines Kündigungsschutzverfahrens für welches PKH beantragt wird, gilt es zu beachten, dass im Falle der fehlenden anwaltlichen Vertretung des Prozessgegners eine Beiordnung eines Rechtsanwaltes nicht immer uneingeschränkt möglich ist. Voraussetzung ist stets, dass die Vertretung durch einen Rechtsanwalt erforderlich erscheint, § 121 Abs. 2 ZPO. Diese Voraussetzung beurteilt sich im Einzelfall nicht nur nach Umfang und Schwierigkeit sowie Bedeutung der Sache für den Betroffenen, sondern auch nach seiner Fähigkeit, seine Rechte selbst wahrzunehmen so wie sich mündlich und schriftlich auszudrücken. Dabei ist zu berücksichtigen, dass sich die Partei der Hilfe eines Urkundsbeamten der Geschäftsstelle, hier: der Rechtsantragsstelle eines Arbeitsgerichts, vergewissern kann (BAG 18.5.2010 – 3 AZB 9/10).

Während es sich bei Kündigungsschutzklagen objektiv regelmäßig um nicht einfach liegende Rechtsstreitigkeiten handelt (BAG 28.4.2003 – 2 AZB 78/02), wird dies in der Rechtsprechung hingegen zB verneint bei der Klage auf Erteilung eines (Zwischen-)Zeugnisses (LAG

Schleswig-Holstein 27.12.2007 – 1 Ta 258/07) oder bei bereits abgerechneten bzw einfach zu berechnenden Vergütungsansprüchen (LAG Köln 8.02.2012 – 1 Ta 382/11; LAG Berlin-Brandenburg 28.3.2011 – 25 Ta 498/11; LAG Schleswig-Holstein 2.2.2011 – 5 Ta 17/11; aA LAG Sachsen 23.6.1998 – 2 Ta 99/98).

14 Dies kann im Ergebnis zur – durchaus inopportunen aber dennoch hinzunehmenden – Trennung zwischen schwierigen und einfachen Anträgen führen, wobei Letztere durch die Partei selbst, Erstere aber durch den Rechtsanwalt verfolgt werden würden (LAG Hamm 5.10.2010 – 14 Ta 477/09). Die Prozessvollmacht kann in diesem Fall gem. § 83 Abs. 2 ZPO zulässig auf die einzelnen Streitgegenstände beschränkt werden.

15 **[2] Unbedingte Antragstellung.** Nach wohl ganz hM stellt eine unbedingte Klage auf vorläufige Weiterbeschäftigung, die mit einer Kündigungsschutzklage verbunden wird, eine mutwillige Rechtsverfolgung iSd § 114 Abs. 2 ZPO dar, sofern die Kündigung nicht offensichtlich unwirksam ist und auch kein besonderes Interesse des Arbeitnehmers an der vorläufigen Weiterbeschäftigung besteht. Will eine Partei für die Beschäftigungsklage Prozesskostenhilfe erhalten, muss sie ihren Beschäftigungsanspruch nach ganz hM im Wege des unechten Hilfsantrags verfolgen (LAG Hamm 9.12.2013 – 14 Ta 347/13; LAG Berlin 29.11.2005 – 17 Ta 1981/05; LAG Hessen 23.3.2007 – 16 Ta 94/07; aA LAG Sachsen-Anhalt 22.11.1999 – 5 Ta 188/99).

16 Teilweise wird aber noch weiter einschränkend gefordert, dass für den Fall fehlender konkreter Anhaltspunkte dafür, dass der kündigende Arbeitgeber im Gütetermin zum Kündigungsschutzprozess säumig sein werde, sich die Erhebung des Weiterbeschäftigungsanspruches – egal ob als unbedingter Hauptantrag oder als unechter Hilfsantrag – vor dem Scheitern des Gütetermins in der Regel ohnehin als mutwillig gemäß § 114 Satz 1 ZPO darstellt (LAG Schleswig-Holstein 6.10.2009, – 4 Ta 164/09; LAG Hamm 16.12.2004 – 4 Ta 335/04; so auch die ganz hM bezgl. des Verbotes der Verursachung von unnötigen Kosten im Falle des Bestehens einer Rechtsschutzversicherung u.a. AG Balingen 25.7.2012 – 4 C 314/12; AG Hagen 18.5.2007 – 16 C 71/07; AG Nürnberg 31.7.2003 – 34 C 3672/03; aA LAG Berlin 10.5.2005 – 17 Ta 849/05; AG Dortmund 7.12.2005 – 126 C 9954/05). Ob der daher in der Praxis häufiger anzutreffende bedingte Antrag „für den Fall des Scheiterns der Güteverhandlung" aber überhaupt eine zulässige Bedingung darstellt, ist in der Rechtsprechung umstritten (bejahend LAG Hessen 31.7.2013 – 1 Ta 182/13; ablehnend LAG Baden-Württemberg 6.10.2005 – 3 Ta 152/05; LAG Düsseldorf 18.10.2006 – 6 Ta 551/06).

17 **[3] Bestimmtheit.** Ein in einem Kündigungsschutzverfahren ausgeurteilter Weiterbeschäftigungsanspruch ist grundsätzlich hinreichend bestimmt, wenn die Art der ausgeurteilten Beschäftigung des Arbeitnehmers aus dem Titel ersichtlich ist (BAG 15.4.2009 – 3 AZB 93/08).

18 **[4] Zwischenzeugnis.** Im Rahmen der Antragstellung ist zu beachten, dass nach hM der gesetzlich nicht positiv geregelte, und aus dem Grundsatz von Treu und Glauben abgeleitete Anspruch auf Erteilung eines Zwischenzeugnisses anlassbezogen und gegenüber dem gesetzlichen Zeugnisanspruch subsidiär ist. Grundsätzlich hat der Arbeitnehmer ein Wahlrecht, ob er im gekündigten Arbeitsverhältnis während des Streits über die Wirksamkeit der Kündigung ein Zwischen- oder ein Endzeugnis verlangt. Nach einer Ansicht kann der Arbeitnehmer mit dem Ablauf der Kündigungsfrist einer Arbeitgeberkündigung sein Wahlrecht auf die Erteilung eines Zwischenzeugnisses aber lediglich im Kündigungsschutzverfahren für den Fall der Stattgabe der Kündigungsschutzklage, nicht aber in einem selbständigen Verfahren einklagen (LAG Hessen 28.3.2003 – 12 SaGa 1744/02).

[5] **Holschuld.** Nach einhelliger Ansicht in der Rechtsprechung und Literatur handelt es sich bei Arbeitspapieren, zu denen auch das Arbeitszeugnis zählt, grundsätzlich um Holschulden, § 269 Abs. 1 und 2 BGB (BAG 8.3.1995 – 5 AZR 848/93). Lediglich in besonderen Ausnahmefällen, wenn die Abholung dem Arbeitnehmer einen unverhältnismäßigen Aufwand verursachen würde oder aus anderer Gründen unzumutbar erscheint, wandelt sich die Holschuld aufgrund der Fürsorgepflicht des Arbeitgebers in eine Schickschuld um (vgl BAG, aaO).

[6] **Bedingte Antragstellung.** Diese bedingte Antragstellung ist nicht zwingend. Der Arbeitnehmer hat bei „Beendigung" des Arbeitsverhältnisses, sprich bereits mit Ablauf der Kündigungsfrist oder bei seinem tatsächlichen Ausscheiden, einen Anspruch auf ein qualifiziertes (Schluss-)Zeugnis. Insbesondere verhält er sich nicht widersprüchlich, wenn er neben der Geltendmachung des Fortbestandes des Arbeitsverhältnisses gleichzeitig die Erteilung eines Arbeitszeugnisses verlangt (BAG 27.2.1987 – 5 AZR 710/85).

[7] **Unbedingte Antragstellung.** Nach ganz hM in der Rechtsprechung ist auch hier eine „unbedingte" Klageerhebung auf Annahmeverzugsvergütung mutwillig (vgl nur LAG Berlin-Brandenburg 20.4.2012 – 26 Ta 535/12; LAG Hessen 21.10.2005 – 2 Ta 353/05; aA LAG Hessen 16.2.2005 – 16 Ta 13/05).

[8] **Verzugsbeginn.** Fällt der Fälligkeitstag auf einen Samstag oder Feiertag, verschiebt sich der Zeitpunkt der Fälligkeit nach § 193 BGB auf den nächsten und der Eintritt des Verzugs auf den darauffolgenden Werktag (BAG 15.5.2001 – 1 AZR 672/00).

[9] **Beiordnung.** Siehe oben Rn 3.

[10] **Erstreckung.** Siehe oben Rn 2.

[11] **Erfolgsaussicht.** Die Problematik bezüglich eines PKH-Begehrens für einen Schleppnetzantrag besteht darin, dass das notwendige Feststellungsinteresse in den weitaus überwiegenden Fällen nicht gegeben sein wird und daher im Ergebnis Prozesskostenhilfe für einen – zumindest zum PKH Entscheidungszeitpunkt – unzulässigen – Klageantrag begehrt werden würde. Zur Begründung des Interesses an der „alsbaldigen" Feststellung ist ein konkreter Tatsachenvortrag erforderlich, nach welchem zumindest die Möglichkeit angeblicher weiterer Kündigungen oder Beendigungstatbestände als wahrscheinlich dargetan wird. Dies ist in der Praxis aber nur ausnahmsweise der Fall, sofern nicht zB weitere Kündigungen vom Arbeitgeber angedroht wurden oder ein Fall einer vom Arbeitnehmer als formell unwirksam gerügten Kündigung gegeben ist (LAG Hessen 1.8.2006 – 19 Ta 373/06). In der Regel hat der Arbeitnehmer bei Ausspruch der Kündigung keine weitere Erklärung vom Arbeitgeber erhalten oder sind keine anderweitigen streitigen Beendigungstatbestand erkennbar. Eine – in der Praxis regelmäßig vorliegende – reine prophylaktische Feststellungsklage etwa mit der Begründung, es könne sein, dass der Beklagte irgendwann im Laufe des Prozesses sich auf einen weiteren Beendigungstatbestand, insbesondere eine spätere Kündigung, beruft, reicht für die Zulässigkeit der Klage iSv § 256 ZPO aber gerade nicht aus (BAG 13.3.1997 – 2 AZR 512/96; *Schwab*, NZA 1998, 342, 344).

[12] **Vorherige Aufforderung.** Es handelt sich um eine mutwillige Rechtsverfolgung, wenn ohne vorherige erfolglose außergerichtliche Aufforderung an den Arbeitgeber eine Klage auf Erteilung eines qualifizierten (Zwischen-)Zeugnisses erhoben wird (vgl nur LAG Hamm 9.12.2013 – 14 Ta 347/13; LAG Köln 16.5.2013 – 7 Ta 98/13; LAG München 15.3.2013 – 10 Ta 50/13). Die gerichtliche Geltendmachung setzt beim Zeugnisanspruch einen erfolglosen Abholversuch des Arbeitnehmers oder die Darlegung konkreter Tatsachen voraus, aus denen sich deutlich ergibt, dass ein Abholversuch erfolglos geblieben wäre. Wer ohne Abhol-

versuch ein Zeugnis einklagt, hat deshalb bei einer nachträglichen Erteilung im Rahmen einer Entscheidung nach § 91 a ZPO in aller Regel auch die Kosten zu tragen (LAG Berlin-Brandenburg 6.2.2013 – 10 Ta 31/13).

27 **[13] Anspruchsübergang.** Ein Anspruchsübergang tritt dann ein, wenn Arbeitsentgelt und Sozialleistung demselben Zeitraum zugeordnet werden können (BAG NZA 2012, 729). Maßgebend ist, für welchen Zeitraum Entgelt und Sozialleistung bestimmt sind (zur Sonderkonstellation von Sozialhilfe bzw ALG II siehe BAG 26.05.1993 – 5 AZR 405/92).

28 **[14] Vorläufiges Arbeitszeugnis.** Teilweise wird insoweit auch die Bezeichnung „vorläufiges Zeugnis" verwendet (ErfK/*Müller-Glöge*, § 109 GewO Rn 8 und 50).

29 **[15] „Schleppnetzantrag".** AA LAG Schleswig-Holstein (27.12.2007 – 1 Ta 258/07 Rn 17 – zit. n. juris).

30 **[16] Annahmeverzug.** Nach aA ist es mutwillig, wenn der Betrag des Annahmeverzuges zwischen den Parteien unstreitig und auch nicht zweifelhaft ist, dass der Verzugslohn vom Arbeitgeber im Falle des Unterliegens gezahlt werden würde. Etwas anders gilt hiernach nur, wenn die Ansprüche einer tariflichen Ausschlussfrist unterliegen (wobei dies wohl seit der Entscheidung des BAG vom 19.9.2012 (5 AZR 627/11) überholt sein dürfte) und ein Abwarten bis zum rechtskräftigen Ausgang des Kündigungsschutzverfahrens zum Untergang der Verzugslohnansprüche führen würde (LAG München 21.9.2009 11 Ta 251/09; LAG Schleswig-Holstein 6.7.2009 – 5 Ta 124/09; LAG Hamburg 1.12.2003 – 6 Ta 23/03 [Beschäftigungsanspruch und Annahmeverzug]).

31 **[17] Beiordnung in einfachen Fällen.** Eine Notwendigkeit einer Beiordnung kann sich aber auch in einfach gelagerten Fällen zB dadurch ergeben, dass die Klagepartei nicht ausreichend die Fähigkeit hat, sich mündlich und schriftlich auszudrücken und dem beizuordnenden Rechtsanwalt eine Verständigung mit dem Mandanten möglich ist (LAG Schleswig-Holstein 21.4.2005 – 2 Ta 80/05 (Hörbehinderung) und 21.10.2005 – 1 Ta 190/05 (fehlende deutsche Sprachkenntnisse).

§ 121 ZPO Beiordnung eines Rechtsanwalts

(1) Ist eine Vertretung durch Anwälte vorgeschrieben, wird der Partei ein zur Vertretung bereiter Rechtsanwalt ihrer Wahl beigeordnet.
(2) Ist eine Vertretung durch Anwälte nicht vorgeschrieben, wird der Partei auf ihren Antrag ein zur Vertretung bereiter Rechtsanwalt ihrer Wahl beigeordnet, wenn die Vertretung durch einen Rechtsanwalt erforderlich erscheint oder der Gegner durch einen Rechtsanwalt vertreten ist.
(3) Ein nicht in dem Bezirk des Prozessgerichts niedergelassener Rechtsanwalt kann nur beigeordnet werden, wenn dadurch weitere Kosten nicht entstehen.
(4) Wenn besondere Umstände dies erfordern, kann der Partei auf ihren Antrag ein zur Vertretung bereiter Rechtsanwalt ihrer Wahl zur Wahrnehmung eines Termins zur Beweisaufnahme vor dem ersuchten Richter oder zur Vermittlung des Verkehrs mit dem Prozessbevollmächtigten beigeordnet werden.
(5) Findet die Partei keinen zur Vertretung bereiten Anwalt, ordnet der Vorsitzende ihr auf Antrag einen Rechtsanwalt bei.

A. Nicht im Gerichtsbezirk ansässiger Rechtsanwalt
  I. Muster: Uneingeschränkte Beiordnung eines nicht im Gerichtsbezirk ansässigen Rechtsanwaltes
  II. Erläuterungen
    [1] Stillschweigende Beschränkung 2
    [2] Beizuordnender Rechtsanwalt 3
    [3] Erstreckung 4
    [4] Begrenzte Erstattung 5
    [5] Wesentlichkeitsgrenze 6
B. Zusätzliche Beiordnung eines Verkehrsanwaltes
  I. Muster: Zusätzliche Beiordnung eines Verkehrsanwaltes
  II. Erläuterungen
    [1] Untervollmacht 8
    [2] Unzumutbarkeit 9
    [3] Fahrtkosten 10

A. Nicht im Gerichtsbezirk ansässiger Rechtsanwalt

I. Muster: Uneingeschränkte Beiordnung eines nicht im Gerichtsbezirk ansässigen Rechtsanwaltes

▶ Rechtsanwalt ▪▪▪

▪▪▪, den ▪▪▪

An das

Arbeitsgericht▪▪▪

Klage und Antrag auf Gewährung von Prozesskostenhilfe

des ▪▪▪

– Kläger –

Prozessbevollmächtigte: Rechtsanwalt▪▪▪

gegen

– Beklagte –

▪▪▪

wegen: ▪▪▪

Streitwert: ▪▪▪

Namens und in Vollmacht des Klägers erhebe ich Klage und werde beantragen,

1. Es wird festgestellt, dass das Arbeitsverhältnis der Parteien durch die Kündigung der Beklagten vom ▪▪▪ nicht aufgelöst werden wird/worden ist.
2. Dem Kläger Prozesskostenhilfe für das vorliegende Verfahren unter uneingeschränkter[1] Beiordnung von Rechtsanwalt ▪▪▪ zu bewilligen.[2]
3. Für den Fall etwaiger Klageerweiterungen, die Verteidigung gegen eine Widerklage oder dem Abschluss eines Vergleich mit Mehrwert wird beantragt, die Prozesskostenhilfe bei Bedingungseintritt auch hierauf zu erstrecken.[3]

▪▪▪

Vorliegend besteht ein Anspruch des Klägers auf eine uneingeschränkte Beiordnung des Unterzeichners. Gem. § 121 Abs. 3 ZPO kann ein nicht im Gerichtsbezirk des Prozessgerichts niedergelassener Rechtsanwalt beigeordnet werden, wenn dadurch weitere Kosten nicht entstehen.

(**Variante:** *Keine Mehrkosten im Vergleich zur Beiordnung eines im Gerichtsbezirk ansässigen Rechtsanwaltes*)

Aus diesem Mehrkostenverbot ergibt sich aber im Umkehrschluss, dass das Gericht zunächst zu prüfen hat, ob durch die Beiordnung des nicht im Gerichtsbezirk ansässigen Rechtsanwaltes überhaupt solche Mehrkosten entstehen. Dies ist dann nicht der Fall, wenn bei Beiordnung eines am weitesten vom Gerichtsort aber noch im Gerichtsbezirk ansässigen Rechtsanwalts Reisekosten und

Abwesenheitsgelder in demselben Umfang entstehen, wie dies im Fall des auswärtigen, aber ggf weit näher am Gerichtsort ansässigen Rechtsanwalts der Fall ist (LAG Hamm – 5.3.2014 – 5 Ta 107/14).

Vorliegend würden sich solche Mehrkosten gerade nicht ergeben, da die Reisekosten und Abwesenheitsgelder des Unterzeichners als beizuordnenden Rechtsanwalt ... niedriger wären, als diejenigen bei der Beiordnung eine Rechtsanwalts aus ... (*näher ausführen*).[4]

(Variante: *Vermeidung der Kosten einer Informationsreise des Klägers*)

Im Falle einer Beiordnung eines im Gerichtsbezirk ansässigen Rechtsanwaltes wäre vorliegend allerdings mindestens eine Informationsreise des Klägers zu seinem Prozessbevollmächtigten notwendig gewesen. Nach der Rechtsprechung des BAG ist es insbesondere in Kündigungsschutzverfahren dem Rechtsuchenden grundsätzlich nicht zumutbar, einen auswärtigen Rechtsanwalt nur schriftlich oder telefonisch zu beauftragen und zu unterrichten (BAG 18.7.2005 – 3 AZB 65/03; so u.a. auch LAG Hamm 5.3.2014 – 5 Ta 107/14).

Die durch die Beiordnung des Unterzeichners entstehenden Mehrkosten sind aber nicht wesentlich[5] höher, als die Kosten des Klägers für eine solche Informationsreise zu einem im Gerichtsbezirk ansässigen Rechtsanwalt (*näher ausführen*). In diesem Fall ist aber anerkannt, dass der nicht im Gerichtsbezirk ansässige Rechtsanwalt uneingeschränkt beizuordnen ist (vgl LAG Hamm, aaO).

...

Rechtsanwalt ◄

II. Erläuterungen

2   [1] **Stillschweigende Beschränkung.** Es ist umstritten, ob im Fall des Stellens eines Beiordnungsantrags eines nicht ortsansässigen Rechtsanwalts davon ausgegangen werden kann, dass damit stillschweigend eine Beschränkung der Beiordnung zu den Bedingungen eines im Gerichtsbezirk ansässigen Rechtsanwaltes verbunden ist (so LAG München 7.1.2010 – 6 Ta 1/10; aA LAG Nürnberg 25.3.2013 – 5 Ta 53/12; offen gelassen BAG 17.9.2007 – 3 AZB 23/06).

3   [2] **Beizuordnender Rechtsanwalt.** Siehe § 114 ZPO Rn 3.

4   [3] **Erstreckung.** Siehe § 114 ZPO Rn 4.

5   [4] **Begrenzte Erstattung.** Sollten in Anbetracht der Entfernung des beizuordnenden Rechtsanwaltes tatsächlich erheblich mehr Kosten als bei der Beiordnung eines im Gerichtsbezirks ansässigen Rechtsanwaltes entstehen, kann der auswärtige Rechtsanwalt aber dennoch Reisekosten und Abwesenheitsgelder bis zu der Höhe erstattet verlangen, welche bei der zusätzlichen Beiordnung eines Verkehrsanwaltes angefallen wären, wenn die Beiordnung eines solchen nach § 121 Abs. 4 Alt. 2 ZPO erforderlich gewesen wäre (vgl nur LAG Nürnberg 5.12.2012 – 7 Ta 98/12).

6   [5] **Wesentlichkeitsgrenze.** Die Wesentlichkeitsgrenze dürfte bei ca. 10 % anzusetzen sein (Musielak/*Fischer* ZPO § 121 Rn 18).

B. Zusätzliche Beiordnung eines Verkehrsanwaltes

7   **I. Muster: Zusätzliche Beiordnung eines Verkehrsanwaltes**

▶ Rechtsanwalt ...

..., den ...

An das

B. Zusätzliche Beiordnung eines Verkehrsanwaltes § 121 ZPO

Arbeitsgericht ▪▪▪

Klage und Antrag auf Gewährung von Prozesskostenhilfe

des ▪▪▪

– Kläger –

Prozessbevollmächtigte: Rechtsanwalt ▪▪▪

gegen

▪▪▪

– Beklagte –

wegen: ▪▪▪

Streitwert: ▪▪▪

Namens und in Vollmacht des Klägers erhebe ich Klage und werde beantragen,

▪▪▪

▪▪▪ Dem Kläger Prozesskostenhilfe für das vorliegende Verfahren unter Beiordnung von Rechtsanwalt ▪▪▪ als Hauptbevollmächtigten sowie Rechtsanwalt ▪▪▪ als Verkehrsanwalt zu bewilligen.[1]

▪▪▪

Vorliegend sind besondere Umstände iSv § 121 Abs. 4 Alt. 2 ZPO gegeben, welche eine zusätzliche Beiordnung eines Rechtsanwalts zur Vermittlung des Verkehrs mit dem Prozessbevollmächtigten erfordern. Zunächst ist es nach der Rechtsprechung des BAG insbesondere in Kündigungsschutzverfahren dem Rechtssuchenden grundsätzlich nicht zumutbar, einen auswärtigen Anwalt nur schriftlich oder telefonisch zu beauftragen und zu unterrichten (BAG 18.7.2005 – 3 AZB 65/03; so u.a. auch LAG Hamm 5.3.2014 – 5 Ta 107/14).

(Variante: Unzumutbarkeit der Informationsreise)

Vorliegend müsste der in ▪▪▪ wohnende Kläger aber im Falle einer reinen Beiordnung eines im Gerichtsbezirk ansässigen Rechtsanwalts damit eine Fahrtrecke von einfach ▪▪▪ km, welche unter normalen Umständen eine Fahrdauer von ▪▪▪ bedeutet, für ein persönliches Gespräch mit dem Hauptbevollmächtigten auf sich nehmen. Dies ist dem Kläger allerdings unzumutbar *(ggf näher ausführen)*.[2]

(Variante: Vermeidung einer Informationsreise des Klägers)

Im Falle einer reinen Beiordnung eines im Gerichtsbezirk ansässigen Rechtsanwaltes wäre daher allerdings mindestens eine Informationsreise des Klägers zu seinem Prozessbevollmächtigten notwendig gewesen. Die hierfür erforderlichen Kosten hätten ca. ▪▪▪ EUR betragen.[3] Da diese Kosten aber nicht höher gewesen wären, als diejenigen eines zusätzlich beigeordneten Verkehrsanwalts in Höhe von ▪▪▪, rechtfertigt sich hieraus allein schon die Annahme von besonderen Umständen iSv § 121 Abs. 4 Alt. 2 (OLG Koblenz 23.8.1996 – 5 W 501/96; Musielak ZPO/Fischer ZPO § 121 Rn 21).

▪▪▪

Rechtsanwalt ◄

II. Erläuterungen

[1] **Untervollmacht.** Die Beiordnung eines „Unterbevollmächtigten" scheidet mangels gesetzlicher Grundlage grundsätzlich aus (LAG Rheinland Pfalz 11 Ta 113/07 – 5 Ca 112/07; Zöller/*Geimer*, § 121 Rn 2 ZPO mwN).

8

9 **[2] Unzumutbarkeit.** Eine Unzumutbarkeit hat das BAG zB bei einer einfachen Fahrtstrecke von 140 km und damit verbundener mehrstündiger Fahrzeit angenommen (17.9.2007 – 3 AZB 23/06). Weiterhin sind hier zB etwaige körperliche Einschränkungen oder soziale Verpflichtungen wie eine notwendige Kinderbetreuung zu berücksichtigen (Hk-ZPO/*Pukall*, § 121 ZPO Rn 14).

10 **[3] Fahrtkosten.** Für den Fall der Nutzung eines Privat-Kfz kann hierbei der Satz von 0,30 EUR für jeden gefahrenen Kilometer entsprechend Ziff. 7003 Anlage 1 RVG zugrunde gelegt werden (LAG Hamm 5.3.2014 – 5 Ta 107/14).

§ 719 ZPO Einstweilige Einstellung bei Rechtsmittel und Einspruch

(1) ¹Wird gegen ein für vorläufig vollstreckbar erklärtes Urteil der Einspruch oder die Berufung eingelegt, so gelten die Vorschriften des § 707 entsprechend. ²Die Zwangsvollstreckung aus einem Versäumnisurteil darf nur gegen Sicherheitsleistung eingestellt werden, es sei denn, dass das Versäumnisurteil nicht in gesetzlicher Weise ergangen ist oder die säumige Partei glaubhaft macht, dass ihre Säumnis unverschuldet war.
(2) ¹Wird Revision gegen ein für vorläufig vollstreckbar erklärtes Urteil eingelegt, so ordnet das Revisionsgericht auf Antrag an, dass die Zwangsvollstreckung einstweilen eingestellt wird, wenn die Vollstreckung dem Schuldner einen nicht zu ersetzenden Nachteil bringen würde und nicht ein überwiegendes Interesse des Gläubigers entgegensteht. ²Die Parteien haben die tatsächlichen Voraussetzungen glaubhaft zu machen.
(3) Die Entscheidung ergeht durch Beschluss.

A. Muster: Antrag auf einstweilige Einstellung der Zwangsvollstreckung bezüglich eines titulierten Weiterbeschäftigungsanspruches	[2] Unersetzbarer Nachteil 3
	[3] Erfolgsaussicht des Rechtsmittels 4
	[4] Entbehrlichkeit des unersetzlichen Nachteils 5
B. Erläuterungen	
[1] Folgekündigung 2	

1 ### A. Muster: Antrag auf einstweilige Einstellung der Zwangsvollstreckung bezüglich eines titulierten Weiterbeschäftigungsanspruches[1]

▶ Rechtsanwälte ▪▪▪

▪▪▪, den ▪▪▪

An das

Landesarbeitsgericht ▪▪▪

Az ▪▪▪

In dem Rechtsstreit

▪▪▪ gegen ▪▪▪

beantragen wir namens der Berufungsklägerin

die Zwangsvollstreckung aus dem im Urteil des Arbeitsgerichts ▪▪▪ vom ▪▪▪ Az ▪▪▪ titulierten Weiterbeschäftigungsanspruch einstweilen einzustellen.

I.

In tatsächlicher Hinsicht tragen wir wie folgt vor:
Der Antragsgegner betreibt die Zwangsvollstreckung aus dem durch das Arbeitsgericht ▪▪▪ erlassenen Weiterbeschäftigungstitel. Auf Antrag vom ▪▪▪ wurde ihm am ▪▪▪ eine vollstreckbare Ausferti-

A. Muster: Antrag auf einstweilige Einstellung der Zwangsvollstreckung § 719 ZPO

gung des Urteils erteilt. Das Urteil wurde am ▬▬▬ zugestellt. Mit Schriftsatz vom ▬▬▬ beantragte der Antragsgegner beim Arbeitsgericht ▬▬▬ schließlich die Festsetzung von Zwangsmitteln nach § 888 ZPO, falls ihn die Antragsgegnerin nicht weiterbeschäftigen sollte.

Glaubhaftmachung: ▬▬▬

(Variante: Folgekündigung)

Unter dem Datum ▬▬▬ *sprach die Antragstellerin eine weitere Kündigung des Arbeitsverhältnisses aus, welche dem Antragsgegner am* ▬▬▬ *persönlich übergeben wurde / (oder Darlegung anderweitiger Zugangstatsachen).*

(Nähere Ausführungen zur Kündigungsart und ggfs. -frist)

Glaubhaftmachung: ▬▬▬

Der Grund für die Kündigung war ▬▬▬ *(näher ausführen).*

Glaubhaftmachung: ▬▬▬

Die Beschäftigung des Antragsgegners würde nicht zu ersetzende Nachteile für die Antragstellerin zur Folge haben. Zur Ermöglichung der Weiterbeschäftigung wäre es erforderlich, dass ▬▬▬ *(näher ausführen).*[2]

Glaubhaftmachung: ▬▬▬

(optional: *weitergehender Tatsachenvortrag, welcher die Erfolgsaussicht des Rechtsmittels begründet)*

Glaubhaftmachung: ▬▬▬

II.

In rechtlicher Hinsicht tragen wir wie folgt vor:

Die Zwangsvollstreckung ist gem. §§ 719 ZPO iVm § 62 Abs. 1 S. 3 ArbGG vorläufig einzustellen.

1. Die Zwangsvollstreckung bringt der Antragstellerin einen nicht zu ersetzenden Nachteil, § 62 Abs. 1 S. 3 ArbGG. Nicht zu ersetzen ist ein Nachteil nach herrschender Auffassung, wenn die Wirkung der Vollstreckung nachträglich nicht wieder beseitigt oder ausgeglichen werden kann. Eine Einstellung der Zwangsvollstreckung ist im Falle der Verurteilung zur Weiterbeschäftigung möglich, wenn durch die Beschäftigung selbst ein unersetzbarer Nachteil wirtschaftlicher oder immaterieller Art eintreten würde, für den aller Wahrscheinlichkeit nach ein Ersatz von dem Arbeitnehmer nicht erlangt werden könnte (vgl GMP/*Germelmann* ArbGG § 62 Rn 22).
   Dies ist vorliegend der Fall, da ▬▬▬ *(näher ausführen).*[3]

2. Die eingelegte Berufung hat auch Aussicht auf Erfolg, was in der Abwägung bezüglich des Vorliegens eines unersetzbaren Nachteils zugunsten der Antragstellerin zu berücksichtigen ist (BAG 22. 6. 1972 – 3 AZR 263/72; LAG Düsseldorf 20.3.1980 – 19 Sa 142/80 – LAGE § 62 ArbGG 1979 Nr. 3; LAG Rheinland-Pfalz 5.1.1981 – 3 Sa 688/80 EzA § 62ArbGG Nr. 5) *(Erfolgsaussicht näher ausführen).*[4]

(Variante: Folgekündigung)

1. Es entspricht der allgemeinen Meinung, dass der erstinstanzlich ausgeurteilte Weiterbeschäftigungsanspruch durch eine nach Schluss der mündlichen Verhandlung erster Instanz ausgesprochene weitere Kündigung materiellrechtlich entfallen kann (BAG 19.12.1985 – 2 AZR 190/85). Eine erneute Kündigung des Arbeitgebers beendet hiernach den vorläufigen Weiterbeschäftigungsanspruch des Arbeitnehmers, sofern die Kündigung nicht offensichtlich unwirksam ist oder auf dieselben Gründe gestützt wird, die bereits nach Auffassung des Arbeitsgerichts für die erste Kündigung nicht ausgereicht haben. Eine Kündigung ist dann offensichtlich unwirksam, wenn sich ihre Unwirksamkeit bereits aus dem unstreitigen Sachverhalt ohne Beurtei-

lungsspielraum jedem Kundigen aufdrängt, dh die Unwirksamkeit ohne jeden vernünftigen Zweifel in rechtlicher oder tatsächlicher Hinsicht offen erkennbar ist (vgl BAG, aaO).
Dies ist vorliegend nicht der Fall. Die Kündigung erfolgte aufgrund ... (näher ausführen).

2. Der Entfall des Weiterbeschäftigungsanspruches ist im Verfahren auf einstweilige Einstellung der Zwangsvollstreckung gemäß § 62 Abs. 1 ArbGG iVm §§ 719 Abs. 1, 707 Abs. 1 ZPO in entsprechender Anwendung von § 769 ZPO auch vom Berufungsgericht zu berücksichtigen. Es kommt hierbei nicht darauf an, ob die Vollstreckung für den Schuldner zu einem nicht zu ersetzenden Nachteil führt (LAG Rheinland-Pfalz 11.12.2012 – 10 Sa 422/12; LAG Hamm 21.12.2010 – 18 Sa 1827/10; LAG Baden-Württemberg 30.6.2010 – 19 Sa 22/10; LAG Sachsen-Anhalt 25.9.2002 – 8 Sa 344/02 juris; LAG Berlin 14.7.1993 – 8 Sa 79/93).[5] Zwar verlangt die Vorschrift des § 62 Abs. 1 S. 3 ArbGG ihrem Wortlaut nach als Voraussetzung für die einstweilige Einstellung der Zwangsvollstreckung einen nicht zu ersetzenden Nachteil für den Vollstreckungsschuldner. Die Vorschrift erfährt jedoch insoweit eine teleologische Reduktion, falls der Vollstreckungsschuldner erfolgreich materielle Einwendungen gegen den zu vollstreckenden Einspruch geltend macht, die erst nach Abschluss der mündlichen Verhandlung erster Instanz entstanden sind. Andernfalls müsste der Arbeitgeber, wollte man ihn auf den Weg über die Vollstreckungsabwehrklage verweisen, die Berufung teilweise wieder zurück nehmen, um eine zulässige Klage gemäß § 767 Abs. 1 ZPO erheben zu können. Das wäre nicht interessengerecht (LAG Hamm, aaO; LAG Baden-Württemberg aaO).

(*optional*: ergänzende Darlegung der nicht zu ersetzenden Nachteile)

Aus alledem ergibt sich, dass die Zwangsvollstreckung einstweilen einzustellen ist.

Rechtsanwalt ◄

B. Erläuterungen

2 **[1] Folgekündigung.** Grundsätzlich kann der Vollstreckungsschuldner wählen, ob er eine nachträglich entstandene Einwendung wie eine Folgekündigung mit der Berufung geltend macht oder im Wege der Vollstreckungsgegenklage nach § 767 ZPO. Hat er aber Berufung eingelegt und ist diese zulässig, dann besteht für ihre zusätzliche Geltendmachung durch eine Vollstreckungsgegenklage kein Rechtsschutzbedürfnis mehr (BAG 28.3.1985 – 2 AZR 548/83).

3 **[2] Unersetzbarer Nachteil.** Ein unersetzbarer Nachteil wirtschaftlicher oder immaterieller Art ist nur in engen Grenzen anzuerkennen. So reicht insbesondere die bloße Nichtrückabwickelbarkeit allein für sich genommen nicht aus (BAG GS 27.2.1985 – GS1/84; GMP/*Germelmann* ArbGG § 62 Rn 22). Zu denken ist insoweit an eine ggfs. wirtschaftlich völlig unsinnige Beschäftigung, wenn zB entsprechende Tätigkeiten, für welche der Arbeitnehmer eingestellt wurde, überhaupt nicht mehr durchgeführt werden und eine anderweitige Einsetzbarkeit im Rahmen des Direktionsrechtes ausgeschlossen ist. In Betracht kommt ggfs. auch eine Produktion „auf Halde" mit entsprechender Kapitalbindung (LAG Nürnberg 5.11.2012 – 7 Sa 385/12).

4 **[3] Erfolgsaussicht des Rechtsmittels.** Ob und wie die Erfolgsaussichten eines Rechtsmittels zu berücksichtigen sind, ist umstritten (vgl zum Meinungsstand HaKo-KSchR/*Nägele* Anhang Rn 39 f).

5 **[4] Entbehrlichkeit des unersetzlichen Nachteils.** AA LAG Hamm 10.11.2008 14 Sa 1507/08; ErfK/*Koch* ArbGG § 62 Rn 2.

A. Zwangsvollstreckung eines Weiterbeschäftigungsanspruchs § 888 ZPO

§ 888 ZPO Nicht vertretbare Handlungen

(1) ¹Kann eine Handlung durch einen Dritten nicht vorgenommen werden, so ist, wenn sie ausschließlich von dem Willen des Schuldners abhängt, auf Antrag von dem Prozessgericht des ersten Rechtszuges zu erkennen, dass der Schuldner zur Vornahme der Handlung durch Zwangsgeld und für den Fall, dass dieses nicht beigetrieben werden kann, durch Zwangshaft oder durch Zwangshaft anzuhalten sei. ²Das einzelne Zwangsgeld darf den Betrag von 25 000 Euro nicht übersteigen. ³Für die Zwangshaft gelten die Vorschriften des Zweiten Abschnitts über die Haft entsprechend.
(2) Eine Androhung der Zwangsmittel findet nicht statt.
(3) Diese Vorschriften kommen im Falle der Verurteilung zur Leistung von Diensten aus einem Dienstvertrag nicht zur Anwendung.

A. Zwangsvollstreckung eines Weiterbeschäftigungsanspruchs	[6] Vollstreckbare Ausfertigung	7
I. Muster: Zwangsvollstreckungsantrag bezüglich eines titulierten Weiterbeschäftigungsanspruches	[7] Bestimmtheit des Titels	8
	[8] Höhe des Zwangsgeldes	9
	B. Unmöglichkeit der Weiterbeschäftigung	
	I. Muster: Erwiderung des Schuldners bei Unmöglichkeit der Erfüllung	
II. Erläuterungen	II. Erläuterungen	
[1] Zuständigkeit	2	
[2] Unvertretbare Handlung	3	[1] Nicht steuerbare Gründe	11
[3] Zwangsgeldfestsetzung	4	[2] Unmöglichkeit	12
[4] Anordnung des Zwangsmittels	5	[3] Einwendungsausschluss	13
[5] Kein Kostenprivileg	6	[4] Folgekündigung/Auflösungsantrag	14

A. Zwangsvollstreckung eines Weiterbeschäftigungsanspruchs

I. Muster: Zwangsvollstreckungsantrag bezüglich eines titulierten Weiterbeschäftigungsanspruches

1

▶ Rechtsanwälte ...

..., den ...

An das

Arbeitsgericht ...[1]

Az. ...

In dem Rechtsstreit

... gegen ...

beantragen wir namens des Klägers

1. gegen die Schuldnerin wegen Nichtvornahme der Beschäftigung des Gläubigers als ... entsprechend dem Urteil des Arbeitsgerichts ... ein Zwangsgeld[2], dessen Höhe in das Ermessen des Gerichts gestellt wird,[3] und für den Fall, dass dieses nicht beigetrieben werden kann, Zwangshaft [*im Falle gesetzlicher Vertretung: zu vollstrecken an den* ...] festzusetzen.[4]

2. der Schuldnerin die Kosten des Zwangsvollstreckungsverfahrens aufzuerlegen.[5]
3. dem Gläubiger für den Fall der Stattgabe eine vollstreckbare Ausfertigung des Festsetzungsbeschlusses zu erteilen.[6]

I.

In tatsächlicher Hinsicht tragen wir wie folgt vor:

Die Schuldnerin wurde mit Urteil des Arbeitsgerichts ▬▬▬ vom ▬▬▬ dazu verurteilt, den Gläubiger (*ggfs. bis zur Rechtskraft der Entscheidung über die Kündigungsschutzklage*) als ▬▬▬[7] weiter zu beschäftigen.

Beweis: ▬▬▬

Die Schuldnerin wurde erfolglos aufgefordert, den Gläubiger entsprechend der titulierten Verpflichtung zu beschäftigen.

Beweis: ▬▬▬

Die Urteil wurde der Schuldnerin am ▬▬▬ zugestellt.

Beweis: ▬▬▬

II.

In rechtlicher Hinsicht führen wir wie folgt aus:

Die allgemeinen Voraussetzungen der Zwangsvollstreckung liegen vor. Das Urteil des Arbeitsgerichts ist von Gesetzes wegen gem. § 62 Abs. 1 ArbGG vorläufig vollstreckbar, eine vollstreckbare Ausfertigung wurde am ▬▬▬ gem. § 724 ZPO erteilt. Die Zustellung des Titels erfolgte am ▬▬▬, § 750 Abs. 1 ZPO.

Da sich die Schuldnerin trotz erfolgter Aufforderung nach wie vor weigert, den Gläubiger entsprechend der titulierten Verpflichtung zu beschäftigen, ist dem Zwangsvollstreckungsantrag stattzugeben.

Im Hinblick auf die Höhe des Zwangsgeldes ist auszuführen, dass bei der Vollstreckung der Weiterbeschäftigung das Zwangsgeld regelmäßig ein Monatsgehalt beträgt (LAG Hessen 20.2.2013 – 12 Ta 478/12).[8]

(**optional**) Weiterhin ist anerkannt, dass das Zwangsgeld insbesondere bei einer hartnäckigen Weigerung der Schuldners seine Verpflichtungen zu erfüllen, hiervon abweichend erhöht werden kann (vgl LAG Hessen aaO). Für den vorliegenden Fall erscheint daher ein Zwangsgeld von mindestens ▬▬▬ EUR angemessen.

▬▬▬

Rechtsanwalt ◄

II. Erläuterungen

2 [1] **Zuständigkeit**. Zuständig für die Zwangsvollstreckung ist insoweit das Arbeitsgericht als Prozessgericht. Dies gilt selbst dann, wenn der Prozess selbst noch in der Berufungs- oder der Revisionsinstanz anhängig ist oder aber, wenn es um die Vollstreckung eines Titels aus einer höheren Instanz geht (GMP/*Germelmann* ArbGG § 62 Rn 60).

3 [2] **Unvertretbare Handlung**. Die Zwangsvollstreckung des allgemeinen Weiterbeschäftigungsanspruchs bzw des Weiterbeschäftigungsanspruches nach § 102 Abs 5 BetrVG erfolgt nach allgemeiner Meinung nach § 888 ZPO (vgl nur HaKo-KSchR/*Nägele* Anhang Zwangs-

vollstreckung und Einstweilige Verfügung, Rn 89). Ausgeschlossen ist dieser Weg aber, wenn der Arbeitnehmer erfolgreich einen Antrag nach § 61 Abs. 2 ArbGG gestellt hat (GMP/*Germelmann* ArbGG § 61 Rn 39).

[3] **Zwangsgeldfestsetzung.** Vom Gericht ist ein einheitlicher Betrag anzuordnen und festzusetzen. Es kann also nicht für jeden Tag der Nichtbeschäftigung ein Zwangsgeld begehrt werden (vgl nur HaKo-KSchR/*Nägele* Anhang Zwangsvollstreckung und Einstweiliger Rechtsschutz, Rn 124).

[4] **Anordnung des Zwangsmittels.** Beide Zwangsmittel können (nur) nach Vollstreckung des zunächst festgesetzten Mittels wiederholt angeordnet werden. Entsprechend des Beugecharakters der Maßnahme kann der Schuldner die Vollziehung noch durch Vornahme der geschuldeten Handlung abwenden (MüKo-ZPO/*Gruber* ZPO § 888 Rn 28). Das Zwangsgeld wird nur auf Antrag des Gläubigers gemäß §§ 803 ff zugunsten der Staatskasse beigetrieben. Die Zwangshaft wird auf Gläubigerantrag gemäß § 888 Abs. 1 S. 3 ZPO nach §§ 904 ff ZPO vollstreckt (MüKo-ZPO/*Gruber* ZPO § 888 Rn 31).

[5] **Kein Kostenprivileg.** Die Einschränkung der Kostentragungspflicht in erster Instanz gem. § 12a ArbGG gilt nicht für das Vollstreckungsverfahren (GMP/*Germelmann* ArbGG § 62 Rn 54).

[6] **Vollstreckbare Ausfertigung.** Nach hM kann eine Vollziehung eines Beschlusses nach § 888 ZPO nur auf Basis einer vollstreckbaren Ausfertigung erfolgen (MüKo-ZPO/*Gruber* ZPO § 888 Rn 31).

[7] **Bestimmtheit des Titels.** Für eine hinreichende Bestimmtheit ist es erforderlich aber auch ausreichend, wenn die Art der ausgeurteilten Beschäftigung des Arbeitnehmers aus dem Titel ersichtlich ist. Einzelheiten hinsichtlich der Art der Beschäftigung oder sonstigen Arbeitsbedingungen muss der Titel demgegenüber nicht enthalten. Dafür reicht es aus, wenn das Berufsbild, mit dem der Arbeitnehmer beschäftigt werden soll, sich aus dem Titel oder in vergleichbarer Weise ergibt, worin die Tätigkeit bestehen soll (BAG 15.4.2009 – 3 AZB 93/08). Streitigkeiten darüber, ob im Einzelfall das Weisungsrecht nach § 106 GewO ordnungsgemäß ausgeübt wurde, gehören nicht ins Vollstreckungsverfahren und sind ggf in einem gesonderten Erkenntnisverfahren zu klären, soweit nicht die Ausübung dieses Weisungsrechts im Einzelfall selbst Gegenstand des Erkenntnisverfahrens war (vgl BAG, aaO). Demnach kann im Zwangsvollstreckungsverfahren nicht geklärt werden, zu welchen Arbeitsbedingungen eine Beschäftigung zu erfolgen hat, wenn diese Bedingungen nicht ausdrücklich tituliert sind (LAG Rheinland-Pfalz 2.4.2013 – Az: 2 Ta 38/13).

[8] **Höhe des Zwangsgeldes.** Vgl aber zB auch LAG Nürnberg (15.10.2008 – 7 Ta 181/08), welches insbesondere aufgrund der Möglichkeit der wiederholten Festsetzung schon einen Betrag von 1.000 EUR als erstmaliges Zwangsgeld für angemessen angesehen hat.

B. Unmöglichkeit der Weiterbeschäftigung

I. Muster: Erwiderung des Schuldners bei Unmöglichkeit der Erfüllung

▶ Rechtsanwälte ...

..., den ...

An das

Arbeitsgericht ...

Az. ...

In dem Rechtsstreit

... gegen ...

beantragen wir namens und im Auftrag der Beklagten

1. den Zwangsvollstreckungsantrag zurückzuweisen.
2. dem Gläubiger die Kosten des Zwangsvollstreckungsverfahrens aufzuerlegen.

I.

In tatsächlicher Hinsicht tragen wir wie folgt vor:

Der Gläubiger war bei der Schuldnerin als ... beschäftigt. Der Arbeitsplatz des Gläubigers ist jedoch zwischenzeitlich nicht mehr vorhanden (*substantiiert ausführen*).

Beweis: ...

Auch eine anderweitige Einsetzbarkeit des Gläubigers als ... ist bei der Schuldnerin nicht möglich (*näher ausführen*).

Beweis: ...

(*Variante*) Die vertragsgemäße Beschäftigung ist der Schuldnerin aus Gründen unmöglich geworden, welche nicht ausschließlich in ihrer Sphäre liegen (*näher ausführen*).[1]

Beweis: ...

II.

In rechtlicher Hinsicht führen wir wie folgt aus:

Der Antrag ist zurückzuweisen, da die Beschäftigung des Gläubigers entsprechend der ausgeurteilten Verpflichtung der Schuldnerin unmöglich geworden ist. Nach ganz hM ist der Einwand der Unmöglichkeit im Zwangsvollstreckungsverfahren nach § 888 ZPO grundsätzlich zu beachten. Im Falle eines Titels auf Beschäftigung kann eine Unmöglichkeit dann eintreten, wenn der Arbeitsplatz, auf dem die Beschäftigung geschuldet ist, nach Urteilserlass weggefallen ist oder objektive Umstände in der Person des Gläubigers einer Weiterbeschäftigung entgegenstehen (LAG Hessen 22.1.2014 – 12 Ta 191/13; LAG Hamm 22.1.2008 – 7 Ta 10/08; LAG Nürnberg 15.10.2008 – 7 Ta 181/08; LAG Baden-Württemberg 21.2.2007 – 17 Ta 1/07; LAG München 1.8.2005 – 4 Ta 250/05; LAG Schleswig-Holstein 11.12.2003 – 2 Ta 257/03).[2] Der Schuldner kann durch staatliche Zwangsmittel nicht zu etwas gezwungen werden, was nicht in seiner Macht steht (vgl LAG Hessen aaO).

Vorliegend ist eine solche Unmöglichkeit gegeben, da ... (*näher ausführen*)

(*Variante: Unmöglichkeit lag bei Urteilsfindung bereits vor*)

Das Gleiche gilt ausnahmsweise, wenn der endgültige Wegfall der tenorierten Beschäftigung im Zeitpunkt der gerichtlichen Entscheidung unstreitig oder offenkundig war.[3] Letzteres ist der Fall, wenn sich dies aus dem Urteil des Arbeitsgerichts oder dem Vortrag beider Parteien eindeutig ergibt (LAG Hessen 17.10.2013 – 12 Ta 300/13).[4] Dies ist vorliegend der Fall, da ... (*näher ausführen*).

...

Rechtsanwalt ◂

II. Erläuterungen

[1] Nicht steuerbare Gründe. In Betracht kommt hierbei zB ein Hausverbot gegenüber einem Auslieferungsfahrer durch den einzigen Lieferanten (LAG Berlin 6.6.1986 – 9 Ta 6/86 – LAGE § 888 ZPO Nr. 7). 11

[2] Unmöglichkeit. Sollte der Arbeitsplatz zB aufgrund einer nachträglichen Umstrukturierung entfallen sein, muss dies substantiiert dargelegt werden. Die Umstrukturierung darf nicht lediglich vorgeschoben oder nur aus prozesstaktischen Gründen vorgenommen worden sein, gerade um die Weiterbeschäftigung zu verhindern (LAG Köln 23.8.2001 – 7 (13) Ta 190/01). Eine Unmöglichkeit liegt nicht schon dann vor, wenn allein die Arbeitsaufgaben verlagert worden sind. In diesem Fall sind diese immer noch vorhanden und werden lediglich an anderer Stelle von anderen Arbeitnehmern ausgeführt. Eine Unmöglichkeit wäre nur anzunehmen, wenn sich die tatsächlich mögliche Rückverlagerung wirtschaftlich für das Unternehmen als absolut unzumutbar darstellt (LAG Hessen 5.12.2011 – 16 Sa 1056/11). 12

[3] Einwendungsausschluss. Ansonsten verbleibt es bei dem Grundsatz, dass Gründe, die bereits Gegenstand des Erkenntnisverfahrens bis zum Erlass des Titels waren, insoweit nicht herangezogen werden können. Etwas anderes widerspräche der Aufteilung der Funktionen von Erkenntnis- und Vollstreckungsverfahren. Welche Verpflichtungen des Arbeitgebers bezüglich der Beschäftigung konkret bestehen, ist aber unter Berücksichtigung des einschlägigen Sachvortrags nur im Erkenntnisverfahren festzustellen. Im Vollstreckungsverfahren geht es hingegen nur noch um die Feststellung, welche Verpflichtungen tatsächlich tituliert wurden (BAG 15.4.2009 – 3 AZB 93/08). 13

[4] Folgekündigung/Auflösungsantrag. Die Einwendung einer Folgekündigung oder eines nachträglich gestellten oder zulässig gewordenen Auflösungsantrags stehen dem Einwand der Erfüllung oder der Unmöglichkeit nicht gleich. Diese verneinen lediglich den titulierten Anspruchs, sei es von Anfang an oder im Falle der Kündigung vom Zeitpunkt ihres Zugangs an (LAG Baden-Württemberg 9.3.2004 – 5 Ta 3/04). Solche nachträglich entstandenen Einwendungen gegen den durch das erstinstanzliche Urteil festgestellten Anspruch kann der Arbeitgeber jedoch nur mit der Berufung oder im Wege der Vollstreckungsgegenklage gemäß § 767 ZPO geltend machen, mit der Möglichkeit der einstweiligen Einstellung nach §§ 719 bzw 769 ZPO (vgl LAG Rheinland-Pfalz 1.9.2010 – 8 Ta 197/10; LAG Thüringen 5.1.2005 – 1 Ta 148/04; LAG Baden-Württemberg 9.3.2004 – 5 Ta 3/04; LAG Hessen 23.2.2002 – 8 Ta 504/01; LAG München 11.9.1993 – 2 Ta 214/93 – LAGE § 888 ZPO Nr. 34). 14

§ 940 ZPO Einstweilige Verfügung zur Regelung eines einstweiligen Zustandes

Einstweilige Verfügungen sind auch zum Zwecke der Regelung eines einstweiligen Zustandes in Bezug auf ein streitiges Rechtsverhältnis zulässig, sofern diese Regelung, insbesondere bei dauernden Rechtsverhältnissen zur Abwendung wesentlicher Nachteile oder zur Verhinderung drohender Gewalt oder aus anderen Gründen nötig erscheint.

A. Beschäftigungsanspruch nach Freistellung
   I. Muster: Einstweilige Verfügung auf Weiterbeschäftigung nach Freistellung oder Freistellung nach Ausspruch einer ordentlichen Kündigung bis zum Ablauf der Kündigungsfrist

II. Erläuterungen
   [1] Streitgegenstand 2
   [2] Streitwert 3
   [3] Alleinentscheidung 4
   [4] Ladungsfrist 5
   [5] Zustellung 6
   [6] Verfügungsgrund 7

§ 940 ZPO   Einstweilige Verfügung zur Regelung eines einstweiligen Zustandes

[7] Hauptsacheverfahren 8
[8] Einseitige Suspendierungsmöglichkeit 9
B. Weiterbeschäftigungsanspruch
 I. Muster: Einstweilige Verfügung auf Weiterbeschäftigung bei offensichtlich rechtswidriger Kündigung
 II. Erläuterungen
  [1] Streitwert 11
  [2] Alleinentscheidung 12

[3] Ladungsfrist 13
[4] Hauptsacheverfahren 14
[5] Zustellung 15
[6] Unternehmenszugehörigkeit 16
[7] Betrieblicher Geltungsbereich 17
[8] Zugang 18
[9] Hauptsacheverfahren 19
[10] Verfügungsgrund 20
[11] Offensichtliche Unwirksamkeit 21
[12] Muster Verfügungsgrund 22

A. Beschäftigungsanspruch nach Freistellung

1 **I. Muster: Einstweilige Verfügung auf Weiterbeschäftigung nach Freistellung oder Freistellung nach Ausspruch einer ordentlichen Kündigung bis zum Ablauf der Kündigungsfrist**[1]

255 ▶ Rechtsanwälte ▪▪▪

▪▪▪, den ▪▪▪

An das

Arbeitsgericht ▪▪▪

des ▪▪▪

– Antragsteller –

Prozessbevollmächtigte: Rechtsanwälte ▪▪▪

gegen

▪▪▪

– Antragsgegnerin –

wegen:

▪▪▪

Streitwert: ▪▪▪[2]

Namens und in Vollmacht des Antragstellers beantragen wir – aufgrund der Eilbedürftigkeit ohne mündliche Verhandlung durch Alleinentscheidung des Vorsitzenden[3] bzw hilfsweise unter Abkürzung der Ladungsfrist[4] aufgrund mündlicher Verhandlung – im Wege der einstweiligen Verfügung

1. Der Antragsgegnerin wird aufgegeben, den Antragsteller als ▪▪▪ bis zum ▪▪▪ zu beschäftigen.
2. Die Kosten des Rechtsstreits trägt die Antragsgegnerin.

Weiterhin beantrage ich für den Fall des Obsiegens dem Antragsteller eine vollstreckbare Kurzausfertigung der Entscheidung gem. § 317 Abs. 2 S. 3 ZPO zu erteilen.[5]

I.

In tatsächlicher Hinsicht tragen wir wie folgt vor:

Der am ▪▪▪ geborene Antragsteller ist bei der Antragsgegnerin seit ▪▪▪ als ▪▪▪ mit einem zuletzt bezogenen Bruttomonatsverdienst von (ggf durchschnittlich) ▪▪▪ EUR beschäftigt.

Glaubhaftmachung: ▪▪▪

Die Antragsgegnerin hat den Antragsteller am ▪▪▪ von der Erbringungen der Arbeitsleistung freigestellt.

Glaubhaftmachung: ▪▪▪

(*Variante:* Die Antragsgegnerin kündigte das Arbeitsverhältnis mit Schreiben unter dem Datum vom ▪▪▪ zum ▪▪▪ und stellte den Antragsteller von der Erbringungen der Arbeitsleistung frei.

A. Beschäftigungsanspruch nach Freistellung

Glaubhaftmachung: ...)

Eine einseitige Freistellungsmöglichkeit durch die Antragsgegnerin ist weder arbeitsvertraglich vorgesehen, noch besteht eine anderweitige Rechtsgrundlage hierfür.

Glaubhaftmachung: ...

(Variante: Vertrag mit allgemeiner Freistellungsklausel) Der Arbeitsvertrag regelt unter ..., dass die Antragsgegnerin berechtigt ist, den Antragsteller bei Ausspruch einer Kündigung von der Erbringung der Arbeitsplicht freizustellen.

Glaubhaftmachung: ...)

Der Antragsteller hat sich gegen die einseitige Freistellung gewandt. Sein Verlangen nach einer vertragsgemäßen tatsächlichen Beschäftigung blieb aber erfolglos ... *(weiter ausführen)*

Glaubhaftmachung: ...

(optional: Der Antragsteller ist auf die tatsächliche Ausführung seiner Tätigkeit dringend angewiesen, da ... (näher ausführen).[6]

Glaubhaftmachung: ...)

(optional: Der Antragsteller hat mit Klageschrift vom ... den Weiterbeschäftigungsanspruch in der Hauptsache geltend gemacht.[7][8]

Glaubhaftmachung: ...)

Die Abkürzung der Ladungsfrist ist notwendig, da ... *(näher ausführen)*

Glaubhaftmachung: ...

II.

In rechtlicher Hinsicht führen wir wie folgt aus: Die Voraussetzung für den Erlass einer einstweiligen Verfügung gemäß §§ 935, 940 ZPO iVm § 62 Abs. 2 ArbGG sind erfüllt. Der erforderliche Verfügungsanspruch ist ebenso gegeben, wie ein Verfügungsgrund.

1. Der Antragsteller hat gegen die Antragsgegnerin einen Anspruch auf vertragsgemäße Beschäftigung als ... Nach allgemeiner Meinung steht einem Arbeitnehmer während des Bestehens des Arbeitsverhältnisses aufgrund seines allgemeinen Persönlichkeitsrechts nach Art. 1 Abs. 1, 2 Abs. 1 GG ein Anspruch auf vertragsgemäße Beschäftigung zu (so schon BAG, Urt. v. 10.11.1955 – 2 AZR 591/54). Dieser wird vorliegend durch die Antragsgegnerin rechtwidrig vereitelt, indem diese den Antragsteller ohne Rechtsgrundlage von der Verpflichtung zur Erbringung der Arbeitsleistung freigestellt hat. Eine einseitige Freistellung in Form der „Suspendierung" von der Arbeit ist angesichts des allgemeinen Beschäftigungsanspruchs des Arbeitnehmers im bestehenden Arbeitsverhältnis grundsätzlich rechtlich nicht möglich (BAG 21.9.1993 – 9 AZR 335/91).[7]

(optional: pauschale Freistellungsberechtigung aufgrund eines Formulararbeitsvertrages)

Die Antragsgegnerin kann sich vorliegend nicht auf das in dem von ihr eingeführten Formulararbeitsvertrag vorgesehene Freistellungsrecht berufen. Die Klausel benachteiligt den Antragsteller gemäß § 307 Abs. 1 Satz 1, Abs. 2 Nr. 1 BGB unangemessen und ist daher unwirksam. Die eingeräumte Berechtigung, den Antragsteller ohne Vorliegen besonderer Voraussetzungen freizustellen, ist mit dem wesentlichen Grundgedanken des höchstrichterlich anerkannten Beschäftigungsanspruchs eines Arbeitnehmers nicht vereinbar. Eine Klausel wie die vorliegende, die den Arbeitgeber ohne weitere Vorbedingungen für die Kündigungsfrist zur Freistellung des Arbeitnehmers berechtigt, verkehrt das Verhältnis von Regel- und Ausnahmefall, ungeachtet einer in jedem Einzelfall vorzunehmenden Kontrolle bei der Ausübung eines formularmäßig eingeräumten Rechts, ob die Grenzen billigen Ermessens überschritten wurden § 315 Abs. 3 Satz 1 BGB (LAG Hamburg 24.7.2013 – 5 SaGa 1/13).

2. Es besteht auch ein Verfügungsgrund. Ein für den Erlass einer Leistungsverfügung notwendiger Verfügungsgrund setzt voraus, dass diese Regelung, insbesondere bei dauernden Rechtsverhältnissen, zur Abwendung wesentlicher Nachteile oder zur Verhinderung drohender Gefahren oder aus anderen Gründen nötig erscheint. Bei der Auslegung und Anwendung dieser Vorschrift muss der sogenannte Justizgewährungsanspruch beachtet werden. Eine Befriedigungsverfügung kann demnach insbesondere dann zulässig sein, wenn sie die einzige wirksame Möglichkeit ist, das Recht des Gläubigers durchzusetzen bzw den Gläubiger vor der Rechtsvereitelung zu schützen. Mit Rücksicht auf das Gebot effektiven Rechtsschutzes ist ein Verfügungsgrund daher umso eher gegeben, je wahrscheinlicher die Anerkennung des Beschäftigungsanspruchs im Hauptsacheverfahren ist. Ist der Beschäftigungsanspruch – wie vorliegend zweifelsfrei – gegeben und kommt deswegen auch im Hauptsacheverfahren keine andere Entscheidung über den Beschäftigungsanspruch in Betracht, so ist regelmäßig auch der für den Erlass einer Beschäftigungsverfügung erforderliche Verfügungsgrund gegeben (LAG Hamburg 24.7.2013 – 5 SaGa 1/13; LAG Hessen 2.6.2006 – 10 SaGa 565/06; LAG München 7.5.2003 – 5 Sa 344/03; LAG Thüringen 10.4.2001 – 5 Sa 403/00).

(*optional: weitergehende Interessenabwägung*)

Insbesondere aus den nachfolgenden geschilderten Gründen ergibt sich, dass vorliegend unter Berücksichtigung der konkreten Umstände des Einzelfalls das Interesse des Antragstellers an der vertragsgemäßen Beschäftigung dasjenige der Antragsgegnerin an der Nichtbeschäftigung überwiegt ... (*näher ausführen*).

...

Rechtsanwalt ◄

II. Erläuterungen

2 **[1] Streitgegenstand.** Für den allgemeinen Beschäftigungsanspruch ist es unerheblich, ob das Arbeitsverhältnis gekündigt oder ungekündigt ist. Es liegt eine Identität der Streitgegenstände vor. Eine Zäsur tritt nicht mit dem Ausspruch der Kündigung, sondern erst mit dem Ende der Kündigungsfrist ein (LAG Hessen, 10.5.2010 – 16 SaGa 156/10).

3 **[2] Streitwert.** Aufgrund der Vorwegnahme der Hauptsache beträgt der Streitwert hier 100 % des Hauptsachestreitwerts und damit eine Bruttomonatsvergütung (vgl Ziff. 16.1 und 24 des Streitwertekatalogs der Landesarbeitsgerichte).

4 **[3] Alleinentscheidung.** Soweit nur ausnahmsweise eine Entscheidung ohne mündliche Verhandlung ergehen kann, ist umstritten, ob bereits aufgrund § 53 Abs. 1 S. 1 ArbGG der Vorsitzende eine Alleinentscheidungskompetenz hat oder ob zusätzlich die Voraussetzungen des § 944 ZPO gegeben sein müssen (vgl *Reinhard/Kliemt*, NZA 2005, 545 mwN).

5 **[4] Ladungsfrist.** Bei einer Entscheidung aufgrund einer mündlichen Verhandlung ist zwingend eine Ladungsfrist von mindestens drei Tagen einhalten, §§ 46 Abs. 2 ArbGG iVm § 217 ZPO. Eine Abkürzung dieser Frist ist gem. § 226 Abs. 1 ZPO nur auf Antrag möglich. Über den Antrag entscheidet der Vorsitzende allein und ohne Anhörung des Gegners durch unanfechtbare Entscheidung (vgl *Clemenz*, NZA 2005, 129,130). Eine Einlassungsfrist ist nicht einzuhalten GMP/*Germelmann* ArbGG § 47 Rn 6). Die Gründe für die Abkürzung der Ladungsfrist sind nach hM nicht glaubhaft zu machen (Musielak/*Stadler*, § 226 ZPO Rn 2).

A. Beschäftigungsanspruch nach Freistellung § 940 ZPO

[5] Zustellung. Die Zustellung hat gem. §§ 192, 922 Abs. 2, 936 ZPO im Parteibetrieb durch den Gerichtsvollzieher zu erfolgen.

[6] Verfügungsgrund. In der Praxis scheitern einstweilige Verfügungen auf Weiterbeschäftigung häufig daran, dass seitens der Antragsteller zu wenig zum notwendigen Verfügungsgrund vorgetragen wird. Ausgangspunkt ist, dass nach der ganz hM in der Rechtsprechung der sukzessive aufgrund des Zeitablaufs drohende Rechtsverlust des Beschäftigungsanspruchs für das Vorliegen eines Verfügungsgrundes allein nicht ausreichend ist (vgl nur LAG Berlin-Brandenburg 16.3.2011 – 4 SaGa 2600/11; LAG München 25.2.2010 – 3 SaGa 4/10). Ebenso stellt auch ein etwaiger „Notbedarf" grundsätzlich keinen ausreichenden Verfügungsgrund dar, da ein entsprechender Weiterbeschäftigungstitel überhaupt keine Verurteilung zur Lohnzahlung enthielte und daher ungeeignet wäre, die wirtschaftliche Existenz des Arbeitnehmers zu sichern (LAG Düsseldorf 17.11.2010 – 12 SaGa 19/10). Entscheidend ist für den „wesentlichen Nachteil" iSv § 940 ZPO daher nicht die reine Tatsache des Rechtsverlustes. Es kommt vielmehr darauf an, welche Auswirkungen Letzterer für den Arbeitnehmer hat. Nicht hinnehmbaren Folgen können sich insoweit zB aus etwaigen gesundheitlichen Beeinträchtigungen in Folge der Nichtbeschäftigung – zB drohende depressive Erkrankungen – oder auch aus dem drohenden Verlust beruflicher Qualifikationen ergeben (vgl LAG Schleswig-Holstein 20.4.2012 – 5 SaGa 1/12). Anerkannt sind weiterhin der drohende Verlust von Geschäftsbeziehungen sowie ggf auch die Gefahr langdauernder Rechtsvereitelung, wenn zu befürchten ist, dass sich ein Hauptsachebegehren über eine erheblich lange Zeit hinziehen wird (LAG Nürnberg 17. 8. 2004 – 6 Sa 439/04). Notwendig ist eine Interessenabwägung (vgl LAG München 25.2.2010 – 3 SaGa 4/10). Insoweit stehen sich die Interessen der Parteien bei der Leistungsverfügung grundsätzlich gleichwertig gegenüber und es ist erst unter Berücksichtigung der besonderen Umstände des konkreten Einzelfalles und der darauf aufbauenden konkreten Interessenabwägung zu entscheiden, welches Interesse im Einzelfall überwiegt (LAG Nürnberg 18.9.2007 – 4 Sa 586/07). Teilweise wird auch vertreten, dass die Annahme des Verfügungsanspruches häufig zwar auch das Vorliegen des Verfügungsgrundes indiziere, dennoch aber eine Prüfung gleichwohl erforderlich sei (GMP/*Germelmann* ArbGG § 62 Rn 108). Ist der Verfügungsanspruch aber zweifelsfrei gegeben und kommt deswegen auch im Hauptsacheverfahren keine andere Entscheidung über den Beschäftigungsanspruch in Betracht, ist nach hM ein Verfügungsgrund regelmäßig gegeben (siehe die im obigen Muster angeführte Rechtsprechung).

[7] Hauptsacheverfahren. Der Arbeitgeber kann die fehlende Einleitung eines Hauptverfahrens nur geltend machen, wenn er zuvor gem. §§ 936, 926 Abs. 1 ZPO beantragt hat, dass dem Arbeitnehmer binnen einer bestimmten Frist die Klageerhebung aufgegeben wird (vgl ErfK/*Koch* ArbGG § 62 Rn 17).

[8] Einseitige Suspendierungsmöglichkeit. Allerdings ist eine vorläufige Suspendierung auch im ungekündigten Arbeitsverhältnis – wenn auch nur unter engen Voraussetzungen – grundsätzlich möglich. Eine Freistellung gegen den Willen des Arbeitnehmers im ungekündigten Arbeitsverhältnis ist dann zulässig, wenn hierfür ein überwiegendes, schutzwürdiges Interesse geltend machen kann (LAG Köln 18.2.2011 – 10 Sa 1116/10; LAG Hamm 12.12.2001 – 10 Sa 1741/01). In Betracht kommen insoweit der Verdacht einer strafbaren Handlung / schwerwiegenden Pflichtverletzung oder die Gefahr von Schäden durch die Weiterbeschäftigung (MüKo-BGB/*Müller-Glöge*, § 611 Rn 979).

B. Weiterbeschäftigungsanspruch

I. Muster: Einstweilige Verfügung auf Weiterbeschäftigung bei offensichtlich rechtswidriger Kündigung

▶ Rechtsanwälte ...

..., den ...

An das

Arbeitsgericht ...

des ...

– Antragsteller –

Prozessbevollmächtigte: Rechtsanwalt ...

gegen

...

– Antragsgegnerin –

wegen:

...

Streitwert: ...[1]

Namens und in Vollmacht des Antragstellers beantragen wir – aufgrund der Eilbedürftigkeit ohne mündliche Verhandlung durch Alleinentscheidung des Vorsitzenden[2] bzw hilfsweise unter Abkürzung der Ladungsfrist[3] aufgrund mündlicher Verhandlung – im Wege der einstweiligen Verfügung

1. Der Antragsgegnerin wird aufgegeben, den Antragsteller bis zur Entscheidung in der Hauptsache (*ggf Az:* ...)[4] als ... weiter zu beschäftigen.
2. Die Kosten des Rechtsstreits trägt die Antragsgegnerin.

Weiterhin beantragen wir für den Fall des Obsiegens dem Antragsteller eine vollstreckbare Kurzausfertigung der Entscheidung gem. § 317 Abs. 2 S. 3 ZPO zu erteilen.[5]

I.

In tatsächlicher Hinsicht tragen wir wie folgt vor:

Der am ... geborene Antragsteller ist bei der Antragsgegnerin seit ... (*ggf weitere Ausführungen zur Eröffnung des persönlichen Geltungsbereiches des KSchG, insbesondere der Anrechnung von Vorbeschäftigungszeiten*)[6] als ... mit einem zuletzt bezogenen Bruttomonatsverdienst von (*ggf durchschnittlich*) ... EUR beschäftigt.

Glaubhaftmachung: ...

Die Antragsgegnerin beschäftigt in der Regel mehr/weniger als zehn Arbeitnehmer mit einer Wochenarbeitszeit von mehr als 30 Stunden, mit Ausnahme der zu ihrer Berufsausbildung Beschäftigten (*ggf weitere Ausführungen zur Eröffnung des betrieblichen Geltungsbereiches des KSchG, insbesondere zum „virtuellen Altbetrieb"*).[7]

Glaubhaftmachung: ...

Die Antragsgegnerin kündigte das Arbeitsverhältnis mit Schreiben unter dem Datum vom ..., dem Antragsteller persönlich übergeben am selben Tag/am .../welches der Antragsteller am ... in seinem Briefkasten vorfand/(oder anderweitige Zugangstatsachen) ... (*nähere Ausführungen zur Kündigungsart und ggf -frist*).[8]

Glaubhaftmachung: ...

B. Weiterbeschäftigungsanspruch § 940 ZPO

Der Antragsteller hat die Antragsgegnerin aufgefordert, ihn tatsächlich weiter zu beschäftigen. Sein Verlangen blieb aber erfolglos. (*weiter ausführen*).

Glaubhaftmachung: ...

Der Antragsteller hat gegen diese Kündigung Klage erhoben und gleichzeitig den Weiterbeschäftigungsanspruch in der Hauptsache gerichtlich geltend gemacht. Das Verfahren wird vor dem Arbeitsgericht ... unter dem Az: ... geführt. [9]

Glaubhaftmachung: ...

(*Weiterer Tatsachenvortrag bezüglich einer offensichtlichen Unwirksamkeit der Kündigung wie zB zu einem bestehenden und missachteten Sonderkündigungsschutz oder fehlender/offensichtlich fehlerhafter Betriebsratsanhörung*)

Glaubhaftmachung: ...

(**optional**) *Der Antragsteller ist auf die tatsächliche Ausführung seiner Tätigkeit dringend angewiesen, da ... (näher ausführen).*[10]

Glaubhaftmachung: ...

II.

In rechtlicher Hinsicht führe ich wie folgt aus: Die Voraussetzung für den Erlass einer einstweiligen Verfügung gemäß §§ 935, 940 ZPO iVm § 62 Abs. 2 ArbGG sind erfüllt. Der erforderliche Verfügungsanspruch ist ebenso gegeben, wie ein Verfügungsgrund.

1. Der Antragsteller hat gegen die Antragsgegnerin einen Anspruch auf vertragsgemäße Beschäftigung als ... . Nach allgemeiner Ansicht hat der gekündigte Arbeitnehmer auch außerhalb der Regelung der § 102 Abs. 5 BetrVG, § 79 einen arbeitsvertragsrechtlichen Anspruch auf vertragsgemäße Beschäftigung über den Ablauf der Kündigungsfrist oder bei einer fristlosen Kündigung über deren Zugang hinaus bis zum rechtskräftigen Abschluss des Kündigungsprozesses, wenn die Kündigung unwirksam ist und überwiegende schutzwerte Interessen des Arbeitgebers einer solchen Beschäftigung nicht entgegenstehen (BAG GS 27.2.1985 – 1/84). Es bedarf nach alledem der Feststellung, ob bei fortbestehendem Arbeitsverhältnis die während der Dauer des Rechtsstreits bestehende Ungewissheit hierüber ein dem Beschäftigungsinteresse des klagenden Arbeitnehmers entgegenstehendes überwiegendes und schutzwertes Interesse des beklagten Arbeitgebers an der Nichtbeschäftigung begründet und deswegen einen Beschäftigungsanspruch für die Prozessdauer entfallen lässt (vgl BAG, aaO). Die Ungewissheit über den Fortbestand des gekündigten Arbeitsvertrags kann dann nicht zu einer Verschiebung der Interessenlage der Arbeitsvertragsparteien gegenüber der Zeit des unangefochtenen Bestands des Arbeitsverhältnisses führen, wenn die umstrittene Kündigung offensichtlich unwirksam ist. Dieser Fall kann nicht anders behandelt werden als derjenigen, in dem der Fortbestand des Arbeitsverhältnisses nicht zweifelhaft ist und nur darüber gestritten wird, ob der Arbeitnehmer tatsächlich zu beschäftigen ist (vgl BAG, aaO).
Eine offensichtlich unwirksame Kündigung liegt vor, wenn sich schon aus dem eigenen Vortrag des Arbeitgebers ohne Beweiserhebung und ohne dass ein Beurteilungsspielraum gegeben wäre, jedem Kundigen die Unwirksamkeit der Kündigung geradezu aufdrängen muss (vgl BAG, aaO).
Dies ist vorliegend der Fall (*näher ausführen*).[11]
2. Es besteht auch ein Verfügungsgrund ... (*näher ausführen*).[12] ◄

II. Erläuterungen

11 **[1] Streitwert.** Siehe oben Rn 3.
12 **[2] Alleinentscheidung.** Siehe oben Rn 4.
13 **[3] Ladungsfrist.** Siehe oben Rn 5.
14 **[4] Hauptsacheverfahren.** Falls der Weiterbeschäftigungsanspruch nicht bereits im Kündigungsschutzprozess geltend gemacht werden sollte, fehlt es für einen späteren Antrag auf Erlass einer einstweiligen Verfügung allerdings regelmäßig am Verfügungsgrund (vgl HaKo-KSchR/*Nägele* Anhang Zwangsvollstreckung und Einstweilige Verfügung Rn 121).
15 **[5] Zustellung.** Siehe oben Rn 6.
16 **[6] Unternehmenszugehörigkeit.** Vgl § 1 KSchG Rn 1 ff.
17 **[7] Betrieblicher Geltungsbereich.** Vgl § 23 KSchG Rn 2 ff.
18 **[8] Zugang.** Die Angaben hierzu sind notwendig, da die Einhaltung der Frist des § 4 S. 1 KSchG von Amts wegen zu prüfen ist (vgl ErfK/*Kiel* KSchG § 4 Rn 2).
19 **[9] Hauptsacheverfahren.** Siehe oben Rn 8.
20 **[10] Verfügungsgrund.** Siehe oben Rn 7.
21 **[11] Offensichtliche Unwirksamkeit.** In aller Regel wird es sich hierbei um Fälle handeln, in welchen gegen das Erfordernis einer vorherigen behördlichen Zustimmung verstoßen wurde oder die Kündigung an formellen Mängeln leidet (siehe aber auch LAG Hamm v. 18.2.2010 – 8 SaGa 3/10: dort erklärte der Arbeitgeber, man werde bei einer fehlenden Einigung im Kündigungsschutzprozess „*die Frikadelle finden*", was nach Ansicht des LAG das Fehlen eines Kündigungsgrundes offensichtlich werden ließ).
22 **[12] Muster Verfügungsgrund.** Siehe hierzu oben das Muster unter Rn 1 (dort unter II. 2.).

Gerichtskostengesetz
(GKG)

In der Fassung der Bekanntmachung vom 27. Februar 2014[1] (BGBl. I S. 154)
(FNA 360-7)
zuletzt geändert durch Art. 7 G zur Durchführung der VO (EU) Nr. 1215/2012 sowie zur
Änd. sonstiger Vorschriften vom 8. Juli 2014 (BGBl. I S. 890)
– Auszug –

Vor §§ 63, 68 GKG

A. Mehrwert bei Vergleichsabschluss

Vor den Gerichten für Arbeitssachen geführte Verfahren enden sehr häufig durch einen Vergleichsabschluss, welcher nicht selten durch die Miterledigung von weiteren – nicht rechtshängigen – Streitgegenständen einen sogenannten Mehrwert aufweisen kann. Die sich hieraus ergebenden Fragen sind in regelmäßigen Abständen auch Gegenstand von Streit-/Gegenstandswertbeschwerden. 1

B. Der Streitwertkatalog

Zumindest seit der Veröffentlichung und ersten Aktualisierung des sogenannten „Streitwertekatalogs" der Streitwertekommission der Landesarbeitsgerichte (vgl dazu *Bader/Jörchel*, NZA 2013, 809; NZA 2014, 745), welcher aber naturgemäß nur einen rein empfehlenden Charakter hat, ist der gewünschte Effekt einer Vereinheitlichung zwar teilweise eingetreten. Allerdings ist und kann der Streitwertekatalog nicht „abschließend" sein, so dass noch manch übliche Vergleichsregelungen nicht aufgenommen sind, wie zB eine vereinbarte vorzeitige Lösungsmöglichkeit für den Arbeitnehmer (vgl hierzu LAG Hamburg 30.4.2014 – 1 Ta 6/14: [keine Werterhöhung]; aA und teilweise kritisch zu dem Streitwertekatalog: Stellungnahme des DAV in NZA 2013, 1112 und NZA 2014, 886). Außerdem zeichnet sich seit Veröffentlichung der Empfehlung aber auch ab, dass manche Landesarbeitsgerichte teilweise hiervon abweichen (vgl insbesondere so die Übersicht der Rechtsprechung der für Streitwertbeschwerden ausschließlich zuständigen Kammer des LAG Baden-Württemberg unter http://www.lag-baden-wuerttemberg.de/pb/Lde/Startseite/Streitwertkatalog; siehe auch beispielhaft LAG Schleswig-Holstein 14.1.2014 5 Ta 2/14 [Zeugniserteilungsklage ohne inhaltliche Vorgaben nur mit einer geringeren Quote als ein Bruttomonatsverdienst, konkret 500,00 EUR bei einem Bruttomonatsverdienst von 2.660,00 EUR]; LAG Nürnberg 21.6.2013 – 7 Ta 41/13 [Abrechnung statt mit 5% des Ausgangsbetrages nur pauschal 25 EUR]). 2

C. Funktion des „Urteilsstreitwerts"

Eine weitere Besonderheit im arbeitsgerichtlichen Verfahren ist, dass der im Urteil gem. § 61 Abs. 1 ArbGG festzusetzende „Urteilsstreitwert" als Rechtsmittelstreitwert nur der Rechtsmittelklarheit dient und für die Festsetzung des Gebührenstreitwertes nicht bindend ist, § 62 S. 2 GKG. Verbindlich ist diese Festsetzung nur für das Rechtsmittelgericht, sofern sie nicht offensichtlich unrichtig ist (BAG 19.1.2011 – 3 AZR 111/09). Der Gebührenstreitwert hinge- 3

---

1 Neubekanntmachung des GKG v. 5. 5. 2004 (BGBl. I S. 718) in der ab dem 1. 1. 2014 geltenden Fassung.

gen wird im arbeitsgerichtlichen Verfahren vielmehr eigenständig nach § 63 GKG festgesetzt (*Natter*, NZA 2004, 686, 688).

4 Unterschiedlich ist insoweit allerdings die Auffassung in der Rechtsprechung, ob im Falle einer Erledigung des Verfahrens durch Vergleich oder bei Vorliegen eines Tatbestandes nach Nr. 8210 der Anlage 1 zu § 3 Abs. 2 GKG, welcher zum vollständigen Entfall der Gerichtsgebühren führt, die Festsetzung dennoch nach § 63 GKG zu erfolgen hat (so u.a. LAG Nürnberg 8.12.2008 – 4 Ta 148/08, LAG Köln 19.11.2012 – 5 Ta 287/12; LAG Düsseldorf 5.12.2006 – 6 Ta 583/06 LAG Hamm – 28.4.2006 6 Ta 95/06). Das besondere Streitwertfestsetzungsverfahren des § 33 RVG, welches ausweislich des Wortlautes dann zur Anwendung kommt, wenn sich die Gebühren für die anwaltliche Tätigkeit in einem gerichtlichen Verfahren nicht nach dem für die Gerichtsgebühren maßgebenden Wert richten oder es an einem derartigen Wert fehlt, ist nach dieser Ansicht nur dann einschlägig, wenn die Verfahrensnormen keine Gebührenerhebung vorsehen. Hiernach verbleibt im Bereich des arbeitsgerichtlichen Verfahrens für den Anwendungsbereich des § 33 RVG nur das Prozesskostenhilfeverfahren und das Beschlussverfahren.

5 Nach wohl überwiegend anderer Auffassung ist hingegen grundsätzlich auch im Falle eines nachträglichen „Entfallens" der Gerichtsgebühren aufgrund eines Privilegierungstatbestandes der Gegenstandswert der anwaltlichen Tätigkeit nach § 33 RVG festzusetzen (so u.a. LAG Nürnberg 21.6.2013 – 7 Ta 41/13; LAG Sachsen 28.10.2013; LAG Rheinland-Pfalz 28.12.2011 – 1 Ta 272/11; LAG Schleswig-Holstein 15.12.2011 – 6 Ta 198/11, 25.2.2011; LAG Hessen 1 Ta 483/10; LAG Hamburg 12.4.2010 – 4 Ta 5/10; LAG München 23.10.2009 – 7 Ta 309/09). Der Unterschied ist zum Teil erheblich. Zwar gilt für beide Verfahren als Zulässigkeitsgrenze der Beschwerdewert von mehr als 200,00 EUR bzw die Zulassung der Beschwerde durch das Ausgangsgericht (§ 68 Abs. 1 S. 1 GKG; § 33 Abs. 3 S. 1 RVG). Während aber im Rahmen von § 63 Abs. 2 GKG die Abänderung auch von Amts wegen geschehen kann und somit der Weg einer Verböserung des Ausgangsbeschlusses eröffnet ist, scheidet Letzteres im Fall einer Beschwerde gem. § 33 Abs. 2 RVG nach ganz hM aus (vgl nur LAG Sachsen 28.10.2013 – 4 Ta 172/13 (2) mwN). Neben der ebenfalls unterschiedlichen Beschwerdefrist ist zu beachten, dass gem. § 33 RVG eine Festsetzung des Gegenstandswertes nur auf Antrag erfolgt. Daher beschränkt sich die Festsetzung auf die Gebührenansprüche desjenigen Rechtsanwalts, der das Verfahren beantragt hat, wobei anderen Verfahrensbevollmächtigten die Möglichkeit bleibt, im laufenden erstinstanzlichen Verfahren einen eigenen Antrag zu stellen (LAG Hamm 23. 1. 2006 – 13 TaBV 168/05 – juris; *Maatje/Schwab*, NZA 2011, 769, 772). Fehlt Letzteres, ist nach Ansicht des LAG Hamm der Rechtsanwalt auch dann nicht beschwert, wenn er ohne zwingende gesetzliche Grundlage im Ausgangsverfahren beteiligt worden ist (vgl LAG Hamm, aaO). Weiterhin sieht § 33 Abs. 9 RVG vor, dass das Beschwerdeverfahren – anders als nach § 68 Abs. 3 GKG – nicht kostenfrei ist.

6 Grundsätzlich ist auch zu beachten, dass es bei den Landesarbeitsgerichten eine unterschiedliche Handhabung bezüglich der Überprüfung der Ausgangsentscheidung des jeweiligen Arbeitsgerichtes gibt. Dies kann nicht unerhebliche Auswirkungen auf die Erfolgsaussichten von etwaigen Rechtsmitteln haben. Die eine Ansicht schränkt den Prüfungsmaßstab des Beschwerdegerichts insoweit ein, als dieses lediglich befugt sei zu prüfen, ob das Arbeitsgericht bei der Wertfestsetzung die im Gesetz aufgestellten Grenzen des Ermessens überschritten oder von dem Ermessen in einer dem Zweck der Ermächtigung nicht entsprechenden Weise Gebrauch gemacht hat. Eine eigene Ermessensentscheidung an Stelle des Ermessens des Ausgangsgerichts könne hingegen nicht erfolgen (so zB LAG Nürnberg 12.08.2011 – 7 Ta 60/11;

LAG Baden-Württemberg 8.1.2014 – 5 Ta 184/13; LAG Köln 27.8.2009 – 9 Ta 270/09; LAG Sachsen 27.4.2007 – 4 Ta 41/07 (5); LAG Schleswig-Holstein 17.2.1998 – 3 Ta 34/98 c; BAG 2.4.1987 – 6 ABR 29/85). Hierbei wird sich wohl nunmehr auch der „Streitwertekatalog" der Streitwertekommission der Landesarbeitsgerichte auswirken, da bei einer zutreffenden Anwendung desselben sich das Arbeitsgericht regelmäßig im Rahmen des ihm zB nach § 23 Abs. 3 S. 2 RVG eingeräumten Ermessens halten wird (LAG Nürnberg 20.12.2013 – 2 Ta 156/13). Nach anderer Ansicht obliegt dem Beschwerdegericht hingegen nicht nur die Prüfung auf Ermessensfehler. Vielmehr kann das Beschwerdegericht eigenes Ermessen zur Ermittlung des Gegenstandswertes ausüben (so zB LAG Nürnberg 30.7.2014 – 4 Ta 83/14; LAG Hamburg 26.10.2006 – 7 Ta 18/06; LAG Rheinland – Pfalz 14.1.1991 – 9 Ta 3/91 – LAGE § 12 ArbGG 1979 Streitwert Nr. 88).

§ 63 GKG Wertfestsetzung für die Gerichtsgebühren

(1) ¹Sind Gebühren, die sich nach dem Streitwert richten, mit der Einreichung der Klage-, Antrags-, Einspruchs- oder Rechtsmittelschrift oder mit der Abgabe der entsprechenden Erklärung zu Protokoll fällig, setzt das Gericht sogleich den Wert ohne Anhörung der Parteien durch Beschluss vorläufig fest, wenn Gegenstand des Verfahrens nicht eine bestimmte Geldsumme in Euro ist oder gesetzlich kein fester Wert bestimmt ist. ²Einwendungen gegen die Höhe des festgesetzten Werts können nur im Verfahren über die Beschwerde gegen den Beschluss, durch den die Tätigkeit des Gerichts aufgrund dieses Gesetzes von der vorherigen Zahlung von Kosten abhängig gemacht wird, geltend gemacht werden. ³Die Sätze 1 und 2 gelten nicht in Verfahren vor den Gerichten der Finanzgerichtsbarkeit.
(2) ¹Soweit eine Entscheidung nach § 62 Satz 1 nicht ergeht oder nicht bindet, setzt das Prozessgericht den Wert für die zu erhebenden Gebühren durch Beschluss fest, sobald eine Entscheidung über den gesamten Streitgegenstand ergeht oder sich das Verfahren anderweitig erledigt. ²In Verfahren vor den Gerichten für Arbeitssachen oder der Finanzgerichtsbarkeit gilt dies nur dann, wenn ein Beteiligter oder die Staatskasse die Festsetzung beantragt oder das Gericht sie für angemessen hält.
(3) ¹Die Festsetzung kann von Amts wegen geändert werden
1. von dem Gericht, das den Wert festgesetzt hat, und
2. von dem Rechtsmittelgericht, wenn das Verfahren wegen der Hauptsache oder wegen der Entscheidung über den Streitwert, den Kostenansatz oder die Kostenfestsetzung in der Rechtsmittelinstanz schwebt.

²Die Änderung ist nur innerhalb von sechs Monaten zulässig, nachdem die Entscheidung in der Hauptsache Rechtskraft erlangt oder das Verfahren sich anderweitig erledigt hat.

A. Streit-/Gegenstandswert nach Beendigung des Kündigungsschutzverfahrens
  I. Muster: Antrag auf Streit-/Gegenstandswertfestsetzung bei einem Kündigungsschutzverfahren
  II. Erläuterungen
    [1] Antrag 2
    [2] Streitige Verhandlung 3
    [3] Festsetzungsverfahren 4
    [4] Maßgebliche Vergütung 5
    [5] Streitiger Zeitraum 6

B. Streit-/Gegenstandswertfestsetzung nach Endurteil/Vergleich – Teilerledigterklärung/-klagerücknahme
  I. Muster: Antrag auf Streit-/Gegenstandswertfestsetzung nach Endurteil/Vergleich und vorheriger teilweiser übereinstimmender Teilerledigterklärung/-klagerücknahme
  II. Erläuterungen
    [1] Ausgangspunkt der Streitwertberechnung 8
    [2] Einseitige Erledigterklärung 12

[3]	Kostenprivilegierung/Festsetzungsverfahren	13	
[4]	Maßgebliche Vergütung	14	

C. Streit-/Gegenstandswertfestsetzung nach klageabweisendem Endurteil/Vergleich – Weiterbeschäftigungsantrag als Hilfsantrag
  I. Muster: Antrag auf Streit-/Gegenstandswertfestsetzung nach klageabweisendem Endurteil/Vergleich und als unechten Hilfsantrag gestellten allgemeinen Weiterbeschäftigungsantrag
  II. Erläuterungen
  [1] Allgemeiner Weiterbeschäftigungsanspruch 16
  [2] Festsetzungsverfahren 17
  [3] Unechter Hilfsantrag 18
  [4] Maßgebliche Vergütung 19
  [5] Meinungsstand 20

A. Streit-/Gegenstandswert nach Beendigung des Kündigungsschutzverfahrens

1 **I. Muster: Antrag auf Streit-/Gegenstandswertfestsetzung bei einem Kündigungsschutzverfahren**[1]

257 ▶ An das

Arbeitsgericht ▪▪▪

In Sachen ▪▪▪

Az.: ▪▪▪

beantrage ich die Streitwertfestsetzung gem. § 63 Abs. 2 GKG iVm § 32 Abs. 2 RVG.

(**Alternativ** *bei Beendigung durch Vergleich oder ohne mündliche Verhandlung durch Klagerücknahme /Anerkenntnis/Verzicht/ übereinstimmende Erledigterklärung ohne Kostenentscheidung oder -übernahmeerklärung:*

▪▪▪ *beantrage ich die Gegenstandswertfestsetzung gem. § 33 Abs. 3 RVG.*[2][3])

Der zu erwartende Bruttoverdienst hätte bei Fortbestand des Arbeitsverhältnisses für die ersten drei Monate/bis zum ▪▪▪ EUR betragen.[4]. Vorliegend wurde der Fortbestand des Arbeitsverhältnisses für (mehr als) drei Monate geltend gemacht. Ein solcher Bestandsschutzantrag ist grundsätzlich unabhängig von der bisherigen Dauer des Arbeitsverhältnisses mit dem Vierteljahreseinkommen nach § 42 Absatz 2 Satz 1 GKG nF zu bewerten (vgl. Ziff. I 19 des Streitwertekatalogs der Streitwertekommission der Arbeitsgerichtsbarkeit). Dies ergibt vorliegend somit einen Streitwert/Gegenstandswert von ▪▪▪ EUR.

(**Optional**: *Vorliegend wurde der Bestand des Arbeitsverhältnisses für einen Zeitraum von* ▪▪▪ *geltend gemacht.*[5])

Hieraus folgt ein *Streitwert/Gegenstandswert* in Höhe von ▪▪▪ EUR (vgl Ziff. I 19 des Streitwertekatalogs der Streitwertekommission der Arbeitsgerichtsbarkeit).

▪▪▪

Rechtsanwalt ◀

II. Erläuterungen

2 [1] **Antrag.** In der Praxis erfolgt trotz § 62 Satz 2 GKG kein Antrag nach § 63 Abs. 3 GKG, wenn der „Rechtsmittelstreitwert" im Urteil mit dem Gebührenstreitwert im Ergebnis deckungsgleich ist. Dies ist bei Bestandsstreitigkeiten - ausgenommen eventuell bei unechten Hilfsanträgen – häufig der Fall. Zwar gilt für den Rechtsmittelstreitwert § 3 ZPO, allerdings wird bei der Ausübung des Ermessens in der Praxis der Rechtsgedanke des § 42 Abs. 2 GKG angewendet. Auf Antrag müsste aber dennoch ein Beschluss gem. § 63 GKG erfolgen (LAG Köln 12.5.2011 – 2 Ta 87/11).

3 [2] **Streitige Verhandlung.** Außer im Falle des Vergleichs nach der Vorbemerkung 8 setzen alle Tatbestände der Nr. 8210 der Anlage 1 zu § 3 Abs. 2 GKG voraus, dass die Beendigung "ohne streitige Verhandlung" erfolgt ist. Zwar ist nicht ganz eindeutig, was der Gesetzgeber mit diesem Begriff meint (vgl *Kloppenburg* in: Hümmerich/Boecken/Düwell, Arbeitsrecht, § 55 ArbGG Rn 3). Da aber nach § 137 Abs. 1 ZPO die mündliche Verhandlung durch die Stellung der Anträge eingeleitet wird (anders § 54 Abs. 1 ArbGG, wonach die mündliche Verhandlung mit einer Güteverhandlung beginnt, in welcher keine Anträge gestellt sondern höchstens angekündigt werden können), ist eine Gebührenprivilegierung bis zur formellen Stellung der Anträge in der „streitigen Verhandlung" möglich (so G/M/P/*Germelmann*, § 12 ArbGG Rn 18).

[3] **Festsetzungsverfahren.** Sofern der unter Vor §§ 63, 68 GKG Rn 5 dargelegten Auffassung gefolgt wird.

[4] **Maßgebliche Vergütung.** Für die Wertberechnung gem. § 42 Abs. 2 GKG ist bei Klagen, die das Bestehen eines Arbeitsverhältnisses über einen bestimmten Zeitpunkt hinaus zum Gegenstand haben, das Arbeitsentgelt maßgebend, das der Arbeitnehmer bei Fortbestand des Arbeitsverhältnisses in den ersten drei Monaten nach dem streitigen Beendigungszeitpunkt beanspruchen könnte (BAG 19.7.1973 – 2 AZR 190/73; LAG Köln 12.8.1999 – 13 Ta 232/99). In der Praxis erfolgt aber fast ausschließlich eine Orientierung nach dem zuletzt bezogenen (Durchschnitts-) Verdienst.

[5] **Streitiger Zeitraum.** Die Vergütungsdifferenz bis zur unstreitigen Beendigung innerhalb eines Zeitraumes von weniger als drei Monaten ist auch dann für die Wertfestsetzung maßgeblich, wenn zB lediglich eine außerordentliche Kündigung angegriffen wird, nicht hingegen die vorsorgliche ordentliche Kündigung (LAG Nürnberg 15.08.2014 – 4 Ta 103/14).

B. Streit-/Gegenstandswertfestsetzung nach Endurteil/Vergleich – Teilerledigterklärung/-klagerücknahme

I. Muster: Antrag auf Streit-/Gegenstandswertfestsetzung nach Endurteil/Vergleich und[1] vorheriger teilweiser übereinstimmender[2] Teilerledigterklärung/-klagerücknahme

▶ An das

Arbeitsgericht ▄▄▄

In Sachen

▄▄▄ ./. ▄▄▄

Az.: ▄▄▄

beantrage ich die Streitwertfestsetzung gem. § 63 Abs. 2 GKG iVm § 32 Abs. 2 RVG.

(**Alternativ** bei Beendigung durch Vergleich[3]

▄▄▄ beantrage ich die Gegenstandswertfestsetzung gem. § 33 Abs. 3 RVG)

Mit der ursprünglichen Klage wurden neben der Kündigungsschutzklage außerdem beantragt,

▄▄▄

Insoweit/Bezüglich der Anträge ▄▄▄ wurde der Rechtsstreit nach entsprechender Erfüllung übereinstimmend für erledigt erklärt/die Klage teilweise zurückgenommen. Der zuletzt bezogene Bruttomonatsverdienst betrug ▄▄▄.

(*falls hiervon abweichend: der zu erwartende Bruttomonatsverdienst bei Fortbestand des Arbeitsverhältnisses hätte für die ersten drei Monate ▄▄▄ EUR je Monat betragen.*[4])

Der Streitwert/Gegenstandswert für das Kündigungsschutzverfahren mit für die Kündigungsschutzklage mit dem dreifachen Bruttomonatsverdienst festzusetzen, da der Fortbestand des Arbeitsverhältnisses für (mehr als) drei Monate geltend gemacht wurde, § 42 Asb.2 GKG (vgl Ziff. I 19 des Streitwertekatalogs der Streitwertekommission der Arbeitsgerichtsbarkeit) sowie

▪▪▪ mit ▪▪▪ (*näher ausführen*)

festzusetzen.

Hieraus folgt vorliegend ein *Streitwert/Gegenstandswert* in Höhe von insgesamt ▪▪▪ EUR

▪▪▪

Rechtsanwalt ◄

II. Erläuterungen

8 **[1] Ausgangspunkt der Streitwertberechnung.** Allen diesen Fällen ist gemein, dass teilweise Streitgegenstände vor dem Schluss der mündlichen Verhandlung aus dem Rechtsstreit in der Hauptsache ausgeschieden und daher im Falle eines Endurteils vom Rechtsmittelstreitwert nicht mehr umfasst sind. Hier ist zu beachten, dass sich der gerichtliche Gebührenstreitwert immer nach dem höchsten erreichten Wert richtet, § 39 GKG. Dies gilt gem. § 22 RVG grundsätzlich auch für den anwaltlichen Gebührenstreitwert. Da aber auf den jeweiligen Zeitpunkt der Verwirklichung des Gebührentatbestandes abzustellen ist, kann für jede Angelegenheit eine gesonderte Berechnung erforderlich sein (vgl *Mayer* in Mayer/Kroiß, RVG § 22 Rn 11 ff), was zu einer zeitliche gestaffelten Streitwertfestsetzung führt.

9 **Beispiel:** Im Falle einer kombinierten Kündigungsschutz- (3 x 3.000,00 EUR) und Zeugniserteilungsklage (3.000,00 EUR) wird der Rechtsstreit noch vor der Güteverhandlung und nach Erteilung des Zeugnisses diesbezüglich teilweise übereinstimmend für erledigt erklärt. . Das Verfahren wird dann durch Endurteil beendet.

10 Der „Urteilsstreitwert" nach § 61 Abs. 1 ArbGG wäre auf 9.000,00 EUR, der für die rechtsanwaltliche Tätigkeit maßgebliche Gebührenstreitwert hingegen bis zu zur Teilerledigung auf 12.000,00 EUR, sowie anschließend auf 9.000,00 EUR festzusetzen, §§ 39, 42 Abs. 2, 63 Abs. 3 GKG. Die Verfahrensgebühr Nr. 3100 VV entsteht in diesem Fall aus einem Wert von 12.000,00 EUR. Anders aber die Terminsgebühr nach Nr. 3104 VV, bei welcher lediglich ein Wert von 9.000,00 EUR zu Grunde zu legen ist.

11 Im Falle einer subjektiven Klagehäufung, wie sie zB im Zusammenhang mit einem Betriebsübergang nach § 613 a BGB häufiger vorkommt, kann es ebenfalls notwendig sein, den Streitwert aufzuschlüsseln (vgl LAG Nürnberg 13.7.2006 – 6 Ta 102/06).

12 **[2] Einseitige Erledigterklärung.** Eine reine einseitige Teilerledigterklärung ist bezüglich der Gerichtsgebühren aufgrund von § 39 GKG zwar unerheblich. Allerdings kann sich im Hinblick auf die Rechtsanwaltsgebühren die Frage des Streitwertes stellen. Insoweit werden im Ergebnis drei Auffassungen vertreten [siehe hierzu ausführlich und mwN: Hk-ZPO/*Gierl*, § 91 a Rn 95 ff): Eine Ansicht nimmt auch bezüglich des Feststellungsantrages weiterhin den Wert der Hauptsache an (so für den Fall, dass die Beklagte aus präjudiziellen Gründen ein dem ursprünglichen Klagebetrag entsprechendes wirtschaftliches Interesse an einer Klageabweisung hat BGH 9.5.1996 – VII ZR 143/94; LAG Hessen 21.7.1997 – 16 Sa 291/97). Eine weitere Auffassung nimmt einen Abschlag von bis zu 50 % vor. Die wohl hM errechnet den auf den erledigten Teil entfallende Kostenwert durch eine Differenzrechnung. Hierbei wird ermittelt, um welchen Betrag bis zur teilweisen Erledigung diejenigen Kosten überschritten worden sind, die angefallen wären, wenn der Kläger den Rechtsstreit von Anfang an über den Wert des nicht erledigten Teils der Hauptsache geführt hätte (BGH 13.7.1988 – VIII ZR

289/87; LAG Rheinland-Pfalz 15.7.2004 – 11 Sa 245/04); LAG Bremen 21.10.1997 – 1 Sa 101/97; LAG Hessen 5.5.1976 – 10 (2) Sa 696/75 (LS). Hierbei ist allerdings im arbeitsgerichtlichen Verfahren die Regelung des § 12a ArbGG zu berücksichtigen.

[3] **Kostenprivilegierung/Festsetzungsverfahren.** Ein Entfall der Gerichtsgebühren bei einer vergleichsweisen Beilegung des Rechtsstreits setzt grundsätzlich gem. Vorbemerkung 8 zum Teil 8 des Kostenverzeichnisses der Anlage 1 zu § 3 Abs. 2 GKG (KV-GKG) voraus, dass der gesamte Rechtsstreit (einschließlich Kostenentscheidung: siehe BAG 16.4.2008 – 6 AZR 1049/06) durch Vergleich erledigt wird. Ein reiner Teilvergleich kann sich nur dann noch rein gebührenermäßigend auswirken, wenn er mit anderen Privilegierungstatbeständen zusammentrifft, Nr. 8211 Schlussbemerkung S. 2 KV-GKG (vgl hierzu ausführlich *Roloff*, NZA 2007, 900). Im Übrigen siehe zum einschlägigen Festsetzungsverfahren Vor §§ 63, 68 GKG Rn 4 f.

[4] **Maßgebliche Vergütung.** Siehe oben Rn 5.

C. Streit-/Gegenstandswertfestsetzung nach klageabweisendem Endurteil/Vergleich – Weiterbeschäftigungsantrag als Hilfsantrag

I. Muster: Antrag auf Streit-/Gegenstandswertfestsetzung nach klageabweisendem Endurteil/Vergleich und als unechten Hilfsantrag gestellten allgemeinen Weiterbeschäftigungsantrag[1]

▶ An das

Arbeitsgericht ▬▬

In Sachen ▬▬

Az.: ▬▬

beantrage ich die Streitwertfestsetzung gem. § 63 Abs. 2 GKG iVm § 32 Abs. 2 RVG.

(*Alternativ* bei Beendigung durch Vergleich[2]

▬▬ beantrage ich die Gegenstandswertfestsetzung gem. § 33 Abs. 3 RVG)

Zusätzlich zur Kündigungsschutzklage wurde außerdem beantragt, die Beklagte für den Fall des Obsiegens mit derselben zu verurteilen, den Kläger bis zur Rechtskraft der Entscheidung über die Kündigungsschutzklage als ▬▬ weiter zu beschäftigen.[3] Mangels Eintritt der innerprozessualen Bedingung erfolgte allerdings keine Entscheidung über diesen Hilfsantrag. Der zuletzt bezogene Bruttomonatsverdienst betrug ▬▬ EUR

(Falls hiervon abweichend: der zu erwartende Bruttomonatsverdienst bei Fortbestand des Arbeitsverhältnisses hätte für die ersten drei Monate ▬▬ EUR je Monat betragen.[4])

Es wird daher beantragt, den *Streitwert/Gegenstandswert* für das Verfahren aufgrund des geltend gemachten Bestands von (mehr als) drei Monaten gem. § 42 Abs. 2 GKG mit dem dreifachen Bruttomonatsverdienst für die Kündigungsschutzklage (vgl Ziff. I 19 des Streitwertekatalogs der Streitwertekommission der Arbeitsgerichtsbarkeit) sowie mit einem Bruttomonatsverdienst für den Weiterbeschäftigungsantrag festzusetzen, § 48 Abs. 1 GKG iVm § 3 ZPO (vgl Ziff. I 24 des Streitwertekatalogs der Streitwertekommission der Arbeitsgerichtsbarkeit.

Der in Form eines unechten Hilfsantrages gestellte Weiterbeschäftigungsantrag ist trotz Nichteintritt der innerprozessualen Bedingungen werterhöhend zu berücksichtigen. Unabhängig davon, ob § 45 Abs. 1 S. 2 GKG überhaupt auf sogenannte unechte Hilfsanträge anzuwenden ist (verneinend zB LAG Niedersachsen 17.4.2001 – 3 Ta 118/01; LAG Hamm 2.7.1998 – 4 Sa 2233/98 – juris (LS); LAG Sachsen 4.4.1996 – 6 Ta 48/96 – juris; LAG Köln 31.7.1995 – 13 Ta 114/95 – NZA 1996, 840;

LAG München 30.10.1990 – 5 Ta 135/90 – NZA 1992, 140), ist dieser nach zutreffender Auffassung zumindest im Hinblick auf die rechtsanwaltliche Tätigkeit werterhöhend zu berücksichtigen. Die anwaltliche und die gerichtliche beziehen sich nicht auf denselben Gegenstand. Erstere ist grundsätzlich nicht davon abhängig, inwieweit das angerufene Gericht über erhobene Ansprüche entscheidet. Anders als das Gericht ist der Rechtsanwalt gerade auch bei einem unechten Hilfsantrag tätig geworden (LAG Hamburg 12.8.2011 – 4 Ta 17/11; LAG Nürnberg 13.3.2008 – 6 Ta 57/08; LAG Hamm 28.6.2002 – 9 Ta 234/02; LAG Rheinland-Pfalz – 16.4.1992 – 10 Ta 76/92 – NZA 1992, 664).[5]

Rechtsanwalt ◄

II. Erläuterungen

16 **[1] Allgemeiner Weiterbeschäftigungsanspruch.** Siehe zum allgemeinen Weiterbeschäftigungsanspruch § 4 KSchG Rn 15.

17 **[2] Festsetzungsverfahren.** Sofern der unter Vor §§ 63,68 GKG Rn 5 dargelegten Auffassung gefolgt wird.

18 **[3] Unechter Hilfsantrag.** Nach Ansicht des BAG ist ein gestellter allgemeiner Weiterbeschäftigungsantrag grundsätzlich so auszulegen, dass er nur als unechter Hilfsantrag begehrt wird. Von seiner Unbedingtheit könne hiernach nur ausgegangen werden, wenn der Wille, einen unbedingten Antrag zu stellen, ausdrücklich erklärt werde (30.8.2011 – 2 AZR 668/10 (A)).

19 **[4] Maßgebliche Vergütung.** Siehe oben Rn 5.

20 **[5] Meinungsstand.** Nach aA ist der allgemeine Weiterbeschäftigungsantrag – wenn er wie idR als unechter Hilfsantrag gestellt wird oder so auszulegen ist – aufgrund der unmittelbaren Anwendung von § 45 Abs. 1 S. 2 GKG (im Falle einer Erledigung des Rechtsstreits durch Vergleich über § 45 Abs. 4 GKG) weder bei den Gerichtsgebühren (so auch BAG 30.8.2011 – 2 AZR 668/10 (A) und nunmehr auch laut Ziff.I 18 des Streitwertekatalogs der Streitwertekommission), noch bei der anwaltlichen Wertfestsetzung zu berücksichtigen, soweit nicht über ihn entschieden wird oder hierzu eine vergleichsweise Regelung getroffen worden ist (vgl LAG Hamburg 30.4.2014 – 1 Ta 6/14; 17.4.2014 – 2 Ta 2/14 sowie 23.12.2013 – 5 Ta 19/13; LAG Sachsen – Anhalt 8.5.2013 1 Ta 49/13; LAG Düsseldorf 14.3.2012 – 2 Ta 83/12; LAG Schleswig-Holstein – 23.6.2011 – 3 Ta 97/11; LAG Niedersachsen 9.3.2009 – 15 Ta 53/09; LAG Bremen – 30.7.2001– 1 Ta 51/01; LAG Hessen 23.4.1999 – 15/26 Ta 28/98;vgl auch LAG Berlin 9.3.2004 17 Ta (Kost) 6010/04 (zur Sozialplanabfindung). Sollten die Parteien sich nur auf die Beendigung des Arbeitsverhältnisses verständigen, genügt diese Erledigung des Hauptantrages nach Ansicht des LAG Schleswig Holstein (9.10.2013 – 4 Ta 169/13) für sich allein genommen nicht, um auch gleichzeitig eine Regelung über den unechten Hilfsantrag im Vergleich bejahen zu können (). Dies gilt ebenso für den Fall eines echten Hilfsantrages auf Zahlung eines Nachteilsausgleichs gem. § 113 BetrVG, wenn sich die Parteien allein auf die Beendigung des Arbeitsverhältnisses gegen Zahlung einer Abfindung einigen, ohne eine positive oder negative weitere Regelung zu dem Nachteilsaugleichanspruchs aufzunehmen (so LAG Hessen 5.8.2013 – 1 Ta 251/13).

§ 68 GKG Beschwerde gegen die Festsetzung des Streitwerts

(1) ¹Gegen den Beschluss, durch den der Wert für die Gerichtsgebühren festgesetzt worden ist (§ 63 Absatz 2), findet die Beschwerde statt, wenn der Wert des Beschwerdegegenstands

200 Euro übersteigt. ²Die Beschwerde findet auch statt, wenn sie das Gericht, das die angefochtene Entscheidung erlassen hat, wegen der grundsätzlichen Bedeutung der zur Entscheidung stehenden Frage in dem Beschluss zulässt. ³Die Beschwerde ist nur zulässig, wenn sie innerhalb der in § 63 Absatz 3 Satz 2 bestimmten Frist eingelegt wird; ist der Streitwert später als einen Monat vor Ablauf dieser Frist festgesetzt worden, kann sie noch innerhalb eines Monats nach Zustellung oder formloser Mitteilung des Festsetzungsbeschlusses eingelegt werden. ⁴Im Fall der formlosen Mitteilung gilt der Beschluss mit dem dritten Tage nach Aufgabe zur Post als bekannt gemacht. ⁵§ 66 Absatz 3, 4, 5 Satz 1, 2 und 5 sowie Absatz 6 ist entsprechend anzuwenden. ⁶Die weitere Beschwerde ist innerhalb eines Monats nach Zustellung der Entscheidung des Beschwerdegerichts einzulegen.

(2) ¹War der Beschwerdeführer ohne sein Verschulden verhindert, die Frist einzuhalten, ist ihm auf Antrag von dem Gericht, das über die Beschwerde zu entscheiden hat, Wiedereinsetzung in den vorigen Stand zu gewähren, wenn er die Beschwerde binnen zwei Wochen nach der Beseitigung des Hindernisses einlegt und die Tatsachen, welche die Wiedereinsetzung begründen, glaubhaft macht. ²Ein Fehlen des Verschuldens wird vermutet, wenn eine Rechtsbehelfsbelehrung unterblieben oder fehlerhaft ist. ³Nach Ablauf eines Jahres, von dem Ende der versäumten Frist an gerechnet, kann die Wiedereinsetzung nicht mehr beantragt werden. ⁴Gegen die Ablehnung der Wiedereinsetzung findet die Beschwerde statt. ⁵Sie ist nur zulässig, wenn sie innerhalb von zwei Wochen eingelegt wird. ⁶Die Frist beginnt mit der Zustellung der Entscheidung. ⁷§ 66 Absatz 3 Satz 1 bis 3, Absatz 5 Satz 1, 2 und 5 sowie Absatz 6 ist entsprechend anzuwenden.

(3) ¹Die Verfahren sind gebührenfrei. ²Kosten werden nicht erstattet.

A. Muster: Beschwerde gegen die Festsetzung des Streitwerts		[2] Statthaftigkeit	3
B. Erläuterungen		[3] Beschwerdefrist	4
[1] Beschwerdeführer	2	[4] Prozesskostenhilfe	5

A. Muster: Beschwerde gegen die Festsetzung des Streitwerts

▶ An das

Arbeitsgericht ▪▪▪

In Sachen ▪▪▪

Az.: ▪▪▪

lege ich hiermit namens und im Auftrag unserer Mandantschaft/im eigenen Namen[1] gegen den Beschluss des Arbeitsgerichts ▪▪▪ vom ▪▪▪

Beschwerde

ein.

Begründung

Das Arbeitsgericht hat in seinem Beschluss den Streitwert/Gegenstandswert[2] auf ▪▪▪ EUR und damit unzutreffend/ermessensfehlerhaft[3] zu hoch/niedrig festgesetzt. Der Streitwert/Gegenstandswert ist vielmehr hiervon abweichend auf ▪▪▪ EUR festzusetzen

Im Einzelnen ist wie folgt auszuführen:

Die Beschwerde ist statthaft gem. § 63 Abs. 3 GKG iVm § 32 Abs. 3 RVG/§ 33 Abs. 3 RVG. Sie erfolgt auch form- und fristgemäß.[3] Die Beschwerdebefugnis ist gegeben[4] und der Beschwerdewert von mehr als 200,00 EUR ist erreicht.[5]

Soweit das Arbeitsgericht seiner Streitwertentscheidung zu Grunde legt, dass ▪▪▪ (*nähere Begründung der Beschwerde*)

▪▪▪

Rechtsanwalt ◀

B. Erläuterungen

2 **[1] Beschwerdeführer.** Da eine Beschwerdebefugnis eine „Beschwer" voraussetzt, wäre eine Beschwerde „namens" der Partei gegen eine zu geringe Festsetzung des Streit-/Gegenstandswertes als unzulässig zu verwerfen (LAG Rheinland-Pfalz 12.3.2010 – 1 Ta 28/10 – juris). Ist dagegen – wie in der Praxis gelegentlich vorkommende – zweifelhaft, wer im Rahmen einer von einem Rechtsanwalt eingelegten Beschwerde Beschwerdeführer sein soll, hat das Gericht das Rechtsmittel als eine fristgerecht eingelegte eigene Beschwerde des Anwalts auszulegen (*Maatje/Schwab*, NZA 2011, 769,772 mwN). Nach Ansicht des LAG München (23.10.2009 – 7 Ta 3009/09 – juris) ist eine Beschwerde, welche ausdrückliche „namens und im Auftrag der Rechtsschutzversicherung" mit dem Ziel der Verringerung des Streit-/Gegenstandswerts eingelegte wird, allerdings mangels Beschwerdebefugnis der Rechtsschutzversicherung als unzulässig zu verwerfen, da eine Auslegung als „eigene" Beschwerde des Mandanten in diesem Fall ausscheidet (so auch LAG Bremen 20.7.1988 – 4 Ta 35/88 – LAGE § 10 BRAGO Nr. 3; aA LAG Nürnberg 18.7.1994 – 7 Ta 78/94 – juris (nur LS). Zur fehlenden Beschwerdebefugnis bei fehlender eigener Antragstellung siehe Vor §§ 63, 68 GKG Rz 5.

3 **[2] Statthaftigkeit.** Zur Frage ob die Beschwerde nach § 68 GKG oder § 33 RVG statthaft **ist** vgl Vor §§ 63, 68 GKG Rn 4 f

4 **[3] Beschwerdefrist.** Sofern das Gericht den Weg über § 33 RVG als statthaft ansieht, läuft die zweiwöchige Beschwerdefrist nach § 33 Abs. 3 RVG aber nur im Falle einer zutreffenden Rechtsmittelbelehrung, § 9 Abs. 5 S. 1 ArbGG. Im Falle eines Vorgehens nach § 63 GKG ist eine Rechtsmittelbelehrung hingegen nicht erforderlich (*Maatje/Schwab*, NZA 2011, 769,773 Fn 35).

5 **[4] Prozesskostenhilfe.** Bei der Beschwerde eines im PKH-Verfahren beigeordneten Rechtsanwalts gegen die Festsetzung des Streit-/Gegenstandswertes ist für die Berechnung des Beschwerdewertes von mehr als 200 EUR auf die reduzierten Gebühren aus § 49 RVG abzustellen, wenn Prozesskostenhilfe ohne Ratenzahlung bewilligt worden ist. Bei einer Anordnung einer Ratenzahlung sind hingegen die Regelgebühren maßgeblich (LAG Rheinland-Pfalz 17.8.2009 – 1 Ta 183/09; LAG München 17.3.2009 – 10 Ta 394/07).

Anhang zu §§ 63, 68 GKG Streitwertekatalog der Landesarbeitsgerichte für das Urteilsverfahren (Stand Juli 2014)

I. URTEILSVERFAHREN

Nr.	Gegenstand
1.	**Abfindung und Auflösungsantrag, tarifliche Abfindung, Sozialplanabfindung, Nachteilsausgleich**
	Wird im Kündigungsrechtsstreit eine gerichtliche Auflösung des Arbeitsverhältnisses beantragt (§§ 9, 10 KSchG; § 13 Abs. 1 S. 3–5, Abs. 2 KSchG; § 14 Abs. 2 S. 2 KSchG), führt dies nicht zu einer Werterhöhung. Wird in der Rechtsmittelinstanz isoliert über die Auflösung gestritten, gilt § 42 Abs. 2 S. 1 GKG; wird isoliert über die Abfindungshöhe gestritten, ist maßgebend der streitige Differenzbetrag, höchstens jedoch das Vierteljahresentgelt. Eine im Vergleich vereinbarte Abfindung in entsprechender Anwendung der §§ 9, 10 KSchG ist nicht streitwerterhöhend; Vereinbarungen über andere Abfindungen oder einen Nachteilsausgleich im Vergleich können hingegen zu einer Werterhöhung führen. Wird hingegen über eine Sozialplanabfindung, über eine tarifliche Abfindung oder über einen Fall des Nachteilsausgleichs nach § 113 Abs. 1 BetrVG gestritten, richtet sich der Wert nach dem streitigen Betrag. Ggf ist das zum Hilfsantrag (siehe I. Nr. 18) Ausgeführte zu beachten.
2.	**Abmahnung**
2.1	Der Streit über eine Abmahnung wird – unabhängig von der Anzahl und der Art der darin enthaltenen Vorwürfe und unabhängig von dem Ziel der Klage (Entfernung, vollständige Entfernung, ersatzlose Entfernung, Zurücknahme/Widerruf, Feststellung der Unwirksamkeit) – mit 1 Monatsvergütung bewertet.
2.2	Mehrere in einem Verfahren angegriffene Abmahnungen werden mit maximal dem Vierteljahresentgelt bewertet.
3.	**Abrechnung**
	Reine Abrechnung nach § 108 GewO, gegebenenfalls auch kumulativ mit einer Vergütungsklage: 5 % der Vergütung für den geltend gemachten Abrechnungszeitraum.
4.	**Änderungskündigung** – bei Annahme unter Vorbehalt – und sonstiger **Streit über den Inhalt des Arbeitsverhältnisses:**
4.1	1 Monatsvergütung bis zu einem Vierteljahresentgelt je nach dem Grad der Vertragsänderung.
4.2	Bei Änderungskündigungen mit Vergütungsänderung oder sonstigen messbaren wirtschaftlichen Nachteilen: 3-fache Jahresdifferenz, mindestens 1 Monatsvergütung, höchstens die Vergütung für ein Vierteljahr.
5.	**Altersteilzeitbegehren**
	Bewertung entsprechend I. Nr. 4.

6.		Annahmeverzug
		Wird in einer Bestandsstreitigkeit im Wege der Klagehäufung fällige Annahmeverzugsvergütung geltend gemacht, bei der die Vergütung vom streitigen Fortbestand des Arbeitsverhältnisses abhängt, so besteht nach dem Beendigungszeitpunkt eine wirtschaftliche Identität zwischen Bestandsstreit und Annahmeverzug. Nach § 45 Abs. 1 S. 3 GKG findet keine Wertaddition statt. Der höhere Wert ist maßgeblich.
7.		Arbeitspapiere
	7.1	Handelt es sich hierbei nur um reine Bescheinigungen zB hinsichtlich sozialversicherungsrechtlicher Vorgänge, Urlaub oder Lohnsteuer: pro Arbeitspapier 10 % einer Monatsvergütung.
	7.2	Nachweis nach dem Nachweisgesetz: 10 % einer Monatsvergütung.
8.		Arbeitszeitveränderung
		Bewertung entsprechend I. Nr. 4
9.		Auflösungsantrag nach dem KSchG
		Dazu wird auf I. Nr. 1 verwiesen.
10.		Auskunft/Rechnungslegung/Stufenklage
		(für leistungsabhängige Vergütung zB Provision oder Bonus):
	10.1	**Auskunft (isoliert):** von 10 % bis 50 % der zu erwartenden Vergütung, je nach Bedeutung der Auskunft für die klagende Partei im Hinblick auf die Durchsetzung des Zahlungsanspruchs.
	10.2	**Eidesstattliche Versicherung (isoliert):** 10 % der Vergütung.
	10.3	**Zahlung:** Nennbetrag (ggf nach der geäußerten Erwartung der klagenden Partei, unter Berücksichtigung von § 44 GKG).
11.		Befristung, sonstige Beendigungstatbestände
		Für den Streit über die Wirksamkeit einer Befristungsabrede, einer auflösenden Bedingung, einer Anfechtung des Arbeitsvertrags, einer Eigenkündigung und eines Auflösungs- oder Aufhebungsvertrags gelten die Bewertungsgrundsätze der I. Nrn. 19 und 20 sowie der Nr. 17.
12.		Beschäftigungsanspruch
		1 Monatsvergütung.
13.		Betriebsübergang
		Bestandsschutzklage gegen Veräußerer und Feststellungs- bzw Bestandsschutzklage gegen Erwerber: allein Bewertung der Beendigungstatbestände nach I. Nrn. 11, 19 und 20, keine Erhöhung nur wegen subjektiver Klagehäufung (also zB bei Klage gegen eine Kündigung des Veräußerers und Feststellungsklage gegen Erwerber im selben Verfahren: Vergütung für ein Vierteljahr).

	Bestandsschutzklage gegen Veräußerer und Beschäftigungsklage/Weiterbeschäftigungsklage gegen Erwerber: Bewertung nach I. Nrn. 11, 12, 19 und 20, keine Erhöhung allein wegen subjektiver Klagehäufung (also zB bei Klage gegen eine Kündigung des Veräußerers und Beschäftigungsklage gegen Erwerber im selben Verfahren): 4 Monatsvergütungen. Alleiniger Streit in Rechtsmittelinstanz über Bestand Arbeitsverhältnis mit Betriebserwerber: Vergütung für ein Vierteljahr.
14.	Direktionsrecht – Versetzung
	Von in der Regel 1 Monatsvergütung bis zu einem Vierteljahresentgelt, abhängig vom Grad der Belastungen aus der Änderung der Arbeitsbedingungen für die klagende Partei.
15.	Einstellungsanspruch/Wiedereinstellungsanspruch
	Die Vergütung für ein Vierteljahr; ggf unter Berücksichtigung von I. Nr. 18.
16.	Einstweilige Verfügung
16.1	Bei Vorwegnahme der Hauptsache: 100 % des allgemeinen Wertes.
16.2	Einstweilige Regelung: Je nach Einzelfall, idR 50 % des Hauptsachestreitwerts.
17.	Feststellungsantrag, allgemeiner (Schleppnetzantrag):
17.1	Allgemeiner Feststellungsantrag isoliert: höchstens Vergütung für ein Vierteljahr.
17.2	Allgemeiner Feststellungsantrag neben punktuellen Bestandsschutzanträgen (Schleppnetzantrag): keine zusätzliche Bewertung (arg. § 42 Abs. 2 S. 1 GKG).
18.	Hilfsantrag
	Auch uneigentlicher/unechter Hilfsantrag: Es gilt § 45 Abs. 1 S. 2 und 3 GKG.
19.	Kündigung (eine)
	Die Vergütung für ein Vierteljahr, es sei denn unter Auslegung des Klageantrags und der Klagebegründung ist nur ein Fortbestand des Arbeitsverhältnisses von unter 3 Monaten im Streit (dann entsprechend geringerer Wert).
20.	Kündigungen (mehrere):
20.1	Außerordentliche Kündigung, die hilfsweise als ordentliche erklärt wird (einschließlich Umdeutung nach § 140 BGB): höchstens die Vergütung für ein Vierteljahr, unabhängig davon, ob sie in einem oder in mehreren Schreiben erklärt werden.
20.2	Mehrere Kündigungen ohne Veränderung des Beendigungszeitpunktes: keine Erhöhung.
20.3	Folgekündigungen mit Veränderung des Beendigungszeitpunktes: Für jede Folgekündigung die Entgeltdifferenz zwischen den verschiedenen Beendigungszeitpunkten, maximal jedoch die Vergütung für ein Vierteljahr für jede Folgekündigung. Die erste Kündigung – bewertet nach den Grundsätzen der I. Nr. 19 – ist stets die mit dem frühesten Beendigungszeitpunkt, auch wenn sie später ausgesprochen und später angegriffen wird.

	Die Grundsätze des Absatzes 1 gelten jeweils für die betreffende Instanz. Fallen Klagen gegen einzelne Kündigungen im Laufe des Verfahrens in einer Instanz weg, gelten die Grundsätze des ersten Absatzes ab diesem Zeitpunkt für die in dieser Instanz verbleibenden Kündigungen.
21.	**Rechnungslegung:** siehe Auskunft (I. Nr. 10.)
22.	**Vergleichsmehrwert**
22.1	in Vergleichsmehrwert fällt nur an, wenn durch den Vergleichsabschluss ein weiterer Rechtsstreit und/oder außergerichtlicher Streit erledigt und/oder die Ungewissheit über ein Rechtsverhältnis beseitigt werden. Beispiele: Wird im Rahmen eines Abmahnungsrechtsstreits oder des Streits über eine Versetzung die Beendigung des Arbeitsverhältnisses vereinbart oder im Rahmen einer verhaltensbedingten Kündigung eine Regelung zum Arbeitszeugnis mit inhaltlichen Festlegungen vereinbart, ist dies mit dem Wert der Hauptsache zu bewerten. Nur wenn eine Partei sich eines Anspruchs auf oder eines Rechts zur Freistellung berühmt hat, wird die Freistellungsvereinbarung mit bis zu 1 Monatsvergütung (unter Anrechnung des Werts einer Beschäftigungs- oder Weiterbeschäftigungsklage) bewertet. Die Freistellung wird nur zukunftsbezogen ab dem Zeitpunkt des Vergleichsabschlusses bewertet, etwaige Zeiten einer Freistellung zuvor spielen keine Rolle.
22.2	Ist ein Anspruch unstreitig und gewiss, aber seine Durchsetzung ungewiss, wird das Titulierungsinteresse mit 20 % des Wertes des Anspruches bewertet.
23.	**Wiedereinstellungsanspruch:** siehe Einstellungsanspruch (I. Nr. 15.)
24.	**Weiterbeschäftigungsantrag incl. Anspruch nach § 102 Abs. 5 BetrVG**
	1 Monatsvergütung.
25.	**Zeugnis**
25.1	Erteilung oder Berichtigung eines einfachen Zeugnisses: 10 % einer Monatsvergütung.
25.2	Erteilung oder Berichtigung eines qualifizierten Zeugnisses: 1 Monatsvergütung, und zwar unabhängig von Art und Inhalt eines Berichtigungsverlangens, auch bei kurzem Arbeitsverhältnis.
25.3	Zwischenzeugnis: Bewertung wie I. Nr. 25.2. Wird ein Zwischen- und ein Endzeugnis (kumulativ oder hilfsweise) im Verfahren verlangt: Insgesamt 1 Monatsvergütung.

II. Vergleichs(mehr)wert

Nr.	Streitgegenstand
25.	Einigungsgebühr nach Nr. 1000 der Anlage 1 zum RVG (Vergütungsverzeichnis)
	„Die Gebühr entsteht für die Mitwirkung beim Abschluss eines Vertrags, durch den der Streit über die Ungewissheit über ein Rechtsverhältnis beseitigt wird, es sei denn, der Vertrag beschränkt sich ausschließlich auf ein Anerkenntnis oder einen Verzicht ..."
25.1	Im Hinblick auf ein *Titulierungsinteresse* für im Wesentlichen *unstreitige* Ansprüche, die im Vergleich aufgenommen werden: 20 % des normalen Wertes des Anspruchs; das gilt insbesondere auch für das unstreitig zu erteilende Zeugnis. Werden im Vergleich bei einem qualifizierten Zeugnis inhaltliche Festlegungen mit geregelt, dann ist der Zeugnisanspruch mit eine Monatsvergütung streitwerterhöhend.
25.2	*Freistellung* bis zum Beendigungszeitpunkt: 25 % der Vergütung für den Zeitraum, der zu einer tatsächlichen Freistellung durch den Vergleich führt, maximal jedoch eine Monatsvergütung. Die Freistellung wird somit rein zukunftsbezogen ab dem Zeitpunkt des Vergleichsabschlusses berechnet und nicht etwa rückwirkend für Zeiträume vor dem Vergleichsabschluss, selbst wenn der Arbeitnehmer (insbesondere wegen der Kündigung) bereits vor dem Vergleichsabschluss freigestellt gewesen sein sollte.

Stichwortverzeichnis

Fette Zahlen verweisen auf Paragrafen, magere Zahlen auf Randnummern.

Abfindung   *BGB* **623** 57;
  KSchG **9-10** 12 ff
- Auflösungsantrag, Abfindungshöhe bei außerordentlicher Kündigung *KSchG* **13** 20
- Bemessungskriterien   *KSchG* **9-10** 12 ff
- Entstehung des Abfindungsanspruchs *KSchG* **9-10** 18
- Festsetzung der Höhe durch Tatsachengericht   *KSchG* **9-10** 13
- gesetzlicher Anspruch   *KSchG* **1a** 2 ff
- Grundsatz der Privatautonomie *KSchG* **1a** 18 ff
- Höhe   *KSchG* **9-10** 12 ff
- Höhe nach Unternehmenszugehörigkeit *KSchG* **9-10** 14
- Monatsverdienst als Bemessungsgrundlage *KSchG* **9-10** 15 ff
- Nachteilsausgleich   *KSchG* **9-10** 12
- Verzinsung   *KSchG* **9-10** 19

Abfindungsanspruch, gesetzlicher bei betriebsbedingter Kündigung
- Abfindungsangebot des Arbeitgebers *KSchG* **1a** 6
- Änderungskündigung   *KSchG* **1a** 22 ff
- betriebsbedingte Kündigung *KSchG* **1a** 4
- Darlegungs- und Beweislast *KSchG* **1a** 3
- Entstehung   *KSchG* **1a** 10 ff
- Faustformel   *KSchG* **1a** 13
- Hinweis des Arbeitgebers   *KSchG* **1a** 6
- Höhe   *KSchG* **1a** 13 ff
- Klagerücknahme   *KSchG* **1a** 11
- nachträgliche Klagezulassung *KSchG* **1a** 10
- ordentliche Kündigung   *KSchG* **1a** 4
- Ruhen des Anspruchs auf Arbeitslosengeld   *KSchG* **1a** 15
- Schriftform   *KSchG* **1a** 16

- unkündbarer Arbeitnehmer *KSchG* **1a** 5
- Voraussetzungen   *KSchG* **1a** 3 ff
- Zweck   *KSchG* **1a** 2

Abgeltungsklausel   *BGB* **623** 71

Abgestufte Darlegungs- und Beweislast
- bei Kündigungen außerhalb des KSchG *BGB* **138** 4
- bei Maßregelungsverbot (§ 612a BGB) *BGB* **138** 20
- für wichtigen Grund   *BGB* **626** 74 f

Abmahnung   *BetrVG* **102** 13, 29, 36;
  BGB **314** 1 ff
- Abmahnungsberechtigung *KSchG* **1 Teil 3** 26
- Abmahnungsprozess, Sachvortrag vor Gütetermin   *KSchG* **1 Teil 3** 75
- Anhörung des Arbeitnehmers vor Erteilung   *KSchG* **1 Teil 3** 1
- Anhörung vor Erteilung *KSchG* **1 Teil 3** 2 ff
- Antrag auf Widerruf *KSchG* **1 Teil 3** 69 f
- Antragstellung   *KSchG* **1 Teil 3** 64
- Aufbewahrungsdauer/ Dokumentationsinteresse des Arbeitgebers   *KSchG* **1 Teil 3** 83 f
- Beschwerde, Adressat *KSchG* **1 Teil 3** 52, 56
- Beschwerde, Befassungspflicht *KSchG* **1 Teil 3** 59
- Beschwerde, Form und Frist *KSchG* **1 Teil 3** 58
- Beschwerde, Gegenstand *KSchG* **1 Teil 3** 57
- Beschwerde, Verfahren *KSchG* **1 Teil 3** 54
- Besserungsphase   *KSchG* **1 Teil 3** 24
- Beteiligung des Betriebsrats *KSchG* **1 Teil 3** 7, 29

- Darlegungs- und Beweislast im Prozess *KSchG* **1 Teil 3** 71
- durch Arbeitgeber *KSchG* **1 Teil 3** 11
- durch Arbeitnehmer *KSchG* **1 Teil 3** 31
- Entfernung des Abmahnschreibens aus der Personalakte *KSchG* **1 Teil 3** 60
- erforderliche Anzahl *KSchG* **1 Teil 3** 16
- erforderlicher Inhalt *KSchG* **1 Teil 3** 18
- Erforderlichkeit *KSchG* **1 Teil 3** 12 ff
- Erforderlichkeit bei Eigenkündigung Arbeitnehmers *KSchG* **1 Teil 3** 33
- Form/Frist *KSchG* **1 Teil 3** 21 ff
- formal unwirksame *KSchG* **1 Teil 3** 77 ff
- Gegendarstellung des Arbeitnehmers *KSchG* **1 Teil 3** 36
- Gegendarstellung, Frist *KSchG* **1 Teil 3** 38
- Gegendarstellung, Zugang *KSchG* **1 Teil 3** 37
- gleiche oder gleichartige Pflichtverletzungen *KSchG* **1 Teil 3** 25
- kein Anerkenntnis bei Hinnahme *KSchG* **1 Teil 3** 39 ff
- (keine) Klagefrist *KSchG* **1 Teil 3** 61
- Kenntnisnahme *KSchG* **1 Teil 3** 27 f
- Klage auf Rücknahme *KSchG* **1 Teil 3** 60
- Klageerwiderung nach Abmahnungsklage *KSchG* **1 Teil 3** 74
- letzte *KSchG* **1 Teil 3** 17
- Mitwirkung des Personalrats *KSchG* **1 Teil 3** 7 ff, 29
- Muster Beschwerde *KSchG* **1 Teil 3** 53
- neue Pflichtverletzung vor Kündigung *KSchG* **1 Teil 3** 15
- Personalakte *KSchG* **1 Teil 3** 10
- Personalakte, Beifügung von Erklärungen, Einsichtsrecht *KSchG* **1 Teil 3** 43 f
- Reaktionsmöglichkeiten des Arbeitnehmers *KSchG* **1 Teil 3** 35 ff
- Rücknahme-/Entfernungsverlangen des Arbeitnehmers *KSchG* **1 Teil 3** 45
- Sammelabmahnung *KSchG* **1 Teil 3** 19, 80
- Schreiben an Arbeitgeber bei Absehen von Kündigung *KSchG* **1 Teil 3** 85
- taktische Überlegungen *KSchG* **1 Teil 3** 39 ff, 47 ff, 55, 62 f, 82, 86 f
- Verhältnismäßigkeitsgrundsatz *KSchG* **1 Teil 3** 73
- Verschulden *KSchG* **1 Teil 3** 20, 72
- Verschulden/Verhältnismäßigkeit *KSchG* **1 Teil 3** 76
- Warnfunktion *KSchG* **1 Teil 3** 77 ff, 79 ff
- Widerruf, Rechtsschutzbedürfnis *KSchG* **1 Teil 3** 68 ff
- Widerrufsverlangen *KSchG* **1 Teil 3** 51
- Zugang *KSchG* **1 Teil 3** 27 f

Abmahnung, Beschwerde
- Adressat *KSchG* **1 Teil 3** 52, 56
- Befassungspflicht *KSchG* **1 Teil 3** 59
- Form und Frist *KSchG* **1 Teil 3** 58
- Gegenstand *KSchG* **1 Teil 3** 57
- Muster *KSchG* **1 Teil 3** 53
- Taktik *KSchG* **1 Teil 3** 55
- Verfahren *KSchG* **1 Teil 3** 54

Abmahnung, Widerruf
- Muster *KSchG* **1 Teil 3** 51
- Muster Klageantrag *KSchG* **1 Teil 3** 69 f
- Voraussetzungen *KSchG* **1 Teil 3** 68 ff

Abmahnung, Wirksamkeit
- Darlegungs- und Beweislast *KSchG* **1 Teil 3** 71

Abteilungsschließung *KSchG* **§ 1 Teil 4** 9

Abwicklungsvertrag *BGB* **623** 52

AGG
- und Kündigungsschutz *BGB* **138** 15

Allgemeine Feststellungsklage
- Dreiwochenfrist *KSchG* **4** 2, 13
- Feststellungsinteresse *KSchG* **4** 14
- Klagefrist *KSchG* **4** 2, 13

- Klagehäufung *KSchG* **4** 13
- Kündigungsfrist *KSchG* **4** 93
- Schleppnetzantrag *KSchG* **4** 1, 13
- Streitgegenstand *KSchG* **4** 13

Änderungskündigung *BetrVG* **102** 33 ff
- Abmahnung *BetrVG* **102** 36
- außerordentliche *BGB* **626** 39 ff; *KSchG* **8** 3
- Bestimmtheit des Änderungsangebots *BGB* **626** 41 f
- Inhalt der Anhörung *BetrVG* **102** 35
- negative Zukunftsprognose *BetrVG* **102** 36
- Reaktionsmöglichkeiten des Arbeitnehmers *BGB* **626** 43
- Sozialdaten *BetrVG* **102** 34
- Zwischenverdienst *KSchG* **11** 31

Änderungskündigung, ordentliche *KSchG* **2** 1 ff
- Abgrenzung zum Direktionsrecht *KSchG* **2** 7
- Begriff *KSchG* **2** 4
- Begründung *KSchG* **2** 5
- Betriebsratsanhörung *KSchG* **2** 13 ff
- Frist *KSchG* **2** 6
- Kündigungsberechtigung *KSchG* **2** 15 ff
- Kündigungsperson *KSchG* **2** 3
- Prüfungsmaßstab *KSchG* **2** 9 ff
- Reaktionsmöglichkeit *KSchG* **2** 8
- Vollmacht *KSchG* **2** 16 ff
- Zugangsnachweis *KSchG* **2** 17 ff

Änderungsschutzklage *KSchG* **4** 109 ff
- Annahme unter Vorbehalt *KSchG* **4** 112
- Antrag *KSchG* **4** 109, 111
- Klagefrist *KSchG* **4** 111, 117
- Streitgegenstand *KSchG* **4** 111

Änderungsschutzverfahren *KSchG* **2** 18 ff
- Antrag *KSchG* **2** 21
- Betriebsratsanhörung *KSchG* **2** 31
- Erwiderung *KSchG* **2** 30
- Feststellungsantrag *KSchG* **2** 22
- Feststellungsinteresse *KSchG* **2** 34
- Parteibezeichnung *KSchG* **2** 20
- Prüfungsprogramm *KSchG* **2** 26
- Sozialauswahl *KSchG* **2** 27, 33
- soziale Rechtfertigung *KSchG* **2** 32
- Streitwert *KSchG* **2** 29
- Unterschrift *KSchG* **2** 29a
- Zuständigkeit *KSchG* **2** 19

Anfechtung
- Schriftform *BGB* **123** 4

Anfechtungserklärung
- Zugang *BGB* **123** 5

Anfechtungsrecht
- Verwirkung *BGB* **123** 11

Angemessenheitskontrolle
- Aufhebungsvertrag *BGB* **623** 51

Anhörung
- Änderungskündigung *BetrVG* **102** 33
- Schriftform *BetrVG* **102** 14

Anhörung des Arbeitnehmers
- vor Erteilung einer Abmahnung *KSchG* **1 Teil 3** 1 ff
- vor Verdachtskündigung *BGB* **626** 50 ff

Anhörung des Betriebsrats *BetrVG* **102** 2 ff, 16 ff, 38 ff
- betriebsbedingte Kündigung *BetrVG* **102** 6
- Darlegungs- und Beweislast *KSchG* **4** 21
- fristlose Kündigung *BetrVG* **102** 16
- hilfsweise ordentliche Kündigung *BetrVG* **102** 18
- Kündigung eines Mandatsträgers *BetrVG* **103** 4
- Kündigung eines Schwerbehinderten *BetrVG* **102** 70 ff
- mündliche Erläuterung *BetrVG* **102** 31
- personenbedingte Kündigung *BetrVG* **102** 8
- Schriftform *BetrVG* **102** 14
- Sozialauswahl *BetrVG* **102** 7
- Sozialdaten *BetrVG* **102** 4, 6, **103** 4; *KSchG* **15** 12, 19, 34
- subjektive Determination *BetrVG* **102** 5, 20, **103** 8; *KSchG* **15** 5

Stichwortverzeichnis

– Verdachtskündigung *BetrVG* **102** 26 f
– verhaltensbedingte Kündigung
  BetrVG **102** 12
– Vollständigkeit der *BetrVG* **102** 22

Annahmeverzug *BGB* **615** 1
– Arbeitsangebot *BGB* **615** 16
– Arbeitskampf *BGB* **615** 27
– Arbeitsunfähigkeit *BGB* **615** 9
– Betriebsrisiko *BGB* **615** 22
– Leistungsbereitschaft *KSchG* **11** 18
– Leistungswilligkeit *KSchG* **11** 18
– Lohnausfallprinzip *BGB* **615** 14
– ungekündigtes Arbeitsverhältnis
  BGB **615** 18
– Wegerisiko *BGB* **615** 31
– Wirtschaftsrisiko *BGB* **615** 15

Annahmeverzugslohn *BGB* **615** 1;
  KSchG **12** 8
– Ausschlussfristen *KSchG* **11** 22
– Verfallfristen *KSchG* **11** 22

Annahmeverzugsrisiko
– Kündigungsschutzverfahren
  KSchG **11** 42

Anrechnung
– Arbeitslosengeld *KSchG* **11** 13, 23, 26
– Krankengeld *KSchG* **11** 13
– Nebenverdienst *BGB* **623** 36, 94
– öffentlich-rechtliche Leistungen
  KSchG **11** 13, 23
– Rentenbezug *KSchG* **11** 13
– Sozialversicherungsbeiträge
  KSchG **11** 23
– Urlaub *BGB* **623** 94

Arbeitnehmer
– Abmahnung durch Arbeitnehmer
  KSchG **1 Teil 3** 31
– Abmahnung vor Ausspruch einer
  Kündigung *KSchG* **1 Teil 3** 12 ff
– Abmahnung, Erforderlichkeit bei
  Eigenkündigung *KSchG* **1 Teil 3** 33
– Abmahnung, Reaktionsmöglichkeiten
  nach Erteilung *KSchG* **1 Teil 3** 35 ff
– Anhörung *KSchG* s. dort
– Aufforderung zur Mitteilung des
  Kündigungsgrundes *BGB* **626** 60

– Ausschluss des Rechts zur ordentlichen
  Kündigung *BGB* **626** 47 ff
– außerordentliche Beendigungskündigung
  BGB **626** 22
– außerordentliche Eigenkündigung,
  Voraussetzungen *BGB* **626** 23 ff
– außerordentliche Kündigung, Mitteilung
  des Kündigungsgrundes *BGB* **626** 61 ff
– Berufen auf Unwirksamkeit einer
  Eigenkündigung - Treuwidrigkeit
  BGB **626** 31
– Gegendarstellung nach Abmahnung
  (kurz) *KSchG* **1 Teil 3** 36 ff
– Klage auf Rücknahme der Abmahnung
  und Entfernung des Abmahnschreibens
  aus der Personalakte
  KSchG **1 Teil 3** 60 ff
– Meldepflicht bei Arbeitslosigkeit
  BGB **626** 14; *KSchG* **1 Teil 3** 102
– Mitteilung des Kündigungsgrundes
  BGB **626** 64
– Muster ordentliche Kündigung
  KSchG **1 Teil 3** 112 ff
– Reaktionsmöglichkeiten bei
  Änderungskündigung *BGB* **626** 43
– Rücknahme-/Entfernungsverlangen nach
  Abmahnung *KSchG* **1 Teil 3** 45 ff
– Schreiben an Arbeitgeber bei Absehen
  von Kündigung *KSchG* **1 Teil 3** 85 ff
– Schriftform der Kündigung
  BGB **626** 17; *KSchG* **1 Teil 3** 106
– Verdachtskündigung, Anwesenheitsrecht
  RA bei Anhörung *BGB* **626** 58
– Verdachtskündigung, Form von Ladung/
  Anhörung *BGB* **626** 59

Arbeitsangebot
– Ablehnung *BGB* **615** 16
– Arbeitsfähigkeit *KSchG* **11** 20
– Arbeitsunfähigkeit *KSchG* **11** 17, 20
– Aufhebungsvertrag *KSchG* **11** 17
– bei Anfechtung der Kündigung
  BGB **123** 9
– Betriebsrisiko *BGB* **615** 22
– Betriebsübergang *KSchG* **11** 17
– Eigenkündigung *KSchG* **11** 17

- Entbehrlichkeit *BGB* **615** 16; *KSchG* **11** 17
- Entfristungsklage *KSchG* **11** 17
- Kündigungsfrist *KSchG* **11** 17
- Leistungsbereitschaft *KSchG* **11** 18, 33
- Leistungsfähigkeit *KSchG* **11** 19, 33
- Leistungswilligkeit *KSchG* **11** 18
- schriftliches *BGB* **615** 16
- tatsächliches *BGB* **615** 16
- wörtliches *BGB* **615** 16

Arbeitsausfall *BGB* **615** 22

Arbeitsbedingungen
- Verschlechterung *BetrVG* **102** 65 ff

Arbeitsfähigkeit
- Freistellung *BGB* **615** 10
- Gesundschreibung *BGB* **615** 10
- Wiederherstellung *BGB* **615** 10

Arbeitsgerichtliches Verfahren
- Kostenfestsetzung *ArbGG* **12a** 2 ff

Arbeitskampf *BGB* **615** 27
- Fernwirkung *BGB* **615** 28
- Wellenstreik *BGB* **615** 30

Arbeitskampfrisiko *BGB* **615** 27

Arbeitsleistung
- Angebot *BGB* **615** 16

Arbeitslosengeld
- Anrechnung *KSchG* **11** 13

Arbeitsuchendmeldung
- kein Hinweis auf *BGB* **623** 18

Arbeitsunfähigkeit
- Annahmeverzugslohn *KSchG* **11** 20
- Freistellung *BGB* **615** 9
- Kündigung aus „Anlass" der *EntgeltFG* **8** 6

Arbeitsverhältnis
- Auflösung *KSchG* s. dort
- Fortbestand *KSchG* **12** 3
- Fortsetzung *KSchG* **12** 2
- neues *KSchG* **12** 5
- Schriftform der Kündigung *BGB* **626** 17; *KSchG* **1 Teil 3** 106

Arbeitswilligkeit
- Beweislast *KSchG* **11** 21

Arbeitszeitkonto
- Freistellung *BGB* **623** 35

Arbeitszeugnis *KSchG* **4** 23
- Aufhebungsvertrag *BGB* **623** 63
- Schlussformulierung *BGB* **623** 85
- Versendung *BGB* **623** 86

Arrestverfahren
- Kosten *ArbGG* **12a** 2

Aufhebungsvertrag
- Abgrenzung zum Befristungsrecht *BGB* **623** 54
- Anfechtung wegen Irrtums *BGB* **123** 12
- Anfechtungserklärung *BGB* **123** 2
- Anfechtungsfrist *BGB* **123** 10
- Bedenkzeit für die Annahme *BGB* **123** 22
- bedingter *BGB* **623** 50
- Nennung des Anfechtungsgrunds *BGB* **123** 6
- Rückdatierung *BGB* **623** 56
- Schriftform *BGB* **623** 47

Auflösende Bedingung
- Arbeitsvertrag *TzBfG* **21** 1
- Rückfallvereinbarung *TzBfG* **21** 3

Auflösung des Arbeitsverhältnisses
- Abfindungshöhe bei außerordentlicher Kündigung *KSchG* **13** 20
- Antrag des Arbeitgebers *KSchG* **9-10** 30
- Antrag des Arbeitnehmers *KSchG* **9-10** 2 ff
- Antragsberechtigung bei sittenwidriger Kündigung *KSchG* **13** 26 f
- Antragsberechtigung bei sonstigen Unwirksamkeitsgründen *KSchG* **13** 33 ff
- Antragsberechtigung des Arbeitgebers bzgl hilfsweise erklärter ordentlicher Kündigung *KSchG* **13** 3 f
- Antragsrücknahme *KSchG* **9-10** 4
- Antragstellung in der Berufungsinstanz *KSchG* **9-10** 6
- Auflösungsantrag bei außerordentlicher Kündigung *KSchG* **13** 11

691

Stichwortverzeichnis

- Auflösungsantrag bei außerordentlicher, hilfsweise ordentlicher Kündigung *KSchG* **13** 19
- Auflösungsantrag bei sittenwidriger Kündigung *KSchG* **13** 25
- Auflösungsantrag des Arbeitgebers bzgl hilfsweise erklärter ordentlicher Kündigung *KSchG* **13** 2
- Auflösungszeitpunkt bei außerordentlicher Kündigung *KSchG* **13** 15, 18
- Auflösungszeitpunkt bei außerordentlicher, hilfsweise ordentlicher Kündigung *KSchG* **13** 16
- Auflösungszeitpunkt bei hilfsweise erklärter ordentlicher Kündigung *KSchG* **13** 7
- Beschwer *KSchG* **9-10** 7
- Beurteilungszeitpunkt *KSchG* **9-10** 6
- Hilfs- bzw. Eventualantrag des Arbeitgebers *KSchG* **9-10** 29
- Hilfs- bzw. Eventualantrag des Arbeitnehmers *KSchG* **9-10** 3
- keine den Betriebszwecken dienliche Zusammenarbeit *KSchG* **9-10** 32 f
- Kündigungsfrist *KSchG* **13** 18
- Sozialwidrigkeit der ordentlichen Kündigung *KSchG* **9-10** 20 f, 30 f
- Umdeutung, außerordentliche in ordentliche Kündigung *KSchG* **13** 4, 17 ff
- Unzumutbarkeitsgründe *KSchG* **9-10** 22 ff, 35
- Wahlrecht des Arbeitnehmers *KSchG* **13** 17 ff
- Zeitpunkt der Antragstellung *KSchG* **9-10** 6
- Zurückweisung eines arbeitgeberseitigen Auflösungsantrags *KSchG* **13** 21
- Zurückweisung eines arbeitnehmerseitigen Auflösungsantrags *KSchG* **13** 8
- Zurückweisung eines Auflösungsantrags bei Unwirksamkeitsgründen *KSchG* **13** 32

Auflösungsantrag *BetrVG* **102** 87
- Abfindungshöhe bei außerordentlicher Kündigung *KSchG* **13** 20
- Abweisung *KSchG* **12** 3
- Antragsberechtigung bei sittenwidriger Kündigung *KSchG* **13** 26 f
- Antragsberechtigung bei Unwirksamkeitsgründen *KSchG* **13** 33 ff
- Antragsberechtigung des Arbeitgebers bzgl hilfsweise erklärter ordentlicher Kündigung *KSchG* **13** 3 f
- Arbeitgeber bzgl hilfsweise erklärter ordentlicher Kündigung *KSchG* **13** 2
- Arbeitnehmer bei außerordentlicher Kündigung *KSchG* **13** 11
- Arbeitnehmer bei außerordentlicher, hilfsweise ordentlicher Kündigung *KSchG* **13** 19
- Arbeitnehmer bei sittenwidriger Kündigung *KSchG* **13** 25
- Auflösungszeitpunkt bei außerordentlicher Kündigung *KSchG* **13** 15, 18
- Auflösungszeitpunkt bei außerordentlicher, hilfsweise ordentlicher Kündigung *KSchG* **13** 16
- Auflösungszeitpunkt bei hilfsweise erklärter ordentlicher Kündigung *KSchG* **13** 7
- Form *KSchG* **12** 6
- Frist *KSchG* **12** 6
- Kündigungsfrist *KSchG* **13** 18
- nach Obsiegen *KSchG* **12** 2
- Umdeutung, außerordentliche in ordentliche Kündigung *KSchG* **13** 4, 17 ff
- Wahlrecht des Arbeitnehmers *KSchG* **13** 17 ff
- Zurückweisung bei Unwirksamkeitsgründen *KSchG* **13** 32
- Zurückweisung eines arbeitgeberseitigen *KSchG* **13** 21
- Zurückweisung eines arbeitnehmerseitigen *KSchG* **13** 8

Stichwortverzeichnis

Aufwendungen, ersparte *BGB* **615** 34
Auskunftsanspruch
- Begründung *KSchG* **11** 38
- Leistungsverweigerungsrecht *KSchG* **11** 39
- Zwischenverdienst *KSchG* **11** 36

Auslauffrist
- außerordentliche Kündigung *BGB* **626** 45, 47 ff
- außerordentliche Kündigung mit notwendiger *BGB* **626** 46 ff
- außerordentliche Kündigung mit notwendiger Auslauffrist *BGB* **626** 47 ff
- außerordentliche Kündigung mit (sozialer) Auslauffrist *BGB* **626** 44 ff

Ausschlussfrist
- Annahmeverzugslohn *KSchG* **11** 22
- Auflösungsantrag *KSchG* **12** 6
- Darlegungs- und Beweislast *BGB* **626** 77
- gerichtliche Geltendmachung *KSchG* **4** 1, 24
- zweistufige Ausschlussfrist *KSchG* **4** 1, 24

Außerbetrieblicher Kündigungsrund
- Darlegungs- und Beweislast *KSchG* § **1 Teil 4** 76

Außergerichtliche Vertretung
- Rechtanwaltskosten *ArbGG* **12a** 26

Außerordentliche Kündigung
- Abfindungshöhe *KSchG* **13** 20
- Abmahnung durch Arbeitgeber *KSchG* **1 Teil 3** 11
- Abmahnung durch Arbeitnehmer *KSchG* **1 Teil 3** 31
- Abmahnung, erforderliche Anzahl *KSchG* **1 Teil 3** 16
- Abmahnung, Erforderlichkeit *KSchG* **1 Teil 3** 12 ff
- Abmahnung, Erforderlichkeit bei Eigenkündigung des Arbeitnehmers *KSchG* **1 Teil 3** 33
- Abmahnung, letzte Abmahnung *KSchG* **1 Teil 3** 17
- Abwicklung des Arbeitsverhältnisses *BGB* **626** 16
- Abwicklung des Arbeitsverhältnisses bei Eigenkündigung *BGB* **626** 30
- Änderungskündigung *BGB* **626** 39, 40 ff
- Änderungskündigung, Reaktionsmöglichkeiten des Arbeitnehmers *BGB* **626** 43
- Anhörung *BetrVG* **102** 16
- Anhörung/Ladung vor Verdachtskündigung *BGB* **626** 50
- Antrag des Arbeitgebers auf Zurückweisung eines arbeitnehmerseitigen Auflösungsantrags *KSchG* **13** 8
- Antrag des Arbeitnehmers auf Zurückweisung eines arbeitgeberseitigen Auflösungsantrags *KSchG* **13** 21
- Aufforderung zur Mitteilung des Kündigungsgrundes *BGB* **626** 60
- Aufgabevermerk Einschreiben *BGB* **626** 4; *KSchG* **1 Teil 3** 92
- Auflösungsantrag des Arbeitgebers bzgl hilfsweise erklärter ordentlicher Kündigung *KSchG* **13** 2
- Auflösungsantrag des Arbeitnehmers *KSchG* **13** 11
- Auflösungsantrag des Arbeitnehmers bei außerordentlicher, hilfsweise ordentlicher Kündigung *KSchG* **13** 19
- Auflösungsantrag, Antragsberechtigung des Arbeitgebers bzgl hilfsweise erklärter ordentlicher Kündigung *KSchG* **13** 3 f
- Auflösungsantrag, Auflösungszeitpunkt bei außerordentlicher Kündigung *KSchG* **13** 15
- Auflösungsantrag, Auflösungszeitpunkt bei außerordentlicher, hilfsweise ordentlicher Kündigung *KSchG* **13** 16
- Auflösungsantrag, Auflösungszeitpunkt bei hilfsweise erklärter ordentlicher Kündigung *KSchG* **13** 7
- Auflösungsantrag, Zeitpunkt der Auflösung *KSchG* **13** 18
- Auflösungszeitpunkt *BGB* **626** 2

693

Stichwortverzeichnis

- Auflösungszeitpunkt bei Eigenkündigung *BGB* 626 27
- Auslauffrist *BGB* 626 45, 47 ff
- Bagatelldelikte *KSchG* 1 Teil 3 131 ff
- Bedenken des Betriebsrats *BetrVG* 102 40; *KSchG* 15 5
- Beendigungskündigung *BGB* 626 1, 20 f, 22
- Beendigungskündigung – Arbeitgebersicht *BGB* 626 2 ff
- Begründung bei Eigenkündigung *BGB* 626 28 f
- Begründung der Kündigung *BGB* 626 7 f
- Berufen auf Unwirksamkeit – Treuwidrigkeit bei Eigenkündigung *BGB* 626 31
- Berufsausbildungsverhältnis *BBiG* 22 29 ff, 48 ff
- Bestimmtheit der Kündigungserklärung *BGB* 626 5
- Bestimmtheit der Kündigungserklärung bei Eigenkündigung *BGB* 626 25
- Beteiligung von Betriebsrat, Personalrat, MAV *BGB* 626 9 f, 37 f
- Betriebsratsbeschluss *BetrVG* 103 14
- Betriebsratsmitglied *BetrVG* 103 1 ff
- Bordvertretung *BetrVG* 103 1 ff
- Darlegungs- und Beweislast *BGB* 626 74 f, 77
- Darlegungs- und Beweislast für Abmahnung(en) *KSchG* 1 Teil 3 71
- Ersatzmitglieder *BetrVG* 103 7
- Frist *BetrVG* 102 30, 103 13
- hilfsweise ordentliche Kündigung *BetrVG* 102 18
- Interessenabwägung *BetrVG* 102 28; *BGB* 626 76
- JAV-Mitglied *BetrVG* 103 1 ff
- (keine) Klagefrist gegen Abmahnung *KSchG* 1 Teil 3 61
- Klageerwiderung *BGB* 626 72
- Klagefrist, Dreiwochenfrist *KSchG* 4 2
- Kündigung durch Arbeitnehmer, Voraussetzungen *BGB* 626 23 ff
- Kündigungsberechtigung *BGB* 626 18
- Kündigungserklärungsfrist *BGB* 626 3 f
- Mandatsträger *BetrVG* 103 1 ff
- Meldepflicht bei Arbeitslosigkeit *BGB* 626 14
- mit notwendiger Auslauffrist *BGB* 626 46
- mit (sozialer) Auslauffrist *BGB* 626 44
- Mitteilung des Kündigungsgrundes *BGB* 626 61 ff, 64
- neue Pflichtverletzung vor Kündigung *KSchG* 1 Teil 3 15
- notwendige Auslauffrist *BGB* 626 47 ff
- Prozessarbeitsvertrag *KSchG* 11 42
- Sachvortrag vor Gütetermin *BGB* 626 71
- Schriftform *BetrVG* 103 12
- Schriftform bei Eigenkündigung *BGB* 626 32
- Schriftform der Kündigung *BGB* 626 17
- Schwerbehindertenvertretung *BetrVG* 103 1 ff
- Seebetriebsrat *BetrVG* 103 1 ff
- Sonderkündigungsschutz *KSchG* 15 11
- Sonderkündigungsschutz nach BEEG, MuSchG *BGB* 626 12
- Sonderkündigungsschutz nach SGB IX *BGB* 626 11
- (soziale) Auslauffrist *BGB* 626 45
- Subjektive Determination *BetrVG* 102 20, 103 8; *KSchG* 15 5
- tarifliche Unkündbarkeit *BetrVG* 102 17
- Übergabe-/Zustellungsprotokoll *BGB* 626 3
- Umdeutung *BGB* 626 35 f
- und hilfsweise ordentliche Kündigung *BGB* 626 34
- Verbindung mit hilfsweiser ordentlicher Kündigung *BGB* 626 35
- Verdachtskündigung *BetrVG* 102 24
- Verdachtskündigung, Anhörung des Arbeitnehmers vor Ausspruch *BGB* 626 51 ff

- Verdachtskündigung, Anwesenheitsrechte Dritter *BGB* **626** 58
- Verdachtskündigung, Beteiligung von Betriebsrat, Personalrat, MAV *BGB* **626** 54
- Verdachtskündigung, Form und Inhalt der Kündigungserklärung *BGB* **626** 53
- Verdachtskündigung, Form von Ladung/ Anhörung des Arbeitnehmers *BGB* **626** 59
- Verdachtskündigung, Gegenstand der Anhörung *BGB* **626** 55
- Verdachtskündigung, Pflicht zur Anhörung *BGB* **626** 56
- Verdachtskündigung, Regelfrist *BGB* **626** 57
- Verhältnismäßigkeit *BetrVG* **102** 29
- Verteidigungsanzeige für Arbeitgeber *BGB* **626** 69, 70 ff
- Vollmacht *BGB* **626** 19
- Wahlbewerber *BetrVG* **103** 1 ff
- Wahlvorstand *BetrVG* **103** 1 ff
- wichtiger Grund *BGB* **626** 5 f; *KSchG* **15** 3
- Zurückweisung *BGB* **626** 19
- Zustellung/Zugang *BGB* **626** 3 f
- Zustellung/Zugang bei Eigenkündigung *BGB* **626** 24
- Zustimmungsersetzungsverfahren *BetrVG* **103** 16
- Zustimmungsfiktion *BetrVG* **102** 42, **103** 8
- Zustimmungsverfahren *BGB* **626** 11 ff
- Zwischenarbeitsverhältnis *KSchG* **12** 10

Auszubildender
- Begründung der Kündigung *BBiG* **22** 38 ff, 49 ff
- Beteiligung von Betriebsrat, Personalrat, MAV vor Kündigung *BBiG* **22** 76
- Durchführung eines Schlichtungsverfahrens nach § 111 Abs. 2 ArbGG *BBiG* **22** 57 ff
- fristlose Kündigung *BBiG* **22** 28, 47
- fristlose Kündigung durch Ausbildenden *BBiG* **22** 29 ff
- fristlose Kündigung durch Auszubildenden *BBiG* **22** 48 ff
- Klage gegen fristlose Kündigung *BBiG* **22** 65
- Klageantrag gegen Probezeitkündigung *BBiG* **22** 77
- Klageantrag nach Unterliegen im Schlichtungsverfahren *BBiG* **22** 82
- Klageerwiderung nach fristloser Kündigung *BBiG* **22** 85
- Klagefrist *BBiG* **22** 67 ff
- Klagefrist nach ArbGG *BBiG* **22** 72
- Klagefrist nach KSchG *BBiG* **22** 67 ff
- Kündigung des Berufsausbildungsverhältnisses *BBiG* **22** 1 ff
- Kündigung während der Probezeit *BBiG* **22** 2 ff
- Kündigung wegen Aufgabe der Berufsausbildung *BBiG* **22** 52, 53 ff
- Kündigungserklärungsfrist *BBiG* **22** 75
- Meldepflicht bei Arbeitslosigkeit *BBiG* **22** 17 ff, 43 ff
- minderjähriger *BBiG* **22** 10 ff, 26 ff, 36 ff
- Probezeitkündigung *BBiG* **22** 1, 20
- Schadenersatzanspruch *BBiG* **22** 51
- Schlichtungsverfahren *BBiG* **22** 56
- Schriftform der Kündigung *BBiG* **22** 25, 44
- Weiterbeschäftigungsanspruch *BBiG* **22** 71

Bagatelldelikt
- Klageerwiderung nach ordentlicher Kündigung *KSchG* **1 Teil 3** 130
- Kündigungsrelevanz *KSchG* **1 Teil 3** 131 ff

Beanstandung
- Rechtsfolgen *BGB* **180** 20

Bedenken des Betriebsrats
- außerordentliche Kündigung *BetrVG* **102** 40, 44

695

Stichwortverzeichnis

Bedenkzeit
- für die Annahme eines Aufhebungsvertrags *BGB* **123** 22

Beendigungszeitpunkt
- Angabe im Aufhebungsvertrag *BGB* **623** 53
- Auflösung Arbeitsverhältnis durch Gericht *KSchG* **9-10** 9 ff

Befristeter Arbeitsvertrag
- ältere Arbeitnehmer *TzBfG* **14** 19
- Anschluss an Ausbildung/Studium *TzBfG* **14** 7
- Beendigungsmitteilung Zweckbefristung/ auflösende Bedingung *TzBfG* **15** 1
- Einstellungsschreiben *TzBfG* **14** 21
- Rahmenvertrag *TzBfG* **14** 11
- Sachgrundbefristung *TzBfG* **14** 1
- sachgrundlose Befristung *TzBfG* **14** 13
- Verlängerungsvereinbarung *TzBfG* **14** 17
- Vertretung („gedankliche Zuordnung") *TzBfG* **14** 9
- Widerspruch gegen Weiterarbeit nach Befristungsablauf *TzBfG* **15** 5

Befristungskontrollklage
- Antrag auf nachträgliche Klagezulassung *TzBfG* **17** 19
- Erwiderungsvarianten des Arbeitgebers *TzBfG* **17** 21
- Hilfsantrag auf Schadensersatz *TzBfG* **17** 17
- Hilfsantrag auf Wiedereinstellung *TzBfG* **17** 15
- Klageschrift *TzBfG* **17** 1
- Rechtsmissbrauch *TzBfG* **17** 13

Belehrung *BGB* **623** 74
- Rechtsanwaltskosten *ArbGG* **12a** 25

Belehrungspflichten
- Aufhebungsvertrag *BGB* **623** 74

Berufsausbildungsverhältnis
- Begründung der Kündigung *BBiG* **22** 38 ff, 49 ff
- Beteiligung von Betriebsrat, Personalrat, MAV vor Kündigung *BBiG* **22** 76
- Durchführung eines Schlichtungsverfahrens nach § 111 Abs. 2 ArbGG *BBiG* **22** 57 ff
- fristlose Kündigung durch Ausbildenden *BBiG* **22** 28 ff
- fristlose Kündigung durch Auszubildenden *BBiG* **22** 47 ff
- fristlose Kündigung, Kündigungserklärungsfrist *BBiG* **22** 75
- fristlose Kündigung, wichtiger Grund und Interessenabwägung *BBiG* **22** 73 f
- Klagantrag gegen Probezeitkündigung des Ausbildenden *BBiG* **22** 77
- Klage gegen fristlose Kündigung des Ausbildenden *BBiG* **22** 65
- Klageantrag Ausbildender nach Unterliegen im Schlichtungsverfahren *BBiG* **22** 82
- Klagefrist *BBiG* **22** 67 ff, 72
- Klagefrist nach ArbGG *BBiG* **22** 72
- Klagefrist nach KSchG *BBiG* **22** 67 ff
- Kündigung *BBiG* **22** 1 ff
- Kündigung während der Probezeit *BBiG* **22** 2 ff
- Kündigung wegen Aufgabe der Berufsausbildung *BBiG* **22** 52, 53 ff
- Kündigungserklärungsfrist *BBiG* **22** 30 ff
- Meldepflicht bei Arbeitslosigkeit *BBiG* **22** 17 ff, 43 ff
- mInderjährige Auszubildende *BBiG* **22** 10 ff, 26 ff, 36 ff
- Probezeit *BBiG* **22** 21 ff
- Probezeitkündigung durch Auszubildenden *BBiG* **22** 20
- Probezeitkündigung für Ausbildenden *BBiG* **22** 1
- Schadensersatzanspruch *BBiG* **22** 51
- Schlichtungsverfahren *BBiG* **22** 56
- Schriftform der Kündigung *BBiG* **22** 9, 25, 44
- Weiterbeschäftigungsanspruch des Auszubildenden *BBiG* **22** 71
- wichtiger Grund *BBiG* **22** 87
- wichtiger Grund für Kündigung *BBiG* **22** 37, 50

- Zugang der Kündigung *BBiG* **22** 30 ff
- Zustimmungsverfahren vor Kündigung
  BBiG **22** 15 ff, 41 ff

Berufskleidung *BGB* **615** 34

Beschäftigungsinteresse
- bei Freistellung *BGB* **623** 22

Beschlussverfahren
- Kosten *ArbGG* **12a** 2
- Kostenfestsetzung *ArbGG* **12a** 2

Beschwerde, sofortige
- Kostenfestsetzung *ArbGG* **12a** 17

Betriebliche Altersversorgung
- Aufhebungsvertrag *BGB* **623** 115

Betriebsänderung *KSchG* § **1** Teil 4 60

Betriebsbedingte Kündigung
- absolute Sozialwidrigkeit
  KSchG § **1** Teil 4 24, 92
- Anhörung *BetrVG* **102** 6
- Auftragsentwicklung
  KSchG § **1** Teil 4 79
- außerbetrieblicher Grund
  KSchG § **1** Teil 4 74
- Betriebsratsanhörung
  KSchG § **1** Teil 4 135
- Betriebsstilllegung *KSchG* § **1** Teil 4 6
- Darlegungs- und Beweislast
  KSchG § **1** Teil 4 3, 24, 67, 76
- dringender betrieblicher Grund
  KSchG § **1** Teil 4 2
- dringendes betriebliches Erfordernis
  KSchG § **1** Teil 4 53
- Einsatz von Leiharbeitnehmern
  KSchG § **1** Teil 4 29
- Einverständniserklärung zu
  anderweitigem Einsatz
  KSchG § **1** Teil 4 21
- Entscheidungsträger
  KSchG § **1** Teil 4 5
- Interessensausgleich
  KSchG § **1** Teil 4 12
- Klage bei
  Weiterbeschäftigungsmöglichkeit
  KSchG § **1** Teil 4 37
- Kündigungsschutzklage
  KSchG § **1** Teil 4 37
- Leiharbeiter *KSchG* § **1** Teil 4 21
- Organisationsstruktur nach Umsetzung
  KSchG § **1** Teil 4 11
- Prozessarbeitsvertrag *KSchG* **11** 42
- Replik bei Rüge des dringenden
  betrieblichen Grundes
  KSchG § **1** Teil 4 52
- Schließung einer Abteilung
  KSchG § **1** Teil 4 9
- Sozialauswahl *KSchG* § **1** Teil 4 16
- Sozialplan *KSchG* § **1** Teil 4 12
- Streichung einer Hierarchieebene
  KSchG § **1** Teil 4 63
- Verlagerung des Betriebes
  KSchG § **1** Teil 4 10
- Vorrang der Änderungskündigung
  KSchG § **1** Teil 4 23
- Vorrang der
  Weiterbeschäftigungsmöglichkeit
  KSchG § **1** Teil 4 25
- Weiterbeschäftigung in anderem
  Konzernunternehmen
  KSchG § **1** Teil 4 26
- Weiterbeschäftigungsmöglichkeit
  KSchG § **1** Teil 4 13, 62, 92
- Widerspruch des Betriebsrats
  KSchG § **1** Teil 4 92

Betriebsrat
- Anhörung *KSchG* s. dort
- Bedenken bei außerordentlicher
  Kündigung *BetrVG* **102** 40
- Widerspruch *KSchG* s. dort

Betriebsratsmitglied
- außerordentliche Kündigung
  BetrVG **103** 1 ff

Betriebsrisiko *BGB* **615** 22

Betriebsstilllegung *KSchG* § **1** Teil 4 57
- Zeitpunkt *KSchG* § **1** Teil 4 7, 59

Betriebsstörender Arbeitnehmer
  BetrVG **104** 1 ff
- Interessenkollision *BetrVG* **104** 6
- schweres Fehlverhalten *BetrVG* **104** 2

– Störung des Betriebsfriedens
  BetrVG **104** 3
– Verhältnismäßigkeit *BetrVG* **104** 4
Betriebsübergang
– Arbeitsangebot *KSchG* **11** 17
– Asset Deal *BGB* **613a** 6
– bei Erlöschen des bisherigen
  Arbeitgebers *BGB* **613a** 20
– bei Verschmelzung *BGB* **613a** 20
– dreiseitiger Vertrag *BGB* **613a** 24
– geänderte Umstände *BGB* **613a** 45
– Informationsschreiben *BGB* **613a** 1
– Kündigung trotz Betriebsübergang
  BGB **613a** 37
– neue unternehmerische Konzeption
  BGB **613a** 36
– Share Deal *BGB* **613a** 6
– Tarifvertrag *BGB* **613a** 2
– Unzulänglichkeit der Unterrichtung
  BGB **613a** 19
– Widerspruch gegen *KSchG* s. dort
– Widerspruchsrecht *BGB* **613a** 19
Betriebsübergang, Kündigung
– allgemeiner Feststellungsantrag gegen
  Übernehmer *KSchG* **4** 94, 96
– Kündigungsschutzklage gegen
  Veräußerer *KSchG* **4** 94
– Passivlegitimation *KSchG* **4** 95
– Wiedereinstellungsanspruch
  KSchG **4** 94, 97
Betriebsvereinbarung
– Kündigung *BetrVG* **102** 104
Betriebsverlagerung *KSchG* § **1 Teil 4** 10
Beweislast
– Leistungsbereitschaft *KSchG* **11** 33
– Leistungsfähigkeit *KSchG* **11** 33
Bordvertretung
– außerordentliche Kündigung
  BetrVG **103** 1 ff
Bote
– Zugang Kündigung *BGB* **623** 3
Bruttolohnanspruch
– Verzugszinsen *KSchG* **11** 24
Bruttovergütung *KSchG* **11** 8

Darlegungs- und Beweislast
– abgestufte *KSchG* s. dort
– Allgemein KSchG *KSchG* **23** 2, 5 ff
– Anlasskündigung § 8 EFZG
  EntgeltFG **8** 10
– außerordentliche Kündigung
  BGB **626** 74 f, 77
– bei Beanstandung nach § 180 BGB
  BGB **180** 28
– und AGG *BGB* **138** 17
– Wahrung der Ausschlussfrist
  BGB **626** 77
– Zugang der Kündigung *BBiG* **22** 8 ff,
  24 ff
Darlegungslast
– bei Sperrfrist *KSchG* **18** 20
– Leistungsbereitschaft *KSchG* **11** 33
– Leistungsfähigkeit *KSchG* **11** 33
– sekundäre *KSchG* **23** 6
Diebstahl
– Klageerwiderung nach ordentlicher
  Kündigung *KSchG* **1 Teil 3** 130
Dienstwagen
– Rückgabepflicht *BGB* **623** 111
– Weiternutzung *BGB* **623** 108
Differenzvergütung, rückständige
– Geltendmachung *KSchG* **8** 1 ff
Direktionsrecht
– Abgrenzung zur Änderungskündigung
  KSchG **2** 7
Diskriminierende Kündigung *KSchG* **4** 78
Diskriminierungsansprüche
– außergerichtliche Anwaltskosten
  ArbGG **12a** 26
– Rechtsanwaltskosten *ArbGG* **12a** 2
Dokumentationsinteresse des Arbeitgebers
– Abmahnung, Dauer des Verbleibs in
  Personalakte *KSchG* **1 Teil 3** 83 f
Dreiwochenfrist *BGB* **623** 13
– Änderungsschutzklage *KSchG* **4** 111
– bei Anfechtung der Kündigung
  BGB **123** 29
– bei Beanstandung *BGB* **180** 22, 23

698

– bei Kündigungen außerhalb des KSchG
  BGB 138 3
– bei Sperrfrist KSchG 18 21
– Kündigungsfrist KSchG 4 93

Drittschuldnererklärung ArbGG 12a 4

Eidesstattliche Versicherung
– Zwischenverdienst KSchG 11 40

Eigenkündigung
– Arbeitsangebot KSchG 11 17

Einigungsstelle
– Kündigung BetrVG 102 105

Einseitige Freistellung
– Kündigungserklärung BGB 623 20

Einstweilige Verfügung
– Kosten ArbGG 12a 2

Einwendungen des Arbeitgebers bei
§ 174/180 BGB
– Arbeitsvertrag BGB 180 33
– Bekanntmachung im Betrieb
  BGB 180 34
– Kenntnis aufgrund Stellung im Betrieb
  BGB 180 32
– Kenntnis von der Vollmacht
  BGB 180 31

Eltern
– gesetzliche Vertreter BBiG 22 10 ff,
  26 ff, 36 ff

Elternzeit
– Sonderkündigungsschutz KSchG
  s. dort

Emmely-Entscheidung
  KSchG 1 Teil 3 83 f

Endzeugnis BGB 623 84

Entbindung
– Sonderkündigungsschutz KSchG
  s. dort

Entfristungsklage
– Arbeitsangebot KSchG 11 17

Entlassung
– Begriff KSchG 17 3

Erklärungsirrtum BGB 123 17

Ersatzmitglieder
– außerordentliche Kündigung
  BetrVG 103 7

Erwerbsunterlassung BGB 615 33
– Änderungskündigung KSchG 11 31
– Prozessarbeitsvertrag KSchG 11 42

Fahrtkosten BGB 615 34

Feststellungsinteresse
– bei Anfechtung der Kündigung
  BGB 123 43

Feststellungsklage
– allgemeine KSchG s. dort
– bei Betriebsübergang BGB 613a 57

Freifrist
– bei Massenentlassungsanzeige
  KSchG 18 14

Freistellung
– Arbeitsunfähigkeit BGB 615 9
– Aufhebungsvertrag BGB 623 88
– einseitige; Kündigungserklärung
  BGB 623 20
– Kündigungsfrist BGB 615 4
– nach Kündigungsausspruch
  BGB 615 1
– rechtswidrige BGB 615 2
– Sozialversicherungsschutz BGB 623 28
– unwiderrufliche BGB 615 2, 623 25
– Urlaubsanrechnung BGB 615 2
– Wettbewerbsverbot BGB 615 7
– widerrufliche BGB 615 2, 623 42
– Zwischenverdienst BGB 615 12

Freistellungsrecht
– formularmäßige Vereinbarung
  BGB 623 24

Fristlose Kündigung
– Abmahnung durch Arbeitgeber
  KSchG 1 Teil 3 11
– Abmahnung durch Arbeitnehmer
  KSchG 1 Teil 3 31
– Abmahnung, erforderliche Anzahl
  KSchG 1 Teil 3 16
– Abmahnung, Erforderlichkeit
  KSchG 1 Teil 3 12 ff

- Abmahnung, Erforderlichkeit bei Eigenkündigung des Arbeitnehmers *KSchG* **1 Teil 3** 33
- Abmahnung, letzte Abmahnung *KSchG* **1 Teil 3** 17
- Antrag auf Schlichtungsverfahren *BBiG* **22** 56
- Begründung *BBiG* **22** 38 ff, 49 ff
- Berufsausbildungsverhältnis *BBiG* **22** 29 ff, 48 ff
- Beteiligung von Betriebsrat, Personalrat, MAV *BBiG* **22** 76
- Darlegungs- und Beweislast für Abmahnung(en) *KSchG* **1 Teil 3** 71
- durch Ausbildenden *BBiG* **22** 28 ff
- durch Auszubildenden *BBiG* **22** 47 ff
- Durchführung eines Schlichtungsverfahrens nach § 111 Abs. 2 ArbGG *BBiG* **22** 57 ff
- fristlose Kündigung für Ausbildenden *BBiG* **22** 28
- fristlose Kündigung für Auszubildenden *BBiG* **22** 47
- Interessenabwägung *BBiG* **22** 73 f
- (keine) Klagefrist gegen Abmahnung *KSchG* **1 Teil 3** 61
- Klage gegen fristlose Kündigung des Ausbildenden *BBiG* **22** 65
- Klageantrag Ausbildender nach Unterliegen im Schlichtungsverfahren *BBiG* **22** 82
- Klageerwiderung des Ausbildenden nach fristloser Kündigung *BBiG* **22** 85
- Klagefrist nach ArbGG *BBiG* **22** 72
- Klagefrist nach KSchG *BBiG* **22** 67 ff
- Kündigungserklärungsfrist *BBiG* **22** 75
- neue Pflichtverletzung vor Kündigung *KSchG* **1 Teil 3** 15
- Probezeitkündigung durch Auszubildenden *BBiG* **22** 20
- Probezeitkündigung für Ausbildenden *BBiG* **22** 1
- Prozessarbeitsvertrag *KSchG* **11** 42
- Schadensersatzanspruch *BBiG* **22** 51
- Schriftform der Kündigung *BBiG* **22** 25, 44
- Weiterbeschäftigungsanspruch des Auszubildenden *BBiG* **22** 71
- wichtiger Grund *BBiG* **22** 37, 50, 73 f, 87
- Zugang *BBiG* **22** 30 ff

Gegendarstellung
- Frist *KSchG* **1 Teil 3** 38
- Muster nach erteilter Abmahnung *KSchG* **1 Teil 3** 36
- Personalakte *KSchG* **1 Teil 3** 43
- taktische Überlegungen *KSchG* **1 Teil 3** 39 ff
- Zustellung/Zugang *KSchG* **1 Teil 3** 37

Geltung KSchG
- Abgestufte Darlegungs- und Beweislast *KSchG* **23** 5
- Mustervorbringen *KSchG* **23** 1 ff
- Voraussetzungen *KSchG* **23** 2

Gleichstellung
- Sonderkündigungsschutz *KSchG* s. dort

Güteverhandlung
- Abmahnungsprozess, Sachvortrag vor Gütetermin *KSchG* **1 Teil 3** 75
- Sachvortrag vor Gütetermin *BGB* **626** 71; *KSchG* **1 Teil 3** 120 f

Informationsschreiben bei Betriebsübergang *BGB* **613a** 1
- bei Betriebsvereinbarungen *BGB* **613a** 12
- bei Tarifgeltung *BGB* **613a** 11
- Darlegungs- und Beweislast *BGB* **613a** 19
- dynamischer Verweis auf Tarifvertrag *BGB* **613a** 8
- Fehlerhaftigkeit *BGB* **613a** 19
- Haftungssystem *BGB* **613a** 8
- in Aussicht genommene Maßnahmen *BGB* **613a** 18
- Person des Erwerbers *BGB* **613a** 3
- rechtliche Folgen *BGB* **613a** 8
- rechtsgeschäftliche Grundlage *BGB* **613a** 5
- soziale Folgen *BGB* **613a** 17

- Struktur *BGB* 613a 19
- tatsächliche Leitungsmacht *BGB* 613a 4
- unternehmerische Gründe *BGB* 613a 5
- Vertreter des Erwerbers *BGB* 613a 3
- wirtschaftliche Folgen *BGB* 613a 16
- Zeitpunkt des Übergangs *BGB* 613a 4

Innerbetriebliche Gründe
- Darlegungs- und Beweislast *KSchG* § 1 Teil 4 67

Insolvenzverwalter
- Klagefrist, Dreiwochenfrist *KSchG* 4 11

Interessensabwägung *BetrVG* 102 28
- außerordentliche Kündigung *BGB* 626 76
- Berufsausbildungsverhältnis *BBiG* 22 73 f
- Umschulungs- und Fortbildungsmaßnahmen *BetrVG* 102 64

Interessensausgleich *KSchG* § 1 Teil 4 12, 60
- grobe Fehlerhaftigkeit der Sozialauswahl *KSchG* § 1 Teil 4 50
- Namensliste *KSchG* § 1 Teil 4 130

Interessensausgleich bei Sozialauswahl *KSchG* § 1 Teil 4 129

Interessensausgleich und Sozialplan
- Beteiligung des Betriebsrats bei Massenentlassungen *KSchG* 17 40

JAV-Mitglied
- außerordentliche Kündigung *BetrVG* 103 1 ff

Kausalität
- Zwischenverdienst *KSchG* 11 6

Klagefrist
- Auszubildende *BBiG* 22 67 ff, 72
- Berufsausbildungsverhältnis *BBiG* 22 67 ff, 72
- Kündigungsfrist *BGB* 622 2

- Prozessbevollmächtigter, Verschuldenszurechnung bei Versäumung *BBiG* 22 69
- sonstige Unwirksamkeitsgründe *KSchG* 4 2
- Wehrdienst *KSchG* 4 50
- Zurechenbare Kündigung *KSchG* 4 103

Klagefrist, Dreiwochenfrist
- außerordentliche Kündigung *KSchG* 4 2
- Beginn *KSchG* 4 2
- Insolvenzverwalter *KSchG* 4 11
- Kenntnis vom Sonderkündigungsschutz *KSchG* 4 2
- Kündigungsschutzklage *KSchG* 4 2
- nachträgliche Klagezulassung *KSchG* 5 1
- Parteiwechsel *KSchG* 4 10
- Prozesskostenhilfeantrag *KSchG* 4 3
- Verlängerte Anrufungsfrist *KSchG* 6 1 f
- Verschulden des Prozessbevollmächtigten *KSchG* 4 3
- Wirksamkeitsfiktion *KSchG* 4 2, 13, 71 f
- Zustimmung einer Behörde *KSchG* 4 2

Kleinbetriebsklausel
- KSchG *KSchG* 23 2

Konsultationsverfahren *KSchG* 17 35
- Rechtsfolgen *KSchG* 17 37

Kosten *ArbGG* 12a 2
- Arrestverfahren *ArbGG* 12a 2
- Beschlussverfahren *ArbGG* 12a 2
- einstweilige Verfügung *ArbGG* 12a 2
- Erledigungserklärung *ArbGG* 12a 2
- Nebenintervenient *ArbGG* 12a 2
- Prozessbevollmächtigter *ArbGG* 12a 2
- Prozessvergleich *ArbGG* 12a 2

Kostenausgleichsverfahren *ArbGG* 12a 22

Kostenerstattung
- Hinweispflicht *ArbGG* 12a 25

Stichwortverzeichnis

Kostenfestsetzung
- Arrestverfahren *ArbGG* **12a** 2
- Beschlussverfahren *ArbGG* **12a** 2
- einstweiliges Verfügungsverfahren *ArbGG* **12a** 2
- fiktive Parteikosten *ArbGG* **12a** 4, 13
- Fotokopierkosten *ArbGG* **12a** 11
- Gerichtsort *ArbGG* **12a** 15
- Nebenintervenient *ArbGG* **12a** 2
- Portokosten *ArbGG* **12a** 11
- Recherchekosten *ArbGG* **12a** 11
- Reisekosten *ArbGG* **12a** 9
- Streitverkündeter *ArbGG* **12a** 2
- Telefonkosten *ArbGG* **12a** 11
- Urteilsverfahren 1. Instanz *ArbGG* **12a** 2
- Verbandsvertreter *ArbGG* **12a** 21
- Vertretungskosten *ArbGG* **12a** 4

Kostenfestsetzungsantrag
- Vergleich *ArbGG* **12a** 7
- Zwangsvollstreckungskosten *ArbGG* **12a** 2

Kostenübernahmevereinbarung *ArbGG* **12a** 6

Krankengeld
- Anrechnung *KSchG* **11** 13

Kündbarkeit
- Prozessarbeitsvertrag *KSchG* **11** 52

Kündigung
- Anfechtung wegen Irrtums *BGB* **123** 12
- Anfechtungserklärung *BGB* **123** 2
- Anfechtungsfrist *BGB* **123** 10
- Antragstellung bei Anfechtung *BGB* **123** 31
- aus „Anlass" der Arbeitsunfähigkeit *EntgeltFG* **8** 6
- Auszubildende *BBiG* **22** 1 ff
- Begründung *BBiG* **22** 38 ff, 49 ff
- diskriminierende *KSchG* **4** 78
- fristlose *KSchG* s. dort
- maßregelnde *KSchG* s. dort
- Meldepflicht bei Arbeitslosigkeit *BGB* **626** 14; *KSchG* **1 Teil 3** 102

- minderjähriger Auszubildender *BBiG* **22** 10 ff, 26 ff, 36 ff
- Nennung des Anfechtungsgrunds *BGB* **123** 6
- ordentliche *KSchG* s. dort
- personenbedingte *KSchG* s. dort
- Probezeit *BBiG* **22** 1 ff
- Schriftform *BGB* **623** 4; *KSchG* s. dort
- Schriftform bei Eigenkündigung des Arbeitnehmers *KSchG* **1 Teil 3** 116
- Unterschrift *BGB* **623** 17
- verhaltensbedingte *KSchG* s. dort
- wegen Aufgabe der Berufsausbildung *BBiG* **22** 52 ff
- Zugang *BBiG* **22** 6 ff, 8 ff, 23 ff, 24 ff, 30 ff; *BGB* **623** 2, **626** 3 f; *KSchG* **1 Teil 3** 89 ff
- Zustellung/Zugang bei Eigenkündigung des Arbeitnehmers *KSchG* **1 Teil 3** 113

Kündigung des Berufsausbildungsverhältnisses
- Begründung *BBiG* **22** 38 ff, 49 ff
- Beteiligung von Betriebsrat, Personalrat, MAV *BBiG* **22** 76
- fristlose *BBiG* **22** 29 ff
- fristlose durch Auszubildenden *BBiG* **22** 48 ff
- Interessenabwägung *BBiG* **22** 73 f
- Klage gegen fristlose des Ausbildenden *BBiG* **22** 65
- Klageantrag Ausbildender nach Unterliegen im Schlichtungsverfahren *BBiG* **22** 82
- Klageerwiderung des Ausbildenden nach fristloser *BBiG* **22** 85
- Klagefrist nach ArbGG *BBiG* **22** 72
- Klagefrist nach KSchG *BBiG* **22** 67 ff
- Kündigungserklärungsfrist *BBiG* **22** 75
- Meldepflicht bei Arbeitslosigkeit *BBiG* **22** 17 ff, 43 ff
- Schadensersatzanspruch *BBiG* **22** 51
- Schlichtungsverfahren *BBiG* **22** 56 ff
- wegen Aufgabe der Berufsausbildung *BBiG* **22** 52 ff

- Weiterbeschäftigungsanspruch des Auszubildenden *BBiG* 22 71
- wichtiger Grund *BBiG* 22 37, 50, 73 f
- Zustimmungsverfahren *BBiG* 22 15 ff, 41 ff

Kündigungsandrohung
- Anfechtung *BGB* 123 20

Kündigungserklärungsfrist
- außerordentliche Kündigung *BGB* 626 3 f
- Auszubildender *BBiG* 22 75
- Berufsausbildungsverhältnis *BBiG* 22 30 ff, 75

Kündigungsfrist
- Auslegung *KSchG* 4 93
- Dreiwochenfrist *KSchG* 4 93
- jahresübergreifend *BGB* 623 39
- Klagefrist *BGB* 622 2
- Muster *KSchG* 4 92
- Umdeutung *BGB* 623 9; *KSchG* 4 93

Kündigungsfrist, Überprüfung
- Antrag *BGB* 622 7
- Ausschlussfristen *BGB* 622 5
- einzelvertragliche Fristverkürzung *BGB* 622 12
- Grundkündigungsfrist *BGB* 622 4
- Klagefrist *BGB* 622 2
- Kleinunternehmen *BGB* 622 13
- Probezeitkündigung *BGB* 622 8 ff

Kündigungsgrund
- Mitteilung *KSchG* s. dort
- nachträgliche Zulassung *KSchG* s. dort

Kündigungsschutz
- Darlegungs- und Beweislast *KSchG* 4 17, 19 f
- nachwirkender *KSchG* 15 1 ff

Kündigungsschutzklage *KSchG* 4 1
- abgestufte Darlegungs- und Beweislast *KSchG* § 1 Teil 4 45
- allgemeine Feststellungsklage *KSchG* 4 1
- Antrag *KSchG* 4 1
- Anwendbarkeit des KSchG *KSchG* 4 17

- außerordentliche Kündigung *KSchG* 4 26
- Betriebsratsanhörung *KSchG* 4 21
- Darlegungs- und Beweislast *KSchG* 4 19 f
- Dreiwochenfrist *KSchG* 4 2
- empfohlener Inhalt *KSchG* § 1 Teil 4 43
- fristgerechte Kündigung *KSchG* 4 1
- fristlose Kündigung *KSchG* 4 26
- Klagefrist *KSchG* 4 2
- Klagefrist, Dreiwochenfrist *KSchG* 4 2
- Kündigungsfrist *KSchG* 4 93
- Mindestrügen *KSchG* § 1 Teil 4 41
- nachträgliche Zulassung *KSchG* s. dort
- Ordentliche Kündigung *KSchG* 4 1
- Parteibezeichnung *KSchG* 4 9 ff
- Passivlegitimation *KSchG* 4 9 ff
- (punktueller) Streitgegenstand *KSchG* 4 12
- Schleppnetzantrag *KSchG* 4 1, 13
- Zeugnis, Arbeitszeugnis, Zwischenzeugnis *KSchG* 4 23
- zuständiges Gericht *KSchG* 4 4 ff

Kündigungsschutzklage bei Betriebsübergang
- Darlegungs- und Beweislast *BGB* 613a 63
- Klageerwiderung *BGB* 613a 60
- Klagegegner *BGB* 613a 56
- Rechtskraft *BGB* 613a 56
- Weiterbeschäftigungsantrag *BGB* 613a 58

Kündigungsschutzverfahren
- Annahmeverzugsrisiko *KSchG* 11 42
- Fortsetzung des Arbeitsverhältnisses *KSchG* 12 2
- Obsiegen *KSchG* 12 2

Kündigungstermin
- Änderung *BGB* 623 10

Kündigungsvoraussetzung
- Abmahnung(en), Darlegungs- und Beweislast *KSchG* 1 Teil 3 71

Lebensalter *KSchG* 9-10 14

Legalzession *EntgeltFG* **8** 5
Lehrlingsstreitigkeiten
– Schlichtungsverfahren *BBiG* **22** 57 ff
Leistungsbereitschaft
– Beweislast *KSchG* **11** 33
– Darlegungslast *KSchG* **11** 33
– Zwischenarbeitsverhältnis *KSchG* **12** 9
Leistungsfähigkeit
– Beweislast *KSchG* **11** 33
Leistungsverweigerungsrecht
  BGB **615** 16 f
– Zwischenverdienst *KSchG* **11** 15, 39
Leitender Angestellter
– Anwendungsbereich § 14 Abs. 1 KSchG
  KSchG **14** 2
– Auflösungsantrag *KSchG* **14** 1 ff
Leitender Angestellter, Auflösungsantrag
– Abfindungsanspruch, Entstehung
  KSchG **14** 10
– Abfindungshöhe *KSchG* **14** 9
– Beendigungszeitpunkt *KSchG* **14** 8
– Begründungsfreiheit *KSchG* **14** 6
– Privilegierung *KSchG* **14** 7
– Rechtscharakter *KSchG* **14** 3
– Sozialwidrigkeit *KSchG* **14** 4
Lösungsrecht
– Aufhebungsvertrag *BGB* **623** 97
Mandatsträger
– außerordentliche Kündigung
  BetrVG **103** 1 ff
– Sonderkündigungsschutz *KSchG* **15** 11
Massenentlassung
– Anzeige *KSchG* **17** 49 ff
– Darlegungs- und Beweislast
  KSchG **4** 100
– Darlegungslast *KSchG* **17** 44
– Darlegungslast des Arbeitgebers
  KSchG **17** 48
– Formularsatz *KSchG* **17** 49 ff
– Klage gegen anzeigepflichtige Entlassung
  KSchG **4** 98
– konkrete Fehlerrüge *KSchG* **4** 101
– Sperrfrist *KSchG* **18** 2

– Stellungnahme des Betriebsrats
  KSchG **17** 58 ff
– Unwirksamkeitsgrund *KSchG* **4** 99
Massenentlassungsanzeige
– Fehler *KSchG* **17** 20
– Form *KSchG* **17** 5
– Freifrist *KSchG* **18** 14
– Interessenausgleich und Sozialplan
  KSchG **17** 14
– Notwendiger Inhalt *KSchG* **17** 7
– Rechtsfolgen bei nicht ordnungsgemäßer
  KSchG **17** 56
– Rechtsfolgen bei Unterbleiben
  KSchG **17** 56
– Rechtswirkungen der Anzeige
  KSchG **17** 17
– Unterrichtung des Betriebsrats
  KSchG **17** 23
– Verwaltungsakt der Agentur für Arbeit
  KSchG **17** 21
– Vordruck der Agentur für Arbeit
  KSchG **17** 10
– Zeitpunkt *KSchG* **17** 51
– Zuständigkeit *KSchG* **17** 6, 50
Maßregelnde Kündigung
– Arbeitsbefreiung wegen notwendiger
  Kindesbetreuung *KSchG* **4** 85, 89 f
– Darlegungs- und Beweislast
  KSchG **4** 91
– Maßregelung (Begriff) *KSchG* **4** 88
– Muster *KSchG* **4** 85
Mehrarbeitsausgleichsansprüche
– Freistellung *BGB* **615** 5
– Kündigungsfrist *BGB* **615** 5
Meldepflicht bei Arbeitslosigkeit
– Arbeitnehmer *BGB* **626** 14;
  KSchG **1 Teil 3** 102
– Auszubildende *BBiG* **22** 17 ff, 43 ff
Minderjähriger Auszubildender
  BBiG **22** 10 ff, 26 ff, 36 ff
Mitarbeitervertretung
– Anwendbarkeit *BetrVG* **102** 3, **103** 2

Mitteilung des Kündigungsgrundes
- Aufforderung zur Mitteilung
  BGB **626** 60 ff
- Beginn der Auskunftspflicht
  BGB **626** 62
- fehlerhafte oder fehlende Mitteilung
  BGB **626** 63
- Form *BGB* **626** 65
- Form des Auskunftsverlangens
  BGB **626** 61
- inhaltliche Anforderungen
  BGB **626** 67
- Schadensersatzanspruch *BGB* **626** 67
- Zeitpunkt *BGB* **626** 66

Mitteilungs- und Anzeigepflicht
- bei Krankheit § 8 EFZG
  EntgeltFG **8** 17

Mobbing
- Sonderkündigungsschutz *BGB* **138** 7

Mutterschutzfrist
- Umfang *BEEG* **18** 3

Nachteilsausgleich *KSchG* **9-10** 12
- Höhe der Abfindung *KSchG* **9-10** 12 ff

Nachträgliche Zulassung der
  Kündigungsschutzklage *KSchG* **5** 1 ff
- Anwendungsbereich *KSchG* **5** 3, 16
- Begründetheit *KSchG* **5** 26
- Glaubhaftmachung *KSchG* **5** 6
- Muster *KSchG* **5** 1, 12, 13
- notwendiger Inhalt *KSchG* **5** 5 f
- prozessuale Ausschlussfristen
  KSchG **5** 7
- Tenorierungen *KSchG* **5** 18 ff
- Unkenntnis des Arbeitgebers von der
  Schwangerschaft *KSchG* **5** 16
- Unterrichtung des Arbeitgebers von der
  Schwangerschaft *KSchG* **5** 17
- Urlaub *KSchG* **5** 1
- Verbundverfahren *KSchG* **5** 23
- Zulässigkeit *KSchG* **5** 5, 24
- Zwischenstreit *KSchG* **5** 23

Nachwirkender Kündigungsschutz
  KSchG **15** 1 ff

Nebenintervenient
- Kosten *ArbGG* **12a** 2
- Kostenfestsetzung *ArbGG* **12a** 2

Nebenverdienst
- Anrechnung bei Aufhebungsvertrag
  BGB **623** 94
- Anrechnung bei Freistellung
  BGB **623** 36

Notenstufe
- Vereinbraung im Zeugnis *BGB* **623** 78

Ordentlich unkündbare Arbeitnehmer
- außerordentliche Kündigung mit
  notwendiger Auslauffrist
  BGB **626** 46 ff

Ordentliche Kündigung
- Ausschluss des Rechts zur
  BGB **626** 46 ff
- betriebsstörender Arbeitnehmer
  BetrVG **104** 1 ff
- Betriebsvereinbarung *BetrVG* **102** 104
- Einigungsstelle *BetrVG* **102** 105
- Schwerbehinderter *BetrVG* **102** 71 f
- Weiterbeschäftigung auf einem anderen
  Arbeitsplatz *BetrVG* **102** 56
- Weiterbeschäftigungsanspruch
  BetrVG **102** 41, 44 ff
- Zustimmung des Betriebsrats
  BetrVG **102** 38
- Zustimmungsfiktion *BetrVG* **102** 38,
  103 11; *KSchG* **15** 8

Organisationsentscheidung
- Betriebsstilllegung
  KSchG § **1 Teil 4** 57
- Darlegungs- und Beweislast
  KSchG § **1 Teil 4** 67
- Entscheidungsträger
  KSchG § **1 Teil 4** 56, 66
- Leistungsverdichtung
  KSchG § **1 Teil 4** 72
- Leistungszuwachs *KSchG* § **1 Teil 4** 72
- Schließung Hierarchieebene
  KSchG § **1 Teil 4** 72
- Streichung einer Hierarchieebene
  KSchG § **1 Teil 4** 63

- Streichung Hierarchieebene *KSchG* § 1 Teil 4 64
- Umsetzbarkeit *KSchG* § 1 Teil 4 61
- Umsetzungszeitpunkt *KSchG* § 1 Teil 4 58, 69

Outplacementberatung
- Aufhebungsvertrag *BGB* 623 104

Parteibezeichnung
- Auslegung *KSchG* 4 10
- Dreiwochenfrist *KSchG* 4 9 ff
- Klagefrist *KSchG* 4 9 ff
- Parteiwechsel *KSchG* 4 10

Parteivernehmung
- bei Anfechtung der Kündigung *BGB* 123 41

Parteiwechsel
- Klagefrist, Dreiwochenfrist *KSchG* 4 10

Personalakte
- Abmahnung, Aufbewahrungsdauer/ Dokumentationsinteresse des Arbeitgebers *KSchG* 1 Teil 3 83 f
- Beifügung von Erklärungen des Arbeitnehmers *KSchG* 1 Teil 3 10, 43
- Einsichtsrecht des Arbeitnehmers *KSchG* 1 Teil 3 44

Personalrat
- Anwendbarkeit *BetrVG* 102 3, 103 2

Personenbedingte Kündigung
- Alkoholabhängigkeit *KSchG* 1 Teil 2 52
- anderweitige Beschäftigungsmöglichkeit *KSchG* 1 Teil 2 40
- Anhörung *BetrVG* 102 8
- Anschreiben bei Fehlzeiten *KSchG* 1 Teil 2 1
- Anschreiben BEM *KSchG* 1 Teil 2 3
- Anschreiben Suchterkrankung *KSchG* 1 Teil 2 6
- Anschreiben (Untersuchungs-)Haft *KSchG* 1 Teil 2 10
- Führerscheinentzug *KSchG* 1 Teil 2 48
- Grundleiden, einheitliches *KSchG* 1 Teil 2 46
- häufige Kurzerkrankungen *BetrVG* 102 9; *KSchG* 1 Teil 2 28
- Klageerwiderung *KSchG* 1 Teil 2 12, 17
- negative Zukunftsprognose *BetrVG* 102 10
- Personalreserve *KSchG* 1 Teil 2 17
- Prozessarbeitsvertrag *KSchG* 11 42
- Prüfungsreihenfolge *BetrVG* 102 11
- Rehabilitationsmöglichkeit *KSchG* 1 Teil 2 38
- Rückfall nach Suchttherapie *KSchG* 1 Teil 2 58
- unterlassenes BEM *KSchG* 1 Teil 2 12
- (Untersuchungs-)Haft *KSchG* 1 Teil 2 61
- vereitelte anderweitige Beschäftigungsmöglichkeit *KSchG* 1 Teil 2 40

Pflegezeit
- Sonderkündigungsschutz *KSchG* s. dort

Probezeit
- Berufsausbildungsverhältnis *BBiG* 22 1, 20 ff
- Klageantrag gegen Probezeitkündigung des Ausbildenden *BBiG* 22 77
- Zugang der Kündigung *BBiG* 22 6 ff, 23 ff

Probezeitkündigung
- Berufsausbildungsverhältnis *BBiG* 22 1 ff, 20 ff

Prozessarbeitsvertrag *KSchG* 11 42
- auflösende Bedingung *KSchG* 11 43, 51
- auslösende Bedingung *KSchG* 11 43
- Beendigung *KSchG* 11 51
- Beendigungsmitteilung *KSchG* 11 51
- Befristung *KSchG* 11 43
- betriebsbedingte Kündigung *KSchG* 11 50
- Entfristungsklage *KSchG* 11 50
- Inhalt *KSchG* 11 50
- Kündbarkeit *KSchG* 11 52

- personenbedingte Kündigung
  KSchG **11** 50
- Rechtsmittelfrist *KSchG* **11** 51
- Schriftform *KSchG* **11** 44
- Zumutbarkeit *KSchG* **11** 47

Prozessbevollmächtigter
- Klagefrist *BBiG* **22** 69
- Kosten *ArbGG* **12a** 2
- Verschuldenszurechnung *BBiG* **22** 69

Prozesskostenhilfeantrag
- Klagefrist, Dreiwochenfrist *KSchG* **4** 3

Prozessvergleich
- Kosten *ArbGG* **12a** 2

Punkteschema
- Beteiligung Betriebsrat
  KSchG § **1** Teil **4** 107
- Betriebszugehörigkeit
  KSchG § **1** Teil **4** 98
- Schwebehinderung
  KSchG § **1** Teil **4** 100
- Übergewichtigkeit
  KSchG § **1** Teil **4** 98
- Wertungsspielraum
  KSchG § **1** Teil **4** 96

Rachsucht
- Sittenwidrigkeit der Kündigung
  BGB **138** 6

Rechtliche Verhinderung
- außerordentliche Kündigung eines
  Mandatsträgers *BetrVG* **103** 14
- Betriebsratsbeschluss *BetrVG* **103** 14

Rechtsanwalt
- Anwesenheitsrecht bei Anhörung
  (Verdachtskündigung) *BGB* **626** 58
- Verschuldenszurechnung *BBiG* **22** 69

Rechtsanwaltskosten
- fiktive *ArbGG* **12a** 22

Rechtskraft *KSchG* **12** 4

Reisekosten *ArbGG* **12a** 9
- Gerichtsort *ArbGG* **12a** 10
- Gerichtsstand *ArbGG* **12a** 10

Rentenbezug
- Anrechnung *KSchG* **11** 13

Resturlaubsansprüche
- Anrechnung, Freistellung *BGB* **623** 30

Rückdatierung
- Aufhebungsvertrag *BGB* **623** 56

Rücknahme-/Entfernungsverlangen nach Abmahnung
- Muster *KSchG* **1** Teil **3** 45 ff
- Taktik *KSchG* **1** Teil **3** 47 ff

Schadensersatz
- Auszubildender *BBiG* **22** 51

Schleppnetzantrag *BBiG* **22** 70

Schlichtungsverfahren
- Anhörung der Parteien *BBiG* **22** 61
- Antragsfrist *BBiG* **22** 60
- Durchführung des Verfahrens
  BBiG **22** 57 ff
- Klagefrist nach ArbGG *BBiG* **22** 72
- Klagefrist nach KSchG *BBiG* **22** 67 ff
- Muster Klageantrag Ausbildender nach Unterliegen im Schlichtungsverfahren
  BBiG **22** 82
- Musterantrag *BBiG* **22** 56
- Prozessvoraussetzung *BBiG* **22** 57 ff

Schlussformulierung
- Arbeitszeugnis *BGB* **623** 85

Schriftform
- Anfechtung *BGB* **123** 4
- Anhörung *BetrVG* **102** 14
- Aufhebungsvertrag *BGB* **623** 47
- Kündigung *BGB* **623** 4
- Prozessarbeitsvertrag *KSchG* **11** 44

Schriftform der Kündigung
- außerordentliche Kündigung
  BGB **626** 17
- Berufsausbildungsverhältnis
  BBiG **22** 25, 44
- Eigenkündigung des Arbeitnehmers
  BGB **626** 32
- Kündigung des Arbeitnehmers
  KSchG **1** Teil **3** 116
- verhaltensbedingte Kündigung
  KSchG **1** Teil **3** 106

Stichwortverzeichnis

Schwangerschaft
– Sonderkündigungsschutz KSchG s. dort

Schwerbehindertenvertretung
– außerordentliche Kündigung BetrVG 103 1 ff

Schwerbehinderter
– Kündigung BetrVG 102 71 f

Seebetriebsrat
– außerordentliche Kündigung BetrVG 103 1 ff

Sittenwidrige Kündigung BGB 138 5; KSchG 4 81 ff
– Abgrenzung zur Treuwidrigkeit KSchG 4 84
– Auflösungsantrag des Arbeitnehmers KSchG 13 25
– Auflösungsantrag, Antragsberechtigung KSchG 13 26 f
– Begriff der Sittenwidrigkeit KSchG 4 83
– Kündigung als Druckmittel KSchG 4 81
– Maßregelung KSchG 4 85 ff

Sonderkündigungsrecht
– Obsiegen im Kündigungsrechtsstreit KSchG 12 6

Sonderkündigungsschutz KSchG 15 11
– außerordentliche Kündigung BGB 626 11 ff

Sonderkündigungsschutz bei Elternzeit
– allgemeine Verwaltungsvorschriften BEEG 18 13
– Antrag auf Elternzeit BEEG 18 1
– Antrag auf Zulassung einer Kündigung BEEG 18 10
– arbeitsgerichtliche Klage nach Kündigung ohne Zulässigkeitserklärung BEEG 18 4 2240; KSchG 4 40
– Beginn BEEG 18 2, 26; KSchG 4 41, 42
– Eigenkündigung zum Ende der Elternzeit BEEG 18 8
– Elternteilzeit KSchG 4 45

– Elternzeitberechtigung BEEG 18 27
– Elternzeitverlangen BEEG 18 2, 4, 28; KSchG 4 41 f
– Fallgruppen der Zulässigkeitserklärung BEEG 18 13
– Klageerwiderung nach Kündigung ohne Zulässigkeitserklärung BEEG 18 24
– Kündigung vor Elternzeit KSchG 4 40
– Kündigung während Elternzeit KSchG 4 40
– Kündigungsschreiben nach Zulässigkeitserklärung BEEG 18 16
– Sperrzeit bei Beendigung BEEG 18 9
– Teilzeitbeschäftigung BEEG 18 6, 29; KSchG 4 40, 45 f
– Voraussetzungen KSchG 4 41
– vorverlagerter Schutz BEEG 18 2

Sonderkündigungsschutz bei Pflegezeit
– Ankündigung der Inanspruchnahme von Pflegezeit PflegeZG 5 6
– Antrag auf Zulassung einer Kündigung PflegeZG 5 11
– Anzeige kurzzeitiger Arbeitsverhinderung PflegeZG 5 1
– arbeitsgerichtliche Klage nach Kündigung ohne Zulässigkeitserklärung KSchG 4 51; PflegeZG 5 24
– Beginn KSchG 4 53; PflegeZG 5 7
– Dauer KSchG 4 57, 63
– Ende PflegeZG 5 14, 31
– Fallgruppen der Zulässigkeitserklärung PflegeZG 5 15 f
– Formalitäten und Inhalt der Mitteilung über kurzzeitige Arbeitsverhinderung PflegeZG 5 2, 5
– geschützter Personenkreis PflegeZG 5 14
– Höchstdauer der Pflegezeit PflegeZG 5 8
– Klageerwiderung nach Kündigung ohne Zulässigkeitserklärung PflegeZG 5 26
– Kündigungsschreiben nach Zulässigkeitserklärung PflegeZG 5 18
– Kurzzeitige Arbeitsverhinderung KSchG 4 51; PflegeZG 5 2 ff

- Langzeitpflege *KSchG* 4 51
- Nachweispflicht *KSchG* 4 60, 65
- Pflegeteilzeit *PflegeZG* 5 9 f, 30 f
- Teilfreistellung *KSchG* 4 64
- Voraussetzungen *PflegeZG* 5 7, 14, 28 ff
- Zustimmung des Arbeitgebers *KSchG* 4 56, 64

Sonderkündigungsschutz bei Schwangerschaft/Entbindung
- Antrag auf Zulassung einer Kündigung *MuSchG* 9 1
- arbeitsgerichtliche Klage nach Kündigung ohne Zulässigkeitserklärung *KSchG* 4 35; *MuSchG* 9 16
- Darlegungs- und Beweislast *KSchG* 4 35 f
- Erklärungsform der für zulässig erklärten Kündigung *MuSchG* 9 11 f
- Fallgruppen der Zulässigkeitserklärung *MuSchG* 9 5 f
- Kenntnis des Arbeitgebers *KSchG* 4 35, 38; *MuSchG* 9 20
- Klageerwiderung nach Kündigung ohne Zulässigkeitserklärung *MuSchG* 9 18
- Kündigungsschreiben nach Zulässigkeitserklärung *MuSchG* 9 10
- Muster *KSchG* 4 35
- Nachholung der Mitteilung *KSchG* 4 35, 38
- nachträgliche Mitteilung *KSchG* 4 38
- nachträgliche Zulassung der Kündigungsschutzklage *KSchG* 5 13 ff
- Schwangerschaft *KSchG* 4 36
- Überschreiten der Zwei-Wochen-Frist *MuSchG* 9 20
- Zulässigerklärung *KSchG* 4 39
- Zusammentreffen von Mutterschutz und Elternzeitverlangen *MuSchG* 9 9
- zwingende Angabe des Kündigungsgrundes *MuSchG* 9 12

Sonderkündigungsschutz bei Schwerbehinderung/Gleichstellung
- anerkannte Schwerbehinderteneigenschaft *KSchG* 4 29 f
- Anforderungen an Schwerbehinderung/Gleichstellung *SGB IX* 85-92 5, 11
- Antrag auf Zustimmung zur ordentlichen Kündigung *SGB IX* 85-92 7
- arbeitsgerichtliche Klage nach Kündigung ohne Zustimmungseinholung *KSchG* 4 29; *SGB IX* 85-92 63
- außerordentliche Kündigung – Besonderheiten *SGB IX* 85-92 10
- Beteiligung der Schwerbehindertenvertretung *SGB IX* 85-92 17, 25
- eingeschränktes Ermessen des Integrationsamtes *SGB IX* 85-92 15 f, 35
- Ergebnisse des Widerspruchsverfahrens *SGB IX* 85-92 36
- Frist für Geltendmachung *SGB IX* 85-92 3
- geleichgestellte Menschen *KSchG* 4 29
- Gleichstellung *KSchG* 4 29 f
- Klageerwiderung nach Kündigung ohne Zustimmungseinholung *SGB IX* 85-92 65
- Klagefrist nach Kündigungsausspruch *SGB IX* 85-92 12
- Kündigung vor Abschluss des Anerkennungsverfahrens *KSchG* 4 29, 31
- Kündigungsschreiben nach Zustimmungserklärung *SGB IX* 85-92 20
- Mindestkündigungsfrist *SGB IX* 85-92 14, 22
- nachträgliche Mitteilung des Kündigungsverbotes *SGB IX* 85-92 1
- Nachweispflicht *SGB IX* 85-92 6, 12, 68
- offenkundige Schwerbehinderung *KSchG* 4 29, 31

- Unkenntnis des Arbeitgebers
  KSchG 4 32
- verwaltungsgerichtliche Klage gegen
  Zustimmungserteilung
  SGB IX 85-92 39
- verwaltungsgerichtliche Klage wegen
  Zustimmungsverweigerung
  SGB IX 85-92 51
- Voraussetzungen *SGB IX* 85-92 2, 13
- Wartezeit *KSchG* 4 30
- Widerspruch gegen Entscheidung des
  Integrationsamtes *SGB IX* 85-92 28
- Widerspruchsfrist nach
  Zustimmungserklärung
  SGB IX 85-92 29
- Zeitpunkt der Kündigungserklärung
  SGB IX 85-92 18
- Zulässigkeitsvoraussetzungen für
  verwaltungsgerichtliche Klage
  SGB IX 85-92 40 f, 53 f
- Zustimmung Integrationsamt
  KSchG 4 30
- Zustimmungsfiktion *SGB IX* 85-92 18

Sonderkündigungsschutz bei Wehrdienst
- Anlasskündigung *KSchG* 4 47
- Ausländer *KSchG* 4 48
- außerordentliche Kündigung
  KSchG 4 49
- Darlegungs- und Beweislast
  KSchG 4 47
- Eignungsübung *KSchG* 4 48
- Klagefrist *KSchG* 4 50
- Muster *KSchG* 4 47
- ordentliche Kündigung *KSchG* 4 49
- Wehrpflichtige *KSchG* 4 48
- Zivildienst *KSchG* 4 48

Sonderkündigungsschutz für
  Datenschutzbeauftragten
  KSchG 4 66 ff
- Sonderkündigungsschutz
  KSchG 4 66 ff
- Voraussetzungen *KSchG* 4 67 f

Sonderkündigungsschutz im Rahmen der
  Betriebsverfassung und
  Personalvertretung
- Arbeitnehmervertreter *KSchG* 4 69, 70
- Beendigung der Amtszeit *KSchG* 4 69
- Ersatzmitglied *KSchG* 4 72
- Schwerbehindertenvertretung
  KSchG 4 71
- Vertrauensleute der Schwerbehinderten
  KSchG 4 71
- Voraussetzungen *KSchG* 4 70 f, 76
- Wahlbewerber *KSchG* 4 75 f
- Wahlvorstand *KSchG* 4 73, 74

Sozialauswahl *KSchG* 2 27, 33,
  § 1 Teil 4 16, 94
- Abschlussprüfung bei
  Altersgruppenbildung
  KSchG § 1 Teil 4 123
- Aktualisierung der Daten
  KSchG § 1 Teil 4 17
- Altersgruppenbildung
  KSchG § 1 Teil 4 122
- Altersstruktur *KSchG* § 1 Teil 4 118
- Anhörung *BetrVG* 102 7
- Auskunftsanspruch
  KSchG § 1 Teil 4 32
- Auswahlrichtlinie
  KSchG § 1 Teil 4 125
- berechtigte betriebliche Interessen an
  Personalstruktur *KSchG* § 1 Teil 4 120
- Darlegungs- und Beweislast
  KSchG 4 20
- Darlegungs- und Beweislast bei
  Namensliste *KSchG* § 1 Teil 4 133
- Datenschutz *KSchG* § 1 Teil 4 16
- Erhaltung bestehender Personalstruktur
  KSchG § 1 Teil 4 121
- Familienstand *KSchG* § 1 Teil 4 104
- grobe Fehlerhaftigkeit
  KSchG § 1 Teil 4 50, 126
- Herausnahme einzelner Mitarbeiter
  BetrVG 102 51
- Herausnahme von Leistungsträgern
  KSchG § 1 Teil 4 109

- Herausnahme von Leistungsträgern wegen objektiver Qualifikationen *KSchG* § **1 Teil 4** 111
- individuelle Abschlussprüfung *KSchG* § **1 Teil 4** 108
- Kriterien *KSchG* § **1 Teil 4** 95
- Personalstruktur *KSchG* § **1 Teil 4** 117
- Punkteschema *KSchG* § **1 Teil 4** 96
- Schwerbehinderung *KSchG* § **1 Teil 4** 100, 105
- Sicherung der Personalstruktur *KSchG* § **1 Teil 4** 116
- Unterhaltspflicht *KSchG* § **1 Teil 4** 102
- Verpartnerung *KSchG* § **1 Teil 4** 104
- Zeitpunkt *KSchG* § **1 Teil 4** 106
- Zulässigkeit einer Abfrage *KSchG* § **1 Teil 4** 17
- Zweifel an den Daten *KSchG* § **1 Teil 4** 17

Sozialauswahl bei Interessensausgleich
- grobe Fehlerhaftigkeit *KSchG* § **1 Teil 4** 132

Sozialauswahl, Auskunftsanspruch *KSchG* § **1 Teil 4** 32
- Gegenstand *KSchG* § **1 Teil 4** 33
- Inhalt *KSchG* § **1 Teil 4** 35
- Rechtsfolge *KSchG* § **1 Teil 4** 36
- Zeitpunkt *KSchG* § **1 Teil 4** 33

Sozialdaten *BetrVG* **102** 4, 6, 19, 34, **103** 4; *KSchG* **15** 12 f

Sozialplan *KSchG* § **1 Teil 4** 12, 60

Sozialplanabfindung *BGB* **623** 59
- Anrechnung *BGB* **623** 59

Sozialwidrigkeit, absolute *KSchG* § **1 Teil 4** 13

Sperrfrist
- praktische Bedeutung bei Klagen *KSchG* **18** 17
- Verhältnis zur Massenentlassungsanzeige *KSchG* **18** 5
- Zeitpunkt *KSchG* **18** 8

Streitverkünderter
- Kostenfestsetzung *ArbGG* **12a** 2

Subjektive Determination *BGB* **622** 3
- Anhörung *BetrVG* **102** 5, 20, **103** 8; *KSchG* **15** 5

Tatkündigung
- verhaltensbedingte Kündigung *KSchG* **1 Teil 3** 135 f

Tatsachenvergleich
- Urlaub *BGB* **623** 67 ff

Teilzeitbeschäftigte
- Sonderkündigungsschutz bei Elternzeit *BEEG* **18** 6, 29

Terminwahrnehmung
- Rechtsabteilung *ArbGG* **12a** 10
- Reisekosten *ArbGG* **12a** 10

Treu und Glauben *BGB* **138** 11

Treuwidrige Kündigung
- Abgrenzung zur Sittenwidrigkeit *KSchG* **4** 84
- Darlegungs- und Beweislast *KSchG* **4** 79
- diskriminierende Kündigung *KSchG* **4** 78
- HIV-Infektion *KSchG* **4** 78
- Mindestmaß an sozialer Rücksichtnahme *KSchG* **4** 77
- Muster *KSchG* **4** 77

Überleitungsanzeige *KSchG* **11** 13

Umdeutung
- der Kündigung *BGB* **623** 14

Umdeutung, außerordentliche in ordentliche Kündigung *BGB* **626** 35 f
- Auflösungsantrag, Antragsberechtigung des Arbeitgebers bzgl umgedeuteter außerordentlicher Kündigung *KSchG* **13** 4
- Auflösungsantrag, Zeitpunkt der Auflösung *KSchG* **13** 17 ff

Umschulungs- und Fortbildungsmaßnahmen
- Interessenabwägung *BetrVG* **102** 64
- Widerspruch *BetrVG* **102** 57 ff

Umsetzung
- freier Arbeitsplatz *BetrVG* **102** 58

711

Stichwortverzeichnis

- Widerspruch des Betriebsrates
  BetrVG **102** 57

Unterlassen
- Zwischenverdienst *KSchG* **11** 46

Unternehmenszugehörigkeit
- Höhe der Abfindung *KSchG* **9-10** 14

Unternehmerische Entscheidung
- Betriebsschließung *KSchG* § **1 Teil 4** 1
- Betriebsverlagerung
  KSchG § **1 Teil 4** 10
- Entscheidungsträger
  KSchG § **1 Teil 4** 5
- Schließung einer Abteilung
  KSchG § **1 Teil 4** 9

Unterschrift
- Kündigung *BGB* **623** 17

Unverzüglichkeit
- Beanstandung nach § 180 BGB
  BGB **180** 19
- Zurückweisung *BGB* **180** 10

Unwirksamkeit der Kündigung aus sonstigen Gründen
- Auflösungsantrag, Antragsberechtigung
  KSchG **13** 33 ff
- Zurückweisung eines Auflösungsantrags
  KSchG **13** 32

Urkundeneinheit
- Aufhebungsvertrag *BGB* **623** 48

Urlaub
- Anrechnung bei Aufhebungsvertrag
  BGB **623** 94
- Geltendmachung *KSchG* **4** 1, 25
- Tatsachenvergleich *BGB* **623** 67 ff

Urlaubsabgeltungsanspruch *BGB* **623** 70

Urlaubsanrechnung
- Freistellung *BGB* **615** 2
- Urlaubsjahr *BGB* **615** 3
- zeitliche Lage *BGB* **615** 2, 12

Urlaubsgewährung
- widerrufliche Freistellung *BGB* **623** 43

Urteilsverfahren
- Kostenfestsetzung *ArbGG* **12a** 2

Verbandsvertreter
- Kostenfestsetzung *ArbGG* **12a** 21
- Rechtsanwalt *ArbGG* **12a** 21

Verdachtskündigung *BetrVG* **102** 23
- Abgrenzung zur Tatkündigung
  KSchG **1 Teil 3** 135 f
- Anhörung des Verdächtigen
  KSchG **1 Teil 3** 134
- Anhörung/Ladung vor Verdachtskündigung *BGB* **626** 50
- Anwesenheitsrechte Dritter
  BGB **626** 58
- außerordentliche Kündigung
  BetrVG **102** 24 ff
- Beteiligung von Betriebsrat, Personalrat, MAV *BGB* **626** 54;
  KSchG **1 Teil 3** 136
- Form und Inhalt der Kündigungserklärung *BGB* **626** 53
- Form von Ladung/Anhörung des Arbeitnehmers *BGB* **626** 59
- Gegenstand der Anhörung
  BGB **626** 55
- Pflicht zur Anhörung *BGB* **626** 56
- Verdacht als Kündigungsgrund
  BGB **626** 51 f
- verhaltensbedingte Kündigung
  KSchG **1 Teil 3** 134 ff
- Voraussetzungen *BetrVG* **102** 25
- Vorliegen eines wichtigen Grundes
  KSchG **1 Teil 3** 137
- Zeitpunkt/Regelfrist *BGB* **626** 57

Vergleich
- Gerichtskosten *ArbGG* **12a** 6
- Kostenregelung *ArbGG* **12a** 6

Vergütungsbestandteile
- Aufhebungsvertrag *BGB* **623** 92

Verhaltensbedingte Kündigung
- Abmahnung *BetrVG* **102** 13;
  KSchG **1 Teil 3** 11 ff
- Abmahnung, erforderliche Anzahl
  KSchG **1 Teil 3** 16
- Abmahnung, Erforderlichkeit
  KSchG **1 Teil 3** 12 ff

- Abmahnung, letzte Abmahnung
  KSchG **1** Teil **3** 17
- Abmahnung, „letzte"
  KSchG **1** Teil **3** 128
- Abwicklung des Arbeitsverhältnisses
  KSchG **1** Teil **3** 104 f
- Änderungskündigung
  KSchG **1** Teil **3** 111
- Anhörung *BetrVG* **102** 12
- Arbeitgebersicht *KSchG* **1** Teil **3** 88, 109
- Bagatelldelikte *KSchG* **1** Teil **3** 130, 131 ff
- Begründung *KSchG* **1** Teil **3** 97 f
- Beteiligung von Betriebsrat, Personalrat, MAV *KSchG* **1** Teil **3** 99 f
- Darlegungs- und Beweislast
  KSchG **1** Teil **3** 127
- Darlegungs- und Beweislast für Abmahnung(en) *KSchG* **1** Teil **3** 71
- Diebstahl geringwertiger Sachen
  KSchG **1** Teil **3** 130 ff
- (keine) Klagefrist gegen Abmahnung
  KSchG **1** Teil **3** 61
- Klageerwiderung (mit vorheriger Abmahnung) *KSchG* **1** Teil **3** 128
- Klageerwiderung (ohne vorherige Abmahnung) *KSchG* **1** Teil **3** 130
- Kündigungsberechtigung
  KSchG **1** Teil **3** 107
- Kündigungsfrist *KSchG* **1** Teil **3** 93
- Kündigungsgründe
  KSchG **1** Teil **3** 94 ff
- Meldepflicht bei Arbeitslosigkeit
  KSchG **1** Teil **3** 102
- Muster Klagerwiderung
  KSchG **1** Teil **3** 122
- neue Pflichtverletzung vor Kündigung
  KSchG **1** Teil **3** 15
- Prozessarbeitsvertrag *KSchG* **11** 42
- Sachvortrag vor Gütertermin
  KSchG **1** Teil **3** 120 f
- Schriftform der Kündigung
  KSchG **1** Teil **3** 106
- Tatkündigung *KSchG* **1** Teil **3** 135 f

- Übergabe-/Zustellungsprotokoll
  KSchG **1** Teil **3** 90
- Verdachtskündigung
  KSchG **1** Teil **3** 134 ff
- Verteidigungsanzeige für Arbeitgeber
  KSchG **1** Teil **3** 118, 119 ff
- Vollmacht *KSchG* **1** Teil **3** 108
- Zurückweisung *KSchG* **1** Teil **3** 108
- Zuspätkommen, häufiges
  KSchG **1** Teil **3** 128
- Zustellung/Zugang
  KSchG **1** Teil **3** 89 ff
- Zustimmungsverfahren
  KSchG **1** Teil **3** 101

Verhältnismäßigkeit *BetrVG* **102** 29
- Abmahnung *BetrVG* **102** 29
- betriebsstörender Arbeitnehmer
  BetrVG **104** 4

Verhältnismäßigkeitsgrundsatz
- Abmahnung *KSchG* **1** Teil **3** 76

Verlängerte Anrufungsfrist
- Hinweispflicht *KSchG* **6** 1 f

Verschlechterung der Arbeitsbedingungen
- Einverständnis des Arbeitnehmers
  BetrVG **102** 67 f
- geringwertiger Arbeitsplatz
  BetrVG **102** 65 ff

Verschulden
- Abmahnung *KSchG* **1** Teil **3** 20, 72
- Prozessbevollmächtigter *BBiG* **22** 69

Versetzung
- freier Arbeitsplatz *BetrVG* **102** 58
- Widerspruch des Betriebsrates
  BetrVG **102** 57

Vertreter ohne Vertretungsmacht
  BGB **180** 15

Vertretung ohne Vertretungsmacht
- GmbH-Geschäftsführer *BGB* **180** 17
- nachträgliche Genehmigung/Billigung
  BGB **180** 39

Vertretungsmacht
- gesetzliche *BGB* **180** 2

Vertretungsmängel
- fehlende Vertretungsmacht
  KSchG **4** 102
- Gesamtvertretung *KSchG* **4** 106
- unverzügliche Beanstandung der fehlenden Vertretungsmacht *KSchG* **4** 104
- unverzügliche Zurückweisung der Kündigung wegen Nichtvorlage der Vollmachtsurkunde *KSchG* **4** 106 ff
- Vollmachtsurkunde *KSchG* **4** 105
- zurechenbare Kündigung *KSchG* **4** 103

Verweisung an das Arbeitsgericht
- Kostenfestsetzung *ArbGG* **12a** 2 ff

Verzugszinsen
- Bruttoanspruch *KSchG* **11** 24

Vollmachtserteilung
- Form *BGB* **180** 4

Vollmachtsurkunde *BGB* **180** 5
- Entbehrlichkeit der Vorlage; Kenntnis der Vollmacht *BGB* **180** 7

Vollstreckungsverfahren
- Kostenfestsetzung *ArbGG* **12a** 2

Wahlbewerber
- außerordentliche Kündigung *BetrVG* **103** 1 ff

Wahlrecht des Arbeitnehmers
- Auflösung des Arbeitsverhältnisses *KSchG* **13** 17 ff

Wahlvorstand
- außerordentliche Kündigung *BetrVG* **103** 1 ff

Warnfunktion
- Abmahnung *KSchG* **1** Teil 3 77 ff

Wartezeit *KSchG* **1** Teil 1 1
- Abwerbung *KSchG* **1** Teil 1 1
- anrechenbare Zeiten *KSchG* **1** Teil 1 15
- konkludentes Abbedingen *KSchG* **1** Teil 1 1
- Probezeitverzicht *KSchG* **1** Teil 1 1
- treuwidriges Berufen *KSchG* **1** Teil 1 1
- Vorbeschäftigung *KSchG* **1** Teil 1 14

Wegerisiko *BGB* **615** 31

Wehrdienst
- Klagefrist *KSchG* **4** 50
- Sonderkündigungsschutz *KSchG* s. dort

Weiterbeschäftigung
- Anrechnung von Zwischenverdiensten *KSchG* **16** 3
- Verweigerung *KSchG* **16** 1 ff
- Verweigerung der Weiterbeschäftigung *KSchG* **16** 1 ff
- Voraussetzungen *KSchG* **16** 2
- vorläufige *KSchG* **11** 30

Weiterbeschäftigunganspruch, betriebsverfassungsrechtlicher
- Auflösungsantrag *BetrVG* **102** 87

Weiterbeschäftigungsanspruch
BetrVG **102** 83; *KSchG* **4** 1, 15 f
- Änderungskündigung *KSchG* **4** 15
- Auszubildender *BBiG* **22** 71
- bestimmter Klageantrag *KSchG* **4** 16
- Betriebsratsbeschluss *BetrVG* **102** 46 f, 84, 88, 93 f
- Bezeichnung der vorrangig zu kündigenden Mitarbeiter *BetrVG* **102** 50
- einstweilige Einstellung der Zwangsvollstreckung *ZPO* **719** 1
- Entschädigung bei Nichtbeschäftigung *ArbGG* **61** 1
- Folgekündigung *ZPO* **719** 2
- Folgen bei form- und fristgerechtem Widerspruch des Betriebsrates *BetrVG* **102** 80 f
- Kündigungsschutzklage *BetrVG* **102** 86
- ordentliche Kündigung *BetrVG* **102** 41; *KSchG* **44** ff
- Schriftform *BetrVG* **102** 79
- Verfügungsgrund *BetrVG* **102** 89
- Voraussetzungen/Geltendmachung *BetrVG* **102** 78 f
- Widerspruch Betriebsrat *KSchG* **4** 1
- Widerspruch des Betriebsrats *BetrVG* **102** 41, 44 ff

Stichwortverzeichnis

Weiterbeschäftigungsmöglichkeit
  KSchG § **1 Teil 4** 13
- Darlegungs- und Beweislast
  KSchG § **1 Teil 4** 45

Weiterbeschäftigungspflicht
- Entbindung von   *BetrVG* **102** 91 ff

Weiterbeschäftigungspflicht, Entbindung
  BetrVG **102** 91 ff
- Betriebsratsbeschluss   *BetrVG* **102** 93 f, 102
- einstweilige Verfügung   *BetrVG* **102** 92
- Erfolglosigkeit der Kündigungsschutzklage
  BetrVG **102** 96
- Existenzgefährdung des Betriebs
  BetrVG **102** 98 f
- Voraussetzungen   *BetrVG* **102** 95 ff
- zuständiges Arbeitsgericht
  BetrVG **102** 91

Wettbewerbsverbot
- Freistellung   *BGB* **615** 7, **623** 36
- nachvertragliches und allgemeine Abgeltungsklausel   *BGB* **623** 131
- nachvertragliches, Aufhebungsvertrag
  BGB **623** 126
- Verzicht; Aufhebungsvertrag
  BGB **623** 129

Wichtiger Grund
- außerordentliche Kündigung
  BGB **626** 5 f
- Bagatelldelikte   *KSchG* **1 Teil 3** 131 ff
- Berufsausbildungsverhältnis
  BBiG **22** 87
- Darlegungs- und Beweislast
  BGB **626** 74 f
- fristlose Kündigung   *BBiG* **22** 37, 50
- Interessenabwägung   *BGB* **626** 76
- Kündigung des Berufsausbildungsverhältnisses
  BBiG **22** 73 f
- Verdacht als Kündigungsgrund
  BGB **626** 51 f
- Verdachtskündigung
  KSchG **1 Teil 3** 137

Widerrufsrecht
- bei Aufhebungsverträgen   *BGB* **123** 3

Widerspruch des Betriebsrats
- Betriebsratsbeschluss   *BetrVG* **102** 46 f, 84, 88, 93 f
- Bezeichnung   *BetrVG* **102** 45
- Folgen bei form- und fristgerechtem Widerspruch des Betriebsrates
  BetrVG **102** 80 f
- Mitteilung der Stellungnahme des Betriebsrates   *BetrVG* **102** 74 f
- Weiterbeschäftigungsanspruch
  BetrVG **102** 41, 44 ff

Widerspruch gegen Betriebsübergang
- Beweis   *BGB* **613a** 28
- faktisches Arbeitsverhältnis
  BGB **613a** 33
- Form   *BGB* **613a** 28 ff
- Frist   *BGB* **613a** 31
- Rückwirkung   *BGB* **613a** 32
- Zugang   *BGB* **613a** 28

Widersprüchliches Verhalten
- treuwidrige Kündigung   *BGB* **138** 12

Widerspruchsgründe
- Auswahlrichtlinien   *BetrVG* **102** 52 ff
- Berücksichtigung sozialer Gesichtspunkte   *BetrVG* **102** 48 ff
- Fortbildung   *BetrVG* **102** 60 ff
- Herausnahme einzelner Mitarbeiter
  BetrVG **102** 51
- Mitteilung an Arbeitnehmer
  BetrVG **102** 74
- Schwerbehinderung   *BetrVG* **102** 49
- Umschulung   *BetrVG* **102** 60 ff
- Umsetzung   *BetrVG* **102** 57
- Verschlechterung der Arbeitsbedingungen   *BetrVG* **102** 65 ff
- Versetzung   *BetrVG* **102** 57

Wiedereinstellungsanspruch
  KSchG § **1 Teil 4** 138
- Adressat   *BGB* **613a** 40
- anderweitige Dispositionen
  BGB **613a** 53
- Arbeitsbedingungen   *BGB* **613a** 47

715

- Darlegungs- und Beweislast
  BGB 613a 52
- entgegenstehende betriebliche Interessen
  KSchG § 1 Teil 4 143
- Klageantrag *BGB* 613a 48
- nach Abfindungsvergleich
  BGB 613a 43
- Prognoseirrtum *KSchG* § 1 Teil 4 141
- Sozialauswahl *KSchG* § 1 Teil 4 151
- überwiegendes Interesse des Arbeitgebers
  BGB 613a 51
- Verhältnis zur betriebsbedingten Kündigung *KSchG* § 1 Teil 4 139
- Vertragsangebot *KSchG* § 1 Teil 4 150
- Verzug *BGB* 613a 49
- Zeitpunkt *BGB* 613a 39, 45
- Zeitpunkt der Weiterbeschäftigungsmöglichkeit
  KSchG § 1 Teil 4 140

Wiedereinstellungsklage
- Antrag *BGB* 613a 69
- nach Betriebsübergang *BGB* 613a 68
- Sozialauswahl *BGB* 613a 75
- Zeitpunkt der Einstellung
  BGB 613a 70

Wirtschaftsrisiko *BGB* 615 15

Zeugnis *KSchG* 4 1
Zeugnisformulierung *BGB* 623 79
Zugang der Kündigung
- Berufsausbildungsverhältnis
  BBiG 22 30 ff
- Darlegungs- und Beweislast
  BBiG 22 8 ff, 24 ff
- Probezeit *BBiG* 22 6 ff, 23 ff

Zumutbarkeit
- Zwischenverdienst *KSchG* 11 47

Zurückweisung
- Form *BGB* 180 8
- Rechtsfolge *BGB* 180 12
- vorsorgliche *BGB* 180 25

Zurückweisung der Beanstandung
- § 180 BGB *BGB* 180 18

Zurückweisung der Zurückweisung
  BGB 180 11

Zustellung/Zugang der Kündigung
  BGB 626 3 f; *KSchG* 1 Teil 3 89 ff
- außerordentliche Kündigung
  BGB 626 24
- Kündigung des Arbeitnehmers
  KSchG 1 Teil 3 113

Zustimmung des Betriebsrats
- außerordentliche Kündigung eines Mandatsträgers *BetrVG* 103 14 ff; *KSchG* 15 8
- ordentliche Kündigung *BetrVG* 102 38

Zustimmungsersetzungsverfahren
- Amtsausübung während des Verfahrens *BetrVG* 103 20
- Anträge *BetrVG* 103 18
- außerordentliche Kündigung eines Mandatsträgers *BetrVG* 103 16
- Direktionsrecht des Arbeitgebers
  BetrVG 103 23
- Nachschieben von Kündigungsgründen
  BetrVG 103 19
- Versetzung *BetrVG* 103 22 ff
- Zeitpunkt *BetrVG* 103 19

Zustimmungsfiktion
- außerordentliche Kündigung von Mandatsträgern *BetrVG* 103 11; *KSchG* 15 8
- ordentliche Kündigung *BetrVG* 102 38

Zustimmungsverfahren
- Kündigung des Berufsausbildungsverhältnisses
  BBiG 22 15 ff, 41 ff

Zwischenarbeitsverhältnis
- außerordentliche Kündigung
  KSchG 12 9
- Beendigung *KSchG* 12 9
- Kündigung *KSchG* 12 9

Zwischenverdienst *KSchG* 11 1
- Änderungskündigung *KSchG* 11 31
- Anrechnung *BGB* 615 32; *KSchG* 16 3
- Anrechnungserklärung *BGB* 615 12
- Auskunftsanspruch *KSchG* 11 36
- Beweislast *KSchG* 11 28
- Bezugszeitraum *KSchG* 11 5, 37
- Darlegungslast *KSchG* 11 28

Stichwortverzeichnis

- eidesstattliche Versicherung *KSchG* 11 40
- ersparte Aufwendungen *KSchG* 11 4
- Fälligkeit *KSchG* 11 7
- Freistellung *BGB* 615 12
- Kausalität *KSchG* 11 6
- Leistungslohn *KSchG* 11 2
- Leistungsverweigerungsrecht *KSchG* 11 15
- Nachbarschaftshilfe *KSchG* 11 10
- Nachweis *KSchG* 11 9, 12, 14
- öffentlich-rechtliche Leistungen *KSchG* 11 13
- selbstständige Tätigkeit *KSchG* 11 11
- Sonderzahlungen *KSchG* 11 2
- Tariferhöhungen *KSchG* 11 2
- Teilzeitarbeitsverhältnis *BGB* 615 32
- Überstunden *KSchG* 11 2
- Unterlassen *KSchG* 11 3
- Urlaubsanrechnung *BGB* 615 12
- vermögenswirksame Leistungen *KSchG* 11 2
- Zumutbarkeit *KSchG* 11 47

Zwischenzeugnis *BGB* 623 83; *KSchG* 4 23